भारतीय भाषाओं की पहचान

भारतीय भाषाओं की पहचान

सम्पादक

डॉ. सियाराम तिवारी

वाणी प्रकाशन

वाणी प्रकाशन

4695, 21-ए, दरियागंज, नयी दिल्ली 110 002

शाखा

अशोक राजपथ, पटना 800 004

फ़ोन : +91 11 23273167 फ़ैक्स : +91 11 23275710

www.vaniprakashan.in
vaniprakashan@gmail.com
sales@vaniprakashan.in

BHARTIYA BHASHAON KI PAHCHAN
Edited by Dr. Siyaram Tiwari

ISBN : 978-93-5229-677-4
Linguistics/Criticism

प्रथम संस्करण

मूल्य : ₹1495

सिटी प्रेस, दिल्ली-110 095 में मुद्रित

वाणी प्रकाशन का लोगो मक़बूल फ़िदा हुसेन की कूची से

निवेदन

इस ग्रंथ के सारे लेख तत्तत् भाषाओं के बोलने वाले, हिन्दी में निष्णात, साथ ही भाषाविज्ञान में विशेषज्ञता रखनेवाले विद्वानों-विदुषियों से मूल रूप में हिन्दी में लिखवाये गये हैं। एक बोरो-विषयक लेख इसका अपवाद है जिसको अपवाद नहीं भी कहा जा सकता है क्योंकि इसके लेखक और अनुवादक, दोनों बोरो-भाषी हैं तथा लेखक भी हिन्दी समझते हैं, केवल लिखने में सहज नहीं हैं। इसलिए इस लेख को मौलिक भी कहा जाय तो कोई अत्युक्ति नहीं होगी। दूसरे, सारे लेख पूर्णतः सम्बद्ध भाषा का भाषावैज्ञानिक और हिन्दी के साथ तुलनात्मक विवेचन प्रस्तुत करते हैं और किसी-किसी में अंशतः साहित्य की एक झलक दिखा दी गयी है। इस प्रकार प्रस्तुत कृति भारतीय भाषाओं के भाषावैज्ञानिक और तुलनात्मक अध्ययन के क्षेत्र में एक मानक कार्य है। इस ग्रंथ का उपपाद्य है विभिन्न पारिवारिक मूल की और विभिन्न लिपियों में लिखित भारतीय भाषाओं में निहित एकता के तत्त्वों की खोज। सम्पादकीय लेख तो सम्पूर्ण रूप से इसी ओर उन्मुख है ही, अन्यान्य लेख भी पृथक्-पृथक् एवं समवेत रूप से भारतीय भाषाओं में तात्त्विक एकता की घोषणा करते हैं। आशा है, प्रबुद्ध पाठकों को इस ग्रंथ की विशिष्टता लक्षित हुए विना नहीं रहेगी।

यह कार्य सहृदय और कृपालु लेखकों के आत्मीय सहयोग से ही सम्भव हुआ है। अतः मैं उन सबके प्रति हार्दिक कृतज्ञता प्रकट करता हूँ। डॉ. दिनेश कुमार चौबे (नेहू, शिलौंग) ने लेखकों की खोज में सहायता की, वे सचमुच धन्यवाद के पात्र हैं। डॉ. नीराजना महन्त बेजबरा (डिब्रूगढ़ विश्वविद्यालय) और डॉ. स्नेहलता शरेशचन्द्र (धारवाड़) ने न केवल अपने-अपने लेख देने में तत्परता दिखलायी, वरन् अन्य लेखकों से सम्पर्क कराने में भी रुचि ली। इन्हें धन्यवाद और आशीर्वाद!

–सियाराम तिवारी

मोक्षदा एकादशी,
गीता-जयन्ती, सं. 2072
21 दिसम्बर, सन् 2015 ई.

अनुक्रम

भारतीय भाषाओं की पहचान

डॉ. सियाराम तिवारी

भारत में कुल चार-परिवारों की भाषाएँ बोली जाती हैं—(1) भारोपीय, (2) द्रविड़, (3) आस्ट्रिक और (4) तिब्बती-चीनी। भारत की वर्तमान संविधान-स्वीकृत बाईस भाषाओं में से पंद्रह भाषाएँ भारोपीय परिवार की हैं—(1) असमीया, (2) उर्दू, (3) ओड़िआ, (4) कश्मीरी, (5) कोंकणी, (6) गुजराती, (7) डोगरी, (8) नेपाली, (9) पंजाबी, (10) बांगला, (11) मराठी, (12) मैथिली, (13) संस्कृत, (14) सिंधी और (15) हिन्दी। शेष सात में से (16) तमिल, (17) तेलुगु, (18) मलयालम और (19) कन्नड़, ये चार भाषाएँ द्रविड़ परिवार से सम्बन्ध रखती हैं। (20) बोरो और (21) मणिपुरी तिब्बती-चीनी परिवार की तथा (22) संताली आस्ट्रिक परिवार की भाषा है। इस तरह बहुसंख्यक भाषाएँ एक ही परिवार की हैं।

तथाकथित द्रविड़ परिवार की स्वतंत्र और पृथक् सत्ता विचारणीय है। भारतीय भाषाओं के सबसे बड़े वर्ग को आर्य-परिवार और द्रविड़ परिवार में विभक्त करने का आधार इतिहास का यह मत है कि आर्य लोग भारत के मूल निबासी नहीं थे, वे बाहर से आये थे। कहना नहीं होगा कि यह मत अब बहुत दूर तक खंडित हो चुका है और यह मत दिन-दिन प्रबलतर होता जा रहा है कि आर्य लोग बाहर से नहीं आये थे। इसीके साथ भाषाविज्ञान के क्षेत्र में यह विचार सामने आने लगा है कि आर्यभाषा परिवार और द्रविड़ भाषा परिवार का पृथक्-पृथक् वर्ग मानना संगत नहीं।[1]

दक्षिण भारत की चारों भाषाओं के मूल स्रोत पर विद्वानों के विचारों का पर्यालोचन भी इस सम्बन्ध में उपयोगी होगा। इस सम्बन्ध में सबसे महत्त्वपूर्ण तथ्य यह है कि अब यह विचार भी सामने आ रहा है कि किसी समय दक्षिण की चारों भाषाएँ एक थीं।[2] और ऐसा ही महत्त्वपूर्ण एक तथ्य यह भी सामने आ रहा है कि "आर्य भाषाएँ और द्रविड़ भाषाएँ दो भिन्न भाषाएँ नहीं हैं अपितु उनका विकास

---

1. द्रष्टव्य : **भारतीय भाषाओं में एकतामूलक तत्त्व** (उ.प्र. भाषा संस्थान, लखनऊ, 2009) में डॉ. एच. बालसुब्रह्मण्य का लेख, पृ. 55-63।
2. द्रष्टव्य : प्रस्तुत ग्रंथ का 'तेलुगु भाषा' शीर्षक निबंध।

एक ही भाषिक स्तर पर हुआ है।"[3] यही नहीं, चारों भाषाओं के उद्‌गम की खोज करते हुए विद्वान् किसी न किसी रूप में संस्कृत तक की पहुँचते हैं। दक्षिण भारतीय भाषाओं में प्राचीनतम भाषा तमिल का आर्यभाषा परिवार से घनिष्ठ सम्बन्ध अब प्रकाश में आ रहा है।[4] तेलुगु के विद्वान् मानते हैं कि उसने संस्कृत भाषा से विकास का आधार ग्रहण किया।[5] मलयालम के प्राचीन विद्वान् मलयालम को संस्कृत से ही उद्‌भूत मानते थे।[6] कन्नड़ भी संस्कृत के प्रभाव से सर्वथा मुक्त नहीं रही।[7] इस प्रकार बाईस में से उन्नीस भाषाएँ तो प्रत्यक्ष या अप्रत्यक्ष, पूर्ण अथवा आंशिक रूप में एक ही भाषा-परिवार से सम्बन्ध रखने वाली हैं। अब शेष तीन भाषाओं–संताली, मणिपुरी और बोरो की भी स्थिति दर्शनीय है। संस्कृत और संताली दो भिन्न परिवार की भाषाएँ हैं किन्तु दोनों में भाषा के दो महत्त्वपूर्ण पक्षों को लेकर अद्‌भुत साम्य है। किसी भाषा की स्वतंत्र सत्ता की बहुत बड़ी पहचान उसका पदक्रम होता है। भारत की सभी भाषाओं का पदक्रम एक ही है–पहले कर्ता, फिर कर्म और अंत में क्रिया। किन्तु संस्कृत भाषा के वाक्य में किसी पद को कहीं भी रखा जाय, अर्थ में कोई परिवर्तन नहीं होता। संस्कृत में रामः गृहं गच्छति, गच्छति गृहं रामः और गृहं रामः गच्छति, ये सारे वाक्य एक ही अर्थ देते हैं और व्याकरण-सम्मत हैं। यही स्थिति संताली में भी है। इसी तरह संस्कृत की एक और विलक्षणता संताली में देखी जाती है। संस्कृत में वचन तीन होते हैं–एकवचन, द्विवचन और बहुवचन। संस्कृत की यह विशेषता न तो आर्य परिवार की किसी आधुनिक भाषा में है और न द्रविड़ परिवार की ही किसी भाषा में है, पर संताली में है जबकि वह आस्ट्रिक परिवार की भाषा है और संस्कृत आर्यभाषा परिवार की है। केवल संस्कृत ही नहीं, हिन्दी के साथ भी संताली का साम्य है। जिस तरह हिन्दी में प्रायः पुल्लिंग शब्द आकारांत और स्त्रीलिंग शब्द ईकारांत होते हैं, उसी तरह संताली में भी होते हैं, यथा काला-काली, खोड़दा-खोड़दी इत्यादि। इस साम्य को सांयोगिक कहकर नकारा या महत्त्वहीन नहीं समझा जा सकता। ये बिन्दु इन भाषाओं में पारस्परिक जुड़ाव का प्रमाण प्रस्तुत करते हैं। मणिपुरी तिब्बती-चीनी परिवार की भाषा है। किन्तु उसका लिंग-विधान हिन्दी से साम्य रखता है। हिन्दी के समान मणिपुरी में भी आकारांत को ईकारांत कर स्त्रीलिंग बनाया जाता है, जैसे–नुपा (पुरुष), नुपी (स्त्री)। येनबा (मुर्गा), येनबी (मुर्गी)। हिन्दी और मणिपुरी में शब्दों को लेकर भी साम्य है। मणिपुरी में 'आम्बा' शब्द है जो हिन्दी 'आम' के निकट है। खोजने से इस तरह के और

3. द्रष्टव्य : **भारतीय भाषाओं में एकतामूलक तत्त्व** (उ.प्र. संस्थान, लखनऊ, 2009) में डॉ. एच.बालसुब्रह्मण्य का लेख, पृ. 57।
4. द्रष्टव्य : प्रस्तुत ग्रंथ का 'तमिल भाषा' शीर्षक निबंध।
5. द्रष्टव्य : प्रस्तुत ग्रंथ का 'तेलुगु भाषा' शीर्षक निबंध।
6. द्रष्टव्य : प्रस्तुत ग्रंथ का 'मलयालम भाषा' शीर्षक निबंध।
7. द्रष्टव्य : प्रस्तुत ग्रंथ का 'कन्नड़ भाषा' शीर्षक निबंध।

शब्द मिल सकते हैं। यही नहीं, मणिपुरी का उद्भव संस्कृत से मानने वाले विदेशी एवं मणिपुरी अनेक विद्वान् हैं।[8] मणिपुरी में संस्कृत के तत्सम और तद्भव शब्द पाये जाते हैं। हिन्दी के शब्द भी मणिपुरी में अनुपलब्ध नहीं हैं।

मणिपुरी के समान बोरो भी तिब्बती-चीनी परिवार की भाषा है। किन्तु भारत के बोरोभाषी आर्यभाषा, खासकर असमीया और बांगला की ओर आकृष्ट रहे। बोरो भाषा के विद्वानों का यह मंतव्य ध्यान देने योग्य है—"बोड़ो भाषा में तिब्बत-बर्मी मौलिक उपादानों के अलावा निकट संस्पर्श वाली **भारतीय आर्य भाषाओं के अनेक भाषिक उपादानों को निजी वैशिष्ट्य के रूप में व्यवहार किया गया है।**"[9] यही कारण है कि बोरो ने देवनागरी लिपि को अपनाया है। इस कारण आर्य भाषाओं से उसकी घनिष्ठता बढ़ गयी है। निष्कर्ष यह है कि भारतीय भाषाओं में ऐसा घनिष्ठ सम्बन्ध है कि भारत को एक भाषाई क्षेत्र मानने में कोई अत्युक्ति नहीं होगी।

एक से अधिक भाषाओं में जो समानता पायी जाती है, उसके चार कारण सम्भव हैं—(1) आनुवंशिक सम्बन्ध, (2) सांयोगिक समानताएँ, (3) प्ररूपगत (typological) समरूपता और (4) भाषिक अभिलक्षण अथवा विशिष्टता का अभिसरण (convergence)। भारतीय भाषाओं के मध्य आनुवंशिक सम्बन्ध की स्थिति क्या है, इसपर ऊपर विचार किया गया है। भारतीय भाषाओं में प्राप्य समानता के स्फुट तत्त्व सांयोगिक नहीं, वरन् तात्त्विक हैं। इसका सबसे बड़ा प्रमाण यह है कि समानता के ये तत्त्व भिन्न परिवार की भाषाओं में भी उपलब्ध होते हैं। प्ररूपगत समरूपता से तात्पर्य है कुछ भाषिक विशिष्टताओं का समानांतर विकास। जैसे संस्कृत और संताली में पदक्रम और तीन वचन की जो विशेषता है, उसको प्ररूपगत समरूपता का उदाहरण माना जा सकता है। भारत में भिन्न परिवार की भाषाओं में समानता के जो तत्त्व पाये जाते हैं उसका सबसे प्रमुख कारण भाषिक विशिष्टताओं का सम्पर्कजन्य अभिसरण है। हिन्दी और संताली, हिन्दी और मणिपुरी में समानता के जो तत्त्व दृष्टिगत होते हैं, उसका कारण यही अभिसरण है। यहाँ यह उल्लेख्य है कि अभिसरण की यह प्रक्रिया द्विविम (bidimensional) होती है। दो भाषाओं में परस्पर आदान-प्रदान होता है। भारतीय आर्य परिवार और द्रविड़ परिवार की भाषाओं के मध्य ऐसा आदान-प्रदान अथवा अभिसरण शब्दों के मामले में आसानी से परिलक्षित हो जाता है। संस्कृत भाषा के शब्द द्रविड़ परिवार की भाषाओं में उपलब्ध हैं तो इसका विलोम भी उतना ही सत्य है। संस्कृत के अनेक शब्दों का मूल द्रविड़ भाषाओं को माना गया है, जैसे कुट्टिम (पक्का फर्श), अटवि (जंगल), सिन्दूर, गंगा, पुष्प, पल्ली, कटुक, घोटक आदि।[10]

---

8. द्रष्टव्य : **भारतीय भाषा परिचय** (केन्द्रीय हिन्दी निदेशालय, नयी दिल्ली, 2010), पृ. 384।
9. उपरिवत्, पृ. 359।
10. द्रष्टव्य : प्रस्तुत ग्रंथ का 'संस्कृत भाषा' शीर्षक निबंध।

आर्यभाषाओं और द्रविड़ भाषाओं के पारस्परिक प्रभाव को डॉ. रवीन्द्रनाथ श्रीवास्तव ने रेखांकित करने का प्रयास किया है। उनके अनुसार द्रविड़ कुल की भाषाओं के प्रभावस्वरूप भारतीय आर्यभाषाओं में चार प्रकार के संरचनात्मक परिवर्तन आये—(1) **ध्वनि-संरचनात्मक**—यह प्रभाव निम्नलिखित रूपों में परिलक्षित हुआ— मूर्धन्य ध्वनियों का स्वनिम के रूप में विकास, ह्रस्व 'ए' और 'औ' का आविर्भाव, व्यंजन-गुच्छों का सरलीकरण एवं स्वरमध्य व्यंजनों के लोप की आवृत्ति में वृद्धि। (2) **शाब्दिक**—अनुरणन-शब्दों का प्रयोग और 'पूजा' संस्कृति से सम्बद्ध शब्द-समूह का विकास। (3) **रूपिमिक**—द्विवचन का लोप तथा पूर्वसर्गों के स्थान पर परसर्गों का प्रयोग और क्रियारूपों में सरलीकरण (4) **वाक्य-विन्यासात्मक**—पदक्रम में परिवर्तन, संयोजक क्रिया का लोप, कृदंत और संयुक्त क्रियाओं के प्रयोग की आवृत्ति में वृद्धि।

इन चारों प्रकार के प्रभावों की खोज उन्होंने विपरीत दिशा में भी की है। अर्थात् इन्हीं चार शीर्षकों के अंतर्गत उन्होंने द्रविड़ भाषाओं में गये आर्यभाषाओं के प्रभाव का आकलन किया है: (1) **ध्वनि-संरचनात्मक**—अनुनासिक स्वरों का विकास, संध्यक्षरों का प्रयोग एवं महाप्राण ध्वनियों का आविर्भाव, (2) **शाब्दिक**—यज्ञ, होम, वर्ण और आश्रम व्यवस्था से सम्बंधित शब्द-समूहों का प्रयोग, (3) **रूपिमिक**—उत्तम पुरुष बहुवचन सर्वनामों के बीच के अभिविहित (inclusive) और समर्यादित (exclusive) भेद का लोप, सार्वनामिक पूर्वाश्रयी (enclitics) का विकास। (4) **वाक्य-विन्यासात्मक**—निषेधवाची क्रियारूपों का लोप, विशेषण और क्रियाविशेषण के प्रयोग की आवृत्ति में वृद्धि, मिश्र और संयुक्त वाक्य-प्रकारों का प्रयोग।[11]

डॉ. रवीन्द्रनाथ श्रीवास्तव ने भारतीय भाषाओं में पारिवारिक सम्बन्ध का सर्वथा अभाव मानकर अभिसरण-प्रक्रिया की दिशाओं की पहचान की है। किन्तु ऊपर अनेक ऐसे मत प्रस्तुत किये गये हैं जिनसे भारतीय भाषाओं में पारिवारिक सम्बन्ध भी सिद्ध होता है। अतएव यह कहना अधिक समीचीन होगा कि भारतीय भाषाओं में सम्पर्कजन्य सम्बन्ध तो है ही, वंशानुगत सम्बन्ध का नितांत अभाव भी नहीं है।

यहाँ यह विचार कर लेना भी आवश्यक है कि भारतीय भाषाओं में एकता के जो तत्त्व हैं, उसके मूल में क्या है। इस जिज्ञासा का उत्तर यह है कि उसके मूल में भारतीय संस्कृति की एकता है। जिस तरह किसी साहित्य का सम्बन्ध उस स्थान की संस्कृति से होता है, उसी प्रकार किसी भाषा का सम्बन्ध वहाँ की संस्कृति से होता है जहाँ वह बोली जाती है। जिस तरह भारत की भिन्न-भिन्न भाषाओं में सृजित साहित्य में भारतीय संस्कृति के कारण एकता है, उसी तरह विभिन्न लिपियों में लिखित भारतीय भाषाओं में भी बाह्य और आंतरिक एकता है। यह बाह्य समरूपता ही है जिसके कारण यदि कोई गैर-भारतीय व्यक्ति विभिन्न भाषाभाषी भारतीय

11. डॉ. नगेन्द्र, **भारतीय साहित्य का समेकित इतिहास** (दिल्ली, 1989), पृ. 104-5।

जनों को एक साथ अपनी-अपनी भाषाएँ बोलते सुनता है तो उसे ऐसा लगता है कि सब एक ही भाषा बोल रहे हैं। इस सम्बन्ध में महापंडित राहुल सांकृत्यायन का सुनाया एक संस्मरण याद आता है। उन्होंने बताया था कि अमेरिका में आयोजित एक कान्फ्रेंस में भारत की भिन्न-भिन्न भाषा बोलने वाले प्रतिनिधि सम्मिलित हुए थे। अन्य प्रतिनिधिगण इस भाव से भारतीय प्रतिनिधियों की ओर देखने लगे कि ये लोग परस्पर किस भाषा में बात करते हैं। यदि ये लोग अँगरेजी में बात करते तो वे सब समझते कि भारत की अपनी कोई भाषा नहीं है। उनके इस भाव को भारतीय प्रतिनिधियों ने लक्षित कर लिया और ये लोग अपनी-अपनी भाषा बोलने लगे। गैर-भारतीय प्रतिनिधियों ने समझा कि भारतीय प्रतिनिधि कोई एक ही भारतीय भाषा बोल रहे हैं। यह बाह्य समरूपता भी केवल दिखाऊ नहीं है, वह तात्त्विक है। इसका प्रमाण यह है कि भारतीय भाषाओं में एक-दूसरे का अनुवाद जितना सरल होता है उतना सरल इंग्लिश, फ्रेंच, जर्मन आदि का भारतीय भाषाओं में या फिर भारतीय भाषाओं का उनमें नहीं हो पाता।

भारतीय भाषाओं में एकता के आंतरिक तत्त्व भी प्रचुर हैं। ऊपर के प्रसंगों में ऐसे कतिपय तत्त्वों की चर्चा हो चुकी है। उनके अतिरिक्त भी अन्य तत्त्व उपलब्ध हैं। ऐसे तत्त्वों में एक है **सादृश्य-विधान** जो साहित्यभाषा का अंग है। इस बात को ऐसे भी कहा जा सकता है कि भारतीय भाषाओं में सामान्य भाषा के साथ-साथ साहित्यभाषा के स्तर पर भी एकता है। चारों परिवार की सभी भाषाओं में प्रायः एक ही प्रकार के उपमान प्रयुक्त होते हैं। ऐसा दूसरा तत्त्व है **साहचर्य**। इससे बिम्ब-सृष्टि होती है। गंगा से पवित्रता का, कोयल से वसंत का, मोर से वर्षा का बिम्ब बनता है। यह साहचर्य के कारण ही होता है। यह साहचर्य सभी भाषाओं में एक ही समान है। **कहावतें और मुहावरे** भी भारतीय भाषाओं में एकता का सूत्र पिरोते हैं। इसका कारण यह है कि कहावतें तथा मुहावरे जनमानस की उपज होते हैं और समग्र भारतीय जनमानस एक है। यही कारण है कि समान भाव को व्यक्त करनेवाले मुहावरे और कहावतें भारतीय भाषाओं में विद्यमान हैं। मुहावरे और कहावतों के समान **लोकसाहित्य** भी जनमानस की उपज होता है और इसलिए यह भी सभी भारतीय भाषाओं में समान रूप से उपलब्ध है और भाषा-भेद से एक ही भारतीय जनमानस को अभिव्यक्त करते हैं। भारतीय भाषाओं को जोड़ने का बहुत बड़ा सूत्र **संस्कृत भाषा** है। अधिकांश भारतीय भाषाओं में साठ-सत्तर प्रतिशत शब्द संस्कृत के ही होते हैं। उनमें से प्रचुर शब्द तो मूल संस्कृत के ही होते हैं, शेष उससे व्युत्पन्न तद्भव शब्द होते हैं। ज्ञान-विज्ञान की विविध शाखाओं के जो पारिभाषिक शब्द आधुनिक भारतीय भाषाओं में बने हैं या बन रहे हैं, उनके लिए संस्कृत भाषा का ही सहारा लेना पड़ रहा है। धातु में उपसर्ग और प्रत्यय जोड़कर शब्द-निर्माण करने की अद्भुत शक्ति संस्कृत भाषा में है। निष्कर्षतः

भारतीय भाषाओं में एकता का संचार करनेवाला एक बहुत बड़ा तत्त्व संस्कृत भाषा है। सभी आधुनिक भारतीय भाषाओं पर अँगरेजी का प्रभाव भी समान रूप से पड़ा है। यह प्रभाव शब्दावली, शब्द-प्रयोग और वाक्य-रचना, तीनों स्तरों पर देखा जाता है। दैनिक जीवन में प्रयुक्त अँगरेजी के शब्द सभी भारतीय भाषाओं में प्रवेश कर गये हैं। अनेक शब्दों के प्रयोग पर अँगरेजी का स्पष्ट प्रभाव देखा जाता है। हिन्दी से कुछ उदाहरण देखे जा सकते हैं। हिन्दी में पहले 'निर्णय करना' चलता था, अब अँगरेजी के 'टु टेक डिसीजन' के प्रभाव से 'निर्णय लेना' चलता है; पहले 'धन्यवाद करना' चलता था अब अँगरेजी के 'टु गीव थैंक्स' के प्रभाव से 'धन्यवाद देना' चल रहा है; पहले 'प्रश्न करना' चलता था, अब अँगरेजी के 'टु आस्क कुश्चन' के अनुसार 'प्रश्न पूछना' चलता है; पहले आदमी 'लापता' होता था, अब अँगरेजी के 'टु गो अंडरग्राउण्ड' के प्रभाव से 'भूमिगत' होता है। इस तरह के उदाहरण भरे पड़े हैं। हिन्दी की वाक्य-रचना पर भी अँगरेजी का प्रभाव देखा जाता है, खासकर अँगरेजी में जिसे 'इन्डाइरेक्ट नैरेशन' का वाक्य कहते हैं, उसमें यह देखा जा सकता है। हिन्दी में पहले चलता था—"राम ने कहा कि मैं वहाँ जा रहा हूँ" किन्तु अँगरेजी के वाक्य "राम सेड दैट हि वाज गोइंग देयर" के प्रभावस्वरूप ऐसा प्रयोग भी देखने को मिल जाता है—"राम ने कहा कि वह वहाँ जा रहा है।" अँगरेजी का इस प्रकार का प्रभाव सभी भारतीय भाषाओं पर समान रूप से पड़ा है और यह प्रभाव इतना गहरा है कि इसे हटाया नहीं जा सकता। अब यह भारतीय भाषाओं का अंग बन चुका है। अँगरेजी के इस प्रकार के प्रभाव ने भी भारतीय भाषाओं को जोड़ने का काम किया है।

भारतीय भाषाओं की पहचान करते हुए यह देखना आवश्यक है कि इस देश में प्राकृतिक रूप में कोई सम्पर्क भाषा रही है या नहीं। इसका उत्तर सकारात्मक है। भारतीय संविधान में हिन्दी को तो यह पद प्राप्त हुआ ही, वह स्वतंत्रता के पूर्व से ही इस पद पर अघोषित रूप से आसीन है। इसको प्रमाणित करने के लिए बहुत दूर जाने की जरूरत नहीं है। स्वतंत्रता-आंदोलन के दौरान जो भी अखिल भारतीय स्तर के नेता हुए उनकी मातृभाषा चाहे जो भी रही हो, जनसम्पर्क की भाषा के रूप में उन्होंने हिन्दी को ही अपनाया। इसके सबसे बड़े उदाहरण महात्मा गाँधी हैं। उनकी मातृभाषा गुजराती थी, उन्होंने गुजराती में बहुत लिखा भी है, पर जन-आंदोलन की भाषा के रूप में उन्होंने हिन्दी को अपनाया और बढ़ावा दिया। अखिल भारतीय स्तर पर प्रतिष्ठित होने वाले काँग्रेसी नेताओं ने तो खासकर हिन्दी को यह महत्त्व दिया। व्यवहार में भी देखा जाता है कि हिन्दीतर क्षेत्र में, सामान्य व्यवहार में, हिन्दी भाषा से जितना काम चल सकता है, उतना अन्य किसी एक भारतीय भाषा से सम्भव नहीं।

इस प्रसंग का अंतिम विचार-बिन्दु यह है कि क्या भारत में बाईस ही भाषाएँ

हैं। नहीं, जनगणना के अनुसार भारत में 1652 भाषाएँ बोली जाती हैं।[12] इस सम्बन्ध में ज्ञातव्य है कि जब संविधान बना था, उस समय उसकी आठवीं अनुसूची में 14 भाषाओं के नाम थे। नाम जुड़ते-जुड़ते इस समय उनकी संख्या 22 हो गयी है और यह संख्या भविष्य में भी सतत बढ़ती रहेगी। इसका कारण यह है कि यह भाषावैज्ञानिक निर्णय न होकर राजनीतिक निर्णय होता है। इसीलिए भाषा और बोली के अंतर को ध्यान में नहीं रखा जा रहा है। इन दोनों का अंतर स्पष्ट करते हुए वोस्लर ने लिखा है कि जिस वाङ्मय में केवल काव्य है, वैज्ञानिक लेखन नहीं, वह लिखित बोली से अधिक कुछ नहीं है।[13] इस कसौटी पर बाईस में से कई भाषाएँ खरी नहीं उतरेंगी।

---

12. **भारतीय भाषाओं में एकतामूलक तत्त्व**, लखनऊ 2009, पृ. 41।

13. वोस्लर, **दि स्पिरिट ऑफ लैंग्वेज इन सिविलाइजेशन** (लंदन, 1932), पृ. 215।

असमीया भाषा*

डॉ. नीराजना महन्त बेजबरा, डॉ. सुबासना महन्त (चौधुरी)

1.0 असमीया : अर्थ एवं प्रयोग

पूर्वोत्तर क्षेत्र में असम सबसे बड़ा प्रदेश है। भारतीय इतिहास के मध्यकाल में आज के असम के लिए प्रायः प्रागज्योतिष और कामरूप दोनों नाम प्रचलित थे। असम नाम अपेक्षया नवीन है। प्रदेश के अर्थ में इसका प्रयोग अँगरेजों के आधिपत्य जमाने के बाद से ही होने लगा है। असमीया असम प्रदेश की सरकारी भाषा का नाम है। अतः इस क्षेत्र की भाषा के लिए 'असमीया' अभिधा भी अपेक्षया नवीन है। प्रदेश के नाम के साथ 'सम्पर्कित' अर्थ में प्रयुक्त प्रत्यय 'ईया' के योग से 'असमीया' शब्द बना है। इस असमीया शब्द से असम की भाषा के साथ-साथ 'असम के निवासी' को भी सूचित किया जाता है। इन दोनों के अतिरिक्त 'असम के' अथवा 'असम से सम्पर्कित' अर्थ में 'असमीया' शब्द साहित्य, संस्कृति आदि शब्दों के पहले अक्सर विशेषण के रूप में प्रयुक्त होता है।

2.0 असमीया भाषा : क्षेत्र एवं बोलनेवालों की संख्या

मोटे तौर पर कहा जा सकता है कि असम राज्य ही असमीया भाषा का सीमाक्षेत्र है। किन्तु सूक्ष्मतापूर्वक विचार किया जाय तो असम राज्य के उत्तरांचल के विस्तृत ब्रह्मपुत्र घाटी के कुल 22 जिले एवं दो पार्वत्य जिले ही इसके मूल क्षेत्र हैं। दक्षिण में बराक घाटी के तीन जिलों में इसका प्रचलन बहुत कम है। ब्रह्मपुत्र घाटी के 22 जिले इस प्रकार हैं–

1. तिनिचुकीया 2. डिब्रुगड़ 3. शिवसागर 4. योरहाट 5. गोलाघाट 6. धेमाजि 7. लखिमपुर 8. नगांओं 9. मरिगाओं, 10. दरं 11. शोणितपुर 12. कामरूप 13. कामरूप-मेट्र 14. नलबारी 15. बरपेटा 16. बनगाईगाओं, 17. कोकराझार

*नामों और पारिभाषिक शब्दों की वर्तनी को वैसा ही रहने दिया गया है जैसा लेखिका ने लिखा था।

18. धुबुरी 19. गोवालपारा 20. बाग्चा 21. ओदालगुरि 22. चिरां। कारबि आंलं और डिमा हाचाओ पार्वत्य जिले हैं।

असम के कुल 24 जिलों के अतिरिक्त असम की उत्तरपूर्वी तथा दक्षिणी सीमा पर स्थित अरुणाचल एवं नागालैण्ड में मानक असमीया का किंचित् भिन्न रूप क्रमशः 'अरुणामिज', 'अरुणाचली असमीया' या 'नेफामिज' तथा 'नागामिज' नाम से दो संयोगी भाषाएँ प्रचलित हैं। सन् 2001 की लोकगणना के अनुसार असम राज्य के भीतर असमीया बोलनेवालों की कुल संख्या 13,010,478 है। असम के अतिरिक्त भारत के अन्य राज्यों में भी असमीया भाषा बोलनेवाले कुछ लोग हैं।

3.0 असमीया भाषा का उद्भव

भाषाशास्त्रियों का अनुमान है कि आठवीं से ग्यारहवीं सदी तक जनपदीय बोलियों के स्वतन्त्र विकास का प्रारम्भिक चरण समाप्त हो चुका था। इस आधार पर कहा जायेगा कि असमीया को भी इसी अवधि में स्वतन्त्र रूप प्राप्त हुआ होगा। यह अनुमान इसलिए भी उचित प्रतीत होता है कि ह्वेन्त्स्यांग (सातवीं सदी का चीनी यात्री) के अनुसार बिहार, बंगाल और पश्चिमी असम में प्रायः एक ही भाषा बोली जाती थी, किन्तु केवल असम (तत्कालीन कामरूप) में ध्वनि-रूपों में कुछ भिन्नता थी।

असमीया भाषा भारोपीय भाषा परिवार में आती है। भाषावैज्ञानिक दृष्टि से इसका विकास मागधी अपभ्रंश से है। अपनी भगिनीभाषाओं के साथ उसका विकास निम्नांकित रूप में उपस्थित किया जा सकता है—

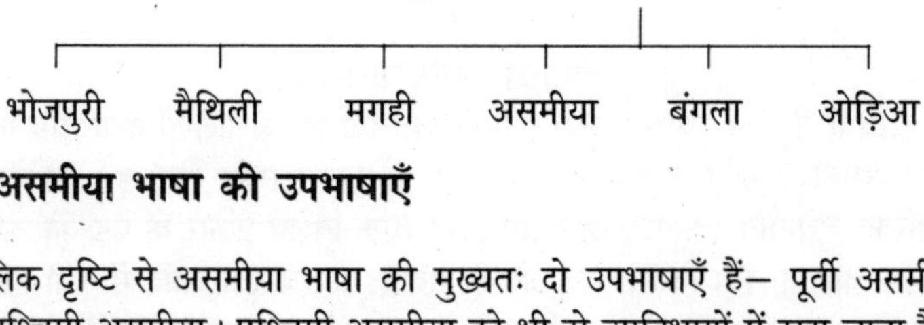

4.0 असमीया भाषा की उपभाषाएँ

आंचलिक दृष्टि से असमीया भाषा की मुख्यतः दो उपभाषाएँ हैं— पूर्वी असमीया और पश्चिमी असमीया। पश्चिमी असमीया को भी दो उपविभागों में रखा जाता है— कामरूपी और गोवालपरीया। कामरूप, कामरूप-मेट्र, नलबारी, बरपेटा, ओदालगुरि जिला कामरूपी बोली तथा गोवालपारा, धुबुरी, चिरां, बाग्चा, कोकराझार एवं बनगाईगाओं गोवालपरीया बोली का क्षेत्र है। बाकी जिलों में पूर्वी असमीया चलती है।

विभिन्न नृगोष्ठियों के आधार पर असमीया भाषा की कुछ उपभाषाएँ हैं। अपनी-अपनी गोष्ठियों के नामानुसार ये उपभाषाएँ निम्नांकित प्रकार की हैं– 1. राभा-असमीया, 2. तिवा- असमीया, 3. सोणोवाल कछारी- असमीया, 4. देउरी-असमीया, 5. आहोम- असमीया, 6. मिचिं- असमीया।

इन सभी का प्रयोग अपनी-अपनी गोष्ठियों के लोगों में होता है। कुछ भाषाशास्त्रियों के अनुसार जाति अथवा सामाजिक श्रेणीगत आधार पर असमीया भाषा की और कुछ उपभाषाएँ निश्चित की जा सकती हैं। ये हैं–

1. चाय जनगोष्ठी में प्रचलित–बागानीया, 2. अभिवासी (विदेश से आये) मुसलमानों में प्रचलित–भाटिया, 3. असम में बसे नेपालियों में प्रचलित–नेपाली-असमीया, 4. बराक घाटी में प्रचलित– चिलेटीया, 5. काछार जिले का देहान या धेयान।

5.0 असमीया लिपि

असमीया भाषा जिस लिपि में लिखी जाती है उसका नाम भी 'असमीया' लिपि है। पूर्वी भारत की इस लिपि का मूल ब्राह्मी लिपि है। दीर्घकालीन विकासयात्रा के बाद इसे वर्तमान रूप प्राप्त हुआ है। ब्राह्मी लिपि से इसके आज तक के विकास-क्रम को मोटे तौर पर निम्नांकित रूप में दिखाया जा सकता है–

ब्राह्मी
|
गुप्तलिपि
|
कामरूपी अथवा प्राचीन असमीया लिपि
|
मध्ययुगीन असमीया लिपि
|
आधुनिक असमीया लिपि

पाँचवीं सदी से उन्नीसवीं सदी तक लिखित विभिन्न शिलालेखों तथा ताम्रलेखों के जरिए असमीया लिपि के उद्भव एवं विकास का स्वरूप स्पष्ट होता है। इन लेखों के अतिरिक्त तुलापात (कागज) और साँचिपात (एक विशेष प्रकार के पेड़ की छाल) में लिखित पोथियाँ तथा विभिन्न राजाओं की मुद्राएँ, ईंट, बन्दूक आदि में लगी हुई छाप आदि से भी प्राचीन असमीया लिपि तथा समय-समय पर इसके विकसित-परिवर्तित रूपों का पता चलता है।

पाँचवीं सदी के नगाजरी-खनिकर गाँव में प्राप्त शिलालेख तथा सुरेन्द्र वर्मा का शिलालेख असमीया लिपि का सर्वप्राचीन नमूना प्रस्तुत करते हैं। इन दोनों में प्रयुक्त

अक्षर गुप्तलिपि के अक्षरों के साथ प्रायः समानता रखते हैं। इन दोनों लेखों के बाद सातवीं सदी के सम्राट् भास्करवर्मा के ताम्रलेखों में प्रयुक्त अक्षरों में भी दो-एक अक्षरों को छोड़कर अधिकांश में ब्राह्मी लिपि तथा गुप्तलिपि की परम्परा रक्षित होती हुई नजर आती है। सातवीं सदी से लेकर नवीं सदी तक उपलब्ध ताम्रलेखों में असमीया लिपि धीरे-धीरे एक स्वतन्त्र रूप लेती हुई नजर आती है। नवीं-दसवीं सदी के ताम्रलेखों में प्रयुक्त अधिकांश अक्षर वर्तमान असमीया लिपि के निकट आने लगते हैं।

असमीया लिपि के इतिहास को मोटे तौर पर तीन युगों में विभाजित किया जा सकता है– (क) पाँचवीं सदी से तेरहवीं सदी तक कामरूपी अथवा प्राचीन असमीया लिपि, (ख) तेरहवीं सदी के बाद से उन्नीसवीं सदी के मध्यभाग तक मध्ययुगीन असमीया लिपि, (ग) उन्नीसवीं सदी के मध्यभाग से वर्तमान तक आधुनिक असमीया लिपि।

पाँचवीं सदी के उद्भवकालीन रूप से लेकर आधुनिक रूप तक उपर्युक्त तीनों युगों की असमीया लिपि बंगला, ओड़िआ एवं मैथिली लिपि से अनेक क्षेत्र में समानता रखती है। 'र' एवं 'व' इन दो अक्षरों को छोड़कर आधुनिक बंगला और असमीया लिपि पूर्णतः समान है। तेरहवीं सदी तक विकसित कुछ असमीया अक्षर समकालीन ओड़िआ लिपि में उपलब्ध भुवनेश्वर-शिलालेख के अक्षरों के साथ बिलकुल मिलते-जुलते हैं। इसी प्रकार मैथिली लिपि भी असमीया से बहुत समता रखती है। समग्रतः कहा जाय तो प्राचीन, मध्यकालीन तथा आधुनिक तीनों युगों की असमीया लिपि के साथ बंगला, ओड़िआ एवं मैथिली लिपि का निकट सम्बन्ध रहा है।

6.0 असमीया ध्वनियाँ

अन्य भाषाओं की तरह ही असमीया में भी ध्वनियाँ दो प्रकार की हैं– स्वर और व्यंजन।

6.1 स्वर

6.1.1 परम्परागत पुस्तकों में असमीया वर्णमाला में निम्नांकित स्वरों का उल्लेख मिलता है–

अ आ इ ई

उ ऊ ऋ

ए ऐ ओ औ

किन्तु उच्चारण की दृष्टि से असमीया भाषा में निम्नांकित आठ स्वरों का प्रयोग होता है– **अ, आ, इ, उ, ए, ओ, अ', ए'** ।

असमीया भाषा में स्वरों के उच्चारण में मात्रा के आधार पर ह्रस्व-दीर्घ का भेद नहीं है। इसलिए 'ई' और 'ऊ' का प्रयोग केवल लेखन में ही है, इनका उच्चारण क्रमशः

'इ' और 'उ' जैसा ही होता है। अ' तथा ए'– इन दोनों स्वरों का उच्चारण मूल 'अ' तथा 'ए' से ईषत् दीर्घ है। 'ऐ' और 'औ' को संयुक्त स्वर माना जाता है क्योंकि इनके उच्चारण में दो स्वरों का उच्चारण संयुक्त रूप में आता है– 'अइ' और 'अउ'। 'ऋ' भी उच्चारण के स्तर पर 'रि' अर्थात् व्यंजन (र्) और स्वर (इ) का योग है।

6.1.2 असमीया स्वरों का वर्गीकरण

(क) **जीभ के भाग के आधार पर** : कुछ स्वरों के उच्चारण में जीभ का अग्रभाग काम करता है, कुछ में मध्यभाग तथा कुछ में पश्चभाग काम करता है। इस आधार पर स्वर तीन प्रकार के माने जाते हैं–

(अ) अग्र स्वर : इ, ए, ए'
(आ) मध्य स्वर : आ
(इ) पश्च स्वर : उ, ओ, अ', अ

(ख) **जीभ के उठने के आधार पर** : जीभ के उठने के आधार पर असमीया स्वरों के निम्नांकित भेद हैं–

(अ) उच्च : इ, उ
(आ) मध्यसम : ए', ओ
(इ) मध्याभास : ए, अ'
(ई) निम्न : आ, अ

जीभ के उठने से मुख-विवर सँकरा हो जाता है। इसलिए जब जीभ बहुत ऊपर उठ जाती है तो इसे संवृत तथा बहुत नीचे होती है तो विवृत कहते हैं। बीच में अर्द्धसंवृत और अर्द्धविवृत भी होते हैं। इस आधार पर असमीया स्वर के निम्नांकित भेद हैं–

(अ) संवृत : इ, उ
(आ) अर्द्धसंवृत : ए', ओ
(इ) अर्द्धविवृत : ए, अ'
(ई) विवृत : आ, अ

(ग) **ओष्ठों की स्थिति के आधार पर** : कुछ स्वरों के उच्चारण में ओष्ठ वृत्तमुखी या गोलाकार होता है। इस आधार पर स्वर के दो भेद होते हैं–

(अ) विवृतौष्ठ्य (अवृत्तमुखी) : इ, ए', ए, आ
(आ) संवृतौष्ठ्य (वृत्तमुखी) : उ, ओ, अ', अ

6.2 व्यंजन

6.2.1 असमीया के परम्परागत ग्रन्थों में असमीया वर्णमाला में निम्नांकित चालीस व्यंजन मिलते हैं–

क	ख	ग	घ	ङ
च	छ	ज	झ	ञ
ट	ठ	ड	ढ	ण
त	थ	द	ध	न
प	फ	ब्	भ	म
य[1]	र	ल	व	
श	ष	स	ह	
ड़	ढ़	य[2]	त्	

ं (अनुस्वार), : (विसर्ग), ँ (चंद्रबिंदु)

ध्यानयोग्य बात है कि असमीया में 'य' के दो रूप होते हैं। तालिका में दिया गया 'य[1]' का उच्चारण 'ज' जैसा होता है। य[2] के नीचे असमीया लिपि में 'ड़', 'ढ़' की भाँति बिन्दु (.) दिया जाता है। इसका उच्चारण 'इय' जैसा होता है। दोनों का पार्थक्य स्पष्ट करने के लिए यहाँ इन्हें क्रमशः य[1] और य[2] से सूचित किया गया है।

असमीया लिपि के सम्बन्ध में एक बात और भी है। अनुस्वार इस लिपि में एक व्यंजन वर्ण के रूप में स्वीकृत है और इसके लिए एक निर्दिष्ट चिह्न भी है। तालिका में इसे हिन्दी अनुस्वार के चिह्न से सूचित किया गया है। फिर व्यंजनान्त 'त्' भी यहाँ स्वतन्त्र वर्ण है और इसके लिए भी लिपि में अलग चिह्न है। तालिका में इसे 'त्' के रूप में दिखाया गया है।

लिपि में उपर्युक्त चालीस व्यंजन के होते हुए भी उच्चारण के स्तर पर असमीया भाषा में निम्नांकित सिर्फ तेईस व्यंजन ही हैं–

क	ख	ग	घ	ङ
च	ज			
त	थ	द	ध	न
प	फ	ब	भ	म
र	ल	व		
स	ह	य[2]		

चालीस व्यंजनों में से 'छ' का उच्चारण 'च' के बराबर है। 'झ' का 'ज' एवं 'ञ' का 'यँ' जैसा उच्चारण है। मूर्द्धन्य उच्चारण न होने के कारण असमीया में 'ट' वर्ग के पाँचों वर्णों का उच्चारण बिलकुल ही नहीं है। यह तो पहले ही बताया जा चुका है कि 'य[1]' 'ज' जैसा उच्चरित होता है। श, ष, स तीनों का उच्चारण एकजैसा और स्थान के अनुसार कोमल तालव्य एवं प्रयत्न के अनुसार संघर्षी होता है। बाकी 'ड़' का उच्चारण असमीया में 'र' जैसा तथा 'ढ़' का रेफयुक्त 'ह' जैसा होता है।

अस्तु, इनके अतिरिक्त बोलने में बलाघात, अनुतान, अनुनासिकता तथा विवृति (संहिता या संगम) का भी प्रयोग होता है।

6.2.2 असमीया व्यंजनों का वर्गीकरण

असमीया व्यंजनों को निम्नांकित आधारों पर वर्गीकृत किया जा सकता है।

(1) स्थान के आधार पर

(अ) द्व्योष्ठ्य : प फ ब भ म व

(आ) वर्त्स्य : च ज त थ द ध न ल र

(इ) तालव्य : य

(ई) कोमल तालव्य : क ख ग घ ङ स

(उ) स्वरयन्त्रमुखी : ह

(2) प्रयत्न के आधार पर

(अ) स्पर्श : क ख ग घ प फ ब भ
त थ द ध

(आ) संघर्षी : च ज स ह

(इ) नासिक्य : ङ न म

(ई) पार्श्विक : ल

(उ) प्रकंपित : र

(ऊ) संघर्षहीन सप्रवाह : य व। इन्हें प्रायः अर्द्धस्वर कहते हैं।

(3) घोषत्व के आधार पर

(अ) अघोष : क ख च त थ प फ स

(आ) घोष : ग घ ङ ज द ध न ब भ म
य र ल व ह

(4) प्राणत्व के आधार पर

(अ) अल्पप्राण : क ग त द प ब

(आ) महाप्राण : ख घ थ ध फ भ

6.3 असमीया ध्वनि : कुछ विशेषताएँ

हिन्दी की एवं हिन्दी में प्रचलित अन्य भाषाओं की निम्नांकित ध्वनियाँ असमीया में नहीं हैं–

ऑ ई ऊ

छ झ ञ ट ठ ड ढ ण

श ष ड़ ढ़ क़ ख़ ग़ ज़ फ़

ध्यानयोग्य बात है कि असमीया में 'च' का उच्चारण हिन्दी के 'स' के स्थान (वर्त्स्य) पर होता है। संस्कृत के दन्त्य, मूर्द्धन्य एवं 'ञ' तथा 'श' को छोड़कर अन्य तालव्य ध्वनियों का उच्चारण भी असमीया में वर्त्स्य होता है। अ' तथा ए' – असमीया की इन दो विशिष्ट ध्वनियों के सम्बन्ध में पहले उल्लेख किया जा चुका है।

7. वैयाकरणिक कोटियाँ

7.1 संज्ञा

7.1.1 **संज्ञा के प्रकार** : असमीया में संज्ञा या विशेष्य पाँच प्रकार के होते हैं–

(क) व्यक्तिवाचक अथवा नामवाचक– जैसे प्राणिवाचक – कृष्ण, शंकरदेव, सावित्री; अप्राणिवाचक – असम, भारत, गुवाहाटी, दिल्ली इत्यादि।

(ख) जातिवाचक– जैसे प्राणिवाचक– मनुष्य, छात्र, शिक्षक; अप्राणिवाचक– पर्वत, सागर, नगर इत्यादि।

(ग) वस्तुवाचक या द्रव्यवाचक– जैसे कलम, भात, घड़ी इत्यादि।

(घ) भाववाचक या गुणवाचक– जैसे सुन्दरता, शिक्षा, नम्रता इत्यादि।

(ङ) क्रियावाचक– जैसे भोजन, भ्रमण, श्रवण इत्यादि।

गणना की दृष्टि से संज्ञाएँ दो प्रकार की होती हैं–

(अ) गणनीय– जैसे घर, आम, मानुह (आदमी) इत्यादि।

(आ) अगणनीय– जैसे दया, शत्रुता, पानी, स्वतन्त्रता इत्यादि।

समय अथवा काल और अवस्था को सूचित करने के लिए दो प्रकार की और भी संज्ञाएँ होती हैं। दिन, राति (रात), दुपरीया (दोपहर), आबेलि (शाम) इत्यादि कालवाचक तथा रोग, शोक, सुख, स्वास्थ्य इत्यादि अवस्थावाचक संज्ञा के उदाहरण हैं।

7.1.2 लिंग

असमीया भाषा में लिंग मुख्यतः दो हैं– पुंल्लिंग और स्त्रीलिंग। साधारण अर्थ में पुरुषवाचक संज्ञाएँ (पिता, पुरुष, बालक) पुल्लिग एवं स्त्रीलिंग हुआ करती हैं। जो संज्ञाएँ पुरुष अथवा स्त्री किसी का बोध नहीं कराती हैं (जैसे घर, फूल, फल), वे क्लीवलिंग के अन्तर्गत भी रखी जाती हैं। लेकिन आकृति तथा रूपरचना के क्षेत्र में ये पद पुल्लिग पदों के साथ भिन्नता नहीं रखते हैं।

असमीया भाषा में सामान्यतः अर्थ के अनुसार संज्ञा शब्दों का लिंग निरूपित किया जाता है। किन्तु असमीया में प्रयुक्त संस्कृत शब्दों के क्षेत्र में मूल संस्कृत के लिंग के अनुसार इनका लिंग निरूपित होता है। जैसे चन्द्र, सूर्य, ग्रह, नक्षत्र, सरोवर, सिन्धु, हिमालय, ब्रह्मपुत्र आदि संस्कृत की ही भाँति असमीया भाषा में भी पुल्लिग हैं और उसी प्रकार नदी, गंगा, सरस्वती, गोदावरी, पृथिवी, धरा, धरित्री, भाषा, बुद्धि, इच्छा, गति, मति, यति, भक्ति आदि शब्द स्त्रीलिंग हैं।

मोटे तौर पर असमीया संज्ञा पदों के लिंग-निरूपण की विधि निम्नांकित प्रकार की है–

(क) पुरुष जाति का नाम पुल्लिग है– जैसे राक्षस, बलद (बैल) इत्यादि।

(ख) साल, मास दिन का नाम पुल्लिग है– जैसे माघ, भाद (भाद्र), बुध, शुक्र इत्यादि।

(ग) पर्वत, सागर, ह्रदों का नाम पुल्लिग है—जैसे हिमालय, प्रशान्त, मानस सरोवर, भैरव इत्यादि।

लेकिन आकृति में छोटा होने पर कुछ पर्वत एवं ह्रदों का नाम स्त्रीलिंग भी होता है—जैसे राक्षसिनी, बाघेश्वरी, सिद्धेश्वरी (पर्वत), बरचली, बेकी, कुजी (ह्रद) इत्यादि।

(घ) बड़े ग्रह-नक्षत्रों का नाम पुल्लिग है—जैसे बृहस्पति, राहु, केतु इत्यादि। लेकिन मूल संस्कृत में स्त्रीलिंग होने के कारण 'पृथिवी' एवं संस्कृत 'ज्योत्स्ना' (स्त्रीलिंग) से व्युत्पन्न होने के नाते 'जोन' (चाँद) शब्द स्त्रीलिंग हैं।

(ङ) वृत्ति एवं पदवी का नाम पुल्लिग है, जैसे ठिकादार (ठेकेदार), योद्धा, पाठक, माली इत्यादि।

(च) स्त्री जाति का नाम स्त्रीलिंग है—जैसे दासी, नारी, माखुन्दी (मादा हाथी) इत्यादि।

(छ) नदी का नाम सामान्यतः स्त्रीलिंग है—जैसे धनशिरि, सोवणशिरि, कपिली, भरली इत्यादि। किन्तु गदाधर, ब्रह्मपुत्र आदि कुछ नदियों के नाम पुल्लिग भी होते हैं।

(ज) असमीया भाषा के कुछ शब्द स्वाभाविक रूप में ही स्त्रीलिंग होते हैं और इनका पुल्लिग रूप नहीं होता है। जैसे आयती (सधवा स्त्री), पोहारी (महिला विक्रेता), गाभरु (युवती), गाभिनी (गाभिन), खिरती (दूध देनेवाली गाय), रचकी (रंग-ढंगवाली), रांढाली (आनन्दमयी) इत्यादि।

(झ) मन की वृत्तियों का नाम सामान्यतः क्लीवलिंग होता है—जैसे काम, क्रोध, लोभ, मोह इत्यादि। लेकिन मूल संस्कृत में स्त्रीलिंग होने के नाते बुद्धि, इच्छा, तृष्णा आदि कुछ शब्द असमीया में भी स्त्रीलिंग रूप में प्रयुक्त होते हैं।

(ञ) अचेतन पदार्थों का नाम साधारणतया क्लीवलिंग है— जैसे बाँह (बाँस), शिल (पत्थर) इत्यादि।

(ट) किसी अवस्था का नाम अथवा क्रियावाचक शब्द क्लीवलिंग होता है— जैसे जीवन, मरण, भ्रमण इत्यादि।

(ठ) कुछ प्राणियों का लिंग-निर्णय सम्भव नहीं है। इनके लिए प्रयुक्त संज्ञा शब्दों को कुछ लोग 'उभय लिंग शब्द' के नाम से परिभाषित करते हैं। जैसे— परुवा (चींटी), मकरा (मकड़ी), जोक (जोंक), माछ (मछली) इत्यादि।

असमीया में पुल्लिग से स्त्रीलिंग बनाने के लिए संज्ञा शब्द में मुख्यतः निम्नांकित स्त्री-प्रत्ययों का प्रयोग होता है—आ, ई, अनी और री। इनमें से 'री' को छोड़कर बाकी तीनों संस्कृत के प्रत्यय हैं और संस्कृत के नियमानुसार ही असमीया में भी प्रयुक्त होते हैं। जैसे 'आ'—भद्रा, सरला, प्रिया, कृष्णा, कनिष्ठा, क्षत्रिया, मृता, जीविता इत्यादि। 'ई'—छात्री, नदी, तरुणी, किशोरी, कुमारी, पुरी, सुन्दरी, पात्री इत्यादि। 'अनी'—शर्मानी, रुद्रानी, शिवानी, आचार्यानी, भवानी इत्यादि।

स्थान विशेष में 'अनी' प्रत्यय नी, इनी अथवा उनी का रूप लेता है—जैसे (नी) नाति-नातिनी, (इनी) बाघ-बाघिनी, (उनी) धोबा-धुबुनी इत्यादि।

'री' असमीया भाषा का एक अन्य स्त्री-प्रत्यय है। जैसे डेका (युवक)– डेकेरी, कला (बधिर)– कालरी, दन्दुरा (झगड़ालू)– दन्दुरी इत्यादि।

संज्ञा शब्दों में स्त्री-प्रत्यय के अतिरिक्त लिंग-भेद करने के लिए और भी कई उपाय असमीया में हैं। ये हैं–

(क) संज्ञा शब्दों के पहले पुरुषसूचक 'मता' एवं स्त्रीसूचक 'माइकी' शब्द का प्रयोग– जैसे मता मानुह (मनुष्य), माइकी मानुह, मता कुकुरा (मुर्गा) – माइकी कुकुरा इत्यादि।

(ख) संज्ञा शब्दों के बाद टा, टो, जन, जनी आदि पुल्लिंगवाचक तथा स्त्रीवाचक तद्धित प्रत्यय जोड़कर लिंग-भेद स्पष्ट किया जाता है – जैसे मानुहजन, मानुहटो, मानुह एटा (एक आदमी) – मानुहजनी, मानुह एजनी (एक औरत); गरुटो, गरु एटा (एक बैल)– गरुजनी, गरु एजनी (एक गाय) इत्यादि।

लिंग के सम्बन्ध में ध्यान देने की बात है कि असमीया में संज्ञा (या सर्वनाम) के लिंग के अनुसार वाक्य में विशेषण और क्रियापदों का लिंग-परिवर्तन नहीं होता है। किन्तु संस्कृत के नियमानुसार कुछ विशेषणों का लिंग संज्ञा के अनुसार होता है।

7.1.3 वचन

असमीया में वचन दो हैं– एकवचन और बहुवचन। कुछ पद ऐसे होते हैं जिनसे किसी वस्तु या प्राणी की संख्या की स्पष्ट धारणा नहीं होती है। ये वचननिरपेक्ष पद या वचनविहीन पद हैं। मानुह, गरु आदि ऐसे ही पद हैं। इन पदों के साथ बहुवचनात्मक प्रत्ययों के योग से बहुवचन एवं कुछ निर्दिष्टतावाचक प्रत्ययों के योग से वस्तु अथवा प्राणी की आकृति-प्रकृति के साथ उसके एकवचन होने का अर्थ भी प्रकट होता है। जैसे वचननिरपेक्ष 'मानुह' पद में बोर/बिलाक के योग से बहुवचनात्मक रूप मानुहबोर/मानुहबिलाक तथा निर्दिष्टतावाचक प्रत्यय टो (तुच्छार्थ) और जन (मान्यार्थ) के योग से मानुहटो/मानुहजन आदि एकवचन यानी एक आदमी होने का भाव प्रकट होता है।

जैसाकि लिंग के सम्बन्ध में कहा जा चुका है कि संज्ञा एवं सर्वनाम के लिंग के अनुसार विशेषण और क्रिया का रूप-परिवर्तन असमीया में नहीं होता है, वही बात वचन के बारे में भी लागू होती है। अर्थात् क्रिया के रूप में संज्ञा/सर्वनाम के वचन का ज्ञान नहीं होता है अथवा वचन के अनुसार क्रिया-रूपों का परिवर्तन नहीं होता है। जैसे–

मानुहटोवे हाँहिछे (एक आदमी हँस रहा है)
मानुहबोरे हाँहिछे (बहुत आदमी हँस रहे हैं)

7.1.3.1 एकवचन से बहुवचन बनाने की पद्धति

असमीया में एकवचन से अथवा वचननिरपेक्ष पद से बहुवचनात्मक पद बनाने के कई तरीके होते हैं। आगे सोदाहरण इनकी चर्चा की गयी है।

(अ) बहुवचनात्मक प्रत्यय के योग से :

(क) बोर– मानुहबोर, घरबोर
(ख) बिलाक– मानुहबिलाक, घरबिलाक
(ग) हँत– ल'रा (लड़का) हँत, सि (वह) हँत, भाइहँत

(आ) समष्टिवाचक शब्द के योग से

(क) सकल– छात्रसकल, बन्धुसकल
(ख) समाज– सुधीसमाज, छात्रसमाज
(ग) बृन्द– भक्तबृन्द, छात्रबृन्द
(घ) गण– देवगण, पक्षीगण
(ङ) मखा– ल'रामखा, गरुमखा
(च) जाक– गरुजाक, चराई (चिड़िया) जाक
(छ) पुंज– द्वीपपुंज, नक्षत्रपुंज
(ज) राजि– ग्रन्थराजि, बृक्षराजि
(झ) राशि– धनराशि, नक्षत्रराशि
(ञ) माला– पर्वतमाला, द्वीपमाला
(ट) श्रेणी– पर्वतश्रेणी
(ठ) मण्डली– मन्त्रीमण्डली
(ड) कुल– पक्षीकुल, प्राणीकुल
(ढ) महल– शिक्षकमहल, छात्रमहल
(ण) सोपा– चाउलसोपा, कापोरसोपा (अनादर के अर्थ में)
(त) गाल– भातगाल, चाउलगाल (अनादर के अर्थ में)
(थ) पाल– गरुपाल, छागली (बकरी) पाल
(द) लानि– कर्मलानि, वक्तृतालानि
(ध) दल– छात्रदल, सैन्यदल
(न) खिनि– भातखिनि, आमखिनि
(प) थोक/थोका– कलथोक/थोका, तामोल (ताम्बूल) थोक/थोका
(फ) वर्ग– सैन्यवर्ग, शिष्यवर्ग
(ब) मुठि– शाक (साग) मुठि, चाउलमुठि
(भ) कोछा– चुलि (बाल) कोछा, रची (रस्सी) कोछा
(म) टार/टारि– चुलि (बाल) टार/टारि
(य) गुच्छ– शब्दगुच्छ, गल्पगुच्छ (कहानियाँ)

(इ) वचननिरपेक्ष रूप से

कभी-कभी वचननिरपेक्ष पद से भी बहुवचन का अर्थ प्रकट होता है। जैसे–

तात मानुहे माछ मारे [वहाँ आदमी (लोग) मछली पकड़ते हैं]।

ल' राई खेलिछे [लड़के (लोग) खेल रहे हैं।]

(ई) बहुत्ववाचक विशेषण के प्रयोग से

अनेक, ढेर, असंख्य, अगणन, अजस्र, किछुमान, एकाधिक आदि जैसे बहुत्ववाचक विशेषण शब्दों के साथ प्रयोग होने पर वचननिरपेक्ष संज्ञा बहुत्ववाचक संज्ञा बनती है। जैसे अनेक मानुह, ढेर आम, असंख्य गरु, अगणन छात्र, अजस्र दर्शक, किछुमान गछ (पेड़), एकाधिक घर इत्यादि।

(उ) पुनरुक्ति के द्वारा

संज्ञा, विशेषण, क्रियाविशेषण और सर्वनाम पद की पुनरुक्ति द्वारा भी बहुवचन का अर्थ प्रकट किया जाता है। जैसे,

संज्ञा– गछे गछे (पेड़ों पेड़ों में) [ध्यान देने की बात है कि संज्ञा पद के द्विरुक्त होने पर प्रथमा विभक्ति के चिह्न का योग होता है।]

विशेषण– पका पका, रङा रङा (लाल-लाल)

क्रियाविशेषण– बारे बारे (बार-बार)

सर्वनाम– कोन कोन (कौन-कौन), निज-निज इत्यादि।

7.1.3.2 नित्य बहुवचनात्मक तथा द्विवचनात्मक शब्द

असमीया के कुछ शब्द हमेशा बहुवचन में ही प्रयुक्त होते हैं। जैसे, राइज (बहुत मानुह), प्रजा।

यह तो पहले ही बताया जा चुका है कि असमीया में वचन दो ही हैं– एकवचन और बहुवचन। अर्थात् संस्कृत की भाँति इस भाषा में द्विवचन नहीं है। लेकिन कभी-कभी दो प्राणी अथवा चीजों के लिए संज्ञा के साथ योर/युरि, हाल, युगल और द्वय शब्द का प्रयोग होता है। जैसे, चराइयोर (दो चिड़ियाँ), चकुयुरि (दो आँखें), गरुहाल (दो बैल), पदयुगल (दो पैर), भग्नीद्वय (दो बहनें)।

7.1.4 कारक

असमीया में संस्कृत की ही भाँति कारकों की संख्या छह हैं। वाक्यों में संज्ञा (अथवा सर्वनाम) के साथ संज्ञा शब्द का सम्बन्ध निर्देश करने के लिए सम्बन्ध पद का प्रयोग होता है एवं अपादान कारक में कारक चिह्न के स्थान पर अनुपद का प्रयोग होता है। सम्बोधन के लिए असमीया में– हे, अ', ऐ, हेरा आदि कुछ सम्बोधनात्मक अव्यय शब्दों का प्रयोग होता है। सम्बन्ध पद के साथ असमीया के छह कारकों की सूची संश्लिष्ट विभक्ति, कारकचिह्न/अनुपदसहित नीचे दी गयी है–

कारक/ सम्बन्धपद	**विभक्ति**	**कारक चिह्न/ अनुपद**	**प्रयोग**
कर्ता	प्रथमा	इ, ए	व्यंजनान्त– रामे भात खाले स्वरान्त– लताइ भात खाले (राम ने/लता ने भात खाया)
कर्म	द्वितीया	अक, क	व्यंजनान्त– रामक दिले स्वरान्त– तालक दिले (राम को/लता को दिया)
करण	तृतीया	एरे, रे	व्यंजनान्त– हातेरे खाले स्वरान्त– कटारीरे काटिले (हाथ से खाया, चाकू से काटा)
निमित्त	चतुर्थी	अलै, लै	व्यंजनान्त– रामलै भात स्वरान्त– गरुलै घाँह (राम के लिए भात/गाय के लिए घास)
अपादान	–	(र) परा	व्यंजनान्त– गछरपरा परिल स्वरान्त– गुवाहाटीर परा आहिल (पेड़ से गिरा/गुवाहाटी से आया)
सम्बन्धपद	षष्ठी	अर, र	व्यंजनान्त– रामर किताप स्वरान्त– लतार किताप (राम की/लता की किताब)
अधिकरण	सप्तमी	अत, त	व्यंजनान्त– घरत आछे स्वरान्त– माटित आछे (घर में है/जमीन पर है)
सम्बोधन			हे राम, अ' इश्वर, ऐ ल'रा इत्यादि।

7.2 सर्वनाम

7.2.1 सर्वनाम के प्रकार

असमीया में सर्वनाम के सात भेद हैं। नीचे इनका विस्तृत परिचय दिया गया है–

(क) व्यक्तिवाचक सर्वनाम : पुरुष के अनुसार सर्वनाम का यह विभाग तीन भागों में विभाजित है–

पुरुष	**एकवचन**	**बहुवचन**
प्रथम (उत्तम)	मइ	आमि
द्वितीय (मध्यम)	तइ, तुमि, आपुनि	तहँत, तोमालोक, आपोनालोक

तृतीय (अन्य)	ताइ (स्त्री) सि (पुं.)	सिँहत
	तेओँ (मान्यार्थ)	तेओँलोक
	तेखेत (अधिक मान्यार्थ)	तेखेतसकल

(ख) निर्देशबोधक या निश्चयवाचक सर्वनाम : दूरत्व के अनुसार इस प्रकार के सर्वनाम के दो भेद हैं–

(अ) निकटवर्ती–इ (पुं.), एइ (स्त्री.), एइटो, एइया, एया, एओँ (मान्यार्थ), एखेत (अधिक मान्यार्थ)।

(आ) दूरवर्ती–सेइ, सेया, सेइया, सौ, सौवा।

(ग) अनिश्चयवाचक सर्वनाम : असमीया में अनिश्चित अथवा अनिर्दिष्ट किसी प्राणी अथवा वस्तु के स्थान पर प्रयुक्त होनेवाले मुख्यतः छह सर्वनाम शब्द हैं– एको, केओ, कोनो, कोनोबा,किबा और किछु। इनमें से प्रथम तीन नञर्थक, कोनोबा सदर्थक तथा अन्तिम दो सदर्थक-नञर्थक दोनों रूपों में प्रयुक्त होते हैं। उसी प्रकार एको और किबा अप्राणिवाचक तथा केओ, कोनो, कोनोबा– प्राणिवाचक तथा अन्तिम किछु प्राणिवाचक तथा अप्राणिवाचक दोनों रूपों में प्रयुक्त होते हैं।

(घ) साकल्यवाचक सर्वनाम : एक साथ अनेक प्राणिवाचक अथवा अप्राणिवाचक संज्ञाओं का बोध कराने के लिए असमीया भाषा में इस प्रकार के सात सर्वनाम शब्दों का प्रयोग होता है–उभय, सकलो, आटाइ, समूह, गोटेइ, सब एवं सदौ। इनमें से उभय सर्वनाम से केवल दो का बोध होता है। जैसे–उभय दिशरपरा (दोनों दिशाओं से)। बाकी सर्वनाम शब्दों से (दो से अधिक) बहुवचन का बोध होता है।

(ङ) सम्बन्धवाचक सर्वनाम : वाक्य में अपने साथ किसी संज्ञा का सम्बन्ध सूचित करनेवाले यानी सम्बन्धवाचक सर्वनाम असमीया भाषा में दो हैं– यि और यिह। इनमें से पहला प्राणिवाचक तथा अप्राणिवाचक दोनों रूपों में और दूसरा केवल अप्राणिवाचक रूप में प्रयुक्त होते हैं तथा उनका बहुवचन रूप नहीं है।

(च) प्रश्नबोधक सर्वनाम : असमीया में प्रश्न का बोध करानेवाले सर्वनाम शब्दों की संख्या तीन है–कि, किह, कोन।

(ङ) आत्मवाचक अथवा निजवाचक सर्वनाम : निज अथवा अपने आपका बोध करानेवाले सर्वनाम शब्द असमीया भाषा में तीन हैं– निज, स्वयं तथा आपोन/आपुनि।

7.2.2 सर्वनाम की रूपरचना

(क) व्यक्तिवाचक सर्वनाम (प्रथम पुरुष) मइ (मैं)

कारक/सम्बन्धपद	एकवचन	बहुवचन
कर्ता	मइ	आमि
कर्म	मोक	आमाक
करण	मोरे	आमारे
निमित्त	मोलै	आमालै

अपादान	मोरपरा	आमारपरा
सम्बन्धपद	मोर	आमार
अधिकरण	मोत	आमात

(ख) व्यक्तिवाचक सर्वनाम (द्वितीय पुरुष) तइ (तू) तुमि (तुम) आपुनि (आप)

कारक	**एकवचन**	**बहुवचन**
कर्ता	तइ	तहँते
	तुमि	तोमालोके
	आपुनि	आपोनालोके
कर्म	तोक	तहँतक
	तोमाक	तोमालोकक
	आपोनाक	आपोनालोकक
करण	तोरे	तहँतेरे
	तोमारे	तोमालोकेरे
	आपोनारे	आपोनालोकेरे
निमित्त	तोलै	तहँतलै
	तोमालै	तोमालोकलै
	आपोनालै	आपोनालोकलै
अपादान	तोरपरा	तहँतरपरा
	तोमारपरा	तोमालोकरपरा
	आपोनारपरा	आपोनालोकरपरा
सम्बन्धपद	तोर	तहँतर
	तोमार	तोमालोकेर
	आपोनार	आपोनालोकर
अधिकरण	तोत	तहँतत
	तोमात	तोमालोकत
	आपोनात	आपोनालोकत

(ग) व्यक्तिवाचक सर्वनाम (तृतीय पुरुष) सि, ताइ (वह), तेओँ, तेखेत (वे)

कारक/सम्बन्धपद	**एकवचन**	**बहुवचन**
कर्ता	सि, (पुं.) ताइ (स्त्री.)	सिहँते, ताइहँते
	तेओँ	तेओँलोके
	तेखेते	तेखेतसकले
कर्म	ताक, ताइक	सिहँतक, ताइहँतक
	तेओँक	तेओँलोकक
	तेखेतक	तेखेतसकलक

करण	तारे, ताइरे	सिहँतेरे, ताइहँतेरे
	तेओँरै	तेओँलोकेरे
	तेखेतेरे	तेखेतसकलेरे
निमित्त	तालै, ताइलै	सिँहतलै, ताइहँतलै
	तेओँलै	तेओँलोकलै
अपादान	तारपरा, ताइरपरा	सिहँतरपरा, ताइहँतरपरा
	तेओँरपरा	तेओँलोकरपरा
	तेखेतरपरा	तेखेतसकलरपरा
सम्बन्धपद	तार, ताइर	सिहँतर, ताइहँतर
	तेओँर	तेओँलोकर
	तेखेतर	तेखेतसकलर
अधिकरण	तात, ताइत	सिहँतत, ताइहँतत
	तेओँत	तेओँलोकत
	तेखेतत	तेखेतसकलत

सम्बन्धवाचक सर्वनाम 'यि' और 'यिह' की रूप-रचना प्रश्नबोधक 'कि' और 'किह' के 'क' की जगह 'य' होने के अलावा एक जैसी ही है। नीचे प्रश्नबोधक 'कि', 'किह' एवं 'कोन' शब्दों की रूप-रचना दी गयी है। इनमें से 'कोन' प्राणिवाचक, 'किह' अप्राणिवाचक तथा 'कि' दोनों रूपों में प्रयुक्त होता है।

(घ) प्रश्नबोधक कि, किह एवं कोन

कारक/सम्बन्धपद	**एकवचन**	**बहुवचन**
कर्ता	कि, कोने, किहे	किबोरे, कोनबोरे
कर्म	काक, किहक	किबोरक, कोनबोरक
करण	कारे, किहेरे	किबोरेरे, कोनबोरेरे
निमित्त	कालै, किहलै	किबोरलै, कोनबोरलै
अपादान	कारपरा, किहरपरा	किबोररपरा, कोनबोररपरा
सम्बन्धपद	कार, किहर	किबोरर, कोनबोरर
अधिकरण	कात, किहत	किबोरत, कोनबोरत

7.3 विशेषण

7.3.1 विशेषण के प्रकार : वाक्य में दूसरे पदों की विशेषता बतलानेवाले विशेषण असमीया भाषा में चार प्रकार के हैं।

(क) बिशेष्यर बिशेषण (संज्ञा का विशेषण) : जो पद संज्ञा पद के दोष गुण, उपादान अथवा उसकी संख्या, अवस्था आदि बतलाये उसे असमीया में 'बिशेष्यर बिशेषण' कहते हैं। जैसे,

दोष-गुण-अवस्था– रङा फुल (लाल फूल), गरम चाह (गर्म चाय), ठांडा पानी (ठंडा पानी) इत्यादि।

उपादान– स्वर्ण गहना (सोने का अलंकार), मृन्मय मूर्ति (मिट्टी की मूर्ति) इत्यादि।

संख्या-परिमाण– दह टका (दस रुपये), बहुत गाखीर (बहुत दूध) इत्यादि।

(ख) बिशेषणीय बिशेषण (विशेषण का विशेषण) : जो पद वाक्य में दूसरे किसी विशेषण पद की विशेषता बतलाये वह असमीया में बिशेषणीय बिशेषण कहलाता है। जैसे, बर बेया (बहुत बुरा), अत्यन्त सुन्दर (बहुत सुन्दर) इत्यादि।

(ग) सर्बनामर बिशेषण (सर्वनाम का विशेषण) : सर्वनाम पद की विशेषता सूचित करनेवाले इस प्रकार के विशेषण शब्द सामान्यतः वाक्य में सर्वनाम पद के बाद आते हैं। जैसे, सि धुनीया (वह सुन्दर है), आपुनि महान (आप महान् हैं) इत्यादि।

(घ) क्रियाबिशेषण (क्रिया का विशेषण) : क्रिया की विशेषता बतलानेवाले विशेषण क्रिया की अवस्था, उसके घटित होने का स्थान, समय आदि की विशेषता सम्बन्धी होते हैं। जैसे,

अवस्था– आशा करोँ भाले आछा (आशा है, तुम्हारी अवस्था अच्छी है)।

स्थान– तात बहिबा (वहाँ बैठोगे)।

काल– खरकै आहिबा (जल्दी आओगे)।

आकृति अथवा गठन की दृष्टि से भी असमीया विशेषण शब्दों को पाँच भागों में विभाजित किया जा सकता है।

(अ) मौलिक बिशेषण : जिन्हें अर्थपूर्ण रूप से खण्डित नहीं किया जा सकता, जैसे– दुष्ट, भाल (अच्छा), बगा (सफेद), सरु (छोटा), डाङर (बड़ा) इत्यादि।

(आ) कृदन्त बिशेषण : कभी-कभी कृदन्त शब्द विशेषण के रूप में प्रयुक्त होते हैं, जैसे– खोवा पानी (पीने लायक पानी), शुना कथा (सुनी हुई बात), बोवती नदी (बहती नदी) इत्यादि।

(इ) तद्धितान्त बिशेषण : गाँवलीया मानुह (देहाती लोग), बुद्धियक ल'रा (बुद्धिमान् लड़का) इत्यादि।

(ई) बिभक्तियुक्त बिशेषण : कभी-कभी षष्ठी विभक्ति का चिह्न 'र' युक्त होकर विशेषण पद गठित होते हैं– सोणर अलंकार (सोने का अलंकार), माटिर पुतला (मिट्टी की गुड़िया) इत्यादि।

(उ) यौगिक बिशेषण : सामासिक पद अथवा यौगिक शब्द भी विशेषण के रूप में प्रयुक्त होते हैं, जैसे– बुकु भङा कान्दोन (हृदयविदारक रुलाई), पुथिगत बिद्या (किताबी विद्या) इत्यादि।

7.4 क्रिया और काल-संरचना

7.4.1 धातु : क्रिया का मूल धातु है। असमीया में लगभग डेढ़ हजार धातुएँ हैं।

उत्पत्ति, प्रकृति तथा गठन—इन तीनों को दृष्टि में रखकर असमीया धातुओं को तीन भागों में रखा जा सकता है। उनकी चर्चा नीचे की गयी है।

(क) **मुख्य अथवा मौलिक धातु** : इन धातुओं को अर्थपूर्ण रूप से खण्डित नहीं किया जा सकता है। कर, देख, खा, मर, पढ़ आदि ऐसी मौलिक धातुएँ हैं।

(ख) **गौण अथवा साधित` धातु** : धातु अथवा नामपद (संज्ञा, सर्वनाम, विशेषण) के साथ प्रत्यय संयुक्त होकर उस प्रकार की धातुएँ निर्मित होती हैं। ये साधित धातुएँ भी तीन प्रकार की होती हैं। ये हैं—

(अ) **पाँचनि धातु** (प्रेरणार्थक) : मौलिक धातु के साथ 'आ', 'उवा', 'ओवा' प्रत्यय जोड़कर पाँचनि धातु का निर्माण होता है। जैसे—

मर + आ = मरा (मरवाना)

पढ़ + उवा = पढ़ुवा (पढ़वाना)

कर + ओवा = करोवा (करवाना)

(आ) **नामधातु** : असमीया में संज्ञा और विशेषण शब्द के साथ 'आ', 'इया', 'उवा' के योग से नामधातु बनती है। जैसे,

तपत (तप्त) + आ = तपता (गर्म करना)

टाङोन (डंडा) + इया = टङनिया (डंडा से मारना)

पिछ (पीछे) + उवा = पिछुवा (पीछे जाना) इत्यादि।

(इ) ध्वन्यात्मक धातु : किसी ध्वनि के अनुकरण पर उत्पन्न शब्द में 'आ' के योग से ध्वन्यात्मक धातु बनती है। जैसे,

फुचफुच + आ = फुचफुचा (फुसफुसा)

मरमर + आ = मरमरा (मरमर शब्द करना) इत्यादि।

(ग) यौगिक धातु : असमीया की कुछ धातुएँ दो या दो से अधिक धातुओं अथवा धातु के साथ दूसरे शब्द के संयोग से बनती हैं। मूल धातुओं अथवा शब्दों से भिन्न अर्थ प्रकाश करनेवाली ऐसी धातुओं को यौगिक धातु कहते हैं। जैसे,

(अ) संज्ञा और विशेषण के साथ धातु के संयोग से—

माछ मार (मछली पकड़ना), नाम कर (नाम कमाना) इत्यादि।

(आ) असमापिका क्रिया के साथ धातु के संयोग से—

खाइ पेला (खा जाना), दि दे (दे देना) इत्यादि।

असमीया धातुओं के सम्बन्ध में समग्रतः कहा जाय तो इनमें संस्कृत एवं आस्ट्रिक, तिब्बतवर्मी,, अरबी-फारसी आदि अनेक मूल की धातुएँ हैं। संस्कृत धातुओं के दस गण के अन्तर्गत कुछ धातुएँ असमीया में मौलिक धातु के रूप में प्रयुक्त हैं। उदाहरण-स्वरूप संस्कृत क्र्यादिगणीय 'क्री' से किन, दिवादिगणीय 'बुध' से बुज, रुधादिगणीय 'भुज' से भुंज, तनादिगणीय 'कृ' से कर इत्यादि की बात कही जा सकती है। असमीया की अन्य मौलिक धातुओं की ही भाँति इन धातुओं की

भी रूप-रचना पुरुष एवं क्रिया के काल के अनुसार होती है।

7.4.2 क्रिया के भेद

किसी वाक्य का अर्थ सम्पूर्ण रूप से व्यक्त होना, न होना अथवा वाक्य की समाप्ति-असमाप्ति के अनुसार क्रिया के दो भेद हैं– वाक्य की समाप्ति का बोध होने पर समापिका क्रिया और न होने का बोध होने पर असमापिका (पूर्वकालिक) क्रिया होती है। जैसे,

समापिका– मइ भात खाओँ (मैं भात खाता हूँ/खाती हूँ)

असमापिका क्रिया– मइ भात खाइ शोओँ (मैं भात खाकर सोता/सोती हूँ)

सामान्यतः धातु के साथ 'इ' प्रत्यय के योग से असमापिका क्रिया बनती है– कर + इ = करि, खा + इ = खाइ, बह + इ = बहि इत्यादि।

क्रिया के कर्म होने, न होने की दृष्टि से क्रिया के सकर्मक एवं अकर्मक– ये दो भेद भी हैं। कर्म की संख्या के अनुसार 'एककर्मक क्रिया' (एक कर्म की) तथा द्विकर्मक क्रिया (दो कर्म की) के रूप में दो विभाजन और भी हैं।

7.4.3 क्रिया की काल-संरचना

असमीया में वर्तमान, भूत, भविष्यत् तीनों कालों में पुरुष के अनुसार धातुओं के साथ कुछ पुरुष विभक्ति संयुक्त होकर क्रियापद गठित होते हैं। ये विभक्तियाँ वचन एवं लिंग के अनुसार नहीं बदलती हैं। वर्तमान, भूत, भविष्यत् इन तीन मूल कालों को रूप और गठन के अनुसार दो मुख्य भागों में विभाजित किया जा सकता है। ये हैं–(क) सरल अथवा मौलिक एवं (ख) मिश्र अथवा यौगिक।

(क) मौलिक काल : ये तीन हैं–

(अ) साधारण अथवा नित्य बर्तमान (सामान्य वर्तमान)– क्रिया के इस काल से किसी क्रिया के वर्तमान काल में होने की सामान्य अवस्था का ज्ञान होता है। मूल धातु के साथ पुरुष विभक्ति अथवा क्रिया विभक्तियुक्त होकर क्रिया का यह रूप बनता है। जैसे, खा+ओँ = खाओँ।

(आ) साधारण भूत (सामान्य भूत)– क्रिया के इस काल से भूतकाल की सामान्य अवस्था का ज्ञान होता है। स्वरान्त धातु कालवाचक कृत् प्रत्यय 'ल' एवं व्यंजनान्त धातु के साथ 'इल' के योग होने के बाद पुरुष विभक्ति या क्रिया विभक्ति के योग से साधारण भूतकाल की क्रिया का रूप बनता है। जैसे, खा+ल+ओँ = खालोँ [उदा. मइ खालोँ (मैंने खाया)]

(इ) साधारण भबिष्यत् (सामान्य भविष्यत)– क्रिया के इस काल से भविष्य में होनेवाली क्रिया की कालसम्बन्धी सामान्य अवस्था का ज्ञान होता है। सामान्य भूत की ही भाँति क्रिया का यह रूप भी मूल धातु के साथ भविष्यत् कालवाचक कृत्

प्रत्यय तथा क्रियाविभक्ति के योग से बनता है। इस काल में कालवाचक प्रत्यय के रूप में व्यंजनान्त धातु के साथ प्रथम पुरुष में 'इम', द्वितीय एवं तृतीय पुरुष में 'इब' तथा स्वरान्त धातु के साथ प्रथम पुरुष में 'म' एवं बाकी दो पुरुषों में 'ब' प्रयुक्त होता है। इस काल के केवल द्वितीय पुरुष में ही कालवाचक प्रत्यय के बाद क्रियाविभक्ति का योग होता है। बाकी दो पुरुषों में बिना क्रियाविभक्ति के केवल कालवाचक प्रत्यय के योग से ही सामान्य भविष्यत् काल का क्रियारूप बनता है। जैसे, खा+म = खाम [उदा. मइ खाम (मैं खाऊँगा/खाऊँगी)]

(ख) यौगिक काल : गठन और अर्थ को ध्यान में रखते हुए असमीया में यौगिक काल को दो विभागों में रखा जाता है।

(अ) पूर्वघटित काल : इसके भी दो भेद हैं। पूर्वघटित वर्तमान एवं पूर्वघटित अतीत या पूर्णभूत काल। पूर्वघटित वर्तमान को 'स्वरूप वर्तमान' भी कहा जाता है। क्रिया के इस रूप से कुछ देर पहले क्रिया का समाप्त होना किन्तु उसका प्रभाव चलते रहने का बोध होता है। मूल धातु के साथ कालवाचक कृत् प्रत्यय तथा क्रियाविभक्ति के योग से पूर्वघटित वर्तमान का क्रियारूप बनता है। जैसे, पढ़+इछ+ओँ = पढ़िछोँ [उदा. मइ रामायण पढ़िछोँ (मैंने रामायण पढ़ी है)]

असमीया का यह स्वरूप वर्तमान काल हिन्दी के आसन्न भूतकाल से मिलता है। क्रिया के पूर्वघटित अतीत अथवा पूर्णभूत काल के रूप में बनने के लिए धातु के साथ पहले दशावाचक प्रत्यय, फिर भूतकालवाचक कृतप्रत्यय और इसके बाद क्रियाविभक्ति का योग होता है। तृतीय पुरुष के रूप में क्रियाविभक्ति का योग नहीं होता है। जैसे, पढ़+दशावाचक प्रत्यय 'इछ' + भूतकालवाचक 'इल' + क्रियाविभक्ति ओँ = पढ़िछिलोँ [उदा. मइ पढ़िछिलोँ (मैंने पढ़ा था)]

(आ) घटमान काल : काल के जिस रूप से क्रिया के चलते रहने का बोध होता है उसे घटमान काल कहते हैं। वर्तमान, भूत एवं भविष्यत काल के अनुसार इसके तीन भेद हैं। घटमान भूतकाल से भूतकाल में किसी क्रिया के चलते रहने का तथा घटमान भविष्यत से भविष्य में किसी क्रिया के चलते रहने का बोध होता है। मूल क्रिया की धातु में असमापिका (पूर्वकालिक) क्रिया के लिए प्रत्यय 'इ' तथा इसके बाद 'आछ' धातु के स्वरूप वर्तमान काल एवं पूर्णभूत काल के रूप में प्रयोग से क्रमानुसार घटमान वर्तमान काल तथा घटमान भूतकाल के क्रियारूप बनते हैं। घटमान भविष्यत काल के क्रियारूप में मूल क्रिया की धातु के साथ असमापिका क्रिया के 'इ' प्रत्यय तथा इसके बाद 'थाक' धातु के सामान्य भविष्यत काल के रूप प्रयुक्त होते हैं। जैसे,

मूल क्रिया की धातु कर+असमापिकावाचक 'इ' = करि

1. (घटमान वर्तमान) आछ+ओँ = आछोँ।
   [उदा. मइ काम करि आछोँ (मैं काम कर रहा/रही हूँ)]

यह काल हिन्दी के तात्कालिक वर्तमान काल से मिलता है।

2. (घटमान भूत) आछ+इल+ओँ = आछिलोँ
   [उदा. मइ काम करि आछिलोँ (मैं काम कर रहा था/रही थी)]
   हिन्दी के अपूर्ण भूतकाल से असमीया का यह काल समता रखता है।
3. (घटमान भविष्यत) थाक'इम = थाकिम
   [उदा. मइ काम करि थाकिम (मैं काम करता/करती रहूँगा/रहूँगी)]

7.4.4 धातुरूप

धातुओं में कालवाचक प्रत्यय एवं क्रिया-विभक्ति अथवा पुरुष-विभक्ति के योग से क्रियापदों का गठन होता है। जैसाकि पहले बताया जा चुका है, गौण धातुओं के क्षेत्र में मूल धातुएँ कुछ कृत् प्रत्यय के योग से नामधातु, पाँचनि (प्रेरणार्थक) धातु एवं ध्वन्यात्मक धातु बनने के बाद इनके साथ कालवाचक प्रत्यय तथा क्रियाविभक्ति का योग होता है। नीचे विभिन्न काल एवं पुरुष के अनुसार असमीया के कालवाचक प्रत्यय तथा पुरुष-विभक्तियों की सूची दी गयी है—

काल	**कालवाचक प्रत्यय**	**पुरुष विभक्ति**			
		प्रथम	**द्वितीय**		**तृतीय**
			तुच्छ	**मान्य**	
साधारण वर्तमान	०	ओँ	अ	आ	ए, य
स्वरूप वर्तमान	इछ्	ओँ	अ	आ	ए
साधारण भूत	इल्/ल्	ओँ	इ	आ	ए
पूर्ण भूत	इछ्, इल्	ओँ	इ	आ	०
भविष्यत	इब/ब इम/म	०	इ	आ	०

7.4.4.1 धातुरूप

मौलिक व्यंजनान्त 'कर' और स्वरान्त 'खा' धातु

काल	**प्रथम पुरुष**	**द्वितीय पुरुष**		**तृतीय पुरुष**
		तुच्छ	**मान्य**	
साधारण वर्तमान	मइ करोँ मइ खाओँ	तइ कर तइ खाव	तुमि करा तुमि खोवा	सि करे सि खाय
स्वरूप वर्तमान	मइ करिछोँ मइ खाइछोँ	तइ करिछ तइ खाइछ	तुमि करिछा तुमि खाइछा	सि करिछे सि खाइछे

घटमान	मइ करि आछोँ	तइं करि आछ	तुमि करि आछा	सि करि आछे
वर्तमान	मइ खाइ आछोँ	तइ खाइ आछ	तुमि खाइ आछा	सि खाइ आछे
साधारण	मइ करिलोँ	तइ करिलि	तुमि करिला	सि करिले
भूत	मइ खालोँ	तइ खालि	तुमि खाला	सि खाले
पूर्ण	मइ करिछिलोँ	तइ करिछिलि	तुमि करिछिला	सि करिछिल
भूत	मइ खाइछिलोँ	तइ खाइछिलि	तुमि खाइछिला	सि खाइछिल
घटमान	मइ करि आछिलोँ	तइ करि आछिलि	तुमि करि आछिला	सि करि आछिल
भूत	मइ खाइ आछिलोँ	तइ खाइ आछिलि	तुमि खाइ आछिला	सि खाइ आछिल
साधारण	मइ करिम	तइ करिबि	तुमि करिबा	सि करिब
भविष्यत	मइ खाम	तइ खाबि	तुमि खाबा	सि खाब
घटमान	मइ करि थाकिम	तइ करि थाकिबि	तुमि करि थाकिबा	सि करि थाकिब
भविष्यत	मइ खाइ थाकिम	तइ खाइ थाकिबि	तुमि खाइ थाकिबा	सि खाइ थाकिब

7.4.4.2 धातुरूप

पाँचनि 'पढुवा' एवं ध्वन्यात्मक 'गुणगुणा' धातु

काल	**प्रथम पुरुष**	**द्वितीय पुरुष**		**तृतीय पुरुष**
		तुच्छ	**मान्य**	
साधारण	मइ पढुवाओँ	तइ पढुवाव	तुमि पढुओवा	सि पढुवाय
वर्तमान	मइ गुणगुणाओँ	तइ गुणगुणाव	तुमि गुणगुणोवा	सि गुणगुणाय
स्वरूप	मइ पढुवाइछोँ	तइ पढुवाइछ	तुमि पढुवाइछा	सि पढुवाइछे
वर्तमान	मइ गुणगुणाइछोँ	तइ गुणगुणाइछ	तुमि गुणगुणाइछा	सि गुणगुणाइछे
साधारण	मइ पढुवालोँ	तइ पढुवालि	तुमि पढुवाला	सि पढुवाले
भूत	मइ गुणगुणालोँ	तइ गुणगुणालि	तुमि गुणगुणाला	सि गुणगुणाले
पूर्ण	मइ पढुवाइछिलोँ	तइ पढुवाइछिलि	तुमि पढुवाइछिला	सि पढुवाइछिल
भूत	मइ गुणगुणाइछिलोँ	तइ गुणगुणाइछिलि	तुमि गुणगुणाइछिला	सि गुणगुणाइछिल
साधारण	मइ पढुवाम	तइ पढुवाबि	तुमि पढुवाबा	सि पढुवाब
भविष्यत	मइ गुणगुणाम	तइ गुणगुणाबि	तुमि गुणगुणाबा	सि गुणगुणाब

7.4.5 असमीया में क्रिया का नञर्थक रूप

सामान्यतः किसी क्रियापद के पहले 'न' उपसर्ग के योग से असमीया में उस क्रिया का नञर्थक रूप बनता है। इस विषय में ध्यान देने की बात यह है कि मूल क्रियापद के आद्यक्षर के साथ जो स्वर जुड़ा हुआ है उसीके साथ 'न' उपसर्ग का समीभवन हो जाता है। लेकिन 'ऐ' तथा 'औ' के क्षेत्र में यह नियम लागू नहीं है। जैसे,

न+करोँ	=	नकरों	(नहीं करता हूँ)
न+खाओँ	=	नाखाओँ	(नहीं खाता हूँ)
न+शिकोँ	=	निशिकोँ	(नहीं सीखता हूँ)
न+शोओँ	=	नोशोओँ	(नहीं सोता हूँ)
न+खेलोँ	=	नेखेलोँ	(नहीं खेलता हूँ)
न+हैछे	=	नहैछे	(नहीं होता है)

असमीया में मौलिक नञर्थक क्रियापद मात्र एक है– 'नाइ'। 'नाइकिया' इसका सम्प्रसारित रूप है। जैसे, आजि चाउल नाइ अथवा घरत चाउल नाइकिया (आज चावल नहीं है अथवा घर में चावल नहीं है)।

क्रिया के भूतकालिक कृदन्त रूप के बाद 'नाइ' जोड़कर भी नञर्थक प्रयोग होता है। जैसे, मइ नाइ खोवा (मैंने नहीं खाया), मोक मता नाइ (मुझे नहीं बुलाया) इत्यादि।

क्रियापदों के पहले ना, नुइ एवं नौ जोड़कर भी क्रियापदों का नञर्थक रूप बनाया जाता है। जैसे,

ना आछे रूप, ना आछे गुण (रूप भी नहीं है, गुण भी नहीं है)
तेओँ नुइ करिले (उसने मना किया)
भात नौ हय एथोन (अभी खाना नहीं बना है)।

8.0 असमीया में वाक्यरचना एवं पदक्रम

8.1 वाक्य के अंग : उद्देश्य और विधेय वाक्य के दो अंग हैं। इन दोनों के भी 'केन्द्रीय शब्द' तथा 'उसका विस्तार'– इस प्रकार दो-दो अंग हो सकते है। उदाहरण के रूप में– ल'राटो ग'ल (लड़का गया), फुलदानिटो भागिल (गुलदस्ता टूट गया)। इन दोनों वाक्यों में 'ल'राटो' एवं 'फुलदानिटो' उद्देश्य तथा 'ग'ल' एवं 'भागिल' विधेय हैं। उद्देश्य एवं विधेय के इन केंद्रीय शब्दों में विस्तार भी आ सकता है। जैसे, रामर ल'राटो आजि गुवाहाटीलै ग'ल (राम का लड़का आज गुवाहाटी गया) तथा काश्मीरर परा अना फुलदानिटो पकात परि भागिल (कश्मीर से लाया गया गुलदस्ता फर्श पर गिर कर टूट गया।)

अग्र एवं पश्च– इस दृष्टि से भी असमीया वाक्यों को दो अंगों में विभक्त किया जा सकता है। यह विभाजन प्रधानतः बोलचाल की भाषा में लागू होता है। जैसे,

रामे कष्ट करिछे। कष्ट करिले खेति भाल ह'ब। खेति भाल ह'ले यथेष्ट टका-पइछा आर्जिब पारिब।

(राम मेहनत कर रहा है। मेहनत करने से फसल अच्छी आयेगी। फसल अच्छा आने से उसके हाथ में काफी रुपये-पैसे होंगे)।

ऐसे वाक्यों में सम्बन्ध-द्योतन के लिए पहले वाक्य का पश्च दूसरे वाक्य का अग्र हो जाता है।

8.2 वाक्य के प्रकार

कई आधारों पर असमीया वाक्यों के भेद किये जा सकते हैं। इनमें से मुख्य भेदों की चर्चा नीचे संक्षेप में की गयी है।

(क) क्रिया के होने, न होने के आधार पर

असमीया में वाक्य क्रियायुक्त होने के साथ-साथ कुछ वाक्य क्रियाविहीन भी होते हैं। जैसे,

1. सर्वनाम और संज्ञा पद से गठित– एइटो (यह) आम।
2. दो सर्वनाम एवं एक संज्ञा पद से गठित– एइखन आमार देश।
3. तीन संज्ञा पदों से गठित– गुवाहाटी असमर राजधानी।

(ख) रचना के आधार पर

इस आधार पर असमीया में वाक्यों के तीन भेद हैं–

(अ) सरल वाक्य–मइ भात खाओँ (मैं भात खाता हूँ)।

(आ) मिश्र वाक्य–राम आहि पालेइ मइ गुचि याम (जब भी राम आ पहुँचेगा मैं चला जाऊँगा)

इस वाक्य में 'मइ गुचि याम' वाक्य का मुख्य अंश है। बाकी 'राम आहि पालेइ' इस पर आश्रित हैं। प्रधान उपवाक्य के साथ एक अथवा इस प्रकार के एकाधिक आश्रित उपवाक्य मिलकर मिश्र वाक्य बनते हैं। हिन्दी आदि भाषाओं की भाँति असमीया में भी ये आश्रित उपवाक्य तीन प्रकार के होते हैं–

1. संज्ञा उपवाक्य–मइ जानों ये <u>ताक बुजाइ बढ़ाइ एको लाभ नाइ</u> (मैं जानता हूँ कि उसे समझा-बुझाकर कोई फायदा नहीं।)।

2. विशेषण उपवाक्य– <u>यिटो ल'रा कालि आहिछिल</u>, सि आजि अहा नाइ (जो लड़का कल आया था, वह आज नहीं आया है)।

3. क्रियाविशेषण उपवाक्य–<u>येतियाइ एइ फुलबोर फुलिब</u>, राज कुमारे हाँहिबलै धरिब (जभी ये फूल खिलेंगे, राजकुमार हँसने लगेंगे)।

4. संयुक्त वाक्य– आमि बाजना बजाओँ आरु सिहँते नाचे (हम बाजा बजाते हैं और वे नाचते हैं)।

(ग) **भाव या अर्थ के आधार पर**

इस आधार पर वाक्य के सात भेद होते हैं। जैसे,

(अ) वर्णनात्मक (विधिवाचक)–	रामे खाय	(राम खाता है)
(आ) निषेधवाचक–	रामे नाखाय	(राम नहीं खाता है)
(इ) आज्ञावाचक–	तुमि खोवाँ	(तुम खाओ)
(ई) प्रश्नवाचक–	रामे खायने ?	(राम खाता है क्या?)
(उ) विस्मयवाचक–	एया कि है ग'ल	(यह क्या हो गया !)
(ऊ) सन्देहवाचक–	सि आहिब पाय	(वह आया होगा)
(ऋ) इच्छावाचक–	भगवाने मंगल करक	(भगवान भला करें)

(घ) वाच्य के आधार पर

(अ) कर्तृवाच्य– रामे भात खाय (राम भात खाता है)

(आ) कर्मवाच्य–
1. रामर द्वारा भात खोवा हय (राम के द्वारा भात खाया जाता है)।
2. माघमहीया राति चोतालत शोवा नायाय (माघ की रात आँगन में नहीं सोया जाता)

(इ) भाववाच्य–
1. केतिया अहा ह'ल ? (कब आना हुआ)
2. कियबा अहा ह'ल ? (कैसे आना हुआ)

8.3 वाक्य-रचना

हर भाषा में वाक्य-रचना सम्बन्धी कुछ नियम होते हैं। असमीया भाषा से सम्बन्धित इन नियमों की चर्चा नीचे संक्षेप में की गयी है।

8.3.1 **पदक्रम**

असमीया भाषा में एक सीमा तक वाक्य में पदक्रम या शब्दक्रम निश्चित है। इस क्रम को सामान्यतः निम्नलिखित नियमों में बाँधा जा सकता है–

(क) वाक्य में पहले उद्देश्य का तथा बाद में विधेय का होना असमीया का साधारण नियम है।

(ख) कर्ता पहले, कर्म बाद में तथा क्रिया का स्थान वाक्य के अन्त में है। जैसे, रामे रावणक मारिले (राम ने रावण को मारा)।

(ग) यदि दो कर्म हैं तो गौण कर्म पहले और मुख्य कर्म (पदार्थवाचक) बाद में आते हैं। जैसे, रामे रावणक आम दिले (राम ने रावण को आम दिया)।

(घ) करण कारक का प्रयोग सामान्यतः कर्ता के बाद और कर्म के पहले होता है। जैसे, रामे चामोचेरे भात खाले (राम ने चम्मच से भात खाया)।

(ङ) सम्प्रदान कारक का प्रयोग सामान्यतः कर्ता के बाद और कर्म तथा करण के पहले होता है। जैसे, मइ तोमालै हातेरे चुवेटार गुठिछोँ (मैं तुम्हारे लिए हाथ से स्वेटर बुन रही हूँ)।

(च) अपादान कारक का प्रयोग कर्ता के बाद और कर्म के पहले होता है, जैसे, सिगछर परा आम पारिछे (वह पेड़ से आम तोड़ रहा है)।

(छ) अधिकरण कारक का प्रयोग कर्ता के पहले अथवा बाद में किन्तु कर्म के पहले होता है। जैसे, घरते तुमि भात खाइ आहिवा अथवा तुमि घरते भात खाइ आहिबा (घर में ही तुम/तुम घर में ही भात खाकर आओगे)।

(ज) सम्बोधन का प्रयोग वाक्य में सामान्यतः सबसे पहले होता है। जैसे, राम, तुमि इयालै आहाँ (राम, तुम इधर अओ)।

(झ) विस्मयबोधक या आश्चर्यबोधक शब्द भी वाक्य में सामान्यतः सबसे पहले आता है। जैसे, छिः, कि कथा कैछा! (छिः क्या बोल रहे हो!)।

(ञ) प्रश्नबोधक शब्द सामान्यतः क्रिया के बाद आता है। 'ने', 'नेकि', 'जानो', 'बोले', 'केने', 'कि' आदि प्रश्नबोधक शब्द हैं। इनका प्रयोग निम्नलिखित प्रकार से होता है–

ने– तुमि याबाने? (क्या तुम जाओगे?)
नेकि– तुमि याबानेकि?
जानो– तुमि याबा जानो?
बोले– तुमि याबा बोले?

प्रश्नबोधक 'केने' शब्द क्रिया के पहले आता है। जैसे, तुमि केने आछा? (तुम कैसे हो?)।

'कि' शब्द का प्रयोग क्रिया के पहले (कि कैछा?) और कभी-कभी कर्म के पहले (कि कथा कैछा?) होता है।

ऊपर असमीया भाषा के वाक्य में पदक्रम सम्बन्धी साधारण नियमों के सम्बन्ध में चर्चा की गयी है। किन्तु किसी पद (कर्ता, कर्म, क्रिया) में बल देने के लिए पदक्रम में अक्सर परिवर्तन लाया जाता है। जैसे, रावण को राम ने मारा। वैसे ही और एक उदाहरण– 'मइ आरु सि घरलै याम' इस वाक्य में अलग-अलग पद पर गुरुत्व या बल देने पर पदक्रम में निम्नलिखित प्रकार से भिन्नता आ सकती है–

(क) घरलै मइ आरु सि याम।
(ख) सि आरु मइ याम घरलै।
(ग) याम सि आरु मइ घरलै।
(घ) याम घरलै सि आरु मइ। इत्यादि।

असमीया वाक्य में पदक्रम के सम्बन्ध में समग्रतः कहा जाय तो इसमें संस्कृत की भाँति शिथिलता भी नहीं है, पर यह सुनिश्चित रूप से बँधा हुआ भी नहीं है।

8.3.2 अन्वय या मेल

वाक्य में प्रयुक्त विभिन्न पदों के बीच मेल होना चाहिए। असमीया वाक्यों के सन्दर्भ में एतत्सम्बन्धी मूल नियमों का उल्लेख नीचे किया गया है।

(क) कर्ता और क्रिया का अन्वय—क्रिया कर्ता के पुरुष के अनुसार होती है। जैसे, मइ/आमि खाओँ। तुमि/तुमालोके खोवा।

(ख) एक ही वाक्य में प्रथम, द्वितीय एवं तृतीय पुरुष का कर्ता हो तो क्रिया प्रथम पुरुष के अनुसार होगी तथा नियमानुसार कर्ता का क्रम द्वितीय, तृतीय एवं प्रथम होना चाहिए। जैसे—तुमि, राम आरु मइ याम।

(ग) वाक्य में प्रथम एवं द्वितीय पुरुष के कर्ता रहने पर क्रिया प्रथम पुरुष के अनुसार होगी और कर्ता का क्रम साधारण नियमानुसार द्वितीय एवं प्रथम पुरुष का होगा। जैसे—तुमि आरु मइ याम।

(घ) प्रथम एवं तृतीय पुरुष के कर्ता के एक साथ रहने पर क्रिया प्रथम पुरुष की होगी तथा कर्ता का क्रम तृतीय एवं प्रथम होगा। जैसे—सि आरु मइ याम।

(ङ) एक ही वाक्य में द्वितीय एवं तृतीय पुरुष के कर्ता के रहने पर क्रिया द्वितीय पुरुष के अनुसार होगी। यहाँ पहले तृतीय पुरुष का तथा बाद में द्वितीय पुरुष के कर्ता का स्थान होगा। जैसे—राम, यदु, मधु आरु तुमि याबा।

(च) द्वितीय पुरुष के आदरसूचक सर्वनाम 'आपुनि' कर्ता की क्रिया तृतीय पुरुष के अनुसार होती है। जैसे—आपुनि/आपोनालोके खाय (आप/आपलोग खाते हैं)। आपुनि/आपोनालोके करिले (आपने/आपलोगों ने किया)।

(छ) संज्ञा और विशेषण का अन्वय—असमीया वाक्यों में संज्ञा शब्दों के लिंगानुसार विशेषण का परिवर्तन नहीं होता है। कुछ विशेषणों में व्यतिक्रम अवश्य होते हैं। जैसे—रूपह कोँवर (सुन्दर कुँवर), रूपही कुँवरी (सुन्दरी कुँवरी)

(ज) सम्बन्ध और सम्बन्धी का अन्वय—पुरुष के अनुसार सम्बन्धीसूचक शब्दों में परिवर्तन होता है। जैसे—

मोर/आमार भाइ
तोर/तहँतर भायेर
तोमार/तोमालोकर भायेरा
आपोनार/आपोनालोकर भायेक
तार/सिहँतर/तेओँलोकर/रामर/ताइर भायेक

असमीया वाक्य में अन्वय के सम्बन्ध में समग्रतः ध्यान देने योग्य बात यह है कि यहाँ कर्ता के वचन, लिंग तथा कर्म के अनुसार क्रिया का परिवर्तन नहीं होता है। कर्ता के पुरुष के अनुसार ही क्रिया का रूप बदलता है। इसी प्रकार संज्ञा के लिंग, वचन से इनके लिए प्रयुक्त विशेषण शब्दों के लिंग एवं वचन भी प्रभावित नहीं होते हैं।

9.0 समान कुल की भाषाओं से पार्थक्य

असमीया भाषा मागधी अपभ्रंश की पूर्वी शाखा के अन्तर्गत है। समान कुल की

भाषा होने के बावजूद ध्वनिगत तथा रूपगत दोनों दृष्टियों से बंगला, ओड़िआ, मैथिली, मगही एवं भोजपुरी से इसके कुछ पार्थक्य देखने को मिलते हैं। इनमें से मूल पार्थक्य का उल्लेख नीचे किया गया है।

9.1 ध्वनिगत पार्थक्य

(1) अ', एवं ए'—असमीया की ये दोनों स्वरध्वनियाँ समान कुल की अन्य भाषाओं से विशेषता रखती है।

(2) संस्कृत की मूर्धन्य ध्वनियों का उच्चारण असमीया में वर्त्स्य होता है। अपनी भगिनीभाषा मैथिली तथा ओड़िआ में संस्कृत का मूर्धन्य उच्चारण रक्षित है। फिर, बंगला एवं भोजपुरी में ट, ठ, ड, ढ का मूर्धन्य उच्चारण रक्षित है, पर नासिक्य व्यंजन न तथा ण दोनों का उच्चारण वर्त्स्य ही होता है।

(3) च, छ, ज, झ के उच्चारण में भी असमीया और मागधी अपभ्रंश से उद्भूत अन्य भाषाओं में प्रभेद है। 'छ' एवं 'झ' का उच्चारण असमीया में नहीं है। 'च' एवं 'ज' यहाँ स्थान के आधार पर वर्त्स्य तथा प्रयत्न के आधार पर संघर्षी है जबकि बंगला, ओड़िआ, मैथिली और मगही में च, छ, ज, झ का उच्चारण स्थान के आधार पर वर्त्स्य-तालव्य एवं प्रयत्न के आधार पर स्पर्श-संघर्षी है।

(4) यह तो पहले ही बताया जा चुका है (द्रष्टव्य : असमीया ध्वनियाँ) कि श, ष, स— इन तीनों का उच्चारण असमीया में कोमल तालव्य-संघर्षी होता है। लेकिन मैथिली में स एवं श का मूल उच्चारण रक्षित है। फिर, बंगला भाषा में ये तीनों ध्वनियाँ वर्त्स्य-तालव्य तथा ओड़िआ एवं भोजपुरी में तीनों का उच्चारण वर्त्स्य होता है।

9.2 रूपगत पार्थक्य

(1) असमीया में सामान्यतः बहुवचनात्मक प्रत्यय (बोर, बिलाक, हँत) तथा कुछ समष्टिवाचक शब्द (जैसे—सकल, बृन्द, गण) के योग से बहुवचनात्मक रूप बनाया जाता है। असमीया एवं बंगला भाषा में बहुवचनात्मक विभक्ति का प्रयोग नहीं है। मागधी अपभ्रंश से उद्भूत बाकी भोजपुरी, मगही, मैथिली एवं ओड़िआ भाषा में संस्कृत भाषा की बहुवचनात्मक विभक्ति का विवर्तित रूप कुछ हद तक संरक्षित अवश्य है। उदाहरण-स्वरूप संस्कृत षष्ठी विभक्ति का बहुवचनात्मक रूप 'नाम' का विवर्तित रूप नाम > णं > न अथवा उसमें से केवल अनुनासिकता का प्रयोग उपर्युक्त चारों भाषाओं में देखने को मिलता है। जैसे— घोड़न् (मगही), गाइन (भोजपुरी), लोकनि (मैथिली), ताहांकर (ओड़िआ) इत्यादि।

(2) असमीया में वचन के अनुसार क्रियारूपों में परिवर्तन नहीं होता है। यह बात ओड़िआ को छोड़कर समान कुल की शेष चारों भाषाओं में भी लागू होती है।

(3) सर्वनाम के लिंगभेद के विषय में भी समान कुल की अन्य पाँचों भाषाओं

से असमीया भाषा भिन्नता रखती है। अर्थात् बाकी भाषाओं में सर्वनाम का लिंगभेद नहीं है। असमीया भाषा में प्रथम (उत्तम) तथा द्वितीय (मध्यम) पुरुष के क्षेत्र में यह बात लागू होती है। लेकिन तृतीय (अन्य) पुरुष में तुच्छार्थक प्रयोग के लिए स्त्रीलिंग में अलग रूप 'ताई' का प्रयोग है। एक बात और है। केवल असमीया में ही तृतीय पुरुष में तुच्छ, मान्य और अधिक मान्य के लिए क्रमशः सि/ताइ, तेओँ एवं तेखेत सर्वनाम का अलग-अलग प्रयोग है। यह विशेषता समान कुल की अन्य भाषाओं में नहीं है। यह बात निकटवर्ती सर्वनाम (इ/एइ, एओँ, एखेत) के क्षेत्र में भी लागू है।

(4) असमीया में सम्बन्धवाचक विशेष्यों (जैसे मा, भाइ) में सम्बन्धपद के पुरुष के अनुसार एक विशेष प्रकार की निर्देशक विभक्ति का योग होता है। जैसे– मोर/ आमार मा, तोर (मा+र) मार; तोमार/तोमालोकर (मा+रा) मारा; आपोनार/आपोनालोकर (मा+क) माक; तार/ताइर, सिहँतर, तेओँर, तेओँलोकर, तेखेतसकलर, रामर/सीतार (मा+क) माक। समान कुल की अन्य किसी भी भाषा में असमीया की यह विशेषता नहीं है।

(5) असमीया भाषा में निर्दिष्टतावाचक प्रत्यय का प्रयोग होता है। इस विषय में असमीया भाषा समान कुल की केवल मैथिली एवं मगही भाषा से भिन्नता रखती है।

(6) कर्ता एवं कर्म के आदरार्थ-अनादरार्थ के अनुसार मगही एवं मैथिली भाषा में क्रियारूपों में भिन्नता आती है। असमीया में ऐसी भिन्नता नहीं आती है।

(7) मगही, भोजपुरी, मैथिली एवं बंगला भाषा में भविष्यत काल के क्रियारूपों में प्रत्ययसंयोगी रूप देखने को मिलते है। जैसे, मगही– देखिहैं, देखिहे; भोजपुरी– चलिह, चलिहैंसनूहि; मैथिली– देखतह, चलिहइ; बंगला– चलिस्, यास् इत्यादि। असमीया भाषा के क्षेत्र में भविष्यत काल के क्रियारूपों में ऐसे प्रत्ययसंयोगी रूपों का प्रयोग नहीं मिलता है।

(8) भूत काल के क्रियारूपों के क्षेत्र में भी असमीया भाषा बंगला एवं भोजपुरी से भिन्नता रखती है। असमीया में इन रूपों में अनिवार्यतः 'ल' प्रत्यय संयुक्त होता है जबकि भोजपुरी एवं बंगला में बिना 'ल' प्रत्यय के भी भूतकाल के क्रियारूप बनते हैं। जैसे– भोजपुरी– देखुउ, देखुए, देखुअनि; बंगला– करिताम, करिते इत्यादि।

10.0 साहित्यिक समृद्धि

असमीया भाषा का स्वतन्त्र रूप सर्वप्रथम कवि हेम सरस्वती द्वारा रचित **प्रह्लादचरित** नाम की पोथी में सामने आता है। कवि का समय तेरहवीं सदी का उत्तरार्द्ध अथवा चौदहवीं सदी का प्रारम्भ माना जाता है।

शंकरदेव (पंद्रहवीं सदी) ने असमीया में गद्य-रचना की नींव डाली। उनके रचित नाटकों में पहली बार गद्य का प्रयोग किया गया। ईसवी सन् 1813 में असमीया का प्रथम मुद्रित ग्रन्थ **धर्मपुस्तक** सामने आया था। यह ग्रन्थ **बाइबेल** (निउ टेस्टामेन्ट)

का असमीया अनुवाद है। वास्तव में कहा जाय तो इसी ग्रन्थ के मुद्रण से आधुनिक असमीया भाषा-साहित्य का श्रीगणेश हुआ। लेकिन सन् 1846 की जनवरी से प्रकाशित (सन् 1880 तक) मासिक पत्रिका 'अरुणोदइ' (सन् 1860 से इसका नाम 'अरुणोदय' किया गया) ने असमीया भाषा-साहित्य में आधुनिकता का शंखनाद फूँका। सन् 1839 में अँगरेजी भाषा में असमीया भाषा का पहला व्याकरण रचित हुआ था। असमीया भाषा में इस भाषा का पहला व्याकरण (1848) लिखने का श्रेय नाथान ब्राउन को है। 1867 में रचित **असमीया आरु इंराजि अभिधान** (असमीया से अँगरेजी) असमीया भाषा से सम्बन्धित पहला कोश-ग्रन्थ है।

11.0 उपसंहार

सन् 1956 में जब भारतीय संविधान की आठवीं अनुसूची में सर्वप्रथम चौदह भारतीय भाषाओं को स्थान दिया गया, उन चौदह मर्यादित भाषाओं में असमीया भी शामिल है।

सहायक ग्रन्थों की सूची

(क) असमीया

1. उपेन राभा हाकाचाम : असमीया आरु असमर भाषा-उपभाषा
   ज्योति प्रकाशन, गुवाहाटी, 2009
2. उपेन्द्रनाथ गोस्वामी : असमीया लिपि
   असम प्रकाशन परिषद, गुवाहाटी, 1987
3. कालिराम मेधि : असमीया व्याकरण आरु भाषातत्त्व
   असम प्रकाशन परिषद, गुवाहाटी, 1978
4. गोलोक चन्द्र गोस्वामी : असमीया बर्ण-प्रकाश
   बीणा लाइब्रेरी, गुवाहाटी, 1990
5. दीप्ति फुकन पाटगिरि : असमीया, बांग्ला आरु उड़िया भाषा
   बनलता, गुवाहाटी, 1990
6. फणीन्द्रनारायण दत्तबरुवा : आधुनिक भाषाबिज्ञान परिचय
   बनलता, डिब्रुगड़, 2006
7. महेश्वर नेओग : असमीया साहित्यर रूपरेखा
   चन्द्रप्रकाश, गुवाहाटी, 1987
8. योगेन्द्र नारायण भुञा (स.) : असमीया बिश्वकोष (चतुर्थ खण्ड)
   असम साहित्य सभा, 2003
9. लीलावती शइकीया बरा : असमीया भाषार रूपतत्त्व
   बनलता, गुवाहाटी, 2009
10. सत्येन्द्रनाथ शर्मा : असमीया साहित्यर समीक्षात्मक इतिबृत्त
    प्रतिमा देवी, रिहाबारी, गुवाहाटी-4, 1991

(ख) हिन्दी

1. उदय नारायण तिवारी : भोजपुरी भाषा और साहित्य
बिहार राष्ट्रभाषा परिषद्, पटना, 1984
2. भोलानाथ तिवारी : हिन्दी भाषा
किताब महल, इलाहाबाद, 1981
3. सम्पत्ति आर्याणी : मगही भाषा और साहित्य
बिहार राष्ट्रभाषा परिषद्, पटना, 1976

(ग) बंगला

1. परेशचन्द्र मजुमदार : बाङ्ला भाषा परिक्रमा
देज पाबलिशिं, कलकता, 2003

(घ) अँगरेजी

1. Subhadra Jha : Formation of the Maithili Language,
Munshiram Manoharlal, 1985

उर्दू भाषा

डॉ. मु. इसराईल रज़ा

परिचय : उर्दू भारत की गंगा-यमुनी तहज़ीब अर्थात् साझी संस्कृति की भाषा है। उर्दू भारत देश में ही पैदा हुई, पली, बढ़ी और परवान चढ़ी। यह भाषा पूरे भारतवर्ष में बोली जाती है। कुछ लोग इसे प्रादेशिक भाषा समझते हैं जो सच नहीं है। सच तो यह है कि इस भाषा का ज्यादातर चलन उन-उन जगहों में है जहाँ हिन्दी भाषा बोली जाती है, अल्बत्ता कहीं कम और कहीं ज्यादा प्रचलन है। अब यही देख लिया जाए कि उर्दू उत्तर भारत में भी है और दक्षिण भारत में भी। कहीं यह कश्मीरी से दोस्ती का दम भरती है तो कहीं मराठी और गुजराती के साथ मिलकर चलती है। कहीं तेलुगु, मलयालम, कन्नड़ और तमिल की उँगली पकड़ती है और कहीं यह पंजाबी, बँगाली, ओड़िआ और असमीया के साथ है। इस तरह आज यह उर्दू भाषा न केवल भारतवर्ष बल्कि भारत उपमहाद्वीप, दक्षिण, मध्यपूर्व एशिया, यूरोप और अमेरिका तक में बोली जा रही है। सच तो यह है कि आज उर्दू भाषा बोलने वालों की संख्या एक अरब से भी अधिक है और यह विश्व की तीसरी सबसे बड़ी भाषा बनकर राज कर रही है तथा चारों ओर अपनी खुशबू बिखेर रही है।

उर्दू नाम का विवेचन : उर्दू तुर्की भाषा का शब्द है जिसका अर्थ 'लश्कर' अर्थात् फौज है। इसीलिए इसे लश्करी ज़बान भी कहा जाता है। उर्दू विभिन्न भाषाओं के मेल से बनी है। जिस तरह लश्कर में विभिन्न प्रदेशों के जवान होते हैं उसी तरह उर्दू भी भिन्न-भिन्न प्रदेशों में बोली जाने वाली विभिन्न भाषाओं का मिला-जुला रूप है। उर्दू कई भाषाओं का संगम है। इसमें अरबी, फारसी, खड़ी बोली, हरियानवी, बृज भाषा, क़न्नौजी, बुन्देली आदि भाषाएँ मिली हुई हैं। इसके अतिरिक्त अन्य देशी-विदेशी भाषाओं के शब्द भी उर्दू भाषा में निरंतर सम्मिलित होते रहे जिसका सिलसिला अभी तक जारी है। इस भाषा में दूसरी भाषाओं के शब्दों को स्वीकार तथा अंगीकार करने की अपार क्षमता है। इस भाषा की सर्वमान्यता का एक मूल कारण यह भी है। इसीलिए उर्दू को एक मखलूत ज़बान अर्थात् मिली-जुली भाषा कहा जाता है।

उर्दू भाषा की उत्पत्ति : उर्दू भाषा कहाँ पैदा हुई? इस पर भाषा-विशेषज्ञों के दरमियान मतान्तर रहा है। नसीर उद्दीन हाशमी जहाँ इस भाषा को दकन (दक्षिण) की पैदावार मानते हैं वहीं महमूद शीरानी इसकी जन्मस्थली पंजाब बताते हैं। मुहम्मद हुसैन आजाद इस भाषा को बृजभाषा की पैदावार मानते हैं। इसी तरह शौकत सब्जवारी का भी इस सम्बन्ध में भिन्न मत है। प्रो॰ मसूद हुसैन ने इन तमाम मतों का विवेचन करने एवं उनका गुण-दोष उजागर करने के बाद यह निष्कर्ष निकाला है कि उर्दू भाषा न बृज से पैदा हुई, न दकन और पंजाब में, बल्कि यह दिल्ली और उसके आस-पास के दोआबा अर्थात् गंगा और यमुना के इलाक़े में पैदा हुई है। उर्दू भाषा चूँकि एक लश्करी ज़बान है इसलिए यह जहाँ-जहाँ गयी उस क्षेत्र की बोलियों और भाषाओं को अंगीकार करती चली गयी। यही कारण है कि इस भाषा में बृज, दक्कनी, पंजाबी आदि भाषा के शब्द मिलते हैं जिनसे इसकी जन्म-स्थली के बारे में भ्रमित होने की आवश्यकता नहीं है। आर्यों की प्राचीन भाषा संस्कृत या इन्डिक चार पीढ़ियों से इसकी जननी करार दी गयी है। यूँ तो भारत में जबानों के कई खानदान हैं लेकिन इनमें दो खानदान प्रमुख हैं—एक द्रविड़ और दूसरा आर्यभाषा। आर्यभाषा खानदान की ज़बानें समस्त उत्तरी भारत के इलाकों में फैली हुई हैं। दक्षिण में गुजरात और महाराष्ट्र तक इन्हींका चलन है। ईसापूर्व 1500 वर्ष पहले जब आर्य भारत आए तो जो लोकभाषा वे बोलते थे उनके समूह को इन्डिक के नाम से जाना जाता है। चारों वेद इन्हींकी लोकभाषाओं में लिखे गये। बाद में पाणिनि और पतंजलि के जमाने तक इन्हीं बोलियों के परिष्कृत रूप को संस्कृत के नाम से पुकारा जाने लगा। बौद्धों और जैनियों के काल में ये ही बोलियाँ अपने विकास की दूसरी मंजिल में दाखिल हो गईं और प्राकृत अर्थात् प्राकृतिक बोलियाँ कहलाईं। आगे चलकर लगभग पाँचवीं शताब्दी में इनकी बिगड़ी हुई शक्लें उभरीं जो अपभ्रंश कहलाती थीं और इसी अपभ्रंश का प्रयोग होने लगा। यह आर्यभाषा का तीसरा चरण था। कुछ प्राकृतें प्रारम्भ से ही प्रचलित थीं। अपभ्रंशों में सबसे अधिक प्रभाव वाली अपभ्रंश शौरसेनी कहलाती थी। यह अपभ्रंश पंजाब के पूर्वी भागों से लेकर अवध के पश्चिमी भागों तक प्रचलित थी। इसकी कई बोलियाँ थीं। दसवीं शताब्दी के लगभग यह और अन्य आर्यभाषा अपने विकास के चौथे चरण में दाखिल हुईं जिसे आधुनिक आर्य भाषाओं का युग कहा जाता है। यही ज़माना मुसलमानों के भारत में प्रवेश करने का भी है। परिणामस्वरूप भारत का राजनैतिक मानचित्र तेज़ी से बदलने लगा। हिन्दी, उर्दू, पंजाबी इसी शौरसेनी अपभ्रंश की उत्तराधिकारी हैं। जॉन अब्राहम ग्रियर्सन के अनुसार हिन्दी की दो शाखाएँ हैं, पूर्वी हिन्दी तथा पश्चिमी हिन्दी। पूर्वी हिन्दी में अवधी, भोजपुरी, छत्तीसगढ़ी, मगही, मैथिली इत्यादि बोलियाँ शामिल हैं जबकि पश्चिमी हिन्दी में खड़ी, ब्रज, हरियानी, क़न्नौजी और बुन्देली हैं। आधुनिक मानक उर्दू तथा हिन्दी दोनों भाषाओं का सम्बन्ध इसी

पश्चिमी हिन्दी से है। इस तरह उर्दू हिन्दी का सम्बन्ध सहोदर बहनों का है। इन दोनों भाषाओं की बुनियाद एक है।

उर्दू के विकास की कहानी हिन्दी के विकास के साथ जुड़ी हुई है। उर्दू की संरचना दसवीं-ग्यारहवीं शताब्दी से सतरहवीं-अठारहवीं शताब्दी तक होती रही है। यह वह ज़माना था जबकि हिन्दुओं और मुसलमानों के परस्पर सहयोग और नयी ऐतिहासिक तथा सभ्यतागत आवश्यकताओं के अंतर्गत जो भाषा उत्पन्न हो रही थी वह कई नाम से पुकारी जाती थी, कभी वह हिन्दवी कहलाती कभी गुज्जरी, कभी रेख्ता, कभी उर्दू, कभी हिन्दी और कभी दकनी। शाहजहाँ के ज़माने के बाद "किलाए-मोअल्ला" में बोली जाने वाली यह भाषा उर्दूए-मोअल्ला भी कही जाने लगी। सामान्य भाषा 'हिन्दुस्तानी' के नाम से जानी जाती थी। बाजारों में जहाँ लेन-देन होता था, तिजारत की मजबूरियों के कारण एक मिली-जुली ज़बान बोलनी पड़ती थी। इसके अतिरिक्त यह संतों और सूफियों की भी भाषा बन गयी थी। जनसमूह के दिलों तक पहुँचने के लिए न तो संस्कृत का प्रयोग किया जा सकता था न फारसी का, बल्कि किसी ऐसी भाषा की आवश्यकता थी जो सरल हो और सबको समझ में आ सके। और यह श्रेय इस मिलीजुली रेख्ता भाषा को प्राप्त हुआ। हिन्दी के भाषा-विशेषज्ञ इसकी शुरूआत बृज के आरंभ से करते हैं जबकि उर्दू वाले पंजाबी और खड़ी से। इसका कारण यह है कि मध्यकाल में हिन्दू सभ्यता की परम्पराओं को भाषाई रूप में व्यक्त करने का माध्यम बृज थी। हिन्दू तथा मुसलमानों के परस्पर भाषागत और सभ्यतागत मेल-जोल का प्रथम स्थान पंजाब था। बृज तो शौरसेनी की सच्ची उत्तराधिकारी थी ही और उसका विकास तो होना ही था। लेकिन इस बात की प्रबल संभावना है कि वह बोली जो आगे चलकर 'खड़ी' कहलाई, बहुत हद तक हिन्दुओं और मुसलमानों के भाषाई तथा सभ्यतागत मेल-जोल से अपने विकास में प्रत्यक्ष रूप से प्रभावित हुई हो। इस तरह की पुरानी हिन्दुवी बोली के नमूनों का जिक्र बारहवीं और तेरहवीं शताब्दी से मिलने लगता है। ऐसा लगता है कि यह नयी उत्पन्न भाषा एक ओर तो पुरानी पंजाबी से भिन्न होगी दूसरी ओर बृज से। अफसोस के मसूद साद सलमान का, जो महमूद गज़नवी के ज़माने में लाहौर के कवि थे, के हिन्दुवी कलाम उपलब्ध नहीं जिनके बारे में मोहम्मद ऊफी ने अपने तज़किरा 'लुबाबुल्बाब' में लिखा है कि मसूद ने हिन्दुवी में शेर कहे थे। यदि इस भाषा की इब्तिदा गयारहवीं और बारहवीं सदी में गज़नवियों के ज़माने में तस्लीम न भी की जाए तो भी इस बात से किसी को इंकार नहीं हो सकता कि अमीर खुसरो के ज़माने तक यह भाषा एक खास हद तक तरक्की कर चुकी थी। अमीर खुसरो ने अपने तीसरे फारसी दीवान में हिन्दुवी में शेर कहने को गर्व के साथ बयान किया है। मज़े की बात तो यह है कि अमीर खुसरो को उर्दू और हिन्दी दोनों ही भाषाओं में अपना पहला कवि स्वीकार किया जाता है। अमीर खुसरो का देहावसान 1324 ई॰ में हुआ। यह बात भी ज्ञातव्य है कि

इससे लगभग एक शताब्दी पूर्व खिलजियों की फौजों ने दकन पर हमला किया था। 78 वर्ष पूर्व जब मुहम्मद तुग़लक़ ने राजधानी देवगिरी, दौलताबाद मुन्तक़िल किया तो यही ज़बान वहाँ जाकर गुज्जरी और दकनी के नाम से पुकारी जाने लगी और बड़ी तेज़ी से साहित्यिक भाषा का स्थान प्राप्त कर ली। उत्तरी भारत में इस समय फारसी का प्रभाव था। इसलिए उत्तर के मोकाबले में दक्षिण में इस भाषा पर ध्यान अधिक था। मगर उत्तर में भी जन-आन्दोलनों और सूफी संतों ने इसकी मक़बूलियत को कहाँ से कहाँ पहुँचा दिया। यद्यपि कृष्णभक्ति आंदोलन और अकबर के आगरा को राजधानी बनाने से बृज का सितारा फिर से चमक उठा लेकिन शाहजहाँ ने जब दिल्ली को दोबारा बसाया तो खड़ी बोली इस समय तक अपने आप को पहचान चुकी थी। और दिल्ली के राजनैतिक और तहज़ीबी केन्द्रीयकरण के कारण उसका असर नयी रेख्ता ज़बान पर गहरा होने लगा और देखते ही देखते उर्दूए-मोअल्ला बन गयी और औरंगजेब के बाद से तो इसमें जैसे शेर-व-शायरी के रास्ते ही खुल गये और ज़बर्दस्त अदबी सरगर्मी शुरू हो गयी।

यह वह ज़माना था जब हिन्दी अदब अभी बृज, अवधी और राजस्थानी बोलियों के प्रभाव में था। ये सब बोलियाँ भी हिन्दी कहलाती थीं और उर्दू को भी हिन्दी कहने में कोई कष्ट महसूस नहीं होता था। वास्तव में उस समय तक उर्दू और हिन्दी दो ज़ुबानें थीं ही नहीं वरना फ़ज़ल अली फ़ज़ली अपनी "कर्बल कथा" की भाषा को नस्रहिन्दी (हिन्दी गद्य) क्यों कहते? या मुहम्मद हुसैन खाँ अता तहसीन "नव तर्ज़ेमुरस्सा" की प्रस्तावना में "इबारत रंगीन, बज़ुबान हिन्दी" लिखने पर गर्व का अनुभव क्यों करते या "गालिब" अपनी उर्दू नस्र के लिए हिन्दी शब्द का प्रयोग क्यों करते? फोर्ट विलियम कॉलेज में उर्दू और हिन्दी में अलग-अलग पाठ्य पुस्तकें लिखवाई गईं। यहाँ हिन्दी मुंशियों को इस काम के लिए नियुक्त किया गया कि वह अपने ज़माने की जरूरत के मोताबिक़ हिन्दी गद्य की किताबें तैयार करें। इसके बाद अँगरेजी साम्राज्य की चालों से हिन्दुओं और मुसलमानों के दरम्यान परस्पर संदेह व शक ने जन्म लिया और इस तरह एक पेड़ की दो शाखाएँ अलग-अलग हो गईं। और एक बड़े तने से दो वृक्ष अलग-अलग बनते चले गये। इन वृक्षों में एक उर्दू का वृक्ष है तो दूसरा हिन्दी का।

उर्दू हिन्दी की एक शैली है या स्वतंत्र भाषा? : यहाँ पर यह बात भी ध्यातव्य है कि हिन्दी और उर्दू को प्रायः एक भाषा कहा जाता है। यह बात जितनी सत्य है उतनी ही सत्य नहीं भी है। अर्थात् बुनियाद के लेहाज़ से निस्संकोच हिन्दी और उर्दू दोनों ज़ुबानें एक हैं लेकिन अपने विकास के क्रम में कई कारण से ये ज़ुबानें एक दूसरे से अलग हो गईं। यह सत्य है कि दोनों भाषाएँ शैरसेनी प्राकृत की उत्तराधिकारी हैं और दिल्ली और उसके आसपास की ख़ड़ी बोली पर इनका अस्तित्व है। परन्तु इस सत्य के बावजूद उर्दू और हिन्दी दो मिलती-जुलती मगर एक दूसरे

से अलग, स्वतंत्र और स्थाई भाषा है। दोनों की बुनियाद एक होने का हर्गिज़ यह मतलब नहीं कि दोनों की लिपियाँ भी एक हों। यदि यह बात जरूरी होती तो प्रो॰ गोपीचन्द नारंग के अनुसार आज ओड़िआ और आसामी ज़ुबानों का रस्मुलखत एक ही होता क्योंकि ये तीनों मागधी प्राकृत की जानशीं हैं लेकिन इसके बावस्फ इनका रस्मेखत एक दूसरे से भिन्न है। इस मिसाल को संस्कृत तक ले जाइए तो मालूम होगा कि संस्कृत तमाम आर्यभाषाओं का बुनियाद है यानी बंगाली, ओड़िआ, आसामी, अवधी, मगही, मैथिली, भोजपुरी, बृज, हिन्दी, खड़ी, हरियानी, गुजराती, राजस्थानी, पंजाबी आदि सभी ज़ुबानों का सिलसिला संस्कृत तक पहुँचता है। लेकिन ज़ाहिर है कि इन सब का रस्मेखत (लिपि) एक नहीं है। यही हिन्दी और उर्दू का मामला है। दोनों आर्यभाषाएँ हैं लेकिन अपने-अपने ईर्तेक़ाई सफर में ये दोनों ज़ुबानें इतनी आगे बढ़ चुकी हैं कि अब इनके लिए एक ही रस्मेखत का तजवीज़ करना दोनों के लिए हानिकारक होगा।

उर्दू की लिपि और उसका परिचय : उर्दू रस्मुलखत में 36 अक्षर हैं। इनमें से 14 अक्षरों की आवाज़ों की उर्दू में कायापलट हो गयी है। हकार आवाज़ अरबी में नहीं है। बंदिशी आवाज़ों में पूरे हकार सेट यानी بھ (भ), پھ (फ), تھ (थ), دھ (ध), جھ (झ), چھ (छ), کھ (ख), گھ (घ) का इज़ाफा उर्दू में प्राकृतों की देन है। इसी तरह माकूसी आवाज़ ٹ (ट), ڈ (ड), ڑ (ड़) और इनके हकार रूप ٹھ (ठ), ڈھ (ढ), ڑھ (ढ़) भी हिन्दी से प्रभावित हैं। ये कुल 14 आवाज़ें हैं यानी उर्दू रस्मुलखत में एक तिहाई से भी अधिक इन्डिक स्वरों की वृद्धि हो चुकी है। उर्दू लिखने और बोलते समय इन स्वरों से परहेज़ नहीं किया जाता। कहने का तात्पर्य यह है कि जिस रस्मुलखत को सदियों पहले उर्दू के लिए प्रयोग में लाया गया, उसे उर्दू स्वरूप प्रदान करने के क्रम में उसकी इतनी कायापलट हो चुकी है कि न केवल उसकी अस्ल आवाज़ों में से बहुत-सी आवाज़ों को बदल दिया गया है बल्कि उसमें ऐसी-ऐसी आवाज़ों और अलामतों (प्रतीकों) की वृद्धि भी की गयी जो न अरबी में है और न फारसी में। उर्दू में इन अरबी-फारसी अक्षरों या स्वरों का प्रयोग बिल्कुल भिन्न है जिसे कोई भी अरबी या ईरानी स्वीकार नहीं कर सकता।

इसमें संदेह नहीं के उर्दू ने अपनी लिपि अरब और ईरान से ली है जो इसकी शब्दावली के प्रयोग के दृष्टिकोण से उपयुक्त भी है लेकिन हिन्द-भारतीय आर्य भाषाओं की स्वर सम्बन्धी आवश्यकताओं की पूर्ति करने के लिए इसमें मौलिक परिवर्त्तन भी किए गये हैं। इस तरह इसे बिल्कुल अपना बना लिया गया। इस तरह उर्दू का रस्मुलखत अब गैर मुल्की नहीं रह गया है। इसलिए कि इस लिपि को पूर्ण रूप से हिन्दुस्तानी ढाँचे में ढाल लिया गया है।

मुहम्मद बिन क़ासिम के नेतृत्व में अरब मुसलमान 712 ई॰ में अरबी ज़ुबान बोलते हुए सिंध में दाखिल हुए। उनके आगमन से आधुनिक सिंधी भाषा उत्पन्न

हुई जिसकी लिपि ही केवल अरबी नहीं बल्कि जिसमें अरबी के हज़ारों शब्दों का समावेश हो गया। यही कारण है कि सैयद सुलेमान नदवी ने यह विचार व्यक्त किया कि उर्दू का खमीर सिंध में तैयार हुआ। परन्तु भाषाविज्ञान के दृष्टिकोण से उनका विचार उचित नहीं है। भारतीय भाषाओं में अरबी-फारसी शब्दों का समावेश ही उर्दू की संरचना की ज़मानत नहीं है बल्कि जब यह भाषाई प्रभाव देहली और उसके आसपास के क्षेत्रों में बोली जाने वाली ज़ुबानों पर पड़ता है तो उर्दू का पहला ढाँचा तैयार होता है जिसकी प्रक्रिया वास्तव में 1193 ई॰ के बाद आरम्भ होती है जबकि मुसलमान दिल्ली पर विजय पताका लहराते हैं। इससे पहले मुसलमान पंजाब और लाहौर में शासक के रूप में दो सौ वर्षों तक रह चुके थे। महमूद गज़नवी ने 1000 ई॰ में पंजाब पर विजय प्राप्त करने के बाद उसको अपने साम्राज्य में मिला लिया जिसका केन्द्र-स्थान लाहौर था। लाहौर की इसी पंजाबी-तुर्की-फारसी के साहित्यिक वातावरण में मसूद साद सलमान (जन्म 1125 और 1130 के बीच) का अविर्भाव होता है जिनके तुर्की और फारसी के अतिरिक्त हिन्दी के ख्यातिलब्ध कवि होने का ज़िक्र अमीर खुसरो और तज़किरा निगार उफ़ी ने किया है। अतः यह स्वीकार करना पड़ता है कि मसूद साद सलमान हिन्दी ज़ुबान में भी शायरी करते थे। और शायद उनका दीवान या काव्य-ग्रंथ अमीर खुसरो के ज़माने तक (1325 ई॰) उपलब्ध था। लेकिन उनकी कविता का चूँकि कोई नमूना उपलब्ध नहीं है इसलिए यह बता पाना मुश्किल है कि उनकी हिन्दी का स्वरूप क्या था? अनुमान कहता है कि उनकी भाषा अमीर खुसरो और अबुल फज़ल के "लिंग्विस्टिक डिवीजन ऑफ इंडिया' के अनुसार लाहौरी (पंजाबी) रही होगी जो दोनों की सूचियों में लिखित "ज़ुबानेदेहली" से अवश्य भिन्न रही होगी इसलिए कि फारसी के स्थान पर उस समय हिन्दी का प्रयोग उत्तरी भारत के अधिकतर भागों में होने लगा था।

पंजाब पर ग़ोरियों के आक्रमण 1168 ई॰ में शुरू हो जाते हैं। 1193 ई॰ में अन्ततः पराजय के बाद शहाबुद्दीन ग़ोरी दिल्ली के सम्राट् पृथ्वीराज को हराकर दिल्ली और अजमेर पर कब्ज़ा जमा लेता है जहाँ उसका सिपहसालार कुतबुद्दीन ऐबक उसके देहान्त के बाद गुलामवंश का साम्राज्य स्थापित कर लेता है। उर्दू के आविर्भाव और उसके विकास की असल तारीख इसके बाद से ही शुरू होती है।

उर्दू और हिन्दी के व्याकरण में फर्क के बिन्दु : उर्दू और हिन्दी दो सगी बहनें हैं। इसके अधिकांश अक्षर, शब्द, वाक्य, मुहावरा, कहमुकरनियां, कहावत एक जैसे हैं। इतनी समानता होने के बावजूद इसमें कुछ अंतर भी है। कुछ शब्द का उपयोग व्याकरण के दृष्टिकोण से भिन्न है। ऐसे ही शब्दों में एक शब्द कागज़ है जिसका बहुवचन उर्दू में "कागज़ात" तथा हिन्दी में "कागजों" होता है। उसी प्रकार अमीर, गरीब, फक़ीर, वकील, दलील, दवा, मस्जिद के बहुवचन भी उर्दू और हिन्दी में भिन्न-भिन्न हैं जो उर्दू में क्रमशः ओमरा, ग़ोरबा, फ़ोक़रा, वोकला, दलाएल, अदविया

और मसाजिद हैं तो हिन्दी में क्रमशः अमीरों, गरीबों, फकीरों, वकीलों, दलीलों, दवाएँ और मस्जिदें हैं। जिस प्रकार बहुवचन में कुछ अंतर है उसी प्रकार लिंग के आधार पर भी कुछ शब्दों में अन्तर पाया जाता है। जैसे 'क़लम' उर्दू में पुल्लिंग तथा हिन्दी में स्त्रीलिंग होता है। 'तकिया' उर्दू में पु. तथा हिन्दी में स्त्री., 'कद' उर्दू में पु. हिन्दी में स्त्री., 'लालच' उर्दू में पु. हिन्दी में स्त्री., 'तावीज़' उर्दू में पु. हिन्दी में स्त्री., 'चाल', उर्दू में स्त्री. हिन्दी में पु. होता है। यह भी याद रहे कि कर्ता के अन्दर उर्दू और हिन्दी में कोई अंतर नहीं है।

उर्दू भाषा का क्षेत्र और उसके बोलनेवालों की संख्या : भारत में विभिन्न भाषाएँ बोली जाती हैं। इनमें से अधिकतर भाषाओं के अपने-अपने क्षेत्र हैं। परन्तु उर्दू के साथ ऐसी बात नहीं है। उर्दू का प्रचलन पूरे देश में है और इस लेहाज़ से यह एक भारतीय भाषा है। यह हर क्षेत्र में तो अवश्य बोली जाती है लेकिन यह हर क्षेत्र में अल्पसंख्यक है। यह भाषा प्रत्येक उस क्षेत्र में तो अवश्य बोली जाती है जहाँ हिन्दी का प्रचलन है। उर्दू का प्रचलन उत्तरी भारत के उन राज्यों में है जो हिन्दीभाषी राज्य हैं। इसके बोलने वालों की संख्या विश्व में एक अरब से अधिक है। भारत की तीस करोड़ से अधिक जनसंख्या उर्दू भाषा बोलती है।

संविधान की आठवीं अनुसूची में स्थान : उर्दू भारतीय संविधान की आठवीं अनुसूची में प्रारम्भ से ही सम्मिलित भाषाओं में से एक भाषा है। अर्थात् 26 जनवरी 1950 से ही उर्दू आठवीं अनुसूची में सम्मिलित है। बिहार समेत कुछ राज्यों में उर्दू को दूसरी राज्यभाषा का दर्जा भी प्राप्त है।

उर्दू की प्राचीनता : उर्दू के प्रथम कवि अमीर खुसरो हैं परन्तु इनका कोई दीवान या पुस्तक उर्दू में उपलब्ध नहीं है। वे उर्दू में शायरी करके दोस्तों में बाँट देते थे। बहुत-से कहमुकरनियाँ और शेर आज भी उपलब्ध हैं। उर्दू के पहले साहिबे दीवान शायर कुली कुतुब शाह हैं। इनका कुल्लियात आज भी उपलब्ध है। बहुत-से सूफियों ने पद में मसनवियाँ लिखी हैं। परन्तु वह आज अपने मूल रूप में उपलब्ध नहीं है। फखरे दीन निज़ामी की मसनवी 'कदम राव पद्म राव' है। यही उर्दू की पहली अदबी पद-रचना है। इसके अतिरिक्त मुल्ला वजही की 'क़ुतब मुशतरी' और उत्तर भारत में "बिकट की कहानी" प्राचीन रचना है। गद्य-रचनाओं में प्रथम 'मेराजुलआशेक़ीन' है। यही उर्दू की प्रथम पुस्तक भी है। इसके अतिरिक्त प्राचीन रचनाओं में मुल्ला वजही की 'सबरस', अबुल फजल फजली की 'कर्बल कथा' और मीर अता हुसैन तहसीन की 'नौतरज़े मोरस्सा' है। इन सभी पुस्तकों की इबारत रंगीन, मोक़फ्फा और मोसज्जा थी। जहाँ तक पत्र-पत्रिका की बात है, उसमें 'जामेजहाँनुमा' सबसे प्राचीन है।

ओड़िआ भाषा

डॉ. सुधांशु कुमार नायक

1. ओड़िआ भाषा

ओड़िशा की भाषा का नाम ओड़िआ है। 'ओड़िशा' और 'ओड़िआ'—ये दोनों शब्द अत्यन्त प्राचीन हैं। 'उर-रो' शब्द शबर भाषा में खेती और काश्तकार के अर्थ में बहुप्रचलित है। किसान को प्राचीन तमिल में 'उत्कल' और कन्नड़ में 'ओड़िसु' कहते हैं। इससे मालूम होता है कि प्राचीन 'उड' शब्द खेती के अर्थ में और 'ओड़िशा' कृषकों के देश के अर्थ में प्रचलित था। पुराण तथा धर्मशास्त्रों में 'उड़' नामक किसी अनार्य जाति का स्पष्ट उल्लेख मिलता है। भरत के **नाट्यशास्त्र** के अनुसार उड़ जाति शबर, आभीर, चाण्डाल आदि अनार्य जातियों से सम्बन्धित थी तथा उनकी भाषा विभाषा के रूप में बोली जाती थी—

शाबराभीरचंडाल शबराद्राविणोड्रजाः।
हीनावने चरणांच विभाषाः सप्तकीर्त्तिताः।।

शबर, आभीर, चाण्डाल, सावर, द्राविड़, वनचर और ओड्र— इन सात विभाषाओं में ओड्री विभाषा केवल कथित नहीं, लिखित भी थी। **नाट्यशास्त्र** में विभिन्न लेखन शैलियों में आवन्ती, पांचाली, मध्यमा, दाक्षिणात्य और औड्री मागधी का उल्लेख मिलता है। यही औड्री मागधी ओडिशा, बंगला, मगध, प्राग्ज्योतिष, ताम्रलिप्त के आसपास बोली जाती थी।

सातवीं शताब्दी के परिव्राजक युएनचां ने 'उ-च' या उड्र देश के लोगों के बारे में सूचना दी है।

दसवीं शताब्दी के प्राकृत-व्याकरणकार पुरुषोत्तम देव के **प्राकृतानुशासन** में औड्री अपभ्रंश की विशेषता बतायी गयी है। बारहवीं शताब्दी के अनिरुद्ध भट्ट के **प्राकृत कल्पतरु** में उत्कली और उड्र अपभ्रंश का उल्लेख मिलता है। मार्कण्डेय के **प्राकृतसर्वस्व** में भी उड्र भाषा की सूचना मिलती है— **शवर्यां एवौड्रीयोगात् तद्र्देशानां शौरसेनाद्याः।** अर्थात् औड्री एक मिश्र भाषा है, जो उड्र देश की लौकिक भाषा और शौरसेनी तथा आदिवासी भाषा का संश्लेषण है। सर जार्ज ग्रियर्सन ने **प्राकृतसर्वस्व**

की समीक्षा करते हुए कहा है कि औड्री विभाषा मुख्यतः मागधी प्राकृत का अपभ्रष्ट रूप है जिसमें शौरसेनी प्राकृत का सामान्य रूप मिश्रित है। अर्थात् ओड़िआ के साथ शबर, शौरसेनी और उड्र देश में प्रचलित देशी भाषा के सम्मिश्रण से औड्री भाषा का जन्म हुआ है। प्राकृत वैयाकरण रामशर्मा के अनुसार चाण्डालिका, शावरी, आभीरिका, द्राविड़िका तथा औड्री– ये सभी मागधी भाषाएँ हैं तथा उनके प्रकारभेद मात्र हैं। इससे यह स्पष्ट हो जाता है कि ओड़िआ भाषा के जन्म तथा विकास के मूल में आदिवासी, द्रविड़ और आर्यभाषाओं का महत्त्वपूर्ण और अटूट सहयोग-सम्बन्ध है।

2. ओड़िआ भाषा का क्षेत्र

ओड़िआ भाषा मुख्यतः ओड़िशा राज्य की भाषा है। ओड़िशा ही समूचे भारत में प्रथम राज्य है जिसका पुनर्गठन भाषा के आधार पर हुआ। 1 अप्रैल 1936 में सभी ओड़िआभाषी इलाकों को इक्ट्ठा कर स्वतन्त्र उत्कल प्रदेश की स्थापना हुई। फिर भी, इसके सीमान्त के कई ओड़िआभाषी क्षेत्र– षढेइकला, खरसुआँ, मंजुषा, मेदिनीपुर, टेक्काली आदि इसमें सम्मिलित नहीं हो पाये। किन्तु इन क्षेत्रों में ओड़िआ भाषा बोली जाती है। मोटे तौर पर ओड़िशा के 62000 वर्गमील एवं झारखंड, छत्तीसगढ़ तथा आन्ध्रप्रदेश के लगभग 2000 वर्गमील, कुल मिलाकर 64000 वर्गमील के इलाके में ओड़िआ बोली जाती है। 2001 की जनगणना के अनुसार इसके बोलनेवालों की संख्या लगभग 3.6 करोड़ है। इस भाषाक्षेत्र के उत्तर में बंगला और भोजपुरी, दक्षिण में तेलुगु और पश्चिम में छत्तीसगढ़ी बोली जाती है। संक्षेप में, ओड़िशा तथा इसके आसपास के प्रांतों में ओड़िआ भाषा बोली और समझी जाती है।

3. ओड़िया भाषा की उत्पत्ति

ओड़िआ भाषा भारतीय आर्यभाषा परिवार के अंतर्गत आती है। यह प्राचीन भारतीय आर्यभाषा का क्रमविवर्तित रूप है। मोटे तौर पर मागधी प्राकृत और मागधी अपभ्रंश से ओड़िआ भाषा विकसित हुई है। इस पर अर्द्धमागधी का भी प्रभाव पड़ा है।

सन् 1901 ई॰ में हरप्रसाद शास्त्री ने **बौद्ध गान ओ दोहा** नाम से एक ग्रंथ की खोज की थी, जिसका संपादन कर 1916 में प्रकाशित किया था। **चर्यापद** नामक ग्रंथ इसी में सम्मिलित है जिसमें लुईपाद, कान्हुपाद, शबरपाद आदि कई सिद्धाचार्यों के अनेक पद या गान देखने को मिलते हैं। इस **चर्यापद** की भाषा पर विचार करते हुए किसी ने उसे प्राचीन बंगला, किसी ने प्राचीन मैथिली, किसी ने प्राचीन असमिया और किसी ने प्राचीन ओड़िआ माना है। किन्तु मूलतः यह मागधी अपभ्रंश ही है, जिसमें कुछ हद तक बंगला, असमिया, मैथिली और ओड़िआ भाषा के कई लक्षण खोजे जा सकते हैं। इन पदकर्त्ताओं में लुईपाद आदि के नाम प्राचीन ओड़िआ-साहित्य में उपलब्ध हैं। हरप्रसाद शास्त्री ने **बौद्ध गान ओ दोहा** में चौरासी नाथों या

सिद्धों में से 75 लोगों के नाम गिनाये हैं। उनमें से गोरखनाथ, मीननाथ, चौरंगीनाथ, सबरनाथ, जलंधर आदि के नामों का उल्लेख ओड़िआ ताड़पत्र पोथी **अमरकोष** के प्रथम अध्याय में किया गया है। इसमें मत्स्येन्द्रनाथ (लुईपाद का अन्य नाम) का भी नाम मिलता है। हरप्रसाद शास्त्री ने अपनी पुस्तक की भूमिका में यह भी स्वीकारा है कि **चर्यापद** के कई पदकर्ता और दोहाकार ओड़िशा में जन्मे थे या रहते थे। अतः मागधी अपभ्रंश से ओड़िआ भाषा की उत्पत्ति सुस्पष्ट है।

4. ओड़िआ की बोलियाँ

ओड़िआ भाषा की कोई स्वतंत्र बोली नहीं है। जार्ज ग्रियर्सन ने भी **लिंग्विस्टिक सर्वे ऑफ इंडिया** के पंचम खंड के द्वितीय भाग में ओड़िआ भाषा की चर्चा करते हुए कहा है कि ओड़िआ भाषा बोलीगत विविधता से मुक्त है। फिर भी, ओड़िशा की विभिन्न सीमाओं में उच्चारण, व्याकरण और संरचनागत सामान्य अंतर दिखाई पड़ता है। किन्तु ये अंतर इतने भिन्न नहीं हैं कि बोली की संज्ञा दी जा सके। इन सूक्ष्म अंतरों पर विचार किया जाय तो ओड़िआ भाषा के चार रूप देखे जा सकते हैं— पूर्वी ओड़िआ, उत्तरी ओड़िआ, पश्चिमी ओड़िआ और दक्षिणी ओड़िआ।

पूर्वी ओड़िआ पुरी, खोर्धा आदि तटीय इलाके में बोली जाती है जो ओड़िआ भाषा का परिनिष्ठित रूप है।

उत्तरी ओड़िआ बालेश्वर, मयूरभंज, जलेश्वर और ओड़िशा-बंगाल की सीमा में बोली जाती है। ग्रियर्सन के अनुसार यहाँ के लोग बोलते समय एक प्रकार से ओड़िआ में शुरू करके बंगला में खत्म करते हैं। बंगला की सीमा पर होने के कारण इस इलाके की भाषा पर बंगला का कुछ प्रभाव अवश्य दिखाई पड़ता है। इसे बालेश्वरी उपभाषा कहा जा सकता है। इसमें स्वर ध्वनि 'ए' 'ऊँ' में बदल जाती है और द्वितीया विभक्ति में 'कु' के स्थान पर 'ते' का प्रयोग मिलता है।

उत्तरी ओड़िआ में और एक बोली है जो मयूरभंज के कुरुमालि इलाके में बोली जाती है। यह है उस इलाके में बसनेवाले कुर्मी नाम से एक जाति के लोगों की बोली। इसमें पूर्व मागधी और मराठी भाषा की प्रयोगशैली देखने को मिलती है।

पश्चिमी ओड़िआ संबलपुर, कलाहांडि, बलांगिर, बौद्ध आदि जिलों में बोली जाती है। इसे संबलपुरी कहा जाता है, इस पर छत्तीसगढ़ी का प्रभाव दिखाई पड़ता है। यह बोली शब्दावली, ध्वनि-रूप और व्याकरण की दृष्टि से पूर्वी ओड़िआ से कुछ भिन्न है। इसमें 'ळ' के बदले 'ल' का प्रयोग होता है और 'ण' के बदले 'न' का प्रयोग होता है। द्वितीया विभक्ति में 'कु' के स्थान पर 'के' का, पंचमी विभक्ति में 'रु' के बदले 'मु', षष्ठी विभक्ति में 'र' के स्थान पर कहीं-कहीं 'ए' एवं सप्तमी विभक्ति में 'रे' के स्थान पर 'थे' का प्रयोग होता है। वाक्य में नास्तिवाचक का प्रयोग क्रिया के बाद में न होकर क्रिया के पहले होता है। संबलपुरी लोकगीत और

लोकनृत्य बहुत ही आकर्षणीय होने के कारण इस बोली को अधिक महत्त्व दिया जाने लगा है। इसमें काव्य-कविता, नाटक, कहानी आदि भी लिखे जाने लगे हैं एवं पत्रिकाएँ भी प्रकाशित होने लगी हैं। इसे कोशली भाषा भी कहते हैं।

दक्षिणी ओड़िआ तेलुगु और तमिल भाषा के संस्पर्श में रही। मद्रास प्रेसिडेंसी में रहने के कारण गंजाम, कोरापुट, पारलाखेमुंडि, गुणपुर आदि स्थानों की कथित भाषा में द्रविड़ शब्दों का अनुप्रवेश हुआ है। दक्षिणी ओड़िआ की उच्चारण-शैली पर भी द्रविड़ प्रभाव देखने को मिलता है।

5. ओड़िआ लिपि

ओड़िआ भाषा की स्वतंत्र लिपि है, जो ओड़िआ लिपि के नाम से जानी जाती है। यह लिपि प्राचीन भारत की ब्राह्मी लिपि से विवर्तित होकर ईस्वी पूर्व तृतीय शताब्दी से लेकर 14वीं शताब्दी तक विकास के कई स्तरों से गुजरी है। ईस्वी पूर्व तीसरी शताब्दी में धउली और जउगड़ में प्राप्त अशोक के शिलालेख की ब्राह्मी लिपि ओड़िशा की सर्वप्राचीन लिपि है। उसके बाद खारबेल के 'हाथीगुंफा' शिलालेख में इस लिपि में सामान्य परिवर्तन दिखाई पड़ता है। उसका परवर्ती रूप प्रथम शताब्दी ईस्वी के शिलालेखों में मिलता है। इससे चौथी से सातवीं शताब्दी में तथाकथित गुप्त लिपि का विकास हुआ। सातवीं से ग्यारहवीं शताब्दी के बीच कलिंग लिपि विकसित हुई जो भंज़, तुंग, शुल्कि, विग्रह, भौमकर, शैलोद्भव और गंग राजवंश के शिलालेखों और ताम्रलेखों में मिलती है। ग्यारहवीं से 14वीं शताब्दी के भीतर प्रत्न ओड़िआ लिपि का विकास हुआ जो उस समय के ताम्रलेखों और शिलालेखों में उपलब्ध है। 14वीं से 16वीं शताब्दी के बीच विकसित लिपि प्राचीन ओड़िआ लिपि के नाम से विदित है। इस अवधि में ही इस लिपि के ऊपर का अंश गोलाकार होने लगा। 16वीं शताब्दी से यह लिपि पूर्ण विकसित हुई जिसका प्रयोग ताड़पत्र पोथी, ताम्रलेख और मुद्रित पुस्तकों में उपलब्ध है।

ओड़िआ लिपि की चार विशेषताएँ हैं– शिरोदेश में अर्द्धवृत्ताकार आकृति (-क), पार्श्व में कुटिल वक्रता (-च), पूँछ (-ल) और कोणहीन कुटिल वक्ररेखा (-म)। निम्न सारणियों में ब्राह्मी से ओड़िआ लिपि के विकास की विवरणी और ओड़िआ लिपि का अद्यतन रूप दिये जा रहे हैं।

6. ओड़िआ ध्वनि

उपर्युक्त ओड़िआ वर्णमाला से स्पष्ट हो जाता है कि अन्य भारतीय भाषाओं की तरह ओड़िआ में भी स्वर और व्यंजन ध्वनियाँ हैं जो अन्य भारतीय भाषाओं से मिलती-जुलती हैं। ओड़िआ-साहित्य को अन्य भारतीय भाषाओं में लिप्यंतरण कर दिया जाय तो आसानी से उस भाषा के बोलने वाले ओड़िआ भाषा का उच्चारण कर

ब्राह्मी से ओड़िआ लिपि का विकास

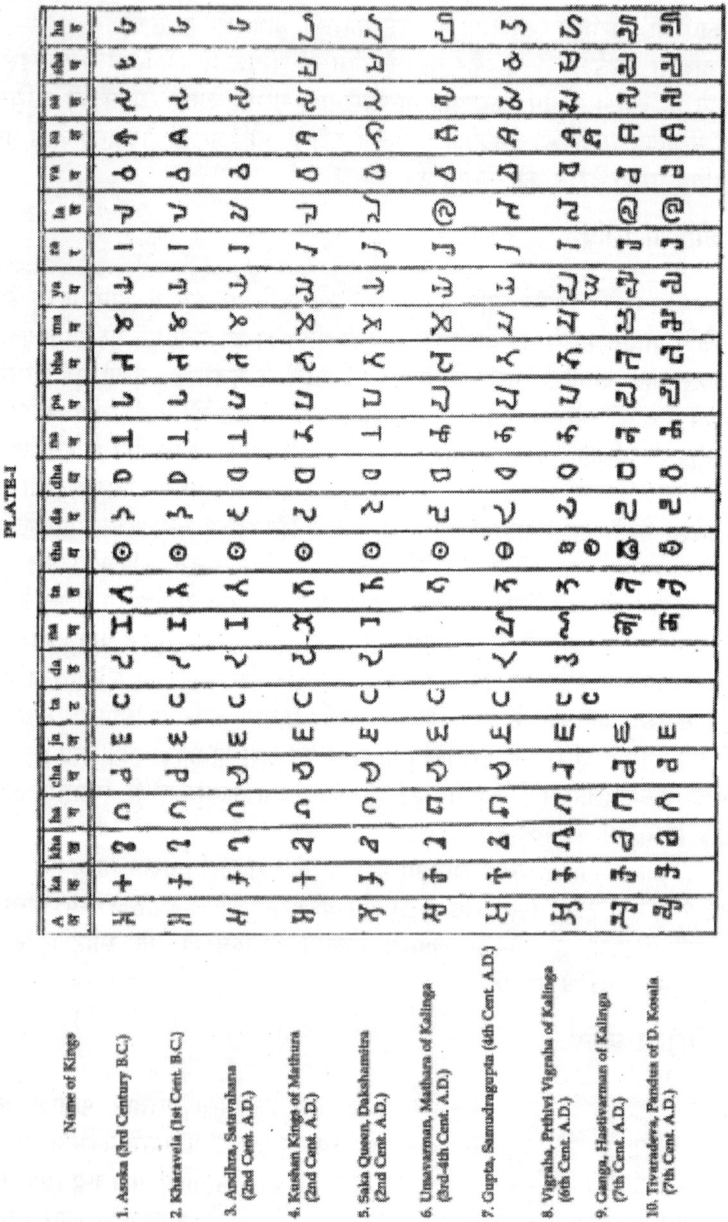

PLATE-II

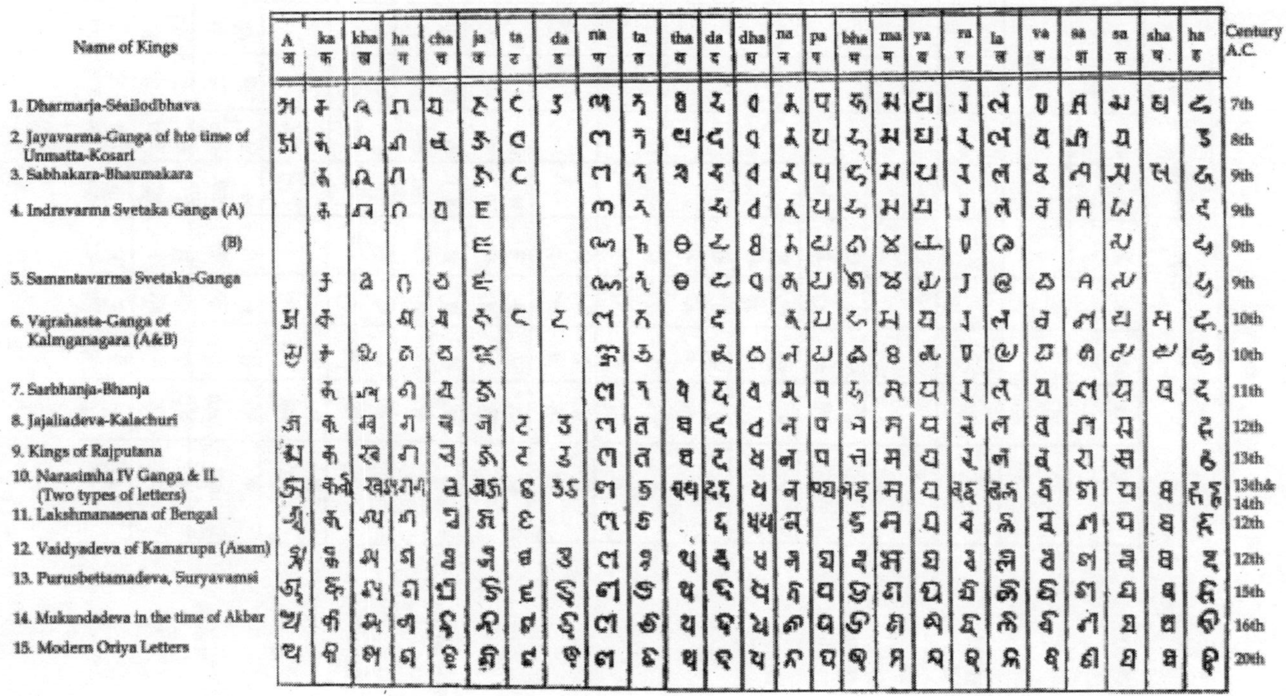
Name of Kings
A अ
ka क
kha ख
ha ग
cha च
ja ज
ta ट
da ड
na ण
ta त
tha थ
da द
dha ध
na न
pa प
bha भ
ma म
ya य
ra र
la ल
va व
sa श
sa स
sha ष
ha ह
Century A.C.
1. Dharmarja-Śeailodbhava
7th
2. Jayavarma-Ganga of hte time of Unmatta-Kosari
8th
3. Sabhakara-Bhaumakara
9th
4. Indravarma Svetaka Ganga (A)
9th
(B)
9th
5. Samantavarma Svetaka-Ganga
9th
6. Vajrahasta-Ganga of Kalinganagara (A&B)
10th
10th
7. Sarbhanja-Bhanja
11th
8. Jajaliadeva-Kalachuri
12th
9. Kings of Rajputana
13th
10. Narasimha IV Ganga & II. (Two types of letters)
13th& 14th
11. Lakshmanasena of Bengal
12th
12. Vaidyadeva of Kamarupa (Asam)
12th
13. Purushettamadeva, Suryavamsi
15th
14. Mukundadeva in the time of Akbar
16th
15. Modern Oriya Letters
20th

ओड़िआ वर्णमाला

स्वरवर्ण		ଅ अ	ଆ आ	ଇ इ	ଈ ई	ଉ उ	ଊ ऊ	ଋ ऋ	ୠ ॠ	ଏ ए	ଐ ऐ
		ଓ ओ	ଔ औ								
मात्राएँ		ା ा	ି ि	ୀ ी	ୁ ु	ୂ ू	େ े	ୈ ै	ୋ ो	ୌ ौ	ଂ ं
		ଃ ः	ଁ ँ								
व्यंजनवर्ण		କ क	ଖ ख	ଗ ग	ଘ घ	ଙ ङ					
		ଚ च	ଛ छ	ଜ ज	ଝ झ	ଞ ञ					
		ଟ ट	ଠ ठ	ଡ ड	ଢ ढ	ଣ ण					
		ତ त	ଥ थ	ଦ द	ଧ ध	ନ न					
		ପ प	ଫ फ	ବ ब	ଭ भ	ମ म					
	ଯ य	ର र	ଳ ळ	ୱ व	ଶ श	ଷ ष	ସ स	ହ ह	କ୍ଷ क्ष	ୟ य	ଲ ल
संयुक्तवर्ण		ङ्क	ङ्ख	ङ्ग	ङ्घ	ञ्च	ञ्छ	ञ्ज	ञ्झ		
		ण्ट	ण्ठ	ण्ड	ण्ढ	न्त	न्थ	न्द	न्ध		
		म्प	म्फ	म्ब	म्भ						
		स्क	स्ख	द्ग	द्घ	ह्न	ह्म	ज्ज	ज्ञ	त्र	
		ष्ट	ष्ठ	ष्ण	स्त	स्थ	[illegible]	ष्प	द्ध	ह्ण	
		क्म	क्र	र्क	क्ल	क्व	क्त	त्क	द्न	द्म	

सकते हैं। फिर भी, उच्चारण की दृष्टि से ओड़िआ ध्वनि की कुछ विशेषताएँ हैं।

ओड़िआ में स्वर ध्वनियों की संख्या 13 है– अ, आ, इ, ई, उ, ऊ, ऋ, लृ, ए, ऐ, ओ, औ। इनमें से ऋ और लृ का व्यवहार समाप्त हो गया है। ऋ ध्वनि स्वर के रूप में उच्चरित न होकर व्यंजन की तरह उच्चरित होती है। हिन्दी में इसका उच्चारण प्रायः 'रि' की तरह होता है और ओड़िआ में इसका उच्चारण प्रायः 'रु' की तरह होता है। अन्य दस स्वर ध्वनियों में से आठ सामान्य स्वर और दो संयुक्त स्वर हैं। संयुक्त स्वरों में 'ऐ' का उच्चारण 'अ+इ' की तरह एवं 'औ' का उच्चारण 'अ + उ' की तरह होता है। कहीं-कहीं कविता में भी इन संयुक्त स्वरों का प्रयोग दो-दो स्वरों के रूप में होता है। जैसे– कैलास > कइलास, मौन > मउन आदि। ह्रस्व और दीर्घ भेद से इ-ई और उ-ऊ में खास अंतर नहीं है। सामान्यतया ओड़िआ में दीर्घ स्वरों का उच्चारण इतना स्पष्ट नहीं है। उदाहरण के तौर पर दिन-दीन, कुल-कूल में उच्चारणगत अंतर अत्यंत अस्पष्ट है। केवल अर्थ की दृष्टि में अंतर स्पष्ट होता है। कहीं-कहीं ह्रस्व का भी दीर्घ के रूप में और 'अ' का उच्चारण दीर्घ 'अ' के रूप में भी होता है। 'ए' और 'ओ' का उच्चारण भी प्रायः ह्रस्व ही होता है।

ओड़िआ व्यंजन ध्वनियों के नाम भी अन्य भारतीय भाषाओं के समान हैं। किन्तु उच्चारणगत वैशिष्ट्य पर ध्यान देने से पता चलता है कि सभी व्यंजन ध्वनियाँ प्रायः अकारांत हैं। जहाँ हिन्दी में व्यंजनों का उच्चारण प्रायः हलन्त के साथ होता है वहाँ ओड़िआ में उसका उच्चारण अकारान्त होता है जैसे– राम् > रामऽ, नागपुर् > नागऽपुरऽ। वर्ग्यव्यंजन 'ब' और अन्तस्थ व्यंजन 'व' के लेखन और उच्चारण में कोई अंतर नहीं है। दोनों का उच्चारण 'ब' जैसा होता है, जैसे– बादल, बक्ता, किन्तु 'व' का उच्चारण केवल संयुक्त व्यंजनों में होता है, जैसे– क्व। ओड़िआ में दो स्वतंत्र ध्वनियाँ हैं– य़ और ळ। 'य़' ध्वनि का उच्चारण 'ज' जैसा होता है। इसलिए 'ज' को वर्ग्य ज और 'य़' को अन्तस्थ य़ कहा जाता है। दोनों के उच्चारण में कोई अंतर नहीं है। जैसे– जगत, युग। शब्द के आरंभ में आने वाली 'य' ध्वनि ओड़िआ में 'य़' हो जाती है और 'ज' की तरह उच्चरित होती है, जैसे– यम–य़म (जम)। कहीं-कहीं शब्द के मध्य और अंत में आने वाला 'य' भी 'य़' हो जाता है। हिन्दी 'ल' ध्वनि के लिए ओड़िआ में 'ळ' और 'ल' दो ध्वनियाँ हैं, जैसे– फल-फळ, फूल- फुल। किन्तु 'ळ' ध्वनि का प्रयोग शब्द के आरंभ में नहीं होता। ओड़िआ 'श', 'ष' और 'स' के नाम क्रमशः तालव्य श, मूर्धन्य ष और दन्त्य स हैं। इनके उच्चारण में खास अंतर नहीं है। तीनों का उच्चारण प्रायः 'स' जैसा होता है।

ओड़िआ की संयुक्त व्यंजन ध्वनियों का उच्चारण प्रायः अन्य भारतीय संयुक्त व्यंजनों की तरह होता है। इन व्यंजनों में स्पष्टता अधिक है। जहाँ कतिपय अन्य भाषाओं में शब्द के आरंभ में ऊष्म व्यंजन युक्त संयुक्त ध्वनि रहने पर उससे पहले स्वर ध्वनि आ जाती है, ओड़िआ में ऐसा नहीं होता। जैसे–'स्थायी' का उच्चारण

कहीं-कहीं '(अ) स्थायी' हो जाता है, किन्तु ओड़िआ में यह ध्वनि अत्यंत स्पष्ट है। इसमें 'स्पष्ट' के लिए '(इ) स्पष्ट' कहने की जरूरत नहीं होती। 'ण' में रेफ का प्रयोग करने से उसका उच्चारण 'न' जैसा हो जाता है, जैसे 'कर्ण' के लिए 'कर्न'। साधारण बोलचाल में कहीं-कहीं 'ष्ण' का उच्चारण करते समय बीच में 'ट' ध्वनि आ जाती है, जैसे—कृष्ण के लिए कृष्टँ, विष्णु के लिए बिष्टुँ, वैष्णव के लिए बैष्टम्ब।

7. ओड़िआ-व्याकरण

अन्य भारतीय भाषाओं की तरह ओड़िआ-व्याकरण में भी विभिन्न कोटियाँ उपलब्ध हैं। इसके शब्द-भांडार में तत्सम, तद्भव, देशज और विदेशी शब्द मौजूद हैं। रूप के आधार पर ओड़िआ शब्द दो प्रकार होते हैं—विकारी और अविकारी। लिंग, वचन, कारक, काल आदि के अनुसार जिनमें विकार या परिवर्तन होता है, उन्हें विकारी शब्द कहते हैं। इसके चार भेद हैं—संज्ञा, सर्वनाम, विशेषण और क्रिया। अविकारी शब्दों को अव्यय कहा जाता है। संज्ञा के लिए ओड़िआ व्याकरण में 'विशेष्य' शब्द का प्रयोग किया जाता है। इस प्रकार ओड़िआ भाषा में पाँच प्रकार के शब्द या पद मिलते हैं—विशेष्य, सर्वनाम, विशेषण, क्रिया और अव्यय।

7.1. विशेष्य या संज्ञा

विशेष्य उस शब्द को कहते हैं जिससे किसी नाम, जाति, वस्तु, गुण या अवस्था और क्रिया का बोध हो। इस दृष्टि से विशेष्य के पाँच भेद हैं—नामवाचक, जातिवाचक, वस्तुवाचक, गुण या अवस्था वाचक और क्रियावाचक विशेष्य।

1. नामवाचक में निर्दिष्ट व्यक्ति, स्थान, नदी, पर्वत आदि का बोध होता है।
2. जातिवाचक में निर्दिष्ट जाति का बोध होता है—मनुष्य, छात्र आदि।
3. वस्तुवाचक में वस्तु का बोध होता है—चावल, पानी, सोना आदि।
4. गुणवाचक में गुण या अवस्था का बोध होता है— पांडित्य, सौभाग्य, उत्साह, साहस, नम्रता आदि।
5. क्रियावाचक में निर्दिष्ट क्रिया या कार्य का बोध होता है—शयन, गमन, भोजन, लिखन, पठन आदि। इनमें से क्रियावाचक संज्ञा या विशेष्य ही ओड़िआ व्याकरण की विशेषता है।

लिंग, वचन और कारक के आधार पर इन संज्ञापदों में परिवर्तन होता है। ओड़िआ-व्याकरण में तीन लिंग हैं—पुल्लिग, स्त्रीलिंग और क्लीवलिंग। सभी अप्राणिवाचक शब्द क्लीवलिंग हैं एवं पुल्लिग और स्त्रीलिंग के आधार पर प्राणिवाचक शब्दों में परिवर्तन होता है। स्त्री प्रत्यय के योग से पुंल्लिंग शब्दों से स्त्रीलिंग शब्द बनाये जाते हैं। सबसे उल्लेखनीय बात है कि लिंग-भेद का प्रभाव वाक्य पर नहीं पड़ता, क्रिया पूर्णतः अप्रभावित रहती है, जैसे—

पुं–	राम आसुछि	राम आ रहा है।
स्त्री–	सीता आसुछि	सीता आ रही है।
क्लीव–	गाड़ि आसुछि	गाड़ी आ रही है।

ओड़िआ भाषा में तत्सम शब्दों का बाहुल्य है। अप्राणिवाचक शब्दों में से कुछ संस्कृत में पुंल्लिग हैं तो कुछ स्त्रीलिंग भी हैं। ओड़िआ में संस्कृत के सभी अप्राणिवाचक स्त्रीलिंग शब्द स्त्रीलिंग माने जाते हैं। वाक्य पर इनका कोई प्रभाव न पड़ने पर भी विशेषण में स्त्रीलिंग का प्रयोग होता है, जैसे–ओजस्विनी भाषा, महती कृपा।

अन्य भारतीय भाषाओं की तरह ओड़िआ में वचन के दो भेद हैं– एकवचन और बहुवचन। एकवचन से बहुवचन बनाते समय सामान्यतया मूल शब्द में कुछ प्रत्यय जोड़ दिये जाते हैं, जैसे– ए, माने, मान, गुड़िए, गुड़ाक, गुड़िक, पल, दल आदि।

लोक	(आदमी)	– लोकमाने
गछ	(पेड़)	– गछगुड़िक
घर	(घर)	– घरसबु
पिला	(बच्चा)	– पिलाए

कभी-कभी बहुवचन के लिए संख्यावाचक शब्दों का भी प्रयोग होता है, जैसे– पांचोटि भालु (पाँच भालू), तिनिबंधु (तीन दोस्त)। कहीं-कहीं विशेषण पद का द्वित्व कर बहुवचन का संकेत किया जाता है, जैसे– छोट छोट पिला (छोटे-छोटे बच्चे), डेंगा डेंगा गछ (ऊँचे-ऊँचे पेड़)।

संज्ञा पदों के रूपांतरण में सबसे अधिक प्रभाव कारक और विभक्ति का है। ओड़िआ में अन्य भाषाओं की तरह सात विभक्तियाँ और छह कारक हैं। षष्ठी विभक्ति सम्बन्ध पद के लिए प्रयुक्त होती है। वचन के भेद में प्रत्येक विभक्ति के लिए अलग-अलग चिह्न हैं।

विभक्ति	**एकवचन**	**बहुवचन**
प्रथमा	–, टा, टि, टे, टिए	ए, माने, मान, गुड़िए, गुड़ाक
द्वितीया	कु, ङ्कु, कि, ङ्कि, टाकु टिकु	ङ्कु, मानङ्कु
तृतीया	रे, द्वारा, देहि, कर्तृक, देइ, ए	मानंकद्वारा, मानंकदेहि, मानंक कर्तृक, मानंकदेइ
चतुर्थी	कु, ङ्कु	मानंकु, ङ्कु
पंचमी	रु, ठारु, उ, ठुँ, ठऊँ, उँ	मानंकरु, मानंकठारु, मानकंठुँ, मानकंठउँ
षष्ठी	र, ङ्क, ङ्कर	मानंक, मानंकर
सप्तमी	रे, ठारे, ए, ठाइँ, ठि, ठेइँ	मानंकरे, मानंकठारे, मानंकठाइँ, मानंकठि, मानंकठेइँ

कहीं-कहीं शब्द के साथ विभक्ति चिह्न न लगने पर भी वाक्य में सम्बद्ध कारक का बोध हो जाता है। जैसे–

प्रथमा बहुवचन–	माछ (माने) पहँरुछन्ति	मछलियाँ तैर रही हैं।
द्वितीया–	से रसगोला खाउछि	वह रसगुल्ला खा रहा है।
षष्ठी–	नड़िआ पाणि	नारियल का पानी।

ओड़िआ में सम्बोधन पद का रूप प्रथमा विभक्ति की तरह होता है। कहीं-कहीं उसके पहले हे, रे आरे आदि पदों का प्रयोग किया जाता है।

7.2 सर्वनाम

सभी भाषाओं की तरह ओड़िआ में भी संज्ञा के बदले सर्वनाम का प्रयोग होता है। प्रयोग की दृष्टि से ओड़िआ सर्वनाम के मुख्यतः पाँच भेद हैं– पुरुषवाचक, प्रश्नवाचक, निर्देशात्मक, सम्बन्धवाचक और समुच्चयी। इनमें से पुरुषवाचक सर्वनाम के तीन भेद हैं– प्रथम पुरुष, द्वितीय पुरुष और तृतीय पुरुष। प्रथम पुरुषवाचक सर्वनाम का प्रयोग बोलने वाला अपने लिए करता है। यह है 'मुं' (मैं) विभिन्न विभक्तियों में इसके रूप निम्न प्रकार हैं–

विभक्ति	**एकवचन**	**बहुवचन**
प्रथमा	मुं (मैं)	आमे, आमेमाने (हम)
द्वितीया	मोते	आमकु, आममानंकु
तृतीया	मो द्वारा	आम द्वारा, आममानंक द्वारा
चतुर्थी	मोते, मोपाइं	आमकु, आम पाइं, आममानंकु, आममानंक पाइं
पंचमी	मोठारु	आमठारु, आममानंकठारु
षष्ठी	मोर	आमर, आममानंकर
सप्तमी	मोठारे	आमठारे, आममानंकठारे

द्वितीय पुरुषवाचक सर्वनाम का प्रयोग बोलने वाला श्रोता के लिए करता है। इसके मुख्यतः तीन रूप हैं– तु (तू), तुमे (तुम) और आपण (आप)। इनमें से 'तु' का प्रयोग एकवचन में होता है और 'तुमे' का प्रयोग दोनों वचनों में होता है। 'आपण' का प्रयोग सम्मानार्थ में एकवचन में होता है। इनके रूप निम्न प्रकार हैं–

विभक्ति	**एकवचन**	**बहुवचन**
प्रथमा	तु (तू)	तुमे (तुम)
	तुमे (तुम)	तुमेमाने (तुमलोग)
	आपण (आप)	आपणमाने (आपलोग)
द्वितीया	तोते, तुमकु	तुमकु, तुममानंकु
	आपणंकु	आपणमानंकु

तृतीया	तोद्वारा	तुमद्वारा
	तुमद्वारा	तुममानंक द्वारा
	आपणंक द्वारा	आपणमानंक द्वारा
चतुर्थी	तोते, तो पाइं	तुमकु, तुमपाइं
	तुमकु, तुमपाइं	तुममानंकु, तुममानंकपाइं
	आपणंकु, आपणंकपाइं	आपणंकु, आपणमानंक पाइं
पंचमी	तोठारु	तुमठारु
	तुमठारु	तुमानंकठारु
	आपणंकठारु	आपणमानंकठारु
षष्ठी	तोर	तुमर
	तुमर	तुममानंकर
	आपणंकर	आपणमानंकर
सप्तमी	तोठारे	तुमठारे
	तुमठारे	तुममानंकठारे
	आपणंकठारे	आपणमानंकठारे

तृतीय पुरुषवाचक सर्वनाम का प्रयोग वक्ता किसी अन्य व्यक्ति के लिए करता है। इसका मुख्य रूप है– से (वह)। इसके अलावा अन्य रूप हैं– ए (यह), ये (जो), किए (कौन), एहा (यह), एहि (यह), ताहा (वह) आदि। विभिन्न विभक्तियाँ में 'से' का रूप निम्न प्रकार है–

विभक्ति	**एकवचन**	**बहुवचन**
प्रथमा	से (वह)	सेमाने (वे)
द्वितीया	ताकु	सेमानंकु
तृतीया	ताद्वारा	सेमानंकद्वारा
चतुर्थी	ताकु, तापाइं	सेमानंकु सेमानंकपाइं
पंचमी	ताठारु	सेमानंकठारु
षष्ठी	तार	सेमानंकर
सप्तमी	ताठारे	सेमानंकठारे

प्रश्नवाचक सर्वनाम का प्रयोग प्रश्न पूछने के लिए किया जाता है। ओड़िआ में मुख्य प्रश्नवाचक सर्वनाम हैं– किए (कौन), कण (क्या), काहिंकि (क्यों), केउँठि (कहाँ) आदि।

जिन सर्वनाम पदों के प्रयोग में निर्देश सूचित होता है, उन्हें निर्देशात्मक सर्वनाम कहते हैं जैसे– ताहा (वह), एहा (यह) एहि (यही), सेइ (वही) आदि।

सम्बन्धवाचक सर्वनाम का प्रयोग एक सर्वनाम का दूसरे सर्वनाम से सम्बन्ध सूचित करने के लिए किया जाता है। इसे आपेक्षिक सर्वनाम भी कहते हैं, क्योंकि

एक में दूसरे की अपेक्षा रहती है, अन्यथा अर्थ स्पष्ट नहीं होता। ओड़िआ में कुछ आपेक्षिक सर्वनाम हैं– ये–से (जो-सो), याहाकु-ताहाकु (जिसे-उसे), येते-तेते (जितना-उतना), याहार-ताहार (जिसका-उसका), येउँठि-सेइठि (जहाँ-वहाँ) इत्यादि।

कई सर्वनाम पद संज्ञा के बदले प्रयुक्त होने के साथ-साथ दो वाक्यों को जोड़ने का भी काम करते हैं। ये एक साथ सर्वनाम और अव्यय के रूप में प्रयुक्त होते हैं। इस प्रकार के सर्वनाम को समुच्चयी सर्वनाम कहते हैं। ये (जो) इस प्रकार का सर्वनाम है– 'एपरि लोक नाहिं ये महात्मा गांधींक नाम न जाणे' (ऐसा आदमी नहीं, जो महात्मा गाँधी का नाम नहीं जानता)।

इन पाँच प्रकार के सर्वनामों के अलावा एक आत्मवाचक सर्वनाम भी है, जिसका प्रयोग किसी भी व्यक्ति के लिए होता है, जैसे– निजे (आप), निजकु (अपने को), निजर (अपना) आदि।

7.3 विशेषण

सभी भाषाओं की तरह विशेष्य की विशेषता बताने वाले शब्द को ओड़िआ में विशेषण कहा जाता है। इसके मुख्यतः दो भेद हैं– नाम विशेषण और भाव विशेषण जिनके क्रमशः दो और चार भेद हैं। कुल मिलाकर ओड़िआ में छह प्रकार के विशेषण हैं जो क्रमशः विशेष्य (संज्ञा), सर्वनाम, विशेषण, अव्यय, क्रिया और वाक्य की विशेषता बताते हैं।

ओड़िआ विशेषण पदों के रूपों में वचन और लिंग के आधार पर प्रायः अंतर नहीं होता, जैसे– छोट पुअ (छोटा बच्चा), छोट झिअ (छोटी बच्ची), छोट पिलामाने (छोटे बच्चे), छोट झिअमाने (छोटी लड़कियाँ)। बहुत ही कम स्थलों में लिंगगत प्रभेद दिखाई पड़ता है, जैसे– गोरा-गोरी, कळा (काला)– काळी (काली), सुन्दर-सुन्दरी। किन्तु इस प्रकार के प्रयोग अनिवार्य नहीं हैं। विशेषण के पुल्लिंग रूप का प्रयोग प्रायः दोनों लिंगों में किया जाता है, जैसे गोरा झिअ (गोरी लड़की), कळा गाई (काली गाय), सुन्दर स्त्री (सुन्दरी स्त्री)। विशेषण का प्रयोग प्रायः शब्द के पहले होता है।

7.4 क्रिया

क्रिया से किसी कार्य या व्यापार होने का बोध होता है। इसके मूल रूप को धातु कहते हैं। ओड़िआ भाषा में सामान्यतया धातु के साथ 'इबा' जोड़कर क्रियापद बनाया जाता है– जैसे पढ़+इबा = पढिबा (पढ़ना), लेख+इबा = लेखिबा (लिखना) कर+इबा = करिबा (करना), आस+इबा = आसिबा (आना)।

कई संज्ञा और विशेषण पदों में इबा, आइबा, एइबा जोड़कर भी क्रियापद बनाया जाता है। इसे नामधातु कहते हैं। संज्ञा से नामधातु के कुछ उदाहरण निम्न प्रकार हैं–

ठक (ठग) + इबा = ठकिबा (ठगना)

धमक	+	आइबा	=	धमकाइबा (धमकाना)
कान	+	एइबा	=	कानेइबा (कान लगाना)

विशेषण पदों से इस प्रकार नामधातु बनाये जाते हैं–

बड़ (बड़ा)	+	इबा	=	बढ़िबा (बढ़ना)
तरळ (तरल)	+	आइबा	=	तरलाइबा (तरल करना)
छोटा (लंगड़ा)	+	एइबा	=	छोटेइबा (लंगड़ाना)

ओड़िआ भाषा में क्रिया सामान्यतः दो प्रकार की है–अमिश्र क्रिया और मिश्र क्रिया। अमिश्र क्रिया एक पद की एवं मिश्र क्रिया एकाधिक पदों की होती है, जैसे–

अमिश्र क्रिया	**मिश्र क्रिया**
देखिबा (देखना)	दर्शन करिबा (दर्शन करना)
भुंजिबा (खाना)	भोजन करिबा (भोजन करना)
शुखिबा (सूखना)	शुष्क हेबा (शुष्क होना)

मिश्र क्रिया में सामान्यतः तत्सम शब्दों के साथ 'करिबा' (करना), 'देबा' (होना) क्रियापदों का योग होता है।

ओड़िआ भाषा में क्रिया के समापिका और असमापिका दो रूप मिलते हैं। समापिका क्रिया का रूप काल, वचन और पुरुष के आधार पर बदलता है। असमापिका क्रिया का रूप धातु में इ, उ, आइ, एइ लगाकर बनाया जाता है, जैसे–

पढ़ + इ	=	पढ़ि (पढ़कर)
पढ़ + आइ	=	पढ़ाइ (पढ़ाकर)
पढ़ + एइ	=	पढेइ (पढ़ाकर)
पढ + उ	=	पढु पढु (पढ़ते-पढ़ते)
पढ + इ	=	पढि पढि (पढ़ते-पढ़ते)

अन्य भाषाओं की तरह ओड़िआ में भी सकर्मक, अकर्मक और द्विकर्मक क्रियाएँ हैं। साधारण क्रिया और प्रेरणार्थक क्रिया के भेद से क्रिया के दो भेद भी हैं। मूल धातु में सामान्यतया आइबा और एइबा जोड़कर ओड़िआ में प्रेरणार्थक क्रियापद बनाया जाता है। कुछ उदाहरण इस प्रकार हैं–

धातु	**साधारण क्रिया**	**प्रेरणार्थक क्रिया**
नाच	नाचिबा	नचाइबा
धर	धरिबा	धरेइबा
बुल	बुलिबा	बुलाइबा
खा	खाइबा	खुआइबा
चाल	चालिबा	चलाइबा

ओड़िआ में संस्कृत की तरह स्वतंत्र रूप में भी प्रेरणार्थक क्रियापद उपलब्ध हैं, जैसे–पाळिबा (पालन करना), बान्धिबा (बंधन करना), चाळिबा (चलन करना)।

7.5 क्रिया की काल-रचना

ओड़िआ भाषा में मुख्यतः तीन काल हैं—वर्तमान, अतीत (भूत) और भविष्यत्। इनके भी कई सूक्ष्म भेद हैं। विभिन्न कालों में पुरुष और वचन के आधार पर क्रिया की रूप-रचना होती है।

वर्तमान काल के चार भेद हैं—नित्यप्रवृत्त या सामान्य वर्तमान, विशुद्ध या असंपन्न वर्तमान, संभाव्य वर्तमान और आनुमानिक वर्तमान। इन कालों में क्रिया की रूप-रचना निम्न प्रकार से होती है—

नित्यप्रवृत्त वर्तमान

पुरुष	**एकवचन**	**बहुवचन**
प्रथम	मुँ खाए (मैं खाता हूँ)	आमे खाउ
द्वितीय	तु खाउ (तू खाता है)	तुमे खाअ
तृतीय	से खाए (वह खाता है)	सेमाने खाआन्ति

विशुद्ध वर्तमान

प्रथम	मुँ खाउछि (मैं खा रहा हूँ)	आमे खाउछु
द्वितीय	तु खाउछु (तू खा रहा है)	तुमे खाउछ
तृतीय	से खाउछि (वह खा रहा है)	सेमाने खाउछन्ति

संभाव्य वर्तमान

प्रथम	मुँ खाउथान्ति (मैं खा रहा होता)	आमे खाउथान्तु
द्वितीय	तु खाउथान्तु (तू खा रहा होता)	तुमे खाउथान्त
तृतीय	से खाउथान्ता (वह खा रहा होता)	सेमाने खाउथान्ते

आनुमानिक वर्तमान

प्रथम	मुँ खाउथिबि (मैं खा रहा हूँगा)	आमे खाउथिबु
द्वितीय	तु खाउथिबु (तू खा रहा होगा)	तुमे खाउथिब
तृतीय	से खाउथिब (वह खा रहा होगा)	सेमाने खाउथिबे

अतीत या भूतकाल के छह भेद हैं— नित्यप्रवृत्त या असंपन्न अतीत, अद्यतन अतीत, सामीप्य अतीत, अनद्यतन या प्राग् अतीत, संभाव्य अतीत और आनुमानिक अतीत। इन काल-विभागों में क्रिया की रूप-रचना निम्न प्रकार से होती है—

नित्यप्रवृत्त अतीत

पुरुष	**एकवचन**	**बहुवचन**
प्रथम	मुं खाउथिलि (मैं खाता था)	आमे खाउथिलु
द्वितीय	तु खाउथिलु (तू खाता था)	तुमे खाउथिल
तृतीय	से खाउथिला (वह खाता था)	सेमाने खाउथिले

असम्पन्न अतीत काल का रूप भी इसी प्रकार होता है लेकिन इसका अर्थ होता है—मैं खा रहा था, तू खा रहा था, वह खा रहा था आदि।

अद्यतन अतीत

पुरुष	एकवचन	बहुवचन
प्रथम	मुँ खाइलि (मैंने खाया)	आमे खाइलु
द्वितीय	तु खाइलु (तूने खाया)	तुमे खाइल
तृतीय	से खाइला (उसने खाया)	सेमाने खाइले

सामीप्य अतीत

प्रथम	मुँ खाइछि (मैंने खाया है)	आमे खाइछु
द्वितीय	तु खाइछु (तूने खाया है)	तुमे खाइछ
तृतीय	से खाइछि (उसने खाया है)	सेमाने खाइछन्ति

अद्यतन अतीत

प्रथम	मुँ खाइथिलि (मैंने खाया था)	आमे खाइथिलु
द्वितीय	तु खाइथिलु (तूने खाया था)	तुमे खाइथिल
तृतीय	से खाइथिला (उसने खाया था)	सेमाने खाइथिले

संभाव्य अतीत

पुरुष	एकवचन	बहुवचन
प्रथम	मुँ खाइथान्ति (मैंने खाया होता)	आमे खाइथान्तु
द्वितीय	तु खाइथान्तु (तूने खाया होता)	तुमे खाइथान्त
तृतीय	से खाइथान्ता (उसने खाया होता)	सेमाने खाइथान्ते

आनुमानिक अतीत

प्रथम	मुँ खाइथिबि (मैंने खाया होगा)	आमे खाइथिबु
द्वितीय	तु खाइथिबु (तूने खाया होगा)	तुमे खाइथिब
तृतीय	से खाइथिब (उसने खाया होगा)	सेमाने खाइथिबे

भविष्यत् काल के दो भेद हैं– विशुद्ध भविष्यत् और संभाव्य भविष्यत् काल। इन कालों में क्रिया की रूप-रचना निम्न प्रकार है–

विशुद्ध भविष्यत

पुरुष	एकवचन	बहुवचन
प्रथम	मुँ खाइबि (मैं खाऊँगा)	आमे खाइबु
द्वितीय	तु खाइबु (तू खाएगा)	तुमे खाइब
तृतीय	से खाइब (वह खाएगा)	सेमाने खाइबे

संभाव्य भविष्यत

प्रथम	मुँ खाआन्ति (मैं खाता)	आमे खाआन्तु
द्वितीय	तु खाआन्तु (तू खाता)	तुमे खाआन्त
तृतीय	से खाआन्ता (वह खाता)	सेमाने खाआन्ते

इनके अलावा क्रिया का अनुज्ञासूचक रूप मुख्यतः द्वितीय पुरुष में होता है

जैसे–तु खा (तू खा), तुमे खाअ (तुम खाओ)। कभी-कभी तृतीय पुरुष में भी इसका प्रयोग होता है, जैसे–से खाउ (वह खाये), सेमाने खाआन्तु (वे खायें)।

7.6 अव्यय

ओड़िआ भाषा में अविकारी शब्दों को अव्यय कहा जाता है। अधिकांश अव्यय पद तत्सम हैं। ओड़िआ में अव्ययों के प्रकार-भेद बहुत अधिक हैं। इनके उदाहरण इस प्रकार हैं–

1. पदान्वयी अव्यय– सहित, अपेक्षा, निमित्त, पर्यन्त, बिना आदि।
2. संयोजक अव्यय– ओ, एवं, आहुरि, पुणि, आउ, मध्य आदि।
3. विभक्तिसूचक अव्यय– कर्तृक, द्वारा, देहि, देइ, ठारु, बिना आदि।
4. वियोजक अव्यय– अथच, किन्तु, तथापि, मात्र, परन्तु आदि।
5. निषेधार्थक अव्यय– न, ना, नि, नाहि, नचेत् आदि।
6. परिमाणसूचक अव्यय– एेते, य़ेते, सेते, तेते, एतिकि आदि।
7. वीप्सार्थक अव्यय– बारंबार, पुनःपुनः थरकुथर, मुहुर्मुहुः आदि।
8. सम्मतिसूचक अव्यय– हँ, आज्ञा, अवधान, हुँ, अवश्य आदि।
9. संभावनासूचक अव्यय– यदि, यद्यपि, य़ेबे, तेबे, काळे आदि।
10. विकल्पार्थक अव्यय– अथवा, अबा, किंबा, नतुबा, नचेत् आदि।
11. कालबोधक अव्यय– सर्वदा, तत्क्षणात्, संप्रति, अधुना आदि।
12. सादृश्यार्थक अव्यय– यथा, तथा, प्राय, एमंत, तेमन्त आदि।
13. क्रमबोधक अव्यय– धीरे धीरे, क्रमे क्रमे, शनैःशनैः आदि।
14. सम्बोधनसूचक अव्यय– हे, आहे, आरे, रे, गो, लो, आगो आदि।
15. संतोषसूचक अव्यय– साबास्, आच्छा, ओहो आदि।
16. हेतुबोधक अव्यय– अतएव, सुतरां, एणु, तेणु आदि।
17. ध्वन्यनुकारी अव्यय– ठन्ठन्, टक्टक्, मटमट आदि।
18. भाववाचक अव्यय– ओः, धेत्, छिः, उहुँ आदि।
19. प्रश्नवाचक अव्यय– कि, कअण, किपरि, केमिति, टि, त आदि।
20. दुःखसूचक अव्यय– ओः, ओहो, आहा, हा आदि।
21. पदविकारमूलक अव्यय–इस प्रकार का अव्यय मूल पद का विकृत रूप होकर उस पद के साथ जुड़ा रहता है, जैसे– पाठ से शाठ, चाकर से बाकर, माल से फाल, खाता से फाता आदि।
22. आलंकारिक अव्यय– त, आच्छा, य़े, टि, म, परा आदि।
23. कारणकार्यसूचक अव्यय– य़ेहेतु, तेणु, अतएव आदि।
24. विभक्त्यर्थक अव्यय– कुत्र, यत्र, आदि।

8. वाक्य-रचना

ओड़िआ की वाक्य रचना-शैली अन्य भारतीय भाषाओं की तरह है। वाक्य में सामान्यतया कर्तापद आरंभ में और क्रियापद अंत में रहता है। जैसे–राम भात खाउछि (राम भात खा रहा है)।

क्रिया सकर्मक हो तो क्रिया से पहले ही कर्म रहता है। उपर्युक्त उदाहरण में 'राम' कर्ता, 'भात' कर्म और 'खाउछि' क्रिया है।

क्रिया द्विकर्मक हो तो पहले अप्रधान कर्म और उसके बाद प्रधान कर्म रहता है जैसे– मा पुअकु क्षीर पिआइले (माँ ने बेटे को दूध पिलाया)।

वाक्य में करण, संप्रदान, अपादान, अधिकरण कारक के पद सामान्यतः कर्म से पहले रहते हैं। अतः वाक्य में पदक्रम प्रायः कर्ता, अन्य कारक, कर्म और क्रिया, क्रम से रहता है। कहीं-कहीं अधिकरण कारक का प्रयोग वाक्य के आरंभ में भी होता है। सम्बन्ध पद सम्बन्धित पद के ठीक पहले रहता है जैसे– रामर घर (राम का घर)।

संबोधन पद का प्रयोग सामान्यतया वाक्य के आरंभ में होता है। कहीं-कहीं वाक्य के अंत में भी होता है जैसे– रक्षा कर भगवान! (रक्षा करो भगवान!)

विशेषण का प्रयोग संज्ञा से पहले होता है। कर्ता में तो एकाधिक पुरुष हो तो वे तृतीय पुरुष, द्वितीय पुरुष और प्रथम पुरुष के क्रम में रखे जाते हैं जैसे– राम, तुमे ओ मुं (राम, तुम और मैं)। इसका विपरीतक्रम भी अनुमोदित है।

विभक्ति-चिह्न शब्द के साथ संलग्न रहता है एवं विभक्तिसूचक अव्यय शब्द के ठीक बाद में रखे जाते हैं। प्रश्नसूचक अव्यय वाक्य के आरंभ, मध्य या अंत में रखे जा सकते हैं। जैसे– कण तुमे गल नाहिं? (क्या तुम नहीं गये?), तुमे कण गल नाहिं? (तुम क्या नहीं गये?), तुमे गल नाहिं कि? (तुम नहीं गये क्या?)

नकारात्मक वाक्य में नकारात्मक शब्द का प्रयोग आवश्यकतानुसार क्रिया के पहले, बीच में और अंत में होता है।

जैसे– से घरे न थिले (वे घर पर न थे)– क्रिया से पहले।
से घरकु आसिनथिले (वे घर पर आ नहीं रहे थे)– क्रिया के बीच में
से घरकु आसिनाहान्ति (वे घर आये नहीं हैं) क्रिया के बाद।

ओड़िआ भाषा में वाक्य के प्रकार अन्य भारतीय भाषाओं की तरह है। अस्त्यर्थक वाक्यों में अस्त्यर्थक क्रिया का प्रयोग प्रायः नहीं होता, जैसे–

राम गोटिए भल पिला– राम एक अच्छा लड़का [है]।
फुलटि बहुत सुन्दर– फूल बहुत सुन्दर [है]।
सेमाने सबु भारतीय– वे सब भारतीय [हैं]।

किन्तु इनमें अस्त्यर्थक क्रिया का प्रयोग गलत नहीं है। अस्त्यर्थक क्रिया का प्रयोग करने से उपर्युक्त तीन वाक्य होंगे–राम गोटिए भल पिला अटे, फुलटि बहुत

सुन्दर अटे, सेमाने सबु भारतीय अटन्ति।

9. समान कुल की भाषाओं से पार्थक्य

ओड़िआ भाषा पूर्वी-मागधी अपभ्रंश से निकली है। इस अपभ्रंश से बंगला और असमिया भाषाओं की भी व्युत्पत्ति हुई है। पूर्वी-मागधी अपभ्रंश के दो भेद हैं– उत्तरी-पूर्वी-मागधी और दक्षिणी-पूर्वी-मागधी। बंगला और असमिया भाषाएँ उत्तरी-पूर्वी-मागधी प्रशाखा में अंतर्भुक्त हैं। इसलिए दोनों में बहुत सामानताएँ मिलती हैं। किन्तु ओड़िआ भाषा पूर्वी-मागधी की दक्षिणी प्रशाखा से निकली है। इसलिए इसकी अपनी विशेषताएँ हैं। फिर भी, ये तीन भाषाएँ एक ही अपभ्रंश से व्युत्पन्न होने के कारण परस्पर काफी समानताएँ रखती हैं। साधारण प्रयास से ये तीनों भाषाभाषी एक दूसरे की भाषा को समझ सकते हैं। लिपि की दृष्टि से बंगला और असमिया लगभग एक ही लिपि हैं, किन्तु ओड़िआ भाषा की अपनी स्वतंत्र लिपि है। ध्वनि की दृष्टि से बंगला व्यंजनों में 'ओ' ध्वनि प्रायः जुड़ी रहती है। वे 'क्' का उच्चारण 'को' जैसा करते हैं। किन्तु ओड़िआ के व्यंजनों में 'अ' ध्वनि जुड़ी रहती है। यानी 'क्' का उच्चारण 'क' जैसा होता है। बंगला और असमिया में 'ण' और 'न' के उच्चारण में कोई अंतर नहीं है। ओड़िआ की 'ळ' ध्वनि इन भाषाओं में नहीं है। बंगला, असमिया में श, ष और स का उच्चारण प्रायः 'श' जैसा होता है। किन्तु ओड़िआ में इन ऊष्म ध्वनियों का उच्चारण प्रायः 'स' जैसा होता है। असमिया में इनका उच्चारण 'ह' जैसा होता है। तीनों भाषाओं में 'य' ध्वनि का उच्चारण दो प्रकार से होता है– य़ (ज) और य, जैसे– य़म (जम) और भय।

व्याकरण की दृष्टि से तीनों भाषाओं में बहुत समानताएँ हैं। केवल विभक्ति चिह्न और क्रिया के रूपों में ओड़िआ भाषा बंगला और असमिया से भिन्न है। शब्दों में भी काफी समानताएँ हैं। ओड़िआ भाषा में जहाँ तत्सम शब्दों का बाहुल्य है वहाँ असमिया और बंगला में तद्भव शब्द अधिक हैं।

10. भारत की अन्य भाषाओं से साम्य-वैषम्य

भारतीय भाषाओं को मुख्यतः दो कुलों में रखा जाता है—भारोपीय कुल और द्रविड़ कुल। भारोपीय कुल की सभी भाषाओं में किसी न किसी रूप में समानताएँ अवश्य हैं। ओड़िआ भारोपीय कुल की भाषा है। किन्तु द्रविड़ कुल की सीमा से जुड़े रहने के कारण इसमें काफी द्रविड़ शब्द भी उपलब्ध हैं। मोटे तौर पर कहें तो सभी भारतीय भाषाओं से ओड़िआ भाषा के साम्य और वैषम्य देखे जा सकते हैं। पड़ोसी भाषा होने के कारण तेलुगु उच्चारण शैली का प्रभाव ओड़िआ पर पड़ा है। साथ ही अनेक शब्दों के यथावत् या तद्भव रूपों का प्रयोग भी मिलता है। पश्चिम की मराठी भाषा के अनेक शब्द और ध्वनियाँ ओड़िआ से मिलती-जुलती हैं। 'ळ' ध्वनि

का प्रयोग दोनों भाषाओं में है। ओड़िआ भाषा की अपनी स्वतंत्र लिपि होने के कारण ही यह भाषा अन्य भाषाओं से भिन्न लगती है, अन्यथा दूसरी भाषाओं से इसकी निकटता को नकारा नहीं जा सकता। वैसे, सभी भारतीय भाषाओं में यह समानता उपलब्ध है।

भारतीय भाषओं के अलावा अरबी, फारसी और अँगरेजी के अनेक शब्द यथावत् या तद्भव रूप में ओड़िआ भाषा में प्रचलित हैं।

11. साहित्यिक समृद्धि

साहित्य की दृष्टि से ओड़िआ भाषा बहुत ही समृद्ध है। इसकी साहित्यिक परम्परा संस्कृत से ही मिली है। ओड़िशा की धरती पर संस्कृत के अनेक कवियों और विद्वानों का जन्म हुआ है। मध्य युग में अनेक प्रसिद्ध ओड़िआ-कवि संस्कृत के विद्वान् ही नहीं, सुप्रसिद्ध ग्रंथकार भी थे। संस्कृत की पौराणिक परम्परा से प्रभावित होकर आरंभिक ओड़िआ-साहित्य में सारलादास के **महाभारत**, **विलंका रामायण**, **चण्डीपुराण** आदि रचित हुए। यह परम्परा मध्ययुगीन बलराम दास की **दाण्डी रामायण** और जगन्नाथ दास के **भागवत** तक व्याप्त रही।

प्राकृत और अपभ्रंश का प्रभाव भी ओड़िआ-साहित्य पर पड़ा है। प्राकृत और अपभ्रंश के कई ग्रंथ भी ओड़िआ-कवियों द्वारा रचित हुए हैं। ओड़िशा के संस्कृत नाटककारों ने भी अपनी रचनाओं में परिनिष्ठित प्राकृत का प्रयोग किया है।

ओड़िशा में अपभ्रंश साहित्य का प्राचीनतम रूप सिद्धाचार्यों के गीतों में मिलता है। सातवीं शताब्दी से लेकर बारहवीं शताब्दी तक चौरासी सिद्धों में से शबरपा, लुइपा, कान्हुपा, शरहपा, दारिकपा, कम्बलपा आदि सिद्धाचार्यों के गीतों में बहुत से ओड़िआ-शब्द मिलते हैं। अपभ्रंश-मिश्रित इस ओड़िआ-साहित्य को ही प्रारंभिक ओड़िआ साहित्य माना जाता है और **बौद्ध गान ओ दोहा** प्रथम ओड़िआ-पद्य-रचना मानी जाती है। कई सिद्धाचार्यों का जन्म ओड़िशा में हुआ था और उन्होंने ओड़िआ भाषा में ही रचनाएँ की थीं, किन्तु उस समय पूर्वांचलीय भाषाओं में विशेष अंतर न होने के कारण सिद्धाचार्यों के गीतों को ओड़िआ के साथ-साथ बंगला, असमिया, मैथिली और पूर्वी हिन्दी के प्रारंभिक साहित्य का रूप मान लिया जाता है।

इस अपभ्रंश-साहित्य के आधार पर ओड़िआ-साहित्य का आरंभ सातवीं शताब्दी के मध्य भाग से माना जा सकता है। आदिकाल के ढेर साहित्य के विस्मृति के गर्भ में चले जाने पर भी उपलब्ध आदिकालीन ओड़िआ साहित्य में **रुद्रसुधानिधि**, **मादलापांजि** और **सोमनाथ व्रत कथा** जैसे गद्य-ग्रंथ भारतीय साहित्य में विस्मयजनक हैं। आदिकालीन ओड़िआ साहित्य में गद्य के जो प्रौढ़ रूप मिले हैं वे अन्य भारतीय भाषाओं में दुर्लभ हैं। **रुद्रसुधानिधि** का गद्य पद्यगंधी गद्य कहलाता है जो अन्य भाषाओं में उपलब्ध नहीं है। **मादलापांजि** ही प्रथम ओड़िआ-गद्य-रचना है।

ओड़िआ-काव्य-परम्परा में लोकगीत ही प्रारंभिक रचनाएँ हैं। संस्कृत के गीतिकाव्यों से प्रभावित होकर ओड़िआ भाषा में कोइलि, पोइ, बोलि, पाला, भजन, चौपदी, पदिआ आदि लोकगीत रचित हुए। 'क' से 'क्ष' तक ओड़िआ वर्णमाला के चौंतीस वर्णों के आद्यनुप्रास में सैकड़ों 'चउतिशा' रचित हुए। चउतिशा साहित्य ही आदिकाल का शुद्ध ओड़िआ-साहित्य है।

ओड़िआ-साहित्य का पूर्व मध्यकाल एक प्रकार से दो युगों का समाहार है– सारला युग और पंचसखा युग। सारलादास के काव्य की प्रौढ़ता से उनके पहले की साहित्यिक परम्परा की खोज अनिवार्य-सी लगने पर भी वे आदिकवि के नाम से सुपरिचित हैं। **महाभारत**, **विलंका रामायण** और **चण्डी पुराण** सारलादास की प्रमुख कृतियाँ हैं, जिनमें श्री जगन्नाथ जी को ही जातीय देवता के रूप में प्रतिष्ठित किया गया है। ओड़िशा के जातीय जीवन का चित्रण ही सारला-साहित्य की विशेषता है।

पंचसखा कवि बलराम दास, जगन्नाथ दास, अच्युतानन्द दास, यशोवंत दास और अनन्त दास की रचनाओं में ज्ञानमिश्रा भक्ति का चित्रण है। आराध्य श्री जगन्नाथ जी तथा जगन्नाथ-संस्कृति की उदात्त और उदार धर्मधारणा के द्वारा पंचसखा साहित्य अनुप्राणित और परिपुष्ट है। इस युग के कवि एक प्रकार से जगन्नाथश्री थे। चाहे कोई राम के बारे में लिखे या कृष्ण के बारे में, निर्गुण की उपासना की हो या सगुण की, सबके आराध्य थे श्री जगन्नाथ जी जो एक साथ सगुण भी हैं और पाणिपादरहित निर्गुण भी, कृष्ण भी हैं और राम भी, हिन्दुओं के आराध्य भी हैं और बौद्धों के उपास्य भी, वैष्णवों के इष्ट भी हैं और तांत्रिक देवता भी, निराकार परब्रह्म भी हैं और राधाकृष्ण के युगल अवतार भी। इस समन्वयात्मक भावना का चित्रण पंचसखा कवियों की विशेषता है।

ओड़िआ जातीय जीवन को समुन्नत करना पंचसखा कवियों का लक्ष्य था। इसलिए वे तत्कालीन राजकीय संस्कृत भाषा के बदले लोकभाषा ओड़िआ में ही रचना करते रहे। जगन्नाथ दास का **भागवत** तुलसी के **रामचरितमानस** की तरह लोकजीवन को आद्यन्त प्रभावित करने वाला ग्रंथ हैं, जिसके पठन-पाठन के लिए ओडिशा के प्रत्येग गाँव में भागवत टुंगी या भागवत घर प्रतिष्ठित हुआ जो आज भी सांस्कृतिक केन्द्र के रूप में क्रियाशील है। इससे प्रेरित होकर असम में शंकरदेव ने नामघरों की प्रतिष्ठा की थी। आज जिसे हम ओड़िआ-संस्कृति कहते हैं, इसकी महानता स्थापित करने का श्रेय एकमात्र इसी ग्रंथ को है। इस एक ग्रंथ **भागवत** के कारण ही ओड़िशा में साक्षरता की वृद्धि हुई, जिसका उल्लेख भूदेव मुखर्जी की रिपोर्ट में किया गया है।

ओड़िआ-साहित्य का उत्तर मध्यकाल काव्य का शास्त्रसम्मत युग है। इस काल में काव्य-कला को सर्वाधिक महत्त्व दिया गया, जिसके पुरोधा हुए कवि-सम्राट् उपेन्द्र भंज जो **कोटिब्रह्माण्ड सुन्दरी**, **वैदेहीशविलास**, **लावण्यवती** आदि दो दर्जनों से

अधिक काव्य-ग्रंथों में अपने पांडित्य और कला-नैपुण्य का परिचय देकर स्वयं एक युग बन गये। उन्होंने आलंकारिकता के सामने भाषा-परिष्करण, व्याकरण, वर्तनी आदि को गुरुत्व न देकर अपने प्रयोगों को शास्त्रसम्मत करने के लिए 'श्रीकोष' जैसे कोशग्रंथ का भी प्रणयन किया। इसे उनकी प्रयोगवादी प्रकृति मानी जा सकती है। उन्होंने चित्रकाव्य आदि जो नये-नये प्रयोग किये, वे आधुनिक ठोस कविता के अग्रदूत जैसे लगते हैं।

अठारहवीं शताब्दी के अंतिम भाग में ओड़िआ-काव्य-साहित्य के इतिहास में एक नूतन अध्याय का आरंभ हुआ, जिसके प्रवर्तक थे कविसूर्य बलदेव रथ और गोपालकृष्ण। आलंकारिक काव्य के स्थान पर नीतिकाव्य का श्रीगणेश हुआ।

1803 में ओडिशा के अँगरेजों के अधिकार में आने पर ओडिशा में जो परिवर्तन हुआ उससे ओड़िआ-साहित्य को एक महत्त्वपूर्ण तथा नवीन दशा की ओर मुड़ जाने का अवसर मिला। ईसाई धर्मपुस्तकों का ओड़िआ में अनुवाद कर प्रकाशित किया जाने लगा। **न्यू टेस्टामेंट** ही प्रथम ओड़िआ मुद्रित पुस्तक है, जिसका प्रकाशन 1809 में हुआ था। उनके बाद **प्रोफेटिकल बुक्स** (1811) **हिस्टरिकल बुक्स** (1814), **पेंटाचिक** (1815) आदि प्रकाशित होने लगे। ईसाई मिशनरियों ने ओड़िआ पाठ्य पुस्तकों की रचना का प्रयास भी किया। उन्होंने 1833 में कटक में मिसन प्रेस की स्थापना की, जहाँ से उनके धर्म-प्रचार के लिए 1849 में 'ज्ञानारुण' नाम से प्रथम ओड़िआ-पत्रिका का प्रकाशन हुआ। कर्मयोगी गौरीशंकर के प्रयास से कटक प्रिंटिंग कम्पनी की प्रतिष्ठा होने के बाद प्रथम ओड़िआ मासिक साहित्य पत्रिका 'उत्कल दर्पण' का प्रकाशन 1873 में होने लगा। उसके पाँच वर्ष बाद 'उत्कल मधुप' मासिक पत्र भी निकलने लगा।

महत्त्रयी के नाम से विख्यात राधानाथ राय, फकीरमोहन सेनापति और भक्तकवि मधुसूदन राव की रचनाओं से ही ओड़िआ-साहित्य में आधुनिकता का सूत्रपात हुआ। राधानाथ राय के **केदारगौरी**, **चन्द्रभागा**, **नन्दिकेश्वरी**, **उषा**, **पार्वती**, **चिलिका**, **महायात्रा**, **ययातिकेशरी** आदि काव्य उन्नीसवीं शताब्दी के ओड़िआ-साहित्य के समुज्ज्वल रत्न हैं, जिनके कारण यह युग राधानाथ युग (1880-1900) के नाम से जाना जाता है। इस युग में नाटक, उपन्यास, काव्य, समालोचना, निबंध आदि साहित्य की प्रायः सभी विधाओं का विकास होने लगा। मधुसूदन राव की **प्रबंधमाला** ने ओड़िआ-गद्य के स्वाभाविक विकास में योग दिया। जगन्मोहन लाला द्वारा रचित प्रथम ओड़िआ-नाटक **बाबाजी** का प्रकाशन 1877 में हुआ था। किन्तु रामशंकर राय की **कांची कावेरी** (1881) ही नाट्य रस की निष्पत्ति कराने में पूर्ण समर्थ नाटक के रूप में प्रसिद्ध हुई। उसी प्रकार 1888 में उमेशचन्द्र सरकार द्वारा प्रथम ओड़िआ-उपन्यास **पद्ममाली** का प्रकाशन होने पर भी रामशंकर राय की **बिवासिनी** (1892) ही सभी दृष्टियों से सार्थक उपन्यास साबित हुआ। व्यासकवि फकीरमोहन

सेनापति ने चार उपन्यास—**लछमा, छमाण आठगुंठ, मामु** और **प्रायश्चित्त** लिखकर इस विधा को प्रतिष्ठित किया। उनकी आत्मजीवनी ही प्रथम ओड़िआ-आत्मकथा है, जिसे अद्वितीय सफलता मिली। इस युग के अन्य प्रख्यात साहित्यकार थे पल्लीकवि नंदकिशोर बल और स्वभाव कवि गंगाधर मेहेर। गोपालचन्द्र प्रहराज का **पूर्णचन्द्र भाषाकोष** एक महत्त्वपूर्ण शब्दकोश है, जिसकी समकक्षता करने वाला ग्रंथ आज तक रचित नहीं हुआ है।

राधानाथ-युग के बाद सत्यवादी युग (1900-1920) का आगमन हुआ, जिसके प्रवर्तक थे उत्कलकवि गोपबंधु दास, जिन्होंने अपने सहकर्मियों के साथ 1907 में सत्यवादी वकुल वन विद्यालय की स्थापना कर जातीय भावना का प्रचार किया। उनके साथ थे नीलकंठ दास, आचार्य हरिहर, गोदावरीश मिश्र और कृपासिन्धु मिश्र जो आधुनिक पंचसखा के नाम से परिचित हैं। समाज-संस्कार, जातीय भावना, स्वदेश प्रेम और जनसेवा का व्रत लेकर ही उन्होंने अपनी लेखनी उठायी।

आधुनिक ओड़िआ-साहित्य का तृतीय अध्याय 1921 से प्रारंभ होता है जिस समय इंडियन नेशनल काँग्रेस ने महात्मा गाँधी के नेतृत्व में अहिंसात्मक असहयोग आंदोलन का शंखनाद किया। इस अवधि में सबुज गोष्ठी नाम से एक ऐसी भी गोष्ठी निकली जिसने कविता से आदर्श को बहिष्कृत कर कविता को अपना स्वरूप देने का प्रयास किया। इस गोष्ठी में थे चार तरुण विद्यार्थी— अन्नदाशंकर राय, वैकुंठनाथ पटनायक, कालिन्दीचरण पाणिग्राही और शरतचन्द्र मुखर्जी। किन्तु सबुज साहित्य का रूप लगभग 1930 ई. के बाद बदल गया। इस धारा के प्रवर्तक अन्नदाशंकर और शरतचन्द्र ओड़िआ छोड़कर बंगला में रचना करने लगे एवं बंगला-साहित्य में प्रख्यात हो गये। इस युग के गैर सबुज कवियों में मायाधर मानसिंह का उल्लेखनीय अवदान रहा है।

1935 में भगवतीचरण पाणिग्राही द्वारा 'नवयुग साहित्य संसद' की स्थापना एवं 1 अप्रैल 1936 को ओड़िशा के एक स्वतंत्र राज्य हो जाने पर ओड़िशा के बुद्धिजीवी समाज में एक हलचल मच गयी और ओड़िआ-साहित्य का गतिपथ क्रमशः परिवर्तित होने लगा। प्रगति युग के नाम से अभिहित सन् 1935 से 1947 तक के आधुनिक ओड़िआ-साहित्य के चतुर्थ पर्याय के सूत्रधर थे अनंत पटनायक, सच्चिदानंद राउतराय और मनमोहन मिश्र। सबुज गोष्ठी के कालिन्दीचरण पाणिग्राही और बैकुंठनाथ पटनायक भी नवयुग के प्रभाव में आ गये।

1947 ई. के बाद का समय स्वातंत्र्योत्तर युग के नाम से जाना जाता है। राष्ट्र निर्माण की प्रवृत्ति इस युग को परिचालित करती रही। शैली की दृष्टि से काव्य में जो नये-नये प्रयोग किये जाने लगे उसके सूत्रधर थे सच्चिदानंद राउतराय। भानुजी राव और गुरुप्रसाद महान्ति के द्वारा रचित सन् 1948 से 1955 ई. तक की कविताओं के संकलन **नूतन कविता** से ओड़िआ-साहित्य में नयी कविता का आंदोलन चल पड़ा।

सन् 1965 के बाद ओड़िआ-साहित्य में अकविता के प्रति एक सामूहिक सृजनात्मक अभिरुचि प्रकट हुई। सच्चिदानंद राउतराय ने 'दिगन्त गोष्ठी' के माध्यम से अकविता आंदोलन को प्रोत्साहन दिया। इस गोष्ठी के प्रतिनिधि कवि हुए सौभाग्य मिश्र, दीपक मिश्र और परेश राउत। इस गोष्ठी के साथ अन्य अनेक अकवि गोष्ठियों का भी उदय हुआ। उपन्यास के क्षेत्र में चन्द्रशेखर रथ, सातकड़ि होता, शांतनु आचार्य, गोपीनाथ महान्ति, विभूति पटनायक, प्रतिभा राय आदि आगे आये और कहानी के क्षेत्र में नित्यानंद महापात्र, सुरेन्द्र महान्ति, ब्रह्मानंद पंडा, मनोज दास, रवि पटनायक, वीणापाणि महान्ति, सुस्मिता बाग्ची आदि ने ओड़िआ-साहित्य को समृद्ध किया। नाटककारों में गोपाल छोटराय, भंजकिशोर पटनायक, कमललोचन महान्ति, मनोरंजन दास, विश्वजित दास, कार्त्तिकचन्द्र रथ आदि उल्लेखनीय हैं।

इस तरह ओड़िआ भाषा में रचित साहित्य की धारा आदिकाल के अपभ्रंश मिश्रित साहित्य से लेकर अत्याधुनिक साहित्य तक प्रवहमान रही है। ग्रामीण चेतना, सामान्य जनता के प्रति सहानुभूति, ओड़िशा की संस्कृति और परंपरा सम्पूर्ण ओड़िआ-साहित्य में अंतःसलिला के रूप में विद्यमान रही।

12. संविधान में स्थान

समूचे भारत में ओड़िशा ही प्रथम भाषाभित्तिक राज्य है, जिसकी प्रतिष्ठा 1 अप्रैल 1936 को हुई थी। अतः जब भारत का संविधान बना उसी समय से इसे आठवीं सूची में स्थान प्राप्त हो गया।

कन्नड़ भाषा

डॉ. शरेशचंद्र चुलकीमठ

1. 'कन्नड़' शब्द की व्युत्पत्ति और उसकी अर्थव्याप्ति

कन्नड़ द्राविड़ परिवार की समृद्ध भाषा है। कन्नड़ भाषा के प्रदेश को कर्नाटक की संज्ञा दी गयी है और कन्नड़भाषी को 'कन्नड़िग' कहा जाता है। 'कर्नाटक' शब्द का प्रयोग बहुत प्राचीन काल से होता रहा है और कर्नाटक की भौगोलिक सीमाएँ समय-समय पर परिवर्तित होती रही हैं। स्वतंत्र भारत में भाषायी प्रांतों के गठन के बाद कर्नाटक का नया नक्शा स्थिर हो गया।

'कर्नाटक' और 'कन्नड़' शब्दों की व्युत्पत्ति और अर्थव्याप्ति के सम्बन्ध में विद्वानों ने भिन्न-भिन्न मत प्रकट किये हैं। कइयों का मत है कि 'कन्नड़' संस्कृत-शब्द 'कर्णाटक' (या 'कर्नाटक') का तद्भव रूप है। अतः 'कर्णाटक' या 'कर्नाटक' शब्द की व्युत्पत्ति को महत्त्वपूर्ण माना जाता है। चौदहवीं शताब्दी के केशीराज भी अपने ग्रंथ के 'तद्भव' अध्याय में 'कन्नड़' का जन्म 'कर्नाटक' से मानते हैं। 'कर्नाटक' की निरुक्ति के सम्बन्ध में विद्वानों ने अलग-अलग तर्क प्रस्तुत किये हैं। 'अत्यंत प्रसिद्ध प्रदेश' के रूप में 'कर्नाटक' शब्द का प्रयोग हुआ है। चौदहवीं शताब्दी के जैन पंडित केशवर्णी ने इस शब्द की व्युत्पत्ति 'कर्ण' धातु से मानते हुए यह मत प्रकट किया है कि 'दिव्य भाषा होने के कारण इसका नाम 'कर्णाट' पड़ा। **विश्वगुणादर्श** (1700) के कर्ता वेंकटाध्वरी ने इस शब्द का अर्थ 'सुप्रसिद्ध प्रदेश' माना है। कन्नड़ के प्रसिद्ध चिंतक आर. नरसिंहाचार इन सारे मतों को मात्र कवियों की कल्पना मानते हुए 'कन्नड़' को ही मूल शब्द के रूप में स्वीकार करते हैं। महाराष्ट के प्रसिद्ध अनुसधित्सु श्री राजवाडे ने 'कर्नाटक' का एक नया अर्थ व्यंजित किया है कि 'करुणरु' और 'नाटरू' नामक दो समुदायों के मिलन से 'कर्नाटक' संज्ञा निर्मित हुई है। कई आधुनिक भाषाशास्त्री 'कर्नाटक' से 'कन्नड़' शब्द की उत्पत्ति मानते हुए भी यह निष्कर्ष निकालते हैं कि देशी कन्नड़ से ही संस्कृत में 'कर्नाटक' शब्द प्रचलित हुआ है।

'कन्नड़' शब्द भाषासूचक तो है ही, वह प्रदेशसूचक तथा जातिसूचक भी रहा।

अत्यंत प्राचीन काल से इस शब्द का प्रयोग होता रहा है। इसके अस्तित्व का प्रमाण पहली शताब्दी में ही स्पष्ट रूप से मिलता है। कई विद्वानों का अनुमान है कि 'कन्नड़' शब्द का प्रयोग ईसापूर्व काल से ही होता रहा है। कन्नड़ प्रदेश के कई स्थानों का उल्लेख **वामनपुराण, वाल्मीकि-रामायण, महाभारत, भागवत, देवीभागवत, स्कंदपुराण** आदि पुराणों और धार्मिक ग्रंथों में ही नहीं अपितु प्राचीन शिलालेखों में भी मिलता है। 'कन्नड़' शब्द का पदच्छेद अलग-अलग तरह से करके अनेक भिन्न-भिन्न अर्थ निकाले गये हैं। एक विद्वान् के अनुसार 'कन्नड़' शब्द की व्युत्पत्ति इस प्रकार है– कन्नाडु > कन्नडु > कन्नड। 'कन्नाडु' (कम्मितु+नाडु) का अर्थ है सुगंध से भरा प्रदेश। कन्नड़ प्रदेश चंदन-वनों और पद्माकरों से भरे होने के कारण यह नाम प्रचलित हुआ था। इस विश्लेषण में शास्त्र की अपेक्षा अपने प्रदेश के प्रति अभिमान का भाव ही अधिक प्रकट होता है। 'कन्नाडु' को जातिसूचक संज्ञा भी माना जाता है। कण्णर+नाडु=कन्नडु। 'कण्ण' याने 'कळ्' जाति के लोगों का वासस्थान। राष्ट्रकवि श्री गोविंद पै के अनुसार 'कन्नड़' का मतलब 'करं'-'करू'-'कडु' याने विशाल प्रदेश अर्थात् विस्तृत भूभाग से युक्त महाराष्ट्र। विद्वान् नरसिंहचार्य ने 'कन्नाडु' का पदच्छेद इस प्रकार किया है– कम्मितु+नाडु = कन्नाडु और अर्थ निकाला है कि परिमल से युक्त भूमि या प्रदेश। विदेशी विद्वान् डॉ. गुंडर्ट और डॉ. काल्डवेल् 'कन्नड़' शब्द को 'कर्नाडु' से निकला हुआ मानते हैं। 'कर्' का अर्थ हुआ 'काला' और 'नाडु' का 'भूमि' अर्थात् काली मिट्टी का प्रदेश। इस मत का खंडन करते हुए विज्ञानों ने स्पष्टीकरण दिया है कि यह बात पूरे कर्नाटक पर लागू नहीं होती क्योंकि कर्नाटक पूरी तरह काली मिट्टी से युक्त नहीं है। वस्तुस्थिति यह है कि कर्नाटक में काली मिट्टी से बढ़कर लाल मिट्टी अधिक पायी जाती है। ज्ञानपीठ पुरस्कार से सम्मानित कवि द. रा. बेंद्रे और प्रसिद्ध साहित्यकार बेटगेरी कृष्ण शर्मा 'कन्नड़' का पदविच्छेद इस तरह करते हैं– कन्न+अळ = कन्नळ् > कन्नड़। 'कन्न्' का अर्थ है देखना, दर्शन करना आदि। मनोभावों को सफलतापूर्वक अभिव्यक्त करनेवाली भाषा है कन्नड़। और एक आधुनिक कन्नड़ के विद्वान् लेखक बी.एम. श्री. की स्पष्ट धारणा है कि कर्नाटक ही मूल शब्द है। उसका पदच्छेद है कर्र+नाट+अकम् अर्थात् काली मिट्टी से युक्त प्रदेश। यह मत तो पहले ही खंडित हो चुका है।

इस प्रकार 'कन्नड' शब्द की व्युत्पत्ति सम्बन्धी विचार विवादास्पद है। उसके सम्बन्ध में प्रकट किया गया कोई भी मत परिपूर्ण नहीं है। क्योंकि उसका कोई तर्कसम्मत शास्त्रीय आधार नहीं मिलता। फिर भी, हर मत में थोड़ा-सा आंशिक सत्य अवश्य दिख पड़ता है।

2. कन्नड़ की उपभाषाएँ और उनका क्षेत्र

कन्नड़ भाषा के विकास-क्रम के रेखांकन में कई विद्वानों ने 'कोडगु', 'कोत', 'बडग'

आदि का उपभाषाओं के रूप में उल्लेख किया था। कालांतर में इन्हें द्राविड़ परिवार की इतर भाषाओं के रूप में स्वीकार किया।

2.1. 'कोडगु'

इसके अन्य नाम हैं– 'कूर्गी' और 'कोडव'। कोडगु भाषा-भाषी कर्नाटक राज्य के कोडगु जिले में बसे हुए हैं। उनकी जुबान की तरह उनकी वेष-भूषा, रहन-सहन और रीति-रिवाज को अलग से पहचाना जा सकता है। डा. काल्डवेल् ने कोडगु को पुरानी प्राचीन कन्नड़ भाषा और द्राविड़ परिवार की और एक भाषा 'तुलु' ('तुळु') के बीच की भाषा माना है। वे इसकी गणना ग्रंथस्थ भाषाओं में नहीं चाक्षुक भाषाओं के अंतर्गत करते हैं। उनकी राय में यह कन्नड़ की उपभाषा है। किन्तु आधुनिक भाषाशास्त्री 'कोडगु' को कन्नड़ की निकटवर्ती भाषा मानते हैं। 'कोडगु' की अपनी लिपि और साहित्यिक परंपरा नहीं है। फिर भी, यह जनजाति की भाषा नहीं है। यह कन्नड़ की लिपि में लिखी जाती है।

2.2. 'कोत'

यह निलगिरि के आदिवासी किसान-वर्ग की भाषा है। वैसे तो उस भाषा के बोलनेवालों की संख्या कम होती जा रही है। इसे कन्नड़ की उपभाषा मानते हुए डा. काल्डवेल् ने कहा है– This language may be considered as a very old and very rude dialect of Canarese which was carried by a persecuted low caste tribe at some very remote period"। मर्रे बार्नसन् एमिनो नामक विद्वान् ने उसे कन्नड़ के निकट की भाषा मानी है। उन्होंने कोत भाषा के व्याकरण और स्वरूप को लेकर एक ग्रंथ की रचना भी की है।

2.3. 'बड़ग'

जार्ज ग्रियर्सन ने इसका उल्लेख कन्नड़ की उपभाषा के रूप में किया है। रे अर्थ नामक विद्वान् ने 'बडग' में प्राचीन कन्नड़ भाषा के अनेक तत्त्व उपलब्ध होने की बात कही है। उनका विचार है कि "The dialects spoken by the tribes on the Nilgheeries, the Badagas i.e., the Northerners, the Kotas and Todas are derived from ancient Canarese. Many grammatical forms of the ancient canarese are still found in use among them"। बड़गभाषियों को 'बडगर' कहा जाता है। ये लोग नीलगिरि पर्वत प्रदेश की उत्तर दिशा में निबास करनेवाले आदिवासी हैं। 'बडग' कन्नड़ के अत्यंत निकट रहने पर भी दोनों में काफी अंतर है। यह दसवीं शताब्दी में कन्नड़ से अलग हो गयी।

आधुनिक कन्नड़ भाषा अनेक उपभाषाओं और 'भाषा प्रभेदों' से युक्त है।

किसी एक सीमित प्रदेश में प्रचलित भाषा को भाषाशास्त्रियों ने 'प्रभेद भाषा' की संज्ञा दी है जिसे हम बोली के समान मान सकते हैं। ऐसी भाषा की भौगोलिक सीमा एक गाँव, ताल्लुका या जिला हो सकती है। इस प्रकार भौगोलिक, सामाजिक वैशिष्ट्य तथा इतर भाषा-प्रभावों को आधार बनाकर कन्नड़ को उपभाषाओं और प्रभेदों में विभक्त किया गया है। भौगोलिक और सामाजिक आधार पर उपभाषाओं और प्रभेदभाषाओं के अनेक भेद किये गये हैं।

2.4. भौगोलिक उपभाषाएँ

स्थान के आधार पर इन्हें दो भागों में विभाजित कर सकते हैं– उत्तर कर्नाटक की और दक्षिण कर्नाटक की उपभाषाएँ। इन सब की कुल संख्या बारह है–1. सोलिग कन्नड़, 2. दीवर कन्नड़ 3. बड़ग कन्नड़ 4. हव्यक कन्नड़, 5. बंट कन्नड़, 6. मुस्लिम कन्नड़, 7. कोडग कन्नड़, 8. हालक्की कन्नड़, 9. कोट कन्नड़, 10. कोरव, 11. कोरच कन्नड़, 12 गौड कन्नड़।

3. कन्नड़ की प्रभेद-भाषाएँ

संचार-माध्यमों और संपर्क-साधनों के विकास के बावजूद भौगोलिक स्थितियों एवं सामाजिक प्रभावों के कारण कन्नड़ भाषा के अनेक प्रभेद दिखायी पड़ते हैं। सुदूर फैली पर्वतमालाएँ, गहरी घाटियाँ और कंदराएँ, घने जंगल, खुले समुद्र-तट आदि के कारण लोगों की जीवन-पद्धतियों में अंतर पाया जाता है जिस कारण भाषागत भिन्नता दृष्टिगोचर होती है। इस आधार पर कन्नड़ की निम्नांकित प्रभेद-भाषाएँ मानी जा सकती हैं–

करावली (करावळी) कन्नड़ (तटवर्ती कन्नड़), मलेनाडु कन्नड़ (पहाड़ी कन्नड़)। शहर के नाम पर चिह्नित भाषाएँ : मैसूर कन्नड़, दावणरेगे कन्नड़, वल्लारी कन्नड़, रायचूर कन्नड़, बीदर कन्नड़, बिजापूर कन्नड़, बेळगांवी कन्नड़, कोडगु कन्नड़, कोलार कन्नड़, कासरगोडु कन्नड़, आदवानी कन्नड़, अक्कलकोट कन्नड़, मद्रास कन्नड़, मधुरै कन्नड़, मुंबई कन्नड़, तिरुवनंतपुर कन्नड़, गोवा कन्नड़, दिल्ली कन्नड़ आदि।

4. कन्नड़ भाषा का विकास-क्रम

कन्नड़ भाषा करीब दो हजार तीन सौ वर्षों का विकासात्मक इतिहास लिए हुए है। कन्नड़ का पहला उपलब्ध शिलालेख, 'हल्मिडी शिलालेख' है तो उपलब्ध ग्रंथ **कविराज मार्ग** है जो लक्षण-ग्रंथ है और जिसके रचयिता राष्ट्रकूट चक्रवर्ती नृपतुंग के दरबारी कवि श्री विजय हैं। यह नवीं शताब्दी की रचना है। अपने जन्म से लेकर आधुनिक युग की कालावधि में कन्नड़ भाषा ने अनेक अवस्थाओं से गुजरते हुए विविध स्वरूप प्राप्त किये हैं। विद्वानों ने ऐसी पाँच अवस्थाओं का उल्लेख किया है–

1. प्राचीन कन्नड़ – **कविराजमार्ग** ग्रंथ के पूर्व की कन्नड़
2. पुरानी कन्नड़ – 10वीं से लेकर 11वीं शताब्दी तक की कन्नड़
3. नडु कन्नड़ – 12वीं से लेकर 16वीं शताब्दी तक की कन्नड़
4. नयी कन्नड़ – 16वीं से लेकर 19वीं शताब्दी तक की कन्नड़
5. आधुनिक कन्नड़ – 20वीं शताब्दी और उसके बाद की कन्नड़

4.1. प्राचीन कन्नड़

कर्नाटक के प्राचीन शिलालेखों की भाषा प्राचीन कन्नड़ है। प्राचीन कन्नड़ में रचित ग्रंथ उपलब्ध नहीं हैं, कई कवियों और उनकी कृतियों के नामोल्लेख तो प्राप्त हुए हैं, किंतु उनके काल और उनकी वस्तु के बारे में कोई जानकारी नहीं मिलती। केवल शिलालेखों के आधार पर ही प्राचीन कन्नड़ के स्वरूप का स्थूल विवरण दिया गया है। कई स्वरों और विभक्तियों का दीर्घ प्रयोग, 'ब' की जगह 'व' का तथा 'इ' की जगह 'ए' स्वर का प्रयोग, व्यंजनद्वित्व की बहुलता, उत्तम पुरुष के विध्यर्थक में 'ग' या 'क' प्रत्यय का प्रयोग—ये प्राचीन कन्नड़ की विशेषताएँ हैं।

4.2. हळगन्नड (पुरानी कन्नड़)

प्राचीन कन्नड़ भाषा का विकास पुरानी कन्नड़ भाषा के रूप में हुआ है। इस विकास की प्रक्रिया में अनेक वैयाकरणिक परिवर्तन पाये जाते हैं। लगभग दो शताब्दियों की कालावधि में इसका प्रयोग होता रहा है। यह कन्नड़ भाषा एवं साहित्य की दृष्टि से सुवर्ण युग रहा है। प्राचीन कन्नड़ और पुरानी कन्नड़ में जो भाषागत परिवर्तन हुए, उनके कुछ अंश निम्नांकित हैं—1. 'प' के स्थान में 'ह' का प्रयोग, 2. 'व' की जगह पर 'ब' का प्रयोग, 3. संयुक्ताक्षरों में द्वित्व का ह्रस्व होना, 4. कई प्रत्ययों का लिंग और वचन के भेद से ऊपर उठकर प्रयोग, 5. प्राचीन कन्नड़ के कई शब्दों में स्थित बिंदु का लोप, 6. 'द', 'दप', 'दप्प' आदि प्रत्ययों का वर्तमानकालिक प्रत्यय के रूप में प्रयोग, 7. संज्ञा के अंत में 'न्' के बदले 'म्' का प्रयोग।

4.3. नडुगन्नड़ (मध्य कन्नड़)

12वीं शताब्दी में कन्नड़ भाषा संस्कृत भाषा के प्रभाव-वलय से अपने को मुक्त कर पूरी तरह अपने निजी स्वरूप को प्राप्त करने की दिशा में प्रवृत्त हुई। फलस्वरूप पुरानी कन्नड़ ने 'नडुगन्नड' का स्वरूप प्राप्त कर लिया। कन्नड़ के आदि कवि पंप ने 'सहज कन्नड़' के प्रयोग पर जोर दिया जो 'देशी कन्नड़' कही जाती थी। कन्नड़ के जैन कवि नयसेन ने कहा है कि कन्नड़ के साथ संस्कृत का मिश्रण वैसा है जैसे कि घी और तेल का मिश्रण। वचनकारों ने जनसाधारण की कन्नड़ भाषा का प्रयोग किया। 13वीं शताब्दी में केशीराज नामक वैयाकरण ने अपने

'**शब्दमणिदर्पण**' शीर्षक व्याकरण-ग्रंथ में बदलती कन्नड़ भाषा के स्वरूप का स्पष्ट उल्लेख किया है। पुरानी कन्नड़ से परिवर्तित कन्नड़ भाषा के निम्नांकित लक्षण द्रष्टव्य हैं– 1. बिंदु से युक्त शब्दों का बिंदुविहीन हो जाना, 2. सर्वनामों में 'त्' की जगह 'व' का प्रचलन, 3. व्यंजनांत शब्दों का स्वरांत होना, 4. संस्कृत-शब्दों के प्रयोग के बदले तद्भव तथा अपभ्रंश शब्दों का अधिक प्रयोग, 5. 'प' के स्थान में 'ह' का प्रयोग, 6. 'ल' के बदले 'ळ' का प्रयोग।

4.4. नयी कन्नड़

संस्कृत के चंगुल से अपने को मुक्त कर स्वतंत्र रूप से विकसित होने का प्रयास करते हुए भी कन्नड़ भाषा संस्कृत के प्रभाव से पूर्णतः मुक्त नहीं हो सकी। 13वीं और 14वीं शताब्दी में दक्षिण भारत में मुसलमान शासकों ने कई जगहों पर अपना राज्य स्थापित किया। फलस्वरूप कन्नड़ भाषा पर फारसी और उर्दू का प्रभाव स्पष्ट दिखने लगा। विजयनगर साम्राज्य के पतन के बाद यह प्रभाव और भी गहराने लगा। अतः नयी कन्नड़ में अन्य भाषाओं के शब्दों का प्रयोग होने लगा तथा कई व्याकरणिक अंश इसमें जुड़ गये। अन्य भाषाओं का प्रभाव यहीं तक रुका नहीं। भारत वर्ष में पोर्तुगीज और अँगरेजों के आगमन के बाद कन्नड़ पर विदेशी भाषाओं का प्रभाव और बढ़ने लगा। उत्तर कर्नाटक की कन्नड़ भाषा पर पड़ोसी प्रदेश महाराष्ट्र की मराठी भाषा का प्रभाव लक्षित होने लगा। इस प्रकार अन्य देशी एवं विदेशी भाषाओं के प्रभाव के कारण नयी कन्नड़ भाषा ने नवीन स्वरूप धारण किया।

5. कन्नड़ लिपि

कन्नड़ लिपि करीब दो हजार वर्षों की ऐतिहासिक परंपरा लिए हुए है। एक लिपि का जन्म और विकास उसका प्रयोग करनेवाले जनपद के सांस्कृतिक जीवन के विकासक्रम को सूचित करता है। एक आदर्श लिपि में हर ध्वनि को अभिव्यक्त करनेवाला सुनिश्चित चिह्न होता है। जिस तरह लिखा जाता है उसी तरह पढ़ा जाय, वही लिपि परिपूर्ण लिपि होती है। उच्चारण में अक्षर तथा लिखित वर्ण, इनका आंतरिक सम्बन्ध अटूट होना चाहिए। इस दृष्टि से कन्नड़ लिपि एक परिपूर्ण लिपि मानी जा सकती है। इस लिपि में स्वर और व्यंजन परिपूर्ण हैं। उसमें आर्य तथा द्राविड़ भाषाओं की समस्त ध्वनियों को अविकल रूप में सूचित करनेवाले उपयुक्त संकेत विद्यमान हैं। कन्नड़ ने कितने ही देशी तथा विदेशी भाषाओं के शब्दों को स्वीकार किया है। उन शब्दों को उनके सही रूप में प्रयोग कर सके उसके लिए कई विशिष्ट चिह्नों का इस्तेमाल करने में यह लिपि समर्थ रही है। फलतः कन्नड़ में अन्य अक्षरों का समावेश हो गया है।

कन्नड़ लिपि भी इतर भारतीय लिपियों की तरह ईसा पूर्व तीसरी शताब्दी की

ब्राह्मी लिपि से विकसित हुई है। अशोक के ब्राह्मी लिपि में अंकित शिलालेख कर्नाटक में चित्रदुर्ग जिले के ब्रह्मगिरि और रायचूर के मस्कि आदि जगहों पर मिलते हैं। उस समय तक वह लिपि एक पूर्ण स्वरूप प्राप्त कर गयी थी। उसमें हर एक ध्वनि के लिए प्रत्येक अक्षर-चिह्न विद्यमान था। यह लिपि बायें से दायीं और लिखी जाती थी। इसके अक्षर सरल तथा सुंदर थे। कर्नाटक में ब्राह्मी लिपि विकासशील रही। यह शुंग, कुषाण, क्षत्रप, सातवाहन आदि के समय भारत के भिन्न-भिन्न प्रदेशों में विद्यमान रही। कर्नाटक के शिलालेखों में अक्षरों का कद छोटा रहा तथा शिरोरेखा तिकोन के स्वरूप की थी। गंग, बादामी चालुक्य, राष्ट्रकूट, कल्याण के चालुक्य, होयूसळ तथा विजयनगर के राजाओं के हजारों शिलालेखों की लिपि यही है। उनके आधार पर कन्नड़ लिपि के विकासक्रम को अंकित किया जा सकता है। छठी-आठवीं शताब्दियों में बादामी चालुक्यों के शिलालेखों में कन्नड़ लिपि के विकसित स्वरूप को देख सकते हैं। दसवीं-बारहवी शताब्दियों में कल्याणी चालुक्यों के शिलालेख कन्नड़ लिपि के परिवर्तित स्वरूप के प्रमाण हैं। यह लिपि-परिवर्तन का महत्त्वपूर्ण दौर रहा। इसमें अक्षर अधिक गोल दिखते हैं और ये आधुनिक लिपि के अक्षरों के समान दिख पड़ते हैं। बारहवीं-तेरहवीं शताब्दियों में होयूसळ नरेशों के शिलालेखों में कन्नड़ लिपि और भी कलात्मक तथा अलंकृत रूप में प्रकट हुई है। चौदहवीं-सोलहवीं शताब्दियों में विजयनगर राजाओं के शासनकाल के शिलालेखों में अंकित अक्षर टेड़े-मेढ़े हो गये हैं। अतः पहले की सुंदरता उनमें नहीं है। आधुनिक काल की लिपि के अक्षर कन्नड़ लिपि के विकास की दृष्टि से महत्त्वपूर्ण हैं। अल्पप्राण के अक्षरों के नीचे एक छोटी-सी लकीर खींचकर उसे महाप्राण के चिह्न के रूप में प्रस्तुत किया गया है। अबतक अक्षरों के ऊपरी हिस्से में एक बिंदु अथवा नक्षत्र-चिह्न अंकित करके अनुस्वार को सूचित किया जाता था लेकिन अब प्रत्येक अक्षर के आगे दायीं ओर शून्य अंकित करके सूचित किया जाता है। अठारवीं शताब्दी में मैसूर राजाओं के काल में प्रचलित लिपि आधुनिक कन्नड़ लिपि के नजदीक पड़ती है। जब से मुद्रण की सुविधा आ गयी है तब से कन्नड़ लिपि एक स्थायी स्वरूप प्राप्त कर गयी है। चौथी-पाँचवीं शताब्दियों से तेरहवीं-चौदहवीं शताब्दियों की कालावधि में कर्नाटक तथा आंध्रप्रदेश के शिलालेखों में लगभग एक ही तरह की लिपि का प्रयोग किया जाता था। अतः तब कन्नड़ और तेलुगु लिपियाँ एक-सी बनी रहीं। चालुक्य और राष्ट्रकूटों के शासनकाल में यह स्थिति बरकरार रही। चौदहवीं-पंद्रहवीं शताब्दियों में कन्नड़ और तेलुगु लिपियों में उल्लेखनीय अंतर पैदा हो गया। फिर भी, कन्नड़भाषी के लिए तेलुगु लिपि तथा तेलुगुभाषी के लिए कन्नड़ लिपि को कुछ हद तक समझने में कोई दिक्कत नहीं होती। इस प्रकार कन्नड़ लिपि ब्राह्मी लिपि से जन्म लेकर कालक्रमानुसार अनेक परिवर्तन को धारण करती हुई वैविध्यपूर्ण स्वरूप को प्राप्त कर साहित्य एवं संस्कृति

की गरिमा को वहन करने में समर्थ हुई है।

6. कन्नड़ की वर्णमाला

सार्थक ध्वनियों का संयोजन ही भाषा है। अक्षर भाषा की आधारशिला है। उन्हें ही सार्थक ध्वनियाँ कहा जाता है जिन्हें उच्चरित करना संभव होता है और ऐसी ध्वनियाँ ही वर्ण या अक्षर बन सकती हैं। लिपियुक्त ध्वनि-संकेत ही वर्ण कहा जा सकता है। केशीराज ने उन ध्वनियों को अक्षर माना है जिन्हें उच्चरित किया सकता है, साथ ही लिखा भी जा सकता है। वर्ण वह छोटी-सी ध्वनि है जिसके टुकड़े नहीं किये जा सकते। इस प्रकार वर्ण भाषा की सबसे छोटी इकाई है। वर्ण और उच्चारण में अटूट सम्बन्ध है। आधुनिक विद्वानों के अनुसार कन्नड़ में केवल 32 शुद्ध वर्ण हैं। यथा–

1.	स्वर : ह्रस्वस्वर	–	अ, इ, उ, ए, ओ	– 05
	स्वर : दीर्घ स्वर	–	आ, ई, ऊ, ए̄ , ओ̄	– 05
2.	व्यंजन : वर्गीय व्यंजन	–	क्, ग्, च्, ज्, ट्, ड्, त्, द्, प्, ब्	– 10
	अवर्गीय व्यंजन	–	य्, र्, ल्, व्, स्, ह्, ळ्	– 07
3.	अनुनासिक :	–	मँ, नँ, णँ, ङ, ञँ	– 05
	कुल			**32**

वास्तव में यह वर्णमाला यहीं खत्म नहीं होती। अत्यंत प्राचीन काल से शिष्ट कन्नड़ भाषा पर संस्कृत का गहरा प्रभाव रहा है। कन्नड़ की वर्णमाला में संस्कृत के निम्नलिखित वर्णों का समावेश किया गया है–

1.	स्वर	ऋ, ॠ, ऐ, औ, अं, अः	– 06
2.	व्यंजन	महाप्राण - ख, घ, छ, झ, ठ ढ, थ, ध, फ, भ	– 10
	अवर्गीय	श, ष	– 02
3.	संयुक्ताक्षर	क्ष, ज्ञ	– 02
	कुल		**20**

इस प्रकार की वर्णमाला में वर्णों की संख्या 52 बनती है। कुछ विद्वान् 'क्ष' और 'ज्ञ' के संयुक्ताक्षर होने के कारण उनकी गणना वर्णमाला में नहीं करते और इस तरह वर्णों की संख्या 50 हो जाती है।

वैसे तो संस्कृत के स्वीकृत वर्णों का प्रयोग कन्नड़ में प्रचलित केवल संस्कृत के शब्दों में किया जाता है। 'ॠ' का प्रयोग कन्नड़ में कभी होता ही नहीं। इस तरह 'क्ष', 'ज्ञ', 'ॠ' इन तीन वर्णों को निकाल लेने पर शिष्ट कन्नड़ भाषा की वर्णमाला में वर्णों की संख्या 49 हो जाती है। शुद्ध कन्नड़ के 32 वर्णों में स्थित 'ङ' और 'ञ' का अन्य अनुनासिकों की तरह स्वतंत्र रूप से प्रयोग न होने के कारण

इन्हें उपवर्ण माना जा सकता है।

6.1. महाप्राण

कन्नड़ की वर्णमाला में महाप्राणों की गणना करनी चाहिए या नहीं, इस प्रश्न को लेकर विद्वानों में काफी मतभेद है। कई विद्वान् उन्हें कन्नड़ की वर्णमाला के अंतर्गत रखना अनावश्यक मानते हैं तो और कई विद्वान् रखने के पक्ष में हैं। वैसे तो द्राविड़ एवं कन्नड़ प्रदेश की उपभाषाओं में महाप्राणों का प्रयोग नहीं होता। शिष्ट भाषा में संस्कृत और प्राकृत भाषाओं के कारण ये कन्नड़ में शामिल हो गये हैं। द्वितीय और चतुर्थ वर्गीय व्यंजन महाप्राण हैं।

6.2. अनुनासिक, अनुस्वार और बिंदु

विद्वानों का मत है कि कन्नड़ को विसर्ग और अनुस्वार की आवश्यकता नहीं है क्योंकि अनुस्वार को वर्गों के पंचम अक्षरों में सम्मिलित किया जा सकता है और विसर्ग का प्रयोग कन्नड़ में प्रयुक्त संस्कृत के शब्दों के साथ किया जाता है। आचार्य केशीराज और अन्य पंडितों ने कन्नड़ में अनुस्वार को स्थापित करने का प्रयास किया है। 'ळ' को छोड़कर सभी अवर्गीय व्यंजनों के पीछे आनेवाली नासिक्य ध्वनियों को अनुस्वार कहा जाता है। यथा—संलग्न, संयम, संशय, संसार, संक्षेप आदि संस्कृत के शब्दों में अनुस्वारों का बड़ा महत्त्व है। वर्गीय व्यंजनों के पीछे नासिक्य ध्वनि आती है तो उसका उच्चारण भिन्न होता है। उसे अनुनासिक कहा जाता है। उदाहरण के लिए- अंक, अंग, कंठ, मंडन आदि। वर्गीय तथा अवर्गीय व्यंजनों के साथ ही नहीं, स्वरों के साथ भी नासिक्य ध्वनि का उच्चारण किया जाता है। उदाहरण के लिए 'बेवु' (नींम), 'हूउ' (फूल), 'हा' आदि। भिन्न-भिन्न संदर्भ में प्रयुक्त नासिक्य ध्वनि का उच्चारण भिन्न-भिन्न होता है। संस्कृत में पहले अनुनासिक को पृथक् लिपि के द्वारा सूचित किया जाता था। कालांतर में अनुस्वार और अनुनासिक सूचित करने के लिए बिंदु का प्रयोग होने लगा। कन्नड़ में पहले वर्गीय व्यंजनों के पंचम अक्षरों का प्रयोग अनुनासिक के लिए किया जाता था और बिंदु का अनुस्वार के लिए होता था। बाद में सुविधा की दृष्टि से दोनों के लिए बिंदु का प्रयोग होने लगा। कन्नड़ में बिंदु का विशिष्ट स्थान है। वास्तव में द्राविड़ भाषाओं में अनुस्वार नहीं है। अतः कन्नड़ में भी नहीं है। बिंदु का सम्बन्ध अनुनासिक के मात्र उच्चारण से सम्बन्धित है। इससे कन्नड़ में बिंदु के महत्त्व तथा स्वरूप का परिचय मिलता है।

6.3. योगवाह

जिन्हें हिन्दी में 'अयोगवाह' कहा जाता है उन्हीं को कन्नड़ में 'योगवाह' कहते हैं। आरंभ में कन्नड़ में भी 'अयोगवाह' शब्द ही प्रचलित था। कालक्रम में 'अ'कार का

लोप होता गया और 'योगवाह' शब्द का ही प्रयोग होने लगा। नवीं, दसवीं तथा ग्यारहवीं शताब्दियों में इस शब्द का प्रयोग अधिक होने लगा। कन्नड़ के वैयाकरण 'योगवाह' को ही औचित्यपूर्ण मानते हैं। आचार्य केशीराज ने उसी शब्द का प्रयोग किया है। किन्तु हिन्दी के पं. किशोरीदास वाजपेयी जैसे वैयाकरणों का मानना है कि 'अयोगवाह' शब्द बिल्कुल अर्थपूर्ण है। उनका विचार है कि ये ध्वनियाँ (अनुस्वार और विसर्ग) न तो स्वर हैं, न व्यंजन हैं। हाँ, स्वरों के सहारे इन्हें चलते जरूर देखा जाता है। स्वतंत्र गति नहीं, इसीलिए ये स्वर नहीं हैं और व्यंजनों की तरह ये स्वरों के पूर्व नहीं पश्चात् आते हैं, इसीलिए व्यंजन भी नहीं। किसी के भी साथ इनका जातीय योग नहीं है। इसीलिए इन दोनों ध्वनियों को 'अयोगवाह' कहते हैं। न स्वरों से योग और न व्यंजनों से, फिर भी अर्थ वहन करते हैं। इसीलिए ये अयोगवाह हैं। आधुनिक कन्नड़ वैयाकरणों ने 'योगवाह' शब्द का ही प्रयोग किया है। कइयों की राय में आधुनिक कन्नड़ भाषा के लिए ये आवश्यक नहीं हैं। इस सम्बन्ध में विद्वानों में मतभेद है।

6.4. कन्नड़ और हिन्दी की वर्णमाला

कन्नड़ की वर्णमाला की तुलना हिन्दी की वर्णमाला से करने पर कई समानताएँ दिखती हैं तो कई असमानताएँ भी दृष्टिगोचर होती हैं। हिन्दी के लगभग सभी वर्ण कन्नड़ में हैं। कन्नड़ में कुछ नये वर्ण पाये जाते हैं जो हिन्दी में नहीं हैं और हिन्दी में प्रयुक्त चंद विदेशी ध्वनियाँ कन्नड़ में नहीं पायी जातीं।

जहाँ कन्नड़ में 'ऋ' ह्रस्व स्वर के अतिरिक्त दीर्घ भी व्यवहृत है किन्तु हिन्दी में केवल ह्रस्व स्वर 'ॠ' ही है। कन्नड़ में 'ए' और 'ओ' ह्रस्व एवं दीर्घ दोनों ध्वनियाँ हैं जब कि हिन्दी में केवल दीर्घ ध्वनियाँ हैं।

'ॡ' तथा 'ॡ' दोनों ध्वनियाँ प्राचीन कन्नड़ में व्यवहृत थीं किन्तु आधुनिक कन्नड़ में उनका लोप हो गया है। हिन्दी में भी ये ध्वनियाँ नहीं हैं।

हिन्दी के सभी व्यंजन कन्नड़ में हैं, साथ ही एक अतिरिक्त व्यंजन 'ळ' पाया जाता है।

'ऋ', 'ॠ' श, ष, विसर्ग आदि का प्रयोग ठेठ कन्नड़ में नहीं होता। कन्नड़ में व्यवहृत संस्कृत शब्दों में ही इन ध्वनियों का प्रयोग होता है।

हिन्दी में पूर्णानुस्वार के साथ अर्धानुस्वार भी है जो व्यंजनों के ऊपर चंद्रबिंदु लगाकर तथा अन्यत्र केवल बिंदु लगाकर लिखा जाता है - जैसे, कहाँ, यहाँ, वहाँ, मैं, नहीं आदि। कन्नड़ में चंद्रबिंदु का अस्तित्व नहीं है।

'ड़' और 'ढ़', ये जो नये व्यंजन हिन्दी की वर्णमाला में हैं इनका अस्तित्व न तो कन्नड़ में है और न संस्कृत में। 'ड' और 'ढ' के नीचे बिंदु लगाकर इनकी रचना हुई है। जैसे–पेड़, सड़क, गाड़ी, पढ़ना, चढ़ना, गढ़ना आदि।

प्राचीन कन्नड़ में अनुनासिक वर्णों के साथ अन्य वर्णों का संयोग होने पर

अनुनासिक के नीचे दूसरा वर्ण लिखा जाता था किन्तु आधुनिक कन्नड़ में आधुनिक हिन्दी की ही तरह अनुनासिक के साथ अनुस्वार का प्रयोग होता है। यथा–

प्राचीन कन्नड़	**आधुनिक कन्नड़**
अङ्क	अंक
कण्ठ	कंठ
दन्त	दंत

जहाँ तक उच्चारण का सम्बन्ध है, कन्नड़ और हिन्दी में सूक्ष्म अंतर दिखायी देता है। हिन्दी में पदांत 'अ' का पूर्ण उच्चारण होता है। यही कारण है कि कन्नड़ शब्दों को हिन्दी में लिखते समय पदांत 'अ' को 'आ' किया जाता है। उदाहरण के लिए–

कन्नड़ में	**हिन्दी में**
बसवण्ण	बसवण्णा
कमलम्म	कमलम्मा

'पुस्तक' शब्द का उच्चारण हिन्दी में वास्तव में 'पुस्तक्' के रूप में किया जाता है जब कि कन्नड़ में पदांत का उच्चारण पूर्ण रूप से होता है।

कन्नड़ स्वरों के उच्चारण में हिन्दी के स्वरों के उच्चारण की अपेक्षा कम समय लगता है। कन्नड़ के कई 'इ'कारांत शब्द हिन्दी में 'ई'कारांत होते हैं। कन्नड़ में 'विद्यार्थि' है तो हिन्दी में 'विद्यार्थी', कन्नड़ 'सरस्वति' है तो हिन्दी में 'सरस्वती', 'ऋ' का उच्चारण हिन्दी में 'रि' होता है पर कन्नड़ में संस्कृत उच्चारण के समान होता है। उदाहरण के लिए 'ऋतु' का उच्चारण कन्नड़ में ध्वनि के अनुसार होता है किन्तु हिन्दी में इसका उच्चारण 'रितु' होता है।

हिन्दी में 'ऐ' का उच्चारण 'अय्' तथा 'औ' का उच्चारण 'अव्' होता है। लेकिन कन्नड़ में इन वर्णों का उच्चारण मूल के अनुरूप होता है।

हिन्दी में 'व' का उच्चारण कभी-कभी 'ब' की तरह होता है किन्तु कन्नड़ में इस तरह का उच्चारण ग्राह्य नहीं है, यथा हिन्दी में वसंत > बसंत, वन > बन, आदि। उसी तरह हिन्दी में 'य' का उच्चारण कभी-कभी 'ज' के समान होता है। उदाहरण के लिए यमुना > जमुना, यजमान > जजमान।

हिन्दी में आगत अरबी तथा फारसी शब्दों के शुद्ध वर्णों के नीचे नुक्ता लगाकर मूल ध्वनियों के अनुरूप उच्चारण बनाये रखने की व्यवस्था की गयी है। जैसे क़द, क़रीब, ख़त, ख़ज़ाना, ज़रूर, ज़िंदगी, फ़कीर, फ़र्ज आदि। कन्नड़ में इस तरह नुक्ता लगाने की परंपरा नहीं है।

हिन्दी शब्दों के उच्चारण में कुछ ही वर्णों पर विशेष स्वराघात होता है। जैसे–कमल, महल, आदि। कन्नड़ में शब्दों के हर वर्ण पर समान रूप से जोर पड़ता है।

7. व्याकरण की कोटियाँ

7.1. संज्ञा

कन्नड़ में संज्ञा के लिए 'नाम' शब्द का प्रयोग किया जाता है। पाणिनि-पद्धति में भी 'नाम' ही चलता है। कन्नड़ के वैयाकरणों ने संस्कृत आचार्यों की पद्धति को ही अपनाया है। हिन्दी-व्याकरण में 'संज्ञा' शब्द प्रचलित है। कन्नड़ में 'नाम', 'नाम-प्रकृति', 'नामपद' आदि शब्दों का प्रयोग होता है। वाक्य पूर्ण अर्थ को व्यंजित करनेवाला भाषा-घटक है। उसमें मुख्यरूप से दो घटकों का समावेश हुआ है–नामपद और क्रियापद। कन्नड़ में नामपद व्यापक अर्थ में प्रयुक्त होता है। वह अर्थवान् शब्द जो धातु और प्रत्यय से भिन्न हो और जिसमें प्रत्यय लगा हो उसे 'प्रातिपदिक' कहते हैं। प्रातिपदिक' का अर्थ है प्रत्ययों को स्वीकार करने में समर्थ व्याकरणिक रूप। इसके लिए प्रयुक्त विशिष्ट पारिभाषिक शब्द ही 'लिंग' है। इसी अर्थ में आचार्य केशिराज ने लिंग शब्द का प्रयोग किया है। इस प्रकार लिंग एक अर्थ में 'नामप्रकृति' ही है अर्थात् संज्ञा। मतलब, उन्होंने संज्ञाओं को लिंग के अंतर्गत समाविष्ट किया है।

आधुनिक वैयाकरणों ने नामप्रकृति यानी संज्ञा को अलग से रखकर उसका विवेचन किया है। संज्ञा के भेदों के बारे में वैयाकरण एकमत नहीं हैं। वैयाकरणों ने व्युत्पत्ति, वस्तु तथा अर्थभेद की दृष्टि से संज्ञाओं के अलग-अलग भेद माने हैं। सामान्यतया कन्नड़ के नामपदों के निम्नलिखित भेद द्रष्टव्य हैं। वस्तुवाचक के अंतर्गत तीन भेद हैं–1. रूढ़नाम, 2. अंकित नाम, 3. अन्वर्थ नाम।

रूढ़नाम– इन्हें निश्चित नाम भी कहते हैं। ये रूढिबद्ध तरीके से व्यवहृत हैं और परंपरागत अर्थ को ही व्यंजित करते हैं। ये कभी स्वतंत्र रूप से और कभी प्रत्ययों के साथ प्रकट होते हैं। पुरानी कन्नड़ में रूढ़नाम अधिकतर व्यंजनांत रहे किन्तु आधुनिक कन्नड़ में अधिकतर स्वरांत नामपद पाये जाते हैं, उदाहरण के लिए– 'होल' (खेत), 'नदी' (नदी), 'पर्वत', 'जल', 'देश', गंडसु' (मर्द), 'हेंगसु' (औरत) आदि। रूढ़नाम सामान्य रूप से परिवर्तित नहीं होते फिर भी, कुछ नामपद किन्हीं कारणों से परिवर्तित होकर व्यवहृत हुए हैं या लुप्त हो गये हैं और उनके स्थान पर नये शब्दों का प्रयोग हो रहा है।

अंकित नाम–वस्तु, व्यक्ति और प्राणियों की पहचान के लिए रखे गये नाम अंकित नाम हैं। ऐसे नाम हर भाषा में अधिक संख्या में मिलते हैं। यथा– राम, सीता, लक्ष्मण, ब्रह्मा, विष्णु, महेश्वर, गंगा, हिमालय, कर्नाटक, भारत आदि। पुरानी कन्नड़ में ये अधिकतर व्यंजनांत हैं तो आधुनिक कन्नड़ में दोनों तरह के नामपद पर्याप्त मात्रा में विद्यमान हैं।

अन्वर्थनाम–वस्तु, व्यक्ति तथा प्राणियों के गुण, स्वभाव, आकार, रंग आदि के अनुरूप रखे गये नाम 'अन्वर्थनाम' हैं। इस तरह के नामपद अधिकतर देशी शब्द होते हैं। उदाहरण के लिए– 'कुरुड' (अंधा), 'कुंट' (लंगडा), 'मूग' (बहरा), 'रोगि' (रोगी), दानि (दानी), आदि।

इनके अलावा कन्नड़ के नामपद के निम्नलिखित भेद भी पाये जाते हैं।

गुणवाचक–वस्तुओं के गुण, स्वभाव को सूचित करनेवाले सभी विशेषण गुणवाचक नाम हैं। यथा– 'बिळि' (सफेद), 'करि' (काला), सण्णदु (छोटा), दोड्डदु (बड़ा) आदि।

संख्यावाचक–'हत्तु' (दस), 'नूरु' (सौ), 'लक्ष' (लाख), 'कोटि' आदि संख्या को सूचित करनेवले नाम इनके अंतर्गत आते हैं।

पर्यायवाचक–संख्या से युक्त सभी नामपद इसके अंतर्गत आते हैं। उदाहरण के लिए– नाल्कनेय (चौथा), नाल्वरु (चार लोग), मूरनेय (तीसरा), इब्बरु (दो व्यक्ति) आदि।

भाववाचक–एक क्रिया से उत्पन्न स्थिति को और स्थिति के स्वरूप को व्यंजित करनेवाले शब्द भाववाचक नामरूप हैं। यथा– 'बडतन' (गरीबी), 'सिरितन' (अमीरी), 'कुरुडु' (अंधापन) 'कप्पु' (कालापन) आदि।

परिमाणवाचक–वस्तुओं के सामान्य आकार, मात्रा आदि की सूचना देनेवाले शब्द। 'इष्टु' (इतना), 'अष्टु' (उतना), 'केलबु दिनगळु' (कुछ दिन), 'हलवु सारि' (अनेक बार) आदि।

दिग्वाचक–दिशाओं को सूचित करनेवाले सारे शब्द यथा– पूर्व, पश्चिम, उत्तर दक्षिण, ईशान्य (ईशान्य) आदि।

प्रकारवाचक : वस्तु या व्यक्ति की स्थिति या रीति को प्रकट करनेवाले शब्द। यथा 'इंथवनु' (इस तरह का व्यक्ति), 'इंथद्दु' (इस तरह की वस्तु), 'अंथवनु' (उस तरह का व्यक्ति), 'अंथहदु' (उस तरह की वस्तु), 'इंथदु' (इस तरह की वस्तु)।

कन्नड़ के वैयाकरणों ने सर्वनामों की गणना नामपदों के अंतर्गत की है। उदाहरण के लिए 'ताउ' (आप), 'यावनु' (कौन –पुल्लिग), 'यावणु' (कौन –स्त्रीलिंग), 'अदु' (वह), 'इदु' (यह) आदि।

इनके अलावा कुछ वैयाकरणों ने नामपदों के निम्नांकित भेद माने हैं।

1. **एकाक्षर नामप्रकृति**–'हालु' (दूध), 'हुल्लु' (घास), 'कोलु' (छड़ी), 'तोळ' (बाँह) आदि।

2. **द्वयक्षर नामप्रकृति**–'एत्तु' (बैल), 'कत्ते' (गधा), 'माउ' (आम), 'हुलि' (शेर)।

3. **त्रयक्षर नामप्रकृति**–'हेसरु' (नाम), 'नेसरु' (सूर्य), मरळु (रेत), करडि (भालू) आदि।

4. **चतुर्थक्षर नामप्रकृति**–'हलवरु' (कुछ)।

5. **पंचाक्षर नामपद**–कळुहिसुविके (भेजना) 'संभावितरु' (सभ्य)।

उल्लिखित सभी नामपदों के स्थूलरूप से दो भेद माने जा सकते हैं–जैसे 'अचेतन' और 'सचेतन'। वस्तुवाचक, कालवाचक, स्थानवाचक आदि अचेतन वर्ग के अंतर्गत और व्यक्ति तथा प्राणिसूचक नामपद सचेतन वर्ग के अंतर्गत आते हैं।

नामपद अलग-अलग प्रत्ययों से जुड़े रहने पर उनके मूल रूप कई बार परिवर्तित हो जाते हैं और कई बार वे अपरिवर्तित ही रह जाते हैं। उनकी प्रकृति में अंतर पाये जाने पर भी उनके मूल रूप को सहज ही पहचाना जा सकता है। संस्कृत के नामपदों को ऐसे संदर्भ में पहचानना कठिन हो जाता है परन्तु जहाँ तक हिन्दी का सम्बन्ध है, अपेक्षतया सरल ही हैं।

लिंग, वचन तथा कारक के कारण हिन्दी और कन्नड़ दोनों भाषाओं की संज्ञाओं में रूपांतर होता है।

कन्नड़ भाषा की यह अन्यतम विशेषता है कि सभी पूर्ण क्रियापदों को नामपदों के रूप में परिवर्तित किया जा सकता है। पुरानी कन्नड़ मूं इसका परिवर्तन सहज संभव रहा। क्रियापदों में भी ऐसे विभक्ति-प्रत्ययों को लगाया जा सकता है जो नामपद के साथ लगते हैं और इस प्रकार वे नामपदों का कार्य करने में समर्थ हो जाते हैं। इसी कारण कइयों की यह राय है कि आधुनिक कन्नड़ में क्रियापद नहीं के बराबर हैं। किन्तु ऐसा कहना गलत होगा। यह सही है कि कुछ संदर्भों में नामपद क्रियापद की भूमिका निभाते हैं लेकिन ऐसे संदर्भों में प्रकट होनेवाले सभी नामपदों को क्रियापद नहीं कह सकते। वाक्यों के स्तर पर सभी पूर्ण क्रियापद नाम विभक्ति से जुड़ जाते हैं। हिन्दी और कन्नड़ दोनों भाषाओं में संज्ञाएँ लिंग, वचन और कारक के कारण रूपांतरित होती हैं।

7.2. कन्नड़ में लिंगव्यवस्था

कन्नड़ की लिंगव्यवस्था वैशिष्ट्यपूर्ण है। प्राचीन कन्नड़ के व्याकरण-ग्रंथों में 'लिंग' शब्द का प्रयोग दो अर्थों में किया गया है—1. प्रातिपदिक के अर्थ में 2. स्त्रीलिंग, पुल्लिग और नपुंसक लिंग के अर्थ में। प्रातिपदिक का अर्थ है प्रत्ययों को स्वीकार करने में संदर्भ भाषा-घटक। उनके लिए जो पारिभाषिक शब्द प्रयुक्त होता है वह है लिंग। अर्थ के अनुसार नामपदों का स्त्रीलिंग, पुल्लिग और नपुंसक लिंग में विभाजन किया जाता है।

आचार्य केशीराज ने तो स्त्रीलिंग, पुल्लिग, नपुंसक लिंग, त्रिलिंग, विशेषाधीन लिंग, अव्यय लिंग, आदि नौ लिंगों का उल्लेख किया है। इस तरह का लिंग-विवरण काव्य या भावना-संसार से जुड़ा हुआ है, न कि विशुद्ध भाषा-जगत् से। स्वयं केशीराज ने भी यह स्वीकार किया है कि कन्नड़ में रूप की दृष्टि से तीन ही लिंग हैं। अर्थ के अनुसार लिंग-निर्धारण सभी द्राविड़ भाषाओं की अन्यतम विशेषता है। यह संस्कृत और अन्य आर्य भाषाओं में नहीं मिलती। संस्कृत में 'नदी', 'शाला' आदि शब्द अचेतन होते हुए भी स्त्रीलिंग हैं। अतः कंठपाठ से ही शब्दों के लिंग को समझा जाता है। द्राविड़ भाषाओं में लिंग-भेद का आधार स्पष्ट है। द्राविड़ भाषाओं में लिंग-निर्धारण का विधान पुरुष और स्त्री होने के आधार पर है। उनका एक ही

आधार है—मनुष्य होना या मनुष्येतर होना। कन्नड़ के वैयाकरण इस ओर उतने आकर्षित नहीं हैं। फिर भी, इस आधार को उन्होंने नकारा नहीं है। कन्नड़ भाषा की लिंग-व्यवस्था की उल्लेखनीय विशेषता यह है कि इसमें जड़, चेतन, कोमल, कठिन आदि गुणों को लक्षित करके नहीं, वरन् किसी वस्तु का बुद्धि से युक्त होना या बुद्धिरहित होना लिंग की पहचान के लिए महत्त्व रखता है। चेतन-अचेतन के बदले बुद्धियुक्त होना या बुद्धिरहित होना लिंग-निर्धारण में महती भूमिका निभाता है। किसी वस्तु के लिंग-निर्धारण के संदर्भ में पहले यह देखा जाता है कि वह सजीव है या निर्जीव। उदाहरण के लिए राम, घर, गाय को ले सकते हैं। 'घर' निर्जीव वस्तु है। अतः नपुंसक लिंग है। यह तो स्पष्ट है कि सभी निर्जीव वस्तुएँ नपुंसक लिंग हैं। फिर यह देखा जाता है कि वस्तु सजीव होने पर भी चेतनशक्ति यानी बुद्धि से युक्त है या बुद्धिरहित। गाय सजीव तो है पर बुद्धि-रहित है। अतः सजीव और स्त्रीवाचक होते हुए भी नपुंसक लिंग है।

आर्यभाषा-परिवार से जुड़े होने पर भी अँगरेजी की लिंग-व्यवस्था द्राविड़ भाषापरिवार की तरह ही है। ग्रामीण भाषा में 'ट्रेन' और 'शिप' स्त्रीलिंग हैं पर शिष्ट या मानक भाषा में वे नपुंसक लिंग हैं।

कन्नड़ में शब्दार्थ के अनुसार लिंग विवक्षित होता है। विशिष्ट संदर्भों को छोड़कर संज्ञा सहज रूप में स्वयं स्त्री या पुरुष या नपुंसक होने का संकेत देती है तो उनका लिंग-निर्धारण अनायास ही हो जाता है। सामान्यतया कन्नड़ संज्ञाओं के दो भेद किए जाते हैं— मनुष्य और मनुष्येतर। मनुष्य-वर्ग में मात्र पुरुष और स्त्री का भेद स्पष्ट रूप से किया जा सकता है। अतः पुल्लिंग और स्त्रीलिंग के रूप में पहचानने में कोई कठिनाई नहीं होगी। मनुष्येतर वर्ग में दो भेद किये जाते हैं— सजीव और निर्जीव। सजीव प्राणी स्त्रीलिंग है या पुल्लिंग, इसकी पहचान के लिए कोई अलग प्रत्यय नहीं है। उदाहरणार्थ 'नाई' (कुत्ता), 'मीनु' (मछली), 'गुब्बी' (चिड़िया), 'हावु' (साँप) आदि। कुछ संज्ञाओं के लिंग की पहचान करानेवाले अलग-अलग नामपद हैं। उदाहरण के लिए 'यत्तु' (बैल), 'आकळु' (गाय), 'कोळि' (मुर्गी), 'हुंज' (मुर्गा), 'बेक्कु' (बिल्ली), 'बावुग' (बिलाव) आदि। उसी तरह कुछ नामपदों के स्त्रीलिंग या पुल्लिंग होने की पहचान उनके साथ जुड़े उपसर्ग से ही हो जाती है। जैसे 'गंडुनाई' (नर कुत्ता), 'हेण्णु नाई' (मादा कुत्ता), 'गंडु कुदुरे' (नर घोड़ा), 'हेण्णु कुदुरे' (मादा घोड़ा) आदि। कई संदर्भों में कुछ नामपदों के लिंग की पहचान वाक्य के स्तर पर की जाती है। जैसे 'वसंत बरुत्ताने' (बसंत आता है), स्त्रीलिंग के रूप में 'वसंत बरुत्ताळे' (बसंत आती है), नपुंसक के रूप में 'वसंत बरुत्तदे'। कुछ मनुष्येतर नामपद ऐसे हैं जिनके लिंग की पहचान संदर्भ के अनुसार होती है और जिनके पीछे सांस्कृतिक अवधारणा भी निहित रहती है। उदाहरण के लिए 'सूर्य हुट्टुत्ताने' (सूरज उगता है), 'सूर्य मुळुगुत्ताने' (सूरज डूबता है।) किन्तु नपुंसक लिंग के रूप में 'नक्षत्र मिनुगुत्तदे'

(तारा चमकता है)। सूर्य, चंद्र, अग्नि आदि को भारतीय सांस्कृतिक परंपरा के अनुसार देवताओं का दर्जा दिया गया है। किन्तु सूर्य और चंद्र का वर्णन जब ग्रह के रूप में किया जाता है तो उनको नपुंसक लिंग के रूप में पहचाना जाता है। यथा 'सूर्य तिरुगुत्तदे' (सूर्य चक्कर लगा रहा है), 'चंद्र होळेयुत्तदे' (चंद्र चमक रहा है)। कन्नड़ में लक्ष्मी, सरस्वती, श्री, वाणी आदि देवी और देवतावाचक शब्द तथा गंगा, कावेरी आदि नदीवाचक शब्द संदर्भानुसार स्त्रीलिंग या नपुंसक लिंग के रूप में प्रयुक्त होते हैं। जैसे—'लक्ष्मी प्रसन्नवागुवळु' (लक्ष्मी प्रसन्न होती है), 'सरस्वती अनुग्रहिसुवळु' (सरस्वती का अनुग्रह होता है)। स्त्रीलिंग के रूप में 'कावेरी हरियुत्ताळे' (कावेरी बहती है) तो नपुंसक लिंग के रूप में 'कावेरी बत्तितु' (कावेरी सूख गयी)।

कुछ नामपद तीनों लिंगों में प्रयुक्त होते हैं, उदाहरण के लिए 'देवते' (देवता) शब्द को लिया जा सकता है—

पुल्लिग के रूप में - 'श्रीकृष्ण देतवे' (श्रीकृष्ण देवता)।

स्त्रीलिंग के रूप में - 'देवते वलिदळु' (देवी प्रसन्न हुई)।

नपुंसक लिंग के रूप में - 'देवते मेच्चितु' (देवता का अनुग्रह हुआ)।

कन्नड़ में 'जन' (लोग) शब्द एकवचन में नपुंसक लिंग है और बहुवचन में पुल्लिग है। यथा—

नपुंसक लिंग के रूप में - 'जन सेरिदे' (जन इकट्ठा हुआ है)।

पुल्लिग के रूप में - जनरु केळुत्तारे (लोग पूछते हैं)।

कन्नड़ में स्त्रीलिंग नामपदों के साथ 'अळ्' (उ), 'इ' 'ए', ये तीन प्रत्यय प्रयुक्त होते हैं। 'करियळु' (काली औरत), 'हुडुगी' (लड़की)', 'कमले' (कमला) आदि। नामों के साथ 'अक्क', 'गिन्ति', 'अम्म', 'अव्व', 'ताई' आदि प्रत्यय जुड़कर स्त्रीलिंग होने का संकेत देते हैं। यथा 'सावक्का', 'करियम्म', 'कमलव्व', 'गोदूताई'। नामपद के साथ 'अन्' (उ), 'अ' प्रत्यय जुड़ने से पुल्लिग बनता है— 'करियनु' (करिया), 'करिय'। इसी तरह 'अण्ण', 'अप्प', 'अज्ज' आदि प्रत्यय पुल्लिग नामपदों को सूचित करते हैं, यथा 'कल्लण्ण', 'कल्लप्प', 'कल्लज्ज'। स्त्रीवाचक प्रत्यय और उनका विनियोग इस प्रकार है—

स्त्रीवाचक प्रत्यय	**पुल्लिग**		**स्त्रीलिंग**
इति -	ब्राह्मण+इति	=	ब्राह्मणिति
	बीग (समधी) + इति	=	बीगति
	गेळेय (मित्र) + इति	=	गेळति (मित्राणी)
गित्ति -	वक्कलिग (किसान) + गित्ति	=	वक्कलकित्ति (स्त्रीलिंग)
	अगस (धोबी) + गित्ति	=	अगसगित्ति (धोबिन)
	गाणिग (तेली) + गित्ति	=	गाणगित्ति (तेलिन)

	बेस्त + मछुआ + गित्ति	=	बेस्तगित्ति (मछुआरिन)
ए -	जाणा (होशियार) + ए	=	जाणे (स्त्री)
	चतुर (चालाक) + ए	=	चतुरे (चालाक स्त्री)
	गुणवंत (गुणवान्) + ए	=	'गुणवंते' (गुणवती)
इ -	मुदुक (बुड्ढा) + इ	=	मुदुकी (बुड्ढि)
	कुरुड (अंधा) +	=	कुरुडि (अंधी)
अळु -	मग (बेटा) + इ	=	मगळु (बेटी)

कन्नड़ भाषा की लिंग-व्यवस्था को निम्नलिखित तालिका से स्पष्ट किया जा सकता है—

लिंग

- मानव
  - एकवचन
    - पुल्लिंग
      उदा. : 'हुडुग' (लड़का)
      'बसप्प'
    - स्त्रीलिंग
      'हुडुगी' (लड़की)
      'बसव्व'
  - बहुवचन
    उदा. : इवरु (ये)
    अवरु (वे)
    (लिंगभेद नहीं है)
- मानवेतर
  - सजीव
    (सामान्यतया लिंगभेद नहीं)
    - लिंगभेद करना हो तो
      - (परिसर्ग जोड़कर)
        'हंडु' (नर) — 'हेण्णु' (मादा)
        उदा. : गंडु नाई (कुत्ता) — हेण्णु नाई (कुतिया)
        उदा. : गंडु कुदुरे (घोड़ा) — हेण्णु कुदुरे (घोड़ी)
      - पृथक् रूप
        - पुल्लिंग
          उदा. : होरी (बैल)
        - स्त्रीलिंग
          आकळु (गाय)
  - निर्जीव
    नपुंसक लिंग

इस प्रकार आर्य-परिवार की हिन्दी आदि भाषाओं और द्राविड़ परिवार की कन्नड़ आदि भाषाओं की लिंग-व्यवस्था में पर्याप्त अंतर पाया जाता है। हिन्दी में नपुंसक लिंग नहीं है। अतः हिन्दीतर भाषियों को लिंग की पहचान करने में काफी कठिनाई होती है। लिंगनिर्णय सम्बन्धी नियमों में अपवादों की संख्या अधिक होने के कारण तथा एक ही शब्द भिन्न-भिन्न प्रदेश में भिन्न-भिन्न लिंग में प्रयुक्त होने के कारण लिंग की पहचान करने में काफी दिक्कतें पैदा होती हैं। परन्तु द्रविड़ परिवार की भाषा कन्नड़ में लिंग-भेद के लिए मनुष्य तथा मनुष्येतर, सजीव-निर्जीव, बुद्धियुक्त तथा बुद्धिरहित आदि का आधार ग्रहण करने के कारण अस्पष्टता के लिए गुंजाइश नहीं है। अतः अपेक्षतया कन्नड़ में लिंग की पहचान सरल है।

कन्नड़ में समूहवाचक शब्द नपुंसक वर्ग के अंतर्गत रखे गये हैं, यथा- 'गुंपु (भीड़), 'दळ' (दल), 'सैन्य' (सेना), 'संते' (हाट), 'जन' (लोग) इत्यादि।

कन्नड़ और हिन्दी दोनों में प्रत्यय लगाकर पुल्लिग से स्त्रीलिंग बनाया जाता है। जैसे 'हुडुग' (लड़का) + ई = हुडुगी (लड़की), गुणवंत + ए = 'गुणवंते', गाणिग' (तेली) + इत्ति = गाणगित्ति (तेलिन)।

हिन्दी की तरह कन्नड़ में भी प्राणिवाचक शब्दों के पुल्लिग और स्त्रीलिंग रूप अलग-अलग हैं। उदाहरण के लिए- 'आकळु' (गाय), 'एत्तु' (बैल), 'एम्मे' (भैंस), 'कोण' (भैंसा), 'टगरु' (बकरा), 'कुरि' (बकरी), 'बेक्कु' (बिल्ली), 'बाऊग' (बिलाव)। अन्य प्राणिवाचक शब्दों में 'गंडु (नर), 'हेण्णु' (मादा) शब्द जोड़कर पुल्लिग और स्त्रीलिंग की पहचान की जाती है। जैसे— 'गंडु कुदुरे' (घोड़ा), 'हेण्णु कुदुरे' (घोड़ी)।

7.3. कन्नड़ में वचन-व्यवस्था

विश्व की अधिकांश भाषाओं में दो ही वचन मिलते हैं- 'एकवचन' और 'बहुवचन'। ग्रीक तथा संस्कृत जैसी भाषाओं में वचन के तीन भेद मिलते हैं- 'एकवचन', 'द्विवचन' और 'बहुवचन'। संस्कृत-व्याकरण के प्रभाव के कारण कन्नड़ के पुराने वैयाकरणों ने कन्नड़ में भी द्विवचन के अस्तित्व को स्वीकार किया है। वास्तव में कन्नड़ में द्विवचन नहीं है। इसमें दो या दो से अधिक संख्यक या वस्तुओं के लिए बहुवचन-प्रत्ययों का प्रयोग किया जाता है। उदाहरण के लिए—राम-लक्ष्मण+अरु=रामलक्ष्मणरु, (राम और लक्ष्मण), भीम+अर्जुन+अरु=भीमार्जुनरु (भीम और अर्जुन), साविर जन+अरु=साविर जनरु (हजारों लोग), यरडु+कण्णु=यरडु कण्णुगळु (दो आँखें)। इन वाक्यों में 'अरु' और 'गळु' बहुवचन प्रत्यय हैं। इनको देखने से स्पष्ट हो जाता है कि कन्नड़ में द्विवचन नहीं है।

कन्नड़ तथा सभी द्राविड़ भाषाओं में नामप्रकृतियाँ (संज्ञाएँ) एक ओर अर्थ को व्यंजित करती हैं तो दूसरी ओर उनके एकवचन में होने की सूचना देती हैं।

कुछ नामप्रकृतियों के अंत में 'अनु', 'अळु' तथा 'अदु' प्रत्यय जुड़े होते हैं। उन्हें पुल्लिग, स्त्रीलिंग तथा नपुंसक लिंग के प्रत्यय कहते हैं। साथ ही, उन्हें एकवचन के प्रत्यय भी कहते हैं।

बहुवचन-प्रत्ययों के सम्बन्ध में सभी वैयाकरणों की एक ही राय है। प्रत्ययों को दो वर्गों में विभाजित किया गया है। पहला, मनुष्य वर्ग को सूचित करनेवाली प्रकृतियों से जुड़नेवाले प्रत्यय और दूसरा, मनुष्येतर-वर्ग को सूचित करनेवाली प्रकृतियों से जुड़नेवाले प्रत्यय। कन्नड़ के सभी व्याकरण-ग्रंथों में इसी तरह का विधान मिलता है। आधुनिक कन्नड़ में प्रचलित सभी प्रत्यय प्राचीन काल के प्रत्ययों के विकसित रूप हैं, यथा 'आर्'-विर्-वरु, 'दिर्'-दिरु। बोलचाल की भाषा में पुल्लिग तथा स्त्रीलिंग नामवाचक संज्ञाओं के साथ 'अरु' प्रत्यय जुड़ता है। यथा– 'गंडसरु' (मर्द), 'हेंगसरु' (औरतें), 'राजरु' (राजा लोग), 'राणियरु' (रानियाँ), अकारांत पुल्लिग एवं स्त्रीलिंग के सम्बन्धवाची संज्ञाओं के साथ 'दिरु' प्रत्यय जुड़ता है। यथा–'अण्णंदिरु' (बड़े भाई), 'तम्मंदिरु' (छोटे भाई), 'अक्कंदिरु' (बड़ी बहनें)। इसी तरह अकारांतविहीन पुल्लिग एवं स्त्रीलिंग संज्ञाओं के साथ 'गळु' प्रत्यय जुड़ता है। यथा–'गंडुगळु' (मर्द लोग), 'हेण्णुगळु' (औरत लोग) आदि।

आधुनिक कन्नड़ में एक ही व्यक्ति को सूचित करने के लिए उत्तम, मध्यम तथा प्रथम पुरुषों में आदर प्रदर्शित करने हेतु बहुवचन के प्रत्ययों का प्रयोग किया जाता है। अपने से छोटे या निचले स्तर के व्यक्ति के प्रति एकवचन का प्रयोग तथा बड़ों के प्रति बहुवचन का प्रयोग करना आम बात है। फिर भी, जो विशेष आदर का अधिकारी नहीं है और वह निचले स्तर का भी नहीं है, ऐसे व्यक्ति के प्रति एकवचन का प्रयोग किया जाता है।

हिन्दी की तरह कन्नड़ में भी दो ही वचन हैं। कई हिन्दी संज्ञाओं के एकवचन और बहुवचन रूप समान हैं और बहुवचन के प्रयोग में कोई प्रत्यय नहीं लगता किन्तु कन्नड़ में प्रत्येक संज्ञा का बहुवचन रूप प्राप्त करने के लिए एकवचन के रूप के साथ प्रत्यय लगाना आवश्यक है। उदाहरण के लिए–

एकवचन	**बहुवचन**
वंदु मने (एक घर)	हत्तु मनेगळु (दस घर)
वंदु मर (एक पेड़)	हत्तु मरगळु (दस पेड़)

किन्तु विभक्ति-सहित एकवचन और बहुवचन रूप बनाने के लिए संज्ञाओं के अंत में प्रत्यय जोड़ना पड़ता है।

कन्नड़ में बहुवचन बनाने के नियम हिन्दी की अपेक्षा अधिक सरल तथा सुनिश्चित हैं। कन्नड़ में बहुवचन-वाचक पुल्लिंग और स्त्रीलिंग संज्ञाओं के साथ 'रु', 'यरु', 'दिरु', प्रत्ययों को तथा नपुंसक लिंग की संज्ञाओं के साथ क्कळु और 'गळु' प्रत्यय जोड़े जाते हैं–

एकवचन	बहुवचन
हुडुग (लड़का)	हुडुगरु (लड़के)
हुडुगि (लड़की)	हुडुगियरु (लड़कियाँ)
अक्क (बड़ी बहन)	अक्कंदिरु (बड़ी लड़कियाँ)
मगु (बच्चा)	मक्कळु (बच्चे)
हूउ (फूल)	हूउगळु (फूल)

कन्नड़ और हिन्दी दोनों में संख्यावाचकों का रूप एकवचन तथा बहुवचन में एक-सा होता है, यथा 'ऐदु' (पाँच), 'हत्तु' (दस), 'नूरु' (सौ) आदि। बहुवचन-प्रत्यय विशेष्यों के साथ अवश्य जुड़ता है। यथा– 'हत्तु दिक्कुगळु' (दस दिशाएँ), 'मूरु लोकगळु' (तीन लोक), 'अष्ट वस्तुगळु' (आठ वस्तुएँ) आदि।

राशिसूचक नामपद के बहुवचन के रूप बहुवचन प्रत्यय के बिना ही प्रयुक्त होते हैं, यथा–'अक्कि' (चावल), 'नीरु' (नी), 'हालु' (दूध), 'एण्णे' (तेल), 'बेण्णे' (मक्खन) आदि।

7.4. कारक और विभक्तियाँ

कन्नड़ के आधार-स्तम्भ वैयाकरण नागवर्म ने शब्दस्मृति में विभक्तियों की संख्या सात और कारक की छह मानी है। आचार्य केशिराज और भट्टकळंक ने भी सात विभक्तियों का उल्लेख किया है। इस तरह कन्नड़ के प्राचीन वैयाकरण एकमत से सात विभक्तियों को स्वीकार करते हैं। परन्तु आधुनिक वैयाकरण प्रथमा तथा पचंमी विभक्ति को न मानकर विभक्तियों की संख्या केवल पाँच ही मानते हैं। कन्नड़ में निम्नलिखित विभक्ति-प्रत्यय हैं– प्रथमा विभक्ति - उ; द्वितीया विभक्ति - **अन्नु**; तृतीया विभक्ति - **इंद**; चतुर्थी विभक्ति - **इगे, के, अक्के**; पंचमी विभक्ति - **इंद, देसे इंद**; षष्ठी विभक्ति - उ; सप्तमी विभक्ति - **अल्लि, ओळगे**; संबोधन प्रथमा - **ए, इ**। संबोधन प्रथमा को प्रथमा विभक्ति में अंतर्भुक्त माना गया है।

कन्नड़ की विभक्तियों की विशिष्टता

संस्कृत भाषा में स्थित प्रकृति तथा प्रत्यय की पहचान कष्टसाध्य है, किन्तु कन्नड़ में उन दोनों को आसानी से पहचाना जा सकता है। संस्कृत के विभक्ति-प्रत्यय एकवचन, द्विवचन तथा बहुवचन के अनुसार बदलते हैं परन्तु कन्नड़ में वचनों के कारण विभक्ति-प्रत्ययों के स्वरूप में कोई परिवर्तन नहीं होता।

संस्कृत में मूल प्रकृति के साथ जब प्रत्यय लगते हैं तो संधिकार्य की विवक्षा होने पर परिवर्तन हो जाते हैं। परन्तु कन्नड़ में संधिकार्य की विवक्षा न होने पर भी यत्र-तत्र परिवर्तन हो जाते हैं।

कन्नड़ में मर+इंद (पेड़+से) संधि के नियमों के अनुसार 'मरइंद' होना चाहिए

किन्तु 'मरदिंद' होता है। 'मरदिंद' पद के विश्लेषण से स्पष्ट हो जाता है– मर+अत्+इंद =मरदिंद है। 'अत्' एक विशिष्ट प्रकार का विकरण है। संस्कृत में प्रकृति के साथ प्रत्यय लगता है तो कन्नड़ में प्रकृति विकरण प्रत्यय की परंपरा स्पष्ट लक्षित होती है।

संस्कृत में कारक और विभक्ति को अलग माना जाता है। क्योंकि वहाँ एक ही विभक्ति कई कारकों में आती है। हिन्दी में भी एक ही विभक्ति के कई कारकों में आने की प्रवृत्ति है। फिर भी, हिन्दी में कारक और विभक्ति को एक मानने की प्रथा है। कन्नड़ में भी संस्कृत की तरह कारक और विभक्ति को अलग-अलग मानने की प्रवृत्ति है। हिन्दी में आठ कारक हैं तो कन्नड़ में सात विभक्तियाँ हैं। हिन्दी की संज्ञाओं में प्रत्यय लगाने से पहले मूल रूप में परिवर्तन कर दिया जाता है। इस रूप-परिवर्तन में कभी-कभी उन दोनों के बीच उपविभक्ति 'या', 'व', 'न' आदि वर्णों का आगम होता है। यद्यपि हिन्दी तथा कन्नड़ दोनों भाषाओं के विभक्ति-प्रत्यय या कारक चिह्न स्वतंत्र शब्दों के रूप माने जाते हैं तथापि हिन्दी में वे मूल शब्द से बहुधा (सर्वनामों को छोड़कर) हटाकर लिखे जाते हैं। कन्नड़ में यह बात नहीं है। कन्नड़ में प्रत्यय मूल शब्दों के साथ ही लिखे जाते हैं। हिन्दी में एक ही कारक-चिह्न कई विभक्तियों के लिए तथा प्रत्येक कारक के सभी अर्थ एक ही प्रत्यय से सूचित किये जाते हैं। कन्नड़ में विभिन्न अर्थ सूचित करने के लिए विभिन्न प्रत्यय विद्यमान हैं।

प्रथमा विभक्ति : पुरानी और आधुनिक कन्नड़ में **'न्, म् और उ'** ये प्रथमा विभक्ति के प्रत्यय माने जाते हैं। परन्तु नामप्रकृति अर्थात् संज्ञा के रूप में अपने प्रकृत रूप में अथवा स्वरांत के रूप में प्रयुक्त होने के कारण प्रथमा विभक्ति के वाक्य 'राम ओदुत्त निद्दे होदनु' (राम पढते-पढते सो गया), कमला सुंदरवागिद्दाळे (कमला सुंदर है), शिक्षक कलिसुत्ताने (शिक्षक सिखाता है), इन वाक्यों में कर्ता के साथ जुड़े विभक्ति-प्रत्यय प्रत्यक्ष दिखायी नहीं देते। किन्तु कर्ताओं का कारक-सम्बन्ध तो स्पष्ट है। अतः यहाँ विभक्ति गहरे स्तर पर विद्यमान है। वह शून्यस्थिति में विद्यमान रहकर वाक्य-रचना का कार्य पूरा करती है।

द्वितीया विभक्ति : द्वितीया विभक्ति प्रत्यय है **'अन्नु'**। उदाहरण के लिए– 'रामनन्नु' (राम को), 'अण्णनन्नु' (भाई को), 'इदन्नु' (इसको) आदि। मनुष्येतर नामों यानी संज्ञाओं के साथ विभक्ति का प्रयोग ऐच्छिक रूप से होता है। यथा– 'नानु हण कोट्टे' (मैंने पैसा दिया), 'नानु पुस्तक कोंडेनु' (मैंने पुस्तक खरीदी), 'अवनु कारु नडेसुत्ताने' (वह कार चलाता है)। ऐसे वाक्यों में द्वितीया विभक्ति शून्य स्थिति में रहती है। बोल-चाल की भाषा में सम्बन्ध-सूचक संज्ञाओं के साथ 'अन्नु' प्रत्यय का संक्षिप्त रूप 'नञन' का प्रयोग होता है। उदाहरण के लिए– 'पेटेयल्लि अण्णनन्नु नोडिदेनु' के बदले 'पेटेयल्लि अण्णन्न नोडिदेनु' (बाजार में भाई को देखा), ऐसा कहा जाता है।

तृतीया विभक्ति : पुरानी कन्ड़ में **'इं'**, **'इंदे'**, **'एंदम्'** प्रत्यय प्रयुक्त होते थे।

आधुनिक कन्नड़ में 'इंद' प्रत्यय तृतीया विभक्ति का सूचक है। उाहरण के लिए– 'कट्टिगेइंद होडेदनु' (लकड़ी से मारा), 'मगनिंद अवन गौरव हेच्चितु' (बेटे से उसका गौरव बढ़ा), 'पेन्निनिंद बरेयुत्ताने' (पेन से लिखता है)।

कर्मवाचक वाक्यों में तृतीया विभक्ति का प्रत्यय प्रयुक्त होता है, यथा– 'बसप्पनिंद मने कट्टलपट्टिदे' (बसप्पा से घर बाँधा गया है)। किन्हीं कारणों से, संभवतः संस्कृत के अनुकरण पर, ऐसे वाक्यों का प्रयोग कन्नड़ में होता रहा है। ऐसे वाक्यों का प्रयोग आधुनिक कन्नड़ में सहज नहीं है। तृतीया विभक्ति के निम्नलिखित चार भेद किये जा सकते हैं, (1) **कारण**ः कोडलिइंद ('कुल्हाड़ी से'), गदेइंद (गदा से), (2) **वैषयिक**ः 'कण्णिंद' (आंखों से, 'किविगळिंद' (कानों से), कालिंद (पाँव से), (3) **हेतु**ः दैवदिंद (नसीब से), (4) **संयोग**ः 'जोतेइंद' (साथ रहने से)।

चतुर्थी विभक्ति : 'के', 'क्के', 'गे', ये चतुर्थी विभक्ति के प्रत्यय हैं। इनका प्रयोग पुरानी कन्नड़ में भी है। आधुनिक कन्नड़ में भी 'क्के' प्रत्यय एकवचन की ऐसी संख्यावाचक संज्ञाओं के साथ होता है जो स्वरांत हैं। 'कोटि' (करोड़) यह पद इस के लिए अपवाद है। उदाहरण के लिए नूरक्के (सौ में), साविरक्के (हजारों में)। 'कोटि' शब्द के साथ 'गे' प्रत्यय होता है। 'क्के' के लिए 'के' 'क' और उसी तरह 'गे' के लिए 'इग', 'गू' आदि उपप्रत्यय हैं। वे परस्पर पूरक होते हैं। बहुवचन-प्रत्यय के साथ 'ग' प्रत्यय का ही प्रयोग होता है।

सामान्यतः चतुर्थी विभक्ति का प्रयोग निर्देश के उद्देश्य से होता है। जब इसका प्रयोग सम्बन्धवाचक, कालसूचक, तथा स्थानसूचक संज्ञाओं के साथ होता है तब वह कुछ संदर्भों में षष्ठी विभक्ति का और कुछ संदर्भों में तृतीया विभक्ति का अर्थ देता है। उदाहरण के लिए–'मनेगे होगु' (घर को जाओ), 'तिन्नलिक्के कुळितिदाने' (खाने के लिए बैठा है), 'अवळिगे गिड्डनागुत्ताने' (उसके लिए छोटा होता है), 'हेंडतिगे गंडनु देवरु' (तुलना)।

पंचमी विभक्ति : पंचमी विभक्ति के सम्बन्ध में वैयाकरण एकमत नहीं हैं। अधिकांश वैयाकरण कन्नड़ में इस विभक्ति प्रत्यय के अस्तित्व को नहीं मानते। केशिराज ने 'अत्' को पंचमी विभक्ति का प्रत्यय कहकर 'अत्तणिं' को इसका आदेश रूप माना है। भाषाविदों का कहना है कि यह संस्कृत से कन्नड़ में आया है। डॉ. काल्डवेल् ने द्रविड़ भाषाओं में पंचमी विभक्ति का अस्तित्व नहीं माना है। निम्नलिखित कारणों से कन्नड़ में पंचमी विभक्ति का अस्तित्व नहीं माना जाता– 1. पंचमी विभक्ति में अपना एक पृथक् प्रत्यय नहीं है, 2. तृतीया तथा पंचमी विभक्ति के प्रत्ययों में एकरूपता पायी जाती है, 3. केशिराज का कहना है कि पंचमी का 'अत्तणिं' प्रत्यय के रूप 'इंद', 'इदं', 'इंदे' आदि तृतीया विभक्ति के प्रत्यय रूप के समान हैं। कन्नड़ के तृतीयार्थ में प्रयुक्त 'इन' प्रत्यय तमिल में पंचमार्थ में प्रयुक्त है तथा कन्नड़ में तृतीया तथा पंचमी में एक ही प्रकार के विभक्ति-प्रत्यय प्रयुक्त होते

हैं। इन दोनों प्रत्ययों में 'इन' अत्यंत प्राचीन है, अन्य द्राविड़ भाषाओं में इसका रूप है तथा कन्नड़ में पंचमी का कार्य तृतीया से निष्पन्न हो रहा है। इन सब कारणों से भाषाविद् कन्नड़ में पंचमी का अस्तित्व स्वीकार नहीं करते।

कुछ विद्वानों ने उपर्युक्त मत का खंडन करते हुए यह तर्क दिया है कि विभक्ति का अस्तित्व उसके अस्तित्व के रहने या न रहने पर निर्भर नहीं करता। प्रथमा विभक्ति भी प्रत्ययरहित है तो क्या इसके आधार पर यह कहा जा सकता है कि कर्ता कारक है ही नहीं। अतः विभक्तियों के अस्तित्व को निर्धारित करनेवाला आधार प्रत्ययों से बढ़कर संदर्भ और कारक सम्बन्ध प्रमुख हो जाते हैं। इसीलिए पंचमी विभक्ति के अस्तित्व ओर उसके प्रत्यय के सम्बन्ध में गहरे में जाकर विचार करना पड़ता है। निष्कर्ष यह है कि कन्नड़ में पंचमी विभक्ति अवश्य ही अस्तित्व रखती है और उसका प्रत्यय पुरानी कन्नड़ में '**इं**', है, जो आधुनिक कन्नड़ में 'इंद', हो गया है। निम्नलिखित दो उदाहरणों से पंचमी विभक्ति के प्रत्यय को स्पष्ट किया जा सकता है। 'मरदिंद हण्णु बित्तु' (पेड़ से फल गिरा)– प्रत्यय 'इंद', 'मरदिंद मने कट्टु' (लकड़ी से घर बनाओ)– प्रत्यय 'इंद'। इनमें पहले वाक्य में पंचमी या अपादान विभक्ति है और दूसरे वाक्य में तृतीया या करण विभक्ति है।

षष्ठी विभक्ति : षष्ठी विभक्ति के अस्तित्व के सम्बन्ध में भी विद्वानों में मतभेद है। फिर भी, कन्नड़ में षष्ठी विभक्ति का अपना विशिष्ट स्थान है। इस तथ्य को अधिकांश विद्वानों ने स्वीकार किया है। षष्ठी विभक्ति का कारक से सम्बन्ध न रहने के कारण क्रियापद या नामपद के साथ उसका सीधा सम्बन्ध नहीं है। इस कारण से षष्ठी विभक्ति के अस्तित्व को नकारा जाता है। लेकिन गहरे संरचनात्मक स्तर पर क्रियापद से जुड़े रहनेवाले नाम (संज्ञा) के विशेषण को रूपायित करनेवाला विशिष्ट कार्य निभाने का कार्य षष्ठी विभक्ति करती है। षष्ठी विभक्ति को नकारने का एक और कारण यह है कि षष्ठी विभक्ति के अभाव में अर्थ को कोई बाधा न पहुँचे। इस तरह की वाक्यरचना संभव है। उदाहरण के लिए: 'इवरु नन्न तंदे' (ये मेरे पिता हैं) (षष्ठी विभक्ति), 'नन्नन्नुहुट्टिसिद तंदे' (मुझे पैदा करनेवाले पिता हैं), 'इदु नम्म होल' (यह हमारा खेत है), 'इदु नावु तेगेदुकोंड होल' (यह हमार खरीदा हुआ खेत है), लेकिन इस तरह की वैकल्पित वाक्यरचना हर संदर्भ में संभव नहीं है। षष्ठी विभक्ति का प्रत्यय प्राचीन कन्नड़ में '**अ**' और '**आ**' है और मध्यप्राचीन तथा आधुनिक कन्नड़ में '**अ**' है। प्राचीन कन्नड़ में भी विशेषतः 'अ' प्रत्यय का ही प्रयोग हुआ है। मध्यकालीन तथा आधुनिक कन्नड़ में 'अ' ही प्रचलित है। प्राचीन कन्नड़ में 'ओ' प्रत्यय का प्रयोग यत्र-तत्र मुख्यतया कविता में पदांत में देखा जाता है।

षष्ठी विभक्ति के निम्नलिखात उदाहरण प्रस्तुत किये जा सकते हैं–1. 'हूविन तोटदल्लि हाविदे'–(फूलों के बगीचे में साँप है), 2. गिडद मेले मंग कूतिदे - (पेड़ पर बंदर बैठा है), . अवळ कण्णु आकर्षकवागिवे - (उसकी आँखें आकर्षक हैं)।

इन वाक्यों में षष्ठी विभक्ति के प्रत्यय के बिना अन्य का प्रयोग संभव नहीं है। इसलिए षष्ठी विभक्ति कन्नड़ में अन्यतम स्थान प्राप्त कर गयी है। तृतीया और सप्तमी विभक्तियों के रूप निर्माण के पीछे नामपद यानी संज्ञाएँ षष्ठी विभक्ति में रहती हैं। उदाहरण के लिए: 'अण्णन कडेइंद' (भाई की ओर से), 'बागिल केळगे' (दरवाजे के नीचे), 'हुडुगिय कोरळल्लि' (लड़की के गले में), 'बाविवळगे' (कुएँ में)। यहाँ आचार्य केशिराज का यह मंतव्य उल्लेखनीय है कि–"एल्ला विभक्तिगळं षष्ठिगतमादुदागि सम्बन्धमेंबर"। मतलब, सभी विभक्तियाँ षष्ठी विभक्ति के प्रत्ययों से सम्बन्ध रखती हैं। विद्वानों ने निम्नलिखित उदाहरण प्रस्तुत किए हैं कि किस तरह सारी विभक्तियाँ षष्ठी विभक्ति के स्वरूप प्राप्त कर लेती हैं। यथा– 'रामन गेलुवु' (राम की विजय), 'रावणन कोले' (रावण की हत्या), यक्षनिगे पत्निय अगलुविके (यक्ष का पत्नी से अलग होना), 'नम्म मनेय मदुवेगे' (हनारे विवाह में) आदि। कुल मिलाकर यह कहा जा सकता है कि षष्ठी के साथ कारक सम्बन्ध अत्यंत विशिष्ट है।

सप्तमी विभक्ति : प्राचीन कन्नड़ में सप्तमी विभक्ति के प्रत्यय हैं- **'वळ'**, **'वळगे'**, **'अल्लि'**, और मध्यकालीन कन्नड़ में **'ओवळ'**, **'वळु'**, **'वळगे'**, **'अदु'**, **'अलि'**, **'अल्लि'** किन्तु आधुनिक कन्नड़ में **वळगे** तथा **अल्लि**– ये प्रत्यय होते हैं। यथा– 'अवरु मनेयल्लिल्ल' (वे घर में नहीं हैं)। बोलचाल की भाषा में मनेयल्लि, (घर में) 'मनेलि' (घर में) के रूप में परिवर्तित हो जाता है। उत्तर कर्नाटक की कन्नड़ में 'अगे', 'आग' आदि प्रत्ययों का विशेष प्रयोग होता है। 'जैसे मनेयाग' (घर में), 'कैयाग' (हाथ में), 'बीदियाग' (रास्ते में)। 'अल्लि' प्रत्यय भी है और स्वतंत्र पद (शब्द) भी। सप्तमी विभक्ति को सूचित करनेवाले प्रत्यय के अन्य रूप भी मिलते हैं। जैसे–'वळगे' (भीतर), 'इल्लि' (यहाँ), 'हत्तिर' (नजदीक), 'कडेगे' (ओर), 'अत्त' (उस ओर'), 'इत्त' (इस ओर) आदि। 'मनेयोळगे बा'- (घर में आओ), 'कुर्चियल्लि कूडु' (कुरसी पर बैठा), 'नन्न हत्तिर हणविल्ल' (मेरे पास पैसा नहीं है), 'आ कडेगे होगबेड' (उस ओर मत जाओ), 'इत्त बा' (इधर आओ)। डॉ. काल्डवेल् सप्तमी विभक्ति के स्वतंत्र अस्तित्व को स्वीकार नहीं करते किन्तु कन्नड़ भाषाविज्ञान ने उनके मत को नकार दिया है।

संबोधन विभक्ति : संबोधन विभक्ति का कारक नहीं है, अतः संबोधन वास्तव में विभक्ति ही नहीं है। वह तो एक व्यक्ति के ध्यान को अपनी ओर खींचने के लिए प्रयोग किया जानेवाला पद-प्रयोग है। किन्हीं विभक्तियों में उसकी गणना नहीं होती, फिर भी, कई वैयाकरणों ने विभक्तियों के संदर्भ में उसका भी उल्लेख किया है।

विभक्तियों की अदला-बदली : कभी-कभी एक विभक्ति को दूसरे विभक्ति-प्रत्यय से सूचित किया जाता है। कई बार प्रत्ययों के आधार पर विभक्तियों को पहचानना कठिन हो जाता है। उदाहरण के लिए 'आकळु हुडुकबेकु' (गाय को ढूँढना है),

'आकळ हालु वळ्ळेयदु' (गाय का दूध अच्छा है)– कन्नड़ के इन वाक्यों में प्रत्यय नहीं है। मतलब, प्रत्यय प्रत्यक्ष रूप से प्रकट नहीं हैं। अतः यह कहा जा सकता है कि कई जगहों पर प्रत्यय उतना महत्त्वपूर्ण नहीं है। एक ही विभक्ति-प्रत्यय भिन्न-भिन्न विभक्तियों की अर्थ-व्यंजना कर सकता है। उदाहरण के लिए– 'काललि्ल वदेयुत्ताने' (पाँव से मारता है), 'काललि्ल हुण्णिदे' (पाँव में फोड़ा है)। कन्नड़ के वाक्यों में विभक्ति-प्रत्यय एक ही होने पर भी भिन्न-भिन्न विभक्तियों को सूचित करता है।

7.5. सर्वनाम

कन्नड़ के सर्वनामों का एक सुदीर्घ इतिहास रहा है। कालांतर में सर्वनामों में कई परिवर्तन पाये जाते हैं और उनके नये रूप दृष्टिगोचर होते हैं। प्राचीन कन्नड़ के सर्वनामों में कुछ सर्वनामों का प्रयोग आधुनिक कन्नड़ में भी हो रहा है तो कइयों का स्वरूप बदल गया है तथा कुछ सर्वनामों का अस्तित्व तक नहीं पाया जाता। प्राचीन वैयाकरणों ने सर्वनामों की पृथक् से चर्चा नहीं की है। उन्होंने 'सर्वनाम' शब्द का प्रयोग भी नहीं किया है। जिन्हें आधुनिक युग में सर्वनाम की संज्ञा दी गयी है उन्हें आचार्य नागवर्म ने 'यष्मदष्मदन्योक्ति' नाम दिया है। कन्नड़ के वैयाकरणों ने सर्वनामों का स्पष्ट विश्लेषण नहीं किया है अपितु आनुषंगिक रूप से उनका उल्लेख किया है। वैसे तो रूपविज्ञान की दृष्टि (Morphological Aspect) से सर्वनाम भिन्न-भिन्न अंशों के मिलन से निष्पन्न हुए हैं और वे इतर 'निष्पन्न नामपदों' के समुदाय से जुड़ जाते हैं। संभवतः इसीलिए सर्वनामों को अलग से रखकर देखने का प्रयास नहीं किया गया।

कन्नड़ के आधुनिक वैयाकरणों ने भिन्न-भिन्न आधार ग्रहण कर सर्वनामों का विभाजन करके उनका विश्लेषण प्रस्तुत किया है। परंपरागत रूप से सर्वनामों के तीन भेद माने गये हैं—1. पुरुषार्थक सर्वनाम, 2. प्रश्नार्थक सर्वनाम, 3. आत्मार्थक सर्वनाम।

पुरुषवाचक सर्वनाम

	प्राचीन कन्नड़		**मध्यकालीन कन्नड़**		**आधुनिक कन्नड़**	
	ए.व.	ब. व.	ए. व.	ब. व.	ए. व.	ब. व.
उत्तम पुरुष	आ, आन्	आम्	नान्, नाम्	नावु	नानु, ना (मैं)	नावु (हम)
मध्यम पुरुष	नी	नीम्	नीन्	नीव्	नीनु, नी (तू)	नीवु (तुम)
प्रथम पुरुष	ता, तानु	ताम्	तानु	तानु	अवनु (वह)	अवरु (वे)
					तानु	तावु (आप)

आत्मार्थक सर्वनाम

पहले जो सर्वनाम प्रथम पुरुष के अंतर्गत पहचाने जाते थे आज वे आत्मार्थक सर्वनाम के रूप में प्रयुक्त होते हैं। दूरवर्ती एवं समीपवर्ती होने के अंतर को दिखाने के लिए तथा लिंग-वचन के भेद को स्पष्ट करने के लिए पुरुष सर्वनाम के अंतर्गत निम्नलिखित सर्वनामों को रखा गया है–

स्थान निर्देशक	लिंग	एकवचन	बहुवचन
दूरस्थ	पुल्लिंग	अवनु (वह)	अवरु (वे)
	स्त्रीलिंग	अवळु (वह)	अवरु (वे)
	नपुंसक लिंग	अदु (वह)	अवु (वे)
समीपस्थ	पुल्लिंग	इवनु (वह)	इवरु (ये)
	स्त्रीलिंग	इवळु (यह)	इवरु (ये)
	नपुंसक लिंग	इदु (यह)	इवु, इवुगळु (ये)

प्रश्नार्थक सर्वनाम

लिंग	एकवचन	बहुवचन
पुल्लिंग	यावनु (कौन)	यारु (कौन)
स्त्रीलिंग	यावळु (कौन)	यारु (कौन)
नपुंसक लिंग	यावुदु (क्या)	यावदु (क्या)
	एनु (क्या)	

सर्वनामों के विभाजनों के शीर्षक हिन्दी और कन्नड़ में अलग-अलग हैं। हिन्दी में जो सर्वनाम प्रथम पुरुष के अंतर्गत आते हैं वे कन्नड़ में उत्तम पुरुष के अंतर्गत रखे गये हैं। मध्यम पुरुष के सर्वनाम दोनों में लगभग समान हैं। किन्तु हिन्दी में आदरार्थक सर्वनाम 'आप' मध्यम पुरुष के अंतर्गत रखा गया है जो सर्वदा बहुवचन-सूचक है। हिन्दी का 'आप' और कन्नड़ का 'ताऊ' सर्वनाम समान अर्थ वहन करते हैं। दोनों बहुवचन में होने पर भी व्यक्ति के प्रति सम्मान प्रकट करने के लिए बहुवचन में प्रयुक्त होते हैं। कन्नड़ का यह सर्वनाम प्रथम पुरुष में रखा गया है। ध्यान देने की बात है कि सर्वनामों का तीसरा वर्ग जहाँ हिन्दी में अन्य पुरुष कहा जाता है वहाँ कन्नड़ में प्रथम पुरुष की संज्ञा पाता है।

हिन्दी में 'तू' और 'तुम' सर्वनाम जिन संदर्भों में प्रयोग में आते हैं, लगभग उन्हीं संदर्भों में कन्नड़ के 'नीनु' (नी) और 'नीवु' सर्वनामों का प्रयोग होता है।

हिन्दी में कर्ताकारक और आज्ञार्थ को छोड़कर अन्य कारकों के वाक्यों में क्रियाओं के सर्वनामों से लिंग की पहचान हो जाती है। कन्नड़ के उत्तम तथा मध्यम पुरुषों के सर्वनामों के प्रयोग में क्रियारूपों से लिंग का बोध नहीं होता। उदाहरण के लिए– 'नानु वरुत्तेने' (मैं आता/आती हूँ।), 'नातु बरुत्तेवे' (हम आते/आती हैं), 'नीनु होगुत्तीया' (तू जा रहा/रही है), 'नीवु होगुत्तीरा' (तुम जा रहे/रही हो)।

कन्नड़ के प्रथम पुरुष और हिन्दी के अन्यपुरुष के सर्वनामों के रूप में भिन्नता पायी जाती है। हिन्दी में प्राणिवाचक और अप्राणिवाचक स्त्रीलिंग व पुल्लिग सर्वनामों का एक ही रूप मिलता है जबकि कन्नड़ में प्राणिवाचक पुल्लिग और स्त्रीलिंग तथा नपुंसक लिंग के सर्वनामों के भिन्न-भिन्न रूप मिलते हैं। हिन्दी में राम, सीता, हिरण तथा पत्थर के लिए एक वचन में 'वह' सर्वनाम प्रयुक्त होता है और बहुवचन के लिए 'वे' सर्वनाम का प्रयोग होता है। कन्नड़ में निम्नांकित अलग-अलग रूप मिलते हैं।

प्रथम पुरुष

संज्ञा	**एकवचन**		**बहुवचन**	
	कन्नड़	**हिन्दी**	**कन्नड़**	**हिन्दी**
हुडुग	अवनु	वह	अवरु	वे
हुडुगि	अवळु	वह	अवरु	वे
पुस्तक	अदु	वह	अवु	वे

हिन्दी की तरह ही कन्नड़ में भी अन्यवाक्य सर्वनाम ही निश्चयवाचक सर्वनाम हैं और उनके रूप और प्रयोग में समानता पायी जाती है।

हिन्दी में स्थित अनिश्चयवाचक सर्वनामों के समान रूप कन्नड़ में नहीं है। 'कोई' और 'कुछ' के समान रूप कन्नड़ में नहीं मिलते। इनका काम प्रश्नवाचक सर्वनामों से लिया जाता है। 'कोई' और 'कुछ' के लिए कन्नड़ में 'यारो' और 'एनो' का प्रयोग होता है। ये क्रमशः यारु (कौन) और एनु (क्या) प्रश्नवाचक सर्वनामों के ही अलग रूप हैं। हिन्दी के 'कुछ' के अर्थ में कन्नड़ में 'हलवु' (नपुंसक लिंग–एकवचन), 'हलवरु' (स्त्री-पुरुष– बहुवचन) और 'कई' के अर्थ में 'केल' (नपुंसक लिंग– एकवचन, बहुवचन), 'केलवरु' (स्त्री-पुं-बहुवचन) आदि अनिश्चयवाचक सर्वनामों का प्रयोग होता है।

प्रश्नवाचक सर्वनाम 'एनु' (क्या) और 'यारु' (कौन) कन्नड़ और हिन्दी में समान रूप से व्यवहृत हैं।

7.6. विशेषण

कन्नड़ के समस्त वैयाकरणों ने संस्कृत की ही परंपरा के अनुकरण पर शब्दों के तीन भेद माने हैं– नाम, क्रिया और अव्यय। सर्वनाम तथा विशेषण को नाम के अंतर्गत माना गया है। परंपरागत रूप से नाम के छह भेद किये गये हैं– (1) वस्तुवाचक, (2) भाववाचक, (3) गुणवाचक, (4) संख्यावाचक (5) परिमाणवाचक, और (6) सर्वनाम।

आधुनिक विद्वानों ने समग्र रूप से विशेषणों का विश्लेषण कर कन्नड़ के विशेषणों के भिन्न-भिन्न प्रकार उपस्थित किये हें। प्रमुख रूप से विशेषण के निम्नलिखित भेद पाये जाते हैं–

1. गुणवाचक विशेषण — 'हळेय' (पुराना), 'होस' (नया), 'बिसि' (गरम), 'तंपु' (ठंडा)।
2. वर्णवाचक विशेषण — 'नीली, 'बिळि' (सफेद), 'हळदी' (पीला), 'केंपु' (लाल)।
3. परिमाणवाचक विशेषण — 'बहळ' (बहुत), 'स्वल्प', 'नूररष्टु', (सौगुना)।
4. संख्यावाचक विशेषण — 'वंदनेय' (पहला), 'एंटनेय' (आठवाँ)।
5. रुचि-स्वाद-सूचक विशेषण — 'हुळि' (खट्टा), 'सिहि' (मीठा), 'कहि' (कसैला)।
6. आकारसूचक विशेषण — 'दोड्ड' (बड़ा), 'सण्ण' (छोटा), 'उद्द' (लंबा), 'गिड्ड' (नाटा)।
7. निर्देशनासूचक विशेषण — 'आ' (वह), 'ई' (यह), 'अल्लिय' (वहाँ का), 'इल्लिय' (यहाँ का)।
8. नामवाचक विशेषण — 'मण्णिन गोंबे' (मिट्टी की गुड़िया), 'मनेबागिलु' (घर का दरवाजा), 'हुडुगबुद्धि' (बच्चों की-सी बुद्धि)।
9. अंतरसूचक विशेषण — दूर, समीप, मध्य आदि।
10. क्रियावाचक विशेषण — 'हरिद अंगी' (फटी कमीज), 'माताडुव गिळि' (बोलनेवाला तोता), 'ओडुव हुडुग (दौड़नेवाला लड़का)।

हिन्दी और कन्नड़ के विशेषणों का तुलनात्मक अध्ययन

संस्कृत में स्वरांत तथा व्यंजनांत विशेषण विद्यमान हैं। परन्तु हिन्दी और कन्नड़ में व्यंजनांत विशेषण पाये जाते हैं। हिन्दी के स्वरांत विशेषणों के अंत में प्रायः 'अ', 'आ', 'ई', 'अः'- स्वर हैं तो कन्नड़ के विशेषणों में 'अ', 'ई', 'उ' स्वर पाये जाते हैं। उदाहरण के लिए—

अंत्यस्वर	**हिन्दी**	**कन्नड़**
अ -	बहुत, गोल	'बहळ', 'गोल'
ई -	रोगी, पापी	'रोगी', 'पापी'
अ -	टिकाऊ	टिकाऊ

हिन्दी के आकारांत विशेषण कन्नड़ में अकारांत हैं।

विशेषणों का लिंग—संस्कृत, पाली आदि भाषाओं में विशेषण विशेष्य के लिंग, वचन तथा कारक से प्रभावित हैं। हिन्दी और कन्नड़ में अकारांत, ईकारांत और ऊकारांत विशेषण विशेष्य के लिंग, वचन तथा कारक चिह्नयुक्त विशेष्य से प्रभावित नहीं हैं। उदाहरण के लिए—'सुंदर हुडुग' (सुंदर लड़का), 'सुंदर हुडुगी' (सुंदर लड़की),

'सुंदर हुडुगरु' (सुंदर लड़के), सुंदर हुडुगियरु (सुंदर लड़कियाँ)। हिन्दी के आकारांत विशेषण विशेष्य के लिंग, वचन तथा कारक चिह्नयुक्त विशेष्य से प्रभावित होते हैं। कन्नड़ के विशेषण विशेष्य के लिंग, वचन, तथा कारकचिह्नयुक्त विशेष्य से प्रभावित नहीं होते, यथा—

	हिन्दी	**कन्नड़**
पुल्लिग ए.व में विशेष्य और विशेषण	अच्छा लड़का	'वळळेय हुडुग'
पुल्लिग ब.व. में विशेष्य और विशेषण	अच्छे लड़के	'वळळेय हुडुगरु'
स्त्रीलिंग ए.व. में विशेष्य और विशेषण	अच्छी लड़की	'वळळेय हुडुगी'
स्त्रीलिंग ब.व. में विशेष्य में विशेषण	अच्छी लड़कियाँ	'वळळेय हुडुगियरु'
नपुं. लिं. ए.व. में विशेष्य और विशेषण	अच्छी पुस्तक	'वळ्ळेय पुस्तक'
नपुं. लि. ब.व. में विशेष्य और विशेषण	अच्छी पुस्तकें	'वळ्ळेय पुस्तकगळु'
पुं. ए.व. तथा ब.व. में विशेष्य और विशेषण	अच्छे लड़के ने	'बळ्ळेय हुडुगनिंद'
कारक चिह्नयुक्त विशेष्य में	अच्छे लड़कों ने	'बळ्ळेय हुडुगरिंद'
	अच्छी लड़की ने	'बळ्ळेय हुडुगी इंद'
कारक चिह्नयुक्त विशेष्य में	अच्छी लड़कियों ने	'बळ्ळेय हुडुगियरिंद'
नपुं. लि. ए.व. तथा ब.व		'बळ्ळेय पुस्तकदिंद'
कारक चिह्नयुक्त विशेष्य में		'वळ्ळेय पुस्तकगळिंद'

'नामपद' का वर्णन करनेवाला तथा लिंग, वचन, प्रत्ययादि से अप्रभावित रहनेवाला व्याकरणिक अंश ही विशेषण है। यदि वह अन्यत्र नामपद सरीखे प्रयुक्त होता है तो उसे शुद्ध विशेषण नहीं कहा जा सकता। उदाहरण के लिए 'बिरुगाळि' (तूफान), 'बिरुनुडि' (कठोर बात), 'बिरुबिसलु' (कड़ी धूप) जैसे शब्दों में 'बिरु' शुद्ध विशेषण है। उससे जुड़े नामों (संज्ञाओं) के साथ प्रत्यय लगते हैं। किन्तु वह अन्यत्र कहीं भी नाम (संज्ञा) की तरह प्रयुक्त नहीं होता। 'बिरु' शब्द 'तीव्रता का अर्थ देता है। वह जिस संज्ञा से जुड़ा होता है, वह विशेषणार्थ उसके अधीन रहता है। इस तरह संज्ञा की विशेषता प्रकट होती है। कन्नड़ में ऐसे विशुद्ध विशेषण काफी मिलते हैं यथा 'बिसि' (गरम), 'बिळि' (सफेद), 'करि' (काला), 'दोड्ड' (बड़ा),

'पुट्ट' (छोटा) इत्यादि। उनके साथ 'तु' या 'दु' जोड़ने से ये संज्ञा बन जाते हैं। उदाहरण के लिए– दोड्ड+दु =दोड्डदु, करि + दु = करिदु।

संस्कृत में तुलनात्मक विशेषण बनाने के लिए कुल चार प्रत्यय हैं- 'तर', 'ईयस', 'तम', 'इष्ठ'। अँगरेजी में भी यह पद्धति विद्यमान है, तथा 'गुड्' (Good), 'बेटर' (Better), बेस्ट (Best)। उदाहरण के लिए सुंदर-संदरतर-सुंदरतम। इस तरह 'तर', 'तम' भाव व्यक्त करनेवाले विशेषण कन्नड़ और हिन्दी में नहीं है। किन्तु विशेषणों के पीछे के नामों (संज्ञाओं) के साथ 'क्किंत'/'गिंत', 'वळगे', 'अल्लि' आदि प्रत्यय जोड़ कर तुलनात्मक विशेषण बनाये जा सकते हैं। उदाहरण के लिए– 'अवनिगिंत सण्णवनु' (उससे भी छोटा), 'अवरल्लि दोड्डवनु' (उनमें से बड़ा)।

7.7. क्रिया

क्रियाओं के विवेचन-विश्लेषण के लिए धातुओं की व्युत्पत्ति समझना महत्त्वपूर्ण ही नहीं, अनिवार्य भी है। भाषा के निर्माण और विकास में धातु की महती भूमिका पर प्रकार डालते हुए आचार्य किशोरीदास वाजपेयी ने कहा है कि भाषा में धातु का बड़ा महत्त्व है। भाषा का उद्भव ही धातुओं से हुआ है। प्रयोग में भी क्रिया की ही प्रधानता रहती है, विधेयता उसी पर रहती है। इसीलिए वाक्य या भाषा को क्रिया-प्रधान कहते हैं।

कन्नड़ के वैयाकरणों से धातु के महत्त्व को पहचानते में भूल नहीं हुई है। धातु को लेकर उनकी दृष्टि स्पष्ट थी। वैयाकरणों में केशिराज और नागवर्म ने क्रियापदों के विवेचन से सम्बन्धित प्रकरण को 'अख्यात प्रकरण' की संज्ञा दी है। नागवर्म ने **भाषाभूषण** के 'अख्यात प्रकरण' के प्रारंभ में धातु की परिभाषा इस प्रकार दी है–'क्रियार्थो धातुः'। इसी बात को आचार्य भट्टकळंक ने अपने **शब्दानुशासन** में दुहराया है। आचार्य केशिराज ने धातु को और व्यापक स्तर पर स्वीकार करते हुए कहा है कि सभी भाषाओं के उपसर्ग तथा प्रत्ययों का मूल स्तंभ भी धातु ही है।

आधुनिक कन्नड़ वैयाकरणों ने भी 'धातु निश्चय' का विस्तृत विवेचन किया है। भाषाविदों का मानना है कि धातु के स्वरूप का निर्धारण विध्यर्थ मध्यम पुरुष एक वचन से किया जा सकता है। डा. काल्डवेल विध्यर्थ में धातु की पहचान को द्रविड़ भाषाओं की विशिष्टता मानते हैं। वास्तव में यह बात संस्कृत को छोड़कर संसार की लगभग सभी भाषाओं पर लागू होती है। 'ओदु' (पढ), 'होगु' (जा), 'माडु' (कर), ये कन्नड़ की विध्यर्थक क्रियायँ हैं जो धातु होना सूचित करती हैं। कोष्ठक में हिन्दी की धातुओं को देख सकते हैं। हिन्दी की धातुओं के स्वरूप के बारे में आचार्य किशोरीदास वाजपेयी का कथन है कि हिन्दी में सभी 'धातु' स्वरांत हैं, एक भी व्यंजनांत नहीं। किन्तु कन्नड़ में अनेक धातु व्यंजनांत हैं।

हिन्दी में एकाक्षर, द्वयक्षर तथा त्र्यक्षर धातुएँ पायी जाती हैं। कन्नड़ में एकाक्षर

तथा द्वयक्षर धातुएँ हैं तथा स्वरांत और व्यंजनांत दोनों प्रकार की धातुएँ पायी जाती हैं। त्र्यक्षर धातुएँ शुद्ध धातु न होकर साधित (यौगिक) धातुओं के रूप में पायी जाती हैं। एकाक्षर धातुओं की संख्या साठ मानी गयी है।

स्वरांत धातुएँ–ओ, ई, का, चा, सा, पो, को, नो, बो आदि, व्यंजनांत धातुएँ उण्, पेन्, सुय्, सेपु, हीर, चोले, कोळ् आदि। द्वयक्षर धातुएँ– सिडि, सुडी, पिडि, उडु, लडु, नोडु, माडु, तोडु आदि। आख्यात प्रत्यययुक्त धातु को ही क्रियापद कहते हैं। धातु के मुख्य रूप से दो भेद हैं–सकर्मक और अकर्मक। कन्नड़ के वैयाकरणों में केवल भट्टकलंक ने सकर्मक तथा अकर्मक धातुओं का स्पष्ट उल्लेख किया है।

व्युत्पत्ति के अनुसार धातुओं के दो भेद हैं– 'मूल धातु' और 'यौगिक धातु'। कन्नड़ में मूल धातु को 'शुद्ध धातु' कहते हैं और यौगिक को 'साधित धातु'। 'मूल धातु' अथवा शुद्ध धातु वे हैं जो किसी दूसरे शब्द से न बने हों, जैसे– 'माडु' (कर), ता (ला)। मूल धातु के साथ प्रत्यय जोड़कर अथवा किसी दूसरे शब्द से जो धातु बनायी जाती है उसे यौगिक धातु कहते हैं।

हिन्दी में विध्यर्थ को छोड़कर शेष सब प्रकार की क्रियाएँ कर्ता अथवा कर्म के लिंग-भेद तथा पुरुष-भेद के अनुसार परिवर्तित होती हैं। क्रियारूपों के परिवर्तन का कारण पं. किशोरीदास वाजपेयी ने स्पष्ट किया है कि हिन्दी में कृदंत क्रियाओं की भरमार है। हिन्दी में आख्यात या क्रियाशब्द कृदन्त ही अधिक हैं जिनमें लिंगभेद तथा वचनभेद संज्ञा की तरह होते हैं। हिन्दी में तिङन्त आख्यात बहुत कम हैं।

द्रविड़ वर्ग की भाषाओं में सर्वनाम के मूल रूप ही आख्यात प्रत्यय के रूप में प्रयुक्त होते हैं। इन आख्यात प्रत्ययों की विशिष्टता यह है कि जिस तरह ये प्रत्यय धातु के परे लगकर क्रियापद निष्पन्न करते हैं, उसी प्रकार नाम के साथ लगकर क्रियापद के अर्थ की निष्पत्ति ला सकते हैं और इस तरह वाक्य की पूर्णता में सहायक होते हैं। कन्नड़ में कालार्थक और लिंग, वचन, पुरुष तथा प्रत्ययों से युक्त क्रियापद पाँच प्रकार के माने जाते हैं–(1.) वर्तमानकालिक क्रियापद, (2.) भूतकालिक क्रियापद, (3.) भविष्यकालिक क्रियापद, (4.) विध्यर्थक क्रियापद, (5.) निषेधात्मक क्रियापद।

आधुनिक विद्वानों ने संभावनात्मक क्रियापद को भी मान्यता दी है। एक क्रिया धातु विभिन्न कालों में पुरुष, वचन, लिंग के अनुरूप किस तरह विभिन्न रूप धारण करती है उसे निम्नलिखित उदाहरण द्वारा स्पष्ट किया जा सकता है। क्रिया धातु- 'नडे' (चल)

वर्तमान काल

उत्तम पुरुष - पुल्लिंग/स्त्रीलिंग	एकवचन	नडे+उत्त+एने=नडेयुत्तेने (चलता/चलती हूँ)
" "	बहुवचन	नडे+उत्त+एवे=नडेयुत्तेवे (चलते/चलती हैं)

मध्यम पुरुष - पुल्लिंग/स्त्रीलिंग एकवचन	नडे+अत्त+इए=नडेयुत्तिये (चलता/चलती है)
बहुवचन	नडे+अत्त+ईवे=नडेयुत्तिवे
प्रथम पुरुष - पुल्लिग एकवचन	नडे+उत्त+आने=नडेयुत्ताने (चलता है)
स्त्रीलिंग एकवचन	नडे+उत्त+आळे=नडेयुत्ताळे (चलती है)
पुल्लिग/स्त्रीलिंग बहुवचन	नडे+अत्त+आरे=नडेयुत्तारे (चलते/चलती हैं)

भूतकाल

उत्तम पुरुष–	पुल्लिग/स्त्रीलिंग एकवचन	नडे+दे+एनु=नडेदेनु (चला हूँ/चली हूँ)
	पुल्लिग/स्त्रीलिंग बहुवचन	नडे+द+एवु=नडेदेवु
मध्यम पुरुष -	पुल्लिग/स्त्रीलिंग एकवचन	नडे+दए =नडेदे (तू चला/चली)
	पुल्लिग/स्त्रीलिंग बहुवचन	नडे+द+इरि=नडेदिरि (तुम चले/चली)
प्रथम पुरुष -	पुल्लिग एकवचन	नडे+द+अनु=नडेदनु (वह चला)
	स्त्रीलिंग एकवचन	नडे+द+अळु=नडेदळु (वह चली)

भविष्यत्काल

उत्तम पुरुष -	पुल्लिग/स्त्रीलिंग एकवचन	नडे+उव+वे=नडेयुवे (चलूँगा/चलूँगी)
	पुल्लिग/स्त्रीलिंग बहुवचन	नडे+उव+एवु=नडेयुवेवु (चलेंगे)

ऊपर के सभी रूपों में यह स्पष्ट दिखायी देता है कि 'नडे' (चल) धातु के साथ दो-दो प्रत्यय जुड़े हुए हैं। उनसे क्रियापद के काल की सूचना मिलती है। इन प्रत्ययों को बदलने से काल में परिवर्तन हो जाता है। इस प्रकार धातु से जुड़कर काल का संकेत देनेवाले प्रत्ययों को 'काल प्रत्यय' कहा जाता है। वर्तमानकाल का प्रत्यय है- उत्त', भूतकाल का 'द' तथा भविष्यत् काल का 'उव' और कालप्रत्यय के साथ जुड़नेवाले 'अनु', 'अळु' आदि प्रत्यय लिंग तथा वचन को सूचित करते हैं।

पूर्ण क्रियापदों और सापेक्ष क्रियारूपों में काफी अंतर है। पूर्ण क्रियापदों के भिन्न-भिन्न लिंगों, वचनों और पुरुषों में भिन्न-भिन्न रूप होते हैं किन्तु सापेक्षक्रियारूप सभी लिंगों, वचनों और पुरुषों में एक ही रूप में रहते हैं।

इसके विपरीत हिन्दी में सापेक्ष क्रियारूप लिंग और वचन-पुरुष के अनुरूप अपने रूप बदलते हैं। उदाहरण के लिए—बरु (आना) धातु को ले सकते हैं—

प्रथम पुरुष पुल्लिग एकवचन	'अवनु होरटु बंदनु' (वह चला आया)।
प्रथम पुरुष स्त्रीलिंग एकवचन	अवळु होरटु बंदळु (वह चली आयी)।
प्रथम पुरुष पुल्लिग/स्त्रीलिंग बहुवचन	अवरु होरटु बंदरु (वे चले आये/वे चली आयीं)।
प्रथम पुरुष नपुंसक लिंग एकवचन	अदु होरटु बंदितु (वह चला आया)।
प्रथम पुरुष नपुंसक लिंग बहुवचन	अवु होरटु बंदरु (वे चले आये)।
मध्यम पुरुष पुल्लिग/स्त्रीलिंग एकवचन	नीनु होरटु बंदे (तू चला आया/ तू चली आयी)।
मध्यम पुरुष पुल्लिग/स्त्रीलिंग बहुवचन	नीवु होरटु बंदिरि (तुम चले आये/ तुम चली आयी)।
उत्तम पुरुष पुल्लिग/स्त्रीलिंग एकवचन	नानु होरटु बंदेनु (मैं चला आया/ मैं चली आयी)।
उत्तम पुरुष पुल्लिग/स्त्रीलिंग बहुवचन	नावु होरटु बंदेवु (हम चले आये/ हम चली आयीं)।

स्पष्ट है कि 'बरु' धातु के साथ पूर्ण क्रिया के रूप पुरुष, लिंग और वचन के अनुरूप बदलते हैं किन्तु सापेक्ष रूप का एक ही रूप पाया जाता है।

विध्यर्थक क्रियापद

विधि क्रिया को कन्नड़ में विध्यर्थक क्रिया कहा जाता है। विध्यर्थक क्रियाओं से प्रार्थना, आशीर्वाद, निमंत्रण, आज्ञा, अनुमति, उद्देश्य आदि का बोध होता है विध्यर्थक क्रिया भविष्यत् काल में ही संपन्न होती है और यह तो स्पष्ट है कि यह क्रिया सामान्यतया मध्यम पुरुष में प्रयुक्त होती है। यह तो पहले ही कहा जा चुका है कि मध्यम पुरुष एकवचन के विध्यर्थक क्रियापद में मूल धातु का ही प्रयोग होता है।

कन्नड़ में मध्यम पुरुष एकवचन के प्रयोग में मूल धातु प्रयुक्त होती है और मध्यम पुरुष बहुवचन में मूल धातु के साथ 'इ' प्रत्यय तथा आदरसूचक के अर्थ में मूलधातु के साथ 'इरि' प्रत्यय जोड़कर विध्यर्थक क्रियापद बनाया जाता है। यथा: 'नीनु होगु' (तू जा), नीवु होगी (तुम जाओ), तावु होगिरि (आप जाइए)।

निषेधात्मक क्रियारूप

कन्नड़ के निषेधार्थ के आख्यात प्रत्यय भूत एवं भविष्यत्काल के आख्यात प्रत्ययों के समान हैं। प्रथम पुरुष नपुंसक लिंग में मात्र भिन्न रहते हैं। उदाहरण के लिए—क्रिया 'माडु' (करना)

	प्रत्यय एकवचन	प्रत्यय बहुवचन
प्रथम पुरुष पुल्लिग	+अनु माडनु	+अरु माडरु
प्रथम पुरुष स्त्रीलिंग	+अळु माडळु	+अरू माडरू
प्रथम पुरुष नपुंसक लिंग	+अदु माडदु	+अवु माडवु
मध्यम पुरुष	+ए माडे	+इरि माडेरि
उत्तम पुरुष	+एनु माडेनु	+एवु माडेवु

कुछ अन्य धातुओं के निषेधार्थक रूप इस प्रकार हैं:

नेने (याद करना)	+अरु	= नेनेयरु
हेदरु (डरना)	+अवु	= हेदरवु
अरि (मालूम होना)	+ए	= अरिए
नोडु (देखना)	+एवु	= नोडेवु

उल्लिखित निषेधार्थक क्रियापदों का प्रयोग आधुनिक कन्नड़ में कम हो गया है। ये व्यावहारिक जीवन में सहज रूप में प्रयुक्त नहीं हैं। हाँ, ग्रंथों तक इनका प्रयोग सीमित है। बदले में इल्ल (नहीं), अल्ल (नहीं), नामक क्रियार्थकों का प्रयोग अधिक होता है। उदाहरण के लिए– केळु (सुनो)+द+उदु+इल्ल=केळोदिल्ल– ऐसे प्रयोग प्रचलित हैं। कुछ अन्य निषेधार्थक क्रियापद निम्नांकित हैं– 'माडु' (करना) माडु+अदु+आगदु=माडलागदु, 'तडे' (रोकना) तडे+अ +कूडदु=तड़ेयकूडदु, होडे (मारना) होडे+उवु+इदु+बेड़ा=होडेयुवुदु बेड़ा।

संभावनार्थक क्रियारूप

संभावनार्थक क्रियारूप क्रिया का एक विशिष्ट रूप है। क्रिया घटित होगी या नहीं, इसके बारे में निर्णयात्मक रूप से कहा नहीं जा सकता, किन्तु क्रिया घटित होने की पूरी संभावनना रहती है। इस तरह की अभिव्यक्ति के लिए संभावनार्थक क्रिया का प्रयोग किया जाता है। उदाहरण के लिए 'माडु' (करना) धातु के निम्नलिखित संभावनार्थक क्रियारूप हैं–

प्रत्यय	एकवचन	प्रत्यय	बहुवचन
प्रथम पुरुष पुल्लिग	माडु+आनु	=माडियानु	+आरु =माडियारु
प्रथम पुरुष स्त्रीलिंग	माडु+आळु	=माडियाळु	+आरु =माडियारु
प्रथम पुरुष नपुंसक लिंग	माडु+ईतु	=माडीतु	+आऊ =माडियावु
मध्यम पुरुष	माडु+ईए	=माडिए	+ईरि =माडीरि
उत्तम पुरुष	माडु+एनु	=माडेनु	+एड =माडेऊ

कुछ धातुओं के संभावनार्थक क्रियारूप भिन्न रूप गें प्रयुक्त होते हैं। धातु और आख्यात प्रत्यय के बीच और एक प्रत्यय 'द' और 'इ' का आगमन होता है।

उदाहरण के लिए–'तिळि' (समझना)+द+आनु =तिळिदानु, 'माडु' (करना)+इ+आनु =माडियानु।

संभावनार्थक क्रियाओं के मध्यम पुरुष के रूप कभी-कभी निषेधार्थक क्रियारूपों की तरह व्यवहृत होते हैं। उदाहरण के लिए–'कत्तलल्लि गुंडियल्लि बिद्दीया' (अंधेरे में गड्ढे में गिर न पड़े) यानी अंधेरे में गड्ढे में गिरने की संभावना है, अतः सतर्क रहना–यह अर्थ निकलता है।

7.8. क्रियाविशेषण

क्रियाविशेषण का उल्लेख अव्यय के अंतर्गत किया जाता है। हिन्दी और कन्नड़ दोनों के वैयाकरणों ने 'अव्यय' शब्द का प्रयोग 'अविकारी' के रूप में किया है। हिन्दी में चार अविकारी माने गये हैं–क्रियाविशेषण, सम्बन्धसूचक, समुच्चयबोधक तथा विस्मयादिबोधक। कन्नड़ में ग्यारह अविकारी हैं–सामान्य विभक्त्यंत, अनुकरण, विरोधार्थ, अवधारणार्थ, समुच्चयार्थ, क्रियार्थ, निपात, सम्बन्धार्थ, कृदंताव्यय तथा तद्धितांताव्यय। 'क्रियाविशेषण' इस नाम से यह बात स्पष्ट व्यंजित होती है कि यह क्रियापद की विशेषताओं का वर्णन करनेवाला पद है। कन्नड़ के क्रियाविशेषणों के चार प्रकार माने जाते हैं–सहज, तद्धित, प्रश्नार्थक और वाक्यार्थक। 'मुंदे' (सामने), 'हिन्दे' (पीछे), 'दोड्डदु' (बड़ा), 'सण्णदु' (छोटा), 'अल्लि' (वहाँ), 'इल्लि' (यहाँ), 'इंदु' (आज), 'नाळे' (कल) आदि यह सहज क्रियाविशेषण हैं। 'दोप्पने' (पटाक), पट्टने (तुरंत), 'तेळ्ळगे' (पतला) आदि तद्धित क्रियाविशेषण हैं। एक पूरे वाक्य में क्रियापद को एक साथ अनेक विशेषण विशेषित करते हैं तो उसे वाक्यार्थक माना जाता है।

क्रियाविशेषणों के प्रयोग में हिन्दी और कन्नड़ में काफी समानताएँ दृष्टिगोचर होती हैं। निषेधात्मक क्रियाविशेषण की विशेषता यह है कि हिन्दी में जहाँ उसका एक ही तरह का रूप मिलता है वहाँ कन्नड़ में दो तरह के रूप विद्यमान हैं। उदाहरण के लिए–निषेधार्थ प्रकट करने के लिए हिन्दी में 'नहीं' का प्रयोग होता है तो कन्नड़ में 'इल्ला' और 'अल्ला' शब्दों का प्रयोग होता है–'इदु नन्न पुस्तकवल्ला' (यह मेरी पुस्तक नहीं है), 'नन्न पुस्तक इल्लि इल्ला'। (मेरी पुस्तक यहाँ नहीं है)।

8. कन्नड़ में वाक्य-रचना-विधान

सार्थक वाक्य की रचना के लिए यह आवश्यक है कि उनमें कर्ता, कर्म और क्रियापद हो। किन्तु यह भी सही है कि हिन्दी के वाक्यों में कर्ता या कर्म या क्रियापद प्रत्यक्ष रूप में विद्यमान नहीं रहता। उदाहरण के लिए निम्नलिखित वाक्यों को देख सकते हैं–1. ईग बंदनु (अभी आया), 2. हुडुगनु वळ्ळेयवनु (अच्छा लड़का), 3. अवनु तिंदिद्दाने (लड़के ने खाया है)।

इस तरह के वाक्य कन्नड़ में भी मिलेंगे और हिन्दी में भी। पहले वाक्य में कर्ता

नहीं है, क्रिया-रूप से पता चलता है कि वह पुल्लिंग एकवचन है। अतः संदर्भानुसार 'अवनु' (पुल्लिंग) से 'वह' या किसी और पद को अध्याहार के रूप में स्वीकारना पड़ता है। उसी तरह दूसरे वाक्य में क्रियापद और तीसरे वाक्य में कर्म नहीं है। अतः संदर्भ के अनुरूप उचित अध्याहार का चुनाव करके जोड़ना पड़ता है।

हिन्दी और कन्नड़ की वाक्य-रचना में काफी अंतर होते हुए भी कई वाक्यों की रचना में समानता पायी जाती है। हिन्दी और कन्नड़ में वाक्यरचना का यह सामान्य नियम है कि उनमें पहले कर्ता आएगा और उसके बाद कर्म, तदनंतर क्रियापद होगा तथा विशेषण उन पदों के पहले आएगा। उदाहरण के लिए निम्नलिखित वाक्य देख सकते हैं–'बुद्धिवंत विद्यार्थी कठिण पाठवन्नु बेगने तिळिदुकोळ्ळुवनु' (बुद्धिमान् विद्यार्थी कठिन् पाठ को भी शीघ्र ही समझ लेता है)। इसमें पहले कर्ता पद 'विद्यार्थी' आया है, बाद में कर्म पद 'पाठ' 'तदनंतर क्रियापद तिळिदुकोळ्ळुवनु'। सारे विशेषण इन पदों के पहले आये हैं।

'द्विरुक्ति' कन्नड़ की वाक्यरचना का विशिष्ट रूप है। एक विशेष अर्थ को व्यंजित करने के लिए वाक्य में एक शब्द का प्रयोग दो-दो बार किया जाता है तो उसे द्विरुक्ति कहा जाता है। यथा–'बिडु-बिडु नन्नन्नु तडेयबेड' (छोड़ो-छोड़ो मुझे मत रोको), 'रामनु ओडि-ओडि बंदनु' (राम दौड़ा-दौड़ा आया)।

8.1 वाक्यों के प्रकार

मोटे तौर पर कन्नड़ के वाक्यों के दो भेद मान सकते है–'एक वाक्य' तथा 'अनेक वाक्य'। एक 'वाक्यात्मक घटक' (clause) से युक्त वाक्य एक वाक्य कहलाता है, तो अनेक वाक्यात्मक घटकों से युक्त वाक्य अनेक वाक्य की संज्ञा पाता है। रचना और अर्थ की दृष्टि से वाक्यों के अनेक प्रकार मिलते हैं। सामान्यतया रचना की दृष्टि से कन्नड़ में वाक्यों के निम्नलिखित प्रकार हैं–1. सामान्य वाक्य, 2. संयोजित वाक्य, 3. मिश्र वाक्य। हिन्दी में भी लगभग इसी तरह निम्नलिखित प्रकार मिलते हैं–1. साधारण वाक्य, 2. मिश्रवाक्य, 3. संयुक्त वाक्य।

1. सामान्य वाक्य–जिस वाक्य में एक ही पूर्ण क्रिया होती है उसे सामान्य वाक्य कहते हैं। हाँ, सापेक्ष क्रियारूप मध्य में प्रयुक्त हो सकते हैं। उदाहरण के लिए–'नीरू हरियुत्तदे' (पानी बहता है), 'बांबु स्फोटिसित सुद्दि केळि जन गाबरियादरु' (बम-विस्फोट का समाचार सुनकर लोग घबरा गये)।

2. संयोजित वाक्य–स्वतंत्र अस्तित्व रखनेवाले अनेक उपवाक्यों से युक्त एक परिपूर्ण वाक्य 'संयोजित वाक्य' कहलाता है, यथा–अवनु शालेगे होदनु आदरे अल्लि कलियलिल्ल (वह स्कूल गया लेकिन कुछ सीख न सका)।

मिश्र वाक्य–एक या अनेक वाक्य एक प्रधान वाक्य के अधीन रहते हैं तो उस वाक्य को मिश्र वाक्य कहा जाता है। उदा.–'एनादरु माडि हळिळय समीप कारखाने

स्थापिसलु अवरु मिर्धरिसिदरु, अवर ई निर्धारक्के सरकार अनुमति कोडलिल्ल' (उन्होंने किसी तरह गाँव के नजदीक कारखाना स्थापित करने का निर्णय लिया था, उनके इस निर्णय को सरकार ने नहीं माना)। उल्लिखित तीनों प्रकार के वाक्यों को परिवर्तित किया जा सकता है। संयोजित वाक्यों को चंद परिवर्तनों के साथ सामान्य वाक्यों के रूप में परिवर्तित कर सकते हैं। उसी तरह मिश्र वाक्यों को भी बदल सकते हैं। इसको 'वाक्य परिवर्तन' कहा जाता है।

9. कन्नड़ और द्राविड़-कुल की भाषाएँ

कन्नड़ का अपने ही कुल की यानी द्राविड़ परिवार की भाषाओं के साथ गहरा सम्बन्ध होना स्वाभाविक है। उन्होंने एक-दूसरे को प्रभावित किया है। द्राविड़-परिवार की सबसे प्राचीन भाषा तमिळ है। उसके बाद कन्नड़, तेलुगु और मलयालम भाषाएँ आती हैं।

9.1. कन्नड़ और तमिळ

मूल द्राविड़ के अंश सबसे ज्यादा तमिळ में आज भी विद्यमान हैं जब कि कन्नड़ और तेलुगु में अधिकांश द्राविड़ अंश परिवर्तित हो गये हैं। व्याकरण की दृष्टि से कन्नड़ और तमिळ में अधिक निकटता पायी जाती है। लिपि की दृष्टि से कन्नड़ और तेलुगु अधिक नजदीक पड़ती हैं किन्तु व्याकरण की दृष्टि से नहीं। कई विद्वानों का विचार है कि ईसापूर्व पहली और दूसरी शताब्दियों के पहले कन्नड़ और तमिळ दोनों भाषाएँ लगभग एक ही भाषा बनी हुई थीं। कालांतर में दोनों अलग-अलग रूप में विकसित हो गयीं। प्राचीन कन्नड़ भाषा में तमिळ के अनेक रूप द्रष्टव्य हैं। 6-7 वीं शताब्दियों के मध्य रचित **शिल्पदिकारम्** नामक ग्रंथ में कर्नाटक से सम्बन्धित कई विचारों का उल्लेख मिलता है। 11वीं शताब्दी के अंत तक तमिळनाडु के शैवधर्म का प्रसार कर्नाटक में हुआ। 12वीं और 14वीं शताब्दियों की कालावधि में कन्नड़ पर तमिळ का प्रभाव स्पष्ट रूप से लक्षित होता है। प्राचीन और मध्य कन्नड़ में तमिळ शब्दों का प्रयोग पर्याप्त मात्रा में मिलता है।

9.1.1 कन्नड़ और तेलुगु

ऐतिहासिक, भौगोलिक, साहित्यिक, सांस्कृतिक तथा धार्मिक दृष्टि से दोनों के बीच निकट सम्बन्ध रहा है। शातवाहन, चालुक्य, चोळ, राष्ट्रकूट, होयूसळ, विजयनगर के राजाओं तथा अँगरेजों के काल से ही कन्नड़ और तेलुगु का सम्बन्ध बना रहा है। इन दोनों के साहित्य और शिलालेख इनके प्रमाण हैं। कई तेलुगु-कवि कन्नड़ के जानकार ही नहीं थे अपितु उन्होंने कन्नड़ में साहित्य की रचना भी की है। इस प्रकार दोनों भाषाओं का डेढ़ हजार वर्षों तक साथ-साथ विकास हुआ है। कन्नड़ के महान् कवि पंप, रन्न, जन्न, पोन्न, आदि के काव्य में तेलुगु के काफी शब्दों का

प्रयोग मिलता है। तेलुगु के शैव कवियों ने कन्नड़ से बहुत-कुछ स्वीकार किया है। दोनों भाषाओं के बीच शब्दों के आदान-प्रदान की प्रक्रिया लंबे अरसे से चली आयी है जिससे दोनों का शब्दभांडार समृद्ध हुआ है। कन्नड़ और तेलुगु की लिपि एक-सी है। अतः दोनों के लिए एक ही लिपि को रूपायित करने की दिशा में विद्वान् प्रयत्नशील हैं। कन्नड़, तमिळ और तेलुगु– इन सबकी जननी एक ही होने के कारण ध्वनि, शब्द-प्रयोग तथा वाक्यरचना की दृष्टि से तीनों में पर्याप्त साम्य दिख पड़ता है।

9.1.2 कन्नड़ और मलयालम

कन्नड़ भाषा और साहित्य पर मलयालम का प्रभाव उतना दृष्टिगोचर न होते हुए भी दोनों के सीमावर्ती प्रदेशों में व्यवहृत भाषा में दोनों का पारस्परिक प्रभाव स्पष्ट लक्षित होता है। दोनों भाषाओं में जितना साम्य दिखता है उससे ज्यादा वैषम्य। कन्नड़ और तेलुगु में वर्त्स्य अनुनासिक व्यंजन नहीं हैं। किन्तु तमिळ और मलयालम में हैं। कन्नड़ के कठिन तथा मृदु स्पर्श-व्यंजनों में अंतर है लेकिन तमिळ में यह अंतर नहीं है। मलयालम में कन्नड़ की तरह घोष और अघोष व्यंजन पृथक् स्वनिम हैं किन्तु तमिळ में ये पृथक् नहीं हैं। कन्नड़ में दीर्घ स्वरों के पूर्व द्वित्व व्यंजन नहीं आते किन्तु तमिळ और मलयालम में दीर्घ स्वरों के पूर्व द्वित्व व्यंजन आते हैं। तमिळ और मलयालम में र, ळ आदि के बीच भिन्नता बनी रही है लेकिन कन्नड़ और तेलुगु में यह भिन्नता दिखायी नहीं देती। कन्नड़ और तेलुगु में पुल्लिंग, स्त्रीलिंग तथा नपुंसक लिंग का भेद सर्वनाम और पूर्ण क्रियापदों में विद्यमान है। मलयालम में इस तरह भेद नहीं है, किन्तु उसके सर्वनामों में लिंगभेद स्पष्ट रूप से प्रकट होता है। तेलुगु भाषा के सर्वनाम और पूर्ण क्रियापदों में लिंगभेद है। कन्नड़ में यह अलग रूप में है। 'प'कार के 'ह'कार में परिवर्तिन होने का विधान कन्नड़ के सिवाय और किसी द्राविड़ भाषा में नहीं है।

9.1.3 कन्नड़ और तुळु

कन्नड़ और तुळु–कर्नाटक के उत्तर और दक्षिण जिलों में 'तुळु'भाषी लोग वास करते हैं। वहाँ की कन्नड़ भाषा पर तुळु भाषा का बहुत प्रभाव पड़ा है। इसी तरह कोडगु प्रदेश में व्यवहृत 'कोडव' भाषा ने भी कन्नड़ को काफी प्रभावित किया है। कई विद्वान् तुळु और कोडगु को कन्नड़ की उपभाषाएँ मानते हैं। और कुछ विद्वान् उन्हें कन्नड़ की तरह मूल द्राविड़ भाषा से उद्भूत मानते हैं। इतना तो स्पष्ट है कि इन तीनों की जननी एक ही है। इनमें साम्य अधिक है और वैषम्य कम। तुळु और कोडगुभाषी दैनंदिन जीवन के व्यवहार में कन्नड़ ही बोलते हैं। परस्पर आदान-प्रदान की प्रक्रिया के फलस्वरूप कन्नड़ के अधिकांश शब्द इन दोनों भाषाओं में आ गये हैं। इसी तरह उनके शब्द भी कन्नड़ में आ गये हैं। तीनों के व्याकरण पर भी परस्पर प्रभाव लक्षित होता है।

10. कन्नड़-साहित्य की झलक

साहित्य के इतिहासकारों ने कन्नड़-साहित्य को पाँच कालों में विभाजित किया है–1. पंपपूर्व युग (950), 2. पंप-युग या जैन युग (950-1150), 3. बसव युग या वीरशैव युग (1150-1500), 4. कुमारव्यास युग या ब्राह्मण युग (1500-1900), 5. आधुनिक युग (1900 से)।

ई. सन् 450 का 'हल्मिडी शिलालेख' कन्नड़ का प्रथम शिलालेख माना जाता है।

कविराजमार्ग अब तक उपलब्ध सबसे प्राचीन ग्रंथ है। इसका रचना-काल 850 ई. है। इसके रचयिता हैं राष्ट्रकूट नरेश नृपतुंग के दरबारी कवि श्रीविजय। यह एक लक्षण-ग्रंथ है। अतः यह अनुमान समीचीन है कि इससे पहले सृजनात्मक साहित्य की सृष्टि हुई होगी। इस ग्रंथ में कई रचनाकारों के नाम दर्ज हैं। किन्तु आज तक अन्य कोई रचना मिली नहीं है।

इस प्रकार कन्नड़-साहित्य का इतिहास नवीं शताब्दी से शुरू होता है। ई. सन् 920-40 की कालावधि में रचित अपूर्व ग्रंथ **वड्डाराधने** कन्नड़ की पहली गद्य रचना मानी जाती है। इतनी पुरानी गद्यरचना अन्य किसी भाषा में उपलब्ध नहीं है। सचमुच यह कन्नड़ की अन्यतम उपलब्धि है।

पंपयुग कन्नड़-साहित्य का सुवर्ण युग कहा जा सकता है। इस युग में धार्मिक और लौकिक, दोनों तरह की रचनाएँ पायी जाती हैं। प्रमुख रूप से वीर और रौद्र रस की रचनाएँ चंपू शैली में रची गयी हैं। इस काल के प्रमख़ु कवि हैं– पंप, रन्न, पोन्न, जन्न, नागचंद्र, नेमिचंद्र, आंडय्य आदि। इनमें पंप कन्नड़ के 'आदिकवि' के रूप में प्रसिद्ध हो गये हैं। **पंप भारत** की रचना कर वे अमर हो गये हैं।

'बसवयुग' कन्नड़ का क्रांतिकारी युग रहा है। साहित्यिक और सामाजिक दृष्टि से भी 'शरणों' (भक्तों) द्वारा रचित 'वचन-साहित्य' को कन्नड़-साहित्य की ही नहीं, भारतीय साहित्य की अपूर्व निधि कह सकते हैं। इस युग के क्रांतिपुरुष बसवेश्वर विश्वगुरु के रूप में प्रख्यात हैं। अल्लमप्रभु, जेडर दासिमय्य, अक्कमहादेवी, सिद्धराम, चन्नबसवण्ण आदि अनेक शरणों ने उत्कृष्ट वचन-साहित्य की सृष्टि की है। वचनकारों के अलावा अन्य महत्त्वपूर्ण कवि हैं हरिहर, राघवांक, चामरस, भीमकवि आदि।

कुमारव्यास कन्नड़ के अत्यंत लोकप्रिय मौलिक कवि हैं। अतः उनके नाम से एक पूरे युग का नामकरण हुआ है। उस युग के अन्य प्रमुख कवि और रचनाएँ इस प्रकार हैं– कुमार वाल्मीकि की **तोरवे रामायण**, तिम्मण्ण कवि का **कृष्णराज भारत**, चादु विट्ठलनाथ का **भागवत**, लक्ष्मीश का **जैमिनी भारत**, रुद्रभट की **जगन्नाथ विजय** आदि।

इस युग की एक और प्रमुख साहित्य-परंपरा रही है वह है– 'दास साहित्य धारा'। प्रमुख दास कवि हैं–हरिदास, पुरंदरदास, कनकदास, रंगविट्ठल, विचय विट्ठल, गोपाल विट्ठल, वादिराज, जगन्नाथ, वेणु गोपाल, व्यासराय आदि।

आधुनिक कन्नड़-साहित्य

आधुनिक युग में कन्नड़-साहित्य वैश्विक चेतना से संपृक्त हो गया है। इसमें परंपरा और आधुनिकता का सुंदर सामंजस्य दिख पड़ता है। इस काल में गद्य का विकास हुआ तथा विभिन्न नयी विधाओं का आविर्भाव हुआ तथा वे विकास की ओर अग्रसर हुए हैं।

काव्य : 'नवोदय काव्यधारा' से कन्नड़-काव्य में आधुनिकता का आविर्भाव हुआ। इस धारा के महत्त्वपूर्ण कवि हैं– बी.एम.श्री, पंजे मंगेशराय, राष्ट्रकवि कुवेंपु, वरकवि बेंद्रे। कुवेंपु का **रामायण दर्शनम्** और बेंद्रे की **नाकुतंती** ये कन्नड़ की उपलब्धियाँ हैं। अन्य उल्लेखनीय कवि हैं– गोविंद पै, डी.वि.गुंडप्पा, विनायक, के.एस्. नरसिंह स्वामी, जि.एस्. शिवरुद्रप्प, चेन्नवीर कणवी, कल्कि आदि। नव्य काव्य के पुरोधा कवि हैं गोपालकृष्ण अडिग। अन्य विशिष्ट कवि हैं पी.लंकेश, यू.आर.अनंतमूर्ति, चंद्रशेखर पाटील, चंद्रशेखल कंबार, पूर्णचंद्र, तेजस्वी, तिरुमलेश, बरगूरु रामचंद्रप्प, सुमतींद्र नाडिग आदि। कन्नड़ में प्रगतिशील, 'बंडाय' काव्य, दलित काव्य आदि काव्यांदोलनों का आविर्भाव हुआ है।

नाटक : कन्नड़ का सबसे पुराना नाटक है श्रीहर्ष की **रत्नावळि** पर आधारित कवि सिंगरार्य द्वारा रचित **मित्रविंदा गोविंद** (1680) मौलि़क नाटक है। सूरी व्यंकटरंमण शास्त्री रचित **इग्गप्प हेग्डे विवाह प्रहसन** (1889) भी मौलिक नाटक है। अन्य महत्त्वपूर्ण नाटककार हैं–टी.पी. कैलासम, श्रीरंग, पी. लंकेश, चंद्रशेखर पाटील, न, रत्न, जडभरत, चंद्रशेखर कंबार, गिरीश कारनाड आदि।

कहानी : कन्नड़ की पहली मौलिक कहानी पंजे मंगेशराय की कहानी 'नन्न चिक्क ताईय उइलु 'मेरी चाची की बसीयत' (1901) मानी जा सकती है। प्रमुख कहानीकार हैं–श्रीनिवास (मास्ति वेंकटेश ऐय्यंगार), ए.आर.कृष्णशास्त्री, अश्वत्थ, द.बा.कुलकर्णी, चदुरंग, बसवराज, कट्टीमनी, यशवंत चित्ताल, पी.लंकेश, यू.आर. अनंतमूर्ति, सदाशिव, तेजस्वी आदि। **महिला कहानीकारों** में गौरम्मा, त्रिवेणी, एम.के. इंदिरा, एच्.एस्. पार्वती, प्रेमा भट्ट, नीळादेवी, अनुपमा निरंजन, शांतादेवी कणवी, सरिता ज्ञानानंद आदि के नाम उल्लेखनीय हैं।

उपन्यास : कन्नड़ में उपन्यास के लिए 'कादंबरी' शब्द का प्रयोग होता है। गुल्वाडी वेंकटराय का **इंदिरे** (1901) कन्नड़ का पहला मौलिक उपन्यास माना जाता है। महत्त्वपूर्ण उपन्यासकार और उनकी रचनाएँ इस प्रकार हैं– आनंदकंद, (**सुदर्शन**) मुगुळि (**बाळुरि**) कुवेंपु (**कानूरु हेग्गडति**) और (**मलेगळल्लि मदुमगळु**), अ.न. कृष्णराय (**उदयराग**), (**संध्याराग**), शिवराम कारंत (**मरळि मण्णिगे**), (**अळिदमेले**) बसवराज कट्टीमनी (**ज्वालामुखिय मेले**), यशवंत चित्ताल (**शिकारी**), पूर्णचंद्र तेजस्वी (**चिदंबर रहस्य**) बरगूरु रामचंद्रप्प (**सूर्य**) (बेंकि), एस्.एल्. भैरप्प (**वंशवृक्ष**), (**पर्व**) (**दाटु**)

(**उल्लंघने**), (**आवरण**) आदि यू.आर. अनंतमूर्ति (**संस्कार**), 'देवमूरु महादेव (**ओळलाळ**) चंद्रशेखर कंबार (**करिमायि**) आदि।

गद्य की अन्य विधाएँ

ललित निबंध : कन्नड़ में ललित निबंध को 'ललित प्रबंध' कहा जाता है। ए.एन्. मूर्तिराव द्वारा रचित **हगलुगनसुगळु** (1937) कन्नड़ का पहला ललित निबंध माना जाता है। बी. सीतारामय्य, पु.ति.न., हिरेमल्लूर ईश्वरन्, ती.नं.श्री., द.बा. कुलकर्णि, लांगुलाचार्य, एच्.के.रंगनाथ, एन्. गदगकर, बी.आर्.वाडप्पी, अश्वत्थ, एम्. एस्. सुंकापुर, एम्.एस्. कृष्णमूर्ति आदि कन्नड़ के निबंधकार हैं।

कन्नड़ में रेखाचित्र, संस्मरण, यात्रा-साहित्य, रिपोर्ताज, जीवनी, आत्मकथा आदि नवीनतम विधाओं की उत्कृष्ट रचनाएँ प्रचुर मात्रा में रची गयी हैं।

उपसंहार

भारतीय भाषाओं में कन्नड़ भाषा का विशिष्ट स्थान है। यह कर्नाटक राज्य की राजभाषा है। भारत वर्ष में जब भाषायी राज्यों का गठन हुआ तब इस राज्य का नाम 'मैसूर राज्य' रखा गया था। यह नाम कन्नड़ जनता की जातीय परंपरा तथा उसकी उज्ज्वल सांस्कृतिक संपदा को संकेतित करने में समर्थ नहीं था क्योंकि यह कन्नड़भाषी लोगों की इतिहास-प्रसिद्ध एक रियासत का नाम मात्र था। अतः यह नाम कन्नड़ जनपद के समग्र भौगोलिक, ऐतिहासिक तथा सांस्कृतिक परिदृश्य को अभिव्यक्त नहीं करता था। हर दृष्टि से हर क्षेत्र में समृद्ध और विकसित यह प्रदेश इतिहास में 'कर्नाटक' नाम से विश्व के सुदूर कोनों तक ख्याति प्राप्त कर चुका था। अतः इस प्रदेश के लिए 'कर्नाटक' ही अत्यंत उपयुक्त नाम रहा। इसीलिए नाम-परिवर्तन के लिए कन्नड़ की स्वाभिमानी जनता ने एक बृहत् आंदोलन खड़ा किया। फलस्वरूप 1973 में 'मैसूर राज्य' का पुनः नामकरण किया गया है। तब से यह 'कर्नाटक राज्य' नाम से जाना जाता है। भारत का संविधान जिस समय अस्तित्व में आया तभी कन्नड़ भाषा आठवीं अनुसूची में स्थान पा गयी।

कश्मीरी भाषा

डॉ. शिबन कृष्ण रैणा

कश्मीर का भौगोलिक परिवेश

जम्मू व कश्मीर प्रदेश की तीन इकाइयाँ या भाग (सूबे) हैं—जम्मू, कश्मीर और लद्दाख। इनमें से कश्मीर समूचे प्रदेश का एक प्रमखु भाग है तथा अपनी भौगोलिक, सांस्कृतिक, प्राकृतिक, भाषिक तथा साहित्यिक विशिष्टता के कारण पूरे देश में अपनी अलग पहचान रखता है। अपनी अनुपम प्राकृतिक सुन्दरता के कारण ही कश्मीर को भारत का मुकुट-मणि कहा जाता है। भौगोलिक दृष्टि से जम्मू व कश्मीर प्रदेश उत्तर-पश्चिम में 32-17' व 36-58' उत्तरी अक्षांश के मध्य तथा 73-26' व 80-30' पूर्वी देशान्तर के मध्य स्थित हैं। इस प्रदेश का कुल क्षेत्रफल (विभाजन-पूर्व) 222236 किलोमीटर के लगभग था। इस प्रदेश के उत्तर में तुर्किस्तान, दक्षिण में पंजाब, पूर्व में तिब्बत तथा पश्चिम में पाकिस्तान स्थित हैं। सीमावर्ती प्रदेश होने के कारण इसकी सीमाएँ चीन, अफगानिस्तान तथा पाकिस्तान की सीमाओं के साथ मिलती हैं। कश्मीर घाटी की आकृति अण्डाकार है और प्रायः समतल है। समुद्रतल से यह घाटी 2134 मीटर ऊँची है।

'कश्मीर' शब्द की व्युत्पत्ति

'कश्मीर' शब्द के कशमीर, काश्मीर, काशमीर आदि पर्यायवाची भी मिलते हैं। इनमें से सर्वाधिक प्रचलित शब्द कश्मीर ही है। इस शब्द की व्युत्पत्ति के सम्बन्ध में अनेक मत हैं। एक मत के अनुसार कश्मीर को कश्यप ऋषि ने बसाया था और उन्हींके नाम पर इस भूभाग को 'कश्यपपुर' कहा जाता था जो बाद में बिगड़कर 'कश्मीर' बन गया। आज से सहस्रों वर्ष पूर्व यह भूखण्ड पूर्णतया जलमग्न था जिसमें जलद्भू नाम का एक दैत्य निवास करता था। इस दैत्य ने अखण्ड तपस्या द्वारा ब्रह्मा से तीन वरदान प्राप्त कर लिए थे। जल से अमरत्व, अतुलनीय विक्रम तथा मायाशक्ति की प्राप्ति। यह दैत्य इन वरदानों को प्राप्तकर निरंकुश हो गया था और तत्कालीन जनता को, जो आसपास की पहाड़ियों पर रहती थी, संत्रस्त करने लगा। उस पापी

के आतंक से सारा देश जनशून्य हो गया था। एक बार ब्रह्मापुत्र कश्यप ने इस भू-भाग की यात्रा की। यहाँ की दुरवस्था का जब उन्होंने लोगों से कारण पूछा तो उन्होंने जलद्भू दैत्य का सारा वृत्तान्त सुनाया जिसे सुनकर कश्यप का हृदय दयार्द्र हो उठा। उन्होंने तुरन्त इस भूखण्ड का उद्धार करने का निश्चय कर लिया। वे हरिपुर के निकट नौबन्धन में रहने लगे तथा यहाँ पर उन्होंने एक सहस्र वर्षों तक महादेव की तपस्या की। महादेव कश्यप की तपस्या से प्रसन्न हो गये तथा उन्होंने जलद्भू दैत्य का अन्त करने की प्रार्थना स्वीकार कर ली। महादेव ने दैत्य का अन्त करने के लिए विष्णु और ब्रह्म की भी सहायता ली। विष्णु और दैत्य के बीच सौ वर्षों तक युद्ध चलता रहा। विष्णु ने जब देखा कि दैत्य जल और पंक में रहकर अपनी रक्षा करता है तो उन्होंने वराहमूला/बारामूला के समीप जल का निकास कराया। जल के निकलते ही दैत्य दृष्टिगोचर होने लगा। दैत्य को पकड़कर उसका अन्त कर दिया गया। चूँकि यह सत्कार्य कश्यप की कृपा से संपन्न हुआ इसलिए 'कशिपसर', 'कश्यपुर', 'कश्यपमर' आदि नामों से यह घाटी प्रसिद्ध हो गयी। एक अन्य मत के अनुसार कश्मीर 'क' व 'समीर' के योग से बना है। 'क' का अर्थ है जल और 'समीर' का अर्थ है हवा। जलवायु की श्रेष्ठता के कारण यह घाटी 'कसमीर' कहलायी और बाद में 'कसमीर' से कश्मीर शब्द बन गया। एक अन्य विद्वान् के अनुसार कश्मीर 'कस' और 'मीर' शब्दों के योग से बना है। 'कस' का अर्थ है स्रोत तथा 'मीर' का अर्थ है पर्वत। चूँकि यह घाटी चारों ओर से पर्वतों से घिरी हुई है तथा यहाँ स्रोतों की अधिकता है, इसलिए इसका नाम कश्मीर पड़ गया। कुछ विद्वान् 'कश्मीर' शब्द की व्युत्पत्ति 'काशगर' तथा 'कश' से मानते हैं। उक्त सभी मतों में से कश्यप ऋषि से सम्बन्धित मत अधिक समीचीन एवं व्यावहारिक लगता है।

नामकरण

कश्मीर को कश्मीरी भाषा में 'कशीर' और इस भाषा को 'कोशुर' कहते हैं। भारत के संविधान में जिन प्रादेशिक भाषाओं को राष्ट्रीय मान्यता प्रदान की गयी है, उनमें कश्मीरी भी एक है। इस भाषा के बोलने वाले कश्मीर घाटी, किश्तवाड़, रामबन, रियासी आदि के निवासी हैं। वैसे, कश्मीरी का शुद्ध अथवा साधु रूप कश्मीर घाटी में ही प्रचलित है। शेष क्षेत्रों में इस भाषा की उपबोलियाँ बोली जाती हैं जो पहाड़ी बोलियों से प्रभावित होने के कारण साधु या परिनिष्ठित कश्मीरी से नितांत भिन्न हैं। इन पहाड़ी बोलियों में उल्लेखनीय हैं—किश्तवाड़ी, सिराजी, पुगूली, रामबनी तथा रियासी की बोलियाँ।

कश्मीरी भाषा का क्षेत्र कश्मीर घाटी तथा उसके दक्षिण-पूर्व की निकटवर्ती उपत्यकाएँ हैं। दक्षिण-पूर्व में इस भाषा का क्षेत्र किश्तवाड़ तक, दक्षिण में हवल-वेरीनाग से लेकर पीर-पंचाल के उस पार तक, उत्तर में द्रास और ओडी तक, पूर्व में पहलगाँव

तथा दक्षिण-पश्चिम में शोपियान तक फैला हुआ है। 1961 की जनगणना के अनुसार कश्मीरीभाषियों की कुल संख्या 19,37818 थी जो 1971 में बढ़कर 19,56115 तक पहुँच गयी। 1981 में हुई जनगणना के अनुसार कश्मीरी 30,76398 व्यक्तियों की भाषा थी। 1991 में जनगणना नहीं हुई। ताज़ा जानकारी के अनुसार इस समय कश्मीरीभाषियों की कुल संख्या (विस्थापित कश्मीरी जन-समुदाय को सम्मिलित कर) अनुमानतः 53,00000 के आसपास है। कश्मीरी भाषा की उत्पत्ति और भाषाशास्त्रीय विलक्षणता लम्बे समय से विवाद/चर्चा का विषय रही है। संरचना और शब्द-संग्रह के मामले में कश्मीरी भाषा ने अन्य भाषाओं के साथ व्यापक भाषा-सम्पर्क और सम्मिलन की विशेषताओं को संरक्षित रखा है। उत्तर में यह शीना (एक दर्दीय भाषा), पूर्व में तिब्बती-बर्मी भाषाओं (उदाहरण के लिए बाल्टी और लद्दाखी), पश्चिम में पहाड़ी व पंजाबी बोलियों और दक्षिण में डोगरी व पहाड़ी बोलियों (जिनमें से सभी भारतीय आर्य भाषाएँ हैं) से घिरी हुई हैं। इस भाषा के लिए 'कश्मीरी' नाम का सर्वप्रथम उल्लेख अमीर खुसरो (13वीं शती) की **नुह-सिपिह्र** (सि॰ 3) में मिलता है, जहाँ इसे सिन्धी, लाहौरी, तिलंगी आदि के साथ परिगणित किया गया है। पर कश्मीर में 27वीं शती तक इसे 'देश-भाषा' या 'भाषा' से ही सूचित किया जाता रहा। स्पष्ट है, दूसरे प्रान्त वालों ने इसे कश्मीरी नाम दिया और बाद में कश्मीरियों ने भी इसे अपना लिया। आजकल इसे कोशुर कहते हैं।

लिपि

आज से लगभग 600 सौ वर्ष पूर्व कश्मीरी भाषा शारदा लिपि में लिखी जाती थी। 25वीं शताब्दी के आसपास जब फारसी कश्मीर की राजभाषा बनी, तो कश्मीरी के लिए फारसी लिपि का प्रयोग बढ़ने लगा। वर्तमान में इसी लिपि का तनिक परिवर्तन-परिवर्धन के साथ प्रयोग होता है और इसे पर्शियो-ऐरेबिक 'नस्तालिक' लिपि के नाम से जाना जाता है। इस लिपि को राजकीय मान्यता भी प्राप्त है। कश्मीरी के अधिकांश धार्मिक तथा कर्मकांड सम्बन्धी बहुमूल्य ग्रन्थ/शास्त्र शारदा में ही लिखे गये हैं। शारदा लिपि लिखने का तरीका देशी था जो मूल ब्राह्मी से विकसित हुआ था। वैसे, शारदा ब्राह्मी का ही कश्मीरी-संस्करण है। इस लिपि का प्रयोग कश्मीरी पंडित (पुरोहित वर्ग) द्वारा जन्मपत्री लिखने के लिए भी किया जाता रहा है। वैसे, कश्मीरी भाषा के लिए शारदा के अलावा देवनागरी, रोमन आदि लिपियों का भी प्रयोग होता रहा है। कश्मीरी भाषा के अब सॉफ्टवेयर भी आ गये हैं।

कश्मीरी को देवनागरी में लिखने के सफल प्रयोग हुए हैं और हो रहे हैं। कश्मीरी को देवनागरी में लिपिबद्ध करने का श्रेय सर्वप्रथम श्रीकंठ तोषखानी जी को जाता है। इसके बाद जियालाल कौल जलाली तथा पृथ्वीनाथ पुष्प ने भी इस दिशा में महत्त्वपूर्ण प्रयास किये। देवनागरी की यही तो एक भारी विशेषता है कि वह किसी

भी भाषा को सफलतापूर्वक लिपिबद्ध करने में सक्षम है। कश्मीरी के लिए नागरी लिपि के प्रयोग में थोड़ी-सी कठिनाई वहाँ पर पेश आती है जहाँ ह्रस्व अ, उ, ओ, ए तथा दीर्घ आ, ऊ आदि सम्बन्धी ध्वनियाँ स्पष्ट रूप से अंकित नहीं हो पातीं। परन्तु इसके लिए यदि निर्धारित मात्रा-चिह्नों का उचित ढंग से प्रयोग किया जाय तो यह समस्या काफी हद तक सफलतापूर्वक सुलझ जाती है। इसी प्रकार कश्मीरी की विशिष्ट ध्वनियों वाले तीन व्यंजनों के लिए भी डैश का संकेत-चिह्न काम में लाया जा सकता है। केन्द्रीय हिन्दी निदेशालय, भुवन वाणी ट्रस्ट, भारतीय भाषा संस्थान आदि ने कश्मीरी के लिए देवनागरी वर्णमाला प्रस्तावित/तैयार की है और कुछ रचनाएँ देवनागरी में प्रकाशित भी हुई हैं। इन पंक्तियों के लेखक ने कश्मीरी की लोकप्रिय रामायण प्रकाशराम-कृत **रामावतारचरित** का भुवन वाणी ट्रस्ट, लखनऊ के लिए सानुवाद देवनागरी में लिप्यंतरण किया है। 481 पृष्ठों वाले इस ग्रन्थ की सुन्दर प्रस्तावना डा॰ कर्ण सिंह जी ने लिखी है और इस अनुवाद-कार्य के लिए 1983 में बिहार राजभाषा विभाग, पटना द्वारा लेखक को ताम्रपत्र से सम्मानित भी किया गया। सन् 1965 में जम्मू व कश्मीर प्रदेश की कल्चरल अकादमी ने **रामावतारचरित** को **लवकुश-चरित** समेत एक ही जिल्द में प्रकाशित किया है। कश्मीरी नस्तालीक लिपि में लिखी 252 पृष्ठों की इस रामायण का संपादन-परिमार्जन का कार्य कश्मीरी-संस्कृत विद्वान् डॉ. बलजिन्नाथ पंडित ने किया है।

कश्मीरी-देवनागरी-वर्णमाला का विधान इस प्रकार बनता है—

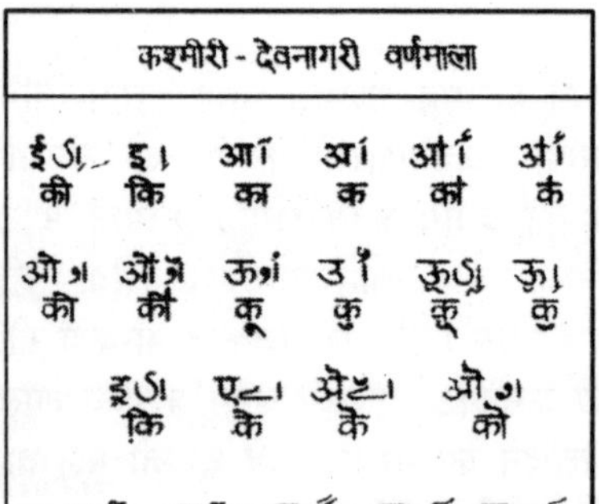

कश्मीरी की विशिट ध्वनियों का विवरण इस प्रकार है—

(i) प्रसारित ओष्ठ, पश्च, ह्रस्व, अर्धसंवृत। जैसे 'certainly' में 'e'।

(ii) प्रसारित ओष्ठ, पश्च, दीर्घ अर्धसंवृत। जैसे 'bird' में 'i' या 'curd' में 'u'।

(iii) प्रसारित ओष्ठ, पश्च, ह्रस्व, संवृत। जैसे 'certain' में 'ai' या 'broken' में 'e'।

(iv) प्रसारित ओष्ठ, पश्च, संवृत, दीर्घ (तनिक दीर्घ प्रयत्न के साथ)।

(v) गोलाकार ओष्ठ, पश्च, अर्धसंवृत, ह्रस्व। जैसे 'O'Clock' में 'O'।

(vi) गोलाकार ओष्ठ, पश्च, अर्धसंवृत, ह्रस्व (अत्यल्प 'व' मिश्रित)। जैसे 'equal' में 'ua'। उच्चारण के समय ओष्ठों पर बाहर की ओर तनाव रहता है।

(vii) प्रसारित ओष्ठ, पश्च, अर्धसंवृत, ह्रस्व। जैसे 'best' में 'e'।

विशिष्ट व्यंजन

च– अघोष, अल्पप्राण, दंतमूलक, स्पर्श-संघर्षी। जैसे चर (खटमल), चास (खांसी)।

छ– अघोष, महाप्राण, दंतमूलीय, स्पर्श-संघर्षी। जैसे छल (छल), लछ (धूल), लांछ (नपुंसक)।

ज़– अघोष, महाप्राण, दंतमूलीय, स्पर्श-संघर्षी। जैसे– ज़ंग (टाँग), ज़ान (परिचय), रज़ (रस्सी)।

(क) अत्यल्प इ (ि) के लिए शब्द के अंतिम वर्ण को अर्द्ध बनाकर उसके साथ 'य' जोड़कर काम चलाया गया है।

(ख) कश्मीरी में प्रायः सघोष वर्णों यथा– घ, झ, ढ, घ, भ आदि का प्रयोग बिल्कुल नहीं होता।

अतः कश्मीरी को देवनागरी में लिखने पर 'धन' को 'दन', 'धार' को 'दार', 'भगवान' को 'बगवान' लिखा जायगा।

उद्भव और विकास

कश्मीरी भाषा किस भाषाकुल से सम्बन्ध रखती है, इस पर किन-किन भाषाओं का प्रभाव है, इसका विकास किस भाषा से हुआ है आदि प्रश्न विद्वानों के बीच विवाद के विषय बने हुए हैं। कश्मीरी भाषा के उद्‌गम और विकास के सम्बन्ध में जो मान्यतायें प्रचलित हैं, वे इस प्रकार हैं–

1. कश्मीरी दरद परिवार की भाषा है।
2. कश्मीरी भारतीय आर्यपरिवार की भाषाओं में संस्कृत से उद्‌भूत है।
3. कश्मीरी इब्रानी अथवा हिब्रू की संतति है, और
4. कश्मीरी पैशाची का एक विकसित रूप है।

उक्त मान्यताओं के समर्थक विद्वानों ने विभिन्न तर्क देकर अपने मतों को प्रतिष्ठित करने का प्रयास किया है।

कश्मीरी का उद्गम दरद-परिवार की भाषाओं में माननेवाले विद्वानों में ग्रियर्सन, ज्यूल ब्लाख, ग्राहम बेली, टर्नर, अब्दुल अहद आजाद आदि के नाम उल्लेखनीय हैं। सर जार्ज ग्रियर्सन ने कश्मीरी भाषा के उद्गम व विकास पर जो टिप्पणियाँ दी हैं, वे इस प्रकार हैं—शब्द 'कश्मीरी' संस्कृत के 'कसमीरिका' से व्युत्पन्न है। कश्मीर-वासी अपनी भाषा को कश्मीरी न कहकर 'का' शर' कहते हैं जिससे सिद्ध होता है कि कश्मीरी दरद-परिवार की भाषा है क्योंकि आर्यकुल की भाषाओं में, 'स' का 'श' में परिवर्तित होना संभव नहीं है। ग्राहम बेली के मतानुसार शीना की भाँति कश्मीरी भी दरद-परिवार की एक भाषा है। आजाद के अनुसार यह जबान संस्कृत से नहीं निकली। इसकी हैसियत एक अलग जबान की है। इसकी बुनियाद दरदी जबान है और शीना जबान की एक शाखा है।

कश्मीरी भाषा को आर्यकुल की भाषाओं में संस्कृत की संतति माननेवाले विद्वानों में डॉ. सुनीतिकुमार चाटुर्ज्या के अनुसार कश्मीरी पर प्राचीनकाल से ही संस्कृत का प्रभाव रहा है तथा इस दृष्टि से वह शीना या काफिरी भाषाओं से भिन्न है। पं. शालिग्राम कौल का मत है कि जिस प्रकार समस्त भारतीय भाषायें आर्यपरिवार से सम्बद्ध हैं, उसी प्रकार कश्मीरी भाषा भी आर्यकुल की प्रमुख भाषा संस्कृत से जन्मी है। बूहलर साहब कश्मीरी के उद्गम के सम्बन्ध में लिखते हैं कि यह भाषा संस्कृत से निकली है। यद्यपि अन्य भाषाओं की तुलना में इसमें कुछ विशेष अन्तर देखने को मिलता है तथापि उस पर संस्कृत का प्रभाव स्पष्ट है।

कश्मीरी भाषा पर इब्रानी का प्रभाव माननेवाले विद्वान् अपने पक्ष में जो तर्क देते हैं, वे इस प्रकार हैं—

1. कुछ इतिहासकारों का मत है कि जब सिकन्दर ने पंजाब पर आक्रमण किया तो उस समय कश्मीर के कुछ भाग यूनानियों के अधीन हो गये। इन यूनानियों के साथ कुछ यहूदी भी थे जो कश्मीर में बस गये। इनकी भाषा का तत्कालीन कश्मीरी भाषा पर विशेष प्रभाव पड़ा।

2. प्रायः कश्मीरी नामों के पीछे 'जू' लगाने की परम्परा है। जैसे रामजू, हरजू, गूँद्जू, रहमानजू, शाहबानजू आदि। यह शब्द 'जिव' का ही विकृत रूप है।

3. प्राचीनकाल में श्याम देश से कुछ यहूदी कश्मीर में आकर बस गये। इनकी भाषा इब्रानी थी जिसका प्रभाव तत्कालीन कश्मीरी पर पड़ा। उन्होंने इस घाटी के प्राकृतिक सौन्दर्य को अपने देश श्याम के समान पाकर इसका नाम 'काशीर' रखा जिसका अर्थ है—श्याम की भाँति। 'का' का शाब्दिक अर्थ है 'भाँति' तथा 'शीर' का अर्थ है श्याम देश। 'कशीर' शब्द 'काशीर' का ही विकसित रूप है।

4. लाहौर से प्रकाशित **क्राइस्ट हेवन ऑन अर्थ** के लेखक ख्वाजा नजीर अहमद

के अनुसार कश्मीरी में यहूदियों का आगमन हज़रत मूसा के समय से लेकर हज़रत ईसा के समय तक हुआ था। यहूदियों का प्रभाव यहाँ की भाषा और संस्कृति पर विशेष रूप से पड़ा है।

5. कश्मीरी भाषा में ऐसे अनेक शब्द मिलते हैं जो इब्रानी के हैं तथा कश्मीरी में अब भी अपने मूल रूप में या तनिक परिवर्तन के साथ व्यवहृत होते हैं, जैसे—

इब्रानी	**कश्मीरी**	**अर्थ**
ओन	ओन	अन्धा
अतर	अतुर	कुकर्म
कर्यूर	क्यूर	कुआँ
त्रकर	त्रकर	तराजू
लोल	लोल	प्रेम
शास	शान्श	श्वास
अतह	यितअ	आओ
नह	नि	ले जाओ
नकअ	नखअ	समीप
अज़	अज़	आज
मालूल	मल्युन	मायका
नकत	नकहत	नफ़रत

कश्मीर भाषा और साहित्य के मर्मज्ञ पृथ्वीनाथ पुष्प कश्मीरी को पैशाची का विकसित रूप मानते हैं। उनके अनुसार, सम्भवतः कश्मीरी का उद्‌गम वह पैशाची है जो कभी उत्तर-पश्चिम में प्रचलित थी, जिसे ब्राह्मण-ग्रंथों में उदीच्य कहा गया है।

पैशाची भाषा के उद्‌गम पर विभिन्न विद्वानों द्वारा प्रस्तुत मान्यताओं का परीक्षण अपेक्षित है।

'दरद' का अर्थ होता है पर्वत। पंजाब के पश्चिमोत्तर तथा पामीर के पूर्व-दक्षिण में जो पर्वतीय प्रदेश है, वह दरद भाषाओं का क्षेत्र माना जाता है। इसे पिशाच देश भी कहा जाता है और यहाँ की भाषा को पिशाची या भूत भाषा। भारत में जो आर्य मध्य एशिया से आये वे दो भागों से प्रविष्ट हुए—एक हिन्दुकश के पश्चिम से काबुल के मार्ग से और दूसरे वक्षु (आक्सस) नदी के उद्‌गम स्थान से सीधे दक्षिण के दुर्गम पर्वतों को पार करके। दूसरे मार्ग से आनेवाले कुछ आर्य हिमालय के पहाड़ी प्रदेश में रह गये होंगे। यही भाग दरदिस्तान कहलाया और यहाँ की भाषा दरदी। इस भाषा पर संस्कृत का कोई विशेष प्रभाव नहीं पड़ा क्योंकि संस्कृत भाषा का संस्कार तो भारत में आने पर हुआ था। दरद भाषाओं के तीन मुख्य समूह निर्धारित किये गये हैं—

1. पश्चिम में काफिरी जिसका कोई साहित्य नहीं है।

2. केन्द्रीय भाग में खोवारी जिसका क्षेत्र ईरान और दरदिस्तान के मध्य में है, इसकी अनेक प्रमुख बोलियों में चित्राली प्रधान है।

3. उत्तर-पूर्व में शीना, कश्मीरी और कोहिस्तानी।

दरद वर्ग की भाषाओं में शीना प्रमुख है। इसका व्यवहार गिलगित की घाटी में होता है। विद्वानों के अनुसार इसी शीना से कश्मीरी का उद्गम हुआ है।

कश्मीरी को दरद-परिवार की भाषा बतानेवाले विद्वान् अपने पक्ष में जो तर्क देते हैं उनसे इस बात की पुष्टि बहुत कम हो पाती है कि कश्मीरी दरद भाषाओं की संतति है। ग्रियर्सन ने 'भाषासर्वेक्षण' में अपने मत की पुष्टि में जो दरदी भाषा के शब्द दिये हैं, उनसे यह बात सिद्ध नहीं होती कि कश्मीरी दरद-परिवार की भाषा है। ग्रियर्सन ने शीना और कश्मीरी के जो तुलनात्मक रूप/चित्र दिये हैं, उनमें इतना मौलिक साम्य नहीं कि कश्मीरी को भारत-आर्य-परिवार से बाहर माना जाये। कश्मीरी की सबसे बड़ी विशेषता यह है कि यह प्रमुख रूप से संश्लिष्ट भाषा है तथा उसके क्रियापदों में यह प्रकृति विशेष रूप से मिलती है। दरद भाषाओं में वह प्रकृति नहीं मिलती। एक कश्मीरी क्रियापद के पुरुष, वचन, लिंग तथा काल की स्थिति के अनुसार जो विभिन्न रूप बनते हैं, वे इस प्रकार हैं—

'हावुन' (दिखाना) के विभिन्न रूप

1. हाव्यथस	तुमने दिखाए उसको
2. होवथम	तुमने दिखाया मुझको
3. होवनम	उसने दिखाया मुझको
4. होवमस	मैंने दिखाया उसे
5. होवनय	उसने दिखाया तुम्हें
6. होववोस	तुम सबने दिखाया उसको
7. हावथख	तुमने दिखाया उनको
8. हावयख	वह दिखायेगा उन्हें
9. होवनख	उसने दिखाया उन्हें
10. हावोस	हम दिखायेंगे उसे
11. हावोख	हम दिखायेंगे उन्हें आदि।

उक्त क्रियापद अपने आप में पुरुष, लिंग, वचन तथा काल का स्पर्श लिए हुए है। कश्मीरी पद-रचना की इस विशिष्टता के आधार पर इस भाषा को दरद-परिवार के अन्तर्गत मान लेने में संकोच होता है क्योंकि दरद-परिवार की भाषाओं के क्रियापदों में संश्लिष्टता नहीं मिलती

भाषाविज्ञान के नियमानुसार प्रत्येक भाषा अपनी निकटवर्ती सीमाओं में प्रचलित भाषाओं से प्रभावित रहती है। अनेक शब्द सिक्कों की भाँति उधर से इधर हो जाते हैं। वाक्यविन्यास अर्थविस्तार, पदरचना आदि में भी इस प्रभाव द्वारा परिवर्तन होना

स्वाभाविक है। यही कारण है कि कश्मीरी पर दरद भाषाओं का प्रभाव दृष्टिगत होता है। इस सन्दर्भ में प्रो. अरनेस्ट कोहन की यह महत्त्वपूर्ण टिप्पणी उद्धृत करने योग्य है—"कश्मीरी भाषा प्रारम्भ में दरदी भाषाओं से प्रभावित रही, तदनन्तर इस पर संस्कृत का अपरिहार्य प्रभाव पड़ा। इस प्रभाव के कारण संस्कृत के अनेक शब्द कश्मीरी में प्रविष्ट हुए। अनेक कश्मीरी शब्द अपना वास्तविक रूप खोकर विकृत हो गये, अनेक का अर्थ-परिवर्तन हो गया आदि। किन्तु दरदी का व्याकरणगत प्रभाव अभी भी कश्मीरी में विद्यमान है। वस्तुतः यह प्रभाव इतना गहन है कि कश्मीरी भाषा से दरद शब्दों एवं प्रयोगों का पार्थक्य कठिन है।"

जो विद्वान् कश्मीरी का उद्गम संस्कृत से मानते हैं वे संभवतः इस भाषा के वर्तमान रूप व उसकी शब्दावली को देख कर ही ऐसी धारणा बना लेते हैं। इसमें सन्देह नहीं है कि वर्तमान कश्मीरी भाषा में लगभग अस्सी प्रतिशत शब्द संस्कृत से उद्भूत हैं। कश्मीरी संख्यावाची, शारीरिक अंगों सम्बन्धी, पशु-पक्षियों सम्बन्धी, मास व वार सम्बन्धी शब्द संस्कृत के इतने निकट हैं कि प्रायः कश्मीरी को संस्कृत की सन्तति समझ लिया जाता है। किन्तु शब्दसाम्य के आधार पर ही कश्मीरी को संस्कृत-प्रसूता नहीं कहा जा सकता, क्योंकि इस प्रकार का शब्दसाम्य भारोपीय परिवार की अन्य भाषाओं में भी मिलता है। वर्तमान कश्मीरी में मिलनेवाले कुछ संस्कृत के शब्दों की सूची दी जाती है जो या तो अपने मूल रूप में प्रयुक्त होते हैं या उन्हें किंचित् परिवर्तन के साथ उच्चरित किया जाता है—

संस्कृत	**कश्मीरी**	**अर्थ**
मद	मद	दर्प
मक्ष	मअछ	मक्खी
अक्षर	अछर	अक्षर
भिक्षुक	बेछुज	भिखारी
गच्छति	गाछान	जाता है
वायु	वाव	हवा
शृंगाल	शाल	गीदड़
त्रि	त्रे	तीन
षष्ठ	शे	छह
पुत्र	पोथुर	पुत्र
लक्ष	लछ	लाख
द्राक्ष	दछ	अंगूर
चन्द्र	चन्द्र	चांद
पक्ष	पछ	पक्ष
श्वशुर	हिहुर	ससुर

गौ	गाव	गाय
कृमि	क्योम	कीड़ा
पंच	पाँछ	पाँच
अष्ट	आठ	आठ
भ्रातृ	बोय	भाई
अक्ष	अछ	आँख
शरत्	हरुद	शरद्
चौर	चूर	चोर
वक्ष	वछ	छाती
शत	हथ	सौ
सर्प	सरुफ	साँप
काक	काव	कौआ
सहस्र	सास	हज़ार
नव	नोव	नया
मातृ	मआज	माता

कश्मीर प्राचीनकाल में धर्म-दर्शन तथा विद्या-बुद्धि का महत्त्वपूर्ण केन्द्र रहा है। सभी साहित्यिक गतिविधियाँ संस्कृत भाषा में होती थीं। शैव दर्शन के क्षेत्र में भी यहाँ संस्कृत का ही अधिक प्रयोग किया गया है। अतः इस भाषा का कश्मीरी पर प्रभाव पड़ना स्वाभाविक था। यह प्रभाव आज भी शिक्षित कश्मीरी ब्राह्मणों की बोली में झलकता है। वस्तुतः प्रभावमात्र से इस भाषा की उत्पत्ति संस्कृत से नहीं मानी जा सकती।

कश्मीरी को इब्रानी (हिब्रू) की सन्तति माननेवाली तीसरी विचारधारा कई दृष्टियों से दोषपूर्ण है। कश्मीर में यहूदियों का आगमन कब और कैसे हुआ, इसके लिए कोई प्रामाणिक जानकारी हमारे पास नहीं है। सिकन्दर के साथ आये यहूदियों के कश्मीर में बस जाने की बात भी इतिहास द्वारा पुष्ट नहीं होती। जहाँ तक 'जू' शब्द का प्रश्न है, यह शब्द संस्कृत के 'जीव' का विकसित रूप है। यह 'जू' शब्द केवल कश्मीरी में ही प्रयुक्त नहीं होता। महाकवि सूरदास जी ब्रजभाषा में अनेक बार 'हरिजू' आदि शब्दों का प्रयोग करते हैं। हिन्दी का 'जी' शब्द भी इस 'जू' शब्द का समकक्ष शब्द है। इसी प्रकार 'काशीर' वाली बात भी उचित नहीं ठहरती क्योंकि 'कश्मीरी' शब्द की व्युत्पत्ति 'कसमीर' से भी सम्भव है। जहाँ तक कश्मीरी में व्यवहृत कुछ इब्रानी शब्दों का प्रश्न है, उनमें से अधिकांश शब्द संस्कृत के या संस्कृत से प्रभावित भी माने जा सकते हैं। जैसे—

इब्रानी	**संस्कृत**	**कश्मीरी**
आसील	आलस्य	आलुच
शास	श्वास	शांष

आख	एक	अख
कर्यूर	कूप	क्यूर
नह	णी	नि
हून	श्वान	हून
योन	यौवन	यावुन

ऐसी स्थिति में कश्मीरी को इब्रानी की संतति ठहराना युक्तियुक्त नहीं है। कश्मीरी का उद्गम पैशाची से हुआ है, प्रो. पृथ्वीनाथ पुष्प की यह मान्यता कई दृष्टियों से विचारणीय है। पैशाची को पिशाचों की भाषा कहा गया है। पश्चिमोत्तर प्रदेश में रहनेवाले वे अनार्य पिशाच कहलाते थे जिन्होंने आर्य संस्कृति को पूर्णरूप से नहीं अपनाया था। कहा जाता है कि जिस समय कश्यप ऋषि की कृपा से वर्तमान कश्मीर का पानी निकाला गया, उस समय आस-पास की पहाड़ियों पर रहनेवाली कई जातियों के लोग यहाँ आकर बस गये। ये जातियाँ अनार्य थीं। इनमें नाग, यक्ष, पिशाच आदि प्रसिद्ध थीं। उस समय यहाँ की भाषा पैशाची रही होगी, ऐसा सम्भव है। एक अन्य धारणा के अनुसार पिशाच मूलतः आर्य ही थे। जिस समय आर्य उत्तर-पश्चिम सीमा से भारत में प्रविष्ट हुए तो उस समय कुछ आर्य तो हिन्दुकुश, कपिशा, गंधार, चित्राल, कश्मीर के उत्तर तथा पामीर के दक्षिण में बिखर गये तथा कुछ नीचे उतर कर सिन्धु घाटी में व्यवस्थित हो गये। पर्वतीय क्षेत्रों में रहनेवाले आर्य पिशाच कहलाये जिन्हें बाद में अनार्य कहा गया। अनेक वर्षों तक विच्छिन्न रहने के कारण वे आर्य-संस्कृति को आत्मसात् नहीं कर पाये थे। जिस समय पिशाच कश्मीर में प्रविष्ट हुए उस समय यहाँ नागों का निवास था। नागों ने पिशाचों का विरोध नहीं किया। वे पिशाचों के साथ पूर्ण सामंजस्य स्थापित करके रहने लगे। 'नीलमत' का उद्भव यहीं पर होता है। उस समय यहाँ की भाषा पैशाची रही होगी। इस भाषा में लिखी मात्र गुणाढ्य की **बृहत्कथा** का उल्लेख मिलता है। दुर्भाग्यवश यह कृति काल-कवलित हो गयी है, केवल उसके संस्कृत रूपान्तर इस समय उपलब्ध हैं। यदि इस कृति का मूल पाठ सुरक्षित होता तो कश्मीरी भाषा के उद्गम की समस्या को सुलझाने में पर्याप्त सहायता मिल जाती। 'पुष्प' जी इसी पैशाची से वर्तमान कश्मीरी का उद्गम मानते हैं, जो 13 वीं शती में अपभ्रंश के अपरिहार्य प्रभाव को आत्मसात् कर विकसित हुई। शितिकण्ठ के **महानयप्रकाश** में कश्मीरी अपभ्रंश के नमूने देखने को मिलते हैं।

निष्कर्ष

प्रारम्भिक अवस्था में कश्मीरी भाषा का अपना स्वतन्त्र अस्तित्व था। उसे पैशाची या दरदी से प्रभावित कोई भाषा समझना चाहिये। इस भाषा का व्यवहार तब तक होता रहा जब तक भारतीय आर्य-संस्कृति ने कश्मीर में प्रवेश नहीं किया। पिशाच-नाग

काल में भारत में रहनेवाले आर्यों ने कश्मीर में प्रविष्ट होने के अनेक प्रयास किये थे। किन्तु दुर्गम मार्ग, अत्यधिक शीत तथा नागों व पिशाचों के खौफ के कारण वे कश्मीर में प्रवेश न कर सके थे। कालान्तर में, अनेक प्रयत्नों के बाद आर्य कश्मीर में प्रस्थापित हो ही गये। उनसे पूर्व नाग व पिशाच तथा उनके सम्मिश्रण से उत्पन्न वर्णसंकर जातियाँ यहाँ रहती थीं। आर्यों की आदत थी कि वे जिस देश में जाते थे वहाँवालों से मिल जाते थे। अपनी नैसर्गिक सहिष्णुता के कारण नवीन स्थान तथा देश की परम्परा तथा संस्कार को किसी सीमा तक अपना लेते थे। इस प्रकार आर्यों ने सभी देशों में प्रवेश कर शांतिपूर्ण जीवन जीना आरम्भ किया था। वे सैद्धान्तिक विषयों में संघर्ष मोल लेना पसन्द नहीं करते थे। उनमें उदारता होती थी। खुद जीना तथा दूसरों को जीवित रहने देना चाहते थे। इन व्यवहारों तथा पारस्परिक मिलन के कारण विरोध के स्थान पर जातियों का खूब मिश्रण हुआ। यहीं से कश्मीर में 'नीलमत' का प्रभुत्व उखड़ जाता है तथा वैदिक संस्कृति का प्रभाव उत्तरोत्तर बढ़ने लगता है। इस प्रभाव से तत्कालीन भाषा भी अछूती नहीं रही। पैशाची, जिसका उस समय व्यवहार होता था, पर संस्कृत का गहन प्रभाव पड़ने लगा। मौर्यकाल में यह प्रभाव और भी घनिष्ठ हो गया। असंख्य संस्कृत शब्द कश्मीरी में घुलमिल गये। संस्कृतकाल 500 ई॰पू॰ तक माना जाता है। पालिभाषा काल 500 ई॰पू॰ से प्रथम शती तक तथा प्राकृतकाल प्रथम शती से छठी शती तक माना जाता है।

इतिहास द्वारा यह बात सिद्ध होती है कि कश्मीर प्राचीनकाल में बौद्ध धर्म का प्रख्यात केन्द्र था। अशोक (274-232 ई॰पू॰), कनिष्क (पहली शताब्दी), ललितादित्य (724-761 ई॰) आदि नरेशों के द्वारा निर्मित अनेक बौद्ध मठ, विहार, स्तूप आदि यहाँ मिलते हैं। प्रसिद्ध बौद्ध दार्शनिक नागार्जुन कनिष्क के समय में ही हुए थे और उनकी मातृभूमि कश्मीर ही थी। इस काल की भी दुर्भाग्य से कोई कृति नहीं मिलती। हाँ, कुछ विद्वानों की धारणा है कि इस काल के प्रसिद्ध बौद्ध दार्शनिक नागसेन (150 ई॰पू॰) भी कश्मीर में ही आविर्भूत हुए थे। उनकी **मिलिन्दपण्हो** (मिलिन्दप्रश्न) तत्कालीन कश्मीरी में लिखी गयी बतायी जाती है। इस कृति का केवल पालि व सिंहली में रूपान्तर मिलता है, मूल पाठ काल के गर्भ में नष्ट हो गया है। इस काल के कुछ शब्द अब भी किश्तवाड़ आदि क्षेत्रों में प्रचलित हैं।

विद्वानों के अनुसार प्राकृतकाल में पैशाची प्राकृत का कश्मीरी पर यथेष्ट प्रभाव पड़ा। गुणाढ्य की **बृहत्कथा** इसी प्राकृत भाषा में लिखी गयी बतायी जाती है। प्रश्न उठता है कि क्या वास्तव में यह पैशाची प्राकृत वही है जिसमें **बृहत्कथा** लिखी गयी थी तथा जिसका उल्लेख प्राकृत-वैयाकरणों ने किया है। वह मुख्य पैशाची की एक विशेष बोली थी और उसे चूलिका पैशाची कहते थे। **बृहत्कथा** की पैशाची वैयाकरणों द्वारा उल्लेखित पैशाची से भिन्न थी, ऐसा विद्वानों का मत है। वह मूल पैशाची थी तथा उत्तर-पश्चिम क्षेत्र में प्राचीनकाल से प्रचलित थी। इस प्रसंग में ग्रियर्सन महोदय

की यह टिप्पणी उल्लेखनीय है—"पैशाची वास्तव में प्राकृत नहीं थी। यह एक प्राचीन भाषा थी। इसे संस्कृत की पुत्री न समझकर उसकी बहिन समझना चाहिये"। **बृहत्कथा** पैशाची प्राकृत में नहीं लिखी गयी होगी, इसके मुख्य तीन और कारण ये हो सकते हैं—

1. गुनाढ्य के सम्बन्ध में प्रसिद्ध है कि वे राजा शालिवाहन या सातवाहन (सन् 75 ई. के आसपास) के राजदरबार में रहते थे। राजा ने अत्यन्त अल्पावधि में संस्कृत भाषा सीखने की इच्छा प्रकट की थी और उस समय के प्रसिद्ध संस्कृत विद्वान् गुणाढ्य को अपना गुरु नियत किया था। किन्तु संस्कृत जैसी क्लिष्ट भाषा को बहुत थोड़े समय में सिखाने में गुणाढ्य ने असमर्थता प्रकट की थी। इस पर उस समय के एक अन्य संस्कृत पण्डित ने आगे बढ़कर यह कार्य सम्पन्न करने का प्रस्ताव रखा। गुणाढ्य ने प्रतिज्ञा कर ली। यदि यह पण्डित राजा को संस्कृत सिखाने में सफल हुआ तो मैं भविष्य में संस्कृत में लिखना छोड़ दूँगा। कहते हैं कि वह पण्डित केवल छह मास में राजा को संस्कृत एवं उसका व्याकरण भली-भाँति सिखाने में सफल हो गया। गुणाढ्य अपनी प्रतिज्ञानुसार न केवल संस्कृत में लिखना छोड़ देता है वरन् वह देश छोड़कर सुदूर उत्तर-पश्चिम के पर्वतीय क्षेत्रों की ओर प्रयाण करता है। यहाँ पर अनेकों वर्षों तक रहकर वह लोककथाओं का एक अपूर्व संग्रह तैयार कर लेता है। ये सभी कथाएँ वह पैशाची में लिखता है क्योंकि संस्कृत में न लिखने की उसने प्रतिज्ञा की थी। जब राजा सातवाहन को यह समाचार मिला कि गुणाढ्य ने उत्तर-पश्चिम में जाकर पैशाची में लोककथाओं का एक अपूर्व संग्रह तैयार कर लिया है तो वे मारे क्रोध के जलभुन उठे। उन्होंने इस कथा-संग्रह को देखने की अनिच्छा प्रकट की। गुणाढ्य राजा की इस अरुचि को देख क्षुब्ध हो उठे। आकुल मन से उन्होंने कथाओं को अपने हाथों द्वारा जलाने का निश्चय कर लिया। गुणाढ्य एक-एक पन्ने को उठाता गया तथा उसमें आग लगाता गया। कहते हैं कि गुणाढ्य की भाषा में ऐसा अपूर्व रस व संगीत था कि वन के पशु-पक्षी इस अपूर्व कृति के पन्नों को जलता देख शिथिल पड़ गये। सब के सब खाना-पीना भूलकर गुणाढ्य के इर्द-गिर्द इकट्ठे हो गये तथा उस अग्निकाण्ड पर शोक प्रकट करने लगे। इधर, कथाओं की संख्या असीमित थी। उन्हें जलाने में गुणाढ्य को काफी समय लगा और उधर बेचारे पशु-पक्षियों की दशा दयनीय होती गयी। वे उत्तरोत्तर दुर्बल पड़ने लगे। यहाँ तक कि उनकी सारी हड्डियाँ प्रत्यक्ष होने लगीं। राजा को जब सारी स्थिति समझायी गयी तो उन्हें अपनी गलती का भास हुआ। गुणाढ्य को सम्मानपूर्वक राजदरबार में लाया गया। किन्तु उस समय तक कथा-संग्रह का अधिकांश भाग जलकर नष्ट हो चुका था। जो भाग जलने से बचा उस के आधार पर बाद में विभिन्न संस्कृत विद्वानों ने **कथा सरितसागर, बृहत्कथामंजरी** तथा **बृहत्कथा** लिखी। उक्त घटना-प्रसंगों से स्पष्ट हो जाता है कि गुणाढ्य ने चूँकि न संस्कृत में और न किसी संस्कृत-प्राकृत में लिखने की प्रतिज्ञा की थी, अतः निश्चित है कि उनके द्वारा प्रयुक्त पैशाची मूल पैशाची रही

होगी जो उत्तर-पश्चिम के पहाड़ी क्षेत्रों में उस समय प्रचलित रही होगी। उसे पैशाची प्राकृत कहना उचित नहीं है। पैशाची की जननी यही पैशाची है।

2. गुणाढ्य का समय 78 ई. बताया जाता है। प्राकृतकाल प्रथम शती से लेकर सातवीं शती तक रहा। स्पष्ट है कि साहित्यिक प्राकृत, विशेष कर पैशाची प्राकृत प्रथम शती में ही इतनी विकसित नहीं रही होगी कि उसमें साहित्य-रचना की जा सकती। विद्वानों के अनुसार प्राकृत भाषाओं में साहित्य-रचना की परम्परा पहली शती से सातवीं शती तक मिलती है। ऐसी स्थिति में यह कल्पना करना कि गुणाढ्य ने 78 ई. में **बृहत्कथा** के लिए पैशाची प्राकृत का प्रयोग किया होगा, ठीक नहीं है।

3. पैशाची प्राकृत में जो प्रमुख ध्वन्यात्मक विशेषतायें मिलती हैं, वे इस प्रकार हैं–

(क) पैशाची प्राकृत में श-ष के स्थान पर कहीं स और कहीं-कहीं श मिलता है, यथा शोभत > सोभति, दशवदनः > दसवत्तनो, कष्टम > कसटम् आदि।

(ख) पैशाची प्राकृत में 'क्त्वा' के स्थान पर 'तूनम' का आदेश किया जाता है, यथा–गत्वा > गन्तूनं, चलित्वया > चलितूनं आदि।

(ग) भविष्यत् काल में 'स्सि' का आदेश न होकर 'एय्य' का आदेश होता है, यथा–भविष्यति > हुवेय्य, पठिष्यति > पठेय्य आदि।

कश्मीरी में उक्त ध्वन्यात्मक विशेषताओं में से एक भी नहीं मिलती। कश्मीरी में प्रायः 'श' के स्थान पर 'ह' का आदेश मिलता है। 'क्ष' के स्थान पर 'छ' तथा 'तूनं' व 'स्सि' के स्थान पर 'इत' व 'इ' का व्यहार मिलता है। जैसे– शरत > हरुद, श्वशुर > हिहुर, वक्ष > वछ, द्राक्ष > दछ, पक्ष > पछ, गत्वा > गछित, चलित्वा > चलित, पठिष्यति > परि, गमिष्यति > गछि आदि। इस विश्लेषण से भी स्पष्ट हो जाता है कि गुणाढ्य ने **बृहत्कथा** पैशाची प्राकृत में नहीं लिखी होगी क्योंकि उस स्थिति में इसका कश्मीरी से कुछ न कुछ ध्वनिसाम्य अवश्य होता।

बौद्ध धर्म का प्रभाव कश्मीर में अधिक समय तक नहीं रहा। परिणामस्वरूप कश्मीरी पर एक बार पुनः संस्कृत का प्रभुत्व स्थापित हो गया। अगले दो सौ वर्षों तक कश्मीरी में कविता करने की परम्परा मिलती है। यह परम्परा मौखिक ही रही, उसका लिपिबद्ध रूप उपलब्ध नहीं होता। कश्मीरी कवियों ने अपनी मातृभाषा में कवितायें क्यों नहीं कीं, वे कश्मीरी के प्रति उदासीन क्यों रहे आदि कुछ ऐसे प्रश्न हैं जिन पर विचार करना आवश्यक है। आश्चर्य की बात यह है कि राजतंरगिणीकार कल्हण भी कश्मीरी में कहीं कुछ नहीं लिख गये। उनकी **राजतरंगिणी** में कश्मीरी के केवल ये दो-एक शब्द ही मिलते हैं–वातुल, लिद्दर आदि। इतना निश्चित है कि कल्हण (12वीं शती) के समय कश्मीर में ऐसी भाषा थी जिसे कश्मीरियों की 'लोकभाषा' कहते हैं। इस लोकभाषा के प्रति तत्कालीन कवियों की अरुचि क्यों रही तथा इस भाषा को उन्होंने हेय क्यों समझा, इसका सम्भवतः एक प्रमुख कारण यह हो सकता है कि उस समय तक कश्मीरी भाषा में वह अर्थशक्ति व परिपक्वता

नहीं आई थी जिसकी काव्यरचना के लिए नितान्त आवश्यकता रहती है। संस्कृत इस दृष्टि से सभी प्रकार से सम्पन्न भाषा थी और कवियों ने इसे ही अपनी साहित्य-साधना का माध्यम बनाना उचित समझा।

11वीं शती का उत्तरार्द्ध तथा 12वीं शती का पूर्वार्द्ध कश्मीरी इतिहास में विभिन्न राजनीतिक उपद्रवों तथा अव्यवस्थाओं का काल रहा। इस काल में कश्मीर पर अनेक आक्रमण हुए। आक्रमणकारी तिब्बत, दरदिस्तान आदि क्षेत्रों से आए तथा इस प्रदेश को अपने अधिकार में करने की फिराक में रहे। इस उथल-पुथल में कश्मीरी भाषा पर पुनः दरदी भाषाओं का प्रभाव पड़ा। दरदिस्तान से आये हुए आक्रमणकारी मुख्यतः 'खोयामा' स्थान से घाटी में प्रविष्ट हुए और जहाँ-जहाँ पर भी वे बस गये वहाँ-वहाँ उनकी भाषा के कुछ शब्द प्रचारित हुए। 'होम' शब्द उन्हींकी देन है। इस शब्द का अर्थ है 'बस्ती'। यह शब्द अनेक स्थानवाचक संज्ञाओं से जुड़ा हुआ है, यथा- वन्दहोम, बिहोम, कानिहोकम, बुर्जहोम आदि। 13वीं शती के पश्चात् कश्मीरी पर फारसी भाषा का यथेष्ट प्रभाव पड़ा। बाद में धीरे-धीरे इसमें हिन्दुस्तानी, अँगरेजी आदि भाषाओं के शब्द भी घुल-मिल गये।

सारांशतः, कश्मीरी का उद्गम पैशाची भाषा से हुआ है। यह पैशाची-प्राकृत से भिन्न है तथा कश्मीर में नाग-पिशाच काल से प्रचलित थी। वैसे, हाल ही में कश्मीरी विद्वान् डॉ॰ त्रिलोकीनाथ गंजू ने अपने विस्तृत शोध-कार्य में अनेक तर्कों के आधार पर यह सिद्ध करने का प्रयास किया है कि कश्मीरी का उद्भव और विकास अन्य आर्यकुल (भारतीय भाषाओं) की भाँति संस्कृत से ही हुआ है।

इस समय कश्मीरी का जो व्यवहृत रूप मिलता है वह संस्कृत, फारसी, अरबी, पंजाबी, उर्दू आदि भाषाओं से प्रभावित है। इन भाषाओं के अनेक शब्द कश्मीरी में घुल-मिल गये हैं। अँगरेजी भाषा के भी अनेक शब्द इस भाषा में समा गये हैं, जैसे– टेबुल-टेबिल, सुच-स्विच, बस-बस, मोटर-मोटर, मास्टर-मास्टर, बा'सकल-बाइसिकल, गेट-गेट, बुरुष-ब्रुष, सीमठ-सीमेण्ट, प्राफसर-प्रोफेसर, टिकठ-किट, पारक-पार्क आदि। उर्दू-फारसी के शब्दों की सूची पहले दी जा चुकी है।

ध्वनिमाला

कश्मीरी ध्वनिमाला में कुल 46 ध्वनिम (फ़ोनीम) हैं।

स्वर– अ, आ; इ, ई; उ, ऊ; ए; ओ; औ.अ', आ'; उ'; ऊ'; ए'; ओ';

अनुस्वार– अं

व्यंजन– क, ख, ग, च, छ, ज; च़, छ़, ज़,

ट, ठ, ड; त, थ, द, न; प, फ, ब, म;

य, र, ल, व; श, स, ह

च़', छ़,' और ज़' दंततालव्य विशिष्ट ध्वनियाँ हैं।

इन समस्त ध्वनियों के उच्चारण-स्थानों का विवरण उदाहरण-सहित पीछे दिया गया है। वहाँ दंततालव्य विशिष्ट ध्वनियों को रेखांकित कर स्पष्ट किया गया है।

कश्मीरी भाषा-साहित्य की ऐतिहासिक पृष्ठभूमि

इससे पूर्व कि कश्मीरी-साहित्य का एक सम्यक् परिचय दिया जाए, उचित यह होगा कि इतिहास के परिप्रेक्ष्य में कश्मीरी-साहित्य के उद्भव एवं विकास पर संक्षेप में विचार किया जाए। हिन्दूकालीन नरेशों के राजत्वकाल में संस्कृत कश्मीरवासियों के दैनिक व्यवहार की भाषा थी। बिल्हण (1085 ई.) अपने महाकाव्य **विक्रमांकदेवचरितम** में स्पष्ट रूप से लिखते हैं—'यत्र स्त्रीणामपिकिमपरं जन्मभाषावदेव प्रत्यक्षवासं विलसति वचः संस्कृतं प्राकृतश्च, गृहे-गृहे सभ्यपुरन्ध्रिवर्गा व्यहारन् संस्कृतभाषणेन। कश्मीर भूमि ने संस्कृत के अनेक कवियों, आचार्यों एवं पण्डितों को जन्म दिया है जिनका कृतित्व सम्पूर्ण भारतीय साहित्य में विशेष स्थान रखता है। रत्नाकर (800 ई.) कश्मीर के प्राचीनतम संस्कृत-कवि हैं तथा **काव्यालंकार-संग्रह** के लेखक उद्भट कश्मीर के ऐसे बहुमूल्य रत्न हैं जिन पर संस्कृत-साहित्य को गर्व है। आनन्दवर्धन कश्मीर के नरेश अवन्तिवर्मण की सभा के पण्डित थे। इन्होंने **देवीशतक**, **अर्जुनचरित्र** आदि काव्यकृतियों की रचना की है। वामन जयपीड़ के सभा-रत्न थे। **काव्यालंकारसूत्र** में इन्होंने अलंकारों का वैज्ञानिक रूप से विश्लेषण एवं विवेचन किया है। उद्भट भी जयापीड के सभा के पण्डित थे। इनका अलंकार-संप्रदाय में विशेष योगदान है। कश्मीर के अन्य संस्कृत कवियों में बिल्हण (1085 ई.) कल्हण (1098 ई.), अभिनवगुप्त (1100 ई.), मम्मट (1100 ई.) आदि उल्लेखनीय हैं। बिल्हण का **विक्रमांकदेव चरित**, कल्हण की **राजतरंगिणी**, अभिनवगुप्त का **तन्त्रालोक**, क्षेमेन्द्र का **महाभारत-मंजरी**, **बृहत्कथामंजरी** आदि तथा मम्मट का **काव्यप्रकाश** संस्कृत-साहित्य की बहुमूल्य निधियाँ हैं। भाषा की प्रकृति के अनुसार कालांतर में संस्कृत विद्वत्-समाज तक ही सीमित रह गयी और प्राकृत भाषाओं ने उसका स्थान ले लिया। प्राकृत में लिखा कोई भी प्रामाणिक ग्रन्थ कश्मीर में उपलब्ध नहीं होता। विद्वानों के मतानुसार कश्मीरी कवियों ने केवल संस्कृत में काव्य-रचना की, प्राकृत के प्रति उनकी रुचि बहुत कम रही। इस अरुचि का प्रमुख कारण यह हो सकता है कि कश्मीरी-कवि संस्कृत के मूल्य पर प्राकृत को अपनाने के लिए तैयार न थे और न ही तत्कालीन जनभाषा 'कश्मीरी' इतनी विकसित थी कि उसे वे साहित्य-रचना का माध्यम बनाते। कुछ समय तक कश्मीरी-कवि संस्कृत में काव्य-रचना करते रहे किन्तु बाद में उनकी भाषा प्राकृत एवं अपभ्रंश के अपरिहार्य प्रभाव से अछूती न रह सकी। इस परिवर्तन-प्रभाव काल में पहली बार कश्मीरी-कवियों का ध्यान अपनी मातृभाषा में काव्य-रचना करने की ओर गया।

कश्मीरी भाषा के दर्शन हमें पहली बार शितिकण्ठ की तांत्रिक कृति **महानयप्रकाश** में होते हैं। जियालाल किलम **महानयप्रकाश** को कश्मीरी की प्रथम कृति मानते हैं।

उनके अनुसार इस कृति की भाषा शुद्ध कश्मीरी है। श्री आज़ाद का मत है कि **महानयप्रकाश** की भाषा ठेठ कश्मीरी नहीं है। वैसे, सम्भव है कि उस समय कश्मीरी का वही रूप रहा हो जो **महानयप्रकाश** में मिलता है। पृथ्वीनाथ पुष्प **महानयप्रकाश** को अपभ्रंश में लिखित मानते हैं। उनके अनुसार यह अपभ्रंश कश्मीरी-निष्ठ है तथा यही उस समय की 'सर्वगोचर देशभाषा' थी। **महानयप्रकाश** के प्रारम्भ में स्पष्टतया वर्णित है—'अथोचितरुचितं नुति सर्वगोचरया देशभाषा विरचयितुमाहं'। ग्रन्थकार ने जिस 'देशभाषा' का प्रयोग किया है, वह संस्कृत से नितान्त भिन्न, प्राकृत की अपेक्षा अपभ्रंश के अधिक निकट है। इसमें संदेह नहीं है कि **महानयप्रकाश** की भाषा वर्तमान कश्मीरी से बहुत भिन्न है किन्तु भाषावैज्ञानिक दृष्टि से इस कृति का विशेष महत्त्व है। शितिकण्ठ ने जिस 'सर्वगोचर देशभाषा' को अपना अभिव्यक्ति-माध्यम बनाया, उसे आगे चलकर लल्लद्यद ने अपने 'वाखो' में पूर्ण रूप से आत्मसात् कर लिया। लल्लद्यद की कश्मीरी वर्तमान कश्मीरी के काफी निकट है।

14वीं शताब्दी के अन्त तक कश्मीर में इस्लाम-धर्म की नींव दृढ़तर हो चुकी थी। साधारण जनजीवन तथा लोगों की चिन्तन-प्रक्रिया पर इस धर्म ने पर्याप्त मात्रा में प्रभाव डाल दिया था। कश्मीरी भाषा और साहित्य भी इस प्रभाव से अछूते न रह सके। फारसी भाषा उत्तरोत्तर ज़ोर पकड़ने लग गयी तथा अनेक फारसी शब्द कश्मीरी में घुलमिल गये। पहले कश्मीरी संस्कृत-निष्ठ थी अब वह फारसी-निष्ठ हो गयी। शाहमीरी शासकों के राजत्वकाल में फारसी भाषा खूब पनपी तथा उसने राजभाषा का पद भी प्राप्त कर लिया।

शाहमीरी वंश के अन्तिम उल्लेखनीय सुलतान ज़ैनउलाबद्दीन 'बड़शाह' (1420-1470 ई.) के राज्यकाल में कश्मीरी भाषा और साहित्य का सर्वांगीण विकास हुआ। इस काल में कश्मीरी भाषा और साहित्य ने अपना एक स्थिर तथा व्यवस्थित रूप स्थापित कर लिया। कश्मीरी भाषा को पहली बार राजकीय संरक्षण मिला। कश्मीरी भाषा में लिखी कई पुस्तकों का फारसी अनुवाद हुआ तथा संस्कृत व फारसी की कुछ पुस्तकों का कश्मीरी में अनुवाद हुआ। कश्मीरी कवि नूरुद्दीनवली के सम्पूर्ण कलाम का अनुवाद स्वयं सुलतान ने उस समय के प्रसिद्ध मुल्ला अहमद से करवाया। मुल्ला अहमद फारसी, संस्कृत तथा कश्मीरी भाषाओं के ज्ञाता थे। इसके अतिरिक्त सोम पण्डित ने **जैनचरित**, यौधभट्ट ने **जैनप्रकाश** तथा भट्टावतार ने **बाणासुरवध** व **जैनविलास** आदि की कश्मीरी में रचना की। 'बडशाह' के ही राज्यकाल में पहली बार लिखाई आदि विधिवत् कागज़ पर होने लगी। कागज़साजी को बढ़ावा देने के लिए इस विद्याप्रेमी सुलतान ने विदेशों से अनेक कुशल कागज़साज़ बुलवाये और उन्हें अपनी राजधानी नोशहारा में बसाया। इससे पूर्व पूस्तकें भोजपत्र पर लिखी जाती थीं। कागज़साज़ी की इस सुविधा से कश्मीरवासियों में साहित्यिक रुचि का यथेष्ट विकास हुआ। शाहमीरियों के पश्चात् कश्मीर पर चकों का आधिपत्य रहा। यह शासन

राजनैतिक अस्थिरता के कारण कश्मीरी-साहित्य पर कोई विशेष प्रभाव न डाल सका।

चकों के बाद कश्मीर-घाटी मुगलों के अधिकार में चली गयी। मुगल बादशाह अधिकतर दिल्ली में रहते थे तथा यहाँ की शासन-व्यवस्था को चलाने के लिए सूबेदारों को नियत कर देते थे। जब कभी वे कश्मीर आते तो उनका मुख्य उद्देश्य सैर-सपाटा करना होता। ऐसी स्थिति में कश्मीर की साहित्यिक गतिविधियों से उनका सम्पर्क बहुत कम रहा तथा कश्मीरी भाषा उचित प्रोत्साहन के अभाव में पूर्ववत् फारसी के प्रभाव से दबती रही। वर्तमान कश्मीरी भाषा में ऐसे अनेक फारसी-शब्द प्रचलित हैं जो अब भी कश्मीरी में अपने मूल रूप में या तनिक परिवर्तन के साथ प्रयुक्त होते हैं, जैसे– माशूक, दिलबर, आशिक, शैदा, फिरदा, दीवाना, जुल्फ, कमर, रुखसार, चाल, दीदार, गुलज़ार, शौक, ज़ौक, दर्द, सोज़, लकाब, ख्वाब, लुत्फ, कबाब, शराब, साज़, राज़, नाज़, अन्दाज़, नाराज़, मजबूर, आईना, कद्र, खंजर, शमशीर, जख्म, ताज, ज़ेवर, आतिश, जोश, चश्म, बाग, चमन, इन्साफ, कोह, जलवा, होश, बीमार, इन्तजार, फरियाद, वायदा, बदन, बादाम, नसीहत, खुदा, जिगर, बेमुरब्बत, हकीम, हिम्मत, दरबार, खबर, राह, सुबह, मकानम, जंगल, पशिकर, खराब, अगर, मुल्क, सुलतान, दरवेश, ज़मीन, खिदमत, मजाल, फुरसत, गनीमत, रहमत, नकद, रहम, उस्ताद, दलील, शख्स, परेशान, दुश्मन, चिराग, बेखबर, हाल, माल, लाजिम, हामिक, मुलाजिम, हाकिम, दरगाह, निगाह, खरीदार, तमाह, शक्ल, मुरीद, मिजाज, आब, बेताब, जवाब, शबाब, शराब, खून, सवाब, ज़िन्दा, याद, सितम, पुल, सीना, खत, ज़हर, जमाल, मलाल, बादशाह, कमाल, अन्दाज, जंजीर आदि।

मुगलों के अनन्तर कश्मीर में क्रमशः पठान एवं सिख राज्य स्थापित हुआ। पठान-शासकों का मुख्य लक्ष्य कश्मीर की धनसम्पत्ति को लूटना था। जो भी गवर्नर यहाँ आता वही असंख्य धनराशि लूटकर चला जाता। जनकल्याण के प्रति उनका ध्यान तनिक भी न गया। ऐसी स्थिति में कश्मीरी-साहित्य उचित दिशा-निर्देश के अभाव में विकसित न हो सका। सिख शासन की दरबारी भाषा पंजाबी तथा सरकारी भाषा फारसी थी। कश्मीरी भाषा के उत्थान में सिख-शासकों ने भी कोई विशेष रुचि न ली। इस काल में अनेक पंजाबी शब्द कश्मीरी में घुलमिल गये।

डोगरा-शासन-काल में कश्मीरी भाषा और साहित्य का यथेष्ट विकास हुआ। जनता अपनी मातृभाषा की ओर प्रवृत्त हुई तथा फारसी के स्थान पर अब कश्मीरी में कविताएँ की जाने लगीं। कश्मीरी की विभिन्न काव्य-विधाओं, यथा मसनवी, ग़ज़ल, गीत आदि का विकास इसी काल में हुआ। स्वतंत्रता-प्राप्ति के पश्चात् जिस प्रकार हिन्दी-साहित्य में एक नयी चेतना एवं वैचारिक क्रान्ति आ गयी, ठीक उसी प्रकार कश्मीरी-साहित्य में भी नूतन साहित्यिक परिवर्तनों का उन्मेष मिलता है। नाटक, उपन्यास, कहानी, छन्दमुक्त कविता आदि साहित्यिक-विधाओं का विकास हुआ तथा कश्मीरी भाषा और साहित्य ने उक्त दिशाओं में अपना एक विशिष्ट स्थान बना लिया।

कोंकणी भाषा

डॉ. स्नेहलता शरेशचन्द्र

कोंकणी बहुआयामी सांस्कृतिक परंपरा से युक्त मधुर भाषा है। अन्य भारतीय भाषाओं की तरह ही उसका अपना स्वतंत्र अस्तित्व है तथा उसकी अपनी जातीय परंपरा है। भाषावैज्ञानिकों का मानना है कि दक्षिण की समस्त भाषाओं में केवल कोंकणी ही प्राकृत से प्रभावित है।

कोंकण जनपद के सम्बन्ध में यह प्रतीति है कि उत्तर भारत के सरस्वती नदी तट पर बसे आर्यकुल के सारस्वत लोग प्रकृति के वैपरीत्य के कारण अरबी समुद्र के पश्चिमी तट पर आकर बस गये। गोमांतक यानी आज की गोवा कोंकणी भाषा की जन्मभूमि थी। ईस्वी सन् 1510 के आसपास यह पुर्तगालियों के कब्जे में थी। पुर्तगालियों ने मतांतर द्वारा कोंकणी जनपद की सांस्कृतिक परंपरा को नष्ट करने का भरसक प्रयास किया। उन्होंने कोंकणी में रचित ग्रंथों को जला डालने और समस्त जनपद पर पुर्तगाली भाषा लादने की पूरी कोशिश की। यही कारण है कि बहुत-से कोंकणीभाषी हिन्दू और ईसाई लोग कर्नाटक और केरल की तरफ भाग चले और वहाँ वास करने लगे।

कोंकणी प्रदेश का इतिहास अब भी धुँधलके में छिपा हुआ है। इसका कारण है कि यह प्रदेश पूर्णरूप से कभी भी स्वतंत्र नहीं रहा, न ही यहाँ के निवासियों ने कभी एक ही भाषारूप का प्रयोग किया। फिर भी, यह माना जाता है कि इस प्रदेश में आज बोली जानेवाली जो भाषा है वह कोंकणी भाषा है और यह भाषा प्राचीन काल से उस प्रदेश की बोलचाल की भाषा रही है।

1. 'कोंकणी' नाम

कोंकण की भाषा कोंकणी है। इसे 'कोकणी' भी कहा जाता है। यह पुर्तगाली उपनिवेश 'गोवा' की भाषा है। इसलिए इसे 'गोआनी' भी कहा जाता है। इसके अनेक स्थानीय नाम हैं मगर स्थानीय बोलियों में बहुत कम अंतर है।

'कोंकण' शब्द 'कोंक' धातु से निष्पन्न हुआ है। 'क' का अर्थ है 'पानी' और 'अंक' का अर्थ है 'गोद' अर्थात् कोंकण का अर्थ होता है—'पर्वत और समुद्र के

बीच का प्रदेश'। राजस्थान, गुजरात, सौराष्ट्र से पश्चिमी तटीय प्रदेश का दूसरा नाम 'कोंकक्षेत्र' है। कालांतर में यही 'कांक'>'काँक' में परिवर्तित हो गया। 'ऊन' या 'अन' प्रत्यय जुड़कर यह शब्द 'कोंकण' या 'कोकण' बन गया है।

कोंकणी भाषा मूलतः मुंडारी भाषा के आदिवासी लोगों की भाषा है। यह जाति 'शबर' नाम से जानी जाती है। उनके पूर्वज लोग 'कोंक' नाम से जाने जाते थे। इसी कारण उस क्षेत्र को 'कोंकवन' या 'कोंकण' नाम आया है। आज भी इस जाति के लोग 'कुंकणा' नाम से महाराष्ट्र, खान देश, जलगाँव, धुले आदि जिलों में मिलते हैं। विद्वानों का मानना है कि कोंकणी भाषा आधुनिक भारतीय आर्यकुल की भाषा है, जिसका सम्बन्ध मुंडारी भाषा से रहा है। पर इसका कोई प्रमाण उपलब्ध नहीं है। **महाभारत** के भीष्मपर्व में 'कोंकण' का उल्लेख है। यहाँ 'कोंकण' शब्द का प्रयोग गोमांतक, गोपराष्ट्र, गोकर्ण, परंता, अपरंता, केरल के उत्तर में स्थित शूरपरका तक फैले हुए प्रदेश के लिए किया गया है।

भागवत के पंचम स्कंध में प्राप्त एक श्लोक के अनुसार पुराना कर्नाटक उत्तर में गोदावरी तक, दक्षिण में कावेरी तक, पश्चिम में सह्याद्रि या पश्चिम घाट तक और पूर्व में वेंकटाचल तक फैला हुअर था। यहाँ 'कों' को सह्याद्रि के साथ तटवर्ती प्रदेश के अर्थ में लिया गया है। अल्-ब-रूनी ने अपनी भारतयात्रा सम्बन्धी वर्णन में 'कांक' शब्द का प्रयोग 'मछुवारे' के अर्थ में किया है।

'शिलाहार' लोग अपने को 'कोंकणाधीश' कहते थे। ये लोग करीब दो-तीन शताब्दी तक कोंकण क्षेत्र के एकछत्र शासक थे। बनवासी के कदंब राजाओं ने इन्हें पराजित किया।

'कोंकण' शब्द का पहला प्रयोग चतुर्भुज स्वयंभू के **पउमचरिउ** में मिलता है। यह अपभ्रंश रामायण है। अँगरेजी के विद्वान् कोशकार किटेल ने अपने 'इंग्लिश-कन्नड' शब्दकोश में 'कोंकण' शब्द की व्युत्पत्ति इस प्रकार दी है—कोंगर - वन > कोंगवन > कोंकण। इस मत की पुष्टि में एक मराठी विद्वान् ने **आर्याचेसण** ('आर्यों के त्योहार') ग्रंथ में लिखा है। 'कोंकणी' शब्द की व्युत्पत्ति कांगवन > कोंवन > कोंकण—इस प्रकार हुई है। पुर्तुगाली मिशनरियों ने कोंकणी भाषा को 'ब्राह्मण भाषा', 'कानारी', 'कानारिना' आदि नामों से पुकारा था।

2. कोंकणी भाषा का क्षेत्र और बोलनेवालों की संख्या

1961 की जनगणना के अनुसार कोंकणी-भाषी लोगों की संख्या 14 लाख थी। आज देश भर में 70 लाख से अधिक कोंकणीभाषी लोग हैं। इसमें सबसे अधिक अर्थात् 35 लाख कोंकणीभाषी कर्नाटक में रहते हैं। गोवा में करीब 1 लाख, महाराष्ट्र में 10 लाख, केरल में 6 लाख और अन्य प्रदेशों में 8 लाख कोंकणीभाषी लोग हैं।

प्राचीन भारतीय साहित्य में 'कोंकण' का वर्णन अनेक प्रकार से हुआ है। उस 'दक्खन प्रदेश' को 'क़ोंकण क्षेत्र' कहा जाता था जहाँ वैतरणी नदी बहती है। यह वैतरणी नदी उत्तर कन्नड़ को दक्षिण कन्नड़ से अलग करती है और कुमठा तहसील से कुछ मील की दूरी पर बहती है। यह 'कोंकण क्षेत्र' उत्तर में सोपारा तक और दक्षिण में गंगावली तक फैला हुआ था। एक और उल्लेख के अनुसार ठाणे जिले के सोपारा से दक्षिण में गोकर्ण तक की सीमा 'मूल कोंकण' के नाम से जानी जाती थी। पश्चिमी घाटी के नीचे के तलहटी भाग को 'कोंकण' की संज्ञा दी गयी है। इस प्रदेश को पुराणों में 'परशुराम क्षेत्र' नाम से भी पुकारा गया है।

भाषा के आधार पर कोंकण प्रदेश सात भागों में विभाजित था। इस पूरे 'कोंकण' को 'सप्त कोंकण' कहा जाता था। डॉ. चव्हाण कहते हैं कि प्रस्तुत कोंकणी भाषा इन सातों प्रादेशिक भागों की भाषा-बोलियों से प्रभावित हुई है। 'सह्याद्रि खंड' के 'खंडपुरा' अध्याय में कोंकण के सात भाग इस प्रकार बताए गये हैं—1. बारबर 2. सौराष्ट्र 3. कोंकण 4. करहट 5. कर्नाटक 6. तुलंग और 7. केरल। एक अन्य ग्रंथ में कोंकण-क्षेत्र के दो उपभेद मिलते हैं—1. दक्षिण कोंकण और 2. उत्तर कोंकण।

3. कोंकणी भाषा की उत्पत्ति

कोंकणी भाषा का इतिहास कोंकण से नहीं, बल्कि उससे कहीं पहले सरस्वती नदी के तट से शुरू होता है। ऐतिहासिक एवं भौगोलिक प्रमाण इस बात की पुष्टि करते हैं कि कोंकणी बोलनेवालों की परंपरा बहुत प्राचीन रही है और उसका प्रभाव उनकी भाषा पर भी है। डॉ. दालगादो का कहना है कि सरस्वती बाल-भाषा में ही कोंकणी का प्राचीनतम रूप सुरक्षित रहा है। उस भाषा को कोंकण तक लानेवाले लोग तिरहुत के सारस्वत ब्राह्मण थे। पुर्तगाली लोगों ने कोंकणी को जो 'लिंग्वा ब्राह्मनिका' कहा है वह इस बात की पुष्टि करता है। कोंकणी का एक संपन्न साहित्य भी था जिसे पुर्तगाली शासकों ने सन् 1684 में पूरा का पूरा जला दिया। पुर्तगालियों के धर्मपरिवर्तन की नीति से डरकर उनसे बचकर निकले हुए गोवा के ब्राह्मण लोग केरल की तरफ मुड़ गये। वैदिक भाषा में प्रयुक्त अनेक शब्द इन लोगों द्वारा बोली जाने वाली कोंकणी भाषा में पाये जाते हैं। इससे यही प्रमाणित होता है कि ई.पू. शताब्दी से लेकर ई. सन् तीसरी शताब्दी तक गुप्त साम्राज्य की अधीनता में भारत में ब्राह्मणों की प्रमुखता रही थी और संस्कृत को भारत की राष्ट्रभाषा घोषित कर दिया गया था। कोंकणी भाषा का प्राचीन रूप उस समय प्रचार में रहा था। समस्त आधुनिक भारतीय भाषाओं की अपेक्षा कोंकणी का संस्कृत से निकटतम सम्बन्ध और कोंकणी में संस्कृत शब्दावली की भरमार इसी ओर संकेत करती है। संस्कृत का 'ब्राह्मण' शब्द कोंकणी में तत्सम रूप में अक्सर प्रयुक्त होता

है। 'ब्राह्मण' से उत्पन्न 'बाम्मुणु' शब्द आज की कोंकणी में 'पति' के अर्थ में प्रयुक्त होता है। यह इस बात का प्रमाण है कि यह भाषा संस्कृत से सीधा सम्बन्ध रखती है। अनपढ़ स्त्रियाँ जो संस्कृत का सही उच्चारण करने में असमर्थ रहती थीं, अपने ब्राह्मण (पति) को 'बाम्मुणु' कहती थीं। इसी तरह कोंकण एवं महाराष्ट्र के बौद्ध विहारों में ई.पू. पहली शताब्दी के प्राचीन शिलालेखों की शब्दावली एवं शब्दों के रूपों को सूक्ष्मता के साथ परखा जाए तो वे सारस्वत ब्राह्मणों द्वारा बोली जानेवाली कोंकणाी के शब्दों एवं अनेक रूपों से मेल खाते प्रतीत होते हैं। यथा–

कुलस्य	>	कुठठाचो	–	कुल का
समापिता	>	सोंपले	–	खतम हुआ
पुतेल	>	पुतान	–	बेटे ने
गिग्ह	>	गीम	–	गरमी
चतुविसे	>	चोव्वीस	–	24 (चौबीस)

चंद्रवंशीय तथा सूर्यवंशीय राजाओं के समय 'अंतबर्तुल' और 'इहिवर्तुल' नाम के दो भाषा-प्रदेश अस्तित्व में थे। कोंकणी भाषा का सम्बन्ध 'अंतवर्तुल' से था। 'अंतवर्तुल' के चंद्रवंशीय आर्यलोग शौरसेनी प्राकृत भाषा बोलते थे। भृगुवंश के राजा ययाति के यदु और पुरु नाम के दो बेटे थे। यदु-कुल का प्रसार क्रमशः दक्षिण से होते हुए द्वारका तक था। पुरुवंश के राजाओं ने उत्तर में अपना शासन चलाया। यदुवंश गोमांतक (गोवा) तक फैला हुआ था। यदुवंश के राजागण शौरसेनी प्राकृत के व्यावहारिक रूप का प्रयोग करते थे। कोंकण के मूल निवासी 'कांग' (कोरग) लोगों से इनका संपर्क स्थापित हुआ था। इसीके परिणाम-स्वरूप एक विशिष्ट भाषा-रूप का प्रादुर्भाव हुआ जो अपभ्रंश नाम से पुकारा जाने लगा। द्वारका, महाराष्ट्र, रत्नागिरी, गोमांतक आदि स्थानों के निवासियों की भाषा पर इस विशिष्ट भाषा-रूप का प्रभाव पड़ा। इसके प्रभाव के फलस्वरूप एक सरल, सुगम और सहज बोलचाल की भाषा ने जन्म लिया। यही प्राचीन कोंकणी भाषा है। इसमें शौरसेनी प्राकृत की दुरूहता नहीं थी बल्कि साधारण जनभाषा की सरलता थी, जैसे–

संस्कृत	**अपभ्रंश**	**कोंकणी**
अंगार	इंगाल	इंगाव्ळो
आर्द	ओल	ओल्ले
दर्शन	दक्खव	दाखय
श्वान	सुण	सुणे
मृदु	मउ	मोउ

'कोंकण' प्रदेश का भ्रमण करनेवाले अरब के भूगोल-विशेषज्ञ अले मसूदि (ई.सन् 1939) का कथन है कि "... यहाँ के लोग (कोंकण प्रदेश के लोग) 'लारि बाहू' नाम की भाषा का प्रयोग करते हैं।" नौवीं शती में लिखे गये एक ग्रंथ में कोंकण विषय के

संदर्भ में इस बात की पुष्टि मिलती है कि कोंकणी को 'लारा', 'लार' आदि नामों से पुकारा जाता था। तेरहवीं शती में देवगिरि के यादवों को हराकर मलिक काफूर की सेना ने कोंकण प्रदेश को जीत लिया था। पंद्रहवीं शती में बहमनी और आदिलशाही मुसलमानों ने कोंकण प्रदेश पर राज्य किया था। विजयनगर के सम्राटों ने भी अनेक वर्षों तक कोंकण पर अपना अधिकार जमा कर रखा था। सोलहवीं शती में पुर्तगालियों ने गोवा को जीत लिया था। ये सारे तथ्य इतिहास-सम्मत हैं। गोवा में ईसाई धर्म के प्रचार के लिए पुर्तगालियों ने कोंकणी भाषा सीख ली थी। 'कोंकणी' भाषा का यह एक विशिष्ट रूप था, जिसे कोंकणी का शुद्‌ध रूप माना जाता था। यह रोमन लिपि में लिखी जाती थी। इसमें अँगरेजी के 24 वर्णों के बदले 36 वर्णों का प्रयोग होता था।

कोंकणी भाषा इंडोयूरोपीयन परिवार की इंडो-आर्यन या भारतीय आर्यभाषा के अंतर्गत आनेवाली भाषा है। यह संस्कृत से उत्पन्न भाषा है। संस्कृत, महाराष्ट्री प्राकृत तथा अपभ्रंश के योग से इसका विकास हुआ है। इसके साथ-साथ प्राकृतों का भी इसमें योगदान है।

ग्रियर्सन के अनुसार 7वीं शती के थोड़े पहले ही कोंकणी भाषा महराष्ट्री प्राकृत से अलग हुई होगी तथा 7वीं शती के अंत तक इस भाषा का उद्‌भव हुआ होगा। 11वीं तथा 12वीं शती तक यह भाषा पूर्ण रूप से विकसित हुई होगी। कोंकणी की शब्दावली, ध्वन्यात्मक विशेषताएँ, लिंगव्यवस्था, वचन-पद्धति सब-कुछ प्राकृत से मेल खाती है। कोंकणी पर मागधी, महाराष्ट्री और पैशाची प्राकृत का प्रभाव देखा जा सकता है। इसके साथ-साथ अनेक लोकभाषाओं का प्रभाव भी देखा जा सकता है। मध्यप्रदेश के कोसली की शब्दावली, गुजरात के **देशी नाममाला** में मिलने वाली शब्दावली कोंकणी से बहुत मेल खाती है।

4. कोंकणी भाषा की बोलियाँ और उनका क्षेत्र

कोंकणी भाषा के उद्‌भव और विकास का एक रोमांचकारी इतिहास है। इसके बारे में आचार्यों में भिन्न मत देखने को मिलते हैं।

एक मत के अनुसार उत्तर भारत में बसे आर्य लोगों की भाषा पर स्थानीय बोली के प्रभाव से उनकी भाषा एक मिश्र भाषा हो गयी। स्थानीय बोलियों के प्रभाव से दो प्रकार की उपभाषाओं ने जन्म लिया। एक मागधी, प्राकृत तथा पाली से प्रभावित व विकसित भाषाएँ जैसे पंजाबी, गुजराती, हिन्दी आदि। दूसरी शौरसेनी व प्राकृत से प्रभावित व विकसित भाषाएँ जैसे सिंधी, मैथिली, आसामी, बंगाली आदि। कोंकणी इसी वर्ग की भाषा है। बंगाली, आसामी इसकी मातृबोली है।

एक और मत है जिसके अनुसार उत्तर भारत से कोंकण में आने के कारण इस भाषा का नाम 'कोंकणी' पड़ा होगा।

कोंकणी की कोई उपभाषा नहीं है। कोंकणी की बोलियों के बारे में विद्वानों में

मतभेद है। डॉ. एस.एम. कत्रे ने अपनी **द फॉरमेशन ऑफ कोंकणी** शीर्षक पुस्तक में कोंकणी की छह बोलियों का उल्लेख किया है–(1) कानारी अथवा चित्रापुर सारस्वत लोगों की कोंकणी, (2) गौड़ सारस्वत लोगों की कोंकणी, (3) मंगलूर तथा दक्षिण कानारी के ईसाइयों की कोंकणी, (4) उत्तर कानारी के ईसाइयों की कोंकणी, (5) गोवा के हिन्दुओं की कोंकणी, और (6) गोवा के ईसाइयों की कोंकणी।

वस्तुतः कोंकणी की बोलियों की संख्या सात है और वे ये हैं–(1) साष्ठी बोली, (2) केरली बोली, (3) कोड्डैली बोली, (4) कारवारी बोली, (5) बारदेशी बोली, (6) मंगलूरी बोली, और (7) अंत्रूजी बोली।

4.1. **साष्ठी बोली**–यह बोली मानक कोंकणी के बहुत निकट है। इस बोली पर लैटिन का प्रभाव है। इतालवी भाषा का भी प्रभाव इस बोली पर अधिक दिखाई देता है। इसके बावजूद पुरानी कोंकणी के स्वरूप को इस बोली ने बनाये रखा है। इसके भाषावैज्ञानिक स्वरूप पर बहुत कम प्रकाश डाला गया है। 'मांडो' नामक एक विशेष काव्यविधा इस बोली में अधिक पल्लवित हुई है। इन लोकगीतों में दुःख-दर्द से भरे गीतों की प्रमुखता दिखाई देती है। ई. सन् 1840 के पहले दशक में यह धारा अत्यंत लोकप्रिय हो चुकी थी। इतिहास बताता है कि सबसे पहले 'मांडो' लिखनेवालों में प्रसिद्ध हैं– कुडतरी गाँव के लिगोरियो द कोश्ता (1821-1919) और 'नावेली' के कार्लुश त्रिदाद/दियश (1854-1890)। कोंकणी का सबसे बड़ा धार्मिक काव्य **रिगलो जेसू मळयांत** इसी बोली में है। यह काव्य मार्मगोवा के डोनाबैराटो ने लिखा है।

4.2. **केरली बोली**–इतिहास इस बात की पुष्टि करता है कि पुर्तुगालियों के आतंक से डरकर करीब ई. सन् 1560 के आसपास कुछ गोवावासियों ने कोचीन शहर की ओर स्थानांतरण किया होगा और करीब 17वीं सदी तक केरल में लोग फैल गये होंगे। केरल का कोचीन शहर इन लोगों का गढ़ था। इन लोगों ने साहित्यनिर्माण के लिए मलयालम लिपि का प्रयोग किया। 20 अप्रैल 1675 को लिखित एक डच सस्य शास्त्र का ग्रंथ **होर्टस् इंडिकस् मल बारिस** (मालबार की हिन्दू बागवानी) नागरी में लिखा गया था। रंगभट्ट, अपुभट्ट और विनायक पंडित, इन तीनों ने इस ग्रंथ के संपादन में सहायता की थी। यह देवनागरी का प्रथम ब्लाक प्रिंटिंग का प्रमाण माना जाता है। इस प्रमाणपत्र के नीचे लैटिन का अनुवाद भी है। इस बोली में लिखा गया साहित्य काव्य में अधिक है। आर.सी. शर्मा ने संगीतबद्ध श्लोकों में **रामायण** का कोंकणी में अनुवाद किया है। अम्मुला या अम्मुलक्का शणै (1851-1902), जी. कमलाम्मल (1900), ना. न. पै, वि. गणेशप्रभू, सि.ना. मल्या, भवानीबाय पादुकोण, नरहरी कवी, वेदवती शणै, नरहरी विट्ठल प्रभु आदि केरल की बोली में लिखनेवाले कोंकणी-लेखक हैं।

केरल के अप्पावसंत, राघवदास, शांताबाई, जोगन्ना और अवड्डी जैसे संतकवि इसी बोली में लिखते थे। इसी बोली में एक विशेष काव्यशैली 'फुगडी' में लिखा गया **गोड्डे रामायण** प्राप्त होता है।

4.3. **कोड्डैली बोली**–यह मंगलूर के ईसाइयों की बोली है। बहुत पहले एक ईसाई पादरी जेसस् मंगलूर में आये थे। वहाँ आकर उन्होंने 'सेंट अलोशियस्' संस्था की स्थापना की। फादर मफी ने कोड्डैली बोलनेवालों को लिखने की प्रेरणा दी तथा इस बोली को शिक्षा का माध्यम बनाने का प्रयत्न किया। इसी समय उद्‌यावर के नारायण आचारी ने **कोड्डैली प्राइमर** लिखा। यह 'कोड्डैली बोली' का पहला प्राइमर है। हत्तंगडी नारायण राव (1863-1921) द्वारा लिखित कोंकणी का व्युत्पत्तिमूलक शब्दकोश और रंगनाथ प्रभु का केरल-कोंकणी स्वयंशिक्षक, शेषगिरि प्रभु का **केरल-कोंकणी-शब्दकोश** ये सभी इसी बोली में है। कोड्डैली बोली की पत्रिका 'पंचकदाय' आज भी बहुत लोकप्रिय है।

4.4. **कारवारी बोली**–इस बोली का विकास 17वीं सदी के दो संत कवयित्रियों के जमाने में हुआ। उनमें एक संत 'अवडिबाई' याने लस्मीबाई नाडकर्णी और दूसरी हेम्माडी की संत जोग या जोग्नानी। इस बोली में लिखी गयी श्रीनिवास प्रभु की रचना **सोबान** (शादी के समय गाए जानेवाले गीत) एक उल्लेखनीय रचना है। नाटक तथा एकांकी की रचनाएँ इस बोली में काफी हैं। मंजेश्वर गोविंद पै, शांताराम कामत और दिनकर देसाई इस बोली में लिखनेवाले कुछ प्रमुख लोकप्रिय कवि हैं। 1947 में कारवार से प्रकाशित 'उजवाड', 1949 में प्रकाशित 'नवयुग', 1950 में कुमठा से प्रकाशित 'कोंकण किनारा' आदि पत्रिकाएँ इस बोली में हैं।

4.5. **बारदेशी बोली**–बारदेशी बोली में लिखी गयी पुरानी रचनाओं पर साष्ठी बोली का बहुत प्रभाव है। जोस गेटसन् द कुन्हा ने सबसे पहले इस बोली का व्याकरण लिखा था, पर इसके पूर्ण होने के पहले ही वे चल बसे। ई. सन् 1892 में इस बोली का पहला व्याकरण-ग्रंथ प्रकाशित हो गया था और पत्र-पत्रिकाओं में रचनाएँ प्रकाशित होने लगी थीं। सेबस्टिनो रोडोल्फो डालगादो (1855-1922) ने इस बोली के सभी रूपों को अपने शब्दकोश **डिक्शनारियो कोंकणी पोर्तुगीज** में लिखा। कोंकणी की सबसे पहली पत्रिका 'उदेंतचे साव्ठीक' (खिलता हुआ कमल) इसी बोली में है। नाटक लिखने की प्रेरणादायक शुरुआत इस बोली में हुई। सन् 1892 में लुकास रेबरियो ने 'तियात्र' नामक एक विशेष नाट्यशैली का सूत्रपात किया।

4.6. **मंगलूरी बोली**–यह दक्षिण कोंकण के ईसाइयों की बोली है। कुछ विद्वानों के अनुसार यह साष्ठी बोली की ही उपबोली है। इस बोली में व्याकरण-ग्रंथों के साथ-साथ गंभीर, मौलिक साहित्य का भी सृजन हुआ है। मंगलूर में सेंट अलोशियस कॉलेज की स्थापना तथा कोडियाबैल में छापखाने की स्थापना से मौलिक साहित्य-निर्माण की बुनियाद तैयार हो गयी। कोंकणी-साहित्य के विकास में इन मिशनरियों का विशेष योगदान है। काम के प्रति निष्ठा, ईमानदारी जैसी बातों को याने 'मिशनरी स्पिरिट' को इन्होंने अपनी लेखनी में भी उतारा। उनके अनुयायियों का विशेष रूप से विद्यार्थियों ने मिलकर इस बोली का शब्दकोश प्रकाशित किया था जिनमें पै

न्होरोना प्रमुख थे। अतः इन्हें मानक मंगलूरी बोली का प्रथम व्याकरणकार माना जाता है। लुईस मस्करेनस् ने 1912 में **कोंकणी दिर्वेम्** (कोंकणी की निधि) नाम से दैनिक पत्रिका शुरू की। कर्नाटक में कोंकणी भाषा के विकास के लिए यह एक महत्त्वपूर्ण घटना साबित हुई। इसके दौरान बहुत सारे लेखक उजागर हुए और आगे चलकर कन्नड़-साहित्य की श्रीवृद्धि करने में सहायक हो गये। ई. सन् 1938 में 'कोंकणी दिर्वेम्' पत्रिका का ह्रास होने लगा और 'राक्णो' नाम से एक साप्ताहिक शुरू हुआ जो आजतक चल रहा है। आज भी कर्नाटक के ईसाइयों में यह पत्रिका लोकप्रिय है। यह रोमन लिपि में लिखी जाती है। कन्नड़ लिपि में भी इस बोली में अनेक पत्रिकाएँ चलती हैं जिनमें प्रमखु हैं 'मित्र', 'झेलो' (गुच्छ) आदि। इसी बोली में लिखी हुई लुई मस्करेन्हस की **अब्रामांचे यज्ञदान** (अब्रहम का त्याग) एक अमर कृति है। पुराणों की आलंकारिक शैली में यह लिखी गयी है। लियो डिसोजा, सि.एफ. डिकोस्टा, वि.जे.पी. सलडाना आदि सफल नाटककारों ने इसी बोली में लिखा है।

ईसाई मिशनरियों के साथ-साथ हिन्दू लेखकों ने भी इस बोली में लिखा है। श्री बी.के. प्रभु रचित भक्तिकाव्य **चंद्रहास**, **प्रल्हादचरीत्र**, कुवले एन् नायक का **सावित्रि**, डोंगरकेरी उमानाथ राव का **वज्रांकुडकां** (हीरे के कर्णफूल) आदि कुछ प्रसिद्ध लोकप्रिय मंचित नाटक हैं।

4.7. **अंत्रूजी बोली**–यह कोंकणी की साहित्यिक बोली है। अन्य बोलियों की तरह अंत्रूजी बोली का प्रयोग व्याकरण-ग्रंथों के निर्माण में नहीं बल्कि काव्य-ग्रंथों के निर्माण में हुआ। कृष्णभट्ट बांदेकर ने इस बोली में कई भक्तिगीत लिखे थे जो अप्रकाशित हैं। कामत रघुनाथ वरदे वालावलीकर उर्फ 'शणैगोंयबाब' ने अपनी कृतियों द्वारा कोंकणी को एक नया आयाम दिया। कोंकणीभाषी हिन्दुओं, ईसाइयों, मुसलमानों में अपनी भाषा के प्रति प्रेम उत्पन्न हुआ। इसके बाद बाकीबाब बोरकर, लक्ष्मणराव सरदेसाय, रवींद्र केळेकार जैसे साहित्यकारों ने इस भाषा को समृद्ध करने में अपना योगदान दिया है। अब इसी परंपरा में अनेक साहित्यकार लिख रहे हैं।

5. कोंकणी लिपि

अनेक प्राचीन भाषाओं में से कोंकणी भी एक है। इसका 5000 वर्ष का इतिहास है। मध्य एशिया में जिप्सी भाषा का जो स्थान है वही भारत में कोंकणी भाषा का है। पूरे भारत में विभिन्न लिपियों में लिखी जाने वाली भाषाओं में कोंकणी का स्थान सबसे ऊपर है। भारत में कई भाषाएँ ऐसी हैं जो एक से अधिक लिपियों में लिखी जाती हैं। कोंकणी भाषा पाँच विभिन्न लिपियों में लिखी जाती है, यथा–(1) देवनागरी, (2) कन्नड़, (3) अरबी, (4) मलयालम और (5) रोमन।

गोवा में मुख्य रूप से इस भाषा को लिखने के लिए देवनागरी के साथ-साथ रोमन लिपि का भी प्रयोग होता है। महाराष्ट्र में केवल देवनागरी का प्रयोग होता

है। कर्नाटक में कन्नड़ लिपि का और केरल में मलयालम लिपि का प्रयोग होता है। मुसलमान लोग अरेबिक लिपि का प्रयोग करते हैं। कोंकणी के बहुरूपी दर्शन करने के लिए पश्चिम समुद्रतटीय प्रदेश से गुजरना होगा। मुंबई में मराठी लहजे में बोली जानेवाली कोंकणी, कोंकण में खींच-खींचकर बोली जाती है जो एक अलग भाषा के रूप में लगती है। गोवा में बसे हिन्दू लोग पोर्तुगीज शब्दों का बहुत प्रयोग करते हैं तो गोवा के ईसाई कोंकणी का पोर्तुगीज की एक बोली के रूप में प्रयोग करते हैं। कर्नाटक के उत्तर कन्नड़ प्रदेश जैसे कारवार, अंकोला में शब्दों को खींच-खींच कर बोला जाता है। 'कुमठा', 'होन्नावर' में संयुक्ताक्षरों का अधिक प्रयोग है। भटकल के 'नवाईथ' लोग पर्शियन से प्रभावित कोंकणी बोलते हैं जो सुनने में बहुत ही मधुर लगती है। दक्षिण कन्नड़ प्रदेश की कोंकणी में कन्नड़ व तुळु शब्दों का इस तरह मिश्रण हुआ है कि कोंकणी का नया स्वरूप हो गया है। केरल में प्रयुक्त कोंकणी मलयालम से इतनी प्रभावित है कि वह कोंकणी कम, मलयालम अधिक लगती है। उत्तर कन्नड़ के कोंकणी भाषीकन्नड़ शब्दों को कोंकणी क्रिया लगाकर बोलते हैं तो दक्षिण कन्नड़ में अँगरेजी शब्दों का अधिक प्रयोग करते हैं। कर्नाटक में श्रीरंगपट्ण, मैसूर, कोडगु में रहनेवाले कुछ मुसलमान लोगों की मातृभाषा कोंकणी है जो उर्दू-मिश्रित है।

एक ही लिपि का प्रयोग न होने के कारण और लिपि की एकरूपता के सम्बन्ध में कोंकणी-लेखकों में एकमत न होने के कारण अनेक विवाद उठ खड़े हुए हैं। साथ ही, विभिन्न लिपियों के प्रयोग के कारण कोंकणी भाषा सांस्कृतिक दृष्टि से काफी मजबूत हो गयी है। यों तो शणै गोंयबाब (वामन रघुनाथ वालावलीकर 1887-1946) के जनजागरण के बाद कोंकणी-साहित्य देवनागरी लिपि में लिखा जाने लगा है। साहित्य अकादमी ने देवनागरी लिपि को ही मान्यता दी है। फिर भी गोवा में रोमन लिपि और कर्नाटक में कन्नड़ लिपि का भी प्रयोग चल रहा है। फिर भी, अधिकांश लोगों ने नागरी लिपि को ही अपना लिया है। ई. सन् 1975 में कोंकणी भाषा को केंद्रीय साहित्य अकादमी से मान्यता प्राप्त हो गयी। 20 अगस्त सन् 1993 में भारतीय संविधान की आठवीं अनुसूची के अंतर्गत कोंकणी भाषा को मान्यता मिली। गोवा विश्वविद्यालय में सन् 1987 में कोंकणी-विभाग की स्थापना हुई। यहाँ पर शुरू में कोंकणी के सिर्फ दो पेपर पढ़ाए जाते थे। सन् 1992 से पूर्ण विकसित अभ्यास-क्रम के रूप में सोलह पेपर्स पढ़ाए जाते हैं।

6. कोंकणी भाषा की ध्वनियाँ

कोंकणी की वर्णमाला संस्कृत या अन्य भारतीय भाषाओं से भिन्न नहीं है। देवनागरी वर्णमाला का प्रयोग ही कोंकणी के लिए चलता रहा है। देवनागरी में अड़तालीस लिपि-संकेत हैं जो स्वर और व्यंजन ध्वनियों के सात समूह हैं। कोंकणी में पैंतालीस लिपि-संकेत हैं। इसमें 12 स्वर हैं यथा– आ, आ, इ, ई, उ, ऊ, ए, ऐ, ओ, औ।

संस्कृत का 'ऋ', 'लृ' स्वर कोंकणी में नहीं है। विसर्ग कोंकणी में नहीं है। अतः संस्कृत शब्द 'दुःख' का उच्चारण अपभ्रंश की तरह कोंकणी में 'दुख' होता है।

कोंकणी में तैंतीस व्यंजन हैं। यथा– क्, ख्, ग्, घ्, ङ्। च्, छ्, ज्, झ्, ञ्। ट्, ठ्, ड्, ढ्, ण। त्, थ्, द्, ध्, न। प्, फ्, ब्, भ्, म्। य्, र्, ल्, व्, श्, स्, ह्, ळ्। 'ष' व्यंजन कोंकणी में नहीं है। तत्सम शब्दों के लिखित रूपों में इस व्यंजन का प्रयोग होता है।

6.1.कोंकणी की विशेष ध्वनियाँ

1. 'अ' का उदात्त, अनुदात्त और स्वरित ध्वनियाँ कोंकणी में प्राप्त हैं। ये तीनों स्वतंत्र ध्वनियाँ हैं, 'अ' के तीन रूप नहीं हैं। उदा॰–पणस (कटहल) में 'प' का 'अ' अनुदात्त, 'ण' का 'अ' स्वरित, और 'स' का 'अ' उदात्त है।

2. ऍ और ऑ विशेष स्वर ध्वनियाँ हैं। उदा॰–बॉट (जहाज), बॉट - उँगली।

3. वं– यह कोंकणी की एक विशेष व्यंजन ध्वनि है। 'व' व्यंजन के आदि स्वर पर अनुस्वार देकर उच्चारण 'व' होता है। उदा॰– तंव (सिलनॅ), देंव (उतर), भोंवप (घूमना), पेंवप (तैरना)।

4. 'ञ'– यह नासिक्य तालव्य व्यंजन ध्वनि कोंकणी में काफी मिलती है। लिखित रूप में यह वर्तनी 'य' व्यंजन लिखकर आदिस्वर पर अनुस्वार दिया जाता है जैसे 'बांय' (कुँआ), थंय (वहाँ), न्हंय (नदी), मांय (सास, माँ), धंय (दही) आदि। अगर उच्चारण के आधार पर लिखना है तो बांञ, थंञ, न्हंञ, मांञ, धंञ होगा।

5. शब्द के आदि में संयुक्त स्वर होने पर यह 'ए', 'ओ' ध्वनियाँ क्रमशः ऍ, ॲ या ऑ ध्वनि के रूप में परिवर्तित होती है। उदा॰– ॲक (ऍक), भुरग्ये (एक बच्चा), ऍक दादलो (एक मर्द)।

कोंकणी में अनुस्वार की अपेक्षा अनुनासिक का प्रयोग ज्यादा मिलता है। यह प्रवृत्ति उसे वेदकालीन भाषा के निकट ला खड़ी करती है। वेदकालीन मूर्धन्य नासिक्य ध्वनि भी कोंकणी में मिलती है। वैदिक काल में 'म्' के बदले 'ङ्' के समान नासिक्य ध्वनियों का उच्चारण होता था। कोंकणी में यह पाया जाता है। संस्कृत के कई शब्द कोंकणी में आकर अनुनासिक या अनुस्वार से युक्त बन जाते हैं। जैसे–

संस्कृत		**कोंकणी**	**संस्कृत**		**कोंकणी**
कदली	–	केव्ळें	ग्राम	–	गाँव
मर्कट	–	मांकड	नासिक	–	नाँक
नाम	–	नाँव	तत्	–	तें
रेतस्	–	रेंव	उच्च	–	ऊँच

कोंकणी में बहुवचन बनाने के लिए जो प्रत्यय लगाया जाता है उसमें भी नासिक्य ध्वनियों की प्रमुखता है। कोंकणी के नपुंसक लिंग में आनेवाले संज्ञा शब्दों

का जब बहुवचन बनाया जाता है तब नासिक्य ध्वनि का प्रयोग होता है जैसे फळ (एकवचन), फळँ (बहुवचन)।

नासिक्य ध्वनियों की यह भरमार कोंकणी की प्राचीनता की ओर संकेत करती है। सिंधु लिपि में नासिक्य ध्वनि के अंकन के लिए चंद्रबिंदु का प्रयोग मिलता है। भारत प्राचीन काल से ही लिपि-विज्ञान के हर उपयोग पक्ष पर ध्यान से विचार करता आया है। इसीलिए भारत की लिपियों में नासिक्य ध्वनियों के लिए विशेष चिह्न रखे गये हैं।

हिन्दी तथा कोंकणी के ध्वनि-समूहों का वर्तमान परिनिष्ठित रूप सर्वथा भिन्न है। एक ओर इनमें प्राचीन भारतीय आर्यभाषाओं की अधिकांश ध्वनियाँ परंपरा से प्राप्त हुई हैं तो दूसरी ओर कुछ प्राचीन ध्वनियाँ, जो पालि, प्राकृत, अपभ्रंश में लुप्त हो गयी थीं, संस्कृत तत्सम शब्दों के साथ प्रविष्ट हुई हैं। हिन्दी तथा कोंकणी में कुछ विदेशी ध्वनियाँ भी प्राप्त हैं जो हिन्दी और कोंकणी में गृहीत विदेशी तत्सम शब्दों में उपलब्ध होती हैं। सामान्यतः हिन्दी तथा कोंकणी शब्दों के मध्य तथा अंत में आनेवाले 'अ' का उच्चारण नहीं होता है। पर लिखते समय 'अ' मात्रा के रूप में लिखा जाता है। इस नियम के अपवाद भी मिलते हैं अर्थात् शब्दों के मध्य तथा अंत में प्राप्त होनेवाले 'अ' का उच्चारण भी पूर्णतया प्राप्त होता है।

हिन्दी में एक और स्वर 'अ' प्राप्त होता है जिसे सूचित करने के लिए कई विद्वान् 'आ' के ऊपर खड़ी रेखा (आ॑) देते हैं। परन्तु परिनिष्ठित हिन्दी में इस प्रकार नहीं लिखा जाता। इसे 'अ' के उच्चारण का भेद अर्धविवृत, ह्रस्वार्द्ध, मध्यस्वर माना गया है। कोंकणी के उच्चारण में भी इसी तरह का एक भिन्न स्वर है और वह है– 'अ'। उसे सूचित करने के लिए 'अ' के ऊपर खड़ी रेखा (अ॑) दी जाती है और इस 'अ॑' का उच्चारण बँगला 'ओ' के उच्चारण के निकट है। इस 'अ॑' का सम्बन्ध वैदिक स्वरित 'अ॑' स्वर से जोड़ा जाता है। इस तरह के स्वर का उच्चारण भोजपुरी भाषा के 'देखलऽ' में देखने को मिलता है। यह स्वर केवल उच्चारण के स्तर पर ही मिलता है। इस 'अ॑' के कारण कोंकणी शब्दों में वचन-भेद तथा लिंग-भेद होता है, इसके कारण कोंकणी शब्दों में अर्थभेद भी दीखता है।

वचन-भेद	– पाप॑ड – ए.व.	पापड – ब.व.
(मंटप) माट॑व	– ए.व.	माटव – ब.व.
लिंग-भेद	– जांबंळ – (जामुन का पेड)	स्त्रीलिंग
	– जांबळ – जामुन का फल	नपुं.

कोंकणी का यह अ॑ श्री वालावलीकर लिखित पुस्तकों तथा अन्य कुछ लेखकों द्वारा लिखित पुस्तकों में प्राप्त होता है। परन्तु आधुनिक परिनिष्ठित कोंकणी में 'अ॑' केवल 'अ' रूप में ही लिखा जाता है। कोंकणी में प्राप्त इस 'अ' स्वर को लिखने के लिए देवनागरी लिपि में स्वतंत्र लिपि-चिह्न नहीं है।

इसी तरह 'ओ' स्वर है। कोंकणी में दीर्घ तथा ह्रस्व 'ओ' के सिवाय भिन्न 'ओ' प्राप्त है। इस 'ओ' को 'ॅ' चिह्न देकर 'ओॅ' के रूप में लिखना प्रचलित हो गया है। परन्तु लिखा नहीं जाता। इस 'ओॅ' के कारण कोंकणी शब्दों में वचनभेद तथा लिंगभेद होता है और इसके साथ-साथ अर्थभेद भी स्पष्ट दिखता है। जैसे–

मोर – ए.व.		मोॅर - ब.व.
दोर (धागा) ए.व.		दोॅर- (धागे) ब.व.
लिंगभेद	बोर – (बेर का पेड़)	– स्त्री.
	बोॅर – (बेर का फल)	– नपुं.
	बोट – (नौका)	– स्त्री.
	बोॅट – (उंगली)	– नपुं.
	जोत – (दीप की लौ)	– स्त्री.
	जोॅत – (बैलों की जोडी)	– नपुं.

इस प्रकार की प्रवृत्ति हिन्दी में नहीं है।

कोंकणी में प्राप्त इस 'ओॅ' का ह्रस्व उच्चारण भी प्राप्त है। परन्तु इस दीर्घ तथा ह्रस्व 'ओॅ' को लिखने के लिए कोंकणी में अलग-अलग लिपि-चिह्न नहीं हैं। अतः इन दीर्घ तथा ह्रस्व 'ओॅ' के स्थान पर दीर्घ 'ओ' ही लिखा जाता है।

कोंकणी में अनुनासिक रूप पाया जाता है। स्वरों में अनुनासिकता प्राप्त होने पर कोंकणी शब्दों में अर्थभेद तथा वचनभेद होता है। कोंकणी में अनुनासिक स्वर केवल बिंदी देकर ही लिखे जाते हैं।

कोंकणी में स्वरानुक्रम उपलब्ध नहीं है। प्राकृत, अपभ्रंश में व्यंजनलोप की प्रवृत्ति के कारण स्वरानुक्रम बहुत प्रचलित हो गया। इस प्रकार प्राकृत से चली आती हुई स्वरानुक्रम की परंपरा हिन्दी ने अपनी विशेषता के रूप में कायम रखी है परन्तु कोंकणी में यह विधा है ही नहीं। हिन्दी में प्राप्त क़, ख़, ग़, ज़ ध्वनियाँ कोंकणी में उपलब्ध नहीं हैं।* फिर भी इन ध्वनियों में स्थित् 'ज़' कोंकणी में प्राप्त यकार रहित उच्चरित होनेवाली द्वितीय ज् ध्वनि से प्रायः साम्य रखती है।

कोंकणी में प्राप्त 'ळ्' ध्वनि हिन्दी में उपलब्ध नहीं है। इस के लिए हिन्दी में सर्वत्र 'ल्' का प्रयोग होता है। हिन्दी की 'ड़' 'फ्' ध्वनियों के उच्चारण से सादृश्य रखनेवाली कोंकणी में भी प्राप्त उच्चरित 'ड़्', 'फ़्' ध्वनियाँ हैं। परन्तु कोंकणी में इन्हें लिखने के लिए स्वतंत्र लिपि-चिह्न नहीं है।

'च्' 'ज्' 'झ्' हिन्दी तथा कोंकणी में समान रूप से लिखी जाती हैं। परन्तु इन ध्वनियों का उच्चारण हिन्दी में एक ही प्रकार से होता है जबकि कोंकणी में दो

---

* ये हिन्दी की अपनी ध्वनियाँ नहीं हैं और हिन्दीभाषी इनका सहज उच्चारण नहीं कर पाते। फारसी-शब्दों के मूल उच्चारण के प्रयास में उक्त अक्षरों के नीचे बिंदी लगायी जाती है। हिन्दी निदेशालय द्वारा निर्धारित मानक वर्तनी में इसका बहिष्कार किया गया है जो सब प्रकार से उचित है।

प्रकार से होता है। इस दूसरे प्रकार के 'च्', 'ज्', 'झ्' के लिए कोंकणी में अलग लिपि-चिह्न नहीं हैं।

'ण्' ध्वनि हिन्दी में केवल तत्सम शब्दों में ही प्राप्त होती है तो कोंकणी में तत्सम शब्दों के साथ-साथ तद्भव शब्दों में भी पायी जाती है। इसके सिवाय कोंकणी में 'ण्' ध्वनि कुछ संख्यावाचक तद्भव शब्दों के आदि में पायी जाती है जो संस्कृत में भी उपलब्ध नहीं होती। 'न्ह्', 'म्ह्', 'ल्ह्' ध्वनियाँ हिन्दी में शब्दों के मध्य में आती हैं तो कोंकणी में शब्दों के आदि में भी आती हैं।

हिन्दी तथा कोंकणी की प्रवृत्ति के अनुसार इन दोनों में 'ष्' नहीं है, फिर भी संस्कृत से ऋण-रूप में आगत तत्सम शब्दों में इसकी उपस्थिति दिखायी देती है। इसी तरह 'क्ष्', 'ज्ञ्' भी संस्कृत तत्सम शब्दों के साथ हिन्दी तथा कोंकणी में प्राप्त हैं। 'ज्ञ्' का उच्चारण हिन्दी तथा कोंकणी में भिन्न-भिन्न हैं।

6.2. कोंकणी का शब्दसमूह

मूल रूप में कोंकणी ब्रह्मावर्त के लोगों की वैदिक बोली से उपजी हुई भाषा है। यही कारण है कि कोंकणी में संस्कृत के तत्सम और तद्भव शब्द काफी मात्रा में पाए जाते हैं। इसके अलावा पाली, प्राकृत, अपभ्रंश के शब्द भी कोंकणी के शब्द-समूह में प्राप्त होते हैं। भारतीय भाषाओं तथा विशेषकर द्रविड़ भाषाओं के शब्द भी कोंकणी में प्रचलित हैं।

कोंकणी में आए पाली भाषा के कुछ शब्द यथावत् रूप में और किंचित् रूपांतर के साथ आए हैं, जैसे–

पाली	–	**कोंकणी**
मसाण	–	मसण - मसणो (श्मशान)
रोस	–	रोस (दाल)
लोण	–	लोणचे (अचार)
अलोणी	–	अळणी (फीकी - बिना नमक की)

कोंकणी में प्राकृत के अनेक शब्द घुलमिल गये हैं। ये आगत शब्द अनुनासिक हैं। जैसे–

शौरसेनी प्राकृत		**कोंकणी**
किदं	–	केलें (किया)
मिदं	–	मेलें (मरी)
गदो	–	गेलों (गया)

अनेक आधुनिक भारतीय भाषाओं के शब्द कोंकणी में आए हुए हैं, यथा–

सिंधी	–	खाडी → खाडकी (ठोड़ी),
ओड़िआ	–	पाहूल → पोंल (कदम),

उर्दू	–	हड्डी → हाड (हड्डी),
पंजाबी	–	फक्की → फकी (गप्पी),
असमिया	–	नाङल → नांगर (हल)।

द्रविड़ भाषाओं में से कन्नड़ भाषा से विशेषतया पुरानी कन्नड़ से बहुत शब्द आए हैं। ये आगत शब्द रूपांतरित हो गये हैं, जैसे–

कन्नड़		**कोंकणी**
भत्त	–	भात (धान)
अलसंदे	–	हळसंदे (सेम)
सासि वे	–	सांसव (राई)
मणे	–	माणाय (लकड़ी का तख्ता जो बैठने के काम आता है)
तत्ति	–	तांती (अंडा)
बावि	–	बांय (कुआँ)
तमिल	–	**कोंकणी**
शणलवि	–	सणि बियाँ (बीज)
तुवरे	–	तोर (तुअर की दाल)
तेलुगु		**कोंकणी**
सांबारू	–	सांबारें (गरम मसाले की चीजें)
सुत्ति	–	तुतयो (हथौड़ी)

मलयालम के 'वरकूल' (पसीना), 'आतकाटी' (षड्यंत्र) शब्द कोंकणी में हैं। कोंकण बंदरगाह एक व्यापारिक केंद्र था। विदेशी लोग व्यापार के लिए यहाँ आया करते थे। इसी कारण अनेक विदेशी शब्द कोंकणी की शब्दावली में आ गये हैं। सुमेरियन, असीरियन, बेबिलोनियन, तुर्की, अरबी, पुर्तगाली, अँगरेजी आदि भाषाओं के शब्द काफी संख्या में कोंकणी में व्यवहृत होते हैं। गोवा में पुर्तगाली शासन 450 वर्षों तक रहा, इसीलिए वहाँ की कोंकणी में पहले पुर्तगाली शब्द ज्यादा मिलते थे, पर बाद में अँगरेजी के शब्द भी घुलमिल गये।

पुर्तगाली शब्द कोंकणी में इस तरह रूपांतरित होकर आए हैं, जैसे– कादेर > कदेल (कुर्सी), ज्यानेल > जनेल (खिड़की), कामीज > खोमीस (कुर्ता)।

6.3. उपसर्ग और प्रत्यय

कोंकणी में संस्कृत, अरबी, फारसी के उपसर्ग भी प्रचलित हैं और प्रयोग में ये उपसर्ग रूपांतरित होकर आए हैं। इनकी संख्या कम है, यथा–

'अ', 'अनु'	–	अनवाळे (पवित्र)
		अनवळ खो (अनजान)

अड, आड	–	अड़चण (तकलीफ)
		अड़चप (दबा देना)
		अडखळ (आपत्ति)
		आडांबो (एक विशेष प्रकार का गेट)
		आडनांव (घर का नाम)
आद्/आद/अर्द	–	अच्छेर (आधा सेर)
		अर्देली (साझा)
आप	–	आपसूक (अपने आप में)
		आप सुवार्थ (अपने लिए)
आसू	–	आस्पाव (कुशलता)
		आस्तिक (बहुत जायदादवाला)

प्रत्यय

कोंकणी के प्रत्यंयों में कुछ तो मूल कोंकणी के हैं और कुछ प्राकृत या अन्य भाषा से लिए गये हैं, जैसे–

ओ	–	घेरो (क्षेत्रफल), खावो (खाने की चीजें), भुरको (एक कौर), कातरो (काटनेवाला)।
आर/ईत	–	चकचकार, चकचकीत (चमकना) लखलखार, लखलखीत (लकलक चमकना)
आरो	–	उबारो (उठाव), ओंकारो (उलटी), फुगारो (गुमसुम)।
ऊन/न	–	वचून (जाकर) जेवन (खाकर), देखून (देख कर)।
ए/वो	–	रडें (रोना), हांशे (हँसना), सुको (सूखा हुआ), पिको (पका हुआ)।
गो	–	नाडगो (आवारा), बाटगो (मतांतरित)।
डो/ट	–	कुसडो (ईर्ष्यालु), थापट (तमाचा),
टी	–	कापटी (टुकड़ा)।

7. वैयाकरणिक कोटियाँ

7.1. संज्ञा

कोंकणी में संज्ञा के लिए 'नामपद' शब्द का प्रयोग होता है। फिलिप् नजरेत् के **कोंकणी व्याकरण** के चौथे अध्याय में संज्ञा पर प्रकाश डाला गया है। उन्होंने परंपरागत संस्कृत-व्याकरण के आधार पर संज्ञाओं के विभिन्न वर्ग निश्चित किये हैं। वे संज्ञाओं के प्रमुख दो वर्ग मानते हैं–वस्तुनाम और भावनाम।

वस्तुनाम या मूर्तनाम वे होते हैं जिन्हें देखकर, स्पर्शकर, श्रवणकरके वस्तुओं का परिचय प्राप्त होता है। भावनाम या अमूर्तनाम केवल मानसिक स्तर पर महसूस किये जाते हैं। इनका बोध इंद्रियों के प्रत्यक्ष व्यवहार से नहीं होता, पर परोक्ष में इनकी सत्ता बनी रहती है।

मा. फिलिफ नजरेत संज्ञा के चार उपवर्ग बताते हैं– 1. विशेषनाम (Proper Noun), 2. सामान्य नाम (Common Noun), 3. रास नाम (Collective Noun) और 4. पदार्थ नाम (Material Noun)।

हिन्दी और कोंकणी में ऋ स्वर छोड़कर शेष सभी स्वर व्यंजन के अंत में उपलब्ध होते हैं। ये स्वरांत संज्ञाएँ हिन्दी में पुल्लिग और स्त्रीलिंग में प्राप्त होती हैं तो कोंकणी में पुल्लिग, स्त्रीलिंग तथा नपुंसक लिंग में प्राप्त होती हैं।

हिन्दी की कुछ पुल्लिग और स्त्रीलिंग संज्ञाओं के अंत में अनुनासिक स्वर प्राप्त होते हैं, जैसे– गेहूँ, जूँ, सरसों, बियाँ। कोंकणी में भी कुछ पुल्लिग और नपुंसक लिंग संज्ञाओं के अंत में अनुनासिक स्वर प्राप्त होते हैं, यथा– बीं (बीज), मोतीं (ब.व.-मोती), गोरूँ (ब.व.-मवेशी), केव्ळें (ब.व.-केला)।

पर कोंकणी की स्त्रीलिंग संज्ञाओं के अंत में अनुनासिक स्वर प्रायः प्राप्त नहीं होता। नपुंसकलिंग संज्ञाओं के अंत में केवल अं, ई, ऊं, एं स्वर प्राप्त हैं।

हिन्दी पुल्लिग संज्ञा में अनुनासिक आकारांत संज्ञा प्राप्त होती है परन्तु कोंकणी में इसकी प्राप्ति नहीं है। कोंकणी में सानुनासिक ईकारांत, ऊकारांत संज्ञाएँ नपुंसक लिंग में अनेक प्राप्त होती हैं। कोंकणी में अपवाद-स्वरूप पुल्लिग में एक सानुनासिक उकारांत संज्ञा मिलती है जैसे पूं - (पीब)।

हिन्दी में एकारांत संज्ञाएँ केवल उपनामों में प्राप्त हैं। कोंकणी उपनामों में एकारांत रूप प्राप्त न होकर ओकारांत रूप प्राप्त होता है। कोंकणी में नपुंसकलिंग की एकारांत संज्ञाएँ प्राप्त होती हैं परन्तु वे अनुनासिक युक्त मिलती हैं। उदा॰—केव्ळें (केले), सुणें (कुत्ते), तवशें (ककडियाँ)। हिन्दी में नपुंसकलिंग नहीं होने के कारण इस प्रकार की संज्ञाएँ हिन्दी में नहीं हैं।

हिन्दी और कोंकणी में एकारांत संज्ञाएँ बहुत ही कम प्राप्त हैं। कोंकणी में ऐकारांत संज्ञाओं को कभी-कभी अकारांत रूप में भी लिखने की प्रवृत्ति है।

हिन्दी में ओकारांत संज्ञाएँ अपवाद-स्वरूप ही मिलती हैं। इनमें सानुनासिक संज्ञाएँ भी हैं। कोंकणी में ओकारांत संज्ञाएँ बहुत प्राप्त होती हैं और वे भी केवल पुल्लिग में। अपवाद-स्वरूप कहीं एक ही सानुनासिक ओकारांत संज्ञा मिलती है, जैसे—कुवों (आदत)।

ओकारांत शब्द हिन्दी में बहुत कम संख्या में प्राप्त होते हैं। कोंकणी में इस प्रकार के शब्द उपलब्ध नहीं हैं।

इस तरह हिन्दी में प्रधानतया संज्ञाओं के अंत में अ, आ, ई, ऊ स्वर उपलब्ध

होते हैं। कोंकणी में प्रधानतया संज्ञाओं के अंत में अ, आ, इ, ई, ऊ, ऊँ, एँ, ओं स्वर उपलब्ध होते हैं।

7.1.2. लिंग

कोंकणी में तीन लिंग हैं। यहाँ चेतन पदार्थगत लिंग-भेद के अनुसार संज्ञाओं को पुल्लिग या स्त्रीलिंग माना जाता है, जैसे– मनीस (मर्द) पुल्लिग, बायल (औरत) स्त्रीलिंग।

पुरुषत्व और स्त्रीत्व का बोध स्पष्ट होते हुए भी कोंकणी में कई संज्ञाएँ नपुंसक लिंग में प्रयुक्त होती हैं, जैसे– भुरगें (बच्चा/बच्ची), सुणें (कुत्ता/कुतिया)।

कोंकणी में चेतन पदार्थ से सम्बन्धित कई संज्ञाएँ ऐसी हैं जिनका संज्ञागत लिंग पुल्लिग होते हुए भी वस्तुगत लिंग पुरुषत्व और स्त्रीत्व दोनों का सूचक होता है।, जैसे–कीर (तोता), मूस (मक्खी), सोरोप (साँप)। ये संज्ञाएँ पुल्लिग होते हुए भी पुरुषत्व और स्त्रीत्व दोनों का बोध एक साथ करा देती हैं। इसी तरह पाल (छिपकली), मूंय (चींटी), चान (गिलहरी), वाळ्टी (दीमक)। ये संज्ञाएँ स्त्रीलिंग होते हुए भी पुरुषत्व और स्त्रीत्व दोनों का एक साथ बोध करा देती हैं।

कोंकणी-क्रियाओं में प्रायः लिंग का प्रभाव दिखाई देता है, जैसे–आयलो (पुं.) - आ गया, आयली (स्त्री.) - आ गयी, अयले (नपुं.) - आ गये।

लिंग की दृष्टि से हिन्दी और कोंकणी में पर्याप्त असमानता है। हिन्दी में दो लिंग हैं पुल्लिग और स्त्रीलिंग तो कोंकणी में तीन लिंग हैं पुल्लिग, स्त्रीलिंग तथा नपुंसक लिंग। हिन्दी में नपुंसक लिंग न होने के कारण हिन्दी तथा कोंकणी लिंग-विधान में पर्याप्त अंतर आया है।

हिन्दी के 'सो', 'कोई' तथा आदरवाचक 'आप' जैसे सर्वनाम कोंकणी में नहीं हैं।

हिन्दी के प्रत्यय ई. इन, नी तथा कोंकणी ई. ईण, न, ण में प्रायः साम्य दीखता है। हिन्दी 'न' तथा कोंकणी 'ण' में उच्चारण-स्थान के कारण अंतर है। हिन्दी के स्त्रीलिंग इया, आइन, आमी, नी जैसे प्रत्यय कोंकणी में उपलब्ध नहीं हैं।

7.1.3. वचन

कोंकणी में दो वचन हैं–एकवचन और बहुवचन। ये दोनों वचन संज्ञा, सर्वनाम, विशेषण तथा क्रिया से सम्बन्धित हैं।

हिन्दी का निजवाचक 'आप' सर्वनाम केवल एकवचन में प्राप्त होता है परन्तु इसका प्रयोग दोनों वचनों में होता है। कोंकणी में इस तरह का प्रयोग नहीं दिखाई देता। पुरुषों की दृष्टि से हिन्दी-कोंकणी में समानता है। परन्तु मध्यम और अन्यपुरुष के बहुवचन में आदर दिखाने के लिए हिन्दी में प्रयुक्त होनेवाला 'आप' जैसा सर्वनाम कोंकणी में नहीं है। कारकीय रूप बनाते समय हिन्दी तथा कोंकणी में संज्ञाओं के

अन्त्य स्वरों में विकृति पायी जाती है। यह विकृति हिन्दी तथा कोंकणी संज्ञाओं में भिन्न-भिन्न प्रकार से प्राप्त होती है।

7.1.4. कारक

कोंकणी वाक्य-रचना में निम्नलिखित कारक चिह्न प्राप्त होते हैं। (1) कर्ताकारक, (2) कर्मकारक, (3) करण कारक, (4) संप्रदान कारक, (5) आपादान कारक, (6) सम्बन्ध कारक और (7) अधिकरण कारक।

कोंकणी में कर्ता कारक के दो रूप प्राप्त होते हैं– 1. अप्रत्यय, और 2. सप्रत्यय। अप्रत्यय कारक चिह्न है ϕ तथा सप्रत्यय कारक चिह्न है– न, नी, (नीं)।

2. कोंकणी में कर्मकारक के दो प्रकार हैं– अप्रत्यय (कारक चिह्न ϕ और सप्रत्यय (कारक चिह्न—क)। इसके सिबाय कोंकणी में एक और प्रकार का कर्मकारक प्राप्त है जो विकृत रूपों के आधार पर बनता है।

कोंकणी में कारक चिह्न जोड़ते समय संज्ञाओं के एकवचन तथा बहुवचन में जो विकृत रूप उपलब्ध होता है वही कभी-कभी कर्म कारक में प्रयुक्त होता है।

3. कोंकणी में करण कारक के चिह्न एकवचन में 'न' और बहुवचन में नी (नीं) प्रयुक्त होते हैं।

4. कोंकणी में संप्रदान कारक का चिह्न है (क)।

5. कोंकणी में अपादान कारक का चिह्न है– 'सून'।

6. कोंकणी में सम्बन्ध कारक का चिह्न है– चो, लो, गेलो। कोंकणी में सम्बन्ध कारक का अर्थ एक और प्रकार से स्पष्ट होता है। इसमें केवल संज्ञाओं के ऑ विकृत रूप ही प्रयुक्त हैं।

कोंकणी में सम्बन्ध-बोधक अव्ययों से सम्बन्धित कारक चिह्न है– परस, समोर, कुडें, मदीं।

7. कोंकणी में अधिकरण कारक के चिह्न हैं– त, र, चेर, गेर। कोंकणी में कभी-कभी कर्ता कारक तथा करण कारक के चिह्न 'न' का प्रयोग अधिकरण कारक में भी प्राप्त होता है।

7.2. सर्वनाम

संस्कृत में 35 सर्वनामों का उल्लेख मिलता है। पालि में इनकी संख्या 26 हो गयी। प्राकृत में 24 सर्वनाम पाये जाते हैं। उपभ्रंश में यह संख्या और भी कम हो गयी और 15 रह गयी। इस तरह हिन्दी और कोंकणी में सर्वनामों की संख्या कम होती गयी है। कोंकणी के व्याकरण ग्रंथों में 9 सर्वनामों का उल्लेख मिलता है। वे ये हैं– 1. हांव (मैं), 2. तूं (तू), 3. तो (वह), 4. हो (यह), 5. जो (जो), 6. कोण (कौन), 7. कितें (क्या), 8. आपुण – निजवाचक (आप), 9. कांय (कुछ)।

कोंकणी में निम्नलिखित सर्वनाम हैं— 1. पुरुषवाचक सर्वनाम, 2. निश्चयवाचक सर्वनाम (दूरवर्ती, निकटवर्ती), 3. सम्बन्धवाचक, 4. नित्य सम्बन्धी, 5. प्रश्नवाचक, 6. निजवाचक।

फिलिफ् नजरेत् और दिनेश पै अपने ग्रंथ **कोंकणी व्याकरण** में सर्वनामों के निम्न लिखित भेद बताते हैं। 1. पुरुषवाचक सर्वनाम – हांव, ती, तो, ती, तें। 2. स्ववाचक सर्वनाम – अप्ल्याक, अप्लाचो। 3. दाखौची सर्वनाम – हो, ही हें, तो ती, तें। 4. प्रश्नी सर्वनाम – होण, कितें। 5. सम्बन्धी सर्वनाम – जो, जे, जें। 6. अनियत सर्वनाम – कोण, कितें।

सुरेश बोरकार अपने **कोंकणी व्याकरण** ग्रंथ में सर्वनामों के निम्न लिखित भेद बताते हैं— 1. पुरुषं सर्वनाम – हांव। 2. दर्श सर्वनाम – हो, तो। 3. सम्बन्धी सर्वनाम – जो। 4. प्रश्नार्थी सर्वनाम – कितें, कोण। 5. आत्मवाचक सर्वनाम – आपूण। इस ग्रंथ में और दो प्रकार के सर्वनामों का उल्लेख है— 1. दोध्दी सर्वनामां – हांव, तो एवं 2. विशेष सर्वनामां – काय।

पहले प्रकार में सर्वनाम साथ-साथ प्रयुक्त होते हैं। पुरुषवाचक सर्वनामों के साथ इनका प्रयोग होता है, जैसे— हांव (तो) – हो (तो), तूं (तो) – जो (तो), ती (तो) – कोण (कोण)। दूसरे प्रकार में संशय, शंका व्यक्त करने के लिए सर्वनाम 'काय' का प्रयोग होता है। जैसे— हांव (काय) – हों (काय), तूं (काय) – कोण (काय), ती (काय)।

हिन्दी में 'आप' आदरवाचक सर्वनाम है। कोंकणी में इस प्रकार आदर दिखाने के लिए 'तूं' सर्वनाम के बहुवचन 'तुमी' का प्रयोग होता है। इस प्रकार का प्रयोग कोंकणी में केवल शिक्षित वर्ग ही करता है। अशिक्षित समाज में बड़े से बड़े व्यक्तियों के लिए भी एकवचन 'तूं' का ही प्रयोग होता है। कोंकणीभाषी लोग अपने व्यवहार में एकवचनीय वाक्यों का प्रयोग बहुत करते हैं। इस तरह हिन्दी के 'मैं', 'तू', 'वह', 'यह', 'हो', 'कौन', 'क्या', 'कुछ' और निजवाचक 'आप' सर्वनामों के अर्थ में कोंकणी में 'हांव', 'तूं', 'तो', 'हो', 'जो', 'कोण', 'कितें', 'कांय' और निजवाचक 'आपुण' सर्वनाम उपलब्ध हैं।

हिन्दी के 'वह' तथा 'सो' सर्वनाम के अर्थ में कोंकणी में 'तो' सर्वनाम का प्रयोग होता है। हिन्दी 'सो', 'कोई' तथा आदरवाचक 'आप' जैसे सर्वनाम कोंकणी में नहीं हैं। हिन्दी तथा कोंकणी सर्वनामों के सम्बन्ध कारक के रूपों में लिंग, वचन का प्रभाव तथा सर्वनामों के शेष रूप में लिंग, वचन का प्रभाव नहीं है। प्रश्नवाचक सर्वनाम हिन्दी में 'कौन' एकवचन और बहुवचन में प्रयुक्त होता है तो कोंकणी में 'कोण' प्रायः एकवचन में प्रयुक्त है। फिर भी कर्ता कारक में कोंकणी 'कोण' का प्रयोग प्रायः दोनों वचनों में होता है। प्रश्नवाचक सर्वनाक हिन्दी 'क्या' तथा कोंकणी में (कितें/किदें) एकवचन में प्रयुक्त है।

7.3 विशेषण

हिन्दी की तरह कोंकणी में व्यंजनान्त विशेषण प्राप्त नहीं हैं। स्वरांत विशेषणों में हिन्दी में प्रायः 'अ', 'ई', 'ऊ' और 'आ' और कोंकणी में 'अ', 'ई', 'ऊ' और 'ओं' स्वर उपलब्ध होते हैं। हिन्दी में ईकारांत स्त्रीलिंग विशेषण में विशेष्य के वचन तथा कारक-चिह्न युक्त विशेष्य का प्रभाव नहीं होता मगर कोंकणी में ईकारांत स्त्रीलिंग विशेषण में विशेष्य के वचन तथा कारक चिह्न युक्त विशेष्य का प्रभाव स्पष्ट ही दिखाई देता है।

हिन्दी की तरह कोंकणी में 'दोनों की तुलना' तथा 'दो से अधिक में तुलना' करने की पद्धति है। हिन्दी में 'से' प्रत्यय तथा कोंकणी में 'कूय' 'परस' आदि अपादानार्थ बोधक अव्यय लगाकर तुलना की जाती है। इसी तरह हिन्दी में 'से' के बाद 'कहीं' 'अधिक', 'ज्यादा', 'कहीं अधिक' आदि शब्दों का प्रयोग होता है। कोंकणी में 'कूय', 'परस' आदि अव्ययों के बाद चड, जास्त, भोव आदि शब्दों का प्रयोग होता है। हिन्दी में 'सब' शब्द के बाद 'से' अथवा 'में' प्रत्यय लगाकर दो से अधिक में तुलना की जाती है और कोंकणी में 'सगन्ळो' के बाद 'कूंय', 'परस', 'त' जोड़ा जाता है। इसी तरह हिन्दी में 'सबसे' शब्द के बाद 'अधिक', 'ज्यादा', 'बढ़कर' आदि शब्दों का प्रयोग होता है तथा कोंकणी में 'सगव्यां' 'कूय/परस' आदि के बाद 'चड', 'जास्त', 'भोव' आदि शब्दों का प्रयोग होता है। कोंकणी में विशेषण के भेद अनेक हैं। फिलिफ् नजेरत् के अनुसार विशेषण के ये भेद हैं– गुण विशेषण और मर्यादित विशेषण।

संज्ञा के गुण का उल्लेख करनेवाला गुणविशेषण कहा जाता है। उदा॰– बरो (अच्छा), कडू (कडुवा)। मर्यादित विशेषण के पाँच उपभेद हैं–

1. सम्बन्धी विशेषण (Possesive adjective)– ये विशेषण पुरुष के साथ व्यक्ति या वस्तु की विशेषता को दिखाते हैं, जैसे–

मजो, मजी, मजे (मेरा, मेरी, मेरे),
तुजो, तुजी, तुजे (तेरा, तेरी, तेरे),
ताचो, ताची, ताचे (उसका, उसकी, उसके)।

2. दर्शक विशेषण (Demonstrative adjectives)– ये विशेषण व्यक्ति या वस्तु के साथ पुरुष के अनुसार उसका स्थान दिखाते हैं, जैसे– 'हे पुस्तक मजे' (यह मेरी पुस्तक है), आनी तो ग्रंथ तुजो (और वह तुम्हारा ग्रंथ है), हो, ही, हें, हो.... तो, ती, तें, त्यो (यह, ये.... वह, वे)– इस प्रकार के विशेषण हैं।

3. प्रश्नार्थक विशेषण (Interrogative adjectives)–कोण, कोणे (कौन) प्रश्नवाचक विशेषण हैं।

4. सामान्य विशेषण (General adjectives)–यह विशेषण अनिश्चितवाचक होता है, जैसे–अमको (फलाँ), हेर (अन्य)।

5. संख्या विशेषण (Adjectives of Number)—संख्या विशेषण संख्या का बोध कराता है। उदा॰— एकु, दोनीं, तीनीं (एक, दोनों, तीनों)।

इनके अलावा भी विशेषण के विभिन्न प्रकार हैं, जैसे—

1. क्रमवाचक विशेषण—ये विशेषण क्रम दर्शानेवाले होते हैं। उदा॰— पयलो, दुस्रो, तिस्रो (पहला, दूसरा, तीसरा)।

2. संज्ञा के रूप में प्रस्तुत विशेषण—विशेषणों का संज्ञा के रूप में प्रयोग करने को संज्ञा विशेषण कहते हैं। जैसे— बरो (अच्छा), बर्‍यान (अच्छी तरह), बर्‍याक (अच्छाई)।

3. अधिविशेषण और विधि विशेषण— जिसमें संज्ञा पहले और विशेषण बाद में हो वह अधिविशेषण कहलाता है। उदा॰— भुरगो बरो आसा (लड़का अच्छा है)। यहाँ भुरगो (लड़का) बरो (अच्छा) अधिविशेषण है।

विधि विशेषण में विशेषण पहले और संज्ञा बाद में होती है। उदा॰— बरो भुरगो अब्यास करता (अच्छा लड़का पढ़ता है।) यहाँ बरो (अच्छा), भुरगो (लड़का) विधिविशेषण है।

4. सार्वनामिक विशेषण—कोंकणी में इसके दो भेद उपलब्ध हैं— परिमाणवाचक तथा गुणवाचक। परिमाणवाचक विशेषण ये हैं— इतलो/इतले, येदो (इतना), कितलो/कितले, केदो (कितना), जितलो/जितले, जेदो (जितना), तितलो/तितले, तेदो (उतना)। इसमें 'इतलो', 'एदो' आदि का विकास संस्कृत 'एतावत्' रूप से है। 'कितलो', 'केदो' का विकास संस्कृत 'तियत्' से, 'जितलो', 'जेदो' का विकास संस्कृत 'यावत्' से तथा 'तितलो', 'तेदो' का विकास संस्कृत 'तावत्' से माना जाता है।

5. गुणवाचक विशेषण—कोंकणी में निम्नलिखित गुणवाचक विशेषण उपलब्ध हैं— असो, असलो (ऐसा); कसो, कसलो (कैसा); जसो, जसलो (जैसा); तसो, तसलो (तैसा)। 'असो' 'ईदृश' से, 'कसो' 'कीदृश' से, 'जसो' 'यदृश' से, 'तसो 'तादृश' से बना है।

एक अन्य प्रकार के सार्वनामिक गुणवाचक विशेषण भी कोंकणी में प्राप्त होते हैं। 'असलो', 'कसलो', 'जसलो', 'तसलो'। ये 'असो', 'कसो', 'जसो', 'तसो' में 'लो' प्रत्यय लगने से विकसित हुए हैं।

कोंकणी में त्या/ते विशेष सार्वनामिक विशेषण हैं। 'त्या' प्रायः पुल्लिंग और नपुंसकलिंग में प्रयुक्त हैं। 'ते' प्रायः स्त्रीलिंग एकवचन में प्रयुक्त है। ये रूप तभी प्राप्त होते हैं जब तो, ती, तें (ए.व.) और ते, त्यो, तीं (ब.व.) सर्वनाम विशेषण के रूप में रहते हैं।

यहाँ एक बात उल्लेखनीय है कि जब विशेषण मूल रूप में होता है तब त्या, ते का प्रयोग न होकर तो, ती, तें, ते, त्यो, तीं का ही प्रयोग होता है और जब विशेषण कारक चिह्न युक्त अथवा विकृत रूप में होता है तब त्या/ते का प्रयोग होता है। इसी प्रकार हया/हे भी कोंकणी में सार्वनामिक विशेषण हैं।

6. सदृश्यतावाचक विशेषण–हिन्दी तथा कोंकणी में सदृश्यतावाचक विशेषण बनाने की पद्धति है। सदृश्यतावाचक विशेषण बनाने के लिए हिन्दी में 'सरीखा', 'जैसा', 'सा' आदि प्रयुक्त होते हैं तो कोंकणी में 'सारखो', 'सो' आदि का प्रयोग होता है। कभी-कभी आधिक्य बताने के लिए भी इनका प्रयोग हिन्दी तथा कोंकणी में होता है।

7. पूर्ण संख्यावाचक विशेषण–'एक' शब्द-रूप हिन्दी तथा कोंकणी में समान रूप से उपलब्ध है। वह हिन्दी की संख्या 'एक' में तथा कोंकणी की चार संख्याओं (एक, एकवीस, एकतीस, एकसाठ) में प्राप्त है। इसी प्रकार 'इक' शब्द-रूप हिन्दी तथा कोंकणी में एक समान उपलब्ध है। वह हिन्दी की पाँच संख्याओं (इक्कीस, इकतीस, इकतालीस, इकसठ, इकहत्तर) में तथा कोंकणी की एक संख्या (इक्कीस) में प्राप्त है। इसके सिवा कोंकणी में 'इकु' (को) आदि में भी यह रूप प्राप्त है।

हिन्दी 'इक्य' तथा कोंकणी 'एक्य' में थोड़ी-सी समानता है। शेष हिन्दी के 'इक्क' और 'ग्या' रूपों तथा कोंकणी के 'एका' और 'एके' रूपों में किसी प्रकार की समानता नहीं पायी जाती। हिन्दी का 'दो' रूप तथा कोंकणी के 'दोन बे, वैं, ब्य' रूपों में कम समानता पायी जाती है।

समासवृत्ति में प्राप्त हिन्दी 'दू' रूप कोंकणी में उपलब्ध नहीं है तो कोंकणी 'दन' रूप हिन्दी में प्राप्त नहीं है।

कोंकणी की समासवृत्ति में प्राप्त चव, चवा रूप हिन्दी में उपलब्ध नहीं है। इसी तरह हिन्दी की समासवृत्ति में प्राप्त पन्, पच, छ, सत, अठ रूप कोंकणी की समासवृत्ति में उपलब्ध हैं।

दहाई में एक कम ऐसी बहुत-सी हिन्दी संख्याओं में उन्, उन, उन्न जैसे रूपों का प्रचलन है तो कोंकणी में इकुण, इकोण, एकूण जैसे रूपों का प्रचलन है। हिन्दी तथा कोंकणी के ये रूप संयुक्त संख्याओं में समान पद्धति से जुड़ जाते हैं। फिर भी, हिन्दी तथा कोंकणी के इन रूपों में समानता नहीं है।

7.4. तिथिवाचक संज्ञाएँ

हिन्दी और कोंकणी में तिथिवाचक संज्ञाएँ संस्कृत से विकसित हुई हैं, फिर भी, दोनों में प्रायः रूप की समानता देखने को मिलती है। उदा०–

हिन्दी	**कोंकणी**	**हिन्दी**	**कोंकणी**	**हिन्दी**	**कोंकणी**
पडवा	पाडवो	दूज	बी	तीज	तय
चौथ	चवथ	पाँचें	पंचम	छठ	सस्ट/सस्टी
सातवीं	सप्तम	आठवीं	अस्टम	नौंवी	नम, नवम
दसवीं	दसम	ग्यारह	एकादस	बारह	दुवादस

तेरह	तिरोदस	चौदह	चतुर्दस।	पूनो, पूर्णिमा	पुनव, पुर्णिमा
अमावस	अ मास (उमास)				

8. क्रिया

संस्कृत में दस लकारों (तिङन्तों) दो पदों, तीन पुरुषों, तीन वचनों, पाँच प्रयोगों (तीन वाच्यों) प्रेरणार्थक आदि में मिलकर प्रत्येक धातु के अनेक रूप होते हैं। ये रूप डॉ. धीरेंद्र वर्मा के अनुसार 540 होते हैं तो डॉ. भोलानाथ तिवारी के अनुसार सामान्यतः 4340 होते हैं। संस्कृत तिङन्त रूपों से विकसित हिन्दी में दो तो कोंकणी में तीन काल हैं, यथा—हिन्दी में संभाव्य भविष्य और वर्तमान आज्ञार्थ हैं तो कोंकणी में सादो भविष्य, आज्ञार्थ और रीति भूतकाल हैं। हिन्दी तथा कोंकणी में प्राप्त होनेवाले शेष सभी काल कृदन्त अथवा कृदन्त+सहायक क्रियाओं से बनते हैं।

हिन्दी तथा कोंकणी क्रियाओं में द्विवचन नहीं है। विद्वानों के हिसाब से हिन्दी कालों की संख्या लगभग पंद्रह है तो कोंकणी में लगभग बीस है। फिर भी, आधुनिक कालों के मिलान से इनकी संख्या अधिक होती है। हिन्दी तथा कोंकणी कालवाचक क्रियाओं की रचना संस्कृत की अपेक्षा सरल है।

8.1. धातु

संस्कृत धातुओं की संख्या लगभग 2000 बताई जाती है। **सिद्धांत कौमुदी** के अनुसार धातुओं की संख्या 1968 है। डॉ. भोलानाथ तिवारी के मन्तव्य के अनुसार हिन्दी धातुओं की पूरी संख्या 2000 के लगभग है। डॉ. हरदेव बाहरी की गणना के अनुसार हिन्दी में लगभग 3600 धातुएँ हैं। इस तरह हिन्दी धातुओं की संख्या के सम्बन्ध में विद्वानों में मतभेद है।

हिन्दी तथा कोंकणी धातुओं को मुख्य चार श्रेणियों में विभक्त किया जा सकता है—मूल धातु, यौगिक धातु, संदिग्द धातु और विदेशी धातु।

हिन्दी तथा कोंकणी धातुओं के रूपों में सरलता है। फिर भी हिन्दी की पाँच धातुओं— कर, जा, दे ले, हो और कोंकणी की सात धातुओं— कर, बच (जा), व्हर (ले जा), यो (आ), घे (ले), म्हण (बोल), मर (मर) की काल-रचना के रूपों में भिन्नता प्राप्त है। इन्हें छोड़कर प्रायः शेष हिन्दी तथा कोंकणी धातुओं में संस्कृत के गणों के समान किसी प्रकार का श्रेणी-विभाग नहीं है।

हिन्दी धातुओं के अंत में 'अ', आ, ई, ऊ, ए' और 'ओ' स्वर प्राप्त होता है तो कोंकणी धातुओं के अंत में 'अ, आ, ई, उ, ए और ऐ' स्वर प्राप्त है—

		हिन्दी			**कोंकणी**
अ	—	सीख, हँस	अ	—	शिक (सीख) हांस
आ	—	खा, गा, जा	आ	—	खा, गा, जा

ई	–	पी, सी, जी	(इ)	–	पि, (पी) दि (दे)
ऊ	–	छू, चू	(उ)	–	धु (धो), घे (ले), ये (आ)
ए	–	ले, दे, खे	(ऐ)	–	उलै (उलय–बात कर), शिकै (शिकय– पढाओ), पव्ठै (पव्ठय– देखो)।

कोंकणी में शिक, पि, दि, धु को छोड़कर अन्य धातुओं की स्थिति हिन्दी की तरह ही होती है अर्थात् मूल धातुओं के स्वरूप में कुछ भी परिवर्तन किये बिना 'आज्ञार्थ' के मध्यम पुरुष एकवचन में इन्हें काम में लाया जाता है–

हिन्दी	**कोंकणी**
तू कर	तूँ कर
तू हँस	तूँ हांस

शिक, पि, दि, धु, ये धातुओं का स्वरूप 'आज्ञार्थ' के मध्यम पुरुष एकवचन में थोड़ा-सा बदलता है, यथा- शिक > शीक, पि > पी, दि > दी, धु > धू, ये > यो।

8.1.2. प्रेरणार्थक क्रिया

कोंकणी में हिन्दी की तरह प्रथम प्रेरणा में अलग तथा द्वितीय प्रेरणा में अलग प्रत्यय नहीं जोड़े जाते। अतः कोंकणी में प्रथम तथा द्वितीय प्रेरणा के रूप समान ही उपलब्ध होते हैं। यह प्रवृत्ति संस्कृत में ही दीखती है। यथा– हाँस (हँसना) – हांसय/हांसै, दि (देना) – दिवय/दिवै

फिर भी, हिन्दी की कुछ धातुओं में प्रथम प्रेरणा में 'ला' तथा द्वितीय प्रेरणा में 'लवा' जुड़ता है तो कोंकणी के दोनों प्रेरणाओं में 'वय', 'वै' जुड़ता है। इसी तरह कोंकणी में प्रेरणार्थक धातु में क्रियार्थक संज्ञा का 'प' प्रत्यय जोड़ते समय धातु के अंत में अव/अय/औ रूप में परिवर्तन होता है जबकि हिन्दी में परिवर्तन नहीं होता। यथा– हांसय/हांसै (हँसाना), हाँसोवप/हांसौप (हँसवाना), शिकय/शिकै (पढ़ाना), शिकोवप/शिकौवप (पढ़वाना)

8.1.3. संयुक्त क्रिया

हिन्दी की तरह कोंकणी में संयुक्त क्रियाएँ उपलब्ध हैं। कोंकणी क्रियाओं में निम्नलिखित व्याकरणिक कोटियाँ प्रकट होती हैं। अर्थ, लिंग, संख्या (वचन), पुरुष, वृत्ति, पक्ष, काल, वाच्य।

संस्कृत क्रियाओं में लिंग का सम्बन्ध नहीं है। परन्तु हिन्दी तथा कोंकणी की कुछ कालवाचक क्रियाओं पर लिंग का प्रभाव दिखाई देता है, यथा–

हिन्दी - आया (पु.)	आयी (स्त्री.)।
कोंकणी - आंयलो (पुं.)	आयली (स्त्री.), आयलें (नपुं.)।

परन्तु हिन्दी की तरह कोंकणी में भी कुछ कालवाचक क्रियाएँ ऐसी भी हैं जिनपर लिंग का प्रभाव नहीं दीखता, यथा—

कोंकणी- (वह) तो/ती/तें (पुं. स्त्री. नपुं.) चलत, आसा, (अपूर्ण वर्तमान काल), चलता (संभाव्य वर्तमानकाल)

कोंकणी काल-रचना में वर्तमान कालिक कृदन्त, भूतकालिक कृदन्त और विध्यर्थक (भविष्य आज्ञार्थक कृदन्त) रूपों का व्यवहार होता है।

वर्तमानकालिक कृत् प्रत्यय 'तो' और 'ता' दो हैं। इनमें से 'तो' पर लिंग और वचन का प्रभाव है। इनके सिवाय उत्तम पुरुष में 'ता' पर अनुनासिक का प्रभाव पड़ता है। 'ता' पर लिंग का प्रभाव नहीं है अपितु वचन तथा पुरुष का प्रभाव पड़ता है। हिन्दी में 'ता' प्रत्यय संज्ञा, विशेषण और क्रिया में प्रयुक्त होता है तो कोंकणी में 'तो' प्रत्यय संज्ञा, विशेषण और क्रिया में प्राप्त है। दूसरा 'ता' प्रत्यय केवल क्रिया में प्राप्त है।

भूतकालिक कृदन्त बनाने के लिए धातु के अंत में कोंकणी में 'लो', 'इल्लो' (लिल्लो) अथवा 'लेलो' (ललो) प्रत्यय जोड़े जाते हैं। कोंकणी में 'लो' पुल्लिग एकवचनीय प्रत्यय है। इसका पुल्लिग बहुवचन में 'ले', स्त्री. एकवचन में 'ली', स्त्री. बहु. में 'ल्यो', पुं. एक. में 'ले' और नपुं. बहु. में 'ली' होता है। इसके सिवाय तीनों लिंगों के एक. और बहु. के विकारी रूपों में 'ल्या' होता है। 'लो' पर उत्तम पुरुष का भी प्रभाव है। अतः उत्तम पुरुषीय 'लो' सानुनासिक (लों) बन जाता है।

शब्द-भेद की दृष्टि से हिन्दी 'आ' संज्ञा, विशेषण और क्रिया में प्रयुक्त होते हैं तो कोंकणी 'लो' केवल क्रिया में तथा 'इल्लो', 'लेलो' संज्ञा, विशेषण और क्रिया में प्रयुक्त होते हैं।

भविष्य आज्ञार्थक कृदन्त (विध्यर्थक कृदन्त) बनाने के लिए धातुओं के अंत में 'चो' और 'प' जोड़ा जाता है। कोंकणी 'चो' पुल्लिग एकवचनीय प्रत्यय है। इसका पुल्लिग बहुवचन में 'चे', स्त्री. ए.व. में ची, ब.व. में ज्यो, नपुं. ए.व. में चें और ब.व. में चीं होता है। इसके सिवाय तीनों लिंगों के ए.व. और ब.व. के विकारी रूपों में 'च्चा' होता है।

कोंकणी में धातु के अंत में 'प' जोड़कर क्रियार्थक संज्ञा तथा क्रिया की रचना होती है।

9. अव्यय

कोंकणी में तत्सम, अर्द्धतत्सम, तद्भव और विदेशी क्रियाविशेषण प्राप्त हैं। यथा— तत्सम क्रियाविशेषण अव्यय, अकस्मात्, कदाचित् आदि। अर्द्धतत्सम क्रियाविशेषण अव्यय— सदीं (सं.सदा), अती (सं.अति), स्वता (सं.स्वतः), सतत (सं. सततम्) आदि। तद्भव क्रियाविशेषण अव्यय— अवेरां/अवेर (परसों/नरसों), चेन्ना/एन्ना यन्ना, केन्ना,

जेन्ना, तेन्ना (कब, जब, तब)। आज/आयज (आज)

कोंकणी में एक विशेष प्रवृत्ति यह दिखायी देती है कि कुछ शब्दों के मध्य में 'य' **आगम प्राप्त होता है–**

यथा- येता (आता)– येयेलो, घेता (लेता)– घेयलें, वता (जाता)– वयता, धुता (धोता)– धुयता।

कुछ तद्भव क्रियाविशेषण ये हैं– वैर/वयर (ऊपर), काल, फाल्या (कल भूत/भविष्य), जैं/जंय (जिधर), थैं/थंय (उधर), खैं/खंय (किधर), हांगा/हंय (इधर), तूर्त (तुरंत), न्हय (नहीं), नाका (मत), परां/पयर (परसो), बी (भी), भायर (बाहर), भितर (भीतर), फार्टी (पीछे), सकाळीं (सबेरे), बरें (अच्छा), बेगीन (थोड़ा), सांज (शाम), सकैल/सकयल (नीचे)।

9.1. विदेशी क्रियाविशेषण

फारसी– खूब > खूप (बहुत), नजदीक > नजीक (पास), आखिर > अखेर (आखिर), फकत > फक्त (केवल), **अरबी**– अलबत्ता > अलबत (अलबत्ता), जरा– जरा (तनिक), बराबर > बरोबर (बराबर), बिलकुल > बिल्कुल (बिलकुल)

9.1.2. सम्बन्धबोधक अव्यय

हिन्दी में संस्कृत तत्सम क्रियाविशेषण अव्यय बहुत प्रयुक्त होते हैं यथा- सदा, सदैव, सर्वदा, अतएव आदि, परन्तु इस प्रकार परिनिष्ठित हिन्दी में प्राप्त होनेवाले संस्कृत तत्सम क्रियाविशेषण अव्यय कोंकणी में प्रायः नहीं हैं।

बहुत-से क्रियाविशेषण अव्यय सम्बन्धबोधक अव्यय भी होते हैं। यह अंतरवाक्य में किये हुए प्रयोग के आधार पर जाना जा सकता है। यदि ये अव्यय किसी संज्ञा या संज्ञारूप में प्रयुक्त अन्य शब्दों के साथ आएँ तो सम्बन्धबोधक अव्यय होते हैं। पर यदि स्वतंत्र रूप में आकर क्रिया की विशेषता बतलायें तो क्रियाविशेषण अव्यय होते हैं, यथा– भीतर कौन है? (भितर कोण आसा?), घर के भीतर कौन है? (घरां भीतर कोण आसा?)। इस प्रकार के कुछ अव्यय ये हैं– मदीं (बीच), लागीं (पास), आदीं (आदि), धावन (दौड़कर), साकून (से) आदि।

9.1.3. सम्बन्धबोधक विदेशी अव्यय

इस प्रकार के कुछ अव्यय ये हैं– **फारसी** - बगल > बगल (बगल), बस > बस/पुरो (बस), **अरबी** - एवज > एवर्जी (एवज), खातिर > खातीर (खातिर), तरफ > तर्फे (तरफ), मारफत > मार्फत (मारफत), बगैर - बगर (बगैर), सिवा/सिवाय - शिवाय (सिवाय)

9.1.4. समुच्चयबोधक अव्यय

कोंकणी में समुच्चयबोधक अव्ययों की संख्या कम है। कुछ तद्भव समुच्चय बोधक अव्यय इस प्रकार हैं– आनी (और), जर-तर (अगर-तो), पुण (फिर), परन्त (परन्तु)।

कोंकणी में अव्यय फारसी-अरबी से प्राप्त 'कि' तथा 'व' प्रचलित हैं। 'व' कभी बोलते समय 'वो' होता है। 'वो' अव्यय 'अथवा' के अर्थ में प्रयुक्त होता है।

9.1.5. विस्मयादिबोधक अव्यय

कोंकणी में ए, अरे, आरे, शाबास, हाय, बाः, ओ, शेः, बापरे, शीः जैसे विस्मयादि बोधक अव्यय प्रयुक्त होते हैं।

10. वाक्य-रचना

साधारणतया वाक्य के प्रारंभ में कर्ता और अंत में क्रिया होती है। इन दोनों के बीच कर्म आदि अन्य सभी पद आते हैं। कोंकणी में साधारण रूप में यही क्रम है। कभी-कभी वाक्य के विशिष्ट अर्थ पर जोर देने के लिए वाक्यगत पदों के क्रम में परिवर्तन कर लिया जाता है। कोंकणी में पदक्रम के नियम सामान्यतया सरल हैं।

पदक्रम के कुछ नियम निम्न प्रकार के हैं–

1. विशेषण विशेष्य के पहले रखा जाता है। यथा– लहान चली खेळता (छोटी लड़की खेलती है)।

2. क्रियाविशेषण क्रिया के पहले आता है। यथा– तू खंयवता? (तू कहाँ जाता है?)।

3. वाक्य के किसी एक अंश पर जोर देने के लिए वाक्य-क्रम में उलट-फेर हो सकता है, यथा– मोहन खरो रमता भुरग्या मदीं (मोहन सचमुच रमता है बच्चों के बीच)।

4. विशेषण का भी कभी-कभी विशेष्य के बाद प्रयोग होता है, यथा– हांव बरो आसा (मैं ठीक (अच्छी) हूँ।

5. कभी-कभी क्रियाविशेषण क्रिया के बाद अथवा संज्ञा के पहले भी आता है यथा– वच बैगीन (जा जल्दी)।

1. पुरुषवाचक सर्वनामों के रूप में हिन्दी तथा कोंकणी में निम्नलिखित शब्द द्रष्टव्य हैं–

पुरुष	एकवचन	बहुवचन
उत्तम पुरुष	हांव (मैं)	आमी (हम)
मध्यम पुरुष	तू (तू)	तुमी (तुम)
अन्य पुरुष	तो (वह)	ते (वे)

शेष सभी सर्वनाम तथा सारी संज्ञाएँ अन्य पुरुष से आती हैं। इन अन्य पुरुषों के अनुसार हिन्दी तथा कोंकणी वाक्य-रचना में क्रियाएँ परिवर्तित होती हैं।

2. हिन्दी में मध्यम पुरुष में एक और सर्वनाम प्राप्त होता है– 'आप'। इसे आदरवाचक सर्वनाम कहा जाता है। इसका उपयोग 'तुम' के बदले किया जाता है। परन्तु 'तुम' के लिए जो क्रिया प्रयुक्त होती है वह इसके लिए प्रयुक्त नहीं होती है। इसके साथ अन्य पुरुष बहुवचन की क्रिया प्रयुक्त होती है। यथा– तुम काम करते हो? आप काम करते हैं? कोंकणी में इस प्रकार आदर दिखाने के लिए हिन्दी 'आप' जैसा अलग सर्वनाम नहीं है। कोंकणी में अधिकतर एकवचनीय 'तूं' का ही प्रयोग होता है। हिन्दी में आदरवाचक 'आप' सर्वनाम का उपयोग अन्य पुरुष बहुवचन में भी किया जाता है। यहाँ भी आदर व्यक्त करना इसका उद्देश्य होता है। इस प्रकार का प्रयोग कोंकणी में उपलब्ध नहीं है। हिन्दी तथा कोंकणी में शेष सभी सर्वनाम और सारी संज्ञाएँ अन्य पुरुष में प्रयुक्त होती हैं।

वचनों का सम्बन्ध संज्ञाओं, सर्वनामों, विशेषणों और क्रियाओं में दिखायी देता है। प्रायः सामान्य नियम यह है कि एक व्यक्ति या वस्तु के लिए एकवचन और एक से अधिक के लिए बहुवचन हो किन्तु अपवाद-स्वरूप इन नियमों में परिवर्तन भी होता है।

1. जैसे– हिन्दी तथा कोंकणी में कुछ शब्द ऐसे हैं जिनमें वस्तुएँ दो होती हैं। ऐसी स्थिति में एकत्व का बोध होने के कारण उन शब्दों का प्रयोग एकवचन में होता है। यथा– मेरा जूता कहाँ है? –म्हजे जोतें खंय आसा? यहाँ एक से अधिक जोड़ियाँ हों तो इनका प्रयोग बहुवचन में होता है। यहाँ कई जूते हैं– हांगा कितलीं जोती आसात।

इसी प्रकार हिन्दी में दंपति, सैन्य, भीड़, समूह तो कोंकणी में ये दंपत्य, सैन्य, गर्दी, जमाव शब्द एकवचन में प्रयुक्त होते हैं।

2. हिन्दी में दर्शन, प्राण, हस्ताक्षर, दाम, लोग, होश, आँसू, ओंठ आदि कुछ शब्द हैं जिनका प्रयोग बहुवचन में होता है। कोंकणी में ये (इस अर्थ के) शब्द प्रायः एकवचन में प्रयुक्त होते हैं।

कोंकणी में पितर, कात्यो (कृतिका नक्षत्र), अक्षता आदि शब्द प्रायः बहुवचन में प्रयुक्त हैं।

3. हिन्दी में विशिष्ट व्यक्ति या लेखक कभी-कभी उत्तम पुरुष में एकवचन के स्थान पर बहुवचन का प्रयोग करते हैं परन्तु कोंकणी में प्रायः यह नहीं होता है। हम तुमसे पूछते हैं (हांव तुमकां विचारतां)। कभी-कभी बहुत्व को स्पष्ट सूचित करने के लिए हिन्दी में 'हम' के साथ 'लोग' शब्द जोड़ा जाता है। परन्तु कोंकणी में यह स्थिति नहीं है।

4. 'तू' का प्रयोग हिन्दी में बहुत ही कम किन्तु कोंकणी में अधिक है।

5. हिन्दी में 'तुम' वास्तव में बहुवचनीय रूप है। फिर भी इसमें बहुत्व सूचित करने के लिए 'लोग' शब्द जोड़ा जाता है। जैसे– तुम लोग कहाँ जा रहे हो? परन्तु इस प्रकार कोंकणी में 'तुमी' के साथ 'लोक' शब्द का प्रयोग नहीं होता।

6. हिन्दी में मध्यम पुरुष बहुवचन में आदरवाचक 'आप' प्रयुक्त होता है। इसका प्रयोग हिन्दी में 'तुम' के स्थान पर होता है। कोंकणी में इस प्रकार का 'तुमी' के स्थान पर प्रयुक्त होनेवाला दूसरा शब्द नहीं है।

7. हिन्दी में आदर प्रकट करने के लिए अन्य पुरुष में भी बहुवचन का प्रयोग होता है परन्तु ऐसी स्थिति में कोंकणी में एकवचन का प्रयोग होता है। जैसे–पिताजी बैठे हैं–बापूय बसता। ऐसे वाक्यों में हिन्दी में संज्ञा - शब्दों में 'जी' लगाया जाता है और व्यक्ति के एकत्व में भी बहुवचन का प्रयोग होता है। कभी-कभी यह 'जी' नहीं लगाया जाता, फिर भी बहुवचन का प्रयोग होता है। जैसे–बड़े भाई आये–व्हडलो भाव आयलो। हिन्दी में यह प्रवृत्ति विशेष रूप में पायी जाती है। परन्तु यह प्रवृत्ति कोंकणी में नहीं के बराबर है। वहाँ एकवचन का प्रयोग ही उचित है।

लिंगों का सम्बन्ध हिन्दी तथा कोंकणी की संज्ञाओं, विशेषणों और क्रियाओं में प्राप्त होता है। इसके सिवा कोंकणी के कुछ सर्वनामों में लिंग का सम्बन्ध प्राप्त होता है।

हिन्दी की अपेक्षा कोंकणी में प्राप्त नपुंसक लिंग के आधिक्य के कारण दोनों की वाक्य-रचना में काफी अंतर पाया जाता है–

पु. सवेरा हुआ।	स्त्री. सकाळ झाली।
पु. यह बड़ा घर है।	नपुं. हें व्हडलें घर आसा।
स्त्री. यह बड़ी पुस्तक है।	नपुं. हे मोटें पुस्तक आसा।

2. हिन्दी सर्वनामों में लिंग का प्रभाव नहीं माना जाता। परन्तु कोंकणी में 'तो', 'हो', 'जो' में तीनों लिंगों का और 'कितें' में केवल नपुंसक लिंग का प्रभाव है। अतः हिन्दी के 'वह' शब्द का कोंकणी में अनवुाद करना चाहें तो वाक्य-रचना के अनुसाार उसका तीनों लिंगों में अनुवाद होता है। इसके लिए कोंकणी में अलग-अलग तीन शब्द हैं– तो, ती, तें।

हिन्दी सर्वनामों में लिंग-भेद नहीं माना जाता है। फिर भी, 'क्या' में लिंग-भेद माना जा सकता है। कोंकणी में 'कितें' नपुंसक लिंग है, तो हिदी 'क्या' प्रायः पुल्लिग में प्रयुक्त होता है। यथा - तुमने क्या किया? (तुमीं कितें केलें?)।

3. लड़कियों के नाम जैसे गीता, नीता आदि हिन्दी में स्त्रीलिंग में प्रयुक्त होती हैं। जबकि कोंकणी में नपुंसक लिंग में प्रयुक्त होते हैं। गीता आयी (गीता आयले)।

4. कर्तृवाचक संज्ञा एक पुल्लिग में और दूसरी स्त्रीलिंग में हो तो हिन्दी वाक्य में क्रिया पुं. में होती है जबकि कोंकणी वाक्य में क्रिया नपुं. में होती है। यथा– राम और सीता वन गये (राम आनी सीता वनां गेली)।

5. हिन्दी में केवल अकारांत तथा कोंकणी में केवल ओकारांत विशेषण ही विशेष्य के लिंग, वचन तथा परवर्ती परसर्ग युक्त विशेष्य के अनुसार परिवर्तित होते हैं।

6. काल का सम्बन्ध क्रिया से होता है, जैसे वर्तमान, भूत और भविष्य। इनके कारण वाक्य-विन्यास में अंतर आता है। हिन्दी में यह अंतर देखने को मिलता है तो कोंकणी के वर्तमान काल में लिंग-भेदक प्रत्यय न होने के कारण दोनों वाक्यों में क्रियाएँ समान होती हैं– सीता/राम किताब पढ़ता (पढ़ती) है। 'सीता/राम पुस्तक वाचता'। इस वाक्य में पुल्लिंग और स्त्रीलिंग में भेद नहीं है। एक उल्लेखनीय तथ्य यह है कि भाषिक परंपरा, प्रकृति तथा व्यवहार में हर भाषा के वाक्य-विन्यास, वाक्य-विभाजन, वाक्य-परिवर्तन आदि पर अँगरेजी व्याकरण का प्रभाव परिलक्षित होता है।

उपसंहार

आधुनिक भारतीय भाषाओं में कोंकणी भाषा का साहित्य काफी बाद में सामने आया है। तेलुगु और कन्नड़ का साहित्य सातवीं शती से, ओड़िआ का साहित्य ग्यारहवीं शती से, बारहवीं शती से गुजराती का और तेरहवीं शती से कश्मीरी, असमिया का साहित्य प्राप्त होता है।

कोंकणी में सबसे पहला लिखित साहित्य चौदहवीं शती से प्राप्त होता है। कोंकणी की उपलब्ध पहली साहित्यिक कृति **महाभारत** और **रामायण** की कथाओं के संग्रह के रूप में मिलती है। इसकी हस्तलिखित पांडुलिपि पुर्तगाल के शहर 'ब्रागा' के एक सार्वजनिक पुस्तकालय में है। इसके रचनाकार और रचनाकाल के सम्बन्ध में यह अनुमान लगाया जाता है कि पुराने गोवा के सेंट पाल्स् कॉलेज के किसी अध्यापक ने 1563 में इसकी रचना की होगी। इसमें 15वीं-16वीं शती के उच्चवर्ग की बोलचाल की कोंकणी का स्वरूप देखने को मिलता है।

सन् 1684 में भारत में ईसाई मिशनरियों के आने से कोंकणी को नया स्वरूप प्राप्त हुआ। कोंकणी भाषा का यह पुनरुत्थान का काल है। रोडाल्फ डालगाडो, वामन रघुनाथ वी. वालावलीकर (1887-1946) जो शणै गोंयबाब के नाम से जाने जाते हैं, आदि ने कोंकणी भाषा के विकास में बड़ा योगदान दिया है। भारत की स्वतंत्रता-प्राप्ति के बाद गोवा में नागरी लिपि में कविता, कहानी, नाटक, अनुवाद आदि विधाओं में साहित्य रचा जा रहा है। वैसे, उपन्यास विधा का विकास बहुत कम हुआ है।

कोंकणी भाषा की यह अन्यतम विशेषता है कि यह एक नहीं, अनेक लिपियों में लिखी जाती है। लिपि की अनेकरूपता यदि इसका महान् गुण है, तो वही उसका दोष भी बना हुआ है। कोंकणी मातृभाषी कोंकणी के अलावा विभिन्न भाषा-क्षेत्रों में साहित्यकार के रूप में काफी लोकप्रिय हुए हैं। मंजेश्वर पै कन्नड़ के श्रेष्ठ कवि

हैं और 'राष्ट्रीय कवि' के रूप में प्रसिद्ध हैं। ज्ञानपीठ पुरस्कार प्राप्त गिरीश कर्नाड अंतरराष्ट्रीय ख्याति-प्राप्त कन्नड़ के रंगकर्मी, फिल्म-निर्देशक और अभिनेता हैं। गौरीश कैकिणी कन्नड़ के उच्च कोटि के कवि और चिंतक हैं। यशवंत चित्ताल प्रसिद्ध कथाकार हैं। ए.डी. हरिशर्मा मलयालम के विद्वान् हैं। प्रो. अरमांडो मेनिजिस अँगरेजी के प्रसिद्ध कवि हैं। अडियोट बैरोटो, नाजिमेंटो मेनेडांका पुर्तगाली के कवि तथा फ्रेंक मोराइस पुर्तगाली के प्रसिद्ध पत्रकार हैं। 'गोवा' में कोंकणी को राजभाषा का गौरव भी प्राप्त हुआ है। इस तरह कोंकणी भाषा को प्रशासनिक स्तर पर स्वीकार किया गया है तथा संवैधानिक मान्यता की मुहर भी उस पर लग गयी है।

वास्तव में कोंकणी की मौलिक उपलब्धि भारतीय संस्कृति को अपनी बहुविध जातीय संस्कृति से समृद्ध बनाने में निहित है। इसमें कोई संदेह नहीं है कि भारतीय भाषाओं एवं विदेशी भाषाओं के संदर्भ में कोंकणी भाषा ने ऐतिहासिक भूमिका निभाई है। विभिन्न संस्कृतियों को जोड़नेवाले सेतुबंध के रूप में कोंकणी भाषा का महत्त्व हमेशा बना रहेगा।

गुजराती भाषा

प्रो. मालती दुबे

गुजरात राज्य की राजभाषा गुजराती है। भारत के पश्चिमांचल का यह प्रदेश अपनी भाषा और संस्कृति की गौरवपूर्ण पहचान रखता है। कच्छ (भुज), सौराष्ट्र, उत्तर और दक्षिण गुजरात इसके क्षेत्र हैं। इसके उत्तर-पश्चिम में सिन्धी, उत्तर में राजस्थानी, उत्तर-पूर्व से दक्षिण-पूर्व तक भीली और दक्षिण में मराठी बोली जाती है। मध्यप्रदेश के निकट सीमावर्ती भू-क्षेत्र में मालवी बोली जाती है। पश्चिमी हिन्दी और राजस्थानी की भाँति गुजराती भी उत्तरी अपभ्रंश से विकसित हुई है। स्वाभाविक है कि पश्चिमी हिन्दी के साथ गुजराती का गोत्रीय नाता है।

गुजराती भाषा की उत्पत्ति शौरसेनी अपभ्रंश से मानी जाती है। इस भाषा का विस्तार सौराष्ट्र, कच्छ, राजस्थान का दक्षिणी हिस्सा तथा मुम्बई के सीमावर्ती प्रदेश तक है। ऐसा कहा जता है कि "गुजर" नाम की गोप जाति ने "गुजरात" नाम दिया है। हजार वर्ष पूर्व गुजरात प्रदेश का इतना संकुचित विस्तार नहीं था, जितना वर्तमान में है। गुजरों का निवास-प्रदेश मुख्य रूप से मारवाड़ था। डॉ॰ तेस्सितोरि ने बताया है कि 1600 ई॰ तक पश्चिमी राजस्थान तथा गुजरात की भाषा प्राचीन राजस्थानी थी, आधुनिक गुजराती का स्वरूप 17वीं सदी के मध्य से शनैः-शनैः प्रकट होने लगा।

परिनिष्ठित गुजराती भाषा अहमदाबाद के आस-पास बोली जाती है। गुजराती भाषा का प्राचीन और आधुनिक साहित्य बड़ा ही गौरवशाली एवं सम्पन्न है। ई॰ सन् 1800 से आधुनिक गुजराती बोली जाती है। गुजराती, सिन्धी और कच्छी के मिश्रित भाषा का प्रयोग कच्छ में भी होता है, इन तीनों से बनी मिश्रित भाषा को मेमनी कहा जाता है। कच्छी, पारसी, हिन्दी, सिन्धी लोग परस्परिक प्रेम के कारण गुजराती सीख लेते हैं, अतः बहुत-से लोग तो गुजराती को अपनी मातृभाषा मानते हैं।

'गुजरात' नाम का मूल स्वर्गीय नरसिंह राव दिवेटिया ने अरबी बहुवचन के स्त्रीलिंगवाची प्रत्यय 'आत' से संयुक्त 'गुज्रात' रूप में माना है। अलबेरूनी का प्रयोग देखने से तो यह शब्द मूल ही प्रतीत होता है। भीलों का समूह 'भीलात', मेवों का समूह' 'मेवात'—ये सब प्रथम प्रजावाचक हैं, इसके बाद प्रदेशवाचक बन गये हैं।

गुजराती की बोलियाँ

सौराष्ट्री, झालावाड़ी सौराष्ट्री, चरोत्तरी, महेसाणी, सूरती, भीली, खानदेशी आदि गुजराती की बोलियाँ हैं। इन बोलियों के अतिरिक्त कुछ उपबोलियाँ भी प्रचलित हैं। उदाहरण के लिए ग्राम्या, गामठी, सोरठी, होलड़ी, भावनगरी, गोहिलवाड़ी, मेर, भाछी, भाटला, पाटीदारी, पाठानी, अनावला आदि।

लिपि–गुजराती भाषा की अपनी लिपि है। उसमें नागरी लिपि की शिरोरेखा नहीं होती है। अक्षरों में बहुत ही समानता होती है। स्वरों की लिपि में भेद है, व्यंजनों की लिपि लगभग समान है, मात्र क, ख, च, ज, झ, फ, ब और भ अलग हैं।

पहले गुजराती देवनागरी लिपि में लिखी जाती थी, अब उसकी अपनी लिपि है, जो कैथी से मिलती-जुलती है और कभी-कभी देवनागरी जैसी प्रतिबिम्बित होती है। प्राचीन काल से लेकर आज तक गुजरात में नागरी लिपि के लिए बहुत ही मान-सम्मान रहा है, साथ ही देवनागरी लिपि का उपयोग लेखन-कार्य में निरन्तर होता रहा है।

विशेषताएँ

1. यह भाषा शिरोरेखाविहीन होती है।

2. इसमें 'ऋ' का उच्चारण 'रु' हो जाता है, यथा कृपा, घृणा, कृति आदि का उच्चारण क्रिपा, घ्रिणा, क्रिति न होकर क्रुपा, घ्रुणा, क्रुति होता है।

3. गुजराती भाषा में 'ज्ञ' का उच्चारण 'ग्न' होता है, यथा 'विज्ञान' का उच्चारण 'विग्नान', 'ज्ञानी' का 'ग्नानी' और 'ज्ञानवती' का 'ग्नानवती' होता है।

4. इस भाषा में तीन लिंग प्रयुक्त होते हैं, सामान्यतः ओकारान्त शब्द पुल्लिग, इकारान्त स्त्रीलिंग, उकारान्त शब्द नपुंसक लिंग होता है।

5. इस भाषा में भी हिन्दी की तरह दो वचन होते हैं। अधिकतर 'ओ' लगाने से एकवचन का बहुवचन हो जाता है। जैसे छोकरो (लड़का) - छोकराओ (लड़के)।

6. गुजराती भाषा में भी हिन्दी की भाँति संस्कृत-प्राकृत के संयुक्त तथा द्वित्व व्यंजन का ह्रस्व हो जाता है तथा उसके पूर्व का स्वर दीर्घ हो जाता है, यथा पृष्ठ > पीठ, चक्र > चाक, कज्ज > काज आदि।

7. ध्वनिग्रामिक साम्य के बावजूद गुजराती में निजी संध्वनि ळ है, जो हिन्दी के ल और ड़ के बीच उच्चरित होती है।

ऐतिहासिक परिप्रेक्ष्य

निम्नांकित तालिका से गुजराती के ऐतिहासिक परिप्रेक्ष्य पर प्रकाश पड़ता है–

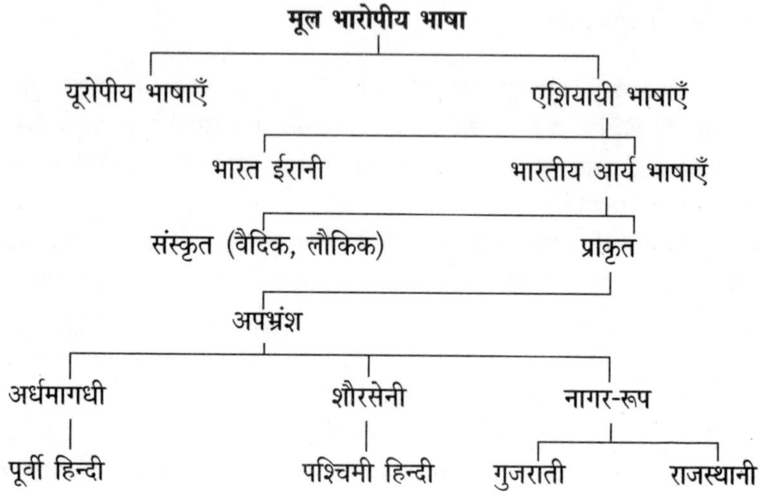

उपरोक्त तालिका से स्पष्ट है कि अपभ्रंश के नागर-रूप से गुजराती भाषा का विकास हुआ है।

ऐतिहासिक काल से गुजरात अंतर्देशीय और विदेशी व्यापार में अग्रणी रहा है। सिन्धु-सभ्यताकालीन लोथल प्राकृतिक बन्दरगाह इस बात की पुष्टि करता है। विदेशी पर्यटकों और इतिहासकारों ने भी गुजरात के बन्दरगाहों और उनकी व्यापारिक गतिविधियों का उल्लेख किया है। भारत में यूरोपीय शासन के दौरान और उससे पहले भी द्वीपान्तर उपनिवेशीकरण में गुजरातवासियों का काफी योगदान रहा। ऐसी परिस्थितियों में यहाँ की भाषा का विदेशी भाषा से समागम अनिवार्य हो जाता है।

लिपि, ध्वनि, व्याकरण और शब्दराशि

हिन्दी और गुजराती लिपियों के विकास का क्रम प्रायः एक-सा है। इन दोनों लिपियों की जननी अशोककालीन ब्राह्मी लिपि है। ब्राह्मी के आद्य रूप में अक्षरों की लम्बाई उनकी चौड़ाई से अधिक है। इस लिपि के अवशेष हमें गिरनार से प्राप्त अशोक के शिलालेखों में प्राप्त होते हैं। शम्कवाण काल में अक्षरों की लम्बाई को घटाकर प्रायः चौड़ाई के बराबर कर दिया गया, यह परिवर्तन हिन्दी और गुजराती दोनों क्षेत्रों में दिखाई पड़ता है। शक-सातवाहन-काल में गुजरात क्षेत्र की लिपियों पर दक्षिण भारतीय लिपियों का प्रभाव परिलक्षित होता है और गुप्तोत्तर काल में गुजरात की लिपि को दक्षिण शैली की पश्चिमी लिपि की संज्ञा दी जाती है। इसका प्रभाव वलभी के भैत्रक शासकों के ताम्रपत्रों की लिपि में प्राप्त होता है। इस काल में हिन्दी क्षेत्रों में कुटिल लिपि का विकास हो रहा था। प्रायः आठवीं शताब्दी में राष्ट्रकूटों ने नंदिनागरी लिपि

का विकास किया जो पुरानी चली आ रही लिपि का ही परिवर्तित रूप है। यह परिवर्तन आकारगत ही है। बाद में इस लिपि का प्रचार-प्रसार सम्पूर्ण उत्तर भारत में हो गया। दक्षिण भारतीय सम्राटों ने भी इस लिपि का प्रयोग अपने अभिलेखों में किया। आधुनिक गुजराती लिपि का विकास भी देवनागरी के समानान्तर है। व्यापारियों द्वारा विशेष रूप से प्रयुक्त गुजराती लिपि त्वरा से लिखी जाती थी और इस दृष्टि से यह बिहार की प्राचीन कैथी लिपि से साम्य रखती है। प्रारंभ में इसमें शिरोरेखा थी, पर बाद में सुविधा की दृष्टि से उसे भी हटा दिया गया। गौरीशंकर हीराचंद ओझा की मान्यता है कि "टाइप बनाने वालों ने सरलता के लिए सिरों के चिह्न मिटा दिये, तब से बिना लकीर के भी लिखे जाते हैं।

हिन्दी (देवनागरी) और गुजराती लिपियों की तुलना करने से कुछ निष्कर्ष निकाले जा सकते हैं, यथा—

1. हिन्दी और गुजराती दोनों लिपियाँ वर्णात्मक या अक्षरात्मक हैं और ध्वन्यात्मक लिपि अँगरेजी या ग्रीक से भिन्न है। इसका सबसे बड़ा लाभ लेखन में कम स्थान घेरना है।

2. लिपि के सरलीकरण की प्रकृति गुजराती में हिन्दी से अधिक है। उदाहरणार्थ हिन्दी में 'ए' ध्वनि के लिए अलग आकार का वर्ण है परन्तु गुजराती में 'अ' के साथ मात्रा जोड़कर ही आ, ऐ, ओ, औ का काम निकाल लेते हैं। अ से आ, ओ, औ, अः का विस्तार हिन्दी लिपि में भी है। किंचित् आकार-परिवर्तन से 'इ' को 'ई' और 'उ' को 'ऊ' बनाने की प्रक्रिया दोनों लिपियों में समान है।

3. ध्वनिग्रामिक साम्य के बाद भी गुजराती में निजी संध्वनि ळ है जो हिन्दी के ल और ड़ के बीच उच्चरित होती है।

अशोक के दिल्ली, मेरठ, लौरिया, नन्दनगढ़, आराज, रामपुरवा एवं कोशांबी के स्तम्भ-लेखों में 'ड' अक्षर में थोड़ा परिवर्तन था। एक नयी ध्वनि का निर्माण किया है, जिसे चन्द्रिका सिंह उपासक ने 'ड' का पर्याय माना है, जो सही नहीं लगता है। वस्तुतः इस अक्षर से पाली-प्राकृत ध्वनि 'क' का ही संकेत किया गया है। मूल लेख में इसका प्रयोग 'एक्का' और 'दुक्की' लिखने में किया गया है। मौर्योत्तरकालीन मथुरा एवं साँची के प्राकृत अभिलेखों तथा समुद्रगुप्त की प्रयोग प्रशस्ति (जो संस्कृत में है) में 'ड' और 'ळ' संकेत प्रयुक्त है, जो गुजराती के 'ळ' से साम्य रखते हैं।

इससे यह प्रमाणित होता है कि प्राचीन काल में हिन्दी भाषा क्षेत्र की प्राकृत में यह ध्वनि थी जो बाद में लुप्त हो गयी। इस संदर्भ में दूसरी महत्त्वपूर्ण बात गुजराती में 'ड' और 'ढ' ध्वनि के लिए संकेत मात्र ही है। गुजराती में 'जाडा' (मोटा) और 'कढावु' लिखकर 'जाड़ा' और 'कढ़ावु' उच्चारण किया जाता है। यहाँ यह कहना कठिन है कि हिन्दी में 'ड़' और 'ढ़' ध्वनियों का आगम गुजराती, मराठी और दक्षिण भारतीय भाषाओं की 'ळ' ध्वनि की स्थानापत्ति के प्रयास में हुआ।

संयुक्त व्यंजन 'ज्ञ' की ध्वनि हिन्दी में 'ग्य' (विज्ञान) और 'ग्यँ' (आज्ञा, ज्ञात) है, जबकि गुजराती में 'ग्न' है। हिन्दी और गुजराती दोनों भाषा क्षेत्रों की प्राचीन लिपि में यह वर्ण 'ज' और 'ञ' का संयुक्त रूप है और संभवतः इसका उच्चारण 'ज्यँ' के तौर पर होता था। हिन्दी में फारसी की ध्वनि क़ ख़ ग़ ज़ और फ़ को शामिल कर लिया गयाा। मराठी में इनका उच्चारण शिक्षित-संस्कृत लोगों तक ही सीमित है– विशेषकर उन लोगों में जिन्होंने उर्दू पढ़ी है या जो मुस्लिम परिवेश में रहे हैं। लेखन में इन ध्वनियों का प्रचलन अवश्य होता है। इनके विपरीत गुजराती में इन ध्वनियों या इनके लिए संकेतों का अभाव है।

हिन्दी और गुजराती के व्याकरण में भी अनेक समताएँ-विषमताएँ हैं। दोनों में दो वचन (एकवचन और बहुवचन) हैं पर गुजराती में नपुंसक लिंग भी है, जिसका हिन्दी में अभाव है। एक ही शब्द का लिंग हिन्दी और गुजराती में अलग-अलग हो सकता है। एकवचन से बहुवचन बनाने के नियमों में भी कई प्रकार का अन्तर दिखाई पड़ता है। इन दो भाषाओं की व्याकरणिक स्थिति की थोड़ी चर्चा आवश्यक है।

अनुस्वार और अनुनासिक के लिए कहा जाय तो र, श, ष, स, ह के पूर्व संस्कृत परम्परा से पूर्ण अनुस्वार है यथा संरम्भ, संशय, कंस, संहार। प्रायः यह उच्चारण संस्कृत तत्सम शब्दों के लिए सीमित है। जहाँ-जहाँ वर्गीय अनुनासिक व्यंजन होता है, वहाँ-वहाँ भी लेखन में 'अनुस्वार' लिखने की प्रथा है।

अरबी-फारसी शब्दों के जिह्वामूल के भी अन्दर के भाग साथ रखने वाले अ-क-ख-ग-ज आदि उच्चारण हिन्दी में यथावत् हैं, किन्तु गुजराती भाषा में नहीं हैं। 'ज़' के विषय में इतना है कि अँगरेजी तत्सम शब्दों में 'गुजराती' कण्ठ में भी वह व्यक्त होता है, लिखने में वहाँ 'झ' से काम चलाया जाता है।

पूज्य के॰ का॰ शास्त्री के अनुसार 'ड़-ढ़-ण' इन वर्णों के उच्चारण की संज्ञा भाषा शास्त्र-विषयक गुजराती ग्रन्थों में 'मूर्धन्यतर' दी गयी है। गुजराती-हिन्दी में 'य' और 'व' इन दोनों का लघु प्रयत्न उच्चारण स्वाभाविक है।

गुजराती-हिन्दी दोनों भाषाओं में जब 'य' और 'व' 'इ' और 'उ' के बाद उच्चरित होते हैं तब ये लघुप्रयत्न होते हैं, जैसे– दरिया, कड़ियों, रुपियों और इसी प्रकार के चाहिये, लिए, किये, किया, दिया आदि शब्द-समूह। गुजराती-हिन्दी के 'जाओ' आदि रूपों में भी 'जाव' आदि ही उच्चरित हो जाता है।

'श-ष-स' हमारी भाषाओं में प्राकृत काल से ही 'स' के रूप में है। गुजराती के चरोत्तर एवं उत्तर गुजरात में तालव्य स्वरों के साथ तालव्य उच्चारण होता है, जैसा कि 'शी' डोशी (वृद्धा)। 'ष' सम्पूर्णतया खो दिया गया है, तो भी सौराष्ट्र की 'मेर' प्रजा में 'च-छ' के उच्चारण में स्पष्ट मूर्धन्य 'ष' सुना जाता है, गुजराती में 'र' का उच्चारण संस्कृत और हिन्दी के अनुसार है।

गुजराती में सुलभता से पाया जाने वाला जिह्वामूलीय 'ळ' न तो पूर्वी हिन्दी

में मिलता है और न ही पश्चिमी हिन्दी में। गुजरात में 'क्ष' का 'क्ष' शुद्ध उच्चारण शिष्ट लोग करते हैं। उत्तर भारत में अधिकतर लोग 'क्छ' जैसा उच्चारण करते हैं। गुजराती में जहाँ 'ण' है वहाँ नियमानुसार हिन्दी में 'न' हो जाता है, यथा पाणी-पानी, राणी-रानी आदि।

गुजराती में संस्कृत-प्राकृत अपभ्रंश की परम्परानुसार तीनों लिंग प्रचलित हैं। ज्यों-ज्यों पश्चिम और दक्षिण में आते हैं, त्यों-त्यों नपुंसक लिंग का प्रयोग भी दिखाई देता है। हिन्दी में तो पुल्लिंग और स्त्रीलिंग, ये दो ही लिंग हैं।

आर्यकुल की यूरोपीय एवं भारतीय आर्यकुल की सभी वर्तमान भाषाओं में दो ही वचन हैं। इसका आरंभ भारतीय उपखंड में प्राकृत काल से ही हो चुका है। गुजराती और हिन्दी में जो विशिष्टता आई है, वह बहुवचन के विभक्तिरूपों में 'ओ' प्रत्यय का प्रत्ययों एवं परसर्गों के पूर्व प्रवेश, जो हिन्दी में सानुनासिक 'ओं' के रूप में है, जैसे कि गुजराती 'घोड़ाओ नुं', 'झाड़ोनुं', किन्तु हिन्दी घोड़ों का, झाड़ों का।

गुजराती कर्मणि नयी रचना में कर्ता में 'थी' लगाया जाता है, जैसा कि 'छगनथी खवातुं नथीं, हिन्दी में—'छगन से खाया नहीं जाता है'। प्राचीन भूत कृदन्त वाली रचना में 'ए' प्रत्यय ही प्रयुक्त होता है, जैसा कि 'केशवे रोटली खाधी, हिन्दी में—"केशव ने रोटी खाई"। सकर्मक क्रियापदों की कर्मणि रचना और अकर्मक क्रियापदों की भावे रचना संस्कृत की तरह गुजराती में भी व्यापक है। गुजराती में दोनों रचना क्रियारूपों में मध्यम 'आ' से सिद्ध की जाती है:—

गुजराती—छगन थी चोपड़ी वंचाय छे. (कर्णणि)
हिन्दी—छगन से पुस्तक पढ़ी जाती है। (कर्मणि)
गुजराती—छगन थी दोडाय छे. (भावे)
हिन्दी—छगन से दौड़ा जाता है। (भावे)

यहाँ हिन्दी में भूत कृदन्त के साथ 'जा' धातु के कर्तरि वर्तमान कृदन्त का रूप प्रयुक्त होता है।

शब्द-भाण्डार

जहाँ तक शब्द-भांडार का प्रश्न है, हिन्दी और गुजराती दोनों भाषाओं की जड़ें संस्कृत में गहरी पैठी हुई हैं। दोनों में संपर्कशील स्वदेशी और विदेशी शब्दों और ध्वनियों के साथ उच्चारण-प्रक्रिया का आगम हुआ और अपनी रुचि, सुविधा तथा भाषा के नियमानुसार उनका समायोजन तथा परिवर्तन भी हुआ है।

गुजराती भाषा की अनेक बोलियाँ और उपबोलियाँ हैं। 'सौराष्ट्री', शिष्ट झालावाड़ी' गोहिलवाड़ी', 'हालारी', 'सोरठी', 'उत्तरी पटणी' (महेसाणा, बनासकांठा, साबरकांठा,), 'मध्य गुजराती' (चरोत्तरी), 'दक्षिणी' (प्राचीन लाट क्षेत्र में) इसके प्रमुख विभाग हैं, जिनके उपविभागों का नाम कोष्ठकों में दिया गया है। इनके

अतिरिक्त गुजराती की अनेक सीमावर्ती बोलियाँ हैं, जैसे भीली (घोडिया, गामतडी, रागी), चौधरी, नायकडी, राणी (सरती, हालीसे खानदेश की आहीसारी आदि) जाति के आधार पर भी गुजराती बोलियों का विभाजन हुआ है। यही विशालता हिन्दी की बोलियों में भी है। दोनों भाषाओं की अनेक उपबोलियों में प्रचुर साहित्य भी उपलब्ध है। वस्तुस्थिति यह है कि विद्वान् जिन बोलियों-उपबोलियों को हिन्दी या गुजराती की शाखा-उपशाखा मानते हैं, वे परिनिष्ठित साहित्यिक और शिष्ट या नागर जनों द्वारा बोली जाने वाली हिन्दी या गुजराती से कहीं अधिक प्राचीन हैं। उन बोलियों-उपबोलियों के परिनिष्ठित रूप संस्कृत से ही हिन्दी और गुजराती का मानक रूप सामने आया है।

भाषा का यथार्थ रूप वही है, जो बोला जा रहा है। अहमदाबाद परिनिष्ठित गुजराती का केन्द्र है, अतः यहाँ बोले जाने वाले शब्दों को उदाहरण हेतु प्रस्तुत किया गया है। विदेशी भाषा के उन शब्दों को, जो हिन्दी में यथावत् ग्रहण कर लिए गये हैं, हमने हिन्दी का ही मानकर गुजराती में उन शब्दों में होने वाले परिवर्तनों का विश्लेषण किया है, यद्यपि वे शब्द गुजराती में सीधे विदेशी स्रोतों से आए हैं, जैसे मौज, मौत, ज़हर, गैरियत आदि दोनों भाषाओं के लिए विदेशी शब्द हैं पर हिन्दी में वे जैसे के तैसे अंगीकार किए गये हैं और गुजराती में उनका परिवर्तन मोज, मोत, झेर, गेरियत के रूप में हुआ है।

अभी तक हमने हिन्दी के साथ गुजराती भाषा की समानताओं का संकेत किया है, परन्तु वैषम्य के तत्त्व भी इन दोनों भाषाओं में कम नहीं हैं। वर्णात्मक समानता और समान शब्द-भांडार के बावजूद वर्ण-संघटना में भेद है। यह भेद बहुत अधिक अर्थ-परिवर्तन भी नहीं करता और कामचलाऊ संप्रेषण हो सकता है। परन्तु सही अभिव्यक्ति (मौखिक+लिखित) के लिए इन भेदों को जानना अपेक्षित है। आगे हिन्दी और गुजराती के कुछ चुने शब्दों के तुलनात्मक विश्लेषण के द्वारा ऐसे दृष्टान्त प्रस्तुत किये गये हैं, जिनका परिज्ञान हिन्दी भाषा शिक्षक और गुजराती सीखने वालों के लिए समान रूप से उपादेय होगा। दोनों भाषों के मुख्य अवयव ध्वनि एवं संरचना से तुलना की गयी है। मुख्य रूप से स्वर एवं व्यंजनों के अन्तर पर आगम, लोप, क्षतिपूर्ति (लोपागम) विपर्यय आदि की दृष्टि से विचार किया जा रहा है।

1. (क) अन्तर

स्वरान्तर—हिन्दी के अनेक शब्द जब बिना किसी अर्थ-परिवर्तन के गुजराती में प्रयुक्त होते हैं तो उनमें से कुछ स्वरों का परिवर्तनान्तर होता है। यह स्वर-परिवर्तनान्तर शब्द के आदि, मध्य और अन्त्य तीनों ही स्थितियों में दिखाई देता है—

आदि स्थिति		**हिन्दी**	**गुजराती**
अ	आ	लकड़ी, मछली, चलती	लाकड़ी, माछली, चालती
आ	अ	आवाज, रास्ता	अवाज, रस्ता

इ	अ	टिकाऊ	टकाउ
इ	आ	इमली	आमली
इ	ई	मिठाई	मीठाई
ई	ए	पीढ़ी	पेढ़ी
उ	अ	कुछ	कशु
उ	ओ	खुराक	खोराक
अं	आं	टंकी	टांकी
ए	अ	मेहमान, मेहरबानी, मेहनत, मेहता, बेहतर	महेमान, महेरबानी, महेनत, मेहेता, बहेतर
ऐ	ए	मैदान, कैंची, बैठक, शैतान, खैरियत, गैरियत	मेदान, केंची, बेठक, शेतान, खेरियत, गेरियत
औ	ओ	औरत, औजार, दौलत मौज, मौत, सौ, शौक	ओरत, ओजार, दोलत मोज, मोत, सो, शोख

गुजराती भाषा में 'औ' और 'ऐ' ध्वनियों का प्रयोग नहीं के बराबर होने के कारण उसे नियमित 'ओ' और 'ए' में परिवर्तित कर लिया गया है।

2. मध्यस्थिति		**हिन्दी**	**गुजराती**
अ	अं	विनती	विनंती (विनंति)
अ	आ	आमदनी, ताकत	आमदानी, ताकात
अ	ए	एहसान, चेहरा	अहेसान, चहेरा
अ	ओ	पहर	पहोर
उ	ओ	पहुँच	पहोंच
उ	ऊ	अद्भुत	अद्भूत

3. अन्त्य स्थिति

आ	उ	कोहरा	कोहरुं (धुम्मस)
आ	ओ	महीना	महीनो
ऊ	उ	जादू	जादु

इस प्रकार के परिवर्तनों के सम्बन्ध में निश्चित सिद्धान्तों की खोज के स्थान पर सरलता का सिद्धान्त अपनाया गया है। दृष्टांतों के सहारे उन्हें समझाने का प्रयास किया गया गया है। वस्तुतः परिवर्तन के इन नियमों की खोज संस्कृत और गुजराती की तुलना द्वारा की जानी चाहिए, जो एक पृथक् निबंध का विषय हो जायगा।

(ख) व्यंजनान्तर

1. आदि स्थिति		**हिन्दी**	**गुजराती**
क	ख	कुर्सी, कमीज	खुरशी, खमीश
च	ज	चाहिए	जोइए

ट	त	टूटना	तुटवुं
ब	प	बताशा	पतासुं
ब	व	बीस, बातचीत, बरसात	वीस, वातचीत, वरसाद
स	श	सीखो, सर्राफ, सेठ, साग	शीखो, शराफ, शेठ, शाक
2. मध्य स्थिति			
घ	ग	जांघिया	जांगियो
ट	त	भूटान	भूतान
ट	प	काटना	कापवुं
ढ	ण	पढ़ना	भणवुं
त	थ	पत्थर, कत्था	पथ्थर, कथ्था
ह	ध	बहुत	वधारे
र	ह	सरल	सहेलुं
3. अन्त्य स्थिति		**हिन्दी**	**गुजराती**
ग	क	लोगों	लोको
ख	क	बतख	बतक
ग	क	गंदगी	गंदकी
छ	श	कुछ	कशुं
ज	झ	मजा	मझा
ज	च	तरबूज	तरबूच
झ	ज	समझ, तुझ	समज, वुज
ट	त	शिष्ट	शिस्त
ठ	स	बैठो	बेसो
त	द	फुरसत	फुरसद
द	ध	बंद	बंध

हिन्दी में आगत विदेशी, 'ज़' ध्वनि का उपयोग जब गुजराती भाषा में हुआ है तो यहाँ तीनों स्थितियों में 'झ' हो गया है अर्थात् 'ज' ध्वनि 'झ' का रूप ग्रहण कर लेती है :

आदि स्थिति		**हिन्दी**	**गुजराती**
ज	झ	ज़हरीला	झेरीला
ज	झ	ज़खम	झखम
ज	झ	ज़िन्दावाद	झिन्दावाद
ज	झ	जहर	झेर
मध्य स्थिति			
ज	झ	बुजुर्ग, इन्तजार	बुझर्ग, इन्तझार

अन्त्य स्थिति

ज झ	मज़ा	मझा

'ज़' का 'झ' होना तो स्पष्ट है ही, पर दूसरी तरफ कुछ ध्वनियों में महाप्राण ध्वनि 'ह' का लोप भी दृष्टिगत होता है। यथा– जहरीला > झेरीला, जहर > झेर।

व्यंजनान्तर की प्रक्रिया में सबसे महत्त्वपूर्ण बात यह है कि परिवर्तित वर्ण प्रायः उसी वर्ग (क वर्ग, च वर्ग आदि) के हैं, जैसे कुर्सी-खुरशी, सेठ-शेठ, समझ-समज आदि। 'ट' आदि, मध्य और अन्त्य तीनों स्थितियों में 'त' में परिवर्तित होता है– टूटना > तुटवुं, भूटान > भूतान, शिष्ट > शिष्त।

हिन्दी की महाप्राण ध्वनियाँ संयुक्त वर्ण के रूप में नहीं प्रयुक्त होतीं, जबकि गुजराती में (लठ्ठ, भठ्ठी, पठ्ठा) इनका प्रचलन है। एक ही साथ आदि और अन्त में व्यंजनान्तर के उदाहरण भी प्राप्त होते हैं। 'ब' का 'व' में परिवर्तन संस्कृत से समीपता का परिचायक है, जैसे बीस > वीस, बातचीत > वातचीत, बरसात > वरसाद आदि।

स्वरों का आगम वस्तुतः स्वरान्तर ही है क्योंकि अक्षरात्मक लिपि में सभी वर्णों में स्वर 'अ' निहित है। व्यंजनागम केवल मध्य और अन्त में संभव है। प्रारंभ में व्यंजनान्तरों की चर्चा ऊपर की जा चुकी है।

1. मध्य स्थितिः	**हिन्दी**	**गुजराती**
	आधा	अडधु
	नींबू	नीम्बू
2. अन्त्य स्थितिः	**हिन्दी**	**गुजराती**
	गोंद	गुन्दर
	कड़ा	कड़क
	खेत	खेतर
	खाद	खातर
	हल्दी	हणदर

3. व्यंजन लोप

1. मध्य स्थितिः	**हिन्दी**	**गुजराती**
	नजदीक	नजीक
	दशहरा	दशेरा
	मलहम	मलम
	कचहरी	कचेरी
	अहमदाबाद	अमदावाद
2. अन्त्य स्थिति :		
	टमाटर	टमेटां
	थकान	थाक

साबुन	साबू
गुनाह	गुनो

3. हिन्दी में 'य' और 'व' अर्द्धस्वर माने जाते हैं, अर्द्धस्वर 'य' का लोप भी दोनों स्थितियों में प्राप्त होता है –

हिन्दी	**गुजराती**
चाय	चा (अन्त्य स्थिति)
लक्ष्य	लक्ष (अन्त्य स्थिति)
आजबायन	अजमो (मध्य स्थिति)

4. व्यंजन लोपागम (क्षतिपूर्ति)

हिन्दी	**गुजराती**
चाकू	चप्पू
शहतूत	शेतूर
व्यापारी	वहेपारी
जगह	जग्या

व्यंजन 'ब' का 'व' अर्द्धस्वर में परिवर्तन

हिन्दी	**गुजराती**
बारम्बार	वारम्बार
बादल	वादळ
बस्ती	वस्ती
बाघ	वाघ

5. मात्रा-विपर्यय

हिन्दी	**गुजराती**
धूमधाम	धामधूम
पतीली	तपेली
कसोरा	शकोरूं
देवता	देतवा (ग्रामीण क्षेत्रों में)
फूसफास	फासफूस
फूटफाट	फाटफूट
ठीकठाक	ठाकठीक

6. महाप्राण 'ह'

'ह' ध्वनि अतीव नटखट है, गुजराती में तो इसके तेवर समझ पाना और भी जटिल है। कहीं उच्चरित होती है, कहीं नहीं तो कहीं पर यह अन्य भारतीय प्रमुख भाषाओं की तरह 'ए', 'ओ' और 'आ' का रूप धारण कर लेती है। इसका मुख्य

कारण है 'ह' को 'य' तथा 'व' की तरह अर्धस्वर में परिगणित करना।

आधुनिक भाषाशास्त्री भी 'ह' को अर्धस्वर मानने लगे हैं।

लोप

मध्य स्थिति

हिन्दी	**गुजराती**	**हिन्दी**	**गुजराती**
बहत्तर	वोतेर	अहमदाबाद	अमदावाद
		दशहरा	दशेरा
तिहत्तर	तोतेर	घबराहट	गभराट
चौहत्तर	चुमोतेर	ग्राहक	घराक
सतहत्तर	सित्योतेर	खंडहर	खंडेर

2. अन्त्य स्थिति

हिन्दी	**गुजराती**	**हिन्दी**	**गुजराती**
चौदह	चौद	मुँह	मों
सोलह	सोळ	गुनाह	गुनो
अठारह	अढार	चूल्हा	चूलो
तेरह	तेर	कोल्हू	कोलु
बारह	बार	बगैरह	विगेरे

लेखन में प्रयत्नलाघव के कारण 'ह' का लोप गुजराती भाषा में हो जाता है और कहीं-कहीं 'ह' को एपोस्ट्राफी (') से भी व्यक्त किया जाता है, यथा—

वास्तविक रूप	**लिखित रूप**	**अर्थ**
मेंह	मे'	बरसात, बादल
पोहच्यों	पो'च्यों	पहुँचना
वहेरा	वे'रा	बहरा
न्होता	नो'ता	नहीं था (यथा— वह नहीं था)।
रहेंट	रें'ट	रहट

3. अक्षर-विपर्यय

हिन्दी	**गुजराती**
जबड़ा	जड़बा
चुटकी	चपटी
चटाक	टचाक

इसी भाँति 'जी हाँ' का 'हा जी' भी हो जाता है। हिन्दी के 'हाँ', 'माँ, जैसे शब्दों के चंद्रबिंदु का गुजराती में लोप हो जाता है। 'ह' का 'इ' (चाहिए > जोइए), 'ई' कड़ाही > कढ़ाई, स्याही > शाई, 'ए' (दशहरा > दशेरा) और 'ओ' (गुनाह > गुनो) में परिवर्तित हो जाना सामान्य प्रक्रिया है।

अल्पप्राणीकरण-महाप्राणीकरण

हिन्दी की अल्पप्राण ध्वनियाँ गुजराती में महाप्राण ध्वनियों में परिवर्तित दिखाई देती हैं। इसके विपरीत उदाहरण भी प्राप्त होते हैं। कहना कठिन है कि यह प्रवृत्ति विशेष नियम के कारण है अथवा मुख-सुख यानी उच्चारण की सुविधा और स्वच्छन्दतावश।

(क) महाप्राणीकरण

	हिन्दी	**गुजराती**	**हिन्दी**	**गुजराती**
आदि स्थिति	पुदीना	फोदीनो	जख़्म	झखम
	जगमगाहट	झगमगाट	गेहूँ	घउं
	कीली	खीली		
मध्य स्थिति	पत्थर	पथ्थर	इंतजार	इंतझार
	कुम्हार	कुंभार	आज़ाद	आझाद
	झगड़ा	झघड़ा		
अन्त्य स्थिति	पालकी	पालखी	झाँकी	झाँखी
	बंद	बंध	शौक	शोख
	डंक	डंख		

(ख) अल्पप्राणीकरण

	हिन्दी	**गुजराती**	**हिन्दी**	**गुजराती**
आदि स्थिति	फौलाद	पोलाद		
मध्य स्थिति	छेकछाक	चेकचाक	तख़्ती	तक्ती
अन्त्य स्थिति	समझ	समज	साँझ	सांज
	अचम्भा	अचंबो	मुझ	मुज
	बतख	बतक	तुझ	तुज
	बोझ	बोज		

(ग) कुछ उदाहरण ऐसे भी मिलते हैं, जहाँ पर 'ह' महाप्राण वर्ण के पहले वाले वर्ण की मात्रा 'ह' पर लग जाती है, यथा–

हिन्दी	**गुजराती**	**हिन्दी**	**गुजराती**
चेहरा	चहेरा	मेहता	महेता
मेहनत	महेनत	नेहरू	नहेरू
मेहमान	महेमान	बेहतर	बहेतर

कुछ उदाहरणों में मात्रा नहीं होने पर भी 'ह' पर मात्रा लग जाती है–

हिन्दी	**गुजराती**	**हिन्दी**	**गुजराती**
पहलवान	पहेलवान	नहर	नहेर
बहरा	वहेरा	एहसान	अहेसान
लहर	लहेर	महफिल	महेफिल

कहीं-कहीं 'ह' महाप्राण ध्वनि 'ई' स्वर का स्वरूप धारण कर लेती है –

हिन्दी	**गुजराती**	**हिन्दी**	**गुजराती**
कड़ाही	कढ़ाई	सिपाही	सीपाई
भलमनसाही	भलमनशाई	स्याही	शाई

7. विदेशी शब्दः समायोजन की प्रवृत्ति

विदेशी शब्दों के प्रयोग के समय उनको ढालने-पचाने और परिवर्तित करने में हिन्दी की अभिरुचि अधिक है। गुजराती में विदेशी शब्दों को प्रायः मूल रूप में प्रयोग करने की प्रवृत्ति है। फिर भी, ध्वनियों में परिवर्तन होता है। विदेशी शब्दों के 'हिन्दीकरण' और 'गुजरातीकरण' की प्रक्रिया में भी मूल अन्तर परिमाणात्मक है, न कि गुणात्मक –

विदेशी शब्द	**हिन्दी**	**गुजराती**
Comedy	कामदी	कामेडी
Tragedy	त्रासदी	ट्रेजेडी
Technique	तकनीक	टेकनिक
Aristotle	अरस्तू	अरिस्टाटल
Socrates	सुकारात	साक्रेटीज
Tibet	तिब्बत	तिबेट

'ड़' ध्वनि का गुजराती लिखित भाषा में अभाव है जबकि बोलचाल की भाषा में 'ड़' ध्वनि उच्चरित होती है –

हिन्दी	**गुजराती (उच्चरित रूप)**	**गुजराती (लिखित रूप)**
कड़ा	कड़क	कडक
कपड़ा	कपड़ा, कापड़ा	कपडा, कापड
गाड़ी	गाड़ी	गाडी

8. अनुस्वार का आगम एवं लोप

आगम	**हिन्दी**	**गुजराती**
	पालथी	पलांठी (मध्य स्थिति)
	विनती	विनंती (मध्य स्थिति)
	हमेशा	हंमेशा (आदि स्थिति)
	लूट	लूंट (आदि स्थिति)
	सोते-सोते	सूतां सूतां (अन्त्य स्थिति)
	मीठा-मीठा	मीठां मीठां (अन्त्य स्थिति)
	गिनते-गिनते	गणतां गणतां (अन्त्य स्थिति)

9. वर्त्स्य 'स' का मूर्धन्य-तालव्य 'ष' और 'श' में परिवर्तन

हिन्दी	**गुजराती**
सेठ	शेठ
स्याही	शाही
सीखो	शीखो

मूर्धन्य-तालव्य 'श' का वर्त्स्य में परिवर्तन

हिन्दी	**गुजराती**
शामिल	सामेल
शैतान	सेतान

10. कुछ शब्दों में अंतिम व्यंजन दो व्यंजनों का रूप ले लेता है। यह प्रक्रिया लेखन और उच्चारण दोनों रूपों में होती है। ऐसे उदाहरणों को हम व्यंजन द्वित्वीकरण कहते हैं, यथा–

हिन्दी	**गुजराती**
जिला	जिल्ला
किला	किल्ला
पत्थर	पथ्थर

यह व्यंजन द्वित्वीकरण दोनों भाषाओं (हिन्दी+गुजराती) में दृष्टिगोचर होता है। यथा–

गुजराती	**हिन्दी**
लाडु	लड्डू
गादी	गद्दी
काची	कच्ची
पाकी	पक्की

एक ही शब्द का हिन्दी और गुजराती में परिवर्तित रूप

हिन्दी	**गुजराती**	**हिन्दी**	**गुजराती**
अमानत	अनामत	ताक़त	ताकात
अफ़ीम	अफीण	नजदीक	नजीक
आमदनी	आमदानी	नहीं	नहिं, नहीं
अस्पताल	इस्पताल	पूछताछ	पूछ परछ
इन्तज़ार	इन्तेजार	फौलाद	पोलाद
किवाड़	कमाड्	बाज़ार	बजार
कपड़ा	कापड	महीना	महिना
खयाल	ख्याल	मुश्किल	मुश्केल
गंदगी	गंदकी	रंगबिरंगी	रंगबेरंगी

गँवार	गमार	रूई	रू
चप्पल	चंपल	लोग	लोक
जबरदस्त	जबरदस्त	बरसात	वरसाद
जाहिर	जाहेर	हमेशा	हम्मेशां

उर्दू के जिन शब्दों में 'ज़' आता है, गुजराती में उनके तद्भव रूपों में उसका 'झ' हो जाता है, लेकिन हिन्दी में वे अपने तत्सम रूपों में ही लिखे जाते हैं। यथा–

हिन्दी	**गुजराती**	**हिन्दी**	**गुजराती**
आज़ादी	आझादी	ज़हर	झेर
ज़खम	झखम	बुज़ुर्ग	बुझूर्ग
ज़िंदादिली	झिन्दादिली	मज़ा	मझा

इसके ठीक विपरीत कितने शब्दों में जहाँ हिन्दी में 'झ' होता है, गुजराती में 'ज' होता है, यथा–

हिन्दी	**गुजराती**	**हिन्दी**	**गुजराती**
तुझ	तुज	समझ	समज
मुझ	मुज	साँझ	सांज
बोझ	बोज	साँझ	सांज

बहुत-से हिन्दी-गुजराती के मिलते-जुलते तद्भव शब्दों में गुजराती में जहाँ अंत में 'ण' होता है वहाँ हिन्दी में 'न' होता है, उदाहरण हेतु–

हिन्दी	**गुजराती**	**हिन्दी**	**गुजराती**
कठिन	कठण	दातून	दातण
कनकी	कणकी	पानी	पाणी
चना	चणा	रानी	राणी

कुछ शब्द जो दोनों भाषाओं में समान जैसे हैं, मात्र 'ल' का 'ळ' हुआ है, यही अन्तर है। यथा–

हिन्दी	**गुजराती**	**हिन्दी**	**गुजराती**
कमल	कमळ	डाल	डाळ
कला	कळा	भूगोल	भूगोळ

क्रमवाचक शब्दों में परिवर्तन

हिन्दी	**गुजराती**	**हिन्दी**	**गुजराती**
पहला	पहेलो	पाँचवाँ	पाँचमो
दूसरा	बीजो	छठा	छठ्ठो
		सातवाँ	सातमो
तीसरा	त्रीजो	आठवाँ	आठमो
चौथा	चोथो		

निम्नलिखित शब्द हिन्दी में पुल्लिग हैं, जबकि गुजराती में स्त्रीलिंग के रूप में व्यवहृत होते हैं—असर, मतलब, व्यक्ति, मिनट, कसूर, मज़ा, कॉलेज, स्कूल, फर्ज, लालच, सेकेण्ड, संदूक।

वचन

हिन्दी-गुजराती के समानार्थी शब्द

शब्द	**हिन्दी (बहुवचन)**	**गुजराती (बहुवचन)**
थाली	थालियाँ	थालीओ
जूती	जूतियाँ	जूतीओ
सदी	सदियाँ	सदीओ
टोपी	टोपियाँ	टोपीओ

हिन्दी और गुजराती में ऐसे समानार्थी शब्द प्रचुर हैं जिनकी वर्तनी में अत्यल्प अंतर है। नीचे ऐसे कुछ शब्दों की सूची दी जा रही है—

हिन्दी	**गुजराती**	**हिन्दी**	**गुजराती**
अचंभा	अचंबो	उबार	उगार
अटपटा	अटपटुं	उठाना	उठाववुं
अटेरन	अटेरण	उम्मीदवार	उमेदवार
अड़चन	अडचण	ऐश	एश
अड़ोस-पड़ोस	अडोश-पडोश	औलाद	ओलाद
अनबन	अणबनाव	किचकिच	कचकच
अधूरा	अधुरूं	कठिन	कठण
अपयश	अपजश	कदाचित	कदाच
अपशकुन	अपशुकन	कभी	कदी
अफीम	अफीण	कभी	कदी
आखिरी	आखर	कभी-कभी	कदी-कदी
अड़तीस	आडत्रीस	कबूलना	कबूलवुं
आन	आण	कहावत	कहेवत
अधीन	आधीन	कछुआ	काचबो
अमचूर	आमचूर	कंकड़	कांकरो
अहीर	आहीर	केंचुली	कांचली (ळी)
अंकशास्त्र	आंकड़ाशास्त्र	कीमत	किंमत
अठहत्तर	इठ्ठोतेर	कूटना	कूटवुं
अठासी	इठ्याशी	कैदी	केदी
ईंधन	ईंधण	कुदाली	कोदाली (ळी)

कोरा	कोरुं	छूरी	छरी
क्रिया	क्रियापद	छलना	छलवुं
खाई	खई	छाछ	छास, छाश
खड़ाखड़ाना	खडखडवुं	छाँह	छाँय
खपत	खप	जेवनार	जमणवार
खिसकाना	खसेडवुं	जाली	जाली, जाळी
खाट	खाटलो	जिला	जिल्लो
खान	खाण	जोश	जूस्सो
खाना	खाउं	जोड़ा	जोडुं
खिलना	खीलवुं	जगमगाहट	झगझगाट
खुशहाल	खुशाल	झगड़ा	झगड़ो
खैराती	खेराती	झरना	झरणुं
खिलाड़ी	खेलाड़ी	टिकना	टकवुं
गप्प	गप्पुं	टिटिहरी	टिटोडी
गँवार	गमार	ठहराव	ठराव
गोंद	गुंदर	डंक	डंख
गोधन	गोधण	डाकिन	डाकण
घबराहट	गभराट	तिल	तल
घबराना	गभरावुं	तरसना	तलसवुं
घुसना	घूसवुं	तवा	तवो
घोड़ा	घोड़ो	ताला	ताळुं
चटनी	चटणी	तिहत्तर	तोतेर
चढ़ाई	चडाई	थकान	थाक
चढ़ाव	चडाण	थैली	थेली
चुनना	चणवुं	थानेदार	थाणदार
चलन	चलण	दिलासा	दिलासो
चाशनी	चासणी	दुबला	दूबळुं
चिनगारी	चिणगारी	धतुरा	धतुरो
चिमटा	चीमटो	धोबिन	धोबण
चिमनी	चीमनी	नक्शा	नकशो
चीख	चीस	निकम्मा	नकामो
चेतावनी	चेतवणी	नज़दीक	नज़ीक
चावल	चोखा	नाड़ा	नाडुं
छत्तीस	छत्रीश	नारियल	नारियेळ

नाश्ता	नास्तो	मनुष्यता	माणसाई
निडर	नीडर	मालिन	मालण
न्यारा	नारुं	मोम	मीण
पतंगा	पतंगियुं	मूर्खता	मूरखाई
परिक्रमा	परकम्मा	महँगाई	मोघवारी
पलटन	पलटण	मुरली	मोरली
पहरा	पहेरो	रास्ता	एस्तो (रस्तो)
पंद्रह	पंदर	रहना	रहेवुं
पचहत्तर	पंचोतेर	रायता	राईतुं
पड़ोसी '	पाडोशी	राखी	राखड़ी
पूनी	पूणी	लहसुन	लसण
फिटकरी	फटकड़ी	लकड़ी	लाकड़ी
फागुन	फागण	लेखनी	लेखणी
फेन	फीण	लहू	लोही
फौज	फोज	बखान	वखाण
फौरन	फोरन	बीच	वच
बहरापन	बहेराट	बीच में	वचमां
बंदूक	बंधूक	बीचोंबीच	वच्चोवच
बारहमासी	बारमासी	बनजारा	वणजारो
बचपन	बालपण	बरस	वरस
बचपन	बआलपण	बरसात	वरसाद
बाँधना	बांधवुं	बरस	वरस
बिल्ली	बिलाड़ी	बरसात	वरसाद
बयालीस	बेतालीस	बोआई	वावणी
बहत्तर	बोतेर	बरतन	वासण
भँवर	भमरो	बिसरना	वीसरवुं
भरना	भरवुं	व्यावहारिक	व्यवहारी
भीत	भींत	शकरकंद	शकरियुं
मर्दानगी	मरदाई	शहनाई	शरणाई
मरम्मत	मरामत	शर्त	शरत
महकना	महेकवुं	शरमाना	शरमावुं
मेहनती	महेनतुं	शुरु	शरु
मक्खन	माखण	शहरी	शहेरी
मक्खी	माखी	सियार	शियाळ

सीख	शीख	सौगात	सोगात
सूंड	शुंड	सुनार	सोनार
सुनसान	शूनकार	सुनारी	सोनारण
सेंकना	शेकवुं	सुपारी	सोपारी
सेठ	शेठ	हठीला	हठीलुं
स्याही	शाही	हड़काया	हडकायुं
स्याही	शाही	हड़बड़ी	हडबडाट
सीकाकाई	शिकाकई	हिनहिनाना	हणहणवुं
सच्चा	सच्चुं	हथौड़ी	हथोड़ी
सजना	सजवुं	हिरन	हरण
सरकना	सरकवुं	हरिणी	हिरनी
सरकाना	सरकाववुं	हरना	हरवुं
सड़ना	सड़वुं	हलका	हलकुं
सताना	सताववुं	हवाला	हवालो
सत्ताईस	सत्तावीस	हंगामा	हंगामो
सत्ता	सत्तो	हाँ	हा
समूचा	समचुं	हाँकना	हाकवुं
सिरका	सरको	हाकिम	हाकेम
सरोता	सरोतो	हाज़िर	हाजर
ससुर	ससरो	हड्डी	हाडकी, हाडकुं
सांसारिक	संसारी	हथकड़ी	हाथकड़ी
साफ़ा	साफो	हथिनी	हाथणी
शाबाश	साबास	हत्था	हाथो
सुबूत	साबिती	हाथोंहाथ	हाथहाथ
साबून	साबू	हासिल	हांसल
सामना	सामनो	हिल्लोल	हिलोलो
सत्तर	सित्तेर	हींग	हिंग
सत्तहत्तर	सित्तोतेर	होमना	होमवुं
सेमल	सीमलो	होना	होवुं
सुखाना	सुकाववुं	ओहदेदार	होद्देदार
सूती	सुतराउ	हैवान	हेवान
सुरमा	सुरमो	हैवानियत	हेवानियत
सुलह	सुलेह	हैसियत	हेसियत
सुहागिन	सुहागण	हिचकी	हिक्का

डोगरी भाषा

प्रो. वीणा गुप्ता

1.1 डोगरी भाषा की उत्पत्ति एवं परिचय

डोगरी भारतीय आर्यभाषा परिवार की भाषा है और इसका विकास-क्रम भी वही रहा है जो हिन्दी, मराठी, गुजराती, असमिया, बंगाली, ओड़िआ, राजस्थानी आदि अन्य आधुनिक आर्य भाषाओं का रहा है। इसमें वैदिक से लेकर वर्तमान रूप तक पहुँचने के सभी स्तरों पर हुए क्रमिक विकास की विशेषताएँ विद्यमान हैं।[1] शुरू-शुरू में आर्यों ने जिस भाषा में वेदों की रचना की थी उसे 'छन्दस्' अथवा 'वैदिक' भाषा कहा जाता है।[2] विद्वानों ने वैदिक भाषा का समय ई.पू. 1500 से लेकर ई.पू. 800 तक माना है। यही भाषा बाद में **महाभारत** के समय लौकिक संस्कृत कहलाने लगी। संस्कृत भाषा अथवा लौकिक संस्कृत साहित्यिक भाषा है। जिस प्रकार हिन्दी में जयशंकर प्रसाद की गद्य या पद्य भाषा को बोलचाल की भाषा नहीं कह सकते उसी प्रकार संस्कृत को भी बोलचाल की भाषा नहीं कहा जा सकता। अतः उस समय जबकि संस्कृत में साहित्य-रचना होती थी, साधारण जनता में बोलचाल के लिए कुछ जनभाषाएँ प्रयुक्त होती थीं, जिन्हें 'प्राकृत भाषाएँ' कहा जाता है। जनसाधारण की सुगमता को देखते हुए ही महात्मा बुद्ध और महावीर स्वामी ने अपने उपदेश अपने समय (ई.पू. 500) की प्राकृतों (पाली और अर्धमागधी) में दिये थे।

इन प्राकृत भाषाओं का समय ई.पू. 500 से लेकर 500 ई. तक (1000 वर्ष) माना गया है। तत्पश्चात् प्राकृतों में भी जब साहित्य-रचना प्रारंभ हुई तो जनसाधारण की भाषाएँ 'अपभ्रंश' कही जाने लगीं और इन अपभ्रंशों का समय 500 ई. से लेकर 1000 ई. तक पाँच सौ वर्षों का रहा है। भारत में आर्य-परिवार की आधुनिक भाषाओं का विकास इन्हीं अपभ्रंश भाषाओं से हुआ है। कहने का तात्पर्य यह है कि वैदिक भाषा में निहित उत्पत्ति वाली डोगरी भाषा स्थानीय प्राकृत और अपभ्रंश के माध्यम से विकसित होते-होते बोलचाल के वर्तमान रूप तक पहुँची है और यह उतनी ही प्राचीन भाषा है जितनी अन्य आधुनिक आर्यभाषाएँ। यह बात दूसरी है कि डोगरी भाषा में प्रारम्भिक काल के समय की कोई लिखित रचना या प्रमाण

उपलब्ध नहीं होता, किन्तु कोई भी भाषा जन्म लेते ही साहित्य की भाषा बन जाय, यह आवश्यक नहीं होता। पैदा होने के सौ-डेढ़ सौ वर्ष स्वीकृति मिलने तथा उसका स्वरूप कुछ निश्चित होने के बाद ही लोग उसे साहित्य-रचना के लिए अपनाते हैं[3]। अर्थात् डोगरी समेत भारत की सभी आधुनिक आर्यभाषाओं का उत्पत्ति-काल 1000 ई. के आस-पास का ही है।

अब प्रश्न उठता है कि वैदिक और लौकिक संस्कृत के पश्चात् मध्यकालीन प्राकृत भाषाओं में से डोगरी का सम्बन्ध किस प्राकृत से रहा होगा जबकि पश्चिमी हिन्दी, राजस्थानी, पहाड़ी आदि भाषाएँ शौरसेनी प्राकृत से; मराठी 'महाराष्ट्री' प्राकृत से; बिहारी, बंगाली, ओड़िआ, असमिया आदि भाषाएँ 'मागधी' से उद्भूत अपभ्रंशों से उत्पन्न हुई मानी जाती हैं।[4] आचार्य किशोरीदास वाजपेयी के अनुसार डुग्गर देश की अपनी प्राकृत थी जिसका विकसित रूप आज की डोगरी भाषा है। जहाँ तक भाषा की ध्वनि-गत एवं व्याकरण-गत विशेषताओं का सम्बन्ध है वे शौरसेनी प्राकृत के साथ अधिक मेल खाती हैं।[5] डा. सिद्धेश्वर वर्मा जैसे वरिष्ठ भाषावैज्ञानिक ने डोगरी भाषा पर दरद व पहाड़ी भाषा का प्रभाव माना है और जहाँ तक पहाड़ी भाषा के सृजन का सम्बन्ध है वह शौरसेनी प्राकृत से माना गया है। इसके अतिरिक्त डोगरी भाषा पर भाषावैज्ञानिक ढंग से कार्य करने वाले कुछ विद्वानों ने भी डोगरी की उत्पत्ति शौरसेनी प्राकृत से मानी है।[6] वास्तव में यह भाषा शूरसेन प्रदेश अथवा मथुरा के आस-पास के इलाके की भाषा थी किन्तु इसका प्रभाव प्राकृत पर माना जाता है। वरिष्ठ भाषाशास्त्री डॉ. हरदेव बाहरी ने तो शौरसेनी प्राकृत को महाराष्ट्री प्राकृत से भी पुराना बताया है तथा वररुचि जैसे प्राचीन वैयाकरणों ने इसे 'प्रकृति संस्कृतम्' कहकर इसकी प्रतिष्ठा पर प्रकाश डाला है।[7] इस पर संस्कृत भाषा का अधिक प्रभाव था और डोगरी के साथ इस प्राकृत का प्रगाढ़ सम्बन्ध है, क्योंकि इसकी अधिकांश विशेषताएँ डोगरी में विद्यमान हैं (आगे शौरसेनी प्राकृत पर विचार करते समय डोगरी और शौरसेनी की समानताओं पर प्रकाश डाला गया है)। इस प्रकार डोगरी भाषा अपने उद्भव और विकास की दृष्टि से संस्कृत के मध्यदेश के बोलचाल के एक रूप शौरसेनी प्राकृत से सम्बद्ध है।

1.1.2 डोगरी और शौरसेनी में समानता

भारतीय आर्यभाषा-परिवार की आधुनिक भाषा होने के कारण डोगरी में प्राचीन भाषा संस्कृत से लेकर आधुनिक रूप तक पहुँचने की विकासावस्था में विभिन्न परिवर्तन हुए हैं और इसमें वैदिक से लेकर आज तक हुए विकास के सभी स्तरों की विशेषताएँ विद्यमान हैं; फिर भी मूल प्राचीन भाषा संस्कृत से लेकर मध्यकालीन भाषाओं प्राकृतादि के कुछ अंशों को इसने उसी प्रकार धारण कर रखा है जिस प्रकार कोई शिशु अपने दादी-दादा एवं माता-पिता के गुणों को ग्रहण किए हुए होता

है। अतः डोगरी भाषा में संस्कृत की भी कुछ विशेषताएँ विद्यमान हैं, जैसे तत्सम और तद्भव शब्दों (जल, बस्तर, गर्ज, गौरव, गुण, मन, प्राण, जैन्तर, मैन्तर सैन्त आदि); कृदन्ती रूपों (वर्तमानकालिक कृदन्त चलन्ती > चलदी; भूतकालिक कृदन्त चालितः > चलेआ आदि) आदि की दृष्टि से यह काफी हद तक संस्कृत से मिलती है। इसी प्रकार इसकी जननी भाषा शौरसेनी प्राकृत की भी अनेक विशेषताएँ डोगरी में विद्यमान हैं—

(i) शौरसेनी में संस्कृत 'ऋ' का 'इ' विकास हुआ है। शौरसेनी की यह विशेषता डोगरी में भी वैसे ही विद्यमान है—

सं. पृष्ठ > शौ. पिट्ठ > डो. पिट्ठ
सं. मृत्तिका > शौ. मिट्टिआ > डो. मित्ती/मिट्टी
सं. शृगाल > शौ. सियार > डो. सियाड

(ii) शौरसेनी में संस्कृत 'क्ष्' 'क्ख्' अथवा 'छ्' में विकसित हुआ है। डोगरी में भी शौरसेनी की यह प्रवृत्ति इसी प्रकार मिलती है—

सं. भिक्षा > शौ. भिक्ख > डो. भिक्ख
सं. मक्षिका > शौ. मक्खिआ > डो. मक्खी
सं. ऋक्ष > शौ. रिच्छ > डो. रिच्छ
सं. क्षुरक > शौ. छुरअ > डो. छुरा

(iii) शौरसेनी प्राकृत में संस्कृत के संयुक्त व्यञ्जन क्षतिपूरक दीर्घीकरण के शिकार हुए हैं। डोगरी में दीर्घीकरण की यह प्रवृत्ति और भी अधिक दिखाई देती है:

सं. तडाग > शौ. तलाअ > डो. तलाऽ
सं. वाद्य > शौ बाज्जअ > डो. बाज्जा
सं. कंठिका > शौ. कंठिआ > डो. कैंठी
सं. नृत्य > शौ. णच्च > डो. नाच

(iv) संस्कृत के संयुक्त व्यञ्जन शौरसेनी में अग्रगामी समीकरण से प्रभावित होकर अपने अपने आगेवाले व्यञ्जन के द्वित्व हो जाते हैं। डोगरी में शौरसेनी की यह विशेषता पूर्ण रूप से विद्यमान है:

सं. सर्प > शौ. सप्प > डो. सप्प
सं. हस्त > शौ. हत्थ > डो. हत्थ
सं. अष्ट > शौ. अट्ठ > डो. अट्ठ
सं. सत्य > शौ. सच्च > डो. सच्च

(v) शौरसेनी प्राकृत में कर्मवाच्य के 'य' का 'इअ' हो जाता है और भाषा में संयोगात्मकता की प्रवृत्ति बनी रहती है (सं. गम्यते > शौ. गमीअदि, सं. क्रियते > शौ. करिअदि)। डोगरी में भी कर्मवाच्य के रूपों में संयोगात्मकता दिखाई देती है और 'य्' के स्थान पर धातु के साथ 'ओआ' का योग हो जाता है। जैसे- पढ़ोआ (पढ़ा

गया), लखोंदाऐ (लिखा जा रहा है), गनोंदे हे (गिने जा रहे थे) आदि।

(vi) शौरसेनी और डोगरी के पूर्वकालिक क्रियारूपों में काफी समानता दिखाई देती है।

सं. आगत्य > शौ. आइअ > डो. आइयै
सं. कृत्स > शौ. करिअ > डो. करियै
सं. चलित्वा > शौ. चलिअ > डो. चलियै

1.1.3 तृतीय प्राकृत अपभ्रंश (500 ई. - 1000 ई.)

तृतीय प्राकृतों में भाषा के मुख्य स्वरूप को 'अपभ्रंश' नाम दिया गया। लगभग सभी आधुनिक भाषाओं के विकास की दृष्टि से अपभ्रंशकाल का विशेष महत्त्व है; क्योंकि सभी आधुनिक भाषाएँ विभिन्न अपभ्रंशों से ही विकसित हुई हैं। प्राकृत भाषाएँ जो संस्कृत-काल में जनभाषा के रूप में विकसित हो रही थीं, कालान्तर में वे साहित्य की भाषाएँ बन गईं और लिपिबद्ध होने तथा व्याकरण के नियमों में बँध जाने के कारण उनके सहज विकास में अवरोध आ गया जिससे विकास की गति शिथिल पड़ गयी। तत्काल इन्हीं प्राकृतों से विभिनन जनभाषाओं का विकास होने लगा जिनमें सामान्य जनता की सहज अभिव्यक्ति होती थी। ये जनभाषाएँ व्याकरणिक नियमों से स्वतन्त्र रहने के कारण 'बिगड़ी हुई' अर्थात् 'अपभ्रंश' नाम से जानी जाने लगीं और अपने-अपने प्रदेश की प्राकृतों से निस्सृत होने के कारण स्थानीय अपभ्रंशों का प्रतिनिधित्व करने लगीं।

डोगरी भाषा की उत्पत्ति का सम्बन्ध चूँकि शौरसेनी प्राकृत से माना गया है, इसलिए इसका अपभ्रंश शौरसेनी प्राकृत से विकसित 'शौरसेनी अपभ्रंश' का ही स्थानीय रूप हो सकता है।

1.1.4 भारतीय आर्यभाषा

परिवार की आधुनिक भाषा डोगरी का जन्म ईसा की ग्यारहवीं शताब्दी में हुआ। उन्नीसवीं शताब्दी के प्रसिद्ध भाषाशास्त्री जॉन बीम्स से अपनी पुस्तक **An Outline of Indian Philology** में संस्कृत-कुल के साथ सम्बन्ध रखनेवाली आधुनिक भारतीय भाषाओं की सूची में अन्य दस भाषाओं– हिन्दी, बंगाली, पंजाबी, सिन्धी, मराठी, गुजराती, नेपाली, ओड़िआ, असामी तथा कश्मीरी के साथ ग्यारहवें स्थान पर डोगरी (Doghre) का भी उल्लेख किया है।[8] किन्तु अँगरेजी विद्वान् जार्ज ग्रियर्सन ने अपनी पुस्तक **Linguistic Survey of India** नौवें खण्ड के प्रथम भाग में 'डोगरी' को स्वतन्त्र भाषा न मानकर पंजाबी की एक बोली कहा है।[9] वस्तुतः डोगरी पंजाबी की एक बोली नहीं, वरन् एक स्वतंत्र भाषा है। इस सम्बन्ध में निम्नांकित तथ्य ध्यान देने योग्य हैं:

(i) ग्रियर्सन का निर्णय कोई अन्तिम निर्णय नहीं और न ही कोई प्रमाणित निर्णय है, क्योंकि उनके इस सर्वेक्षण के पश्चात् अपभ्रंश भाषाओं के विषय में और भी जानकारी मिली, जिसके कारण उनके मत धीरे-धीरे खण्डित होते जा रहे हैं।

(ii) इसके विपरीत जिन विद्वानों ने भाषाविज्ञान की सम्यक् जानकारी रखते हुए डोगरी के साथ सम्पर्क स्थापित करके उसकी विशेषताओं का अध्ययन करने के पश्चात् अपने मत प्रस्तुत किए हैं, वे ग्रियर्सन की तुलना में कहीं अधिक प्रामाणिक माने जा सकते हैं।

(iii) वरिष्ठ भाषावैज्ञानिक आचार्य किशोरीदास वाजपेयी ने 'डोगरी भाषा की एक झलक'[10] नामक अपने लेख में डोगरी को स्वतन्त्र भाषा का दर्जा देते हुए कहा है कि 'डुग्गर प्रदेश की अपनी प्राकृत थी जिसका विकसित रूप आज की डोगरी भाषा है।' इसी लेख में आगे चलकर उन्होंने डोगरी को पंजाबी से अलग करने के लिए डोगरी और पंजाबी की संरचनात्मक एवं व्याकरणिक भिन्नताओं पर भी प्रकाश डाला और कहा है कि डोगरी और पंजाबी की सीमा मिलती है और इन दोनों में वही अन्तर है जो कि पंजाबी और हिन्दी में है या बंगला और ओड़िआ भाषा में है। अर्थात् कुछ एक तत्त्व एक-से हैं, पर शेष सब अलग-अलग। रूप-रंग, चाल-ढाल आदि में भी स्पष्ट अन्तर है।[11]

(iv) उच्च कोटि के भाषावैज्ञानिक डॉ. सिद्धेश्वर वर्मा, जिन्होंने तीस वर्ष जम्मू में रहकर जम्मू प्रान्त की भाषा-बोलियों का गहन अध्ययन किया, ने भारतवर्ष में बोली जाने वाली भाषाओं के सात कुलों में डोगरी भाषा का महत्त्वपूर्ण स्थान मानते हुए कहा है कि यह सीमावर्ती बोली है, अतः सीमावर्ती भाषाओं में इसकी गणना की जानी चाहिए।' डॉ. वर्मा जी ने भी ग्रियर्सन के मत का खण्डन करते हुए कहा है कि पंजाबी बोलनेवाला व्यक्ति ठेठ डोगरी को बहुत मुश्किल से दस प्रतिशत समझ सकता है और किसी भाषा की बोली की मुख्य पहचान यह होती है कि मुख्य भाषा बोलनेवाले बिना किसी रुकावट के उसे भली भाँति समझ सकें। इस कसौटी को दृष्टिकोण में रखते हुए डोगरी को पंजाबी की बोली नहीं कहा जा सकता है।[12]

(v) हिन्दी के प्रसिद्ध कवि, संगीतकार और अनेक भाषाओं के ज्ञाता अमीर खुसरो ने 1317 ई. में अपनी प्रसिद्ध फारसी कविता में अन्य आधुनिक भारतीय भाषाओं के साथ 'डूगर' का उल्लेख करके इसे स्वतन्त्र भाषा का स्थान दिया है। उन्होंने कहा है कि 'मेरा जन्म इस देश में हुआ है इसलिए मैं इसकी भाषा के विषय में कुछ कहना चाहता हूँ। इस समय इस देश में ऐसी विचित्र एवं खुदमुख्तार भाषाओं का बोलबाला है, जिनका एक दूसरे से कोई सरोकार नहीं। वे भाषाएँ हैं- (1) सिन्धी, (2) लाहौरी, (3) कश्मीरी, (4) डूगरी, (5) धुर समुन्दर, (6) तिलंग, (7) गुजरात, (8) मालाबार, (9) तमिल, (10) गोंढ, (11) अवध, (12) दिल्ली तथा इसके आस-पास की भाषा।'[13]

(vi) 'कैरे' नामक एक पादरी, जिनका उल्लेख ग्रियर्सन ने अपने ग्रन्थ की भूमिका में किया है, 1793 ई. से लेकर 1816 ई. तक भारत में रहे और उन्होंने भारतीय भाषाओं का सर्वेक्षण करके एक विस्तृत सर्वे रिपोर्ट तैयार करके मिशनरी केन्द्र सीरामपुर को प्रस्तुत की। उन्होंने अपनी इस रिपोर्ट में अन्य भाषाओं के साथ डोगरी भाषा का भी स्वतन्त्र भाषा के रूप में उल्लेख किया है।[14]

(vii) जैसा कि पीछे भी कहा जा चुका है, भारतीय भाषाओं का तुलनात्मक अध्ययन करने वाले प्रसिद्ध भाषाशास्त्री जॉन बीम्स ने भी डोगरी को स्वतन्त्र भाषा मानते हुए पंजाबी से अलग रखा।

(viii) डोगरी के जाने-माने विद्वान् प्रो. गौरीशंकर ने डोगरी की कुछ भाषाई विशेषताओं पर प्रकाश डालते हुए डोगरी और पंजाबी के कुछ मौलिक भेदों की चर्चा की है–

(क) उन्होंने डोगरी को अधिक मधुर और कोमल कहा है और पंजाबी को कहीं अधिक कर्कश और कठोर।

(ख) पंजाबी भाषा पर अरबी-फारसी प्रभाव अधिक है, जबकि डोगरी पर इन भाषाओं का प्रभाव पंजाबी की अपेक्षा बहुत कम है।

(ग) डोगरी और पंजाबी में ध्वनियों तथा शब्द-समूह की दृष्टि से तो बहुत अन्तर है ही, दोनों के बोलने का ढंग, स्वराघात, ध्वनियों के उतार-चढ़ाव, सुर, सुर के ताल, लय आदि की दृष्टि से डोगरी और पंजाबी पूर्णतः भिन्न दिखाई देती हैं। डोगरी की पहचान उसके सुरों के संगीतमय उतार-चढ़ाव से की जाती है और पंजाबी की पहचान उसके विशेष बलपूर्वक लहजे से की जाती है।[15]

उपर्युक्त सभी तथ्यों को दृष्टि में रखते हुए डोगरी को भारतीय आर्यभाषा-परिवार की स्वतन्त्र आधुनिक भाषा का स्थान देने में कोई आपत्ति प्रतीत नहीं होती। क्योंकि इसकी मान्यता को सर्वप्रथम चौदहवीं शताब्दी में अमीर खुसरो ने, तत्पश्चात् (ई. 1793-1816) कैरे ने, उन्नीसवीं शताब्दी में जॉन बीम्स ने, डॉ. सिद्धेश्वर वर्मा ने तथा आचार्य किशोरीदास वाजपेयी जैसे प्रमुख भाषावैज्ञानिकों ने इसके रूप एवं स्वभाव को खोजपूर्ण अध्ययन करने के पश्चात् स्वीकार किया है। इन सब विद्वानों ने वैज्ञानिक ढंग से इस भाषा का परीक्षण करने के बाद अपने निष्कर्ष निकाले हैं। अतः ग्रियर्सन का मत इस संदर्भ में प्रामाणिक एवं खोजपूर्ण अध्ययन पर आधारित न होने के कारण एक मिथ्या धारणा ही प्रतीत होती है। बड़ी बात तो यह है कि ग्रियर्सन ने अपने अध्ययन के लिए जिस सामग्री का चयन किया उसमें एक 'खर्चीले लड़के' (Prodigal son) की कहानी का डोगरी अनुवाद और दूसरी मौलिक रचना एक लोकगीत है, जो वास्तव में तो टाकरी लिपि में है, किन्तु उसका रोमन में रूपान्तर किया गया है। जहाँ तक इस गीत की भाषा का सम्बन्ध है, वह उच्चारण एवं व्याकरण की दृष्टि से डोगरी के रूप एवं प्रकृति के साथ तनिक भी मेल नहीं

खाती और आज तक उपलब्ध एवं प्रकाशित लोकगीतों में ग्रियर्सन द्वारा सर्वेक्षण का आधार बनाया गया यह गीत भी कहीं दिखाई नहीं पड़ा। अतः ग्रियर्सन का डोगरी के संदर्भ में यह भाषाई सर्वेक्षण-सामग्री के उपयुक्त न होने के कारण भी प्रामाणिक नहीं माना जा सकता। निष्कर्षतः डोगरी पंजाबी की बोली न होकर भारतीय आर्यभाषा परिवार की आधुनिक भाषाओं में स्वतन्त्र सत्ता एवं स्थान की अधिकारी है।

1.1.5 डोगरी का नामकरण

डोगरी नाम की उत्पत्ति 'डुग्गर' शब्द से हुई है। डुग्गर प्रदेश की भाषा होने के कारण यह डोगरी कहलाती है। 'डुग्गर' शब्द की व्युत्पत्ति के विषय में विद्वानों के 'द्विगर्त, डूंगर, दुर्गर, दुर्गल, दुर्गृह' आदि कई सिद्धान्त प्रचलित हैं, किन्तु इनमें से प्रथम तीन सिद्धान्त प्रमुख माने जाते हैं।

(i) द्विगर्त-सिद्धांत

कुछ लोगों का विचार है कि 'डुग्गर' शब्द का विकास संस्कृत के 'द्विगर्त' शब्द से हुआ है। ऐसा लगता है कि 'द्विगर्त' शब्द की रचना 'त्रिगर्त' शब्द के सादृश्य पर हुई है।

सर जार्ज कनिंघम के अनुसार 'त्रिगर्त' कांगड़ा और चम्बा के दक्षिण से जालन्धर तक के इलाके का नाम है[16] और यह रावी, व्यास और सतलुज तीन दरियाओं की भूमि है। जम्मू प्रान्त में भी साम्बा और रामनगर के बीच दो बड़ी-बड़ी झीलें हैं, जिन्हें 'सरूईसर' और 'मानसर' कहा जाता है। इन्हीं दोनों झीलों के कारण 'द्विगर्त' नाम पड़ा जो भाषा-प्रवाह में विकास के कारण 'डुग्गर' बन गया।

(ii) डूंगर-सिद्धान्त

कुछ लोग 'डुग्गर' शब्द की व्युत्पत्ति राजस्थानी के पहाड़वाचक शब्द 'डूंगर' शब्द से मानते हैं। उनका कथन है कि जब राजस्थान पर मुसलमानों का आक्रमण हुआ तो कुछ राजपूत भाग कर जम्मू के पहाड़ी इलाकों में आ बसे और वे यहाँ पर पहाड़ियों को 'डूंगर' कहते थे, जिसके कारण यहाँ उनका नाम 'डोगरे' पड़ गया तथा प्रदेश का 'डुग्गर' और भाषा का 'डोगरी'[17]। किन्तु यह मत मान्य नहीं है, क्योंकि इतिहास से इस तथ्य की पुष्टि नहीं होती। उसके अनुसार एक तो राजस्थानी घराने बड़े पैमाने पर राजस्थान छोड़ कर नहीं भागे और न यहाँ पर आ बसे। यद्यपि यह प्रमाण अवश्य मिलता है कि वे 'कमांउ' के इलाके में चले गये थे। इसीलिए कुमाऊनी भाषा की राजस्थानी के साथ विशेष समानता भी है। दूसरा, भाषाविज्ञान की दृष्टि से भी 'डूंगर' शब्द से 'डुग्गर' की व्युत्पत्ति संभव नहीं।[18]

(iii) दुर्गर-सिद्धान्त

तीसरे मत के अनुसार 'डुग्गर' शब्द की उत्पत्ति संस्कृत के 'दुर्गर' शब्द से हुई है। यह शब्द चम्पा राज्य पर 1060 ई. से 1080 ई. तक राज्य करनेवाले राजा द्वारा

दिये गये एक ताम्रपत्र पर उकरा हुआ मिला है। पाणिनि के अनुसार 'दर्गर' शब्द दुर् उपसर्ग + गृ निगर्णे धातु के साथ अच् प्रत्यय के योग से बना है, जिसका अर्थ बड़ी कठिनाई से निगलने योग्य है। प्रो. गौरीशंकर के अनुसार उपर्युक्त तीन नामों 'द्विगर्त', 'डूंगर' और 'दुर्गर' में से यही एक शब्द है जिससे 'डुग्गर' शब्द की व्युत्पत्ति सम्भव है।[19] इसके दो कारण हैं–

(अ) ध्वनिविज्ञान के ध्वनिपरिवर्तन के नियमों के आधार पर भी 'दुर्गर' शब्द से 'डुग्गर' शब्द का विकास हो सकता है जैसे 'प्रस्तर' से 'पत्थर', 'गुर्जर' से 'गुज्जर' का विकास हुआ है; इसी प्रकार 'दुर्गर' से 'डुग्गर' का विकास भी सम्भव है।

(ब) इस शब्द का अर्थ 'बड़ी कठिनाई से निगलने योग्य है' तो डुग्गर का प्रदेश भी कंटीला, पथरीला, नदियों-नालों से घिरा हुआ एवं जंगलों-पहाड़ियों आदि से ढँका हुआ होने के कारण किसी आक्रमणकारी द्वारा सुविधा से जीता नहीं जा सकता। अतः डुग्गर शब्द की व्युत्पत्ति किसी हद तक 'दुर्गर' शब्द से मानी जा सकती है।

1.1.6 डोगरी भाषा का क्षेत्र

डोगरी भाषा के क्षेत्र पर विचार करते हए विद्वानों के मतों में परस्पर थोड़ा-बहुत अन्तर दिखाई देता है। ग्रियर्सन के मत के अनुसार डोगरी भाषा का क्षेत्र जम्मू प्रान्त के दक्षिणी भाग, पाकिस्तान के अधिकार अन्तर्गत पंजाब के सियालकोट जिले की उत्तरी सीमा, भारत के अधिकार अन्तर्गत पूर्वी पंजाब के गुरदासपुर जिले की उत्तरी सीमा, रियासत जम्मू कश्मीर के उत्तर-पूर्व में भद्रवाह, पूर्व में हिमाचल प्रदेश में चम्बा की पश्चिमी सीमा तथा कांगड़ा प्रदेश और पश्चिम की ओर चिनाब दरिया के पार कुछ एक मीलों की दूरी तक - जहाँ से पहाड़ी बोलियों का सिलसिला आरम्भ होता है- फैला हुआ है।[20] कुछ अन्य विद्वानों के अनुसार डोगरी भाषा का क्षेत्र ग्रियर्सन द्वारा बनाई गयी सीमा रेखा फाँद कर विस्तार को प्राप्त होता है। हिन्दी के प्रसिद्ध विद्वान् कवि अमीर खुसरो, जिनका उल्लेख पीछे किया गया है, 'लाहौर से काश्मीर तक' के प्रदेश को डोगरीभाषी प्रदेश की संज्ञा देते हैं।[21] इसी प्रकार भारतीय आर्यभाषाओं एवं भारतीय भाषाविज्ञान के प्रमुख विद्वान् जॉन बीम्स ने **Outline of Indian Philology** में नेपाल से लेकर पुन्छ तक बोली जानेवाली पहाड़ी बोलियों में डोगरी को पश्चिमी पहाड़ी वर्ग की प्रतिनिधि बोली माना है। इस प्रकार जॉन बीम्स के मतानुसार डोगरी भाषा के क्षेत्र में पीरपंचाल के दक्षिण में लगभग सारा जम्मू प्रान्त, कुल्लू, कांगड़ा, पंजाब के गुरदासपुर एवं होशियारपुर जिलों के पहाड़ी इलाके, हिमाचल प्रदेश की भूतपूर्व देशी रियासतें, मण्डी, सुकेत, बिलासपुर और शिमला एवं आधुनिक पाकिस्तान में विद्यमान पश्चिमी पंजाब का बहुत-सा उत्तरी भाग आ जाता है।[22] अतः डोगरी भाषा का क्षेत्र ग्रियर्सन के अनुसार अधिक सीमित न होकर कुछ अधिक विस्तृत है और इसकी सीमा-रेखा उत्तर-पूर्व में तहसील भद्रवाह, कुल्लू

मंडी, सुकेत, शिमला आदि के पहाड़ी प्रदेशों, दक्षिण में पंजाब के होशियारपुर तथा गुरदासपुर जिलों एवं पाकिस्तान के अधिकार में पश्चिमी पंजाब के उत्तरी भाग और विशेष रूप से सियालकोट जिले, पश्चिम में रियासत की नौशहरा और राजौरी आदि तहसीलों तथा उत्तर में तहसील रामबन, रियासी तहसील की नेआबत अरनास और पूर्व में चम्बा क्षेत्र के समस्त उत्तरी भाग तथा कांगड़ा के प्रदेशों तक खींची जा सकती है। इस भाषा के उत्तर में रामबनी, पोगली आदि बोलियाँ हैं जो कुछ-कुछ कश्मीरी से और अधिकतर डोगरी से मिलती हैं। उत्तरपूर्व में भद्रवाही जो पश्चिमी पहाड़ी का एक रूप है, पूर्व में कांगड़ा की कंडियाली, भटियाली और चम्बा की चम्याली बोलियाँ, पश्चिमी में चिबाली, पोठोहारी उपभाषाएँ जो पश्चिमी पंजाबी अथवा लहँदी से मिलती हैं और दक्षिण में पंजाबी भाषा है।

इस प्रकार पुन्छ से लेकर कांगड़ा तक और शक्करगढ़, सियालकोट, गुरदासपुर से लेकर बनिहाल तक फैला हुआ क्षेत्र डोगरी भाषी क्षेत्र है और इस क्षेत्र को हम तीन हिस्सों में बाँट सकते हैं[23]–

(i) कंढी क्षेत्र : इसके अन्तर्गत डुग्गर का कँटीला, पथरीला, रेतीला, सूखा एवं कम उपजाऊ प्रदेश आता है। वास्तव में यही वह क्षेत्र है, जिसका डोगरी लोगों को परिश्रमी और चरित्रवान् बनाने में बहुत योगदान है।

(ii) मैदानी क्षेत्र : डुग्गर का यह क्षेत्र शिवालिक का पश्चिमी भाग है जो पाकिस्तान और पंजाब के साथ मिलता है। मैदानी होने के कारण पैदावार भी यहाँ पंजाब की भाँति ही होती है, दूसरा इस क्षेत्र में नदियों एवं दरियाओं के कारण सिंचाई की भी सुविधा है।

(iii) पहाड़ी क्षेत्र : डुग्गर का यह क्षेत्र हरी-भरी पहाड़ियों में फैला हुआ है। आधुनिक काल में इस डुग्गर प्रदेश में ब्राह्मण, राजपूत, क्षत्रिय, महाजन, हरिजन, गुज्जर, बकरवाल, गद्दी, मुसलमान इत्यादि वर्गों और धर्मों के लोग रहते हैं। रियासत जम्मू-कश्मीर के अन्तर्गत डोगरी बोलनेवालों की जनसंख्या 2000 की जनगणना के अनुसार 22,82,589 है। यह जनसंख्या केवल भारत में रहनेवाले डोगरों की है।

1.1.7 डोगरी भाषा की बोलियाँ

पानी और बोली प्रत्येक बारह कोस पर बदल जाते हैं, इसलिए किसी प्रदेश की भाषा अपने समस्त क्षेत्र में एक समान नहीं रहती। वह अपने निकट सम्पर्कों से प्रभावित होते रहने के कारण अपने स्वरूप में कुछ-कुछ परिवर्तन ग्रहण करती रहती है, किन्तु यह परिवर्तन इतना गौण रहता है कि मूल भाषा और उसके रूपों में मुख्य अन्तर पैदा नहीं करता। इस प्रकार समस्त डुग्गर प्रदेश, जिसकी सीमा-रेखा के विषय में चर्चा की गयी है, डोगरी भाषा का क्षेत्र है और इसके मुख्य रूप से तीन रूप- जम्मू (कंढी) की डोगरी, हिमाचल प्रदेश में कांगड़ा, चम्बा की पहाड़ी डोगरी तथा पंजाब

के गुरदासपुर, होशियारपुर, सियालकोट आदि की (मैदानी) डोगरी - उपलब्ध है[24]। ग्रियर्सन ने डोगरी को पंजाब की बोली मानते हुए उसके अन्तर्गत कंडियाली कांगड़ा और भटियाली उपबोलियों का उल्लेख किया है। जम्मू के क्षेत्र में उन्होंने जम्मू-कश्मीर राज्य का जम्मू प्रान्त, जम्मू से मिलते सियालकोट जिले की जफरवाल तहसील के एक सौ सोलह गाँव, बजवात के क्षेत्र में गुरदासपुर जिले के सभी पहाड़ी इलाकों एवं उनसे मिलते मैदानी इलाकों तथा चम्बा राज्य के निचले भागों को सम्मिलित किया है।

कंडियाली : गुरदासपुर के उत्तरपूर्व में पहाड़ों (शाहपुरकंडी के इलाके) में बोली जाती है। रूप की दृष्टि से इसमें डोगरी और पंजाबी भाषा का मेल दिखाई देता है।

कांगड़ी : कांगड़ा प्रदेश में बोली जानेवाली भाषा है। इसमें भी कंडियाली की भाँति डोगरी-पंजाबी का मिश्रण है।

भटियाली : यह चम्बा के पश्चिमी इलाके में बोली जाती है और रूप की दृष्टि से इसमें डोगरी, कांगड़ी और चम्याली का मिश्रण दिखाई देता है।

जहाँ तक डोगरी क्षेत्र में बोली जानेवाली बोलियों का सम्बन्ध है, ग्रियर्सन ने निम्न बोलियों का विवेचन किया है।[25] इनमें से डोगरी, कंडियाली, कांगड़ी और भटियाली बोलियों का विवेचन किया जा चुका है, शेष का विवरण इस प्रकार है—

(i) सिममौर : सिरमौर और जुब्बाल के इलाकों में बोली जाती है।

(ii) बघाटी : बघाट और शिमला के दक्षिण-पश्चिम में बोली जाती है और सिरमौरी के साथ मिलती-जुलती है।

(iii) क्योंथली : क्योंथल और शिमला के इर्द-गिर्द बोली जाती है।

(iv) कुल्लुई : कुल्लू में बोली जाती है और कांगड़ी के साथ बहुत मिलती है।

(v) मंडियाली : मंडी और सुकेत में बोली जाती है और कांगड़ी के बहुत नजदीक है।

(vi) चम्याली : भद्रवाही, कुल्लुई और जम्मू की डोगरी के मिश्रण से बनी हुई है।

(vii) कल्हूरी : विलासपुर, कल्हूर में बोली जाती है।

(viii) भद्रवाही : भद्रवाह की बोली है और इसके 'खास भद्रवाही' 'भलेसी' और 'पाडरी' तीन रूप मिलते हैं।

(ix) गोजरी : डुग्गर के पहाड़ों में बसनेवाले गूजरों की बोली है।

(x) रामबनी : रामबन में बोली जाती है और डोगरी से बहुत मिलती-जुलती है।

(xi) पोगली : पोगल में बोली जाती है और कश्मीरी से मिलती-जुलती है।

(xii) होशियारपुरी : होशियारपुर के पहाड़ी इलाकों में बोली जाती है और इसमें कांगड़ी तथा जालन्धर की द्वाबी का मेल है।

(xiii) लहन्दा : यह राजौरी, पुन्छ, भिंबर और नौशहरा के इलाकों में बोली जाती है।

स्मरणीय है कि डोगरी भाषी क्षेत्र में पंजाबी, कश्मीरी, लहन्दी आदि के प्रभाव के कारण भाषा के जितने भी रूप मिलते हैं वे सभी डोगरी भाषा का ही प्रतिनिधित्व करते हैं।

'कांगड़ी' जिसे हम डोगरी का दूसरा रूप मानते हैं, जम्मू की डोगरी से भिन्न नहीं की जा सकती।'[26] कोटला के राजा ध्यान सिंह द्वारा मूल फारसी रचना **राजावलि** का अपनी मातृभाषा डोगरी (कांगड़ी) में 'राजौली' नाम से अनुवाद करवाना इस तथ्य की पुष्टि करता है। अतः हम डोगरी के बिना कांगड़ी और कांगड़ी के बिना डोगरी की कल्पना नहीं कर सकते। कांगड़ी प्राची (पूर्वी) डोगरी है और जम्मू की डोगरी प्रतीची (पश्चिमी) डोगरी है।'[27]

अतः डोगरी भाषा के क्षेत्र को उच्चारण एवं रूप की दृष्टि से मुख्यतः पहाड़ी डोगरी, कण्ढी डोगरी और मैदानी डोगरी तीन भागों में विभक्त किया जा सकता है। पहाड़ी डोगरी का मुख्य क्षेत्र हिमाचल प्रदेश का कांगड़ा प्रदेश है, जबकि कण्ढी डोगरी जम्मू, उधमपुर, कठुआ, हीरानगर, बिलावर, अखनूर तहसील के पहाड़ी प्रदेश - चौकीचौरा, रियासी, पौनी, कटड़ा, पैंथल, चड़ेआई, रामनगर, हीरानगर तहसील के कढी रई, कूटा, घगवाल, तहसील जम्मू के कण्ढी रई, कूटा, घगवाल, तहसील जम्मू प्रान्त का दक्षिणी भाग है, जिसमें जिला होशियारपुर, गुरुदासपुर के पहाड़ी प्रदेश, पाकिस्तान में सियालकोट और तहसील शक्करगढ़ के उत्तरी भाग, विलासपुर- कल्लूर आदि के क्षेत्र आते हैं।

वस्तुतः कण्ढी क्षेत्र (जम्मू प्रांत) ही 'डुग्गर' का हृदय, डोगरी भाषाभाषियों का केंद्रीय निवास-स्थान एवं डोगरी भाषा का केन्द्रीय क्षेत्र है। अतः डुग्गर प्रदेश के केंद्रीय क्षेत्र जम्मू की डोगरी को रूप की दृष्टि से 'मानक' मानते हुए डोगरी भाषा का ठेठ अथवा मानक रूप कहा जा सकता है।

1.1.8 डोगरी लिपि

जहाँ तक डोगरी भाषा की लिपि का प्रश्न है, डोगरी भाषा की अपनी लिपि है, जिसे डोगरा अक्खर अथवा डोगरे (पुराने डोगरे और नर्मे डोगरे) नाम से जाना जाता है। यह शारदा लिपि से विकसित टाकरी या टकरी अक्षरों पर आधारित है। महाराजा रणबीर सिंह के शासनकाल में टाकरी अक्षरों में लिखी जानेवाली डोगरी जम्मू-कश्मीर राज्य की राजभाषा थी; किन्तु कुछ सरकारी एवं अन्य कारणों की वजह से इस लिपि का प्रचलन उन्नीसवीं शताब्दी के आगे नहीं जा सका। फलस्वरूप प्राचीन काल से चला आ रहा हिसाब-किताब एवं बही-खाता इस लिपि में चलता रहा, लेकिन साहित्य-रचना के लिए फारसी और देवनागरी लिपियों में छिट-पुट प्रयास होना आरम्भ हो गया।

किन्तु बीसवीं शताब्दी के पूर्वार्ध में देश भर में चल रही स्वतंत्रता-आंदोलन की लहर ने स्थानीय लेखकों की अपनी भाषा में साहित्य-सृजन की ओर प्रेरित किया और इस दौर के साहित्य-सृजन की विशेष बात यह थी कि इसने डोगरी लिपि के बजाय राष्ट्रीय एकीकरण की दृष्टि से देवनागरी लिपि को अपनाया। फलतः आज लगभग समूचा डोगरी-साहित्य देवनागरी लिपि में ही लिखा जा रहा है।

1.1.9 डोगरी भाषा की विशेषताएँ

यहाँ पर डोगरी की प्रमुख विशेषताओं का ही उल्लेख किया जा रहा है जिससे भाषा का स्थूल परिचय मिल सके।

(i) डोगरी 'ऐ' प्रधान भाषा है। इसमें जहाँ नैसर्गिक रूप में 'ऐ' का बाहुल्य है, वहाँ संस्कृत के 'अ', 'आ' तथा प्राकृत के अइ-आइ आदि स्वर एवं स्वर-संयोग अनुस्वार से पूर्व होने पर 'ऐ' में परिवर्तित हो जाते हैं–

सं. कंठिका	>	डो. कैंठी (कंठी)
सं. चंचल	>	डो. चैंचल (चञ्चल)
स. मन्त्र	>	डो. मैतर (मन्त्र)
प्रा. भइणी	>	डो. भैन (बहन)
प्रा. डाइणी	>	डो. डैन (डायन)

(ii) डोगरी के दस स्वर ध्वनिग्रामों में जहाँ संवृत्त तथा विवृत दीर्घ एवं ह्रस्व दोनों प्रकार के स्वर विद्यमान हैं वहां शब्दान्त में 'ई' तथा 'आ' के प्लुत रूप 'ईऽ' और 'आऽ' का प्रयोग भी मिलता है–

ईऽ	-	जीऽ	=	'जीव'
ईऽ	-	बीऽ	=	'बीज'
अऽ	-	दाऽ	=	'दाव'
आऽ	-	उपाऽ	=	'उपाय' आदि

(iii) डोगरी में दीर्घ स्वरों को ह्रस्व करने और साथ ही ह्रस्वीकृत स्वर से आगे वाले व्यञ्जन को द्वित्व करने की प्राकृत भाषा की प्रवृत्ति भी विद्यमान है– अट्ठ > आठ, अग्ग > आग, अज्ज > आज, जट्ट > जाट, मिट्ठा > मीठा, पिट्ठ > पीठ, खुट्टा > खोटा, मुट्टा > मोटा, मुल्ल > मूल्य, उन्न > ऊन।

'र्' की प्रधानता होने के कारण भाषा में जहाँ संस्कृत 'र' को सुरक्षित रखा गया है, वहाँ पर कुछ शब्दों में 'र' का अनायास आगम भी हुआ है– सं. ताम्र > डो. त्रामा, सं. निद्रा > डो. नींदर, सं. सूत्र> डो. सूतर, सं. क्षेत्र > डो. खेतर, सं. विलाप > डो. बरलाप, सं. कोप > डो. क्रोपी, सं. सम्बन्ध > डो. सरबन्ध।

'ज्' तथा 'ब्' प्रधान भाषा होने के कारण डोगरी में अर्धस्वर 'य्', 'व्' का विशेष महत्त्व नहीं। आदि स्थिति में ये ध्वनियाँ 'ज्' एवं 'ब्' रूपों में बदल जाती हैं

और इनका प्रयोग एकाधिक रूपों में उपलब्ध होता है और व्यञ्जन के बाद अन्त्य स्थिति में ये ध्वनियाँ प्रायः पूर्ववर्ती व्यञ्जन के अनुरूप हो जाती हैं। जैसे– यात्रा > जातरा, वंश > बैंस, यंत्र > जैन्तर, वस्तु > बस्त, यत्न > जतन, वर्ष > ब' रा, यकीन > जकीन, वकील > बकील।

हिन्दी आदि अन्य भाषाओं में 'ङ्', 'ञ्' आदि नासिक्य व्यञ्जन तथा उत्क्षिप्त मूर्धन्य 'ड़्' व्यञ्जन आदि स्थिति में प्रयुक्त नहीं होते, परन्तु डोगरी भाषा की यह विशेषता इस संदर्भ में उल्लेखनीय है कि इसमें ङ् और ञ् दोनों कंठ्य और तालव्य नासिक्य व्यञ्जन तथा ड़ (मूर्धन्य उत्क्षिप्त) आदि स्थिति में प्रयुक्त होते हैं–

डोगरी	**हिन्दी**	**डोगरी**	**हिन्दी**
ङूठा	अंगूठा	ङूर	अंगूर
ञ्याणा	बच्चा	ञारां	ग्यारह
ड़ेका	रुकावट	ड़म्बना	शुरू करना

(iv) डोगरी भाषा में स्वरलोप और स्वरागम की प्रवृत्तियाँ भी दिखाई देती हैं।

आदि स्वरलोप – अनाज > नाज, अमरूद > मरूद, अमावस्या > मस्सेआ, इनाम > नाम।

मध्य स्वरलोप – बालक > बाल्क, मालिक > माल्क, कलश > कल्श, सबक > सब्क, कपट > कप्ट।

अन्त्य स्वरलोप – पाप > पापु, राम > रामु, जल > जलु, फल > फलु, श्राप > सराफु, नाच > नाचु।

स्वरागम – अधिकतर मध्य स्थिति में होता है– पुत्र > पुत्तर, धर्म > धरम, सूर्य > सूरज, भक्ति > भगती।

(v) **स्वर-विपर्यय**–डोगरी में स्वर-परिवर्तन के अन्तर्गत स्वर-विपर्यय का भी विशेष स्थान है। इस विपयर्य में अधिकतर 'उ' अपने पश्चातूवर्ती व्यञ्जन के स्वर का स्थान ग्रहण करता है। 'इ' के विपर्यय के कुछ-एक उदाहरण ही उपलब्ध हैं, जो अपने पूर्ववर्ती व्यञ्जन को प्रभावित करते हैं।

'उ' सम्बन्धी विपर्यय– उपाय > पुआऽ उधार > दुहार, उदास > दुआस, उजाड़ > जुआड़।

'इ' सम्बन्धी विपर्यय– कृपा > किरपा, वृद्ध > विरध।

(vi) डोगरी भाषा में 'ह' ध्वनि का उच्चारण भी महाप्राण-युक्त न रहकर कोमल एवं हल्के झटके के समान होता है। आदि स्थिति में प्रायः अकारादि स्वरों के साथ निम्नारोही सुर के निम्न स्तर को ग्रहण करती है–

हत्थ	>	अत्थ	(हाथ)	हार	>	आर	(हार)
हिरण	>	इरन	(हिरण)	हीरा	>	ईरा	(हीरा)
हुनर	>	उनर	(हुलर)	हुन	>	ऊन	(अब)

हेर फेर > एर फेर (हेर-फेर) हैल > ऐल (खाद)

होना > ओना (होना)

मध्य और अन्त्य स्थितियों में भी विभिन्न परिवेशों के आधार पर यह 'ह्' ध्वनि विभिन्न प्रकार के सुरों का रूप ग्रहण करती है।

(vii) रूप-रचना के क्षेत्र में डोगरी भाषा की विशेषता उसकी रूपायनशीलता में है। रूपायन की दृष्टि से डोगरी में सरल, तिर्यक् और सम्बोधन तीन कारक हैं जिनका विश्लेषण 'संज्ञा' के अंतर्गत किया गया है। इस क्षेत्र में डोगरी की प्रमुख विशेषता यह है कि हिन्दी आदि अन्य भाषाओं में जहाँ विशेषणों में तिर्यक् कारक के बहुवचन के लिए रूपायन नहीं होता वहाँ डोगरी में होता है। जैसे–

तिर्यक्	स्त्री, एकव.	पीली कमीजै गी	(पीली कमीज को)
तिर्यक्	स्त्री, बहुव.	पीलिये कमीजे गी	(पीली कमीजों को)
तिर्यक्	पुं., एकव.	काले घोड़े गी	(काले घोड़े को)
तिर्यक्	पुं., बहुव.	काले घोड़े गी	(काले घोड़ों को)

इसके अतिरिक्त डोगरी में सम्बोधन के लिए भी विशेषणों में लिंग एवं वचन के अनुसार रूपायन होयता है जैसा कि हिन्दी में नहीं होता। उदाहरणार्थ–

सम्बोधन,	पुं., एकव.	ओ मेरेआ भाया	(अरे मेरे भाई)
सम्बोधन,	पुं., बहुव.	ओ मेरेओ भाओ	(अरे मेरे भाइयो)
सम्बोधन,	स्त्री., एकव.	ओ मेरिये भैने	(अरे मेरी बहन)
सम्बोधन,	स्त्री., बहुव.	ओ मेरियो भैनो	(अरे मेरी बहनो)

दूसरी प्रमुख विशेषता भाषा में कर्मवाच्य तथा भाववाच्य का प्रयोग है। संस्कृत भाषा में कर्मवाच्य में उपर्युक्त दोनों वाच्यों का प्रयोग अत्यल्प हो गया है। डोगरी में आम बोलचाल में भी ये दोनों वाच्य बड़ी स्वाभाविकता के साथ प्रयुक्त होते हैं।

कर्मवाच्य–

कताब पढ़ोआ दी ऐ। (किताब पढ़ी जा रही है।)

टल्ले सनोई गे। (कपड़े सिल गये)।

भाववाच्य–

स्कूल जनोंदा ऐ। (स्कूल जाया जाता है)

मेरे शा जरोंदा नेईं। (मुझसे सहा नहीं जाता।)

ऊपर दिये गये वाच्य सम्बन्धी उदाहरणों से डोगरी की कुछ और विशेषताएँ सामने आती हैं–

(अ) भाषा में संयोगात्मकता

सनोंदा	सुनेआ + जंदा–	(सुना जाता)
जनोग	(जान + होग)–	(जाया जाएगा)
खनोआ	(खाद्धा + गेआ)–	(खाया गया)

उपर्युक्त रूप डोगरी भाषा में संयोगात्मकता के गुण को व्यक्त कर रहे हैं जो कि हिन्दी में भी नहीं है।

(ब) **क्रियारूपों में संक्षेपीकरण**

संयोगात्मकता के फलस्वरूप ही डोगरी की क्रिया-संरचना में संक्षेपीकरण की प्रवृति के भी दर्शन होते हैं, जिसके कारण मुख्य और सहायक क्रियाएँ मिलकर संयुक्त रूप धारण करके 'संक्षेपीकरण' की प्रवृति को जन्म देती हैं। जैसे–

जन्दा + आं	जन्नां	(जाता हूँ)
जान + हुन्दा	जनोंदा	(जाया जाता)
टुरन + होग	टरोग	(चला जाएगा)
करी + ओड़ेआ	करूड़ेआ (कर दिया)	
जा + करदां	जा दां	(जा रहा हूँ)

इस प्रकार डोगरी भाषा की कतिपय विशेषताओं का यह संक्षिप्त विवरण है।

2. डोगरी ध्वनि-प्रक्रिया

उच्चारण की प्रक्रिया के आधार पर डोगरी में खण्डीय और खण्डेतर दो प्रकार के ध्वनिग्राम उपलब्ध हैं।

2.1 खण्डीय ध्वनिग्राम

खण्डीय ध्वनिग्रामों के अंतर्गत डोगरी में स्वर-ध्वनिग्राम और व्यञ्जन-ध्वनिग्राम आते हैं।

(i) **डोगरी के स्वर-ध्वनिग्राम**

डोगरी की ध्वनिग्रामिक व्यवस्था में इ, ई, ए, ऐ, अ, आ, ओ, औ, उ तथा ऊ इन दस स्वर-ध्वनिग्रामों की परिकल्पना की गयी है।

(ii) **डोगरी के स्वर-ध्वनिग्रामों का वर्गीकरण**

साधारण रूप से स्वरों का वर्गीकरण तीन आधारों पर किया जाता है– (अ) मुख-विवर के आधार पर, (ब) जिह्वा के भाग के आधार पर, (स) ओष्ठों की स्थिति के आधार पर।

मुख-विवर के आधार पर–मुख-विवर के आधार पर स्वरों के चार भेद किए जा सकते हैं। जिन स्वरों के उच्चारण में जिह्वा के बहुत ऊपर उठ जाने के कारण मुख-विवर बहुत सँकरा हो जाता है, उन्हें 'संवृत' स्वर कहा जाता है। इसी भाँति जिन स्वरों के उच्चारण में जिह्वा बहुत नीचे झुकी रहती है, वे स्वर मुख-विवर के खुला रहने के कारण 'विवृत' कहे जाते हैं। बीच में आने वाले स्वरों को इसी आधार पर अर्धसंवृत और अर्धविवृत की संज्ञाएँ दी गयी हैं। डोगरी में ई, इ, ऊ, उ, स्वर पूर्णतः संवृत हैं। ए, ओ अर्धसंवृत, ऐ, औ अर्धविवृत, आ पूर्णतः विवृत और 'अ' अर्धविवृत से कुछ अधिक विवृत स्वर माने गये हैं।

जिह्वा के भाग के आधार पर—इस आधार पर स्वरों को तीन भागों में बाँटा जा सकता है। जिन स्वरों के उच्चारण में जिह्वा का अगला भाग उठता है उन्हें अग्रस्वर, जिसके उच्चारण में पिछला भाग आता है उन्हें पश्चस्वर तथा जिन स्वरों के उच्चारण में जिह्वा का मध्य भाग कार्यशील होता है, उन्हें मध्य स्वर की संज्ञा दी जाती है। डोगरी में ई, इ, ए, ऐ अग्रस्वर, ऊ, उ, ओ, औ, आ पश्चस्वर तथा अ मध्यस्वर की कोटि में आते हैं।

ओष्ठों की स्थिति के आधार पर— प्रस्तुत आधार पर स्वरों के मुख्यतः दो भेद किए जाते हैं— वृत्तमुखी और अवृतमुखी। अवृत्तमुखी स्वरों के उच्चारण में ओष्ठ चौड़ाई में फैल जाते हैं। डोगरी में ऊ, उ, ओ, औ वृत्तमुखी स्वर हैं और ई, इ, ए, ऐ, अ, आ अवृत्तमुखी।

(iii) **डोगरी के व्यञ्जन-ध्वनिग्राम**

डोगरी की ध्वनिग्रामिक संरचना में क्, ख्, ग्, ङ्, च्, छ्, ज्, ञ्, ट्, ठ्, ड्, ड़्, ण्, त्, थ्, द्, न्, प्, फ्, ब्, म्, व्, र्, ल्, य्, श्, स् और ह् 28 व्यञ्जन-ध्वनियों को ध्वनिग्रामिक होने का श्रेय प्राप्त है। नागरी लिपि के सघोष, महाप्राण, स्पर्श व्यञ्जन ध्, झ्, ढ्, घ् और भ् डोगरी भाषा में अपना स्पष्ट अस्तित्व न रखने के कारण ध्वनिग्रामिक नहीं माने जाते, क्योंकि यहाँ पर इनका उच्चारण अपने घोषत्व एवं महाप्राणत्व को ठीक उसी प्रकार स्थापित न रखते हुए विभिन्न स्थितियों में विभिन्न उच्चारण ग्रहण कर लेता है। आदि स्थिति में ये व्यञ्जन अपने-अपने वर्ग के अल्पप्राण, अघोष, स्पर्श व्यञ्जनों के साथ निम्नारोही सुर का सहयोग ग्रहण करके क्रमशः के (क्+अे), चे (च्+अे), टे (ट्+अे), ते (त्+अे) तथा पे (प्+अे) रूपों में उच्चरित होते हैं; वर्तनी में यद्यपि देवनागरी के घ्, ढ, ध् और भ् ही लिखे जाते हैं। मध्य स्थिति में ये व्यंजन घोषत्व स्थापित रखते हैं, किन्तु महाप्राणत्व का लोप करते हुए अपने से पूर्व स्वर को उच्चावरोही सुर अथवा अपने से पश्चात स्वर को निम्नारोही सुर प्रदान करके विशेष प्रकार के उच्चारण रूप ग्रहण कर लेते हैं। जैसे— 'पढ़ना' का 'ढ़' अपने प्राणत्व का लोप करके 'ड' रूप ग्रहण करता है और 'प्' के 'अ' को उच्चावरोही सुर से प्रभावित करके 'पेड़ना' उच्चारण ग्रहण करता है। इसके विपरीत 'पढ़ाना' में 'ढ़्' व्यञ्जन सघोष, अल्पप्राण 'ड्' रूप ग्रहण करके अपने पश्चात के 'आ' को निम्नारोही सुर प्रदान करके 'पड़ोना' रूप में उच्चरित होता है। इसी प्रकार अंतिम स्थिति में भी वे व्यञ्जन घोषत्व स्थापित रखते हुए प्राणत्व का लोप कर देते हैं और अपने पूर्व स्वरों को उच्चावरोही सुर प्रदान करते हैं। जैसे— 'बर्ध' (विदा हो) का डोगरी उच्चारण 'बॅ' किया जाता है। 'ष्' व्यञ्जन डोगरी में 'ख्' और 'श्' रूपों में उच्चरित होता है और क्ष, त्र, ज्ञ संयुक्त व्यञ्जनों का उच्चारण भी क्रमशः ख् अथवा क्ख्, तर् अथवा त्तर और ग्य् रूपों में होता है। अतः उपर्युक्त 28 व्यञ्जन ध्वनियाँ ही डोगरी की ध्वनिग्रामिक संरचना में व्यञ्जन ध्वनिग्रामों की भूमिका निभाती हैं।

2.1.2 खंडेतर ध्वनिग्राम

खंडेतर ध्वनिग्राम के अंतर्गत डोगरी में मात्रा (Length), बलाघात, (Stress), अनुनासिकता, (Nasalization) सुर (Tone) तथा विवृति (Juncture) ध्वनिगुण आते हैं।

(i) डोगरी भाषा में स्वर एवं व्यञ्जन दोनों स्तरों पर मात्रा की सत्ता विद्यमान है और ध्वनिग्रामिक भी। अ, आ, इ, ई, उ, ऊ, ए, ऐ, ओ, औ आदि दस स्वरों की स्वतंत्र परिकल्पना कर लेने के पश्चात् ह्रस्व तथा दीर्घ मानते हुए स्वरों के स्तर पर मात्रा ध्वनिगुण के अंतर्गत इनकी परिचर्चा करना अब आवश्यक नहीं, किन्तु जहाँ तक व्यञ्जन स्तर पर मात्रा (व्यञ्जन द्वित्व) का सम्बन्ध है, उसे ह्रस्व अथवा दीर्घ होने के कारण ध्वनिग्रामिक होने का श्रेय प्राप्त है। प्रस्तुत अध्ययन में हमने व्यञ्जन द्वित्व को दीर्घ कहा है। उदाहरणार्थ—

ह्रस्व	**दीर्घ**
पका (पक् धातु का आदेशात्मक रूप)	पक्का (दृढ़, 'पक्का')
लगी (लगना का मुख्य क्रियार्थक रूप)	लग्गी (चोट आई)
कचा (बुरा)	कच्चा (कच्चा)
घटा (घटा)	घट्टा (रेत, मिट्टी आदि)
मत (नकारात्मक अव्यय)	मत (बुद्धि)
कदूं (कब)	कद्दू (धिया)
इ'नें (इन्होंने)	इन्नें (इतनों ने/को/से)
गल (गला)	गल्ल (बात)
कुल (वंश)	कुल्ल (कुल मिलाकर)
रसा (द्रव्य पदार्थ)	रस्सा (रस्सा)
मन (मन)	मन्न (मन्न् धातु का आदेशात्मक रूप)

उपर्युक्त सामग्री से स्पष्ट है कि डोगरी में मात्रा अर्थभेदक क्षमता रखने के कारण ध्वनिग्रामिक है।

(ii) **बलाघात**—जहाँ तक डोगरी भाषा का सम्बन्ध है, बलाघात की स्थिति हिन्दी से कहीं अधिक महत्त्वपूर्ण है। क्योंकि इसमें शब्दों के कई ऐसे युग्म मिलते हैं जो रूप-रचना की दृष्टि से एक समान होने पर भी उच्चारण बलाघात एवं मात्रा के कारण अर्थों में व्यतिरेक दिखाते हैं। जैसे—

प्रथम अक्षर पर बलाघात	**द्वितीय अक्षर पर बलाघात**
मलां (मलूँ)	मलां (मलवाऊँ)
तला (जूते का निचला भाग)	तला (तालाब, तोल् का आदेश)
फड़ां (पकड़ूँ)	फडां (पकड़वाऊँ)

दरी (बिछाने वाली दरी)	दरी (देवर की लड़की)
गला (गला, कंठ)	गला (गलाना का आदेश सूचक रूप)
रलां (मिलूँ)	रलां (मिलाऊँ)
करां (करूँ)	करां (करवाऊँ)

इन सभी उदाहरणों में बलाघात अक्षरों पर होने के कारण शब्द-स्तरीय है, जबकि डोगरी भाषा में ऐसी अनेक संरचनाएँ (वाक्य) मिलती हैं, जिनमें शब्दों पर बल होने के कारण बलाघात वाक्य-स्तरीय होता है, अर्थात् एक ही वाक्य के उच्चारण से भिन्न-भिन्न शब्दों पर बल डालने के कारण वाक्य के जितने शब्द होंगे उतने ही प्रकार के वाक्यार्थ प्राप्त हो सकेंगे।

(iii) **अनुनासिकता**–डोगरी के अनुनासिक उच्चारण मौखिक उच्चारण से अर्थभेदक महत्त्व रखने के कारण ध्वनिग्रामिक स्तर पर स्थान रखता है। विशेषकर शब्दांत में ऐसे उच्चारण प्रचुर मात्रा में उपलब्ध हैं, जैसे–

खा (तू खा)	खां (मैं खाऊँ)
जा (तू जा)	जां (या, मैं जाऊँ)
घोड़े (घोड़े)	घोड़ें (घोड़ों ने)
भैने (हे बहिन)	भैनें (बहनों ने)
सतारा (सितारा)	सतारां (सत्रह)
बाह् (वास्ता, सरोकार)	बांह (भुजा)
कू (बोल)	कूं (चारपाई का टेढ़ापन)

(iv) **सुर**–बलाघात की तरह सुराघात भी उच्चारण शृंखला के सभी अंगों पर एक समान नहीं होगा, बोलते समय सुर में उतार-चढ़ाव होता रहता है और यह स्वर-तंत्रियों की कंपन-गति पर निर्भर होता है। डोगरी में समतल (Level), उच्चावरोही (High falling) और निम्नारोही (Low-rising) तीन प्रकार के सुराघात हैं। समतल सुर वाले शब्दों में कोई उतार-चढ़ाव नहीं होता। जैसे सारा (सारा, पूर्ण)। उच्चावरोही सुर का उच्चारण व्यक्त करने हेतु ह्रस्व स्वरों अथवा स्वर-मात्राओं के पश्चात् शिरोरेखा के मध्य वर्णलोप का चिह्न (apostrophe) प्रयुक्त होता है। और दीर्घ स्वरों एवं स्वर-मात्राओं के पश्चात् 'ह' का प्रयोग होता है। जैसे–

उच्चावरोही सुर	**समतल सुर**
गल्ल (गाल)	गल्ल (बात)
कु'न (कौन)	कुन (अनाज का कीड़ा)
बाह्र (बाहर)	बार (बारी, बार)
पीह्ना (पीसना)	पीना (पीना)
सूह्टा (पानी का स्रोत)	सूटा (सिगरेट आदि का कश)
बेह्ड़ा (आंगन)	बेड़ा (बड़ी-सी नाव)

मैह्ल (महल)	मैल (मैल)
गोह्टा (उपला)	गोटा (किनारी-गोटा)
खौह्रा (कर्कश)	खौरना (खौरना)

निम्नारोही सुर के उच्चारण को व्यक्त करने हेतु भी 'ह्' वर्ण का प्रयोग होता है, किन्तु इस स्थिति में ध्वनियों का परिवेश भिन्न होता है। यहाँ पर ह् से पूर्व व्यंजन स्वरहीन होता है या फिर सघोष महाप्राण स्पर्श व्यंजन शब्दादि में प्रयुक्त होते हैं। जैसे–

ब्हार (बहार)	न्हेरा (अंधेरा)
म्हिसना (मिटना)	सब्है़री (दोपहर का भोजन)
बम्हीरी (फिरकी)	र्‌होल (साथ)
तम्हूडी (ततैया)	न्हौना (नहाना)
हर (हर, प्रत्येक)	हाल (हाल, स्थिति)
हिरन (हिरण)	हीखी (आशा)
हुनर (हुनर, कला)	हूर (हूर, परी)
होर (और)	हैल (खाद)
हौसला (धैर्य)	घट्‌ट (कम)
झंडा (झंडा)	ढिल्ला (ढीला)
ढीम (कंकड़)	धात (धात)
भारा (भारी)	घेरा (घेरा)
घना (सघन)	झोला (थैला)
ढौना (गिर पड़ना)	

(v) **विवृति**–विवृति की ध्वनिग्रामिकता को प्रमाणित करने के लिए भी अर्थभेदकता की कसौटी को ही अपनाना पड़ता है। हाल इत्यादि भाषाशास्त्रियों के अनुसार लगभग सभी भाषाओं में विवृति में कम से कम दो प्रकार पाए जाते हैं– संवृत विवृति (Close Juncture) एवं विवृत विवृति (Open Juncture)। संवृत विवृति में ध्वनि बिना किसी अवरोध या विराम के दूसरी ध्वनि का अनुसरण करती है, जबकि विवृत विवृति में उच्चारण-प्रवाह एक अल्प-से विराम के पूर्व रुक जाता है। डोगरी में यह विवृति शब्द एवं वाक्य-स्तर पर अर्थभेदक महत्त्व रखती है। जैसे–

संवृत विवृति	**विवृत विवृति**
खलांदी (खिलाती)	खल आंदी (खल लाई)
दबोए (दबे हुए)	दब ओए (अरे दब न)
मरोड़ियै (मरोड़ कर)	मरो अड़िये (मर अरी)
करूरे (कर्कश)	कर उरे (समीप ला)

अलग-अलग व्याकरणिक रूपों वाले पदों पदसमूहों में विवृति का अर्थभेदक

महत्व देखते ही बनता है। जैसे–

संवृत विवृति	विवृत विवृति
औंदे (आते हुए)	औन् दे (आने दो)
सौंदे (सोते हुए)	सौन् दे (सोने दो)
पींदे (पीते हुए)	पीन् दे (पीने दो)
गांदे (गाते हुए)	गान् दे (गाने दो)

निश्चयवाचक वर्तमान कालिक कृदंत रूप

संवृत विवृति	विवृत विवृति
बन्ननां (बाँधता हूँ)	बन्न नां (बाँधो न)
सुट्टनां (फेंकता हूँ)	सुट्ट नां (फेंको न)
तुप्पनां (ढूँढता हूँ)	तुप्प नां (ढूँढ़ो न)
जरनां (सहता हूँ)	जर नां (सहो न)
आखनां (कहता हूँ)	आख नां (कहो न)

पूर्वकालिक कृदन्ती रूपों में

संवृत विवृति	विवृत विवृति
समझाइयै (समझा कर)	समझा इ'यै (यही समझाओ)
पढ़ाइयै (पढ़ा कर)	पढ़ा इ'यै (यही पढ़ाओ)
खाइयै (खा कर)	खा इ'यै (यही खाओ)
धरियै (रख कर)	धर इ'यै (रखो यही)
देइयै (दे कर)	दे इ'यै (दो यही)
लिखियै (लिख कर)	लिख इ'यै (लिखो यही)

'के लिए' अर्थाभिव्यक्ति वाले पदसमूहों में

संवृत विवृति	विवृत विवृति
पढ़नेई (पढ़ने के लिए)	पढ़ नेई (पढ़ो नहीं)
खानेई (खाने के लिए)	खा नेई (खाओ नहीं)
जानेई (जाने के लिए)	जा नेई (जाओ नहीं)
मंगनेई (माँगने के लिए)	मंग नेई (माँगो नहीं)
करनेई (करने के लिए)	कर नेई (करो नहीं)
धोनेई (धोने के लिए)	धो नेई (धोओ नहीं)

दीर्घ उच्चारणों में भी विवृति डोगरी भाषा में पर्याप्त महत्त्वपूर्ण है।

2.1.3 डोगरी में प्लुत स्वरों का प्रयोग

डोगरी में कुछ ऐसे शब्द भी प्रयुक्त होते हैं जिनके अंत में प्लुत (Extra Long) स्वर उच्चरित होते हैं। प्लुत स्वरों के लेखन हेतु दीर्घ स्वर मात्रा के बाद ऽ (प्लुत-चिह्न) का प्रयोग किया जाता है। उदाहरणार्थ–

लगा (काम करने लगा)	लगाऽ (लगाव)
चा (में से)	चाऽ (शौक, चाव)
जी (आदरसूचक अव्यय)	जीऽ (जीव)
बी (भी)	बीऽ (बीज)
सड़् (सडियल)	सड़ूंऽ (तड़के की आवाज)
ले (ले जाओ)	लेऽ (दीवार आदि पर से उखड़ा हुआ या उखड़ने वाला लेप)
लै (लो)	लैऽ (लय)
गलो (गलना क्रिया का आदेशात्मक रूप)	गलोऽ (गिलोय)

3. डोगरी रूप-रचना

अन्य आधुनिक भारतीय आर्य भाषाओं की भाँति डोगरी में भी आठ वाक्भाग हैं–संज्ञा, सर्वमान, विशेषण, क्रिया, क्रियाविशेषण, सम्बन्धसूचक, समुच्चयबोधक एवं विस्मयादि बोधक। इनमें से प्रथम चार विकारी हैं और पिछले चार अविकारी हैं और आखरी पदों को अव्यय कहा जाता है। विकारी वाक्भागों- संज्ञा, सर्वनाम और विशेषण में लिंग, वचन और कारक के लिए रूपायन होता है जबकि क्रियाओं में वाच्य, काल, अर्थ, पुरुष, लिंग और वचन के लिए।

3.1 लिंग रूप-रचना

अन्य आधुनिक भारतीय आर्य भाषाओं की भाँति डोगरी में भी लिंग-निर्धारण के विशेष मापदंड नहीं मिलते, किन्तु रूपग्रामिक दृष्टि से पुल्लिंग संज्ञाओं के स्त्रीलिंग रूप बनाने के लिए जिन प्रत्ययों का प्रयोग किया जाता है उनका विवरण इस प्रकार है–

(i) पुल्लिग आकारान्त संज्ञाओं के 'आकार' को 'ईकार' आदेश कर देने से स्त्रीलिंग रूपों की रचना होती है। जैसे–

पुल्लिग	**स्त्रीलिंग**	**पुल्लिग**	**स्त्रीलिंग**
मामा (मामा)	मामी (मामी)	बक्करा (बकरा)	बक्करी (बकरी)
पतीला (पतीला)	पतीली (पतीली)	सूआ (बड़ी सूई)	सूई (सूई)

(ii) व्यञ्जनांत पुल्लिग संज्ञाओं से स्त्रीलिंग संज्ञाएँ बनाने के लिए निम्न तीन नियम प्रयुक्त होते हैं–

(अ) पुल्लिग व्यञ्जनांत संज्ञाओं के आगे ई जोड़ने से

पुल्लिग	**स्त्रीलिंग**	**पुल्लिग**	**स्त्रीलिंग**
झीर् (झीवर)	झीरी (झीवरी)	चमैर् (चमार)	चमैरी (चमारिन)
बान्दर् (बन्दर)	बान्दरी (बन्दरी)	कौल् (बड़ी कटोरी)	कौली (कटोरी)

(ब) पुल्लिंग व्यञ्जनांत संज्ञाओं के आगे 'अनी' लगाने से

पुल्लिग	स्त्रीलिंग	पुल्लिग	स्त्रीलिंग
मोर् (मोर)	मोरनी (मोरनी)	शेर् (शेर)	शेरनी (शेरनी)
सप्प् (साँप)	सप्पनी (साँपिन)	नाग् (नाग)	नागनी (नागिन)

(द) पुल्लिग व्यंजनांत संज्ञाओं के अंत में 'ऐनी', 'एआनी; लगाने से

पुंल्लिंग	स्त्रीलिंग
पन्त् (पंडित)	पन्तैनी/पन्तेआनी (पंडिताइन)
माश्टर् (अध्यापक)	माश्टरैनी/माश्टरेआनी (अध्यापिका)
डाक्टर् (डाक्टर)	डाक्टरैनी/डाक्टरेआनी (महिला डाक्टर)

(iii) पुल्लिग ईकारान्त संज्ञाओं की अंतिम 'ई' को 'अन' आदेश कर देने से स्त्रीलिंग रूपों की रचना होती है।

पुल्लिग	स्त्रीलिंग
पापी (पापी)	पापन (पापी स्त्री, पापिन)
माली (माली)	मालन (मालिन)
रोगी (रोगी)	रोगन (रोगी स्त्री)
जोगी (योगी)	जोगन (योगिन)
सपाही (सिपाही)	सपैह्न (सिपाही की पत्नी या महिला सिपाही)
नाई (नाई)	नैन (नाईन)

3.1.2 वचन रूप-रचना

डोगरी भाषा में 'एकवचन' तथा 'बहुवचन' दो ही वचनों की व्यवस्था है।

डोगरी में एकवचन से बहुवचन बनाने के प्रत्यय इस प्रकार हैं–

(i) पुल्लिग संज्ञाओं में सरल (कर्तृ) रूप में आकारान्त प्रातिपदिकों को छोड़ शेष सभी संज्ञाओं में बहुवचन के लिए कोई रूपायन (परिवर्तन) नहीं होता। संस्कृत में कर्तृरूप के बहुवचन के लिए 'आः' प्रत्यय प्रयुक्त होता था तो मध्य काल में ह्रस्वीकरण को प्राप्त होकर 'अः' में सुरक्षित रहा। डोगरी में भी व्यञ्जनांत हो गये हैं। उदाहरणार्थ–

जागत्	(लड़का)	पुत्तर्	(पुत्र)
घर्	(घर)	नाज्	(अनाज) आदि।

एकवचन		बहुवचन	
	व्यञ्जनांत–		
चोर्	(चोर)	चोर्	चोर
बान्दर्	(बंदर)	बान्दर्	(बंदर)
पन्त्	(पंडत)	पंत्	(पंडित)

इकारान्त

मुनि	(मुनि)	मुनि	(मुनि)

ईकारान्त

माली	(माली)	माली	(माली)
धोबी	(धोबी)	धोबी	(धोबी)

उकारान्त–

साधु	(साधु)	साधु	(साधु)
खटोलु	(छोटी चारपाई)	खटोलु	(छोटी चारपाइयाँ)

ऊकारान्त–

खाऊ	(खाने वाला)	खाऊ	(खाने वाले)
पीऊ	(पीने वाला)	पीऊ	(पीने वाले)

एकारान्त

नैंह्	(नाखून)	नैंह्	(नाखून)

ओकारान्त–

ध्यो	(घी)	ध्यो	(घी)

औकारान्त–

जौ	(जौ)	जौ	(जौ)

(ii) सभी स्त्रीनिंग नामपदों में सरल (कर्तृ) रूप में बहुवचन के लिए 'आं' प्रत्यय का योग रहता है जो संस्कृत 'आः' को सुरक्षित रखते हुए अनुनासिक प्रवृति वाला हो गया है। व्यंजनांत संज्ञाओं के साथ 'आं' का योग, आकारांत संज्ञाओं को 'आं' आदेश ईकारान्त संज्ञाओं को 'इयां' आदेश, ऊकारान्त संज्ञाओं को 'उआं' आदेश, ओकारान्त के साथ भी 'आं' प्रत्यय का योग तथा औकारान्त संज्ञाओं के 'औ' को 'अवां' आदेश आदि रूप ग्रहण करने के कारण यह बहुवचन सूचक रूप विभिन्न प्रत्ययों से सम्पन्न होते हैं। उदाहरणत के लिए

एक्वचन	**बहुवचन**
रात् (रात)	रातां (रातें)
मार् (मार)	मारां (मारें)
कन्ध् (दीवार)	कन्धां (दीवारें)
माला (माला)	मालां (मालाएँ)
कला (कला, लड़ाई)	कलां (कलाएँ, लड़ाइयाँ)

ईकारान्त–

परी (परी)	परियां (परियाँ)
गड्डी (गाड़ी)	गड्डियां (गाड़ियाँ)
कुड़ी (लड़की)	कुड़ियां (लड़कियाँ)

ऊकारान्त–

नूंह् (बहू)	नुहां (बहुएँ)
जूं (जूं)	जुआं (जुएँ)

एकारान्त–

बेऽ (माता आदि बजुर्ग महिला के लिए प्रयुक्त शब्द का एकवचन)	बेआं (डोगरी बेऽ का बहुवचन)

ऐकारान्त–

मैंह् (भैंस)	मेहियां (भैंसें)
गैं (कदम)	गेईं, गेइयां (कदम)

ओकारान्त–

घो (जानवर विशेष का एकवचन)	घोआं (जानवर विशेष का बहुवचन)

विशेष–

(क) स्त्रीलिंग की कुछ-एक व्यञ्जनांत संज्ञाओं के साथ 'आं' के अतिरिक्त 'ई' के योग से भी कर्तृ रूप बहुवचन निर्मित होते हैं–

एकवचन	**बहुवचन**
दालु (दाल)	दालीं (दालें)
छालु (छलांग)	छालीं (छलाँगें)
गालु (गाली)	गालीं (गालियाँ)
अक्खु (आँख)	अक्खीं (आँखें)

(ख) कतिपय स्त्रीलिंग संज्ञाएँ 'आं' के स्थान पर 'रीं' का योग भी ग्रहण करती हैं–

एकवचन	**बहुवचन**
सस्सु (सास)	सस्सरीं (सासें)
मां (माता)	मौरीं (माताएँ)
धी (बेटी)	धीरीं (लड़कियाँ/बेटियाँ)

(ग) स्त्रीलिंग की जिन संज्ञाओं के अंत में अनुनासिक स्वर (आं) हो उनके साथ बहुवचन के लिए 'आ' के स्थान पर 'वां' अथवा 'मां' प्रत्यय जोड़ा जाता है जैसे–

एकवचन	**बहुवचन**
मां (मां)	मावां (माएँ)
बांह् (भुजा)	बह्मां (भुजाएँ)

(घ) आकारांत पुल्लिग शब्दों में बहुवचन के लिए अंतिम 'आ' को 'ए' आदेश होता है। जैसे–

एकवचन	बहुवचन
तोता (तोता)	तोते (तोते)
घोड़ा (घोड़ा)	घोड़े (घोड़े)
लोटा (लोटा)	लोटे (लोटे)

राजा, नाना, दादा आदि आकारान्त संज्ञाएँ जिन्हें हिन्दी भाषा में बहुवचन के लिए रूपायन नहीं होता, डोगरी में रूपायनशील हैं–

एकवचन	बहुवचन
राजा (राजा)	राजे (राजा लोग)
नाना (नाना)	नाने (नाना)
दादा (दादा)	दादे (दादा)
चाचा (चाचा)	चाचे (चाचा)
मामा (मामा)	मामे (मामा)

सरल के अतिरिक्त शेष कारकों के अंतर्गत बनने वाले नामपदों के बहुवचन कारक के अंतर्गत कहे जाएँगे।

3.1.3 कारक रूप-रचना

अर्थ की दृष्टि से डोगरी में भले ही आठ कारकों– कर्ता, कर्म, करण, संप्रदान, अपादान, सम्बन्ध, अधिकरण और सम्बोधन का प्रयोग निश्चित है किन्तु रूपरचना की दृष्टि सें सरल, तिर्यक् और संबोधन तीन ही कारक प्रयुक्त होते हैं।

(i) आकारान्त पुल्लिग 'राजा' (राजा)

कारक	एकवचन	बहुवचन
सरल	राजा	राजे
तिर्यक्	राजे	राजें
सम्बोधन	राजा/राजेआ	राजेओ

(ii) ईकारान्त पुल्लिग 'माली' (माली)

कारक	एकवचन	बहुवचन
सरल	माली	माली
तिर्यक्	माली/मालियै	मालियें

उकारान्त पुल्लिग 'साधु' (साधु)

कारक	एकवचन	बहुवचन
सरल	साधु	साधु
तिर्यक्	साधु/साधुए	साधुएं
सम्बोधन	साधु/साधुआ	साधुओ

(iii) ऊकारांत पुल्लिंग 'तारू' (तैराक)

कारक	एकवचन	बहुवचन
सरल	तारू	तारू
तिर्यक्	तारू/तारूऐ	तारूएं
सम्बोधन	तारू/तारूआ	तारूओ

(iv) व्यञ्जनांत पुल्लिंग 'जागत्' (लड़का)

कारक	एकवचन	बहुवचन
सरल	जागत	जागत
तिर्यक्	जागता/जागतै	जागतें
सम्बोधन	जागता	जागतो

(v) आकारान्त स्त्रीलिंग 'माला' (माला)

कारक	एकवचन	बहुवचन
सरल	माला	मालां
तिर्यक्	माला	मालें/मालाएं
सम्बोधन	माला	मालाओ

(vi) ईकारान्त स्त्रीलिंग 'कुड़ी' (लड़की)

कारक	एकवचन	बहुवचन
	कुड़ी	कुड़ियां
तिर्यक्	कुड़ी/कुड़ियै	कुड़िये
सम्बोधन	कुड़िये	कुड़ियै

(vii) ऊकारान्त स्त्रीलिंग 'नूंहू' (बहू)

कारक	एकवचन	बहुवचन
सरल	नूंह्	नुहां
तिर्यक्	नूंह्/नुहैं	नुहें
सम्बोधन	नूंहे	नुहो

(viii) औकारांत स्त्रीलिंग गौ (गाय)

कारक	एकवचन	बहुवचन
सरल	गौ	गवां
तिर्यक्	गवा/गवै	गवें
सम्बोधन	गवे	गवो

(ix) व्यञ्जनांत स्त्रीलिंग 'भैन्' (बहिन)

कारक	एकघचन	बहुवचन
सरल	भैन	भैनां
तिर्यक्	भैनू	भैनें
सम्बोधन	भैने	भैनो

सर्वनाम के भेद

सर्वनाम के कई भेद होते हैं किन्तु डोगरी में इसके प्रमुख भेद इस प्रकार हैं– 1. पुरुषवाचक, 2. निश्चयवाचक 3. अनिश्चयवाचक 4, सम्बन्धवाचक, 5, प्रश्नवाचक, 6. निजवाचक एवं 7. विविध प्रकार के सर्वनाम।

3.1.4 सर्वनामों की रूप-रचना

(i) **पुरुषवाचक सर्वनाम**

पुरुषवाचक सर्वनामों के अंतर्गत उत्तमपुरुष, मध्यमपुरुष और अन्यपुरुष के सर्वनाम आते हैं। डोगरी में चूँकि अन्यपुरुष सर्वनाम का कार्य दूरस्थ का वाचक निश्चयवाचक सर्वनाम ही करता है इसलिए यहाँ केवल उत्तमपुरुष और मध्यमपरुष के सर्वनामों की ही चर्चा की गयी है।

(अ) उत्तमपुरुष सर्वनाम के रूप

कारक	**एकवचन**	**बहुवचन**
सरल	अ'ऊं/औं, में	अस असें
तिर्यक् (कर्ता)	में, अ'ऊं	असें (गी)
तिर्यक् (कर्म)	मि (गी)	असें (गी)
तिर्यक् (करण, सम्प्रदान अपादान, अधिकरण)	मेरे/म्हाड़े	साढ़े
तिर्यक् (सम्बन्ध)	मेरा, मेरे; मेरी, मेरियां	साढ़ा, साढ़े साढ़ी, साढ़ियां

(ब) मध्यमपुरुष सर्वनाम के रूप

कारक	**एकवचन**	**बहुवचन**
सरल	तूं	तुस
तिर्यक् (कर्ता)	तूं	तुसें
तिर्यक् (कर्म)	तुं (गी)	तुसें (गी)
तिर्यक् (करण, सम्प्रदान, अपादान, अधिकरण)	तेरे	तुं'दे/थुआढ़े/तुसाढ़े
तिर्यक् (सबंध)	तेरा, तेरे, तेरी, तेरियां	तुं'दा, तुं'दे, तुं'दी, तुं' दियां थुआढ़ा, थुआढ़े, थुआढ़ी, थुआढ़ियां

(ii) **निश्चयवाचक सर्वनाम**

निश्चयवाचक सर्वनाम दो अर्थों में प्रयुक्त होता है। 1. प्रत्यक्ष अथवा निकटस्थ का वाचक तथा 2. परोक्ष अथवा दूरस्थ का वाचक।

(अ) प्रत्यक्षसूचक निश्चयवाचक सर्वनाम

कारक	**एकवचन**	**बहुवचन**
सरल	एह्	एह्
तिर्यक् (कर्ता)	इस/इन्न (ने)	इ'नें
तिर्यक् (कर्म)	इस (गी)	इ'नें (गी)
तिर्यक् (करण, सम्प्रदान, अपादान, अधिकरण)	इसदे/एह्दे	इन् (दे), इं'दे
तिर्यक् (सम्बन्ध)	इसदा, इसदे, इसदी, इसदियां, एह्दा, एह्दे, एह्दी, एह्दियां	इं'दा, इं'दे इं'दी, इं'दियां

(ब) परोक्षसूचक निश्चयवाचक सर्वनाम

प्रस्तुत सर्वनाम अन्यपुरुष सर्वनाम का कार्य भी करता है और दूरस्थ वस्तुओं को भी संकेतित करता है। डोगरी में इस सर्वनाम के रूप इस प्रकार बनते हैं–

कारक	**एकवचन**	**बहुवचन**
सरल	ओह्	ओह्
तिर्यक् (कर्ता)	उस/उन्न (ने)	उ'नें
तिर्यक् (कर्म)	उस (गी)	उ'नें (गी)
तिर्यक् (करण, सम्प्रदान, अपादान, अधिकरण)	उस/ओह् (दे)	उन् (दे), उं'दे
तिर्यक् (सम्बन्ध)	उसदा, उसदे, उसदी, उस दियां ओह्दा, ओह्दे, ओह्दी, ओह्दियां	उं'दा, उं'दे उं'दियां

(iii) अनिश्चयवाचक सर्वनाम

अनिश्चयवाचक सर्वनाम के अंतर्गत 'कोई' और 'किश' (कुछ) सर्वनाम आते हैं। 'कोई' का प्रयोग प्राणिवाचक के लिए किया जाता है और 'किश' का अप्राणिवाचक के लिए। डोगरी में 'कोई' सर्वनाम में अधिकतर तिर्यक् कारक के लिए रूपायन होता है जबकि 'किश' सर्वनाम अविकारी ही रहता है।

अनिश्चवाचक सर्वनाम के रूप

कारक	**एकवचन**	**बहुवचन**
सरल	कोई, किश	केई
तिर्यक्	कुरै	केइयें

यह सर्वनाम एक उपवाक्य की संज्ञा या सर्वनाम का दूसरे उपवाक्य से सम्बन्ध

जोड़ता है। अतः दूसरे उपवाक्य में उसका नित्य सम्बन्धी सर्वनाम भी आता है।

प्राचीन एवं मध्यकालीन भारतीय आर्यभाषा में सम्बन्धवाचक सर्वनाम में लिंग के लिए रूपायन होता था, किन्तु आधुनिक भारतीय आर्यभाषा में सर्वनाम रूपों में लिंग-भेद न रहने के कारण डोगरी में भी प्रस्तुत सर्वनाम के स्त्रीलिंग और पुल्लिग के लिए एक-जैसे रूप चलने लगे।

(iv) सम्बन्धवाचक सर्वनाम के रूप

कारक	**एकवचन**	**बहुवचन**
सरल	जो/जेह्ड़ा	जो/जेह्ड़े
तिर्यक् (कर्ता)	जिस, जिन्न (ने)	जि'नें
तिर्यक् (कर्म)	जिस (गी)	जि'नें (गी)
तिर्यक् (करण, सम्प्रदान अपादान, अधिकरण)	जि'दे	जिं'दे
सम्बन्ध	जिसदा, जिसदे/ जेह्दा, जेह्दे	जिं'दा, जिं'दे
	जिसदी, जिसदियां/ जेह्दी, जेह्दियां	जिं'दी, जिं'दियां

(v) प्रश्नवाचक सर्वनाम

डोगरी में प्रश्नवाचक सर्वनाम के अन्तर्गत 'कु'न' (कौन) तथा केह् (क्या) पद प्रयुक्त होते हैं। इनमें से 'कु'न' का प्रयोग प्राणिवाचक के लिए और 'केह्' का प्रयोग अप्राणिवाचक के लिए होता है।

(अ) कु'न सर्वनाम के रूप

कारक	**एकवचन**	**बहुवचन**
सरल	कु'न	कु'न
तिर्यक् (कर्ता)	कुस/कुन्न (ने)	कु'नें
तिर्यक् (कर्म)	कुस (गौ)	कु'नें (गी)
तिर्यक् (करण, सम्प्रदान, अपादान, अधिकरण)	कुस/कुसदे/कोह्दे	कुं'दे
सम्बन्ध	कुसदा/कुसदे, कोह्दा, कोह्दे;	कुं'दा, कुं'दे;
	कुसदी, कुसदियां/ कोह्दी, कोह्दियां	कुं'दी, कुं'दियां

(ब) केह् (क्या) सर्वनाम के रूप

यह सार्वनामिक पद एकवचन में ही प्रयुक्त होता है।

कारक	एकवचन	बहुवचन
सरल	केह्	
तिर्यक् (कर्म)	किस (गी)	
तिर्यक् (करण, सम्प्रदान, किस/कैह्दे अपादान, अधिकरण)		
सम्बन्ध	कैह्दा, कैह्दे कैह्दी कैह्दियां	

(vi) निजवाचक सर्वनाम

डोगरी में निजवाचक सर्वनाम के लिए 'आप' तथा 'आपूं' पद ही प्रयुक्त होते हैं और इनमें वचन के लिए कोई भेद नहीं होता। वचन का ज्ञान वाक्य में प्रयुक्त क्रिया से होता है।

कारक	एकवचन	बहुवचन
सरल	आप, आपूं	आप, आपूं
तिर्यक् (कर्ता, कर्म)	आपूं, अपने (गी)	आपूं, अपने
तिर्यक् (करण, सम्प्रदान, अपादान, अधिकरण)	अपने	अपने
सम्बन्ध	अपना, अपने; अपनी, अपनियां	अपना, अपने अपनी, अपनियां

3.1.5 डोगरी विशेषणों के रूप

रूप की दृष्टि से डोगरी में अविकारी और विकारी दो प्रकार के विशेषण मिलते हैं। अविकारी विशेषणों के अन्तर्गत विशेषण पदों पर विशेष्य की व्याकरणिक स्थिति पर (लिंग, वचन, कारक आदि) का कोई प्रभाव नहीं पड़ता और विकारी विशेषण विशेष्य की लिंग, वचन तथा कारक विषयक विशेषता से सम्पन्न रहते हैं।

अविकारी विशेषण

इस कोटि के अन्तर्गत आकारान्त विशेषणों को छोड़कर अन्य सभी स्वरों के अन्त वाले तथा व्यञ्जनांत विशेषण आते हैं—

(i) **ईकारान्त 'प्याजी' (गुलाबी)**

प्याजी कुर्ता	(गुलाबी कुर्ता)	(पुं. एकव., सरल)
प्याजी कमीज	(गुलाबी कमीज)	(स्त्री., एकव., सरल)
प्याजी कुर्ते	(गुलाबी कुर्ते)	(पुं. बहुव., सरल)
प्याजी कमीजां	(गुलाबी कमीजें)	(स्त्री., बहुव., सरल)
प्याजी कुर्ते (गी)	(गुलाबी कुर्ते) (को)	(पुं, एकव., तिर्यक्)

प्याजी कुर्तें (गी)	(गुलाबी कुर्तों) (को)	(पुं., बहुव., तिर्यक्)
प्याजी कमीजै (गी)	(गुलाबी कमीज) (को)	(स्त्री., एकव., तिर्यक्)
प्याजी कमीजें (गी)	(गुलाबी कमीजों) (को)	(स्त्री., बहुव., तिर्यक्)

(ii) **ऊकारान्त 'डरू' (डरपोक)**

डरू मुड़ा	(डरपोक लड़का)	(पुं, एकव., सरल)
डरू कुड़ी	(डरपोक लड़की)	(स्त्री., एकव., सरल)
डरू मुड़े	(डरपोक लड़के)	(पुं., बहुव., सरल)
डरू कुड़ियां	(डरपोक लड़कियाँ)	(स्त्री. बहुव., सरल)
डरू मुड़े (गी)	(डरपोक लड़के) (को)	(पुं., एकव., तिर्यक्)
डरू मुड़ें (गी)	(डरपोक लड़कों) (को)	(पुं., बहुव., तिर्यक्)
डरू कुड़ी (गी)	(डरपोक लड़की) (को)	(स्त्री., एकव., तिर्यक्)
डरू कुड़ियें (गी)	(डरपोक लड़कियों) (को)	(स्त्री., एकव., तिर्यक्)

(iii) **व्यञ्जनांत 'शैल्' (सुन्दर)**

शैल् जागत	(सुन्दर लड़का)	(पुं., एकव., सरल)
शैल् कुड़ी	(सुन्दर लड़की)	(स्त्री., एकव., सरल)
शैल् जागत	(सुन्दर लड़के)	(पुं., बहुव., सरल)
शैल् कुड़ियां	(सुन्दर लड़कियाँ)	(स्त्री.,बहुव.,सरल)
शैल् जागतै (गी)	(सुन्दर लड़के)(को)	(पुं.,एकव.,तिर्यक्)
शैल् जागतें (गी)	(सुन्दर लड़कों)(को)	(पुं.,बहुव.,तिर्यक्)
शैल् कुड़ी (गी)	(सुन्दर लड़की)(को)	(स्त्री.,एकव.,तिर्यक्)
शैल् कुड़ियें (गी)	(सुन्दर लड़कियों)(को)	(स्त्री.,बहुव.,तिर्यक्)

इसी प्रकार अन्य सभी व्यञ्जनों के अंत वाले विशेषणों में भी विशेष्य के लिंग, वचन तथा कारक के लिए रूपायन नहीं होता।

विकारी विशेषण

डोगरी में सभी प्रकार के आकारान्त व्यञ्जनों में विशेष्य के लिंग, वचन और कारक के लिए रूपान्तर होता है। जैसा कि पीछे कहा गया है कि डोगरी में विशेषण प्रयोग गुण-विशेषण और विधेय-विशेषण के रूपों में दो प्रकार का होता है। अतः यहाँ उक्त दोनों स्थितियों में विशेषण-विशेष्य अन्विति रहती है।

गुणविशेषण के रूप में डोगरी विशेषणों में रूपायन

(i) **लिंग के आधार पर**

सभी पुल्लिंग आकारान्त विशेषणों के स्त्रीलिंग बनाने के लिए अंत में 'ईकार' आदेश हो जाता है–

काला बैल	(आ)	(काला बैल)	(पुं.)
काली गौ	(ई)	(काली गाय)	(स्त्री.)

(ii) **वचन के आधार पर**

आकारान्त पुल्लिंग विशेषणों के बहुवचन बनाने के लिए अंत में /-आ/ के स्थान पर 'ए' और ईकारान्त स्त्रीलिंग विशेषणों के बहुवचन बनाने के लिए अंत में 'ई' के स्थान पर 'इयां' आदेश होता है। उदाहरण–

पीला कुर्ता	(आ)	(पीला कुर्ता)	(पुं., एकव.)
पीले कुर्ते	(ए)	(पीले कुर्ते)	(पुं., बहुव.)
पीली कमीज	(इ)	(पीली कमीज)	(स्त्री., एकव.)
पीलियां कमीजां	(इयां)	(पीली कमीजें)	(स्त्री., बहुव.)

(iii) **कारक के आधार पर** – सरल कारक

काला घोड़ा (आ)	(काला घोड़ा)	(पुं., एकव.)
काले घोड़े (ए)	(काले घोड़े)	(पुं. बहुव.)
काली घोड़ी (ई)	(काली घोड़ी)	(स्त्री, एकव.)
कालियां घोड़ियां (इयां)	(काली घोड़ियाँ)	(स्त्री., बहुव.)

(iv) **तिर्यक् कारक**

काले घोड़े (ने) (ए)	(काले घोड़े)	(पुं., एकव.)
कालें घोड़ें (एं)	(काले घोड़ों)	(पु., बहुव.)
काली घोड़ी (ने)(ई)	(काली घोड़ी) (ने)	(स्त्री., एकव.)
कालियें घोड़ियें	(काली घोड़ियों) ने	(स्त्री., बहुव.)

(v) **सम्बोधन कारक**

डोगरी में सम्बोधन कारक के लिए विशेषण-रूपायन एकवचन में अपेक्षाकृत अधिक उपलब्ध होता है। बहुवचन में इसका प्रयोग कुछ कम ही मिलता है। जैसे–

ओ मेरेआ बापू	(एआ)	(ओ मेरे बापू)	(पुं., एकव.)
ए मेरिये भैने	(अरी इये)	(मेरी बहन)	(स्त्री., एकव.)

3.1.6. क्रियाओं की रूप-रचना

मुख्य रूप से क्रिया के दो भेद हैं–अकर्मक तथा सकर्मक

राम दुरदा ऐ।	(राम चलता है)	अकर्मक
राम दुद्ध पींदा ऐ	(राम दूध पीता है)	सकर्मक

किन्तु संरचना की दृष्टि से डोगरी में दो प्रकार की क्रियाएँ प्रयुक्त होती हैं–मौलिक और यौगिक। मौलिक क्रियाओं की रचना में मूल धातुओं के साथ व्याकरणिक कोटियों के अतिरिक्त किसी अन्य प्रत्यय एवं धातु आदि का योगदान नहीं होता अर्थात् केवल लिंग, वचन, पुरुष, वाच्य, काल, अर्थ आदि के लिए ही रूपांतर होता है। जैसे ''जागत न्हाता'' (लड़का नहाया), ''तूं जाएं'', (तुम जाओ), ''ओह् पढ़न'' (वे पढ़ें) बगैरा वाक्यों में न्हा, जा, पढ् धातुओं में ही रूपायन हुआ

है। जबकि यौगिक क्रिया की रचना में मूल धातु या शब्दों के साथ किसी प्रत्यय आदि का योगदान रहता है। ये क्रियाएँ प्रेरणार्थक (लिखना, लखाना, लखोआना), नामधातु (फलना, रँगना, निच्छना, धिक्कना, बडेरना, त्रेहाना बगैरा) और ध्वन्यात्मक (भिल-भनाना, बड़-बड़ाना, गिड़गड़ाना आदि) भेदों से तीन प्रकार की है।

दो या अधिक धातुओं के मेल से बनी क्रियाएँ संयुक्त क्रियाएँ होती हैं। डोगरी में इन क्रियाओं का प्रयोग प्रचुर मात्रा में होता है। जैसे– जानै पौना (जाना पड़ना), खान लगना (खाने लगना), टुरन लगी पौना (चलने लग पड़ना), पढ़ी सकना (पढ़ सकना), गाई सनाना (गा सुनाना, गा कर सुनाना), खाई-पी ओड़ना (खा-पी लेना), फंडी टकाना (डाँट-डपट देना) आदि।

सभी डोगरी क्रियाओं में वाच्य, काल, अर्थ, पुरुष, लिंग और वचन नामक व्याकरणिक कोटियों के लिए रूपायन होता है।

(i) **वाच्य-रचना**

वाच्य द्वारा वाक्यार्थ के रुख की जानकारी मिलती है। डोगरी में मुख्य रूप से तीन प्रकार के वाच्य प्रयुक्त होते हैं– कर्तृवाच्य, कर्मवाच्य और भाववाच्य।

(अ) कर्तृवाच्य में कर्ता का भाव प्रधान होता है और क्रिया एवं कर्ता में लिंग, वचन, पुरुष आदि सूचक अन्विति रहती है। जैसे–

जागत दौड़ता ऐ। (लड़का दौड़ता है।)
घोड़े दौड़दे न। (घोड़े दौड़ते हैं।)
कुड़ी दौड़दी ऐ। (लड़की दौड़ती है।)
कुड़ियां दौड़दियां न। (लड़कियाँ दौड़ती हैं।)

(ब) कर्मवाच्च में कर्म की प्रधानता होती है, और क्रिया के लिंग, वचन आदि कर्म के लिंग, वचन आदि से अन्विति रखते हैं। जैसे–

खत लखोआ। (खत लिखा गया।)
रमैण पढ़ोई। (रामायण पढ़ी गयी।)
टल्ले धनोए। (कपड़े धुल गये।)
कताबां पढ़ोइयां। (किताबें पढ़ी गईं।)

डोगरी में कर्मवाच्य की रचना मुख्य धातु के भूतकृदंती रूप के साथ 'जा' धातु का योग होने से होती है। जैसे– लिखेआ गेआ (लखोआ), लिखेआ जंदा (लखोंदा)।

क्रियारूपों में संक्षेपीकरण के कारण मुख्य धातु के मूल रूप के साथ '-ओ' प्रत्यय जुड़ता है। वैसे कहीं-कहीं 'नो' और 'ओच्' प्रत्यय भी लगते हैं। जैसे–

–ओ	**–नो**	**–ओच्**
लिख्+ ओ (लखोना)	सी+नो (सनोना)	सुन+ओच् (सनोचना)
वोल्+ओ (बलोना)	दे+नो (दनोना)	भर्+ओच् (भरोचना)
कोत्+ओ (कतोना)	धो+नो (धनोना)	टंग्+ओच् (टंगोचना)

(स) भाववाच्य के वाक्यार्थ में कर्ता या कर्म किसी की भी प्रधानता नहीं होती, बल्कि क्रिया का भाव ही प्रधान होता है। इसकी रचना में मुख्य धातु के क्रियार्थक संज्ञा रूप के साथ 'हो' धातु का योग होता है, जैसे–

जान होंदा (जनोंदा)– 'जाया जाता'

टुरन+होंदा (टरोंदा)– 'चला जाता' आदि।

किन्तु यहाँ पर भी संक्षिप्तीकरण की प्रवृत्ति के कारण मुख्य धातु के साथ 'ओ' का ही योग होता है, आगे कालवाचक, अर्थवाचक प्रत्यय भले ही जुड़ते हैं। जैसे–

चलन+होआ (चल+ओ+आ) = चलोआ (चला गया)

चलन+होंदा (चल्+ओ+न्दा) = चलोंदा (चला जाता)

चलन+होग (चल्+ओ+ग) = चलोग (चला जाएगा)

(ii) **काल-रचना**

अन्य आधुनिक भाषाओं की भाँति डोगरी में भी मुख्य तीन काल हैं : भूतकाल, वर्तमान काल और भविष्यत काल।

(अ) **भूतकाल की रूप-रचना**

डोगरी भूतकालीन रूप-रचना दो प्रकार की होती है– व्यंजनांत धातुओं के साथ भूतकाल के लिए शून्य (0) प्रत्यय लगता है। और पुल्लिग एकवचन के लिए -एआ/-आ, बहुवचन हेतु '-ए', स्त्रीलिंग एकवचन के लिए '-ई' तथा बहुवचन हेतु '-इयां' प्रत्यय प्रयुक्त होते हैं। जैसे–

टुरेआ (चला), टुरे (चले), टुरी (चली) और टुरियां (चलीं)।

पुज्जा (पहुँचा), पुज्जे (पहुँचे), पुज्जी (पहुँची), पुज्जियां (पहुँचीं)।

स्वरांत धातुओं के साथ मुख्यतः '-त' प्रत्यय का योग होता है और कहीं-कहीं '-द्' अथवा 'ठ्' प्रत्यय भी प्रयुक्त होते हैं और बाद में लिंग-वचन सूचक वे ही '-आ', '-ए', '-ई' और '-इयां'।

दित्ता (दिया), दित्ते (दिये), दित्ती (दी), दित्तियां (दीं)।

खाद्धा (खाया), खाद्धे (खाए), खाद्धी (खाई), खाद्धियां (खाईं)

बैठा (बैठा), बैठे (बैठे), बैठी (बैठी), बैठियां (बैठीं)

(ब) **वर्तमानकाल की रूप-रचना**

व्यंजनांत धातुओं के साथ वर्तमान काल के लिए 'अद्' प्रत्यय लगता है और बाद में -आ, -ए, -ई और -इयां प्रत्ययों का योग रहता है। जैसे–

टुरदा (चलता), टुरदे (चलते), टुरदी (चलती), टुरदियां (चलतीं)

पढ़दा (पढ़ता), पढ़दे (पढ़ते) पढ़दी (पढ़ती), पढ़दियां (पढ़तीं)

डोगरी में 'जा' और 'खा' धातुओं को वर्तमानकाल की रूप रचना में 'ज' और 'ख' आदेश हो जाता है। जैसे–

खंदा (खाता), खंदे (खाते), खंदी (खाती), खंदियां (खातीं)

जंदा (जाता), जंदे (जाते) जंदी (जाती) जंदियां (जातीं)

(स) **भविष्यत काल की रूप-रचना**

भविष्यतकाल की रूपरचना के लिए डोगरी में मूल रूप से '-ग्' प्रत्यय लगता है और इसका दूसरा संरूप -ङ् उत्तम पुरुष एकवचनी रूपों में प्रयुक्त होता है। जैसे–

लिंग	**पुरुष**	**एवचन**	**बहुवचन**
पुल्लिग	प्रथमपुरुष	करङ (करूँगा)	करगे (करेंगे)
स्त्रीलिंग	प्रथमपुरुष	करङ (करूँगी)	करगियां (करेंगी)
पुल्लिग	मध्यमपुरुष	करगा (करोगे)	करगेओ (करेंगे)
स्त्रीलिंग	मध्यमपुरुष	करगी (करोगी)	करगियां (करेगी)
पुल्लिग	अन्यपुरुष	करग (करेगा)	करङन (करेंगे)
स्त्रीलिंग	अन्यपुरुष	करग (करेगी)	करङन (करेंगी)

(iii) **अर्थ-रचना**

डोगरी क्रियाओं में छह प्रकार की अर्थ-रचना अथवा अर्थ-रूपायन होता है और यह भूत, वर्तमान एवं भविष्यत तीनों कालों के लिए होता है। जैसे–

(अ) **निश्चयार्थ**

में गेआ (भूतकाल– मैं गया), में जन्नां (वर्तमानकाल– मैं जाता हूँ), में जाङ (भविष्यत काल- मैं जाऊँगा/गी)

(ब) **संभाव्यार्थ**

में गेआ होआं (मैं गया होऊँ), में जंदा होआं (मैं जाता होऊँ), खबरै में जांऽ (शायद मैं जाऊँ)

(स) **संदिग्धार्थ**

यह अर्थ केवल भूत और वर्तमानकाल में होता है। जैसे– में गेआ होङ (मैं गया हूँगा) में जंदा होङ (मैं जाता हूँगा)।

(द) **संकेतार्थ**– यह भी भूत और वर्तमान दो कालों में ही प्रयुक्त होता है। जैसे– में दौड़ेआ होंदा (मैं दौड़ा होता), में दौड़दा होंदा (मैं दौड़ता होता), में दौड़दा (मैं दौड़ता), अस दौड़ते (हम दौड़ते) बगैरा रूपों में।

(ए) **आज्ञार्थ**

यह अर्थ वर्तमान और भविष्यत दो कालों में प्रयुक्त होता है। जैसे– तूं दौड़ (तुम दौड़ो), तूं दौडेआं (तुम दौड़ना), में दौड़ां? (मैं दौड़ूँ)

(फ) **विधि-अर्थ**

इस अर्थ का प्रयोग प्रायः भूत और वर्तमान कालों में होता है। जैसे– में जाना हा (मैंने/मुझे जाना था), में जाना ऐ (मैंने/मुझे जाना है।)

(iv) **पुरुष-रचना**

पुरुषवाचक सर्वनामों की भाँति डोगरी क्रिया में भी उत्तमपुरुष, मध्यमपुरुष और

अन्यपुरुष के लिए रूपायन होता है। पुल्लिग और स्त्रीलिंग दो लिंगों एवं एकवचन और बहुवचन– दो वचनों के लिए। क्रिया के भूतकालिक रूपों में पुरुष-रूपायन अपेक्षाकृत कम होता है जबकि वर्तमानकालिक रूपों में लगभग सभी अर्थों के लिए पुरुष रूपायन होता है। भविष्यत काल के रूपों में भी इसी भाँति।

(अ) भूतकाल की पुरुष रूप-रचना

	एकवचन		**बहुवचन**	
	पुं.	**स्त्री.**	**पुं.**	**स्त्री.**
प्रथमपुरुष	हा	ही	हे	हियां
मध्यमपुरुष	हा	ही	हे	हियां
अन्यपुरुष	हा	ही	हे	हियां

(ब) वर्तमान काल की पुरुष रूप-रचना

	एकवचन		**बहुवचन**	
	पुं.	**स्त्री.**	**पुं.**	**स्त्री.**
प्रथमपुरुष	आं	आं	आं	आं
मध्यमपुरुष	एं	एं	ओ	ओ
अन्यपुरुष	ऐ	ऐ	न	न

(स) भविष्यत काल की पुरुष रूप-रचना

	एकवचन		**बहुवचन**	
	पुं.	**स्त्री.**	**पुं.**	**स्त्री.**
प्रथमपुरुष	-ङ	ङ	-गे	-गियां
मध्यमपुरुष	-गा	गी	-गे	-गियां
अन्यपुरुष	-ग	-ग	-ङन	-ङन

3.1.7. क्रियाविशेषण

कालसूचक–मूल : अज्ज (आज), कल (कल), परसों (परसों), हून (अब), तौलै (शीघ्र) चिरें (देर से), सबेल्ला (जल्दी), तुर्त (तुरंत), जदूं (जब), कदूं (कब) आदि।

कालसूचक– यौगिक : रातीं बेल्लै (रात को), अज्जो-अज्ज (आज ही आज), बेल्लै-कबेल्लै (समय-कुसमय), हूनै (अभी), कुसले दा (कब का), जदूं-कदूं (जब कबी), कदें नां कदें (कभी न कभी)।

स्थानसूचक– मूल : अग्गें (आगे), पिच्छें (पीछे), हेठ (नीचे), तांह् (इधर), तुआंह् (उधर), कोल (पास) नेड़ै) (समीप), उप्पर (ऊपर)।

थाह्र सूचक– यौगिक : कुतै-नां-कुतै (कहीं-न-कहीं), अंदर-बाह्र (अंदर-बाहर), अंदरो-अंदर (अंदर ही अंदर), बिच्चो-बिच्च (बीचो-बीच), कोल गै (पास ही), दूरै तोड़ी (दूर तक), थाह्र-कुथाह्र (अच्छी-बुरी जगह), तांह्-तुआंह् (इधर-उधर) आदि।

रीतिसूचक (मूल) : जोरें (जोर से), बल्लें (धीरे), इ'यां (ऐसे), उ'आं (वैसे), जि'यां (जैसे), शायद (शायद), जरूर (जरूर), आदि।

रीतिसूचक (यौगिक) : इ'यां-दा-इ'यां (ऐसे का ऐसे), उ'आं दा उ'आं (वैसे का वैसे), तौलै-तौलै (जल्दी-जल्दी), जरूर-बर-जरूर (जरूर-बर-जरूर), पक्क गै (अवश्य ही), बशक्क भामें (बशक चाहे), बगैरा।

परिमाणसूचक : विंद (जरा), किश (कुछ), बड़ा (बहुत), थोह्ड़ा (थोड़ा), बिंद सारा (जरा-सा), थोह्ड़ा सारा (थोड़ा-सा), दनां (थोड़ा-सा), सक्खर (ज्यादा), बड़ा मता (बहुत ज्यादा), मता (बहुत), काफी सारा (बहुत सारा)।

3.1.8. सम्बन्धसूचक

डोगरी में सम्बन्धसूचक अव्यय संज्ञा बगैरा शब्दों के बाद लगता है, जैसे—

मेरे छुट (मेरे सिवाय), तेरे सवाऽ (तेरे सिवाय), तेरे पिच्छों (तुम्हारे बाद), ओह्दे कन्नो-कन्नी (उसके साथ ही साथ), साढ़े खलाफ (हमारे विरुद्ध)

सने माऊ (माँ की तरह), कोह्दे बारै (किसके विषय में) आदि।

कुछ सम्बन्ध-सूचक अव्यय दोनों रूपों में प्रयुक्त होते हैं—

चुल्ली दे कोल (चूल्हे के पास)	चुल्ली कोल (चूल्हे के पास)
तवियै दे पार (तवी के पार)	तवियै पार (तवी के पार)
जागतै दे वास्तै (लड़के के लिए)	जागतै वास्तै (लड़के के वास्तै)

3.1.9. समुच्चयबोधक अव्यय

दो पदों, पदबंधों, उपवाक्यों का आपस में सम्बन्ध जोड़ने वाले अव्यय समुच्चयबोधक अव्यय होते हैं। ये भी मूल और यौगिक दो रूपों में प्रयुक्त होते हैं।

(i) **समुच्चयबोधक अव्यय**— मूल : ते (और), पर (पर, किन्तु, लेकिन), ब (मगर, पर, परन्तु), जां (या, अथवा), नां (न), भामें (चाहे), तां (तो), जे (कि)।

(ii) **समुच्चयबोधक अव्यय**— यौगिक : जदूं-जदूं (जब-जब), तदूं-तदूं (तब-तब), जदूं-कदें (जब-कभी), जदूं-जदूं (जब-तब), जेल्लै-जैल्लै (जब-तब), ओल्लै-ओल्लै (तब-तब), जो-सो (जो-सो), जो-जो—सो-सो (जो-जो—सो-सो), जि'यां-कि'यां (जैसे-वैसे), जि'यां-जि'यां (जैसे-जैसे), जि'यां- उ'आं (जैसे-वैसे), उ'आं- उ'आं (वैसे-वैसे), पर जेकर (पर यदि), की जे (क्योंकि), ते फ्ही (तो फिर), तां गै (तभी), गै नेईं-बी (ही नहीं-भी) आदि।

3.1.10. विस्मयादिसूचक

खुशी, गमी, सुख, दुःख, हैरानगी, आश्चर्य, पश्चात्ताप आदि शर्म, संकोच वगैरा विशेष परिस्थितियों में इन विशेष भावों के सूचक विभिन्न और विविध शब्द स्वतः मुख से

निकल आते हैं। इन शब्दों को विस्मयादिसूचक अव्यय कहते हैं। डोगरी में निम्न प्रकार के विस्मय अव्ययसूचक प्रयुक्त होते सुनाई पड़ते हैं।

(i) रजामंदी सूचक– अच्छा, हां, खरा (ठीक), चंगा (अच्छा) ठीक, शैल (अच्छा), पक्का, बिलकुल, जी, सतबचन (सत्यवचन) बगैरा।

(ii) इनकार/मनाही सूचक : नां (न), नेई (नहीं), ऊं हूं (ऊँ हूँ), मुश्कल ऐ (मुश्किल है) आदि।

(iii) खुशी सूचक : आ हा! (आ हा!), ओ हो! (ओ हो!) वाह्-वाह् (वाह-वाह), कमाल ऐ (कमाल है!) मजा आई गेआ! (मजा आ गया!), शाबाश! (शाबाश!) बगैरा।

(iv) आश्चर्य सूचक : सच्चें (सचमुच), अच्छा! (अच्छा!), नेईं-नेईं (नहीं-नहीं), ऐं! (हैं!), राम- राम, (राम-राम) इत्यादि।

(v) दुक्ख, गम, भय सूचक : ओ राम! (ओ राम!), ए मालका! (हे मालिक), आए! (हाए), आए- माए! (हाए मां), हे मां, हे राम! (हे राम) वगैरा।

(vi) संबोधक अव्यय : ए (ए, अरी!), ओ! (ओ, अरे!), ओए (अरे), ओ जी! (ओ जी), ए जी! (ए जी), ऐं जी (हैं जी!) इत्यादि।

(vii) नफरत सूचक : ऐ! (ऐ!) थू! (थू!) छी! (छी!) आदि।

4. डोगरी वाक्य-रचना

4.1. रचना के आधार पर डोगरी वाक्य

अन्य आधुनिक भारतीय भाषाओं की भाँति डोगरी में भी रचना के आधार पर पूर्ण अथवा मुख्य तथा अपूर्ण अथवा गौण दो प्रकार के वाक्य होते हैं। जैसे–

रमा कल कु'त्थै गेई दी ही? (रमा कल कहाँ गयी थी)
रीता– बजार (रीता– बाजार)

इन दो वाक्यों में से पहला वाक्य व्याकरणिक तौर पर पूर्ण है, अतः यह मुख्य और पूर्ण वाक्य है। और 'बजार' (बाजार) अपूर्ण अथवा गौण वाक्य है जो अपने अर्थ की पूर्ति हेतु प्रसंग यानी पहले वाक्य पर निर्भर करता है।

ये पूर्ण अथवा मुख्य वाक्य तीन प्रकार के होते हैं– 1. सरल अथवा सामान्य 2. मिश्रित एवं 3. संयुक्त वाक्य।

4.1.1 **सरल वाक्य** की संरचना में एक ही स्वतंत्र उपवाक्य होता है। जैसे– राम स्कूल गेआ। (राम स्कूल गया।)

4.1.2 मिश्रित

मिश्रित वाक्य की संरचना में दो या अधिक उपवाक्य होते हैं जिनमें से एक उसमें मुख्य उपवाक्य होता है और बाकी सभी उपवाक्य आश्रित यानी अधीन। जैसे– में दिक्खेआ जे गड्डी चा धूं निकलै करदा ऐ। (मैंने देखा कि गाड़ी से धुआँ निकल

रहा है)। जेह्ड़ा जागत गा करदा हा ओह् अज्ज नेईं आया। (जो लड़का गा रहा था वह आज नहीं आया)। राम इ'यां खुश होआ करदा हा जि'यां उसने मैच जित्ती लैता होऐ। (राम ऐसे खुश हो रहा था जैसे उसने मैच जीत लिया हो)।

4.1.3 संयुक्त वाक्य

संयुक्त वाक्य की रचना में दो या अधिक उपवाक्यों का योगदान रहता है। पर इसमें कोई भी उपवाक्य मुख्य या आश्रित नहीं होता बल्कि ये आपस में बराबर के भागीदार होते हैं और इनमें परस्पर सामानाधिकरण सम्बन्ध रखते हैं। जैसे– राधा ने कहानी सुनाई ते रमा ने कविता। (राधा ने कहानी पाठ किया और रमा ने कविता पाठ)। राधा औग जां रमा। (राधा आएगी अथवा रमा)। नां राधा आई ते नां रमा। (न राधा आई और न रमा)। राधा ने बत्हेरा समझाया पर रमा ने इक नेई मन्नी। (रमा ने बहुतेरा समझाया पर रमा ने एक न मानी)। अज्ज ठंड होई गेई ऐ की जे कल बरखा पेई ही। (आज ठंड है क्योंकि कल बारिश हुई थी)। कल बर्खा पेई ही इसलेई अज्ज ठंड होई गेई ऐ (कल बारिश हुई थी इसलिए आज ठंडी है।)

उपरोक्त सभी वाक्यों में दो-दो उपवाक्य हैं और दोनों-दोनों परस्पर समानाधिकरण सम्बन्ध क्रमशः यौगिक, वैकल्पिक (समावेशक), वैकल्पिक (निषेधक), विरोधदर्शक सम्बन्ध रखते हैं और क्रमशः ते (और) जां (या), नां नां (न न), पर (पर, परन्तु, किन्तु), कार्यकारण एवं परिणाम सूचक– कीजे (क्योंकि) और (इसलिए) बगैरा समुच्चयबोधक अव्यय प्रयुक्त हुए हैं।

4.1.4 अर्थ के आधार पर वाक्य-भेद

अर्थ की दृष्टि से सामान्य वाक्य आठ प्रकार के होते हैं। जैसे–

(क) **विधानार्थक** : दिल्ली भारत दी राजधानी ऐ। (दिल्ली भारत की राजधानी है)।

(ख) **निषेधार्थक** : जिसमें किसी बात घटना, क्रिया आदि के नहीं होने का भाव हो। जैसे– कालेज च अज्ज पढ़ाई नेई होई। (कालेज में आज पढ़ाई नहीं हुई)।

(ग) **आज्ञार्थक** : जिस वाक्य में किसी काम, बात आदि के लिए हुक्म आदेश बगैरा दिया गया है। जैसे– तुस सब घर र'वो। (आप सब घर पर रहें)।

(घ) **प्रश्नवाचक** : तुम केह् करा करदे ओ? (आप क्या कर रहे हैं)?

(ङ) **इच्छाबोधक** : मों तौलै जाना चाह्न्नां। (मैं शीघ्र जाना चाहता हूँ)।

(च) **संदेहार्थक** : चनाऽ ते खबरै केह्ड़ी पार्टी जितदी ऐ। (मालूम नहीं चुनाव में कौन-सी पार्टी जीतती है)।

(छ) **संकेतार्थक** : ओह् खरी चाल्ली पढ़दा ते में निश्चिंत होंदा। (वह अच्छी तरह पढ़ता तो मैं निश्चिंत होता।)

(ज) **आश्चर्यसूचक** : तुस टुरी बी आए! (आप चले भी आए!)

4.1.5. डोगरी वाक्य-रचना में पदक्रम

किसी भी भाषा की वाक्य-रचना में पदक्रम की एक विशिष्ट व्यवस्था होती है जो उसके वाक्य-विन्यास को प्रभावित करती है। आधुनिक भारतीय भाषाओं में प्रायः कर्ता, कर्म, क्रियाविशेषण और क्रिया, इस क्रम से पदों की व्यवस्था रहती है। डोगरी भाषा भी इन सब का अपवाद नहीं। अतः डोगरी वाक्यों में शब्द-कम अधिकांशतः निम्न प्रकार के हैं–

(i) कर्ता + क्रिया– घोड़ा दौड़ेआ। (घोड़ा दौड़ा)।

(ii) कर्ता + कर्म + क्रिया– घोड़े ने घा खाद्धा। (घोड़े ने घास खायी।)

(iii) कर्ता + गौण कर्म + मुख्य कर्म + क्रिया– माली ने घोड़े गी घा पाया। (माली ने घोड़े के घास डाली।)

(iv) क्रियाविशेषण + क्रिया– घोड़ा तेज-तेज दौड़ेआ (घोड़ा तेज-तेज भागा)।

(v) विशेषण + कर्ता + विशेषण + आश्रत + क्रिया– पढ़ीलिखियां कुड़ियां बड्डे-बड्डे शैह्‌चरें नौकरी करा करदियां न। (पढ़ी-लिखी लड़कियाँ बड़े-बड़े शहरों में नौकरी कर रही हैं) किन्तु अपनी अभिव्यक्ति को अधिक अभीष्ट एवं बलशाली बनाने हेतु यह पदक्रम कई बार विच्छिन्न स्थिति में भी घटित होता है। जैसे– में जनानी मुहानी इस बेल्लै जां कु’त्थै (मैं औरत अबला इस समय जाऊँ कहाँ?)

साहित्यिक समृद्धि

शौरसेनी अपभ्रंश के स्थानीय रूप से विकसित होने के कारण डोगरी भाषा का उत्पत्ति-काल 1000 ई. के लगभग माना जाता है किन्तु जहाँ तक इसमें साहित्य-रचना का सम्बन्ध है, उसका क्रमिक विकास बीसवीं शताब्दी अर्थात् आधुनिक काल में हुआ है। किन्तु आधुनिक काल के पूर्व भी इसमें साहित्य-रचना की विद्यमानता के प्रमाण अनुपलब्ध नहीं हैं। सन् 1317 ई. में लिखित अमीर खुसरो की एक फारसी कविता, जिसमें भारत की अन्य आधुनिक भाषाओं का उल्लेख किया गया है, में डुग्गर की भाषा के अर्थ में ‘डुग्गर’ शब्द का उल्लेख है। इससे यह स्पष्ट होता है कि उस समय भारत की अन्य आधुनिक भाषाओं में डोगरी भी एक स्थान रखती थी और इसमें साहित्य-रचना होती थी। उन्नीसवीं शताब्दी के प्रथम चरण में ईसाई मिशनरियों ने ईसाई धर्म के प्रचार के लिए जगह-जगह अपने केन्द्र स्थापित किये थे और भारत की प्रमुख भाषाओं में अपने धार्मिक साहित्य का अनुवाद करवाया था। इसके लिए विलियम कैरे नामक एक अँगरेज पादरी ने भारत की भाषाओं का सर्वेक्षण करके तैंतीस भाषाओं की सूची सीरामपुर ईसाई मिशन को दी थी जिसमें डोगरी का भी नाम सम्मिलित था। डोगरी में भी 1825 ई. के लगभग अनुवाद प्रकाशित हुआ था। इसे डोगरी की प्रथम मुद्रित रचना माना जा सकता है।

संविधान में स्थान

22 दिसम्बर 2003 ई. को भारतीय संविधान की आठवीं अनुसूची में डोगरी सम्मिलित हुई।

संदर्भ एवं टिप्पणियाँ

1. Prof, Gauri Shankar; **Dogras : Their Language and Literature**, page 11
2. प्रो. रामनाथ शास्त्री; **डोगरी गद्य लेखन दी विकास यात्रा**; 'शीराजा डोगरी'; साहित्य आलोचना अंक, पृ. 23
3. डॉ भोलानाथ तिवारी; **हिन्दी भाषा का संक्षिप्त इतिहास**; पृ. 31
4. डॉ. प्रेमप्रकाश रस्तोगी; **हिन्दी भाषा का उद्भव और विकास**; पृ. 25
5. आचार्य किशोरीदास वाजपेयी; डोगरी भाषा दी इक झलक; **'शीराजा डोगरी'**; भाषा अंक; पृ. 59
6. Dardo-Pahari influence in Dogri as propounded by Siddheshwar Verma, a renowned philologist, needs further investigation. So far it is confirmed that Dogri owes more of its origin to Submontane Himalayan Saurseni than to any other source. Local and foreign influence are but natural,- Prof. Gouri Shankar, **Dogras; Their Language and Literature**; Page 13.
7. डॉ. बालकृष्ण शास्त्री; **डोगरी भाषा निकास ते विकास**; 'शीराजा डोगरी'; अखिल भारतीय डोगरी लेखक कांफ्रेंस अंक; पृ. 75
8. प्रो. रामनाथ शास्त्री; **डोगरी भाषा जां उपभाषा**; 'शीराजा डोगरी'; अंक जून 1966; पृ. 51
9. G.A. Grierson; **Linguistic Survey of India**; Vol, IX Part Ist, Page 37
10. किशोरीदास वाजपेयी; डोगरी भाषा दी इक झलक; **शीराजा डोगरी**; भाषा अंक; पृ. 59
11. उपरिवत्, पृ. 60
12. Dr. Siddheshwar Varma; **Dr. Siddheshwar Verma Felicitation Volume**; Dogri Research Institute, Jammu; Page 563-564
13. Elliots, **History of India** Vol. III; Page 563-564
14. कर्नल शिवनाथ, **'शीराजा डोगरी'**; भाषा अंक; पृ. 115
15. प्रो. रामनाथ शास्त्री, **डोगरी भाषा जां उपभाषा**; 'शीराजा डोगरी'; अंक जून- 1966; पृ. 102
16. शक्ति शर्मा श्यामलाल शर्मा; **त्रिवेणी**; पृ. 21
17. उपरिवत्।
18. डॉ. बालकृष्ण शास्त्री, **डोगरी निकास ते विकास** (अप्रकाशित) पृ. 102
19. Prof. Gauri Shanker; **Degras; Their Language & Literature**, Page 1
20. G.A. Grierson; **Linguistic Survey of India**, Vol, IX Part Ist, Page 637
21. Elliots, **History of India**; Vol IIIl Page 563-564
22. डॉ. वेद घई, **डोगरी रिसर्च इंस्टीच्यूट निबन्धावली**, 1965, पृ. 8
23. Prof. Gauri Shanker; **Dogras; Their Language & Literature**; Page 1
24. बालकृष्ण शास्त्री, **डोगरी शोध अंक**, जून 1966 पृ. 6
25. It will not be out of place to mention that Kangara for political and administrative purposes may claim a separate entity, but the Dogri of Kangara and that of Jammu form an unit— Prof. Gauri Shankar, **Dogras : Their Language & Literature**, p. 19
26. उपरिवत्।
27. उपरिवत्।

तमिल भाषा

डॉ. एन. सुन्दरम

1. तमिल का संक्षिप्त इतिहास

तमिल द्रविड़ भाषा-समूह की सर्वाधिक समृद्ध तथा संसार की प्राचीनतम मौलिक भाषाओं में से एक है। अब इस समय इस भाषा के जो प्राचीन ग्रंथ उपलब्ध होते हैं उनका रचनाकाल ईसा से पूर्व पाँचवीं शताब्दी माना गया है। इससे कई शताब्दी पूर्व ही तमिल सुव्यवस्थित एवं सुसंस्कृत हो चुकी थी और इसमें सुनिश्चित साहित्यिक परम्पराएँ भी स्थापित हो चुकी थीं। यह ध्यान देने की बात है कि इस भाषा में सूक्ष्मतम विचारों के अभिव्यंजन तथा स्थूलतम विषयों के वर्णन के लिए उपयुक्त शब्द-भाण्डार प्रचुर मात्रा में पाए जाते हैं।

1.1 तमिलभाषियों का मूल स्थान

तमिलभाषी भारत के आदिवासी थे या बाहर से आए, इस विषय पर विद्वानों में मत-मतांतर हैं। कुछ विद्वानों के अनुसार तमिलभाषी 'लेमूरिया' कहलाने वाले विशाल भूखंड के निवासी थे। यह प्रदेश दक्षिण भारत से अफ्रीका तक फैला हुआ था। यह विशाल भूखंड सुनामी के कारण धीरे-धीरे जलमग्न हो गया था और तमिलभाषी दक्षिण भारत तक सीमित रह गये। कुछ विद्वानों के अनुसार तमिलभाषी प्राचीन 'कीट' द्वीप के आदिवासी थे और वहाँ से मध्य एशिया से होकर भारत में आए थे। 'कीट' के आदिवासियों का नाम 'तर्मिलाई' था। वे अपन को 'त्रिम्मिलि' भी कहा करते थे। 'कीट' लोग भी तमिलभाषियों की तरह मृतकों को विशाल घड़ों में बंद करके दफनाया करते थे। कुछ अन्य विद्वानों के मतानुसार प्राचीन तमिलों का जन्म-स्थान पश्चिमी एशिया था और वे सुमेरियन वंश के थे। मोहनजोदड़ों और हाड़प्पा के प्राचीन भग्नावशेष और बलूचिस्तान में तमिल से मिलती-जुलती 'ब्राहुई' भाषा का प्रचलन, झारखंड के आदिवासी, बस्तर प्रदेश के आदिवासी आदि विभिन्न जातियों में द्रविड़ भाषाओं का बोला जाना इस तथ्य को प्रमाणित करता है कि प्राचीन काल में द्रविड़ जाति के लोग बलूचिस्तान से कन्याकुमारी तक पूरे देश में फैले हुए थे। प्रागैतिहासिक

काल से ही समुद्र-पार के देशों के साथ तमिलभाषियों का व्यापारिक सम्बन्ध था। उपर्युक्त तर्कों से यह निष्कर्ष निकलता है कि तमिल पूर्णतः स्वतंत्र, मौलिक तथा द्रविड़ भाषा-समूह की प्रधान भाषा है। संस्कृत, हिब्रू, अरबी, पहलवी, लैटिन, ग्रीक जैसी भाषाओं के समान प्राचीन होते हुए भी केवल तमिल मात्र आज तक प्रचलन में है। इसके अतिरिक्त विकासशील भी है। यह उसकी सर्वाधिक प्रसिद्ध विशेषता है।

1.2 तमिल-साहित्य की झाँकी

तमिल में व्यवस्थित रूप से साहित्य-रचना लगभग तीस हजार वर्ष पूर्व आरंभ हुई थी। कहा जाता है और जनश्रुति भी है कि साहित्य-सृजन को प्रोत्साहन देने के लिए तत्कालीन पाण्ड्य राजाओं के तत्त्वावधान में एक कवि-परिषद् मदुरै में स्थापित हुई थी। यह परिषद् "तलैच्चंघम" (प्रथम संघ) कहलाती है। साहित्य उद्धरण से पता चलता है कि अगस्त्य मुनि रचित **अगत्तियम** प्रथम तमिल-व्याकरण था। यह लक्षण-ग्रंथ था। खोज के आधार पर पता चलता है कि समुद्र के उमड़ने से दक्षिण मदुरै जलमग्न हो गया था। इस कारण पाण्ड्यों की राजधानी 'कवाटपुरम' नामक स्थान पर स्थापित हुई थी। इस 'कवाटपुरम' का उल्लेख वाल्मीकि-**रामायण** में किष्किन्धाकांड सर्ग-41, श्लोक 19 में मिलता है। कौटिल्य ने भी अपने **अर्थशास्त्र** में पाण्ड्य कवाट का उल्लेख किया है। **महाभारत** के द्रोणपर्व में कवाटपुरम का उल्लेख है। इन बातों से प्रमाणित होता है कि कवाटपुर इस जमाने में पाण्ड्यों की समृद्ध राजधानी थी जो बाद में जलमग्न हो गयी थी। इस अवधि में दूसरी कवि-परिषद् की स्थापना (इडैच्चंघम) हुई थी। इसी द्वितीय संघ की एकमात्र रचना **तोल्काप्पियम** नामक व्याकरण ग्रन्थ है।

तोल्काप्पियम—तोल्काप्पियर द्वारा रचित व्याकरण-ग्रन्थ **तोल्काप्पियम** पाणिनि के संस्कृत-व्याकरण की भाँति एक अद्भुत रचना है। यह वैज्ञानिक ढंग से लिखित व्याकरण है। इसमें तत्कालीन तमिल समाज का प्रामाणिक चित्र भी प्रस्तुत है। यह व्याकरण तीन भागों में बाँटा गया है—(1) ऍळुत्तदिकारम (अक्षर विभाग), (2) सोल्लदिकारम (शब्द विभाग), (3) पोरुळदिकारम (विषय विभाग)।

व्याकरण के सभी नियम सूत्रों के रूप में दिये गये हैं। ये सूत्र सुस्पष्ट एवं सुलझी हुई भाषा में बहुत ही थोड़े-से शब्दों में रचे गये हैं।

तोल्कोप्पियम के अक्षर विभाग में प्रत्येक अक्षर की प्रयोग-विधि, ध्वनि-भेद तथा विशेषताएँ विस्तृत रूप से बताई गयी हैं। इसमें स्वरों को 'उयिरेळुत्तु' (प्राण-अक्षर) तथा व्यंजनों को 'भेयूयेळुत्तु' (शरीर-अक्षर) बताया गया है। इन नामों का अर्थ-गांभीर्य विशेष ध्यान देने की बात है। तोल्काप्पियर ने शब्दों को मुख्य रूप से 'इयलशोल' (मूलशब्द) 'तिरिशोल' (तद्भव शब्द), वडशोल (संस्कृत शब्द), दिशैच्चोल (अन्य भाषाओं के शब्द) आदि चार विभागों में बाँटा है। तोल्काप्पियर ने उसी समय अर्थात्

ढाई हजार वर्ष पहले ही अनुभव किया कि भाषा को विकासशील एवं सजीव बनाना चाहिए। पाणिनि की तरह भाषा को कठोर नियमों से नहीं बाँधा।

शब्द-विभाग की विशेषता यह है कि इसके लिंग-सम्बन्धी सूत्र हैं। इसमें शब्दों के लिंग ध्वनि के आधार पर नहीं बल्कि अर्थ के आधार पर निर्धारित किए गये हैं। पुरुषवाचक पुल्लिग हैं। स्त्रीवाचक स्त्रीलिंग हैं। पशु-पक्षी एवं वृक्ष आदि जीवों तथा अन्य निर्जीव वस्तुओं का बोध करानेवाले शब्द नपुंसकलिंग माने गये हैं।

जीवों को दो भागों में बाँटा है–1. उयरतिणै (उच्च श्रेणि), 2. अहृरिणै (निम्न श्रेणि)।

इस विभाजन से यह मतलब निकलता है कि छह बुद्धिवाले मनुष्य उच्चश्रेणि के और पाँच बुद्धिवाले जीव-जंतु निम्नश्रेणि के हैं। तोल्काप्पियर के मतानुसार मूर्ख एवं दुष्ट मानवों को भी अहृरिणै में मिला लिया है। उनके मत में वे भी पाँच ही बुद्धिवाले जीव हैं। छह बुद्धिवाले मनुष्य हैं। पोरुळदिकारम को विषय-विभाग कहते हैं। यह साहित्य का विभाजन है। साहित्य को तीन वर्गों में बाँटा गया है– 1. इयल (पाठ्य साहित्य), 2. इसै (गेय साहित्य), 3. नाडगम (दृश्य साहित्य)।

तिणै–तोल्काप्पियर ने अपने समय की प्रचलित साहित्यिक और रचना-शैलियों को श्रेणिबद्ध किया है। उनके अनुसार विषयों को दो मुख्य भागों में बाँटा गया है–1. अहम् (आंतरिक या मानसिक), 2. पुरम (बाह्य)। प्रेम, भक्ति आदि मन से सम्बन्धित विषय 'अहम्' के अंतर्गत तथा युद्ध, शासन-विज्ञान, नीतिशास्त्र आदि विषय 'पुरम' के अंतर्गत आते हैं।

इसके अतिरिक्त भूमि को पाँच विभागों में बाँटा गया है–1. कुरुंजी (पहाड़ी क्षेत्र), 2. मुल्लै (वन क्षेत्र), 3. मरुदम (उपजाऊ क्षेत्र), 4. नेयूदल (समुद्री क्षेत्र), 5. पालै (ऊबड़-खाबड़ क्षेत्र)।

तमिल-साहित्य में भूमि-विभाजन का बड़ा महत्त्व है। प्रत्येक क्षेत्र की अलग-अलग विशेषताएँ हैं और भावना-क्षेत्र में भी इनको प्रतीकात्मक माना गया है। उदाहरण के रूप में वांजि नाम का पुष्प युद्ध में चढ़ाई का प्रतीक माना गया। यह पुष्प मुल्लै यानी वन-प्रदेश का फूल है। पालै अर्थात् ऊबड़-खाबड़ का विशेष फूल वाहै है। यह विजय का प्रतीक है। प्राचीनकाल से तमिल-कवि प्रतीकों के माध्यम से प्रकृति का वर्णन करते आ रहे हैं। वियोग में नायक को अपना जीवन मरु प्रदेश-सा प्रतीत होता है।

तोल्काप्पियर ने प्रेम को दो वर्गों में बाँटा है–1. कळवु और 2. कर्प्पु। 'कळवु' में नायक और नायिका चोरी-छिपे एक दूसरे से मिलते हैं। पूर्वराग को तमिल में 'कळवु' कहा जाता है। जब वह प्रेम विकसित होता है तो दोनों विवाह के बंधन में बँध जाते हैं। इस स्थिति को 'कर्प्पु' कहा जाता है। इस विभाजन से यही मालूम होता है कि प्राचीन तमिल-समाज में नायक और नायिका को विवाह से पूर्व एक दूसरे से स्वतंत्रतापूर्वक मिलने दिया जाता था और पूर्वराग के उपरांत दोनों का विवाह रचा जाता था।

स्व. महामहोपाध्याय उ.वे. स्वामिनाथ अय्यर ने पूरी निष्ठा के साथ संघ-साहित्य की खोज कर प्राचीन तमिल-साहित्य को प्रकाश में लाकर तमिल की महती सेवा की। यह विश्व-भाषा के इतिहास में अभूतपूर्व घटना है।

तमिल-साहित्य के क्रमिक विकास को सात काल-विभागों में बाँट सकते हैं। वे हैं–(1) संघपूर्व काल- 3000 ई.पू. से 1500 ई.पू. तक, (2) संघ काल- 1500 ई.पू. से 200 ई.पू. तक, (3) संघोत्तरकाल- 300 ई. से 600 ई. तक, (4) भक्ति काल- 600 ई. से 900 ई. तक, (5) कम्बन काल- 900 ई. से 1500 ई. तक, (6) मध्य काल- 1500 ई. से 1900 ई. तक, (7) आधुनिक काल- 1900 ई. से अब तक।

1.3 लिपि

तमिल की प्राचीन लिपि के सम्बन्ध में मत-मतान्तर प्रचलित है। कुछ विद्वान् दक्षिणी ब्राह्मी को प्राचीन लिपि मानते हैं। लेकिन इस मत को तमिल के अधिकतर विद्वानों ने स्वीकारा नहीं। यहाँ के शीर्षस्थ विद्वान् वट्टेळुत्तु को (गोल लिपि) प्राचीन लिपि मानते हैं। उनका मानना है कि यह लिपि पृथक् एवं स्वतंत्र लिपि है। इस वट्टेळुत्तु से ही कन्नड़ लिपि, तेलुगु लिपि और मलयालम लिपि का विकास हुआ। प्रसिद्ध विद्वान् स्व. राघवैयूयंगार का मत है कि तमिल की प्राचीन लिपि चित्रमयी होती थी और बाद में ही उसने वर्तमान स्वरूप को प्राप्त किया।

तमिल में लिपि का पर्यायवाची शब्द है एँळुत्तु। इसका मौलिक अर्थ चित्रण है। इसे राघवैयूयंगार मानते हैं कि प्राचीन लिपि चित्रमयी होती थी। संस्कृत के सही उच्चारण के लिए पंद्रहवीं शताब्दी के लगभग ग्रन्थाक्षर का निर्माण हुआ। इस ग्रन्थाक्षर में सघोष और महाप्राण ध्वनियों के लिए अलग-अलग चिह्न हैं। संस्कृत में ही मंत्रों व वेदों के पठन-पाठन का कार्य कई शताब्दी तक चलता रहा। तमिलनाडु में विशेषकर ब्राह्मणों ने इस ग्रन्थाक्षर का बहुत प्रयोग किया। इस ग्रन्थ लिपि से ही तमिल ने ज, श, ष, ह, ळ आदि कुछ अक्षर अपनाए। लेकिन कुछ लोग इन अक्षरों का प्रयोग नहीं करते। तमिल दैनिक पत्रों में इन ग्रन्थाक्षरों का प्रयोग होता है।

1.3.1. वर्णमाला

तमिल भाषा के स्वरों को हिन्दी में इस प्रकार प्रस्तुत किया जा सकता है–अ, आ, इ, ई, ऊ, ऊ, ऍ (ह्रस्व), ए, ऐ, ऑ (ह्रस्व), ओ, औ। इसी प्रकार तमिल की स्वरमिश्रित व्यंजन ध्वनियों को देवनागरी में इस प्रकार देखा जा सकता है–

क	च	ट	त	प	
ङ	ञ	ण	न	म	
य	र	ल	व	ळ	ऴ
ज	स	श	ह	ऴ	

तमिल की बारहखड़ी को देवनागरी में इस प्रकार व्यक्त कर सकते हैं—

क	का	कि	की	कु	कू	कॅ (ह्रस्व)	के	कै	कॉ (ह्रस्व)	को	कौ
च	चा	चि	ची	चु	चू	चॅ(ह्रस्व)	चे	चै	चॉ(ह्रस्व)	चो	चौ
ट	टा	टि	टी	टु	टू	टॅ(ह्रस्व)	टे	टै	टॉ(ह्रस्व)	टो	टौ
त	ता	ति	ती	तु	तू	तॅ(ह्रस्व)	ते	तै	तॉ(ह्रस्व)	तो	तौ
प	पा	पि	पी	पु	पू	पॅ(ह्रस्व)	पे	पै	पॉ(ह्रस्व)	पो	पौ

प्राण ध्वनि के लिए तमिल में ∴ चिह्न उपयोग किया जाता है। यह ह् की ध्वनि के समान उच्चरित होता है। इसे तमिल में आयुद ऍळुत्तु कहते हैं।

अनुस्वार और हलन्त अक्षर के लिए तमिल में वर्ण के ऊपर एक बिंदी लगायी जाती है।

अभी पचास साल पहले द्रविड़ आंदोलन के नेता पेरियार रामस्वामी जी ने लिपि में थोड़ा-सा परिवर्तन किया। व्यंजन के साथ स्वर 'ऐ' के मिलने पर उसे लिखने के ढंग में थोड़ा-सा परिवर्तन किया। मतलब यह है कि सभी व्यंजनों में बारहखड़ी के स्वरूप में समानता लाने का प्रयत्न किया है।

'ऋ' का तमिल में ध्वनि-चिह्न नहीं है।

'अं' 'अः' इन दोनों के लिए तमिल में ध्वनि-चिह्न नहीं है।

अघोष महाप्राण, सघोष महाप्राण के लिए तमिल में लिपि न होने के कारण ध्वनि चिह्न नहीं है। तमिल में उच्चारण में सघोष ध्वनियाँ हैं। लेकिन उसके लिए अलग ध्वनि चिह्न नहीं है।

तमिल में सघोष उच्चारण है। लेकिन इसके लिए ध्वनि-चिह्न नहीं है।

अघोष, सघोष का तमिल में भेदभाव नहीं है। वर्ण के बीच में आनेवाली ध्वनियों का उच्चारण सघोष हो जाता है।

शब्द के प्रारंभ में सघोष ध्वनियाँ नहीं आतीं। सघोष ध्वनियों के साथ उच्चारण होने पर तुरन्त हम कह सकते हैं कि यह दूसरी भाषाओं से लिया गया शब्द है। जैसे तमिल में (जलम, बयम, डमारम) इन ध्वनियों का उच्चारण सघोष होता है। लेकिन ध्वनि-चिह्न नहीं है। यह सघोष होने के कारण विदेशी शब्द माना जाता है।

इस प्रकार ग्रन्थाक्षर को छोड़कर तमिल में स्वर बारह हैं और व्यंजन सत्रह हैं। ग्रन्थाक्षर पाँच हैं।

दन्त्य अनुनासिक के लिए तमिल में दो ध्वनि-चिह्न हैं— ण, न। इन दोनों की ध्वनियाँ समान हैं। इनको अँगरेजी में अल्फोन (Allophone) कहते हैं। इन दोनों का प्रयोग इस प्रकार है। शब्द के प्रारंभ में (न) का प्रयोग होता है। शब्द के बीच में या अंत में इसका प्रयोग नहीं होता।

न्न— इसका उच्चारण 'न' सदृश ही है। लेकिन इस ध्वनि का प्रयोग शब्द के मध्य में करते हैं। जैसे— जन्नल (खिड़की), पिन्नल (जूड़ा), कन्नम (गाल), अन्नम (अन्न)।

तमिल की एक विशेष ध्वनि है जो उर्दू की तरह उच्चरित होती है। देवनागरी में वह इस प्रकार लिखी जाती है–ऴ या ळ। जैसे पऴम (फल), किऴगु (मूली), किऴवन (बूढ़ा), तमिऴ (तमिल), अऴगु (सुन्दर), मॉऴि (भाषा)।

तमिल की एक अन्य विशेष ध्वनि है जिसका देवनागरी रूप है ळ। यथा पळ्ळम (गड्ढा), मुळ् (काँटा), उळ्ळम (दिल।)

(ह)– तमिल में प्राणध्वनि 'ह' का उच्चारण नहीं होता है। अन्य भाषाओं से ग्रहीत शब्दों में प्राणध्वनि आने पर ग्रंथाक्षर का उपयोग किया जाता है।

संयुक्ताक्षर–तमिल में संयुक्ताक्षर अनुस्वार लगाकर लिखा जाता है। व्यंजन को अलग सूचित करने के लिए केवल अनुस्वार लगाया जाता है। जैसे संध्या या सन्ध्या लिखना हो तो तमिल में 'सनृदिया' ही लिखा जाता है। बीच में या अंत में आने वाले व्यंजनों के ऊपर अनुस्वार बिंदी लगाकर संयुक्ताक्षर बनाया जाता है। प्रायः तमिल में संयुक्ताक्षर नहीं है। तमिलेतर भाषाओं से प्राप्त शब्दों को उपर्युक्त ढंग से लिखते हैं।

1.3.2. र, ऱ, ध्वनियाँ

हिन्दी की 'र' ध्वनि के उच्चारण में अधिक बल देकर उच्चारण करने से 'ऱ' ध्वनि निकलती है। यह तमिल की विशेष ध्वनि है। इसे मूर्धन्य ध्वनि के समान ही मानना चाहिए, जैसे अऱम, पुऱम, मुऱम, सिऱ्पु।

ङ, ञ– ये दोनों ध्वनियाँ हिन्दी के अनुरूप ही उच्चरित होती हैं। इनकी संख्या बहुत ही कम है। केवल 'ज्ञ' ध्वनि शब्द के प्रारंभ में आती है। जैसे– ञायिरु (सूर्य, इतवार), ञानम् (ज्ञान), ञालम् (प्रपंच)।

ऊष्म ध्वनियाँ– हिन्दी में स, ष, श। तमिल में तालव्य ध्वनि और ऊष्म ध्वनि इन दोनों को समान ही माना जाता है। दोनों के लिए 'स' ध्वनि से ही काम चलाते हैं। यथा सक्करम (चक्र, पहिया), सन्दिरन (चाँद)।

इन ऊष्म ध्वनियों के लिए पत्र-पत्रिकाओं में ग्रंथाक्षर का ही उपयोग करते हैं। जैसे– श, ष। लेकिन तमिल के कुछ विद्वान् इन ग्रन्थाक्षरों का प्रयोग नहीं करते, केवल स ध्वनि से ही काम चलाते हैं। ग्रन्थाक्षर से कुछ और ध्वनियाँ ली गयी हैं, जैसे– क्ष। यह भी ग्रन्थाक्षर है। विस्तृत रूप से केन्द्रीय निदेशालय ने नागरी लिपि में कुछ ध्वनि-चिह्नों को जोड़ दिया है। लिप्यन्तरण करते समय इनकी सहायता ली जाती है।

2. तमिल भाषा का क्षेत्र और बोलनेवालों की संख्या

तमिलनाडु सुदूर दक्षिण में स्थित है। उत्तर में तिरुत्तणि, दक्षिण में कन्याकुमारी, पूर्व में कोयम्बत्तूर, पश्चिम में मदुरै। इस भूखंड में तमिल बोलनेवाले लोग रहते हैं। इसके

अतिरिक्त श्रीलंका के उत्तरी भाग में मालद्वीप, लक्षद्वीप आदि में भी तमिल बोलनेवालों की संख्या अधिक है। सिंगप्पूर, मलेशिया, दक्षिण अफ्रीका, मोरिशस, फिजी, इन देशों में भी तमिल बोलनेवालों की संख्या काफी मात्रा में पायी जाती है। भारत में तमिल बोलनेवालों की संख्या लगभग दस करोड़ है। श्रीलंका तथा अन्य देशों में तमिल बोलनेवालों की संख्या छह लाख से भी अधिक है। तमिल के अतिरिक्त मलयालम, कन्नड़, तेलुगु को द्रविड़ भाषाएँ कहते हैं। यह शब्द संस्कृत भाषा से लिया गया है। विद्वानों की खोज के अनुसार द्रविड़ अलग जाति (race) नहीं है। तमिल को शास्त्रीय भाषा का दर्जा दिया गया है। संस्कृत की भाँति तमिल अधिक विकृत नहीं हुई है। भाषाविज्ञान की दृष्टि से द्रविड़ भाषाओं को अलग वर्गीकरण में रखते हैं।

3. भाषा-परिवार

तमिल, तेलुगु, कन्नड़ एवं मलयालम भाषाओं का पृथक् परिवार है। इसी परिवार के अंतर्गत तुळु, टोडा, गोंड, ओराँव-कोल, राजमहल पर्वत की बोलियाँ एवं ब्राहुई भी लिया जाता है। अब ये भाषाएँ भारतीय प्रायद्वीप में फैली हुई हैं। इनमें से गोंड, ओराँव-कोल एवं राजमहल की भाषाओं ने तो जंगलों और पर्वतों में अपना स्थान बना लिया है। ब्राहुई अफगानिस्तान की सीमा प्रांत और बलूचिस्तान के बीच में बोली जाती है। संथाल, कोल भाषाओं का तमिल परिवार के अंदर ही वर्गीकरण किया गया था। पर आजकल इनको अलग भाषा-परिवार की भाषाएँ प्रोटो द्रविडियन अथवा द्रविड़-परिवार का प्राचीन रूप मानते हैं। द्रविड़-परिवार के पूर्व रूप से ही तमिल, तेलुगु, मलयालम, कन्नड़ आदि भाषाएँ निकली हैं। यह परिवार दक्षिण भारत में नर्मदा और गोदावरी से लेकर कुमारी अंतरीप तक फैला हुआ है। उत्तरी लंका, तक्षद्वीप, बलूचिस्तान, मध्यभारत तथा बिहार, ओडिशा के कुछ भागों में भी इस परिवार के बोलनेवाले बसते हैं। वाक्य तथा स्वर अनुरूपता की दृष्टि से यूरल अल्टाई परिवार से मिलता-जुलता है।

3.1. **तमिल भाषा की विशेषताएँ**–(क) इस परिवार की भाषाएँ अश्लिष्ट अन्त्य योगात्मक हैं। मूल शब्द या धातु में प्रत्यय एक के बाद दूसरे जुड़ते चले जाते हैं। जैसे–पॅण-पॅण्णै-पॅण्णोडु-पॅण्णैक्काट्टिलुम, पॅण्णिडमिरुन्दु-पॅण्णुडैय-पॅण्मेल-पॅण्णाल। मतलब यह है कि कारक अंत में जुड़ते जाते हैं।

(ख) तमिल के पद सामासिक रूप में ही प्रयुक्त होते हैं।

(ग) यूरल अल्टाई परिवार की भाँति इस परिवार में भी स्वर अनुरूपता मिलती है। प्रत्ययों के संयोग से मूलरूप परिवर्तित होता जाता है। शब्द के आरंभ में घोष व्यंजन नहीं मिलते। बीच में आनेवाले अनुनासिक व्यंजन अलग स्थान पाते हैं। राजस्थानी की भाँति मूर्धन्य ध्वनियों का इसमें प्राधान्य है। कुछ विद्वानों की मान्यता है कि संस्कृत में मूर्धन्य ध्वनियाँ इसी परिवार के प्रभाव से आयीं।

(घ) इस परिवार की भाषाओं में दो वचन होते हैं। बहुवचन प्रत्यय जोड़कर बनता है। नपुंसक शब्द प्रायः एकवचन में ही होते हैं। उत्तम पुरुष सर्वनाम में बहुवचन के दो रूप होते हैं।

(ङ) गिनती भारोपीय परिवार की भाषाओं की भाँति दस पर आधारित है।

(च) लिंग तीन होते हैं। पुल्लिग, स्त्रीलिंग व नपुंसकलिंग।

4. बोलियाँ और उनका क्षेत्र

वर्तमान तमिल की क्षेत्रीय बोलियों को बट्टारमोळिकळ् कहते हैं। सुदूर दक्षिण में और समुद्रतटीय प्रदेशों में बोलियों का प्रभाव अधिक है। बोलचाल की भाषा और लिखित भाषा में क्रियापदों में बहुत अंतर पाया जाता है। इन क्षेत्रीय बोलियों का प्रयोग केवल नाटकों में और कहानियों में देखने को मिलता है। आजकल इन क्षेत्रीय बोलियों में कहानी व उपन्यास लिखा जा रहा है।

5.1 **सर्वनाम की रूपरचना**–एक भाषा-परिवार का निर्णय सर्वनाम के आधार पर ही होता है। द्रविड़-परिवार की भाषाओं में सर्वनाम में एकरूपता है। वे आर्य परिवार की भाषाओं से भिन्न हैं। तमिल में प्रयुक्त सर्वनाम–

उत्तम पुरुष : नी, नींगळ् – तू, तुम, आप

मध्यम पुरुष : अवन्, इवन् - वह, यह (पुल्लिग)

अवळ्. इवळ - वह. यह (स्त्रीलिंग)

अन्य पुरुष (बहुवचन) : अवरकळ् (वे), इवरकळ् (ये)

1. **क. दोनों लिंगों के लिए समान शब्द।**

नुपंसकलिंग एकवचन : अदु, इदु (वह, यह)

नपुंसकलिंग बहुवचन : अवैगळ्, इवैकळ् (वे, ये)

कारकों के कारण सर्वनाम के रूप में विकास होता है। तमिल में कारकों के रूप इस प्रकार हैं–

कर्मकारक– ऐ (ऐ)

करण कारक– आल, ओडु, उडन् (से)

संप्रदान कारक– कु (को)

अपादान कारक– इरुन्दु. काट्टिलुम (से)

सम्बन्ध कारक– उडैय (का, के, की)

अधिकरण कारक– इल्. मेल् (में. पर)

इन कारकों के कारण सर्वनामों में रूप-परिवर्तन (Morphological change) अधिक होता है।

5.2. **विशेषण और उसकी रूप-रचना**–हिन्दी के समान तमिल में विशेषण का रूप-परिवर्तन नहीं होता है। तमिल में लिंग, वचन व कारक के अनुसार विशेषण में

रूप-परिवर्तन नहीं होता। विशेषण व विशेष्य में कोई तात्त्विक अंतर नहीं होता।जैसे– नल्ल पैयन (अच्छा लड़का), नल्ल पॅण (अच्छी लड़की), नल्ल पैयन्कळ् (अच्छे लड़के)।

विशेषण संज्ञा के पहले ही अधिकतर प्रयुक्त होता है। कभी-कभी विशेष्य के बाद विशेषण होता है। हिन्दी के अनुरूप ही निश्चित संख्यावाचक विशेषण तथा अनिश्चित संख्यावाचक विशेषण देखने को मिलता है। जैसे– पत्तु पैयन्कळ् (दस लड़के), सिल पैयन्कळ् (कुछ लड़के)।

हिन्दी के अनुरूप विशेषण संज्ञा का रूप धारण करता है। जैसे– नल्लवरकळ् वाळकिरारकळ् - (भले लोग जीते हैं), तीयवरकळ् अळिन्देविडुकिरारकळ् - (बुरे लोग विनष्ट हो जाते हैं)।

विधेय विशेषण का रूप भी तमिल में चलता है। जैसे– इन्द मनिदन नल्लवन (यह आदमी भला है)।

सार्वनामिक विशेषण का अलग रूप नहीं होता। उसके लिए 'अन्द', 'इन्द' शब्द का प्रयोग करते हैं। जैसे– अन्द पैयन (वह लड़का), इन्द पॅण (यह लड़की)।

गुणवाचक, निजवाचक के प्रयोग भी हिन्दी के अनुरूप ही होते हैं। क्रमवाचक विशेषण भी हिन्दी के अनुरूप ही होता है। इसके लिए अलग शब्द नहीं है।

5.3 **क्रिया और काल-रचना**–तमिल में अकर्मक व सकर्मक क्रियायें हैं। हिन्दी के अनुरूप इन क्रियाओं का असर कर्ता पर नहीं पड़ता। हिन्दी में भूतकाल सकर्मक के लिए कर्ता के साथ 'ने' जोड़ते हैं। लेकिन तमिल में इस प्रकार का प्रयोग नहीं होता।

काल की रचना प्रत्ययों के द्वारा सूचित की जाती है। तमिल में ये प्रत्यय क्रिया के साथ ही जुड़े रहते हैं। जैसे– वरुगिरेन - आता हूँ। वरुवेन- आऊँगा। वन्देन- आया।

मूल धातु के साथ प्रत्यय जोड़ने से तमिल में भी प्रेरणार्थक धातु क्रिया बनती है। प्रत्यय जोड़ने से नामधातु भी बनती है।

	वर्तमानकाल	**भविष्यत्काल**	**भूतकाल**
वा–	नान् वरुकिरेन	नान् वरुवेन	नान् वन्देन
उत्तम पुरुष–	मैं आता हूँ।	मैं आऊँगा।	मैं आया।
	नी वरुगिराय	नी वरुवाय	नी वन्दाय
मध्यम पुरुष–	तुम आते हो।	तुम आओगे।	तुम आए।
अन्य पुरुष–	अवन वरुकिरान	अवन वरुवान	अवन वन्दान
	वह आता है।	वह आएगा।	वह आया।

तमिल में कालरचना के प्रत्यय बहुवचन में भी इसी प्रकार के रूप देखने को मिलते हैं। (विस्तृत जानकारी के लिए डॉ. सुन्दरम द्वारा रचित 'तमिल सीखें' पुस्तक देखें।)

5.4 **क्रियाविशेषण**–विशेषण की तरह क्रियाविशेषण में भी विकार नहीं होता

है। रूप के अनुसार तमिल में भी क्रियाविशेषण तीन प्रकार के होते हैं।

मूल क्रियाविशेषण—ये दूसरे शब्दों से नहीं बनते हैं। जैसे— मरुपडियुम (दुबारा), तिडीर (अचानक)।

यौगिक क्रियाविशेषण—दूसरे शब्दों में प्रत्यय जोड़ने से यौगिक क्रियाविशेषण बनते हैं। जैसे— इरविल (रात को), पकलमुळुवदुम (दिन-भर)। ये यौगिक क्रियाविशेषण तमिल में सर्वनाम और अव्यय से भी बनते हैं। संयुक्त क्रियाविशेषण का प्रयोग तमिल में अधिक होता है। जैसे— वीडु वीडाग (घर-घर), नडु नडुवे (बीचों-बीच)। तमिल में इसका प्रयोग अधिक देखने को मिलता है।

स्थानीय क्रियाविशेषण—इसका प्रयोग तमिल में अधिक होता है। संस्कृत क्रियाविशेषण, उर्दू क्रियाविशेषण का प्रयोग भी तमिल में प्रयुक्त होता है। जैसे— साट्चात (साक्षात्), संपूर्ण (संपूर्ण), व्यर्थ (व्यर्थ), उर्दू— जल्दी (जल्दी)।

अर्थ के अनुसार क्रियाविशेषण के कई भेद तमिल में भी मिलते हैं। जैसे— संख्यावाचक, कालवाचक, परिमाणवाचक, रीतिवाचक।

'न', 'नहीं', 'मत' के लिए तमिल में वेण्डाम (मत), इल्लै (न, नहीं) आदि शब्दों का प्रयोग होता है।

मात्र, भर, तक— ये शब्द तमिल में संज्ञाओं के साथ प्रत्ययों के रूप में प्रयुक्त होते हैं। जैसे— इन्दुवरै (आज तक), इरवुमुळुवदुम (रात-भर), ऑरेऑरु (एकमात्र)।

द्विरुक्त क्रियाविशेषण का प्रयोग तमिल में अधिक होता है। जैसे—अव्वप्पॉळुदु (समय-समय पर), अंगे-इंगे (वहाँ-यहाँ), निन्नु-निन्नु (खड़े-खड़े), पडित्तु-पडित्तु (पढ़ते-पढ़ते)।

6. वाक्य-रचना

तमिल में हिन्दी के अनुसार ही वाक्य आठ प्रकार के होते हैं।

1. विधानार्थक	रामन पाडम पडिक्किरान	राम पाठ पढ़ता है।
2. आज्ञार्थक	नी अंगे पोकादे	तुम वहाँ मत जाओ।
3. निषेधवाचक	अवन् पडिप्पदिल्लै	वह नहीं पढ़ता है।
4. प्रश्नार्थक	यार इन्द पैय्यन्?	यह लड़का कौन है?
5. विस्मयादिबोधक	आहा! नी वन्दुविट्टाय	आहा! तुम आ गये।
6. इच्छाबोधक	कडवुळ उनक्कु नल्लदु सेंय्यट्टुम	ईश्वर तुम्हारा भला करें।
7. संदेहसूचक	इन्दप्पैय्यन वेलैसेयूदिरुक्कक्कूडुम	इस लड़के ने काम किया हो।
8. संकेतार्थक	मळै पॅयृयाविट्टाल पयिरकळ वाडिविडुम	पानी न बरसा तो फसल सूख जाएगी।

वाक्य के दो मुख्य अवयव होते हैं—उद्देश्य और विधेय। तमिल और हिन्दी में अंतर यह है कि तमिल में क्रिया के बिना ही वाक्य रचनाएँ बनती हैं पर हिन्दी में नहीं। संस्कृत के अनुसार इसका प्रयोग देखने को मिलता है। जैसे—इदु पुत्तकम। (यह किताब है।), इदु एन्न? (यह क्या है?)

रचना के अनुसार तमिल में भी वाक्य तीन प्रकार के होते हैं। वे हैं—साधारण, मिश्र और संयुक्त।

साधारण वाक्य—अवन विळैयाडुकिरान्—वह खेलता है।

मिश्र वाक्य—तमिल में हिन्दी वाक्य के अनुरूप संज्ञा वाक्य, विशेषण वाक्य, क्रियाविशेषण वाक्य होते हैं।

6.1. **संज्ञा वाक्य**—नान् नाळै वरुवेन ऍन्ड्रु सॉन्नेन् (मैंने कहा कि मैं कल आऊँगा)

तमिल में ऍन्ड्रु शब्द का प्रयोग अधिकतर करते हैं। संज्ञा वाक्य पहले आता है और प्रधान वाक्य पीछे आता है। 'कि' का प्रयोग 'एन्ड्रु' रूप में होता है।

6.2. **विशेषण उपवाक्य**—नेट्र वद पैयन इन्ड्रु वरविल्लै (जो लड़का कल आया था वह आज नहीं आया)। तमिल में भूतकालिक व वर्तमानकालिक कृदन्त का प्रयोग करते हैं।

6.3 **क्रियाविशेषण उपवाक्य**—नी ऍप्पॉळुदेल्लाम वरुकिरायो, अप्पॉळुदेल्लाम मळै वरुकिरदु (जब-जब तुम आते हो तब-तब वर्षा आती है)।

6.4. **संयुक्त वाक्य**—तमिल में संयुक्त वाक्य समुच्चयबोधक शब्दांशों के द्वारा जोड़ दिये जाते हैं। वे अधिकतर आश्रित वाक्यों पर आधारित नहीं होते। कभी-कभी संकुचित संयुक्त वाक्य भी समानाधिकरण उपवाक्यों के द्वारा प्रकट किया जाता है। इसके अतिरिक्त कुछ अपूर्ण वाक्य भी होते हैं।

विशेष रूप से ध्यान देने की बात यह है कि हिन्दी के अनुरूप ही तमिल वाक्य होते हैं। कर्ता, कर्म, क्रिया या कर्ता, क्रियाविशेषण, क्रिया—इस प्रकार के वाक्य समान रूप से भारतीय भाषाओं में देखने को मिलते हैं।

7. साम्य-वैषम्य

वाक्य-रचना की दृष्टि से सभी भारतीय भाषाएँ एक समान हैं। विस्तार से इस विषय पर अनुसंधान कर सकते हैं। केवल द्रविड़ भाषाओं में सर्वनाम और क्रियायें अन्य भारतीय भाषाओं से भिन्न हैं। पदक्रम भी अधिकतर समान रूप में ही मिलते हैं।

7.1 **माता-पिता व रिश्ते के सम्बन्ध द्रविड़ भाषाओं में समान हैं।** अन्य भारतीय भाषाओं में भिन्न हैं। जैसे अप्पा (पिता), अम्मा (माता), चित्तप्पा (चाचा), पॅरियप्पा (काका), मामा (मामा), पाट्टी (नानी, दादी), मामनार (ससुर), मामियार (सास), मन्नी (भाभी), सहोदरन (भाई), सहोदरी (बहन), नातनार (ननद)। लेकिन 'बहन' के लिए 'अक्का', 'तंगै' शब्द का प्रयोग करते हैं।

सर्वनाम और उसके विकृत रूप में द्रविड़ भाषाओं में समानता है। भारतीय भाषाओं में भिन्नता है। धातु व क्रियापदों में तमिल सर्वथा भिन्न है।

8. **संख्यावाचक शब्द भी द्रविड़ भाषाओं में समान हैं।** भारतीय भाषाओं में भिन्न हैं। लेकिन संख्यावाचक शब्द दस पर आधारित हैं।

तमिल में दस वर्गीकरण के बाद एक, दो, तीन आदि संख्याओं को मिलाकर सौ तक गिनती बनाते हैं। लेकिन हिन्दी में एक, दो, तीन आदि संख्याओं को पहले रखकर दस वर्गीकरण को पीछे रखते हैं। हिन्दी में संख्यावाचक शब्द संस्कृत के अनुसार हैं। वे ही अन्य भारतीय भाषाओं में हैं। द्रविड़ भाषाओं में संस्कृत से उल्टा क्रम ही चलता है। जैसे– मुप्पत्ति ऑण्णु (तीस एक - इकतीस), अम्पत्ति ऍट्टु (पचास आठ - अट्ठावन), ऍण्पत्ति नालु (अस्सी चार- चौरासी)।

इसी प्रकार माता-पिता तथा रिश्ते के शब्द सार्वनामिक शब्द, संख्यावाची शब्द, धातु-क्रिया पद आदि द्रविड़ भाषाओं में समान हैं। ये आर्य भाषाओं से भिन्न हैं। इस कारण ही द्रविड़ भाषा कुल अलग कुल माना गया है।

9. साहित्यिक समृद्धि

उपलब्ध प्राचीन ग्रन्थों में तॉल्काप्पियर द्वारा रचित व्याकरण ग्रंथ **तॉल्काप्पियम** है। यह पाणिणि के संस्कृत व्याकरण की भाँति एक अद्‌भुत रचना है। अत्यंत वैज्ञानिक ढंग से यह व्याकरण लिखित है। व्याकरणिक नियमों के अतिरिक्त तत्कालीन तमिल-समाज का प्रामाणिक चित्र इस व्याकरण में मिलता है। वर्ण्य विषय पूर्व भाग में दिया गया है। **तॉल्काप्पियम** के बाद अंतिम तमिल कवि परिषद की स्थापना ई. से लगभग पाँच सौ वर्ष पूर्व हुई थी। इस काल की रचनाओं में बहुत-सी अब अलभ्य हैं। महामहोपाध्याय स्वामिनाथ अय्यर के प्रयास के फलस्वरूप बहुत-सी रचनाएँ प्रकाश में लाई गयीं। वे हैं—ऍट्टुत्तॉगै (आठ संग्रह), पत्तुप्पाट्टु (दस कविता संग्रह) और पदिनेण्कीऴ्कणक्कु (अठारह लघु कविता संग्रह)। इनमें पुरनानूरु, तिरुमुरुकाट्रुप्पडै, तिरुक्कुरळ आदि सर्वश्रेष्ठ हैं। आधुनिक काल में सुब्रह्मण्य भारती एक महाशक्ति के रूप में, राष्ट्रवादी कवि के रूप में उभरकर आए। उन्होंने 39 वर्ष के जीवनकाल में तमिल-साहित्य एवं समाज में एक ऐसी क्रांति मचा दी जिससे तमिल-साहित्य का कायापलट-सा हो गया। उन्होंने पंडिताऊ शैली के बंधन से भाषा को उन्मुक्त किया। नये-नये छंदों में जनप्रिय भाषा में नये-नये भावों एवं कल्पनाओं से भरी गेय कविताएँ रचीं। उन्होंने तमिल जनता के भाषा-प्रेम को जागृत किया। लोगों को संकुचित भावनाओं से ऊपर उठकर विशाल राष्ट्रीयता एवं मानवता का दृष्टिकोण अपनाने के लिए प्रेरित किया। इस राष्ट्रीयता को जगाने के कार्य में पत्र-पत्रिकाओं ने अधिक योगदान दिया। तमिल के सर्वप्रथम सुव्यवस्थित दैनिक 'स्वदेशमित्रन' का प्रकाशन सन् 1885 में कांग्रेस महासभा की स्थापना के साथ हुआ। उससे पहले

भी कुछ छोटे दैनिक एवं साप्ताहिक पत्र निकले थे पर उनका क्षेत्र अत्यंत सीमित था। 'स्वदेशमित्रन' के संपादक एवं संचालक श्री जी. सुब्रह्मण्य अय्यर कांग्रेस के संस्थापकों में से थे। महाकवि सुब्रह्मण्य भारती इनके साथ जुड़े हुए थे। 'स्वदेशमित्रन' के बाद अनेक दैनिक, साप्ताहिक शुरू होकर सरकारी दमन के कारण बंद हो गये। इनमें भारती द्वारा संपादित 'इंडिया', वरदराजुलू नायडू का दैनिक 'तमिलनाडु', सुब्रह्ण्य अय्यर का 'बालभारती', सहोदरी बालाम्बाल का साप्ताहिक 'चिन्तामणि', कल्याणसुन्दरम मुदलियार द्वारा संपादित 'नवशक्ति' आदि उल्लेखनीय हैं।

इस प्रसंग में 'मणिक्काँडि' का उल्लेख करना आवश्यक है। यह दो वर्ष चलने के बाद बंद हो गया। इस पत्रिका ने अनेक प्रतिभाशाली युवा लेखकों को प्रकाश में लाकर उल्लेखनीय सेवा की। नयी कहानी, नयी कविता का प्रादुर्भाव इसी पत्रिका के द्वारा हुआ। इस कारण तमिल-साहित्य में नया मोड़ आ गया। आजकल मद्रास के 'दिनमणि', 'दिनमलर', 'दिनत्तन्दि' आदि जनमानस की अधिक प्रिय पत्रिकाएँ हैं। श्रीलंका से प्रकाशित 'वीकेशरी' तथा मलाया से निकलनेवाली 'तमिळमुरसु' और 'तमिळनेसन' भी उल्लेखनीय हैं।

'कलैमगळ' तमिल की सर्वश्रेष्ठ मासिक पत्रिका है। 'आनन्द विकडन', 'कल्कि', 'कुमुदम', 'अवळ विकडन' आदि का आधुनिक साप्ताहिक पत्रिकाओं में अपना स्थान है। आजकल बच्चों के लिए कई मासिक एवं पाक्षिक पत्र निकल रहे हैं। इनमें अधिक लोकप्रिय पत्रिकाएँ हैं– 'कण्णन', 'छुट्टि विकडन', 'चन्दामामा' आदि। 'चन्दामामा' विभिन्न भाषाओं में 'चन्दामामा' के नाम से प्रकाशित एकमात्र पत्रिका है। विषय एक, भाषाएँ भिन्न-भिन्न।

10. संविधान में भाषा का स्थान

स्वतंत्रता के बाद जब भारतीय संविधान स्वीकृत हुआ तब से तमिल आठवीं सूची में शामिल किया गया। बहुत आन्दोलन के बाद 2008 ई. में संस्कृत, अरबी के समान इसे शास्त्रीय दर्जा (Classical status) प्राप्त हुआ। इस दर्जे को तमिल में 'सॅम्मोळि' कहते हैं। इस सम्बन्ध में विभिन्न भारतीय एवं पाश्चात्य विद्वानों के मत अवलोकन करने के उपरांत यही निष्कर्ष निकलता है कि कम से कम पैंतीस शताब्दियों से तमिल भाषा में उच्च कोटि की साहित्य-रचना होती आ रही है।

तेलुगु भाषा

आचार्य वै. वेंकटरमण राव

1. भाषा के विविध नाम

'आन्ध्रमु', 'तेनुगु' और 'तेलुगु' इन तीनों नामों से आन्ध्र प्रदेश एवं तेलंगाणा की भाषा का बोध होता है। इनके अतिरिक्त एक और नाम 'जेण्टू' है जिसे पुर्तगालों ने प्रदान किया है। उन्होंने भारतीय भाषाओं के सम्पर्क में आकर तेलुगु भाषा को 'जेंटिल' भाषा के रूप में महसूस किया। तेलुगु-भाषियों के प्रति भी उनका दृष्टिकोण लगभग इसी प्रकार का था। इसीलिए उन्होंने तेलुगु भाषा को 'जेंटू' कहा। इस प्रकार तेलुगु के चार नाम उभरते हैं– 'आन्ध्रमु', 'तेनुगु', 'तेलुगु' और 'जेण्टू'। ऐतिहासिक दृष्टि से भी ये नाम इसी क्रम में इस भाषा के लिए प्रयुक्त हुए हैं।

'आन्ध्र' शब्द का प्रयोग सबसे पहले **महाभारत** में मिलता है। कुरुक्षेत्र-संग्राम में भाग लेनेवाले राजाओं में आन्ध्र राजाओं का उल्लेख है। पुराण और पौराणिक परम्परा के इतिहास-ग्रंथों में भी 'आन्ध्र' शब्द मिलता है। यह आन्ध्र जनता के लिए प्रधानतया प्रयुक्त मिलता है। इसके बाद बौद्ध और पाली वाङ्मय में 'अंधक रट्ट' (आन्ध्र राष्ट्र) शब्द मिलता है। यहाँ से आगे 'आन्ध्र' शब्द भाषा के संदर्भ में भी प्रयुक्त होता मिलता है।

'तेलुगु' शब्द ईसा के बाद की दसवीं शताब्दी से पहले नहीं मिलता है। **आन्ध्र महाभारत** के रचयिता 'आदि कवि' नन्नयूया ने सबसे पहले 'तेनुगु' शब्द का प्रयोग अपने **महाभारत** ग्रंथ में किया है– "तेनुगुन रचियिपुं मधिक धी युक्ति मेयिन्"। **महाभारत** की रचना के लिए प्रेरणा मिली थी राजमहेन्द्री के राजा राजराज नरेन्द्र से। उनकी प्रार्थना का अंश ही है उक्त पंक्ति। यह एक छन्द का एक चरण है। इसमें द्वितीय अक्षर 'नु' प्रास स्थान पर है। इसलिए वह शब्द 'तेनुगु' ही है।

तेरहवीं-चौदहवीं शताब्दियों के शिलालेखों (जिन्हें तेलुगु में शिलाशासन कहते हैं) में 'तेलुगु' शब्द का प्रयोग मिलता है। शिलालेखों और ताम्रपत्रों की भाषा को 'तेलुगु' कहा गया है। 'तेलुगु' शब्द 'त्रिलिंग' शब्द से निष्पन्न माना जाता है। आन्ध्र प्रदेश में तीन प्रमुख शैव क्षेत्र हैं– दाक्षारामम्, श्रीशैलम् और कालेश्वरम्। ये तीनों

क्षेत्र क्रमशः आन्ध्रा प्रान्त, रायलसीमा और तेलंगाणा प्रांतों में हैं। इन तीनों प्रांतों का समाहार ही आन्ध्र प्रदेश था। उन क्षेत्रों में तीन शिवलिंग ख्यात हैं। उक्त शिवलिंग क्षेत्रों से युक्त प्रांत को 'त्रिलिंग' देश कहा गया। इस प्रांत की भाषा का 'त्रिलिंग' शब्द से आगे विकसित शब्द 'तेलुंगु' नाम पड़ा। वही आज 'तेलुगु' शब्द का रूप प्राप्त कर स्थिर हुआ है। भाषाधार प्रांतों के निर्माण के बाद तेलुगु प्रांत का नाम 'आंध्र प्रदेश' बना, परन्तु भाषा 'तेलुगु भाषा' ही है। वैसे, यहाँ के एक राजनैतिक दल (पार्टी) का नाम 'तेलुगु देशम्' है।

आन्ध्र प्रदेश और तेलंगाणा का विस्तार 2,70,916 वर्ग किलोमीटर है। आबादी 8,45,80777 (2010-11 जनगणना) के अनुसार है। इस प्रांत की पूरब दिशा में बंगाल की खाड़ी है। अन्य सीमाओं में तमिलनाडु, कर्नाटक, महाराष्ट्र, मध्यप्रदेश, ओडिशा और छत्तीसगढ़ राज्य हैं। इन सब प्रांतों में भी तेलुगु-भाषी लोगों का होना सहज है। सामान्यतः प्रांत की सीमाएँ राजनैतिक निर्णयों के अनुसार होती हैं और भाषा-भाषी जनता सहज रूप में सीमा प्रांतों में भी रहती है। इस दृष्टि से तेलुगु-भाषी समुदाय की संख्या लगभग 15 करोड़ से अधिक है। हिन्दी के बाद अधिकसंख्यक लोगों की मातृभाषा तेलुगु ही है।

2. तेलुगु का भाषा-परिवार और इतिहास

भाषा-परिवार की दृष्टि से तेलुगु द्राविड़-परिवार की भाषा है। यहाँ एक ध्यातव्य बात यह है कि द्राविड़-परिवार की होती हुई भी तेलुगु ने संस्कृत भाषा से विकास का एक आधार ग्रहण किया है। तेलुगु का आदि ग्रंथ **श्रीमद्महाभारत** और आदिकवि नन्नय्या हैं। **महाभारत** चाहे अनुवाद ही क्यों न हो वह 'नव सृजन' प्रक्रिया से अनुरंजित होकर स्वतंत्र रचना ही लगती है। किन्तु प्रधानतः गाथाक्रम में मूलानुसारी और मूल से अधिक जुड़ी रचना है। विशेषता है कि इसकी अनुवाद-प्रक्रिया से जुड़ने के लिए आदि कवि नन्नय्या ने **आन्ध्र शब्द चिंतामणि** नामक एक व्याकरण ग्रंथ की रचना भी सबसे पहले की है। यह संस्कृत पाणिनि-व्याकरण के अनुसार सूत्रों में रचा गया है। इस प्रकार तेलुगु भाषा की नींव पक्की बनी है।

द्राविड़ भाषा का इतिहास जिज्ञासुओं को बहुत प्राचीन समय में ले जाता है। परन्तु विकास की मुख्य कड़ी को लेकर विद्वानों का मत है कि वह लगभग ई.पू. 5000 वर्ष के पहले के समय से जुड़ती है। मूल द्राविड़ भाषा 5000 वर्ष पहले ही तीन मुख्य शाखाओं में विभक्त हुई थी। वे तीन शाखाएँ हैं— 1. दक्षिण शाखा 2. मध्य शाखा और 3. उत्तर शाखा। लगभग तीन हजार वर्ष पहले दक्षिण द्राविड़ शाखा की दो और उपशाखाएँ बनीं— 1. तमिल, मलयालम्, कन्नड़, कोड़गु, तोंद और गोंड एक शाखा में तथा 2. तेलुगु, कुयि, कुवि, गोंडी, कोंडा, पेंगो और मण्डी दूसरी शाखा में है। ई.पू. छठी शताब्दी तक तेलुगु एक पृथक् भाषा के रूप में परिणत हो चुकी

थी। तेलुगु का कन्नड़ भाषा से विशेष सांस्कृतिक और राजनीतिक सम्बन्ध जुड़े हैं। बहुत समय तक इन दोनों भाषाओं की लिपि भी एक रही है।

तेलुगु भाषा के इतिहास को आचार्य भद्रिराजु कृष्णमूर्ति जी ने निम्न कालखण्डों में विभाजित कर रखा है–

1. ई.पू. 200 से सन् 500 तक
2. सन् 500 से सन् 1100 तक
3. सन् 1100 से सन् 1400 तक
4. सन् 1400 से सन् 1900 तक

इस काल-विभाजन के अंतर्गत पहला खंड शिलालेख और ताम्रपत्रों का है। इसे भाषा का प्रथम स्वरूप काल कह सकते हैं। इसमें विशिष्ट रूप से भाषा शब्द रूपायित होते मिलते हैं। द्वितीय खंड में भाषा कवि-पंडित सभाओं की भाषा बनने लगी। इस समय के शिलालेखों एवं ताम्रपत्रों में भाषा छन्द-रूप लेने लगी। काव्यभाषा के अन्तरण का उद्भवकाल भी इसे कहा जा सकता है। तृतीय काल-खंड में भाषा प्रामाणीकृत हुई। संस्कृत प्रभाव से काव्यों का यह अवतरण युग है। चतुर्थ खंड में भाषा के माध्यम से स्वतंत्र काव्य सृजन होने लगा है। दूसरी ओर तेलुगु का अपना स्वरूप भी निखर आया। सन् 1900 से पहले ही काव्य-रचना में गद्य और पद्य का मिला-जुला चम्पू रूप मिलता है। लेकिन सन् 1900 से गद्य का बहुविध रूप परिलक्षित होता है। वैसे, यह भाषा के बहुविध प्रयोगों का भी युग है। काव्येतर क्षेत्रों की भाषा के रूप में तेलुगु का शीघ्र विकास चल रहा है। विविध व्यवहारों की और विविध प्रयोजनों की भाषा के रूप में आधुनिक आवश्यकताओं को साथ लेकर आज भाषा विकासशील है। आन्ध्र प्रदेश और तेलंगाणा की प्रधान भाषा तेलुगु है। साथ-साथ यहाँ उर्दू को भी सहभाषा के रूप में गौरव मिला है।

इस संदर्भ में ध्यान देने योग्य बात एक है कि चाहे तेलुगु, तमिल, कन्नड़ और मलयालम् आज भिन्न-भिन्न भाषाएँ क्यों न हो, पर प्राचीन समय में ये एक थीं। इसीलिए इन भाषाओं में शब्दावली, वाक्य-संरचना-पद्धति आदि में समानता और एकरूपता स्पष्ट है। यह अनेक अध्ययनों और शोधों में रेखांकित हो चुका है। कुछ शब्दों के आधार पर यहाँ उस बात की पुष्टि की जा रही है।

तेलुगु	**तमिल**	**कन्नड़**	**मलयालम्**	**हिन्दी अर्थ**
तल	तलै	तले	तल	सिर
कन्नु	कण्	कण्णु	कण्णु	आँख
रेंडु	इरण्डु	एरडु	रेण्डु	दो
अतडु	अवन्	अवनु	अवळ्	वह
मल	मलै	मले	मल	पहाड़
मोदलु	मुदल्	मोदल्	मोदल्	पहला

वेन्न विलै	बेन्ने	विल	मक्खन
व्रायु वरै	बरिय	एकुदु	लिखना
चेवि कादु	किवि	किवि/कादु	कान
पालु पालू	हालु	पाल	दूध

3. तेलुगु की बोलियाँ और क्षेत्र

सामूहिक एवं सामाजिक जीवन के साथ भाषा की समर्थता और प्रयोगसिद्धता साध्य हैं। सम्पूर्ण भाषा-समाज कोई भी हो, उसमें भाषा-विकास बहुधा क्षेत्राश्रित और व्यवहार-सिद्ध होता है। भाषा का शिष्टजन व्यवहार रूप और अन्य व्यावसायिक समूहों की भाषा का व्यवहार-स्वरूप अवश्य कुछ भिन्नता लिए होते हैं। शिष्ट व्यावहारिक रूप के साथ साहित्यिक भाषा का स्वरूप विकसित हुआ मिलता है। अन्य बोली-स्वरूपा होते हैं। कुछ संदर्भों में ये बोली-रूप भी साहित्यिक भाषा के रूप में आविष्कृत होते हैं। हिन्दी के साथ व्रजभाषा, अवधी, राजस्थानी आदि इसके उदाहरण हैं। बिलकुल इसी प्रकार की स्थिति तेलुगु में नहीं मिलती है, परन्तु क्षेत्रों के अनुसार विशिष्ट भाषा-स्वरूप अवश्य मिलते हैं। इनके साहित्यिक अवतरण के उदाहरण भी पर्याप्त हैं। पर एक विशिष्ट मानक भाषा-स्वरूप तेलुगु के भाषिक विकास में देखा जा सकता है।

विविध क्षेत्रगत विशेषताओं को ध्यान में रखकर तेलुगु के बोलीगत भेद अवश्य रेखांकित हुए हैं। आचार्य भद्रिराजु कृष्णमूर्ति ने इन भेदों को चार मांडिलिक भेदों में विभाजित किया है। भाषा मण्डल निरूपण तेलुगु में दिशापरक आधारों पर किया गया है। यथा–

1. दक्षिणांध्रमु (दक्षिण प्रांत की तेलुगु) : क्षेत्र-विस्तार रायलसीमा : कर्नूल, कडपा, अनंतपुरम् और चित्तूर जिले; नेल्लूरु एवं गुण्टूरु जिले का बिनुगोंडा तालूका तथा महबूब नगर जिले का दक्षिणी भाग।

2. उत्तरान्ध्रमु : तेलंगाणा के नौ जिले एवं महबूब नगर का उत्तरी भाग।

3. पूर्वान्ध्रमु : श्रीकाकुलम्, विजयनगरम् एवं विशाखापट्टणम् जिले।

4. मध्यान्ध्रमु : पूर्व गोदावरी, पश्चिम गोदावरी एवं गुण्टूरु जिले।

उक्त वर्गीकरण के अंतर्गत प्रांतों में बोली जानेवाली तेलुगु भाषा में कुछ ध्वनि-भेद, क्रिया-प्रयोग, शब्दावली आदि में कुछ भेद मिलते हैं। इनका अध्ययन विभिन्न विद्वानों ने किया है और सोदाहरण तर्कयुक्त निरूपण भी। इतना होने पर भी समस्त तेलुगु प्रांत में शिष्ट व्यवहारों में कोई बाधा नहीं है।

4. तेलुगु लिपि

भारत की प्राचीन भाषा संस्कृत को 'देवभाषा' संज्ञा मिली है तो भारतीय प्राचीन

लिपि को 'ब्राह्मी लिपि' की संज्ञा। विद्वानों का मत है कि ई.पू. 1000-800 के बीच इस लिपि ने एक रूप प्राप्त किया। ई.पू. 500 तक विद्वान् इसे संस्कार और स्तर देने में लगे रहे। इसीके आधार पर भारतीय लिपियों का विकास भी हुआ है। तेलुगु लिपि का भी अपने विकास में यही क्रम रहा है। ई.पू. 300 तक ब्राह्मी लिपि ने 'देवनागरी' नाम ग्रहण किया। ब्राह्मी लिपि के एक विकसित रूप ने 'दक्षिण ब्राह्मी' नाम भी पाया। साथ-साथ द्राविड़ी, डामिली नाम भी मिलते हैं। तेलुगु लिपि का आरंभिक रूप 'भट्टिप्रोलु शिलालेख' में पाया जाता है। भट्टिप्रोलु लिपि के उपरांत आन्ध्र के राजवंशों ने अपने समय के परिवर्तनों के साथ इस लिपि को शिलालेख और ताम्रपत्रों के लिए अपनाया। उन लिपियों को उन राजवंशों के नामों पर अभिहित किया गया। यथा– शातवाहन लिपि (ईसा की दूसरी शताब्दी), इक्ष्वाकु लिपि (तीसरी शती), शालंकायन लिपि (चौथी शती), वेंगी लिपि (पाँचवीं शती), चालुक्य लिपि, वाकाटक लिपि, विष्णुकुंडिन लिपि आदि नाम (सातवीं शती), वेंगी चालुक्य लिपि (सातवीं शती)। आगे चलकर वेंगी-चालुक्य लिपि ही तेलुगु और कन्नड़ भाषाओं के लिए उपयोग में रही। यह ग्यारहवीं शती तक प्रचलन में रही। ग्यारहवीं शती में 'पूर्व चालुक्य संधि लिपि' नाम से एक और परिष्कृत लिपि वयवहार में उभरी। बारहवीं शती में 'काकतीय लिपि' नाम से तेलुगु लिपि प्रचार में आयी। इन सभी का मूल आधार ब्राह्मी लिपि ही है।

तेलुगु लिपि ने अपने विकास की एक सुदीर्घ यात्रा सम्पन्न की है। उसका आधुनिक रूप यहाँ प्रस्तुत है–

स्वर

అ	ఆ	ఇ	ఈ	ఉ	ఊ
अ	आ	इ	ई	उ	ऊ

ఋ	ౠ	ఎ	ఏ	ఐ
ऋ	ऋ	ऐ	ए	ऐ

ఒ	ఓ	ఔ	ం
ओ	ओ	औ	ः

व्यंजन

క ఖ గ ఘ ఙ
क ख ग घ ङ

చ ౘ ఛ జ ౙ ఝ ఞ
च च़ छ ज ज़ झ ञ

ట ఠ డ ఢ ణ
ट ठ ड ढ ण

త థ ద ధ న
त थ द ध न

ప ఫ బ భ మ
प फ ब भ म

య ర ఱ ల వ శ
य र ऱ ल व श

ష స హ ళ క్ష
ष स ह ळ क्ष

तेलुगु संस्कृत भाषा की वर्णमाला से कुछ ध्वनियों में अंतर रखती है। वे इस प्रकार हैं—ऐ (ह्रस्व एकार), ओ (ह्रस्व ओकार), च़ (दंत्य च़), ज़ (दंत्य ज़), ळ (अलघु 'ल'कार), ऱ (अलघु रेफ)।

तेलुगु में स्वर अधिकतर वे ही हैं जो संस्कृत में हैं। स्वर की मात्रा की रहितता को (अ कार को) व्यंजनों में हलंत देकर लिखा जाता है।

संक्षेप में, कुछ सामान्य नियम इस प्रकार हैं—

1. तेलुगु लिपि अधिकांश भारतीय लिपियों के समान स्वर और व्यंजनों में विभक्त है।
2. लेखन-विधि बाएँ से दाएँ की तरफ है।
3. सभी स्वरों की मात्राएँ अलग हैं।
4. व्यंजन रूप में ह्रस्व 'अ' कार मिला रहता है जिस प्रकार नागरी लिपि में देखा जाता है।

5. व्यंजन की आकृति में कुछ परिवर्तन से स्वर के सूचित अंश जुड़ते हैं।

6. व्यंजन के द्वित्वीकरण या संयुक्तीकरण में निम्नांकित आठ अक्षरों में पूर्ण परिवर्तन है–क, त, न, म, य, र, ल, व।

7. अन्यों में परिवर्तन नहीं के बराबर है। व्यंजन के नीचे या बगल में कुछ छोटे आकार में व्यंजन को रखकर सम्पन्न किया जाता है। यथा–ज्ज, ग्ग, ष्ष, ण्ण, द्द, श्श आदि में।

8. संयुक्त व्यंजन या द्वित्व व्यंजन लिखने में तेलुगु नागरी से कुछ भिन्नता रखती है। यथा–

	नागरी	**तेलुगु**
(क) सत्य	= स + त् + य	स + त + य्
(ख) ज्योत्स्ना	ज् + य् + ओ + त् +	= ज + य् + ओ +
	स् + न् + आ	त + स् + न् + आ

पूर्ण व्यंजन और अर्द्धव्यंजन में मात्रा-लेखन की दृष्टि से अंतर अवश्य है।

5. ध्वनियाँ और उनकी विशिष्टताएँ

तेलुगु-ध्वनियों और नागरी-ध्वनियों के उच्चारण में अंतर नहीं है। लेकिन ध्यान देने की बात है कि शब्द में हर ध्वनि का उच्चारण स्पष्टतः किया जाता है। हिन्दी में कुछ भिन्नता है। प्रयोग और अभ्यास यहाँ आवश्यक है।

हिन्दी-उच्चारण –	सरकार	→	सर्कार्
तेलुगु-उच्चारण –	सरकार	→	सर्कारु

6. तेलुगु-व्याकरण

(क) तेलुगु संज्ञा : तेलुगु स्वरांत भाषा है। कहने का तात्पर्य यह है कि तेलुगु की शब्द का अंत स्वर के स्पष्ट उच्चारण के साथ होता है। तेलुगु में हर वर्ग से सम्बन्धित शब्द स्वरांत उच्चारण से युक्त होते हैं। (कुछ आधुनिक भाषाओं से आगत शब्दों को छोड़कर जिनके अंतिम व्यंजनों में हलंत रेखांकित होता है)। तेलुगु की शब्दावली को तीन वर्गों में रखकर देखा जा सकता है–1. द्राविड़मूला और देशी शब्द 2. संस्कृत से आगत और तत्सम-तद्भव शब्द 3. अन्य भाषीय/देशीय। शब्दान्त प्रधानतः ह्रस्व अ, इ, उ, ए से होता है।

1. द्राविड़मूला और देशी शब्द

शब्द अ, इ, उ और ए से अंत होते हैं।

उदा.– कोट (किला); बाट (रास्ता); वेल (समय); अम्म (माँ); अन्न (भाई); पुलि (बाघ); मडि (खेत); गुडि (मंदिर); बडि (पाठशाला); गोरू (नाखून); ऊरू (गाँव);

वेरु (जड़); रोलु (ओखली); गेदे (भैंस) आदि। कुछ नाम : रामय्य, गोपन्न, सीतम्म, पोतन, केतन आदि।

2. संस्कृत से आगत

संस्कृत से आगत या स्वीकृत संज्ञाओं में "डु, मु, वु, लु" प्रत्यय जुड़ते हैं। इनके योग से पहले अगर ह्रस्व 'अ' है तो उसके स्थान पर 'उ' का आदेश होता है। इनमें 'मु' प्रत्यय आधुनिक भाषा में 'ं' हो गया है अर्थात् 'मु' और 'ं' दोनों रूप चलते हैं। कुछ उदाहरण लीजिए–

डु → राम = रामुडु; कृष्ण = कृष्णुडु; देव = देवुडु;
मु → वृक्ष = वृक्षमु, वृक्षं; पुस्तक = पुस्तकमु, पुस्तुकं;
वेद = वेदमु, वेदं; जल = जलमु, जलं;
वु → विष्णु = विष्णुवु, गो = गोवु, वस्तु = वस्तुवु;
लु → राम=रामुलु; वस्तुएँ=वस्तुवुलु; वृक्ष=वृक्षमुलु, (लु बहुवचन प्रत्यय भी है)।

दीर्घ स्वरांत शब्द ह्रस्व स्वरांत होते हैं–

सीता = सीत; गोपी = गोपि, नदी = नदि, कथा = कथ, बाधा = बाध।

'मु' प्रत्ययांत शब्द बहुवचन में इस प्रकार के परिवर्तित रूप मिलते हैं–वृक्ष = वृक्षमुलु/वृक्षालु, पुस्तक = पुस्तकमुलु/पुस्तकालु

3. अन्यदेशीय शब्द

'अ' कारांत या हलंत शब्दों के अंत में 'उ' ध्वनि का योग होता है–

साहेब = साहेबु, रेल = रैलु, मैल = मैलु। कुछ शब्दों में अन्त्य व्यंजन ध्वनि द्वित्व भी होती है–बस = बस्सु; रोड = रोड्डु।

(ख) संज्ञा और लिंग

तेलुगु में लिंग व्याकरणिक लिंग नहीं है। हिन्दी में संज्ञा का लिंग व्याकरिणक होता है। अर्थ के आधार पर संज्ञा शब्द के लिंग का आकलन होता है। यहाँ ध्यान देने की बात है कि प्राणिवाचक संज्ञाओं में ही यह लिंग-निर्धारण की गुंजाइश है। जैसे–'राम' पुल्लिग है तो 'सीता' स्त्रीलिंग। उसी प्रकार 'बैल' पुल्लिग है तो 'गाय' स्त्रीलिंग। अन्य शब्दों में यह भेद नहीं रखा जाता है।

तेलुगु संज्ञाओं को 1. महद्वाचक और 2. अहमद् वाचक वर्गों में रखा जाता है। महद्वाचक संज्ञा महत्त्वसूचक या गौरवसूचक होती है। यही व्याकरणिक व्यवस्था को प्रभावित करती है। अहमत् में स्त्री-नाम, तिर्यक् (पशुपक्ष्यादि) तथा जड़ वस्तु-समुदाय आते हैं। व्याकरणिक अन्वय क्रियाओं में ही घटित होता है। अहमद् के अंतर्गत स्त्रियाँ आती हैं पर उनका अन्वय महत् और अहमत दोनों रूपों में होता है।

(ग) संज्ञा और वचन

तेलुगु में दो वचन हैं— एकवचन और बहुवचन। सभी संज्ञाएँ बहुवचन प्रत्यय लेती हैं। नित्य बहुवचन संज्ञाएँ अपवाद हो सकती हैं— नीरू = नीरू (पानी), पालु = दूध।

साधारणतः तेलुगु में हर संज्ञा शब्द में लगनेवाले बहुवचन प्रत्यय हैं— लु और रु। विशेष स्थितियों में 'ळु' (अलघु लु भी) मिलता है। शब्द प्रकृति के अनुसार 'लु' प्रत्यय के जुड़ने से मूल शब्द में ध्वनि-परिवर्तन भी घटित होता है।

1. 'लु' प्रत्यय के उदाहरण

(अ) कोट - कोटलु (किला), बाट - बाटलु (रास्ता), कुक्क - कुक्कलु (कुत्ता), बल्ल— बल्ललु (बेंच), बस्सु - बस्सुलु (बस)।

(आ) 'इ' कारांत शब्दों में 'इ' कार 'उ' कार में बदलता है— कोति (बंदर) – कोतुलु, नदि (नदी) – नदुलु, मूति (मुँह) – मूतुलु।

(इ) र, ड, ल से अंत होनेवाले शब्दों में अलघु लकार (ळ) द्वित्व रूप में मिलता है—वेरु (जड़) → वेळ्ळु, वेरुलु, गोरु (नाखून) → गोळ्ळु/गोरुलु, गुडि (मंदिर) → गुळ्ळु/गुडुलु, कन्नु (आँख) → कळ्ळु/कन्नुलु।

(उ) कुछ संज्ञा शब्दों के संदर्भ में 'रु' जुड़ता है— बालुडु (बालक) → बालुरु, गोपालुडु → गोपालुरु।

(घ) संज्ञा पदबन्ध

तेलुगु प्रधानतः विश्लेषणात्मक भाषा है। संश्लेषित रूप जहाँ हैं वहाँ संस्कृत शब्दबन्धों को देख सकते हैं। संस्कृत के सामासिक पदबंध ज्यों के त्यों तेलुगु में ग्राह्य हैं। यथा— कीर्तिस्तंभ, दशरथपुत्र, शतदलपद्म, सहस्त्रदलकमल, सागरसंगम, कीर्तिलता।

तेलुगु में द्वंद्व समासी संज्ञाएँ अपनी हैं। ये बहुवचन प्रत्यय के साथ मिलती हैं—तल्ली-दंड्रुलु (माता-पिता); रात्रिंबवल्लु (दिन-रात), सिरि-संपदलु (संपत्तियाँ); सीता रामुलु (सीताराम), अन्न दम्मुलु (बड़ा भाई और छोटा भाई), धन धान्यालु (धन और धान्य)।

वाक्य-रचना में क्रिया-संरचना महत् और अहमद् संज्ञा वचन के अनुसार अन्वय युक्त होती है।

(ङ) कारक-व्यवस्था

संज्ञा और संज्ञा के बीच का सम्बन्ध तथा संज्ञा और क्रिया के बीच का सम्बन्ध कारक-व्यवस्था से अनुशासित होता है। संस्कृत की प्राचीन व्याकरण-रचना-परंपरा से कारक-विभाजन के प्रमाण मिलते हैं। वैसे तेलुगु में प्रथमा विभक्ति या कर्ताकारक प्रत्यय नहीं है। अर्थात् कर्ता कारक में किसी प्रकार का प्रत्यय प्रयोग में नहीं है। हिन्दी में कर्त्ता कारक प्रत्यय के रूप में 'ने' का प्रयोग होता है। तेलुगु व्याकरण में डु, मु, उ, लु को कर्ता कारक प्रत्यय के रूप में रखा तो गया है पर उनका सम्बन्ध शब्द रूपायन से ही है।

हिन्दी सम्बन्ध कारक विधान में लिंग, वचन का स्थान है। ''का, के, की'' प्रत्यय संज्ञा (सर्वनाम) और संज्ञा के बीच सम्बन्ध जोड़ते हैं। तेलुगु में इस प्रकार की स्थिति नहीं है। एक प्रत्यय 'योक्क' अवश्य मिलता है। परन्तु इसका प्रयोग आधुनिक तेलुगु में बहुत कम है।

सम्बन्ध कारक रूप पूर्व संज्ञा या सर्वनाम ग्रहण करता है और सम्बन्धित संज्ञा उसका अनुसरण करती है। यथा–राम की पुस्तक– रामुनि पुस्तकमु, गोपी का घर– गोपि इल्लु, घर का आदमी–इंटि मनिषि, गुरु के शिष्य– गुरुवु शिष्युलु।

अन्य कारक प्रत्यय इस प्रकार है–

कर्म कारक– नि, नु, ल (बहुवचन प्रत्यय का तिर्यक् रूप); **करण कारक**–चेत, वलन, तो, तोड; **संप्रदान कारक**– कु/कि; **अधिकरण कारक**–लो, लोपल, न, अंदु; **अपादान कारक**–नुंडि, नुंचि; **सम्बोधन**–ओ, अरे, अरी, ओसी (स्त्रियों के साथ)।

हिन्दी में जिस प्रकार कारकीय शब्द (के लिए, के सामने, के पास आदि) हैं उसी प्रकार तेलुगु में भी हैं। व्यवस्था लगभग समान है। उदाहरण–द्वारा (के द्वारा), मुंदु (के सामने), वेनक (के पीछे), वैपु (की तरफ) आदि। इसके प्रयोग के साथ संज्ञा और सर्वनाम अवश्य तिर्यक् रूप (कारकीय रूप) ग्रहण करते हैं। का, के, की, सम प्रत्यय व्यवस्था नहीं है।

(च) सर्वनाम-विवेचन

संज्ञा शब्द की पुनरुक्ति से बचाकर उसके स्थान पर प्रयुक्त होकर अभिव्यक्ति को संपन्न बनानेवाला शब्द है सर्वनाम। इसके दो रूप मिलते हैं–अविकारी और विकारी। अविकारी रूप मूल रूप हैं। विकारी रूप तिर्यक् रूप हैं। विभक्ति प्रत्यय को लेनेवाला या ऐसी स्थिति में प्रयुक्त होनेवाला सार्वनामिक रूप अविकारी रूप ही है। प्रायः सर्वनाम लिंग को सूचित नहीं करते। लेकिन तेलुगु में कुछ पुल्लिग और स्त्रीलिंग सूचक सर्वनाम हैं। इतना ही नहीं, पुरुषवाची सार्वनामिक अंश क्रिया-संरचना में सहायक होता है। हिन्दी की स्थिति से तेलुगु की स्थिति कुछ भिन्न है। ये अंश हिन्दी में क्रिया शब्द में भिन्न-भिन्न स्थानों में प्रयुक्त होते हैं। परन्तु तेलुगु में सभी कालों में अंत में ही। सार्वनामिक अंश का क्रिया में प्रतिबिम्बित होना भारतीय भाषाओं की विशिष्टता है। तेलुगु के सर्वनाम और उनके विकारी रूपों को हिन्दी की तुलना में देखा जाय।

(अ) पुरुषवाची सर्वनाम–हिन्दी और तेलुगु में तीन प्रकार के पुरुषवाची सर्वनाम हैं–उत्तम पुरुष, मध्यम पुरुष और अन्य पुरुष। इन सर्वनामों के एकवचन और बहुवचन रूप हैं। साथ-साथ मनुष्य और मनुष्येतर भी।

1. उत्तम पुरुष

मैं = नेनु/ना (एकवचन) हम = मेमु/मा (बहुवचन)

मनमु = मन (बहुवचन)

तेलुगु बहुवचन में 'मेमु' समूह की स्थिति में एक वर्ग का सूचक है जिसके प्रतिनिधि रूप में एक वक्ता बोलता है। सुननेवाला दूसरा वर्ग उस वर्ग से पृथक् है। अँगरेजी में यह एक्सक्लूसिव प्रोनाउन कहलाता है।

'मनमु' समस्त समूह या वर्ग को (सभी को) सूचित करता है। यह इनक्लूसिव प्रोनाउन है।

उदा. : मेमु वेलूतामु। (हम जायेंगे– मात्र हम)

मनमु वेलदामु। (हब सब मिलकर जायेंगे– सभी लोग)

'मनमु' शब्द के समानार्थक के रूप में हिन्दी में आजकल 'अपन' या 'अपन लोग' का प्रयोग मिलता है।

2. मध्यम पुरुष

तू – नीवु/नी तुमलोग–मीरू/मी

तुम – नुव्वु/नी आप– मीरु/मी

हिन्दी में 'तू' अधिक है लेकिन तेलुगु में एक 'नुव्वु' ही है। सिर्फ अंतर दिखाने के लिए उक्त रूप प्रस्तुत है। 'नीवु' और 'नुव्वु' में कोई विशेष अंतर नहीं है।

3. अन्य पुरुष

हिन्दी में अन्य पुरुष सर्वनाम चार ही हैं– यह, वह, वे, ये। तेलुगु के अन्य पुरुष सर्वनामों में मनुष्य और मनुष्येतर भेद हैं। यथा–

	(मूल रूप)	(कारकीय रूप)
यह→	वीडु (मनुष्य)/वीडि	ये→ वीरु/वीळ्ळु
	इदि (मनुष्येतर)/दीनि	वीरि/वीळ्ळ (विकारी)
		इवि/वीटि
वह→	वाडु (मनुष्य)/वाडि	वे→ वारु/वाळ्ळु
	अदि (मनुष्येतर)/दानि	वारि/वाळ्ळ (विकारी)
		अवि/वाटि

उक्त रूपों में स्त्रीलिंग-पुल्लिंग का भेद नहीं है।

मनुष्य-वर्ग से सम्बन्धित अन्य पुरुष में

	स्त्रीलिंग		**पुल्लिंग**
वह→	आमे	वह→	अतडु
	आविड		आयन
	आयम		अतनु
यह→	ईमे	यह→	इतडु
	ईविड		इतनु
	ईयम		ईयन

पुल्लिंग-स्त्रीलिंग भेद बहुवचन में नहीं है। गौरवार्थक में तानु, तामु, तमरु सर्वनाम भी मिलते हैं।

(आ) **निजवाचक सर्वनाम**

अपना– तन (एकवचन)

तम (बहुवचन)

(इ) **आदरवाचक**

आप→ तामु/तम

तमरु/तमरि।

(ई) **निश्चयवाचक**

वह → आ वे → आ

यह → ई ये → ई

(उ) **प्रश्नवाचक**

क्या→ एदि/देनि

कौन→ (पुं.) एवडु (स्त्री.) एवते– एदि (नपुंसक)

एवडि– एवते– देनि (तिर्यक् रूप)

(ऊ) **अनिश्चयवाचक**

कुछ→ कोंत, कोन्नि

कोई→ एवरो– एवतो–एदो–एवो

इसी प्रकार के कुछ और भेदों को भी देखा जा सकता है। हिन्दी में 'लोग' शब्द सर्वनामों के साथ बहुवचन में जुड़ता है। तेलुगु में इस प्रकार का सार्वनामिक प्रयोग नहीं है। कुछ के साथ 'मंदि' का प्रयोग होता है जो हिन्दी के 'लोग' का समानार्थक है।

उदा : कुछ लोग → कोंत मंदि

कितने लोग → एंत मंदि।

(छ) विशेषण

हिन्दी में विशेषण-पद लिंग, वचन और कारक से प्रभावित होते हैं लेकिन तेलुगु में यह स्थिति नहीं है। जैसे–

राम अच्छा लड़का है। → रामुडु मंचि बालुडु।

सीता अच्छी लड़की है। →सीत मंचि बालिक।

यह कुत्ता अच्छा कुत्ता है। → ई कुक्क मंचि कुक्क

ये कुत्ते अच्छे कुत्ते हैं। → ई कुक्कलु मंचि कुक्कलु

किन्तु एक विशेषता यह है कि जो संज्ञा शब्द विशेषण के रूप में प्रयुक्त होते हैं उनके साथ 'ऐन'/'अइन' प्रत्यय भी जुड़ते हैं। उदा.–

वह सुंदर लड़का है → वाडु अंदमैन बालुडु।

वह सुंदर लड़की है → आमे अंदमैन बालिक।

संस्कृत के विशेषण हिन्दी में जिस प्रकार बिना परिवर्तन के प्रयुक्त होते हैं उसी प्रकार तेलुगु में भी। जैसे– वह मधुर फल है → अदि मधुर फलमु।

(ज) संख्यावाचक

सभी भाषाओं में सामान्यतः संख्यावाचक विशेषण होते हैं। उनके विभिन्न प्रकार हैं—मूल संख्यावाचक, संयुक्त संख्यावाचक, अपूर्ण संख्यावाचक, क्रमसंख्या वाचक, आवृत्तिवाचक, समुदायवाचक, गुणवाचक और अन्य। इनकी जिस प्रकार की व्यवस्था हिन्दी में है उसी प्रकार की व्यवस्था तेलुगु में है। यहाँ मात्र पूर्ण संख्यावाचकों का सामान्य परिचय दिया जा रहा है—

ओकटि (1), रेंडु (2), मूडु (3), नालुगु (4), अइदु (5), आरु (6), एडु (7), एनिमिदि (8), तोम्मिदि (9), पदि (10), पदकोंडु (11), पन्नेंडु (12), पदमूडु (13), पद्नालुगु (14), पदहैदु (15), पदहारु (16), पदहेडु (17), पद्देनिमिदि (18), पंदोम्मिदि (19), इरवै (20), मुप्पै (30), नलबै (40), याबै (50), अरवै (60), डेब्बै (70), एनबै (80), तोंबै (90), नूरु/वंद (100), वेयि (1000), लक्ष (लाख) कोटि (करोड़)।

20 के बाद आगे की संख्या इस प्रकार व्यक्त होती है—

इरवै ओकरि (21), इरवै रेंडु (22) इरवै तोम्मिदि (29)। इसके बाद मुप्पै (30)। सबके साथ इसी प्रकार आगे की संख्या व्यक्त की जाती है।

क्रमसंख्यावाचक इस प्रकार है— मोदटि (पहला), रेंडव (दूसरा), मूडव (तीसरा), नालुगव (चौथा), ऐदव (पाँचवाँ)। आगे इसी प्रकार 'अव' जुड़कर बनते हैं।

मनुष्यों के साथ— ओकडु— ओकते (एक), इद्दरु (दो), मुग्गुरु (तीन), नलुगुरु (चार), ऐदुगुरु (पाँच), आरु मंदि (छह)। आगे संख्या के बाद 'मंदि' शब्द लगता है।

अन्य रूपों को भी समझना जरूरी है। एक प्रकार की व्यवस्था में ये ढले मिलते हैं। यहाँ मात्र दिग्दर्शन कराया गया है।

(झ) क्रिया और काल-रचना

भाषा में क्रिया की संरचना क्रिया धातु की प्रकृति पर आधारित होती है। उसके समग्र अवगाहन की भूमिका में ही क्रिया-संरचना समझी जाती है। क्रिया की संकल्पना में व्यापार के होने, करने या कराने की भावना निहित होती है। क्रिया के धातु-रूप को प्रायः मध्यम पुरुष एकवचन सर्वनाम में देखा जाता है। यथा—

तू - आ → नीवु—रा।

तू - खा → नीवु—तिनु।

विधिवाचक में आदरार्थक रूप प्रत्यययुक्त होता है—

आप आइए → मीरु रांडि।

आप खाइए → मीरु तिनंडि। 'अंडि' धातु से जुड़कर आदर की सूचना देता है।

क्रिया की तीन कालिक संरचना सभी भाषाओं में मिलती है।

वर्तमान— मैं खाता हूँ → नेनु तिंटुन्नानु

आप खाते हैं → मीरु तिंटुन्नारु

इस संरचना में कालसूचक प्रत्यय और सार्वनामिक अन्वय दोनों मिलते हैं।

हिन्दी में काल और वचन क्रिया धातु से जुड़े हैं तो काल, पुरुष और वचन सहायक क्रिया में मिलते हैं—

खाता हूँ → खा + त् + आ ह+ ऊँ।

तिंटुन्नानु → तिन् + टुन्ना (त/ट + उन्ना) + नु।

तेलुगु में क्रिया-संरचना में एक शब्द-रूप घटित होता है।

इसी प्रकार अन्य कालिक (वर्तमान, भूत, भविष्यत तथा तद्धर्मार्थक) रूपों में क्रिया निष्पन्न होकर प्रयुक्त होती है।

क्रिया के प्रेरणार्थक रूप भी हिन्दी के समान मिलते हैं। यथा— यहाँ 'अट' प्रत्यय ध्यान देने योग्य है—

1.	खाना	— खिलाना	— खिलवाना
	तिनुट	तिनिपिंचुट	तिनिपिंपिंचुट/तिनिपिंपजेदु
2.	पढना	— पढाना	— पढवाना
	चदुउट	चदिविंचुट	चदिविंपिंचुट/चदिविंपजेदु

व्यतिरेकी क्रिया-संरचना तेलुगु में भिन्न रूप से घटित होती है। हिन्दी में 'नहीं'-पूर्वक क्रिया-रचना होती है पर तेलुगु क्रिया की संरचना में व्यतिरेकार्थक प्रत्यय 'अ' या 'अक' जुड़ता है। जैसे—मैं नहीं पढ़ता हूँ→ नेनु चदवनु (चदुवु + अ + नु = चदवनु)।

क्रिया धातु रूप के अनुसार न्यतिरेकी क्रिया धातु रूप बनते हैं।

क्रिया-संरचना में हर क्रिया के साथ सहायक क्रिया अंश हिन्दी के समान तेलुगु में भी मिलते हैं—

मैं काम कर रहा हूँ → नेनु पनि चेस्तू उत्तानु।

राम खा रहा है → रामुडु तिंटूउन्नाडु। (त का ट में परिवर्तन प्रभावपरक है।)

राम पढ़ सकता है → रामुडु चदव गलडु

(पढ़ = चदुवु → चदव + गल (सक) + डु)। यही संरचना स्वरूप है।

(ञ) क्रियाविशेषण और अव्यय

क्रियाविशेषणों के साथ तेलुगु में 'गा' प्रत्यय लगता है। वैसे, क्रियाविशेषण और अव्यय अपरिवर्तित या अप्रभावित रहते हैं। अर्थात् लिंग, वचन, कारक आदि के विकास से मुक्त हैं। तेलुगु में सभी प्रकार के अव्यय मिलते हैं।

(1) स्थानवाची → यहाँ = इक्कड; वहाँ = अक्कड आदि

(2) दिशाबोधक → इधर = इटु; उधर = अटु आदि

(3) रीतिबोधक → ऐसे = इला; वैसे = अला आदि

(4) परिणामवाचक → इतना = इंत; उतना = अंत आदि

(5) कालबोधक → अब = इप्पुडु; तब = अप्पुडु आदि

(6) निश्चयकालसूचक → आज = नेडु; कल = रेपु आदि

आरंभ में 'गा' प्रत्यय की बात कही गयी है। क्रिया विशेष शब्द के बाद 'गा' लगता है, यथा–

वह धीरे से चलता है → वाडु मेल्लगा नडुस्ताडु।
राम जल्दी जाता है → रामुडु बेगंगा वेलूताडु।

7. तेलुगु वाक्य और पदक्रम

भाषा का मुख्य लक्ष्य संप्रेषण है। संप्रेषण का मूलाधार वाक्य है। भाषा की संप्रेषण-प्रक्रिया का विश्लेषण गहन, क्लिष्ट और बहुआयामी है। भाषा अभिव्यक्ति-प्रधान है। अभिव्यक्ति की योजना भावों, विचारों, अनुभूतियों आदि से जुड़कर बनती है। इस योजना में गांभीर्य, सौंदर्य, आवेग आदि अनेकों तत्त्वों का समावेश होता है। इन सब का आधार भी वाक्य है। वाक्य को विवेचित करना सरल नहीं है। वाक्यों की विषयपरक अभिव्यक्ति प्रधान स्थान पाती है। अभिव्यक्ति की इकाई एक वाक्य है। वाक्य भाषा-व्यवहार की लघुतम इकाई है। वाक्य के प्रमुख तत्त्व हैं– योग्यता, आकांक्षा, आसत्ति, सार्थकता, पदक्रम और अन्वय। किसी भाषा के वाक्य को समझने के लिए उक्त तत्त्वों का सामान्य ज्ञान प्रयोक्ता और श्रोता के लिए आवश्यक है। वाक्य के प्रमुख तीन प्रकार हैं– सरल वाक्य, मिश्र वाक्य और संयुक्त वाक्य। हर भाषा में इस संदर्भ में कुछ सामान्य बातें और कुछ विशिष्ट बातें होती हैं। सामान्य विशेषताएँ हिन्दी और तेलुगु में समान हैं– जैसे शब्द, शब्द-रचना-विधान, शब्द की व्याकरणिक संरचनाएँ आदि-आदि। आगे तेलुगु-वाक्य की कुछ विशिष्टताओं पर ही विचार किया जा रहा है। वाक्य का प्रधान लक्ष्य अर्थ-संप्रेषण है।

वैसे, वाक्य के विश्लेषण में उद्देश्य और विधेयपरक स्वरूप प्रधानता पाता है। इससे स्पष्ट है कि उद्देश्य से सम्बन्धित अंश प्रथम स्थान पाता है और विधेय उसका अनुसरण करता है। तेलुगु सामान्य वाक्य को लीजिए–

रामुडु फलं तिंटुन्नाडु→ राम फल खा रहा है। इसमें राम उद्देश्य है– प्रथम स्थान पर है, बाकी अंश विधेय है। उद्देश्य के परिवर्तन से अर्थ बदलता है–

फलं रामुडु तिंट्टुन्नाडु– फल राम खा रहा है।
तिंदुन्नाडु रामुडु फलं– खा रहा है राम फल।

प्रथम वाक्य में 'फल' उद्देश्य है तो दूसरे में 'खाना'। तेलुगु वाक्य और हिन्दी वाक्य में यहाँ कोई अंतर नहीं है।

इसी प्रकार वाच्य में भी समानता मिलती है–

कर्तृवाच्य– गोपालुडु पुस्तकं चदुवुतुन्नाडु। (गोपाल पुस्तक पढ़ रहा है)।

कर्मवाक्य– गोपालुडि चेत पुस्तकं चदुव बडुचुन्नदि (गोपाल से पुस्तक पढ़ी जा रही है)।

भाववाच्य– माट्लाड बडदु। (बोला नहीं जाता)।

भारतीय भाषाओं में वाक्य-रचना-विधान में स्पष्ट समानता काल-रचना में मिलती है। निम्न उदाहरण देखने योग्य हैं—

रामुडु पंडु तिंटाडु। → राम फल खाता है।

रामडु पंडु तिंटुन्नाडु। → राम फल खा रहा है।

रामुडु पंडु तिंटू उन्नाडु। → राम फल खाता रहा है।

रामुडु पंडु तिंटू उंटाडु → राम फल खाता रहता है।

रामुडु पंडु अप्पुडप्पुडू तिंटूउंटाडु। → राम फल खाया करता है।

उपर्युक्त वाक्यों में 'खाया करना' क्रिया का रूप 'अप्पुडप्पुडू' (आदतन अर्थ में) प्रयुक्त है। इसी प्रकार के कुछ अंतरों से अन्य कालों में भी वाक्य-रचना संपन्न होती है।

विशिष्टताएँ

किसी भी भाषा में दो प्रकार के वाक्य मिलते हैं— क्रियारहित वाक्य और क्रियासहित वाक्य। क्रियासहित वाक्यों के कुछ उदाहरण ऊपर देख चुके हैं। क्रियारहित वाक्य निर्माण में अवश्य कुछ अंतर मिलता है। क्रियारहित वाक्य स्थिति-सूचक होता है। इसमें स्थिति-सूचक सहायक अंश का होना हिन्दी में अनिवार्य है, पर तेलुगु में इसकी आवश्यकता नहीं है। उदा.—

रामुडु बालुडु। → राम बालक है।

नेनु अध्यापकुडु। → मैं अध्यापक हूँ।

इदि इल्लु। → यह घर है।

द्रष्टव्य है कि है, हूँ, है तेलुगु में नहीं है। वाक्य के विस्तृत होने पर इसकी सूचना अनिवार्य होती है। उस संदर्भ में 'उन्' (है) का प्रयोग होता है—

1. बल्ल मीद पुस्तकं उंदि। (मेज पर किताब है)।
2. अम्म इंटिलो उंदि (माँ घर में है)।
3. गोपाल बाजारुलो उन्नाडु (गोपाल बाजार में है)।

भूत और भविष्यत कालों में 'है' के स्थान पर आने वाले शब्द हैं उंडिनाडु = था, उंटाडु = होगा।

एक और विशेषता है तद्धर्मार्थक सूचना के सम्बन्ध में। तद्धर्मार्थकता में अपरिर्वित नित्य चलनेवाले कार्य की सूचना होती है। हिन्दी में यह वर्तमानकालिक रचना द्वारा व्यक्त होती है तो तेलुगु में भविष्यत कालिक रचना के माध्यम से। यथा—

1. सूरज पूरब में उदित होता है। (वर्तमान)
   सूर्युडु तूर्पुन उदइस्ताडु। (भविष्यत्)
2. गाय घास चरती है। (वर्तमान)
   आवु गड्डि मेस्तुंदि। (भविष्य)
3. रवि गीत गाता है। (वर्तमान)
   रवि पाटलु पाडताडु।(भविष्य)

प्रश्नवाची वाक्य

प्रश्नवाची वाक्यों के अंत या आरंभ में 'क्या' का प्रयोग मिलता है। लेकिन तेलुगु-क्रिया के अंत्य स्वर को दीर्घ करने से यही अर्थ संप्रेषित होता है।

1. क्या राम आता है?→ रामुडु वस्ताडा?
2. राम आता है क्या?→ रामुडु वस्ताडा?

यह सामान्य रूप है। हिन्दी का समान रूप भी तेलुगु में संभव है–

1. क्या राम आता है?→ एमि रामुडु वस्ताडा?
2. राम आता है क्या?→ रामुडु वस्ताडा एमि?

और/या का प्रयोग

तेलुगु में 'और' के लिए 'मरियु' तथा 'या' के लिए 'लेक' का प्रयोग होता है। यथा–

रामुडु मरियु सीता वस्तारु – राम और सीता आयेंगे।
नाकु पुस्तकं मरियु पेना कावालि – मुझे पुस्तक और पेन चाहिए।
रामुडु लेक सीता वस्तारु – राम या सीता आयेंगे।

उक्त संरचना संभव होने पर भी सामान्य व्यवहार में 'मरियु' तथा 'लेक' का प्रयोग नहीं होता। उनके स्थान पर संज्ञा शब्द के अंत में दीर्घ स्वर प्रयुक्त होते हैं। 'और' के लिए शब्दांत का स्वर दीर्घ होता है–

1. रामुडू सीता वस्तारु → राम और सीता आएँगे।
2. पालू पंडू कावालि → दूध और फल चाहिए।

'या' के लिए 'ओ' स्वर का प्रयोग मिलता है–

1. रामुडो सीतो वस्तारु → राम या सीता आयेगी।
2. पालो पंडो कावालि → दूध या फल चाहिए।

मिश्रवाक्य और संयुक्त वाक्य-संरचना में भी इसी प्रकार की समानताएँ तथा कुछ भिन्नताएँ प्राप्त होती हैं।

8. समान कुल की भाषाओं से सम्बन्ध

यह सामान्य बात है कि एक कुल/परिवार से उत्पन्न भाषाएँ काल-क्रम में अपनी-अपनी विशिष्टताएँ प्राप्त कर लेती हैं। सामान्यतः द्राविड़ और आर्य भाषाओं के परिवारों में भिन्नताएँ अवश्य हैं। लेकिन भारतीय उपखण्ड में दोनों परिवारों में आदान-प्रदान की विशेषताएँ अवश्य मिलती हैं। इस पर विशेष प्रकाश डालना यहाँ संभव नहीं है। मात्र सूचना देना काफी है। इन आदान-प्रदानों के पर्यवसान के रूप में भारतीय भाषाओं में वाक्य-संरचना में समानताएँ मिलती हैं। इसे अभिसरण-प्रक्रिया (Convergence Phenomenon) कहते हैं। बहुभाषिक देश में यह सामान्य बात है।

9. तेलुगु-पत्रकारिता

तेलुगु में पत्रिकाएँ प्रमुख रूप से तीन प्रकार की मिलती हैं– दैनिक, मासिक और वार्षिक। साप्ताहिक, त्रैमासिक पत्रिकाएँ भी प्रायः सभी भाषाओं में मिलती हैं। तेलुगु में बहुत समय पहले से ही पत्रिका-प्रकाशन विद्यमान है। उन्नीसवीं शती से पहले की स्थिति पर कुछ कहना कठिन है। उन्नीसवीं शती से यहाँ पत्रिका-प्रकाशन आरंभ होता है। सन् 1835 में प्रकाशित 'सत्यदूत' नामक पत्रिका को प्रथम पत्रिका होने का गौरव मिलता है। तब से लगातार पत्रिका-संस्थाएँ स्थापित और लुप्त होती मिलती हैं। उनमें कुछ इस प्रकार हैं–'वर्तमान तरंगिणि' (1842); 'तत्त्वबोधिनि' (1864); 'आंध्रभाषा संजीविनी' (1871)। ये आरंभिक हैं। 1874 में कंदुकूरि वीरेशलिंगम् द्वारा 'विवेकवर्धिनी' पत्रिका निकाली गयी थी। कंदुकूरि पत्रिका-क्षेत्र के पितामह माने जाते हैं।

राजकीय वातावरण को प्रतिबिम्बित करनेवाली पत्रिका 'कृष्णा पत्रिका' है। देशभक्त कोंडा वेंकटप्पय्य पंतुलु इसके प्रकाशक एवं संपादक थे। यह सन् 1902 से चला था किन्तु आज नहीं है। 1908 में काशीनाथुनि नागेश्वर राव ने 'आन्ध्र पत्रिका' का आरंभ किया। यह दैनिक समाचारपत्र है। आज भी है। उन्होंने 'भारती' नाम से साहित्यिक मासिक पत्रिका का भी प्रकाशन किया है। 1938 में रामनाथ गोयनका ने 'आन्ध्र प्रभा' नामक दैनिक का आरंभ किया है। 'आन्ध्र पत्रिका' और 'आन्ध्र प्रभा' के साप्ताहिक भी कालक्रम से निकले। उनका बोलबाला बहुत समय तक रहा है।

आज 'ईनाडु' (रामोजीराव), 'आन्ध्र ज्योति' (राधाकृष्ण) 'वार्ता', 'साक्षी' आदि दैनिक पत्रिकाएँ जोरों से चल रही हैं। इनके बीच हैदराबाद की एक प्रसिद्ध पत्रिका का नाम लेना असमीचीन नहीं है– गोलकोंडा पत्रिका। इसके संपादक नूकल नरोत्तम रेड्डी थे। इसी प्रकार की प्रसिद्ध पत्रिका 'आन्ध्र भूमि' है।

आन्ध्र प्रदेश और तेलंगाणा की विशेषता है कि यहाँ से प्रायः प्रमुख भाषाओं में पत्र-पत्रिकाएँ प्रकाशित होती हैं। हिन्दी के दैनिकों में 'हिन्दी मिलाप' और 'संयुक्त वार्ता' प्रमुख हैं। पत्रिकाओं में 'दक्षिण समाचार' की प्रमुखता है। अँगरेजी पत्र-पत्रिकाओं की भी कमी नहीं है।

10. संविधान में तेलुगु

देश की भाषाओं में सिक्कों पर तेलुगु भाषा को स्थान ब्रिटिश शासन-काल में ही प्राप्त हो चुका था। सन् 1950 में भारतीय संविधान की अष्टम अनुसूची में पहली बार ही तेलुगु को स्थान मिला है। तेलुगु पाँच अन्य राज्यों में व्यवहृत भाषा के रूप में भी मान्यता प्राप्त कर चुकी है। ये राज्य हैं– तमिलनाडु, कर्नाटक, महाराष्ट्र, मध्यप्रदेश और ओडिशा।

नेपाली भाषा

डॉ. गोकुल सिन्हा

नेपाली नेपाल की भाषा है। यह भारत की भी एक राष्ट्रीय भाषा है। भारत के पच्चीस तीस लाख नेपालियों की भाषा नेपाली है।

नाम—नेपाली भाषा के प्राचीन नाम पहाड़ी, खस, पर्वती और गोर्खा वा गोर्खाली रहे हैं। मि. बेन्स, जिन्होंने भारतीय भाषाओं का प्रथम-प्रथम वर्गीकरण किया, ने इस भाषा को पहाड़ी भाषा की संज्ञा दी। यह एक भौगोलिक वर्गीकरण ही था, न कि भाषिक। क्योंकि पहाड़ी क्षेत्र में आर्य भाषाओं के साथ-साथ तिब्बती-बर्मी भाषाएँ भी बोली जाती हैं। अतः ग्रियर्सन ने इसे खस भाषा कहना उचित समझा। भारत की प्राकृत भाषाओं में खस प्राकृत भी एक है। उसीके खस अपभ्रंश से पहाड़ी भाषाओं का उद्‌भव हुआ है। उन्होंने अपने भारतीय भाषा-सर्वेक्षण में खस भाषानाम को अधिक महत्त्व दिया है। संस्कृत-साहित्य में खस (खष, खश वा खशीर) का उल्लेख जगह-जगह पर मिलता है। **महाभारत** में युधिष्ठिर को उपहार चढ़ाने वालों में खस, पारद, कुलिन्दा तथा ताङ्गना थे। अन्य स्थान पर कश्मीरी, कम्बोज, पिशाच, लम्पक (काफिर) आदि जातियों के साथ खस का भी जिक्र है जो भाले और तलवारों से सज्जित थे। **हरिवंश पुराण** में सगर द्वारा विजित समस्त जातियों में प्रथम दो नाम हैं—खस और तोखार। **भागवत पुराण** में कतिपय अवर्ण जातियों के नाम दिये गये हैं जिनमें अंतिम चार हैं आभीर, कङ्क, पवन और खस जो उत्तर-पश्चिम की जातियाँ कही गयी हैं। इसी पुराण के एक उपाख्यान के अनुसार राजा भरत ने कई म्लेच्छ राजाओं को पराजित किया जिनमें किरात, हूण, पवन, आन्द्र, कङ्क, शक और खस थे। **मार्कण्डेय पुराण** में खस को स्पष्ट रूप से पहाड़ी जाति कहा गया है और एक तथा अन्य जातियों के साथ उत्तर-पूर्वी भारत में इनकी प्रविष्टि का उल्लेख किया है। इसी आधार पर ग्रियर्सन लिखते हैं कि **मार्कण्डेय पुराण** लिखे जाते समय ये नेपाल और दार्जिलिंग तक पहुँच चुके थे।

भरत के **नाट्‌यशास्त्र** और वराहमिहिर की **बृहत् संहिता** में भी खस जाति तथा उनकी भाषा का उल्लेख मिलता है। **नाट्‌यशास्त्र** में सम्वाद के प्रसंग में भरत लिखते

हैं कि बाह्लिकी भाषा उत्तरीय और खसों की स्थानीय बोली है। परन्तु वराहमिहिर ने खस को कभी पूर्वीय तो कभी उत्तर-पूर्वीय कहा है। कल्हण की **राजतरङ्गिणी** में खसों का पूर्ण विवरण मिलता है। राजपुरी (रजौरी) के खस राजा तथा उनकी खस सेना कश्मीर के लिए काँटे ही थे।

अतः हम इस निष्कर्ष पर पहुँचते हैं कि कश्मीर से लेकर दार्जिलिङ्ग तक निम्न हिमालय के आर्यभाषी लोग **महाभारत** के खस जाति से आए हुए हैं। आज भी आर्येतर भाषी लोग इस भाषा को खस बोली ही कहते हैं।

इस भाषा के अध्ययन और अनुसंधान में भारतीय एवं विदेशी मनीषियों ने पर्याप्त रुचि ली है। आधिकारिक रूप से खस पर काम करनेवालों में विशेष रूप से अलेकजैण्डर कनिङ्घम, डेञ्जिल इबेटसन, बी.टी. अट्किन्सन, अरेल स्टेन, डब्ल्यू. एच. हजसन, भेनिन्सट्राट, सिल्भेन लेभी, जार्ज ग्रियर्सन, टी.डब्ल्यू. क्लार्क, जी. टुची, राहुल सांकृत्यायन, सुनीति कुमार च्याटर्जी, हरिशङ्कर जोशी, बाबूराम आचार्य, महानंद सापकोटा, बालकृष्ण पोख्रेल आदि प्रमुख हैं।

किन्तु सूर्यविक्रम जवाली नेपाली भाषा को खस भाषा मानने के पक्ष में नहीं हैं। उनका कहना है कि खस जाति से खस भाषा का कोई लेना-देना नहीं है। यह तो महज एक विशेषण है जो आग्नेय एवं तिब्बती-बर्मी भाषा-भाषियों ने अपने से अलग भाषा को चिह्नित करने के लिए दिया है। उनका मानना है, 'खस' शब्द 'खास' (विशेष, विशिष्ट आदि) शब्द का ही विकृत रूप है। उसी तरह डॉ. गोविन्द चातक भी अपनी **मध्य पहाड़ी का भाषाशास्त्रीय अध्ययन** नामक ग्रन्थ में लिखते हैं–'खस अपभ्रंश' डॉ. च्याटर्जी का एक फैंसी मात्र है।' परन्तु हिन्दूकुश से लेकर नेपाल तक खसों की आबादी को वे स्वीकारते हैं।

पहाड़ी भाषाएँ आपस में सुसम्बद्ध हैं। मध्य पहाड़ी (कुमाउनी, गढ़वाली) और पूर्वी पहाड़ी (नेपाली) तो सजातीय, सगोत्रीय तथा समस्रोतीय भाषाएँ हैं। ये सब खस अपभ्रंश का ही स्थानीय रूप हैं। खस भाषा को निम्न हिमालय क्षेत्र में सभी ने अपनाया–आर्य, मंगोल, निषाद सभी ने। संभवतः खस के पहाड़ी जाति होने के कारण अन्य लोग इस जाति को हेय दृष्टि से देखते थे। गढ़वाल में आज भी खस्या जन जाति पायी जाती है। लेकिन वे लोग सामाजिक प्रतिष्ठा के लिए अपने को राजपूतों से जोड़ते हैं। जवाली जी और चातक जी का जाति और भाषा में वियोजन देखने का एक कारण यह भी हो सकता है। उनका सम्बन्ध समतलवासी आर्यों से हो सकता है, लेकिन भाषा खस को ही अपनाया है।

खस के अतिरिक्त गोर्खा वा गोर्खाली भाषा अभी भी कई खेमों में प्रचलित है। गोर्खा, जो नेपाल में आज एक जिन्ला है, पहले एक छोटा-सा राज्य था। यहाँ के राजा पृथ्वीनारायण शाह ने नेपाली एकीकरण का अभियान चलाया और काठमाण डू उपत्यका को, जहाँ नेवार राजा और प्रजाएँ (तिब्बती-वर्मी भाषी) थे, अपने राज्य

में सम्मिलित कर लिया। पराजित नेवारों ने शनैः-शनैः विजेताओं की भाषा अपना लिया और गृहीत भाषा को गोर्खा ही कहा। 'गोर्खा' शब्द एक राज्य से बढ़कर एक जाति और बाद में एक भाषा का ही बोध कराने लगा। युद्धवीर गोर्खा जहाँ-जहाँ भी गये, वहाँ-वहाँ उनकी भाषा भी अपनी प्रभुत्व जमाती चली। भारतीय फौज का एक मुखपत्र 'सैनिक समाचार' गोर्खा की भाषा में है, आकाशवाणी दिल्ली से नेपाली और गोर्खाली में समाचार प्रसारित होते हैं और गोर्खाली को विदेशी सेवा माना गया है। अर्थात् नेपाली भाषा भारतीय और गोर्खाली नेपालीय।

काठमाण्डू से एक सरकारी दैनिक 'गोर्खा-पत्र' सन् 1901 से प्रकाशित हो रहा है। सन् 1912 में **गोरखा भाषा चन्द्रिका** नाम से व्याकरण प्रकाशित हुआ। पर भारत में नेपाली भाषा नाम अधिक प्रचलित और मान्य है। आज गोर्खा यदि विदेशी नहीं तो भारत में एक जाति नाम से सीमित है जो सामरिक, राजनैतिक तथा साङ्गठनिक क्षेत्र में व्यवहृत है। भाषा, साहित्य, कला तथा संस्कृति के क्षेत्र में नेपाली नाम ही सर्वसम्मत है।

सन् 1918 में कलकत्ता विश्वविद्यालय ने नेपाली को मातृभाषा की सूची में अन्तर्भुक्त किया और सन् 1927 में बङ्गाल सरकार ने खस, पहाड़ी, पर्वती आदि भाषाओं को हटाकर नेपाली भाषा नाम को सरकारी तौर पर मान्यता दी।

इस भाषा का प्रथम व्याकरण सिरामपुर के फारसी के प्रोफेसर ले.जे.ए. एटन ने 1820 में लिखा **ग्रामर अव द नेपालीज ल्याङ्गवेज**। भाषा का सर्व प्राचीन नेपाली नाम सन् 1771 में रोम से प्रकाशित कसियानो बेलिगत्ती के **अल्फाबेटम ब्राह्मनिकम सेव् युनिभर्सिटाइटिस** में पाया जाता है।

पर्वती वा पर्वते नाम पहाड़ी का ही पर्याय है। अँगरेजों की गोर्खा फौज से 'पर्वते' नाम से एक पाक्षिक मुखपत्र भी प्रकाशित होता है। 'पर्वते' का प्रचलन अब प्रायः बंद है। 'खस', 'पहाड़ी' शब्द भी अब भाषिक अध्ययन में ही बचा हुआ है।

उत्पत्ति–नेपाली भाषा भारोपीय वंश के भारतीय आर्य-भाषा की एक शाखा पहाड़ी समुदाय की सदस्या है। यह इस तरह दिखा सकते हैं– संस्कृत > प्राकृत (खस) > अपभ्रंश (खस) > पहाड़ी भाषाएँ (पश्चिमी पहाड़ी, गढ़वाली, कुमाउनी, नेपाली)।

प्राचीन भारतीय आर्यभाषा के हजारों शब्द नेपाली में पाये जाते हैं। नेपाली भाषा के महान् कोशकार टर्नर ने तो कई नेपाली शब्दों के मूल वैदिक संस्कृत में माना है। वैदिक संस्कृत से लौकिक संस्कृत, उससे प्राकृत, अपभ्रंश होते हुए नेपाली का उद्‌भव हुआ है। परन्तु किस प्राकृत के किस अपभ्रंश से, इस पर विद्वानों का मत एक नहीं है। टर्नर नेपाली की उत्पत्ति मागधी से मानते हैं। उन्होंने शौरसेनी को भी नकारा नहीं है। नेपाली का सम्बन्ध जब बङ्गला, मैथिली जैसी मागधी तथा अवधी जैसी अर्घमागधी तथा इनका सम्बन्ध मागध अपभ्रंश से दिखाई देता है तो इसे मागधी की सन्तति भी मान सकते हैं। जॉर्ज ग्रियर्सन नेपाली का उद्‌गम-स्रोत

शौरसेनी प्राकृत और शौरसेनी अपभ्रंश मानते हैं। हिन्दी के विद्वान् काशी प्रसाद श्रीवास्तव का कथन है कि नेपाल में बौद्ध धर्म फैलने के साथ ही साथ पाली भाषा भी फैलती गयी। यह पाली भाषा अपने सांस्कृतिक रूप को छोड़कर व्यावहारिक रूप में परिणत हो गयी। अभिप्राय यह है कि नेपाली पाली से निःसृत हुई। अन्य विद्वान् डॉ. दीनानाथ शरण का मानना है कि नेपाल में बोली जाने वाली संस्कृत पर्वतीय संस्कृत से ही पर्वतीय प्राकृत का जन्म हुआ और इसीसे पर्वतीय अपभ्रंश का विकास हुआ। आधुनिक नेपाली यही पर्वतीय है जिसे खस कुरा भी कहते हैं। इसी अनुमिति पर नेपाली विद्वान् यज्ञराज सत्याल का विचार है कि संस्कृत से उत्पन्न प्राकृत भाषाएँ विभिन्न स्थानों में, उन स्थानों के नाम पर, विभिन्न नाम से प्रसिद्ध हुईं। जैसे—मगध में मागधी, शूरसेन में शौरसेनी; उसी तरह, नेपाल में नेपाली। आशय यह है कि नेपाली, नेपाली-प्राकृत से उत्पन्न हुई है। अन्य नेपाली विद्वानों में बालकृष्ण पोख्रेल कहते हैं कि नेपाली किस प्राकृत से उत्पन्न हुई, इसका ठीक-ठीक उत्तर दे पाना अभी संभव नहीं है, फिर भी, शौरसेनी प्राकृत विचाराधीन है।

इतिहासकार सूर्यविक्रम ज्ञवाली भी नेपाली भाषा का उद्गम-स्रोत शौरसेनी प्राकृत तथा शौरसेनी अपभ्रंश ही मानते हैं। नेपाली विद्वानों के शौरसेनी मानने का बाह्य कारण यह भी हो सकता है कि नेपाल के शाह वंश के पूर्वज उदयपुर (राजस्थान) के निवासी थे और राजस्थानी का उद्गम-स्रोत भी शौरसेनी ही है। अन्तःसाक्ष्य यह भी है कि नेपाली और राजस्थानी भाषा में जो सादृश्य पाया जाता है, वह मननीय है।

परन्तु नेपाली भाषा के आधुनिक अध्येताओं के अनुसंधान के अनुसार नेपाली खस प्राकृत और खस अपभ्रंश से निःसृत हुई है। डॉ. चूड़ामणि बंधु कहते हैं कि मध्य देश का शूरसेन संस्कृत भाषा का केन्द्र था, अतः शौरसेनी पर संस्कृत का प्रभाव अधिक रहा। संस्कृत और मध्यदेशीय संस्कृति के साथ वह भाषा भी अपनी भौगोलिक परिधि से बाहर दूर तक फैली। यही दक्षिण में जाकर महाराष्ट्री बनी और कुछ पूर्व तरफ जाने के बाद मागधी से भेंट हुई और अर्धमागधी का जन्म हुआ। इसी भाषा को जब उत्तर के नवागन्तुकों ने अपनाया तो ब्राचड़, पैशाची, टक्क और खस प्राकृतों का उद्भव हुआ। नेपाली भाषा का स्रोत अब खस प्राकृत और खस अपभ्रंश को ही समझने में कोई आपत्ति नहीं होगी। डॉ.चटर्जी और डॉ. बन्धु के साथ डॉ. बल्लभमणि दाहाल, कृष्णहरि बराल आदि प्रमुख खस प्राकृतों का अस्तित्व मानते हैं। अन्ततः नेपाली भाषा का उद्गम-स्थल अब विवादास्पद विषय नहीं रहा है।

3. **क्षेत्र और बोलियाँ**—प्रथम अनुवाक में लिख चुके हैं कि नेपाली भाषा मात्र नेपाल की भाषा नहीं, यह भारत की भी एक राष्ट्रीय मान्यता प्राप्त भाषा है। विद्वान् बालकृष्ण पोख्रेल के अनुसार नेपाली भाषा आज नेपाल के भीतर और बाहर सभी नेपालियों की भाषा है और भारतीय नेपाली विद्वान् डॉ. पारसमणि प्रधान का कहना है कि नेपाली भाषा-भाषी केवल नेपाल में ही नहीं, बल्कि भारत में भी यत्र-तत्र बसे

हुए हैं। सिक्किम, भूटान, बर्मा और मलया तक नेपाली बोलनेवालों की संख्या कम नहीं है। यह भी एक अंतरराष्ट्रीय भाषा बन चुकी है। अतः नेपाली भाषा की सीमा काफी हद तक विस्तृत है।

भारत में नेपाली भाषा, साहित्य का आदि केन्द्र-स्थल बनारस रहा जहाँ से लिखित रूप में भाषा का प्रचार-प्रसार हुआ। बनारस के बाद नेपाली भाषा का केन्द्र दार्जिलिङ्ग रहा जो आज भी बना हुआ है। भारत में नेपाली-क्षेत्र पूर्वीय राज्यों में मणिपुर, नागालैंड, असम, मिजोरम, मेघालय से लेकर पश्चिम में उत्तराखंड तथा हिमाचल प्रदेश पर्यन्त फैला हुआ है। मध्याञ्चल के सिक्किम, दार्जिलिङ तथा उत्तर बंगाल के तराई क्षेत्रों में नेपाली-भाषियों का बाहुल्य है। इनकी जनसंख्या निश्चित रूप से नहीं कही जा सकती है तब भी भारत में नेपाली भाषा बोलने वालों की संख्या पच्चीस लाख के करीब है जो भारत की कुल जनसंख्या का पचीस प्रतिशत है। भारत में भोट-हिमाली भाषाकुल के अधिकतम भूटिया, लेप्चा, शेर्पा, तामाङ तथा किराती भाषी राई, लिम्बू, मगर, गुरुङ, नेवार, सुनुवार आदि नेपाली को ही अपनी मातृभाषा के रूप में स्वीकार कर चुके हैं। भोट-हिमाली परिवार के नेवारी भाषा नेपाल में इस कुल की सब से विकसित भाषा रही है। प्रो. स्टेन कोनो के अनुसार इसमें ग्यारहवीं शताब्दी से साहित्य मिलता है। और डॉ. बन्धु भी लिखते हैं– 'सिक्किम, दार्जिलिङ और भारत के विभिन्न स्थानों में रहने वाले नेवार लोगों ने तो नेवारी को छोड़कर नेपाली को ही मातृभाषा बना डाला है। अन्य अविकसित भाषाओं की स्थिति का पता इसीसे चल जाता है।

किसी भाषा का अवसान चिंता का विषय है। दार्जिलिङ तथा उत्तर-पूर्वी प्रांतों में ऐसी मरणासन्न भाषा को बचाने के लिए कोई प्रयत्न नहीं हो रहा है। सन् 1975 में सिक्किम देश भारत का एक राज्य बना। सिक्किम के राज्य सरकार ने नेपाली के अतिरिक्त भोटिया, लेप्चा, लिम्बू, नेवारी, राई, गुरुङ, मगर, शेर्पा और तामाङ भाषाओं को राज्य स्तर में सरकारी भाषा के रूप में मान्यता दी है। लेकिन इनमें लेप्चा और लिम्बू भाषियों के लिए अपनी भाषा में पठन-पाठन की जो सुविधाएँ प्राप्त हैं वे अन्य भाषा-भाषियों के लिए अभी तक नहीं हैं।

नेपाली भाषा के इस अध्ययन में भारत को ही प्रमुखता दी गयी है। अतः इसका क्षेत्र है उत्तर भारत में हिमाचल प्रदेश से लेकर मणिपुर तक। 'बोली' और भाषा शास्त्रीय शब्दावली 'भाषिका' में यदि अर्थान्तर रखना है तो कह सकते हैं कि 'बोली' जाति के अन्तर्गत आती है और 'भाषिका' भाषा के अंतर्गत। नेपाली जाति में नेपाली (आर्य) भाषी के अतिरिक्त भोट-बर्मेली और किराती-भाषी लोग भी सम्मिलित हैं और उनमें भुटिया, लेप्चा और लिम्बू भाषा वा बोली प्रमुख है। 'बोली' को 'भाषिका' के अर्थ में लें तो भारत में नेपाली भाषा की तीन भाषिकाएँ हैं– पूर्वीय भाषिका अर्थात् असम तथा असम के सीमावर्ती राज्यों में बोली जाने वाली

नेपाली भाषा के स्थानीय रूप, केन्द्रीय भाषिका अर्थात् सिक्किम, दार्जिलिङ और उत्तर बङ्गाल के समतल क्षेत्र में बोला जाने वाला भाषा-रूप और पश्चिमी भाषिका अर्थात् नेपाली भाषा के हिमाचलीय एवं उत्तरखंडीय रूप। उत्तर खण्डीय रूप में कुमाउनी और गढ़वाली भाषा-रूप आते हैं।

पूर्वीय भाषिका—असम में नेपालियों की जनसंख्या सिक्किम और दार्जिलिङ की जनसंख्या का दुगुना है। सदियों से नेपाली-भाषी लोग असम की विभिन्न जगहों पर बसे हुए हैं। यहाँ की नेपाली भाषा असमी भाषा से प्रभावित है। कई शब्द, उच्चारण तथा वाक्य-विन्यास परिनिष्ठित नेपाली से किंचित् भिन्न हैं। वहाँ शिक्षा का माध्यम ही असमी है, नेपाली लेखन-पठन स्वेच्छा से ही है।

केन्द्रीय भाषिका—दार्जिलिङ जो ऐतिहासिक तौर पर सिक्किम का ही अङ्ग है, पहले से ही नेपाली भाषा और साहित्य का केन्द्र-स्थल रहा है। काठमाण्डू की भाषा, जो मानक भाषा कही जाती है, से घनिष्ठ सम्बन्ध रहते हुए भी स्थानीय प्रभाव से मुक्त नहीं है। नेपाल की नेपाली में जैसे कतिपय नेवारी शब्द घुसे हुए हैं वैसे ही दार्जिलिङ-सिक्किम की नेपाली भाषा में भी हिन्दी और बंगला शब्द पाए जाते हैं। बोलचाल की भाषा में लिंग और वचन पर उतना ध्यान नहीं दिया जाता जितना लिखित भाषा में दिया जाता है। यहाँ की साहित्यिक भाषा और नेपाल की साहित्यिक भाषा में मौलिक अंतर नहीं है। फिर भी, दार्जिलिङ-सिक्किम के नेपाली-लेखन तथा काठमाण्डू के वर्ण-लेखन में ड़ ढ़ को लेकर विवाद है। नेपाल में ड़ ढ़ का ड ढ से काम चलाते हैं, जबकि भारत में ये सुरक्षित हैं। भारत में इसी केन्द्रीय भाषिका को परिनिष्ठित भाषा का स्थान प्राप्त है। प्रायः पचास साल पहले ही दार्जिलिङ के एक महान् भाषा-साहित्यविद् डॉ. इन्द्रबहादुर राई ने अपने एक लेख 'नेपाली शुद्ध कहाँ की' में काठमाण्डू की अपेक्षा दार्जिलिङ की भाषा को शुद्धतर माना है।

पश्चिमी भाषिका—वेन्स तथा ग्रियर्सन ने आर्यमूल की पहाड़ी भाषाओं को तीन वर्गों में बाँटा है—पूर्वी पहाड़ी (नेपाली), मध्य पहाड़ी (कुमाउनी और गढ़वाली) एवं पश्चिमी पहाड़ी (सिरमौरी, चमेयाली, कोट्र्याली, कुलुथी, मण्डेली, जौणसारी, सुकेती आदि)।

खस अपभ्रंश से उद्भूत ये तीनों बहनें आपस में घनिष्ठ सम्बन्ध रखती हैं। इन्हें हिन्दी की उपभाषाएँ कहकर हिन्दी के दायरे में लाना भूल है। ये नेपाली की उप भाषाएँ हैं। डॉ. सुनीति कुमार चटर्जी गढ़वाली भाषा की उत्पत्ति खस से ही मानते हैं। उनकी इस स्थापना का आधार यह है कि खस गढ़वाल के निवासी थे। गढ़वाल कुमाऊँ अंचल में खस ही पहले आए थे। कुमाऊँ के बारे में डॉ. त्रिलोचन पांडेय लिखते हैं— "खसों-शकों के उपरांत वैदिक आर्य कुमाऊँ में प्रविष्ट हुए... फिर भी यह स्पष्ट है कि पर्वतीय समाज में खसों की ही प्रमुखता बनी रही। ...खस प्रभाव से कुमाउँनी में अनेक प्रकार के शब्द आए हैं। भारतीय आर्य भाषाओं में इनका

प्रयोग प्रायः नहीं मिलता। अतः देशज शब्दों की विशिष्ट कोटि में इन्हें रक्खा जा सकता है।”

सुदूर पश्चिमी भाषिका जिसे नेपाली में परपच्छिमा कहते हैं, अनेक हैं पर बोलने वालों की संख्या कम है। एक ही जनपद में रहने के कारण पच्छिमा और परपच्छिमा में विशेष भिन्नता नहीं, फिर भी, परपच्छिमा भोट-हिमाली प्रभाव से असंपृक्त नहीं है। गढ़वाली और जौणसारी का साम्य गढ़वाली भी स्वीकारते हैं।

यथा—या बड़ी खुशी की बात छ कि गढ़वाली अर जौणसारी एक ई कुटुम का छन। इनु किलैनि होण? जौणसार बाबर पुराणा जमाना सी केदारखंड कू हिस्सा छ, जै तै अजक्यालु गढ़वाल बोदानो जौणसारियों का रीतिरिवाज खाणू-पेणू, देवी-देवता बी तन्नी छन जना गढ़वाल्यों का छन। यान गढ़वाली अर जौणसारी एक्की छन अर सदैं एक्की रला।

नेपाली—यो बड़ो खुशी को बात छ कि गढ़वाली अनि जौणसारी एकै कुटुम्ब का छन्। यी किन न हुन्? जौणसार बाबर पुराना जमानादेखि केदारखंड को हिस्सा छ, जस्तै आजकल गढ़वाल बोल्छन्। जौणसारी हरूका रीति-रिवाज खानु-पिनु देवी-देवता पनि तिनै छन् जस्तो गढ़वाली हरू का छन्। यसरी गढ़वाली अनि जौणसारी एक्कै छन् अनि सधैं एक्कै रहला।

नेपाली भाषा की ये तीन भाषिकाएँ परस्पर में सम्बद्ध हैं। संवद्धता के अनेक आधार हैं—जातीयता, भौगोलिक स्थिति, राजनैतिक इतिहास और दक्षिणी समतल से भिन्नता।

4. **नेपाली भाषा की विशेषताएँ**—भारतीय आर्य भाषा में संस्कृत की भूमिका अहम है। साहित्यिक भाषा में तो संस्कृत का बाहुल्य होना ही है। लेकिन नेपाली में बोलचाल की भाषा में भी संस्कृत के जो शब्द व्यवहृत हैं वे बोलचाल की हिन्दी की अपेक्षा संस्कृत के समीप हैं। उदाहरण के लिए—

संस्कृत	**नेपाली**	**हिन्दी**	**संस्कृत**	**नेपाली**	**हिन्दी**
भूमिः	भुइँ	जमीन	पारावतः	परेवा	कबूतर
अंगम्	आँग	बदन	रक्तः	रगत	खून
ऋणम्	रिन	कर्जा	कोष्ठः	कोठो	कमरा
पुस्तकम्	पोस्तक	किताब	मनुष्यः	मान्छे	आदमी
कोमलः	कमलो	नरम	कण्डूयति	कन्याउँछ	खुजलाता है
श्वेतः	सेतो	सफेद	क्रन्दति	कराउँछ	चिल्लाता है
कपिलः	कैलो	भूरा	प्रतीक्ष्यते	पर्खिन्छ	राह देखता है
ज्येष्ठः	जेठो	बड़ा	भणति	भन्छ	कहता है
तिक्तः	तितो	कड़वा	वसति	बस्छ	रहता है
धूसरः	धुस्रो	मटमैला	मार्जयति	माज्छ	मलता है

स्थूलः	ठूलो	बड़ा	मिश्रयति	मिसाउँछ	मिलाता है
रम्यः	राम्रो	अच्छा	फुल्लति	फुल्छ	खिलता है

नेपाली में क्रियान्वयी व्यञ्जना की भी एक विशेषता है जो क्रिया को दृश्यात्मकता प्रदान करती है। जैसे–य्याच्च बस्तु (बैठना), जुरूक्क उठ्नु (उठना), फनक्क घुम्नु (फिरना), तनक्क तन्काउनु (टानना), खपाखप खानु (खाना), सरासर जानु (जाना), खुर्र कुद्नु (दौड़ना) इत्यादि।

नेपाली भाषा में हिन्दी का 'और' विभाजित है–'औ', 'र'। ये पर्यायवाची हैं। इसके साथ 'अनि' भी है। परन्तु हिन्दी का 'है' जो नेपाली में 'छ', 'हो' बनता है, वे पयार्यवाची नहीं हैं। 'छ' अस्तिवाची है और 'हो' भववाची।

यो रातो फूल हो–यह लाल फूल है। (भववाची)

यसको रङ रातो छ–इसका रंग लाल है। (अस्तिवाची)

नेपाली हाम्रो भाषा हो–नेपाली हमारी भाषा है। (भववाची)

हाम्रो आपनै भाषा छ–हमारी अपनी भाषा है (अस्तिवाची)

नेपाली की एक अन्य विशेषता है अज्ञात भूत की (देखिए : क्रिया का काल-प्रकरण)

नेपाली व्याकरण

1. लिपि–नेपाली भाषा ब्राह्मी लिपि से उद्भूत देवनागरी लिपि में लिखी जाती है। भारत की कई आर्यभाषाएँ किञ्चित् दो-चार वर्णों की भिन्नता के साथ इसी लिपि में लिखी जाती हैं।

नेपाली-पुस्तकें पहले-पहले बनारस में छापी जाती थीं। बनारस में देवनागरी के बनारसी (हिन्दी) फौण्ट थे। जब बनारस मुद्रण का केन्द्र बना तो मराठी पुस्तकें भी यहीं छपने लगीं जो बम्बइया फौण्ट में छपती थीं। दोनों फौण्ट देवनागरी के होने के कारण फौण्ट का मिश्रण होना स्वाभाविक था। नेपाली ने दोनों को अपनाया। आज भी कम्प्यूटर के सभी युनीकोड देवनागरी के नाम पर नेपाली ले सकता है। नेपाल में झ/भ्र का एक अन्य रूप (ञ्) प्रचलित है पर वह भारतीय नेपाली लिपि नहीं बन पाया है।

अङ्क–नेपाली भाषा में अङ्क देवनागरी के, यथा १, २, ३, ४, ५ भी पाए जाते हैं और हिन्दू-अरबी, जिसे अंतरराष्ट्रीय अङ्क कहा जाता है, यथा 1, 2, 3, 4, 5 भी पाए जाते हैं। भारतीय संविधान ने देवनागरी लिपि और अंतरराष्ट्रीय अङ्क को स्वीकारा है, अतः देवनागरी लिपि अपनाने वाली सभी भाषाओं द्वारा अंतरराष्ट्रीय अङ्क ही अपनाने से संविधान का उल्लङ्घन नहीं होगा। देवनागरी ही नहीं, इससे उत्पन्न अन्य भारतीय आर्यभाषाओं द्वारा भी इसे अपनाने से अङ्क के कारण संख्या में भी कोई गड़बड़ी न होगी। चीन, जापान भी यही अंतरराष्ट्रीय अङ्क इस्तेमाल करते हैं तो भारत क्यों नहीं?

2. वर्ण विचार—ध्वनि को जब रङ्ग देते हैं तो वह वर्ण कहलाता है। नेपाली में स्वर और व्यंजन वर्ण वे ही हैं जो हिन्दी में हैं। पर कुछ-एक वर्णों की ध्वनियाँ किञ्चित् अलग हैं।

(क) स्वर वर्ण अ, आ, हिन्दी की ध्वनि से साम्य रखते हैं। पर अँगरेजी के ऑ ध्वनि हिन्दी में आ सुनाई देती है, यथा—डॅक्टर (डाक्टर), बॅस (बास), कॅलेज (कालेज), गॅड (गाड), पॅलिस (पालिस), सॅरी (सारी) आदि। इनके नेपाली में 'अ' ही उच्चारण होते हैं। सिर्फ हिन्दी के अनुकरण में डॅक्टर का डॉ. लिखते हैं।

इ, ई, उ, ऊ—ये भी हिन्दी के समान ध्वनियाँ हैं। बोलचाल में ह्रस्व, दीर्घ का सवाल नहीं है, पर लिखने में, उस पर भी तत्सम शब्दों में, इनका ख्याल रखना पड़ता है। भाषाविज्ञान का मानना है कि शीत-प्रधान देशों में वाक्-अवयव के संकुचन के कारण ध्वनि ह्रस्वमयी हो जाती है। अतः नेपाली भाषा में भी ठंड मुल्क की भाषा होने के नाते तत्सम को छोड़कर तद्भव, देशज, आगन्तुक सभी को ह्रस्व करने की प्रवृत्ति बढ़ रही है।

ऋ, ॠ—नेपाली में इनके सही उच्चारण में विकार आ गया है। लोक में इन्हें रि, री बोला जाता है। अतः आधुनिक भाषाविदों का आग्रह है कि ये नेपाली-ध्वनियाँ नहीं हैं, इनको वर्णमाला में से हटाना है और कई पाठ्य पुस्तकों में सिर्फ दश स्वर रखे गये हैं, तथा किसी-किसी में ह्रस्व ऋ को रखना जरूरी समझा गया है। जब कृष्ण बहादुर, हृदयनाथ को अपना नाम लिखना होता है तो वह क्रिस्न बहादुर, हिर्दयनाथ नहीं लिखता है। अतः ऋ का रहना आवश्यक है। वैसे ही व्याकरण के सन्धि-शिक्षा-प्रकरण में जब मातृ + ऋण, पितृ + ऋद्धि का प्रश्न उठता है तो दीर्घ संधि के नियमानुसार दीर्थ ॠ आती ही है। अतः ध्वनि में विकार भले ही आए, वर्णों का विनाश नहीं होना चाहिए।

ए, ऐ—ये संयुक्त स्वर हैं। संस्कृत के अनुसार अ + इ = ए बनता है, पर नेपाली में यह शुद्ध स्वर ही सुनाई देता है। हिन्दी में भी यह ध्वनि साम्य है। परन्तु ऐ ध्वनि थोड़ा अलग है। संस्कृत में यह आ + इ होती है जैसे ऐना = अइना और हिन्दी में अएना (शीशा)। नेपाली 'भइँसी', हिन्दी में 'भएँस' (भैंस), नेपाली 'हइ', हिन्दी में 'हए' (है) इत्यादि।

ओ, औ—ये भी संस्कृत में संयुक्त स्वर हैं। पर नेपाली में 'ओ' शुद्ध स्वर है। 'औ', जो संस्कृत में आ + उ मिलकर बनता है, नेपाली में आ + उ होता है और हिन्दी में अ + व। 'अउरत' (नेपाली), अवरत (हिन्दी), कउरब (नेपाली), कवरब (हिन्दी), 'सउ' (नेपाली), 'सब' (हिन्दी)।

इस प्रकार नेपाली में बारह स्वर वर्ण हैं— सात शुद्ध स्वर (अ, आ, इ, उ, ऋ, ए, ओ), तीन दीर्घीकृत स्वर (ई, ऊ, ॠ) और दो संयुक्त स्वर (ऐ, औ)।

नेपाली खण्डेतर ध्वनि (अयोगवाह) में चन्द्रबिन्दु (ँ), अनुस्वार (ं) और

विसर्ग (:) आते हैं। मराठी से हिन्दी और हिन्दी से नेपाली में आगत चन्द्र (ॅ) भी स्थान पा गया है।

स्वर वर्ण अक्षर भी कहे जाते हैं जो व्यञ्जन में लगकर व्यञ्जन को उच्चारण योग्य बना देते हैं। इन्हें नेपाली में बारहखड़ी (बारह अक्षरी) कहते हैं, यथा– क का कि की कु कू कृ कॄ के कै को कौ। यदि बारहखड़ी को अक्षर मानना है तो ऋ ॠ को वर्णमाना से हटा नहीं सकते हैं। स्वर वर्ण और खण्डेतर वर्ण को लेकर नेपाली स्वर वर्णमाला एक वर्गाकार चतुर्भज में फिट हो जाता है–

अ	आ	इ	ई
उ	ऊ	ऋ	ॠ
ए	ऐ	ओ	औ
ॅ	ँ	ं	:

(ख) व्यञ्जन वर्ण–क से म तक व्यञ्जन वर्णमाला भी एक वर्गाकार चतुर्भुज ही बनाती है। ये वर्गीय वर्ण हैं। अन्तस्थ (य र ल व) और ऊष्म (श ष स ह), उत्क्षिप्त (ड़ ढ़) और संयुक्त (क्ष त्र ज्ञ) से इन सबको मिलाकर नेपाली व्यञ्जन वर्णों की संख्या अड़तीस हो जाती है। इनमें क से ह तक कोई गुंजाइश नहीं। परन्तु अंतिम पाँच वर्णों (ड़ से ज्ञ) को लेकर आधुनिक भाषाविदों में मतभेद है। भाषाविज्ञानी ड़ ढ़ को ड ढ का संवर्ण वा संध्वनि मानकर और क्ष त्र ज्ञ को संयुक्त वर्ण मानकर वर्णमाला से हटाना ही उचित समझते हैं। आजकल नेपाल में ड़, ढ़ का प्रचलन एकदम बंद हो गया है। वहाँ पहाड, डाँडा, पढ्नु, काढ्नु लिखे जाते हैं किन्तु पहाड़, डाँड़ा, पढ़्नु, काढ़्नु ही पढ़े जाते हैं। डाँडा उच्चारण करने के लिए नियम बनाये हैं। पहला डा मूर्धन्य ड ही रहता है और दूसरा ड उत्क्षिप्त ड अर्थात् ड़ हो जाता है। लेकिन लड्डू, अड्डा, अण्डा जैसे नेपाली शब्द तथा रेडियो, रोड, अडर जैसे अँगरेजी शब्दों में यह नियम अपवाद में आते हैं। भारत में भी दो-एक विद्वान् ड़ ढ़ को वर्ण नहीं मानते हैं पर अधिकतर लोग इन्हें नेपाली भाषा की विशेष ध्वनि के रूप में रखने के पक्ष में हैं।

क्ष–यह क् + ष का संयुक्त वर्ण है। क्ष नेपाली में छ, छे, च्छ, क्छ होते हैं; क्षमा > क्ष्मा, अक्षता > अछेता, रक्षा > रक्छा, राक्षस > राच्छेस इत्यादि।

त्र–त और र का संयुक्त रूप एक सरल रूप है। वर्णमाला में इसकी कोई आवश्यकता नहीं थी पर परम्परा से चली आ रही है।

ज्ञ–संस्कृत के अनुसार यह ज और ञ की संयुक्त ध्वनि है पर हिन्दी के अनुरूप नेपाली में भी ग्यँ उच्चरित होता है।

क्ष त्र ज्ञ–ये संयुक्त ध्वनि होते हुए भी शुद्ध वर्ण के रूप में लिखे जाते हैं। संयुक्त मानकर इन्हें भी यदि वर्णमाला से हटाना है तो स्वर वर्णमाला से ए, ऐ, ओ, औ को भी हटाना पड़ेगा और क्षमा, रक्षा, राक्षस तथा ज्ञान, ज्ञाता, विज्ञ ही लिखना पड़ेगा।

निष्कर्षतः, नेपाली में 12 स्वर, 38 व्यञ्जन तथा कुल वर्ण 50 हैं।

3. शब्द-विचार–उद्गम की दृष्टि से नेपाली भाषा के शब्दों के चार भेद हैं– तत्सम, तद्भव, स्थानिक और आगन्तुक। कई विद्वानों ने अर्धतत्सम की बात भी कही है पर यह स्पष्ट रूप से परिभाषित नहीं है। उदाहरण में जो हस्त > हाथ, कर्ण > कान, कर्म > काम, बसति > बस्छ, भणति > भन्छ आदि देते हैं, इन्हें तद्भव कहने में भी कोई हर्ज नहीं। यदि भाषा में अर्धतत्सम वर्ग रखना ही है तो लिखित से भिन्न उच्चारण वाले सारे शब्दों को अर्धतत्सम कहना पड़ेगा। जैसे– एक दिन नारद सत्यलोक पुगि गया लोक् को गरूँ हित भनी (भानुभक्तीय **रामायण**)। नेपाली-उच्चारण में ये एक्, दिन्, लोक्, हित् हो जाते हैं पर लिखते तो अजन्त ही हैं। वैसे ही क्रिस्न, बिस्नु, माधौ, इस्थान, रितु, रिन आदि को भी अर्धतत्सम मान सकते हैं।

(क) तत्सम–'तत्सम' का अर्थ है उसीके बराबर वा वही। परन्तु नेपाली भाषा में इसका भाषिक अर्थ न लगकर पारिभाषिक अर्थ लगता है अर्थात् तत्सम का अर्थ है संस्कृत शब्द। हम अँगरेजी, उर्दू, फारसी, अरबी आदि भाषा के तत्-तत् शब्दों को तत्सम नहीं कह सकते हैं।

(ख) तद्भव–ग्राम > गाउँ, नाम > नाउँ, हिम > हिउँ, आषाढ़ > असार, श्रावन > साउन, अश्रु > आँसू, क्षेत्र > खेत, काष्ठ > काठ इत्यादि।

(ग) स्थानिक–नेपाली में देशज अर्थात् अपनी भाषा के स्थानीय शब्दों की संख्या काफी है। इन्हें ही नेपाली का मूल शब्द समझना चाहिए। देशज का भी भाषिक अर्थ न लेकर पारिभाषिक अर्थ लेना है। बँगला, ओड़िआ भी भारत देश की ही भाषाएँ हैं। परन्तु यदि बँगला, ओडिआ शब्द हिन्दी में पाए जाएँ तो वे हिन्दी के देशज शब्द नहीं होंगे। वैसे ही नेपाल में भी काफी तिब्बती-वर्मी भाषाएँ हैं। उनसे आए शब्द भी नेपाली के देशज शब्द नहीं होंगे। अब इन्हें स्थानिक शब्द कहना उचित है।

(घ) आगन्तुक–देशज के विपरीतार्थ में आगन्तुक को विदेशी भी कहते हैं। पर ऐसा कहना भूल है। नेपाली में नेवारी, किराती, मगराती, तामङ्गी शब्दों को विदेशी कहना उचित नहीं, जैसे हिन्दी में गुजराती, मराठी ही नहीं तमिल-तेलुगु भी देशीय है, विदेशी नहीं है। अतः इन्हें आगन्तुक कहना समीचीन है।

4. शब्द-निर्माण–अन्य भारतीय भाषाओं के अनुरूप ही नेपाली में शब्द-निर्माण की कई प्रक्रियाएँ हैं। धातु एवं प्रातिपदिक में प्रत्ययादि लगाकर द्वित्वीभवन द्वारा संधि और समास करके शब्दों का निर्माण होता है।

धातु में कृत् प्रत्यय जोड़कर कृदंत पद बनाये जाते हैं। काल-कृत् प्रत्ययों में वर्तमान कालिक, भूतकालिक एवं भविष्यत् कालिक प्रत्यय हैं। धातु में सामान्यतः अ जोड़ने से भी कृदन्त बनता है– पढ् + अ = पढ़।

वर्तमान काल–पढ़्–पढ़् दो, पढ़्दी, पढ़दै।

भूतकाल–पढ़्–पढ़्यो, पढ़े, पढ़ी।

भविष्यत् काल—पढ़—पढ़ने, पढ़ला, पढ़ली।

सामान्य कृत् प्रत्यय हैं— घुमक्कड़, पढ़न्ते, भगौटे, बिछ्यौना, चालनी, सजावट, लड़ाइँ, पढ़ाइ, लेखाइ आदि।

प्रातिपदिक में उपसर्ग (पूर्व सर्ग) और प्रत्यय (परसर्ग) जोड़कर तद्धितान्त शब्द बनाये जाते हैं। प्रातिपदिक में कहीं-कहीं आगे और पीछे दोनों सर्ग भी जुड़ते हैं। उपसर्ग प्रायः संस्कृत से ही लिए गये हैं। प्र, परा, अप, सम्, अनु, अव, निस्, निर्, दुर्, अधि, अति, अभि, सु, कु, उत् उप, परि आदि। उर्दू उपसर्गों में बद, बा, बे, ला, दर, ना, हर नेपाली में पाए जाते हैं। नेपाली उपसर्गों में अ (पढ़), अध (मरो), औ (गुण), स/क (पूत) आदि हैं।

(क) प्रत्यय वा परसर्ग—ये भी स्थानिक और आगन्तुक दोनों होते हैं। नेपाली में स्थानिक प्रत्यय की बहुलता है। इनसे संज्ञा, विशेषण, अव्यय सभी बनते हैं।

आन— धरान, सिरान, ढलान	**आली**— लेकाली, थकाली, गोर्खाली
ई— चोरी, नोकरी, बिमारी	**आलु**— दयालु, विषालु, सिपालु
याइँ— पण्डित्याइँ, मुख्याइँ धुर्क्याइँ	**ए**— ओठे, बतासे, तीनधारे
औरो— घूपौरो, फुलौरो, थनौरो	**पन**— बालकपन, पापीपन, सेतोपन
एरी— थड़ेरी, मझेरी, मितेरी	**वान**— धनवान, दरवान, भाग्यवान
एलु— घरेलु, बनेलु, दुधेलु	**मान**— बुद्धिमान, शक्तिमान, श्रीमान

इनके अलावा, एटो, एनी, आड़ी, इलो, इया, आइलो, एली, वाल, दार, आइ, आली, आउँदो, इलो, लो, टा आदि-आदि प्रत्यय भी हैं जिनके उदाहरण स्थानाभाव के कारण नहीं दिये जा रहे हैं। संस्कृत के 'इक' और 'ईय' प्रत्यय तो नेपाली में हैं ही। बहुवचन का चिह्न (हरू), स्त्रीलिंगी चिह्न (नी) तथा कारक चिह्न (विभक्तियाँ) भी प्रत्यय ही हैं और अपत्यवाचक प्रत्यय जैसे रघु > राघव, पाण्डु > पाण्डव, कुरु > कौरव, मुरा > मौर्य, चणक > चाणक्य, भृगु > भार्गव आदि तो तत्सम के नाते नेपाली में पाए ही जाते हैं।

(ख) द्वित्वीकरण भी शब्द-रचना की एक प्रक्रिया है। इसमें शब्दों की पुनरुक्ति होती है। ये दो प्रकार के हैं— पूर्ण पुनरुक्त और अपूर्ण पुनरुक्त। पूर्ण पुनरुक्त— घर-घर, देश-देश, कहीं-कहीं, जब-जब, माथि-माथि आदि। अपूर्ण पुनरुक्त— ससाना, ठूल्ठूला, आआफ्नो, ठाड़ठाड़े, बिबिचमा इत्यादि। इस वर्ग में सार्थक और निरर्थक मेल से बने शब्द भी आ सकते हैं, जैसे—बातचीत, साग-पात, झैंझगड़ा, लुगा-फाटा, माखा-मुन्द्रो, घर-सर आदि। पुनरुक्त शब्दों में अनुकरणात्मक शब्द भी आते हैं, यथा— भूँ-भूँ, सरसर, हुइँ-हुइँ, कल-कल, फर-फर, झर-झर, गड़याङ, गुड्डुङ आदि।

(ग) सन्धि—संस्कृत शब्दों को लेकर ही नेपाली में संधि बनती है जो संस्कृत-भाषा के नियम अनुसार होती हैं। तद्भव तथा स्थानिक शब्दों की संधि यदा-कदा होने पर भी वे संधि-प्रकरण में नहीं आते। अतः संधि के उदाहरण देना यहाँ आवश्यक नहीं है।

(घ) समास—शब्दों का समाहार भी शब्द-रचना का एक उपाय है। नेपाली में समास तत्सम, तद्भव, स्थानिक, आगन्तुक सभी प्रकार के शब्दों से बनते हैं। नेपाली में भी समास छह प्रकार के ही हैं— तत्पुरुष, द्वन्द्व, द्विगु, कर्मधारय, बहुव्रीहि और अव्ययीभाव। पर नेपाली में प्रथमा तत्पुरुष का उदाहरण नहीं मिलता। विविध प्रकार के शब्दों के समास का उदाहरण—

संस्कृत—यथाशक्ति, आजीवन, महापुरुष, वनवास, तीर्थयात्री आदि।

नेपाली—सान्दिदी, माल्दाजु, डरछेरूवा, स्वास्नी-मान्छे, भनेजति आदि।

उर्दू के साथ— बेइज्जत, लाजवाब, घरमालिक, घोड़सवार, घुसखोर, गैरहाजिर

अँगरेजी के साथ—हेडपण्डित, बड़ा मास्टर, रेलगाड़ी, टेबलचौकी आदि।

व्याकरणिक कोटियाँ—व्याकरणिक कोटियाँ मूलतः दो होती हैं— विकारी और अधिकारी। विकारी कोटि में संज्ञा, सर्वनाम, विशेषण और क्रिया आते हैं।

(क) संज्ञा—यह पाँच प्रकार की है— व्यक्तिवाचक, जातिवाचक, द्रव्यवाचक, समूहवाचक और द्रव्यवाचक। ये हिन्दी के समान हैं। संज्ञा के लिङ्ग, वचन और कारक होते हैं।

(क) नेपाली में प्रकृत लिंग है जो चार प्रकार के हैं पुल्लिग, स्त्रीलिंग, उभय लिंग और नपुंसक लिंग। पर क्रिया-प्रयोग में दो ही लिङ्ग होते हैं। मानवीय स्त्रीलिङ्ग को छोड़कर मानवेतर स्त्रीलिङ्ग, उभयलिंग तथा नपुंसक लिंग में पुल्लिग क्रिया का ही प्रयोग होता है।

पुल्लिग—केटो (लड़का), गोरू (बैल), बाख्रा (बकरा), गुरू, ऊँट आदि।

स्त्रीलिंग—केटी (लड़की), गाई (गाय) बाख्री (बकरी), गुरूमा, ऊँटनी आदि।

उभयलिंग—चरो (चिड़ियाँ) माछो (मछली), किरो (कीड़ा), मतदाता, कवि आदि।

नपुसंक लिंग—छाता, किताब, माला, टेबल, घर, देश नदी, फूल आदि।

क्रिया में प्रयोग— केटो राम्रो पढ्छ (लड़का अच्छा पढ़ता है)।
केटी राम्रो पढ्छे् (लड़की अच्छा पढ़ती है)।
गाई घास खान्छ (गाय घास खाती है)।
चरो आकाशमा उड्छ (चिड़िया आकाश में उड़ती है)।
छाता भाँचियो (छाता टूट गया)।

मानवीय स्त्रीलिङ्ग होने पर भी बहुवचन में क्रिया का लिङ्ग-भेद नहीं रहता। यथा— केटाहरू आए (लड़के आए), केटीहरू आए (लड़कियाँ आईं)।

(ख) वचन—नेपाली में भी हिन्दी के समान दो वचन हैं— एकवचन और बहुवचन। 'हरू' नेपाली का सामान्य बहुवचन प्रत्यय है। संस्कृत-शब्दों के साथ संस्कृत प्रत्यय वर्ग, वृन्द, गण, जन जोड़कर भी बहुवचन बनाये जाते हैं। नेपाली बहुवचन में हिन्दी के समान दीर्घान्त का ह्रस्वान्त नहीं होता। हिन्दी में नदी, लड़की, सखी, बहू, लू, जूँ को नदियाँ, लड़कियाँ, सखियाँ, बहुएँ, लुएँ, जुँएँ बनाया जाता है

पर नेपाली शब्दों का रूपायन नहीं होता है—नदीहरू, केटीहरू, बुहारीहरू, जूकाहरू में दीर्घान्त ही रहते हैं।

(ग) कारक—नेपाली में कारक वा विभक्ति की संख्या आठ है। जैसे—

कारक	विभक्ति	कारक	विभक्ति
कर्त्ता	x ले (ने)	अपादान	देखि, बाट (से)
कर्म	लाई (को)	सम्बन्ध	को, का, की (का, के, की)
करण	ले, द्वारा (से, के द्वारा)	अधिकरण	मा (में, पर)
सम्प्रदान	लाई (के लिए)	सम्बोधन	ए हे (हे, अरे)

हिन्दी में विभक्ति लगने पर शब्दों का रूपायन तो नहीं होता पर बहुवचन में रूपायन के साथ-साथ विभक्ति लगने पर 'याँ', 'एँ' को 'यों', 'ओं' कर देते हैं—

नेपाली में प्रत्यय (हरू) वा विभक्ति लगने पर ओकारान्त, उकारन्त शब्द आकारान्त बन जाते हैं। यथा—

केटो + हरू = केटाहरू, केटो + ले = केटाले, छोरो + हरू = छोराहरू, छोरो + को = छोराको।

आगो + मा = आगामा, बाटो + मनि = बाटामनि, बोको + लाई = बोकालाई।

छानु + मा = छानामा, हुनु + ले = हुनाले, हेर्नु + लाई = हेर्नालाई इत्यादि।

नेपाली में विभक्ति शब्द के साथ जोड़कर लिखने का चलन है।

2. सर्वनाम—नेपाली में सर्वनाम छह प्रकार के हैं—

पुरुषवाचक : प्रथम पुरुष म— हामी, हामीहरू। द्वितीय पुरुष— तँ, तिमी, तपाइँ— तिमीहरू, तपाइँहरू। तृतीय पुरुष— त्यो, उ, तिनी, उनी, उहाँ— तिनीहरू, उनीहरू, उहाँहरू (तँहरू, उहरू, त्योहरू नेपाली में नहीं होते हैं)।

निश्चयवाचक : यो, त्यो, सो।

अनिश्चयवाचक : कुनै, केही, कोही, जो, जहिँ।

सम्बन्धवाचक : जो, जुन, जे।

प्रश्नवाचक : को (मानव के लिए), के (मानवेतर के लिए), कुन, कहिले।

निजवाचक : आप्यू, आपनो।

3. विशेषण—विशेषण चार प्रकार के होते हैं—

गुणवचाक— मठो, बाठो, सोझौ, बहिरो, सेतो।

परिमाणवाचक—एति, उति, थोर, धेर, सब।

संख्यावाचक—एक, दुइ, एउटा, दुइटा, दोस्रो, तेस्रो।

सार्वनामिक—यो, त्यो, के, कुन, को, जुन, जस।

विशेषण की अवस्था है— मूलावस्था, उत्तरावस्था और उत्तमावस्था। यथा, प्रिय-प्रियतर-प्रियतम, श्रेष्ठ-श्रेष्ठतर-श्रेष्ठतम, उच्च-उच्चतर-उच्चतम। ये तर, तम संस्कृत शब्दों में ही शोभते हैं। नेपाली में 'भन्दा' (से) सब भन्दा (सब से) से काम

चलता है। राम भन्दा श्याम ठू लो छ (राम से श्याम बड़ा है)। श्याम सब भन्दा ठूलो (श्याम सबसे बड़ा है)।

लिंग विशेषण को भी प्रभावित करता है पर केवल मानवीय विशेष्य होने पर। जैसे, मोटो केटो– मोटी, केटी, लेकिन कालो घोड़ा– कालो घोड़ी।

4. क्रिया : क्रिया के विविध भेद होते हैं। भेद के कारण निम्न प्रकार हैं–

(क) कर्म के कारण भेद–रामले कुकुरलाई कुट्छ (राम कुत्ते को मारता है)।
अकर्मक–राम सुन्छ (राम सोता है)।

(ख) अर्थ के कारण भेद–असमापिका, समापिका और पूर्वकालिक।
असमापिका–दाजुले उसलाई बनायो (भाई ने उसे बनाया)।
समापिका–दाजुले उसलाई उकिल बनायो (भाई ने उसे वकील बनाया)।
पूर्वकालिक–श्याम कुद्दै आयो (श्याम दौड़कर आया)।

(ग) बनावट के कारण भेद–मूल क्रिया और यौगिक क्रिया दो हैं। मूल क्रिया कृत धातु से बनती हैं, जैसे–उठ् (नु), बस् (नु), खा (नु) इत्यादि। यौगिक क्रिया कई प्रकार से बनती है–

नाम धातु से–हात-हत्याउनु (हथियाना), माटो-मट्याउनु (मटियाना)। प्रेरणार्थक क्रिया–यह दो प्रकार की होती हैं–प्रथम प्रेरणार्थक और द्वितीय प्रेरणार्थक। नेपाली में प्रथम प्रेरणार्थक धातु में 'आउनु' जोड़कर बनती है–जैसे पढ् + आउनु = पढ़ाउनु, लेखाउनु, हँसाउनु, सुताउनु। प्रथम प्रेरणार्थक क्रिया सामान्य क्रिया (धातु + नु) में 'लाउनु' जोड़कर भी बनती है, जैसे, पढ्नु लाउनु, लेख्नु लाउनु, हाँस्नु, लाउनु, सत्न लाउनु इत्यादि। द्वितीय प्रेरणार्थक क्रिया प्रथम प्रेरणार्थक में 'लाउनु' जोड़कर बनती है। जैसे–पढ़ाउनु लाउनु, लेखाउनु लाउनु, हँसाउनु लाउनु इत्यादि।

संयुक्त क्रिया– एकाधिक क्रिया पद मिलकर संयुक्त क्रिया बनती है। जैसे, म गर्छु (मैं करता हूँ)। म गर्नु सक्छु (मैं कर सकता हूँ)। म चिट्ठी लेखि सकेर उठें (मैं चिट्ठी लिख डालकर उठा)।

सहायक क्रिया–हु, छ, हो, थियो, होला जैसी क्रिया मुख्य क्रिया के काल निश्चित करने में सहायक बनती है। म बसेको छु (मैं बैठा हूँ), उ बसेको थियो (वह बैठा था), उ बसेको होला (वह बैठा होगा) इत्यादि।

अनुकरणात्मक क्रिया–ये ध्वनि वा दृश्य को धातु के रूप में लेकर क्रिया-पद बनाती हैं। जैसे–खटखटाउनु, चमचमाउनु, हुनहुनाउनु, भुनभुनाउनु, सरसराउनु, कलकलाउनु इत्यादि।

(घ) प्रयोग के कारण भेद–कर्त्ता वा कर्म वा भाव वाक्य में जब क्रिया के विधान का मुख्य विषय बनता है, जहाँ क्रिया का रूपान्तर होता है। इसे वाच्य भेद भी कहते हैं। जैसे–कर्तृवाच्य, कर्मवाच्य वा भाववाच्य।

कर्त्तृवाच्य—म लुगा सिउँ छु (मैं कपड़ा सीता हूँ)।

कर्मवाच्य—म द्वारा लुगा सिइन्छ (मुझसे कपड़ा सिला जाता है)।

भाववाच्य—मबाट हाँसिन्छ (मुझसे हँसा जाता है)।

साधारणतः बोलचाल में या लिखने में कर्त्तृवाच्य का ही प्रयोग होता है। कर्मवाच्य का प्रयोग जरूरत पड़ने पर ही किया जाता है। नेपाली में भाववाच्य तो प्रथम पुरुष के अलावा अन्यत्र होता भी नहीं। व्याकरणिक धर्म निभाने के लिए बलात् भाववाच्य बनाया जाता है।

(ङ) रीति के कारण क्रियाभेद—इनके भी तीन भेद होते हैं—निश्चयार्थ, सम्भावनार्थ और विध्यर्थ।

निश्चयार्थ—श्याम पढ्छ (पढ़ता है), रीता पढ्छे (पढ़ती है)।

सम्भावनार्थ—पानी पर्छ होला (वर्षा हो सकती है), रीता पढ्दी हो (पढ़ती होगी)।

विध्यर्थ—तपाइँलाई भलो होस् (आपका भला हो)।

छिट्टै आउनू, ढिलो न गर्नू (जल्दी आना, देर मत करना)।

सँधै साँचो बोल (सदा सच बोलो)।

लिंग के कारण क्रिया-भेद—केटो राम्रो लेख्छ (लड़का अच्छा लिखता है)। केटी राम्रो लेख्छे (लड़की अच्छा लिखती है)।

वचन के कारण क्रिया-भेद— केटो राम्रो लेख्छ (लिखता है)। केटाहरू राम्रो लेख्छन् (लिखते हैं)।

पुरुष के कारण क्रिया-भेद—म खान्छु—हामी खान्छौं।

तँ खान्छस, तिमी खान्छौ— तिमीहरू खान्छौ।

तपाइँ खानुहुन्छ—तपाइँहरू खानुहुन्छ

त्यो/उ खान्छ—तिनीहरू/उनीहरू खान्छन्।

(च) काल के भेद से क्रिया-भेद— काल तीन प्रकार के हैं— भूत, वर्तमान और भविष्यत्। **भूतकाल** के निम्न आठ पक्ष हैं—

सामान्य भूत—रामले चिट्ठी लेख्यो (लिखा), रमाले चिट्ठी लेखी (लिखी)।

आसन्न भूत—रामले चिट्ठी लेखेको छ/लेखेकी छ (लिखा है/लिखी है)।

पूर्णभूत—रामले चिट्ठी लेखेको थियो/लेखेकी थीई (लिखा था/लिखी थी)।

अपूर्ण भूत—रामले चिट्ठी लेख्दै थियो/थिई (लिख रहा था/रही थी)।

संदिग्ध भूत—रामले चिट्ठी लेख्यौ होला/लेखी होली (लिखा होगा/लिखी होगी)।

हेतुहेतुमद्भूत—रामले चिट्ठी लेख्दो हो त श्याम ले पाउने थियौ। (राम ने चिट्ठी लिखी होती तो श्याम को मिलती)।

रमाले चिट्ठी लेख्दी हो त सीता ले पाउने थिई। (रमा ने चिट्ठी लिखी

होती तो सीता को मिलती)।

नेपाली में अन्य दो भूत भी हैं– अभ्यस्त भूत और अज्ञात भूत।

अभ्यस्त भूत– रामले चिट्ठी लेख्ने गर्थ्यो (लिखा करता था)

अज्ञात भूत– रामले चिट्ठी लेखेछ (इसका हिन्दी अनुवाद 'लिखा है' नहीं होगा)। भूतकाल में सम्पन्न लेकिन वर्तमान काल में उसका पता होने की अवस्था को अज्ञात भूत कहते हैं। इसका अँगरेजी अनुवाद भी नहीं हो सकता।

वर्तमान काल–इसके चार पक्ष हैं–

सामान्य वर्तमान–रामले चिट्ठी लेख्छ (लिखता है)।

संदिग्ध वर्तमान–रामले चिट्ठी लेख्दै होला (लिखता होगा)।

अपूर्ण वर्तमान–रामले चिट्ठी लेख्दैछ (लिख रहा है)।

हेतुहेतुमद् वर्तमान–रामले चिट्ठी लेख्छ भने लेखोस (लिखता है तो लिखे)।

भविष्यत्काल–इसके चार पक्ष हैं–

सामान्य भविष्यत्–रामले चिट्ठी लेख्नेछ (लिखेगा)।

सम्भाव्य भविष्यत्–रामले चिट्ठी लेख्ला (लिखे)।

अपूर्ण भविष्यत्–रामले चिट्ठी लेख्दै हुनेछ (लिखता रहेगा)।

पूर्ण भविष्यत्–रामले चिट्ठी लेखेको हुनेछ (लिखा हुआ रहेगा)।

व्याकरण के अविकारी तथा अव्यय कोटि में क्रियाविशेषण, सम्बन्धसूचक या नामयोगी, समुच्चयबोधक और विस्मयादिबोधक अव्यय आते हैं।

क्रियाविशेषण–इससे मात्र क्रिया की विशेषता प्रकट न होकर विशेषण की विशेषता भी प्रकट होती है। यथा, अलिक बिस्तारो बोल (थोड़ा धीरे बोलो)। यहाँ 'धीरे' पद 'बोलो' क्रिया का विशेषण है और 'थोड़ा' शब्द 'धीरे' विशेषण का विशेषण है। इस अवस्था में कई वैयाकरण 'थोड़ा' को 'प्रविशेषण' कहते हैं। अगर इस वाक्य का विस्तार करें तो होगा–अब यहाँ अलिक बिस्तारो बोल। और 'बोल' क्रिया के आगे के चारों शब्दों को क्रिया का विशेषण मानें तो क्रियाविशेषण के चार पक्ष होते हैं–

कालवाचक–अब, जब, तब, आज, सँधै (सदा), अहिले (अभी) इत्यादि।

स्थानवाचक–यहाँ, उहाँ, जहाँ,, अधि, पछि, भित्र, माथि (ऊपर) आदि।

परिमाणवाचक–अलिक, थोरै, एति, उति, धेरै, ज्यादै, निकै इत्यादि।

रीतिवाचक–बिस्तारो, छिटो, यस्तो, साथै, झटपट, ठीक इत्यादि।

क्रियाविशेषण के अन्य पक्ष इस तरह भी देख सकते हैं–

नामयोगी–जो नाम के साथ सम्बद्ध रहता है। यथा, सम्म (तक), यन्दा (से), अनुसार, वारि, पारि, पालि आदि।

क्रियायोगी–जो क्रिया के साथ सम्बन्ध रखता है। यथा, तुरन्त, चर्को, टुब्लो, नुनिलो इत्यादि।

समुच्चय/संयोजक–औ, अनि, र, नत्र, तर, किनयने, तेसैले, ना, एवं इत्यादि।

विस्मयादिबोधक–अरे, अहो, विचरा, हाय, उफ्, वाह, धत्! आदि।

7. निपात–अँ, औ, नि, पो, त, ल, हौ, है, न, रे, अन्त, लौत इत्यादि।

वाक्य-रचना–रचना की दृष्टि से वाक्य तीन प्रकार के होते हैं– सरल वाक्य, मिश्र वाक्य और संयुक्त वाक्य।

सरल वाक्य–जहाँ एक वा अधिक उद्देश्य तथा एक ही विधेय हो वह सरल वाक्य है। जैसे– राम खेल्छ। राम र श्याम खेल्छन्। एकापट्टि राम अनि अर्कापट्टि श्याम खेल्छ (एक तरफ राम और दूसरी तरफ श्याम खेलता है)।

मिश्रवाक्य–एक प्रधान वाक्य के साथ एकाधिक आश्रित उपवाक्य होने पर मिश्र वाक्य बनता है। जैसे, रामले एकापट्टि उभिएर श्यामले खेलेको हेऱ्यो (राम ने एक तरफ खड़े होकर श्याम को खेलते देखा)।

संयुक्त वाक्य– जहाँ दो सरल या मिश्र वाक्य संयोजक द्वारा एक वाक्य में परिणत होते हैं। जैसे, रामले गोली हान्यो अनि श्यामले कुदेर गोली पक्ऱ्यौ। (राम ने गेंद को मारा और श्याम ने दौड़कर पकड़ा)।

साहित्यिक समृद्धि

नेपाली भाषा का सर्वप्राचीन लिखित नमूना दुल्लु (नेपाल) के विजय स्तम्भ पर खुदे हुए राजा दामुपाल का अभिलेख है। सउँपाल अडै द्वारा लिखित यह अभिलेख भी पूर्णप्रकाश 'यात्री' के अनुसंधान से पता लगा है। इसका काल मिति शक संवत् 903 तदनुसार ई. सन् 981 है–ऊँ ... द्रमे हुं... दामुपाल भुपाल रेष भई। किष्णु अडैको भाइ सउँपाल अडै सा 903– यहाँ क्रिया 'भई', कारक 'को' में नेपालीत्व है। यह बनने के लिए भी कम से कम सौ वर्ष का समय लगा होगा। इसके पश्चात् नेपाली भाषा ने द्रुत गति अपना ली और अभिलेखों का युग शुरू हुआ।

सर्वप्राचीन नेपाली-गद्यलेख (साहित्येतर ग्रन्थ) **बाज परीक्षा** है जिसका रचनाकाल ई. सन् 950 अनुमानित है।

सर्वप्राचीन साहित्यिक कृति प्रा. बालकृष्ण पोख्रेल द्वारा अनुसन्धित एक पद्यात्मक कीर्तिगान **बड़े राजा मलयबम्म्** है जिसके कवि हैं विष्णुदास आचार्य उर्फ विष्णुपद। कविता का रचनाकाल है वि.सं. 1450 अर्थात् 1393 ईस्वी। साठ पंक्ति में रचित इस कविता की प्रथम चार पंक्तियाँ इस प्रकार हैं–

जन राजा मलयबम्मले
आकाश खाँड़ो प्रकाश्या पाताल खाँड़ो प्रकाश्या
प्रथम राजा बड़े राजा मलयबम्मले
खाड़ाचक्र दरिबार उजुलाया।

प्रथम मुद्रित ग्रन्थ–आदिकवि भानुभक्ताचार्य ने सन् 1841 में **रामायण** का

बालकाण्ड लिखा और 1853 में **रामायण** को पूरा किया। भानुभक्त के जीवनीकार मोतीराम भट्ट ने **बालकाण्ड** को भारत जीवन प्रेस, बनारस से प्रकाशित किया। परन्तु अप्राप्य होने के कारण इसका प्रकाशन-काल अज्ञात है। नेपाली-साहित्य में सर्वप्रथम प्रकाशित ज्ञातव्य कृति भानुभक्तीय सातकाण्ड **रामायण** ही है। इसका प्रकाशन पं. डमरूबल्लभ पोख्रेल द्वारा सन् 1888 में गोरखा यंत्रालय, काशी से हुआ।

प्राचीनतम पत्र-पत्रिकाओं में बाबू रामकृष्ण वर्मा द्वारा बनारस से हिन्दी में प्रकाशित होने वाली पत्रिका 'भारत जीवन' का नेपाली संस्करण 'गोर्खा भारत जीवन' के नाम से स्वतंत्र किंवा उसीमें संलग्न पत्रिका को प्रथम नेपाली पत्रिका मान लिया जाता है। परन्तु यह भी अप्राप्य होने के कारण संदेहास्पद ही है। हिन्दी 'भारत जीवन' के आवरण पृष्ठ में छपा विज्ञापन 'गोरखा भारत जीवन, सम्पादक– रामकृष्ण वर्मा' के आधार पर वह अनुमानित है। यह सन् 1887 की बात है।

प्रामाणिकता एवं कई अङ्कों की उपलब्धि से दार्जिलिङ से गंगाप्रसाद प्रधान द्वारा सम्पादित तथा क्रिश्चियन मिशन द्वारा प्रकाशित मासिक 'गोर्खे खबर कागत्' को प्रथम नेपाली पत्रिका मान लिया जाता है। इसका प्रकाशन सन् 1901 से शुरू हुआ था और 1930 तक सुचारु रूप से चला। इसमें ख्रिष्टीय समाचारों के साथ-साथ न्यूनाधिक साहित्यिक लेख, कविताएँ भी छपती थीं।

नेपाली भाषा भारतीय संविधान की आठवीं अनुसूची में सन् 1992 के 22 अगस्त के दिन अन्तर्भुक्त हुई।

पंजाबी भाषा

डॉ. रजिन्दर कौर अनेजा

1. पंजाबी भाषा की उत्पत्ति

पंजाबी भाषा भारत-यूरोपीय कुल के भारत-ईरानी उपकुल की भारतीय आर्यभाषा में से निकली एक आधुनिक भाषा है। यह पंजाबी सभ्यता की ही धरती है जहाँ उच्च सभ्यता के स्वामी आर्य सर्वप्रथम उतरे और जहाँ उन्होंने सम्पूर्ण मानवता के गौरव ग्रन्थ वेद मन्त्रों का उच्चारण किया। इन्हीं वेद मन्त्रों में ऋषि-मुनियों ने स्थान-स्थान पर इस धरती को सप्त सिन्धु के नाम से याद किया है तथा **ऋग्वेद** के दसवें अध्याय में इन सप्त सिन्धुओं के नाम भी वर्णित किये हैं। इसलिए पंजाब की धरती और भाषा का आर्य जातियों की भाषाओं के साथ प्राचीनकालीन सम्बन्ध चला आ रहा है। इसीलिए तारापुरवाला जैसे विद्वान् स्पष्ट रूप से कहते हैं कि भारत की समस्त भाषाओं में एकमात्र पंजाबी ही ऐसी भाषा है जिसमें वैदिक संस्कृत का पौरुषत्व छलकता है। वैदिक संस्कृति का विकास-काल आज से लगभग पाँच हजार वर्ष पुराना है, फिर भी पंजाबी भाषा के अन्तर्गत इसके मूल अंश विद्यमान हैं। वैदिक संस्कृत का ल (Soft L) 'ਲ਼' पंजाबी में विशेष रूप से प्रचलित है। इसे धीरेन्द्र वर्मा मूर्धन्य पार्श्विक घोष अल्पप्राण ध्वनि कहते हैं। पंजाबी के दुहरे समास भी वैदिक काल से चले आ रहे हैं जैसे मुक्कोमुक्की, डण्डोडण्डी आदि। वैदिक भाषा के अन्तर्गत दण्डादण्ड, केशाकेश आदि शब्द हैं। पश्चिमी पंजाबी के अन्तर्गत संयोगात्मक शब्दों का होना भी उसके वैदिक संस्कृत से घनिष्ठ सम्बन्ध को स्पष्ट करता है।

वैदिक संस्कृत के बाद भारतीय आर्यभाषाओं का दूसरा रूप 'पालि' में मिलता है। पंजाबी भाषा भी इसी रूप से निकल कर आयी है। पंजाबी के पश्चिमी सिरे पर 'पालि' की प्रसिद्ध यूनिवर्सिटी 'तक्षशिला' की स्थापना हुई थी जिसका उसके आस-पास की भाषाओं पर बहुत प्रभाव पड़ा है। पंजाबी भी उसकी निकटवर्ती भाषा है। 'पालि' में संस्कृत के दुहरे स्वर सरल हो गये थे, जैसे 'औ' और 'ऐ' बाद में 'उ' और 'इ' हो गये थे।

'पालि' के पश्चात् इसी क्रम में पालि प्राकृत आती है। भारतीय आर्यभाषाओं का कुछ परिवर्तित रूप, जिसे प्राकृत का नाम दिया गया है, पंजाबी भाषा इसके भी बहुत निकट है। अन्य भारतीय भाषाओं की अपेक्षा पंजाबी ने प्राकृत के विशेष भाषाई अंश अपने भीतर सँभाल कर रखे हैं।

प्राकृत की तरह पंजाबी में भी सम्प्रसारण की रुचि अलभ्य नहीं है। –जैसे 'अवगुण' का 'औगुण', 'देवर' का 'दिओर', 'स्वप्न' का 'सुपना' आदि होता है।

प्राकृत की तरह पंजाबी में भी तीन प्रकार की 'स' ध्वनियों की अपेक्षा एक ही प्रकार का दन्त्य 'स' है। अब दो-तीन सदियों से फारसी के प्रभाव-स्वरूप 'श' का प्रचलन हो गया है।

प्राकृत के उपरान्त पंजाबी अपभ्रंश के रूप से होकर गुजरी है और उसके प्रभाव को भी अपने भीतर समेटे हुई है। डॉ. वूलनर का कथन है कि हेमचन्द्र के अनुसार अपभ्रंश में स्वरों के बीच आनेवाले क, त, प क्रमानुसार ग, द, ब हो जाते हैं। पंजाबी भाषा इस परिवर्तन को अपनाती है। 'ओकारान्त' शब्द अपभ्रंश की विशेषता है। यह विशेषता पंजाबी के कई शब्दों में मिलती है, जैसे– प्यो < पिता < पिती, ध्येता < धृत।

अतः निस्संदेह कहा जा सकता है कि पंजाबी एक आधुनिक भारतीय आर्यभाषा है। इसका क्षेत्र भारतीय आर्यक्षेत्र के उस सिरे पर है जहाँ द्राविड़-ईरानी अतः तिब्बत-चीनी भाषाओं की विभिन्न पारिवारिक बोलियों का संगम है।

पी.डी. गुने के अनुसार पंजाबी एवं पश्चिमी हिन्दी शौरसेनी अपभ्रंश से ही विकसित हुई हैं। लहँदा और कश्मीरी पैशाची अपभ्रंश से निकली हैं।[1]

दूनीचन्द्र के अनुसार शौरसेनी अपभ्रंश से आधुनिक पश्चिमी हिन्दी का तथा कैकय पैशाची के साथ पंजाबी का घनिष्ठ सम्बन्ध है।[2]

तारापोरेवाला के अनुसार जिस बोली से लहँदा और पंजाबी निकली हैं उस बोली का प्राकृत-साहित्य एवं संस्कृत-साहित्य में कोई वर्णन नहीं है। फिर भी, इन पर शौरसेनी का प्रभाव अवश्य है।[3]

प्रो. किरपाल सिंह के अनुसार पंजाबी का मूल स्रोत **ऋग्वेद** की वह भाषा है जो भारत में आते समय आर्यों की प्रचलित भाषा थी, जो निरन्तर आगे बढ़ती हुई, पैशाची प्राकृत से होती हुई, अपभ्रंश से गुजरती हुई, सीथियन, हूण, गुजरा, जटां, अहीरां आदि गैर आर्य जातियों की बोलियों का प्रभाव ग्रहण करती हुई सातवीं-आठवीं सदी के आस-पास एक देशी बोली का रूप धारण कर चुकी थी।[4]

---

1. पी.डी.गुने, **इंट्रोडक्शन टु फिलोलॉजी**, पृ. 223
2. दूनीचन्द्र, **हिन्दी और पंजाबी का भाषाविज्ञान**, पृ. 25-27
3. तारापोरेवाला, **एलिमेंट्स ऑफ साइंस ऑफ लैंग्वेज**, पृ. 252
4. प्रो. किरपाल सिंह, **पंजाबी साहित्य दा इतिहास**, पृ. 21

उपर्युक्त विवेचन के आधार पर पंजाबी भाषा की उत्पत्ति के सम्बन्ध में निम्न बिन्दु स्पष्ट होते हैं–

1. पंजाबी की उत्पत्ति केवल शौरसेनी से संभव नहीं है।

2. यह केवल अहीरां, गखड़ां, गुजरां की ही बोली नहीं है। हाँ, इस पर अहीरां, गुजरां, पिशाच एवं ईरानी बोलियों का प्रभाव अवश्य है।

3. पंजाबी केवल वैदिक संस्कृत से भी नहीं निकली।

4. इसकी उत्पत्ति कैकेयी प्राकृत से ही संभव है जिसकी उप प्राकृत भाषाएँ टकी, पांचाली आदि हैं।

5. आधुनिक पंजाबी का उदय अधिकतर पश्चिमी पंजाब में हुआ है।

पंजाबी की वंशावली

↓

वैदिक संस्कृत (Old Indo-Aryan)

↓

'पाली' (Primary Middle Indo-Aryan)

↓

कैकेयी (शौरसेनी प्रभावित) (Secondary Middle Indo-Aryan)

↓

कैकेयी अपभ्रंश (ढकी, पांचाली) (Tertiary Middle Indo-Aryan)

↓

हिन्दकी, हिन्दको (हफ्त हिन्दवी) (New Indo-Aryan)

↓

मुल्तानी एवं लाहौरी

↓

पंजाबी

↓

भारतीय पंजाबी एवं पाकिस्तानी पंजाबी

2. पंजाबी भाषा का क्षेत्र विस्तार एवं उपभाषाएँ

पंजाबी का क्षेत्र : पंजाबी की उपभाषाओं के बारे में विचार करने से पहले यह जानना अतिआवश्यक है कि यह किस-किस क्षेत्र में बोली जाती है। मुख्य रूप से पंजाबी केवल पंजाब की ही भाषा है। परन्तु पंजाब की राजनीतिक सरहदें लम्बे समय तक एक-जैसी नहीं रहीं। पिछले कई वर्षों तक लगभग चार बार पंजाब को बाँटा गया। सर्वप्रथम भारतीय और पाकिस्तानी पंजाब का बँटवारा हुआ, फिर पटियाला संघ (पेप्सू) की रियासतों को पंजाब के साथ जोड़ा गया, उसके बाद नये बने पंजाब को बाँटकर एक ही प्रान्त के दो भाषाई क्षेत्र बनाये गये और आखिर में हरियाणा का क्षेत्र पंजाब से अलग कर दिया गया। किन्तु राजनीतिक हदों के बदलने के बावजूद आम लोगों की बोली नहीं बदली। पंजाबी भाषा का क्षेत्र पंजाब की राजनीतिक सीमाओं से बाहर दूर तक फैलता गया। आज भारत और पाकिस्तान में पंजाबी बोलने वाले क्षेत्र इस प्रकार हैं–

भारत
- सम्पूर्ण पंजाब।
- रियासत जम्मू सहित पुंछ एवं बारामूला के पंजाबीभाषी क्षेत्र।
- हिमाचल प्रदेश का बहुत विस्तृत इलाका (जिला कांगड़ा, चम्बा का दक्षिणी क्षेत्र एवं छुट-पुट क्षेत्र)।
- हरियाणा का जिला हिसार, सिरसा, फतेहाबाद, हिसार का टुहाणा ब्लाक, जींद का भूना सरकल, अम्बाला का थाना सदर अम्बाला, नारायणगढ़ का कुछ भाग, गुहला, कैथल का आधा भाग, थनेसर का एक-तिहाई भाग।
- राजस्थान का गंगानगर क्षेत्र आदि।

पाकिस्तान
- पंजाब (पाकिस्तानी)
- रिसायत बहावलपुर
- रियासत जम्मू और पुंछ का पाकिस्तान-अधिकृत क्षेत्र।
- उत्तर-पश्चिमी सीमा प्रान्त का पंजाब एवं इसके साथ लगते क्षेत्र।
- सिंध और पंजाब की सीमा पर स्थित इलाका।

पंजाबी की उपभाषाएँ एवं उनके क्षेत्र

पंजाब की उपभाषाओं में माझी, मलवई, दुआबी, पुआंधी, कांगड़ी, जमूआली, पोठोहारी, पुणछी, धंनी, अवाणकारी, शाहपुरी, झांगी, मुलतानी आदि का नाम लिया जाता है। वैज्ञानिक दृष्टि से यदि देखा जाये तो पंजाबी की निम्नलिखित उपभाषाएँ मानी जा सकती हैं–

1. पूर्वी पंजाबी—इसकी तीन उपबोलियाँ हैं—माझी, मलवई एवं पुआंधी।

2. पश्चिमी पंजाबी लहँदी पंजाबी— इसकी भी तीन उपबोलियाँ हैं— मुलतानी, पोठोहारी एवं हिन्दको।

3. पहाड़ी पंजाबी या डोगरी— इसकी चार उपबोलियाँ हैं— जम्मूआली, पुणछी, कांगड़ी एवं भाटियाली।

सर ग्रियर्सन ने पंजाबी की दो और उपबोलियों का वर्णन किया है। पहली है हाठी जो हिसार एवं घग्गर नदी के किनारे बसने वाले मुसलमानों की बोली थी। दूसरी है भटियाणी जो जिला फिरोजपुर, भटिंडा और राजस्थान के बीकानेर के कुछ क्षेत्रों में बसने वाले भट्टी मुसलमानों की बोली थी।

उपर्युक्त उपभाषाओं में लहँदी मुख्य रूप से पाकिस्तान की भाषा है तथा पूर्वी पंजाबी एवं पहाड़ी पंजाबी विशेष रूप से भारतीय क्षेत्र की उपभाषाएँ हैं। इन सभी उपभाषाओं में 'माझी' को पंजाबी का प्रामाणिक रूप माना जाता है, अतः पूर्वी पंजाबी का प्रतिनिधित्व भी माझी ही करती है। मुलतानी को लहँदी का तथा जमुआली को डोगरी का प्रतिनिधि स्वीकार किया गया है। यहाँ हम माझी, मलवई, पुआंधी, मुलतानी, डोगरी आदि उपभाषाओं का वर्णन करेंगे।

माझी—माझा क्षेत्र की बोली को माझी कहा जाता है। इसके अन्तर्गत सम्पूर्ण जिला अमृतसर, जिला गुरदासपुर की दो तहसीलें, बटाला एवं पाकिस्तान के जिला लाहौर का रावी के बायीं तरफ का क्षेत्र आता है। स्थानीय परम्परा के अनुसार पट्टी (जिला अमृतसर) एवं कसूर (जिला लाहौर, पाकिस्तान) के क्षेत्र को माझी का केन्द्र कहा जाता है। किन्तु साहित्यिक दृष्टि से अमृतसर शहर के आस-पास के गाँवों की बोली को मानक माझी माना जाता है।

मलवई—यह जिला फिरोजपुर, बठिंडा, लुधियाना के अधिकतर भागों में तथा संगरूर एवं पटियाला के पश्चिमी क्षेत्रों में बोली जाती है। जिला जलंधर, होशियारपुर और कपूरथला की बोली को दुआबी कहा जाता है, किन्तु इसे हम मलवई का ही एक रूप मानते हैं।

पुआंधी—यह जिला रोपड़, जिला पटियाला और संगरूर के पूर्वी अर्ध जिला लुधियाना तथा रोपड़ के दरिया सतलुज के साथ लगते क्षेत्र में बोली जाती है। हरियाणा के जिला अम्बाला के थाना सदर अम्बाला, तहसील नारायणगढ़ के पश्चिमी क्षेत्र में तथा जिला जींद के धमतान साहिब के आस-पास के गाँवों में पुआंधी ही बोली जाती है। यह मलवई से अधिक भिन्न नहीं है किन्तु इसमें बांगरू का कुछ अंश मिलता है।

मुलतानी—इसे लहँदी का मानक रूप माना जाता है। इसका क्षेत्र काफी विस्तृत है। इसके दो रूप हैं—उत्तरी मुलतानी एवं दक्षिणी मुलतानी। दक्षिणी मुलतानी को ही खास मुलतानी कहा जाता है। उत्तरी मुलतानी जिला झंग, लायलपुर, मिंटगुमरी,

शेखुपरा एवं सरगोधा के कुछ हिस्सों में बोली जाती है। जिला मुलतान की पूरी तहसील खानेवाल तथा तहसील कबीरवाला तथा विहाड़ी के बहुत सारे हिस्सों में उत्तरी मुलतानी ही अधिक बोली जाती है। दक्षिणी मुलतानी जिला मुलतान, मुजफरगढ़ी, डेरागाजी खाँ तथा रियासत बहावलपुर में बोली जाती है।

डोगरी—पंजाब की पूर्वी उपभाषाओं में से, पहाड़ी प्रदेश, जम्मू, कांगड़े की प्रमुख उपभाषा डोगरी है। इसका प्रसार-क्षेत्र जम्मू प्रदेश के तीन जिले कठूहा, जम्मू तथा उधमपुर के सम्पूर्ण क्षेत्र में फैला हुआ है। इसके अतिरिक्त पूर्वी डोगरी का रूप कांगड़ी है जो प्रमुख रूप से कांगड़ा, धर्मशाला जिला एवं इसके साथ लगते क्षेत्रों में फैला हुआ है। यह केन्द्रीय पंजाबी से अधिक भिन्न नहीं है।

3. पंजाबी भाषा की लिपि

प्रत्येक भाषा कुछ अक्षरों अथवा चिह्नों के द्वारा लिखी जाती है जो विभिन्न आवाजों को प्रकट करते हैं। अक्षरों के इस समूह को उस भाषा की लिपि कहा जाता है। प्रत्येक भाषा की अपनी लिपि है। जिस प्रकार हिन्दी की देवनागरी, अँगरेजी की रोमन, उसी प्रकार पंजाबी की गुरुमुखी लिपि है। गुरुमुखी लिपि की वर्ण-संख्या 35 है। अरबी-फारसी की कुछ ध्वनियों के हू-ब-हू प्रकट करने के लिए पाँच वर्णों को (स, ख़, ग़, ज़ और फ़) नीचे बिन्दी लगाकर ग्रहण किया गया है। पंजाब के बँटवारे के उपरान्त पंजाबी विभाग, पटियाला ने ल को तालव्य ध्वनि प्रदान करने के लिए 'ल' के नीचे बिन्दी लगाकर 'ल़' लिखने के लिए प्रेरित किया। इस प्रकार अब गुरुमुखी लिपि की वर्ण-संख्या कुल 41 हो गयी है। गुरुमुखी लिपि की वर्णमाला को हम क्रमशः गुरुमुखी लिपि एवं देवनागरी लिपि में नीचे प्रस्तुत कर रहे हैं।

गुरुमुखी लिपि

1.	ੳ	ਅ	ੲ	ਸ	ਹ	
	उ	अ	इ	स	ह	= मुख्य वर्ग
2.	ਕ	ਖ	ਗ	ਘ	ਙ	
	क	ख	ग	घ	ङ	= कवर्ग
3.	ਚ	ਛ	ਜ	ਝ	ਞ	
	च	छ	ज	झ	ञ	= चवर्ग
4.	ਟ	ਠ	ਡ	ਢ	ਣ	
	ट	ठ	ड	ढ	ण	= टवर्ग

5. ਤ ਥ ਦ ਧ ਨ

त थ द ध न = तवर्ग

6. ਪ ਫ ਬ ਭ ਮ

प फ ब भ म = पवर्ग

7. ਯ ਰ ਲ ਵ ੜ

य र ल व ड़ = अंतिम वर्ग

8. ਸ਼ ਖ਼ ਗ਼ ਜ਼ ਫ਼ ਲ਼

श ख़ ग़ ज़ फ़ ल़ = नवीन वर्ग

वर्ण-भेद—गुरुमुखी लिपि में उच्चारण के आधार पर वर्णों को चार वर्गों में रखा जा सकता है—

1. **स्वर**—जो दूसरे वर्णों की सहायता के बिना बोले जायें, स्वर कहलाते हैं। गुरुमुखी लिपि में कुल दस स्वर हैं—अ, आ, इ, ई, उ, ऊ, ए, ऐ, ओ, औ।

2. **व्यंजन**—जिनके उच्चारण में किसी सहायता की आवश्यकता पड़ती है, व्यंजन कहलाते हैं। गुरुमुखी लिपि में 'म' से लेकर 'ड़' तक 32 व्यंजन हैं।

3. **अनुनासिक**—जिनका उच्चारण नासिका द्वारा होता है, अनुनासिक कहलाते हैं। गुरुमुखी लिपि में पाँच अनुनासिक हैं—ङ, ञ, ण, न, म।

4. **द्वित्व वर्ण**—दो वर्णों के मेल से बने वर्ण द्वित्व कहलाते हैं। इसमें एक वर्ण दूसरे वर्ण के नीचे लगाया जाता है। अतः दोनों मिलकर एक ही ध्वनि को प्रकट करते हैं।

गुरुमुखी लिपि में मात्राएँ—गुरुमुखी लिपि में इन मात्राओं को 'लगां' कहा जाता है और इनकी संख्या दस है—1. मुक्ता (लगां मुक्त अक्षर), 2. कनां (आ की मात्रा), 3. सिहारी (ह्रस्व इ की मात्रा), 4. बिहारी (दीर्घ ई की मात्रा), 5. औंकड़ (ह्रस्व उ की मात्रा), 6. दुलैंकड़ (दीर्घ ऊ की मात्रा), 7. लां (ए की मात्रा), 8. दुलावां (ऐ की मात्रा), 9. होड़ा (ओ की मात्रा), 10. कनौड़ा (औ की मात्रा)।

बिन्दी (ं) और टिप्पी (ੰ)— किसी मात्रा की ध्वनि को अनुनासिक बनाने के लिए इनका प्रयोग होता है। दस मात्राओं में से चार (मुक्ता, सिहारी, ओंकड़ तथा दुलैंकड़) के साथ टिप्पी (ੰ) लगती है तथा (कनां, बिहारी, लां, दुलावां, होड़ा तथा कनौड़ा) के साथ बिन्दी लगती है।

प्रत्येक भाषा जिस लिपि में लिखी जाती है, उसके कुछ अपने नियम होते हैं। पंजाबी भाषा को भी सरकारी भाषा होने का गौरव प्राप्त है। विद्वानों ने इसे शुद्ध रूप

में विकसित करने के लिए इसका व्याकरण निर्मित किया है। पंजाबी भाषा-विभाग, पटियाला के निर्देशन में इसके शुद्ध लेखन के लिए नियमावली निर्धारित की गयी है। ये नियम निम्नलिखित हैं–

1. उच्चारण के अनुरूप लेखन पर बल देना।

2. उत्पन्न शब्द की धातु का विशेष ध्यान रखना।

3. जहाँ तक संभव हो, अन्य भाषाओं के शब्दों को ग्रहण करते हुए उनका पंजाबीकरण कर देना। जैसे हिन्दी के आत्मिक, आर्थिक, सामाजिक, सुधि, बुधि आदि शब्दों की सिहारी अर्थात् ह्रस्व 'इ' की मात्रा को हटा देना, जैसे–आतमक, आरथक, समाजक, सुध, बुध आदि लिखना। इसी प्रकार अरबी-फारसी के शब्दों की ज़ेर पंजाबी में हट जाती है। जैसे–शामिल, हाकिम, कोशिश, ख़ालिस, गाफ़िल, तालिब, वरजिश आदि पंजाबी में शामल, हाकम, कोशश, ख़ालस, गाफ़ल, तालब एवं वरजश लिखे जाते हैं।

4. किन्तु यदि दूसरी भाषाओं का तत्सम रूप पंजाबी में सहज रूप से आ जाये तो उसको बिगाड़ना नहीं चाहिये जैसे–शैद, कैदा, ज़ादा, नैब, नैण, फ़ैदा आदि को शायद, कायदा, ज़्यादा, फ़ायदा, नायब, नाइण आदि लिखना शुद्ध रूप माना जाता है।

5. यदि किसी शब्द में 'ह' से पूर्व वर्ण की ध्वनि 'लां' वाली हो तो उसके साथ 'लां' के स्थान पर सिहारी अर्थात् ह्रस्व इ की मात्रा लगाई जाती है। जैसे– एना, सेहरा, सेहत, केहड़ा, जेहा, जेहड़ा, मेहनत, मेहर आदि को इन्हा, सिहरा, सिहत, किहड़ा, जिहा, जिहड़ा, मिहनत एवं मिहर आदि लिखना उचित है।

6. यदि किसी शब्द में 'ह' से पूर्व वर्ण की ध्वनि में दुलावां अर्थात् 'ऐ' की मात्रा लगी हो तो वहाँ ऐ की मात्रा को हटाकर 'ह' के साथ सिहारी अर्थात् ह्रस्व इ की मात्रा लगाई जाती है, जैसे शैहर का शाहिर, कैहणा का कहिणा, दुपैहर का दुपिहर लिखना चाहिए।

7. यदि किसी शब्द में 'ह' से पहले वाले वर्ण की ध्वनि होड़ा अर्थात् 'ओ' वाली हो तब वहाँ ओ के स्थान पर ओंकड़ अर्थात् ह्रस्व उ की मात्रा लगाई जाती है। जैसे–सोहणा का सुहणा, दोहरा का दुहरा, मोहला का मुहला लिखना शुद्ध रूप है।

8. यदि किसी शब्द में 'ह' से पूर्व की ध्वनि कनौड़ा अर्थात् 'औ' वाली हो तो वहाँ कनौड़ा को हटाकर ओंकड़ अर्थात् ह्रस्व उकार की मात्रा लग जाती है। जैसे–सौहरा का सहुरा, बौहत का बहुत आदि लिखा जाता है।

9. 'ग' और 'घ' का स्थान-परिवर्तन हो जाये तो अर्थ-भेद हो जाता है। जैसे–संग = लज्जा, संघ = गला, जंग = लड़ाई, जंघ = लात, बाग़ = फुलवारी, बाघ = भेड़िया आदि।

10. 'ज' और 'झ' का भी स्थान-परिवर्तन हो तो अर्थ-भेद हो जाता है। जैसे– सुज्जा = सूजा हुआ, सुज्झा = कुछ सूझना या ख्याल आना, पूंजी = धन-दौलत, पूंझी = मिटाना।

11. 'ड' और 'ढ' के स्थान-परिवर्तन से अर्थ-भेद हो जाता है। जैसे– सुंड = हाथी की सूँड़, सुंढ = सूखा अदरक, केड़ा = काँटा, केढा = किनारा, वड्डा = बड़ा, वढ्ढा = काटना।

12. 'द' और 'ध' के स्थान-परिवर्तन से अर्थ-परिवर्तन हो जाता है जैसे– उदार = खुला दिल, उधार = कर्ज़ा, सुगन्ध = खुशबू, सुगन्द = कसम।

13. पंजाबी में क्रियावाचक संज्ञा के अन्त में 'ण' का प्रयोग होता है जबकि हिन्दी में 'न' का प्रयोग होता है। जैसे हिन्दी के काँपना, तड़पना, जाना, दबना, खुलना के स्थान पर कंबणा, तड़पणा, जाणा, दबणा, खुलणा आदि।

14. पंजाबी में नकारात्मक रूप के लिए 'अण' उपसर्ग का प्रयोग होता है, 'अन' का नहीं। जैसे– अण-इच्छित, अणजाण, अणबण आदि।

15. 'ण' और 'न' के स्थान-परिवर्तन से भी अर्थ-भेद हो जाता है। जैसे– हानी=नुकसान, हाणी=एक उम्र के साथी, खाना=घर, खाणा=भोजन आदि।

16. संस्कृत के अंतिम स्वर 'य' का पंजाबी में या तो लोप हो जाता है या मात्रा में बदल जाता है या स्वर में परिवर्तन हो जाता है। जैसे– कृत्य > कृत, पूज्य > पूज, मूल्य > मूल, भाग्य > भाग, योग्य > योग आदि।

मात्रा-परिवर्तन–समय > समां, हृदय > हिरदा, जय > जै, लय > लै, विषय > विषा।

स्वर-परिवर्तन– भय > भओ।

17. संस्कृत का 'य' पंजाबी के तद्भव रूप में आमतौर पर 'ज' में परिवर्तित हो जाता है। जैसे– आश्चर्य > अचरज, सूर्य > सूरज, कार्य > कारज।

18. पंजाबी में 'ल' की दो ध्वनियाँ हैं– एक दन्त्य दूसरी तालव्य। दन्त्य की ध्वनि के लिए 'ल' चिह्न है किन्तु तालव्य के लिए 'ल' के बीचे 'ह' लगा दिया जाता है। पंजाबी-विभाग, पटियाला के विद्वानों ने 'ल' के नीच बिन्दी 'ल़' लगार इसे लिखना आरम्भ किया है।

19. पंजाबी में 'व' कभी-कभी 'उ' में बदल जाता है, जैसे– आवणा > आउबा, सजावणा > सजाउना, घुमावणा > घुमाउणा।

20. पंजाबी में आम तौर पर 'न' 'म' 'र' 'ल' 'व' और 'ड़' के पैरों में 'ह' का प्रयोग किया जाता है।

21. पंजाबी में आम तौर पर पैरों में लगने वाले 'र' का प्रयोग संस्कृत और अँगरेजी के शब्दों में किया जाता है।

4. पंजाबी भाषा का ध्वनि-विश्लेषण

आधुनिक भारतीय भाषाओं की तरह पंजाबी में भी वैदिक ध्वनियों (ऋ, ऌ, क्ष, ज्ञ) का अभाव है। साथ ही विसर्जनीय (:), जिह्वामूलीय, उपध्मानीय (̮) पंजाबी में नहीं मिलती। वर्तमान समय में पंजाबी में निम्नलिखित ध्वनियाँ उपलब्ध हैं–

लघु स्वर = उ, अ, इ।

दीर्घ स्वर = ऊ, आ, ई, ऐ, ओ।

संयुक्त स्वर = ऐ, औ।

अर्ध स्वर = य, व।

व्यञ्जन =							
	क	ख	ग	घ	ङ	=	कंठ्य
	च	छ	ज	झ	ञ	=	तालव्य
	ट	ठ	ड	ढ	ण	=	मूर्धन्य
	त	थ	द	ध	न	=	दंत्य
	प	फ	ब	भ	म	=	ओष्ठ्य
	र	ल	लह्	ड़्	ड़्ह्		
	ह	स	न्ह्	म्ह	ड		
	टिप्पी (ੰ)						
	बिंदी (ਂ)						
	अद्धक (ੱ)						

विदेशी ध्वनियाँ = क़ ग़ ज़ ख़ श फ़

अँगरेजी = ऑ

ऑ, झ, न्ह, म्ह, क्ष, ख्श आदि ध्वनियाँ केवल बोलचाल में हैं, लेखन में नहीं।

पंजाबी की ध्वनियों की कुछ अपनी विशेषताएँ हैं जिनका वर्णन प्रस्तुत है–

1. मूल संयुक्त स्वर ऐ और औ का पंजाबी में उच्चारण बदल जाता है। जैसे– कौरव = कऊरव। अर्थात् 'कौ' का 'कऊ' हो गया।

2. पंजाबी में तीन अक्षरों वाले शब्दों के पूर्व में आने वाले स्वर का लोप हो जाता है। जैसे– अखंड > खंड, अनंद > नंद, इकल्ला > कल्ला, अनार > नार, इतराज > तराज।

3. शब्दों के अंत में आने वाले (उ) और (इ) का कम उच्चारण किया जाता है। जैसे– रवि > रव, शशि > सस।

4. पंजाबी में मूर्धन्य वर्णों (ट, ठ, ड, ढ) की बहुत प्रधानता है। मूल भाषा के त, थ, द, भ के नजदीक यदि र, ल हो तो वे मूर्धन्य वर्णों में परिवर्तित हो जाते हैं। जैसे– विद्रूप > बडरूप।

5. पंजाबी में 'न' के स्थान पर 'ण' का अधिक प्रयोग होता है।

6. पंजाबी ध्वनि की सबसे बड़ी विशेषता यह है कि वर्ग की प्रथम ध्वनि की अपेक्षा तृतीय का प्रयोग अधिक होता है। जैसे– ताकीद > तगीद, कंकण > कंगण।

7. सघोष महाप्राण ध्वनियों का उच्चारण अन्य भाषाओं की अपेक्षा भिन्न है। जैसे 'घ' का उच्चारण 'कह्' है जो कि गले की गहराई से उत्पन्न होता है।

8. पंजाबी में र, ल, ड, ड़ का परस्पर स्थान-परिवर्तन हो जाता है। खलोजा > खड़ोजा, रवेड > खेल, खलौना > खडौणा।

9. मूल 'म' के स्थान पर 'व' और 'ब' का अधिक प्रयोग होता है। जैसे– दशम > दसवां, नवम > नौंवा, प्रीतिमान > प्रीतवान, अमृतसर> अम्बरसर, मजमून > मजबून।

10. 'य' के स्थान पर 'ज' का प्रचार है। जैसे– संयम > संजम।

11. पंजाबी में 'व' का 'ओ' तथा 'य' का 'इ' में परिवर्तन आम है। जैसे– देवर > दिओर, भवन > भौण, अत्यन्त > अतिअंत।

12. पंजाबी में 'ह' के साथ अनुनासिक बिन्दी या टिप्पी लगती है तो वह 'घ' में बदल जातAा है। जैसे– संहार > संघार, सिंह > सिंघ।

13. पंजाबी में 'स' के स्थान पर 'ह' का बहुत प्रयोग है। जैसे– विश्वास > विसाह।

पंजाबी ध्वनियों का विकास

ह्रस्व स्वर–

उ– अधखुले ओष्ठों के द्वारा उच्चरित होने वाली ह्रस्व ओष्ठीय स्वर ध्वनि है जिसका उच्चारण शब्द के आरम्भ या अंत में होता है। मध्य में बहुत कम होता है। जैसे– उपमा, पिउ।

अ– यह ह्रस्व कण्ठीय स्वर है।

इ– यह तालव्य ह्रस्व स्वर है। शब्द के अंत में इसका उच्चारण नहीं होता या फिर यह दीर्घ हो जाता है।

दीर्घ स्वर–

ऊ– यह दीर्घ ओष्ठीय स्वर ध्वनि है जिसका उच्चारण जीभ के पिछले भाग से होता है। आरंभ में इसका प्रयोग कम होता है।

आ– यह खुला हुआ दीर्घ कण्ठी स्वर है।

ई– यह बन्द दीर्घ स्वर है जिसका उच्चारण जीभ के अगले हिस्से से होता है।

ए– संस्कृत में यह संयुक्त स्वर माना जाता है अर्थात्– अ + इ = ए बनता है। पंजाबी में यह इकहरे स्वर की तरह ही प्रयुक्त होता है।

ओ– यह भी इकहरा स्वर है।

संयुक्त स्वर–पंजाबी में केवल दो ही संयुक्त स्वर हैं– ऐ तथा औ।

व्यञ्जन

क– यह अल्पप्राण अघोष कण्ठ्य व्यञ्जन है।

ख– यह महाप्राण अघोष कण्ठ्य व्यञ्जन है।

ग– यह अल्पप्राण सघोष स्पर्श व्यञ्जन है।

घ– यह महाप्राण सघोष स्पर्श व्यञ्जन है पर शुद्ध सघोष नहीं क्योंकि इसमें नाद (घोष) बहुत धीमा उपजता है।

च– यह अल्पप्राण, अघोष स्पर्श व्यञ्जन है। यह तालव्य के अन्तर्गत आता है।

छ– यह महाप्राण, अघोष, स्पर्श तालव्य व्यञ्जन है।

ज– यह अल्पप्राण सघोष व्यञ्जन है। यह संस्कृत के य के स्थान पर ज हो जाता है और फारसी का ज़ हो जाता है। जैसे– यत्न > जतन, जुकाम > ज़ुकाम।

झ– यह महाप्राण सघोष तालव्य व्यञ्जन है।

ट– यह अल्पप्राण, अघोष, मूर्धन्य व्यञ्जन है।

ठ– यह महाप्राण, अघोष, मूर्धन्य व्यञ्जन है।

ड– यह अल्पप्राण सघोष मूर्धन्य व्यञ्जन है।

ढ– यह महाप्राण सघोष मूर्धन्य व्यञ्जन है।

त– तवर्ग दन्त्य व्यञ्जन कहलाने वाला 'त' अल्पप्राण, अघोष दन्त्य व्यञ्जन है।

थ– यह महाप्राण अघोष दन्त्य व्यञ्जन है।

द– यह अल्पप्राण सघोष दन्त्य व्यञ्जन है।

ध– यह महाप्राण सघोष दन्त्य व्यञ्जन है।

प– यह अल्पप्राण अघोष ओष्ठीय स्पर्श व्यञ्जन है।

फ– महाप्राण अघोष ओष्ठीय व्यञ्जन है।

ब– अल्पप्राण सघोष व्यञ्जन है। यह व के स्थान पर भी प्रयुक्त होता है। जैसे वाणी > बाणी।

भ– यह महाप्राण सघोष ओष्ठीय व्यञ्जन है।

अनुनासिक–जिन ध्वनियों के उच्चारण से श्वास का कुछ हिस्सा नासिका-मार्ग से निकल कर एक गूँज-सी उत्पन्न करता है वे अनुनासिक कहलाते हैं। पंजाबी में पाँच अनुनासिक हैं–

ङ– यह अल्पप्राण सघोष कण्ठीय अनुनासिक व्यञ्जन है।

ञ– यह सघोष, अल्पप्राण तालव्य अनुनासिक व्यञ्जन है।

ण– यह अल्पप्राण सघोष मूर्धन्य अनुनासिक व्यञ्जन है। सारे अनुनासिक व्यञ्जनों की अपेक्षा इसका प्रयोग पंजाबी भाषा में बहुत अधिक है।

न– यह अल्पप्राण, सघोष, दन्त्य अनुनासिक व्यञ्जन है।

म– अल्पप्राण, सघोष, ओष्ठीय अनुनासिक व्यञ्जन है।

यहाँ स्मरणीय है कि अनुनासिक व्यञ्जनों को जब द्वित्व करके अ उच्चरित

किया जाता है तब इनके साथ टिप्पी (ੰ) या बिन्दी (ਂ) जोड़ी जाती है किन्तु यदि दूसरे व्यञ्जनों के साथ द्वित्व लगाया जाता है तो वहाँ अद्धक (ੱ) का प्रयोग होता है। पंजाबी में हिन्दी की तरह दो अक्षर नहीं लिखे जाते।

अर्धस्वर—अर्धस्वर वे ध्वनियाँ हैं जो कभी तो व्यञ्जन की तरह काम करती हैं और कभी स्वर की तरह। संस्कृत ध्वनिविज्ञान ने प्राचीन भारतीय भाषाओं में चार अर्धस्वर माने हैं— य, र, ल, व। परन्तु आधुनिक भारतीय भाषाओं में संस्कृत की दो ध्वनियाँ ऋ, लृ तो लुप्त हो गयी हैं एवं क्रमशः 'र' और 'ल' व्यञ्जन में परिणत हो गयी हैं।

परिणामस्वरूप केवल दो अर्धस्वर य और व ही रह गये हैं। उदाहरण के लिए 'यत्न' शब्द में 'य' व्यञ्जन है किन्तु 'अत्यंत' में 'य' का उच्चारण ह्रस्व 'इ' की तरह होता है। गुरुमुखी लिपि में 'अत्यंत' में 'य' के स्थान पर ह्रस्व 'इ' की मात्रा लगाई जाती है। जैसे— अतिअंत।

र— इसका उच्चारण करते समय जीभ की नोक ऊपर के मसूड़े के साथ दो-तीन बार स्पर्श करती है जिससे यह कम्पन के साथ उच्चरित होती है। इसलिए इसे मुड़ी हुई अल्पप्राण, सघोष मसूड़ेदार ध्वनि कहते हैं।

ल— इसके उच्चारण में जीभ ऊपर के मसूड़े को छूती है किन्तु उसके दायें-बायें इतनी जगह छूट जाती है कि हवा दोनों कोनों से बाहर निकलती है। यह कोनेदार, अल्पप्राण, सघोष, मसूड़ेदार ध्वनि है।

य— यह तालव्य अर्धस्वर ध्वनि है। इसका प्रयोग व्यञ्जन और स्वर दोनों तरह से होता है। जैसे— विद्या, विदिआ।

व— यह दन्त्य ओष्ठीय अर्धस्वर है। इसका प्रयोग भी व्यञ्जन-स्वर दोनों रूपों में होता है। जैसे— देवर > दिओर।

रगड़दार ध्वनियाँ

ह— यह एक सघोष, कण्ठीय रगड़दार ध्वनि है।

स— यह एक दन्त्य व्यञ्जन है। संस्कृत के मूर्धन्य और तालव्य दोनों ऊष्म के स्थान पर पंजाबी में केवल इसी स का प्रयोग होता है। इसके स्थान पर कई बार 'ह' का प्रयोग भी हो जाता है। जैसे— शोक > सोग।

म— यह एक महाप्राण अनुनासिक ओष्ठीय व्यञ्जन है। पंजाबी में इसका अधिक प्रचार नहीं है।

न— यह एक महाप्राण दन्त्य अनुनासिक ध्वनि है। इसका लेखन-रूप ही अधिक प्रचलित है।

टिप्पी (ੰ) और बिन्दी (ਂ) — ये दोनों शुद्ध अनुनासिक ध्वनियाँ हैं। इनके उच्चारण के लिए किसी न किसी स्वर की आवश्यकता होती है।

अद्धक (ੱ)— यह पंजाबी का नया चिह्न है। संस्कृत के समस्त द्वित्व व्यंजनों

को दर्शाने के लिए पंजाबी में इसका प्रयोग किया जाता है।

ड– यह एक मूर्धन्य अघोष अल्पप्राण शिथिल ध्वनि है। लेखन में इसका प्रयोग बहुत कम होता है किन्तु उच्चारण में विशेष रूप से लहँदी पंजाबी में इसका खूब प्रयोग होता है।

ल– यह अल्पप्राण, अघोष, शिथिल तालव्य ध्वनि है।

ड़– पंजाबी की मूर्धन्य, रगड़दार, शिथिल ध्वनि है।

विदेशी ध्वनियाँ– विदेशी ध्वनियों में फारसी ध्वनियों का पंजाबी में काफी प्रचार है– ग़, ज़, फ़, ख़, स, क़।

5. पंजाबी भाषा का रूप-विचार

आधुनिक भारतीय भाषाओं की तरह पंजाबी भी अग्रगामी भाषा है। अग्रगामिता से अभिप्राय उसके परिवर्तित एवं विकसित रूप से है। पंजाबी भाषा का यह परिवर्तन ध्वनि के क्षेत्र में कम किन्तु रूप के क्षेत्र में अधिक दिखाई पड़ता है। संस्कृत में एक ही शब्द के भीतर धातु + उपसर्ग + आगम + प्रत्यय + लिंग और चिह्न जोड़कर अनेक प्रकार के अर्थ प्रकट किये जाते हैं, इसीलिए संस्कृत को संयोगात्मक भाषा कहा जाता है। किन्तु पंजाबी में संज्ञा के भीतर भूत, भविष्य और वर्तमान काल को प्रकट करने के लिए या संज्ञाओं एवं क्रियाओं के परस्पर सम्बन्ध को दर्शाने के लिए संयुक्त प्रत्ययों के स्थान पर वियुक्त प्रत्ययों का प्रयोग किया जाता है। इसी कारण पंजाबी को वियोगात्मक भाषा कहा जाता है। पंजाबी में रूप-परिवर्तन बहुत दिखाई पड़ता है। शब्दों की रूप-रचना सम्बन्धी अंगों एवं अंशों का विश्लेषण ही रूप-विज्ञान कहलाता है। इसके दो रूप हैं– संज्ञा-रूप एवं क्रिया-रूप।

संज्ञा-रूप—संस्कृत भाषा में संज्ञा धातु, प्रत्यय और विभक्ति के संयोग से बनती है और कभी-कभी आरंभ में उपसर्ग भी आ जाते हैं। परन्तु पंजाबी भाषा में संस्कृत की विभक्तियों के चिह्न दिखाई नहीं पड़ते। एक-दो स्थानों पर संस्कृत के बिगड़े हुए अपभ्रंशी विभक्ति-चिह्न अभी भी दिखाई दे जाते हैं। विभक्तियों के स्थान पर कारकीय अर्थों को प्रकट करने के लिए परसर्गों को अपना लिया गया है।

पंजाबी में संस्कृत की तरह प्रत्ययों की बहुलता है। इन प्रत्ययों का मूल संस्कृत ही है किन्तु कहीं-कहीं अरबी-फारसी के प्रत्यय भी प्रचलित हैं। ये प्रत्यय परिवर्तन के साथ पंजाबी में प्रचलित हैं। इन प्रत्ययों के संयोग के साथ पंजाबी में हजारों शब्दों की रचना होती है।

संस्कृत में प्रत्यय दो प्रकार के हैं– कृदन्त एवं तद्धित। पंजाबी में ये दोनों ही प्रत्यय तत्सम रूप में न होकर तद्‌भव रूप में प्रचलित हैं।

तद्‌भव प्रत्यय—संस्कृत से आने वाले शब्दों के बदले हुए रूप को तद्‌भव प्रत्यय कहा जाता है। पंजाबी में हम कुछ ऐसे प्रत्ययों के उदाहरण देखेंगे। जैसे–

ऊ– डरू, मारू, कमाऊ।

इआई– बुरा → बुरिआई, जुदा → जुदाई।

आकल शर्म → शरमाकल, डर → डराकल।

आणी पंडित → पंडिताणी, खतरी → खतराणी।

आस मिठ्ठा → मिठास, खट्टा → खटास।

दान कलम → कलमदान।

मंद अकल → अकलमंद।

बाज धोखा → धोखेबाज।

वर ताकत → ताकतवर।

उपसर्ग– पंजाबी भाषा के अंतर्गत शब्द के आरंभ में जोड़े जाने वाले अक्षरों को उपसर्ग कहा जाता है। ये तीन प्रकार के होते हैं– 1. तद्भव उपसर्ग, 2. देशी उपसर्ग, 3. विदेशी उपसर्ग।

4. तद्भव उपसर्ग– इसके उदारण निम्नलिखित हैं–

पर, प्र	→	परताप, परजा, परतिगिआ।
औ, अव	→	

2. **विदेशी उपसर्ग**–

कम	→	कमजोर।
गैर	–	गैरहाज़र।

पंजाबी भाषा का साहित्यिक स्वरूप

जब भी हम भाषा की बात करते हैं तो हमारे सम्मुख आज के तीन स्वरूप उभर कर आते हैं–1. लोकभाषा, 2. साहित्यिक भाषा, 3. वैज्ञानिक भाषा।

1. **लोकभाषा**–जनसामान्य की भाषा, जिसमें हर व्यक्ति अपने सीधे-सपाट विचारों और हर्ष-शोक के भावों को व्यक्त करता है। छोटी-छोटी बातें, छोटे-छोटे वाक्य लोकभाषा का मुख्य लक्षण है। इसके भीतर परम्परा सुरक्षित रहती है। जब लोकभाषा लेखनबद्ध होती है, तब उसमें बदलाव अवश्य आता है। तब उसे साहित्यिक प्रभाव देकर ही लेखनबद्ध किया जाता है।

2. **साहित्यिक भाषा**–भाषा का दूसरा रूप साहित्यिक भाषा है। इसकी जन्मदात्री लोकभाषा ही होती है, किन्तु लोकभाषा से उत्पन्न होकर भी साहित्यिक भाषा अपने नये मार्ग निश्चित करती है।

3. **वैज्ञानिक भाषा**–भाषा का तीसरा रूप वैज्ञानिक भाषा है अर्थात् विज्ञान की भाषा जो किसी सिद्धान्त या विज्ञान के साथ प्रतिबद्ध है।

उपर्युक्त विवेचन के आधार पर यदि हम पंजाबी भाषा की चर्चा करते हैं तो पता चलता है कि पंजाबी पहले लोकभाषा है तथा बाद में साहित्यिक भाषा। यह भाषा

इतनी पुरानी है कि यदि हम इसे प्राकृतमुखी न भी मानें तो अपभ्रंशमुखी अवश्य मानेंगे। इसका उदाहरण हम पंजाब के मुसलमान कवि अबदुर्रहमान के काव्य **संदेश रासक** से दे सकते हैं जिसमें विरह पीड़ित नायिका कहती है—

संदेसड़ऊ सविथरऊ पर भइ कहणु न जाइ,
जो कालुंगल मूंदड़ऊ सो बाहड़ी समाइ।

अर्थात् हे मुसाफिर, संदेश विस्तार से है, पर मुझसे कहा नहीं जाता। कल जिस उँगली में अँगूठी पहनती थी, वह आज बाँह में समा जाती है।

यह नौवीं-दसवीं शती की अपभ्रंश है, जिसके भीतर हमारी पंजाबी झाँक रही है। स्पष्ट है, पंजाबी भाषा अपनी पुरातनता के साथ-साथ पहले लोकभाषा है, बाद में उच्च कोटि की साहित्यिक भाषा है जिसमें काव्य, कहानी, उपन्यास, नाटक आदि लिखे गये हैं। अब यह गंभीर विचारों, वैज्ञानिक सिद्धातों एवं साहित्यिक शैलियों की वाहक बन गयी है। यह राष्ट्र की विकसित भाषाओं की कतार में खड़ी है। एक तरफ पंजाबी का मूल व आत्मा संस्कृत भाषा है तो दूसरी तरफ इस पर फारसी-अरबी का असीम प्रभाव है।

साहित्यिक पंजाबी में नवीन शब्द अपनाये जा रहे हैं जिनसे अधिकांश का उद्गम-स्रोत संस्कृत है। इनको अपनाते वक्त बहुत ही सावधानी की आवश्यकता है। उदाहरण के लिए यदि 'चक्रव्यूह' को हम 'चक्कर विउह' लिखते हैं तो कोई बात नहीं किन्तु यदि हम 'विउह चक्कर' लिखते हैं तो यह गलत होगा। पंजाबी भाषा के अंतर्गत तत्सम और तद्भव दोनों ही प्रकार के शब्द मिलते हैं। जैसे भूमि (तत्सम) तथा भोंए (तद्भव), रसिक (तत्सम) तथा रसिया (तद्भव)। कोई भी साहित्यिक भाषा इस बात की अपेक्षा करती है कि लोगों के द्वारा असावधानीवश भ्रष्ट हुए शब्दों को भी गौरवमयी बनाने के लिए उनके रूपों का नवीकरण किया जाये, ताकि पाठकों के हृदय-पटल पर उन शब्दों के अभीष्ट अर्थ का बिम्ब उजागर हो सके।

साहित्यिक पंजाबी भाषा के स्वरूप के संदर्भ में हमने जो शब्दावली अपनाई है, उसका विवेचन तो करते हैं, साथ ही अपनाई हुई शब्दावली को स्थिर कैसे किया जा सकता है, इस पर भी विचार किया जा सकता है। अगला प्रश्न यह है कि नये विचारों और भावों को व्यक्त करने के लिए नयी शब्दावली का निर्माण करना है तथा शब्दों को उधार लेकर इसे सम्पन्न बनाना है। साहित्यिक पंजाबी के नव निर्माण में पंजाबी के अपने स्रोत भी हैं जिनका प्रयोग किया जा सकता है। ये स्रोत निम्नलिखित हैं—

1. श्री गुरु ग्रन्थ साहिब का शब्द-भाण्डार,
2. पंजाबी की पूर्वी और पश्चिमी उपबोलियाँ,
3. पंजाबी के रूप विधायक अंश संयुक्त कर नये शब्द-निर्माण की पद्धति।

1. **श्री गुरु ग्रन्थ साहिब का शब्द-भाण्डार**—**श्री गुरु ग्रन्थ साहिब** जहाँ ज्ञान का असीम भांडार है वहीं इसकी शब्द-राशि भी अत्यन्त विपुल है। इसकी अनुपम शब्द-राशि का प्रयोग साहित्यिक पंजाबी को और अधिक अमीर बना सकता है।

2. **पंजाबी की पूर्वी और पश्चिमी बोलियाँ**—पंजाबी के शब्द-भाण्डार का यह दूसरा स्रोत है। इन उपबोलियों के ढेर सारे शब्द जिन्हें हम लिपिबद्ध नहीं कर सके, उन्हें विभिन्न प्रकार की क्रियाओं, भावों और वस्तुओं के लिए उपयोग में ला सकते हैं।

3. **पंजाबी की रचनात्मक शक्ति**—प्रत्येक भाषा की अपनी एक रचनात्मक शक्ति होती है। पंजाबी की साहित्यिक समृद्धि के लिए इस शक्ति का भी उपयोग किया जा सकता है।

कुल मिलाकर हम कह सकते हैं कि पंजाबी का साहित्यिक स्वरूप अत्यन्त समृद्ध है और विश्व की प्रमुख भाषाओं में अपना महत्त्वपूर्ण स्थान रखती है।

7. पंजाबी भाषा के कालिक भेद

अपभ्रंशप्रधान काल—पंजाबी का आरंभिक स्वरूप नौंवी-दसवीं सदी के आसपास निर्मित होना प्रारंभ हो गया था। यह काल पंजाब के राजनीतिक उपद्रव का काल था। दसवीं-ग्यारहवीं सदी में तुर्कों का उत्तर भारत पर हमला आरंभ हो चुका था और उन्होंने एक-दो सदी के भीतर अपनी सत्ता और प्रभुता कायम कर ली थी। तुर्की फौज के सिपाही जो तुर्की और फारसी बोलते थे, पंजाब में आकर बस गये। यह पहला अवसर था जब पंजाबी अन्य भारतीय बोलियों के साथ फारसी के प्रभाव को भी अपनाने लगी थी। तुर्कों के पंजाब में आने के समय साहित्यिक भाषा अपभ्रंश थी। आधुनिक पंजाबी जनसाधारण के साथ ही उपजी थी। इस समय तुर्कों और महमूद गजनवी ने भारतीय लोगों के साथ नजदीकी बनाने के लिए यहाँ की लोकबोली को अपनाया। महमूद ने जो सिक्के गढ़वाये थे उन पर भी लोकबोली को ही उकेरा था।

उस काल में पंजाबी में लिखने वाले मुलतान-निवासी मुहम्मद रहमान का वर्णन आता है। मसूद इबन सैयद, जिसकी रचना का वर्णन अमीर खुसरो अपनी पुस्तक **नूर सिपहच** के अंतर्गत करते हैं, भी इसी काल में हुए थे। सैयद साहब का देहांत 1125-1130 के भीतर माना जाता है। इनके दीवान की रचना अरबी-फारसी-हिन्दवी में लिखी हुई है। डॉ. मोहन सिंह मसूद की रचना को पंजाबी मानते हैं।

इससे पूर्व गोरखनाथ, चरपटनाथ आदि की वाणी पंजाबी (हिन्दवी) बताई जाती है। इस युग का दूसरा कवि चन्दवरदाई जिसने **पृथ्वीराजरासो** नामक महाकाव्य की रचना की है, आचार्य शुक्ल के अनुसार इनका विकासकाल संवत 1225 से 1294 है। **पृथ्वीराजरासो** की भाषा का आधार चाहे पश्चिमी अपभ्रंश है किन्तु उसमें आरंभिक पंजाबी के भाषाई तत्त्व निश्चित रूप से मिलते हैं। पंजाबी भाषा के विकास के संदर्भ

में शेख फरीदुद्दीन मसूद गंज शकर (बाबा फरीद) का नाम भी आता है। इनकी वाणी के 112 श्लोक **श्री गुरु ग्रन्थ साहिब** में सूही राग और आसा राग में दर्ज है। इनके सम्बन्ध में महमूद शीरानी लिखते हैं–

"शेख फारसी पंजाबी के शायर हैं और कुछ हिस्सा इनके कलाम का अब तक महफ़ूज़ है। लेकिन ऐसा मालूम होता है कि शेख उर्दू भी बोलते थे।"[5] शीरानी का उर्दू से तात्पर्य पुरानी हिन्दवी से था जिसमें नाथ, जोगी, खुसरो, चंदवरदाई, कबीर आदि अपनी रचना करते थे। बाबा फरीद की पंजाबी में लहँदी पंजाबी का रुझान अधिक है।

स्पष्ट है कि दसवीं सदी से पन्द्रवहीं सदी तक पंजाबी का प्रबल और प्रधान झुकाव अपभ्रंश की तरफ ही है। इसीलिए पंजाबी बोली को अपभ्रंशप्रधान पंजाबी कहा जाता है।

तद्भव प्रधानकाल– पन्द्रवहीं-सोलहवीं शताब्दी में पंजाबी अपने क्षेत्र से बाहर जाकर दूर-दूर तक फैलने लगी। पंजाबवासी मुसलमान जब दिल्ली जाकर बसे तो वहाँ की खड़ी बोली को भी प्रभावित करने लगे। दिल्ली से आगे दक्षिण भारत तक पंजाबी का प्रभाव नजर आता है। अवधी में रचित **रामचरितमानस** में भी पंजाबी अंश की बहुलता है।

भक्ति-लहर के अनुयायी सिख गुरुओं की बोली संतभाषाई पंजाबी है। सिख धर्म के सिद्धांतों की बोली ब्रजभाषाई पंजाबी है। सूफीमत के किस्सों की बोली भी आंशिक रूप से फारसी-पंजाबी है। जल्लण, सुथरा, वार गुरदास आदि की बोली देशी पंजाबी है। इन उपरूपों के साथ पंजाबी को इसलिए जोड़ा जाता है कि दूसरी बोलियों को शुद्ध रूप नहीं है बल्कि पंजाबी प्रभावित रूप है। इसी विशेषता को हम तद्भव प्रधानता या पंजाबीकरण कहते हैं। ध्वनि-प्रक्रिया को देखा जाये तो शब्दों का तद्भवीकरण हमें निम्न रूप में दिखाई पड़ता है। जैसे–

1. य का ज = योग – जोग
2. क का ग = युक्त – जुगत
3. ज़ का द = काज़ीआं – कादीआं
   कागज – कागद
4. क का ख = वक़्त – वखत
5. मूर्धन्य वर्णों ट, ठ, ड, ढ, ण का अधिक प्रयोग
6. ड़ का अधिक प्रयोग– सेदड़ा, रैनड़ी, पेवकड़े
7. क्ष, ष के स्थान पर छ और ख का प्रयोग

इसके उपरांत पंजाबी का फारसीप्रधान काल आता है जो लगभग 1700 से 1860

---

5. महमूद शीरानी, **पंजाब में उरदू**, पृ. 299

तक माना जाता है। अठारहवीं सदी से पूर्व की रचनाओं से पता चलता है कि उसमें फारसी का प्रभाव अधिक है। बुल्लेशाह, वारसशाह की रचनाएँ इसकी उदाहरण हैं।

1860 के बाद की पंजाबी में और अधिक परिवर्तन आते हैं। 1849 ई. में पंजाबी की राजनीतिक स्वतंत्रता अँगरेजों की गुलामी में छुप जाती है। दूसरी तरफ 1860 में एजूकेशनल बोर्ड की स्थापना होने से उर्दू के साथ-साथ पंजाबी को भी स्कूली बोली के रूप में स्वीकार कर लिया गया। इससे पंजाबी अपने पैरों पर खड़ी होने लग गयी और नवीन शब्दावली निर्मित होने लगी।

बांगला भाषा

डॉ. सुब्रत लाहिड़ी

बांगला—'बांगला' भाषा नामकरण के साथ 'बंग' शब्द जुड़ा हुआ है। भारत में आर्यों के आने के पहले यहाँ कोल, मुंडा आदि ऑष्ट्रिक गोष्ठी के लोगों का निवास था। संथाली और मुंडा भाषा में 'बोंगा' शब्द देवता के अर्थ में प्रचलित था यानी 'बंगदेश' का अभिधेयार्थ देवभूमि है। ईसापूर्व 700-500 में **ऐतरेय आरण्यक** में 'बंग' शब्द का उल्लेख मिलता है—वयांसि बंगवगधाश्चेरपादाः। बौधायन के **धर्मसूत्र** में भी 'बंग' शब्द आया है—अंग-बंग-कलिंगेषु सौराष्ट्रे मगधेषु च। **महाभारत** के अनुसार बलिराज के पाँच पुत्रों में एक का नाम बंग था और उनके द्वारा शासित प्रदेश का नाम भी 'बंग' था। कालिदास के **रघुवंश** में भी 'बंग' का उल्लेख है।

नवीं सदी में प्रतीहारराज भोज के सागरताल शिलालेख में धर्मपाल को 'बंगाणम्' या 'बंगाल' के रूप में उल्लेख किया गया है। ग्यारहवीं सदी में तांजोर के शिलालेख और राजेंद्र के शिलालेख में भी द्रविड़ धातु 'अलम्' (स्वत्व) युक्त बंग अर्थात् बंग + अलम् = बंगाल शब्द का प्रयोग हुआ है। **चर्यापद** में भी 'बंगाल' व 'बंगालि' शब्द का प्रयोग मिलता है—'आजि भुसुकु बंगालि भयिलि'। चौदहवीं सदी के **प्राकृत पैंगलम** में बंगवासी के लिए 'बंगल' या 'भंगला' की चर्चा हुई है। बंग प्रदेश में संप्रेषण और संपर्क की भाषा को बांगला या बंगला कहते हैं।

बांगला भाषा का क्षेत्र—बांगला मुख्यतः वर्तमान पश्चिम बंगाल और बांगला देश की भाषा है। पश्चिम बंगाल के अतिरिक्त असम की काछाड़ घाटी, त्रिपुरा, झारखंड और बिहार के कुछ भागों में बांगला भाषा का प्रयोग होता है। यह पश्चिम बंगाल की राजभाषा और बांगला देश की राष्ट्रभाषा है।

बांगला भाषा के पश्चिम में ओड़िआ, मगही, मैथिली तथा उत्तरपूर्व में असमी भाषा का क्षेत्र है। इसके उत्तर में नेपाली भाषा का क्षेत्र है। विश्व में प्रयोग करने वालों के आधार पर बांगला का स्थान आठवाँ है। इसके बोलने वालों की संख्या 17 करोड़ 30 लाख है।

बांगला भारोपीय परिवार की भाषा है। सतम् वर्ग के अंतर्गत भारतीय आर्यभाषा

के विकासक्रम से बांगला जुड़ी हुई है। भारतीय आर्यभाषा के विकासक्रम को तीन स्तरों में बाँटा जाता है–1. प्राचीन भारतीय आर्यभाषा (1500 ई.पू.– 500 ई.पू.), 2. मध्यकालीन भारतीय आर्यभाषा (500 ई.पू.- 1000 ई.पू.), 3. आधुनिक भारतीय आर्यभाषा (1000 ई. से आज तक)।

अपभ्रंश से आधुनिक भारतीय आर्यभाषा का उद्‌भव हुआ है। मागधी अपभ्रंश से बांगला भाषा का विकासक्रम जुड़ा हुआ है।

बांगला भाषा के विकासक्रम में नेग्रिटो, ऑष्ट्रिक, किरात, द्रविड़ भाषाओं के भाषिक तत्त्वों को भी अस्वीकार नहीं किया जाता है। विशेषतः बांगला के शब्दभांडार में आज भी उक्त भाषाओं के ढेर सारे शब्द प्रचलित हैं– बादुड़ (नेग्रिटो), मुड़ि, धान (ऑस्ट्रिक), सिंदूर, तसर, लुंगी (किरात), आकाल चेट्टि (द्रविड़) आदि।

'बांगला' के इतिहास को निम्नलिखित चरणों में विभाजित किया जाता है– 1. आदि चरण (950-1200 ईस्वी), 2. संक्रांतिकाल (1200-1350 ईस्वी), 3. मध्य (1350-1800 ईस्वी), 4. आधुनिक (1800 ई. आज तक)।

चर्यापद की भाषा के आधार पर बांगला के भाषाविद् 950 ई.–1200 ई. तक की सीमा को बांगला भाषा का आदि चरण मानते हैं। संक्रांतिकाल का कोई साहित्य उपलब्ध नहीं है।

मध्ययुग के दो उपविभाग किये जाते हैं– आदि मध्य (1350 ई.–1500 ई.) और अंतमध्य (1500 ई. से-1800 ई.)। बड़ु चंडीदासकृत **श्रीकृष्णकीर्तन** में इस युग की भाषा के उदाहरण प्राप्त होते हैं। अंत मध्यकाल (1500-1800 ई.) में **वैष्णव पदावली, मनसामंगल, चंडीमंगल, धर्ममंगल, चैतन्य जीवनी**, संस्कृत ग्रंथों के अनुवाद, सूफी काव्यों के अनुवाद आदि में इस युग की भाषा के रूप मिलते हैं।

आधुनिक युग में गद्यरीति का विकास हुआ। साथ ही साथ, परिनिष्ठित एवं चलित रूप भी विकसित हुआ है।

बांगला की उपभाषाएँ : आंचलिक पार्थक्य के आधार पर बांगला की पाँच उपभाषाएँ हैं–(i) राढ़ी (ii) बंगाली (iii) वरेंद्री (iv) झारखंडी (v) कामरूपी या राजवंशी।

उल्लिखित पाँचों उपभाषाओं के बीच स्वनगत तथा रूपिमगत पार्थक्य है।

(i) राढ़ी

इस उपभाषा को प्रयोग के आधार पर पूर्वी और पश्चिमी में विभाजित किया जाता है। पूर्वी राढ़ी मूलतः कोलकाता, नदिया, हावड़ा, हुगली, 24 परगना, उत्तरपूर्व मिदनापर, मुर्शिदाबाद में प्रयुक्त होता है। पश्चिमी राढ़ी का प्रयोग वीरभूम, वर्दवान और पूर्व बाँकुड़ा में होता है। राढ़ी के आधार पर आधुनिक बांगला के साहित्यिक रूप का विकास हुआ है। सामान्य जनजीवन में शिक्षा, संस्कृति तथा प्रशासनिक क्षेत्र में भी संप्रेषण-भाषा रूप है।

ध्वनिगत विशेषता

(i) 'अ' का 'ओ' रूप में उच्चारण—अतुल > ओतुल, पागल > पागोल, मधु > मोधु।

(ii) स्वरसौषम्य तथा अभिश्रुति के कारण स्वरध्वनियों में परिवर्तन हो जाता है— राखिया > रेखे, देशि > दिशि, कटिया > कटे आदि।

(iii) अकारण अनुनासिकताः काच > काँच, दाड़ा > दाँड़ा, हासि > हाँसि।

(iv) शब्दांत की महाप्राण ध्वनि अल्पप्राण और घोषध्वनि अघोष ध्वनि में बदल जाती है— दूध > दुद्, हाथ > हात्, मुख > मुक् आदि।

रूपतात्त्विक विशेषता

(i) शब्दरूप के साथ— 'देर', 'के', 'ते' आदि विभक्ति का प्रयोग होता है— आमादेर, तोमादेर, आमाके, तोमाते आदि।

(ii) सकर्मक क्रियापद में 'ले' का प्रयोग—दिले, खेले आदि।

(iii) सकर्मक क्रियापद में 'ले' का प्रयोग—दिले, खेले आदि।

(iv) प्रथम पुरुष में लुम, नु का प्रयोग—आमि खेलुम (मैंने खाया), आमि करनु आदि।

(v) अधिकरण कारक में 'ए' तथा 'ते' का प्रयोग होता है। जैसे—'घेर' और 'घेरते' दोनों प्रयोग होता है।

(ii) बंगाली

बांगला देश के मध्य और दक्षिण इलाके में बंगाली का चलन होता है। बांगला देश के विस्तृत अंचल में प्रचलित होने के कारण इसमें भाषा-वैचित्र्य भी ज्यादा है। इसीलिए इसे दो भाषागुच्छ में विभाजित किया जाता है—1. ढाका, मैमनसिंह, फरिदपुर, बरिशाल, खुलना, यशोहर, पश्चिम श्रीहट्ट और 2. नोआखालि, चित्तागां, त्रिपुरा, काछाड़, पूर्व श्रीहट्ट।

ध्वनिगत विशेषता

(i) 'ओ' का 'उ' रूप में उच्चारण : भोर > भुर, चोर > चुर।

(ii) 'ए' का अक्सर 'उ-या' रूप में प्रयोग होता है : देश > द्याश, मेघ > म्याघ आदि।

(iii) स्वरभक्ति होती है— आजि > आइज, कालि > काइल आदि।

(iv) संयुक्ताक्षर क्ष, द्य, आदि के उच्चारण में सरलीकरण की प्रवृत्ति के कारण 'इ' ध्वनि का आगम होता है। अर्थात् मध्य स्वरागम होता है— राक्षस > राइकखोस, कार्य > काइज आदि।

(v) अनुनासिक स्वरध्वनि का प्रयोग नहीं के बराबर होता है– चन्द्र > चान, पाँच > पाच, हंस > हास आदि।

(vi) श, ष, स आदि ध्वनियाँ 'ह' में रूपांतरित हो जाती हैं– सकल > हगल, श्वसुर > हउर, से > हे आदि।

रूपतात्त्विक विशेषता

(i) कर्त्ता कारक में 'ए' विभक्ति का प्रयोग बंगाली की विशेषता है : रामे गेछे, रहिमे खाइछे।

(ii) संप्रदान कारक में 'रे' विभक्ति प्रयुक्त होती है : पोलारे पानी दाओ (लड़के को पानी दो)।

(iii) सम्बन्धकारक में 'गो' या 'गोर' का प्रयोग होता है– तोमागो बाड़ि कोथाय?

(iv) भविष्यकालिक प्रत्यय के लिए प्रथम पुरुष के साथ 'म' या 'मु' का प्रयोग मिलता है– आमि जामु, आमि करुम।

(iii) वरेंद्री

वरेंद्री उपभाषा का प्रयोग मूलतः उत्तर बंगाल के मालदह, दिनाजपुर, जलपाइगुड़ि तथा बांगला देश के उत्तरांचल अर्थात् राजशाही, बगुरा और पाबना जिलों में होता है।

ध्वनितात्त्विक विशेषता

(i) स्वरध्वनि प्रायः राढ़ी की तरह ही प्रयुक्त होती है।

(ii) वरेंद्री में वर्ग की चौथी ध्वनि यानी सघोष महाप्राण ध्वनि शब्द के आदि में यथावत् उच्चरित होती है। परन्तु शब्द के मध्य या अंत में यह अल्पप्राण रूप में रूपांतरित हो जाती है। जैसे– बाघ > बाग्।

(iii) शब्द के आदि में 'र' ध्वनि लुप्त हो जाती है, कहीं-कहीं आदि स्वर के स्थल पर 'र' का आगम भी होता है, जैसे– रस > अस, आम > राम, रास्ता > आस्ता आदि।

रूपतात्त्विक विशेषता

(i) गौण कर्म में 'के' तथा 'क्' का प्रयोग किया जाता है– हामक् दाओ।

(ii) अपादन तथा अधिकरण के विभक्ति-चिह्न में सामान्यीकरण प्राप्त होता है– बाड़ित (घर में), गाछोत (पेड़ से)।

(iii) अन्यपुरुष भूतकालिक क्रियारूपों में 'ल्' प्रत्यय युक्त होता है– पाइल (पाया), आइल (आया)।

(iv) झारखंडी

झारखंडी, संथाल परगना से धनबाद, दक्षिण में ओड़िशा के मयूरगंज अंचल के उत्तरी भाग, राँची जिले के बुण्डुतामर, पूर्व में पुरुलिया, मिदनापुर के पश्चिमांत की सीमा झाड़ग्राम, गिधनी, शिलवा, बेलपहाड़ी तथा वीरभूम और बर्दवान के कुछ अंचलों में दैनिक जीवन की कथ्यभाषा है। झारखंडी को तीन भागों में विभाजित किया जाता है–1. धलभुंइया 2. मलभुइंया 3. बहड़ा गोड़िया।

ध्वनिगत विशेषता

(i) 'ओ' का 'अ' रूप में उच्चारण होता है, जैसे– लोक > लक, मोटा > मटा, घोड़ा > घड़ा।

(ii) अपश्रुति तथा स्वर-विपर्यय के उदाहरण मिलते हैं– मध्य > मइध, चुल > चुइल, रात > राइत।

(iii) अनुनासिक ध्वनियों का प्रयोगबाहुल्य परिलक्षित होता है– चा > चाँ, खोका > खोँका, आटा > आँटा।

(iv) अल्पप्राण ध्वनियाँ महाप्राण में परिवर्तित होती हैं– पताका > फताका, आमाके > हामाक, जाओ > झाउ।

रूपतात्त्विक विशेषता

(i) बहुवचन में ओड़िआ भाषा के मन/मेन प्रत्ययों का प्रयोग होता है– ताँदेर > तारमनूकार।

(ii) संस्कृत के निमित्तार्थ प्रयुक्त होनेवाली चतुर्थ विभक्ति का प्रयोग विशेष रूप में होता है–घरके चल्, जलके चल्।

(iii) सम्बन्ध और अधिकरण कारक में शून्य विभक्ति का प्रयोग किया जाता है–बन भीतर (वन में), ढाका (ढाका का), शाड़ी कनि (दुल्हन के), मने नाइ लागे।

(iv) नामधातु का प्रयोग-बाहुल्य है–माथाटा दुखाच्छे, दुध दुधाच्छे। यौगिक क्रियापदों में 'आछ्' के बदले 'बट्' धातु का प्रयोग होता है–करि बटे, मिछा कथा बटे।

(v) नकारात्मक उपसर्ग क्रिया के पहले प्रयुक्त होता है–नाइ जाब, नाइ हयं, नाइ दिलि।

(v) कामरूपी या राजवंशी

कामरूपी जलपाइगुड़ि, कोचविहार, रंगपुर, दिनाजपुर के कुछ भागों में, पूर्णिया और

दार्जिलिंग के कुछ इलाकों में प्रचलित कथ्य भाषा है। यह 'बांगाली' तथा 'वरेंद्री' से बहुत ही प्रभावित है।

ध्वनितात्त्विक विशेषता

(i) शब्द के आदि स्थान में ही सघोष महाप्राण ध्वनि का अस्तित्व है पर यदि शब्द के मध्य अंत में इसका प्रयोग हो तो वह ध्वनि अल्पप्राण हो जाती है– समझ > समज।

(ii) ड़ > र में तथा ढ > र्‌ह रूप में परिवर्तित हो जाती है– घोड़ा > घोरा, पढ़ा > परा।

(iii) तालव्य वर्ग यानी 'च' वर्गीय ध्वनियाँ ऊष्मीभूत हो जाती हैं।

(iv) 'ल्' > न् में और 'न्' > 'ल्' में रूपांतरित होती है– लाउ > नाउ, लांगल > नांगल।

(v) शब्द के आदि की 'र्' ध्वनि का लोप होता है– राति > आति।

रूपतात्त्विक विशेषता

(i) प्रथम पुरुष एकवचन में 'मुइ', 'हाम' का प्रयोग कामरूपी की विशेषता है।
(ii) अधिकरण कारक में 'त' विभक्ति का प्रयोग होता है– गाछ त, पाछ त।
(iii) सम्बन्ध कारक में 'क' का प्रयोग– बापोक (बाप का)।

बांगला लिपि–'खरोष्ठी' और 'ब्राह्मी'– ये दो भारत की प्राचीनतम लिपियाँ हैं। ब्राह्मी बाएँ से दाहिने और खरोष्ठी लिपि दाहिने से बाएँ लिखी जाती है। सुकुमार सेन के अनुसार गुप्तयुग में ब्राह्मी लिपि भारत के पूर्वांचल में 'जटिल लिपि' के रूप में विकसित हुई थी। इसी जटिल लिपि से बांगला लिपि का विकास हुआ है।

गुप्तलिपि का विकास पूर्वी और पश्चिमी रूप में हुआ था। पूर्वी धारा से बांगला लिपि विकसित हुई है। दसवीं सदी में महीपाल की वाणगढ़ लिपि में बांगला लिपि का स्पष्ट रूप मिलता है।

बांगला की स्वर ध्वनियाँ

बांगला में लिखित रूप के लिए 11 स्वरध्वनियाँ प्रचलित हैं पर उच्चारण या वाचिक रूप में 10 ध्वनियाँ हैं जिनमें 'ऋ' का उच्चारण 'रि' रूप में होता है– 'ऋषि' का 'रिशि' रूप में या 'मृत' का 'म्रित' रूप में उच्चारण होता है।

लिखित स्वर ध्वनि	**उच्चरित रूप**
अ आ इ ई उ ऊ ऋ ए ऐ ओ औ	अ आ इ ई उ ऊ ए ऐ ओ औ

इन दस ध्वनियों में सात मूल स्वर हैं, बाकी स्वर संयुक्त हैं।

मूलस्वर– अ आ इ उ ए ओ ऊ-या (उच्चरित रूप)।

संयुक्त स्वर– ई ऊ ऐ औ। उल्लिखित छह मूल स्वरों के अतिरिक्त एक नयी स्वर ध्वनि का विकास एवं प्रचलन हुआ है जैसे– 'अ्या'। यह ध्वनि बांगलाभाषियों की औच्चारिणक विशेषता के कारण विकसित हुई है। बांगला लिखित और उच्चारण की प्रयोगत विशेषताओं के कारण स्वरध्वनियों के कई रूप मिलते हैं।

उच्चारण के आधार पर बांगला स्वरध्वनियों के दो वर्गीकरण किए जाते हैं–

(क i) उच्चारण-रीति के अनुसार बांगला स्वरध्वनियों का वर्गीकरण–

	सम्मुख स्वरध्वनि प्रसृत	**केन्द्रीय विवृत**	**पश्चात वर्तुल**
उच्चावस्थित	इ		उ
उच्च-मध्यस्थ	ए		ओ
निम्न मध्यस्थ	अ्या		अ
निम्नावस्थित		आ	

(क ii). उच्चारण-स्थान के अनुसार बांगला स्वरध्वनि का वर्गीकरण

कंठ्य	उ	ओ	अ	आ
तालव्य	इ	ए	अ्या	

(ख) उच्चारण-विशेषता के आधार पर स्वर ध्वनियाँ–

अ–तीन रूपों में इस ध्वनि का उच्चारण होता है–1. स्वाभाविक या प्रकृत, 2. विकृत, 3. लुप्त।

1. स्वाभाविक या प्रकृत

(i) जो शब्द एकदलविशिष्ट है उसके अंतर्गत'अ' ध्वनि का उच्चारण स्वाभाविक होता है–जल्, फल, घर्, पड़् झड़् आदि।

(ii) जिन शब्दों की पहली ध्वनि 'स' हो उसमें निहित 'अ' का प्रकृत उच्चारण होता है–सकल, सजल, सफल, सपरिवार, सरल आदि।

(iii) सम् उपसर्ग युक्त शब्दों में अंतर्निहित 'अ' का प्रकृत उच्चारण होता है–समस्त, सम्पूर्ण, संग्रह, समर्पण, संसर्ग आदि।

(iv) नकारात्मक उपसर्ग यानी 'अ' युक्त शब्दों में 'अ' का प्रकृत उच्चारण होता है–अ + स्थिर > अस्थिर, अ + सत्य > असत्य, अ + मृत > अमृत, अ + धीर > अधीर, अ + विराम > अविराम आदि।

(v) ध्वन्यात्मक और भाववाचक शब्दों की पहली ध्वनि 'अ' होने पर प्रकृत या स्वाभाविक उच्चारण होता है– ट्प्टप् जल पड़े (टप्टप् पानी गिरता है), झन्झन्

शब्द, झट्पट् करो, गम्गम्, हन्हन् आदि।

2. विकृत

इस रूप में बांगला में 'अ' का 'ओ' रूप में उच्चारण-विकार होता है। साधारणतः शब्द के उच्चारण-विश्लेषण से यह विकार स्पष्ट होता है।

(i) शब्द के आदि में स्थित 'अ' ध्वनि के बाद यदि इ, ई, उ, ऊ, क्ष आदि रहे तो 'अ' का उच्चारण 'ओ' रूप में विकृत हो जाता है– नदी (नोदी), मधु (मोधु), रघु (रोघु), तनु (तोनु), लक्ष (लोक्खो), समुद्र (सोमुद्र) आदि।

(ii) 'य' युक्त संयुक्त ध्वनियाँ बाद में रहने पर आदि ध्वनि में अंतर्निहित 'अ' का उच्चारण 'ओ' रूप में होता है– गण्य (गोन्य) लभ्य (लोभ्य)।

(iii) 'ऋ' की मात्रायुक्त ध्वनि रहने पर पूर्ववर्ती अंतर्निहित 'अ' का उच्चारण 'ओ' रूप में होता है– वक्तृता (बोक्तृता), मसृण (मोसृण) आदि।

(iv) शब्द के आदि में 'र' की मात्रायुक्त ध्वनि के साथ 'अ' युक्त रहने पर उसका उच्चारण 'ओ' रूप में होता है। व्रत (ब्रोतो), ग्रहण (ग्रोहोन), व्रज (ब्रोज्), श्रम (श्रोम्), भ्रमर (भ्रोमोर) आदि।

(v) एकाक्षरीय शब्द के आदि 'अ'-युक्त व्यंजन के बाद 'न' अथवा 'ण' रहने पर 'अ' ध्वनि का उच्चारण विकृत होकर 'ओ' रूप में होता है– धन (धोन), वन (बोन), मन (मोन), जन (जोन) आदि।

(vi) शब्द के आदि में 'य'- युक्त व्यंजन के साथ 'अ' जुड़े रहने पर 'अ' ध्वनि का उच्चारण 'अ्या' अथवा 'ए' रूप में होता है। व्यवस्था (व्यावस्था), व्यथा (व्याथा), व्यक्ति (बेक्ति), व्यष्टि (बेष्टि) आदि।

(vii) त्रिअक्षरीय शब्द, बांगला में जिनका उच्चारण द्विअक्षरीय रूप में होता है, वहाँ मध्य में 'अ' ध्वनि में विकार होता है– अनल (अ-नोल), कमल (कमोल), गगन (गगोन), आँचल (आँचोल)।

(viii) अंत्य 'अ' के उच्चारण में भी विकार होता है। साधारणतः अंत्य 'अ' का उच्चारण नहीं होता है पर कुछ तत्सम और बांगला के निजी शब्दों के अंत्य 'अ' का उच्चारण 'ओ' रूप में होता है–

(क) विशेषण पद में अंत्य 'अ'– भाल (भालो), बड़ (बड़ो), छोट (छोटो), कत (कतो), काल (कालो) आदि।

(ख) अंत्यवर्ण 'ढ़' होने पर 'ओ' रूप में अंत्य 'अ' का विकार होता है– गाढ़ (गाढ़ो), दृढ़ (दृढ़ो), मूढ़ (मूढ़ो) आदि।

(ग) शब्दांत में संयुक्त व्यंजन या 'ह' के साथ युक्त 'अ' का उच्चारण भी 'ओ' रूप में होता है– मन्द (मन्दो), कष्ट (कष्टो), शक्त (शक्तो), देह (देहो), गृह (गृहो) आदि।

(घ) पद की अंतिम ध्वनि के पहले ऋ, ऐ अथवा औ रहने पर अंत्य ध्वनि के साथ युक्त 'अ' 'ओ' रूप में उच्चरित होता है—कृश (कृशो), दैव (दैबो), पौर (पौरो), तृण (तृणो), जनैक (जनैको) आदि।

(ङ.) अनुज्ञा मध्यम पुरुष क्रिया पद में भी 'अ' का विकार होकर उच्चारण में 'ओ' हो जाता है—तुमि कर (करो), तुमि धर (धरो), तुमि चल (चलो), तुमि बल (बलो), तुमि पड़ (पड़ो)। पर तुई (तू) में यहाँ रूप हलंत हो जाता है—तुई पड़ (पड़्) तुइ बल (बल्), तुई कर (कर्) आदि।

3. लुप्त

बांगला में 'अ' ध्वनि का लोप भी होता है। साधारणतः लिखित रूप में 'अ' सुरक्षित रहने पर भी उच्चारण में 'अ' का लोप होता है।

(i) शब्द के मध्य में व्यंजन से युक्त 'अ' ध्वनि का लोप होता है। हालाँकि बांगला भाषा के मध्य युग में लिखित तथा उच्चरित रूप में 'अ' सुरक्षित था परन्तु आधुनिक युग में उच्चारण में 'अ' का लोप परिलक्षित होता है, जैसे—मेघला (मेघ्ला), बादल (बाद्ला), कदमा (कद्मा) आदि।

(ii) शब्दांत में 'अ' का लोप होता है जबकि लिखित रूप में 'अ' स्वर विद्यमान रहता है— पान (पान्), पाथर (पाथोर्), काल (काल्), सागर (सागर्), चाँद (चाँद्), आकाश (आकाश्) आदि।

'आ' स्वरध्वनि के दो प्रकार के उच्चारण होते हैं—ह्रस्व और दीर्घ जबकि यह बांगला में दीर्घस्वर ही है। एकाक्षरीय में यह ह्रस्व रूप में जैसे—हात, ना आदि के उच्चारण बल के कारण 'आ' दीर्घ रूप में उच्चरित होता है जबकि द्वयक्षरीय रूपों के साथ इसका प्रयोग ह्रस्व रूप में होता है—हाता, बाड़ि, कापड़ आदि।

इ, ई उ, ऊ : इन चारों स्वरध्वनियों के उच्चारण में अब कोई पार्थक्य नहीं रह गया है। लिखित रूप में भी वर्तनी-सुधार के प्रयास से 'ई' ध्वनियों की वर्तनी के संस्कार का प्रयास और प्रचलन की प्रक्रिया जारी है। वैसे वाचिक रूपों में ये चारों ध्वनियाँ सामान्यतः ह्रस्व रूप में ही प्रचलित हैं, जैसे—फुल्, पूजा (पुजो), भुल, धूल (धुलो) आदि।

ए—'ए' स्वरध्वनि का उच्चारण स्वाभाविक और विकृत दो रूपों में होता है। रवीन्द्रनाथ ठाकुर ने अपने **शब्दतत्त्व** पुस्तक में इस विशेषता पर विस्तार से चर्चा की है। साधारणतः 'ए' का स्वाभाविक उच्चारण संवृत होता है—

(i) 'ए' के बाद व्यंजनध्वनि के साथ 'इ' अथवा 'उ' की मात्रा रहने पर 'ए' स्वर का स्वाभाविक उच्चारण होता है। बेटि (ब+ए+ट्+इ), केलि (क्+ए+ल्+इ), सेतु (स्+ए+त्+उ), तेलि (त्+ए+ल्+इ), देशी (द्+ए+श+ई) आदि।

(ii) तत्सम शब्दों के आदि स्थान पर 'ए' ध्वनि का प्रकृत उच्चारण होता है—केश, हेम, तेज, खेद, वेद आदि।

(iii) एकाक्षरीय सर्वनाम पदों में स्थित 'ए' का स्वाभाविक उच्चारण होता है— से, के, एइ, जे आदि।

(iv) शब्दांत में 'ह्' अथवा संयुक्ताक्षर रहने पर 'ए' का प्रकृत उच्चारण होता है—देह, केह, तेष्ठा, श्रेष्ठ, केष्टो आदि।

ए का विकृत उच्चारण भी होता है। पर लिखित रूप में 'ए' का ही प्रयोग होता है—

(i) एकाक्षर तद्भव शब्द का अन्त्य वर्ण क, ख, च, ड़, न, ण, अन्तस्थ य होने पर आदि 'ए' का उच्चारण विकारग्रस्त होता है। 'ए' नये विकसित 'अ्या' में रूपांतरित हो जाता है—देख (द्याख्), पेंच (प्यांच्), फेला (फ्याला), खेला (ख्याला), ठेला (ठ्याला) आदि।

(ii) कुछ-एक सर्वनाम रूपों के आदि 'ए' भी विकारग्रस्त होकर 'अ्या' रूप में उच्चरित होता है—एखन (अ्याखोन), तेमन (त्यामोन), केमन (क्यामोन), जेमन (ज्यामोन), एमन (अ्यामन) आदि।

ओ—बांगला में इसका अब ह्रस्व उच्चारण होता है। पर कहीं-कहीं दीर्घ उच्चारण भी होता है।

ऐ, औ—इसका उच्चारण 'ओइ' रूप में होता है। ओ+इ में दो मूल स्वरध्वनि का संयोग हुआ है। 'औ' का उच्चारण 'ओउ' रूप में होता है। इसमें ओ+उ दो मूल स्वर संयुक्त होते हैं। ये दोनों वस्तुतः संयुक्त स्वरध्वनियाँ हैं।

व्यंजन ध्वनि—बांगला में प्रचलित व्यंजन ध्वनियों की संख्या 31 है। क ख ग घ ङ, च छ ज झ ञ, ट ठ ड ढ ण, त, थ, द ध, न, प फ ब भ म, र, ल, श, स, ह, ड़, ढ़ य (अंतस्थ)। वैसे लिखित रूप में 'य' ध्वनि प्रचलित होते हुए भी उच्चारण में यह वर्गीय 'ज' रूप में हो गया है। उच्चारण स्थान के अनुसार—

उच्चारण स्थान	अघोष		घोष		
	अल्पप्राण	महाप्राण	अल्पप्राण	महाप्राण	अनुनासिक
कंठ	क्	ख्	ग्	घ्	ङ्.
तालु	च्	छ्	ज्	झ	ञ्
मूर्धा	ट्	ढ्	ड्	ढ्	ण्
दंत	त्	य्	द्	ध्	न्
ओष्ठ	प्	फ्	ब्	भ्	म्

ऊष्म ध्वनि— श्, स्, ह्

प्रकंपित— र्

पार्श्विक— ल्

अंतस्थ—(i) य् को बांगला में अंतस्थ 'ज' कहा जाता है। पर इसका उच्चारण वर्गीय 'ज' की तरह होता है। जैसे— यात्रा > जात्रा, यान > जान, यदि > जदि, यखन > जखोन, यत्न > जत्नो आदि।

(ii) बांगला में अंतस्थ 'अ' (लिखित रूप में प्रतीक है 'य़') प्रचलित है। उच्चारण में इसकी कई स्थितियाँ होती हैं। शब्द के मध्य में यह 'ओ' रूप में और अंत में 'अय' रूप में उच्चरित होता है, जैसे– शब्द मध्य– नय़न (नओन), चय़न (चओन)। अंत में– कय़ (कए), जाय़ (जाए), चाय़ (चाए) आदि। वैसे, य़् अर्धस्वर है।

हिन्दी की कई ध्वनियाँ बांगला में प्रचलित नहीं हैं। हिन्दी में अँगरेजी के प्रभाव से प्रचलित 'ऑ' बंगला में नहीं है।

व्यंजन ध्वनियों में हिन्दी की य्, व्, क़्, ख़्, ग़्, ज़्, फ़् का प्रयोग बांगला में नहीं है। बांगला में 'व्' ध्वनि 'ब्' रूप में उच्चरित होती है– वर (बर)।

वैसे, हिन्दी और बांगला में श्, ष्, स् ध्वनियाँ लिखित रूप में सुरक्षित हैं पर दोनों भाषाओं में केवल श् और स् का ही उच्चारण होता है। अब तो बांगला 'स्' भी 'श्' रूप में उच्चरित होने लगा है।

संयुक्ताक्षर व्यंजन–बांगला और हिन्दी के लिखित रूप संयुक्ताक्षर एक ही हैं। लेखन में साम्य होते हुए भी उच्चारण रूप में पार्थक्य है। विशेषतः क्ष, ज्ञ, य और म से युक्त संयुक्त ध्वनियों के उच्चारण में पार्थक्य है।

क्ष– बांगला में शब्द के आदि में आने पर 'क्ष' 'ख्' रूप में और अंत में आने पर 'क्ख' रूप में उच्चरित होता है– क्षमा > खमा, सुरक्षा > सुरोक्खा।

ज्ञ– बांगला में शब्द के आदि में आने पर 'ग्यँ' और अंत में आने पर 'ग्गँ' रूप में उच्चरित होता है– ज्ञान > ग्याँन, आज्ञा > आँग्गा।

म- युक्त संयुक्त ध्वनि–'म' युक्त संयुक्त ध्वनि रूपों के उच्चारण में पहली ध्वनि द्वित्व हो जाती है–

त् + म् > त्म– आत्मा (आँत्ता),
द् + म् > द्म– पद्म (पद्दो),
श् + म् > श्म– रश्मि (रोश्शी)।

य्-युक्त संयुक्त व्यंजन के उच्चारण में भी पूर्ववर्ती ध्वनि का द्वित्व प्रयोग होता है। इसे बांगला में 'ज़फला' कहते हैं–

क् + य् > क्य– वाक्य (बाक्को),
च् + य > च्य– वाच्य (बाच्चो),
ट् + य् > ट्य– नाट्य (नाट्टो),
त् + य > त्य– सत्य (सोत्ति),
द् + य > द्य– विद्यालय (बिद्दालय),
भ् + य > भ्य– सभ्य (सोब्भो) आदि।

व्याकरणिक कोटियाँ

बांगला में संज्ञा पद को 'विशेष्य' कहा जाता है।

(1) **संज्ञा**—बांगला में हिन्दी की तरह स्वरांत और व्यंजनांत दोनों प्रकार के संज्ञा रूप प्रचलित हैं, जैसे—स्वरांत—घोड़ा, रवि, साथी, जन्तु, आदि। व्यंजनांत—रामू, आमू, पुस्तकू, रातू, हातू आदि।

बांगला में सामान्यतः संज्ञा का निम्नलिखित विभाजन किया जाता है—

(क) संज्ञावाचक—इसमें निर्दिष्ट वस्तु, व्यक्ति, प्रतिष्ठान आदि प्राणिवाचक या अप्राणिवाचक नाम आते हैं—प्रेमचंद, राष्ट्रीय ग्रंथागार, वित्त भवन आदि।

(ख) श्रेणीवाचक— मनुष्य, कृषक, नदी, पति।

(ग) गुणवाचक/भाववाचक— दया, शैशव, शांति, लघुता।

(घ) क्रियावाचक—आसा, जाओआ, पड़ा, बला, लेखा।

(ङ) समष्टिवाचक—दल, सभा, जनता, झाँक।

वस्तुतः तत्सम संज्ञारूपों में हिन्दी और बांगला में कोई विशेष अंतर नहीं है। परन्तु तद्भव रूपों में बांगला और हिन्दी की निजी भाषिक संस्कृति के अनुसार अंतर परिलक्षित होता है—लिंग, वचन और क्रिया के साथ सम्बन्धानुसार संज्ञारूपों में रूपांतरण होता है।

लिंग—बांगला में लिंगविधान अर्थगत है। प्राणिवाचक संज्ञाओं में लिंगभेद है। यह भेद प्राकृतिक है, अर्थात् बांगला में प्राकृतिक लिंगविधान है। अप्राणिवाचक संज्ञाएँ साधारणतः नपुंसक लिंग में प्रयुक्त होती हैं।

प्राकृतिक लिंगविधान में स्त्रीवाचक प्रत्ययों का प्रयोग भी होता है। तत्सम संज्ञारूपों में बांगला और हिन्दी में सामान्यतः कोई अंतर नहीं है।

प्रत्यय	**पुल्लिग**	**स्त्रीलिंग**
इका	गायक	गायिका
आ	शिष्य	शिष्या
ई	देव	देवी
आनी	चाकर	चाकरानी
इनी	माली	मालिनी
नी	डॉक्तार	डाक्तारिनी
इनी	पागल	पागलिनी/पागली

जातिवाचक शब्दों के पहले पुंवाचक और स्त्रीवाचक शब्दों के प्रयोग द्वारा लिंग परिवर्तित किया जाता है—

छेले	बेटा छेले	मेये छेले
बाछुर	एँड़े बाछुर	बकना बाछुर
हाति	नर हाति	मादी हाति
बंधु	छेले बंधु	मेये बंधु

वचन—बांगला में बहुवचनसूचक प्रत्ययों के प्रयोग से एकवचन से बहुवचन

बनाने की परम्परा है। साथ ही साथ बहुवचनसूचक शब्द और द्विरुक्तिसूचक प्रयोग द्वारा भी बहुवचन की सूचना दी जाती है।

बहुवचनसूचक प्रत्यय		**उदाहरण**
रा	पाखी + रा >	पाखीरा
	बालक + रा >	बालकरा
	मेये + रा >	मेयेरा
एरा	बालक + एरा >	बालकेरा
	गाछ + एरा >	गाछेरा
	पंडित + एरा >	पंडितेरा

सामान्यतः अप्राणिवाचक शब्दों के बहुवचन रूप बनाने में 'रा' प्रत्यय का प्रयोग नहीं होता है। कारकयुक्त रूपों में 'देर' का प्रयोग होता है– छेले+देर > छेलेदेर। गुला, गुलो, गुलि के प्रयोग से भी बहुवचन की सूचना दी जाती है। यह प्राणी और अप्राणिवाचक दोनों प्रकार के संज्ञारूपों के साथ प्रयुक्त होता है।

गुला, गुलो/गुलि	छेले + गुला (गुलो/गुलि)
	मेये + गुलो (गुलि)
	फुल + गुलि (गुलो)

बहुवचनसूचक शब्दों के प्रयोग से भी वचन-परिवर्तन किया जाता है–

बहुवचनसूचक शब्द	**प्राणिवाचक संज्ञा**	**अप्राणिवाचक संज्ञा**
आवली		रत्न + आवली > रत्नावली
मंडल/मंडली	भद्र + मंडली > भद्रमंडली	
		मेघ + मंडल > मेघमंडल
माला	x	नक्षत्र + माला > नक्षत्रमाला
गण	शिक्षक + गण > शिक्षकगण	
वृंद	x	सभ्य + वृंद > सभ्यवृंद

द्विरुक्तिमूलक प्रयोग—संज्ञा, विशेषण, सर्वनाम आदि नामिक, रूपिम अथवा क्रियारूपिमों के द्विरुक्तिमूलक प्रयोग से भी बहुवचन की सूचना दी जाती है—1. देशे देशे घुरे बेड़ाय। 2. लाल लाल फुल। 3. जार जार बोई।

उपर्युक्त प्रयोगों में देश, लाल, जार आदि नामिक रूपिमों की द्विरुक्ति से बहुवचन का बोध कराया गया है।

पदाश्रित निदेशक का प्रयोग करना बांगला की निजी भाषिक विशेषता है– टि, टा, खाना, खानि आदि के प्रयोग द्वारा संज्ञा या संख्यावाचक शब्द को निर्दिष्ट किया जाता है।

एक + टा > एकटा खाता।

छेले + टि > छेलेटि।

बोइ + खाना > बोइ खाना।

बोइ + खानि > बोइ खानि।

सामान्यतः एकवचन संज्ञा रूप के साथ इनका प्रयोग होता है। बंगाल में रहने वाले हिन्दीभाषी भी हिन्दी संज्ञारूपों के साथ 'टा' का हिन्दी रूपांतर 'ठो' का प्रयोग करते हैं—एक ठो पान दो।* वैसे भोजपुरी में 'गो' पदाश्रित निदेशक का प्रयोग होता है—एगो आदमी।

बांगला और हिन्दी दोनों भाषाओं में संख्यावाचक विशेषण का प्रयोग बहुवचन का बोध कराने के लिए किया जाता है।

कारक—बांगला में ए, के, रे, ते, र (एर) ये पाँच शब्द विभक्ति-चिह्न हैं। छह कारक हैं—1. कर्तृकारक 2. कर्मकारक, 3. करणकारक, 4. संप्रदान कारक 5. अपादानकारक 6. अधिकरणकारक। चूँकि सम्बन्धपद क्रिया के साथ संपर्कित नहीं होता है, इसलिए बांगला में इसे कारक में नहीं रखा गया है। वैसे, कारक के प्रयोग में बांगला और हिन्दी में विशेष अंतर नहीं है।

कर्तृकारक— कर्तृकारक में शून्य विभक्ति का प्रयोग होता है। 'घोड़ा गाड़ि टाने' में शून्य विभक्ति है। कर्तृकारक में ए, य, ये, ते, एते, के आदि का प्रयोग होता है।

ए— रतने रतन चेने (रतन रतन को पहचानता है)।

य/ये— भाइये भाइये सद्भाव आछे (भाई भाई में सद्भाव है)।

ते— पाखिते बासा बेंधेछे (पंछी ने घोंसला बनाया है)।

के— ताके टिकिट किनते हय (उसे टिकट खरीदना पड़ता है)।

कर्मकारक—शून्य विभक्ति का प्रयोग होता है। इसके अतिरिक्त के, रे, ए आदि कारक-चिह्नों का प्रयोग होता है।

शून्य विभक्ति—घोड़ा घास खाय (घोड़ा घास खाता है)।

के—से दोषी के शास्ति दिल (उन्होंने दोषी को सजा दी)।

रे—यह प्रयोग कविता में होता है। कथ्य भाषा में सामान्यतः ऐसा प्रयोग नहीं होता है।

ए—रामे देखि उठिल से (राम को देखकर वह उठ गया)।

करणकारक—शून्य विभक्ति के अतिरिक्त ए और ते का प्रयोग होता है।

शून्य विभक्ति— लाठि खेला शेष।

ए—टाकाय सब पाओआ जाय —(रुपए से सब मिलता है)

अपादानकारक—ए, ते, र, एर आदि चिह्नों का प्रयोग होता है। शून्य विभक्ति भी होती है।

---

* यह भोजपुरी, अंगिका, बज्जिका आदि बिहार में बोली जानेवाली बोलियों का अपना प्रयोग है। जो लोग कभी बंगाल गये भी नहीं, वे भी इसका प्रयोग करते हैं। अप्राणिवाचक संज्ञा के पहले 'ठो' और प्राणिवाचक के साथ 'गो' लगाया जाता है, जैसे— एक ठो पत्ता। चार गो आदमी। —सम्पादक

शून्य विभक्ति– ट्रेन दिल्ली छाड़लो।

ए–सादा मेघे वृष्टि हय ना।

ते–सरषेते तेल हय।

र/एर– चोरेर भय नेइ।

संप्रदान कारक–सामान्यतः के, रे, ऐर, ए, य आदि का प्रयोग संप्रदान कारक में होता है।

के– छेलेटाके जल दाओ।

रे/एरे– रामेरे जल दाओ।

अपादान कारक–अपादान कारक में परसर्गीय शब्दों का प्रयोग किया जाता है। जैसे थाकिया/थेके, काछ होइते/काछ थेके, चेये आदि का प्रयोग बांगला भाषा की विशेषता है।

थाकिया/थेके– गाछ थेके पाता पड़लो (पेड़ से पत्ता गिरा)।

होइते/होते– भीड़ होते दूरे थेको (भीड़ से दूर रहना)।

काछ होइते/काछ थेके– तोमार काछ थेके दुरे जाबो (तुमसे दूर जाऊँगा)

सम्बन्ध कारक–रे, एर– छेले/छेलेर शरीर भालो आछे (लड़के का शरीर अच्छा है)। रामेर भाई लक्ष्मण (राम का भाई लक्ष्मण)

अधिकरण–इस कारक में -ए/य/ये, ते का प्रयोग होता है और शून्य विभक्ति भी होती है।

ए/य/ये– आमादेर घरे आलो आछे (हमारे घर में रोशनी है)।

य– छेलबेलाय खेलताम (बचपन में खेलता था)।

ते– तोमार बाड़ीते के जाबे (तुम्हारे घर में कौन जायगा)।

शून्य विभक्ति– तोमार बाड़ी जाब (तुम्हारे घर जाऊँगा)।

उपरोक्त कारकों के अतिरिक्त बांगला में परसर्गीय शब्दावलियों का भी प्रयोग होता है। बांगला में प्रचलित परसर्गीय शब्दावली इस प्रकार है– अपेक्षा, चेये, होते, कोरे, द्वारा, दिये, ओपरे, काछे, निकटे, पाशे, माझे, छाड़ा, बिना, जन्य, हेतु आदि।

सर्वनाम–बांगला में पुरुष और वचन के अनुसार सर्वनाम के कई रूप होते हैं। सर्वनाम के आठ रूप हैं– 1. व्यक्तिवाचक 2. निर्देशक (सामीप्यवाचक और दूरत्ववाचक) 3. अनिश्चयतावाचक 4. साकल्यवावाचक 5. संयोगवाचक 6. प्रश्नवाचक 7. आत्मवाचक 8. पारस्परिक।

		एकवचन	**बहुवचन**
1. व्यक्तिवाचक	उत्तम पुरुष	आमि (मैं)	आमरा/आमरा सब (हम/हमलोग)
	परसर्गयुक्त	आमा+परसर्ग	आमादेर + परसर्ग
	मध्यम पुरुष	तुमि, तुई	तोरा, तोमरा

			तोरा सब/तोमरा सब
	परसर्गयुग	तो+परसर्ग	तोदे + परसर्ग
		तोमा+परसर्ग	तोमादेर + परसर्ग
		आपनि	आपनारा
	परसर्गयुक्त	आपना+परसर्ग	आपनादेर + परसर्ग
प्रथम पुरुष		से	तारा/ताहारा
			तादेर + परसर्ग
			ताहादेर + परसर्ग
(अन्य पुरुष)	परसर्गयुक्त	ता+परसर्ग	ताँहारा/ताँरा
			ताँदेर + परसर्ग/ताँ + परसर्ग
आदरसूचक	तिनि	परसर्गयुक्त	

निर्देशक–(i) सामीप्यवाचक। निकट के व्यक्ति या वस्तु के लिए सामीप्यवाचक सर्वनाम का प्रयोग होता है। प्राणिवाचक शब्दों के लिए -ए, एइ, इनि, एँरा, एरा आदि का प्रयोग होता है। वैसे ए, एइ का प्रयोग अप्राणिवाचक के लिए भी होता है। आदरसूचक रूप के लिए इनि, एँरा का प्रयोग होता है।

(ii) दूरत्ववाचक सर्वनाम के लिए ओ, उनि, ओंरा, ओरा आदि प्रयुक्त होता है। 'उनि' और 'ओंरा' आदरसूचक रूप हैं।

3. **अनिश्चयसूचक**– केह, केउ का प्रयोग आदरसूचक और सामान्य रूप में प्रयुक्त होता है। बहुवचन रूपों के लिए केह/केउ का द्वित्व प्रयोग, जैसे– केउ केउ/केह केह का भी प्रयोग होता है।

अप्राणिवाचक के लिए एकवचन और बहुवचन रूपों में 'किछु' का प्रयोग किया जाता है।

मिश्र सर्वनाम का प्रयोग भी बांगला में होता है। सामान्यतः अनिर्देशक या अनिश्चयसूचक सर्वनाम विशेषण अथवा अव्यय के साथ जुड़कर मिश्र सर्वनाम पद संरचित करता है, जैसे– आर + केउ > आर केउ, आर + किछु > आर किछु, केउ + ना + केउ > केउ ना केउ, जा + ता > जा ता आदि।

4. **साकल्यवाचक**–उभय, सकल, सब– ये तीन साकल्यवाचक सर्वनाम हैं। परसर्ग युक्त होने पर इसका रूप परिवर्तित होता है। 'सब' साकल्यवाचक रूप पर बल देने के लिए 'सब्बाई' रूप चलता है।

5. **संयोगवाचक सर्वनाम**–जे, जा जा, जिनि, जाँहारा, जाँरा, जाँक, जार, जे टा, जे टि, जे गुलि, जे सब आदि रूप संयोगवाचक सर्वनाम हैं।

कभी-कभी भाव की पूर्णता व्यक्त करने के लिए दो रूपों का सापेक्षमूलक प्रयोग होता है। संभवतः दो खंडवाक्यों के बीच संगति रखने के लिए ऐसा प्रयोग

किया जाता है। जे-से, जा-टा, जतक्षण, श्वास, ततक्षण, आश आदि। पृथकता की अभिव्यक्ति के लिए संयोगमूलक सर्वनाम का द्वित्व प्रयोग होता है– जे जे, जार जार।

विशेषण–सामान्यतः नामिक रूपिम और क्रिया रूपिमों के साथ विशेषण का प्रयोग होता है। अतः नामविशेषण और क्रियाविशेषण दो प्रकार के विशेषण हैं। पर संज्ञा की संख्या सूचित करने के लिए संख्या निर्देशक विशेषण रूपों का भी प्रयोग होता है जिसे संख्यावाचक विशेषण कहा जाता है।

(क) **नाम-विशेषण**–बांगला में नामिक रूपिमों के गुण, धर्म, अवस्था आदि को सूचित करने वाले विशेषण-रूप नाम-विशेषण हैं–

(i) गुणवाचक– चालाक लोक, मिष्टि कथा, भद्र आचरण।

(ii) अवस्थावाचक– पड़ा बोइ, शोना कथा, ठांडा जल।

(iii) आकारवाचक– गोल जामा, लम्बा छेले, सोजा रास्ता।

(iv) स्थानवाचक– दान दिक, स्थानीय मानुष, भारतीयं सभ्यता।

(v) वर्णवाचक– नील आकाश, सादा फुल, घोँआटे समय।

(vi) कालवाचक– आगामी दिन, बर्त्तोमान समय, नतुन बछर।

2. **सार्वनामिक विशेषण**–सर्वनाम-रूपों से जिन विशेषणों का विकास होता है उन्हें सार्वनामिक विशेषण कहा जाता है– कतो दूर, सेइ घोड़ा, कोन् बोइ आदि।

3. **संख्यावाचक विशेषण**–नामिक रूपिमों की संख्या सूचित करने के लिए इसका प्रयोग किया जाता है। परिमाण और क्रम की सूचना भी दी जाती है।

(i) संख्यावाचक–पाँच फल, हाजार लोक, तिन दिन।

(ii) परिमाणवाचक–दुई बिघा जमि, दश किलो चाल, सातभरि सोना, अनेक खाबार, बिस्तर लोक।

(iii) क्रमवाचक–प्रथम दिन, पँचिशतम प्रतिष्ठा दिवस, चतुर्थ मास।

(ख) **क्रियाविशेषण**–क्रियाविशेषण की संरचना कई रूपों में होती है।

(i) परसर्गमुक्त रूप–भालो आछे, निश्चय आसब।

(ii) परसर्गयुक्त रूप–पदब्रजे चले जाय, एकमने पड़छे।

(iii) असमापिका क्रियापदयुक्त–मनदिए पड़, भाल करे हाँटो।

विशेष प्रयोग

(i) बांगला में कभी-कभी सामासिक पद विशेषण-रूप में प्रयुक्त होते हैं– बापे खेदानो छेले, क्लान्तिकर समय, सुखदुखेर जीबन। इसी तरह अव्यय भी विशेषण-रूप में प्रयुक्त होता है– हठात काज एलो, तखोन सब भालो छिलो, आर खेते दिओ ना।

(ii) ध्वन्यात्मक अव्यय का विशेषण-रूप में प्रयोग– कनकने ठांडा, टापुरटुपुर बृष्टि, होइहोई काण्डो।

(iii) क्रियापद अथवा धातु के साथ कृत् प्रत्यय जोड़कर विशेषण-रूप बनते हैं– आसछे मासे एसो, चलन्त जाहाज, डुबन्तो नौका। कुछ विशेषणों के विशेषण होते हैं। बांगला और हिन्दी में ऐसे रूपों का सम-प्रयोग होता है– अत्यंत सुन्दर स्थान, टकटके लाल आकाश, एतो आस्ते हेंटो ना।

(iv) अव्यय के पहले भी विशेषण का प्रयोग होता है– एकटु आगे एसो, ठिक नीचे दिये चले गेलो आदि।

रूप-रचना के आधार पर विशेषण

रूप-रचना के आधार पर विशेषण की तीन संरचनात्मक विशेषताएँ हैं–(1) एकपदीय विशेषण, (2) यौगिक विशेषण (3) वाक्याश्रित विशेषण या बहुपदीय।

(i) **एकपदीय विशेषण**

(क) मौलिक–बड़, पुरोनो, मोटा आदि।
(ख) कृदन्त–बहता, डुबन्तो, दुरन्त आदि।
(ग) तद्धितान्त–देशि, गैँयो, शहुरे आदि।
(घ) उपसर्गयुक्त–बेकसुर, अपहृत, विवसन आदि।
(ङ) सम्बन्ध विभक्तियुक्त– सोनार बांगला, पंचमीर चाँद।

(ii) **यौगिक विशेषण**–समास से संरचित विशेषण– मन-मरा, छाया-ढाका, हाते काटा आदि।

(iii) **वाक्याश्रित विशेषण**–धबधबे सादा कागज, जेमोन खुशि तेमन, असाधारण मेघावी छेले आदि।

पदांतरित विशेषण-रूप

(i) संज्ञाओं में प्रत्यय युक्त होकर–	धर्म+इक > धार्मिक, धन + वान > धनवान, चटक + दार > चटकदार।
(ii) क्रिया से विशेषण–	मृ > मृत्, भिद् > भिन्न,
(iii) विशेषण से क्रियाविशेषण–	एक > एकत्र, धीर > धीरे, सर्व > सर्वत्र।

तुलनात्मक विशेषण-रूपों में 'तर' और 'तम' प्रत्यय युक्त होकर विशेषण संरचित होते हैं। सामान्यतः तत्सम शब्द-रूपों के साथ 'तर' और 'तम' प्रत्यय युक्त होते हैं। हिन्दी और बांगला में समता परिलक्षित होती है। वैसे, बांगला 'चेये' का भी प्रयोग होता है– रामेर चेये श्याम भालो छेले। छेलेर चेय मेयेरा काज बेशी करे।

क्रिया और काल-संरचना–बांगला और हिन्दी क्रिया और काल की संरचना में

समानताएँ अधिक हैं। बांगला में संरचना के अनुसार धातुएँ तीन प्रकार की हैं– 1. मौलिक– खा, जा, पा आदि। 2. साधित : प्रत्ययित होकर धातु साधित होती है– कर+आ > करा, बल + आ > बला, चल + आ > चला आदि। 3. संयोगमूलक : पथ + चल् + आ > पथ चला, दया + कर् + आ > दया करा, गोल्ला + जा > गोल्लाय जाओआ आदि।

धातु के साथ क्रियासूचक प्रत्यय युक्त होकर क्रियापद की संरचना होती है। क्रियापद की संरचना में बांगला की निजी विशेषता है। संश्लिष्टात्मक भाषा होने के कारण का़लसूचक, पुरुषसूचक प्रत्यय धातुरूप के साथ संश्लिष्ट रहते हैं। हिन्दी में सहायक क्रिया विश्लिष्ट रहती है पर बांगला में पृथक् रूप से सहायक क्रिया का प्रयोग नहीं होता है। सहायक क्रिया-रूप भी संश्लिष्ट रूप से विद्यमान रहता है–

1. **सहायक क्रियारूप**

धातु	**वर्तमान**	**भूत**	**भविष्य**
कर्	कर+छि > करछि	कर+लाम > करलाम	कर+ब > करबो
जा	जा+च्छि > जाच्छि	गे+लाम > गेलाम	जा+ब > जाबो
पड़्	पड़+छि > पड़छि	पड़+लाम > पड़लाम	पड़+बो > पड़बो

2. **प्रेरणार्थक क्रिया :**

मौलिक क्रिया	**प्रेरणार्थक**
करि	कर+आ+इ > कराइ
खाइ	खा+ओ+इ > खाओआइ
पड़ि	पड़+आ+इ > पड़ाइ

3. **नामधातु** : नामिक रूपिम के साथ 'आ' प्रत्यय युक्त होकर नामधातु की संरचना होती है– हात+आ+न > हातान, जुता+आ+न > जुतान, धमक+आ+न > धमकान।

4. **ध्वन्यात्मक क्रिया** : ध्वन्यात्मक शब्दों के साथ क्रियासूचक प्रत्यय युक्त कर ध्वन्यात्मक क्रियारूपिमों की संरचना होती है– हाँक + आ > हाँका, झमझम+आ > झमझमा, झिलमिल + आ > झिलमिला।

5. **संयोगमूलक** : नामिक रूपिम या ध्वन्यात्मक धातु के साथ युक्त मौलिक धातु से संयोगमूलक क्रिया रूपिम संरचित होता है– बसिया + औका > बसिया औका, देखिया + लेखा > देखिया लेखा, मुखस्थ + करा > मुखस्थ करा। आदि।

6. **समापिका क्रिया** : क्रिया के जिस रूप से कार्य की संपूर्णता का बोध हो वह रूप समापिका है–फुटबल खेलेछि, भात खेयेछि, बई पड़ब आदि।

7. **असमापिका क्रिया** : इसमें धातु + इया/इए/ए युक्त होकर असमापिका क्रिया संरचित होती है।

चिठि लिख + ए जानाब, गाड़ि कर + ए जेओ आदि। कई रूपों में असमापिका क्रिया का प्रयोग किया जाता है।

काल की संचरना : वर्त्तमान काल के चार प्रकार के प्रयोग होते हैं :

(क) **सामान्य वर्तमान** : मूल धातु के साथ कालसूचक और पुरुषसूचक प्रत्यय जुड़कर सामान्य वर्तमानकाल की संरचना होती है। सभी कालों की रूप-रचना निम्नांकित तालिकाओं में देखी जा सकती है—

क. वर्तमान काल

1. सामान्य वर्तमान काल

पुरुष	व्यापारसूचक क्रिया	+	कालसूचक	+	सहायक क्रिया	+	पुरुषवाचक प्रत्यय	साधु	चलित	वाक्य
उत्तम	कर	+		+		+	इ	करि		आमि करि (मैं करता हूँ)
मध्यम	कर	+		–		–	ओ	करो		तुमि करो (तुम करते हो)
	कर	+		–		–	इस	करिस		तुइ करिस (तू करता है)
अन्य	कर	+		–		–	ए	करे		से करे (वह करता है)
	कर	+		–		–	एन	करेन		तिनि करेन (वे करते हैं)

2. घटमान वर्तमान

पुरुष	व्यापारसूचक क्रिया	+	कालसूचक	+	सहायक क्रिया	+	पुरुषवाचक प्रत्यय	साधु	चलित	वाक्य
उत्तम	कर	+	इते	+	आछ	+	इ	करितेछि	करछि	आमि करछि (मैं कर रहा हूँ)
मध्यम	कर	+	इते	+	आछ	+	ओ	करितेछो	करछो	तुमि करछो (तुम कर रहे हो)

	कर	+	इते	+	आछ	+	इस	करितेछि	करछिस	तुइ करछिस (तू कर रहा है)
अन्य	कर	+	इते	+	आछ	+	ए	करितेछे	करछे	से करछे (वह कर रहा है)
	कर	+	इते	+	आछ	+	एन	करितेछेन	करछेन	तिनि करछेन (वे कर रहे हैं)

3. पुराघटित वर्तमान

उत्तम	कर	+	इया	+	आछ	+	इ	करियाछि	करेछि	आमि करेछि (मैंने किया है)
मध्यम	कर	+	इया	+	आछ	+	ओ	करियाछो	करेछो	तुमि करेछो (तुमने किया है)
	कर	+	इया	+	आछ	+	इस	करियाछिस	करेछिस	तुइ करेछिस (तूने किया है)
अन्य	कर	+	इया	+	आछ	+	ए	करियाछे	करेछे	से करेछे (उसने किया है)
	कर	+	इया	+	आछ	+	एन	करियाछेन	करेछेन	तिनि करेछेन (उन्होंने किया है)

(ख) अतीत काल

(1) सामान्य अतीत

पुरुष	व्यापारसूचक क्रिया		कालसूचक		सहायक क्रिया		पुरुष सूचक	साधु	चलित	वाक्य

उत्तम	कर	+	इल्	+	–	+	आम	करिलाम	करलाम	आमि करलाम (मैंने किया)
मध्यम	कर	+	इल्	+	–	+	ए	करिले	करले	तुमि करले (तुमने किया)
	कर	+	इल्	+	–	+	इ	करिलि	करलि	तुइ करलि (तूने किया)
अन्य पुरुष	कर	+	इल्	+	–	+	ओ	करिलो	करलो	से करलो (उसने किया)
	कर	+	इल्	+	–	+	एन	करिलेन	करलेन	तिनि करलेन (उन्होंने किया)

2. घटमान अतीत			घटमान		सहायक क्रिया		काल सूचक			पुरुष सूचक	साधु	चलित वाक्य
उत्तम	कर	+	इते	+	आछ	+	इल	+	आम	करितेछिलाम	करछिलाम	आमि करछिलाम (मैं कर रहा था)
मध्यम	कर	+	इते	+	आछ	+	इल	+	ए	करितेछिले	करछिले	तुमि करछिलि (तुम कर रहे थे)
	कर	+	इते	+	आछ	+	इल	+	इ	करितेछिलि	करछिलि	तुइ करछिले (तू कर रहा था)
अन्य	कर	+	इते	+	आछ	+	इल	+	ओ	करितेछिलो	करछिलो	से करछिले (वह कर रहा था)
	कर	+	इते	+	आछ	+	इल	+	एन	करितेछिलेन	करछिलेन	तिनि करछिलेन (वे कर रहे थे)

3. **पुराघटित अतीत**

उत्तम	कर	+	इया	+	आछ	+	इल	+	आम	करियाछिलाम	करेछिलाम	आमि करेछिलाम (मैंने किया था)
मध्यम	कर	+	इया	+	आछ	+	इल	+	ए	करियाछिले	करेछिले	तुमि करेछिले (तुमने किया था)
	कर	+	इया	+	आछ	+	इल	+	इ	करियाछिलि	करेछिलि	तुइ करेछिलि (तूने किया था)
अन्य	कर	+	इया	+	आछ	+	इल	+	ओ	करियाछिलो	करेछिलो	से करेछिलो (उसने किया था)
	कर	+	इया	+	आछ	+	इल	+	एन	करियाछिलेन	करेछिलेन	तिनि करेछिलेन (उन्होंने किया था)

4. **नित्यवृत्तअतीत**

उत्तम	कर	+	इत	+	आम	करिताम	करताम	आमि करताम (मैं करता था)
मध्यम	कर	+	इत	+	ए	करिते	करते	तुमि करते (तुम करते थे)
	कर	+	इत	+	इस	करितिस	करतिस	तुइ करतिस (तू करता था)
अन्य	कर	+	इत	+	ओ	करितो	करतो	से करतो (वह करता था)
	कर	+	इत	+	एन	करितेन	करतेन	तिनि करतेन (वे करते थे)

5. भविष्यत् काल

1. सामान्य भविष्यत्

उत्तम	कर + इब + ओ	करिबो	करबो	आमि करबो (मैं करूँगा)
मध्यम	कर + इब + ए	करिबे	करबे	तुमि करबे (तुम करोगे)
	करि + इब + इ	करिबि	करबि	तुइ करबि (तू करेगा)
अन्य	कर + इब + ए	करिबे	करबे	से करबे (वह करेगा)
	कर + इब + एन	करिबेन	करबेन	तिनि करबेन (वे करेंगे)

6. घटमान भविष्यत्

उत्तम	कर + इते + थाक + इब + ओ	करिते थाकिबो	करते थाकबो	आमि करते थाकबो (मैं करता रहूँगा)
मध्यम	कर + इते + थाक + इब + ए	करिते थाकिबे	करते थाकबे	तुमि करते थाकबे (तुम करते रहोगे)
	कर + इते + थाक + इब + इ	करिते थाकिबि	करते थाकबि	तुइ करते थाकबि (तू करता रहेगा)
अन्य	कर + इते + थाक + इब + इ	करिते थाकिबे	करते थाकबे	से करते थाकबे (वह करता रहेगा)
	कर + इते + थाक + इब + एन	करिते थाकिबेन	करते थाकबेन	तिनि करते थाकबेन (वे करते रहेंगे)

7. **पुराघटित भविष्यत्** : इसे संदिग्ध या संभाव्य अतीत भी कहा जाता है।

उत्तम	कर + इया + थाक + इब + ओ	करिया थाकिबो	करे थाकबो	आमि करे थाकबो (मैंने किया होगा)
मध्यम	कर + इया + थाक + इब + ए	करिया थाकिबे	कर थाकबे	तुमि करे थाकबे (तुमने किया होगा)
	कर + इया + थाक + इब + इ	करिया थाकिबि	करे थाकबि	तुइ करे थाकबि (तूने किया होगा)
अन्य	कर + इया + थाक + इब + ए	करिया थाकिबे	करे थाकबे	से करे थाकबे (उसने किया होगा)
	कर + इया + थाक + इब + एन	करिया थाकिबेन	करे थाकबेन	तिनि करे थाकबेन (उन्होंने किया होगा)

इसमें मध्यम पुरुष 'तुम' और अन्य पुरुष 'वह' के साथ एक ही क्रिया-रूप का प्रयोग होता है।

वाक्य

(क) रचना के आधार पर बांगला में वाक्य चार प्रकार के होते हैं—1. सरल वाक्य—आमि तोमार बंधु 2. जटिल वाक्य—जे सत्य कथा बले ताके सबाइ भालोबासे। 3. यौगिक वाक्य—काल तुमि आसबे नाहले आमि जाबो। 4. मिश्र वाक्य—मिश्र वाक्य सरल व जटिल वाक्य अथवा सरल व यौगिक वाक्य या जटिल व यौगिक वाक्य या यौगिक व यौगिक वाक्य से बनता है। जैसे—से जेते पारे, तबे भाई असुस्थ हओआय श्याम जाबे ना। इसमें सरल और जटिल वाक्य का मिश्रण हुआ है।

(ख) अर्थ के आधार पर वाक्य के सात भेद हैं—1. निर्देशक वाक्य—आमि शहरे उन्नति करते गियेछिलाम। 2. इतिवाचक वाक्य—मेघेर जन्य चारिदिक अंधकार हए गेलो। 3. नेतिवाचक—से खूब छोट नय। 4. अनुज्ञावाचक—तुमि देशे जाओ। 5. इच्छावाचक—तोमार कल्याण होक। 6. संदेहवाचक—राम हय तो काल आसबे। 7. प्रश्नवाचक—तुमि कोथाय जाबे?

(ग) वाक्य में पदक्रम—बांगला वाक्य में दो प्रमुख उपादान होते हैं—उद्देश्य और विधेय। उद्देश्य की अपेक्षा विधेय दीर्घ होता है और क्रियापद भी विधेय में ही रहता है। लेकिन हिन्दी की तरह बांगला में अस्तित्ववाचक सहायक क्रिया उपस्थित नहीं रहती है, जैसे—से भालो छेले (वह अच्छा लड़का है। बांगला में 'है' का कोई रूप उपस्थित नहीं रहता है। बांगला-वाक्य में पदक्रम इस प्रकार रहता है—पहले कर्ता, फिर कर्म और अंत में क्रिया। जैसे—मोहन बोई पड़े।

1. हिन्दी में नकारात्मक वाक्य में न-कार सूचक अव्यय शब्द क्रिया के पहले आता है, जैसे "मोहन किताब नहीं पढ़ता है" पर बांगला में 'नकारात्मक' अव्यय शब्द क्रिया के बाद आता है, यथा—मोहन बोइ पड़े ना।

2. 'ना' सामान्यतः समापिका क्रिया के बाद व असमापिका क्रिया के पहले आता है—से ना गेले आमिओ जाबो ना।

3. बांगला वाक्य-विन्यास में क्रियापद की कालगत संगति नहीं रहती है।

4. कर्ता के व्यापारसूचन के लिए कई समापिका क्रिया रहने पर अंतिम समापिका क्रिया के पहले आने वाली समापिका क्रिया में इया (ए) प्रत्यय लगता है—तुमि बाड़ि गिये खेए देए आराम करे खेलते जेओ (तुम घर जाकर खा-पीकर आराम कर खेलने जाना)।

5. क्रिया का पुरुष कर्ता के पुरुषानुसार होता है। पर वाक्य में कई कर्त्ता रहने से उत्तम पुरुष या मध्यम पुरुष प्रधान कर्त्ता होता है और क्रिया भी उसीके अनुरूप होती है; जैसे—मोहन, सोहन, श्याम, तुमि, आमि, जाबो।

6. बांगला में संज्ञा के पहले विशेषण का प्रयोग होता है; जैसे—राममोहन राय पंडित व्यक्ति छिलेन।

7. कभी-कभी संज्ञा के बाद भी विशेषण का प्रयोग होता है, यथा—बाच्चाटि बुद्धिमान।

8. उद्‌देश्य का प्रसारक उद्‌देश्य के पहले और विधेय का प्रसारक विधेय के पहले आता है—दशरथेर बड़ छेले राम पाये हैंटे बनवासे गेलेन। यहाँ 'बड़ छेले' उद्‌देश्य राम का प्रसारक है और 'पाये हैंटे' विधेय का प्रसारक है।

9. बांगला में कर्त्ता के पुरुष अनुसार क्रिया का पुरुष होता है—आमि पड़ि। तुमि पड़ो। से पड़े।

10. यदि वाक्य में एकाधिक कर्त्ता या कर्म हो तो पदक्रम में उपस्थित अंतिम कर्त्ता या कर्म के अनुसार विभिक्त-चिह्न जुड़ता है। बहुवचन-रूप में भी यही प्रयोग होता है— श्याम, मोहन ओ चंदनरा गान गाइछे। श्याम, मोहन आर आमि गान गाइछि।

कभी अर्थबोध या अर्थगत पार्थक्य स्पष्ट करने के लिए वाक्य में आए प्रत्येक कर्त्ता या कर्म के साथ बहुवचनसूचक प्रत्यय जोड़ा जाता है—बासे छेलेदेर ओ मेयेदेर जन्य आलादा सीट थाके।

सामान्यतः वाक्य के पदक्रम में हिन्दी और बांगला में अंतर बहुत ही कम है। पर वाक्य-संरचना में हिन्दी की निजी विशेषता है। हिन्दी के पदक्रम में क्रियारूपिम अथवा क्रियामंडल कर्त्ता के लिंग द्वारा अनुशासित होता है जबकि बांगला में कर्त्ता के लिंग का कोई प्रभाव क्रिया पर नहीं पड़ता है—वचनानुसार भी क्रिया में रूपांतर नहीं होता है।

हिन्दी	**बांगला**
राम जाता है।	राम जाय।
सीता जाती है।	सीता जाय।
मैं जाता हूँ।	आमि जाइ।
हमलोग जाते हैं।	आमरा जाइ।

हिन्दी में 'ने' की प्रयोगगत विशेषता के कारण भूतकाल में क्रिया के लिंग का रूपांतर कर्म के अनुसार होता है—

हिन्दी	**बांगला**
राम ने रोटी खायी	राम रुटि खेयेछे
सीता ने रोटी खायी	सीता रुटि खेयेछे

आधुनिक भारतीय आर्यभाषाओं के मध्य साम्य अधिक है। सामान्यतः शब्दभांडार में तत्सम शब्दों के प्रयोग में अंतर कम ही है। ध्वनिगत औच्चारणिक पार्थक्य के कारण वाचिक संप्रेषण में अंतर होते हुए अर्थगत साम्य है। बांगला, हिन्दी, मराठी, पंजाबी, ओड़िआ, पंजाबी आदि सभी भाषाओं में विदेशी शब्दों का प्रचुर मात्रा में प्रयोग होता है।

व्याकरणिक कोटियों में प्रयोगगत अंतर हैं। पर कुछ समप्रयोग भी प्राप्त होते हैं। सामान्यतः विकास के विभिन्न चरणों पर सभी भाषाओं की निजी स्वतंत्र भाषिक विशेषताएँ विकसित हुई हैं। सभी भाषाओं के बीच कुछ सामान्य समानताएँ हैं—

1. भाषाएँ संश्लिष्टात्मक से विश्लिष्टात्मक बनीं।

2. संयुक्त व्यंजनों के सरलीकरण की प्रवृत्ति और समीकरण के कारण व्यंजनगुच्छ एकक व्यंजन में रूपांतरित हुआ और क्षतिपूरक दीर्घीकरण भी हुआ।

सत्य > सच्च > सच, साँच (अकारण अनुनासिकता)।

हस्त > हत्थ > हाथ, हात।

3. संयुक्त नासिक्य व्यंजन का लोप हुआ। साथ ही, पूर्ववर्ती स्वरध्वनि अनुनासिक हो गयी– दंत > दाँत, संध्या > साँझ।

4. अंत्य स्वर अ/आ का लोप हुआ– पुस्तक > पोत्थिआ > पोथी/पुँथि।

5. व्याकरणिक लिंग कुछ भाषाओं में सुरक्षित रह गया जैसे हिन्दी में। कुछ भाषाओं में केवल प्राकृतिक लिंग-विधान रह गया जैसे– बांगला, असमीया आदि।

6. विभक्ति के स्थान पर परसर्गीय शब्दावली का प्रयोग विकसित हुआ।

7. बहुवचनबोधक विभक्ति का प्रयोग हुआ। बहुवचनसूचक शब्दों का प्रयोग बढ़ा। वैसे हिन्दी, मराठी, सिंधी आदि में बहुवचनसूचक प्रत्ययों का प्रयोग सुरक्षित है।

8. विदेशी शब्दों का प्रयोग बढ़ा।

9. तत्सम शब्दों के भाषिक अर्थात् ध्वनिगत परिवर्तन के कारण तद्भव रूपों का विकास और प्रयोग बढ़ा है।

बांगला का प्राचीनतम साहित्य

बांगला भाषा का प्राचीनतम साहित्य **चर्याचर्य विनिश्चय** अथवा चर्चापदों में प्राप्त होते हैं। असम के राजा चुकम्मा को कुचबिहार के राजा नरनारायण के द्वारा लिखा गया पत्र बांगला का प्राचीनतम गद्य रूप है। यह पत्र 1555 ई. में लिखा गया था।

1800 ई. में छापाखाना बना। श्रीरामपुर से 'मंगल समाचार मातिउर' बांगला की पहली प्रकाशित गद्य पुस्तिका है। अप्रैल 1818 ई. में पहली बांगला सामयिक पत्रिका 'दिग्दर्शन' का प्रकाशन हुआ। जॉन क्लर्क मार्शमैन इसके संपादक थे।

950 ई. से लेकर आजतक बांगला भाषा में निरंतर भाषिक संस्कार और भाषिक संस्कृति विकसित होती रही है। साधु बांगला का प्रयोग छोड़कर चलित भाषा का प्रयोग क्रमशः बढ़ता गया। आज सामान्य जनजीवन और बांगलाभाषी समाज में यह सामान्य संप्रेषण की भाषा है।

मध्यम वर्ग में कभी बांग्रेजी (बांगला और अंग्रेजी मिश्रित) का प्रयोग बाहुल्य रहा है। पर आज विशेषतः भूमंडलीकरण के युग में बांगला के साथ हिन्दी के शब्द, यहाँ तक कि हिन्दी के वाक्यखंड के मिश्रित प्रयोग की प्रवृत्ति नयी पीढ़ी में बढ़ रही है। वस्तुतः राष्ट्रीय एकता और एकसूत्रता की रक्षा में बांगला अपनी भूमिका निभा रही है। बांगला अन्य भारतीय भाषओं की सामासिक संस्कृतिमूलक प्रवृत्तियों को आत्मसात् कर निरंतर विकास कर रही है।

बोरो भाषा

डॉ. फुकनचन्द्र बसुमतारी

1.0 बोरो भाषा का उद्भव

उत्पत्ति की दृष्टि से जातिवाचक 'बोरो' शब्द तिब्बत की वोद नामक जगह से जुड़ा हुआ है। स्थानवाचक 'वोद' नाम से ही बाद में 'बोरो' शब्द के उद्भव होने पर लोगों का विश्वास है। नृतत्वविद् राजमोहन नाथ ने भी इस विषय में अपनी सहमति प्रकट की है। लगभग 4000 साल पहले 'वोद' नामक जगह से तिब्बत-वर्मी शाखा के लोगों ने भारतवर्ष में प्रवेश किया था। इन्हींको इन्डो-मंगोलीय कहा जाता है। असम और इसके आसपास के राज्यों पश्चिमी बंगाल, मेघालय, नेपाल के झापा और मरं जिला में रहनेवाले भाषिक सम्प्रदाय के लोग भाषागत और जातिगत दृष्टि से तिब्बत-वर्मी हैं।

साधारणतः बोरो भाषा सम्प्रदाय के लोग भारतवर्ष में दो गुटों में और दो रास्तों से प्रवेश करते दिखते हैं। पहला गुट तिब्बत से होते हुए ब्रह्मादेश (म्याँमार) के रास्ते भारत में पूर्वोत्तर के पहाड़ी इलाकों में प्रवेश करते हैं। ये लोग दक्षिण-पूर्वी एशिया की बड़ी-बड़ी नदियों जैसे– होवांहो, इयांछिकियां, मेकं, इरावती, ब्रह्मपुत्र आदि के आस-पास के इलाके में बसकर जीवन-निर्वाह करने लगते हैं। इस तरह से वे लोग इन्हीं नदियों, तराइयों/घाटियों में फैल गये। इसके बाद विभिन्न प्रकार के प्राकृतिक/नैसर्गिक और राजनैतिक कारणों के चलते विशाल भारतवर्ष के भिन्न प्रांतों में बस गये। दूसरा गुट संभवतः तिब्बत से होते हुए नाथुला के दुर्गम पर्वतीय पथ के रास्ते हिमालय की तराई में प्रवहमान मेचि नदी को अपने जीवन का सहचर मान लिया था। बाद में यह गुट पश्चिमी बंगाल की विभिन्न नदियों के आसपास बस गये। इसीलिए इस गुट के लोगों का फैलाव बांगलादेश तक पाये जाने की संभावना से इनकार नहीं किया जा सकता। इसका प्रमाण बांगला शब्दों में मिलता है। डॉ. सुनीति कुमार चटर्जी भी ऐसा ही मत रखते थे।

पहले ही कहा गया है कि बोरो भाषा का स्रोत चीन-तिब्बतीय भाषा-परिवार है। इसीलिए चीनी-तिब्बतीय भाषा-परिवार के भाषिक लक्षण बोरो भाषा में

मिल जाते हैं। जैसे–(क) ध्वनि/स्वर/सुरों का व्यवहार, (ख) मौलिक शब्द-समूह (ग) वमी-वेच/ बहुत-कुछ विश्लेषणात्मक संरचना (Analytical typology)। परन्तु ये लक्षण धीरे-धीरे खत्म होते जा रहे हैं।

असम के गारो, राभा, डिमासा, हाजं, तिया, चुतिया और त्रिपुरा के ककबोरोक भाषा भी बोरो भाषा के अत्यंत नजदीक हैं। भाषावैज्ञानिक इन भाषाओं को एक ही भाषिक उपशाखा के अंतर्गत मानते हैं।

2.0 बोरो भाषा का विस्तार और जनसंख्या

पहले बता दिया गया है कि बोरो भाषा-संप्रदाय के लोग असम के चारों ओर फैले होने के साथ-साथ असम के सीमा प्रांतीय राज्य मेघालय, पश्चिमी बंगाल के तीन जिले जलपाइगुरि, कोचबिहार और दार्जिलिंग, अरुणाचल प्रदेश के कुछ स्थानों, नेपाल के दो जिले विशेषकर झापा और खरं जिला में बोरो भाषिक सम्प्रदाय के लोग मिल जाते हैं। सन् 2001 की जनगणना के अनुसार असम में बोरोभाषी सम्प्रदाय की कुल आबादी 12,96,162 है।

3.0 संवैधानिक मर्यादा और इसका विकास

सन् 2003 ई. में बोरो भाषा को भारतीय संविधान की आठवीं अनुसूची में शामिल किया गया है। यही कारण है कि आज बोरो भाषा को साहित्य अकाडेमी जैसी सर्वभारतीय संस्थानों की पृष्ठपोषकता मिली हुई है। तब से ही बोरो भाषा-साहित्य की उन्नति में चार चाँद लग गये हैं। उल्लेखनीय है कि सन् 1963 की 18 मई को ही बोरो भाषा को विद्यालयों में माध्यम भाषा के रूप में स्वीकृति मिली थी और तभी से विद्यालयों में दसवीं कक्षा तक माध्यम भाषा के रूप में व्यवहार होता आ रहा है। विश्वविद्यालय में एक विषय के रूप में आज इसका पठन-पाठन हो रहा है। यही नहीं, सरकारी काम-काज विशेषकर इलेक्ट्रोनिक मिडिया, टकसाल, शैक्षिक अनुष्ठानों में बोरो भाषा का व्यवहार असम के सूचनापट्ट में दिखाई देता है। यही कारण है कि बोरो भाषा का प्रचार और प्रसार आज जोरों पर है। अतः हम यह मानते हैं कि आज बोरो भाषा सिर्फ एक सम्प्रदाय विशेष के भाव-प्रकाश का माध्यम नहीं है बल्कि एक सुष्ठु सामाजिक और शैक्षिक मर्यादा भी इसमें मिल चुकी है। पूर्वोत्तर भारत की वनवासी जनगोष्ठियों में से सिर्फ बोरो ही एक ऐसी भाषा है जिसको स्कूलों में दसवीं कक्षा तक शिक्षा-ग्रहण करने लिए माध्यम-भाषा के रूप में संवैधानिक स्वीकृति प्राप्त है।

4.0 लिखित साहित्य

बीसवीं शती के पहले दशक में ही सम्पूर्ण रूप से बोरो-लेखकों द्वारा रचित साहित्य

का प्राचीनतम निदर्शन हमें मिल जाता है। सन् 1915 ई. में गंगाचरण कछारी द्वारा प्रस्तुत **बोरोनि फिछा ओ आयेन** (बोरो संतान और कानून) नामक पुस्तिका ही बोरो भाषा की सबसे पहले लिखी गयी पुस्तक है। इसीसे यह प्रमाणित होता है कि असम प्रांत में बोरो भाषा का प्रचलन काफी पहले से होता आ रहा है यद्यपि लिखित साहित्य का प्रचलन ज्यादे दिन का नहीं है। इसका प्रमुख कारण है निरक्षरता, सामाजिक अनुष्ठान-प्रतिष्ठानों का जन्म न होना। बीसवीं शती के पहले दशक में धीरे-धीरे विभिन्न अनुष्ठानों-प्रतिष्ठानों का जन्म न होना। बीसवीं शती के पहले दशक में धीरे-धीरे विभिन्न अनुष्ठानों-प्रतिष्ठानों ने इस भाषा के प्रचार-प्रसार का काम अपने हाथ में लिया और धीरे-धीरे लिखित साहित्य के विकास-काल का प्रारंभ हुआ। बोरो छात्र सम्मेलन के अथक प्रयास के चलते सन् 1924 ई. में बोरो भाषा की पहली पत्रिका 'बिबार' (फूल) का शुभारंभ हुआ था। इस पत्रिका ने अपने सामाजिक उत्तरदायित्व को भली-भाँति निभाते हुए समाज में अपना सुदृढ़ कदम रखा था। इस पत्रिका में गद्य-पद्य दोनों प्रकार की रचनाओं को स्थान मिला था। लिखित साहित्य की बहती धारा को आज कविता, नाटक, कहानी की विभिन्न धाराओं ने गंभीर मादकता से भर दिया है। कुल मिलाकर सन् 1952 ई. तक साहित्य-रचना की जो सूक्ष्म धारा बह रही थी वह बोरो साहित्य सभा के जन्म से और विशाल होती गयी है। आज के दौर में बोरो भाषा को कविता, नाटक, उपन्यास, कहानी, बाल-साहित्य, यात्रा-वृत्तांत, अनुवाद-साहित्य ने अपनी अमृत-वर्षा से भर दिया है।

5.0 लिपि

अतीत में बोरो भाषा की अपनी कोई लिपि होने की संभावना का पुख्ता सबूत विद्वानों को अभी तक नहीं मिला है। बीसवीं शताब्दी के पहले दशक से लेकर सत्तर तक बोरो भाषा ब्राह्मी लिपि से उद्भूत होने वाली लिपि से काम चलाया करती थी। आंदोलन के चलते सत्तर दशक में बोरो भाषा को बांगला और असमीया लिपि के व्यवहार में अड़चन आने लगी और उसी समय इस भाषा को एक नयी लिपि के व्यवहार के लिए भारत-सरकार ने अनुमति दी। यह है देवनागरी जो आज अपना दायित्व वेझिझक निभा रही है।

6.0 भाषा-संरचना

भाषा-संरचना की दृष्टि से बोरो भाषा दूसरी तिब्बत-वर्मी भाषाओं से काफी मेल रखती है। पहले इस भाषा की विशिष्ट ध्वनि विषय की आलोचना कर लेना ठीक रहेगा।

6.1 विशिष्ट स्वरध्वनि

बोरो भाषा में प्रधानतः 6 (छह) विशिष्ट स्वरध्वनि का प्रयोग होता है। इनमें से पाँच

इस प्रकार हैं– इ, उ, ए, अ, आ। इन्हीं स्वर ध्वनियों का प्रयोग दूसरे प्रकार की तिब्बत-वर्मी भाषा में भी देखा जाता है। इसके अलावा एक विशिष्ट स्वरध्वनि ओ का व्यवहार बोरो भाषा में होता है जो अग्र/पश्च विवृत स्वरध्वनि है। यह स्वरध्वनि प्राचीन मूल तिब्बत-वर्मी भाषाओं में नहीं थी लेकिन आजकल बोरो और इसकी दो-तीन सगोत्रीय भाषाओं में इसका प्रयोग दिखाई देने लगा है।

विशिष्ट स्वरध्वनि की तालिका

	अग्र	केंद्रीय	पश्च
उच्च	इ		ओ उ
मध्य	ए		अ
निम्न		आ	

स्वरध्वनियों का परिचय

इ– उच्च अग्र संवृत स्वरध्वनि (high front unrounded vowel)

ओ– उच्च पश्च संवृत स्वरध्वनि (high back unrounded vowel)

उ– उच्च पश्च विवृत स्वरध्वनि (high back unrounded vowel)

ए– मध्य अग्र संवृत स्वरध्वनि (mid front unrounded vowel)

अ– मध्य पश्च विवृत स्वरध्वनि (mid back rounded vowel)

आ– निम्न केंद्रीय संवृत स्वरध्वनि (low central unrounded vowel)

उल्लेखनीय बात यह है कि बोरो भाषा की सभी स्वरध्वनियाँ शब्द के सम्मुख, केन्द्रीय और पश्च में पाया जाता है। बोरो भाषा में संयुक्त स्वरों या स्वरगुच्छों का भी प्रयोग होता है। उदाहरण–

बोरो	**हिन्दी**
आइ	मां
साउ	अभिशाप
जिउ	जीवन इत्यादि।

6.2 विशिष्ट व्यंजन ध्वनि

बोरो भाषा में 16 विशिष्ट व्यंजन ध्वनि का प्रयोग दिखाई देता है। उच्चारण के स्थान और धरण के अनुसार इसे निम्नलिखित तालिका द्वारा दिखाया जा सकता है।

	ओष्ठ		वर्त्स्य		तालु		कोमल तालु		काकल	
	अघोष	सघोष	अघोष	सघोष	अघोष	सघोष	अघोष	सघोष	अघोष	सघोष
स्पर्श अल्प		ब		द				ग		
महा	फ		थ				ख			
स्पर्श संघर्षी			स	ज					ह	
नासिक्य		म		न				ङ		
लुंठित				र						
पार्श्विक					ल					
अंतःस्थ		व				य				

बोरो भाषा में अघोष ध्वनि का प्रयोग कभी भी अपनी भाषा मौलिक शब्दों में शब्द के अंतिम स्थान में नहीं पाया जाता, सिर्फ अग्र और केन्द्रीय स्थान में ही पाया जाता है। केन्द्रीय स्थान में पाए जाने में भी एक शर्त यह है कि अघोष ध्वनियाँ शब्द के केन्द्रीय स्थान में सिर्फ अक्षर की शुरुआत में ही पायी जाती हैं। जैसे– खां-खाइ (केकडा), थां-फा (साथ जाना) इत्यादि। ङ ध्वनि का प्रयोग इस भाषा में कभी शब्द की शुरुआत में नहीं होता, केन्द्रीय और अंत स्थान में होता है। उधर दो अन्तःस्थ ध्वनि व और य का प्रयोग मूल शब्द में कभी नहीं होता। जब प्रत्यय का संयोग हो जाता है तभी वे शब्द के केन्द्र में दिखाई देते हैं। जैसे– आब'– आ >आब'वा, आदा– आ > आदाया इत्यादि। अघोष ध्वनि को छोड़ बोरो भाषा की सभी सघोष ध्वनियाँ लगभग शब्द के सभी भागों में बैठ सकती हैं।

स्वरध्वनि में जैसा स्वरगुच्छ पाया जाता है ठीक उसी तरह व्यंजन में भी संयुक्त व्यंजन पाया जाता है। यह व्यंजन शब्द के अग्र और केन्द्रीय भाग में पाया जाता है, पश्च में कभी उसका प्रयोग नहीं होता। उदाहरण–

बोरो	**हिन्दी**
ब्रै	चार
ब्लद	जल्दी
गाज्रि	खराब
लानथ्रि	क्रमशः इत्यादि।

ऊपर दिये गये उदाहरणों में संयुक्त व्यंजन पहले दो में अग्र और पिछले दो में केन्द्रीय भाग में पाए जाते हैं।

7.0 व्याकरणिक परिचय

बोरो भाषा की गठन-प्रक्रिया उत्तर-पूर्व की सभी तिब्बत-वर्मीय भाषाओं से मिलती

जुलती है। इसलिए बहुत जगह में उसे आर्य भाषाओं के साथ संजोना मुश्किल हो जाता है। शब्द-गठन-प्रक्रिया, लिंग-परिवर्तन, वचन का प्रयोग और गठन, सर्वनाम और उसका प्रयोग, क्रिया और काल, संज्ञा शब्द और विशेषण शब्द के गठन-विश्लेषण की तुलना निर्दिष्टवाचकता, वाक्य का गठन और अलग-अलग विषय में अपना अलग व्याकरणिक विशिष्टता है। बोरो भाषा की अपनी गठन-प्रणाली है जो बहुत दूर तक तिब्बत-वर्मी की बहुत भाषाओं से मिलती-जुलती है।

7.1 संज्ञा (Noun)

बोरो भाषा के संज्ञा शब्दों को परंपरागत व्याकरणिक ढंग से प्राणिवाचक और अप्राणिवाचक, इन दो भागों में बाँट सकते हैं। प्राणिवाचक को फिर दो हिस्सों में बाँट सकते हैं–(क) आदमी से जुड़ी हुई और (ख) जन्तु-जानवर, चिड़ियाँ, कीट-पतंग से जुड़ी हुई। प्रयोग को ले संज्ञा पदों को कई प्रकार में बाँट सकते हैं। जैसे–

(क) व्यक्तिवाचक संज्ञा–मनुष्य, जाति का नाम आदि दिखाने वाले शब्दों को व्यक्तिवाचक संज्ञा शब्द कहते हैं। ऐसे बहुत शब्द बोरो भाषा में हैं। उदाहरण–गुवाहाटी, कक्राझार, आदाराम, बैराथि, हला, नाब्ला, गइथि, बरमा इत्यादि।

(ख) द्रव्यवाचक संज्ञा–जिसे किसी वस्तु का बोध होता है उसे द्रव्यवाचक संज्ञा शब्द कहते हैं। उदाहरण–अन्थाइ (पत्थर), न (घर), जि (कपड़ा), दंफां (पेड़), सोर (लोहा), दै (पानी) इत्यादि।

(ग) प्राणिवाचक संज्ञा–जन्तु-जानवर दर्शाने वाले बहुत शब्द को इस श्रेणी के अंतर्गत कर सकते हैं। उदाहरण– मौसौ (गाय), मा (मछली), सिखिरि (तितली), मैदेर (हाथी) आदि।

(घ) क्रियार्थक संज्ञा–बोरो भाषा के बहुत शब्द क्रिया शब्द के आगे या पीछे प्रत्यय लगाकर बनाये जाते हैं। उदाहरण–बि-बार (फूल), फि-थाइ (फल), बि-सान (संख्या), फान (बेच)- नाय > फाननाय (बेचने का काम)।

वाक्य में इसका प्रयोग इस प्रकार किया जाता है–

(1) बेयो फाननाय मुवा (यह वेची हुई वस्तु)।

(2) फाननाय मुवाखौ नाङ (बेची हुई वस्तु नहीं चाहिए)।

(3) माउ-नाइ (जिसे किया गया)

(4) जा-नाइ (जिसे खाया गया) इत्यादि।

दिलचस्प बात यह है कि बोरो भाषा में संज्ञा के प्रयोग को देखकर बाँटने से ज्यादा गठन को देखकर बाँटना बेहतर है।

7.2 लिंग

पुरुष और स्त्री जाति का जो बोध कराता है वही लिंग है। बोरो भाषा का लिंग

प्राकृतिक है, व्याकरणिक नहीं है। इसलिए इस भाषा में सिर्फ प्राणिवाचक शब्दों का लिंग-निर्णय किया जाता है, अप्राणिवाचक शब्दों का नहीं। बोरो भाषा में लिंग का निर्णय तीन प्रकार से किया जाता है। (क) अलग-अलग शब्दों के व्यवहार में, (ख) संज्ञा के आगे या पीछे नर-मादा बताने वाले शब्दों के व्यवहार से और (ग) स्त्रीलिंगवाचक परसर्ग के व्यवहार से।

7.2.1. बोरो भाषा में अलग-अलग शब्दों से जो लिंग-निर्णय किया जाता है वह ज्यादातर सम्बन्धवाचक शब्दों से ताल्लुक रखता है। जैसे–

पुल्लिग	**स्त्रीलिंग**
आफा (मेरे पिता)	आइ (मेरी माँ)
आदा (बड़े भाई)	बाजै (भाभी)
आबौ (नाना/दादा)	आबै (नानी/दादी)

7.2.2 बोरो भाषा में कुछ ऐसे शब्द हैं जिससे उनका लिंग स्पष्ट नहीं होता। इसलिए इन शब्दों का लिंग-निर्णय करने के लिए संज्ञा शब्दों के आगे या पीछे पुरुष-महिला बताने वाले शब्दों का व्यवहार किया जाता है।

पुल्लिग	**स्त्रीलिंग**
हौवा मानसि (पुरुष इनसान)	हिनजाव मानसि (स्त्री इनसान)
दाउ जोला (मुर्गा)	दाउ जो (मुर्गी)
अमा बुन्दा (नर सूअर)	अमा बुन्दि (मादा सूअर)
फिसा जोला (बेटा)	फिसा जो (बेटी)

उल्लेखनीय बात यह है कि ऊपर दिये गये उदाहरणों में मानसि (इनसान), दाउ (पक्षी चिड़िया), अंमा (सूअर), फिसा (संतान) शब्द पुल्लिग-स्त्रीलिंग दोनों को साथ लेकर चले हैं और जब अलग-अलग करके बताना पड़ता है तो बोरो भाषा में इन शब्दों के आगे या पीछे पुल्लिग-स्त्रीलिंग बताने वाले अलग-अलग शब्दों का व्यवहार अत्यंत जरूरी हो जाता है।

7.2.3 बोरो भाषा में पुल्लिग से स्त्रीलिंग तक शब्दों को ले जाने के लिए स्त्रीलिंगवाचक परसर्ग का व्यवहार होता है। ऐसे परसर्ग हैं–{-इ, -उ} और {-ए}। ये सब परसर्ग आकारांत पुल्लिग शब्दों के साथ प्रयुक्त होता है।

पुल्लिग	**स्त्रीलिंग**
खाना (आ) (अंधा आदम)	खानि (-इ) (अंधी आदमी)
बैगा (आ) (बहरा)	बेंगि (-इ) (बहरी)
हाड़था (आ) (नाटा)	हाइथु (-उ) (नाटी)

7.3 वचन

बोरो भाषा में दो प्रकार के वचन का प्रयोग होता है– एकवचन और बहुवचन। द्विवचन का प्रयोग इस भाषा में नहीं है। जो एक का आभास देता है वह है एकवचन

और जो दो या दो से ज्यादा का आभास देता है वह है बहुवचन। एकवचन स्वतंत्र रूप के होते हैं। यानी इनके साथ प्रत्यय नहीं लगाया जाता है। परन्तु बहुवचन के साथ विविध प्रत्यय लगाये जाते हैं। और बोरो भाषा में इस प्रकार के तीन प्रत्यय पाए जाते हैं। ये हैं– (-सोर, -फोर) और (- मोन)। ये सब परसर्ग के रूप में प्रयोग किये जाते हैं और (-सोर) का प्रयोग सर्वनाम तक सीमित है (–फोर) प्राणिवाचक और अप्राणिवाचक संज्ञा शब्दों और कुछ सर्वनाम के साथ प्रयुक्त होते हैं और (–मोन) सिर्फ सम्बन्धवाचक शब्दों के साथ ही प्रयुक्त होते हैं।

7.3.1 (–सोर) : यह परसर्ग पुरुषवाचक और निजवाचक दो सर्वनाम के साथ प्रयुक्त होते हैं।

बोरो	**हिन्दी**	**बोरो**	**हिन्दी**
नॉ	तुम	नॉ-सोर	तुम लोग
गाय	स्वयं	गाव-सोर	स्वयं (लोग)

7.3.2 (–फोर) यह परसर्ग प्राणिवाचक, अप्राणिवाचक सभी संज्ञा शब्दों और विशेषण शब्दों के साथ प्रयुक्त होते दिखाई देते हैं।

बोरो	**हिन्दी**	**बोरो**	**हिन्दी**
गथ'	बच्चा	गथ'-फोर	बच्चे
बिबार	फूल	बिबार-फोर	फूल अनेक
ना	मछली	ना-फोर	मछलियाँ
मोजां	अच्छा	मोजां-फोर	अच्छे
गोदै	मीठा	गोदै-फोर	मीठे

7.3.3 (–मोन)– यह प्रत्यय सम्बन्धवाचक शब्दों के साथ प्रयोग किया जाता है।

बोरो	**हिन्दी**	**बोरो**	**हिन्दी**
आई	माँ	आई-मोन	माँ और उनके साथी
आफा	पिता	आफा-मोन	पिता और उनके साथी
आब'	बड़ी बहन	आब'-मोन	बड़ी बहनें

7.4 कारक

वाक्य में क्रिया के साथ जो सम्बन्ध निश्चित करता है वही कारक है। इस सम्बन्ध को दिखाने के लिए भाषा में परसर्ग का प्रयोग किया जाता है। बोरो भाषा में सम्बन्ध कारक को लेकर सात कारकों का व्यवहार होता है। यह है– कर्ता, कर्म, करण, सम्प्रदान, अपादान, सम्बन्ध, अधिकरण।

7.4.1 कर्ता कारक–जो क्रिया का काम सम्पन्न करता है वही है कर्त्ता कारक। बोरो भाषा में कर्ता कारक में (–आ) परसर्ग का व्यवहार होता है। जैसे– राम-आ (रामा) फरायसालियाव थांबाय–(राम स्कूल गया), हौवासा-आ (हौवासाया) समायना (बालक सुन्दर है)।

7.4.2 कर्म कारक–क्रिया का प्रभाव या फल जिस पर होता है वही कर्म कारक है। कर्म कारक में (–खौ) परसर्ग का व्यवहार होता है। जैसे–बिमाया गथ'-खौ (गथ' खौ) बुदाँ। (माँ ने बच्चों को मारा है), बिबारा व दै (खौ) लुदों। (फूल में पानी डाला है)।

7.4.3 करण कारक–क्रिया का सम्पादन जिस वस्तु के द्वारा होता है वही करण कारक है। करण कारक में (–जों) परसर्ग का व्यवहार होता है। जैसे– सिखा-जों (सिखाजों) खाव। (चाकू से काटो)। हासिब-जों सिब। (झाड़ू लगाओ)।

7.4.4 सम्प्रदान कारक–क्रिया जिसके लिए होती है वही है सम्प्रदान कारक। सम्प्रदान कारक में (–नो) परसर्ग का व्यवहार होता है। जैसे–राम-नो (रामनो) ओंखाम जाहो (राम को खाना खिलाओ), बिबायारि-नो (बिबायारिनो), माइरं हर (भिखारी को चावल दो)।

7.4.5 अपादान कारक–जिससे क्रिया के निकलने या अलग होने के बारे में जानकारी प्राप्त होती है वही अपादान कारक है। अपादान कारक का अपना स्वतंत्र परसर्ग बोरो भाषा में नहीं है। सम्बन्ध कारक के (-नि) और एक Post-position फ्राय को लेकर ही उसका परसर्ग बनता है। जैसे–बिफां-नि फ्राय बिलाई सिरिबाय (पेड़ से पत्ता गिरा), हा-नि फ्राय आबाद मोनो (मिट्टी से खेत उगता है)।

7.4.6 सम्बन्ध कारक–संज्ञा शब्दों के साथ जो सम्पर्क-स्थापन करता है वही सम्बन्ध कारक है। सम्बन्ध कारक में परसर्ग (-नि) का प्रयोग होता है। जैसे–आं-नि (आंनि) बिजाब। (मेरी किताब), गिलास- नि (गिनासनि) दै (ग्लास का पानी)।

7.4.7 अधिकरण कारक–जो क्रिया का आधार सूचित करता है वही अधिकरण कारक है। अधिकरण कारक में परसर्ग (- आव) का प्रयोग होता है। जैसे–न-आव (नवाव) सोर दं? (घर में कौन है?), लामा-आव (लामायाव) मानसि गैया। (सस्ते में इंसान नहीं है)।

7.5 सर्वनाम

नामों के स्थान पर जिन शब्दों का प्रयोग होता है वे ही सर्वनाम हैं। बोरो भाषा में अर्थ की दृष्टि से सर्वनाम को पाँच भागों में बाँट सकते हैं– पुरुषवाचक, निश्चयवाचक, अनिश्चयवाचक, निजवाचक और संबंधवाचक सर्वनाम।

7.5.1 पुरुषवाचक सर्वनाम–जो बोलनेवाले, सुननेवाले या किसी दूसरे व्यक्ति का बोध कराते हैं वे ही पुरुषवाचक सर्वनाम हैं। बोरो भाषा में पुरुषवाचक सर्वनाम को पुरुष और वचन की दृष्टि से दिखाया जा सकता है। पुरुष और स्त्री को लेकर इस भाषा में इस पुरुष का कोई भी अंतर नहीं है। इस भाषा में सर्वनाम को नीचे दी गयी तालिका में देखा जा सकता है।

पुरुष		एकवचन		बहुवचन	
		बोरो	हिन्दी	बोरो	हिन्दी
उत्तम		आं	मैं	जों	हम
मध्यम	तुच्छ	नों	तुम	नों-सोर	तुम लोग
	मान्य	नों-थां	आप	नों-थां-मोन	आप लोग
अन्य	तुच्छ	बि	वह	बि-सोर	वे
	मान्य	बि-थां	वह	बि-थां-मोन	वे

बोरो भाषा में उत्तम पुरुष के एकवचन और बहुवचन दोनों ही रूप स्वतंत्र हैं। मध्यम पुरुष में एक साधारण और अन्य मान्य, ये दो रूप होते हैं। ठीक उसी तरह पुरुष में भी साधारण और मान्य, ये दो रूप होते हैं। दोनों पुरुषों में साधारण और मान्य रूप के लिए दो अलग-अलग परसर्ग का व्यवहार होता है।

7.5.2 निश्चयवाचक सर्वनाम–बोरो भाषा में निश्चयवाचक सर्वनाम के दो रूप होते हैं। एक निकटवर्ती और दूसरा दूरवर्ती पदार्थ का संकेत करता है। ये हैं– बे (यह) और बै (वह)।

7.5.3– अनिश्चयवाचक सर्वनाम–अनिश्चयवाचक सर्वनाम से किसी भी वस्तु या व्यक्ति के बारे में निश्चय नहीं हो पाता है। बोरो भाषा में ऐसे कुछ सर्वनाम पाए जाते हैं। ये हैं- सोरबा (कोई), माबा (कुछ)। 'सोर' और 'सोरबा' को व्यक्ति के साथ और कुछ को किसी पदार्थ या वस्तु के साथ व्यवहार करते हैं।

7.5.4– निजवाचक सर्वनाम–निजवाचक सर्वनाम अपने आप के बारे में ही जानकारी देता है। बोरो भाषा में निजवाचक सर्वनाम सिर्फ एक पाया जाता है और यह है 'गाव' (आप)।

7.5.5– प्रश्नवाचक सर्वनाम–इस सर्वनाम से किसी प्रश्न का बोध होता है। बोरो भाषा में तीन प्रश्नवाचक सर्वनाम का प्रयोग होता है। ये हैं– सोर (कौन), मा (क्या), बबे (कहाँ)।

7.6 विशेषण

बोरो भाषा में विशेषण एक महत्त्वपूर्ण विषय है। इस भाषा में ज्यादातर विशेषण शब्दों को क्रिया के साथ उपसर्ग और परसर्ग लगाकर बनाया जाता है। जैसे–

उपसर्ग के व्यवहार से–

ग- सोम (काला होना) > गोसोम (काला),
ग- फुर (सफेद होना) > गुफुर (सफेद),
ग- जौ (लंबा होना) > गोजौ (लंबा))।

परसर्ग के व्यवहार से–

सोम (काला होना) - खोर > सोमखोर (गहरा हरित),

फुर (सफेद होना) - गेव > फुरगेव (पीला),

अन (प्यार करना) - सुला > अनसुला (दयालु)।

ऊपर दिये गये उदाहरणों के अलावा भी इस भाषा में कुछ-कुछ स्वतंत्र शब्द भी पाए जाते हैं। पर उनकी संख्या बहुत कम है। जैसे– मोजां (अच्छा), गाज्रि (बुरा, खराब), सैथो (सत्य) इत्यादि।

7.7 क्रिया और काल

7.7.1 क्रिया–क्रिया कुछ काम करने या होने का आभास देती है। रचना की दृष्टि से क्रिया को दो भागों में बाँटा जाता है–रूढ़ (या मूल) और योगिक। रुढ़ अपने आप में स्वतंत्र होते हैं, जो धातु होते हैं। जैसे–जा (खा), था (जा), फै (आ), गाब (रो), मिनि (हँस) इत्यादि। जो एक से अधिक तत्त्वों से बनते हैं वे यौगिक क्रिया हैं। ऐसी यौगिक क्रिया बोरो भाषा में बहुत मिल सकते हैं। जैसे– -जा (खा), थां (जा), फै (आ), गाब (रो), मिनि (हँस) इत्यादि। जो एक से अधिक तत्त्वों से बनते हैं वे यौगिक क्रिया हैं। ऐसी यौगिक क्रिया बोरो भाषा में बहुत मिल सकते हैं। जैसे– -जा (खा), -हो (दे), जाहो (खिलवा), गाब (रो), -हो (दे) गाबहो (रुलवा), मोसा (नाच)- हो (दे) मोसाहो (नचवा), फराय (पढ़)- हो (दे) फरायहो (पढ़वा) इत्यादि।

क्रिया दो प्रकार की होती है– सकर्मक और अकर्मक। सकर्मक क्रिया वह है जिनमें कर्म की अपेक्षा रहती है और अकर्मक वह है जिनमें कर्म की अपेक्षा नहीं रहती। जैसे– आं थाङो। (मैं जाता हूँ)। इस वाक्य में सिर्फ कर्ता और क्रिया है तो भी वाक्य पूर्ण है, कर्म की आवश्यकता नहीं है। इसलिए इस वाक्य में थाङों क्रिया अकर्मक क्रिया है। और देखिए– आं मोनो। (मैं पाता हूँ)। इस वाक्य में पाता हूँ बोलने से क्या पाता है, इस प्रश्न का उत्तर नहीं मिलता यानी यह वाक्य कर्म की अपेक्षा रखता है और कर्म के बिना अपूर्ण है। अतः 'मोनो' क्रिया सकर्मक है।

7.7.2 काल–क्रिया के काम होने का समय ही काल है। काल को मुख्यतः तीन भागों में बाँट सकते हैं– वर्तमान, भूत और भविष्यत काल। वर्तमान से बीत रहे समाय का, भूत से बीते हुए समय का और भविष्यत से आने वाले समय का बोध होता है। बोरो भाषा में काल-विभाजन को दिखाने के लिए क्रिया के साथ परसर्ग का प्रयोग होता है। फिर भी, इस भाषा में काल का विभाजन करना बहुत मुश्किल काम है, क्योंकि कभी-कभी एक ही परसर्ग से एक से अधिक काल की सूचना इस भाषा में होती है। इसके बावजूद चर्चा की सुविधा के लिए इस भाषा में एक काल को दो-दो भागों में विभक्त कर सकते हैं।

7.7.2.1 वर्तमान काल–व्यवहार की दृष्टि से बोरो भाषा के वर्तमान काल

को और दो भागों में बाँट सकते हैं। एक है सामान्य या नित्य वर्तमान (Present Indefinite) और दूसरा है चलित वर्तमान (Present Continuous)। नित्य वर्तमान को समझाने के लिए बोरो भाषा में– -ओ परसर्ग और चलित वर्तमान को समझाने के लिए -दों परसर्ग का व्यवहार क्रिया शब्दों के साथ करते हैं।

7.7.2.2.2 नित्य वर्तमान–नियम, अभ्यास या आज तक चलते रहे कुछ दिखाने के लिए नित्य या सामान्य वर्तमान काल के -ओ परसर्ग का व्यवहार होता है। जैसे– हौवासाया फराय (-ओ) (फरायो)। (लड़का पढ़ता है), बियो ओंखाम जा-ओ (जायो)।

7.7.2.2.3 नित्य वर्तमान–नियम, अभ्यास या आज तक चलते रहे कुछ दिखाने के लिए नित्य या सामान्य वर्तमान काल के- ओ पर-सर्ग का व्यवहार होता है। जैसे– हौवासाया फराय आ (फरायो)। (लड़का पढ़ता है), बियो ओंखाम जा-ओ (जायो)। (वह खाना खाता है)।

7.7.2.2.4 चलित वर्तमान– जो काम अभी तक चल रहा है, यह दिखाने के लिए चलित वर्तमान का व्यवहार होता है। इस वर्तमान में -दों परसर्ग का व्यवहार होता है। जैसे–बियो ओंखाम जा-दों (जादों)। (वह खाना खा रहे हैं), आदाया बिजाब फराय-दों। (भैया किताब पढ़ रहे हैं)।

7.7.2.2.5 भूत काल–व्यवहार की दृष्टि से वर्तमान काल की तरह भूत काल का भी दो विभाजन कर सकते हैं। यह है समीप भूत (Immediate past) और परोक्ष भूत (Remote past)।

7.7.2.2.6 समीप भूत–जो क्रिया का काम बोलने से थोड़ी ही देर पहले हो गया हो (समाप्त हो गया हो) यह समझाने के लिए समीप भूत में परसर्ग -बाय का प्रयोग होता है। जैसे–बियो नसिम थां-बाय (थांबाय)। (वह घर चला गया), आया उन्दु-बाय (उन्दुबाय)। (माँ सो गयी)।

7.7.2.2.7 परोक्ष भूत–जो क्रिया का काम आज से बहुत दिन पहले हो गया हो यह दिखाने के लिए परसर्ग -दों-मोन का व्यवहार होता है। उल्लेखनीय यह है कि परोक्ष भूत का परसर्ग अपने आप में स्वतंत्र नहीं है बल्कि चलित वर्तमान के परसर्ग -दों और दूसरा परसर्ग -मोन को लगाकर ही इस काल का परसर्ग गठित किया जाता है। जैसे–बियो ओंखाम जा-दों-मोन। (उसने खाना खाया था), रामा अयोध्यानि राजा-मोन। (राम अयोध्या के राजा थे)। उल्लेखनीय बात यह है कि जब क्रिया के साथ बैठते हैं तो परसर्ग -दों-मोन का प्रयोग होता है और जब संज्ञा के साथ बैठता है तो -मोन का प्रयोग होता है।

7.7.2.7.8. भविष्यत काल–आगे के दो कालों की तरह भविष्यत काल को भी दो भागों में बाँट सकते हैं। एक है समीप भविष्यत (Immediate future) और दूसरा है परोक्ष भविष्यत (Remote future)। समीप भविष्यत में -नोसें परसर्ग और परोक्ष भविष्यत में -गोन परसर्ग का प्रयोग होता है।

7.7.2.7.9. समीप भविष्यत—जो क्रिया का काम अब से थोड़ी ही देर बाद होने वाला है यह दिखाने के लिए बोरो भाषा में समीप भविष्यत के परसर्ग -नोसें का प्रयोग होता है। जैसे— आं थां- नोसै (थांनोसै)। मैं जा रहा हूँ, यानी जाने का काम अभी तक शुरू हुआ नहीं, पर थोड़ी देर बाद हो रहा है। बियो लिर-नोसै (लिरनोसै)। (वह लिखने जा रहा है)।

7.7.2.7.10. परोक्ष भविष्यत—जिस क्रिया का काम बाद में होगा पर बाद कब होगा, इसका समय ठीक से मालूम नहीं होता, यह बताने के लिए -गोन परसर्ग का प्रयोग होता है। जैसे—आं थां-गोन (थांगोन)। (मैं जाऊँगा), बियो जा-गोन (जागोन)। (व्ह खाएगा)।

7.8 क्रियाविशेषण

जो क्रिया की विशेषता बतलाता है वह क्रियाविशेषण है। बोरो भाषा में क्रियाविशेषण सदा क्रियापदों के पहले आता है। बनावट की दृष्टि से क्रियाविशेषण को दो भागों में बाँट सकते हैं—रूढ़ और यौगिक रूढ़ वह मूल है जिसे खंड नहीं किया जा सकता और यौगिक वह है जिसके साथ उपसर्ग या परसर्ग योग कर सकते हैं। अर्थ की दृष्टि से क्रियाविशेषण को तीन भागों में बाँट सकते हैं— स्थानवाचक, कालवाचक ओंर रीतिवाचक क्रियाविशेषण।

7.8.1 स्थानवाचक क्रियाविशेषण—स्थानवाचक क्रियाविशेषण को बनावट की दृष्टि से दो भागों में बाँट सकते हैं—रूढ़ और यौगिक।

रूढ़—सा (ऊपर), सिं (नीचे, अन्दर), खाथि (पास), उन (पीछे), सिगां (आगे), ओजों (इधर), हजों (उधर)।

यौगिक—गोजान (दूर), आगदा (दाएँ), आगसि (बाएँ), बेयाव (यहाँ) बैयाव (वहाँ), बबेयाव (कहाँ)।

7.8.2 कालवाचक क्रियाविशेषण—जो क्रियाविशेषण समय का बोध कराते हैं ने कालवाचक क्रियाविशेषण हैं। कालवाचक क्रियाविशेषण को बनावट की दृष्टि से दो भागों में बाँटा जाता है—रूढ़ और यौगिक।

रूढ़—दा (अब), फुं (सुबह), हर (रात), दिनै (आज), गाबोन (आनेवाला कल), मैया (बीता हुआ कल), जैब्लाबो (हमेशा, रोज)।

यौगिक—दा-सो (अभी), सम-फोर (परसो), सान-फ्रोम (रोज), दा-सिम (अब तक), फुं-आव (सुबह, सवेरे), फुं-जा सान-जा (सवेरे-सवेरे), सान-जौफु (दोपहर)।

7.8.3 रीतिवाचक क्रियाविशेषण—रीतिवाचक क्रियाविशेषण को बोरो भाषा में क्रिया और विशेषण शब्दों के साथ नोइ/-ओइ/ऐ परसर्ग लगाकर लिखा जाता है।

क्रिया के साथ जाना-नै (खाके), लोंना-नै (पीके), उन्दु-नानै (सोके), माव-नानै (करके) इत्यादि।

विशेषण के साथ—लासें-ओइ (धीरे), मोजां-ओइ (अच्छी तरह), गुसुं-ओइ (संक्षिप्त से), गुवार-ओइ (विस्तार से), गोबार-ओइ (जोर से)।

उल्लेखनीय बात यह है कि जब क्रिया से क्रियाविशेषण बनाया जाता है तो परसर्ग सीधे क्रिया के साथ न बैठकर दोनों के बीच में -ना परसर्ग आ जाता है। परन्तु विशेषण के साथ पर-सर्ग सीधे बैठ सकते हैं। दूसरी बात यह है कि रीतिवाचक विशेषण कभी-कभी अपने आप में स्वतंत्र भी होते हैं, लेकिन इसकी संख्या बोरो भाषा में बहुत कम है। ऐसा एक उदाहरण है—हरखाब (अचानक)।

8.0 वाक्य-रचना

वास्तव में अर्थपूर्ण शब्दों का सजाया जाना ही वाक्य है जो एक के मन की बात दूसरों को बता सके। वाक्य में जो शब्द होते हैं वे आपस में एक सम्बन्ध रखते हैं। अर्थ और रचना, इन दोनों आधारों पर वाक्य का विभाजन कर सकते हैं। अर्थ के आधार पर वाक्य को बोरो भाषा में विधानार्थक, निषेधवाचक, प्रश्नवाचक, विस्मयादिबोधक इन चार भागों में विभक्त किया जाता है। इसी तरह रचना के आधार पर वाक्य को सरल, मिश्र और संयुक्त, इन तीन भागों में विभक्त कर सकते हैं।

8.1 अर्थ के आधार पर—ऊपर अर्थ के आधार पर वाक्य को कितने भाग में विभक्त कर सकते हैं पर इसके बारे में कहा गया। नीचे एक-एक करके इन सबको प्रस्तुत करने का प्रयत्न किया जा रहा है।

8.1.1 विधानार्थक—जिससे क्रिया के कार्य होने के बारे में जानकारी मिल सकती है, वह विधानार्थक है। जैसे दाउखाया गोसोम। (कौआ काला है), हिनजावसाया समायना। (लड़की सुन्दर है), जों ओंखाम जाबाय। (हमने खाना खा लिया)।

8.1.2 निषेधवाचक—इस प्रकार के वाक्य में कार्य का निषेध पाया जाता है। जैसे— बियो फैयाखै। (वह नहीं आया), गोसोआ मोजां नङा। (मन ठीक नहीं है), बियो बिजाब फराया। (वह किताब नहीं पढ़ता)।

8.1.3 प्रश्नवाचक—इस प्रकार के वाक्य से किसी को किसी से कोई बात पूछने का आभास होता है। जैसे— नोंनि मुङा मा? तुम्हारा नाम क्या है?, नों मा खामानि मावदोंमोन? (तुम क्या काम कर रहे थे?), नों बहा थांदोंमोन? (तुम कहाँ चले थे?)।

8.1.4 विस्मयादिबोधक—ओ हर्ष, शोक, आश्चर्य आदि भाव प्रकाश करते हैं वे विस्मयादिबोधक वाक्य हैं, जैसे— आय' मा जाखो? (हाय! क्या हुआ?)।

रचना के आधार पर वाक्य के तीन प्रकार के बारे में पहले ही बोला गया है। अब उन पर नीचे विचार किया जा रहा है।

8.1.5 सरल वाक्य—साधारणतः सरल वाक्य वह है जिसमें एक उद्‍देश्य और एक विधेय होता है। जैसे—आं ओंखाम जाबाय। (मैंने खाना खाया)। इस वाक्य में आं उद्‍देश्य है और ओंखाम जाबाय विधेय। सरल वाक्य सिर्फ दो-तीन शब्दों से

बनता है, ऐसी बात नहीं, यह मिश्र और संयुक्त वाक्य की तरह ही लम्बा और बड़ा भी हो सकता है। इसके अलावा सरल वाक्य में उद्‌देश्य और विधेय का विस्तारक भी रह सकता है, जैसे–सिखिरिफोरा बिबारनि बिदै सोबदों। (तितली फूलों का रस पी रही है)। इस वाक्य को उद्‌देश्य और विधेय के विस्तारक के प्रयोग से इस तरह कर सकते हैं–गोमो गोजा सिखिरिफोरा बाहां बिरहां बिबारनि बिदै सोबदों (हरी-पीली तितलियाँ उड़-उड़कर फूलों का रस पी रही हैं)।

8.1.6 मिश्र वाक्य–मिश्र वाक्य में दो उपवाक्य होते हैं, एक प्रधान उपवाक्य और दूसरा आश्रित (सहायक) उपवाक्य। दोनों एक दूसरे के बिना अधूरे होते हैं। इसलिए मिश्र वाक्य में दोनों का होना बहुत जरूरी होता है। जैसे–नों जाय खामानिखौ मावदों बेयो मोजां जादो। (तुमने जो काम किया है वह अच्छा हुआ है)। इस वाक्य में बेयो मोजां जादों (वह अच्छा हुआ है) प्रधान उपवाक्य है और नों जाय खामानिखौ मावदों (तुमने जो काम किया है) यह आश्रित या सहायक उपवाक्य है। इसमें कोई भी उपवाक्य अपने आप में सम्पूर्ण नहीं होता। एक और उदाहरण–आं मिथिगौ बियो नंखाय बुंदों। (मै जानता हूँ वह झूठ बोला है।)

8.1.7 संयुक्त वाक्य–जिस वाक्य में एक से अधिक स्वतंत्र या निराश्रित वाक्य होते हैं वे संयुक्त वाक्य होते हैं। जैसे–जों गुवाहाटीसिम थांदोंमोन आरो बैयाव साननै थादोंमोन। (हम गुवाहाटी गये थे और वहाँ दो दिन रहे थे)। ऊपर दिये गये वाक्य में 'जों गुवाहाटीसिम थांदोंमोन' (हम गुवाहाटी गये थे) का भी अपना स्वतंत्र अर्थ है और दूसरा वाला अंश 'बैयाव साननै थांदोंमोन' (वहाँ दो दिन रहे थे) का भी अपना स्वतंत्र अर्थ है। संयुक्त वाक्य में एबा (अथवा), नाथाय (किन्तु) आदि अव्यय का प्रयोग करके भी संयुक्त वाक्य गठित किया जाता है।

अनुवाद : **स्वर्णप्रभा चैनारी**

मणिपुरी भाषा

अथोकपम सुमिता चनु

मणिपुरी के लिए एक प्रचलित नाम मैतैलोन है। यह भाषा भारत के सुदूर पूर्वोत्तर में स्थित एक छोटे राज्य मणिपुर की भाषा है। मणिपुर को भौगोलिक दृष्टि से पहाड़ी और मैदानी क्षेत्रों में बाँटा जा सकता है। मणिपुर का क्षेत्रफल 22,327 वर्ग कि.मी. है। इसका 90 प्रतिशत पहाड़ी और 10% भाग मैदानी है। पहाड़ी क्षेत्र का क्षेत्रफल 20,484 वर्ग कि.मि. है, और मैदानी का क्षेत्रफल 1,843 वर्ग कि.मी. है। यह भाषा मैदानी क्षेत्र की भाषा है। यह मैदानी क्षेत्र के केन्द्र-स्थल 'कङला' तथा इसके आसपास के स्थानों में बोली जाने वाली भाषा है। मैतैलोन का अस्तित्व पहली सदी के पहले से है। पहली सदी से उन्नीसवीं सदी तक (सन् 33-1949) शासन करनेवाले पाखङ्बा और उसके वंशजों ने इसको भाषा का रूप देने में बहुत बड़ा योगदान दिया है। पुराने जमाने में मणिपुर के मैदानी क्षेत्र में मैतै भाषा के अलावा कई अन्य बोलियाँ भी बोली जाती थीं। सात सलाई के लोग मणिपुर के मैदानी क्षेत्र में निवास करते हैं। वे हैं— अङोम, निङ्थौजा, खुमन, लुवाङ्, खा-ङानूब, मोइराङ्, शराङ्-लैशाङ् थेम। ये सब मणिपुर के भिन्न क्षेत्रों में राज करते थे, अपना शासन चलाते थे। इनमें से कुछ सलाइयों का शासन 17वीं सदी तक था और कुछ पहली सदी के आस-पास विलीन हो गये। इन सलाइयों के राज्य मैतै निङथौजा के राज्य में सम्मिलित हो जाने के बाद उनकी बोलियाँ भी मैतै भाषा में धीरे-धीरे सम्मिलित होने लगीं। इस तरह मैतै बोली भाषा के रूप में विकसित होकर मैतैलोन या मणिपुरी भाषा के नाम से अभिहित होने लगी। यही भाषा पहाड़ी तथा मैदानी क्षेत्र की सम्पर्क भाषा का रूप धारण कर चुकी है। विभिन्न जन-जातियों की भाषा भिन्न-भिन्न है पर मैतैलोन उनके बीच संपर्क की भाषा है। अतः मैतैलोन सदियों से कई पहाड़ी जन-जातियों के पारस्परिक सम्पर्क की भाषा रही है। इसकी अपनी लिपि भी है। प्राचीन काल से इसमें साहित्य, इतिहास, शासन, ज्योतिष विद्या, सृष्टि भूगोल, आयुर्वेद आदि से सम्बन्धित हस्तलिखित रचनाएँ प्राप्त हैं। मैतैलोन मणिपुर के हर क्षेत्र में शिक्षा, प्रशासन, साहित्य-रचना, औपचारिक विचार-विनिमय, सम्पर्क

आदि में एक महत्त्वपूर्ण माध्यम बन गयी है। मणिपुर में मैतैलोन बोलनेवालों की संख्या 2001 की जनगणना के अनुसार, 2,388.635 है। मणिपुरी को कई नामों से जाना जाता था, जैसे– 'मैत्रबाक', 'कंलैपाक', 'मीतैयलैपाक' आदि। इसके अलावा बीस अलग-अलग नामों से पुकारा जाता है। 'शाकोक लमलेन' नामक पुया (ग्रंथ) के अनुसार यह पता चला है, कि समयानुसार नाम बदल जाता था। मणिपुर को 'कङ्लैपाका' कहे जाने के कारण 'कंलैलोन' भी कहा जाता है। मणिपुर राज्य के बाहर मैतैलोन कई और जगहों में भी बोली जाती है। उनमें बांगलादेश में ढाका, सिलेट तथा मैमनसिंह, बर्मा में मन्दले, यामो रेंगुन माइकियाना, कालेभ्यों, तुम, समसोक, कलेवा, हैजाङ, मङन, मिनगिन, त्वांजी, मोकलाई, तेनानमुङ्, हेमजादा, होमेलिन, माउइवा तथा संगीन, त्रिपुरा, असम के कछाड़, शिवसागर, लखिमपुर, होजाई तथा गुवाहाटी आदि आते हैं।

मणिपुर की हर जनजाति की बोलियाँ मानक भाषा के स्तर तक न पहुँचने के कारण अर्थात् मानक भाषा की विशेषताओं से पूर्ण न होने की वजह से भाषा के अर्थ में प्रयुक्त 'मणिपुरी' इस क्षेत्र की हर बोली को सूचित नहीं कर सकती। केवल एक ही भाषा, जिसे मैतैलोन कहा जाता है, उसको ही 'मणिपुरी' संज्ञा दी जाती है। अतः मैतैलोन का दूसरा नाम मणिपुरी है। मणिपुर के बाहर के लोग इसी नाम से जानते हैं।

2. मणिपुरी की बोलियाँ

'मणिपुरी' शब्द संस्कृत से आगत शब्द है। मणिपुर में वैष्णव धर्म अपनाने के बाद यहाँ के राजा द्वारा यह नाम रखा गया था। इससे मुख्य रूप से तीन अर्थों का बोध होता है– पहला, मणिपुर राज्य के निवासी, दूसरा, मणिपुर राज्य की भाषा और तीसरा, मणिपुर से सम्बन्धित, वस्तु, व्यक्ति आदि। 'मणिपुरी' शब्द से मणिपुर के निवासियों को सम्बोधित किया जाता है। यह एक छोटा राज्य होने पर भी प्राचीन काल से यहाँ पर विभिन्न जातियाँ बसती आ रही हैं। इन जातियों की अपनी-अपनी विभिन्न बोलियाँ भी हैं। उनमें से प्रमुख नाम निम्नलिखित हैं– आइमोल, अनाल, अंगामी, चीरू, चौथे, गाङ्ते, हमार (मार), कबुई, कचा नागा, कोइेराङ्, कोम, लमकाङ्, मराम् माओ, मोनूसाङ्, मोयोन, पाइते, पाउमै; सलते, सेमो, सिमते, साहते, ताङ्खुल; थादौउ; वाइफै, जौ आदि।

मणिपुर की भाषा और बोलियाँ तिब्बती-चीनी भाषा-परिवार के अन्तर्गत आती हैं। तिब्बती-चीनी भाषा-परिवार को तिब्बतो-चाइनीज, किरात, शिनो, तिब्बतान; इन्दो मंगोलोइद या मंगोलियन चीनी आदि नामों से जाना जाता है। तिब्बतो-बर्मा शाखा में मैतै, कुकि-चिन और नागा उपभाषा की बोलियाँ मणिपुर में बोली जाती हैं।

मैतैलोन के अन्तर्गत कई बोलियाँ आती हैं। इन बोलियों को जगह विशेष के

अनुसार नाम दिया गया है। कुल सात बोलियाँ मानी जाती हैं। वे हैं–

1. ककचिङ् बोली (ककूचिङ में बोली जाने वाली)
2. थाङग बोली (थाङग में बोली जाने वाली)
3. फयेङ बोली (फयेङ में बोली जाने वाली)
4. अन्द्रो बोली (अन्द्रो में बोली जाने वाली)
5. कुम्बी बोली (कुम्बी में बोली जाने वाली)
6. ङाइखोङ बोली (ङाइखोङ में बोली जाने वाली)
7. नोङमाइखोङ बोली (नोङमाइखोङ में बोली जाने वाली)

इन बोलियों के अलावा मणिपुर के बाहर रहने वाले मैतैलोन-भाषी की बोलियों में थोड़ा फर्क व अन्तर होने की वजह से उसको भी बोली के अन्तर्गत लिया जाता है।

2001 की जनगणना के अनुसार ककचिङ् बोली बोलने वालों की संख्या लगभग 28,746 है। अन्द्रो बोली बोलने वाले लोगों की जनसंख्या 8,313 है तथा कम्बी बोली बोलने वाले लोगों की संख्या लगभग 7,147 है।

इस प्रकार से मैतैलोन के अलावा मणिपुर में अनेक बोलियाँ बोली जाती हैं जो अपने स्थान विशेष के अनुसार अलग विशेषता स्थापित करती हैं और उनको अलग पहचान प्रदान करती हैं।

एक जीवित भाषा में परिवर्तन होना भाषाई अभिलक्षणों में से एक है। इस तरह मणिपुरी/मैतैलोन में भी अपनी मूल भाषा तिब्बतो-बर्मन से कई भाषाई स्तरों पर परिवर्तन आ गया है। मुख्यतः ध्वनि एवं रूप स्तर पर परिवर्तन विशेष रूप से दिखाई देता है। तिब्बतो-बर्मन की कुछ व्यंजन ध्वनियाँ आज तक आते-आते परिवर्तित हो गयी हैं। जैसे– क>ख, ग>क, ब>प, र>0, ज>घ।

3. मणिपुरी की लिपि

कंलैपाक (मणिपुर) ईसापूर्व 2000 में एक राज्य के रूप में स्थापित हो चुका था। तब 'कोनचीन तुकथबा पाखङ्बा' का शासन-काल था। मैतै ने 1400 ई.पू. में मैतै केलेण्डर का निर्माण कर उसका प्रयोग करना प्रारम्भ कर दिया था। उस समय वर्षों को 'म्लयाफम कुमसीङ्' के अनुसार गिना जाता था। 2000 ई. को अगर म्लयाफम कुमसीङ् में गिना जाए तो 3400 हो जाता है। ईसा व संवत् की तरह मणिपुर में म्लयाफम कुमसीङ् का प्रयोग किया जाता था। सन् 1732 ई. को पुराने जितने भी ग्रंथ थे वे सारे गोरिया धर्म के आने के पश्चात् जला दिये गये जो मैतैय मयेक (मैतै लिपि) में लिखित थे। उसके पश्चात् हिन्दू धर्म आ गया और बांगला लिपि का प्रयोग किया जाने लगा। उसके बाद काफी समय के पश्चात् सन् 1930 ई. में सबसे पहली बार 'नाउरीया फूल्लो' नामक व्यक्ति ने प्राचीन मैतैलोन की वास्तविक लिपि की पुनः खोज आरम्भ की। मैतैलोन की लिपि को मैतैमयेक कहा जाता है। मैतैमयेक का

निर्माण 'पाखङ्बा' के गर्भ में आने के पश्चात् अठारह चरणों को दर्शाते हुए बनाया गया था। इसलिए मैतैलोन के सारे शब्दों व बातों को इन्हीं 18 ध्वनियों के माध्यम से ही समझा व लिखा जा सकता है। कुछ अक्षरों को लिखने के लिए 'इल्लीक' (बिंदी) का प्रयोग किया जाता है। मैतैमयेक को लिखने के लिए आधे अक्षरों का भी प्रयोग किया जाता है जिससे कि शब्दों को अच्छी तरह उच्चरित किया जा सके।

सन् 1992 में जब मैतैलोन आठवीं अनुसूची में शामिल किया गया तब इसके अक्षरों की बात सामने आई। बदलते परिवेशों की वजह से बोलचाल, लिखावट आदि में बदलाव आने की वजह से अक्षरों में भी विकार आया। पहले के 18 मयेक में 9 और मयेक को जोड़कर 27 कर दिया गया है। पुराने 18 मयेक से 'इलिक' (बिंदी) को हटा दिया गया है। मणिपुर की सरकार द्वारा इस 27 मयेक को मान्यता प्रदान किया गया है। इसलिए हर क्षेत्र में 27 मयेक का प्रयोग किया जाता है। अब स्कूलों में इसी मयेक को पढ़ाया जाता है। बांगला लिपि लुप्त होती-सी नजर आ रही है।

प्रारम्भ में मात्राएँ नौ थीं। इनके माध्यम से लिखा जाता है। मात्राओं को 'चैतप मयेक' कहा जाता है। इन नौ में भी कई प्रकार के संशोधन करके अब केवल 8 ही रह गयी हैं। वे हैं–

1.	ओकार	(ो)	ओतनप	2.	ह्रस्व/दीर्घ इकार	(ि/ी)	इनप
3.	आकार	(ा)	आतप	4.	एकार	(े)	येतनप
5.	औकार	(ौ)	सौनप	6.	ह्रस्व/दीर्घ उकार	(ु/ू)	उनप
7.	ऐकार	(ै)	चेनप	8.	अनुस्वार	(ं)	नुङ

मैतै मयेक में पूर्ण अक्षरों को 'इयेक इपी' कहा जाता है, आधे अक्षरों को 'लोनसुम ईयके' तथा मात्राओं को 'चैतप ईयेक' कहते हैं। मैतै मयेक में स्वर और व्यंजन अलग नहीं होता। 'रा' में मात्राओं को लगा कर स्वर ध्वनियाँ बनाई जाती हैं।

'ट' वर्ग और 'त' वर्ग के लिए समान अक्षरों का प्रयोग किया जाता है। श, ष, स वर्णों के स्थान पर एक ही अक्षर 'ल' का प्रयोग किया जाता है। हिन्दी के क्ष, ड़, ढ़, त्र, ज्ञ, : , ँ नहीं हैं। संयुक्त अक्षरों को लिखने के लिए (–) इस चिह्न का प्रयोग किया जाता है। दोनों अक्षरों को लिखकर नीचे में (–) यह चिह्न लगा दिया जाता है। मैतैलोन में अपने अलग ढंग से अंकों को लिखा जाता है।

मणिपुरी का शब्द-समूह

मैतैलोन को भाषा के रूप में विकसित कराने का मुख्य आधार चैङलै बोली मानी जाती है। इसके अलावा यहाँ के मैदानी और पहाड़ी क्षेत्रों की विभिन्न बोलियाँ योगदान दे रही हैं। वे हैं–मङाङ्, लूवाङ्, खूमन, अङोम, खाबा, मोइराङ, अन्द्रो, सेकमाई, ताङखूल, मरिङ्, खोइराउ, कबुइ, चिरू, कोइरेङ चोथे; पाइते, कोम, कूकी आदि। मणिपुर की कुछ बोलियाँ लुप्त होती जा रही हैं तथा उनके शब्द मैतैलोन में

समाहित हो गये हैं। शब्द इतने घुल-मिल गये हैं कि अलग करना मुश्किल है। कई पहाड़ी बोलियों में मैतैलोन के शब्द समाहित हो गये हैं। एक ही भाषाई परिवार के होने के कारण समानता पाई जाती है। उदाहरण-स्वरूप मैतैलोन में वर्ष को 'कुम' कहा जाता है। अब भी इससे सम्बंधित कई शब्द प्रचलित हैं, जैसे– कुम्, कुमूसी, कुमजा आदि। इस तरह से कई और शब्द भी हैं जिनका समान रूप से हर बोली में प्रयोग किया जाता है। उनमें से कुछ हैं– मीत् (आँख), लै (जीभ), मी (आदमी), मिङशेल (आइना); ङा (मछली); कै (बाघ), शा (पशु), लू (सिर), मै (आग), लैपाक (भूमि), शम (बाल), माइ (मुख), खूत् (हाथ), था (चान्द्रा), था (महीना), योङ् (बन्दर), हैतुप् (स्थानीय सेव), चम्प्रा (निम्बू), चुमभ्रै (सतालू), किहोम (अन्ननास), चोरफोन (जैतून), हैनौ (आम), हैथूम (मौसमी), काङ्खल (मच्छरदानी), मोम्पाक (गद्दा), मोन (तकिया), सनारै (गेंदा) आदि शब्दों को देख सकते हैं। इसके अलावा थोड़ा या अर्ध समान कई शब्द भी मिलते हैं, जैसे– मणिपुरी भाषा में घर को 'युम' और ताङखुल में 'यिम'; बिल्ली को मैतैलोन में हौदोङ्, चिरू में होइतोन, मैतैलोन में सुअर को ओक्, मरिङ् और चिरू में भोक और कोम एवं चौथे में वोक् कहते हैं।

मैतैलोन भी चीनी भाषा की तरह सुर-प्रधान है। एक ही शब्द का उच्चारण के अनुसार अर्थ बदल जाता है। उदाहरण-स्वरूप देखते हैं– 'कै' निम्न सुर के अर्थ में बाघ है, और उच्च सुर में धान रखने की जगह अर्थात् अन्न-भण्डार। मैतैलोन में सुर के अनुसार दो या तीन अर्थ देनेवाले कई शब्द प्राप्त होते हैं। सुर के उच्च के अनुसार दो अर्थ व्यक्त करनेवाले शब्द हैं–

	शब्द	**उच्चारण**	**अर्थ**
1.	ला	निम्न	केले का पत्ता
		उच्च	धान सुखाने में प्रयुक्त
2.	ममै	निम्न	पूँछ
		उच्च	अंतिम
3.	मा	निम्न	खटमल
		उच्च	वह
4.	शिङ्	निम्न	अदरक
		उच्च	ईंधन आदि।

मैतैलोन में बहुत सारे एकाक्षरी शब्द होते हैं जिनका प्रयोग धातु और संज्ञा के रूप में होता है परन्तु उनके अर्थ में भिन्नता होती है। इन एकाक्षरी शब्दों में अधिकांशतः सुर की भिन्नता के कारण अर्थ में भिन्नता होती है। कुछ शब्दों को उदाहरण के रूप में लिया जाए–

	शब्द	**संज्ञा (अर्थ)**	**धातु (अर्थ)**
1.	का	कमरा	चढ़, जल आदि।

2.	कु	कफन	सिकुड़ना।
3.	कङ्	तालाब में उगने वाले छोटे-छोटे पौधे	सुख, पतला होना आदि।
4.	सा	पशु	बनाना, गरमी होना आदि।
5.	सङ्	झोपड़ी	इन्तजार करना, फुर्सत में होना आदि।
6.	लु	मछली पकड़ने का एक जल विशेष	गहरी हो, समझने में कठिन हो।
7.	ली	बेंत	बहुत समय तक रखना आदि।
8.	लै	फूल, जिह्वा	रह–, खरीद– आदि।
9.	लौ	धान का पौधां	लेना आदि।
10.	पा	बरौनी	पढ, पतला होना, आदि।
11.	पि	आँसू	दे– आदि।
12.	था	चाँद, महीना	मार–, उगाना आदि।
13.	सुम्	दीमक	सुला–, निचुड़न आदि।
14.	लिक्	गले में पहनने का गहना, हार या माला	कंजूस होना आदि।
15.	पान्	अरूवी	फलना– लगन आदि।
16.	पुन	पानी भरने का एक पात्र घड़ा	बन्धना आदि।

मैतैलोन एक प्रत्यय-प्रधान भाषा है। इस भाषा में शब्द-साधक प्रत्यय और रूप साधक प्रत्यय दोनों का प्रयोग होता है। शब्द-निर्माण के लिए उपसर्ग (मध्यसर्ग) और प्रत्यय (अंत्यसर्ग) तीनों रूपों में प्रयुक्त होता है।

पद के लिए केवल प्रत्यय का प्रयोग किया जाता है। आधुनिक मैतैलोन में रूढ़ शब्द से ज्यादा यौगिक शब्द मिलते हैं।

उपसर्ग– शब्दों के अर्थ में अन्तर उपसर्ग लगाने पर आ जाता है। इस भाषा में 'अ' उपसर्ग बहुत महत्त्वपूर्ण है। सामान्य क्रियाओं में अधिकांशतः 'अ' उपसर्ग जोड़कर गुणवाचक विशेषण शब्द बन जाता है। उदाहरण–

उपसर्ग		**सामान्य क्रिया**		**विशेषण (गुणवाचक)**
अ	+	फबा	=	अफबा (अच्छा)
अ	+	पिक्पा	=	अपिक्पा (छोटा)
अ	+	थुम्बा	=	अथुम्बा (मीठा)
अ	+	रिबा	=	अरिबा (पुराना)।

सामान्य क्रिया में उपसर्ग 'अ' जोड़कर विशेष्य भी बनाया जाता है, जैसे–

अ+पातूपा, अ+पोम्बा, अपोम्बा (फोड़ा), अ+नौबा=अनौबा (नया) आदि। 'इ', 'न' और 'म' ये तीन उपसर्ग भी मैतैलोन के लिए बहुत महत्त्वपूर्ण होते हैं। ये क्रमशः उत्तम, मध्यम और अन्य पुरुष के अर्थ में संज्ञा या संज्ञा-तुल्य शब्द हो जाते हैं। इनको जोड़ दिया जाये तो, अन्य भाषाएँ जैसे हिन्दी और अँगरेजी की तरह विशेषण या सार्वनामिक विशेषण अलग से जोड़ना नहीं पड़ता। इसे शब्दों में जोड़कर विशेष्य का रूप दिया जाता है। उदाहरण–

(उत्तम) 'ई– इमा (माँ/मेरी माँ), इपा (पिता/मेरे पिता), इचे (मेरी दीदी), इचल (मेरी छोटी बहन), इचा (मेरी सन्तान); इरैबाक (मेरा देश) इपोत् (मेरा सम्मान), इखुत (मेरा हाथ) इत्यादि।

(मध्यम) 'न'– नमा (तेरी माँ), नपा (तेरे पिता), नचे (तुम्हारी दीदी), नचल (तेरी छोटी बहन), नचा (तुम्हारी सन्तान)

नरैबाक (तेरा देश), नपोत् (तेरा सामान), नखुत (तेरे हाथ) इत्यादि।

(अन्य) 'म'– ममा (उसकी माँ), मपा (उसके पिता), मचे (उसकी दीदी), मचल (उसकी छोटी बहन), मचा (उसकी संतान)।

विकरण (मध्यसर्ग): मैतैलोन में शब्द के मध्य में जुड़नेवाले प्रत्यय अनेक प्रकार के हैं। जैसे–

1) निषेधार्थ प्रकट करने के लिए 'त' या 'द' सामान्य क्रिया में जोड़ते हैं, जैसे– याबा>यादबा (स्विकार करना>अस्वीकार करना), लैबा>लैतबा (किसी चीज़ का होना>किसी चीज का नहीं होना), लैबा>लैदबा (खरीदना>न खरीदना) आदि।

2) साथ-साथ अर्थ प्रकट करने वाला मध्यसर्ग 'मिन्न' भी पाया जाता है। जिस से किसी कार्य के साथ-साथ होने की बात उभर कर आती है। जैसे–

चत्पा (जाना)>चत्मिन्नबा (साथ-साथ जाना)
चाबा (खाना)>चामिन्नबा (साथ-साथ खाना)
लैबा (खरीदना)>लैमिन्नबा (साथ-साथ खरीदना)
लैबा (रहना)>लैमिन्नबा (साथ-साथ रहना) आदि।

3) 'निङ्' मध्यसर्ग को शब्दों में जोड़कर इच्छा प्रकट करने वाले शब्दों का निर्माण किया जाता है। जैसे–

चाबा (खाना)>चानिङ्बा (खाने की इच्छा)
काबा (चढ़ना)>कानिङ्बा (चढ़ने की इच्छा)
कक्पा (काटना)>कक्निङ्बा (काटने की इच्छा)
चत्पा (चलना)>चत्निङ्बा (जाने की इच्छा) आदि।

इस तरह प्रेरणार्थक प्रकट करनेवाले शब्द-निर्माण के लिए मध्यसर्ग 'पि/बि' आवृत्ति के लि, 'कन' या 'गन' आदि मध्यसर्गों का भी प्रयोग किया जाता है।

अंत्य प्रत्यय (प्रत्यय): मैतैलोन में कृदन्त (सामान्य क्रिया) और तद्धित दोनों

यौगिक शब्द प्रचलित हैं जिनके माध्यम से एक ही शब्द के भिन्न-भिन्न अर्थ निकलते हैं। इस भाषा की सभी एकाक्षरी धातुओं में 'बा/पा' प्रत्यय जोड़कर सामान्य क्रिया बनायी जाती है। जैसे–

धातु	प्रत्यय		सामान्य क्रिया
का (चढ़, आदि)	बा	=	काबा (चढ़ना, जलना) आदि।
स (बन, आदि)	बा	=	साबा (बनना, गरम होना) आदि।
पा (पढ़, पतला हो)	बा	=	पाबा (पढ़ना, पतला होना) आदि।
चत् (जा)	पा	=	चत्पा (जाना) आदि।

इन सामान्य क्रिया वाले शब्दों का विशेष्य के रूप में प्रयोग किया जाता है। जैसे–

ऐदिः केबा पामजै (मुझे शृंगार करना अच्छा लगता है।)

रामदि शिबा कि (राम मरने से डरता है।) आदि।

इसके अलावा इन शब्दों को विभिन्न संज्ञा शब्दों में लगाने से विभिन्न अर्थ प्रकट करता है, जैसे– थौरि ताबा (रस्सी बुनना), पुङ् ताबा (समय होना), पुङ् ताबा (मृदंग का गिरना), इसै ताबा (गाना सुनना), फि ताबा (वस्त्र गिरना), पैसा ताबा (मूल्य कम करना) आदि।

मैतैलोन में कृदन्त शब्दों के अलावा तद्धित शब्दों का भी निर्माण होता है। 'कोन' (स्थानवाचक), 'सा' (बहुवचनसूचक) 'सिङ्' (बहुवचनसूचक), तत् प्रत्यय आदि के द्वारा तद्धित शब्द बनाया जा सकता है। उदाहरण–

तत् प्रत्यय	मूल शब्द		तद्धित शब्द
कोन	निङ्थौ (राजा	>	निङ्थौकोन (राजाओं के रहने का स्थान)
	उ (पेड़)	>	उकोन (पौधे उगाने-उगने का स्थान)
सा	अङाङ् (बच्चा)	>	अङाङ्सा (बच्चों)
सो	नहा (युवक)	>	नहासा (युवकों)
सिङ्	सन् (गाय)	>	सन्सिङ् (गायें)
	लै (फूल)	>	लैसिङ् (फूलों)
	कबोक (खाद्य पदार्थ) लडडू	>	कबोकसिङ् (लडडुओं)

'– हाक', '– ङोन', '– खोई' आदि तत् प्रत्ययों को सर्वनाम शब्दों के साथ प्रयोग करके उनके अर्थ को और दृढ़ बनाकर सार्वनामिक तद्धित शब्द के रूप में प्रयोग किया जा सकता है।

तत् प्रत्यय	मूल शब्द/सर्वनाम	तद्धित शब्द
हाक	ऐ (मैं)	ऐहाक (मैं)
हाक	नङ् (तू)	नहाक (तू)
हाक	मा (वह)	महाक (वह)

ङोन	ऐ (मैं)	ऐङोन (मुझे)
ङोन	नङ् (तुम)	नङोन (तुझे)
खोइ (बहुवचन सूचक)	ऐ (मैं)	ऐखोइ (हम)
खोइ	नङ (तू)	नखोइ (तुम लोग)
खोइ	मा (वे)	माखोई (वे लोग)

विशेषण तद्धित शब्द को, – 'इ' (स्त्रीसूचक), 'नि' (अल्पतावाचक) आदि तत् प्रत्ययों के द्वारा बनाया जा सकता है। उदाहरण–

तत् प्रत्यय	**मूल शब्द/सर्वनाम**	**तद्धित शब्द**
इ	अमुबा (काला)	अमुबि (काली)
	अपोक्पा (जन्म देनेवाला)	अपोक्पी (जन्म देने वाली)
	अवाङ्बा (ऊँचा)	अवाङ्बि (ऊँची)
नि	मङा (पाँच)	मङानि (पाँचवाँ)
	मापन (नौ)	मापननि (नौवाँ)
	तरेत (सात)	तरेतनि (सातवाँ)
	तरानिथोइ (बारह)	तरानिथोनि (बारहवीं)

मैतैलोन में दो से लेकर पाँच शब्दों तक की सामासिक शब्दावली प्रचलित है। इन शब्दों में विभक्ति, उपसर्ग, कृदन्त के कृत प्रत्यय आदि नहीं होते हैं। उदाहरण–

संज्ञा		**विशेषण**		**सामासिक संज्ञा शब्द**
युमगि	+	मपु	=	युम्बु
(घर के)		(स्वामी)		(गृहस्वामी)

इसमें पहले शब्द के सम्बन्ध कारक की विभक्ति 'गि' और दूसरे शब्द के उपसर्ग 'म' का लोप हुआ है।

संज्ञा		**विशेषण**		**सामासिक संज्ञा शब्द**
चै (डण्डा)	+	असाङ्बा (लम्बा)	=	चैसाङ् (लम्बा डण्डा)
नुङ (पत्थर)	+	अपाक्पा (चौड़ा)	=	नुङ्पाक (चौड़ा पत्थर)

दूसरे में देखा जा सकता है कि उपसर्ग 'अ' और कृत प्रत्यय पा/बा का लोप हो गया है।

विशेषण	+	**विशेषण**		**सामासिक संज्ञा शब्द**
अतेक्पा		अकायबा	=	अतेक-अकाय
(टूटना)		(फटना)		(तोड़-फोड़)

इन दो शब्दों में 'पा/बा' प्रत्यय का लोप हो गया है।

मैतैलोन में बहुत सारे पर्यायवाची शब्द पाए जाते हैं जो अधिकतर पुरानी बोलियों व उस भाषा के शब्द हैं, जो समय के बदलाव या परिवर्तन के आने की वजह से उन शब्दों में भी विकार आया है और उनके रूपों में कई प्रकार के परिवर्तन आ

गये हैं। उनकी लेखन-प्रणाली से लेकर अक्षरों के प्रयोग में भी काफी फर्क दिखाई देने लगा है। पहले पौराणिक काल में प्रयोग किए जाने वाले मैतैलोन की भाषा व शब्दों के अनुरूप था। शिक्षा, सांस्कृतिक सामाजिक आदि परिवर्तनों की वजह से उसमें भी काफी परिवर्तन आ गया है। समय के अनुसार नये-नये शब्दों का विकास हुआ है। दो समानार्थी शब्दों का युग्म शब्द के रूप में प्रयोग किया जाता है। उन शब्दों के कुछ उदाहरण इस प्रकार हैं–

पारि–मचानुपा (बेटा), ताओबा–हुइ (कुत्ता), थबि–नुमित् (सूर्य), मी–पोङ्मी (मनुष्य), लाइज–ईशिङ् (पानी), लांगोइ–सगोल (घोड़ा), कोक–लू (सिर), नमु–ताइबङ् (मनुष्य), मी (मनुष्य), पाइमा–पुक्निङ् (मन), चरै–फी (वस्त्र), खाम्बि–मै, मैत्रेङ् (आग), मोङ्बा–मशाइकोन, मराङ्याइ, मयुम (घर), यारौ–शा (पशु), वाकयै–हि (नाव), याइबी–थवाय् (आत्मा), लोइबि–चिङ् (पहाड़), तला–पामेन (पेड़), पाम्बा–कै (बाघ), पन्थौ–इपा (पिता), पलेम–इमा (माता); चिङ्ङू–खोइयुम (देवता), ताउजिङ्–हैराङ् (फल) आदि।

इस भाषा में एक ही अर्थ के पदों के मेल से बने युग्म शब्दों के अलावा मिलते-जुलते अर्थ के पदों के मेल से बने युग्म शब्द भी हैं। उन शब्दों के कुछ उदाहरण–सम-ना (केश-कान), माय-मित (मुँह-आँख), मित्-ना (आँख-कान); चकचा-युथक (खान-पान), ममिङ्-मथा (नाम-पता), नूपा-नहा (मर्द-जवान) आदि।

सामान्य क्रियाओं को संज्ञा के रूप में प्रयोग करके विपरीतार्थक संज्ञा शब्दों की कमी पूरी की जाती है। इस भाषा में विपरीतार्थक शब्दों का भी प्रयोग होता है। उदाहरण– कनबा-थोत्पा (कठोर-कोमल), कनबा-सोनबा (बल-निर्बल), इया-इपा (माँ-बाप) आदि। मैतैलोन में विपरीतार्थक संज्ञा बहुत कम होते हैं, पर सामान्य क्रियाओं का विपरीतार्थक संज्ञा शब्द या विशेषण के रूप में प्रयोग होता है। उदाहरण–कप्पा-नोकपा (रोना-हँसना), काउबा-निङ्सिङ्बा (भूलना–याद करना); काबा-कुम्बा (चढ़ना-उतरना), ङानबा-मम्बा (प्रकाश-अंधेरा); अङौबा-अमूबा (सफेद-काला), अरानबा-अचुम्बा (गलत-सही); खाबा-थूम्बा (कड़वा-मीठा), इनाकखुनबा-लाइरबा (अमीर-गरीब) आदि।

इस प्रकार से मैतैलोन में कई प्रकार की भिन्नता देखी जा सकती है जो इसे अन्य भारतीय भाषाओं से पृथक् करती है।

मैतैलोन का विकास

मैतैलोन के विकास का मूल आधार मैदानी क्षेत्र में बोली जाने वाली 'चैङलै' बोली रही है। इस बोली का उद्भव ईसा से पहले का माना जाता है। लगभग 2000 ई. पू. से माना जाता है। 'औग्री' नामक सृष्टि से सम्बन्धित गीति-पद्य ईसा से पहले का माना जाता है, जो पहली सदी में मणिपुर में शासन करने वाले पाखङबा और

लाइश्ना के राज्याभिषेक के समय गाये जाने की बात **नाउथिङ्खोङ फम्बाल काबा** नामक प्राचीन ग्रन्थ में कही गयी है।

ईसा से पहले मणिपुर में शासन करने वाले राजा खाबा शोक च्रोनब के समय में पान्थोइबी और नोङ्पोक् निङथौ दोनों देवी-देवता को प्रसन्न करने के लिए 'लाइहराउबा' (एक धार्मिक अनुष्ठान, जिसमें वन-देवी देवताओं की पूजा की जाती हैं) में 'औग्री' गाने को गाये जाने की बात **पान्थोइबी खोङगूल** नामक ग्रन्थ में पाया जाता है। जो पहली सदी के राजा पाखङबा के पहले शासन किया करते थे। अतः मैतैलोन का आरम्भ ईसा से पहले का माना जाता है। तब से इस भाषा का उत्तरोत्तर विकास होता रहा तथा काफी परिवर्तन भी होते रहे हैं। मैतैलोन के विकास-क्रम को निम्नांकित ढंग से देखा जा सकता है—1. प्राचीन काल, 2. मध्य काल, 3. आधुनिक काल।

प्राचीन काल

प्राचीन काल में बोलने व उच्चारण में काफी अंतर था। प्राचीन काल में, 12 स्वर ध्वनियाँ थीं जिनमें से छह मूल ध्वनियाँ हैं। वे हैं— अ, आ, इ, उ, ए, और ओ। छह संयुक्त ध्वनियाँ हैं; जैसे— ऐ, औ, आइ, ओइ, आउ तथा उइ।

इन बारह स्वरों को प्रस्तुत तालिका के माध्यम से देख व समझ सकते हैं।

स्वर स्वनिम	**आदि**	**मध्य**	**अन्त**
/अ/	अतिङ्ङा (आकाश)	ताइपङ् (संसार)	थुमलैमा (देवी का नाम)
/आ/	—	पात (झील)	यिङा/इङा (जेठ)
/इ/	इथङ्लेन (प्रिय)	पुक्निङ् (मन)	खामपि (अग्नि)
/उ/	उ (पेड़)	नुमित (सूर्य)	चनु (कुमारी)
/ए/	—	मालेम (पृथ्वी)	—
/औ/	ओक (सूअर)	कोलोय् (नाम)	—
/ऐ/	ऐ (मैं)	लैमा (महारानी)	मै (आग)
/औ/	औग्री (एक प्राचीन गाना)	कौप्रु	सानौ (प्रिया)
/आइ/	—	लाइचा (पानी)	लाई (देवता)
/आउ/	—	ताउचिङ् (फल)	चिङ्चाउ (पर्वत)
/ओइ/	ओइ (बाएँ)	नोइनु (नमक)	खोइ (भ्रमर)
/उइ/	—	नुइनपा	लाइहुइ (उद्‌गम) (घरजमाई बनना)

प्राचीन मैतैलोन में 15 व्यंजन स्वनिमों का प्रयोग किया जाता था। स्वनिमों की तालिका निम्नलिखित है—

स्वनिम	आदि	मध्य	अन्त
/क/	कुम (वर्ष)	तोकपा (एक पशु)	लौपाक (खेत)
/स/	सल्लाइ (गोत्र)	इसानौ (मेरे प्रिय)	—
/ल/	लाइचा (पानी)	कोलोय् (नाम)	खोङ्कुल (पद चिह्न)
/म/	मालेम (पृथ्वी)	खोमूलेन (स्वप्न)	लोइमोम् (धान)
/प/	पामेल (पेड़)	लोइपी (पहाड़)	सालेप (युवावस्था)
/न/	नमु (मनुष्य)	खोनूचेल (आवाज)	तमेन् (तीर)
/च/	चक्मोम (अग्नि)	थाचपा	—
/त/	ताङ्चा (साँप)	लोइताम् (महीना)	नुमित
/ख/	ख्वा (बन्दर)	पाउखुम (उत्तर)	—
/ङ/	ङाइखोङ् (सूत)		इनुङ् (रात)
/थ/	थाचा (चाँद)	पाथौ (मित्र)	—
/व/	वाक्ये (नाव)	लाङवोल (अवतार)	—
/य/	याङ्तौ (रास्ता)	खोयुम (देवता)	ताल्लोय् (पत्नी)
/ह/	हयेङ (कल)	लहानूनोङ (प्राचीनकाल)	—
/फ/	फौ (धान)	लाइफम् (तीर्थ स्थान)	—

इस काल में मैतैलोन के अलावा कई और बोलियाँ भी प्रचलित थीं जिनमें मोइराङ्, अन्द्रो, चकपा, खुमन आदि के नाम लिए जा सकते हैं। ये सब बोलियाँ धीरे-धीरे मैतैलोन में मिल गयीं। इस समय मणिपुर ने अपने पड़ोसी देशों से भी कुछ शब्दों को ग्रहण किया— पोङ (एक जाति का नाम), सकामफा (पोङ जाति के एक व्यक्ति का नाम), चेक (ईंट), चे (कागज), मी (आदमी) आदि।

मध्यकाल

मध्यकाल तक आते-आते मैतैलोन में काफी तीव्र गति से बदलाव आया। उस समय राजाओं द्वारा हिन्दू धर्म अपनाया जाने लगा था। इसके चलते संस्कृत, हिन्दू-देवी देवताओं के मंदिरों के निर्माण करने का प्रोत्साहन, बाहर से ब्राह्मणों का आगमन, हिन्दू धर्म से सम्बंधित कई ग्रंथों का मैतैलोन में अनुवाद किया जाना तथा सांस्कृतिक कार्यों में संस्कृत, बंगला, ब्रजबोली, मैथिली आदि भाषाओं का प्रयोग आदि कारणों से यह भाषा एक मिश्रित भाषा का रूप लेने लगी। विशेषकर लिपि में बदलाव आया। बांगला लिपि का प्रयोग होने लगा तथा संस्कृत शब्दों को अपनाया जाने लगा। परन्तु बांगला भाषा के उच्चारण और मैतैलोन के उच्चारण में काफी अंतर होता है।

इस काल तक आते-आते ध्वनियाँ काफी बदल गईं। इस काल में मैतै मयेक के साथ बंगला लिपि का प्रयोग किए जाने के कारण बांगला के अधिकांश स्वर एवं व्यंजनों को मैतैलोन में शामिल कर लिया गया था।

पर स्वनिम की दृष्टि से मणिपुरी भाषा में नौ व्यंजन स्वनिमों का आगमन हुआ। वे हैं– ग, ज, द, ब, घ, झ, ध, श और र। कई ध्वनियों का मैतैलोन की विकसित ध्वनियों के रूप में शब्दों के रूप में प्रयोग होने लगा। उदाहरण–

	मूल शब्द		**परिवर्तित शब्द**
क > ग	सकउनके	–	सकउनगे (मिलेंगे)
च > ज	खोनचेल	–	खोनजेल (आवाज)
त > द	उतलिङैता	–	उदरिङैदा (मिलने के पहले)
प > ब	अकनपा	–	अकनब (बलवान)
ल > र	काउलेन	–	काउरेन (बैल)

अर्ध स्वर व्यंजन और स्वर युक्त अक्षरों का मध्यकालीन मैतैलोन में अर्धस्वर व्यंजन का लोप या संयुक्त स्वर में परिवर्तित या विकसित होने लगा, जैसे– यिपाका– इपाक (जलाशय), यिपा–इपा (पिता), यिमा–इमा (माँ), वुनपी–उनपी (मन), यामये–यामए (बहुत हैं), हयूराङ्–हैराङ् (फल) आदि।

इस काल तक आते-आते मैतैलोन में भारतीय भाषाओं के शब्दों का भरपूर प्रयोग किया जाने लगा। यह भी कहा जा सकता है कि जबरदस्ती प्रयोग करने की कोशिश होने लगी। इस काल में भारतीय भाषाओं से अनूदित ग्रंथों में अधिकतर संस्कृत के जातिवाचक एवं भाववाचक शब्दों को साथ प्रयुक्त किया जाता है। उदाहरण-स्वरूप तपस्वी–लाइनिङब, शाप–मीचैखोन; शान्त–तप्पा, देव–खोइमोम, प्राण–थवाइ, ई–रक्त, समुद्र–ईराङमा, आकाश–अति, वैरि–येकनबा, दुख–अवाबा, तीर्थ–लाइफमलेन, स्वर्गारोहण–नोंगाबा, पृथ्वी–मालेम; दर्शन–चेङलौ शकउनबा आदि। संस्कृत के अलावा बंगाली-भाषियों के माध्यम से आने के कारण उच्चारण में उसका प्रभाव पड़ता है, जैसे, सेवक > सेबोक, अमर > ओमोर, यम > जोम आदि कई शब्द हैं। इसके साथ-साथ अंतिम चरण तक अँगरेजी, अरबी-फारसी से सम्बन्धित शब्द भी आने लगे, जैसे–सिपाही > सिफाइ, तोप, बम > बोम आदि।

आधुनिक काल

मध्यकालीन मैतैलोन में प्रयुक्त सभी तत्त्व आधुनिक मैतैलोन में भी पाये जाते हैं। आजकल संयुक्त व्यंजनों का प्रयोग अधिक होने लगा। 'ज' घोष ध्वनि शब्दान्त में भी प्रयुक्त होने लगी, उदाहरण–जहाज, हज, समाज आदि।

आधुनिक मैतैलोन में भारतीय भाषाओं के सामाजिक राजनैतिक, भौगोलिक, आर्थिक आदि से सम्बन्धित कई शब्द मुख्यतः संस्कृत, हिन्दी, उर्दू, बंगाली आदि के शब्द आए हैं। अँगरेजी शब्दों के आगमन में भी अधिकाधिक वृद्धि हुई। मैतैलोन के देशज शब्दों में मूल शब्द से यौगिक शब्द की प्रधानता होने लगी।

आजकल मैतैलोन में विशेषतः तीन शैलियाँ मौजूद हैं। पहला–विशुद्ध मैतैलोन।

इस शैली में देशज शब्दों का बाहुल्य है। इसमें ज्यादातर पौराणिक शब्दों को प्रयुक्त किया गया है। दूसरा है– संस्कृत-बंगला-निष्ठ मणिपुरी। इसमें देशज शब्दों की अपेक्षा संस्कृत शब्दों का प्रचुर मात्रा में प्रयोग होता है। यह धार्मिक एवं संस्कृति से सम्बन्धित ग्रंथों में होता है। तीसरा है– मिश्रित मणिपुरी। इसमें देशज शब्दों के साथ प्रचलित भारतीय भाषाओं एवं अँगरेजी के शब्दों का प्रयोग किया जाता है।

मैतैलोन की व्याकरणिक कोटियाँ

मैतैलोन में काफी अँगरेजी व्याकरण का प्रभाव पड़ा है। इसलिए संज्ञा, सर्वनाम, विशेषण, क्रिया आदि सब समान ही हैं।

(क) **संज्ञा**– संज्ञा के पाँच प्रकार हैं–

1. प्रोपर नाउन– चाउबी (व्यक्ति), इम्फाल (स्थान), लोकताक (झील) आदि।

2. कॉमन नाउन– एक का नाम लेने से सारे समुदाय का बोध होना, जैसे हुई (कुत्ता), लाइरीक (किताब) आदि।

3. मेटिरियल नाउन– जिससे नापने या तौलने योग्य किसी द्रव्य का बोध होता है, उदाहरण– अदू चे न साबनी (वह कागज़ का बना है।)

4. एबस्ट्रेक्ट नाउन– जिससे किसी भाव का बोध होता है, जैसे– पुकचेल शेङ्बा (साफ मन), अफबा (अच्छा), अखाङ्कन्नबा (सहनशील) इत्यादि।

5. कलेक्टिव नाउन, उदाहरण– शंगु (समूह), क्लास, मपै (झुंड) इत्यादि।

(ख) **सर्वनाम**

1. पर्सनल प्रोनाउन– ऐखोइ (हम), ऐ (मैं), नहाक (तुम), महाक (वे), अदोम (आप), मा (वह) इत्यादि।

2. देमोन्सतरेतिव प्रोनाउन– मसी (वह), असी (यह), मदु (वह), अदू इत्यादि।

3. डिस्ट्रिब्यूटिव प्रोनाउन– ख्वाइ पुम्नमक (सभी), करिगुम्बा (अगर) इत्यादि।

4. इनडेफिनिट प्रोनाउन– खुदिङ (सब), अम मम (एक-एक) इत्यादि।

5. रिफ्लेक्स प्रोनाउन– इसा (खुद), नसा (तुम्हें), मसा (उन्हें) इत्यादि।

6. इनट्रोगेटिव प्रोनाउन– कना (कौन), करि (क्या) इत्यादि

(ग) **विशेषण**

1. क्वालिटेटिव–फजबा लै अमा सातली (एक सुन्दर फूल खिला है)। इसमें फजबा (सुन्दर) लै (फूल) के गुण को बता रहा है। वैसे ही– लाइरबा (गरीब), अङोबा (गोरा), साउगनबा (गुस्सा करने वाला)।

2. क्वानटिटेटिव–खरा (some) खजिक (थोड़ा), अयाम्बा (सबसे ज्यादा), याम्बा (अधिक)। खर-खर पीयु (थोड़ा-थोड़ा दो।)

3. न्यूमरल–Counting numbers, संख्याबोधक शब्द। उदाहरण– लै मङा खक पुरकउ। (केवल पाँच फूलों को ले आओ।)

4. दिस्ट्रीब्यूटिव–तोङान-तोङान (अलग-अलग), खुदिङ् (सबको), अम-मम (एक-एक), अनी-अनी (दो-दो) इत्यादि।

5. डेमनस्ट्रेटिव–असि (यह), अदु (वह), मदु (वो) इत्यादि। उदाहरण– टेबल असी थाङ्दोकसि। (इस टेबल को निकालते हैं।)

6. इन्ट्रोगेटिव–पूछताछ का कार्य– करि (क्या), कया (कितना), करम्बा (कौन-सा) इत्यादि। नहाक्का ऐगा करम्बा मफमदा उनूनसिगे। (आप और हम कौन-सी जगह में मिलेंगे?)

क्रिया के दो प्रकार हैं–

1. **ट्रानसिटिव क्रिया**–उदाहरण- चाई (खाया), थकइ (पिया), पुरकइ (लाई), ऐना चाक चाई (मैंने खाना खाया)। इसमें ऐना करि चाय- चाक। (मैंने क्या खाया)(चावल)

2. **इनट्रानसिटिव क्रिया**–उदाहरण- नी (है), ओइ (होता है)...आदि। पहले प्रकार में कर्म होता है और द्वितीय में कर्म नहीं होता।

5. **क्रियाविशेषण**–उदाहरण हाकुम (पीछले वर्ष), कुमसी (इस वर्ष), ङसि (आज), हयेङ (कल), यह समय सूचक है।

1. महाक हयेङ् लाक्कनी - हयेङ् - लाकपगी मतम ताकपा
   (वे कल आएँगे) - (कल) - (आने का समय बताता है।)
2. अहिङदा था थोकइ - अहिङदा - थोकपगी मतम ताकपा
   (रात को चाँद निकलता है) - (रात को) - (निकलने का समय बताता है)

स्थानसूचक– ऐरेपलेन **अतियादा** पाय। (ऐरोप्लेन **आकाश** में उड़ता है।)

महाक **कैथेलदा** चतखि। (वे **बाजार** गये हैं।)

उफ मनुङ दा फी थमई। (**आलमारी के अन्दर** कपड़े रखे हैं)

आचरणसूचक–विशेषण और क्रियाविशेषण के रूप का बोध कराने वाले को कहते हैं।

Adverb of Degree –उदाहरण- मदु यामूना फजबा फिनि। (वह बहुत सुन्दर कपड़ा है।)

मपुङफाना (पूर्णरूप से), चाउराकना (लगभग), यामना (बहुत सारा) इत्यादि।

Adverb of frequency –उदाहरण- हन्ना-हन्ना (बार-बार) हेक-हेक (कभी-कभी), अमुक (फिर से) इत्यादि।

Introgative Adverb –उदाहरण- करिगी (किसलिए), कैदौङै (कब), करमना (कैसे), कदायदा (कहाँ), आदि।

मैतैलोन में लिंग

इस भाषा में लिंग-व्यवस्था हिन्दी की अपेक्षा बहुत ही सरल है और इस वजह

से लिंग न के बराबर है। लिंग-विधान दो प्रकार के होते हैं—प्राकृतिक लिंग और व्याकरणिक लिंग।

कुछ अवयव संस्थानों के द्वारा प्राकृतिक लिंग निर्णीत होते हैं, परन्तु व्याकरणिक लिंग प्राकृतिक लिंग का अनिवार्यतः अनुसरण नहीं करते हैं। इसलिए भिन्न-भिन्न भाषाओं के व्याकरण में लिंग भाषा की प्रकृति के अनुसार भिन्न-भिन्न होता है। यही कारण है कि सभी भाषाओं में लिंग-संख्या समान नहीं होती है। किसी में केवल दो होते हैं तो किसी में तीन होते हैं।

ध्यान से देखा जाए तो मैतैलोन में प्राकृतिक लिंग ही पाया जाता है। संसार में कोई भी ऐसी भाषा नहीं होती जिसमें प्राकृतिक लिंग नहीं होता। प्राकृतिक लिंग के दो भेद हैं— पुल्लिग और स्त्रीलिंग।

1. पुल्लिग— वे शब्द हैं, जिससे पुरुषत्व का बोध होता है। पुल्लिग के और दो भेद होते हैं। वे हैं— मनुष्य वर्ग और मनुष्येतर वर्ग।

(क) मनुष्य वर्ग में मानव समुदाय के सभी रिश्ते-नाते शामिल किये जाते हैं। उदाहरण—

मैतैलोन	**हिन्दी**	**मैतैलोन**	**हिन्दी**
1. इपु	दादा/नाना	2. पाबा/इपा	पिता
3. खुरा	चाचा	4. तादा	बड़ा भाई
5. बाजी	ताया	6. इबाई	बड़ा साला
7. माम	मामा	8. इसेल	छोटा साला
9. इनाउनुपा	देवर	10. मकूबोक	ससुर
11. ताचौ	बड़ा भाई		

(ख) मनुष्येतर पुल्लिग शब्दों में मनुष्यों के अलावा जो पुल्लिग है उनको लिया जाता है। उदाहरण—

मैतैलोन	**हिन्दी**
शललाबा	बैल
इरोइलाबा	भैंस

मैतैलोन में मनुष्येतर पुल्लिग वर्ग के शब्द बहुत कम ही हैं। इसमें लाबा या अमोम (नर या मादा) शब्द लगाकर अधिकांश शब्दों का निर्माण किया जाता है। पर सुविधा के लिए इसे एक अलग वर्ग माना गया है।

2. **स्त्रीलिंग**— जिन शब्दों से स्त्रीत्व का बोध होता है, उसे स्त्रीलिंग कहा जाता है। स्त्रीलिंग भी दो प्रकार के होते हैं— मनुष्य वर्ग और मनुष्येतर वर्ग।

(क) मनुष्य वर्ग के स्त्रीलिंग शब्दों के कुछ उदाहरण निम्नांकित हैं—

मैतैलोन	**हिन्दी**	**मैतैलोन**	**हिन्दी**
1. अबोक	दादी/नानी	2. इमा	माँ

3. इमाबोक	ताई	4. मनेमबोक	सास
5. इतईमा/इनम्मा	भाभी	6. इने	बुआ/मामी
7. इचे	दीदी	8. इचल	ननद
9. मचन	छोटी बहन	10. मऊ	बहू

(ख) मनुष्येत्तर वर्ग के स्त्रीलिंग शब्द के उदाहरण–

मैतैलोन	**हिन्दी**
सल अमोम	गाय
इरोई अमाम	भैंस

मैतैलोन में उभयलिंग और नपुंसक लिंग न के बराबर हैं।

पुल्लिग शब्द से स्त्रीलिंग शब्द बनाने के नियम:–

मैतैलोन में पुल्लिग को स्त्रीलिंग में बदलने के लिए एक ही प्रत्यय 'ई' का प्रयोग किया जाता है। अकारांत या आकारांत शब्दों को इकारांत करके स्त्रीलिंग शब्दों का निर्माण किया जाता है।

अकारांत और आकारांत शब्दों का परिवर्तन विशेषण शब्दों में किया जा सकता है। विशेषण शब्दों के कुछ उदाहरण निम्नांकित हैं–

पुल्लिग	**स्त्रीलिंग**	**पुल्लिग**	**स्त्रीलिंग**
1. अङाङबा (लाल)	अङाङबी (लाल)	2. ङौबा (सफेद)	ङौबी (सफेद)
3. अमुबा (काला)	अमुबी (काली)	4. पीकपा (छोटा)	पीकपी (छोटी)
5. पाकपा (चौड़ा)	पाकपी (चौड़ी)	6. नेम्बा (नाटा)	नेम्बी (नाटी)
7. शांबा (लम्बा)	शांबी (लम्बी)	8. कनबा (बलवान)	कनबी (बलवती)

अकारांत और आकारांत शब्दों को ईकारान्त बनाकर स्त्रीलिंग शब्द बनाने की पद्धति मनुष्य एवं मनुष्येतर वर्गों में समान है। सामान्य दिनचर्या के शब्दों व व्यवसाय या पद से सम्बंधित संज्ञा शब्दों में भी लिंग-भेद किया जाता है। यह लिंग-भेद शब्दों में 'नुपा' (पुरुषवाचक) शब्द अथवा 'नुपी' (स्त्रीवाचक) शब्दों को जोड़कर बनाया जाता है। उदाहरण–

पुल्लिग शब्द	**अर्थ**	**स्त्रीलिंग**	**अर्थ**
1. ओजा नुपा	अध्यापक	1. ओजा नुपी	अध्यापिका
2. लाइरिक इबानुपा	लेखक	2. लाइरिक इबी नुपी	लेखिका
3. फि शाबा नुपा	बुनकर	3. फि शुबी नुपी	धोबिन
4. सनाशाबा नुपा	सुनाए	4. सना शाबी नुपी	सुनारिन आदि।

पशुओं में भी लिंग-परिवर्तन करने हेतु प्रत्ययों का प्रयोग किया जाता है। 'लाबा' प्रत्यय पुरुषवाचक है। इसे लगाकर पुल्लिग बनाये जाते हैं। 'अमोम' प्रत्यय स्त्रीवाचक है, तथा इस प्रत्यय को लगाकर स्त्रीलिंग शब्द बनाये जाते हैं। उदाहरण–

पुल्लिंग शब्द	अर्थ	स्त्रीलिंग	अर्थ
1. सल लाबा	बैल	1. सल अमोम	गाय
2. सगोल लाबा	घोड़ा	2. सगोल अमोम	घोड़ी
3. समु लाबा	हाथी	3. सामु अमोम	हथिनी
4. हामेङ लाबा	बकरा	4. हामेङ् अमोम	बकरी
5. याओ लाबा	भेड़	5. याओ अमोम	भेड़िया
6. हुई लाबा	कुत्ता	6. हुई अमोम	कुतिया
7. हऊदोङ लाबा	बिलाव	7. हऊदोङ अमोम	बिल्ली

लिंग-परिवर्तन का एक और तरीका यह भी है कि पुल्लिंग में एक शब्द प्रयुक्त है तो स्त्रीलिंग में उससे भिन्न दूसरा ही कोई शब्द प्रयुक्त होता है। इन शब्दों के साथ यही कहा जा सकता है कि पुल्लिंग शब्द में कुछ प्रत्यय लगाकर स्त्रीलिंग शब्द बना लिया गया है। परन्तु दोनों शब्द स्वतंत्र रहते हैं। उदाहरण–

पुल्लिंग	स्त्रीलिंग
1. इपु (दादा/नाना)	इबोक (दादी/नानी)
2. पाबा/इपा (पिता)	इमा (माँ)
3. तादा (बड़ा भाई)	इतैइमा/इनम्मा (भाभी)
4. माम (मामा)	इने (मामी/बुआ)
5. इसेल (साला)	इचन (साली)
6. इनाउपा (देवर/छोटा भाई)	इनाउपी (ननद/छोटी बहन)
7. मकुबोक (ससुर)	मनेमबोक (सास)
8. बाजीहन (ताया)	इमाबोक (ताई)

मैतैलोन की लिंग-संरचना हिन्दी से भिन्न है। इसमें क्रियापदों पर लिंग का प्रभाव नहीं पड़ता जबकि हिन्दी में क्रियापदों पर लिंग का प्रभाव पड़ता है। उदाहरण–

मैतैलोन	हिन्दी
1. राम चत्लि।	1. राम जाता है।
सीता चत्लि।	सीता जाती है।
2. श्याम चाक चारि।	2. श्याम खाना खा रहा है।
मेम चाक चारि।	मेम खाना खा रही है।
3. तोम्बा तुम्मी।	3. तोम्बा सो रहा है।
तोम्बी तुम्मी।	तोम्बी सो रही है।

इस प्रकार से दोनों भाषाओ में लिंग के सम्बन्ध में भिन्नता पाई जाती है इसलिए अन्य भाषा शिक्षण के सन्दर्भ में दोनों भाषाओं में व्याप्त अंतर को ध्यान में रखा जाना चाहिए।

मैतैलोन में वचन

जिन शब्दों से संख्या का बोध होता हो, उसे वचन कहा जाता है। मैतैलोन में भी वचन दो ही हैं—एकवचन और बहुवचन।

मैतैलोन	हिन्दी
1. नुपा—नुपासीङ्	पुरुष—अनेक पुरुष
2. लै—लैसीइ	फूल—अनेक फूल
3. लाइरिक—लाइरिकसिङ	किताब—किताबें।

एकवचन—संज्ञा के जिस रूप से एकत्व का बोध हो, उसे एकवचन कहते हैं। उदाहरण—

1. फीसी पुरकओ। (कपड़े को ले आओ।)
2. अङाङ चाक चारी। (बच्चा खाना खा रहा है।)
3. लै से सात ले। (फूल खिल गया है।)
4. लाइरीक से पाओ। (किताब को पढ़ो।)

बहुवचन—संज्ञा के जिस रूप से अनेक होने का बोध हो उसे बहुवचन कहते हैं। उदाहरण—

1. उचेक मयाम पाइरी। (बहुत-सारी चिड़ियाँ उड़ रही हैं।)
2. अङाङ सीङ सानारी। (बच्चे खेल रहे हैं।)
3. लाइरिकशिं पाओ। (किताबों को पढ़ो।)
4. नुपीसिङ फी शुरी। (औरतें कपड़े धो रही हैं।)
5. मखोय फमली। (वे बैठे हैं।)

मैतैलोन में संज्ञा और सर्वनाम में ही वचन पाया जाता है। संज्ञा शब्द— फी (कपड़ा), फीसिङ (कपड़े)। सर्वनाम शब्द—

एकवचन	बहुवचन
1. ऐहाक/ऐ (मैं)	ऐखोय (हम)
2. नंहाक/नङ (तू)	नखोय (तुम)
3. महाक/मा (वह)	मखोय (वे)
4. मसि (यह)	मसिसिङ्/मखोयसिङ्, असि (ये)

मैतैलोन में एकवचन से बहुवचन बनाने के अलग से नियम हैं, जो प्रमुख रूप से दो वर्गों में विभाजित किये जा सकते हैं— प्रत्ययसहित बहुवचन और पुनरावृत्ति बहुवचन।

1. **प्रत्ययसहित बहुवचन**—इसमें ऐसा होता है कि एक वचन शब्दों में विभिन्न प्रत्ययों को जोड़कर बहुवचन बनाया जाता है। सिङ्, याम, खोय आदि प्रत्ययों को एकवचन शब्दों में डालकर बहुवचन शब्दों का निर्माण किया जाता है। उदाहरण—

मूल शब्द	प्रत्यय		प्रत्यययुक्त बहुवचन	अर्थ
मी	+ सिङ्	=	मीसिङ्	(बहुत-से लोग)
मी	+ याम	=	मीयाम	(भीड़)
म	+ खोय	=	मखोय	(वे लोग)

इसी प्रकार एक ही प्रत्यय विभिन्न लिंग के शब्दों में लग कर एकवचन से बहुवचन बनाया जा सकता है। उदाहरण–

नुपा	+ सिङ्	=	नुपासिङ्	(अनेक पुरुष)
नुपी	+ सिङ्	=	नुपीसिङ्	(औरतें)
उचेक	+ सिङ्	=	उचेकसिङ	(अनेक पक्षी)
लाइरिक	+ सिङ्	=	लाइरिकसिङ्	(पुस्तकें)

पुरुषवाचक सर्वनाम शब्दों में 'खोय' प्रत्यय लगाकर एकवचन से बहुवचन बनाया जा सकता है। उदाहरण–

मा	+ खोय	=	मखोय	(वे लोग)
ऐ	+ खोय	=	ऐखोय	(हम लोग)
नङ्	+ खोय	=	नखोय	(तुम लोग)

उभयलिंगी शब्द और अचेतन पदार्थों में 'याम' प्रत्यय जोड़कर बहुवचन बनाया जाता है। उदाहरण–

मी	+ याम	=	मीयाम	(बहुत-से लोग)
ला	+ याम	=	लायाम	(बहुत-से केले के पत्ते)
सीङ्	+ याम	=	सीङ्याम	(लकड़ियाँ)

'शा' प्रत्यय को संबोधन के समय प्रयोग किया जाता है। किसी खास को सम्बोधन देने के लिए 'शा' प्रत्यय को लगाया जाता है। यह प्रत्यय अधिकतर अपने से छोटों को सम्बोधित करने के लिए प्रयोग किया जाता है। उदाहरण–

अङाङ् + शा = अङाङशा (बच्चो!)

इनाउ + शा = इनाउशा (भाइयो!)

एक और भी तरीका है, जिससे एकवचन से बहुवचन बनाया जा सकता है। उसे पुनरावृत्ति बहुवचन कहा जाता है। इसमें एकवचन वाले शब्दों को दुहराकर बहुवचन बनाया जाता है। उदाहरण–

एकवचन	बहुवचन
करम्बा (कौन-सा)	करम-करम्बा (कौन-कौन-सा)
करि (क्या)	करि-करि (क्या-क्या)
कदाय (कहाँ)	कदाय-कदाय (कहाँ-कहाँ)
कदोम (किधर)	कदोम-कदोम (किधर-किधर)

इसके अन्तर्गत प्रश्नसूचक सर्वनाम ही आते हैं।

विशेषण में वचन—मूल रूप से विशेषणों का स्वतंत्र रूप में प्रयोग नहीं किया जाता है। जैसे 'फज' सौन्दर्यबोधक शब्द का मूल है। इसका अस्तित्व स्वतंत्र रूप में नहीं होता। जब यह किसी प्रत्यय के साथ जुड़कर प्रस्तुत होता है, तब इसका अर्थ निकलता है। इसलिए इसको प्रत्यय के साथ ही जोड़ना पड़ता है। इसमें प्रत्यय 'बा' जोड़ देने से यह 'फजबा' बन जाएगा जिसका अर्थ है 'सुन्दर'। इस प्रयोग के आधार पर विशेषण और संज्ञा बन सकता है। उदाहरण—

1. फजबा फी पोरक लो। (सुन्दर कपड़ा ले लो।)
2. फजबा फी खल्लुलाउ। (सुन्दर कपड़ा आकर चुन लो।)
3. फजबा लै सात लिए। (सुन्दर फूल खिले हुए हैं।)
4. फजबा लाइ येङ्ङू। (सुन्दर चित्र को देखो।)

विशेषण पर बहुवचन का कोई असर नहीं पड़ता है। दोनों ही वचनों में विशेषण में कोई अन्तर नहीं आता। बहुवचन बनाने के लिए वाक्य में आए संज्ञा पर प्रत्यय जोड़ना पड़ता है। उदाहरण—

	एकवचन	**बहुवचन**
1.	अङाङबा फी पुरकलो।	अङाङबा फीशिं पुराकलो।
	(लाल कपड़ा ले आओ।)	(लाल कपड़े ले आओ।)
2.	फक साङई।	फकसिङ् साङई।
	(चटाई लम्बी है।)	(चटाइयाँ लम्बी हैं।)
3.	फजबा लै हेकनु।	फजबा लैसिङ हेकनु।
	(सुन्दर फूल मत तोड़ो)	(सुन्दर फूलों को मत तोड़ो)
4.	अफबा अङाङ् ओइयो।	अफबा अङाङसिङ् ओयो।
	(अच्छा बच्चा बनो)	(अच्छे बच्चे बनो।)

कुछ ऐसे शब्द भी पाए जाते हैं, जिससे लगता है कि विशेषणों के बाद बहुवचन का प्रत्यय 'सिङ्' लगा हो। पर विचार करने पर यह स्पष्ट हो जाता है कि वह शब्द विशेषण रूप में न इस्तेमाल होकर संज्ञा रूप में इस्तेमाल हुआ होता है। उदाहरण—

1. अपीकप पोत सिंङ् दो पोरकलो। (छोटी चीज़ों को लाओ।)
2. अचौबासीङ्ना हायबा इनलु। (बड़ों का कहना मानो।)

यहाँ 'अपीकप' और 'अचौबा' विशेषण-रूप न होकर संज्ञा के लिए प्रयुक्त शब्द है। इस तरह के वाक्य हिन्दी में भी पाए जाते हैं। जैसे— बड़ों का आदर करो। छोटों से प्यार करो। गरीबों पर दया करो। आदि।

इससे यह बात सभी को मान्य हो जाती है कि विशेषण संज्ञा का प्रतिनिधित्व करते हैं, तो उसमें प्रत्यय लगता है, अन्यथा नहीं। जहाँ पर विशेषण विशेषण बना रहता है, वहाँ उस पर वचन का कोई असर नहीं होता।

क्रिया में वचन

मैतैलोन में हिन्दी की तरह अन्विति व्यवस्था नहीं है। इसलिए जिस तरह क्रिया में लिंग का प्रभाव नहीं पड़ता, उसी तरह क्रिया में वचन का भी प्रभाव नहीं पड़ता। पर वचन, संज्ञा और सर्वनाम के स्तर पर दो पाए जाते हैं। वचन से सम्बंधित कुछ उदाहरण इस प्रकार हैं–

एकवचन	**बहुवचन**
1. ऐ चारि। (मैं खा रही हूँ)	ऐखोय चारि। (हम खा रहे हैं।)
2. नङ् चत्लो। (तू जा।)	नखोय चतलो। (तुम लोग जाओ।)
3. अङाङ् ईरिये। (बच्चा लिख रहा है)	अङाङ्शिङ् ईरिये। (बच्चे लिख रहे हैं।)

कुछ लोग द्विवचन की कल्पना करते हैं। उनकी कल्पना का आधार निम्न शब्द हैं –

(क) संज्ञा शब्द–फाइबोक (जुड़वा), तुम (जोड़ा), कागुप (दो तरफ) आदि।

(ख) सर्वनाम शब्द– उत्तम पुरुष– इबानि (हम दोनों), मध्यम पुरुष– मबानि (तुम दोनों), अन्य पुरुष–मबानि– (वे दोनों)।

इन शब्दों में संज्ञा और सर्वनाम की निश्चित संख्या का पता चलता है, अन्य कुछ नहीं। इनमें कोई प्रत्यय नहीं लगा है जिससे यह पता चले कि यह द्विवचन है। द्विवचन की कल्पना करना ही बेकार है क्योंकि इसका कोई ठोस आधार नहीं है तथा न ही कोई प्रत्यय है।

मैतैलोन में पुरुष

मैतैलोन में भी हिन्दी की तरह ही तीन पुरुष पाए जाते हैं–1. उत्तम पुरुष, 2. मध्यम पुरुष, 3. अन्य पुरुष।

1. **उत्तम पुरुष**–मैतैलोन में उत्तम पुरुष दो हैं– ऐ (ऐहाक) = मैं और अईखोय (ऐखोय) = हम।

विशेषण–उत्तम पुरुष सर्वनाम का मूल रूप है–ऐ। इसमें एकत्व-बोध प्रत्यय तथा बहुत्व बोधक प्रत्यय लगाकर एकवचन से बहुवचन बनाये जाते हैं। उदाहरण–

मूल शब्द	**प्रत्यय**	**प्रत्यय युक्त सर्वनाम**	**अर्थ**
एकवचन ऐ	+ हाक	= ऐहाक	मैं
बहुवचन ऐ	+ खोय	= ऐखोय	हम

मैतैलोन में 'ऐहाक' शब्द पाया जाता है, लेकिन ज्यादातर 'ऐ' का ही इस्तेमाल किया जाता है। 'ऐहाक' शब्द पढ़े-लिखे और बाहर के लोगों के साथ बातचीत करते समय प्रयोग किया जाता है।

2. मध्यम पुरुष–मैतैलोन में मध्यम पुरुष के सर्वनाम निम्नांकित हैं–1. नङ/नहाक–तू, 2. नखोय–तुम, 3. अदोम–आप, 4. अदोमखोय–आप लोग।

उत्तम पुरुष की तरह मध्यम पुरुष में भी एक और अनेक का बोध कराने के लिए प्रत्ययों का प्रयोग होता है। 'हाक' प्रत्यय से बल और महत्त्व दोनों का बोध होता है और 'खोय' प्रत्यय से बहुत्व का बोध होता है।

मध्यम पुरुष	मूल सर्वनाम	प्रत्यय	प्रत्यययुक्त सर्वनाम	अर्थ
एकवचन	नं/नङ्	+ हाक	= नहाक	(तू)
	नं/नङ्	+ खोय	= नखोय	(तुम)

मणिपुर में लोग आदरार्थक शब्दों का प्रयोग न के बराबर करते हैं। 'अदोम' और 'अदोमखोय' आदरार्थक सर्वनाम है। वे इन शब्दों का प्रयोग नहीं करते। गाँव से बाहर जाने के कारण, पढ़ने-लिखने के कारण, बाहर के लोगों से मेल-जोल के कारण ये आदरार्थक शब्द का प्रयोग आपस के लोगों के बीच न कर बाहर के लोगों के साथ करते हैं।

3. अन्य पुरुष–मैतैलोन में निम्नलिखित अन्य पुरुष सर्वनाम पाए जाते हैं–1. मा/महाक (वह), 2. मखोय/मोय (वे), 3. शि/मशि (यह), 4. अदु (यह), 5. मदु (वह)।

अन्य पुरुष सर्वनाम का मूल रूप है 'मा'। इस सर्वनाम में एकत्व और बहुत्व का बोध कराने के लिए 'हाक' प्रत्यय एकवचन के लिए तथा 'खोय' प्रत्यय बहुवचन के लिए होता है। जैसे–

एकवचन – मा + हाक = महाक,
एकवचन – मा + 0 = मा,
बहुवचन – मा + खोय = मखोय।

एक बात ध्यान देने योग्य यह है कि एकत्वबोधक प्रत्यय के बिना भी सर्वनाम के मूल रूप का प्रयोग होता है। अतः कहने का मतलब यह है कि मैतैलोन में एकवचन में विकल्प से दो रूप प्रयुक्त होते हैं–1. प्रत्ययसहित रूप और 2. प्रत्ययरहित रूप। जैसे–

मा कनानो?/महाक कनानो? (वह कौन है?)
मा एगी मरूपनी/ऐगी मरूपनी। (वह मेरा दोस्त है।)

सर्वनाम के ये दोनों रूप होते हुए भी 'मा' सर्वनाम का 'महाक' सर्वनाम से ज्यादा इस्तेमाल होता है। 'महाक' सर्वनाम का प्रयोग न के बराबर होता है।

उत्तम पुरुष, मध्यम पुरुष तथा अन्य पुरुष एकवचन में सर्वनाम के प्रत्ययरहित और प्रत्ययसहित दो रूप मिलते हैं। उदाहरण–

ए अथवा एहाक– उत्तम पुरुष एकवचन
नङ अथवा नहाक– मध्यम पुरुष एकवचन
मा अथवा महाक– अन्य पुरुष एकवचन

तीनों पुरुषवाचक सवर्पनाम दोनों वचनों में पाए जाते हैं–

(अ) **पुरुषवाचक सर्वनाम**

	एकवचन पुरुष	**बहुवचन**
उत्तम पुरुष	ऐ = मैं	ऐखोय = हम
मध्यम पुरुष	नङ = तू	नखोय = तुम
अन्य पुरुष	मा/महाक = वह	मखोय = वे (दूरवर्ती)
	शि/मसि = यह	मयाम = ये (निकटवर्ती)

(आ) अन्य सर्वनामों में वचन का प्रभाव नहीं पड़ता है। अर्थात् एकवचन और बहुवचन में सर्वनाम एक रूप ही रहते हैं। उदाहरण के लिए– कला (कौन), क़रि (क्या), असि (जो), मसि (सो)।

मैतैलोन के परसर्गों की सूची हम कुछ इस प्रकार भी बना सकते हैं–

कर्त्ता– ना (ने), कर्म– पु/बु (को), करण– ना (से), सम्प्रदान– गीदमक (के लिए), अपादान– दगी (से), सम्बन्ध– गी/की (से), अधिकरण– दा (में, पर), सम्बोधन–शा (अरे, ओ)।

कारक का विस्तार

उत्तम पुरुष सर्वनाम एकवचन– ऐ (मैं)

मूल सर्वनाम		**परसर्ग**		**परसर्गयुक्त सर्वनाम**	**अर्थ**
ऐ	+	ना	=	ऐना	(मैंने)
ऐ	+	बु	=	ऐबु	(मझे)
ऐ	+	गीदमक	=	ऐगीदमक	(मेरे लिए)
ऐ	+	दगी	=	ऐङोनदगी	(मुझ से)
ऐ	+	गी	=	ऐगी	(मेरा)
ऐ	+	दा	=	ऐङोनदा	(मुझ पर)
मा	+	दगी	=	मङोन दगी	(उससे)
मा	+	गी	=	मागी	(उसका)
मा	+	दा	=	मङोनदा	(उनमें, उसपर)

अन्यपुरुष बहुवचन– मखोय (वे)

मखोय	+	ना	=	मखोयना	(उन्होंने)
मखोय	+	बु	=	मखोयबु	(उनके, उन्हें)
मखोय	+	गीदमक	=	मखोयगीदमक	(उनके, लिए)
मखोय	+	दगी	=	मखोयदगी	(उनसे)
मखोय	+	गी	=	मखोयगी	(उनके)
मखोय	+	दा	=	मखोयदा	(उनमें, उनपर)

शेष अन्य पुरुष एकवचन तथा बहुवचन में कोई अन्तर नहीं होता अर्थात् दोनों वचनों में एक ही रूप मिलता है।

अन्य पुरुष एकवचन तथा बहुवचन– अदु (यह)

अदु	+ ना	=	अदूना	(इसने)
अदु	+ बु	=	अदुबु	(इसका)
अदु	+ गीदमक	=	अदुगीदमक	(इसके लिए)
अदु	+ दगी	=	अदुदगी	(इससे)
अदु	+ गी	=	अदुगी	(इसका)
अदु	+ दा	=	अदुदा	(इसमें, इस पर)

मदु (वह)

मदु	+ ना	=	मदुना	(उसने)
मदु	+ बु	=	मदुबु	(उसको, उसे)
मदु	+ गीदमक	=	मदुगीदमक	(उसके लिए)
मदु	+ दगी	=	मदुदगी	(उससे)
मदु	+ गी	=	मदुगी	(उसका)
मदु	+ दा	=	मदुदा	(उसमें, उस पर)

कना (किस)

कना	+ ना	=	कनाना	(किसने)
करि	+ ना	=	करिना	(किसने)
करि	+ बु	=	करिबु	(किसको)
करि	+ गीदमक	=	करिगीदमक	(किसके लिए)
करि	+ दगी	=	करिदगी	(किससे)
करि	+ गी	=	करिगी	(किसका)
करि	+ दा	=	करिदा	(किसमें, किस पर)

खर (कुछ)

खर	+ ने	=	खरना
खर	+ बु	=	खरबु
खर	+ गीदमक	=	खरगीदमक
खर	+ दगी	=	खरगी
खर	+ गी	=	खरगी
खर	+ दा	=	खरदा

हिन्दी भाषा में 'क्या' और 'कुछ' को सर्वनाम मानने में थोड़ी परेशानी होती है। किन्तु मणिपुरी भाषा में 'करि' और 'खर' के समानार्थक शब्द होते हुए भी स्वतंत्र सर्वनाम मानने में कोई शंका नहीं रहती है।

असि (जो)

असि	+ ना	= असिना	(जिसने)
असि	+ बु	= असिबु	(जिसको)
असि	+ गीदमक	= असिगीदमक	(जिसके लिए)
असि	+ दगी	= असिदगी	(जिससे)
असि	+ गी	= असिगी	(जिसका)
असि	+ दा	= असिदा	(जिसमें, जिसपर)

मसि

मसि	+ ना	= मसिना	(किसने, जिसने)
मसि	+ बु	= मसिबु	(जिसको)
मसि	+ गीदमक	= मसिदगीदम	(जिसके लिए/जिसको)
मसि	+ दगी	= मसिदगी	(जिससे)
मसि	+ गी	= मसिगी	(जिसका)
मसि	+ दा	= मसिदा	(जिसमें, जिस पर)

सर्वनामों की संख्या

मैतैलोन के व्याकरण में सर्वनामों की सही-सही संख्याा नहीं बतायी गयी है। फिर भी, कुल दस मूल सर्वनाम इस प्रकार हैं—ऐ (मैं), नङ (तू), मा (वह), अदु (यह), मदु (वह), असि (जो), मसि (सो), कना (कौन), करि (क्या), खर (कुछ)।

सर्वनामों का वर्गीकरण

सर्वनामों को प्रयोग की दृष्टि से निम्नांकित चार वर्गों में बाँट सकते हैं—1. पुरुषवाचक सर्वनाम—ऐ, नङ मा (मैं, तुम, आप)। 2. संकेतवाचक सर्वनाम—अदु, मदु, असि, मसि। 3. प्रश्नवाचक सर्वनाम—करि (क्या), कना (कोन)। 4. सम्बन्धवाचक सर्वनाम—असि (यह), मसि (वह)।

इस प्रकार मैतैलोन में प्रयोग की दृष्टि से चार प्रकार के सर्वनाम मिलते हैं जबकि हिन्दी में छह प्रकार के सर्वनाम पाए जाते हैं।

सर्वनामों में वचन

मैतैलोन में केवल पुरुषवाचक सर्वनामों में वचन का प्रभाव पड़ता है, अन्य सर्वनामों में वचन का प्रभाव नहीं पड़ता।

(अ) पुरुषवाचक सर्वनाम

एकवचन	**बहुवचन**
ऐ (मैं)	ऐखोय (हम)

नङ (तू)	नखोय (तुम)
मा (वह)	मखोय (वे)

(आ) अन्य सर्वनाम जिन पर वचन का प्रभाव नहीं पड़ता—

एकवचन	**बहुवचन**
अदू (यह)	अदू (यह)
मदु (वह)	मदु (वह)
असि (जो)	असि (जो)
मसि (सो)	मसि (सो)
कना (कौन)	कना (कौन)
करि (क्या)	करि (क्या)
खर (कुछ)	खर (कुछ

यह माना जाता है कि सर्वनामों के बहुवचन रूप में शून्य प्रत्यय (0) लगता है। हिन्दी और मैतैलोन की सर्वनाम-व्यवस्था में काफी अन्तर है; संरचना और अर्थ-व्यवस्था में भी अन्तर है। मैतैलोन में मूल शब्द पर एकत्व और अनेकत्व बोधक प्रत्यय लगाकर एकवचन से बहुवचन बनाया जाता है। उदाहरण—

एकवचन— ऐ + 0/हाक = ऐहाक (मैं)
बहुवचन— ऐ + खोइय = ऐखोय (हम)
एकवचन— मा + 0/हाक = महाक (वह)
बहुवचन— मा + खोय = मखोय (वे)

जिस प्रकार हिन्दी में सर्वनामों में लिंग का प्रभाव नहीं पड़ता वैसे ही मैतैलोन में भी नहीं पड़ता। मैतैलोन में क्रिया से भी लिंग का पता नहीं चलता है।

4. मैतैलोन में काल

क्रिया के जिस रूप से उसके करने या होने का समय सूचित होता है, उसे काल कहा जाता है। उदाहरण—ऐइ चारि (मैं खा रही हूँ।), ऐइ चाखे (मैंने खा लिया।), ऐइ चतलुइ (मैं गया था)।

मैतैलोन में तीन काल पाए जाते हैं—1. वर्तमान काल 2. भूतकाल और 3. भविष्यतकाल।

1. वर्तमान काल—क्रिया के जिस रूप से उसका वर्तमान काल में होने का बोध हो, उसे वर्तमान काल कहते हैं। जैसे— ऐ चतली। (मैं जा रहा हूँ।), ऐ चारि। (मैं खा रहा हूँ।), तोम्बी लाकइ। (तोम्बी आई।)। वर्तमान काल के तीन भेद होते हैं— सामान्य वर्तमान, अपूर्ण वर्तमानकाल और पूर्ण वर्तमान काल। मैतैलोन में सातत्यबोधक वर्तमानकाल को भी वर्तमान काल के चौथे भेद के रूप में माना जाता है।

सामान्य वर्तमान काल—मा चाक चाय। (वह खाना खाता है।), तोम्बा चिट्ठी

इ। (तोम्बा चिट्ठी लिखता है।), शीला लाकइ। (शीला आती है।), राम चतलिए। (राम जाता है।), इमाना चाक थोङइ। (माँ खाना पकाती है।)।

इस तरह मैतैलोन में सामान्य वर्तमान काल का बोधक प्रत्यय है– य, ए, लि। मूल धातु में इन प्रत्ययों के योग से सामान्य वर्तमानकाल की रचना होती है।

धातु		प्रत्यय	प्रत्यययुक्त शब्द	अर्थ
इ	+	ए	इए	लिखता/लिखती/लिखते
चा	+	य	चाय	खाता/खाती/खाते
लाक	+	ए	लाकइ	आता/आती/आते
चत	+	लि	चतलि	जाता/जाती/जाते
फम	+	लि	फमलि	बैठता/बैठती/बैठते

अपूर्ण वर्तमानकाल– मा पारि (वह पढ़ रहा/रही है।), अई पारि (मैं पढ़ रहा/रही हूँ), नङ पारि (तुम पढ़ रहे/रही हो।), मखोइ चतलि। (वे जा रहे/रही हैं।), अखोइ चतलि (हम जा रहे/रही हैं।), नखोइ चतलि। (तुम लोग जा रहे/रही हो।)।

उपरोक्त वाक्यों में देख सकते हैं कि अपूर्ण वर्तमान काल का प्रत्यय है 'रि'। 'लि' इसका एक संरूप है। दोनों परिपूरक वितरण में आते हैं और दोनों ध्वन्यात्मक रूप से प्रतिबंधित हैं। हलन्त धातुओं के साथ 'लि' आता है और स्वरान्त धातुओं के साथ 'रि' आता है। धातु के बाद 'रि', 'लि' जोड़कर अपूर्ण वर्तमानकाल की रचना की जाती है।

धातु		प्रत्यय		प्रत्यययुक्त शब्द	अर्थ
पा	+	रि	=	पारि	पढ़ रहा/रही/रहे
चत	+	लि	=	चतलि	जा रहा/रही/रहे
लाक	+	लि	=	लाकलि	आ रहा/रही/रहे
इ	+	रि	=	इरे	लिख रहा/रही/रहे
चा	+	रि	=	चारि	खा रहा/रही/रहे।

पूर्ण वर्तमान काल– ऐ चाक चारे। (मैं खाना खाती हूँ।), ऐखोय लाकले। (हम आ गये हैं।), ऐखोय लाइरिक पारे। (हम पुस्तक पढ़ते हैं।), नङ लाकले। (तू आया है।), नखोय चतले। (तुम लोग जाते हो।), मा है चारे। (उसने फल खाया है।)। मखोय चाक चारे। (उन्होंने खाना खाया है।)

पूर्ण वर्तमान काल की रचना करने हेतु 'रे' और 'ले' धातु जोड़ना होता है। 'रे' और 'ले' 'रि' और 'लि' की तरह ध्वन्यात्मक रूप से प्रतिबंधित हैं और परिपूरक वितरण में आते हैं।

धातु		प्रत्यय	प्रत्यययुक्त शब्द	अर्थ
चा	+	रे	चारे	खाया/खायी/खाते
लाक	+	ले	लाकले	आया/आयी/आये

पा	+	रे	पारे	पढ़ा/पढ़ी/पढ़े
इ	+	रे	इरे	लिखा/लिखी/लिखे
चत	+	ले	चतले	गया/गयी/गये

सातत्यबोधक वर्तमानकाल–तोम्बा तुमलकलि। (तोम्बा सोता आ रहा है।), तोम्बी वान तौरकलि। (तोम्बी दान देती आ रही है।), ऐ लाइरिक पारकलि। (मैं पुस्तक पढ़ती आ रही हूँ।), नङ् सानदुना लैरकलि। (तू खेलता आ रहा है।), मा फमदुना लइरकलि। (वह बैठा रहा है।)।

धातु + रक/लक + रि/लि जोड़कर सातत्यबोधक का निर्माण किया जाता है। इन सब में 'रक' और 'लक' सातत्यबोधक प्रत्यय हैं। इसके साथ 'रि', 'लि' प्रत्यय अपूर्णता का द्योतक है। उदाहरण– 'रकलि' या 'रकरि'। इससे क्रिया का बहुत लम्बे समय से होते आने का बोध होता है। 'रक' और 'लक' ध्वन्यात्मक रूप से प्रतिबंधित हैं और दोनों परिपूरक वितरण में आते हैं। जैसे–

1. पा + रक + लि = पारकलि– पढ़ता आ रहा है/हूँ, पढ़ती आ रही हूँ, है, है, पढ़ते आ रहे हैं।
2. चा + रक + लि = चारकलि– खाता आ रहा है/हूँ/खाती आ रही हूँ, है/हैं/खाते आ रहे हैं/हूँ
3. तौ + रक + लि = तौरकलि– करता आ रहा है/हूँ/करती आ रही हूँ, है, हैं/करते आ रहे हैं।
4. तुम + लक + लि = तुमलकलि– सोता आ रहा है, हूँ/सोती आ रही हूँ, है, हैं/सोते आ रहे हैं।

भूतकाल–ऐ चाक चाख्रे। (मैंने खाना खाया था।), ऐ चतलुइ। (मैं गया था।), माना चाख्रे। (उसने खा लिया), गाड़ी चतख्रे। (गाड़ी चली गयी।), मखोय चतलुइ। (वे गये थे।), तोम्बी लाकलममी। (तोम्बी आयी थी।)।

मैतैलोन में भूतकाल के चार भेद पाए जाते हैं– (1) सामान्य भूतकाल, (2) अपूर्ण भूतकाल, (3) पूर्ण भूतकाल, (4) सातत्यबोधक भूतकाल।

सामान्य भूतकाल–ऐ चतलममी। (मैं गया था।), माना चाख्रे। (उसने खाया।), मखोयना ताख्रे। (उन्होंने सुन लिया।), रीता तुमख्रे। (रीना सो गयी।), तोम्बा लाकख्रे। (तोम्बा आ गया।)।

धातु + रम्मी/लम्मी/ख्रे/खि, भूतकाल की रचनात्मक पद्धति है, इसके माध्यम से सामान्य भूतकालिक वाक्यों को बनाया जा सकता है। 'रम्मी', 'लम्मी' एक ही प्रत्यय के दो संरूप हैं और दोनों ध्वन्यात्मक रूप से प्रतिबंधित हैं और परिपूरक वितरण में आते हैं। 'रम्मी', 'लम्मी', 'ख्रे', 'खि' सामान्य भूतकाल के प्रत्यय हैं। उदाहरण–

चत + लम्मी = चतलम्मी — गया/गयी/गये
चा + रम्मी = चारम्मी — खाया/खाई/खाये

पा + ख़े = पाख़े　　　　　　　　　　　　　पढ़ा/पढ़ी/पढ़े

फम + लम्मी = फमलम्मी　　　　　　　　　बैठा/बैठी/बैठे

कभी-कभी 'रम्मी' और 'खि' एक ही धातु में जुड़ जाते हैं। इसमें 'खि' हमेशा 'रम्मी' के पहले आता है। उदाहरण– 1. चा + खि + रम्मी = चाखिरम्मी (खाया), 2. तौ + खि + रम्मी = तौखिरम्मीने (किया), 3. तोम्बना हैक्रू चाखिरम्मी (तोम्ब ने आँवला खाया।)।

अपूर्ण भूतकाल–सीता कपलभलि। (सीता रो रही थी।), मखोय चारमलि। (वे खा रहे थे।), ऐना यौबदा मा इरमलि। (मेरे पहुँचने पर वह लिख रहा था।), मखोय चतलमलि। (वे जा रहे थे।)

भूतकाल का प्रत्यय 'रम' अथवा 'लम' धातु में और इसके आगे अपूर्ण वाचक प्रत्यय 'लि' जोड़कर रम + लि = रमलि जोड़कर अपूर्ण भूतकाल की रचना की जाती है। यहाँ पर 'लि' समापिका क्रिया का काम भी करता है। उदाहरण–

1. चा + रम + लि = चारमलि　　　(खा रहा था/खा रही थीं। खा रहे थे/खा रही थीं।)
2. चेल + लम + लि = चेललमलि　　(भाग रहा था/भाग रही थी। भाग रहे थे/भाग रही थीं।)।
3. चत + लम + लि = चतलमलि　　(जा रहा था। जा रही थी। जा रही थीं।)
4. पा + रम + लि = पारमलि　　　(पढ़ रहा था/पढ़ रही थी/पढ़ रहे थे। पढ़ रही थीं।)।
5. शान + रम + लि = सानरमलि　　(खेल रहा था/खेल रही थी/खेल रहे थे/खेल रही थीं।)।

पूर्णभूतकाल–रीमा चाक चाखरे। (रीमा खाना खा चुकी थी।), ऐना यौद्रिङईदा मा चतलमले। (मेरे पहुँचने पर वह जा चुका था), चाक लोइरमले। (खाना खत्म हो गया था।), लाइरिक शेगायरमले। (किताब फाड़ चुका था।), थबक लोइरमले। (काम खत्म हो चुका था।)।

धातु + रम/लम + ले/रे–यह पूर्ण भूतकाल का रचना-सूत्र है। 'रे' पूर्ण भूतकाल में 'ख' के साथ आता है। कभी इसका रूप 'खरे' और कभी 'ख़े' होता है। उदाहरण–तुमख़े (सो गया।), तुमखरे (सो गया।), चाख़े (खा लिया), चाखरे (खा लिया)।

'खरे' और 'ख़े' दोनों रूपों में कोई भेद नहीं है। अर्थ में भी कोई अन्तर नहीं है। भिन्न-भिन्न व्यक्तियों के अपने-अपने प्रयोग के अनुसार होता है। अतः दोनों का प्रयोग विकल्प के रूप में किया जाता है। अन्य रूपों में धातु के बाद 'रम/लम' के साथ 'रे/ले' जोड़ा जाता है।

उदाहरण–

1. पा + रम + ले = पारमले　　　(पढ़ा था/पढ़ी थी/पढ़ी थीं/पढ़े थे)

2. चा + रम + ले = चारमले (खाता था/खाती थीं/खाते थे)
3. चत + लम + ले = चतलमले (जाता था/जाती थी/जाती थीं/जाते थे)
4. कत + लम + ले = कतलमले (चढ़ाया/चढ़ाई/चढ़ाये)
5. तुम + लम + ले = तुमलमले (सो गया/गयी/गये)।

सातत्यबोधक भूतकाल–अङाङ्सिङ् पारकलम्मी (बच्चे पढ़ते जा रहे थे।), मखोय लाकलम्मी (वे आते जा रहे थे।), मखोयना अदुम हायरकलम्मी (वे कहते जा रहे थे।), अङाङ्सिङ शानरकलम्मी (बच्चे खेलते जा रहे थे।)

'धातु + रक/लक + रम्मी/लम्मी', सातत्यबोधक भूतकाल का रचना-सूत्र है। सातत्यबोधक भूतकाल की रचना प्रत्ययों से होती है। 'रक' अथवा 'लक' निरंतरता का बोधक है और उनमें 'रम्मी' अथवा 'लम्मी' को जोड़कर प्रयोग किया जाता है। उदाहरण– 1. चा + रक + लम्मी = चारकलममी (खाता जा रहा था), 2. पा + रक + लम्मी = पारकलम्मी (पढ़ता जा रहा था), 3. चैन + लक + लम्मी = चैनलम्मी (करते जा रहे थे), 4. तो + रक + लम्मी = तौरकल्लमी (करते जा रहे थे)।

भविष्यत काल– अई चागनी। (मैं खाऊँगी।), मा चतकनी (वह जाएगा।), अई ईगनी। (मैं लिखूँगी), नङ तुमगनी। (तू सोएगा), अङाङ्सिङ् कपकनी। (बच्चे रोयेंगे), मखोय चतखगनी। (वे चले जाएँगे।), मा लाककनी। (वह आएगा।)।

भविष्यत काल का एक ही भेद है और वह है सामान्य भविष्यत काल। इस काल की रचना का सूत्र इस प्रकार बनाया जा सकता है– धातु + कनी/गनी। 'कनी' और 'गनी' इस काल के प्रत्यय के दो संरूप हैं। ये ध्वन्यात्मक रूप से प्रतिबंधित हैं और परिपूरक वितरण में आते हैं। ज्यादातर स्वरों के साथ 'गनि' और व्यंजनों के साथ 'कनि' का प्रयोग होता है। उदाहरण–

चत + कनि = चकतनि (जाऊँगा/जाऊँगी/जाएँगे/जाएँगी।)
ई + गनि = ईगनि (लिखूँगा/लिखूँगी/लिखेंगे/लिखूँगी।)
चा + गनि = चागनि (खाऊँगा/खाऊँगी/खाएँगे/खाएँगी।)
कप + कनि = कपकनि (रोएगा/रोएगी/रोएगी/रोएँगी।)।

5. मैतैलोन में कारक की व्यवस्था

मैतैलोन में कारक की व्यवस्था अन्य भाषाओं की व्यवस्था से भिन्न है। कारक प्रकट करने के लिए विभक्ति या परसर्ग की आवश्यकता नहीं होती। इनके स्थान पर प्रत्ययों का प्रयोग होता है। मैतैलोन में आठ कारक पाए जाते हैं और प्रत्ययों के द्वारा इनको प्रकट किया जाता है। मैतैलोन में इन प्रत्ययों को विभक्ति या परसर्ग नहीं कहते, क्योंकि उनके प्रकार्य में भिन्नता है। इन्हें केवल प्रत्यय कहने का कारण यह भी है कि इन प्रत्ययों के बाद भी इनमें और प्रत्ययों का प्रयोग हो सकता है। मैतैलोन के आठ कारक और उनके प्रत्यय इस प्रकार हैं–

1. कर्ता कारक – 0/ना
2. कर्मकारक – तु/दु, पु/बु
3. कारणकारक – ना
4. सम्प्रदानकारक – की दमक/गी दमक
5. अपादानकारक – की दमक/गी दमक
6. सम्बन्धकारक – का, की/गा, गी
7. अधिकरणकारक – ता/दा
8. सम्बोधनकारक – हे, ओ, ओय, अरे।

मैतैलोन की एक विशेषता यह पाते हैं कि कर्त्ता और करण कारक को छोड़कर बाकी कारकों के अर्थ में दो-दो और इनसे अधिक प्रत्यय होते हैं। वास्तव में ये एक प्रत्यय के संरूप होते हैं, जो परिपूरक वितरण में आते हैं। उदाहरण–

कारक	**प्रत्यय**	**प्रयोग**	**अर्थ**
कर्मकारक	पु	ऐङोन्दा पू पियु	मुझको दो।
		नहाक पू अनिङ्इ	तुमको देखना चाहते हैं।
	बु	मा बु पीजौ	उसको खिलाओ।
सम्प्रदानकारक	कीदमक	लैबाक कीदमक खल्लु	देश के लिए सोचो।
	गीदमक	मागीदमक खल्लु	उनके लिए सोचो।
करणकारक	ना	सीता कोलोमना ई	सीता कलम से लिखती है।
कर्त्ताकारक	0	राम चाक चाय	राम खाना खाता है।
	ना	रामना चाक चाय	राम खाना खाता है।

उपरोक्त विवेचन से यह स्पष्ट हो जाता है कि मैतैलोन की कारक-व्यवस्था में मुख्यतः तीन बातों पर ध्यान दिया जाता है।

1. दो या दो से अधिक और पूरक वितरण में आने वाले प्रत्ययों द्वारा अर्थ प्रकट करने वाले कारकों की व्यवस्था है।

2. दो प्रत्यय– शून्य और चिह्न– वैकल्पिक रूप में आते हैं।

3. एक ही प्रत्यय द्वारा कारक की व्यवस्था प्रकट होती है।

मैतैलोन में विभक्ति, परसर्ग और प्रत्यय

मैतैलोन में कारक-चिह्नों के लिए प्रत्यय शब्द का प्रयोग करना उचित है। मैतैलोन में एक कारक चिह्न के बाद दूसरा आ सकता है और क्रम से कई प्रत्ययों का एक साथ प्रयोग हो सकता है। इन्हें परसर्ग कहना भी ठीक नहीं क्योंकि ये स्वतंत्र शब्द नहीं हैं। ये शब्दांश होते हैं और आबद्ध रूप हैं। अतः मैतैलोन में 'विभक्ति' और 'परसर्ग' के स्थान पर 'प्रत्यय' शब्द का ही व्यवहार उचित है। इसमें कई प्रत्ययों का एक साथ प्रयोग होता है। उदाहरण–

कर्ता	प्रत्यय	प्रत्यय		प्रत्यययुक्त शब्द
राम	+ ना		=	रामना (राम ने)
मी	+ गी	+ दमक	=	मीगीदमक (उनके लिए)
मखोय	+ ना		=	मखोयना (उन्होंने)

उदाहरणस्वरूप वाक्यों में प्रयोग–

मा करि खङ्ईबा ? (उसको क्या पता?)

माना करि खङ्ईबा? (उसे क्या पता?)

मानाबु करि खङ्ईबा? (उसको क्या पता?)

मानाबुदी करि खङ्ईबा? (उसको तो क्या पता है?)

इससे स्पष्ट हो जाता है कि मैतैलोन में चाहे कोई भी कारक हो उसके अर्थ में शक के बाद एक या एक से अधिक प्रत्यय लग सकते हैं और यही इस भाषा की खासियत या खूबी है।

हिन्दी के प्रकारों के आधार पर मैतैलोन के प्रत्ययों का विश्लेषण इस प्रकार है–

1. व्युत्पादक प्रत्यय–ये एक नये शब्द के निर्माण में सहायक होते हैं। धातु या क्रिया में प्रत्यय जोड़ने से एक नये शब्द को बनाया जाता है। जिसे हिन्दी में लड़ + आई = लड़ाई, उसी प्रकार मैतैलोन में भी धातु में प्रत्यय जोड़ने से प्रेरणार्थक धातु व्युत्पन्न होती है। उदाहरण– चा + हन = चाहन (खिला), चत + हन = चतहन (चला), इ + हन = इहन (लिखा), पा + हन = पाहन (पढ़ा)।

2. व्याकरणिक प्रत्यय –ऐसे प्रत्यय जो विशेषण पद अथवा क्रियापद हैं, लगकर व्याकरणिक रूपों को सिद्ध करते हैं तथा व्याकरणिक अर्थ को प्रकट करते हैं। इन प्रत्ययों से शब्दान्तर की निष्पत्ति नहीं होती। उदाहरण–मुबा (काला), मोत्पा (गंदा), मुबी (काली), मोत्पी (गंदी), फबा (अच्छा), नोइबा (मोटा), फबी (अच्छा), नोइबी (मोटी)।

इन दोनों का अन्तर यह है कि व्युत्पादक प्रत्यय कोशीय अर्थ को प्रकट करते हैं और नये शब्दों की सृष्टि करते हैं जबकि व्याकरणिक प्रत्यय व्याकरणिक अर्थों को प्रकट करते हैं। इनसे नये शब्द बनते नहीं हैं। प्रत्यय तीन प्रकार के होते हैं– 1. पूर्व प्रत्यय (Prefix), 2. मध्य प्रत्यय (Infix), 3. पर प्रत्यय (suffix)। इनमें से मैतैलोन में केवल दो ही प्रकार के प्रत्यय पाये जाते हैं। वे हैं– पूर्वप्रत्यय (Prefix) और परप्रत्यय (Suffix)।

1. पूर्व प्रत्यय–यह शब्द के शुरू में आता है। उदाहरण– अ + चतपा = अचतपा (जानेवाले), च + नैनबा = चनैनबा (बहुत अस्पष्टता), त + निकपा = तनिकपा (हलके से काँपना), अ + फाबा = अफाबा (याद किया हुआ)।

2. पर प्रत्यय–इन्हें अंत्य प्रत्यय भी कहते हैं। इसमें धातु में शून्य से लेकर नौ-दस तक प्रत्यय क्रम से जुड़ सकते हैं।

इनका उदाहरण इस पकार है—

1. शून्य प्रत्यय वाली क्रियाएँ—
   ई + 0 = ई (लिखता है।)
   नै + 0 = नै (गंदा है।)
2. एक प्रत्यय वाली क्रियाएँ—
   पा + ई = पाई (पढ़ता है।)
   लै + रि = लैरि (रहता है।)
3. दो प्रत्ययों वाली क्रियाएँ—
   इ + रक + लि = इरकलि (लिखता आ रहा है।)
   चा + मल + लि = चामललि (अधिक खाना।)
4. तीन प्रत्ययों वाली क्रियाएँ—
   पा + रम + ल + गनि = पारमलगनि (पढ़ लिया गया होगा।)
   चा + रम + ल + गनि = चा मलगनि (खा लिया गया होगा।)

इसी तरह दस-दस प्रत्ययों वाली क्रियाएँ बनती हैं। मैतैलोन में अर्थ का बोध प्रत्ययों से होता है। हिन्दी में सहायक क्रियाओं से क्रिया-संरचना में सहायता मिलती है तो मैतैलोन में प्रत्ययों से यही सहायता प्राप्त होती है। प्रत्यय कारकों की रचना में भी सहायक होते हैं।

मैतैलोन में कारक के विविध प्रयोग

कारकों और प्रत्ययों के विविध अर्थों पर विचार करते समय सुविधा के लिए इसे दो वर्गों में बाँटा जा सकता है— (क) एक कारक और विभिन्न प्रत्यय। (ख) एक प्रत्यय और भिन्न-भिन्न कारक।

(क) एक कारक और विभिन्न प्रत्यय— इस वर्ग को भी पुनः दो वर्गों में विभाजित करके देखा जाय तो इसे सही ढंग से समझा जा सकता है। इस दृष्टि से इसके दो भेद ये हैं— 1. स्वप्रत्यय और 2. परप्रत्यय।

1. स्वप्रत्यय—जो मुख्य रूप से एक कारक का बोध कराते हों या उसके अर्थ में बहुत प्रचलित हो। उदाहरण—

कर्ता कारक — (ना)
कर्म कारक — (पु/बु/तु/दु)
करण कारक — (का)

परप्रत्यय— जो कारक के अर्थ में प्रचलित है और कहीं-कहीं दूसरे कारक के अर्थ में प्रयुक्त होते हैं—कर्त्ता— ता/दा, कर्म— ना/ते/दा

कर्ता कारक—इस कारक का 'ना' स्वप्रत्यय है, शून्य प्रत्यय भी विकल्प में आता है। ता/दा परप्रत्यय है और ति/दि निपात हैं। ये सभी परिपूरक वितरण में आते

हैं। 'ता' और 'ति' व्यंजनों के साथ तथा 'दा' और 'दि' स्वरों तथा अनुनासिकों के साथ आते हैं। उदाहरण—

राम चाक चाये। (राम खाना खाता है।)

राम ना चाक चाये। (राम खाना खाता है।)

इथन्ता लाकइ। (अकेली आई हूँ।)

रीमा दि चतलोई। (रीमा नहीं जाएगी।)

कर्मकारक—इस कारक में पु/बु/तु/दु स्वप्रत्यय है, ना, ता/दा परप्रत्यय। ति/दि निपात है। इसमें शून्य प्रत्यय भी लगता है। निम्नांकित वाक्यों में उनका प्रयोग हुआ है—

ऐ लाइरिक पाइ—मैंने पुस्तक पढ़ी।

रीना ना ऐबु खङइ—रीना मुझे जानती है।

ऐ शगोम दि थकइ—मैं दूध पीता हूँ।

मङोनत दा हाय युबा—केवल उसे ही कहना।

करण कारक—'ता' और 'दा' परप्रत्यय है और दोनों परिपूरक वितरण में आते हैं। उदाहरण—

ऐ कोलोम ना ई (मैं कलम से लिखती/लिखता हूँ।)

ऐ साईकल दा स्कूल चतली। (मैं साइकिल से स्कूल जाती हूँ।)

सम्प्रदानकारक—'की दमक' और 'गीदमक' स्वप्रत्यय है और परिपूरक वितरण में आते हैं। उदाहरण—

मा गीदमक चा पुरकउ (उसके लिए चाय लाओ।)।

रीटा गी दमक खल्लु (रीटा के लिए सोचो।)।

अपादान कारक—'तगी' इस कारक का स्वप्रत्यय है और दो संरूप 'तगी' और 'दगी' है। उदाहरण—

मीत तगी पी ताय—आँखों से आँसू निकलते हैं।

ऐङोनदगी पैसा लौ—मुझसे पैसे लो।

सम्बन्धकारक—इसमें स्वप्रत्यय है—'का' और 'की' तथा दो संरूप 'गा' और 'गी' है। ये चारों परिपूरक वितरण में आते हैं। उदाहरण—

मागी मपा लाक ए (उसके पिता आ गये।)।

महाक का गा मरि लै (मेरा और उसका सम्बन्ध है।)।

अधिकरण कारक—इस कारक में 'ता'/'वा' स्वप्रत्यय तथा 'ना' परप्रत्यय है। 'ता' और 'दा' परिपूरक वितरण में आते हैं—

उदाहरण—ऐ साइकल ना चतली (मैं साइकिल से जाती हूँ।)

मा गाड़ी दा फम्मी (वह गाड़ी में बैठा है।)

सम्बोधन कारक—इस कारक का अव्यय है—हे, अरे, ओय, ऐ। इसका कोई

चिह्न नहीं होता, केवल अव्यय प्रयोग में लाया जाता है। उदाहरण—

हे अङाङ्शा! लाङ्गनु। (अरे बच्चो! शोर मत मचाओ।)

ओ! कदाय चततोयनो। (अरे! कहाँ जा रहे हो?)

(ख) एक प्रत्यय के भिन्न-भिन्न रूप

'ना'—मैतैलोन में कर्ता कारक और करण कारक का स्वप्रत्यय है। कभी-कभी अधिकरण कारक के अर्थ में आता है।

'पु'/'बु'—'पु' कर्मकारक का स्वप्रत्यय है और 'वु' इसका संरूप है। दोनों परिपूरक वितरण में आते हैं। दोनों कर्मकारक और कर्ता कारक में आते हैं।

'तु', 'दु'—कर्म कारक का स्वप्रत्यय है। दोनों एक ही प्रत्यय के दो संरूप हैं। ध्वन्यात्मक रूप से प्रतिबंधित होने के कारण दोनों परिपूरक वितरण में आते हैं। दोनों मानवेतर कर्म कारक के प्रत्यय हैं।

'की दमक', 'गीदमक'— 'की दमक' सम्प्रदान कारक का स्वप्रत्यय है और इसका संरूप 'गी दमक' है।

'तगी', 'दगी'—दोनों अपादान कारक के संरूप हैं और दोनों ध्वन्यात्मक रूप से प्रतिबंधित होने के कारण परिपूरक वितरण में आते हैं। कभी-कभी कर्ता और कर्म के अर्थ में भी आता है। उदाहरण—

नहाकतगी वानरि (तुम्हारी चिन्ता लगी है)।

नशादगी खन गनु (अपने लिए ही मत सोचो।)।

सम्बन्ध कारक 'की', 'गी' है और 'गी' उसका संरूप है। दोनों एक ही संरूप के प्रत्यय हैं। कर्ता कारक, कर्म कारक और सम्बन्धकारक में आते हैं।

'का'/'गा'— ये सम्बधकारक के प्रत्यय के दो संरूप हैं। कर्ता कारक, कर्म कारक और अधिकरण कारक में आते हैं।

'ति'/'वि'—दोनों ही निपात हैं और दोनों का वितरण ध्वनियों के आधार पर होता है। निपात होने के कारण इनका रूप-परिवर्तन कहीं नहीं होता। दोनों कर्ता और कर्म के साथ आते हैं। उदाहरण—

ऐ दि चतकनि (मैं जाऊँगी।)।

महाकति लाकते। (वही नहीं आया) (कर्ता के साथ)

मा सादि चादे। (वह माँस नहीं खाता।)

मा चकति चाय। (वह चावल तो खाता है।) (कर्म के साथ)

जिन प्रत्ययों के उदाहरण यहाँ नहीं दिये गये हैं, उन्हें पहले ही दिया जा चुका है।

हिन्दी के कारक और मैतैलोन के कारक में थोड़ी समानता और असमानता पाई जाती है। हिन्दी में विभक्ति और परसर्ग द्वारा कारकों की पहचान होती है और मैतैलोन में प्रत्ययों द्वारा पहचाना जाता है।

6. मैतैलोन में वृत्ति

मैतैलोन में भी हिन्दी की तरह वृत्ति होती है। मैतैलोन में पाँच प्रकार की वृत्तियाँ हैं—1.निश्चयार्थ, 2. संभावनार्थ, 3. संदेहार्थ, 4. संकेतार्थ, 5. आज्ञार्थ।

निश्चयार्थ वृत्ति तीन कालों में पायी जाती है और उनके उपभेद भी मिलते हैं। शेष वृत्ति कुछ विशेष कालों में ही आती हैं। इसे निम्नांकित रूप में देखा जाय—

1. निश्चयार्थ— (अ) वर्तमानकाल (आ) भूतकाल (इ) भविष्यतकाल। वर्तमानकाल को और चार भागों में विभाजित किया गया है— (i) सामान्य वर्तमान, (ii) पूर्ण वर्तमान, (iii) अपूर्ण वर्तमान, (iv) सातत्य वर्तमान।

भूतकाल को भी चार भागों में विभाजित किया गया है— (i) सामान्य भूतकाल, (ii) पूर्ण भूतकाल, (iii) अपूर्ण भूतकाल, (iv) सातत्य भूतकाल।

भविष्यतकाल का एक उपभाग है— सासाम्य भविष्यतकाल।

2. सम्भावनार्थ का एक उपभेद है— प्रायः भविष्यत काल

3. सन्देहार्थ के दो उपभेद हैं— 1. भूतकाल और 2. भविष्यत काल।

4. संकेतार्थ का एक उपभेद है— प्रायः भूतकाल।

5. आज्ञार्थ का एक उपभेद है— भविष्यतकाल

1. निश्चयार्थ

(अ) निश्चयार्थ सामान्य वर्तमानकाल। इसका उदाहरण इस प्रकार है—

उत्तम पुरुष – एकवचन – ऐ चाय (मैं खाता/खाती हूँ)
उत्तम पुरुष – बहुवचन – एखोय चाय (हम खाते/खाती हैं।)
मध्यम पुरुष – एकवचन – नङ चाय (तुम खाते/खाती हो।)
मध्यम पुरुष – बहुवचन – नखोय चाय (तुम खाते/खाती हो।)
अन्य पुरुष – एकवचन – मा चाय (वह खाता/खाती है।)
अन्य पुरुष – बहुवचन – मखोय चाय (वे खाते/खाती हैं।)

(आ) निश्चयार्थ अपूर्ण वर्तमान काल

उत्तम पुरुष – एकवचन – ऐ चारि (मैं खा रहा/रही हूँ।)
उत्तम पुरुष – बहुवचन – एखोय चारि (हम खा रहे/रही हैं।)

(इ) निश्चयार्थ पूर्ण वर्तमान काल

उत्तम पुरुष – एकवचन – ऐ चतले (मैं चला/चली हूँ।)
उत्तम पुरुष – बहुवचन – ऐखोय चतले (हम चले)
मध्यम पुरुष – एकवचन – नङ चतले (तू चलो)
मध्यम पुरुष – बहुवचन – नखोय चतले (तुम लोग चलो)
अन्य पुरुष – एकवचन – मा चतले (वह चला)
अन्य पुरुष – बहुवचन – मखोय चतले (वे चले गये)

(ई) निश्चयार्थ सातत्यबोधक वर्तमानकाल

उत्तम पुरुष – एकवचन – ऐ चारकलि (मैं खाता/खाती– आ रहा/रही हूँ।)

उत्तम पुरुष–बहुवचन – ऐखोय चारकलि (हम खाते/खाती– आ रहे/रही हैं।)

मध्यम पुरुष – एकवचन – नङ चारकलि (तू खाता/खाती आ रहा/रही है।)

मध्यम पुरुष – बहुवचन – नखोय चारकलि (तुम खाते आ रहे हो।)

अन्य पुरुष – एकवचन – मा चारकलि (वह खाता/खाती आ रहा/रही है।)

अन्य पुरुष – बहुवचन – मखोय चारकलि (वे खाते/खाती आ रहे/रही हैं।)

2. (अ) निश्चयार्थ सामान्य भूतकाल

उत्तम पुरुष – एकवचन – ऐ चतखि (मैं चला/चली)

उत्तम पुरुष – बहुवचन – ऐखोय चतखि (हम चले/चलीं।)

मध्यम पुरुष – एकवचन – नङ चतखि (तू चला/चली।)

मध्यम पुरुष – बहुवचन – नखोय चतखि (तुम लोग गये)

अन्य पुरुष – एकवचन – मा चतखि (वह चला/चली)

अन्य पुरुष – बहुवचन – मखोय चतखि (वे चले/चलीं)

(आ) निश्चयार्थ पूर्ण भूतकाल

उत्तम पुरुष – एकवचन – ऐ चतख्रे (मैं गया/गयी/था/थी)

उत्तम पुरुष – बहुवचन – ऐखोय चतख्रे (हम गये/गयी थे/थीं।)

मध्यम पुरुष – एकवचन – नङ चतख्रे (तू गया/गयी/था/थी।)

मध्यम पुरुष – बहुवचन – नखोय चतख्रे (तुम गये/गयी थे/थी।)

अन्य पुरुष – एकवचन – मा चतख्रे (वह गया/गयी था/थी।)

अन्य पुरुष – बहुवचन – मखोय चतख्रे (वे गये/गयी थे/थीं।)

(इ) निश्चयार्थ सातत्य भूतकाल

उत्तम पुरुष– एकवचन – ऐ चारकलम्मी (मैं खाता/खाती आ रहा/रही था/थी)

उत्तम पुरुष–बहुवचन–ऐखोय चारकलम्मी (हम खाते/खाती आ रहे/रही थे/थीं)

मध्यम पुरुष–एकवचन–नङ चारकलम्मी (तू खाता/खाती आ रहा/रही था/थी।)

मध्यमपुरुष–बहुवचन–खोय चारकलम्मी (तुम खाते/खाती आ रहे/रही थे/थीं)

अन्य पुरुष–एकवचन–मा चारकलम्मी (वह खाता/खाती आ रहा/रही था/थी)

अन्य पुरुष–बहुवचन–मखोय चारकलम्मी (वे खाते/खाती आ रहे/रही थे/थीं)

3. निश्चयार्थ भविष्यत्काल

उत्तम पुरुष–एकवचन– ऐ चतकनि (मैं जाऊँगा/जाऊँगी।)

उत्तम पुरुष–बहुवचन– ऐखोय चतकनि (हम जाएँगे)

मध्यम पुरुष–एकवचन– नङ चतकनि (तू जायेगा/जायेगी।)

मध्यम पुरुष–बहुवचन– नखोय चतकनि (तुम जाओगे/जाओगी।)

अन्य पुरुष–एकवचन– मा चतकनि (वह जाएगा/जाएगी।)

अन्य पुरुष—बहुवचन— मखोय चतकनि (वे जाएँगे/जाएँगी)

संभावनार्थ—संभावनार्थ की अभिव्यक्ति प्रायः भविष्यत काल में ही होती है। भूतकाल और वर्तमान काल में इस अर्थ की संगति नहीं बैठती है। इसमें अनुमान, इच्छा, कर्त्तव्य आदि का बोध है।

उदाहरण—

नङ कुइना पुन्शियुको। (तुम्हारी चिर आयु हो!) (इच्छा)

मा हयेङ् लाकपा याय। (वह कल आ सकता है।) (अनुमान)

नमा नपागी सेबा तौगदबनि। (माता-पिता की सेवा करनी चाहिए।) (कर्त्तव्य)

इन उदाहरणों से स्पष्ट हो जाता है कि संभावनार्थ वृत्ति के अन्तर्गत विविध अर्थों का समावेश होता है।

सन्देहार्थ—यह भूतकाल और भविष्यत काल में ही होता है। वर्तमान काल में सन्देहार्थ नहीं हो सकता। उदाहरण— मा लाइरिक पारमगनि (वह पढ़ रहा होगा), माना चारमलमगनि (उसने खाया होगा), राम चतलमलगनि (राम चला गया होगा), महाक लाकलगनि (वह चला गया होगा), रोनी लाकलमगनि (रोनी आती होगी।), तोम्बी इरूजरमगनि (तोम्बी नहाती होगी।)।

सन्देहार्थ में काल गौण हो जाता है और अर्थ प्रधान होता है।

संकेतार्थ—मैतैलोन में संकेतार्थ अँगरेजी के Conditional clause का पर्याय है। दोनों के अर्थ में कोई अन्तर नहीं। उदाहरण— मशि गी ओयरम्मदी कयादा फगदौबा (अगर यह मेरा होता तो कितना अच्छा होता।), अई ईनाकखुल्लमदी कयादा नुङ्ङायदौबा। (अगर मैं अमीर होता तो कितना अच्छा होता।)।

आज्ञार्थ—वर्तमान काल और भविष्यत काल में इस वृत्ति का प्रयोग किया जाता है। वर्तमान काल में आदेश देकर भविष्यत काल में पालन होता है। अतः आज्ञार्थ की अभिव्यक्ति इन दोनों कालो में हो सकती है। उदाहरण— नङ चारो (तू खा।), मा शिदगी चतखो हायो। (उसे यहाँ से जाने लिए कहो।), मा हयेङ लाकहनवियु। (उसे कल भेज दीजिए)।

वृत्ति के सम्बन्ध में विचार करते समय काल को गौण मानना चाहिए क्योंकि वृत्ति में अर्थ प्रधान होता है।

आज्ञार्थ के अन्तर्गत दो रूप होते हैं— 1. आज्ञा देने के अर्थ में, 2. अनुमति लेने के अर्थ में। इन दोनों रूपों का उदाहरण निम्नांकित है—

1. आज्ञा देने के अर्थ में— नङ् चतलो (तू जा), मा कौरोलाउ (उसे बुलाओ।)

2. अनुमति लेने के अर्थ में— ऐ लाकपा यागद्रा? (क्या मैं आ सकता/सकती हूँ?), मखोय चङ्जरकपा यागद्रा? (क्या वे लोग अन्दर आ सकते हैं?), ऐ चाबा यारगद्र (क्या मैं खाना शुरू कर सकती हूँ?)।

आदरार्थक क्रिया और सामान्य क्रिया में प्रयोगगत भेद होता है, पर अर्थगत

भेद नहीं होता। उदाहरण–

आदरार्थक	सामान्य किया	अर्थ
लेङबा	चतपा	जाना
लेङ्शिनूबा	फम्बा	बैठना
लूक हाबा	चाक चाबा	खाना खाना
चेप्पा	हिप्पा	सोना
फानबा	थकपा	पीना

मैतैलोन में आदरार्थक शब्द पाए जाते हैं, परन्तु इनका प्रयोग बहुत ही कम किया जाता है। समारोहों, उत्सवों आदि में ही प्रयोग किया जाता है। कभी-कभी पढ़े-लिखे लोग अपनी बातचीत के दौरान प्रयोग करते हैं।

7. मैतैलोन में वाच्य

मैतैलोन में वाच्य आठ प्रकार के होते हैं जिनके लिए अँगरेजी के नामों को ग्रहण किया गया है। वे हैं–1. नोमिनेटिव केस, 2. ओबजेक्टिव केस, 3. इनस्ट्रूमेन्टल केस, 4. डेटिव केस, 5. अबलेटिव केस, 6. जेनेटिक केस, 7. लोकेटिव केस, 8. वोकेटिव केस।

1. नोमिनेटिव केस

एक वाक्य में संज्ञा, सर्वनाम और क्रिया के बीच सम्बन्ध दिखाने वाले को केस कहा जाता है। मैतैलोन में वाच्य को 'केस' के नाम से जाना जाता है। नोमिनेटिव केस के कुछ उदाहरण–

1.	ऐहाकना मदू इबनी	–	कनान इबनो	–	ऐहाकन
	(मैंने यह लिखा है)	–	(किसने लिखा)	–	(मैंने)
2.	माबू खङ्ब्रा येङू	–	कनान येङगदबनों	–	नङ्ना (फोङदोकतबा)
	(उसे पहचानते हो क्या देखो)	–	(किसमें देखना है?)	–	(तुममें)
3.	तोम्बी न मदू फते हाय	–	कनान हाइ	–	तोम्बी (न)
	(तोम्बी ने यह खराब है कहा)	–	(किसने कहा)	–	(तोम्बी ने)
4.	महाक अफब मी नी	–	कनान अफब मी ओइबगे	–	महाक (न)
	(वह अच्छे इनसान हैं)	–	(कौन अच्छा इनसान है?)	–	(वह)

कर्ता कौन-सी क्रिया करता है, इस प्रश्न के जवाब में जो संज्ञा या सर्वनाम आता है, उसे नोमिनेटिव केस कहते हैं। नोमिनेटिव केस के लिए 'न' प्रत्यय का प्रयोग किया जाता है। कहीं-कहीं पर न नहीं होता, वह लुप्त होता है। मध्यम पुरुष में आये हुए सर्वनाम को लुप्त कर दिया जाता है। कभी-कभी नोमिनेटिव केस के 'न' प्रत्यय को अभिव्यक्त किए बिना– तू, बू, दू, तबू, दबू आदि प्रत्ययों में से एक का प्रयोग किया जाता है। उदाहरण–

1. चाउब बू कदाइ चतख्रे (चाउबा कहाँ चला गया?)
2. इबूङो दू कदोम दा लैब गे। (इबुङो कहाँ है?)
3. तोम्ब दबू पियो। (तोम्ब को दो।)

नोमिनेटिव केस को हिन्दी में कर्तावाच्य कहा जाता है।

2. आबजेक्टिव केस

1.	ऐ माबू खङई	– कनाबू खङबगे	– माबू
	(मैं उसे जानता हूँ)	– (किसको जानते हो?)	– (उसको)
2.	पौत उदू पियू	– (करीबू पियू हायबगे)	– पोत (पू)
	(वह समान दो)	– (क्या देना है?)	– (उस सामान को)
3.	चाउबबू कौरक उ	– कनाबू कौरक उ हायबगे	– चाउब बू
	(चाउब को बुलाओ)	– (किसको बुलाना है?)	– (चाउब को)
4.	ऐना अङाङ्अदूबू चाक पी जै	– कना बू पिजबगे	– चाक (पू)
	(मैंने बच्चे को खिलाया)	– (क्या खिलाया?)	– (चावल)

क्रिया द्वारा किए गये कार्य किसके लिए, क्या है आदि पूछने से वाक्यों का संज्ञा पद या सर्वनाम निकलता है। जो निकलता है उसे ट्रान्जीटिव भर्ब का कर्म कहा जाता है तथा कर्म का रूप ले रहे संज्ञा या सर्वनाम के केस को आबजेक्टिव केस कहा जाता है। हिन्दी में इसे कर्मवाच्य कहा जाता है।

3. कर्मवाच्य के प्रत्यय के रूप में– बू, पू का प्रयोग किया जाता है। कभी-कभी पू, बू का प्रयोग नहीं किया जाता है। उदाहरण–

1. श्याम लाइरीक ओराइरी।
   (श्याम पुस्तक पढ़ रहा है।)
2. महाक अयाम्बा मतम दा मखोङ् न चतली।
   (वह ज्यादातर पैरों से ही चलता है।)
3. चाउबा न काती न चे कूकलगा लै साई।
   (चाउबा ने कैंची से कागज़ काट कर फूल बनाया है।)

4. थाङ्जौ ना सीङ खायब नुङाइरोई, सीङ्जङ् न खायू।
(..... से लकड़ी काटना अच्छा नहीं होगा, कुल्हाड़ी से काटो।)

इन वाक्यों में 'मखोइ न', 'काती न', 'थाङ्जौ न', 'सीङ्जङ् न' आदि को क्रिया द्वारा किए जाने वाले कार्य के उपकरण के रूप में प्रयोग किया गया है। उपकरण के रूप में प्रयुक्त होने वाले संज्ञा या सर्वनाम शब्द जिसके अंत में 'न' आए उसे इंस्ट्रूमेंटल केस कहा जाता है। इसलिए 'न' प्रत्यय इन्स्ट्रूमेंटल केस का चिह्न हैं। नोमिनेटिव में भी और इन्स्ट्रूमेंटल में भी 'न' का प्रयोग होता है। दोनों में यह अंतर है कि नोमिनेटिव में व्यक्ति विशेष से सम्बंधित है तथा इंस्ट्रूमेंटल में धातु या यंत्र विशेष से सम्बंधित है। उदाहरण–

(1) ऐना मङोन – कनाद पी – मङोनदा – मा द चे पी
(मैंने उसे कागज दिया) – (किसको दिया?) – (उसको) – (उसे)

(2) वा अदू शरत ता खङहनले – कनादा खङहनले – शरत ता खङ हनले
(शरत को बात बतायी गयी) – (किसको बताया?)– (शरत को बताया)

(3) मदू बाबू दा हायू – कनादा हायगनी – बाबू दा – बाबू
(वह बाबू को बताओ) – (किसको बताएँगे?) – (बाबू को) – (बाबू)

(4) ये अदू पीसकता था खी – कनादा थाखी – पीसक ता – पीसक
(कागज पीसक को भेजा) – (किसको भेजा) – (पीसक को)

क्रिया द्वारा किसी को देने का बोध हो तथा उसमें जो संज्ञा या सर्वनाम उभर कर आता है उसे डेटिव केस कहा जाता है। 'ता' तथा 'दा' प्रत्यय को चिह्न के रूप में प्रयोग किया जाता है। ऐ, नङ्, मा आदि सर्वनामों के साथ 'द' के पहले 'ङोन' प्रत्यय को जोड़ा जाता है। उदाहरण : ऐ – ऐङोनदा, मा – मङोनदा।

(5) **अबलेटिव केस**

(क) ऐना पोत अदू यूमदगी पुरकपनी – पोत अदू कदाई दगी पुरक पगे –
(मैं वह घर से लाया हूँ) – (वह कहाँ से लाया गया है?) – यूम दगी। (घर से)

(ख)	ऐना मङोन दगी सेल फङई	– सेल अदू कना दगी – चतथोक खिबगे	
	(मुझे उससे पैसा मिला)	– (पैसा किससे मिला?)	– मङोनू दगी (उससे)
(ग)	राम न कलम अदु मखोइ दगी लैरूइ	– कलम अदू कदाई दगी नो	– मखोइ दगी
	(राम ने कलम उससे खरीदी)	– (कलम किससे ली गयी?)	– (उससे)
(घ)	बिधूना मागी मरूप तगी फी लैइ	– कना दगी नो	– कनादगी चातखि बगे
	(बिधू ने अपने मित्र से कपड़े खरीदे)	– '(किससे खरीदे?)	– (किससे लिया?) – मरूप तगी। (मित्र से)

इन वाक्यों का उत्तर देखा जाए तो जवाब के रूप में पाए जाने वाले संज्ञा व सर्वनाम जैसे युमदगी, मङोन दगी, मखइ दगी, मरूप तगी आदि से किसी वस्तु के चले जाने व निकल जाने के स्थान का बोध कराता है, ऐसे वाले संज्ञा व सर्वनाम को अबलेटिव केस में होने वाला कहा जाता है।

किसी वस्तु के निकल जाने की बात को बताने वाला संज्ञा या सर्वनाम को अबलेटिव केस कहा जाता है। उदाहरण–

प्रत्यय– 'दगी', 'तगी', 'दा', 'ता' आदि है। ऐ, नङ, मा, तीनों के लिए 'ङोन' प्रत्यय डाला जाएगा, जैसे– ऐङोन दगी, नङोनदगी, मङोनदगी आदि।

(6.) जेनेटिव केस

मदू ऐगी गाड़ी नी। (वह मेरी गाड़ी है।)
मसी न नहाकी लाइरीक नी। (ये तुम्हारी पुस्तकें हैं।)
मसी मागी पैसा नी। (यह उसका पैसा है।)

इन वाक्यों में प्रयुक्त, ऐगी (मेरा), नहाकी (तुम्हारा), मागी (उसका) शब्दों से किसी के मालिक होने की बात का बोध करता है। ऐसी संज्ञा या सर्वनामों को 'जेनेटिव केस' में होना कहा जाता है। इसके प्रत्यय गी, की, इ आदि होते हैं।

(7.) डेटिव केस के प्रत्यय के समान प्रत्यय का प्रयोग करने वाला एक और केस है। उदाहरण–

1. ऐ स्कूल दा चतकनी। (मैं स्कूल जाऊँगा/जाऊँगी।)
2. मेज मथक ता चे लै। (मेज के ऊपर कागज रखा है।)
3. फी दो उपूदा थमउ। (कपड़ों को अलमारी के अन्दर रखो।)
4. ऐ पूङ अनी दा लाकूके। (मैं दो बजे आऊँगा/आऊँगी।)

इन वाक्यों में प्रयुक्त 'स्कूल', 'दा', 'मथक ता', 'उपूदा', 'अनी दा' आदि के माध्यम से कार्य के होने की जगह बताता है। 'अनीदा' समय का बोध कराता है। ऐसी संज्ञा व सर्वनाम को लोकेटिव केस में होना कहा जाता है। क्रिया द्वारा किये गये कार्यों की जगह, समय, बताने वाले संज्ञा या सर्वनाम के केस को 'लोकेटिव केस' कहते हैं। लोकेटिव केस के प्रत्यय के रूप में -द, -त का प्रयोग किया जाता है। ऐ (मैं), नङ (तुम), मा (वह) तीनों के पूर्व 'ङोन' प्रत्यय डाला जाएगा। उदाहरण—ऐङोनदा (मुझको), नङोनदा (तुमको), मङोनदा (उसको)।

(8.) **भोकेटिव केस**–

1. ताद कदोमदा लेङविगदौरिबनों?
   (भैया! आप किधर की ओर जा रहे हैं?)
2. इबुङो सिदा लाउ। (बेटा! इधर आओ।)
3. हो खुरा! ङाइखोओ। (ओ ताऊजी! रुकिए।)
4. हे! अङाङ शा। (अरे बच्चो!)
5. नहै कन्ना तमूउ। (जम कर पढ़ाई करना।)
6. इबेम्म खोय, फम्मु फम्मु। (बहनो! बैठो-बैठो।)

इन वाक्यों में ताद, इबुङो, हो, खुरा, हे अङाङसा, तादबु, इबेम्मखोय शब्दों का प्रयोग बुलाने के लिए किया गया है। इन सब संज्ञा व सर्वनामों को भोकेटिव केस में होना कहा जाता है। भोकेटिव केस के लिए निम्नांकित प्रत्ययों का प्रयोग किया जाता है। वे हैं– हे, हो, हा और 'सा', 'बु', 'खोय' संज्ञा के बहुवचन रूप में प्रयोग करते हैं। उपर्युक्त व्याख्या से मैतैलोन में 8 प्रकार के केस होने की बात का पता चलता है–

1. नोमिनेटिव केस – 0, न
2. ओबजेक्टिव केस – 0, बु
3. इंस्ट्रूमेन्टल केस – न
4. डेटिव केस – -द, -त
5. अब्लेटिव केस – -तगी, -तै, -दगी, दै
6. जेनिटिव केस – इ, -गी, -की
7. लोकेटिव केस – -द, -त
8. भोकेटिव केस – 0, -सा, -बु, -खोय।

मैतैलोन (मणिपुरी भाषा) : ज्ञातव्य तथ्य

मैतैलोन की प्रथम कविता-पुस्तक हिजाम इराबत द्वारा लिखित **सैदम शैरेंग** (1930) है। इसी तरह ख्वाईरक्पम चौबा की पुस्तक **बुधदोय** प्रथम गद्य-रचना है। विलियम केरी द्वारा सिरामपुर मिशन के माध्यम से 1827 में मणिपुरी भाषा में प्रथम मुद्रित

रचना निकाली गयी थी। वह देवनागरी लिपि में लिखित मणिपुरी भाषा में **बाइबिल** का अनुवाद है। 1926 ई. में हिजाम इरावत ने 'मैतै चानु' नाम से एक हस्तलिखित मासिक पत्रिका निकाली थी जिसके सम्पादक और प्रकाशक वे स्वयं थे। 20 अगस्त, 1992 को मणिपुरी भारतीय संविधान की अष्टम अनुसूची में प्रांतीय राजभाषा के रूप में सम्मिलित की गयी।

मराठी भाषा

डॉ. मोहन जाधव

'महाराष्ट्र' एवं 'मराठी' शब्द की व्युत्पत्ति

'महाराष्ट्र' शब्द का प्रथम उल्लेख एरणग्राम के सन् 782 में प्राप्त सांभालेख में मिलता है। वास्तव में 'महाराष्ट्र' शब्द में प्रयुक्त 'राष्ट्र' शब्द देशवाचक नहीं अपितु समाजवाचक है।

प्राचीनकाल में 'महाराष्ट्र' के स्थान पर दक्षिणापथ या 'दंडकारण्य' आदि नामाभिधान था। इस भूप्रदेश में आर्य और अनार्य वंश के लोग रहते थे। कुछ अध्येता मराठी लोक समूह को द्राविड़ एवं नाग के सम्मिश्रण का प्रतिफल मानते हैं।

महाराष्ट्री एवं मराठी भाषा की व्युत्पत्ति के सम्बन्ध में विद्वानों ने अपने विचार व्यक्त किए हैं जिनमें से एक मत शे.बा. जोशी का है। उनके मतानुसार 'महाराष्ट्र' नाम कन्नड़ शब्द 'मरहट्‌ट' से उत्पन्न है। उनकी मान्यता है कि 'मर' यानी वृक्ष और 'हट्‌ट' यानी धनगर (गडरिया) धनगर लोगों का वृक्षभरा देश (जंगल से समृद्ध) यानी मरहट्‌ट। मरहट्‌ट लोग जिस भाषा का प्रयोग किया करते थे, वही 'मन्हाटी भाषा' प्रचलित हो गयी। सत्रहवें शतक के महानुभाव पंथ के **आचार-पद्‌धति** नामक ग्रंथ में 'मन्हाटी' शब्द भाषा के अर्थ में प्रयुक्त हुआ है। संक्षेप में, 'मन्हाटी' या 'मराठी' भाषा का उल्लेख सत्रहवीं शती में ही मिलता है।

मराठी भाषा का क्षेत्र

मराठी का क्षेत्र उत्तर में नर्मदा तथा दक्षिण में कृष्णा और तुंगभद्रा तक माना जाता है। मराठी महाराष्ट्र के विभिन्न क्षेत्रों में बोली जाती है। पुणे क्षेत्र में बोली जानेवाली मराठी शुद्‌ध साहित्यिक व राजभाषा के रूप में मान्यता प्राप्त भाषा है। यह भाषा महाराष्ट्र तक ही सीमित नहीं है। मराठी भाषा बोलनेवाले महाराष्ट्र के अलावा गोवा, गुजरात, मध्यप्रदेश, तमिलनाडु, दादरा व नगर हवेली के कुछ भागों में प्रचुर संख्या में हैं। वर्ष 2001 की जनगणना के अनुसार भारत में 7,19,36,894 लोगों की मातृभाषा मराठी है।

मराठी भाषा की उत्पत्ति

मराठी भाषा का उद्‌भव लगभग एक हजार वर्ष पूर्व माना जाता है। अनुसंधानों से यह प्रमाणित किया जा चुका है। ई. सन् 983 में प्राप्त शिलालेख में "श्री चामुण डराये करवियले" (अर्थात् श्री चामुंडराया ने बनवाया) पाए गये इस उद्धरण से मराठी भाषा का अधिकृत लेखन माना गया है।

आरंभ में श्री मुकुंदराज और श्री ज्ञानेश्वर ने प्राकृत भाषा में (मराठी का पूर्व रूप) लेखन किया है।

मराठी भाषा की उत्पत्ति किस प्राकृत भाषा से हुई है, इस सम्बन्ध में भी विभिन्न मत व्यक्त हुए हैं।

मराठी और पाली भाषा का परस्पर सम्बन्ध स्थापित करने का प्रयास समीक्षक रा.भि. जोशी ने किया है। पाली एवं मराठी में प्राप्त तत्सम शब्दों का आधिक्य आदि के आधार पर उन्होंने यह सम्बन्ध जोड़ दिया है। उनका भाषिक विचार प्रधानतः **ज्योतिष-रत्नमाला**, **पंचतंत्र** और **ज्ञानेश्वरी** मराठी ग्रंथ पर आधारित है। पाली और मराठी का सामीप्य कालानुरूप नहीं है, अतः मराठी में प्राप्त व्याकरणिक विशेषताएँ प्राकृत एवं अपभ्रंश भाषा द्वारा मराठी में संक्रमित हो जाने की अधिक संभावना है। मराठी का आरंभिक स्वरूप पाली है, इस मत की पुष्टि नहीं होती है।

मराठी का मूल उद्‌गम महाराष्ट्री प्राकृत में खोजने का प्रयास हुआ है, फिर भी महाराष्ट्री प्राकृत और मराठी में प्राप्त साम्य अपभ्रंश के मध्य की कड़ी है। महाराष्ट्री प्राकृत का मराठी के साथ प्रत्यक्ष सम्बन्ध स्थापित नहीं किया जा सकता। किन्तु अपभ्रंश और मराठी का साधर्म्य जरूर स्पष्ट हुआ है। अतः मराठी भाषा की उत्पत्ति अपभ्रंश से मानना अधिक तार्किक एवं ऐतिहासिक है।

आदिकालीन मराठी का शब्द-संग्रह, विभावर्त प्रत्यय और आख्यान प्रत्यय प्रधानतः अपभ्रंश से मेल खाता है। अतः भाषिक अध्ययन के उपरान्त मराठी की उत्पत्ति संस्कृत > महाराष्ट्री प्राकृत > अपभ्रंश > मराठी इसी क्रम से हुई है। स्वन-प्रयोग, व्याकरण का प्रयोग और शब्द-संग्रह इन तीनों स्तरों पर आदिकालीन मराठी का साधर्म्य अपभ्रंश से अधिक है।

प्राकृत भाषा : मराठी का स्रोत

प्राकृत भाषा अर्थात् महाराष्ट्र भाषा। सम्राट् अशोक के काल से महाराष्ट्र में प्राकृत भाषा बोली जाती थी। संस्कृत भाषा से पृथक् महाराष्ट्री का स्वरूप दिखाई देता है। संस्कृत स्वर से भिन्न स्वर महाराष्ट्री में पाए जाते हैं। जैसे– समृद्धि > सामिहदी, तृण > तण, मातृ > माई, साधु > साहु, कपि > कइ, अक्षि > अच्छी, यश > जसो, जन्म > जम्मो आदि।

प्राकृत भाषा साहित्य से समृद्ध हुई। किन्तु व्याकरण के नियमों से आबद्ध हो गयी। उसका विकास अवरुद्ध-सा हो गया। निम्न जाति के लोग अशुद्ध उच्चारण करने लगे। बढ़ई, कारीगर, लुहार जैसे पेशेवर बाजार के लोगों से अपभ्रंश भाषा में बोलने लगे। सन् पाँचवें शतक से अपभ्रंश भाषा में साहित्य निर्मित होने लगा। प्राकृत से उत्पन्न अपभ्रंश भाषा से ही महाराष्ट्री एवं मराठी का उद्गम स्थल माना जाता है। इसी अपभ्रंश से बोली एवं देशी भाषा का विकास हुआ है।

मराठी भाषा की बोलियाँ और उनका क्षेत्र

मराठी की बोलियों का अध्ययन ग्रियर्सन ने किया है। सन् 1905 में मराठी भाषा का निरीक्षण कर ग्रियर्सन ने मराठी की निम्न बोलियों का वर्गीकरण प्रस्तुत किया है—

(अ) दक्षिण गट (मानक मराठी)— पुणे, बुलढाणा, विजापुर, धारवाड़।

(आ) कोंकण— आगरी (कुलाबा), धनगरी (ठाणे), भंडारी (जंजिरा), ठाकरी (कुलाबा), घाटी (कुलाबा), संगमेश्वरी (मुंबई), वारली (ठाणे), महादेव कोकी (ठाणे)।

(इ) कोंकणी—ख्रिश्चन (सावंतवाडी), कोंकणी (ख्रिश्चन कानारा जिला), कारवारी, कुडाळी, चित्पावनी इत्यादि।

(ई) नागपुर—वन्हाड—अकोला, बुलढाणा, रालिचपुर, वाटीम, वणी, बैतूल, नागपुर आदि स्थानों पर वन्हाडी, धनगरी, झारणी, गोवारी, कोष्टी, कुणबाऊ, माहारी, रुकबी, भुंजिया, कमारी आदि बोलियाँ प्रचलित हैं।

इस प्रकार महाराष्ट्र राज्य में कोंकणी वन्हाडी, नागपुरी, खानदेशी (अहिराणी), डांगी, कुडाळी और आदिवासी ये प्रमुख बोलियाँ प्रचलित हैं।

मराठी भाषा की लिपि

म.म. गौरीशंकर हीराचंद ओझा ने प्राचीन ब्राह्मी लिपि की दो प्रमुख धाराएँ बतायी हैं। एक उत्तर भारतीय और दूसरी दक्षिण भारतीय। उत्तर ब्राह्मी की प्राचीन नागरी की पश्चिमी शाखा से महाराष्ट्री यानी मराठी लिपि का विकास हुआ है। इस प्रकार मराठी भाषा महाराष्ट्र अर्थात् देवनागरी में लिखी जाती है। नागरी लिपि के समान मराठी लिपि भी वैज्ञानिक है। देवनागरी से पूर्व मराठी भाषा मोडी लिपि में लिखी जाती थी जिसके प्रचलित प्रमाण आधुनिक काल में भी मिलते हैं।

मराठी भाषा की ध्वनियाँ

मराठी भाषा में हिन्दी की लगभग सभी ध्वनियाँ प्राप्त होती हैं। मराठी एवं हिन्दी भाषा में जो थोड़ा-बहुत पार्थक्य पाया जाता है, वह निम्नांकित है—

(साम्य) स्वर– अ, आ, इ, ई, उ, ऊ, ऋ, ए, ऐ, ओ, औ, लृ– बारह स्वर।
स्वरादि वर्ण– अं, अः।
व्यंजन– क, ख, ग, घ, ङ, च, छ, ज, झ, ञ, ट, ठ, ड, ढ, ण, त, थ, द, ध, न, प, फ, ब, भ, म, य, र, ल, व, श, ष, स, ह, ळ, क्ष, त्र– छत्तीस व्यंजन।

वैषम्य–'ळ' मूर्धन्य ध्वनि मराठी की सभी बोलियों में प्राप्त होती है, जैसे कमल–कमळ, काल–काळ, बाल–बाळ।

हिन्दी में परंपरागत रूप से पूर्ण विराम '।' का प्रयोग होता रहा है। किन्तु अब अँगरेजी का 'full stop' (.) हिन्दी में भी प्रयुक्त होने लगा है। किन्तु मराठी में पहले से ही फुल स्टॉप का प्रयोग होता रहा है।

मराठी में जो लृ एवं ऋ स्वर थे, जिनका लोप हो गया है। मराठी में 16 स्वर और 36 व्यंजन, कुल मिलाकर 52 अक्षर हैं।

वैयाकरणिक कोटियाँ

हिन्दी के समान मराठी में भी शब्दों के आठ उपभेद हैं, जैसे विकारी शब्द– (1) संज्ञा, (2) सर्वनाम, (3) विशेषण, (4) क्रिया (मराठी में क्रियापद कहा जाता है।)। मराठी में भी हिन्दी के समान अविकारी अव्यय हैं–(5) क्रियाविशेषण अव्यय, (6) शब्दयोगी अव्यय (सम्बन्धसूचक), (7) उभयान्वयी (समुच्चयबोधक अव्यय), (8) केवल प्रयोगी अव्यय (विस्मयादिबोधक अव्यय) आदि।

संज्ञा

(1) प्राणिवाचक–भुलगा (लड़का), गाय (गाय), बैल (बैल), शहर (शहर)।

(2) व्यक्तिवाचक (विशेष नाम) जैसे–राम, मैना, सोलापुर, गंगा आदि।

(3) भाववाचक या अप्राणिवाचक–बूढ़ा, गरीबी, सुंदरता, टोली, सभा, सोना, लोहा, पानी, दूध, चाय।

मराठी में भी–म्हातारा, गरीबी, सुंदरता, टोळी, सभा, सोने, लोखेड, पाणी, दूध, चहा। इस प्रकार मराठी में भी संज्ञा के तीन प्रकार हैं–(1) सामान्य नाम (जातिवाचक संज्ञा), (2) विशेष नाम (व्यक्तिवाचक संज्ञा), (3) भाववाचक नाम (भाववाचक संज्ञा)।

लिंग

हिन्दी में केवल दो लिंग हैं। लेकिन मराठी में तीन लिंग हैं–पुल्लिग, स्त्रीलिंग और नपुंसकलिंग। हिन्दी और मराठी की संज्ञाओं के लिंग में बहुत ही भेद हैं।

जो शब्द हिन्दी में पुल्लिग या स्त्रीलिंग होते हैं, उनमें से कुछ शब्द मराठी में नपुंसक लिंग में होते हैं, जैसे–

(अ) जो शब्द मराठी में नपुंसक लिंगी होते हैं, वे हिन्दी में पुल्लिंगी होते हैं, जैसे—हृदय, हास्य, क्षेत्र, ज्ञान, स्वागत, स्वराज्य, स्वप्न, साहित्य, सिंहासन, सौंदर्य, स्नान, शासन, शरीर, व्याख्यान, राज्य, मैदान, नाटक, दही, पानी आदि।

(आ) ये शब्द मराठी में नपुंसकलिंगी होते हैं, जबकि हिन्दी में स्त्रीलिंग होते हैं—इंद्रिय, सरकार, नाक, पुस्तक, सामर्थ्य, रामायण, दूकान, मेज, अपील, मशीन, छत, टेबल आदि।

वचन

हिन्दी के समान मराठी में भी दो ही वचन हैं—(1) एकवचन और (2) बहुवचन। बहुवचन को मराठी में अनेकवचन कहा जाता है।

(1) हिन्दी में कुछ शब्दों का एकवचन और बहुवचन एक ही है, जैसे—नेता, श्रोता, वक्ता, काका, मामा, महात्मा, अभिनेता, घर, फूल, बालक, विधाता आदि। किन्तु मराठी में उक्त शब्दों का बहुवचन निम्न तरह से होता है—नेते, श्रोते, वक्ते, काके, मामे, महात्मे, अभिनेते, घरे, फुले, बालके, अभिनेते, विधाते आदि।

संज्ञा पदों की रूपावली

(अ) हिन्दी में अकारान्त स्त्रीलिंग संज्ञाओं का बहुवचन 'एँ'- कारान्त बनता है। जैसे— बातें, बहनें, जीभें, लहरें, रातें, संतानें।

मराठी में गोष्ट—गोष्टी, बहीण—बहिणी, रात्र—रात्री, जीभा—जीभ, लहर—लहरी आदि।

हिन्दी में ह्रस्व-दीर्घ ईकारांत स्त्रीलिंग संज्ञाएँ 'याँ' जोड़कर बहुवचन में बदलती हैं, जैसे— युवती=युवतियाँ, कृति=कृतियाँ, ध्वनि=ध्वनियाँ, तिथि=तिथियाँ, जाति=जातियाँ।

(इ) मराठी में दीर्घ 'ई'- कारान्त शब्द प्रायः बहुवचन में अपरिवर्तित रहते हैं, जैसे— युवती, जाती, कृती, ध्वनि, तिथि।

(ई) मराठी में एकवचन/बहुवचन का प्रभाव कुछ क्रियाओं पर नहीं होता, लेकिन हिन्दी में वह प्रभाव होता है, जैसे—

मराठी	**हिन्दी**
मी करतो	मैं करता हूँ।
आम्ही करतो	हम करते हैं।

कारक

मराठी और हिन्दी में कारक और उनके अर्थों में समानता है, केवल प्रत्यय भिन्न है।

कारक	मराठी प्रत्यय	हिन्दी प्रत्यय
(1) कर्ता	0, ने	0, ने
(2) कर्म	स, ला, ना, ते	0, को
(3) करण	ने	से
(4) संप्रदान	स, ला, ना, ते	को
(5) अपादान	ऊन, हून	से
(6) सम्बन्ध	चा, ची, चे	का, की, के
(7) अधिकरण	त, ई, आ	में, पर
(8) संबोधन	नो	0

मराठी और हिन्दी के कारक- प्रत्यय के भेद स्पष्ट करनेवाले कुछ वाक्य–

(1) हर छात्र को कसरत करनी चाहिए। (हिन्दी)
प्रत्येक विद्यार्थ्याने व्यायाम केला पाहिजे. (मराठी)

(2) राम गाय लाया। (हिन्दी)
राम ने गाय आणली. (मराठी)

(3) शुभदा के एक बहन है। (हिन्दी)
शुभदाला एक बहीण आहे. (मराठी)

(4) मैंने तुमसे पूछा। (हिन्दी)
मी तुम्हाला विचारले. (मराठी)

(5) राजेश को एक नोट मिला। (हिन्दी)
राजेश ला एक नोट मिळाली. (मराठी)

(ख) सर्वनाम और उसकी रूप-रचना

संज्ञा के बदले आनेवाला विकारी शब्द सर्वनाम कहलाता है। सर्वनामों के प्रकार –

	हिन्दी	मराठी
(1) पुरुषवाचक सर्वनाम	मैं, तू	मी, तू
(2) आदरवाचक	आप	तुम्ही (स्वतः)
(3) निजवाचक	आप (खुद)	आपण
(4) निश्चयवाचक	वह, यह	तो, हा
(5) सम्बन्धवाचक	जो	जो, जे
(6) प्रश्नवाचक	कौन, क्या	कोण, काय
(7) अनिश्चयवाचक	कोई (कुछ)	कोणी, काय

पुरुषवाचक सर्वनामों के उप-प्रकारों के हिन्दी तथा मराठी नामों में निम्न भेद हैं –

	मराठी नाम		हिन्दी नाम
प्रथम पुरुष	मी, आम्ही	उत्तम पुरुष	मैं, हम

द्वितीय पुरुष	तू, तुम्ही	मध्यम पुरुष	तू, तुम
तृतीय पुरुष	ते, त्या, ती, आपण	अन्य पुरुष	वह, वे, आप

मराठी में सर्वनामों के रूप लिंग के अनुसार बदलते हैं, लेकिन हिन्दी में इस तरह का परिवर्तन नहीं होता है, जैसे–

मराठी	**हिन्दी**
तो, ती, ते	वह
तो मुलगा	वह लड़का
ती मुलगी	वह लड़की
ते मुलगे	

लिंग के अनुसार सर्वनाम में परिवर्तन मराठी में होता है, किन्तु हिन्दी में नहीं।

ते, त्या, ती	वे
हा, ही, हे	यह
हे, हया, ही	ये

(ग) विशेषण और उनकी रूप-रचना

संज्ञा की विशेषता बतलानेवाले शब्द को विशेषण कहते हैं, जैसे–काळा, मोठा, दयाळू, एक, दहा, सर्व, कोही (मराठी)। काला, बड़ा, दयालु, एक, दहा, सब, कोई, कुछ (हिन्दी)।

विशेषण के भेद

(1) **गुणवाचक विशेषण**–(गुण, दोष, रंग, आकार आदि दर्शानेवाले)– सुंदर (सुंदर), वाइटि (बुरा), लाल (लाल), मोठा (बड़ा), म्हातारा (बूढ़ा)।

(2) **संख्यावाचक विशेषण**– (संख्या का बोध करानेवाले)– एक (एक), पांच (पाँच), अर्धा (आधा), साडे तीन (साढ़े तीन), दुसरा (दूसरा), दोन्हीं (दोनों)।

(3) **परिमाणवाचक**– (परिमाण यानी नामतौल दिखानेवाले)– थोडा (थोड़ा), भरपूर (बहुत), सर्व (सारा), अर्धवट (अधूरा)।

(4) **सार्वनामिक विशेषण**– (विशेषण का काम करानेवाले सर्वनाम)– हा (यह), तो (वह), कोण (कौन), कोणी (कोई), कांही (कुछ)।

मराठी में विशेष्य के लिंग, वचन के अनुसार विशेषण में परिवर्तन होते हैं। जैसे– चांगला मुलगा (पुं.), चांगली मुलगी (स्त्री.), चांगले मूल (नपुं.)।

(घ) क्रिया और काल-संरचना

किसी वस्तु के विषय में विधान करनेवाले शब्द को क्रिया कहते हैं। जैसे– मी विद्यार्थी आहे. (मैं छात्र हूँ।)।

काल-संरचना

काल	सामान्य	अपूर्ण	पूर्ण
1. वर्तमान काल	मी वाचन करतो. मैं पढ़ता हूँ।	मी वाचन करीत आहे. मैं पढ़ रहा हूँ।	मी वाचले. मैंने पढ़ा।
2. भूतकाल	मी वाचत होतो. मैं पढ़ता था।	मी वाचन करीत होतो. मैं पढ़ रहा था।	मी वाचले. मैंने पढ़ा था।
3. भविष्यत् काल	मी वाचेन. मैं पढ़ूँगा।	--	

मराठी एवं हिन्दी भाषा की क्रिया में कर्ता या कर्म के अनुसार लिंग, वचन, काल के अनुसार विकास (परिवर्तन) होता है।

नियम-1—वर्तमान तथा भविष्यत् काल में क्रिया अपने कर्ता, उद्देश्य के लिंग, वचन के अनुसार होती है। जैसे—

वर्तमान काल

पुल्लिंग	**स्त्रीलिंग**
राम आंबा खात आहे.	सीता आंबा खात आहे.
(राम आम खाता है।)	(सीता आम खाती है।)

भविष्यत् काल

राम आंबा खाईळ.	सीता आंबा खाईळ.
(राम आम खायेगा)	(सीता आम खायेगी)

मराठी में भी इसी तरह क्रिया में परिवर्तन होता है। जैसे—रामने साखर आणली. सीतेने साखर आणली. (भूत – सकर्मक)

राम साखर आणतो, सीता साखर आणते. (वर्तमान)

हिन्दी में 'होना' और मराठी में 'आहे' क्रिया के सामान्य वर्तमानकाल रूप एक पदीय होते हैं। जैसे—मी मुलगा आहे. (मैं लड़का हूँ।)। आम्ही भारतीय आहोत. (हम भारतीय हैं।)।

मराठी में सामान्य वर्तमान काल के क्रिया के रूप सर्वत्र एकपदीय ही होते हैं। जैसे—सुभद्रा पुस्तक वाचते. प्रभाकर अभ्यास करतो.

(च) क्रियाविशेषण के भेद

हिन्दी के समान मराठी में भी क्रियाविशेषण के छह भेद हैं—

1. **कालवाचक क्रियाविशेषण**—गणेश आज येईळ. (गणेश आज आएगा।) सारिका लगेच परत आली. (सारिका तुरंत लौटी।)
2. **स्थानवाचक क्रियाविशेषण**—राम येथे रहात आहे. (राम यहाँ रहता है।) कृष्ण बाहेर गेला आहे. (कृष्ण बाहर गया है।)

3. **परिमाणवाचक क्रियाविशेषण**– मुलगा फाच्रच ओरडत आहे. (बच्चा बहुत चिल्लाता है।)
4. **रीतिवाचक क्रियाविशेषण**– गाडी हकू चालेख. (गाड़ी धीरे चलेगी।)
5. **निषेधवाचक क्रियाविशेषण**– मी जामार नाही. (मैं न जाऊँगा।)
6. **अवधारणाबोधक क्रियाविशेषण**– मी गाईनच (वह गाएगा ही।), रेश्मा पण आली. (रेश्मा भी आई।)

(छ) अव्यय

अव्यय में लिंग, वचन, काल का विकार नहीं होता। हिन्दी के समान मराठी में भी अव्यय (अविकारी शब्द) के चार भेद होते हैं–

1. क्रियाविशेषण अव्यय–क्रिया का काल, स्थान, परिमाण और रीति बतानेवाला शब्द क्रियाविशेषण अव्यय कहलाता है। जैसे– आज (आज), उद्या (कल), नेहमी (यहाँ), दररोज (वहाँ), येथे (इतना), तेथे (उतना), दूर (ज्यों), हब्हू (त्यों), झटकन (अचानक)।

2. सम्बन्धसूचक अव्यय (शब्दयोगी अव्यय)–जो अव्यय या संज्ञा के समान शब्द के पीछे आकर उसका सम्बन्ध वाक्य के किसी दूसरे शब्द के साथ मिलाता है, उसे सम्बन्धसूचक अव्यय कहते हैं, जैसे–

तटावर (के साथ), ढगामागे (के पीछे), वर्षापूर्वी (की ओर), तुइचामुके (के बिना), माइचा टिवाय (के यहाँ), माइचा साठी (के पहले)।

3. समुच्चयबोधक अव्यय (उभयान्वयी अव्यय)–दो या दो से अधिक शब्दों या वाक्यों को जोड़नेवाले अव्ययों को समुच्चयबोधक अव्यय कहते हैं, जैसे–आणि (और), व (या), नि (परन्तु), की (लेकिन), किंवा (इसलिए), पण (कि), परन्तु (क्योंकि), म्हजून (एवं)।

4. विस्मयादिबोधक अव्यय (केवल प्रयोगी अव्यय)– वाह! अरे! खूब! हाय! हे राम! आह! शाबास! छिः! हाँ! (हिन्दी)। अरेरे! अबब! बापरे! शीः! अहाहा! हाय! भले! छान! छिक्! छी! इश्श! जी! (मराठी)।

ये अव्यय वाक्य के आरंभ में आते हैं और स्वतंत्र रहते हैं।

हिन्दी तथा मराठी के अव्ययों के नाम में कुछ भेद हैं लेकिन दोनों के प्रकार, परिभाषाएँ (व्याख्या) और कार्य एक-से हैं।

वाक्य-रचना, पदक्रम

रचना के अनुसार हिन्दी और मराठी में वाक्य के तीन प्रकार होते हैं–1. साधारण वाक्य– गाय घास खाती है। (हिन्दी) गाय गवत खात आहे. (मराठी) 2. मिश्र वाक्य– गांधीजी ने कहा कि 'सत्य ही ईश्वर है।' (हिन्दी) गांधी म्हपाले की, 'सत्य

हेच ईश्वर आहे.' (मराठी)। 3. संयुक्त वाक्य– मोहन कश्मीर गया और शाल ले आया। (हिन्दी) मोहन काश्मीरला गेला आणि शाल छेइन आला. (मराठी)। दो स्वतंत्र वाक्य 'आणि' तथा 'और' से जोड़े जाते हैं।

मराठी में भी रचना के अनुसार तीन भेद हैं। हिन्दी एवं मराठी में कोई भेद नहीं है, सिर्फ साधारण वाक्य को शुद्ध या केवल वाक्य कहते हैं।

हिन्दी में अर्थ के अनुसार वाक्य के आठ भेद हैं। हिन्दी और मराठी में कोई भेद नहीं है, नामों में केवल भेद है, कोष्ठक में मराठी के वाक्य-भेद दिये गये हैं– 1. विधानार्थक वाक्य (विधानार्थी वाक्य), 2. निषेधवाचक वाक्य (नकारार्थी वाक्य), 3. आज्ञार्थक वाक्य (आज्ञार्थी वाक्य), 4. प्रश्नार्थक वाक्य (प्रश्नार्थी वाक्य), 5. विस्मयादिबोधक वाक्य (उद्‌गार्थी वाक्य), 6. इच्छाबोधक, 7. संदेहसूचक वाक्य, 8. संकेतार्थ (संकेतार्थ वाक्य)।

मराठी वाक्य-रचना की विशेषताएँ

1. मराठी में पहले गौण वाक्य और बाद में मुख्य वाक्य आता है। जैसे– 'मानवता हाच खरा धर्म आहे.' असे बिनोबाजी ने म्हटले आहे. (मराठी)

किन्तु हिन्दी में वही वाक्य इस प्रकार होगा– विनोबाजी ने कहा है कि 'मानवता ही सच्चा धर्म है।'

2. मराठी वाक्यों में हा, ही, हे पद का प्रयोग किया जाता है, लेकिन हिन्दी में इस तरह का प्रयोग नहीं किया जाता। जैसे, ज्ञानेश्वर हे महान संत होते. (मराठी), ज्ञानेश्वर महान संत थे। (हिन्दी)।

3. मराठी के 'ही' के बदले हिन्दी में 'भी' आता है। जैसे– तेथे प्रमोद ही आला. (मराठी), वहाँ प्रमोद भी आया। (हिन्दी)।

पदक्रम

विश्व में काफी भाषाएँ ऐसी हैं, जिनमें पदक्रम का वाक्य-रचना में महत्त्वपूर्ण स्थान है। पदक्रम-अन्विति के कुछ नियम निम्नलिखित हैं–

(अ) हिन्दी के समान मराठी में भी प्रायः कर्ता पहले, कर्म बाद में तथा क्रिया वाक्य के अंत में आती है– कश्मीर में कई सुंदर बगीचे हैं। काश्मीर मध्ये अनेक सुंदर बगीचे आहेत. (मराठी)।

(आ) द्विकर्मक क्रियाओं में गौण कर्म पहले और मुख्य कर्म पीछे आता है। हमने मित्र को चिठ्ठी भेजी। आम्ही आमच्या मित्राला पत्र पाठविले.

(इ) प्रश्नवाचक अव्यय 'क्या' (हिन्दी) एवं 'काय' (मराठी) बहुधा वाक्य के आदि में और कभी-कभी बीच में अथवा अंत में आता है– क्या गाड़ी आ गयी? (हिन्दी), काय गाडी आली? (मराठी)। गाड़ी आई क्या? गाडी आली काय? (मराठी)।

(ई) सम्बन्धवाचक क्रियाविशेषण– जहाँ-जहाँ, जब-तब, जैसे-तैसे (हिन्दी) और जेव्हा-तेव्हा, जेथे-तेथे, जसे-तसे (मराठी) आदि वाक्य के आरंभ में आते हैं। जब वर्षा होती है, तब सभी ओर पानी भर जाता है। (हिन्दी), जेव्हा पाइस पडतो, तेव्हा सर्वत्र पाणी साचते. (मराठी)।

(उ) हिन्दी का प्रश्नार्थक अव्यय 'न' वाक्य के अंत में आता है। उसी प्रकार मराठी का प्रश्नार्थक अव्यय 'ना' वाक्य के अंत में आता है। जैसे– आप वहाँ चलेंगे न? (हिन्दी), तुम्ही तेथे येणार ना? (मराठी)।

(ऊ) हिन्दी के समान मराठी में भी विशेषण और क्रियाविशेषण प्रायः संज्ञा और क्रिया के पूर्व आते हैं। जैसे– काला घोड़ा तेज गति से दौड़ता है। (हिन्दी), काळा घोडा वेगाने पळत आहे. (मराठी)।

भारत की अन्य भाषाओं से मराठी का साम्य और वैषम्य

मराठी वर्तमान महाराष्ट्र राज्य की भाषा है। मराठी भाषा आर्यपरिवार की भाषा है। इस मराठी का विकास महाराष्ट्री प्राकृत से माना जाता है। प्राकृत का अधिकांश साहित्य महाराष्ट्री में है। अतः अनेक विद्वान् महाराष्ट्री को पूरे आर्यक्षेत्र की भाषा मानते हैं।

मराठी का क्षेत्र उत्तर में नर्मदा, दक्षिण में कृष्णा और तुंगभद्रा तक माना जाता है। इस प्रकार मराठी का सम्बन्ध उत्तर भारत और दक्षिण भारत से समान रूप से है जिसका प्रभाव भाषा पर भी पड़ा है। मराठी में द्रविड़ भाषा के शब्द बहुलता से आ गये हैं।

मराठी और कोंकणी, मराठी और हिन्दी भाषा में साम्य मिलता है। विशेषतः भाषिक दृष्टि से मराठी और हिन्दी में समानता के तीन रूप मिलते हैं–1. वर्तनी और उच्चारण की समानता– तत्सम शब्दों में यह स्थिति विद्यमान है। 2. वर्तनी में समान किन्तु उच्चारण में अंतर– तद्भव शब्दों में यह स्थिति मिलती है। दीर्घ को लघु करने की प्रवृत्ति मराठी में मिलती है। 3. उच्चारण में समान किन्तु वर्तनी में अन्तर वाले शब्द भी प्रचुर हैं। समान शब्द– कंठा, काँख, काजू, कुटुंब, कोटि, कर्म, कर्ण, कौतुक, खबर, खोटा, खुशी, गणना, गजरा, घंटा, गाँव, गर्म आदि। उच्चारण या वर्तनी में भेद किन्तु अर्थ समान– खोल (हिन्दी)–खोळ (मराठी), गला (हिन्दी)–गळा (मराठी), कली (हिन्दी)–कळी (मराठी), कंजूस (हिन्दी)–कंजूष (मराठी), केसर (हिन्दी)–केशर (मराठी), कठिन (हिन्दी)–कठीण (मराठी), कवायद (हिन्दी)–कबायत (मराठी), खुशामद (हिन्दी)–खुशामत (मराठी), कसौटी (हिन्दी)–कसोटी (मराठी)।

हिन्दी और मराठी दोनों के आर्यभाषाएँ होने के कारण इन दो भाषाओं में अनेक प्रकार की समानताएँ संरचना और साहित्य की दृष्टि से परिलक्षित होती हैं।

दोनों भाषाएँ सहोदरा होने के साथ ही साथ एक दूसरे की सहायक भी हैं।

इन दो भाषाओं के परस्पर सम्मेलन की परंपरा भी अत्यंत प्राचीन है। मराठी के संत एवं भक्त कवियों ने मराठी के साथ ही हिन्दी में भी साहित्य-सृजन किया था।

मराठी और हिन्दी में इतना साम्य है कि आम बोलचाल में हिन्दी-मराठी को एक साथ मिलाकर बोला जाता है, जैसा कि मुंबई में बोला जा रहा है और उसमें कोई अन्तर नहीं आता। मराठी की शब्दावली भी संस्कृत से सीधे अधिक आई है और विकृत होकर कम।

साहित्यिक समृद्धि

प्राचीनतम पद्य-रचना

मराठी के आदि कवि मुकुंदराज ने सन् 1188 में **विवेक सिंधु** नामक ग्रंथ की रचना की थी। मराठी-साहित्य का यह प्रथम ग्रंथ माना जाता है। अर्थात् मुकुंदराज मराठी के आदि कवि माने जाते हैं। स्वयं मुकुंदराज की मान्यता थी कि **उपनिषद्** का मराठी अवतार **विवेकसिंधु** ही है।

प्राचीनतम पत्र-पत्रिका

मुद्रणकला की खोज से मराठी गद्‌य का विकास हुआ। 6 जनवरी 1832 में 'दर्पण' नामक पहला अखबार (समाचारपत्र) प्रकाशित हुआ। बाळशास्त्री जांभेकर इस 'दर्पण' पत्रिका के संपादक थे। सन् 1940 में यह पत्रिका बंद हुई थी। इन्हीं दिनों 'मुंबई अखबार', 'प्रभाकर' जैसे समाचारपत्र भी प्रकाशित होते थे। 'दिग्दर्शन', 'ज्ञानप्रकाश', 'उपदेशचंद्रिका', 'विविधज्ञानविस्तार' आदि पत्रिकाओं का मूल हेतु समाज प्रबोधन ही था।

संविधान की आठवीं अनुसूची में मराठी का स्थान

मराठी भाषा संविधान की आठवीं अनुसूची में प्रारंभ से शामिल भाषा है। 26 जनवरी 1950 से लागू भारतीय संविधान की आठवीं अनुसूची में जिन 15 भाषाओं को स्थान मिला है, उनमें 8वें स्थान पर मराठी को भी मान्यता प्राप्त भाषाओं में स्थान दिया गया है

1 मई 1960 को महाराष्ट्र राज्य की स्थापना हुई। महाराष्ट्र की दृष्टि से यह एक क्रांतिकारी घटना थी। सन् 1960 में भारत देश के अनेक राज्य सरकारों ने अपने प्रादेशिक भाषा में ही राजकाज करना शुरू किया था। अतः स्वभाषा प्रादेशिक भाषा का विकास करना सुनिश्चित हो गया था।

महाराष्ट्र में भी ई. सन् 1961 को भाषा सलाहकार मंडल की स्थापना हुई और मराठी महाराष्ट्र की राजभाषा बन गयी। महाराष्ट्र सरकार का प्रशासकीय कार्य मराठी में ही होना निश्चित किया गया।

मानक मराठी के चौदह नियम 2 अक्तूबर 1961 को 'मराठी साहित्य महामंडल' ने बनाये। 20 सितम्बर 1962 को उक्त नियमों को महाराष्ट्र सरकार ने मान्यता दी। आगे चलकर 1972 को चार अन्य नियम बनाकर कुल अठारह नियम बनाये गये। वे ही 'मानक मराठी' के नियम माने जाते हैं। इन नियमों को समझाने के लिए मराठी कोश और पारिभाषिक शब्दावली बनायी गयी है।

हिन्दी के विकास में मराठी का योगदान

मराठी और हिन्दी दोनों आर्यभाषाएँ होने के कारण इन दो भाषाओं में अनेक प्रकार की समानताएँ (संरचना और साहित्य की दृष्टि से) परिलक्षित होती हैं। मराठी एक समृद्ध परिनिष्ठित भाषा है। दोनों भाषाएँ सहोदरा होने के साथ-साथ एक-दूसरे की सहायक भी हैं।

राजभाषा हिन्दी को मराठी ने अनेक प्रकार से समृद्ध बनाया है, तो मराठी पर भी राजभाषा हिन्दी का अनेक दृष्टियों से प्रभाव अंकित है। इन दो भाषाओं के परस्पर सम्मेलन की परंपरा भी अत्यंत प्राचीन है। मराठी के संत कवियों ने अपनी प्रादेशिक भाषा के साथ ही अखिल भारतीय स्तर पर हिन्दी भाषा का माध्यम स्वीकार किया था। मराठी के साथ ही हिन्दी में भी साहित्य-सृजन किया था।

महाराष्ट्र में हिन्दी की परंपरा

महाराष्ट्र में हिन्दी की परंपरा प्राचीनकाल से दिखाई देती है। महानुभाव पंथ के संस्थापक चक्रधर स्वामी (ई. सन् 1194-1272) के अनेक पद हिन्दी में उपलब्ध हैं। मराठी की कवयित्री महदंबा की हिन्दी रचनाएँ भी प्रामाणिक रूप से मिलती हैं। मराठी के अनेक संतों ने भी हिन्दी में काव्य-सृजन किया है। मराठी संत-परंपरा में संत नामदेव का स्थान विशेष महत्त्वपूर्ण रहा है। हिन्दी में निर्गुण काव्य की परंपरा निर्माण करने का कार्य सर्वप्रथम संत कवि नामदेव ने ही किया है। उनके कतिपय हिन्दी पद उपलब्ध हैं। वारकरी संपद्राय के प्रवर्तक ज्ञानदेव, एकनाथ, रामदास, तुकाराम आदि भक्त कवियों ने हिन्दी में काव्य-रचना की है। वारकरी संप्रदाय के अनेक भक्त कवियों ने हिन्दी का दक्खिनी रूप समृद्ध एवं विकसित किया है।

राजाश्रित कवियों का योगदान

हिन्दी के प्रसिद्ध आचार्य कवि चिंमामणि त्रिपाठी ने शाहजी के दरबार में आज्ञानुसार **भाषा-पिंगल** नामक ग्रंथ हिन्दी में लिखा था। छत्रपति शिवाजी के राजकवि भूषण ने **शिवराज भूषण**, **शिवाबावनी** और **छत्रसाल दशक** नामक हिन्दी ग्रंथ लिखे हैं। इस प्रकार हिन्दी भाषा के विकास में मराठी राजाओं तथा उनके आश्रित कवियों का विशेष योगदान रहा है।

मराठी का बखर एवं शाहिरी वाङ्मय भी अनेक दृष्टियों से महत्त्वपूर्ण है। मराठी बखर वाङ्मय में भी दक्खिनी हिन्दी के अनेक रूप दिखाई देते हैं। दक्खिनी हिन्दी का ऐतिहासिक एवं भाषावैज्ञानिक अध्ययन करने के लिए मराठी बखर वाङ्मय विशेष महत्त्वपूर्ण है। संक्षेप में, मराठी का बखर वाङ्मय दक्खिनी हिन्दी को समृद्ध करनेवाला है।

मराठी-लोकसाहित्य की दृष्टि से शाहिरी वाङ्मय अत्यंत महत्त्वपूर्ण है। मराठी के अनेक शाहिरों ने हिन्दी में भी शाहिरी वाङ्मय का सृजन किया है। शाहिर राम जोशी, होनाजी, प्रभाकर, परशराम, अनंत फंदी, सगनभाऊ आदि अनेक शाहिरों ने पोवाडा एवं लावनी का सृजन हिन्दी में भी किया है।

हिन्दी के समान मराठी की लिपि देवनागरी ही है। इस देवनागरी लिपि को मानक बनाने की दृष्टि से भी मराठी के अनेक विद्वानों ने सराहनीय कार्य किया है।

हिन्दी की बोलियाँ तथा रूपों को विकसित करने में मराठी ने विशेष कार्य किया है। छत्तीसगढ़ी बोली तथा 'दक्खिनी हिन्दी' एवं 'मुंबइया हिन्दी' के रूपों पर मराठी का सबसे अधिक प्रभाव दिखाई देता है। हिन्दी के शब्द-भांडार को समृद्ध करने में भी मराठी ने विशेष योगदान किया है।

संक्षेप में, हम कह सकते हैं कि हिन्दी भाषा, साहित्य, बोलियाँ, लिपि, विविध रूप, भाषाविज्ञान, व्याकरण, पत्रकारिता, शब्द-भांडार आदि अनेक दृष्टियों से मराठी ने हिन्दी को मौलिक योगदान किया है।

हिन्दी में रचना करने की एक लंबी परंपरा महाराष्ट्र में मिलती है। विशेषतः मध्यकाल में जब संत एवं भक्त कवि देशभर में भ्रमण कर रहे थे, तब अपने भक्ति भाव को व्यक्त करने के लिए उन्होंने मराठी के साथ हिन्दी को भी अपनाया था।

भाषा की दृष्टि से महाराष्ट्री प्राकृत का विशेष महत्त्व रहा है। महाराष्ट्री प्राकृत को पंचम द्रविड़ कहते हैं।

प्राचीन काल से ही महाराष्ट्र में उदार राष्ट्रीयता की परंपरा रही है। छत्रपति शिवाजी के काल में और बाद में मराठों की सेना संपूर्ण उत्तर भारत में फैल चुकी थी। आज के मध्यप्रदेश, गुजरात, ओड़िशा पर कभी मराठीभाषियों का राज था। इस कारण मराठी के साथ हिन्दी भाषा से यहाँ सत्ताधारी, सैनिक तथा अन्य जनता परिचित थी।

यहाँ के शासकों ने अपने दरबार में हिन्दी-कवियों को भी आश्रय दिया था। भोंसला दरबार में हिन्दी-कवियों को भी सम्मानजनक स्थान प्राप्त था। इसी कारण कवि भूषण महाराष्ट्र में आ गये थे। मराठी भाषा का हिन्दी के विकास में बड़ा योगदान रहा है।

मलयालम भाषा

डॉ. के. वनजा

मलयालम पहले देश का नाम था, बाद में मलयालम प्रदेश की भाषा मलयालम हो गयी। मलयालम दो शब्दों का सामासिक रूप है, 'मलै+आलम्' अर्थात् 'पर्वत और समुद्र'। तात्पर्य यह है कि पर्वत और समुद्र के बीच का स्थान और वहाँ की जनता की भाषा। 'अलम' शब्द का 'देश' अर्थ भी है। इस दृष्टि से मलयालम का अर्थ बना 'गिरियों का देश'। एक अन्य शब्द भी इस अर्थ में प्रचलित है—मलैनाड। नाड का अर्थ है देश। केरल एक ओर समुद्र-तट और दूसरी ओर पर्वतों से घिरा देश है, इसीलिए यह नामकरण सार्थक है। इस भाषा का पुराना नाम 'मलयालम' या 'मलयाणमा' भी प्रचलित था, जिसका अर्थ भी मलैनाड की भाषा ठहरता है।

केरल के पूर्व भाग में सह्य पर्वत है। वह उत्तर में बहुत ऊँचा और दक्षिण में कन्याकुमारी तक पहुँचते-पहुँचते कम ऊँचा हो जाता है। सह्य पर्वत का दूसरा नाम मलय पर्वत है। इस मलय पर्वत की पश्चिमी सीमा की भाषा के रूप में भी मलयालम नाम सार्थक है। अब पुराने नाम अप्रचलित हैं और मलयालम ही सर्वविदित और प्रचलित नाम है। मलयालम देश का दूसरा नाम केरल है, इसीलिए कि यह देश नालिकेर (नारियल) या केर वृक्षों का देश है। केरल की भाषा होने से यहाँ के निवासियों की भाषा को 'कैरली' भी कह सकते हैं। यह नाम भी सीमित रूप में व्यवहृत है। मलबारी या मलबार की भाषा के नाम से भी यह विदेशी व्यापारियों के बीच प्रसिद्ध थी। अँगरेजों ने मलबार के रूप में केवल कोचिन के उत्तर जिलों को ही माना था। इसका एक कारण यह होगा कि अरबी तथा पुर्तगाल, स्पेन, फ्रांस और इंग्लैंड के लोग कोषिकोड में ही व्यापार करने आए थे, इसलिए इस देश को मलैबार तथा यहाँ की भाषा को मलैबारी कहने लगे थे। लेकिन अब मलबारी मलयालम की एक उपभाषा मात्र है, जिसमें मुसलमानों की माप्पिलै भाषा भी समाहित है।

मलयालम का क्षेत्र और बोलनेवालों की संख्या

मलयालम का क्षेत्र उत्तर में कासरगोड से लेकर दक्षिण में तिरुवनंतपुरम तक है।

पहले दक्षिण में हिन्द महासागर के कन्याकुमारी से उत्तर में कासरकोड तथा पश्चिम में अरब सागर से पूर्व में मलय पर्वत या सह्याद्रि तक व्याप्त प्रदेश की भाषा रही है मलयालम। सन् 1956 से राज्यों के भाषावार पुनर्गठन के फलस्वरूप कन्याकुमारी जिला तथा पूर्व में चेंकोट्टा के भाग तमिलनाडु में मिल गये। अब कासरगोड से तिरुवनंतपुरम जिला तक व्याप्त केरल की भाषा साहित्यिक एवं बोलचाल की मलयालम है। केरल सरकार ने इसे अपनी राजभाषा के रूप में स्वीकृत किया है। यह केरल के चौदह जिलों की भाषा है।

केरल के अतिरिक्त लक्षद्वीप, माली में भी मलयालम बोली जाती है। तमिलनाडु में नीलगिरी, कन्याकुमारी और कोयंबत्तूर तथा कर्णाटक में दक्षिण कन्नड़ एवं कोटक जिला में मलयालम बोली जाती है। करीब 38 मिलियन लोग मलयालम बोलनेवाले हैं।

मलयालम भाषा की उत्पत्ति और परिवार

तीन हज़ार वर्ष या उससे भी पूर्व दक्षिण भारत में एक भाषा बोली जाती थी। उसके नाम के सम्बन्ध में स्पष्ट प्रमाण प्राप्त नहीं है। कुछ आधुनिक पंडितों ने उसका 'आदि द्रविड' नाम दिया है। कुछ लोगों ने उसे 'पषन्तमिल' (प्राचीन तमिल) की संज्ञा दी है। इस भाषा का व्यवहार उस समय भारतवर्ष में निवास करनेवाली द्रविड़ जातियों के बीच हो रहा था। उल्लेखनीय है कि भारत के उत्तर क्षेत्रों में अब भी बोली जानेवाली 'ब्राहुई' द्रविड़ कुल की भाषा है। इसी तरह कुरक, गोंडी, खोंडी आदि उत्तर भारत में ही बोली जाती हैं। अतः अनुमान लगाया जाता है कि अन्य विदेशी जन-समूहों के आगमन तथा उनके आक्रमण के कारण उत्तर से द्रविड़ वर्ग को दक्षिण की ओर हटना पड़ा और वे दक्षिण भारत में आकर बस गये। उनमें कुछ उत्तर भारत के सुरक्षित पहाड़ी स्थानों में रह गये। शताब्दियों पूर्व जो घटनाएँ घटीं, उनका स्पष्ट और पुष्ट इतिहास प्राप्त नहीं है, फिर भी यह कहा जा सकता है कि उस समय की 'आदिद्रविड' भाषा के साहित्यिक तथा बोलचाल के दो रूप प्रचलित थे। वह साहित्यिक रूप 'चेंतमिल' और बोलचाल का रूप 'कोडुंतमिल' कहलाता था। संभव है, दक्षिणापथ में निर्वासित इन जातियों की बोलचाल की भाषा 'कोटुंतमिल' के भी अनेक रूप रहे हों। उनमें से एक रूप विकसित होकर आधुनिक मलयालम भाषा में परिणत हुआ होगा। यह परिवर्तन ऐतिहासिक, सांस्कृतिक, भौगोलिक आदि अनेक कारणों से हुआ।

भौगोलिक कारण

चेर, चोल और पांड्य ये तीन राजवंश दक्षिण में थे। उनमें चेर राजा केरल में शासन करते थे। चेर-राज्य 'चेरलम्' बना, वही 'केरलम' बना, ऐसा एक मत है। केरल की भौगोलिक सीमाओं के प्राचीन रूपों के सम्बन्ध में कुछ प्रमाण प्राप्त हैं।

भवनंदी बारहवीं शती के बड़े तमिल वैयाकरण रहे हैं। अपने व्याकरण-ग्रंथ **नन्नूल** में उन्होंने लिखा है कि चेंतमिल बारह स्थानों में व्यवहृत है।[1]

तेन पाण्डि कुट्टंकुटंकर्का वेणपूषियन्टियरुवावतन बडक्कु-नन्राय
चीर्तमलाडु पुन्नाडु चेंतमिल चेरेतमिल पन्निरुनाडेन।[2]

इसका अर्थ यह हुआ—"तेन या दक्षिण में पांडि तिरुनेलवेली तथा नांचिलनाड (अब कन्याकुमारी जिला) है। कुट्टनाड के कोल्लम से पोन्नानी तक का देश है। वेणाड कोल्लम से नांचनाड तक है। उसके उत्तर में कोष़िकोड तक कुट्टनाड है और उसके उत्तर में पूलिनाट कारप्पुषा (नदी) तक व्याप्त है। कर्का कोयंबत्तूर का पश्चिमी भाग तथा शीतनाड कोयंबत्तूर का बाकी भाग एवं नीलगिरी जिला है। पुन्नाड चोल देश का दक्षिण भाग है तथा मलाड दक्षिण आर्कास्ट का तिसक्कोयिलूर है।" इससे सिद्ध होता है कि चेंतमिल दक्षिण के बारह प्रदेशों में प्रचलित थी। उनमें से वेणाट, कुट्टनाट और पूलिनाट प्रदेश केरल के अंतर्गत हैं और यहाँ की चेंतमिल ही मलयालम में परिवर्तित हुई है। आरंभ में इसे भी तमिल ही कहा करते थे। लेकिन बाद में वह मलयांतमिल अर्थात् मलय पर्वत के उस पार की भाषा के अर्थ में व्यवहृत हुआ। यह काल मलयालम भाषा का आरंभ काल है, जो सन् 825 से सन् 1325 तक रहा होगा। दूसरा कालखंड अथवा मध्यकाल सन् 1325 से 1575 तक है जिसे मलयाण्मा का काल कहा जाता है और इसके बाद आधुनिक काल सन् 1575 से शुरू होता है। यह आधुनिक काल तुंचत्तु एषुत्तच्छन से प्रारंभ होता है। तीनों काल-खंडों में साहित्य की कई रचनाएँ प्राप्त हुई हैं।

ऐतिहासिक पक्ष

मलयालम के प्रथम वैयाकरण लीलातिलककार का सूत्र है—'उहमेय संस्कृत प्रकृतिस्संस्कृत भवः' इह तातवत् संस्कृतमनादि अन्यदादिमत सस्य संस्कृतात प्रभावस्यात् तत्र प्रकृतित्वेन स्थित क्वयिदूहविषयो भवति क्वचितू पुनरत्यन्तंतिरोभवादूहो न शक्यचे तत्र रूढत्वमुच्चते।"[3] अर्थात् जिस शब्द की संस्कृत प्रकृति अनुमाननीय है वह संस्कृत प्रभव है। अनादि है संस्कृत, इसीलिए अन्य भाषाएँ उससे उत्पन्न हुई होंगी। उनमें कतिपय की प्रकृति अनुमाननीय है, कतिपय की प्रकृति अत्यंत तिरोहित होने से अनुमान के परे है। लीलातिलककार मलयालम की पारिवारिक संपदा के रूप में ही इन रूढ़ शब्दों को प्रस्तुत करते हैं। मलयालम के आधुनिक वैयाकरण कोवुण्णि मलयालम को संस्कृत से जन्मी ही मानते हैं। उनका कहना है—

संस्कृत हिमत्रिरिमिलिता द्रविडकणी कलिंद जामिलिता
केरल भाषा गंगा विरहतु मम हत्सरस्वदासंगा।

---

1. भवनंदी, **नन्नूलसूत्र**, 273
2. उपरिवत्।
3. **केरल पाणिनीयम्** 11-13

लेकिन मलयालम के बीसवीं शती के वैयाकरणों तथा विद्वानों ने कार्यकारणसहित सिद्ध किया कि मलयालम को संस्कृतजनित कहना भ्रामक है। श्री.ए. आर. राजराजवर्मा ने अपने मानक व्याकरण-ग्रंथ **केरल पाणिनीयम** में (1) अनुनासिकातिप्रसरता, (2) तवर्गीपमर्द्द या तालव्यादेश, (3) स्वर-संचरण, (4) पुरुषभेदनिरास, (5) विलोम-संग्रह और (6) अंगभंग के छह नियमों के सहारे सोदाहरण सिद्ध किया कि तमिल से मलयालम कैसे परिवर्तित होकर स्वतंत्र भाषा बन गयी। इसी तरह श्री उल्लूर एस. परमेश्वरय्यर ने भी अपने साहित्य के इतिहास में इसका समर्थन किया है कि एक भाषा दूसरी भाषा से चाहे 80 प्रतिशत शब्द ऋण के रूप में स्वीकार करे, तब भी उसका निजी व्यक्तित्व नष्ट नहीं होता। द्रविड़ भाषा-भाषी प्रांतों के स्थान, नाम, उनके सर्वनाम, प्रत्यय आदि उन भाषाओं के अपने हैं। विभक्ति-प्रत्यय, वचन-प्रत्यय आदि भी दोनों में भिनन हैं। द्रविड़ों में कर्मणि प्रयोग नहीं है। संस्कृत और द्रविड़ के निपातों में अंतर है। द्रविड़ में अचेतन संज्ञाओं तथा उनके स्थान में प्रयुक्त सर्वनामों का लिंग-वचन-विभक्ति-सम्बन्ध नहीं है। वर्णमाला में भी अंतर है। संधि-नियमों में भी भिन्नता है।

यहाँ संस्कृत भाषा के साथ मलयालम का जो संयोग हुआ, उसके सम्बन्ध में भी विचार करना आवश्यक है। केरल की उत्पत्ति के सम्बन्ध में प्रचलित कथाओं में एक यह भी है कि परशुराम ने अपनी कुल्हाड़ी गोकर्ण से समुद्र में फेंकी थी, जो कन्याकुमारी में जा गिरी थी। गोकर्ण से कन्याकुमारी तक का जो प्रदेश समुद्र से निकल आया, वही केरल है। इसके पीछे इतना सत्य माना जा सकता है कि लगभग 5 हज़ार वर्ष पहले समुद्र से यह भूमि उभरी होगी। इस कथा का यही अर्थ हो सकता है कि जब केरल वासयोग्य हो गया तब परशुराम के नेतृत्व में कुछ आर्य लोग यहाँ वास करने आए हों, जो बाद में नंपूतिरी ब्राह्मण कहलाए। यहाँ के नंपूतिरी ब्राह्मणों में ऋग्वेदी अधिक हैं। जो यजुर्वेदी हैं, वे तैत्तिरीय शाखा के हैं। सामवेदी तो विरले ही हैं। उनकी पूर्व शिखा, एक यज्ञोपवीत, स्त्रियों को श्वेत वस्त्रधारण, ऋतुमती विवाह, सर्वस्व दानविधि के अनुसार दारपरिग्रह, द्वामुष्यायण रूप में दत्त लेने की रीति, नक्षत्र के अनुसार श्राद्ध करना आदि अनेक विशिष्ट आचारों को परशुराम ने नंपूतिरियों में चलाए थे, जिससे कि ये केरल छोड़कर अपने पूर्वजों के यहाँ न भाग जाएँ। आजकल नंपूतिरियों के कई आचार-विचार नायर जाति के लोगों के भी हैं। नायर लोग केरल के आदिवासियों में हैं। चातुर्वर्ण्य की व्यवस्था इन ब्राह्मणों के आगमन के बाद ही केरल में हुई थी, फिर भी उसका उत्तरभारतीय रूप यहाँ नहीं आ पाया। नंपूतिरि लोग शनैः-शनैः केरल की भूमि के स्वामी तथा धार्मिक गुरु बन गये। उन्होंने ही संस्कृत का यहाँ प्रचार किया। नंपूतिरि परिवार के सभी बालक आरंभ से संस्कृत की शिक्षा अपने घर में शुरू करते थे। उन्हींकी देखादेखी बाद में नायर तथा अन्य जाति के लोग भी संस्कृत शिक्षा की ओर आकृष्ट हुए थे। शिक्षा,

निरुक्त, वेदवेदांग, काव्य, पुराण, गणित, ज्योतिष, आयुर्वेद, मंत्र आदि सभी विषयो में ये नंपूतिरि लोग प्रवीण थे। यहाँ मंदिरों का निर्माण हुआ। उनमें इस संस्कृति की जड़ जम गयी थी। **रामायण**, **श्रीमद्भागवत गीता** आदि का पारायण यहाँ होने लगा।

इस कारण संस्कृत-शिक्षा केरल की सामान्य जनता में भी फैलने लगी। केरल में साहित्य तथा शास्त्रों से सम्बन्धित संस्कृत की स्वतंत्र रचनाएँ होने लगीं। धीरे-धीरे आर्य और द्रविड़ जो आचार एवं संस्कार में भिन्न थे, एक दूसरे से घुलमिल गये। इसका आरंभ ईस्वीपूर्व हुआ। प्राचीन आदि द्रविड़ या पषंतमिल तथा चेंतमिल की रचनाओं से इसके कुछ प्रमाण प्राप्त होते हैं।

भूमि की आबोहवा पर आधारित द्रविड़ों के स्थान-विभाजन का परिचय तमिल-व्याकरण-ग्रंथ **तोलकाप्पियम** से मिलता है।[4] उन्होंने देश को कुरिची (गिरि प्रदेश), मुल्लै (पर्वत तथा तराई के बीच का स्थान), मरुतै (नदियों का समतल), नेयतल (समुद्र-तट) और पालै (जहाँ जल की कमी है, ऐसे रेतीले स्थान) में विभक्त करके वहाँ के निवासियों को कुरवर, मरवर, इड्यर (वेल्लालर), उपवर तथा परवर नाम दिया और उनके देवताओं को सुब्रह्मण्य (मुरुगन), श्रीकृष्ण (मायोन), इन्द्र, वरुण तथा काली (कोट्टवै) अभिहित किया। इन देवताओं के नाम आर्य-द्रविड़ संकर के द्योतक हैं। प्राचीन तमिल में कविता, गीत, नाटक आदि साहित्यिक रूप, व्याकरण, निरुक्त, छंद और व्याकरण के ग्रंथ मिलते हैं। अलंकार आर्यों से ही उन्हें प्राप्त हुए, ऐसा लगता है। तमिल के प्रथम वैयाकरण अगस्त्य मुनि थे, उनकी रचना का नाम है **अगत्तियम**। वे ही द्रविड़ चिकित्सा-संप्रदाय सिद्ध-वैद्य के भी आचार्य हुए हैं।

संघकालीन कृतियों के रचयिताओं में कई केरल के साहित्यकार भी थे। तमिल पंचमहाकाव्यों में **चिलपतिकारण्** की रचना केरल के राजा चेंकुटुवन के अनुज इलंकोवटिकल ने की थी। इस समय के छोटे काव्यों तथा गीतों (पाट्टु) में केरल की प्रशंसा हुई है। इन रचनाओं का काल ईसा के पूर्व का समय है। सातवीं शताब्दी में विद्यमान अय्यनटितनार केरलवासी कवि थे, जिन्होंने **पुरपोरुलवेण्णामालै** नामक लक्षण ग्रंथ रचा था। शैवाचार्यों तथा वैष्णवाचार्यों का समय ईस्वी आठवीं शताब्दी तक है। उनमें भी केरल के अनेक भक्त कवि थे। शैव भक्तों में नायनारमार प्रसिद्ध हैं। उनमें चेरमान पेरुमाल नायनार आठवीं शताब्दी के थे। वैष्णव भक्तों में अर्थात् आलवारों में कुलशेखर आलवार चेर राजा थे, जो कोचिन के पास तिरुवंचिकुलम में पैदा हुए थे। वे ई. 767—834 के बीच जीवित थे। आठवीं शताब्दी से चौदहवीं शताब्दी तक का समय मलयालम का अलग होने का समय है। चौदहवीं शताब्दी के मलयालम के व्याकरणावार्य लीलातिलककार तमिल एवं संस्कृत के बडे विद्वान् थे। चौदहवीं शताब्दी के पहले ही मलयालम की स्वतंत्र रचनाएँ होने लगी थीं। आठवीं शताब्दी से लेकर चौदहवीं शताब्दी तक की बड़ी रचनाएँ प्राप्त हैं, उनके समय की

4. **तोलकाव्यम्** भाग 3, प्रथम दो अध्याय एवं पूर्णलिंगम पिल्लै, **तमिल साहित्य**, पृ. 264

गणना करने के पर्याप्त प्रमाण प्राप्त नहीं हैं। लीलातिलककार ने जिन उदाहरणों एवं व्याकरण-सम्बन्ध तथा काव्य-सम्बन्धी सूत्रों तथा वृत्तियों का परिचय दिया है, उनसे मालूम होता है कि तीन प्रकार की रचनाएँ केरल में प्रचलित थीं– (1) तमिल-मिश्रित पाट्टु पद्धति, (2) मलयालम की स्वतंत्र रचनाएँ तथा (3) संस्कृत-मिश्रित मणिप्रवाल पद्धति। वास्तव में **लीलातिलक** मणिप्रवाल सम्बन्धी लक्षण-ग्रंथ है।

उपरोक्त तीनों पद्धतियों की रचनाएँ बहुत समय तक चलती रहीं किन्तु तुंचत रामानुजन एषुत्तच्छन ने भाषा, व्याकरण, लिपि आदि में कुछ परिवर्तन करके आधुनिक मलयालम की स्थापना पन्द्रहवीं शताब्दी में की थी। वह भाषा-रूप आज तक स्वीकृत है, इसीलिए एषुत्तच्छन को आधुनिक मलयालम का पिता माना जाता है। उन्होंने आर्यद्रविड़ शब्दों का ऐसा मिश्रण प्रस्तुत किया कि यह अति से दूर रहा। उसको लिखने के लिए तमिल लिपि पर्याप्त नहीं थी। इसीलिए उन्होंने मलयालम लिपि-माला के कुछ नये वर्णों को जोड़कर रूप दिया। वही आज तक प्रचलित है।

मलयालम की बोलियाँ

मलयालम की दक्षिण और उत्तर की बोलियाँ तेक्कन (दक्षिण) और वटक्कन (उत्तर) नाम से प्रसिद्ध हैं। कोच्ची और मध्य तिरुवितांकूर की बोलियों में भी थोड़ा अंतर है। ईसाइयों तथा मुसलमानों की मलयालम में भी कुछ फर्क है, इसलिए क्रिश्चियन मलयालम, माप्पिलै मलयालम आदि भी मलयालम की बोलियाँ बन गयी हैं। केरल के आदिवासियों में भी कुछ बोलियाँ प्रचलित हैं।

तिरुवनंतपुरम तथा उसके दक्षिण में स्थित स्थानों मे जो मलयालम बोली जाती है, उसपर तमिल का प्रभाव अधिक है, इसीलिए यह न तो तमिल है और न टकसाली मलयालम। इसके बोलनेवाले ऐसे शब्दों, मुहावरों तथा उच्चारणों का प्रयोग करते हैं कि वह कोल्लम से एरणाकुलम (कोच्ची) तक के लोगों की भाषा से जरा भिन्न है। कोल्लम से एरणाकुलम तक बोली जानेवाली मलयालम में उच्चारण द्रुतगति से होता है, वहाँ के मुहावरों तथा प्रयोगों में भी भिन्नता है, जो तृश्शूर तक की भाषा में व्याप्त है।

मलबार में मुसलमानों की अधिकता है। इसीलिए अरबी-फारसी शब्दों का प्रभाव वहाँ हुआ है। काषिकोड तथा मलप्पुरम की भाषा में यह रूप दर्शनीय है। वहाँ के मुसलमानों को 'माप्पिला' कहा जाता है और उनकी बोली को 'माप्पिल भाषा'। कोषिकोड से कासरगोड तक की मलयालम पर कन्नड़ का तथा पालकाट की भाषा पर तमिल का प्रभाव है। यही देविकुलम के सम्बन्ध में भी है क्योंकि वहाँ भी तमिल का प्रभाव है। यद्यपि इस तरह के अनेक प्रादेशिक भेद मलयालम में हैं तो भी उसका साहित्यिक रूप एक ही है। अब साहित्यिक मलयालम से बोलचाल का एक मानक रूप विकसित हो रहा है जो सभी प्रदेशों की विशेषताएँ लिए हुए है। लेकिन जिस

तरह हिन्दी की बोलियाँ हैं, वैसा भेद मलयालम की बोलियों में नहीं है।

लिपि

आधुनिक मलयालम लिपि दक्षिण ब्राह्मी लिपि से उत्पन्न है। ब्राह्मी लिपि का रूपांतर है दक्षिण ब्राह्मी। इसे 'द्रविडी' भी कहते हैं। केरल में 'वट्टेषुत्तु', 'कोलेषुत्तु', 'मलयाण्म' नाम से तीन प्रकार के अक्षर प्रचार में थे। ये तीनों द्राविडी से उपजे थे। ये नाम उनके लेखन की भिन्नता के कारण हैं। आधुनिक लिपिमाला को 'आर्यएषुत्तु' कहते हैं। मलयालम तथा पासवाली तुलुभाषा इस लिपि में लिखी जा रही थीं। इसलिए इसे 'तुलु-मलयालम लिपि' भी कहते हैं। लेकिन आज मलयालम लिपि को तुलु ने छोड़ दिया। आज अन्य लिपि-रूप अर्थात् 'वेट्टेषुत्तु', 'कोलेषुत्तु' 'मलयाण्म', 'रायसम' जैसी लेखन शैलियाँ समाप्त हो गईं। लेकिन इन सबकी मिश्रित लिपि है मलयालम की लिपि 'आर्याएषत्तु'। अन्य लिपियाँ समाप्त हो गईं। यह लिपि संस्कृत वर्णमाला का अनुसरण करती दिखाई देती है।

ध्वनियाँ—मलयालम में 51 ध्वनियाँ हैं। उनमें चौदह स्वर और सैंतीस व्यंजन हैं।

स्वरों में ह्रस्व स्वर हैं– अ, इ, उ, ऋ, ए, ओ। दीर्घ स्वर– आ, ई, ऊ, ऋ, ए+ए, ओ +ओ, ऐ, औ। उनमें ऐ, औ के ह्रस्व नहीं हैं, ऋ का ळ जो दीर्घ स्वर है वह भाषा के प्रयोग में नहीं है।

व्यंजन

क ख ग घ ङ। च छ ज झ ञ।
ट ठ ड ढ ण। त थ द ध न।
प फ ब भ म। य र ल व श।
ष स ह ळ ष़।

व्याकरणिक कोटियाँ

मलयालम की वर्णमाला हिन्दी वर्णमाला से मिलती है। कहीं-कहीं अंतर है। स्वरों में अन्य द्रविड़ भाषाओं की भाँति मलयालम ह्रस्व 'ए'कार और 'ओ'कार मिलता है। वर्णाक्षरों में कोई अंतर नहीं है। मलयालम में तीन द्रविड़ अंतस्थ ळ, ऱ तथा ऩ के अतिरिक्त 'र' का द्वित्व भी प्रचलित है। इनमें से ऩ (जिसे वर्त्स्य 'न' कहते हैं) तथा 'डेर' के लिपि-चिह्न नहीं हैं। दोनों 'न' कार (दंत्य एवं वर्त्स्य) के लिए एक ही लिपि-चिह्न है। 'र' को दो बार लिखकर (र र) र का द्वित्व बनाया जाता है। वर्णमाला में नागरी की तुलना में यही व्यतिक्रम पाया जाता है। ये तमिल तथा संस्कृत के संकट का सूचक है। कन्नड़ ने बारहवीं शताब्दी मे 'न' तथा सत्रहवीं शताब्दी में 'ळ' का परित्याग कर दिया था। तेलुगु ने ळ को बहुत पहले छोड दिया था, फिर भी प्राचीन द्रविड़ बोलियों में तथा तमिल-मलयालम में इनके रूप मिलते हैं।

द्रविड़-परिवार में केवल मलयालम एक ऐसी भाषा है, जिसमें कर्ता-क्रिया की अन्विति की अपेक्षा नहीं है। इस दृष्टि से मलयालम बंगला-असमिया के समान व्यवहार करती है या फिर अँगरेजी की तरह, जहाँ क्रिया का एक ही रूप तीनों पुरुषों में एक समान बहुवचन में स्त्रीलिंग और पुँल्लिग में, चलता है। एक उदाहरण से यह स्पष्ट हो जायगा– 'वा' (आ) धातु के तीनों रूपों के रूप निम्नलिखित हैं– 1. वरुन्नु (वर्तमानकाल), 2. वन्नु (भूतकाल), 3. वरुम (भविष्यत्काल)।

अब वाक्यों में इनका प्रयोग देखा जाय– जान वरुन्नु (मैं आता/आती हूँ)।ताङ्कल वरुन्नु (आप आते/आती हैं)। सरला/राम/वरुन्नु (सरला आती है/ राम आता है)।

इसी प्रकार– निङ्ङल/अवन/लीला वन्नु (तुम आए/आई। वह आया। लीला आई)।

नाम्/अवर/गोपालन्/अम्मा वरुम् (हम/वे आयेंगे/गोपाल आएगा/अम्मा आएँगी)।

कर्ता के पुरुष, वचन या लिंग का क्रिया पर कोई प्रभाव नहीं पड़ता। दूसरे शब्दों में, मलयालम की क्रिया कर्तृ-निरपेक्ष है।

मलयालम में लिंग केवल आर्थी है जबकि हिन्दी में लिंग व्याकरणिक होता है। मलयालम का लिंग-विधान सरल है। जो पुरुषवाची है, वह पुल्लिंग शब्द है और जो स्त्रीवाची है वह स्त्रीलिंग। इन दोनों के अतिरिक्त नपुंसक लिंग का भी विधान है–मानवेतर तथा अचेतन पदार्थों के लिए। सर्वनामों में इन तीनों के अलग-अलग संकेतक शब्द हैं–

अवन/वह (पुं.), अवर/वे (बहु-स्त्री./पुं.)
अवर/वह (स्त्री.) अद्देहम/वे (आदर-सूचक)
अतु/वह (नपुं.) अतु/वे (बहु-नपुं.)

चूँकि वाक्य में कर्ता-क्रिया की अन्विति नहीं होती इसलिए लिंग के कारण कोई समस्या उपस्थित नहीं होती। यही नहीं, विशेषण में विशेष्य के लिंग का सूचक कोई प्रत्यय नहीं लगता। जैसे– नल्ल मनुष्यन (अच्छा आदमी), नल्ल स्त्री (अच्छी स्त्री)।

किन्तु यही विशेषण जब कर्तृपूरक के रूप में प्रयुक्त होता है अर्थात् जब विशेषण वाक्य के विधेय में आता है तब उसके साथ सार्वनामिक प्रत्यय जुड़ते हैं। यथा– जयरामन नल्लवन आकुन्नु (जयराम अच्छा है)। अवल नल्लवल आकुन्नु (वह (स्त्री) अच्छी है)। ई मरुन्नु नल्लतु (यह दवा अच्छी है)। इन उदाहरणों में विशेषण 'नल्ल' के साथ सार्वनामिक प्रत्यय 'वन', 'वल' और 'तु' मिलकर क्रमशः नल्लवन् (पुं.), नल्लवल् (स्त्री.) ओर नल्लतु (नपुं.) रूपों का निर्माण हुआ है। द्रविड़-परिवारों की अन्य भाषाओं की भाँति मलयालम संश्लिष्ट भाषा है। इसीलिए विभक्ति-प्रत्यय संज्ञा के साथ एकाकार होकर मिल जाते हैं। संधि-नियम तथा रूप स्वनिमिक नियमों का भी पालन होता है– नाम+कु=नमुक्कु (हमको), नी+उटे=निन्नुटे (तुम्हारा)।

कारक/विभक्ति

मलयालम में सात विभक्तियाँ हैं। मलयालम में प्रत्यय-विधान ऋजु और सरल होता है। हिन्दी की तरह वह मुहावरों और प्रयोग विशेषों के अनुसार नहीं बदलता। मलयालम की विभक्तियाँ इस प्रकार हैं–

मलयालम नाम		चिह्न
प्रथमा	निर्देशिका	-
द्वितीय	प्रतिग्राहिका	ए
तृतीया	संयोजिका	आल, ओटु, कोंडु, ऊटे
चतुर्थी	उद्देशिका	क्कु/उ
पंचमी	प्रयोजिका	(इल) निन्नु, (ए) का
षष्ठी	सम्बन्धिका	उटे/न्टे
सप्तमी	आधारिका	डल/कल

कृदंत प्रयोग के कारण हिन्दी का कर्ता सम्बन्ध कारक में होता है, मलयालम में वैसी स्थिति नहीं है।

ताङ्कल एषुतिय कविता (कर्ता)
आपकी लिखी कविता (सम्बन्ध)

ऐसे स्थान में हिन्दी में कर्ता सम्बन्ध कारक का रूप ले लेता है। उदाहरणों से यह स्पष्ट हो जाएगा–

अध्यापकन् वन्नप्पोल (मलयालम)
अध्यापक के आने पर (हिन्दी)

इनि डाक्टर बन्निट्टुम कार्यम इल्ला (मलयालम)
अब डाक्टर के आने से कोई लाभ नहीं है (हिन्दी)

अच्छन मरिच्चिट्टु पत्तु वर्षम् आयि (मलयालम)
पिताजी को गुजरे दस साल हो गये (हिन्दी)

शीला मुंबयिल वाङ्ङ्य सारि (मलयालम)
शीला द्वारा मुंबई से खरीदी हुई साड़ी (हिन्दी)

मलयालम में कर्म और संप्रदान के लिए पृथक्-पृथक् प्रत्यय हैं, इसलिए इस दिशा में भ्रम कम होता है। हिन्दी में दोनों जगह 'को' लगता है। जैसा कि पहले बताया गया है, क्रिया-विशेष और प्रयोग-विशेष के कारण कारक-चिह्न में परिवर्तन नहीं होता।

एन्टे मकन डॉक्चरिने काणुम (मलयालम)
मेरा बेटा डाक्टर से मिलेगा (हिन्दी)

विनोद सीतये प्रेमिक्कुन्नु। (मलयालम)
विनोद सीता से प्यार करता है (हिन्दी)

चतुर्थी विभक्ति का प्रत्यय 'कु' है। हिन्दी में गमनार्थ क्रिया आने पर स्थानवाचक शब्द के साथ कोई प्रत्यय नहीं लगता, जबकि मलयालम में अनिवार्य रूप से 'कु' लगता है।

{ लीला डेल्लिक्कु पोयि (मलयालम)
लीला दिल्ली गयी (हिन्दी)

{ अच्छन काशिक्कु पोकुन्नु (मलयालम)
पिताजी काशी जा रहे हैं (हिन्दी)

यहाँ पर मलयालम का विभक्ति-नाम उद्देशिका अन्वर्थक लगता है। दूसरी बात यह है कि हिन्दी में स्वत्व/स्वामित्व तथा रिश्ते के प्रसंगों में जहाँ सम्बन्ध कारक का प्रयोग होता है, मलयालम में उद्देशिका 'कु' का प्रयोग पाया जाता है।

{ सतिक्कु रंडु मक्कल उडायिरुन्नु (मलयालम)
सती के दो बेटे थे (हिन्दी)

{ ग्रामत्तिल् एनिक्कु ओरु वीडु उंटु (मलयालम)
गाँव में मेरा एक घर है (हिन्दी)

{ कुतिरक्कु कोंबु इल्ला (मलयालम)
घोड़े के सींग नहीं हैं (हिन्दी)

आधारिका (सप्तमी) में हिन्दी में जहाँ 'पर' का ही प्रयोग होता है, वहाँ मलयालम में 'इल्' (में) का प्रयोग पाया जाता है।

{ डॉक्टर वीट्टिल उंटु (मलयालम)
डॉक्टर घर पर हैं/डॉक्टर घर में हैं। (हिन्दी)

क्रिया

अस्तित्ववाचक वाक्यों में हिन्दी की 'है' और 'होता है' क्रियाओं के समानांतर मलयालम में 'आकुन्नु/उंटु' विद्यमान है किन्तु संस्कृत में 'अस्ति' के लोप के समान मलयालम में भी 'अकुन्नु' का लोप हो जाता है। जैसे–

{ इतु पुस्तकम् (मलयालम)
यह किताब है (हिन्दी)

{ अतु एन्टे वीडु (मलयालम)
वह मेरा घर है। (हिन्दी)

अन्य द्रविड़ भाषाओं के समान मलयालम कृदंत-बहुला है। हिन्दी में भी कृदंतों का प्रचलन है किन्तु कई बार ज-प्रकार के (जो-वह, जब-तब, जहाँ-वहाँ आदि) प्रयोग अनिवार्य हो जाते हैं। ऐसे स्थलों पर मलयालम में कृदंत-प्रयोग के कारण वाक्य सरल ही बना रहता है, मिश्रवाक्य की स्थिति नहीं आती, जैसे–

{ इतु पुस्तकम् एषुतिय लेखकन (मलयालम)
वह लेखक जिसने यह पुस्तक लिखी (हिन्दी)

अच्छन तामसित्त मुरि (मलयालम)
वह कमरा जिसमें पिताजी रहते थे (हिन्दी)

जहाँ तक शब्द-भांडार का सम्बन्ध है, मलयालम में संस्कृत के तत्सम शब्दों का प्रयोग प्रचुर मात्रा में होता है। संस्कृत शब्दों के प्रचुर प्रयोग से जहाँ हिन्दी-मलयालम के बहुत-से शब्द समानार्थी हैं, वहाँ भिन्नार्थी शब्द भी दोनों भाषा-भाषियों को भ्रम में डालने के लिए पर्याप्त हैं। उदाहरण के लिए कतिपय शब्द देखने योग्य हैं—

तत्सम शब्द	**हिन्दी में अर्थ**	**मलयालम में अर्थ**
संसार	दुनिया	वातचीत
सम्मान	आदर	पुरस्कार
अनुवाद	तर्जुमा	अनुमति
आलोचना	समीक्षा	विचार, सोच
प्रयास	प्रयत्न	कठिनाई

मलयालम का प्राचीन साहित्य एवं पत्र-पत्रिकाएँ

मलयालम-साहित्य फिलहाल बहुत समृद्ध एवं भारत के किसी भी साहित्य से मुकाबला करने लायक है। तुंचत्त रामानुजन एषुत्तच्छन ने सबसे पहले मलयालम में **अध्यात्मरामायण** लिखी। इसीलि एषुत्तच्छन मलयालम के प्रथम निर्माता एवं प्रयोक्ता हैं। उन्हें मलयालम का पिता कहा जाता है। उनके बाद कई विख्यात भक्ति-रचनाओं का आविर्भाव हुआ। चेरुश्शेरी की **कृष्णगाथा**, पूंतानम का **ज्ञानप्पाना** आदि से मलयालम भाषा साहित्यिक भाषा के रूप में तब्दील हुई।

गद्य-रचनाएँ

मालयालम में गद्य का प्रयोग पहले ही शुरू हो गया था। दसवीं शती से गद्य-साहित्य का विकास हुआ था। ग्यारहवीं शती के अंत में या बारहवीं शती के आरंभ में लिखित **भाषा कौटलीयम** प्राप्त प्राचीन कृतियों में सर्वश्रेष्ठ है। यह कौटिल्य द्वारा लिखित **अर्थशास्त्र** की व्याख्या है। इसके साथ **कूटियाट्टम** में दृश्य-संकेत मलयालम-गद्य में था। संस्कृत-नाटकों का मलयालम गद्यानुवाद हुआ जिनमें सबसे मुख्य है **दूतवाक्य**। लेकिन मलयालम में पत्र-पत्रिकाओं के आरंभ से ही गद्यरचनाओं का बड़े पैमाने पर विकास हुआ। सी.एल. आन्टणी ने अपनी पुस्तक में 'भाषागद्य' शीर्षक लेख में इसपर यों प्रकाश डाला है—"संस्कृतपद बहुलता और देशीपदप्रधान दो रीतियाों को एक साथ मिलाने में सहायक हुई केरल की पत्रकारिता। मलयालम की शैली केरल भर में फैलाने में भी यह सहायक हुई।" 1847 जून में तलश्शेरी के समीप इल्लिक्कुन्नु से मलयालम की प्रथम मासिक पत्रिका 'राज्यसमाचारम' का प्रकाशन आरंभ हुआ। इससे मलयालम पत्रकारिता का आरंभ हुआ। यह बासलमिशन मिशनरी हेर्मन गुंडर्ट

के नेतृत्व में ईसाई धर्म के प्रचारार्थ प्रकाशित हुआ था। इसके बाद 'पश्चिमोदय', 'ज्ञाननिक्षेपम', 'विद्यासंग्रहम', जैसी मासिक पत्रिकाएँ निकलीं। लेकिन मिशनरियों के धर्मप्रचार से भिन्न सामान्य खबरों को स्थान देकर प्रकाशित मलयालम का प्रथम समाचारपत्र है 'पश्चिमतारक'। यह 1865 में गुजराती देवजी भीमजी, सी.कुर्यन, पॉल मेल्विन वोकर, चार्ल्स लोसण जैसे लोगों के संगठित प्रयत्न से आरंभ हुआ। इनके प्रयत्न से 1860 में ब्रिटिश कोच्ची में मलबार प्रिंटिग कंपनी नामक एक प्रेस की स्थापना हुई। वहाँ से 1864 में 'वेस्टोनस्टाइ' शीर्षक अँगरेजी समाचार-पत्र सर चार्ल्स लोसन के नेतृत्व में प्रकाशित हुआ। इसका एक प्रकार का मलयालम रूप है 'पश्चिमतारका'। इसके उदय के साथ कई मलयालम एवं अँगरेजी पत्र-पत्रिकाओं का विकास हुआ। ये सब मलयालम के विकास के लिए मुख्य कारण बन गये।

मलयालम के प्रथम साहित्यिक मासिक पत्र के रूप में इतिहासकारों ने 1881 में प्रकाशित 'विद्याविलासिनी' को माना है। लेकिन सभी अर्थों में मलयालम की पहली साहित्यिक मासिक पत्रिका 1889 में प्रकाशित 'विद्याविनोदिनी' है। यह त्रिशूर से सी.पी. अच्चुतमेनोन के संपादकत्व में प्रकाशित हुई।

मलयालम निबंध एवं गद्य-लेखन में उस समय की पत्रिकाओं का योगदान विशेष ध्यातव्य है। हुंडर्ट के 'पश्मिोदय' ने निबंध विधा के प्रादुर्भाव के लिए मूल्यवान् योग दिया है। कोच्ची रामवर्मा तंपुरान का निबंध-संग्रह **गद्यमालिका** सबसे पहले एक निबंध-संग्रह के रूप में प्रकाशित हुआ। इसमें संगृहीत सारे के सारे निबंधर 'विद्याविनोदिनी' मासिक पत्रिका में प्रकाशित हो चुके थे। वैसे ही 'विद्यासंग्रहम' मासिक पत्रिका के संपादक जार्ज मात्तन द्वारा लिखित निबंध भी प्रौढ़ एवं श्रेष्ठ हैं।

'विद्याविनोदिनी' में उस पत्रिका के संपादक सी.पी. अच्चुतमेनोन ने निबंध एवं आलोचना के लेख भी लिखे। उनके लेखन ने दूसरे रचनाकारों को भी प्रेरित किया। उसी बीच ए.आर. राजराजवर्मा का मलयालम-खण्डकाव्य **मलयविलासम** 'विद्याविनोदिनी' में प्रकाशित हुआ। इससे प्रेरित होकर सी.पी. ने भाषा कविता नामक लेख 'विद्याविनोदिनी' में लिखा। कविता की प्रकृति एवं इतिहास को मुख्य स्थान देनेवाला यह लेख एक प्रकार से विवरणात्मक समीक्षा थी। पाश्चात्य एवं भारतीय साहित्यिक सिद्धान्तों को समन्वित कर उन्होंने अपनी बाद की समीक्षाओं में स्वतंत्र चिंतन को प्रकट किया। यह मलयालम-समीक्षा-साहित्य की नींव डालने में समर्थ हुआ।

प्रथम मलयालम-उपन्यास का दर्जा यद्यपि इतिहासकारों ने अप्पू नेडुंगाडी द्वारा 1887 में रचित **कुंदलता** को दिया है तो भी मलयालम की सारी विशेषताओं एवं शिल्पगत वैशिष्ट्य से युक्त उपन्यास ओ. चंदुमेनोन का **इंदुलेखा** (1889) ही है। कालक्रमानुसार सी.वी. रामन पिल्लै यद्यपि दूसरे स्थान पर हैं किन्तु प्रतिभा में वे अग्रगण्य हैं। उनका ऐतिहासिक उपन्यास **मार्तंडवर्मा** (1891) में प्रकाशित हुआ।

मलयालम के प्रथम कहानीकार वेंगयिल कुंञिरामन नायर हैं। 'विद्याविनोदिनी' में 1891 में उनकी मलयालम की प्रथम कहानी 'वासनाविकृति' प्रकाशित हुई थी।

इसी 10-12 शताब्दी में मलयाल एक अलग भाषा के रूप में प्रकट हुई। लेकिन इसके शताब्दियों पहले ही यहाँ केरलीय नाटक मंच था। प्राचीन तमिल के नृत्य-नाट्य रूप, लोककलारूप आदि प्रचार में था। बाद में कूटियाट्टम, कथकली, कृष्णनाट्टम, काक्कारिशी पोराट्टु-चविट्टु नाटक जैसे दृश्यरूप दर्शकों को आकृष्ट कर रहे थे। लेकिन उन्नीसवीं शती के उत्तरार्ध में मलयालम में लिखित रूप में नाटक-साहित्य आया। प्रथम उल्लेखनीय नाटक के.सी. केशवपिल्लै द्वारा रचित **सदारामा** है।

संविधान जब लागू हुआ तब संविधान की आठवीं अनुसूची में पन्द्रह भाषाओं को स्थान दिया गया था। उनमें से एक भाषा है मलयालम। मलयालम का प्रथम व्याकरण ग्रंथ है ए. आर. राजराजवर्मा द्वारा रचित **केरल पाणिनीयम**। यह हिन्दी में कामताप्रसाद गुरु द्वारा रचित व्याकरण-ग्रंथ के समान मलयालम-व्याकरण का आधारभूत ग्रंथ माना जाता है। आज मलयालम-साहित्य कविता, उपन्यास, नाटक, कहानी, निबंध, आलोचना एवं अन्य विधाओं में विश्व-स्तर तक उभर आया। जी. शंकरकुरुप, तकष़ी शिवशंकर पिल्लै, एस. के पोट्टक्काट, एम.टी. वासुदेवन नायर, ओ.एन.वी. कुरुप्प जैसे रचनाकार ज्ञानपीठ पुरस्कार से सम्मानित हुए। साहित्यिक क्षेत्र में आनेवाले नये-नये वादों एवं विचारधाराओं को मलयालम-साहित्यकार जल्दी ही अपना लेते हैं, फलतः गहन एवं सूक्ष्म साहित्यिक रचनाओं से मलयालम-साहित्य आज संपन्न है।

निष्कर्ष

मलयालम की वर्णमाला अत्यंत विकसित एवं वैज्ञानिक है। उसमें संसार के किसी भी भाषारूप को लिपिबद्ध करने में कठिनाई नहीं है। अन्य भाषाएँ सीखने में तथा अन्य भाषा एवं साहित्य का स्वागत करने में वह अग्रणी है। सभी कलाओं में अपने व्यक्तित्व को प्रतिष्ठित करनेवाले केरल के कई कलाकार हैं। मलयालम की फिल्में देश भर में ही नहीं, संसार भर में ख्याति प्राप्त कर चुकी हैं। प्रशासनिक कार्यों में भी मलयालम भाषा अब काम में आ रही है। दफ्तरों में उसे स्वीकृति मिल गयी है। शब्दावली का अभाव भी मलयालम में नहीं है। स्कूलों में शिक्षा का माध्यम मलयालम है। अब कॉलेजों में डिग्री स्तर की परीक्षाएँ मलयालम माध्यम में देने की व्यवस्था की गयी है। हिन्दी से कबीर, तुलसी, सूर से लेकर समकालीन प्रमुख रचनाकारों की रचनाएँ भी मलयालम में अनूदित हुई हैं। अब मलयालम के लिए मात्र एक विश्वविद्यालय तुंचत्त एषुत्तच्छन के नाम पर त्रिशूर में स्थापित हुआ है। मलयालम को इस साल क्लासिकल भाषा का पद भी प्राप्त हुआ।

मैथिली भाषा

डॉ. धीरेन्द्रनाथ मिश्र

भाषा के अर्थ में 'मैथिली' शब्द का प्रयोग

मैथिली एक अति प्राचीन, स्वतंत्र एवं समृद्ध भाषा है। वर्तमान भारत और विदेश में रह रहे प्रवासी मैथिली-भाषी की संख्या लगभग साढ़े चार करोड़ है। इसे संवैधानिक मान्यता प्राप्त है। अन्तर्राष्ट्रिय ख्यातिलब्ध भाषाविद् सर जॉर्ज इब्राहम ग्रियर्सन ने **लिंग्विस्टिक सर्वे आफ इंडिया** में मैथिली को स्वतंत्र भाषा मानते हुए कहा है कि इसमें कुछ ऐसी विशेषताएँ हैं जो हिन्दी, बंगला, ओड़िआ आदि किसी अन्य भारतीय आर्यभाषा में नहीं मिलती हैं।[1] डॉ. सुभद्र झा ने **दि फॉर्मेशन ऑफ दि मैथिली लैंग्वेज** में लिखा है कि मैथिली एक स्वतंत्र भाषा है और केवल बोधगम्यता के आधार पर इसे हिन्दी अथवा बंगाली की बोली नहीं माना जा सकता।

मैथिली निस्सन्देह मिथिला की भाषा है। मिथिला-क्षेत्र में रहने वाले सबों की भाषा मैथिली है।[2] इसका उल्लेख 'कोलब्रुक' ने 1801 ई. के एशियाटिक रिसर्चेज

1. स्मरण रहे कि ग्रियर्सन ने मैथिली के लिए 'डायलेक्ट' (बोली) शब्द का व्यवहार किया है। वे बिहारी को भाषा मानते थे और मैथिली, मगही तथा भोजपुरी को उसकी बोलियाँ। 'ऐन इंट्रोडक्शन टु दि मैथिली डायलेक्ट ऑफ बिहारी लैंग्वेज ऐज स्पोकेन इन नॉथ बिहार' (जिसका उल्लेख प्रस्तुत लेखक ने किया है) जैसा नाम इसका प्रमाण है। —सम्पादक
2. ग्रियर्सन ने माना है कि मैथिली अपने विशुद्ध रूप में दरभंगा और भागलपुर जिले के उत्तरी भाग तथा पश्चिमी पूर्णिया के **ब्राह्मणों** के द्वारा बोली जाती है (**लिंग्विस्टिक सर्वे ऑफ इंडिया**, वॉल्यूम V, पार्ट II, पृ.13)। तथाकथित मैथिली-क्षेत्र में भूमिहार ब्राह्मणों की संख्या प्रचुर है जो वहाँ 'पछिमा ब्राह्मण' कहलाते हैं। स्पष्ट है कि वे लोग पश्चिम दिशा से अर्थात् तथाकथित मैथिली-क्षेत्र के बाहर से वहाँ जाकर बसे हैं। अतः स्वभावतः ही उनकी बोली मैथिली नहीं है। मैथिल ब्राह्मणों के संसर्ग में वे लोग मैथिली बोलना सीख गये हों, यह अलग बात है। यही बात गैर मैथिल ब्राह्मण सभी जातियों के सम्बन्ध में भी है। इस सम्बन्ध में प्रसिद्ध भाषावैज्ञानिक डॉ. उदयनारायण तिवारी भी लिखते हैं कि मैथिली अपने विशुद्ध रूप में उत्तरी दरभंगा के ब्राह्मणों की बोली है (**भोजपुरी भाषा और साहित्य**, पटना, 2011, पृ. 205)। —सम्पादक

भाग-7, पृ. 199 में उनके संस्कृत एवं प्राकृत भाषा-सम्बन्धी निबंध के अन्तर्गत मिलता है। डॉ. ग्रियर्सन ने कोलब्रुक के इस निबंध का उल्लेख अपने ग्रन्थ **ऐन इन्ट्रोडक्शन टू द मैथिली डायलेक्ट ऑफ बिहारी लैंग्वेज ऐज स्पोकेन इन नॉर्थ बिहार** की भूमिका में किया है। इसके बाद सिरामपुर के मिशनरी लोगों ने अपनी सोसाइटी के 1816 ई. के छठे 'मेम्वायर' में अन्य आर्यभाषा से तुलना कर मैथिली भाषा का उल्लेख किया है।[3] इसका दूसरा नाम 'तिरहुता' भी मिलता है। सन् 1853 ई. में सर अर्सकिन ने 'तिर्हुत' कहकर इसे बंगला भाषा के अंतर्गत रखा। लेकिन सर जॉन बीम्स ने इसे मैथिल कहकर हिन्दी भाषा के अंतर्गत माना। साथ ही, मैथिली के स्वतंत्र अस्तित्व के पक्ष में भी विचार प्रस्तुत किया।

मैथिली का क्षेत्र बहुत ही व्यापक रहा है। पहले इस क्षेत्र को मिथिला देश के नाम से जाना जाता था। त्रेता युग में मिथिला की राजधानी जनकपुर ही था। आज भी नेपाल की द्वितीय राजभाषा मैथिली ही है। मैथिली का मानचित्र सुगौली-संधि (28 नवम्बर, 1814 ई.) के पहले आज से सर्वथा भिन्न था। मिथिला का महत्त्वपूर्ण क्षेत्र आज नेपाल में पड़ गया है।[4]

नेपाल के विभिन्न हिस्सों में मैथिली बोले जाने वाले क्षेत्र ये हैं– सिरहा, सप्तरी, महोतरी, सुनसरी, धनुषा, सर्लाही, मोरंग आदि जिला जिसमें मैथिलीभाषी की संख्या अत्यधिक है। महोतरी जिला (जिल्ला) तराई प्रदेश के जनकपुर अंचल में पड़ता है, जहाँ ब्राह्मण, भूमिहार, राजपूत, कायस्थ, कुर्मी, सूरी, मुसलमान, कोइरी, तेली, पहाड़ी, चमार, दुसाध एवं थारू जाति के लोग रहते हैं और इनकी मुख्य भाषा मैथिली ही है। इस जिला का मुख्य भाग है राजबनौली, पिपरा, मधवा, वथनाहा, सकरी, नैनही, एकडारा, सहोरवा, गम्हरिया, मझौरा, हरदिया आदि। इसी तरह सप्तरी जिला में मैथिलीभाषी क्षेत्र है तिलाठी, मधवापुर, लोखरम, बेलही, राजविराज आदि।

---

3. अर्ली पब्लिकेशन ऑफ सिरामपुर मिशनरी, इंडियन एंटिक्वेरी, 1903, पृ. 245।
4. ऐतिहासिक, भौगोलिक और सांस्कृतिक दृष्टि से वास्तविक मिथिला सदा से नेपाल का ही अंग रही है। 'मिथिला' और 'तिरहुत', इन दोनों शब्दों को एक समझ लेने के कारण मिथिला के भारत में होने की भ्रांति होती है। –सम्पादक

मैथिली भाषा की उत्पत्ति

मैथिली भाषा की उत्पत्ति को निम्नांकित तालिका[5] से समझा जा सकता है–

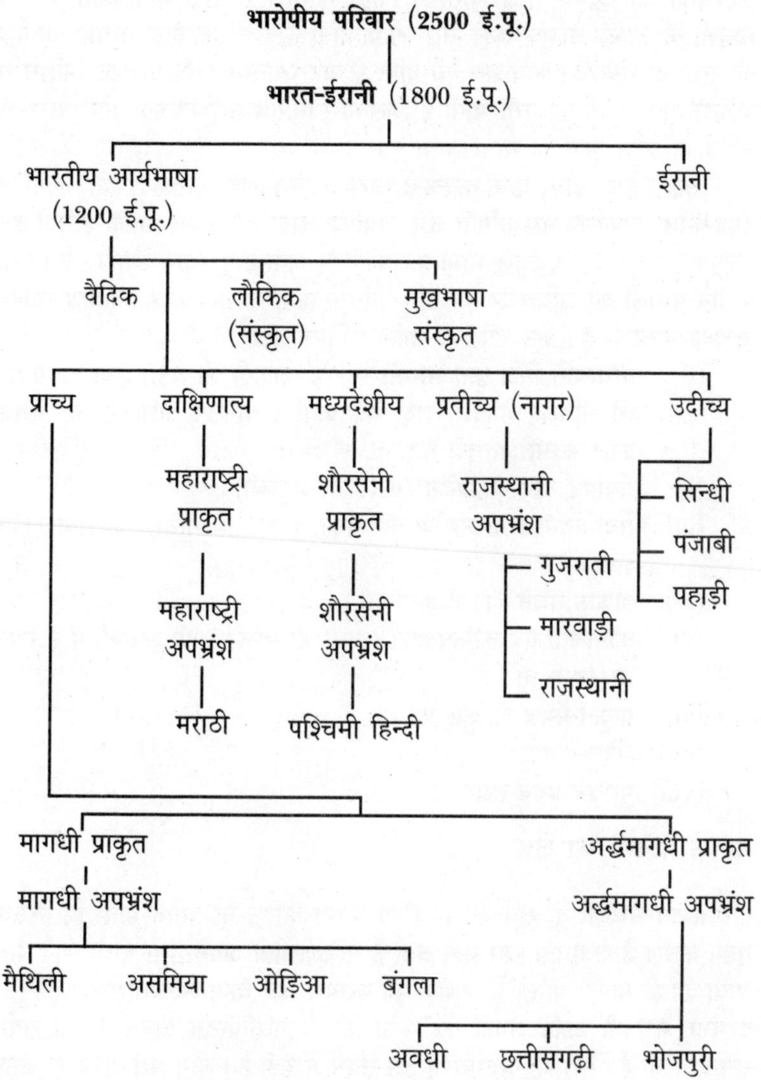

5. डॉ. धीरेन्द्रनाथ मिश्र, **मैथिलीभाषाशास्त्र** (पटना, 1986), पृ. 81

मैथिली का उद्भव-युग करीब 800 से 1200 ई. के बीच माना गया है। यद्यपि अनेक विद्वान् इस मान्यता से सहमत न होकर दसवीं-ग्यारहवीं शताब्दी के पश्चात् से मानते हैं एवं इस चार शताब्दी को अपभ्रंश युग के अंतर्गत रखते हैं। जहाँ नवीन आर्यभाषा का उद्भव सीधे किसी न किसी अपभ्रंश से हुआ माना जाता है, वहाँ मैथिली के उद्भव में एक कड़ी और जोड़ी जाती है, जिसे 'अवहट' अथवा 'अवहट्ठ' की संज्ञा दी गयी है। भाषाशास्त्रीय दृष्टि से यह ध्यातव्य है कि अवहठ मिथिला में प्रचलित एक समय की ऐसी भाषा है जिसका स्वन-तंत्र मध्यकालिक और रचना-तंत्र नवीन या बहुत हाल का माना जाता है।

सिद्ध (जैसे–डाक, घाघ, कुक्कड़ी, सरह, शान्ति, लुई, कन्हपा प्रभृति) लोगों का **दोहा-कोश**, **डाकार्णव-महायोगिनी तंत्र**, **चर्यापद**, डाक की सूक्ति आदि कृतियाँ इसी उद्भव-युग की देन हैं, जिसे भाषा की कोटि में अवहट्ठ में स्थान स्थापित है। इसमें प्राचीन मैथिली का अधिकांश रूप-तत्त्व अधिक मात्रा में उपलब्ध है। अवहट्ट-साहित्य अत्यल्प उपलब्ध है। कुछ उपलब्ध साहित्य निम्नलिखित है–

(i) वाचस्पति मिश्र कृत **भामती** में हड़ि (लकड़ी की बेड़ी) शब्द का प्रयोग, जो मैथिली के देशी शब्द का प्रायः प्राचीनतम अभिलेख है। इसका काल नवमी शताब्दी है।
(ii) **चर्यापद** और **दोहाकोश** (9-12 वीं शताब्दी)।
(iii) सर्वानन्द-कृत **अमरकोश** की टीका में चार सौ मैथिली के शब्द (11वीं शताब्दी)।
(iv) डाकक वचन (11वीं शताब्दी)।
(v) **कीर्तिलता** एवं **कीर्तिपताका** (भाषा का स्वरूप 10वीं शताब्दी में स्थापित, पर रचना बाद में)।
(vi) **प्राकृत-पैंगल** के कुछ पद।
(vii) **संदेश-रासक**।
(viii) **पुरातन प्रबंध-संग्रह**

मानक मैथिली का क्षेत्र

परिनिष्ठित मैथिली के क्षेत्र का निर्धारण करना कठिन-सा प्रतीत होता है, जिसका मुख्य कारण है क्षेत्रीयता। हर-एक क्षेत्र के मैथिलीभाषी अपने द्वारा बोली जाने वाली भाषा को ही मानक मानते हैं, जबकि पूर्व परम्परा और बहुमत-अवधारणा के अनुसार दरभंगा, मधुबनी आदि जगहों की भाषा को ही परिनिष्ठित मानते हैं, जो सर्वथा समीचीन भी है। मेरी भी अवधारणा इस संदर्भ में यही है। लोग भले अन्यान्य जगहों की मैथिली भाषा को परिष्कृत मानें, लेकिन शाब्दिक और भाषिक संरचना का जहाँ तक प्रश्न है, उस कसौटी पर दरभंगा और मधुबनी जैसे स्थानों की भाषा ही खरी

उतरती है। डॉ. ग्रियर्सन ने मैथिली भाषा को प्रामाणिकता की दृष्टि से निम्नलिखित रूप में बाँट कर वस्तुस्थिति को स्पष्ट करने का स्तुत्य प्रयास किया है[6]—

1. मानक मैथिली— इसका क्षेत्र केन्द्रीय एवं उत्तरी पुराना दरभंगा जिला (वर्तमान में दरभंगा एवं मधुबनी जिला) है। सुपौल में भी परिमार्जित मानक मैथिली बोली जाती है। उदाहरण—'अपने सुभ्यस्त होउ तखन भोजन-छाजन करबैक।'

2. दक्षिणी मानक मैथिली—इसका क्षेत्र समस्तीपुर, सहरसा, मधेपुरा एवं उत्तरी मुंगेर है। दक्षिणी मानक मैथिली में 'जनै छी' अथवा 'जनैत छी' के स्थान पर 'ज़ानै छी', सम्बन्धकारक 'क' के स्थान पर 'के' विभक्ति, 'ओ' सर्वनाम के स्थान पर 'ऊ' एवं अधिकरण में 'ए' का प्रयोग होता है, यथा—मोर घरे तीन जना पाहुन छलथिन्ह (मेरे घर पर तीन अतिथि थे)। यह प्रयोग मानक मैथिली में लुप्त हो गया है। इसी प्रकार 'हमर', 'तोहर' के स्थान पर 'मोर', 'तोर' एवं 'जखन', 'तखन' के स्थान पर 'जब', 'तब' का प्रयोग होता है। क्रियापद में 'देखलहुँ' के स्थान पर 'देखलका', 'देखलीह' रूप चलता है एवं 'थिक', 'अछि' का 'छीक', 'अछ' प्रभृति प्रयुक्त होता है।

3. पूरबी मैथिली—ग्रियर्सन ने इसे गँवारी मैथिली की संज्ञा दी है। इसका क्षेत्र है पूर्णियाँ जिला का केन्द्रीय एवं पश्चिमी हिस्सा, जहाँ यह अशिक्षित-वर्ग द्वारा बोली जाती है। इसमें भी दक्षिणी मानक मैथिली के समान धातु-स्वर दीर्घ हो जाता है एवं

---

6. ग्रियर्सन का प्रयास स्तुत्य नहीं है। मैथिली के वर्गीकरण के रूप में उन्होंने एक गड़बड़झाला ही प्रस्तुत किया है। मैथिली और भोजपुरी से भिन्न बज्जिका बोली के स्वतंत्र अस्तित्व का आभास उनको हुआ था, फिर भी, उन्होंने उसे मैथिली के अंतर्गत समाविष्ट कर दिया। **लिंग्विस्टिक सर्वे ऑफ इंडिया**, वॉल्यूम V, पार्ट II, पृ. 14 पर वे लिखते हैं— "The Maithili spoken in the Muzaffarpur district, and in a strip of country on the eastern side of Darbhanga is strongly infected by the neighbouring Bhojpuri spoken in various forms in the adjacent district of Saran and in the greater part of Champaran. So much is this the case, that, as spoken by some people, **it is difficult to say where the dialect is Maithili or Bhojpuri**." इस मंतव्य के अंतिम अंश में जो उनका द्वंद्व व्यक्त हुआ है, वही बज्जिका के स्वतंत्र अस्तित्व का प्रमाण है। विगत शताब्दी के चालीस के आरम्भिक दशक में, 'हंस' में प्रकाशित 'मातृ-भाषाओं की समस्या' शीर्षक लेख में महापंडित राहुल सांकृत्यायन ने जनपदीय भाषाओं की सूची में छब्बीसवीं क्रम-संख्या में बज्जिका का उल्लेख कर ग्रियर्सन द्वारा उत्पन्न धुंध को साफ कर दिया। बज्जिका के नामकरण और इसके स्वतंत्र अस्तित्व को उजागर करने का सारा श्रेय राहुल जी को ही है। बिहार-राष्ट्राभाषा-परिषद्, पटना ने भी बज्जिका को एक स्वतंत्र लोकभाषा मानकर 27 मार्च, 1964 ई. को अपने त्रयोदश वार्षिकोत्सव के अवसर पर प्रस्तुत पंक्तियों के लेखक से 'बज्जिका भाषा और साहित्य' शीर्षक निबंध का पाठ आयोजित किया था।

इसी तरह ग्रियर्सन ने जिसे छिकाछिकी आदि की संज्ञा दी है, वह वस्तुतः अंगिका है जिसका उल्लेख राहुल जी ने उपर्युक्त लेखांतर्गत जनपदीय भाषाओं की 28वीं क्रम-संख्या में किया है। अंगिका को भी एक स्वतंत्र लोकभाषा स्वीकार करते हुए बिहार-राष्ट्रभाषा-परिषद्, पटना ने डॉ. महेश्वरी सिंह 'महेश' से 'अंगिका भाषा और साहित्य' शीर्षक निबंध का पाठ कराया था। इधर बज्जिका और अंगिका में साहित्य की सभी विधाओं का पर्याप्त मात्रा में सृजन हो रहा है। —सम्पादक

'क' विभक्ति के स्थान पर 'के', 'कर', 'र' एवं 'केर' का प्रयोग होता है। सार्वनामिक रूप भी मानक मैथिली से भिन्न है। यथा—हम्मे, तोहे, तोहरे, इहाँ, उ, ऊ आदि का प्रयोग। इसमें क्रियापद का रूप कर्म के अनुसार बदलता नहीं है एवं 'अल', 'अब' के स्थान पर बंगला-सदृश 'इल', 'इव' का प्रयोग भी मिलता है।

उदाहरण—'हमें आज देखिला'। 'एखनी फेरि देखिबो' आदि। इसी प्रकार मानक मैथिली 'थिक' (थीक) के स्थान पर 'छिक' का प्रयोग होता है तथा 'भेल' के स्थान पर 'होल' आदि।

4. छिकाछिकी बोली—यह गंगा के दक्षिण मुंगेर के पूरबी भाग में, दक्षिण भागलपुर एवं संथाल परगना के उत्तरी एवं पश्चिमी भाग में बोली जाती है। यह दक्षिणी मानक मधेपुरा की बोली से अत्यधिक साम्य रखती है। इसमें श्ब्द के अंत में 'हो' उच्चरित होता है। यथा—कहबहो, देखी आबहो (पदान्त में 'इ' का दीर्घ उच्चारण)।

5. पश्चिमी मैथिली—इसका क्षेत्र मुजफ्फरपुर एवं चम्पारण जिला का पूर्वी भाग है जिस पर भोजपुरी का व्यापक प्रभाव है।

6. जोलहा बोली[7]—पुराना दरभंगा जिला के मुसलमान जब मैथिली भाषा का प्रयोग करते हैं तो उच्चारण में विकृति के साथ ही अरबी-फारसी शब्द विशेष शिथिल हो जाता है, जिसे ग्रियर्सन ने जोलहा-बोली की सांज्ञा दी है, प्रायः जोलहा की जनसंख्या-बाहुल्य के कारण। उदाहरण—

(i) 'काज काट के बखिया कर दहू' (काज काट के बखिया कर दो)।

(ii) लू न सबजी बड़ी निम्मन हइ (लीजिए न सब्जी बहुत अच्छी है)।

पं. गोविन्द झा ने उपर्युक्त मान्यता का खंडन करते हुए मैथिली भाषा को मानकता की दृष्टि से निम्न कोटि में विभक्त किया है—

(i) पूर्वी मैथिली—पूर्णियाँ, भागलपुर एवं पूरबी संथालपरगना की बोली जिस पर बंगाल का अधिक प्रभाव है, खासकर 'आघात' के विषय में।

(ii) दक्षिणी—मुंगेर की बोली, जिसमें मगही से अधिक सादृश्य है।

(iii) पश्चिमी—मुजफ्फरपुर एवं चम्पारण की बोली, जिसपर भोजपुरी का अत्यन्त प्रभाव है।

(iv) उत्तरी—नेपाल तराई के समस्त मैथिली-क्षेत्र की बोली। तराई के पश्चिमांचल की उपभाषा सीतामढ़ी एवं पुपरी की बोली से एवं पूर्वांचल की बोली पूर्वी मैथिली से मिलती है।

---

7. यहाँ जो उदाहरण दिये गये हैं, वे ठेठ बज्जिका के हैं। इससे यह स्पष्ट होता है कि तथाकथित मैथिली-क्षेत्र के मुसलमान भी बज्जिका ही बोलते हैं। ग्रियर्सन ने स्पष्ट कहा है कि "मिथिला के मुसलमान मैथिली नहीं बोलते हैं" (**लिंग्विस्टिक सर्वे ऑफ इंडिया**, वॉल्यूम V, पार्ट II, पृ. 14)।

—सम्पादक

(v) केन्द्रीय–मध्य मिथिला की सम्पूर्ण क्षेत्र की भाषा जिसके समीप कोई अन्य भाषा नहीं है।

मैथिली की लिपि और उसका परिचय

कोलब्रुक्स ने 1801 ई. में मैथिली भाषा एवं लिपि का सर्वप्रथम उल्लेख किया। इससे पूर्व मिथिला की लिपि को 'तिरहुता' कहा जाता था, जो अद्यावधि इस लिपि के हेतु प्रयुक्त संज्ञापद है। शायद वैदेही लिपि का तिरहुता नाम गुप्त-साम्राज्य-काल में पड़ा।

मिथिलाक्षर की विशेषता

मिथिलाक्षर की विशेषताएँ निम्न प्रकार से कही जा सकती हैं–

(i) मिथिलाक्षर में अत्यल्प परिवर्तन होने के कारण इसकी प्राचीनता अद्यपर्यन्त सुरक्षित है। परिवर्तन हुआ भी, तो अत्यल्प ही– यथा– 'र' का बिंदु त्रिभुज के माध्यम से लिखा जाने लगा, जो बाद में रेखा बन उस त्रिभुज को काटने लगा।

(ii) मिथिला के विद्वान् तिरहुता का उद्भव सर्वथा स्वतंत्र रूप से तांत्रिक यन्त्र–त्रिकोण, बिंदु, वृत्त एवं चतुष्कोण आदि से निष्पन्न मानते हैं। इसी कारणवश विशेष रूप से पूजा-पाठ में तिरहुता में लिखित ग्रन्थ को मिथिला में अभी भी बहुत महत्त्व दिया जाता है।

(iii) मिथिलाक्षर में 'ओ' अथवा 'औ' स्वतंत्र वर्ण है, न कि 'अ' में मात्रा लगाकर बना वर्ण।

(iv) देवनागरी की तुलना में लघु एवं दीर्घ मात्रा लगाने का चिह्न मिथिलाक्षर में सर्वथा भिन्न है।

(v) मिथिलाक्षर अत्यन्त शीघ्रता से लिखी जा सकती है और वह भी लेखनी को बिना बारम्बार उठाये।

(vi) मिथिलाक्षर का संयुक्ताक्षर भिन्न रूप की स्वतंत्र वर्णमाला है, मात्रा लगा कर बनी वर्णमाला नहीं। यह विशेषता अन्य लिपि में नहीं दृष्टिगत होती। यथा– ऋ, त्र, कृ आदि हेतु अलग-अलग अक्षराकृति है।

(vii) 'ण' एवं 'श' के दो-दो वर्ण मिथिलाक्षर में हैं।

(viii) मिथिलाक्षर की वर्णमाला का अन्त ऊर्ध्वगति में होता है।

(ix) मिथिलाक्षर के प्रत्येक वर्ण का वर्णनात्मक नाम है, यथा पूर्णविराम को 'पासी' कहा जाता है।

मिथिलाक्षर का नमूना

मैथिली भाषा का वैयाकरणिक स्वरूप

मैथिली में व्याकरण के स्वरूप को जानने के लिए निम्नलिखित कुछ बिंदुओं पर विचार करना परमावश्यक है।

संज्ञा—संज्ञा से तात्पर्य है मूर्त और अमूर्त। भाषा में मूर्त वस्तु का नामकरण दो तरह से किया जाता है। पृथक्-पृथक् कर एक-एक वस्तु का विशेष नाम रखकर अथवा सदृश आकार वाली अनेक वस्तुओं का एक सामान्य नाम रख कर। पहला नाम व्यक्तिवाचक एवं दूसरा जातिवाचक कहा जाता है। अमूर्त वस्तुएँ भी दो प्रकार की होती हैं, गुणरूप एवं भावरूप (मानसिक अथवा शारीरिक व्यापार-रूप)। फलस्वरूप संज्ञा के चार भेद दृष्टिगत होते हैं जो निम्नलिखित हैं—

(1) मूर्त	—	(i) व्यक्तिवाचक	—	राम, शिव आदि।
		(ii) जातिवाचक	—	मनुष्य, पुस्तक आदि।
(2) अमूर्त	—	(iii) गुणवाचक	—	तेज, गोर आदि
		(iv) भाववाचक	—	पियासल, भूखल आदि।

किसी वस्तु के नाम को संज्ञा कहा जाता है, यह सर्वमान्य है। उदाहरण के तौर पर मोहन, घर, खोंता सदृश नाम का उल्लेख किया जा सकता है।

विभिन्न विद्वानों में संज्ञा से सम्बद्ध अवधारणा में वैभिन्न्य दृष्टिगोचर होता है।

व्युत्पत्ति के आधार पर संज्ञा के तीन भेद माने गये हैं— (i) रूढ़ि (ii) यौगिक एवं (iii) योगरूढ़ि।

(i) रूढ़ि— रूढ़ि संज्ञा वह संज्ञा पद है जिसका खंड सार्थक नहीं हो। यथा—हाथी। यहाँ 'हा' और 'थी' दो खंड के मेल से हाथी बना है जिससे एक पशु विशेष का बोध होता है। लेकिन 'हा' एवं 'थी' दोनों को अलग करने पर कोई अर्थबोध नहीं होता। अस्तु, 'हाथी' शब्द रूढ़ि संज्ञा का द्योतक हुआ।

(ii) यौगिक–यौगिक ऐसा शब्द है जो किसी अन्य शब्द के साहाय्य से बनता है जिसका प्रत्येक खंड का अर्थ भी होता है। यथा–पाठशाला। इसमें 'पाठ' एवं 'शाला' दोनों खंड का अर्थ होता है।

(iii) योगरूढ़ि–योगरूढ़ि संज्ञा वह संज्ञापद है जिसका खंड सार्थक हो एवं पूर्ण शब्द से सामान्य न होकर विशेष अर्थ का बोध कराबे। यथा–'लम्बोदर'। इस शब्द के दो खंड हैं–'लम्ब' एवं 'उदर'। इस दोनों खंडों का अर्थ क्रमशः 'लम्बा' एवं 'पेट' होता है; जो सामान्य अर्थ हुआ, लेकिन विशेष अर्थ में यह 'गणेश' के अर्थ में प्रयुक्त होता है।

जाति के आधार पर संज्ञा के भेद

पाँच भेद होते हैं–(क) व्यक्तिवाचक (ख) जातिवाचक (ग) समूहवाचक (घ) द्रव्यवाचक एवं (ङ) भाववाचक।

(क) व्यक्तिवाचक–इससे किसी विशिष्ट व्यक्ति अथवा वस्तु का बोध होता है। यथा–राम, हिमालय आदि। यहाँ राम से एक व्यक्ति तथा हिमालय से एक पहाड़ विशेष का बोध होता है, अतएव यह व्यक्तिवाचक है।

(ख) जातिवाचक–जातिवाचक संज्ञा से जाति अथवा वस्तु का बोध होता है, यथा– मानव, वन आदि। यहाँ 'मानव' से जाति तथा 'वन' से समस्त वन का बोध होता है। अतः यह जातिवाचक है।

(ग) समूहवाचक–समूहवाचक संज्ञा से व्यक्ति अथवा वस्तु की अथवा वस्तु के समूह का भी बोध होता है। यथा–झुंड, झाबा आदि।

(घ) द्रव्यवाचक–द्रव्यवाचक संज्ञा से उस वस्तु का बोध होता है जो नापा-तौला जा सके। यथा–दूध, पानी प्रभृति।

(ङ) भाववाचक–अनेक ऐसे संज्ञापद हैं जिसको देखना, स्पर्श करना अथवा सूँघना कभी भी संभव नहीं है, किन्तु भाव मात्र का वह बोधक होता है, इस तरह का संज्ञापद भाववाचक संज्ञा कहलाता है। यथा–नेनपन, वीरता प्रभृति।

सर्वनाम

जो शब्द संज्ञा के स्थान पर आता है उसे सर्वनाम कहा जाता है। यथा– 'हरिश्चन्द्र राजा रहथि परंच ओ सर्वदा सत्यक मार्ग पर रहलाह' (हरिश्चन्द्र राजा थे लेकिन वे सर्वदा सत्य के मार्ग पर रहे)। यहाँ 'ओ' शब्द हरिश्चन्द्र संज्ञा के स्थान में आया है, अतएव 'ओ' सर्वनाम है।

सर्वनाम का भेद– सर्वनाम के छह भेद होते हैं–(1) पुरुषवाचक, (2) प्रश्नवाचक, (3) सम्बन्धवाचक, (4) निश्चयवाचक, (5) अनिश्चयवाचक (6) निजवाचक।

(1) पुरुषवाचक– जिस सर्वनाम से पुरुष का बोध हो वह पुरुषवाचक सर्वनाम

कहलाता है। यथा– हम, तों, ओ आदि। पुरुषवाचक सर्वनाम के तीन भेद होते हैं– (i) उत्तम पुरुष (ii) मध्यम पुरुष (iii) अन्य पुरुष अथवा प्रथम पुरुष।

(i) उत्तम पुरुष– जो कहे वह उत्तम पुरुष सर्वनाम है। जैसे–हम दिल्ली जाएब। यहाँ कहने वाला 'हम' उत्तम पुरुष सर्वनाम हुआ।

(ii) मध्यम पुरुष– जिसको कहा जाय उसे मध्यम पुरुष सर्वनाम की संज्ञा दी जाती है। यथा– 'तोँ केहन काज कए रहल छह से बूझि नहि पड़ैछ। यहाँ 'तोँ' मध्यम पुरुष सर्वनाम हुआ।

(iii) अन्य पुरुष– जिसके विषय में बात कही जाय उसे अन्य पुरुष अथवा प्रथम पुरुष सर्वनाम कहा जाता है। उदाहरण–विनय हमरा कहलन्हि जे ओ की कऽ रहल छलाह। यहाँ 'ओ' अन्य पुरुष सर्वनाम है। ध्यातव्य यह कि समस्त संज्ञा अन्यपुरुष हुआ करते हैं।

(2) प्रश्नवाचक– जिस सर्वनाम से प्रश्न का बोध हो उसे प्रश्नवाचक सर्वनाम कहा जाता है। यथा– अहाँ के छी? (आप कौन हैं?) यहाँ 'के' प्रश्नवाचक सर्वनाम है।

(3) सम्बन्धवाचक– जिस सर्वनाम से सम्बन्ध का बोध हो वह सम्बन्धवाचक सर्वनाम है। यथा– जकरे धन तकरे जन (जिसका धन उसीका जन)। यहाँ 'जकरे' और 'तकरे' सम्बन्धवाचक सर्वनाम है।

(4) निश्चयवाचक– जिस सर्वनाम से निश्चयता का बोध हो वह है निश्चयवाचक सर्वनाम। यथा– ई जकर वस्तु हो से लए जाओ (यह जिसकी वस्तु हो वह ले जाए)। यहाँ 'ई' निश्चयवाचक सर्वनाम है।

(5) अनिश्चयवाचक– जिस सर्वनाम से अनिश्चयता का बोध हो, वह अनिश्चयवाचक सर्वनाम है। यथा– 'जएह वचन सएह कमाओल' (जो वचन वही कमाए)। यहाँ 'जएह' एवं 'सएह' अनिश्चयवाचक सर्वनाम हुआ।

(6) निजवाचक– जिस सर्वनाम से निज का बोध हो वह निजवाचक सर्वनाम कहलाता है। उदाहरण– ओ अपने कार्य कएलन्हि। (उसने खुद अपने काम किए)। यहाँ 'अपने' निजवाचक सर्वनाम है।

सुप्रसिद्ध भाषावैज्ञानिक एवं वैयाकरण पं. गोविन्द झा ने सर्वनाम के ग्यारह भेद माने हैं, जो निम्नलिखित हैं–

(1) उत्तम पुरुषवाचक (हम), (2) मध्यम पुरुषवाचक (तोँ), (3) अन्यपुरुष (निकट वाचक) (ई), (4) अन्यपुरुष (दूर वाचक) (ओ), (5) निकट निर्देशक (ई), (6) दूर निर्देशक (ओ), (7) प्रश्नवाचक (के), (8) योजक (जे), (9) प्रतियोजक (से), (10) निजवाचक (अपन), (11) अनिश्चयवाचक (केओ)।

सर्वनाम की रूप-रचना–संज्ञा का स्वरूप प्रायः समस्त कारक में एक ही रहता है, लेकिन सर्वनाम भिन्न-भिन्न कारक में विभिन्न रूप में दृष्टिगत होता है। सर्वनाम उच्चकक्ष व्यक्ति, निम्नकक्ष व्यक्ति एवं मनुष्य, भिन्न वस्तु में प्रयुक्त होने पर भी

अनेक रूप ग्रहण करता है। तदनुसार प्रत्येक सर्वनाम के अधिकाधिक छह स्वरूप पाये जाते हैं, जो निम्नलिखित हैं–

1. हम–तौँ–ई–ओ–के, की, कथी–जे–से
2. हमरा–तोहरा–हिनका–हुनका–कनिका–जनिका–तनिका

सर्वनाम की रूपावली

		उत्तम पुरुष	मध्यम पुरुष	निकट निर्देशक	दूर निर्देशक	प्रश्नवाचक		योजक	प्रतियोजक
						मनुष्य आदि में	अन्य में		
रूप-1	उच्च	हम	तोहेँ, तौँ	ई	ओ	के	की, कथी	जे	से
	निम्न	हम	तौँ	ई	ओ	के	की, कथी	जे	से
रूप-2	उच्च	हमरा	तोहरा	हिनका	हुनका	कनिका	कथीकेँ	जनिका	तनिका
	निम्न	हमरा	तोरा	एकरा	ओकरा	ककरा	कथीकेँ	जकरा	तकरा
रूप-3	उच्च	हमरैं	तोहरैं	हिनकैं	हुनकैं	कनिकैं	– .	जनिकैं	तनिकैं
	निम्न	हमरैं	तोरैं	एकरैं	ओकरैं	ककरैं	–	जकरैं	तकरैं
रूप-4	उच्च	हमरा सँ	तोहरा सँ	हिनका सँ	हुनका सँ	कनिका सँ	कथी सँ	जनिका सँ	तनिका सँ
	निम्न	हमरा सँ	तोरा सँ	एकरा सँ, एहि सँ	ओकरा सँ, ओहि सँ	ककरा सँ	कथी सँ	जकरा सँ, जाहि सँ	तकरा सँ, ताहि सँ
रूप-5	उच्च	हमर, हमरा	तोहर, तोहरा	हिनक, हिनकर	हुनक, हुनकर	कनिक, कनिकर	कथीक	जनिक, जनिकर	तनिका,तनिकर
	निम्न	हमर, हमरा	तोर, तोरा	एकर, एकरा	ओकर,ओकरा	ककर, ककरा	कथीक	जकर,जकरा	तकर, तकरा
रूप-6	उच्च	हमरा मे	तोहरा मे	हिनका मे	हुनका मे	कनिका मे	कथी मे	जनिका मे	तनिका मे
	निम्न	हमरा मे	तोरा मे	एकरा मे, एहि मे	ओकरा मे	ककरा मे	कथी मे	जकरा मे,जाहि मे	तकरा मे,ताहि मे
तिर्यक विशे.		–		एहि	ओहि	कोन	कोन	जाहि	ताहि

3. तोरा एकरा ओकरा ककरा–जकरा–तकरा

4. (मोहि) (तोहि) एहि ओहि काहि जाहि ताहि

5. हम–तों–हिन–हुन–कनि–जनि–तनि

6. –तो–ए–ओ–क, कथी, ज–त

नीचे सर्वनाम की रूपावली द्रष्टव्य है :

विशेषण और उसकी रूप-रचना

स्वरूप एवं वर्गीकरण–जो पद अकेले किसी पदार्थ को नहीं स्पष्ट कर सकता, पर किसी संज्ञा के साथ लगकर उसके अर्थ को परिष्कृत करता है, वह विशेषण कहलाता है। अर्थात् संज्ञा यदि शरीर है, तो विशेषण उसका आभरण। वस्तुतः विशेषण एवं संज्ञा मिलकर किसी विशेषता वाले पदार्थ का बोध कराते हैं, अर्थात् विशेषण + संज्ञा → विशेषता + पदार्थ।

कृत्य के अनुसार विशेषण के तीन भेद हैं– (क) उपरंजक (ख) व्यावर्तक एवं (ग) विनिर्धारक।

(क) उपरंजक– अनन्त आकाश, सर्वशक्तिमान् परमेश्वर, पतितपावनी गंगा। इन सब में कोई विशेषण अपने विशेष्य को संकुचित नहीं करता है, प्रत्युत उसमें उत्कर्षाधान करता है।

(ख) व्यावर्तक– हरियर वस्त्र, मूर्ख पुरुष– यहाँ 'हरियर ' (हरा) पद पीतादिवस्त्र का एवं 'मूर्ख' पद विद्वान् पुरुष का व्यावर्तन करता है।

(ग) विनिर्धारक– हमर घर (मेरा घर), पछबारि घर, तेसर घर – यहाँ विशेषण पद घर के स्वरूप में कोई विलक्षणता नहीं दिखलाता है। यह घर को मात्र विनिर्धारित करता है।

विशेषण के कुछ अन्य भेद भी हैं जिसे निम्न प्रकार से दर्शाया जा सकता है–

(1) गुणवाचक (कालमूलक)– नव, पुरान, बीतल, वर्तमान, भावी प्रभृति।
स्थानमूलक– समीप, बिचलका, उपरका, निचला प्रभृति।
आकारमूलक– टेढ़, नाम, चाकर, सोझ, मोट, पातर प्रभृति।
रंगमूलक– पियर, गुलाबी, हरियर, कारी, उज्जर प्रभृति।
दशामूलक– ढील, सक्कत, तरल, सूक्ष्म प्रभृति।
स्वभावमूलक– चोर, महात्मा, पापी, दुष्ट, अधलाह, नीक प्रभृति।

(2) संख्यावाचक– (i) निश्चित-संख्यावाचक (गणनावाचक)– सात, आठ, नओ, दस आदि।
(ii) अनिश्चित संख्यावाचक– थोड़ेक, किछु, कतेक, बहुत, नाना प्रभृति।
(iii) भिन्नांशवाचक– आधा, पाओ, डेढ़, अढ़ाय प्रभृति।

(3) परिमाणवाचक– पैघ, छोट, बेसी, बहुत, नीच, कम प्रभृति।

(4) सम्बन्धवाचक– हमर घर, आनक पोथी, हिन्दी भाषा प्रभृति।
(5) तादात्म्यवाचक– दरभंगा स्टेशन, पर्वतराज हिमालय, राजा सलहेस आदि।
(6) सार्वनामिक– (i) सम्बन्धवाचक– हमर, तोहर, ओकर (ii) निर्देशक– ई, ओ, जे, से (iii) प्रश्नवाचक– की नाम, कोन गाम (iv) सादृश्यवाचक– एहन, ओहन, जेहन, तेहन प्रभृति। (v) परिणामवाचक– एतेक, ओतेक, एतबा, ओतबा। (vi) संख्यावाचक– कए गोट, जए गोट, पाँच गोट आदि।

विकारी विशेषण–कुछ विशेषण ऐसे हैं जिनका रूप वाक्य के लिंग एवं कारक चिह्न के अनुसार बदलता है। ऐसा विशेषण विकारी कहलाता है।

प्रभेदवाचक विशेषण–मैथिली में गुणवाचक विशेषण के दो रूप होते हैं– सामान्य एवं प्रभेदवाचक। जैसे–उजर–उजरा, लाल–ललका, हरियर–हरियरका।

क्रिया और काल-संरचना

कहा गया है कि वाक्य में दो प्रकार के उपादान रहते हैं– साधन एवं साध्य। साधन है कारक एवं साध्य है क्रिया। एकफलक शारीरिक अथवा मानसिक व्यापार-समूह क्रिया कहलाता है। यथा– 'रन्हनाइ' (रसोई बनाना) कहने से चूल्हा जलाने से लेकर चूल्हा पर से पात्र उतारने तक की क्रिया मानी जाती है। व्यापार की मात्रा भिन्न-भिन्न क्रियाओं में विभिन्न रूपों में रहती है। यह सिद्ध और साध्य दो अवस्था में दृष्टिगत होती है। उदाहरण– (i) अहाँक नाचब हमरा आह्लादित करैत अछि। (ii) अहाँ सँ काल्हि हम एकटा भजन सूनब। यहाँ 'नाचब' (नाचना, नृत्य) सिद्ध अवस्था में है। दूसरे वाक्य में भजन का सुनना सिद्धावस्था की ओर इंगित करता है।

मैथिली में क्रियापद की रूपावली विशाल होती है। धातु के सदृश ही नामों में प्रत्यय लगाकर विविध अनुषंगी भाव स्पष्ट करने हेतु अनेक रूप बनाये जाते हैं।

क्रिया का अनुषंगी भाव

निम्नलिखित उदाहरण-विधि से यह द्रष्टव्य है कि क्रियापद से कौन-कौन अनुषंगी भाव पकट होता है–

i. पढ़/इत अछि = पढ़नाइ + वर्तमान काल;
   पढ़/लक = पढ़नाइ + भूत काल;
   पढ़/त = पढ़नाइ + भविष्य काल;

इससे स्पष्ट होता है कि क्रियापद से तीन काल प्रतीत होता है– वर्तमान, भूत एवं भविष्य, जो यहाँ 'इत', 'लक' एवं 'त' प्रत्यय से सूचित होता है।

ii. देखल/हुँ : देखनिहार के? हम (उत्तम पुरुष)
   देखल/ह : देखनिहार के? तोँ (मध्यम पुरुष)
   देखल/क : देखनिहार के? अन्य केओ (अन्य पुरुष)

इससे प्रकट होता है कि क्रियापद में लगा कुछ प्रत्यय कर्त्ता के पुरुष (उत्तम, मध्यम अथवा अन्य) को सूचित करता है। यहाँ 'हुँ' उत्तमपुरुष का, 'ह' मध्यम पुरुष का एवं 'क' अन्य पुरुष का बोध कराता है।

iii. (क) राजा देखल/क (ख) राजा देखल/नि

(ग) चोर देखलनि (घ) चोर देखलक

यहाँ प्रथम वाक्य अशुद्ध है एवं द्वितीय वाक्य शुद्ध है। कारण, राजा तो समादरणीय कर्त्ता हैं, इस हेतु इनके साथ 'देखलनि' क्रियापद ही समीचीन है। इसी प्रकार तीसरा वाक्य अशुद्ध है एवं चौथा शुद्ध। कारण, चोर अनादरणीय कर्त्ता का द्योतक है, इसलिए इसके साथ 'देखलक' अनादरसूचक क्रिया ही सही है।

iv. कर्ता के लिंग का प्रभाव क्रिया पर पड़ता है, जैसे

(i) बाबा अयलाह (ii) बाबी अइलीह

(iii) बेटा भेल (iv) बेटी भेलि

इस उदाहरण से सिद्ध होता है कि क्रियापद प्रायः कर्त्ता के लिंग का भी बोध कराता है। 'अइलीह' एवं 'भेलि' सूचित करता है कि इसका कर्त्ता स्त्रीलिंग है, यदि पुरुष रहता तो 'अयलाह', 'भेल' यह बोला जाता।

v. कर्ता और कर्म के सम्मानित-असम्मानित होने का भी प्रभाव क्रिया पर पड़ता है, जैसे—

(i) चोर देखलक।

चोर हमरा देखलक।

चोर तोहरा देखलक/हु।

चोर तोरा देखलक/उक।

चोर राजाकेँ देखलक/इनि।

चोर सिपाहीकेँ देखलक/इक।

उपर्युक्त समस्त वाक्य में कर्ता एक ही है 'चोर', जो निम्नकक्ष अन्यपुरुष है, अतएव सर्वत्र तद्‌बोधक 'क' लगा है। इसके बाद जो ०हु, ०उक, ०इनि एवं ०इक लगा है, वह सूचित करता है कि यहाँ फलभागी क्रमशः मध्यमपुरुष उच्चकक्ष, मध्यमपुरुष निम्नकक्ष, अन्यपुरुष उच्चकक्ष एवं अन्यपुरुष निम्नकक्ष है। इससे ज्ञात होता है कि क्रियापद अपने रूपविशेष से यह भी प्रकट करता है कि क्रिया का फलभागी कौन पुरुष एवं किस सामाजिक स्तर का व्यक्ति है।

vi. क्रियापद वक्ता की चित्तवृत्ति की भी सूचना देता है, जैसे—

हम बुझैत छी जे भवेश कनैत अछि।

हम चाहैत छी जे भवेश नहि कानय।

हम कहैत छी जे भवेश केँ कनला सँ की लाभ?

हमरा प्रसन्नता होइत यदि भवेश नहि कनैत।

इन चारों वाक्यों में 'कननाइ' (रोना) क्रिया समान है। लेकिन क्रिया के विषय में वक्ता की चित्तवृत्ति (mood) भिन्न-भिन्न है। क्रियापद से वक्ता का चित्तवृत्ति-ज्ञापन, इच्छा, आशा, हेतुहेतुमद्भाव आदि भी प्रकट होता है।

निष्कर्ष यह कि मैथिली में क्रियापद निम्नलिखित सात अनुषंगी भाव प्रकट करता है– (1) वृत्ति, अर्थात् क्रिया के विषय में वक्ता का रुख; यथा– ज्ञापन, आज्ञापन, कामना, सम्भावना। (2) काल; यथा– वर्तमान, भूत और भविष्य। (3) पुरुष, कर्ता का। (4) पुरुष, क्रियाफलभागी का। (5) लिंग, कर्ता का। (6) कक्षा, कर्ता का। (7) कक्षा, क्रियाफलभागी का।

अव्यय

जिस शब्द के रूप में लिंग, वचन एवं कारक के परिवर्तन से विकार नहीं हो, अर्थात् कोई अन्तर नहीं पड़े, उसे अव्यय कहा जाता है। यथा– आइ (आज), यद्यपि, सदा आदि।

अव्यय के भेद– अव्यय के चार भेद माने जाते हैं– (i) क्रियाविशेषण, (ii) समुच्चयबोधक, (iii) विस्मयादिबोधक, (iv) सम्बन्धबोधक।

(i) क्रियाविशेषण– क्रियाविशेषण वह अव्यय शब्द है जिससे क्रिया, विशेषण अथवा क्रियाविशेषण के अर्थ में विशेषता का बोध हो। यथा– काल्हि विद्यालय बन्द रहत। नेना बड़ सुंदर अछि। यहाँ 'काल्हि', 'बड़', 'विद्यालय' (संज्ञा), 'सुंदर' (विशेषण) है। इसी तरह 'पटना बहुत दूर अछि' (पटना बहुत दूर है)। यहाँ 'दूर' (क्रियाविशेषण) के विशेषताबोधक होने के कारण क्रियाविशेषण हुआ।

क्रियाविशेषण के भेद– अर्थ के अनुसार क्रियाविशेषण के चार भेद होते हैं– (i) कालवाचक (ii) स्थानवाचक (iii) परिमाणवाचक (iv) भाववाचक।

(i) कालवाचक– यह वह क्रियाविशेषण है जिससे समय, अवधि अथवा आवृत्ति का बोध हो। अतएव कालवाचक क्रियाविशेषण के तीन उपभेद हुए– (क) समयवाचक (ख) अवधिवाचक (ग) पुनरावृत्तिवाचक।

(ii) स्थानवाचक– स्थानवाचक क्रियाविशेषण से घटनास्थल अथवा दिशा का बोध होता है। अतएव इसके दो उपभेद हैं– (क) स्थलवाचक एवं (ख) दिशावाचक।

स्थलवाचक– जतय, ततए, कतए, एहिठाम, ओहिठाम आदि।

दिशावाचक– पाछाँ, आगाँ, समीप, सर्वत्र, ऊपर, नीचाँ आदि।

(iii) परिमाणवाचक– परिमाणवाचक क्रियाविशेषण से संख्या अथवा तौल का बोध होता है। यथा– 'यथाशक्ति हम सहयोग करब' (यथाशक्ति मैं सहयोग करूँगा)। यहाँ 'यथाशक्ति' परिमाणवाचक क्रियाविशेषण हुआ। इसी तरह बहुत, अति, कतेक, कनेक, एतेक, ओतेक आदि इसके उदाहरण हैं।

(iv) भाववाचक– भाववाचक क्रियाविशेषण से प्रकार, रीति, स्वीकार, निषेध,

कारण, निश्चय, अनिश्चय आदि का बोध होता है। उदाहरण– आकस्मात् हम तार पाबि गाम बिदा भऽ गेलहुँ।

(2) समुच्चयबोधक– समुच्चयबोधक अव्यय वह शब्द है जो वाक्य, वाक्यांश अथवा पद को जोड़ता है अथवा पृथक् करता है। जैसे– 'सरयू अतीव श्रम कएलक, परंच ओकरा असफलता हस्तगत भेलैक।' यहाँ 'परंच' शब्द समुच्चयबोधक अव्यय है। समुच्चयबोधक अव्यय के भी दो उपभेद हैं–

(i) संयोगात्मक– यदि ओ नहि ऐता तँ राम जएताह। यहाँ 'यदि' शब्द संयोगात्मक समुच्चयबोधक अव्यय है।

(ii) वियोगात्मक– 'विवेक अएलाह, किन्तु पुस्तक नहि अनलन्हि। यहाँ 'किन्तु' शब्द वियोगात्मक समुच्चयबोधक अव्यय है।

(3) विस्मयादिबोधक– यह अव्यय वह शब्द है जिससे हृदय का हर्ष, विषाद, विस्मय आदि भाव का बोध होता है। मुख्य रूप से इसके चार भेद होते हैं– (क) हर्षसूचक (ख) विषादसूचक (ग) आश्चर्यसूचक (घ) घृणासूचक।

(क) हर्षसूचक– जिससे आनन्दानुभूति हो। यथा– 'कन्या पवित्र अछि' (लड़की अच्छी है)।

(ख) विषादसूचक– जिससे कष्ट, शोक आदि के भाव का बोध हो। यथा– बाप रे बाप, दैव रे देव, आब की करू। यहाँ 'बाप रे बाप' और 'दैव रे देव' विषादसूचक विस्मयादिबोधक अव्यय हैं।

(ग) आश्चर्यसूचक– इससे आश्चर्य के भाव का बोध होता है। यथा– अरे! अहाँ आबि गेलहुँ? यहाँ 'अरे' आश्चर्यसूचक विस्मयादिबोधक अव्यय हुआ।

(घ) घृणासूचक– इससे घृणा के भाव का बोध होता है। यथा– 'छीया-छीया; छीः छीः प्रभृति।

(4) सम्बन्धबोधक अव्यय– यह उसे कहा जाता है जो वाक्य में प्रयुक्त दो संज्ञापद के मध्य समान, सादृश्य, न्यून, विशेष आदि अर्थ में सम्बन्ध व्यक्त करता है। इसका प्रयोग मुख्यतः सम्बन्धकारक चिह्न के बाद होता है, लेकिन कहीं-कहीं कारक-चिह्न लुप्त भी रहता है। उदाहरण– शिक्षक बिनु छात्र बर्बाद भऽ रहलु अछि। यहाँ 'बिनु' शब्द सम्बन्धबोधक अव्यय है।

वाक्य-रचना/पद-क्रम

घटक अवयव के अनुसार वाक्य तीन प्रकार के होते हैं–(i) साधारण अथवा सरल (ii) मिश्र एवं (iii) संयुक्त।

(1) साधारण अथवा सरल वह है जिसमें साधन (अथवा साधन-समुच्चय) एवं क्रिया (अथवा क्रिया-समुच्चय) एक हो। यथा– 'ज्ञानी विज्ञान पढ़ैत अछि'; 'ज्ञानी आ ध्यानी वाणिज्य पढ़ैत अछि'। यहाँ पहले वाक्य में साधन और क्रिया (क्रमशः

'ज्ञानी' और 'पढ़ना') एक ही है, द्वितीय वाक्य में साधन (कर्ता) दो है– ज्ञानी और ध्यानी, लेकिन दोनों 'आ' से जुड़ा है, इसलिए साधन-समुच्चय एक हुआ।

इसी तरह 'सोहन अक्षर लिखैत ओ मेटबैत अछि'– यहाँ साधन (सोहन) एक है, लेकिन क्रिया दो है– लिखना और मिटाना। किन्तु दोनों 'ओ' से जुड़ा है। अस्तु, यहाँ क्रिया-समुच्चय एक हुआ।

(2) मिश्र वाक्य वह है जिसकी कुक्षि में कोई दूसरा वाक्य किसी पद का प्रतिस्थानी होकर, समाविष्ट हो जाय। यथा– 'बाप देखलकैक जे बेठा बउआ रहल अछि'। यहाँ 'बेटा बउआ रहल अछि' यह उपवाक्य देखने की क्रिया के कर्म-रूप में आया है, इसलिए यह मिश्र वाक्य हुआ। इसमें कुक्षि-प्रविष्ट उपवाक्य गौण अथवा आश्रित उपवाक्य कहलाता है तथा व्यापक उपवाक्य मुख्य। इसी तरह गौण उपवाक्य का साधन एवं साध्य भी गौण कहलाता है।

(3) संयुक्त वाक्य– यह वह वाक्य है जो सरल अथवा मिश्र वाक्य को समुच्चयसूचक निपात के द्वारा जोड़ कर बनता है। इसमें समाविष्ट दोनों वाक्य समकक्ष उपवाक्य कहलाते हैं।

आश्रित अथवा गौण उपवाक्य कहीं संज्ञा का काम करता है तो कहीं विशेषण का और कहीं क्रियाविशेषण का। यथा–

(क) ढाँचा– कर्ता + क्रिया + कर्म
उदाहरण– दिनेश + देखलनि (जे) + गाय चरैत अछि।

(ख) ढाँचा– कर्ता + विशेषण + कर्म + क्रिया
उ॰– दिनेश + (जे) दौड़बा मे तेज छथि + विशिष्टता + पओलनि।

(ग) ढाँचा– कर्ता + कर्म + क्रिया + क्रियाविशेषण
उ॰– दिनेश + विशिष्टता + पओलनि + (कारण जे) परिश्रमी छथि।

वाक्य-विश्लेषण

भारतीय प्राचीन वैयाकरण का मत आधुनिक भाषा में भी पूर्णतः चरितार्थ है कि वाक्य का केन्द्र-बिंदु होता है साध्यभूत क्रिया। अन्य समस्त उपादान साक्षात् अथवा परम्परया उसी क्रिया में अन्वित रहता है। क्रिया में सात उपादान साक्षात् अन्वित रहते हैं, कुछ क्रिया के निष्पादक-रूप में एवं कुछ क्रिया की स्थिति (परिस्थिति) के सूचक-रूप में। यथा– कर्ता, कर्म, करण, सम्प्रदान, अपादान, अधिकरण, अन्वयसूचक एवं क्रियाविशेषण, इन सबको एक शब्द में क्रियान्वयी कहा जा सकता है। इसके अनुसार वाक्य के दो भाग होते हैं– साधन (क्रियान्वयी) एवं साध्य (क्रिया)। साधन में विशेषण लग सकता है। समानाधिकरण विशेषण योजक के बिना आता है, लेकिन व्यधिकरण विशेषण सम्बन्धकारक चिह्न के साथ। उदाहरणार्थ, निम्न एक वाक्य का विश्लेषण देखा जा सकता है– 'पंडितजीक पुत्र बिजलीक पंखा तर पीयर कागत

पर हरियर कलम सँ अत्यन्त जल्दी-जल्दी नयनाभिराम चित्र अंकित करैत छथि'

क्रियान्वयी (साधन) का विशेषण	**क्रियान्वयी (साधन)**	**क्रिया (साध्य)**
पण्डितजीक	पुत्र (कर्ता)	
बिजुलीक	पंखा तर (अन्वयसूचक)	
पीयर	कागत पर (अधिकरण)	
हरियर	कलमसँ (करण)	
बहुत	जल्दी-जल्दी (क्रियाविशेषण)	अंकित करैत छथि
नयनामिराम	चित्र (कर्म)	

इसी तरह वाक्य-रचना और वाक्य-विश्लेषण अन्यान्य भाषाओं की तरह मैथिली में भी दृष्टिगत होता है।

पद-विचार (पदक्रम)

(1) व्युत्पत्ति के अनुसार पद दो प्रकार के होते हैं— मौलिक एवं अव्युत्पन्न पद तथा साधित अथवा व्युत्पन्न पद। जिस पद में कोई अवयव अर्थवान् नहीं रहता है वह मौलिक अथवा अव्युत्पन्न पद कहलाता है और जिसमें कोई अर्थवान् अवयव रहता है वह यौगिक अथवा व्युत्पन्न कहलाता है। यथा—

मौलिक पद	**साधित पद**	**अवयव-योग**
हर	हरबाह	बाह, बहनिहार
तेल	तेलाह	'आह', 'लिप्त'
देख	देखनिहार	निहार, 'कर्ता'
भाँटा	भँटबड़	भाँटा + बड़

(2) साधित पद के आदि में हमेशा एक मौलिक पद रहता है। उसके आगे जो अर्थवान् अवयव जुड़ा रहता है वह यदि स्वतंत्र रूप से भी प्रयुक्त होता है तो उत्तरपद कहलाता है, जैसे— भँटवड़ (वैगन का बचका) में 'बड़' उत्तरपद एवं 'भँट' मौलिक पद पूर्वपद कहा जायगा। ऐसा साधित पद समास कहलाता है। लेकिन जब साधित पद का अर्थवान् अन्त्यावयव स्वतंत्र पद सदृश लोक-व्यवहार में ही पाया जाय, तब वह अन्त्यावयव प्रत्यय कहलाता है जो एक प्रकार का रचनांग (formative) है। कुछ मौलिक पद भी ऐसे होते हैं जो स्वतंत्र रूप से प्रयुक्त नहीं होकर हमेशा किसी न किसी प्रत्यय अथवा पद में मिश्रित होकर प्रयुक्त होते हैं। ऐसा पद भाषाशास्त्र में लग्नक (Tag word) कहलाता है। मैथिली में क्रियावाचक समस्त मौलिक पद लग्नक हैं। यथा— 'खायब' क्रिया के वाचक मौलिक पद खा⁰ खायब, खायत, खाउ आदि में तो प्रयुक्त मिलता है लेकिन पृथक् रूप से बोला नहीं जाता है। ऐसे क्रियावाचक लग्नक पद मैथिली अथवा समस्त भारतीय भाषा में धातु कहलाते हैं। अतएव लग्नता

के आधार पर पद दो प्रकार के हुए— मुक्त एवं लग्नक। प्रत्यय, उपसर्ग, विभक्ति ये सब भी व्यापक अर्थ में लग्नक ही हैं। लग्नता सूचित करने के लिए लग्नक में यथास्थिति आगे-पीछे शिरोरेखा के सामने बिंदु दी जाती है, यथा— देख ओ °निहार।

मूल के अनुसार मैथिली में चार प्रकार के शब्द पाये जाते हैंः— तत्सम, तद्भव, देशी और विदेशी (विदेशज)।

(1) तत्सम— तत्सम शब्द वह है जो संस्कृत से लिया गया है और अद्यपर्यन्त उसी अवस्था में है, जिस अवस्था में संस्कृत में था। तत् 'संस्कृत', उसका सम 'सदृश'। उदाहरण— तादात्म्य, घृणास्पद, व्यवहृत प्रभृति।

(2) तद्भव— तद्भव शब्द से तात्पर्य है वह शब्द जो प्राचीन काल में संस्कृत से (प्राकृत द्वारा) लिया गया हो एवं कालक्रम में घिसते-घिसते विकृत हो गया है। लेकिन मैथिली के लिए परिमार्जित-विशुद्ध पद यही है। उदाहरण— मातृष्वसा (संस्कृत) > माउस्सिआ (प्राकृत) > माउसि, मौसी (मैथिली)। उपाध्याय (संस्कृत) > ओज्झा (प्राकृत) > ओझा, झा (मैथिली)।

(3) देशी (देशज)— कई शब्द मैथिली में ऐसे भी हैं जिनका स्रोत अथवा मूल निश्चित रूप से ज्ञात नहीं है। ऐसा पद देशी अथवा देशज कहलाता है। उदा॰— मकुआ छड़ी, कोनटा, रड़धुम्मस, बतकुट्टनि, हड़ाशंख, मरौत, गोझनौठ आदि।

(4) विदेशी (विदेशज)— अँगरेजी, अरबी, फारसी, पुर्तगाली आदि भाषा से लिए गये शब्द विदेशी कहलाते हैं। उदा॰— दस्तावेज, इन्सपेक्टर, इज्जति, बोतल, नजरि, रेल आदि।

अर्थ के अनुसार शब्द तीन प्रकार के होते हैं—

(i) यौगिक— जिस पद का प्रयोग ठीक उसी अर्थ में होता हो जो अर्थ उस पद की व्युत्पत्ति से निःसृत हुआ हो, वह यौगिक कहलाता है, यथा— महिसवार (> महिष-पाल)। महींस (भैंस) का पालन-पोषण, चराने आदि के काम करने वाले व्यक्ति को महिसवार कहा जाता है, जो यौगिक है।

(ii) योगरूढ़— जिस शब्द का अर्थ उसके व्युत्पत्यर्थ के अन्तर्गत किसी खास परिधि में सीमित हो गया हो, अर्थात् जिसका व्युत्पत्यर्थ लोक-व्यवहार में संकुचित हो गया हो, वह योगरूढ़ शब्द कहलाता है, जैसे— अंगपोछा। अर्थात् अंग (आङ) पोंछने का साधन। इस हिसाब से रूमाल एवं धोती का भी प्रयोग अंग पोंछने के लिए कर सकते हैं लेकिन लोक-व्यवहार में एक खास आकार-प्रकार का वस्त्र 'अङपोछा' कहलाता है।

(iii) रूढ़ - जिस पद का प्रचलित अर्थ उसके व्युत्पत्यर्थ से सर्वथा भिन्न है वह रूढ़ कहलाता है। यथा— उपवास। इसका व्युत्पत्यर्थ है 'उप' निकट (में) वास, बैसब (बैठना), लेकिन प्रचलित अर्थ है— 'भोजनत्याग', अतएव यह पद इस अर्थ में रूढ़ हो गया है।

यथार्थ में यौगिक सामान्य अर्थ का, योगरूढ़ संकुचित अर्थ का एवं रूढ़ परिवर्तित अर्थ का बोध कराता है।

मैथिली और हिन्दी में साम्य-वैषम्य

मैथिली एक अति विकसित एवं स्वतंत्र भाषा है। कुछ विद्वानों में भ्रमवश अवधारणा रही है कि मैथिली हिन्दी की उपभाषा है, जो सर्वथा निराधार है। मैथिली एवं हिन्दी दोनों पूर्णतः पृथक्-पृथक् है। तुलनात्मक दृष्टि से दोनों की स्थिति क्या है और दोनों कहाँ अवस्थित हैं उसे निम्न प्रकार से देखा जा सकता है।

मैथिली एवं हिन्दी दोनों में 'स' एवं 'श' मिलता है। 'में' का प्रयोग एवं शब्द के सम्मिश्रण अथवा विस्तार में स्वर की लघुता जो भोजपुरी में मिलती है वह मैथिली में भी और इसी कारणवश भोजपुरी के साथ मैथिली को हिन्दी की उपभाषा के रूप में संभवतः परिगणित किया गया जबकि दोनों का पृथक्-पृथक् अस्तित्व है। साधारणतः जिस रूप में शौरसेनी प्राकृत एवं मागधी प्राकृत अलग-अलग है, उसी प्रकार से अथवा उससे भी अधिक क्रमशः दोनों से निःसृत हिन्दी एवं मैथिली भी पूर्णतः पृथक् है। शौरसेनी प्राकृत से उद्भूत भाषा हिन्दी एवं मागधी प्राकृत से उद्भूत मैथिली को एक साथ स्थापित करना सर्वथा असमीचीन है।

लोग अपने घर और इलाका में स्थानीय भाषा का प्रयोग करते हैं, लेकिन बाहर निकलकर सम्पर्क भाषा का आश्रय लेते हैं। सम्पूर्ण पूर्वोत्तर एवं मध्यभारत में उच्चारण-भिन्नता रहते हुए भी प्रायः समान शब्द का प्रयोग होता है। पोथी-प्रकाशन हेतु देवनागरी लिपि प्रयुक्त होती है और यही आधार भी बनता है। लेकिन वास्तविकता यह है कि मैथिली की अपनी स्वतंत्र लिपि है 'तिरहुता' जिसे 'मिथिलाक्षर' के नाम से भी संबोधित करते हैं।[8]

ब्रिटिश शासनकाल में राष्ट्रिय भावना से ओतप्रोत होकर सम्पूर्ण भारत में देवनागरी लिपि के प्रचार में मिथिलावासी का सराहनीय सहयोग रहा, साथ ही संस्कृत (देवभाषा) भी देवनागरी लिपि में ही लिखी जाती थी, अस्तु, इसका प्रसार-प्रचार मिथिला-क्षेत्र में हुआ। मैथिली लिपि में सरलता का अभाव है जो इसके विकास में अवरोधक बना। यद्यपि मैथिली का टाइप भी बना तथापि उसका प्रयोग किसी खास सांस्कृतिक या मांगलिक-अमांगलिक अवसर पर ही होता है।

---

8. मिथिलाक्षर के विषय में ग्रियर्सन का कथन ध्यान देने योग्य है। उनका कहना है कि "मैथिली लिपि मैथिल ब्राह्मणों के द्वारा प्रयुक्त होती है और यह बंगाली के सन्निकट है। यह अन्य जाति के लोगों के द्वारा प्रयुक्त नहीं होती।" (**लिंग्विस्टिक सर्वे ऑफ इंडिया**, वॉल्यूम V, पार्ट II, पृ. 31)। प्रस्तुत लेख के लेखक ने भी माना है कि मिथिलाक्षर का प्रयोग "किसी खास सांस्कृतिक या मांगलिक-अमांगलिक अवसर पर ही होता है।" इससे ऐसा प्रतीत होता है कि यह मैथिल ब्राह्मणों की साम्प्रदायिक लिपि है। —सम्पादक)

संस्कृत से निस्सृत प्रायः समस्त भाषाओं में शब्द-साम्य दृष्टिगत होता है। एक ही शब्द अनेक भाषाओं में समान एवं भिन्न दोनों अर्थों में प्रयुक्त दिखायी पड़ते हैं।

आधारभूत भिन्नता

(i) मैथिली मागधी (प्राकृत-अपभ्रंश) से विकसित हुई है, लेकिन हिन्दी शौरसेनी (प्राकृत-अपभ्रंश) से।

(ii) भाषा-विकास की दृष्टि से दोनों के सांस्कृतिक आधार में ही भिन्नता है।

(iii) मैथिली की स्वतंत्र लिपि है मिथिलाक्षर, लेकिन हिन्दी देवनागरी में लिखी जाती है।

(iv) मैथिली एवं हिन्दी के व्याकरण में भिन्नता है।

(v) शब्दावली के अतिरिक्त ध्वनि की भिन्नता भी विद्यमान है।

निष्कर्षतः, भारतीय आर्यभाषा के मध्यकाल से ही दोनों भाषा का परिवार भिन्न रहा है।

साहित्यिक समृद्धि

सुविधा की दृष्टि से मैथिली-साहित्य को तीन कालों में विभक्त किया गया है– (i) आदि काल (ii) मध्य काल एवं (iii) आधुनिक काल।

आदिकाल 7वीं शताब्दी से माना जाता है। इस काल में चौरासी सिद्ध हुए, जिनकी रचनाओं में मैथिली भाषा स्पष्ट रूप से उजागर होकर आई है।

सिद्ध-साहित्य की रचना के पश्चात् आदिकाल में मैथिली के आदि गद्यकार ज्योतिरीश्वर द्वारा प्रणीत **वर्णरत्नाकर** का स्थान आता है। म.म. हरपस्राद शास्त्री ने अनुसंधान के क्रम में इसे नेपाल के दरबार राज लाइब्रेरी से तालपत्र पर मिथिलाक्षर में प्राप्त किया था। पश्चात् डा॰ सुनीति कुमार चटर्जी एवं पं. बबुआजी मिश्र ने इसे सम्पादित कर बंगाल के रॉयल एशियाटिक सोसाइटी से प्रकाशित करवाया। इस ग्रन्थ को इन्साइक्लोपीडिया ऑफ मैथिली लिटरेचर कहा जाता है।

मैथिली की प्रथम पत्रिका 'मैथिली हित साधन' है जो म.म. मुरलीधर झा के सम्पादकत्व में 1905 ई. में जयपुर से मासिक रूप में प्रकाशित हुआ था। मैथिली पत्रकारिता के इतिहास में इसका महत्त्वपूर्ण स्थान है।

भारत संविधान की अष्टम अनुसूची में मैथिली दिसम्बर 2003 में सम्मिलित हुई।

संताली भाषा

प्रीति मुरमू

1. 'संताली' नाम का विवेचन

संताली संताल जनजाति की भाषा है। प्रारंभ में संताल एक भ्रमणशील जाति थी, अतः इनके नामकरण के सम्बन्ध में विद्वानों में मतभेद है। सर जॉन शोर ने संतालों को 'सुन्तार' और मार्टिन मौंटगोमरी ने 'सावंगतार' के नाम से अभिहित किया है।[1] भाषावैज्ञानिक पी.ओ. बौडिंग के अनुसार 'संताली' शब्द 'सामंतभूम' के संताली-प्रतिरूप 'साँत' या 'सात' से बांगला में 'साँतेर' और हिन्दी के 'सामंतवाला'/'सामंतवाल' के रूप में व्युत्पन्न होकर अपने वर्तमान रूप को प्राप्त हुआ है। इसी तरह का मिलता-जुलता विचार प्रसिद्ध भाषावैज्ञानिक डॉ॰ डोमन साहू 'समीर' ने व्यक्त किया है। उन्होंने अपनी पुस्तक **हिन्दी और संताली : तुलनात्मक अध्ययन** में लिखा है कि "'संताल' शब्द जिससे भाववाचक संताली शब्द व्युत्पन्न है, वर्तमान पश्चिम बंगाल के मेदिनीपुर जिला स्थित 'सामंतभूमि' या 'सामंतभूम' के नाम पर बना हुआ प्रतीत होता है और उक्त 'सामंतभूमि' को वर्तमान सिलदा परगना के रूप में पहचाना है। आज के संतालों के पूर्वज, जैसा कि इनकी लोककथाओं और लोकगीतों और इतिहास के बिखरे पन्नों से ज्ञात होता है, उत्तर भारत के पंजाब, राजस्थान, मध्य भारत आदि के विभिन्न भागों से भ्रमण करते हुए अठारहवीं सदी के आस-पास मुख्य रूप से सामंतभूमि में जा बसे थे। वहाँ से उन लोगों का एक बड़ा समूह अठारहवीं सदी के अंतिम और उन्नीसवीं सदी के प्रारंभिक दशकों में तत्कालीन बिहार के एक बड़े भूभाग में जा बसा। 'संताल' शब्द का प्रचलन इन लोगों के लिए इसी प्रव्रजन-काल में हुआ है।"[2] आज संताल परगना संतालों का स्थायी निवास-स्थान है और यहाँ की संताली 'मानक संताली भाषा' के रूप में स्थापित हो चुकी है। पर सच तो यह है कि 'संताल' आज भी अपने आप को संताल नहीं कहते। वे अपने आप को 'होड़'

---

1. **बंगाल डिस्ट्रिक्ट गजेटियर्स संथाल परगना**, पृ. 65, 96

2. डॉ. डोमन साहू 'समीर', **हिन्दी और संताली : तुलनात्मक अध्ययन**, पृ. 35-36

अर्थात् मानव कहते हैं, और अपनी भाषा को 'होड़-रोड़' अर्थात् मानव द्वारा बोली जाने वाली भाषा कहते हैं। सर जार्ज ग्रिर्यसन के **लिंग्विस्टिक सर्वे ऑफ इंडिया** में इस शब्द की वर्तनी HAR है। सामंतभूमि में रहने वाले संताल अपना परिचय सामान्यतः 'सॉत होड़ = सॉंत हॉड़' अर्थात् 'सामंतभूमि के लोग' कहकर दिया करते थे, जिसे रोमन लिपि में SANTHAR के रूप में लिखा जाता था। इस प्रकार इन लोगों के जातीय नाम के रूप में SANTHAR (सान्थाड़) शब्द का प्रचलन हुआ जिसका परिवर्तित रूप संथाल या संताल है। भाषाविज्ञान के नियमानुसार 'ड़' का 'ल' में और 'ल' का 'ड़' में विलय संभव है, इस तरह 'संताल' शब्द का प्रयोग प्रोटो-आस्ट्रोलाईड अर्थात् आग्नेय वंशी लोगों के लिए प्रचलित हो गया। यहाँ रोचक तथ्य यह है कि उपरोक्त सभी नाम संतालों को अन्यान्य लोगों द्वारा दिया गया है, अपने लिए वे 'होड़' शब्द का प्रयोग करते हैं और संताली भाषा के लिए 'होड़-पारसी' शब्द का प्रयोग वे अधिक पसंद करते हैं।

2. संताली भाषा का क्षेत्र और उनके बोलने वालों की संख्या

अन्य जातियों की तरह संताल भी आदिकाल में एक भ्रमणशील जाति थी। अपने भ्रमण-स्थलों को संतालों ने अपनी लोककथा एवं लोकगीतों में अभी तक सँजो कर रखा है।

सर हर्बर्ट रिज्ले के अनुसार आधुनिक झारखंड के हजारीबाग जिला में चाय और चंपा परगना नामक स्थान में संतालों का निवास था। वहाँ वे अन्य उपजातियों, (मुंडा बीरहोड़ और कुड़मी) के साथ रहते थे, जिनका सामूहिक नाम 'खेरबार' था। चाय-चंपागढ़ में सन् 1340 ई. में इब्राहीम अली ने आक्रमण कर संतालों को पराजित किया था। फलस्वरूप सभी उपजातियाँ अलग होकर विभिन्न दिशाओं में बँट गयीं। संतालों ने अपने प्रवास को पूरब दिशा की ओर किया। चारुलाल मुखर्जी ने संतालों के निवासस्थान चंपापुरी को बिहार राज्य के भागलपुर जिला स्थित मंदार पर्वत के आस-पास बताया है।[3]

आज भारतवर्ष में संताल सबसे बड़ी समरूपी (Homogeneous) जन-जाति है। संतालों की सबसे बड़ी आबादी झारखंड में है। पश्चिम बंगाल, ओड़िशा तथा बिहार में भी इनकी संख्या काफी है। इसके अलावे पूर्वोत्तर राज्यों में मुख्यतः असम और मिजोरम में संतालों की बड़ी जनसंख्या है। अन्य राज्यों में छत्तीसगढ़, उत्तरप्रदेश और मध्य प्रदेश में भी संतालों का निवास-स्थान है। विदेशों में बांगला देश और नेपाल में संतालों की आबादी है।

वर्ष 2001 में हुई जनगणना के अनुसार झारखंड में संतालों की कुल जनसंख्या 24,10,509 थी।

---

3. चारुलाल मुखर्जी, **दि संथाल्स**, पृ. 9

3. संताली का भाषा-परिवार

'समीर' लिखते हैं—"संताली बृहत् मलय-पालिनेशियाई के आग्नेय या आग्नेय-देशी (आस्ट्रिक या ऑस्ट्रो एशियाटिक) कुल की एक आधुनिक भारतीय भाषा है।"[4]

इस प्रकार संताली एक अनार्य भाषा है, जिसे ऑस्ट्रो एशियाटिक वर्ग में रखा गया है। प्रसिद्ध भाषाविद् सर मेक्समूलर संताली, मुंडारी, हो, आदि भाषाओं को द्रविड़ भाषा-परिवार से अलग मानते हैं। डॉ. ग्रियर्सन ने इसे कोल-भाषा वर्ग में रखा है। स्क्रेप्सरुड ने इसके लिए 'खेरवारियन' शब्द को उचित माना है। यद्यपि हो, मुंडा और संताली की जड़ें एक ही हैं अतः सर मेक्समूलर ने इस भाषा-समुदाय को 'मुंडा-कोल-परिवार' की भाषा कहा है। नीचे की तालिका से संताली भाषा-परिवार सम्बन्धी वर्गीकरण की पुष्टि होती है—

भाषा-परिवार

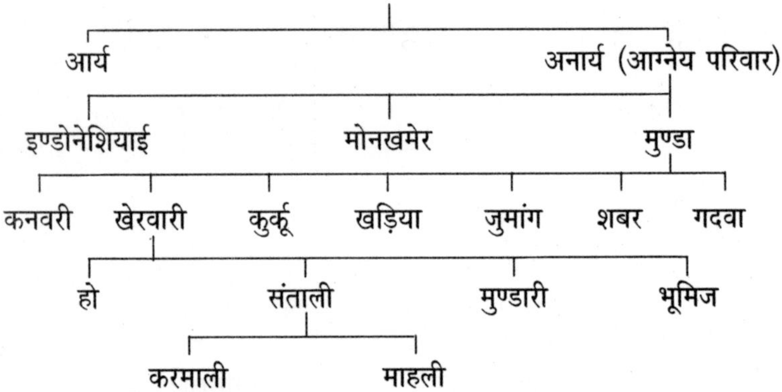

संताली की दो उपभाषाएँ

संताली की दो उपभाषाएँ हैं जिनका क्षेत्र निम्नांकित है—

(i) करमाली—इसका क्षेत्र संताल परगना, मानभूम एवं हजारीबाग है।

(ii) माहली—इसका क्षेत्र सिंहभूम और संताल परगना है।

4. संताली लिपि

प्रारंभ में संताली की अपनी कोई लिपि नहीं थी। जब विदेशी मिशनरियों ने इनके बारे लिखना शुरू किया, तो उन्होंने देश-काल अनुसार रोमन, बांगला, ओड़िआ और देवनागरी लिपि का प्रयोग किया। सबसे पहले जेरेमिया फिलिप्स ने **ऐन इन्ट्रोडक्शन टु द सन्ताली लैंग्वेज** नामक पुस्तक प्रकाशित की, जिसमें संताली भाषा के लिए

4. डॉ. डोमन साहू 'समीर', **हिन्दी और संताली : तुलनात्मक अध्ययन**, पृ. 3

बांगला लिपि का प्रयोग किया गया था। संताली की पहली साहित्यिक काव्य-कृति पाऊल जुझार सोरेन की **ओनोड़हें बाहा डालाक्** (काव्य सुमन) 1936 ई. में रोमन लिपि में लिखी गयी थी।

कालांतर में संताली लिपि की आवश्यकता महसूस की गयी। इस दिशा में पंडित रघुनाथ मुरमू का योगदान उल्लेखनीय है। उन्होंने ही सर्वप्रथम संताली लिपि 'ओल चिकि' की परिकल्पना की थी। उन्होंने 1925 ई. में 'ओलचिकि' का आविष्कार किया था पर कुछ तकनीकी अड़चनों के कारण वह व्यवहार में नहीं आ सकी। पुनः 1939 ई. में उन्होंने लकड़ी के पटरे पर संताली लिपि को गढ़ा और इसे कोलकाता के स्वदेशी टाईप फाऊंड्री में मुद्रित किया। अंततः 1979 ई. में 'ओलचिकि' लिपि को बंगाल सरकार ने पूर्ण मान्यता प्रदान की और आज यह ओड़िशा, बंगाल और झारखंड सहित कई राज्यों में लोकप्रियता प्राप्त कर चुकी है। संताल परगना, दुमका, और साहेबगंज में अब भी रोमन लिपि का प्रचलन है। इस लिपि सम्बन्धी अंतर को देवनागरी लिपि की लोकप्रियता ने काफी हद तक कम कर दिया है। आज राष्ट्रीय स्तर पर संताली भाषा के लिए देवनागरी लिपि को ही विशेष मान्यता प्राप्त है। इस कारण गैरसंताली भाषाभाषियों के बीच भी संताली-साहित्य का प्रचार-प्रसार अबाध गति से हो पा रहा है।

5. संताली भाषा की ध्वनियाँ

संताली का अपना ध्वनि-प्रकरण है, इसका अपना व्याकरण है जिसकी शब्दावली अत्यंत समृद्ध और शक्तिशाली है। यहाँ देवनागरी लिपि को आधार मान कर संताली-ध्वनियों पर विचार किया जा रहा है।

हिन्दी की तरह ही संताली में भी ध्वनि-लिपि को दो वर्गों में बाँटा गया है– (i) स्वर ध्वनि या स्वर वर्ण और (ii) व्यंजन ध्वनि या व्यंजन वर्ण।

(i) स्वर वर्ण– उच्चारण की दृष्टि से संताली में निम्नलिखित स्वर ध्वनियाँ (वर्ण) हैं– अ, आ, ऑ, आ़, इ, ई, उ, उँ, ऊ,, ए, ऐ, एँ, ओ, ओ़, ओं, अः। ये वे ध्वनियाँ हैं जो स्वयं उच्चरित होती हैं अर्थात् इनके उच्चारण में हवा अबाध गति से मुख-विवर से निकलती है।

(i) व्यंजन वर्ण– संताली भाषा में नागरी लिपि के व्यंजनों को पाँच श्रेणियों में बाँटा गया है। 1. स्पर्श 2. प्राणत्व 3. ध्वनि घर्षण 4. अन्तःस्थ 5. ऊष्म वर्ण

1. **स्पर्श के अनुसार**–जो व्यंजन जिस स्थान पर स्पर्शित होकर निकलता है, उसे उसी का नाम दिया गया है। जैसे–

कंठ से स्पर्शित होकर – क ख ग घ ङ
तालु से स्पर्शित होकर – च छ ज झ ञ
नासिको से उच्चारण – ट ठ ड ढ ण

दन्त स्थान से उच्चारण – त थ द ध न

ओष्ठ स्थल से उच्चारण – प फ ब भ म

अर्ध व्यंजन वर्ण – य र ल व स ह ड़ ढ़

2. **प्राणत्व के अनुसार**–जिन वर्णों के उच्चारण में ध्वनि की लंबाई कम रहती है उसे अल्पप्राण तथा जिन वर्णों के उच्चारण में ध्वनि की लंबाई अधिक रहती है उसे महाप्राण कहते हैं। य र ल व–अल्पप्राण। ख छ थ फ स ह महाप्राण के उदाहरण हैं।

3. **ध्वनि घर्षण के अनुसार**–जिन वर्णों के उच्चारण में स्वरतंत्रियों में ध्वनि का घर्षण होता है उसे घोष तथा जिन वर्णों के उच्चारण में स्वरतंत्रियों में ध्वनि का घर्षण नहीं होता उसे अघोष वर्ण कहते हैं।

घोष वर्ण– ग, घ, ज, झ, ड, ढ, द, ध, ब, भ।

अघोष वर्ण– क, ख, च, छ, ट, ठ, त, थ, प, फ।

4. **अन्तःस्थ वर्ण**–य, र, ल, व को अन्तःस्थ वर्ण कहते हैं। ये वर्ण स्वर और व्यंजन के बीच स्थित हैं।

5. **ऊष्म वर्ण**–इनका उच्चारण घर्षण से होता है, अतः इन्हें ऊष्म वर्ण कहा जाता है। संताली में 'स' ही ऊष्म वर्ण है।

संताली भाषा में ध्वनियों के अनुसार कुछ वर्णों का प्रयोग हुआ है और कुछ वर्णों को बाहर रखा गया है एवं अपनी आवश्यकतानुसार नागरी लिपि में 'डाइक्रिटिकल मार्क्स' या चिह्न देकर संताली ध्वनियों के अनुरूप बनाया गया है।

नये विकसित वर्ण–संताली भाषा में 'अ' ध्वनि नहीं है। इसका स्थान परवर्ती 'आ़' या प्रसरित 'ओ़' ने ले लिया है। 'आ़' एक लघुतर ह्रस्व ध्वनि है जो व्यंजन ध्वनियों के साथ वहाँ सुनायी पड़ता है जहाँ हिन्दी की 'अ' ध्वनि व्यंजन ध्वनियों के साथ विद्यमान रहती है। 'आ़' संताली की एक विशिष्ट परवर्ती ध्वनि है। स्वर और व्यंजन दोनों के बाद इसका प्रयोग होता है। जैसे–'अ' स्वर के बाद 'आ़' का प्रयोग– आ़क (ईख), आ़तू (बहना), आ़री (आरी), का़द (जेल), गा़य (गाय)।

'इ' स्वर के बाद आ़ (ा़) का प्रयोग– इता़ (बीज), इरा़ल (आठ), इला़त (छेद को किसी धातु से बंद करना), इञा़क (मेरा), इता़त् (बचा देना, छोड़ देना)।

ह्रस्व इ (ि) के बाद आ़ का प्रयोग– किता़ (खजूर), छिता़ (नाम), गिदरा़ (बच्चा), तिरिया (बाँसुरी), डिबिया (दीया-बत्ती)।

व्यंजन के बाद आ़ का प्रयोग– हिरखा (घृणा), बा़टी (कटोरा), चा़टनी (चटनी), का़य (पाप), मा़य (बच्ची)।

वस्तुतः स्वर और व्यंजन दोनों वर्णों में 'आ़' का प्रयोग होता है। संताली भाषा में 'ा़' का प्रयोग बहुतायत से किया जाता है क्योंकि यह संताली भाषा के उच्चारण की दृष्टि से बनाया गया है पर इसका प्रयोग सिर्फ देवनागरी लिपि में ही हो सकता है। बांगला, ओड़िआ या ओलचिकि में नहीं। उदाहरण के लिए– आ़दा़वड़ी (बरी),

दात़ावनी (दातून), उस़ारा (जल्दी), ल़ाई (बताना), पुरुव़ा (पुरवाई), भ़ाल़ाय (भलाई), प़ाटिया (चटाई), प़ावऱा (दारू), सारु (कच्चू), ऱांपुत् (टूटना), क़ाटुप् (ऊँगली)।

ऊपर के विवरणों से कुछ अति महत्त्वपूर्ण बातें संताली भाषा के सम्बन्ध में स्पष्ट होती हैं, जैसे–

1. संताली व्याकरण के लिए देवनागरी लिपि ही उपयुक्त है।

2. उच्चारण की दृष्टि से सभी देवनागरी लिपि (अक्षरों) का प्रयोग संताली में होता है, केवल 'श' 'ष' 'क्ष' और 'त्र' जैसे संयुक्ताक्षर का व्यवहार नहीं होता।

3. संताली भाषा में 'स' ही एक मात्र ऊष्म ध्वनि है। 'श' और 'ष' के लिए सर्वत्र 'स' का ही व्यवहार होता है।

4. संताली शब्द के शुरू में संयुक्त व्यंजन नहीं होता। साथ ही 'ङ' और 'ण' ध्वनि नहीं आती। इनका प्रयोग स्वतंत्र रूप से होता है।

5. शब्द के अंत में बड़ी 'ई' (ी) तथा ऊ (ू) का ही प्रयोग होता है। जैसे– ती (हाथ), मूँ (नाक), रू (बजाना), झी (फूफी)।

5. संताली भाषा में चार हलन्त वर्णों का प्रयोग होता है। वस्तुतः क्, च्, त्, प्, ये चारों शब्द अर्ध व्यंजन के लिए प्रयोग में आते हैं। इन हलन्त वर्णों का प्रयोग अधिकतर शब्द के मध्य और अंत में होता है और इनके आगे स्वर वर्ण होना आवश्यक है। उदाहरण–

अन्त में

दाक् = पानी	हेच् = पत्ती तोड़ना	मेत् = आँख	उप् = बाल
माक् = बाँस	सेच् = उस ओर	गेत् = काटना	साप् = पकड़ना
आड़ाक् = साग	पेरेच् = भरा हुआ	लोगोत् = गद्देदार	बुसुप् = पुआल

मध्य में

आ़क्रुप् = धोना	गोच्इच् = मरा हुआ	बित्आक् = गड़ा हुआ	सासाप्इच् = पकड़ने वाला
आँक्दोड़ = शोर	पेरेन्च् इच् = भरनेवाला	बेंगेत्इच् = देखने वाला	आप्इच् = पेड़ पर बैठनेवाली
राक् बाङ = ठंड	सारेच् आक् = बचा हुआ	आटेत्आक् = बिछा हुआ	

इस प्रकार क् च् त् प् जिनके लिए रोमन लिपि में क्रमशः k', c', t' और p' का प्रयोग किया गया है, ये सभी संताली भाषा की विशिष्ट ध्वनियाँ हैं। मुंडा परिवार की अधिकांश भाषाओं में ये ध्वनियाँ पायी जाती हैं। हिन्दी में ये ध्वनियाँ नहीं हैं परन्तु संताली में इन ध्वनियों की बहुलता है। इन वर्णों का उच्चारण संताली में एक झटके के साथ होता है, और यही इस भाषा में, इन ध्वनियों की विशिष्टता है।

उपरोक्त विवरणों से संताली की व्याकरणिक विशेषताओं का पता चलता है जो इस प्रकार है–

(क) संताली भाषा अश्लिष्ट योगात्मक भाषा है और संताली वाक्य-संरचना के लिए एक-दूसरे शब्द के बीच एक सम्बन्ध-सूत्र होता है। वाक्य-प्रयोग के समय इन सम्बन्ध-सूत्रों को जोड़ना आवश्यक है। जैसे– आ, इ, किन, को, कू, या, आः तिञ, तालाङ, ताले, ताबो, ताकिन, ताको आदि। उदाहरण:–

दाकाम जोम + आ? = भात खाओगे?
दाक् + इञ ञुया = पानी पिऊँगा।
ओकोय काना को = कौन हैं वे?
हेच् एना कू = वे पहुँच गये।

6. वैयाकरणिक कोटियाँ

संज्ञा

हिन्दी की तरह संताली में भी किसी व्यक्ति, वस्तु, स्थान, भाव आदि के नाम को संज्ञा कहते हैं। संताली भाषा की विशिष्टता के कारण संज्ञाओं का वर्गीकरण अनेक दृष्टियों से किया गया है।

(क) अन्तःध्वनि की दृष्टि से संज्ञा के दो भेद हैं– 1. स्वरान्त – काडा = भैंस, बिंदी = मकड़ी, मिरु = तोता। 2. व्यंजनान्त – दाक् = पानी, दाल = दाल, मेरोम = बकरी।

(ख) जीवन की दृष्टि से भी संज्ञा के दो प्रकार हैं– 1. सजीव – चेंड़े = पक्षी, हाको = मछली, पारवा = कबूतर। 2. निर्जीव – होड़ो = धान, कोलोम = कलम, दारे = पेड़।

(ग) गणना के आधार पर संज्ञा के दो भेद हैं– 1. गणनीय– जिसकी गिनती हो सकती है– मनुष्य = होड़, आम = उल। 2. अगणनीय– जिसकी गिनती नहीं हो सकती– पानी = दाक्, दूध = तोवा।

(घ) शब्द-स्रोत के आधार पर संज्ञा के दो भेद हैं– 1. देशज– भारतीय भाषा के शब्द। जैसे– धोती, साड़ी। 2. विदेशज– विदेशी भाषा से लिए गये शब्द। जैसे– चश्मा, अंगूर, रेल, ग्लास, इंजन।

(ङ) अर्थ के आधार पर संज्ञा के छह भेद है– 1. जातिवाचक संज्ञा– जिससे किसी वस्तु या प्राणी की संपूर्ण जाति का बोध होता हो, जैसे– चेंड़े = पक्षी, बाहा = फूल, जो = फल। 2. व्यक्तिवाचक संज्ञा– जिस शब्द से किसी खास व्यक्ति, वस्तु या स्थान का बोध हो। जैसे– दोलया बुरु = दलमा पहाड़ी, सोबोरनाखा = स्वर्णरेखा। 3. समूहवाचक संज्ञा– पाता = मेला, भिड़ = भीड़, फ़ाद = फौज। 4. द्रव्यवाचक संज्ञा– दाक् = पानी, पीतोल = पीतल, रूपा = चाँदी। 5. भाववाचक

संज्ञा– दाड़ेयान = बलवान, हेड़ेम = मीठा, दाया = दया। 6. क्रियार्थक सांज्ञा– काम का बोध जिस शब्द से हो– जोम = खाना, दाड़ान = घूमना, लान्दा = हँसना।

डॉ॰ डोमन साहू 'समीर' ने संताली भाषा के संज्ञा पदों की कुछ विशेषताएँ बतायी हैं। उनके अनुसार संताली में एक ही शब्द मूलतः बिना किसी रूप-परिवर्तन के संज्ञा, क्रिया, विशेषण अथवा किसी अन्य पद के रूप में व्यवहृत हो सकता है। वस्तुतः संताली में पद-विषयक जैसा लचीलापन है वैसा हिन्दी में नहीं है। इतना ही नहीं, विशेषण, संख्यावाचक, क्रियाविशेषण आदि भी संताली में क्रियापद की तरह व्यवहृत होते हैं। जैसेः– संताली में दाक्= (पानी) द्रव्यवाचक संज्ञा है। इसमें चेंड़े (पक्षी) जुड़ जाने से वह विशेषण हो जाता है। जैसे– दाक् चेंड़े = जलपक्षी। उसी प्रकार दाक् (पानी) में 'केदाय' प्रत्यय जुड़ जाने से वह क्रियाविशेषण बन जाता हैः– दाक् केदाय = वर्षा हुई। उसी प्रकार 'भागे' (अच्छा) विशेषण है किन्तु भागेया। (अच्छा है) क्रिया-पद है। 'मित्' (एक) संख्यावाचक संज्ञा है किन्तु 'मिदोक्' (एक होना) क्रिया-पद है जबकि 'नोते' (इधर) क्रियाविशेषण है। 'नोतेक्' (इधर होना) क्रिया है 'आको', (वे लोग) सर्वनाम है तो 'आको केदेयाको' (अपना बना लेना) क्रिया है।

पद-भेद विषयक लचीलापन संताली की एक बड़ी विशेषता है। इससे शब्द-प्रयोग एवं भाव-प्रकाशन में सुविधा होती है। परन्तु यह कहना गलत होगा कि संताली में पद-भेद नहीं होता। संताली में भी संज्ञा, सर्वनाम, विशेषण, संयोजक शब्द, विस्मयबोधक शब्द आदि के भेद होते हैं। हाँ, उनमें स्थिरता की अपेक्षा लचीलापन अधिक रहता है। जैसे संताली में भागेक़ (अच्छा होना), नोतेक़ (इधर होना), मिदोक़ (एक होना) चलता है जबकि हिन्दी में 'अच्छाना', 'एकाना' या 'इधराना' जैसे प्रयोग को मान्यता प्राप्त नहीं है। संस्कृत के 'कूप जलम' के लिए संताली में 'कुंञ दाक्', संस्कृत के 'द्रुमायते' के लिए 'दारेक् आ' और अँगरेजी के Village People के लिए 'आतो होड़' जैसे प्रयोग सामान्य प्रचलन में हैं जबकि हिन्दी में ऐसे प्रयोगों का अभाव-सा है।

इसके विपरीत भाववाचक संज्ञाओं का संताली में अभाव-सा है। डॉ॰ समीर के अनुसार संताली समाज मुख्यतः मूर्त और विशिष्ट को ही ग्रहण करने का अभ्यस्त रहा है। अमूर्त और सामान्य की कल्पना उसमें अधिक नहीं है, इस कारण संताली में 'मनुष्य', 'बड़ा' और 'जागना' जैसे शब्द के लिए क्रमशः 'होड़', 'माराङ' और 'एभेन' जैसे शब्द तो हैं पर 'मनुष्यता', 'बड़प्पन' और 'जागरण' जैसे भाववाचक शब्दों के लिए कोई एक शब्द नहीं है। संताली में 'मनुष्यता' के लिए 'होड़ोक् तेत्', 'बड़प्पन' के लिए 'माराङोक तेत्' और 'जागरण' के लिए 'एभेनोक्' जैसे शब्द होते हैं। संताली में 'ओक्' क्रियाबोधक और 'तेत्' निश्चयात्मक प्रत्यय है। उसी प्रकार संताली में मूर्त और अमूर्त दोनों के लिए एक ही शब्द है जबकि हिन्दी में दोनों के लिए भिन्न-भिन्न शब्द हैं–

मूर्त			अमूर्त		
संताली		**हिन्दी**	**संताली**		**हिन्दी**
कोम्बड़ो	=	चोर	कोम्बड़ो	=	चोरी
रोड़	=	बोलना	रोड़	=	बोली
जोम	=	खाना	जोम	=	भोजन
दाल	=	पीटना	दाल	=	पिटाई
ओल	=	लिखना	ओल	=	लिखावट, लिपि

संताली में 'इय़ा' प्रत्यय लगाकर कतिपय विशेषण शब्द संज्ञापद की तरह व्यवहृत होते हैं–

संताली	हिन्दी
भारोत + इय़ा = भारोतिय़ा	भारतीय
ओनोल + इय़ा = ओनोलिय़ा	लेखक
सिकार + इय़ा = सिकारिय़ा	शिकारी
रासिक + इय़ा = रासिकिय़ा	रसिक
मान्दाड़ी + या = मान्दाड़िया	माँदल बजाने वाला

7. लिंग

हिन्दी में लिंग दो प्रकार के हैं पुंल्लिंग ओर स्त्रीलिंग पर संताली में चार लिंग होते हैं–

1. पुल्लिग– कोड़ा (लड़का), डांगरा (बैल), बाहरा (बहरा)।
2. स्त्रीलिंग– कुड़ी (लड़की), डांगरी (गाय), बाहरी (बहरी)।
3. सजीवलिंग– होड़ (व्यक्ति), मेरोम (बकरी), मिरु (तोता)।
4. निर्जीव लिंग– निर्जीव व नपुंसक पदार्थों का बोध कराने वाले शब्द। जैसे– धिरी (पत्थर), दारे (पेड़), समानोम (सोना), बाटी (कटोरा), तोवा (दूध)।

संताली के लिंग-सम्बन्धी कुछ नियम

(i) संताली भाषा में लिंग-निर्णय प्राणिवाचक संज्ञा में ही होता है, अप्राणिवाचक या वस्तुवाचक में लिंग नहीं होता।

(ii) संताली में सूर्य, चाँद, और तारों को निर्जीव लिंग माना गया है।

(iii) संताली भाषा में पशु-पक्षियों, पेड़-पौधों के लिए अलग-अलग शब्द हैं।

पुरुष बोधक	स्त्रीबोधक
हाड़ाम = बूढ़ा (मनुष्य के लिए)	बुड़ही = बूढ़ी (मनुष्य के लिए)
गाया = बधिया (पशु के लिए)	एंगा = (पशुओं के लिए)
खस्सी = बधिया (पशु के लिए)	पाठी = (पशुओं के लिए)
बोदा = बकरा (पशुओं के लिए)	पाठी = (पशुओं के लिए)

(iv) संताली भाषा में पुल्लिंग संज्ञा शब्दों के अंत में 'आ' (ा) एवं स्त्रीलिंग संज्ञा शब्द के अंत में 'ई' (ी) लगाकर पुल्लिंग से स्त्रीलिंग बनाया जा सकता है–

पुल्लिंग	**स्त्रीलिंग**
कोड़ा = लड़का	कुड़ी = लड़की
गेडरा = नाटा	गिडरी = नाटी
कोंङ्का = पागल	कुङ्की = पगली
काला = बहरा	काली = बहरी

(v) संताली भाषा में पुल्लिंग, स्त्रीलिंग एवं सजीव लिंग के लिए अलग-अलग शब्द हैं–

पुल्लिंग	**स्त्रीलिंग**	**सजीवलिंग**
झाङ्खाड़	पोस्टा	जिल = हरिण
मुरुम	सोसाय	मुरुम = नीलगाय
बोदा	पा़ठी	मेरोम = खस्सी
साँडी	कालोट	सिम = मुर्गी
का़डरु	का़डी	मिंहू = बछड़ा
दामकोम	पेंठाड़	डाँगरी = गाय

(vi) संताली भाषा में कुछ ऐसे शब्द हैं, जो उभयलिंगी यानी स्त्री और पुरुष दोनों के लिए प्रयुक्त होते हैं– बोयहा (भाई, बहन दोनों के लिए), होपोन (बच्चा, बच्ची दोनों के लिए), गोड़ोम (नाना, दादा दोनों के लिए), बाला (समधी, समधिन दोनों के लिए), इरविल (साला, साली दोनों के लिए)।

(vii) संताली भाषा में पुरुष एवं स्त्री के लिए अलग-अलग सम्बन्धसूचक शब्द हैं–

पुल्लिंग	**स्त्रीलिंग**
आपा = पिता	एँगा = माता
दादा = बड़ा भाई	हिली = भाभी
बाबू = छोटा भाई	मा़य = छोटी बहन
होञहार = ससुर	हानहार = सास
होपोन = बेटा	किमिन = बहू

(viii) संताली भाषा में कहीं-कहीं व्याकरणिक लिंग-भेद नहीं है, जबकि हिन्दी में यह स्पष्ट पता चलता है–

हिन्दी में		**संताली में समानलिंग**
पुल्लिंग (संज्ञा)	स्त्रीलिंग (संज्ञा)	संज्ञा शब्द
कुत्ता	कुतिया	सेता
शरीर	देह	होड़मो
पवन	हवा	होय

पुल्लिंग (विशेषण)	स्त्रीलिंग (विशेषण)	सम विशेषण
अच्छा	अच्छी	भागे
बुरा	बुरी	बाड़िच्

8. वचन

वचन से तात्पर्य संख्या से है। संसार की विभिन्न भाषाओं में एक से चार वचन तक पाये जाते हैं। संताली, मुंडारी आदि आग्नेय भाषाओं में वचन तीन हैं– एकवचन, द्विवचन और बहुवचन। संताली से भिन्न हिन्दी में दो ही वचन पाये जाते हैं– एकवचन और बहुवचन।

हिन्दी में जैसे अंत्य प्रत्यय ए, ऐं, यों, और मों के योग से एकवचन से बहुवचन बनता है, वैसे ही संताली में अन्य पुरुषवाचक सार्वनामिक, अंत्यप्रत्यय 'किन' और 'को' के योग से क्रमशः द्विवचन और बहुवचन संज्ञाएँ बनती हैं। पर हिन्दी में जहाँ उक्त प्रत्ययों के योग के फलस्वरूप शब्दों के मूल रूपों में कुछ न कुछ परिवर्तन हो जाया करता है वहाँ संताली के मूल रूप प्रायः अपरिवर्तित ही रहते हैं। यही नहीं, संताली में बहुधा अन्य पुरुष सर्वनामों में ही द्विवचन और बहुवचन के लिए उक्त प्रत्ययों का योग हुआ करता है। जैसे–

एकवचन	**द्विवचन**	**बहुवचन**
नुई = यह	नुकिन = ये दोनों	नोको = ये लोग
कोड़ा = लड़का	कोड़ाकिन = दोनों लड़के	कोड़ाको = अनेक लड़के
सादोम = घोड़ा	सादोमकिन = दो घोड़े	सादोमको = सभी घोड़े
दारे = पेड़	दारेकिन = दो पेड़	दारेको = सभी पेड़
चेड़ें = पक्षी	चेंड़ेंकिन = दो पक्षी	चेंड़ेंको = सभी पक्षी

संताली में हिन्दी से भिन्न वचन सम्बन्धी विशेषताएँ हैं, जो इस प्रकार हैं–

1. संताली वाक्य के कर्ता और कर्म में यदि कोई वचन-चिह्न नहीं होता है तो सर्वनाम के संक्षिप्त रूप या सार्वनामिक प्रत्यय से ही इसका बोध हो जाता है कि कर्ता और कर्म किस वचन के हैं। जैसे–

जोमाञ (मैं खाऊँगा)। यहाँ 'जोम' क्रिया में 'आ़ञ' प्रत्यय से एकवचन का बोध होता है।

जोमालिञ (हम दोनों खायेंगे)। यहाँ 'जोम' क्रिया में 'लिञ' प्रत्यय जुड़ जाने से द्विवचन का बोध होता है।

जोमाले (हम सब खायेंगे)। यहाँ 'जोम' क्रिया में 'ले' प्रत्यय जुड़ जाने से बहुवचन का बोध होता है।

2. संताली भाषा में एकवचन से द्विवचन बनाने के लिए संज्ञा शब्द के साथ लिञ, लाङ, बिन, बेन, किन प्रत्यय जुड़ जाता है।

3. संताली भाषा में एकवचन से बहुवचन बनाने के लिए संज्ञा शब्द के साथ ले, बो, पे, को प्रत्यय जुड़ जाता है। आदरसूचक सम्बन्ध और समधी-समधिन के सम्बन्ध में भी उक्त प्रत्यय का प्रयोग किया जाता है।

4. संज्ञा शब्द के साथ आ़डीगान (बहुत-से), सांगे (बहुत-से) और आयमा (बहुत-से) शब्द जुड़ने से बहुवचन का बोध होता है। जैसे– आडी गान दारे = बहुत सारे पेड़। साँगे फाद = अनेक फौज। आयमा होड़ = बहुत लोग।

5. संताली भाषा में क्रिया के साथ सार्वनामिक संक्षिप्त रूप आता है। इसीसे कर्त्ता के वचन का बोध होता है, जैसे–

एकवचन उ॰ पु॰– जोमा़ञ = मैं खाऊँगा।
एकवचन म॰ पु॰– जोमाम = तुम खाओगे।
एकवचन अ॰ पु॰– जोमाय = वह खायेगा।
द्विवचन उ॰ पु॰– जोमालिञ = हम दोनों खायेंगे।
द्विवचन म॰ पु॰– जोमाबिन = तुम दोनों खाओगे।
द्विवचन अ॰ पु॰– जोमाकिन = वे दोनों खायेंगे।
बहुवचन उ॰ पु॰– जोमाले = हमसब खायेंगे।
बहुवचन म॰ पु॰– जोमापे = तुमसब खाओगे।
बहुवचन अ॰ पु॰– जोमाको = वे सब खायेंगे।

9. कारक

कारक सम्बन्ध तत्त्व है। संज्ञा या सर्वनाम के साथ उस रूप को कारक कहते हैं, जिसके द्वारा क्रिया के साथ उसके सम्बन्ध का बोध होता है। हिन्दी की तरह संताली में भी कारक के आठ भेद हैं–

कारक	**चिह्न हिन्दी में**	**चिह्न संताली में**
1. कर्त्ता	ने	दो, दोय
2. कर्म	को	को
3. करण	से, द्वारा	ते, होते ते, ठेन, ठेच्
4. सम्प्रदान	के लिए	ला़गित्, लागात्
5. अपादान	से	खोन, खोच्
6. सम्बन्ध	का, के, की	रेन, रेयाङ, इच्, आक्
7. अधिकरण	में, पर	रे, ठेन, धाबिच्
8. सम्बोधन	हे, ऐ, ओ, अरे, रे	ए, हो, एहो, हेन्दा, या

उदाहरण–

कर्त्ता कारक– राम दोय चालाक् काना = राम जा रहा है।

कर्म कारक– राम दो राबोने गोच् केदेया = राम ने रावण को मारा।

करण कारक– राम दो राबोन सार ते ये तुञ केदेया = राम ने रावण को तीर से मारा।

सम्प्रदान कारक– सीता दो एनेच् ल़ागित् ए चालाक् काना = सीता खेलने के लिए जा रही है।

अपादान कारक– मोहन दो दारे खोने ञुर एना = मोहन पेड़ से गिर गया।

सम्बन्ध कारक– नोवा दो रामाक् ओड़ाक् काना = यह राम का घर है।

अधिकरण कारक– राम दो पारकोम रेय दुड़ुप् आकाना = राम चारपाई पर बैठा है।

सम्बोधन कारक– ए हो ओका तेम चालाक् काना = अरे! किधर जा रहे हो?

उपर्युक्त विवेचन से कारक की कुछ मूलभूत विशेषताएँ स्पष्ट होती हैं। जैसे– कारक सम्बन्ध तत्त्व है। इन सम्बन्धों को व्यक्त करने वाली संज्ञा के संताली में दो रूप हैं– 1. विकारी और 2. अविकारी। जिन संज्ञाओं के मूल रूप में सम्बन्ध-तत्त्व जुड़ने पर कुछ विकार हो उसे विकारी कहा जाता है। जैसे– नोंवा दो राम आक् ओड़ाक् काना। 'राम' मूल रूप में 'आक्' सम्बन्ध-तत्त्व जुड़ जाने से 'रामाक्' शब्द-रूप विकारी रूप है। (यह राम का घर है = नोंवा दो रामाक् ओड़ाक् काना)।

अविकारी– जिन संज्ञाओं के प्रतिपादित मूल रूप में सम्बन्ध-तत्त्व जुड़ने पर भी विकार नहीं होता। जैसे– राम ने रोटी खायी = राम दो पिठ़ा ए जोम केदा। यहाँ 'राम' मूल रूप है और 'दो' सम्बन्ध-तत्त्व है और 'राम दो' अविकारी रूप है, क्योंकि यहाँ सम्बन्ध-तत्त्व जुड़ने पर भी मूल रूप में कोई विकार नहीं आया।

10. सर्वनाम और उसकी रूप-रचना

हिन्दी की तरह संताली में भी संज्ञा के स्थान पर आने वाले शब्द को सर्वनाम कहते हैं। संताली के सर्वनाम को अर्थ एवं प्रयोग के आधार पर पाँच भागों में बाँटा जा सकता है–

(1) पुरुषवाचक सर्वनाम– जिससे बोलनेवाले, सुननेवाले और जिसके विषय में कुछ कहा जाय, उसका बोध हो उसे पुरुषवाचक सर्वनाम कहते हैं। जैसे– तेहेञ इञ आम उनीयाक् क़ाहनी इञ ल़ायामा = आज मैं तुम्हें उसकी कहानी सुनाऊँगा।

पुरुषवाचक सर्वनाम के तीन भेद हैं–

(क) उत्तम पुरुष– जो बोलता है जैसे– मैं = इञ, आ़लिञ = हमदोनों, आबो, आले = हम लोग।

(ख) मध्यम पुरुष– जिससे कहा जाय, जैसे– आम = तुम, आप, आबिन = आप दोनों, तुम दोनों, आपे = आपलोग, तुमलोग।

(ग) अन्य पुरुष– जिसके विषय में कुछ कहा जाय। जैसे– आच् = वह, आ़किन = वे दोनों, आको = वे लोग।

(2.) निश्चयवाचक सर्वनाम– जो सर्वनाम निश्चित पदार्थ का बोध कराता हो।

जैसे– नोवा दो इञाक् ओड़ाक् काना = यह मेरा घर है। "नोवा" निश्चयवाचक सर्वनाम है। निश्चयवाचक सर्वनाम के भी दो भेद हैं– प्राणिवाचक और अप्राणिवाचक। निश्चित प्राणिवाचक– जिससे निश्चित प्राणी का बोध हो। जैसे– नुइ = यह, नुकिन = ये दोनों, नोको = वे लोग, उनी = वह। निश्चित अप्राणिवाचक– निश्चित वस्तु का बोध हो। जैसे– नोवा = यह, ओना = वह।

(3.) अनिश्चितवाचक सर्वनाम– जिससे किसी निश्चित प्राणी या पदार्थ का बोध नहीं होता। इसके भी दो भेद हैं– (क) अनिश्चित प्राणिवाचक, जैसे– जाँहांय = कोई, जाँहांय टाक् = कोई भी। (ख) अनिश्चितवाचक अप्राणिवाचक, जैसे– जाँहा को = कुछ सब, जाँहानाक् को = कुछ सब।

(4) प्रश्नवाचक सर्वनाम– जिस सर्वनाम से प्रश्न का बोध हो। जैसे– ओकोय = कौन, चेले = क्या, चेत् = कैसे। प्रश्नवाचक सर्वनाम के भी दो प्रकार हैं (क) प्राणिवाचक (ख) अप्राणिवाचक। (क) प्राणिवाचक– जिससे प्राणी का बोध हो। जैसे– ओकोय = कौन, ओकोयकिन = कौन दोनों, ओकोय को = कौन लोग। (ख) अप्राणिवाचक प्रश्नवाचक सर्वनाम– जिससे निर्जीव पदार्थ का बोध हो। जैसे– चेत् = क्या, चेत् को = क्या सब, ओका को = कौन सब।

(5) सम्बन्धवाचक सर्वनाम– सम्बन्धवाचक सर्वनाम का काम संताली में प्रश्नवाचक, अनिश्चियवाचक और निश्चियवाचक सर्वनामों से चलाया जाता है, जो इस प्रकार है–

प्राणिवाचक	**अप्राणिवाचक**
ओकोय, ओकोयकिन, ओकोयको = कौन, कौनदोनों, कौन सब	ओका, ओकाकिन, ओकाको = क्या, क्या सब
जाँहाय, जाँहाय किन, जाँहाय को = जो	जाँहां, जाँहांकिन, जाँहांको = जो, जोसब
चेले, चेले किन, चेले को = क्या	चेत्, चेत् किन, चेत् को = क्या, क्या सब
उनी, उनकिन, ओनको = वो	ओना, ओना किन, ओना को = वो, वो सब

प्रकीर्ण सर्वनाम–हिन्दी और संताली दोनों में उपर्युक्त सर्वनामों के अतिरिक्त कतिपय प्रकीर्ण सर्वनाम भी होते हैं, जो इस प्रकार हैं–इय़ा (अमुक), जोतो (सब), सानाम (सब), आदोम (कुछ), थोड़ा (कुछ), आर (और), आर-आर (अन्यान्य), एटाक् (अन्य)।

11. विशेषण और उसकी रूप-रचना

जो शब्द संज्ञा या सर्वनाम की विशेषता बताये, उसे विशेषण कहते हैं।
विशेषण के पाँच भेद हैं–

(i) गुणबोधक विशेषण– भागे (अच्छा), ब़ाड़िच् (बुरा), आराक् (लाल), उसुल (ऊँचा), गर्म (लोलो), रेयाड़ (ठंडा)।

(ii) परिमाणबोधक विशेषण– आयमा (बहुत), कोम (थोड़ा), ढेर (अधिक), नुऩाक् (इतना), उऩाक् (उतना)।

(iii) संख्याबोधक विशेषण– मित् (एक), बारया (दो), पेया (तीन), पोनया (चार), मोंड़े (पाँच)।

(iv) सार्वनामिक विशेषण– नुई, नोवा (यह), उनी, ओना (वह), नोंकान (ऐसा), ओका लोकान (कैसा)।

(v) कृदन्तीय विशेषण– हिजुक् होड़ (आनेवाला व्यक्ति), हेच् आकान होड़ (आया हुआ व्यक्ति), ओड़ाक् ते सेनाकान होड़ (घर गया हुआ व्यक्ति)।

संताली भाषा में विशेषणों की बहुलता है। यहाँ कुछ उदाहरण दिये जा रहे हैं–

गुणसूचक विशेषण– जिवेत् (जीवित), स़ारी (सच्चा), सितोङ (धूप), बेरेल (कच्चा), चिकाँड़ (चिकना), हामाल (भारी), मोंञ्ज (सुंदर), लासेर (तेज, धारदार), दायाआन (दयालु), आ़किलमान (अक्लमंद)।

स्वादसूचक विशेषण– सिबिल (स्वादिष्ट), हेड़ेम (मीठा), कासा (कसैला), हाड़हात् (तीता), साबाक् (पनीला), जोजो (खट्टा), सेया (सड़ा हुआ)।

रंगसूचक विशेषण– आराक् (लाल), हेंदे (काला), सासाङ (पीला), पोंड (सफेद), ह़ारिय़ाड़ (हरा), काबरा (चितकबरा)।

आकारसूचक विशेषण– उसुल (लंबा, ऊँचा), जिलिञ (लंबा), माराङ (बड़ा), फायलाव (विस्तृत), सोझे (सीधा), चोपोत् (चिपटा)।

दिशासूचक विशेषण– एतोम (बायाँ), कोंये (दाहिना), चेतान (ऊपर), लातार (नीचे), आ़गल़ा (आगे)।

जिस तरह हिन्दी में 'आ' 'आऊ' 'आड़ी' 'आना' 'आहा' आदि प्रत्ययों के योग से विशेषण बनते हैं, उसी प्रकार संताली में 'इच्' 'आक्' 'आहा' 'इया' 'उआ़', 'इया', 'ग़ार', 'ग़ारिया', 'दार' आदि के योग से विशेषण बनते हैं। यहाँ कतिपय उदाहरण हम देख सकते हैं–

इच्– भागेयिच्, क़ाटिच् इच्, उसुलिच्
आक्– भागेयाक्, आराक् आक्, उसुलाक्
आन– आकिलान, दाड़ेयान, बिसान
आहा– काटाहा, भूत़ाहा
इया– दुल़ाड़िय़ा, डुरुकिय़ा, ग़ाखुड़िय़ा
उआ– भ़ातुआ़, प़ाठुआ़, आदम़ारवा़
इया– होञ्हारेया, हान्हारेया
ग़ार– बुदग़ार, बलग़ार
दार– जुमीदार, चौकीदार, दोकानदार

हिन्दी और संताली दोनों में श्रवण, दर्शन, स्पर्श, आस्वादन आदि से सम्बन्धित अनेक ऐसे शब्द-गुच्छ हैं जो क्रियाविशेषणवत् व्यवहृत होते हैं। संताली में ऐसे शब्द-गुच्छों की बहुलता है। उनसे बिंब-ग्रहण और भाव-प्रकाशन में सुविधा होती है। जैसे–

झोमोर-झोमोरे दाक् एदा = झमाझम पानी बरस रहा है।

सिञ चाँदो पिरिचू-पिरिचू ए राकाप् काना = सूर्य चमकता हुआ उग रहा.है।

काड़ाङ-काड़ाङ ञुत एना = घना अंधकार हो गया।

गुल़ाब जेंगेत्-जेंगेत् बाहा आकाना = गुलाब लाल-लाल खिले हुए हैं।

मुलुच्-मुलुच् ए लान्दा एदा = वह मंद-मंद मुस्कुरा रही है।

झिपिर-झिपिर ए दाक् एदा = छोटी-छोटी बूँदें पड़ रही हैं।

कुसुत्-कुसुत् ए राक् एदा = वह सुबक-सुबक कर रो रही है।

खाक् खाक् ए लान्दा केदा = वह ठठा कर हँसा।

संताली में विशेषण के प्रयोग की कुछ नियमावली है, जो इस प्रकार है–

किसी वाक्य में विशेषण का प्रयोग विशेष्य के पूर्व आता है। इस स्थिति में आनेवाले विशेषण को विशेष्य विशेषण कहते हैं। जैसे– हेंदे गा़य (काली गाय), उसुल कोड़ा (लंबा लड़का)।

किसी वाक्य में विशेषण का प्रयोग क्रिया के पूर्व आता है तो उसे विधेय विशेषण कहते हैं– बा़हरी ए हिजुक् काना (बहरी आ रही है), काँड़ा ए दुड़प् आका़ना (अंधा बैठा है)।

संताली भाषा में विशेषण विशेष्य के पहले या बाद में भी आता है, जैसे– सा़री काथा काना (सच बात है), काथा दो सारी गेया (बात सच है)।

विशेष्य के अंत में विशेषण आने से विशेषण के साथ 'या', 'ये', 'आ', 'गेया' आदि जुड़ जाता है। जैसे– बुरु उसुला (पहाड़ ऊँचा है), चीनी हेड़ेम गेया (चीनी मीठी है)।

विशेषण के साथ आकार (ा) 'गेया', 'गे' आदि प्रत्यय जुड़ने से निश्चितता का बोध होता है। जैसे–

विशेषण	**आ**	**गेया**	**गे**
हेड़ेम = मीठा	हेड़ेमा	हेड़ेम गेया	हेड़ेम गे
हेंदे = काला	हेंदेया	हेंदे गेया	हेंदे गे
उसुल = ऊँचा	उसुला	उसुल गेया	उसुल गे

दो जातियों अथवा वस्तुओं में समानता दिखाने के लिए विशेष्य से पूर्व 'लेकान' (जैसा) विशेषण आता है– दाक् लेकान होड़ = पानी-जैसा (स्वच्छ) आदमी। सोना लेकान गिदरा = सोने-जैसी (मूल्यवान्) संतान, तोवा लेकान दाक् = दूध-जैसा (मीठा) पानी।

तुलनात्मक विशेषण में 'खोन' शब्द जुड़ जाता है– कुड़ी खोन कोड़ा ए उसुल गेया (लड़की से लड़का अधिक लंबा है)।

किसी वस्तु या व्यक्ति के गुण अथवा परिमाण की श्रेष्ठता बताने के लिए 'सानाम खोन' जैसे विशेषण शब्द जुड़ते हैं– सानाम खोन भागे (सबसे अच्छा), सानाम खोन मोंञ्ज (सबसे सुंदर)।

12. क्रिया और काल-संरचना

वह शब्द जो काम होने या करने का बोध कराये वह क्रिया कहलाता है। जैसे–ञेल (देखना), जोम (खाना), सेरेञ (गाना), हिजुक् (आना)। हिन्दी में सामान्यतः 'ना'- अंतक शब्द क्रियापद होते हैं, जैसे–आना, जाना, खाना, पीना, उठना, बैठना, सोना, जागना इत्यादि। हिन्दी से भिन्न संताली में पद-सम्बन्धी लचीलापन बहुत अधिक है, अतः कोई भी पद काल-प्रत्यय के साथ क्रिया की तरह व्यवहृत हो सकता है। जैसे–दाक् = (पानी)। संज्ञा में 'केदाय' प्रत्यय जुड़ने से वह क्रिया पद बन जाता है। जैसे–दाक् केदाय (वर्षा हुई), सेरेञ केदाय (उसने गाना गाया)। संताली में ऐसे शब्दों की बहुलता है–

इर = काटना (इर केदा को = फसल काटी गयी।)
उम = नहाना (उम एनाय = उसने स्नान किया।)
कोल = भेजना (कोल केदेयाको = उसे भेजा गया।)
ओल = लिखना (ओल केदाय = उसने लिखा।)
रोड़ = बोलना (रोड़ केदाय = वह बोला।)

क्रिया-रूप

संताली में क्रिया के दो रूप हैं– (i) मूल क्रिया, (ii) क्रिया का साधारण रूप।

(i) मूल क्रिया– जिस मूल शब्द से क्रिया बनती है। जैसे– ञेल, जोम आदि।

(ii) क्रिया का साधारण रूप– धातु के आगे, पीछे या बीच में प्रत्यय जोड़ने से जो शब्द बनता है उसे क्रिया का साधारण रूप कहा जाता है। इसके भी कई प्रकार हैं अर्थात् यह कई तरह से बनती है। उदाहरण–

(क) तात्कालिक क्रिया– इसे बनाने के लिए क्रिया के प्रथम वर्ण को दुहराना पड़ता है– ञेल > ञेञेल = देखना। जोम > जोजोम = खाना

दो अक्षर की क्रिया में प्रथम वर्ण के बाद 'क्' लगा कर फिर मूल क्रिया से जोड़ कर भी यह बनती है– ञेल > ञेक्ञेल। जोम > जोक्जोम।

तीन अक्षर के क्रिया शब्द– बेनाव > बेक्नाव = बनाना। तेयार > तेक्यार = तैयार करना

क्रिया के अंत में 'एम', 'येत्' प्रत्यय जोड़कर भी तात्कालिक क्रिया बनती है–

ञेल > ञेलेत् } व्यंजनान्त
जोम > जोमेत् }

आका > आकायत्
आ़गू > आ़गूयेत् } स्वरान्त

(ख) पारस्परिक क्रिया– एक साथ क्रिया बनाने के लिए किसी सर्कमक क्रिया के प्रथम वर्ण के बाद 'प' मध्य प्रत्यय जोड़कर बनती है। जैसे–

ञेल > ञेपेल = एक दूसरे को देखना
जोम > जोपोम = एक दूसरे के साथ खाना
गोच् > गोपोच् = एक दूसरे को मारना

(ग) स्वयं क्रिया– क्रिया-रूप स्वयं अपने ऊपर हो, तो उसे स्वयं क्रिया कहते हैं। यह 'ओक्' या क् प्रत्यय जोड़कर बनती है। जैसे–

ञेल + ओक् = ञेलोक् = स्वयं को देखना
माक् + ओक् = मागोक् = स्वयं को काटना } व्यंजनान्त

लो + क् = लोक् = जलना
होयो + क् = होयोक् = होना } स्वरांत

(घ) दोहरी क्रिया– दोहरी क्रिया तब बनती है जब कोई काम जल्दी-जल्दी करने को हो, तब वही क्रिया दुहरायी जाती है–ञेल ञेल में = जल्दी-जल्दी देखो। जोम जोम में = जल्दी-जल्दी खाओ।

(ङ) संयुक्त क्रिया– वह क्रिया जिसकी निर्मिति एकाधिक क्रियाओं के योग से होती है। विशेष अर्थ को प्रकट करने के लिए मुख्य क्रिया को कुछ अन्य क्रियाओं की सहायता लेनी पड़ती है। जैसे– ञेल रुवा़ड़ = दुबारा देखना। ञेल इदि = देख कर जाना। ञेल आगु = देख कर आना। ञेल केदेया = वह देखा गया। ञेल एनाय = वह दिखा। ञेल केदाय = उसने देखा।

कुछ संताली क्रियापदों की तालिका

एकाक्षरी	**द्विअक्षरी**	**बहुअक्षरी**
पो = कोड़ना	इर = काटना	आञ्जोम = सुनना
ला = खोदना	एम = देना	पाड़ाक् = फाड़ना
ञूँ = पीना	तुल = उठाना	रोहोड़ = सूखना
लो = जलना	दोन = कूदना	रोहोय = रोपना
थो = थूकना	दाल = पीटना	हाताव = लेना
जी = सूँघना	माक् = काटना	गाड़हाव = गढ़ना
सो = महकना	साप् = पकड़ना	पाड़हाव = पढ़ना
रु = बजाना	रित् = पीसना	माञ्जाव = माँजना

मूल क्रिया को क्रिया के साधारण रूप में बदलना

मूल क्रिया		क्रिया का साधारण रूप					
धातु	**अर्थ**						
गेत्	= काटना	गेगेत्	गेक्गेत्	गेत्एत्	गेपेत्	गेदोक्	गेत्गेत्
गेर	= काटना	गेगेर	गेक्गेर	गेरएत्	गेपेर	गेरोक्	गेरगेर
जोम	= खाना	जोजोम	जोक्जोम	जोमेत्	जोपोम	जोमोक्	जोमजोम
ञेल	= देखना	ञेञेल	ञेक्ञेल	ञेलेत्	ञेपेल	ञेलोक्	ञेलञेल
दाल	= मारना	दादाल	दाक्दाल	दालेत्	दापाल	दालोक्	दालदाल
दुल	= डालना	दुदुल	दुक्दुल	दुलेत्	दुपुल	दुलुक्	दुलदुल
माक्	= काटना	मामाक्	माक्माक्	माक्एत्	मापाक्	मापोक्	माक्माक्
तोल	= बाँधना	तोतोल	तोक्तोल	तोलेत्	तोपोल	तोलोक्	तोल तोल

काल-संरचना

काल क्रिया का वह रूप है जिससे क्रिया के करने या होने के समय का बोध होता है। हिन्दी की तरह संताली भाषा में भी काल तीन प्रकार के हैं–भूतकाल, वर्तमान काल और भविष्यत काल। तीनों कालों में एक ही क्रिया-रूप होता है, केवल धातु के अंत में काल-प्रत्यय जुड़ने से काल की क्रिया बनती है। एक ही धातु सर्कमक और अकर्मक दोनों हो सकती है, भेद सिर्फ उसके काल-प्रत्ययों में होते हैं। हिन्दी में अकर्मक और सकर्मक धातुएँ भिन्न होती हैं। हिन्दी में अकर्मक मानी जानेवाली अनेक क्रियाएँ ऐसी हैं जो संताली में सकर्मक काल-प्रत्यय धारण करती हैं, जैसे दौड़ना क्रिया।

सर्कमक काल-प्रत्यय हैं– 'एत् आ', 'ए आ', 'एदा', 'एत् काना', 'केत्आ', 'लेत् आ', 'आकात् आ', 'आकादा', 'लेत् ताहें काना', 'आकात् ताहेंकाना', 'एत् ताहे काना' आदि।

अकर्मक काल-प्रत्यय हैं– 'ओक् काना', 'एना', 'लेना', 'लेन ताहेंकाना', 'आकान ताहें काना', 'ओक् कान ताहें काना', 'लेन कोक् आ' आदि।

इस तरह संताली भाषा में काल की क्रिया-रचना, धातु + काल-प्रत्यय + समापिका से होती है।

संताली के तीनों कालों के कई भेद हैं–

(क) वर्तमान काल– इसमें भी तीन उपभेद हैं–

1) सामान्य वर्तमान काल– जिससे किसी क्रिया के वर्तमान में होने की सामान्य अवस्था का ज्ञान होता है। जैसे–

सकर्मक क्रिया– दाड़ एत् आञ = मैं दौड़ता हूँ।

अकर्मक क्रिया– इञ सेनोक् क़ाऩाञ = मैं जा रहा हूँ।

2) तात्कालिक वर्तमान काल– वर्तमान काल के जिस रूप से यह ज्ञान हो कि क्रिया का कार्य चल रहा है। जैसे–

सकर्मक क्रिया– उनी ए दाड़ एत् काना = वह दौड़ रहा है।

अकर्मक क्रिया– उनी ए सेनोक् काना = वह जा रहा है।

3) संदिग्ध वर्तमान काल– जिस काल से क्रिया के वर्तमान काल में होने का संदेह बना रहता है। जैसे–

सकर्मक क्रिया– पासेच् ए दाड़ेत् आ = वह दौड़ता होगा।

अकर्मक क्रिया– पासेच् ए सेनोक् काना = वह जाता होगा।

(ख) सामान्य भूतकाल– क्रिया का वह रूप, जिससे भूतकाल के किसी निश्चित समय का बोध नहीं होता। जैसे–

सकर्मक क्रिया– उनी ए दाड़ केत् आ = वह दौड़ा।

अकर्मक क्रिया– उनी ए सेन एना = वह गया।

इसके भी कई उपभेद हैं।

1) तात्कालिक भूतकाल– जिस काल से यह मालूम हो कि क्रिया प्रारंभ हुई है, लेकिन उसकी पूर्णता की सूचना नहीं है। जैसे–

सकर्मक क्रिया– उनी ए दाड़ेत् कान ताहें काना = वह दौड़ रहा था।

अकर्मक क्रिया– उनी ए सेनोक् कान ताहें काना = वह जा रहा था।

2) संदिग्ध भूतकाल– जिस काल से भूत काल में क्रिया के होने में संदेह मालूम हो। जैसे–

सकर्मक– पासेच् उनी ए दाड़ आकात् आ = शायद वह दौड़ा होगा।

अकर्मक– पासेच् उनी ए सेन आकाना = शायद वह चला होगा।

3) आसन्न भूतकाल– जिस काल से यह मालूम हो जाय कि क्रिया कुछ ही देर पहले समाप्त हुई है। जैसे–

सकर्मक– उनी ये दाड़ आकात् आ = वह दौड़ा है।

अकर्मक– उनी ये सेन आकाना = वह गया है।

4) पूर्ण भूतकाल– जिससे यह मालूम हो कि क्रिया बहुत पहले समाप्त हो गयी है। जैसे–

सकर्मक– उनी ये दाड़ लेत् आ = वह दौड़ा था।

अकर्मक– उनी ये सेन लेना = वह गया था।

5) अपूर्ण भूतकाल– यह पता चले कि क्रिया भूतकाल में प्रारंभ हुई है, किन्तु काम अपूर्ण रहा है। जैसे–

सकर्मक– उनी ये दाड़ेत् ताहें काना = वह दौड़ता था।

अकर्मक– उनी ये सेनोक् कान ताहें काना। = वह जाता था

6) हेतुहेतुमद्भूत– जिस भूतकाल से यह मालूम हो कि कोई हेतु या कारण

रहा होता तो क्रिया भूतकाल में हुई होती—

सकर्मक— उनी ये द़ाड़ ले रे इञ-इञ द़ाड़ केया = वह दौड़ता तो मैं दौड़ता।

अकर्मक— उनी ये सेन लेन रे इञ-इञ सेनोक् आ = वह जाता तो मैं भी जाता।

(ग) भष्यित्काल— इसके दो उपभेद हैं—

i) सम्भाव्य भविष्यत्काल— जिस काल से भविष्य में किसी क्रिया के होने की संभावना प्रकट हो। जैसे—

सकर्मक— उनी ए द़ाड़ा = वह दौड़ेगा।

अकर्मक— उनी ए सेनोक् आ = वह जायेगा।

ii) सामान्य भविष्यत्काल— जिस काल से भविष्य में होनेवाली क्रिया की काल-सम्बन्धी सामान्य अवस्था का ज्ञान हो, उसे सामान्य भविष्यत्काल कहते हैं। जैसे—

सकर्मक— उनी ए द़ाड़ आ = वह दौड़ेगा।

अकर्मक— उनी ए सेनोक् आ = वह जायेगा।

(यहाँ दोनों के उदाहरण एक हैं।)

13. क्रियाविशेषण

हिन्दी की तरह संताली में भी कालवाचक, स्थानवाचक, रीतिवाचक और परिमाणवाचक क्रियाविशेषण हैं, जो क्रिया, विशेषण, अथवा अन्य क्रियाविशेषण की विशेषता प्रकट करते हैं। दोनों ही भाषाओं के कुछ क्रियाविशेषण मौलिक हैं। नीचे क्रमशः कालवाचक, स्थानवाचक, स्थितिवाचक, रीतिवाचक और परिमाणवाचक क्रियाविशेषण की तालिका हिन्दी और संताली में दी जा रही है।

कालवाचक क्रियाविशेषण

आ़युप् = शाम	तारासिञ = तीसरा पहर
आंगा = प्रातः काल	ताला ञिन्द़ा = आधी रात
उन खोन = तब से	तिकिन = दोपहर
उन रे = तब	तिन रे = कब
कालोम = अगले साल	नाहाक् = इन दिनों
पाहा पोहो = पौ फटते	सिञ ञिन्दा = दिन-रात
सिञ साटुप् = दिन-रात, हमेशा	बेर राकाप् = सूर्योदय काल
ब़ारसिञ = दो-एक दिन में	धिऩान = दोपहर बाद

स्थानवाचक क्रियाविशेषण

जाँहा स़ेन = किसी ओर	नोते = इधर
नोते खोन = इधर से	हान्ते = उधर
चेतान सेच् = ऊपर को	लातार = नीचे

ओका खोन = कहाँ से
ओका ते = कहाँ को
ओका सेच् = किधर को
ओन्ते खोन = उधर से
जाँहां खोन = कहीं से

स्थितिसूचक क्रियाविशेषण

ओका ठेन = कहाँ पर
ओका हाबिच् = कहाँ तक
ओका रे = कहाँ पर
नोंडे हाबिच् = यहाँ तक
तायोम रे = पीछे में
सामाङ रे = सामने में
चोट रे = ऊपर में

रीतिवाचक क्रियाविशेषण

आ़वड़ी गे = झूठमूठ, व्यर्थ
आ़ड़ी आँट = बहुत जोर से
आ़ड़ी बाड़िच् = बहुत बुरा
आच् ते = अपने आप, स्वतः
आर हों = फिर, पुनः, और भी
आलो = मत, ना
उसारा उसारा = जल्दी-जल्दी
एड़े एड़े = झूठमूठ
एन रे हों = तथापि
ओनका लेका = उस स्थिति में
चेत् चोङ = पता नहीं क्या।

परिमाणवाचक क्रियाविशेषण

आयमा = बहुत
अनठिका़न = अगणित
कोम से कोम = कम से कम
तिऩाक् = कितना
नुनाक् = इतना

कभी-कभी एक ही पद की पुनरुक्ति से संताली में क्रियाविशेषण बनते हैं–

कोड़ा-कोड़ाय ञेलोक् काना = वह युवक-सा दिखता है।
दाक्-दाक् आ़यका़प् काना = पनसाहा लगता है।
मारे-मारे ताहें काना = पुराना-सा था।
सेताक्-सेताक् ए सेटेर एना = वह सबेरे-सबेरे आ पहुँचा।

संताली में अनेक ऐसी धातुएँ हैं जो संस्कृत, प्राकृत, अपभ्रंश, हिन्दी आदि भारतीय अर्थभाषाओं से आगत हैं। उसे संताली में भी ग्रहण किया गया है–

आर्य शब्द	**आगत शब्दावली**	**संताली मौलिक शब्द**
उठाना	उठाव	बेरेत्/राकाप्
उड़ना	उड़ाव	ओटाङ
काटना	काटाव	गेत्, इर, माक्
खिलाना	खिलाव	आजो/आजू
खिंचना	खिंचाव	ओर/तिय़ाक्
धुनना	धुनाव	तालोय
ढालना	ढालाव	दुल

पिसना	पिसाव	रित्
पीटना	पिटाव	दाल/थापा
फिसलना	फिसलाव	लेंजेत्।

14. वाक्य-रचना और पद-क्रम

अर्थ की प्रतीति कराने वाले शब्द समूह को वाक्य कहते हैं। संताली में कभी-कभी एक पद से भी, संदर्भ के अनुसार पूर्ण अर्थ या विचार प्रकट हो जाता है। जैसे– चालाक् आम = जाओगे? यहाँ 'जाओगे' का अर्थ है, 'तुम जाओगे' (आयेम चालाक् आ)। इसमें क्रियापद 'जाओगे' का कर्त्ता 'तुम' अनुक्त है। अतः 'जाओगे' मात्र एक ही पद रहने पर भी अपने आपमें एक वाक्य ही है। इसी प्रकार यदि पूछा जाय कि "उनी दो तिसे हिजुक् आ" (वह कब आयेगा?) और उत्तर दिया जाय–"गापा" (कल) तो 'गापा' मात्र एक पद है जो न तो कर्त्ता है और न क्रियापद परन्तु प्रस्तुत संदर्भ में उसका अर्थ है "वह कल आवेगा"। अतः यह 'गापा' ('कल') भी अपने आप में एक वाक्य ही है।

वाक्य के दो अंग होते हैं–(1) उद्देश्य अर्थात् जिसके विषय में कुछ कहा जाय और विधेय अर्थात् उद्देश्य के विषय में जो कुछ कहा जाय। वाक्य के ये दोनों अंग हिन्दी और संताली में लगभग समान रूप से घटित होते हैं। जैसे– डाँगराय आतिञ काना (बैल चरता है)। यह एक वाक्य है, जिसमें 'डाँगरा' (बैल) उद्देश्य और "आतिञ काना" ("चरता है") विधेय है।

वाक्य के प्रकार

संरचना के आधार पर वाक्य के तीन भेद हैं–

(क) सरल वाक्य– जिस वाक्य में एक ही उद्देश्य और एक ही विधेय होता है जैसे– इञिञ चालाक् काना = मैं जा रहा हूँ।

(ख) संयुक्त वाक्य– जब एक से अधिक सरल वाक्यों को मिलाकर एक वाक्य बनाया जाय। जैसे– रामे हेचृ लेन खान इञिञ चालाक् आ = राम के आने पर मैं जाऊँगा।

(ग) मिश्रित वाक्य– जब दो या दो से अधिक सरल वाक्यों को एक वाक्य में इस प्रकार जोड़ा गया हो कि उसमें एक प्रधान हो तथा शेष आश्रित हो। जैसे– मोहन दो दारे खोन उल गोत् काते रामाक् ओड़ाक् ते ये सेटेर केदा = मोहन ने पेड़ से आम तोड़ कर राम के घर पहुँचाया।

अर्थ के आधार पर भी वाक्य के अनेक प्रकार हैं, उनमें से निम्न प्रमुख हैं–

1) विधिसूचक वाक्य– रामे चालाक् काना = राम जा रहा है।

2) निषेधार्थक वाक्य– ओंडे दो आलोम चालाक् आ = वहाँ मत जाओ।

3) आज्ञार्थक वाक्य– आम हों चालाक् में = तुम भी जाओ।

4) प्रश्नवाचक वाक्य– ओका तेम चालाक् काना = कहाँ जा रहे हो?

5) विस्मयबोधक– ओहो! नोंवा दो चेत् काना = ओहो यह क्या है?

6) संदेहवाचक वाक्य– हेंचोङ हिजुक् आय से बाङ = क्या पता वह आये, न आये।

7) इच्छाबोधक वाक्य– नापाय ते ताहेंन पे = कुशलपूर्वक रहें!

8) संकेतवाचक– हिजुक् लागित आय = वह आने वाला है।

पदक्रम

वाक्य में किस पद के बाद कौन-सा पद आयेगा, इसे निर्धारित करने को ही पदक्रम कहते हैं। वाक्य-विन्यास में पदक्रम का विशेष महत्त्व होता है। संताली में वाक्य-रचना के समय काफी परिवर्तन या रूपान्तरण किये जा सकते हैं। संताली वाक्य में शब्दों या पदों का स्थान निश्चित नहीं है। संताली शब्दों में विभक्ति लगी रहती है। अतएव किसी भी शब्द को उठा कर कहीं भी रख सकते हैं, अर्थ में कोई परिवर्तन नहीं होता है। जैसे–

राम दाकाय जोमा।
दाकाय जोमा राम।
दाका रामे जोमा।
जोमाय दाका राम।
} = राम भात खायेगा।

यहाँ कर्म (दाका) और क्रिया (जोम) के साथ ही विभक्ति लगी हुई है इसलिए 'शब्द' या 'पद' के स्थान-परिवर्तन से वाक्य का अर्थ नहीं बदलता।

वस्तुतः संताली वाक्य-संरचना में क्रिया ही प्रधान होती है और कर्त्ता तथा कर्म भी अपने-अपने संक्षिप्त रूप में क्रिया के साथ विद्यमान रहते हैं। जैसे– "जोमाञ" का पूरा अर्थ होगा = मैं खाना खाऊँगा। 'जोमाम' का पूरा अर्थ होगा = तुम खाना खाओगे। 'जोमाय' का पूरा अर्थ होगा = वह खाना खायेगा।

15. समान कुल की भाषाओं से पार्थक्य

संताली भाषा का उद्‌भव और विकास आस्ट्रो एशियाटिक परिवार की अन्यान्य भाषाओं के साथ-साथ एक ही मूल से हुआ है। संताली, मुंडारी, हो एवं खड़िया बहुत हद तक एक ही परिवार की और एक ही प्रकार के व्याकरणिक प्रारूप पर बोली जाने वाली भाषाएँ है। यहाँ हम समान कुल की भाषाओं की समानता और पार्थक्य पर विचार करेंगे–

समान कुल की समान भाषाएँ

हिन्दी	संताली	मुण्डारी	हो	खड़िया
बकरी	मेरोम	मेरोम	मेरोम	मेरोम
लोमड़ी	तोयो	तोयो	तोयो	तोयो
घोड़ा	सादोम	सादोम	सादोम	सादोम
घोंघा	घोंघा	घोंघा	घोंघा	घोंघा
नीम पेड़	नीम	नीम	नीम	नीम
बीज	जाङ	जाङ	जाङ	जाङ

मुण्डारी, हो और खड़िया में थोड़े परिवर्तन के साथ

हिन्दी	संताली	मुण्डारी	हो	खड़िया
अदरक	आदहे	आदा	आदा	आदा
झाड़ू	जोनोक्	जोनो	जोनो	जोनो
पेड़	दारे	दारु	दारु	दारु
खटिया	पारकोम	परकम	कारकोम	कारकोम
सखुआ	सारजोम	सरजम	साराजोम	सरजोम
लोहा	मेंड़हेंत्	मेड़ेद	मेड़ेद	मेड़ेद

विदेशी भाषाओं के कुछ शब्द भी संताली ने अपनाये हैं। अँगरेजी के 'ग्लास', 'इंजीन', 'पेंसिल' और 'रबर' शब्द संताली में क्रमशः 'गिलास', 'इनजिन', 'पिनसिल' और 'रोबोड़' के रूप में प्रचलित हैं। इसी तरह फारसी के 'बाजू', 'जीरा', 'हप्त' और 'नकल' शब्द संताली में क्रमशः 'ब़ाजू', 'जीऱा', 'हापता' और 'नोकोल' बन गये हैं।

द्रविड़ भाषा-परिवार की कुड़ुख भाषा के कतिपय शब्द संताली में पाये जाते हैं–

कुड़ुख	संताली	हिन्दी
जुड़ी	जुरी	पति-पत्नी
चाली	च़ाली	आँगन
मंडी	म़ान्डी	खाना (भात)
बुसुप्	बुसुप्	पुआल

पहाड़िया भाषा के भी कुछ शब्द संताली में मिल जाते हैं–

पहाड़िया	संताली	हिन्दी
आँगरे	आँगरा	(आग) कोयला
पिनडा	पिण्डा	बरामदा
पेर्वा	पारवा	कबूतर

16. साहित्यिक समृद्धि

प्राचीनतम पद्य-रचना–संताली भाषा में प्राचीनतम पद्य-रचना श्री पाऊल जुझार सोरेन

कृत **ओंनोड़हें बाहा डालावाक्** = (काव्य-सुमन का गुच्छा) है। इन्हें आदि कवि माना जाता है। बेनागड़िया मिशन से यह पुस्तक 1936 ई. में प्रकाशित हुई। इसमें संताली भाषा के लिए रोमन लिपि का प्रयोग किया गया था। बाद में सरकारी आदेशानुसार इसे बिहार राज्य भाषा परिषद की ओर से देवनागरी लिपि में छापा गया। **ओनोड़हें बाहा डालवाक्** सरस कविताओं का अनूठा संग्रह है। उस समय के हिसाब से कविता के सभी गुण-तत्त्वों से युक्त, जन-चेतना से पूर्ण यह एक प्रगतिवादी रचना है। इसमें जागरण-गीत, जातीय गौरव, भाषायी प्रेम, प्राकृतिक सौंदर्य और उत्प्रेरक गीत लिपिबद्ध हैं।

प्राचीनतम पत्र-पत्रिका—स्वतंत्रता से पूर्व दो संताली पत्रिका 'पेड़ा होड़' और 'मारसाल ताबोन' क्रमशः 1890 ई. और 1946 ई. से प्रकाशित हो रही थीं। ये दोनों पत्रिकाएँ विदेशी मिशनरीज द्वारा ईसाई धर्म के प्रचार-प्रसार के लिए थीं। 'ढ़ारवाक्' नामक पत्रिका भी उन्हीं दिनों विदेशी मिशनरीज द्वारा ही धार्मिक प्रचार के लिए छपतीं थी। इन्हें विशुद्ध साहित्यिक पत्रिका नहीं कहा जा सकता। साहित्यिक पत्रिका होने का गौरव 'होड़-सोम्बाद' को है जिसे डॉ॰ डोमन साहू 'समीर' ने 1947 ई. से 1983 ई. तक अपने संपादकत्व में प्रकाशित किया। साप्ताहिक पत्रिका के रूप में इसे संताल और गैर संतालियों के बीच भी काफी लोकप्रियता मिली।

प्रथम मुद्रित ग्रंथ—संताली भाषा का प्रथम मुद्रित ग्रंथ रेव. जेरेमिया फिलिप्स की **ऐन इंट्रोडक्शन टु दि संथाली लैंग्वेज** है, जिसे 1852 ई. में कलकत्ता से प्रकाशित किया गया था। संताली भाषा के लिए इसमें बांगला लिपि का प्रयोग किया गया था।

संताली को भारतीय संविधान की आठवीं अनुसूची में 22 दिसम्बर, सन् 2003 ई. को स्थान प्राप्त हुआ।

संस्कृत भाषा

प्रो. ब्रह्मचारी सुरेन्द्र कुमार

विश्व के भाषा-परिवार और उनका नामकरण

संसार की विभिन्न भाषाएँ जिनकी संख्या 3000 के लगभग मानी जाती है, क्षेत्रीयता अर्थात् भौगोलिक आधार पर वर्गीकृत हुई हैं। इनके अतिरिक्त जिन भाषाओं को एक दूसरे से विकसित माना गया है उनको विभिन्न परिवारों में विभाजित किया गया है। मुख्य भाषा-परिवारों की संख्या गयारह है –भारोपीय भाषा परिवार, (Indo-European), द्राविड़ भाषा-परिवार, सामी-हामी (Semitic-Hamitic), बुरूशस्की, युराल – अल्ताई, काकेशी, चीनी, बास्क, जापानी – कोरियाई, अत्युत्तरी (Hyper Borean) तथा दक्षिण-पूर्वी एशियाई (S.E.èAustro Asiatic)। इनके अतिरिक्त भौगोलिक आधार पर अफ्रीका क्षेत्र, अमेरिका क्षेत्र, प्रशान्त महासागरीय क्षेत्र, आस्ट्रेलियाई क्षेत्रों के अन्तर्गत सात भाषा-परिवारों का उल्लेख किया जाता है।

भारोपीय भाषा-परिवार

भाषा-परिवारों में महत्त्वपूर्ण भारोपीय (Indo European) भाषा-परिवार है जिसे आरम्भ में इंडोजर्मनिक (Indo Germanic), भारत-केल्टिक, भारत-हित्ती आदि नामों से अभिहित किया जाता रहा। पर सर्वाधिक ग्राह्यता भारत-यूरोपीय या भारोपीय नाम की ही रही और यही नाम आज भी प्रचलित है। इस परिवार के अन्तर्गत विश्व की सर्वाधिक महत्त्वपूर्ण भाषाएँ अँगरेजी, संस्कृत, ग्रीक, लैटिन (इसके अन्तर्गत फ्रेन्च, स्पेनिश, पुर्तगाली, रूमानी गण्य हैं), जर्मन, रूसी, ईरानी आदि आती हैं। इस परिवार का महत्त्व जनसंख्या की दृष्टि से ही नहीं अपितु ज्ञान-विज्ञान, संस्कृति की समृद्धि, राजनीतिक प्रभाव तथा साहित्य-रचना के कारण भी है। इस परिवार (भारोपीय) की भाषा अँगरेजी आज विश्व-भाषा के रूप में स्वीकृति पा चुकी है।

भारोपीय परिवार के तीन भाषा-वर्ग– (1) ग्रीक (2) लैटिन तथा (3) संस्कृत प्राचीनतम तथा सर्वाधिक महत्त्वपूर्ण हैं। संस्कृत भाषा आर्य या भारत-ईरानी

भाषा उपपरिवार के अन्तर्गत परिगणित होती है। इस उपपरिवार की प्राचीनतम भाषाएँ अवेस्ता (पारसियों के धार्मिक ग्रन्थ की भाषा) तथा वैदिक-लौकिक संस्कृत है। भारत-ईरानी वर्ग का नाम आर्यवर्ग भी है, इसी कारण भारत की इस वर्ग की भाषाओं का परिगणन भारतीय-आर्यभाषाओं (Indo-Aryan language) के रूप में किया जाता है।

संस्कृत (वैदिक-लौकिक) भाषा

'संस्कृत' शब्द से जिस भाषा का अभिधान होता है, उसका प्रयोग सर्वप्रथम **वाल्मीकि-रामायण** में मिलता है। वहाँ भी इस शब्द की एक व्याख्या विशेषण के रूप में मानी जा सकती है। ('वाचं चोदाहरिष्यामि मानुषीमिह संस्कृताम्' (सुन्दरकांड, 30.17)। भाषा के अर्थ में इस शब्द का सुस्पष्ट प्रयोग दण्डी के **काव्यादर्श** (1.33) में मिलता है– 'संस्कृतं नाम दैवी वागन्वाख्याता महर्षिभिः'। संस्कृत के महावैयाकरण पाणिनि (षष्ठ शताब्दी ई॰ पूर्व के लगभग) ने अपनी कृति **अष्टाध्यायी** में भाषा के अर्थ में संस्कृत का प्रयोग नहीं किया है। उन्होंने वैदिक भाषा के लिए 'छन्दस्' शब्द का प्रयोग (बहुलं छन्दसि 2.439) जैसे अपने ग्यारह सूत्रों में किया है।

वेदों की भाषाविषयक ऋचाओं, मन्त्रों में भी संस्कृत शब्द का प्रयोग भाषा के अर्थ में नहीं पाया जाता। भाषा की व्यापकता, प्राणवत्ता तथा मानव-समाज के लिए उसकी अनिवार्यता की चर्चा रूपात्मक ढंग से तो की गयी है, पर 'वाक्' द्वारा ही उसे अभिहित किया गया है– 'बृहस्पते प्रथमं वाचो अग्रं यत प्रैरत नामधेयं दधानाः' (**ऋग्वेद** X.7.11)। वागाम्भृणी सूक्त (**ऋग्वेद** 10.125, 18) में वाक् और शब्दार्थ की महत्ता का सुन्दर निदर्शन है– 'अहं राष्ट्री सङ्गमनी वसूनाम्' (10.125. 3) अहमेव स्वयमिदं वदामि जुष्टं देवेमिरुत मानुषेभिः (10.125.5)। अहमेव वात इव प्रवाम्यारभमाणा भुवनानि विश्वा' (10.125.8)। **ऐतरेय ब्राह्मण** में (पूर्व॰ 1.24) में सात विभक्तियों का संकेत है। 'सप्तधा वै वागवदत्' (7.71 तुलनीय 'तस्मात् षड् विभक्तयः (**मैत्रायणी संहिता** 1.7.3)। इस प्रकार वैदिक साहित्य में भाषा के लिए 'वाक्' शब्द का प्रयोग पाया जाता है। **अमरकोष** में भाषा और वाक् को पर्याय बताया गया है–'ब्राह्मी तु भारती भाषा गीर्वाग्वाणी सरस्वती'।

आधुनिक युग में संस्कृत भाषा को विश्व स्तर पर प्रतिष्ठित करने का श्रेय पाश्चात्त्य विद्वानों, जिनमें जर्मन-फ्रांसीसी-अँगरेज तथा ईसाई मिशनरियों की प्रमुख भूमिका रही, जाता है। इस संदर्भ में ईस्ट इंडिया के कार्यकाल में 1786 में रॉयल एशियाटिक सोसायटी ऑफ बंगाल के कोलकाता में उद्‌घाटन के अवसर पर सर विलियम जोन्स द्वारा दिया गया अभिभाषण उल्लेखनीय है। जोन्स की उक्ति है–

"संस्कृत भाषा की प्राचीनता चाहे जो भी रही हो पर इसकी संरचना अद्‌भुत है। यह ग्रीक (यूनानी भाषा) की तुलना में अधिक पूर्ण, लैटिन की तुलना में अधिक

समृद्ध एवं इन दोनों से भी अधिक परिष्कृत है। इन दोनों के साथ (संस्कृत भाषा) की धातुओं तथा व्याकरणात्मक पक्षों की इतनी निकटता है कि इसे आकस्मिक नहीं कहा जा सकता। यह सम्बन्ध इतना घना दीखता है कि कोई भी भाषाविज्ञानी यह स्वीकार किये विना नहीं रह सकता कि इन तीनों भाषाओं का मूल एक ही भाषा रही होगी, जो भाषा अब प्रयोग में नहीं है। गॉथिक, केल्टिक और संस्कृत एक स्रोत से विकसित हैं और इनमें फारसी को भी सम्मिलित किया जा सकता है।"

मूल भारोपीय भाषा

अन्ततः भारोपीय परिवार की तीन प्राचीनतम भाषाओं संस्कृत-ग्रीक-लैटिन की संरचनाओं के तुलनात्मक अध्ययन के आधार पर इनकी मूल भाषा (OIEèPIE: Old PrimitiveèProtto Indo-European) या स्रोत का अनुमान विद्वानों ने किया, जिसे आदिम या मूल भारोपीय भाषा कहा गया है। अनुमान पर आश्रित होने के कारण इसकी ध्वनियों या पदों के पूर्व तारा का चिह्न (*) दिया जाता है।

यह ध्यान में रखना होगा कि इस आदिम भारोपीय का उद्गम कहाँ और कब हुआ तथा वैदिक संस्कृत, अवेस्ता, होमरिक ग्रीक या लैटिन की ध्वनियों तथा पदों के विकास का क्रम क्या रहा होगा तथा इन भाषाओं का प्रसार किन-किन क्षेत्रों में किस प्रकार हुआ होगा, इन सबके विषय में निश्चय के साथ कुछ कहना कठिन है। वैदिक संस्कृत के मूल प्रयोक्ता भारत में रहे या बाहर से आये, इसका भी निश्चय नहीं हो पाया है। भगवान सिंह ने तो हड़प्पा संस्कृति और वैदिक संस्कृति को भिन्न नहीं माना है। इस प्रकार यह मान्यता कि हरप्पा संस्कृति के विनाश के बाद वैदिक आर्य-संस्कृति भारत में पनपी, विवादास्पद हो गयी है। वैदिक संस्कृत-भाषियों के प्रसारण सम्बन्धी मतभेद जो भी रहे हों, उनके मूल स्रोत को लेकर विवाद नहीं के बराबर है। संस्कृत के 'वीर', लैटिन के उईर (uir), जर्मन वेर (wer) तथा प्राचीन आइरिश फेर (fer) के आधार पर मूल भाषा के प्रयोक्ताओं के लिए 'वीरोस्' (WIROS) शब्द का प्रतिपादन किया गया है। मूल भारोपीय भाषा की संकल्पना निम्नलिखित उदाहरणों की समता-विषमता के आधार पर की गयी है।

मूलभारोपीय	**संस्कृत**	**ग्रीक**	**लैटिन**	**फारसी**	**अवेस्ता**
* p ter	पितर् (पितृ=पिता)	पतेर	पतेर	पिदर	
* ek^wos	अश्वस् (घोड़ा)	hipposèikkos	equus		
* g^wows	गौः (gaus)	bous	bos		
*k^ymtom	शतम्	he-katon	centum	सद	सतम्
			(केन्तुम्)	(स्लाव)	(हिन्दी)
				–स्ता	–सौ

मूल भारोपीय में स्वरों का बाहुल्य था जिसका समर्थन ग्रीक और लैटिन के

स्वरों से होता है। संस्कृत में इन स्वरों का संकोच हो गया है। इसके विपरीत संस्कृत ने मूल भारोपीय व्यंजन ध्वनियों को सुरक्षित रखा है। उल्लेखनीय है कि संस्कृत की मूर्धन्य या प्रतिवेष्टित ध्वनियाँ ग्रीक-लैटिन में नहीं हैं। अवेस्ता में महाप्राण ध्वनियों का अभाव माना गया है।

मूल भारोपीय व्यञ्जन ध्वनियों में त्रिविध कण्ठ्य ध्वनियाँ मानी गयी हैं। शुद्ध कण्ठ्य ध्वनियों (क्, ग्) के अतिरिक्त तालव्यीकृत (क्यू, ग्यू) तथा ओ ओष्ठ्यीकृत (क्व्, ग्व्) उच्चारण वाली कण्ठ्य ध्वनियाँ भी मानी गयी हैं जिनका विकास शुद्ध कण्ठ्य या तालव्य ध्वनियों के रूप में संस्कृत में हुआ है। उदाहरणार्थ संस्कृत में 'शतम्' तथा ग्रीक 'हे-कातोन्' और लैटिन 'केन्तुम्' के आधार पर मूल भारोपीय शब्द * क्यूमतोम् का अनुमान किया गया है। यह तालव्यीकृत कण्ठ्य ध्वनि संस्कृत में 'श्' तथा ग्रीक और लैटिन में 'क्' के रूप में विकसित हुई है। ध्येय है कि मूल भारोपीय में * म, * न् तथा * 'श्वा स्वर ध्वनियों की प्रस्तावना की गयी है। इनमें .म्/.न् का विकास संस्कृत में 'अ' के रूप में हुआ है। * श्वा ( ) का विकास संस्कृत में 'इ' के रूप में हुआ है। ऊपर के * p ter के पर्यायों के विकास-क्रम से यह स्पष्ट हो जाता है।

मूल भारोपीय भाषा की ध्वनियों का विकास संस्कृत, ग्रीक, लैटिन आदि भारोपीय भाषाओं तथा अँगरेजी (जर्मन परिवार) की ध्वनियों में एकरूप नहीं रहा है। उनमें समता-विषमता दोनों पायी जाती हैं। इनकी व्याख्या ग्रिम (Jacob – grimm 1785-1863), कार्ल फेर्नर (karl Verner 1846-1896), ग्रासमान (Hermann Grassmann 1803-1877) ने ध्वनि-नियमों के माध्यम से की है। उदाहरणार्थ–

संस्कृत	**अँगरेजी**	**जर्मन**
त्रि	थ्री (three)	drei द्रेइ
दश	ten (टेन)	zehn त्सेन
पद	फुट (foot)	fuss (फुस्स)

ध्वनि-नियम प्राकृतिक नियमों की तरह अपवाद-शून्य नहीं होते। भारोपीय परिवार की भाषाओं के मूल स्रोत अर्थात् आदिम भारोपीय भाषा की पुनर्निर्मिति कल्पनाश्रित है, क्योंकि इसमें सुदूर अतीत के शिलालेख या अन्य उपकरण, जो विस्तृत जानकारी दे सकें, अपर्याप्त हैं। उल्लेखनीय है कि सिन्धु घाटी में पाये गये शिलालेख की भाषा अबतक पढ़ी नहीं जा सकी है। इस क्षेत्र में जो कुछ भी उपलब्धि हुई है, उसका श्रेय अधिकांशतः विश्व के प्राचीनतम साहित्य के रूप में उपलब्ध वैदिक साहित्य अर्थात् वेदों को है, भले ही यह साहित्य मौखिक परम्परया सुरक्षित रहा है। अपितु इस मौखिक परम्परा के कारण ही भाषा-ध्वनियों का सविस्तर विश्लेषण उस सुदूर अतीत में प्रारम्भ हुआ (यास्क 700 ई॰पू॰, शिक्षा, प्रातिशाख्य साहित्य)। इसने आधुनिक युग में ध्वनि-विज्ञान तथा पद-विज्ञान, वाक्य-विज्ञान के क्षेत्रों में पाणिनि

(**अष्टाध्यायी**), कात्यायन (**वार्तिक**), पतञ्जलि (**महाभाष्य**) की कृतियों के विश्लेषण द्वारा गति प्रदान की गयी। लन्दन विश्वविद्यालय के प्रोफेसर एलेन (W.S. Allen) ने तो अपनी पुस्तक **Phonetics in Ancient India** में लिखा है कि प्राचीन भारत के ध्वनिविद् बीसवीं शताब्दी के पाश्चात्य ध्वनिविज्ञानियों से विमर्श करते प्रतीत होते हैं।

भारत-ईरानी (आर्य) भाषा-परिवार

भारत के बाहर संस्कृत भाषा के प्रसारण-क्षेत्र के विषय में जानकारी बहुत नहीं है, दूसरे संस्कृत भाषा, जो आर्य-परिवार (मैक्सम्यूलर द्वारा व्यवहृत नाम) से विकसित मानी जाती है, के प्रयोक्ता 'वीरोस्' किन क्षेत्रों में फैले होंगे, यह केवल अनुमेय है।

टी बरो (T. Burrow) के मत में आर्यों या वीरोस् के प्राचीनतम अभिलेखों के चिह्न भारत-ईरान में न पाये जाकर, उत्तरी मेसोपोटमिया के उत्तरी भाग के मितन्नी साम्राज्य के अभिलेखों में (1500 ई॰पू॰) मिलते हैं। विविध कीलाक्षर (क्यूनीफार्म) अभिलेखों में सुरक्षित नाम-सूची आर्य-सम्बन्ध को रेखांकित करती है तथा सुतर्न (सं॰ सुतर्ण, वैदिक सुतर्मन् : Sutarna), पर्शसतर् (Parasasatar : सं॰ प्रशास्तर् < प्रशास्तृ), सउश्शतर् (Saussator सौक्षत्र—सुक्षत्र का पुत्र), अर्तदाम (artadama : (सं॰ ऋतधामन् > ऋतधामा), अर्तशुमर (Artasummar सं॰ ऋतस्मर (ऋत को स्मरण करने वाला) तुश्रद्धा (tusratha) : सं॰ त्विषूरथ, तुल॰ त्वेषरथ)।

पुनः असीरी (Assyrian) भाषा में लिखित निजी अभिलेखों में पाये गये व्यक्तिवाचक नाम आर्य-परिवार के प्रतीत होते हैं। उदाहरणार्थ अर्तम्न (Artamna सं॰ ऋतम्न-ऋत को माननेवाला), वर्दश्व (Badasva : (वार्दाश्व (?) वृदाश्व का पुत्र, विर्यशूर (Biryasura 'संस्कृत वीर्यशूर-शक्तिमान् वीर), पुरुष (purusa : संस्कृत पुरुष) शइमशूर (sáimsura)—सं—क्षेमशूर), सतवाज (satawaza संस्कृत—सातवाज तुल॰ वैदिक वाजसाति, धन का अधिकारी)।

मितन्नी साम्राज्य का रूप जो भी रहा हो, इसका हित्ती साम्राज्य के साथ सन्धि-विग्रह दोनों प्रकार के सम्बन्ध थे। एशिया माइनर के बोगाजकोई नामक स्थान मे हित्ती (Hittite) के अभिलेख मिले हैं। इन दोनों के बीच हित्ती राजा सुप्पिलुलिउमा तथा मितन्नी राजा मतिवाज के बीच का सन्धिलेख (1305 ई॰पू॰) है। इनमें चार देवों के नाम में शपथ ली गयी है— जो इन्दर (indara), मित्रशु (इल्) (mitrasil), नशतिअ (न्न) (nasatia (nna), उरुवनश्श् इलः uruvanass(il) (वैदिक रूप इन्द्र-मित्र, नासत्य, वरुण)। इस आधार पर क्या यह मानना कठिन है कि ऋग्वैदिक धार्मिक मान्यताओं का प्रभाव इस क्षेत्र में था?

उपरिनिर्दिष्ट साक्ष्य के आधार पर कहा जा सकता है कि या तो मितन्नी—हित्ती राज्यों के निवासियों का जीवन वैदिक जीवन से मिलता-जुलता रहा होगा या वीरोस आर्यों का सम्पर्क-प्रभाव यहाँ रहा होगा। इन क्षेत्रों में घोड़ों का उपयोग भी आर्यों के

द्वारा हुआ होगा। हित्ती राजधानी में अश्वशिक्षा के विषय में हित्ती भाषा में निबद्ध निर्देश मिलते हैं। इनमें प्रयुक्त पारिभाषिक शब्द 'अइक वर्तन्न', 'तेरवर्तन्न', पंजवर्तन्न, 'सत्तवर्तन, नववर्तन्न (तुल॰ संस्कृत एकवर्तन, त्रिवर्तन, पञ्चवर्तन, सप्तवर्तन, नववर्तन) आर्य-सम्बन्ध को रेखांकित करते हैं। इनके अतिरिक्त बेबीलोन के कसीत या कस्सी वंश (kassaite dynasty) के अभिलेखों (1750 ई॰पू॰-1170 ई॰पू॰) में आर्य-प्रभाव दृष्टिगोचर होता है। बेबीलोन के देवों की तालिका में शुरिअश (s'urias) शब्द मिलता है जो बरो (Burrow) की दृष्टि में संस्कृत सूर्य का पर्याय है। इसी प्रकार मरुत्तश् (संस्कृत मरुत्) अबिरत्तश् (Abirattas : राजा का नाम : सं॰ अभिरथ) शब्द मिलते हैं। टी॰ बरो के मत में मितन्नी-हित्ती प्रदेश में आर्य-प्रसार था और यहीं से वे ईरान में गये होंगे। भारतेरानी भाषावर्ग के अस्तित्व का समर्थन इस मत से होता है।

प्राचीन वैदिक भाषा और पारसियों के धर्मग्रन्थ **अवेस्ता** (प्राचीन ईरानी) में साम्य आश्चर्यकर है। मार्टिन हाउग ने अपनी पुस्तक (**Essays on the Sacred Language, Writing and Religion of the Parisis**, पृ॰ 196) में अवेस्ता के यस्न 31, गाथा 8 संस्कृत-रूपान्तर अर्थ के साथ दिया है।

संस्कृत	**अवेस्ता**	**अर्थ**
विश्वो दुरक्षो जिन्वति	Vispa Drukhsh janaite	सभी दुरात्मा भाग जाते हैं।
विश्वो दुरक्षो नश्यति	Vispa drukhsh nashati	सभी दुरात्मा नष्ट हो जाते हैं।
यदा श्रृणोति एताम् वाचम्	Yatha hanoti aisham vacham	जब इस कथन (प्रार्थना) को सुनते हैं।

निम्नलिखित शब्द-साम्य भी इसकी पुष्टि करते हैं।

संस्कृत	**अवेस्ता**
शतम्	सतम्
पितर्	पिदर (आधुनिक फारसी)
नभस्	नबो
अश्वस्	अस्पो
तिष्ठामि	histati
प्रथम	फतम

द्वितीय	बित्य
एकः	अएव
सप्त	हफ्त
अष्ट	अश्त

आर्यभाषा के प्रयोक्ता, जिन्हें वीरोस् कहा गया है, एशिया के मध्यपूर्व विभिन्न क्षेत्रों में फैले तथा ईरान में भी पहुँच गये। भारोपीय भाषा के इस वर्ग की विकास-यात्रा ऐसी ही हुई होगी। हित्ती समुदाय इस वर्ग से सबसे पहले विच्छिन्न हो गया होगा। विद्वद्वर्ग इस बिन्दु पर एकमत नहीं है। एक वर्ग की सम्मति में मूल भारोपीय की भगिनी हित्ती रही होगी। पर दूसरा वर्ग यह मानता है कि मूल भारोपीय भाषा के प्राचीनतम काल में हित्ती उस वर्ग के अन्तर्गत थी और सर्वप्रथम उस वर्ग से अलग हो गयी। इसका आधार यह माना जाता है कि स्त्रीलिंग का विकास हित्ती में नहीं हुआ जैसा कि अन्य भारोपीय भाषाओं में।

आर्य-परिवार या वीरोस् के प्रसार सम्बन्धी एक मान्यता यह रही कि ईरान में आने तक वे एक भाषा-समुदाय के रूप में रहे होंगे। अवेस्ता और संस्कृत की ध्वनियों तथा पद-संरचना की समता (और नियमानुसार विषमता भी) से इस मान्यता का समर्थन होता है। आर्य-परिवार का भारत-प्रवेश उसकी प्रसार-यात्रा की अन्तिम घटना है। टी॰ बरो ने यह माना है कि आर्यो के भारत पर आक्रमण का प्रमाण नहीं मिलता।

ऊपर कहा जा चुका है कि भारतीय विद्वानों का एक वर्ग हरप्पा-संस्कृति को वैदिक संस्कृति से भिन्न नहीं मानता। उनके अनुसार सुदूर अतीत में भारोपीय परिवार की एक शाखा भारत से ही ईरान क्षेत्र से होती हुई हित्ती क्षेत्र तक फैली होगी।

आर्यपरिवार (संस्कृत)

आर्य परिवार के ईरानी वर्ग के अलग हो जाने पर भारतीय आर्यभाषा के प्रयोक्ताओं का प्रसार भारत के पश्चिमोत्तर क्षेत्रों में प्रथमतः हुआ। पाश्चात्य विद्वान्, जिनमें टी॰ बरो भी हैं, भारतीय आर्यभाषा अर्थात् वैदिक संस्कृत-साहित्य के आरम्भ का काल ईसा पूर्व तीसरी सहस्राब्दी या उससे भी पूर्व ले जाने के पक्ष में नहीं हैं। वे ऋग्वेदीय मन्त्रों का समय 1300-1400 ई॰पू॰ से पहले का नहीं मानते। विण्टरनित्ज ने 1917 में कलकत्ता विश्वविद्यालय में "ऋग्वेद का काल" विषय पर व्याख्यान दिया जो प्रकाशित भी हुआ था। उसमें व्याख्याता ने स्वीकार किया है कि वेदों का काल स्थिर करने में अनुमान की भूमिका को अस्वीकार नहीं किया जा सकता; तथापि **ऋग्वेद** का समय 2500 ई॰पू॰ के लगभग माना जा सकता है।

संस्कृत भाषा की साहित्यिक परम्परा, वैदिक साहित्य के कारण, निरन्तरता एवं ऋद्धि से पूर्ण रही है। ए॰ए॰ मैकडॉनल ने अपने **संस्कृत साहित्य के इतिहास** में इसके महत्त्व का आकलन करते हुए कहा है कि भारतीय सांस्कृतिक इतिहास के

परिचय के लिए ही नहीं, अपितु विश्व के सांस्कृतिक इतिहास के ज्ञान के लिए भी प्राचीनतम स्रोत वेद ही हैं।

यह स्पष्ट ही है कि 'संस्कृत' इस नाम द्वारा जिस भाषिक संरचना की अभिव्यक्ति होती है उसके अन्तर्गत पाणिनिकालीन साहित्य से लेकर अद्यतन साहित्य के लिखित रूप का बोध होता है। विस्तृत अर्थ में इस शब्द-प्रयोग में वैदिक संस्कृत वं साहित्य का भी अन्तर्भाव हो जाता है।

वैदिक साहित्य में मध्यदेश की भाषा का महत्त्व रहा है। **शतपथ ब्राह्मण** (3.2. 3.12) में कहा गया है–'तस्मात् अत्रोत्तरा हि वाक् वदति कुरुपाञ्चालः'। **कौषीतकि ब्राह्मण** में बताया गया है कि भाषा सीखने के लिए उत्तर जाना चाहिए या वहाँ से आये व्यक्ति से सीखना चाहिए–'तस्मात् उदीच्यां प्राज्ञतरा वाक् उद्यते। उदंच उ एव यन्ति वाचं शिक्षितुम्। यो वा तत आगच्छति तस्य वा शुश्रूषन्त' (7.6)।

पाणिनि ने अपनी **अष्टाध्यायी** में वैदिक भाषा के लिए 'छन्दस्' ('बहुलं छन्दसि') का अनेकत्र प्रयोग किया है तथा लोक-व्यवहार की संस्कृत के लिए 'भाषा' का। भाषा की दैवी उत्पत्ति की बात प्रायः सभी धार्मिक समुदायों में पायी जाती है– "देवीं वाचमजनयन्त देवास्तां विश्वरूपाः पशवो वदन्ति' (**ऋग्वेद** 8.1.00.11), 'संस्कृतं नाम दैवी वाक्' **काव्यादर्शः**, I . 33)। संस्कृत भाषा ही शिष्टजनों की व्यवहार्य भाषा बनी तथा धार्मिक साहित्य से इतर अर्थशास्त्र, काव्यशास्त्र, दर्शन, शिल्प, राजनीति, गणित, ज्योतिष आदि विषयक ग्रन्थों की रचना इस भाषा में हुई, जो परम्परा आज भी छिन्न नहीं हुई है।

प्रादेशिक भिन्नता

पाणिनि के समय तक वैदिक भाषा और लौकिक संस्कृत में प्रयोगाश्रित अन्तर आ गया था, इसमें सन्देह नहीं। इसी कारण पाणिनि ने 'भाषा' शब्द का प्रयोग लोकप्रचलित भाषा के लिए किया। इसके आधार पर कहा जा सकता है कि भाषा प्रयोग में विविधता आ गयी होगी और बोलियों का विकास हुआ होगा। पाणिनि के पूर्ववर्त्ती यास्क (700 ई॰) ने अपने **निरुक्त** में औदुम्बरायण, शाकटायन, शाकपूणि, गार्ग्य, आग्रायण, और्णनाभ, गालव, शतबलाक्ष, मौद्गल्य तथा चर्मशिरा इन चौदह आचार्यों का उल्लेख किया है। निश्चय ही इतने आचार्यों का मत-मतान्तर भाषा के प्रयोगात्मक वैविध्य की ओर संकेत करता है। यास्क के **निरुक्त** में इसका स्पष्ट संकेत है– (II . 2) 'शवतिः गतिकर्मा कम्बोजेष्वेव भाषितो भवति, विकारमेनं आर्या भाषन्ते शवइति, दातिर्लवनार्थेषु प्राच्येषु दात्रमुदीच्येषु'। ऐसा प्रतीत होता है कि 'प्राच्य' और 'उदीच्य' भाषा-प्रयोगों में अन्तर आ गया था।

पाणिनि ने भी दस पूर्ववर्ती आचार्यों का उल्लेख किया है यथा–1. आपिशलि, 2. काश्यप, 3. गार्ग्य, 4. गालव, 5. चाक्रवर्मण, 6. भारद्वाज, 7. शाकल्य,

8. शाकटायन, 9. सेनक, 10. स्फोटायन (6.92, 1.2.2.5, 7.3.44, 6.1.130, 7.2.63, 8.3.19, 8.4.50, 5.4.112, 6.1.123, **अष्टाध्यायी**)। इनके अतिरिक्त प्राच्य, उदीच्य, प्रतीच्य तथा आचार्याणाम् (4.2.123, 4.1.157, 8.4.52) का उल्लेख निश्चय ही विभाषाओं में आ गये अन्तर को रेखांकित करता है। पाणिनिकालीन इन भेदों की विस्तृत जानकारी असम्भव है। स्वयं पाणिनि ने अपने सूत्रों के उदाहरण नहीं दिये थे, यह ध्यान में रखना चाहिए।

पतञ्जलि के समय तक भाषा-प्रयोग सम्बन्धी अन्तर अधिक मुखर हो गया था। **महाभाष्य** के पस्पशाह्निक में ही लिखा है—'केषां शब्दानां – वैदिकानां लौकिकानां च'। यह भाषा के प्रयोगात्मक विभेद का परिचायक है। पतञ्जलि के समय तक अपभ्रंश, प्राकृत रूपों का प्रचलन हो गया था। **महाभाष्य** में 'गौः' शब्द के स्थानीय रूप-भेदों का उल्लेख किया गया है– 'एकैकस्यैव शब्दस्य बहवोऽपभ्रंशाः तद्यथा गौरित्यस्य शब्दस्य गावी, गोणी, गोता, गोपोतलिका इति' भूयांसोऽपशब्दाः अल्पीयांसः शब्दा इति' (पृ॰ 9)। पतञ्जलि की इस उक्ति से यह स्पष्ट है कि भाषा के मानक रूप से इतर प्रयोग शिष्टजनों को मान्य नहीं थे। पर मानक भाषा-प्रयोगों की तुलना में बोलियों का प्रसार भी पर्याप्त हो गया था। वैयाकरण की दृष्टि प्रायः मानकोन्मुखी होती है न कि वर्णनात्मक। अतः मानकेतर प्रयोगों को 'अपशब्द' से अभिहित किया गया है। अपशब्दों का बाहुल्य 'गौः' शब्द के लिए गावी, गोणी, गोता, गोपोतलिका अपशब्दों (?) के प्रयोग से प्रमाणित होता है।

पाणिनि-कात्यायन-पतञ्जलि के बीच लगभग 450 वर्षों का कालखण्ड सिमटा हुआ है। इस बीच भाषा स्थिर तो रही नहीं, परिवर्त्तन होता रहा। पर पाणिनि को भगवान् के समान अभ्यर्हित माना जाने लगा। पतञ्जलि के शब्दों में 'प्रमाणभूत आचार्यो दर्भ – पवित्रपाणिः शुचावकाशे प्राङ्मुख उपविश्य महता प्रयत्नेन सूत्राणि प्रणयति स्म।' इसका परिणाम यह हुआ कि संस्कृत भाषा की स्वाभाविक परिवर्त्तनशीलता अवरुद्ध हो गयी। भाषा-प्रयोगों में विविधता आयी, पर शुद्धतावादियों का शिकंजा कसा जाता रहा। आर्षप्रयोगों के रूप में उनके औचित्य की सिद्धि का प्रयास होता रहा। **अष्टाध्यायी** के सूत्रों के अनुसार शब्द-प्रयोगों के अनुपालन में शिथिलता आयी (स्पेयर के **संस्कृत सिंटैक्स** (1898) तथा चारुदेव शास्त्री के **व्याकरण-चन्द्रोदय** के उदाहरण मानकेतर प्रयोगों के विचलन के प्रमाण हैं।

संस्कृत-ध्वनि प्रक्रिया

I मूल भारतीय आर्यभाषा के अन्तर्गत वैदिक संस्कृत तथा लौकिक संस्कृत परिगणित हैं। इनकी ध्वनि-प्रक्रिया निम्नलिखित है।

ध्वनिप्रक्रिया

(क) मूल स्वर – अ, आ, अ३, इ, ई, इ३ उ, ऊ, ऊ, उ३, ऋ, ॠ, ल

(ख) मिश्र स्वर – ए, ऐ, ओ, औ

(ग) स्पर्श व्यञ्जन	अघोष अल्प॰	अघोष महा॰	घोष अल्प॰	घोष महा॰
कवर्ग (कण्ठ्य/कोमलतालव्य)	क्	ख	ग्	घ्
चवर्ग (तालव्य/स्पर्शसंघर्षी)	च्	छ्	ज्	झ्
टवर्ग (मूर्धन्य/प्रतिवेष्टित)	ट्	ठ्	ड्	ढ्, (ळ, ळह)
तवर्ग (दन्त्य)	त्	थ्	द्	ध्
पवर्ग (ओष्ठ्य)	प्	फ्	ब्	भ्

[अल्प॰=अल्पप्राण; महा॰=महाप्राण]

(घ) अनुनासिक	ङ्,	ञ्,	ण,	न्, म्
(घ[1]) अन्तःस्थ	य्,	र्,	ल्,	व्
(ङ) ऊष्म/संघर्षी	श्	ष्,	स्	ह
(च) विसर्ग	[⁻̇]			
(छ) जिह्वामूलीय	[H]			
(ज) उपध्मानीय	[H] [पुनः पुनः/पुन H पुनः}			
(झ) अनुस्वार	[:] / ँ]			
(ञ) ग्वुं	[म् > ॐ]			

उपरिनिर्दिष्ट ध्वनियाँ वैदिक संस्कृत में पायी जाती हैं। लौकिक संस्कृत में (ळ, ळह], ग्वुं,ॐ) जिह्वामूलीय एवं उपध्मानीय ध्वनियाँ प्रयोगबाह्य हो गयी हैं।

[ऋ, ॠ, लृ, ध्वनियाँ र् ल् ध्वनियों के स्वरूप हैं। इन ध्वनियों का उच्चारण आजकल [रि, री, लृ, की तरह होता है

वैदिक संस्कृत के मन्त्रों का पाठ विविध स्वरों–अनुदात्त, उदात्त, स्वरित के साथ किया जाता है। उदात्त स्वर का उच्चारण ऊँचा होता है तथा इसके लिए कोई चिह्न नहीं होता है। अनुदात्त स्वर का उच्चारण नीचा होता है, इसके लिए स्वर के नीचे पड़ी लकीर (–) दी जाती है। स्वरित स्वर में उदात्त-अनुदात्त स्वरों का समाहार होता है। इसके लिए (⊥) खड़ी लकीर चिह्नित की जाती है। नीचे के मन्त्रांश को देखें – 'भूतस्य जातः पतिरेक आसीत्'। इस मन्त्रांश में भू, जा, 'ति' में अनुदात्त स्वर है, 'स्य', 'क' में स्वरित तथा अन्यत्र ('आसीत्' को छोड़कर) उदात्त स्वर है।

लौकिक संस्कृत में उपर्युक्त ध्वनियों में से कतिपय प्रयोग में नहीं रहीं जिनका ऊपर उल्लेख कर दिया गया है। विसर्ग के ही रूपान्तर जिह्वामूलीय तथा उपध्मानीय हैं जिनके लिए एक विशेष चिह्न दिया जाता है। लौकिक संस्कृत में यह ध्वनि अब प्रयोग में प्रायः नहीं रही।

लौकिक संस्कृत की ऋ, ॠ, लृ ध्वनियों के उच्चारण के विषय में ऊपर बताया जा चुका है। 'ष्' का भी उच्चारण लगभग 'श्' की तरह होता है। बिहारी संस्कृतभाषी तो 'श्' का भी उच्चारण प्रायः 'स्' की तरह करते हैं, क्योंकि मगही,

मैथिली, भोजपुरी में 'श्' ध्वनि उच्चरित नहीं होती, केवल 'स्' ध्वनि के उच्चारण का अभ्यास इन बोलियों के प्रयोक्ताओं को रहता है। हिन्दी के प्रभाव से लौकिक संस्कृत में [ड़, ढ़] ध्वनियों का उच्चारण लेखन के स्तर पर भी होता है, यथा 'क्रीडा' के स्थान पर 'क्रीड़ा' लिखने-बोलने का चलन दीखता है।

लौकिक संस्कृत में ए, ओ का उच्चारण [ऐ का 'अइ' तथा 'औ' का अउ] होना चाहिए जो मिश्र स्वर के वर्तमान उच्चाारण से भिन्न है। अभी इन दोनों ध्वनियों का उच्चाारण ह्रस्व 'ए', ह्रस्व 'ओ' के समान होता है तथा ऐ, औ, का उच्चारण ए, ओ के समान। निम्नलिखित उदाहरण द्रष्टव्य हैं।

एकः	–	<u>ए</u>कः
एकैकः	–	<u>ए</u>कैकः
ओदनः	–	<u>ओ</u>दनः
औदार्यम्	–	<u>औ</u>दार्यम्

(रेखांकित अक्षरों का उच्चारण ह्रस्व है।)

वस्तुतः संस्कृतभाषी और हिन्दीभाषी के उपरिलिखित मिश्र स्वरों के उच्चारण में अन्तर आ गया है।

संस्कृत भाषा के विभाषात्मक अभिलक्षण

वैदिक पदरचना के अनेक अभिलक्षण लौकिक संस्कृत में नहीं पाये जाते। इसके अतिरिक्त कई धातु के मूलरूप तथा प्रातिपदिक वैदिक संस्कृत में भी दृष्टिगत नहीं होते। उदाहरण के लिए अस् धातु के लट् (अस्ति), लङ् (आसीत्), लोट् (अस्तु), विधिलिङ् (स्यात्) के रूपों के अतिरिक्त अन्य रूप वैदिक संस्कृत में भी नहीं पाये जाते। अन्य कालबोधक एवं प्रकारता-बोधक रूपों में 'अस्' धातु रूप 'भू' की तरह (यथा लृट्–भविष्यति आदि) पाया जाता है।

सर्वनाम पदों का विश्लेषण करने पर कतिपय रूप ऐसे भी हैं, जिनके मूलरूप (प्रातिपदिक) नहीं पाये जाते हैं। यथा– 'अस्मद्' तथा 'युष्मद्' प्रातिपदिक के रूपों के विकल्पों को लें। इनमें 'न':'व' निश्चय ही अस्मद्, युष्मद् से विकसित नहीं माने जा सकते। अतः इनके मूल रूप 'न', 'व' की संकल्पना उपयुक्त प्रतीत होती है। हित्ती, ग्रीक, लैटिन के रूपों से तुलना करने पर यह स्पष्ट हो जाता है।

संस्कृत – अस्मद् (मैं)

	द्विवचन	**बहुवचन**
द्वितीया	आवाम्/नौ	अस्मान्/नः
चतुर्थी	आवाभ्याम्/नौ	अस्मभ्यम्/नः
षष्ठी	आवयोः/नौ	अस्माकम्/नः

युष्मद् (तुम)

द्वितीया	युवाम्/वाम्	युष्मान्/वः
चतुर्थी	युवाभ्याम्/वाम्	युष्मभ्यम्/वः
षष्ठी	युवयोः/वाम्	युष्माकम्/व

अब तुलना कीजिए:

हित्ती अन्त्सस् – संस्कृत नस् > नः, नास्, नाशा (हमको / हमारा)

अहम् (सं), एगो (लैटिन), वयम् (सं), नोस् (लैटिन), उत्तमपुरुष नोस्नुम्, नोबीस (बहुव॰), अहम् (सं॰)–एगो (ग्रीक) (द्वि॰व॰) नो–नोन। अतः इन सब के आधार पर 'न' मूल रूप की संकल्पना गलत प्रतीत नहीं होती।

पुनः 'युस्मद्' के वैकल्पिक रूपों 'वः' को देखें–

द्वितीया (लैटिन) वोस्: (अवे॰) वो, (सं) युष्मान्/वः

चतुर्थी (लैटिन) वोबिस् – (सं॰) युष्मभ्यम्/वः

षष्ठी (लैटिन) वेस्त्रुम् : (सं) युष्माकम्/वः

लैटिन में सर्वनाम रूपों में 'वः' पाया जाता है जबकि संस्कृत में कुछ ही रूपों में पाया जाता है। इस प्रकार 'वः' रूप लौकिक संस्कृत तथा पालि में पाया जाता है। अतः यह संकल्पना की जा सकती है कि 'वः' रूप भारोपीय भाषा में व्यवहृत होता होगा।

वैदिक संस्कृत भाषा में वैकल्पिक रूपों की बहुलता देखी जाती है, जबकि लौकिक संस्कृत में इनमें संकोच हो गया है। यथा–

पन्थाः ~ पन्थानः, व्योमन् ~ व्योम्नि (परमे व्योमन्), चर्मन् ~ चर्मणि (लोहिते चर्मन्), धीती ~ धित्या, मती ~ मत्या, युष्मे ~ युष्मासु, अस्मे ~ अस्मभ्यम्, ~ उरुया ~ उरुणा, धृष्णुया ~ धुष्णुना, नाभा ~ नाभौ।

रूपों की इस बहुलता की ओर पाणिनि ने 'छन्दसि बहुलम्' तथा 'व्यत्यये बहुलम्' (3.1.85) सूत्रों में 'बहुल' एवं 'व्यत्यय' शब्दों द्वारा संकेत किया है। पतञ्जलि ने इसका विवेचन करते हुए कहा है– छन्दसि सर्वे विधयो भवन्ति इति। सुपां व्यत्ययः। तिङां व्यत्ययः वर्णव्यत्ययः। आत्मने पदव्यत्ययः। परस्मैपदव्यत्ययः इति।

कारक रूपों में विभक्ति का व्यत्यय पाया जाता है–'चतुर्थ्यर्थे बहुलं छन्दसि' **अष्टाध्यायी** (2.3.62) पुरुषमृगश्चन्द्रमसः पुरुषमृगश्चन्द्रमसे'। वैदिक प्रयोगों में सप्तमी के स्थान में प्रथमा या षष्ठी विभक्ति का प्रयोग, द्वितीया-चतुर्थी के स्थान में षष्ठी का प्रयोग पाया जाता है।

संज्ञारूपों में वैकल्पिक प्रयोग वैदिक संस्कृत का विशिष्ट अभिलक्षण है। देवासः (देवाः), देवेभि (देवैः), पन्थाः (पन्थानः), गोनाम् (गवाम्), पतिना (पत्या), इनमें से कोष्ठक वाले रूप ही लौकिक संस्कृत में प्रयुक्त होते हैं।

'अस्मद्' (मैं) के द्वि॰ व॰ आवम् (आवाम्) पञ्चमी द्विव॰ में आवत् (आवाभ्याम्) ऐसे प्रयोगों में लौकिक संस्कृत में कोष्ठक वाले रूप ही अवशिष्ट हैं। इसी प्रकार

प्रथमा द्विव॰ (युवाम्) युवम्, अस्मे, अस्मै, (मह्यम्), युष्मे (तुभ्यम्) रूपों में कोष्ठक वाले रूप ही लौकिक संस्कृत में व्यवहृत होते हैं। इसी प्रकार निम्नलिखित वैकल्पिक रूप भी द्रष्टव्य हैं। **ऋग्वेद** 'त्वयि' (तुझमें) और 'त्वे' रूप (सप्तमी एकवचन) मिलते हैं। **ऋग्वेद** (1.109.1) में त्वत् ~ आवत् की तरह है। 'युष्मत्', 'युवत्' रूपों का प्रयोग भी मिलता है। इसी प्रकार षष्ठी-सप्तमी द्विवचन रूपों में युवयोः ~ युवोः' का प्रयोग है। सप्तमी बहुवचन 'युष्मासु' के साथ 'युष्मे' प्रयोग भी मिलता है। चतुर्थी षष्ठी बहुवचन में भी 'युष्मे' का प्रयोग वैदिक संस्कृत में पाया जाता है।

वैदिक संस्कृत में 'तद्' के साथ 'स' प्रातिपादिक द्वारा भी एक ही अर्थ व्यक्त होता है। **ऋग्वेद** (1.52.15) में नौ बार 'सस्मिन्' का प्रयोग हुआ है, लौकिक संस्कृत में 'तस्मिन्' का ही प्रयोग देखा जाता है। 'इदम्' के तृतीया एकवचन में 'एना, स्त्रीलिंग में 'अया', षष्ठी-सप्तमी द्विवचन में 'अयोः' का भी प्रयोग देखा जाता है। संख्यावाचक द्वा (दो), त्रीणाम् (तीनों का), अष्टा सदृश रूप (आठ) वैदिक प्रयोग तक ही सीमित रहे। इसी प्रकार 'चतुर्थः' के अनुकरण पर 'पञ्चथः', 'सप्तथः' जैसे वैदिक प्रयोग लौकिक संस्कृत में नहीं पाये जाते।

कतिपय प्रातिपदिक जिनका प्रयोग वैदिक भाषा में तो हुआ पर लौकिक संस्कृत में नहीं हैं, यथा 'सम', 'सिम' जिनका अर्थ 'सब कोई' या 'कोई' था। लौकिक संस्कृत में समः' का अर्थ समान ही रहा। पाणिनि-सूत्र (सर्वादीनि सर्वनामानि) (1.1.27) की **तत्त्वबोधिनी टीका** में कहा गया है 'समः सर्वपर्यायः, तुल्यपर्यायस्तु नेह गृह्यते, सिमः कृत्स्ने च शक्ते च स्यान्मर्यादाबद्धयोः।

वैदिक भाषा में प्रश्नवाचक किम् का वैकल्पिक रूप 'कय' भी प्रयुक्त होता था 'कयस्यचित् (**ऋक्॰** 1.27.8)।

वैदिक भाषा का एक विशिष्ट अभिलक्षण 'क्त्वा' तथा 'तुमुन्' के अर्थबोधक प्रत्ययों की विविधता है। वाक्य में दो क्रियाओं के प्रयुक्त होने पर पूर्वकालिक क्रिया क्त्वान्त अव्यय हो सकती है— रामः पठित्वा खादति। उपसर्गयुक्त होने पर 'कत्वा→ 'ल्यप् (य/त्य) का प्रयोग लौकिक संस्कृत में होता है, यथा सआगम्य (आगत्वा नहीं) पत्रं पठति। वैदिक प्रयोग में उपसर्ग युक्त होने पर भी क्त्वा का 'ल्यप्' नहीं भी होता है यथा 'कृष्णं वासः यजमानं परिधापयित्वा' (पाणिनि-सूत्र 7.1.38 'क्त्वापि छन्दसि')। वैदिक प्रयोग में 'ल्यप् के अतिरिक्त 'त्वी' 'त्वाय' प्रत्ययों का प्रयोग भी पाया जाता है; यथा कृत्वी, भूत्वी, हित्वी (छोड़कर), गूढ्वो (छिपाकर), हित्वाय, (छोड़कर) जैसे वैदिक प्रयोग पाये जाते हैं।

तुमुन् (>तुम्) प्रत्ययान्त अव्यय लौकिक संस्कृत में 'गृहं गन्तुं प्रार्थये' (घर जाने के लिए निवेदन करता हूँ) ऐसे प्रयोगों में देखे जाते हैं। वैदिक प्रयोगों में तुमर्थक प्रत्ययों की विविधता पायी जाती है। पाणिनि ने तुमर्थक पन्द्रह प्रत्ययों का उल्लेख किया है (3.4.9), यथा वक्षे (से) रायः, एषे (सेन्: जाने के लिए), जीवसे (असे/

असेन्ःजीने के लिए), प्रेषे (क्सेः जाने के लिए) श्रियसे (क्सेनः शोभायमान होने के लिए), श्रियध्यै (कध्यैन्ः शोभायुक्त होने के लिए) आहुवध्यै (कध्यैः बुलाने के लिए) पिबध्यै (शध्यै/शध्यैन्ः पीने के लिए), पातवै (तवैः पीने के लिए) सूतवे (तवेङ्ः जाने के लिए) ऐसे वैदिक प्रयोग पाये जाते हैं। कुछ वैदिक प्रयोग दृषे (देखने के लिए), वाचे (बोलने के लिए), ग्रभे (पकड़ने के लिए) चतुर्थी विभक्ति के प्रतीत होते हैं। वैदिक क्रियारूपों में सरलीकरण की प्रवृत्ति देखी जाती है यथा मरति ✓मृ हनति (✓हन्) ऐसे प्रयोगों में देखा जा सकता है।

वैदिक लौकिक संस्कृत के अभिलक्षण (विभाषात्मक)

वैदिक संस्कृत भाषा के प्रयोगों की विविधता वैदिक मन्त्रों, ब्राह्मणसाहित्य, आरण्यक, उपनिषत्साहित्य के अध्ययन से प्रमाणित हो जाती है। इसे संस्कृत भाषा का विकास कहें या परिवर्त्तनशीलता, यह एक स्वाभाविक प्रक्रिया रही है। सुनीति कुमार चटर्जी ने कहा है कि 600 ई॰पू॰ के पहले तक अफगान प्रदेश से बंगाल तक व्यवहृत संस्कृत समस्त आर्य उपभाषाओं के उपादानों को लेकर एक साहित्यिक ऋद्धिपूर्ण भाषा के रूप में विकसित हुई थी (**भारतीय आर्यभाषा और हिन्दी**, पृष्ठ 184)। संस्कृत का वैभव एवं प्राणवत्ता जिन कारकों से पुष्ट हुई उनमें निम्नलिखित उल्लेखनीय हैं।

शब्द-उत्पादकता वैदिक एवं पूर्ववैदिक काल से मूल रूपों (धातु-प्रातिपदिकों) में विभिन्न पूर्वसर्गों तथा परसर्गों के योग से नवीन शब्दों की निर्मिति में कठिनाई नहीं आयी। 'पण' शब्द के अर्थ राशि, पुञ्ज, समूह को लेकर शाकपण, मूलकपण सदृश शब्द गढ़े गये। सन्तान के अर्थ की अभिव्यक्ति के लिए विभिन्न प्रत्ययों के योग से 'दाशरथिः', 'कौन्तेयः', 'राधेयः', 'पाण्डवः' आदि पद प्रयोग में आये। पर्याय शब्दों की बहुलता ने भी शब्द-भाण्डार को समृद्ध बनाया, यथा 'राजा' के लिए भूभृत्, क्षितिभृत्, क्ष्माभृत्, क्षितिधर, महीधर आदि शब्द प्रयुक्त होने लगे।

जीवन-यापन की सुविधा एवं आर्थिक-सामाजिक समृद्धि ने विभिन्न कलाओं के प्रसार का पोषण किया। उच्च वर्गों की ऐश्वर्यशालिता के चलते क्रीडाशैल, प्रमदवन, जलविहार, विलासभवन, राजभवन, अन्तःपुर, चारण, वैतालिक, ताम्बूलवाहिनी, चामरग्राहिणी आदि अनेकानेक शब्द प्रयोग में आये। नाट्यकला, नृत्यकला, काव्य-रचना के विस्तार के चलते पारिभाषिक शब्दावली में अत्यन्त वृद्धि हुई। पौराणिक साहित्य की वृद्धि के साथ नये-नये देवों-देवियों की कल्पना की गयी। यथा पद्मयोनिः, स्वयंभूः, कमलाद्भव, कमलयोनि, कमलासन, गौरी, लक्ष्मी, दुर्गा, सरस्वती, राधा, भवानी, पार्वती आदि।

इसके साथ ही शब्द-प्रयोग में औपचारिक तथा आलंकारिक अभिव्यक्ति की भी अधिकता दीख पड़ी। यथा– 'उदरपूरं भुङ्क्ते' (ठूँस-ठूँसकर खाता है), 'मनोहत्य

पयः पिबति' (जी भर दूध पीता है), 'सतृणम् अत्ति' (भोजन चाट जाता है, कुछ भी नहीं छोड़ता), 'सुखशयनं पृच्छति सुखशायनिकः' (रात में सुखपूर्वक सोने के विषय में पूछने वाला)।

शब्दावली की वृद्धि के साथ उनके अर्थों में भी नवीनता आती गयी– अर्थसंकोच, अर्थविस्तार या अर्थापदेश के कारण। व्यङ्ग्यार्थक, लक्षणिक प्रयोगों ने साहित्य के रसास्वाद की सघनता की सृष्टि की। कालिदास के **मेघदूत, अभिज्ञानशाकुन्तल**, भारवि के किरातार्जुनीय आदि लौकिक संस्कृत की काव्यकृतियों में इनका उत्कर्ष देखा जा सकता है। निम्नलिखित उदाहरणों में अर्थ की सूक्ष्मता के अन्तर को देखा जाय–

	वैदिक संस्कृत	**लौकिक संस्कृत**
क्रतु	बुद्धि	यज्ञ
वह्नि	वाहक	अग्नि
क्षिति	वसति	पृथ्वी
असुर	देव, परमेश्वर	राक्षस
न	उपमार्थक	निषेधात्मक

वैदिक-लौकिक संस्कृत के समान्तर लोक प्रचलित शब्दावली की, जिसे बृहत् अर्थ में प्राकृत भाषाओं के प्रयोगों की परिणति माना जा सकता है, संस्कृतीकरण की प्रवृत्ति भी पनपी। यह संस्कृत भाषा के महत्त्व के कारण हुई होगी। इस प्रकार आज की द्विभाषिकता-बहुभाषिकता की तरह बहुभाषिकता नहीं भी रही हो तो भी द्विभाषिकता को अस्वीकार नहीं किया जा सकता। ऊपर कहा जा चुका है कि पतञ्जलि (150 ई॰पू॰) तक अपभ्रंश-रूप लोकव्यवहार में आ गये थे यथा गौः के लिए गावी, गोणी, गोता, गोपोतलिका आदि। अतः संस्कृत भाषा की संघटना के अनुरूप शब्दावली में परिवर्त्तन-परिवर्द्धन हुआ होगा। उदाहरण के लिए संस्कृत के भर्ता या भर्तारक शब्द से विकसित भट्ट, भट्टारक, भट्‌ट, भट्टिणी जैसे शब्द प्रयोग में आये और अन्ततः संस्कृत के मूल शब्दों के मूल रूप में इन्हें स्वीकृति मिली।

कतिपय विद्वानों के अनुसार वैदिक संस्कृत घोष महाप्राण ध्वनियों (भ्, ध्) के स्थान पर ह् ध्वनि का विकास पाया जाना प्राकृत भाषाओं के प्रभाव के फलस्वरूप हुआ। यथा गृभ्णामि > गृह्णामि, भरामि > हरामि, ऋणुधि > ऋणुहि आदि।

लौकिक संस्कृत की एक विशेषता भारतीय तथा भारतीयेतर भाषाओं के शब्दों का आदान है। विशप काल्डवेल (1961, पृ॰ 149 : **ग्रामर ऑफ द्राविडियन लैंग्वेज**) ने संस्कृत की मूर्धन्य ध्वनियों के विकास में द्राविड़ भाषाओं की भूमिका मानी है, क्योंकि अन्य भारोपीय परिवार की भाषाओं में ये ध्वनियाँ नहीं पायी जातीं। इस स्थापना के विपरीत टी॰ बरो तथा फार्तुनातोव की मान्यता है कि संस्कृत में र्, ष् आदि ध्वनियों के प्रभाव से दन्त्य ध्वनियाँ मूर्धन्य ध्वनियों के रूप में विकसित हुईं।

टी॰ बरो ने अपने ग्रन्थ **संस्कृत भाषा** के अन्त में द्राविड़ भाषाओं से संस्कृत

भाषा में आये शब्दों की सूची दी है, पर पॉल थीमे आदि इससे सहमत नहीं हैं। वे भारोपीय स्रोतों का ही समर्थन करते हैं। कतिपय शब्द निम्नलिखित हैं—

संस्कृत	**तमिल**	**तेलुगु**	**मलयालम**	**कन्नड़**
अनल	अनल	—	अनल	अनलु (उष्णता)
कुटी/कुटीर	कुटि	गुडि (झोंपड़ी)	कुटि	गुडि (झोपड़ी)

इनके अतिरिक्त कुट्टिम(पक्का फर्श), अटवि(जंगल), सिन्दूर, गंगा, पुष्प, पल्ली, कटुक, घोटक आदि शब्दों का मूल द्राविड़ भाषाओं को माना गया है।

संस्कृत शब्दावली में अन्य भारोपीय भाषाओं से भी शब्दों का आदान हुआ है। यथा वारवाण (कवच) < वरोपान (वक्षरक्षक) प्राचीन ईरानी), अश्ववारः < (घुड़सवार प्राचीन फारसी), पुस्तक < पुस्त (पृष्ठ/चर्मः फारसी)। यूनान का सम्बन्ध भारत से पुराना रहा है। यूनानी प्रभाव के कारण अनेक शब्द संस्कृत में व्यवहृत होने लगे। यथा खलीन (लगाम) < खलीनोस् (यूनानी)। सुरुङ्ग (सुरङ्ग) < सुरिग्ज् (यूनानी), क्रमेलकः (ऊँट) < (क़मेलोस;) kamelos, (यूनानी)। व्यापार के चलते हिन्देशिया में 'लौंग' के लिए प्रयुक्त 'लवङ्ग' शब्द का आदान संस्कृत 'लवङ्ग' के रूप में हुआ।

पाणिनि और संस्कृत का मानकीकरण

इसका संकेत किया जा चुका है कि भाषा-प्रयोग में क्षेत्रीय विभिन्नताएँ पनपती रहीं शब्द-व्युत्पत्ति के क्षेत्र में तथा अर्थाभिव्यक्ति के क्षेत्र में भी। पाणिनि-कात्यायन-पतञ्जलि की कृतियों में इसके प्रमाण हैं। ऐसा कहना गलत नहीं होगा कि पाणिनि ने अपनी **अष्टाध्यायी** द्वारा संस्कृत भाषा का मानकीकरण किया। प्रयोगों की विभिन्नता पाणिनि द्वारा प्रयुक्त 'अन्यतरस्याम्, विभाषा, प्राचाम्, उदीचाम्, शाकल्यस्य, शाकटायनस्य, स्फोटायनस्य' आदि के उल्लेख से सिद्ध होती है। वस्तुतः पाणिनि ने एक तटस्थ भाषाविज्ञानी के रूप में संस्कृत भाषा का विश्लेषण करते हुए वैकल्पिक प्रयोगों का भी उल्लेख किया है। **महाभाष्य** में पतञ्जलि की यह उक्ति भी, संस्कृत भाषा के मानकीकरण के होते हुए भी, विभाषाओं के अस्तित्व का संकेत देती है— प्रकृतय एव एकेषु भाषन्ते, विकृतय एकेषु। शवतिः गतिकर्मा कम्बोजेषु भाषन्ते विकारम् अस्य आर्येषु भाषन्ते शव इति। दातिः लवनार्थे प्राच्येषु, दात्रीमुदीच्येषु (**महाभाष्य**, प्रथम आह्निक)। पाणिनि के **अष्टाध्यायी** के सूत्र (न यासयोः, 7.2.45) के प्रसंग में वार्त्तिककार कात्यायन ने बतख पक्षी के लिए पूर्वी प्रदेश में प्रयुक्त 'वर्तका' तथा उत्तर में व्यवहृत 'वर्तिका' का उल्लेख किया है ('वर्तका शकुनौ प्राचाम्)।

पाणिनि ने संस्कृत भाषा के मानकीकरण के सन्दर्भ में वैकल्पिक रूपों को मान्यता दी है— मत्या ~ गतिना, पूर्वात् ~ पूर्वस्मात्, जहाहि ~ जहिहि ~ जहीहि, नाम्नि ~ नामनि, ~ दर्शिष्यते ~ द्रक्ष्यते, हनिष्यते ~ घानिष्यते आदि इसके प्रमाण

हैं। वैदिक प्रयोग 'तुरीय', 'तुर्य' चौथे के अर्थ में स्वीकृत थे– तुरीयं वाचो मनुष्या वदन्ति' ('द्वितीय-तृतीय-चतुर्थ--तुर्याण्यन्यतरस्याम्' **अष्टा॰** 2.2.3)।

लिंग-वचन के सम्बन्ध में मानकीकरण की आवश्यकता पाणिनि ने अनुभव की। **बृहदारण्यसक** उपनिषद् में 'दार' शब्द का एकवचन में प्रयोग है– 'दारेण नोपहासमिच्छेत्' (6.4.12)। पाणिनि ने इसके बहुवचन रूप 'दारा'' को ही स्वीकृति दी। **लिंगानुशासन** (सूत्र 30) के अनुसार सिकता, समा, वर्षा, अप् (जल) स्त्रीलिंग और बहुवचन में प्रयुक्त होने चाहिए। पर **महाभाष्य** में एकवचन में भी प्रयोग है–'एका च सिकता तैलदाने असमर्था', 'समा विराजते' (सूत्र 5.1.2)। **काशिका** (2.4.78) के उदाहरण में सुमनस् (फूल के अर्थ में) द्विवचन में प्रयुक्त है– 'अघ्रासातां सुमनसौ देवदत्तेन' (देवदत्त ने दोनों फूल सूँघ लिए)। भट्टोजिदीक्षित के अनुसार फूल के अर्थ में स्त्रीलिंग तथा देवता के अर्थ में पुल्लिंग होता है– 'सुपर्वाणः सुमनसः'– **अमरकोष**)।

संस्कृत भाषा के मानकीकरण के लिए यत्नशील पाणिनि ने लिंग और वचन के लिए लोक को ही प्रमाण माना है (तदशिष्यं संज्ञाप्रमाणत्वात् 1.2.53 'कुत्र. किं लिंग कि ञ्च वचनं कर्तव्यमिति) विषये लोक-व्यवहाराणामेव प्रमाणत्वात्'। भाषा का लोकाश्रित पक्ष ही भाषा की प्राणवत्ता एवं परिवर्त्तनशीलता दोनों का कारक होता है। संस्कृत भाषा भी इसका अपवाद न रही और न है।

संस्कृत संरचना के विविध पक्ष

भाषा के स्वरूप का एक अभिलक्षण यह है कि भाषा वाक्यों का समूह है क्योंकि जब भी किसी भाषा में विचार-विनिमय किया जाता है तो वक्ता और बोधव्य अर्थात् भाषा के व्यवहर्ता वाक्यों का ही प्रयोग करते हैं। कभी-कभी एक शब्द से भी वाक्यार्थ का बोध हो जाता है, पर यह तभी सम्भव है जब भाषा के प्रयोक्ता को प्रसंग की अभिज्ञता हो। अतः भाषा को वाक्यसमूह मानने में कोई आपत्ति नहीं हो सकती। आधुनिक भाषाविद् नोआम् चौम्स्की भी वाक्य को भाषा की उच्चतम मुख्य इकाई मानते हैं।

भारतीय परम्परा में भी ऐसी प्रतिपत्ति देखने में आती है। भर्तृहरि ने, जो संस्कृत- व्याकरण-दर्शन के अन्तिम मौलिक उद्गाता हैं, अपने **वाक्यपदीय** में वाक्य को ही प्रधान माना है, पद या पदांश या वर्ण में वाक्य का विभाजन प्रक्रियात्मक है। उनकी मान्यता है

पदे न वर्णा विद्यन्ते वर्णेष्ववयवा इव।
वाक्यात्पदानामत्यन्तं प्रविवेको न कश्चन।।। (**वाक्यपदीय**, 1.73)

वाक्यपदीयकार की यह उक्ति आधुनिक दृष्टि से भी सर्वथा मान्य है। वाक्य भाषा की मुख्य (प्राइम) इकाई है।

वाक्य की दूसरी विशेषता है कि उसमें क्रियापद का होना आवश्यक है। वस्तुतः वाक्य में क्रियापद की प्रधानता होती है। भाषाविज्ञानियों के एक वर्ग का तो यह मानना है कि क्रियापद से रहित वाक्य हो ही नहीं सकता। सम्भवतः इसी तथ्य को ध्यान में रखते हुए **महाभाष्य** में वाक्य को निम्न रूप में निरूपित किया गया है।

(अ) एकतिङ। वाक्यम् (**महाभाष्य** 2.1.11 पाणिनीय सूत्र)

(आ) आख्यातं साव्ययकारकविशेषणन् वाक्यम, सक्रियाविशेषणं च। आख्यातं सविशेषणम्।

(अ) में तिङ्, शब्द तिङन्त अर्थात् क्रिया का वाचक है। एक सरल वाक्य में एक ही क्रिया होती है।

(आ) में वाक्य के अभिलक्षण को अधिक स्पष्ट करने के लिए अव्यय, कारक, विशेषण, क्रियाविशेषण से युक्त होने की बात कही गयी है। यों (अ) में दी गयी वाक्य की परिभाषा पर्याप्त है। यह भी ध्येय है कि वाक्य में एक नाम पद तथा एक क्रियापद (न्यूनतम) होते हैं तथा वहाँ कारक-सम्बन्ध स्वतः अन्तर्निहित रहता है। अन्य पदों– अव्यय, विशेषण आदि का प्रयोग भाषा-व्यवहर्ता की विवक्षा के अधीन होता है।

वाक्य में योग्यता, आकांक्षा, सन्निधि

मीमांसा-दर्शन में वाक्य को परिभाषित करते हुए कहा गया है कि आकांक्षा, योग्यता तथा आसत्ति (सन्निधि) होनी चाहिए। **साहित्यदर्पण, काव्यप्रकाश** आदि काव्यशास्त्र के ग्रन्थों में इसका समर्थन किया गया है– वाक्यं स्याद्योग्यताकांक्षासत्तियुक्तः पदोच्चयः (**साहित्यदर्पण** II. 1)

'रामः पुस्तकं पठति' इस वाक्य में तीनों पदों की परस्पर आकांक्षा है, 'रामः' के 'पुस्तकं, पठति' के साथ प्रयुक्त होने पर वक्ता को श्रोता की आकाङ्क्षा समाप्त हो जाती है। यहाँ अन्य पद जैसे अश्वम्, ओदनम् आदि की आकांक्षा वक्ता को नहीं है। वस्तुतः वाक्य में साकांक्ष पदों का ही प्रयोग वक्ता करता है। अतः इसको अलग से अभिलक्षण के रूप में बताना आवश्यक नहीं है। यहाँ चयन (selection) के द्वारा एक दूसरे से सम्बद्ध (साकांक्ष) पदों का ही वाक्य में प्रयोग किया जाता है, आकांक्षा-बाह्य पदों का चयन नहीं किया जाता।

दूसरा अभिलक्षण योग्यता बताया गया है। योग्यता को 'बाधाभाव' भी कहा गया है अर्थात् वाक्यगंत पदों के प्रयोग में कोई बाधा नहीं होनी चाहिए। उदाहरणार्थ 'अग्निना सिञ्चति क्षेत्रम्'। इसमें 'सिञ्चति' के प्रयोग में बाधा का अभाव अर्थात् योग्यता नहीं है। वस्तुतः इस अभिलक्षण को भी बताने की आवश्यकता नहीं है। चयन की प्रक्रिया द्वारा ऐसे ही पदों का प्रयोग वाक्य में किया जाता है जो सुसम्बद्ध हों, एक दूसरे के साथ उनकी सङ्गति बैठ सके। 'अग्निना सिञ्चति' या 'भवनम् पठति'

ऐसा प्रयोग कोई भी व्यक्ति जिसकी बुद्धि या मस्तिष्क सामान्य है, नहीं करेगा।

यहाँ यह ध्यान में रखना चाहिए कि उक्ति या कथन में काव्य-सौन्दर्य या चमत्कार के लिए योग्यतारहित पदों का भी प्रयोग कर दिया जाता है। वस्तुतः लाक्षणिक प्रयोग, व्यञ्जना-अलङ्कारों का सन्निवेश 'योग्यता' के प्रत्याख्यान के कारण ही होता है। इसे ही काव्यशास्त्र के आचार्यों ने 'मुख्यार्थबाध' कहा है। संस्कृत, हिन्दी या किसी भी भाषा के काव्य में ऐसे अनगिनत उदाहरण देखे जा सकते हैं।

मीमांसकों ने तीसरा अभिलक्षण 'आसत्ति' या सन्निधि' माना है जो देश-काल की सापेक्षता को रेखांकित करता है। वाक्य के विभिन्न पदों के उच्चारण में अगर देश-काल का व्यवधान, अर्थात् दूरीगत या कालगत विलम्ब हो गया तो वाक्य-उच्चारण दोषयुक्त हो जायगा और अर्थबोध बाधित हो जायगा। मीमांसकों की इस मान्यता की भी आवश्यकता नहीं प्रतीत होती। कोई भी वक्ता जो सामान्यतया मस्तिष्क की विकृति से मुक्त है, रुक-रुककर वाक्यनिष्ठ शब्दों का प्रयोग नहीं करेगा। वक्ता सामान्यतया देश-काल की अन्विति के साथ व्यवहार करता है।

वाक्य के अभिलक्षण

प्राचीन पाश्चाव्य भाषाविद् वाक्य को भाषा की व्याकरणात्मक बृहत्तम पूर्ण सार्थक इकाई मानते हैं (maximal meaningful unit of a Language)। ऐसी परिभाषा कालान्तर में आलोच्य हो गयी है। वाक्य से पूर्ण अर्थ की प्रतीति नहीं भी हो सकती है। प्रश्नवाचक वाक्य ऐसे ही होते हैं। सम्भव है, पूर्ण अर्थ की प्रतीति पूरे अनुच्छेद के पढ़ जाने पर हो। अतः ऐसी परिभाषा दोषयुक्त मानी जाती है। साथ ही यह आकारिक (formal) परिभाषा के रूप में ग्राह्या नहीं हो सकती। वस्तुतः **महाभाष्य** में निर्दिष्ट 'एकतिङ् वाक्यम्' ही वाक्य की उपयुक्त परिभाषा है।

वाक्य-विवेचन के क्रम में मीमांसकों ने वाक्यार्थबोध की प्रक्रिया का विश्लेषण किया है। इस सन्दर्भ में मीमांसकों के दो वर्ग हैं। एक वर्ग के प्रवर्त्तक कुमारिलभट्‌टट का विचार है कि अभिधा व्यापार के द्वारा पृथक्-पृथक् शब्दार्थ का बोध होता हे और उनके एकीभूत अर्थ का बोध एक अन्य व्यापार या शब्दशक्ति से होता है, जो 'तात्पर्यार्थ' वृत्ति या शक्ति या व्यापार है। इसके विपरीत उनके शिष्य प्रभाकर हैं, जिनकी तीक्ष्ण बुद्धि होने के कारण स्वयं कुमारिल ने उनको 'गुरु' उपनाम दे दिया था। उनके अनुसार अभिधा शक्ति द्वारा ही वाक्यार्थ का बोध होता है, अलग से तात्पर्याख्या शक्ति को मानने की आवश्यकता नहीं है। वाक्य के पद परस्पर अन्वित होकर ही वाक्यार्थ बोध कराते हैं। कुमारिल के मत को 'अभिहितान्वयवाद' तथा प्रभाकर के मत को 'अन्विताभिधानवाद' कहा गया है। इस प्रकार प्रभाकर के अनुसार वाच्यार्थ वाक्यार्थ से भिन्न नहीं है और प्रभाकर का ही मत ग्राह्य है।

ऊपर के विवेचन से स्पष्ट है कि वाक्य की परिभाषा तथा उसके अर्थबोध की

प्रक्रिया को लेकर विद्वद्वर्ग में मतभेद है। इसी को लक्ष्यकर वाक्यपदीयकार ने कहा है–'वाक्यं प्रति मतिर्भिन्ना बहुधा न्यायवादिनाम्' (2.1.2)

पदक्रम

वाक्य के सम्बन्ध में एक उल्लेख्य बिन्दु वाक्य के पदक्रम से सम्बद्ध है। संस्कृत भाषा में वाक्य के पदक्रम का महत्त्व नहीं है–'छात्रः पुस्तकं पठति। छात्रः पठति पुस्तकम्', 'पुस्तकं पठति छात्रः' ऐसे विन्यासभेद के होने पर भी अर्थबोध में भिन्नता सामान्यतया नहीं होती। पर हिन्दी भाषा में पदक्रम का महत्त्व है। 'राधा सीता कहती है', 'सीता राधा कहती है' के अर्थबोध में भिन्नता है। अँगरेजी भाषा में भी पदक्रम का महत्त्व है जो सर्वविदित है।

संस्कृत वाक्य का पदानुक्रम मुक्त होते हुए वाक्य में किसी पद को महत्त्व देना हो तो या तो प्रश्नोत्तर के रूप में उसे वाक्य के आदि में प्रयुक्त किया जा सकता है यथाः 'कुत्र गमिष्यति छात्रः? विद्यालयं गमिष्यति छात्रः'।

संस्कृत भाषा के पदानुक्रम को सर्वथा मुक्त मानने पर कभी-कभी विसङ्गति पैदा हो सकती है, यथा 'सह' पद के प्रयोग में। संस्कृत-व्याकरण के अनुसार 'सह' पद के प्रयोग के विना भी, तृतीया विभक्ति का प्रयोग किया जा सकता है (निम्नलिखित 1, 2 वाक्य)। अगर उसमें वाच्य परिवर्तन कर दिया जाय (3 में) तो दो नामपदों में कौन अप्रधान है, यह समझना कठिन हो जायगा, यथा वाक्य 3, 3', 3' में। दोनों नामपदों में से कोई भी प्रधान हो सकता है (यहाँ प्रधानता-अप्रधानता वाक्य-विन्यास पर आधारित है, सम्बन्ध पर नहीं।

1. जनकः पुत्रेण सह गच्छति (कर्तृवाच्य)
2. जनकः पुत्रेण गच्छति
3. जनकेन पुत्रेण गम्यते (भाववाच्य)
3. जनकेन (सह) पुत्रेण गम्यते।
3. जनकेन पुत्रेण (सह) गम्यते

आन्तर संरचना (deep structure) बाह्य संरचना (surface structure)

आधुनिक भाषाविद् वाक्य-सरचना की दो स्थितियाँ मानते हैं–आन्तर संरचना (deepèunderlying structure) तथा बाह्य संरचना (surface structure)। आन्तर संरचना की दृष्टि से भाषाओं में अन्तर अल्प होता है। ऊपर कहा जा चुका है कि भाषा वाक्य-समूह है और प्रत्येक सरल वाक्य में एक क्रियापद की विद्यमानता के कारण ही उसे सरल वाक्य कहते हैं। यथा–

4. छात्रः पठति vs. छात्रः पठित्वा गृहं गच्छति
   छात्रः पठति--गृहं गच्छति

प्रथम वाक्य के लिए निम्न नियम बनाया जा सकता है– वाक्य→ नामपद, क्रियापद। यह नियम किसी भी भाषा के लिए लागू हो सकता है। भारतीय दर्शन में वाक्यार्थ-बोध, जिसे 'शाब्दबोध' शब्द से अभिहित किया जाता है, क्रिया की प्रधानता न मानकर नामपद की प्रधानता मानी जाती है। इसके विपरीत वैयाकरण वाक्य की व्याख्या में क्रियापद को प्रधान मानते हैं (क्रिया-प्रधानं वाक्यम्)।

दार्शनिकों द्वारा क्रिया की प्रधानता न मानने का कारण 'अयम् वृक्षः', 'त्रयः कालाः' जैसे वाक्य हैं जिनमें क्रिया का प्रयोग वैकल्पिक होता है। पर ऐसे प्रयोग अपवादस्वरूप हैं। साथ ही, कर्त्तृवाच्य में ही क्रिया का अप्रयोग सम्भव है, वाच्य परिवर्त्तन होने पर नहीं होता, यथा 'अनने वृक्षेण भूयते, त्रिभिः कालैः भूयते'।

वाक्य की इन संरचनाओं को आधुनिक भाषाविद् नोआम् चॉम्स्की (Noam Chomsky) ने अपनी रचना (1965) में अच्छी तरह स्पष्ट किया है।

वाक्य-भेद

सरल वाक्य, मिश्र वाक्य के अतिरिक्त एक तीसरा वाक्य-भेद है जिसे संयुक्त वाक्य कहा जा सकता है। इसमें 'च' (और) के द्वारा विभिन्न नामपद एक ही क्रिया से संयुक्त हो जाते हैं यथा नीचे के उदाहरण में। यहाँ यह बात ध्यान में रखनी है कि हिन्दी में अन्तिम नाम पद के पूर्व 'और' का प्रयोग करते हैं यथा 'राम, श्याम और सीता जा रही है' किन्तु संस्कृत में प्रत्येक पद के बाद 'च' का प्रयोग कर सकते हैं या केवल अन्तिम नामपद के पश्चात् यथा– **रामः च श्यामः च सीता च बालकाः च गच्छन्ति।** अथवा, **रामः, श्यामः, सीता, बालकाः च गच्छन्ति।**

स्मरणीय है कि संस्कृत के क्रियारूपों में हिन्दी की तरह लिंगभेद नहीं होता (रामः/सीता खादति)।

वचन-विमर्श

संस्कृत वक्य-विन्यास के कतिपय नियम उल्लेखनीय हैं।

(i) संस्कृत में तीन वचन होते हैं– एकवचन, द्विवचन तथा बहुवचन जबकि हिन्दी-अँगरेजी भाषाओं में दो ही होते हैं, द्विवचन नहीं होता। ऐसा कहा जाता है कि संस्कृत में द्विवचन का प्रयोग दो आँखें, दो कान, दो हाथ, दो पैर आदि को देखकर प्रारम्भ हुआ होगा। इसके अतिरिक्त वेदमन्त्रों में कतिपय देवताओं के युग्म-रूप प्रयुक्त होते हैं यथा इन्द्राग्नी (इन्द्र और अग्नि), द्यावापृथिव्यौ (द्युलोक और पृथ्वी), अश्विनौ (अश्विनीकुमारद्वय), मित्रावरुणा (मित्र और वरुण)। इनके आधार पर द्वि वचन का विकास हुआ होगा, ऐसा माना जाता है। पुनः (पत्नी-पति) के लिए भी युग्म प्रयोग को स्वीकृति मिली होगी (जायापती, दम्वती)। इस प्रकार युग्म के आधार पर प्रयुक्त द्विवचन सभी नामपदों– क्रियापदों के रूपों में प्रयुक्त होने लगा होगा।

उल्लेखनीय है कि कतिपय नामपद बहुवचन में ही प्रयुक्त होते हैं यथा दाराः (भार्या), आपः (जल), प्राणाः (प्राण)। यों ऐसे पदार्थ भी हैं जिनकी गिनती नहीं की जा सकती यथा दुग्ध, जल, गोधूम (गेहूँ) सदृश नामपदों में बहुवचन के रूपों का औचित्य नहीं दीखता। इसी प्रकार भाववाचक पदों के द्विवचन, बहुवचन रूप परम्परा-निर्वाह के लिए ही दीखते हैं। इसमें लोक-व्यवहार को ही प्रमाण मानना पड़ेगा।

(ii) संस्कृत में तीन लिंग पाये जाते हैं, जो नामपदों का अभिलक्षण है। पुँल्लिङ्ग-स्त्रीलिङ्ग भेद (नपुंसक), भार्या (स्त्री॰) दाराः (पुँल्लिङ्ग)। तीनों ही पत्नी के पर्याय हैं। दोस्त के अर्थ में 'मित्रम्' नपुंसक लिङ्ग होता है चाहे मित्र स्त्री हो या पुरुष।

(iii) वाक्य में प्रयुक्त पद अगर पुँल्लिङ्ग, स्त्रीलिङ्ग, नपुंसकलिङ्ग, तीनों हो तो विशेषण नपुंसक लिङ्ग में तथा वचन पदों की सम्मिलित संख्या के अनुसार होगा। पुँल्लिङ्ग और स्त्रीलिंङ्ग पदों के प्रयुक्त होने पर विशेषण पुँल्लिङ्ग होगा। यथा—1. सुन्दराणि बालकः, बालिका, भवनञ्च दृश्यन्ते। 2. सुन्दरौ बालकः बालिका च गच्छतः।

(iv) वाक्य में अनेक कर्तृ पद 'वा'/'अथवा' से संयुक्त होने पर क्रिया आसन्नतम कर्ता पद के अनुसार होगी। यथा— 1. एते बालकः वा एषा बालिका वा तत्र गच्छतु। 2. एषा बालिका वा एते बालकाः वा तत्र गच्छन्तु।

(v) वाक्य में दो या दो से अधिक कर्तापद जो भिन्न पुरुषवाची हों और 'च' के द्वारा संयुक्त हों तो भी पदों के सम्मिलित वचन के अनुसार क्रिया होगी। पर उत्तम पुरुष के रहने पर उत्तम पुरुष और मध्यम पुरुष के रहने पर (और उत्तम पुरुष का प्रयोग नहीं होने पर) मध्यम पुरुष के अनुसार क्रिया होगी। यथा— 1. अहं, त्वं, सीता च तत्र गमिष्यामः। 2. त्वं, सीता, रमा च तत्र गमिष्यथ।

(vi) वाक्य में भिन्न पुरुषों के कर्ता पद 'अथवा', 'वा' से जुड़े हों तो क्रिया का वचन-पुरुष आसन्नतम पद के अनुसार होगा, जैसे— 1. अहं वा त्वं वा सीता वा गच्छति तत्र, 2. त्वं वा सीता वा अहं वा गच्छामि तत्र, 3. सीता वा अहं वा त्वं वा गच्छसि तत्र।

(vii) 'अथवा' या 'वा' से जुड़े पद अनेक हों तो प्रत्येक पद के बाद 'वा' का प्रयोग होगा या केवल अन्तिम पद के बाद। यथा— सीता अहं, त्वं वा गमिष्यसि। सीता वा अहं वा त्वं वा गमिष्यसि।

(viii) वाक्य में प्रयुक्त पात्र, आस्पद, स्थान, पद, प्रमाण, भाजन आदि शब्द विधेय होने पर सदा एकवचन नपुंसक लिङ्ग में होते हैं। यथा— 1. गुणाः पूजास्थानम् सन्ति। 2. अहं प्रशंसायाः पात्रम् अभवम्। 3. शिक्षकः आदरस्य आस्पदं भवति। 4. अहं भवतः विश्वासभाजनम् अस्मि। 5. सम्पत्तिः विपत्तेः पदं भवति।

(ix) संस्कृत में विशेषण का लिङ्ग, वचन विशेष्य के अनुसार होता है तथा विशेषण की कारक विभक्ति विशेष्य की कारक विभक्ति के समान होती है। यथा—

1. मधुराणि फलानि आनय। 2. मधुरं गानं शृणोति। 3. बुद्धिमतीभ्यः सुन्दरीभ्यः बालिकाभ्यः पुस्तकानि ददाति।

सार्वनामिक विशेषण भी विशेष्य की विभक्ति से युक्त होता है। यथा– तस्य बालकस्य माता गच्छति।

लिङ्ग-विवेचन

वाक्यविन्यास के क्रम में लिङ्ग, वचन, वाच्य तथा कारक का विवेचन अपेक्षित है।

वाक्यविन्यास के क्रम में लिङ्ग का सामान्य अर्थ चिह्न है। आरम्भ में भाषा में लिङ्ग-निर्णय का आधार स्त्री-पुरुष की यौनिकता रही होगी।

पाणिनि ने 'स्त्रियाम्' (4, 1, 3) सूत्र के अन्तर्गत स्त्रीत्व विधेयक नियमों का उल्लेख किया है। लिङ्ग को द्रव्य का, सत्त्व का धर्म माना गया है। इस प्रकार रामः, बालकः, नर्त्तकी, बालिका में पुँल्लिङ्ग-स्त्रीलिङ्ग-भेद माना जाता है। स्त्री-पुरुष के लौकिक शारीरिक भेद के आधार पर ही अगर लिङ्ग भेद माना जाय तो अचेतन पदार्थों में लिङ्गभेद कठिन हो जायगा। यथा 'खट्वा' को स्त्रीलिङ्ग मानना कैसे उचित ठहरेगा? पतञ्जलि के **महाभाष्य** में लौकिक स्त्री का सम्बन्ध 'संस्त्यान' से है। 'संस्त्यान' का अर्थ है तिरोभाव। पुरुष उत्पन्न करता है (सूते)। गुणों—सत्त्व, रजस्, तमस् का संस्त्यान (तिरोभाव) स्त्री है, गुणों की प्रवृत्ति अर्थात् आविर्भाव पुरुष है। इस प्रकार गुणों के उपचय या वृद्धि को पुरुषत्व माना गया है और अपचय को स्त्रीत्व माना गया है।

कैयट ने भी उपरि निर्दिष्ट स्त्रीत्व-पुंस्त्व के भेद की व्याख्या का अनुसरण किया है जो आधुनिक दृष्टि से ग्राह्य नहीं है। इसका आधार यह मानसिकता है कि स्त्री का महत्त्व या स्थान पुरुष से नीचे है। नपुंसक लिङ्ग को स्पष्ट करते हुए कैयट ने कहा है 'आविर्भाव-तिरोभावान्तरालावस्था स्थितिरुच्यते' (**प्रदीपमहाभाष्य** 4. 1. 3)। उदाहरण के लिए 'कलत्रम' का अर्थ भार्या है और यहाँ (कैयट के मतानुसार) 'तिरोभाव' है, परन्तु नपुंसक लिङ्ग होने के कारण 'आविर्भाव' और 'तिरोभाव' के बीच की 'स्थिति' भी होनी चाहिए। इस प्रकार कैयट की व्याख्या की स्वीकृति विसंगति उत्पन्न करती है।

पुनः उपचय या वृद्धि को पुंस्त्व तथा अपचय या ह्रास को स्त्रीत्व के साथ जोड़ा गया है। **काशिका** की टीका **न्यास** के रचयिता जिनेन्द्रबुद्धि इस मत से सहमत नहीं हैं। उनका मानना है कि पचय या वृद्धि स्त्री के साथ भी हो सकती है और अपचय या ह्रास पुरुष के साथ भी सम्भव है। नपुंसक के था भी ह्रास की स्थिति आ सकती है। नीचे के वाक्यों को देखें तो न्यासकार का मत ग्राह्य प्रतीत होता है। 1. उपचीयते कुमारी (कन्या बड़ी हो रही है)। 2. अपचीयते वृक्षः (पेड़ मुरझा रहा है)। 3. अपचीयते कुण्डम् (कुण्ड खाली हो रहा है)। न्यासकार के आक्षेप का उत्तर हरदत्त ने (**पदमञ्जरी** अष्टा॰ सूत्र 4.1.3 पृ॰ 15-16) देने का प्रयास किया है। पर वह उपयुक्त नहीं प्रतीत होता है।

पाश्चात्य, भाषाविद् लिङ्ग को व्याकरणिक मानते हैं तथ्यात्मक नहीं, अर्थात् यह स्त्रीत्व-पुंस्त्व के भेद पर आश्रित न होकर भाषा विशेष की संरचना से सम्बद्ध है। यह स्थिति प्रायः सभी भाषाओं में है (J.Lyons : **Introduction to Theoretical Linguistics**)

संसार की कतिपय भाषाओं में लिङ्ग का आधार चेतनता है। अलगोन्किन् तथा स्लाव भाषाओं में ऐसी ही स्थिति है। पूर्वी अफ्रीका के मसई लोगों में बड़ी और बलयुक्त वस्तुओं के लिए पुँल्लिङ्ग और छोटी या बलहीन के लिए स्त्रीलिङ्ग का प्रयोग होता है। जर्मन भाषा में पत्नीवाचक (weib) नपुंसक लिङ्ग है यथा (Das Weib) जर्मन भाषा में सूर्य स्त्रीलिंग माना जाता है (die sonne), चन्द्रमा पुँल्लिङ्ग (Der Mond), पर फ्रांसीसी भाषा में सूर्य पुँल्लिङ्ग है (Le soled) तथा चन्द्रमा स्त्रीलिंग (La Lune)। रूसी भाषा में सूर्य (सोन्त्से) नपुंसक लिंग है, तथा चन्द्रमा (लूना) पुँल्लिङ्ग है। संस्कृत में 'मित्रः' (सूर्य) पुँल्लिङ्ग है। संस्कृत में कतिपय शब्द तीनों लिङ्गों पाये जाते हैं– यथा तटः, तटी, तटम्। 'कुटी' शब्द स्त्रीलिङ्ग, पर कुटीरः/ कुटीरम् पुँल्लिङ्ग-नपुंसक दोनों है। संस्कृत में अरण्यम् (वन) नपुंसक लिंग में है और अरण्यानी (भयंकर अरण्य) स्त्रीलिंग है। हिमम् (बर्फ) नपुंसक लिङ्ग है तो बर्फ का ढेर (हिमानी) स्त्रीलिङ्ग है। लिङ्ग विषयक इस जटिलता एवं स्वच्छन्द को देखकर ही लिङ्ग को प्राकृतिक न मानकर प्रयोगाश्रित मानने का प्रस्ताव है।

भर्तृहरि ने इसके समाधान के लिए लिङ्ग को शिष्टाधीन माना है। भाषाविद् शिष्टजन ही लिङ्ग-निर्धारण में प्रमाण हैं (**वाक्यपदीय** 3 लिङ्गसमुद्देश)। कैयट ने विवक्षा को लोकव्यवहारानुवादिनी माना है (लिङ्गव्वस्थायां लोकः प्रमाणमित्यर्थः, कैयट, **प्रदीप** 4.1.3)। शिष्टजनों की विवक्षा भी लोकव्यवहार पर आश्रित होती है (अनेन लिङ्गस्वरूपमपि लोकादेव ज्ञायत इत्युक्तं) 'लोक' का अर्थ शिष्टजन हैं (इह 'लोकशब्देन शिष्टाः विवक्षिताः'(**वाक्यपदीय** लिंगमुद्देश 21)। नागेशभट्ट भी शिष्टाश्रित लिङ्ग-प्रयोग मानने के पक्षपाती हैं। (महाभाष्य प्रदीपोद्योत 5.1)।

उपरिनिर्दिष्ट टीकाकारों के मतों का आधार पाणिनिरचित सूक्त 'तदशिष्यं संज्ञाप्रमाणत्वात् (4.1.3) है जिसके अनुसार लिङ्ग और वचन लोक-प्रयोग से ही जानने चाहिए। उसे नियमों के द्वारा बताया नहीं जा सकता। महाभाष्यकार पतञ्जलि ने (4.1.3) इसी कारण कहा है 'लिङ्गमशिष्यं लोकाश्रयत्वाल्लिङ्गस्य'।

लिङ्ग को लेकर यह प्रश्न उठाया गया है कि लिङ्ग अर्थ से सम्बद्ध है या शब्द से अर्थात् लिङ्ग शब्दनिष्ठ है या अर्थनिष्ठ। पाणिनि के 'स्वमोर्नपुंसकात्' (7.1.23) सूत्र से प्रथमा एकवचन तथा द्वितीया एकवचन में (सु) → (अम्) विभक्ति हो जाती है और 'फलम्' शब्द निष्पन्न होता है। पुनः पाणिनि के सूत्र 'उदीचामातः स्थाने यकपूर्वायाः' (7.3.46) सूत्र की व्याख्या करते हुए न्यासकार जिनेन्द्रबुद्धि ने (7. 3.36) माना है कि अर्थनिष्ठ लिङ्ग का शब्द में आरोप होता है (स्त्रीलिङ्गनिर्देशस्तु

तस्य समुदायस्य अर्थधर्मेण स्त्रीत्वेन वेदितव्यः)। कैयट ने प्रदीप टीका में इसी सूत्र की व्याख्या में लिखा है– 'अर्थगतं स्त्रीत्वं शब्दे समारोप्य निर्देशः कृतः'। पाणिनि की **अष्टाध्यायी** के महाभाष्यकार पतञ्जलि ने तो स्पष्ट कहा है कि 'न हि नपुंसकं नाम शब्दोऽस्ति' (7.1.23), कैयट ने लिङ्ग को अर्थनिष्ठ माना है– अर्थधर्मत्वात् लिङ्गस्य'। नागेशभट्ट की भी मान्यता है कि प्रथमतः लिङ्ग अर्थगत होता है। इस प्रकार कौण्डभट्ट की इस मान्यता का कि लिङ्गत्व शब्दगत होता है, खण्डन किया गया है ('शब्दनिष्ठमेव लिङ्गत्वम् इति नव्योक्तं परास्तम् (**महाभाष्य** की प्रदीपोद्योत टीका, **अष्टाध्यायी** सूत्र 4.1.3) कौण्डभट्ट ने लिङ्ग के शब्दगत होने की बात मानी है। उनका कहना है कि पतञ्जलि ने 'पुँल्लिङ्ग शब्दः' ऐसा कहा है (कौण्डभट्ट, **वैयाकरणभूषण**, पृ॰ 12)। नागेशभट्ट ने अपनी मंजूषा टीका (प1.11.42-45) में कौण्डभट्ट के मत की विस्तृत आलोचना की है तथा लिङ्ग को अर्थनिष्ठ माना है। वाक्यपदीय के टीकाकार हेलाराज ने (3 **वृत्तिसमुद्देश** पृ. 328) शब्दार्थ से लिङ्ग का योग माना है (वैयाकरणैः हि न वस्तुधर्मो लिङ्गमिष्यते, अपितु शब्दार्थस्य लिङ्गयोगः)।

वस्तुतः लिङ्ग की विविधता अर्थ पर निर्भर होती है। 'पद्मः' और 'शङ्खः' (पुँल्लिङ्ग) शब्द धन की राशि बताते हैं, पर जल से उत्पन्न वस्तु को लिया जाय तो ये शब्द पुँल्लिङ्ग और नपुंसक दोनों होते हैं। इसी प्रकार पिशाच के अर्थ में 'भूत' शब्द उभयलिङ्गी है और क्रिया का अर्थ लिया जाय तो त्रिलिङ्गी, यथा 'भूतः घटः, भूता शाला, भूतं गृहम्' प्रयोग में देखा जा सकता है। **काशिका** (**अष्टाध्यायी** की टीका, वामनजयादित्य द्वारा रचित) में अनौचित्य अर्थ में 'सारम्' और उत्कर्ष के अर्थ में 'सारः' का उल्लेख किया गया है (सारशब्दः उत्कर्षे पुँल्लिङ्ग, न्यायाद् अनपेते नपुंसकम्' (2.4.31 **अष्टा॰**)। परन्तु वर्द्धमान ने **गणरत्नमहोदधि** (पृ. 61) में काशिकाकार की उक्ति का खण्डन किया है– 'यत्तु जयादित्येनोक्तं, उत्कर्षे सारशब्दः पुंल्लिङ्गएवेति न समीचीनम्'।

संस्कृत में नमक के अर्थ में 'सैन्धवः' और 'सैन्धवम्' दोनों प्रयोग हैं, पर विशेषण के अर्थ में (यौगिक अर्थ में, त्रिलिङ्ग है यथा 'सैन्धवः मत्स्यः', 'सैन्धवं जलम्', 'सैन्धवी शफरी'। पतञ्जलि ने गुणवचन के लिङ्ग को विशेष्याश्रित बताया है– 'शुक्लं वस्त्रं', 'शुक्ला शाटी', 'शुक्लः कम्बलः'।

उपर्युक्त विवेचन से स्पष्ट है कि लिङ्ग शब्द-अर्थ दोनों पर आश्रित है। इसके अतिरिक्त उभयलिङ्गी, त्रिलिङ्गी भी शब्द होते हैं। विशेषण का लिङ्ग तो विशेष्य के अनुसार होता है। लिङ्ग का निर्णय भाषा-निरपेक्ष करना कठिन है। विभिन्न भाषाओं के लिङ्ग-विधान में विविधता स्पष्ट है। ऊपर हिन्दी के प्रयोग 'सुन्दर स्त्री', 'सुन्दर भवन', सुन्दर पुरुष' तीनों उदाहरणों में संस्कृत के विपरीत 'सुन्दर' अलिङ्गी माना जाना चाहिए।

लिङ्ग सम्बन्धी नियम बनाने की असम्भाव्यता को देखते हुए ही कैयट (**भाष्यप्रदीप**

5.3.66) ने इसे 'लोकव्यवहार' पर आश्रित माना है (शास्त्रोपदेशेन विनापि सिद्धिः लिङ्गस्य लोकव्यवहारगम्या')।

पुरुष-विमर्श

पुरुष का पारिभाषिक अर्थ में प्रयोग पाणिनि के पहले से होता रहा है। निरुक्तकार ने (7.2) में उत्तम, मध्यम, प्रथम पुरुष का उल्लेख किया है ('तत्र परोक्षकृताः सर्वाभिः नामविभक्तिभिः युज्यन्ते प्रथमपुरुषै चाख्यातस्य। अथ प्रत्यक्षकृता मध्यमपुरुषयोगाः त्वमिति चैतेन सर्वनाम्ना। अथाध्यात्मिका उत्तमपुरुषयोगा अहमिति चैतेन सर्वात्मना')। **वाक्यपदीय** की वृषभ टीका (1.36) में काशकृत्स्न के सूत्र का उल्लेख है जिसमें पारिभाषिक अर्थ में 'पुरुष' का प्रयोग किया गया है– 'धातुः साधने दिशि पुरुषे चिति च तदाख्यांतम्'। पाणिनि ने पारिभाषिक अर्थ में 'पुरुष' शब्द का प्रयोग नहीं किया है, पर उत्तम, मध्यम तथा प्रथम का उल्लेख किया है जो पुरुष को संकेतित करता है। पाणिनि ने 'अस्मद्' (मैं) के लिए 'उत्तम' का प्रयोग किया है, युष्मद् का प्रयोग तुम के लिए तथा अन्य सभी के लिए 'प्रथम' का प्रयोग किया है।

वस्तुतः पुरुष का पारिभाषिक रूप में प्रयोग भाषा-विशेष के प्रयोक्ताओं की भूमिका को ध्यान में रखकर किया गया है। भाषा का व्यवहार करते समय तीन प्रकार के व्यक्ति हो सकते हैं। एक वक्ता, दूसरा श्रोता या बोद्धव्य तथा इन दोनों से भिन्न जिनके विषय में कुछ कहा जा रहा हो। इनमें वक्ता के लिए (अहम् < अस्मद्, उत्तम), श्रोता या बोद्धव्य के लिए (त्वम् < युष्मद्, मध्यम) तथा शेष के लिए 'प्रथम' का प्रयोग किया जाता है। उल्लेख्य है कि लिङ्ग और वचन द्वारा जनित भेद 'पुरुष' के प्रयोग में देखा जाता है। परन्तु यह भेद समरूप (symmetrical) नहीं है। संस्कृत-हिन्दी- अँगरेजी के निम्न उदाहरणों से यह स्पष्ट है। यह ध्यातव्य है कि संस्कृत-क्रियारूपों के तिङन्त वर्ग में वचन को लेकर भिन्नता है, पर लिङ्ग को लेकर नहीं है। यथा–

उत्तम पुरुष	अहम् (रामः/सीता)	पठामि
मध्यम पुरुष	त्वम् (रामः/सीता)	पठसि
प्रथम पुरुष	सः/सा/मित्रं	पठति

परन्तु हिन्दी में लिङ्गजन्य अन्तर होता है।

उत्तम पुरुष	मैं (राम)	पढ़ता हूँ
	मैं (सीता)	पढ़ती हूँ
मध्यम पुरुष	तुम (राम)	पढ़ते हो
	तुम (सीता)	पढ़ती हो
अन्य (प्रथम) पुरुष	वह (राम)	पढ़ता है
	वह (सीता)	पढ़ती है

वचन को लेकर संस्कृत के पुरुषवाची शब्द-रूपों में भिन्नता दीखती है। क्रियारूपों में भी त्रिविध अन्तर द्रष्टव्य है।

संस्कृत	**एकवचन**	**द्विवचन**	**बहुवचन**
उत्तम पुरुष	अहम् (पठामि)	आवाम् (पठावः)	वयम् (पठामः)
मध्यम पुरुष	त्वम (पठसि)	युवाम् (पठथः)	यूयम् (पठथ)
उत्तम पुरुष	सः (पठति)	तौ (पठतः)	ते (पठन्ति)

अँगरेजी-हिन्दी में द्विवचन नहीं होता। इन भाषाओं में दो (two) का प्रयोग विशेषण के रूप में पुरुषवाची शब्द के साथ करते हैं, पर क्रिया बहुवचन की होती है।

उत्तम पुरुष केवल बहुवचन में, मध्यम पुरुष तथा अन्य पुरुष के बीच एक अन्तर दिक् (space) की समीपता को लेकर है। उत्तम पुरुष और मध्यम पुरुष (अहम्, त्वम्) भाषिक व्यवहार के समय उपस्थित होने चाहिए। अर्थात् दिक् और काल की दृष्टि से उनमें से कोई भी अनुपस्थित या दूर नहीं रह सकता, क्रिया द्वारा व्यक्त व्यापार तभी सम्भव है। यथा निम्न उदाहरणों से स्पष्ट है—

1. अहम् पठामि/खादामि/गच्छामि
2. त्वम् पठसि/खादसि/गच्छसि

इसके विपरीत प्रथम पुरुष (हिन्दी में अन्य पुरुष) दिक् और काल की दृष्टि से दूर या अनुपस्थित रह सकता है। यह ध्यातव्य है कि प्रथम (अन्य) पुरुष द्वारा, उत्तम पुरुष और मध्यम पुरुष को छोड़कर, अन्य व्यक्ति या वस्तु का बोध होता है। यथा— सः गच्छति/सः गतवान्/सः गमिष्यति वाक्यों में 'स' दूरस्थ हो सकता है, देश और काल की दृष्टि से। प्रथम (अन्य) पुरुष सार्वनामिक हो तो निश्चयात्मकता का अभाव भी हो सकता है। यथा— कोऽपि गच्छति/कमपि आह्वयति।

इस प्रकार उत्तम और मध्यम पुरुषों का एक अभिलक्षण (+निश्चय) है, पर प्रथम पुरुष में अनिश्चयात्मकता भी हो सकती है, (±निश्चय), जिसे प्रथम पुरुष का अभिलक्षण मानना चाहिए।

एक अन्य अन्तर जो उत्तम-मध्यम पुरुषों और प्रथम (अन्य) पुरुष में देखा जाता है वह है (±मनुष्यता (±human)। यों परीकथा या पशुकथाओं में मनुष्येतर वस्तुएँ भी मनुष्य मान ली जाती हैं। पर इसे अपवाद मानना ही ठीक होगा। उत्तम-मध्यम पुरुष को (+मनुष्य) होना चाहिए। इसके विपरीत प्रथम पुरुष (±मनुष्य) हो सकता है। मनुष्येतर प्रथम पुरुष से पशु-पक्षी या निर्जीव पदार्थों का भी बोध हो सकता है।

उत्तम पुरुष और मध्यम पुरुष तथा प्रथम पुरुष (सार्वनामिक) में अन्तर समीपता तथा लिङ्ग को लेकर भी देखा जा सकता है। यह अन्तर संस्कृत के निम्न उदाहरणों में द्रष्टव्य है, यथा—

एषा बालकः गच्छति, सः बालकः गच्छति
अयम्
असौ

यह उल्लेखनीय है कि उत्तम पुरुष और मध्यम पुरुष में लिङ्ग को लेकर रूप-भेद दृष्टिगत नहीं होता, पर प्रथम (अन्य) पुरुष में सार्वनामिक लिङ्ग भेद देखा जा सकता है। यथा निम्न उदाहरणों में द्रष्टव्य है:

एषा बालिका गच्छति ~ अहम् (±पुँल्लिङ्ग) गच्छामि

(स्त्रीलिङ्ग) त्वम् (±पुँल्लिङ्ग) गच्छसि

इयम्

असौ

एतद् भवनम् सुन्दरम् अस्ति

इदम्

अदः

मध्यम पुरुष या प्रथम पुरुष के प्रयोग की एक विशेषता आदर या पद-बोध को लेकर दीखती है। यथा (भवान् < भवत्) मध्यम पुरुष (त्वम्) का प्रतिस्थानी हो सकता है और वैसी स्थिति में लिङ्गभेद भी द्रष्टव्य है–

त्वम् गच्छसिः भवान् गच्छति

(+पुँ॰)

भवती

(+स्त्री॰)

आदर या पद-बोध के अतिरिक्त दिक्काल के कारण भी प्रयोग में अंतर दीख पड़ता है, यथा निम्नलिखित उदाहरण में:

अत्रभवान्	आदिशति	तत्रभवान्	आदिशति
(+समीपता)		(–समीपता)	
अत्रभवती		तत्रभवती	
(+समीपता)		(–समीपता)	

आदर या पदबोध की अधिकता दिखलानी हो तो बहुवचन का भी प्रयोग है। यथा निम्न उदाहरण में–

अत्रभवन्तः	आदिशन्तिः	तत्रभवन्तः	आदिशन्ति
अत्रभवत्यः		तत्रभवत्यः	

हिन्दी में आदर की अभिव्यक्ति या पदजन्य उच्चता को ध्यान में रखकर 'आप' का प्रयोग किया जाता है। यह (आप) 'त्वम्' का स्थानापन्न होता है तथा एकवचन और बहुवचन दोनों रूपों में प्रयुक्त होता है पर क्रिया बहुवचन में होती है। यथा– आप/आपलोग कब आवेंगे? 'आप कब आवेगा?' ऐसा वाक्य ग्राह्य नहीं है।

यहाँ ध्यातव्य है कि (आप/आपलोग) का प्रयोग समीपता व्यक्त करता है। (आपलोग) बहुवचनात्मक है और इसके द्वारा उपस्थित तथा अनुपस्थित दोनों प्रकार के व्यक्तियों का ग्रहण हो सकता है।

मध्यम पुरुष के सम्बन्ध में यह विचारणीय है कि इससे 'सम्बोधन' का अर्थ व्यक्त होता है या नहीं। सम्बोधन में प्रेरणा का भाव अन्तर्भुक्त रहता है, यथा 'त्वम्' पठ। यदि सम्बोधन का अर्थ अभिमुखीकरण माना जाय तो मध्यम पुरुष में सम्बोधन को अन्तर्निहित मानना चाहिए।

भर्तृहरि ने 'त्वम् पचसि' में सम्बोधन नहीं माना है (**वाक्यप**॰ 3, पुरुषसमुद्देश 4, 5) परन्तु 'त्वम् पच' ऐसे प्रयोग़ में अभिमुखीकरण को स्वीकार करना पड़ेगा और यहाँ अन्तर्निहित सम्बोधन को भी।

वाच्य-विमर्श

संस्कृत भाषा में क्रियाबोधक पद दो प्रकार के हैं– (i) तिङ्ङन्त और (ii) कृदन्त। धातु में तिङ् प्रत्यय के योग से निष्पन्न क्रियापद (तिङ्+अन्त) तिङ्ङन्त कहलाते हैं।

तिङ् प्रत्यय के अन्तर्गत अठारह प्रत्यय परिगणित हैं जिनमें नव परस्मैपदी हैं और नव आत्मनेपदी। नीचे उनकी सूची दी जाती है। इन प्रत्ययों को विभक्ति भी कहा जाता है।

परस्मैपदी प्रत्यय			**आत्मनेपदी प्रत्यय**		
एकवचन	**द्विवचन**	**बहुवचन**	**एकवचन**	**द्विवचन**	**बहुवचन**
तिप् (ति)	तस् (तः)	झि (अन्ति)	त (अते)	आताम् (ऐते)	झ (अन्ते)
सिप् (सि)	थस् (थः)	थ	थस् (असे)	आथाम् (एथे)	ध्वम् (अध्वे)
मिप् (मि)	वस् (वः)	मस् (मः)	इट् (ए)	वहि (आवहे)	महिङ् (आमहे)
	√पठ् धातु			√सेव् धातु	
एकवचन	**द्विवचन**	**बहुवचन**	**एकवचन**	**द्विवचन**	**बहुवचन**
पठति	पठतः	पठन्ति	सेवते	सेवेते	सेवन्ते
पठसि	पठथः	पठथ	सेवसे	सवेथे	सेवध्वे
पठामि	पठावः	पठामः	सेवे	सेवावहे	सेवामहे

धातुओं में (i) कुछ तो परस्मैपद प्रत्यय होते हैं (ii) कुछ आत्मनेपद और (iii) कुछ दोनों प्रकार के प्रत्यय होते हैं। यथा √कृ धातु से दोनों रूप बनते हैं– करोति-कुरुते (करता है)।

संस्कृत धातुओं से निष्पन्न क्रियारूपों में भिन्नता होती है। यह भिन्नता धातु और प्रत्यय (विभक्ति) के बीच के प्रत्यय, जिसे विकरण कहा जाता है, के कारण होती है। उदाहरण के लिए √भू धातु या √दिव् धातु में भिन्न विकरण जुटते हैं, इससे क्रियारूप में अन्तर आ जाता है।

√भू+अ<शप्+ति>भवति (भ्वादिगणीय)

√दिव्+य<श्यन्+ति>दीव्यति (दिवादिगणीय)

संस्कृत में वैयाकरणों ने विकरण के आधार पर क्रियारूपों का वर्गीकरण किया

है। ऐसे विकरण दस हैं। विकरण के आधार पर इनको गण नाम दिया है। इस प्रकार धातुओं के दस गण हैं। एक गण के धातुओं में एक प्रकार के विकरण का योग होता है। गणों की तालिका निम्नलिखित है:

(i) भ्वाादिगणीय (धातु (1 0 3 5) (√भू से प्रारम्भ होनेवाले तथा शप् विकरणवाले):
√भू+शप्>अ्+तिप्>ति ⇒ भवति

(ii) अदादिगणीय (धातु 72)
[अद्+शप्>φ+ति] ⇒ अत्ति (खाता है)

(iii) जुहोत्यादिगणीय (धातु 1 4 0)
[√हु+श्लु>φ+ति] ⇒ जुहोति
√दो +श्लु>φ+ति] ⇒ ददाति

(iv) दिवादिगणीय (धातु 2 4)
[√दिव्+श्यन्>य] ⇒ दीव्यति

(v) स्वादिगणीय (3 5 धातु)
[√सु+श्नु>नु+ति] ⇒ सुनोति

(vi) तुदादिगणीय (1 5 7 धातु)
[√तुद्+श्>अ+ति] ⇒ तुदति

(vii) रुधादिगणीय(2 5 धातु)
[√रुध्+श्नम्>न+ति] ⇒ रुणद्धि

(viii) तनादिगणीय (1 0 धातु)
[√तन्+उ+ति] ⇒ तनोति

(ix) क्र्यादिगणीय (6 1 धातु)
[√क्री+श्नाम्>ना] ⇒ क्रीणाति

(x) चुरादिगणीय (44 1 धातु)
[√चुर्+णिच्>इ+ति] ⇒ चोरयति [कुल 1970 धातु]

इन दस गणों में परिगणित धातुओं को काल-बोधकता तथा प्रकारता के आधार पर दस वर्गों में परिगणित किया है जिन्हें लकार कहते हैं। लकार कहने का कारण यह है कि पाणिनि ने उनके नाम के प्रारम्भ में [ल्] दिया है। इन लकारों की संख्या दस है।

कालबोधक (tense) लकार– लट्, लिट्, लुट्, लृट्, लङ्, लुङ् = 6

प्रकारता (mood) बोधक– लोट्, लेट् (वैदिक), विधिलिङ आशीर्लिङ्, लृङ् = 5

प्रकारता से तात्पर्य कालबोध से भिन्न अर्थों से है, यथा–विधि आदि अर्थों में लिङ्, लोट् तथा लेट् (केवल वैदिक प्रयोग) लकारों में। आशीर्वाद अर्थ में आशीर्लिङ् तथा क्रिया की अनिष्पत्ति गम्यमान हो तो भूत तथा भविष्यत् में लृङ् लकार होते हैं। यों इनके अपवाद भी प्रयोग में दीखते हैं। कालबोधक लकारों में लट् लकार वर्तमान

काल, लृट्, लुट् लकार भविष्यत् काल, लिट्, लङ्, लुङ् भूतकाल का बोध कराते हैं।

संस्कृत वाक्यों में उपरिनिर्दिष्ट दस गणों में दस लकारों (लेट् लकार को छोड़कर) के क्रियारूप कर्त्ता के अनुरूप होते हैं या कर्म के या दोनों में से (कर्ता और कर्म) किसी के भी अनुरूप नहीं होते। यहाँ अनुरूपता से तात्पर्य है कि कर्ता के पुरुष-वचन के अनुरूप क्रिया के पुरुष-वचन का होना, या कर्म के पुरुष-वचन के अनुरूप। उल्लेख्य है कि तिङन्त क्रियारूपों में लिङ्ग को लेकर भेद नहीं होता जैसा कि हिन्दी में होता है। निम्नलिखित उदाहरणों (1-4) को देखें।

1. बालकः/बालिका पुस्तकं पठति
2. बालकाः/बालिकाः पुस्तकं पठन्ति
3. अहं [±पुँ॰] पुस्तकं पठामि
4. त्वं [±पुँ॰] पुस्तकं पठसि

इन वाक्यों में कर्ता (चिह्नित पद) के अनुसार क्रिया क्रमशः प्रथम पुरुष एकवचन, प्रथम पुरुष बहुवचन, उत्तम पुरुष एकवचन तथा मध्यम पुरुष एकवचन में प्रयुक्त है।

हिन्दी में तो लिङ्ग की अनुरूपता क्रियारूपों में भी दीखती है। यथा— 1. बालक पढ़ता है। 2. बालिका पढ़ती है। 3. बालिकाएँ पढ़ती हैं। 4. मैं पढ़ता/पढ़ती हूँ। उक्त क्रियारूपों को कर्तृवाच्य कहा जाता है।

अब निम्नलिखित वाक्यों पर विचार करें। इनमें कर्म के अनुसार क्रिया के पुरुष-वचन होते हैं। क्रियाओं के ऐसे प्रयोग कर्मवाच्य कहे जाते हैं। इनमें आत्मनेपदी प्रत्यय/विभक्ति तङ् (त आताम् झ से लेकर महिङ् तक) प्रत्यय लगते हैं, साथ ही [य] विकरण भी। इन वाक्यों में कर्म प्रथम पुरुष (1-2), उत्तम पुरुष, मध्यम पुरुष (4-5) के हैं। तदनुरूप क्रिया रूप हैं।

1. गुरुः बालकं पाठयति
2. गुरुणा बालकः पाठ्यते
3. गुरुणा बालकाः पाठयन्ते
4. गुरुणा अहम् पाठ्ये
5. गुरुणा त्वम् पाठ्यसे
6. गुरुणा यूयम् पाठ्यध्वे

स्मरणीय है कि भाववाच्य वहाँ होता है जहाँ क्रिया का रूप न तो कर्ता के अनुसार होता है और न कर्म के अनुसार। संस्कृत के निम्नांकित वाक्यों को देखें तो क्रिया एकवचन प्रथम पुरुष में है।

अस्माभिः	रुद्यते
युष्माभिः	शय्यते
सीतया	सुप्यते
बालकैः	विचार्यते

कारक-विमर्श

पारिभाषिक पद के रूप में कारक का प्रथम उल्लेख महावैयाकरण पाणिनि द्वारा अपनी **अष्टाध्यायी** में किया गया (कारके 1.4.23)। पाणिनि का समय सामान्यतया 500-600 ई.पू. माना जाता है। यों इनके काल की उच्चतम सीमा युधिष्ठिर मीमांसक ने 2900 ई.पू. मानी है। पाणिनि निश्चित रूप से बुद्ध के पूर्ववर्ती हैं, इसमें सन्देह नहीं। वासुदेवशरण अग्रवाल ने अपने ग्रन्थ **पाणिनिकालीन भारतवर्ष** में पाणिनि का समय 450 ई.पू.-400 ई.पू. के बीच स्थिर किया है। इन अतिवादी तिथियों के बीच 600 ई.पू. से 700 ई.पू. तक का मध्यकाल उचित प्रतीत होता है। पाणिनि की रचना सूत्रशैली में है जिनकी संख्या 3997 मानी गयी है। अन्य विद्वानों ने सूत्रों की संख्या 3982 बतायी है।

पाणिनि ने अपने ग्रन्थ में दस पूर्ववर्ती वैयाकरणों का उल्लेख किया है पर उनकी **अष्टाध्यायी** की शैली उनकी अपनी मेधा की परिणति है। उनके किसी पूर्ववर्ती वैयाकरण ने **अष्टाध्यायी** की शैली को प्रत्याशित नहीं किया था। सन् 1935 में प्रकाशित अपने महत्त्वपूर्ण ग्रन्थ **लैंग्वेज** में ब्लूमफील्ड ने पाणिनि को 'मानव-मेधा के प्रकर्ष से सम्पन्न व्यक्तित्व' माना है। नोआम् चॉम्स्की ने पाणिनि को विश्व का प्रथम रूपान्तरण-वैयाकरण (transformational grammarian) माना है।

उल्लेख्य है कि सर्वप्रथम पाणिनि ने कारक की अवधारणा का प्रस्ताव किया। यों वैदिक मन्त्रों की व्याख्या में पतञ्जलि ने विभक्ति का उल्लेख किया है। **ऋग्वेद** के निम्नलिखित मन्त्र (4.58.3) के 'सप्त शब्द के प्रयोग में विभक्ति का संकेत पतञ्जलि ने माना है। पतञ्जलि की मान्यता को अन्तिमेत्थम् रूप में स्वीकार करना कठिन है; क्योंकि उनकी उक्ति का समर्थन अन्य प्रकार से नहीं होता।

पाणिनि ने **अष्टाध्यायी** के प्रथमाध्याय के चतुर्थ पाद में 33 कारक विधायक सूत्र दिये हैं (1.4.23-55)। इनके अतिरिक्त 73 सूत्रों में विभक्तियों का विवेचन द्वितीय अध्याय के तृतीय पाद में किया गया है।

पाणिनि ने वाक्य के क्रियापद तथा नामपदों के अन्तःसम्बन्धों का विश्लेषण कारक के अन्तर्गत किया है। भाषा की आर्थी—वाक्यविन्यासात्मक (semantic-syntactic) विश्लेषण-पद्धति ने पाश्चात्त्य विद्वद्वर्ग का ध्यान संस्कृत-विश्लेषण और पाणिनि की **अष्टाध्यायी** के प्रति विशेषतः कारक-विमर्श की ओर आकृष्ट किया। यों, मिशनरियों ने, सर विलियम जोंस के रॉयल एशियाटिक सोसायटी ऑफ बंगाल के उद्घाटन-भाषण के पूर्व ही तुलनात्मक फिलॉलॉजी के (comparative philopsgical studies) के अन्तर्गत संस्कृत का तुलनात्मक अध्ययन प्रारम्भ कर दिया था। (1967 Lehmann)। अँगरेजी भाषा में संस्कृत-व्याकरण विषयक प्राचीनतम प्रकाशन 1806 में डब्ल्यू कैरी (W. Carry) ने किया था।

यह उल्लेखनीय है कि ह्विटनी ने पाणिनि द्वारा कारकों की परिभाषा-निरूपण की पद्धति की आलोचना की, पर फेडगॉन (Faddegon, 1936) ने पाणिनि का समर्थन किया।

आरम्भ में पाश्चात्य विद्वद्वर्ग की धारणा पारम्परिक थी और वे विभक्ति को ही संज्ञा और क्रिया की भिन्नता का आधार मानते हुए कारक (Case) को नामिक विभक्तियों से सम्बद्ध बताते थे। अतः विभिन्न कारक-रूपों को उनकी प्रयोगात्मकता की दृष्टि से विवेचित किया गया (रोबिंस, 1967)।

इस पारम्परिकता से हटकर जेम्स हैरिस ने अठारहवीं शती में प्रस्ताव किया था कि व्याकरण की कोटियों और सम्बन्धों को सार्वभौम (Universal) इकाइयों के सन्दर्भ में निरूपित किया जाय क्योंकि लैटिन में कारक विभक्तियों द्वारा जिन सम्बन्धों को व्याख्यायित किया जाता है, उनकी निष्पत्ति अँगरेजी भाषा में पूर्वसर्गों द्वारा होती है (रोबिस 1967)। विभक्तियों का महत्त्व इस विद्वद्वर्ग की दृष्टि में इतना अधिक था कि निसफील्ड जैसे वैयाकरण का कहना था कि अँगरेजी में पाँच कारक हैं कर्ता, सम्बोधन, सम्बन्ध, कर्म तथा सम्प्रदान।

आधुनिक भाषाविद् और कारक की अवधारणा

वर्तमान समय में कारकों पर पुनः विचार किया गया है जैसा कि चॉम्स्की तथा स्टाल के निबन्ध (Syntatctic Semantic Relations in Panini (1969), Foundation of Language 5,pp. 83-117) में दृष्टिगत होता है। उनकी प्रेरणा कदाचित् चॉम्स्की की यह मान्यता रही कि भाषा-विश्लेषण में अर्थ-सम्बन्धी घटक भी प्रधान है। ब्लूमफील्ड और उनके पक्षधरों की जमात यह मानती थी कि अर्थ-विवेचन भाषा-विश्लेषण से बाह्य होना चाहिए, पर चौम्स्की ने अपने 'एक्सटेंडेड स्टैण्डर्ड थिअरी' (EST) में प्रतिपादित किया कि कारक वाक्य की आन्तरिक संरचना से सम्बद्ध है (Deep structure, Surface structure and Semantic Interpretation (1971), तथा 'Some Empirical issues in the Theory of Transformational Grammar (1972))।

इसमें संशय नहीं कि चॉम्स्की, जो प्रारम्भ में कारक की अवधारणा को स्वीकार करते हुए भी उसे भाषा की बाह्य संरचना का अङ्ग मानते थे, 1971 तथा 1972 में प्रकाशित अपने महत्त्वपूर्ण निबन्धों में 'कारक' को भाषा की आन्तर संरचना (Deep Structure) का अङ्ग मानने लगे थे। सम्भवतः वे चार्ल्स फिलमोर (C. Fillmore) के दीर्घ निबन्ध, 'द केस फॉर केस' (The Case for Case (1968)) से अनुप्राणित हुए थे। फिल्मोर के इस निबन्ध में, जो बाख और हार्म्स द्वारा सम्पादित 'यूनीवर्सलूस इन लिंग्विस्टिक थियरी (Universals in Linguistic Theory ed. Bach & Harms) में छपा था, वाक्य के घटकों के (क्रिया एवं नाम (संज्ञा, सर्वनाम) आदिपदों के) अन्तःसम्बन्धों की विश्लेषण-प्रक्रिया में नयी दृष्टि अपनायी गयी। पी.एम. सॉरेन

(P.A.M. Seuren) ने तो अपने ग्रन्थ **ऑपरेटर्स एण्ड न्यूकलियस** Cambridge University Press, (1969) में अँगरेजी भाषा के विश्लेषण में 'कारक' की अवधारणा को सर्वाधिक समर्थन दिया। निश्चय ही पाश्चात्त्य विद्वद्वर्ग का 'कारक' को वाक्य-विन्यास के अन्तर्गत इतना महत्त्व देना पाणिनि के कारक सम्बन्धी विश्लेषण से प्रेरित हुआ होगा।

भारतीय परम्परा में पाणिनि के परवर्ती वैयाकरणों में से किसी ने भी कारक की अवधारणा को खण्डित नहीं किया, अपितु उसका संवर्धन ही किया। पाणिनि के बाद कात्यायन (400 ई.पू. के लगभग) तथा पतञ्जलि ने (150 ई.पू.) जो शुङ्गवंश के राजा पुष्पमित्र या पुष्यमित्र के पुरोहित भी थे, पाणिनि के कारक-निरूपण को पुष्ट किया। उल्लेख्य है कि पाणिनि ने अपने सूत्रों के उदाहरण नहीं दिये थे। पतञ्जलि की रचना **महाभाष्य** में ही प्रथम बार सूत्रों के विश्लेषण के क्रम में उदाहरण मिलते हैं। स्वभावतः पाणिनि की **अष्टाध्यायी** में उदाहरणों के अभाव के चलते कालान्तर में सूत्रों की व्याख्या में कठिनाई होने लगी थी।

स्मरणीय है कि पाणिनि के कारक-विवेचन को सभी ने स्वीकार किया और उसका संवर्धन किया। वर्तमान पाश्चात्य विद्वद्वर्ग ने पाणिनि के सिद्धान्त-निरूपण के आर्थी-वाक्यविन्यासात्मक (semantic-syntatic) पक्षों का नवीन दृष्टि से विश्लेषण किया है; जिनमें जार्ज कारडोना, किपास्र्की तथा स्टॉल प्रमुख हैं।

कारक अवधारणा की अन्तर्निहित स्थापनाएँ

कारक की अवधारणा की अन्तर्निहित स्थापनाएँ निम्नलिखित हैं:

1) वाक्य में प्रयुक्त क्रियापद के साथ नामपदों का सम्बन्ध कारक है।
2) क्रिया वाक्य का सर्वाधिक महत्त्वपूर्ण अङ्ग है।
3) वाक्य में प्रयुक्त शब्द-समूह के अन्तःसम्बन्धों का विश्लेषण करके नियमों की स्थापना की जानी चाहिए।
4) नियम सूत्र-रूप में होने चाहिए।

कारक को परिभाषित करते हुए कहा गया है कि वाक्य में प्रयुक्त नामपदों के साथ क्रिया के सम्बन्ध को कारक कहते हैं। संस्कृत-व्याकरण के अनुसार 'क्रियाजनकं कारकम्', 'क्रियान्वयित्वं कारकम्', 'क्रियया साक्षात् अन्वयः यस्य तत् कारकम्' आदि कारक के लक्षण बताये गये हैं। 'क्रियाजनकम्' की व्याख्याा प्रायः 'क्रियाया जनकम्' की जाती है। मेरी सम्मति में इसकी व्याख्या होनी चाहिए 'क्रियाजनिका यस्य तत् कारकम्' अर्थात् क्रिया के कारण ही कारक-सम्बन्धों की निष्पत्ति होती है।

कारक भेद

कारक के इस लक्षण-निरूपण के आधार पर कर्ता, कर्म, करण, सम्प्रदान, अपादान,

अधिकरण इन छह कारकों की मान्यता है। षष्ठी विभक्तिवाले पदों के सम्बन्ध में किसी कारक-सम्बन्ध की स्थापना नहीं की गयी है। सम्बोधन को भी कारक नहीं माना जाता है।

कारक की अवधारणा को उदाहरण द्वारा समझाना उचित है। निम्नलिखित उदाहरणों पर विचार करें–

1. बालकः दुग्धं पिबति।
2. बालकः कन्दुकेन क्रीडति।
3. बालकः मित्राय पुस्तकं ददाति।
4. बालकः शय्यायां शेते।
5. बालकः वृक्षात् पतति।
6. मित्रं वालकाय पुस्तकं ददाति।

उपर्युक्त वाक्यों में प्रयुक्त विभिन्न क्रियओं (1-5) के साथ बालक का सम्बन्ध कर्तृरूप है, परन्तु (1) में 'दुग्धं' कर्म, (2) में 'कन्दुकेन' करण, (3) में 'मित्राय' सम्प्रदान 'पुस्तकम्' कर्म, (4) में 'शय्यायां' अधिकरण तथा (5) में 'वृक्षात्' अपादान कारक है। अगर वाक्य (3) और (6) की तुलना करें तो वाक्य (6) में 'मित्रम्' कर्ता तथा 'बालकः' सम्प्रदान होगा।

निम्नांकित वाक्यों में से (7) में 'दण्ड' कर्ता तथा (8) में करण कारक है। दण्ड का कर्तृत्व एवं करणत्व का निर्धारण 'पतति'/'ताडयति' के प्रयोग पर निर्भर है–

7. दण्डः पतति।
8. दण्डेन ताडयति।

उपर्युक्त विश्लेषण के आधार पर क्रिया को कारक का जनक मानना चाहिए न कि कारक को क्रिया का जनक (क्रियायाः जनकं कारकम्)।

'क्रियान्वय' का होना भी कारकत्व का आधार है। परिभाषा में साक्षात् अन्वय की बात कही गयी है जिसका उल्लेख षष्ठी विभक्ति के विवेचन के क्रम में किया जायगा।

कारक सम्बन्ध का आधार क्रिया है। इसीको ध्यान में रखकर संस्कृत में विभक्तियों के दो भेद किये गये हैं– (i) कारकविभक्ति (ii) उपपद विभक्ति। नीचे वाक्य (1) में गुरुम्' में कर्मकारक में द्वितीया विभक्ति है तथा (2) में 'गुरवे' में चतुर्थी उपपद विभक्ति है–

1. गुरुम् नमस्करोति।
2. गुरवे नमः।

वाक्य (2) में अगर 'नमः' का अप्रयोग हो तो चतुर्थी नहीं होगी। 'नमः' के प्रयोग के कारण चतुर्थी उपपद विभक्ति हुई है ('पदम् आश्रित्य या विधीयते सा उपपद-विभक्तिः' तुलनीय– 'क्रियाम् आश्रित्य या उत्पद्यते सा कारक-विभक्तिः')।

क्रिया के फल के आश्रय को कर्म तथा क्रिया की सिद्धि में सर्वाधिक साधक

को 'करण' कारक कहा जाता है। (कर्त्तुः ईप्सिततमं कर्म, साधकतमम् करणम्)। करण कारक का उदाहरण इस प्रकार है– सेवकः छुरिकया फलं छिनत्ति।

कर्ता को क्रिया के कर्म द्वारा जो अभीष्ट हो उसे सम्प्रदान कहा जाता है (कर्मणा यम् अभिप्रैति स सम्प्रदानम्) यथा 'छात्राय पुस्तकं ददाति गुरुः' में 'छात्राय' सम्प्रदान है। यहाँ कर्ता (गुरु) को कर्म (पुस्तक) द्वारा छात्र अभीष्ट है, अतः वह सम्प्रदान है।

जब किसी अपेक्षाकृत स्थिर वस्तु से कोई वस्तु वियुक्त हो तो उसे (जहाँ से वियोग हो रहा है) अपादान कहते हैं, यथा वृक्ष पत्ते के गिरने का प्रस्थान-बिन्दु है, अतः उसे अपादान कहा जाता है और वहाँ पञ्चमी विभक्ति होती है [ध्रुवम् अपाये अपादानम्']। यथा– वृक्षात् पत्रम् पतति।

क्रिया के आधार को अधिकरण कहा जाता है ('आधारः अधिकरणम्')। यथा– "शिशुः शय्यायाम् शेते" में 'शय्यायाम्' अधिकरण है। ध्यातव्य है कि इस वाक्य में अधिकरण दिग्वाचक है जबकि "शिशुः सन्ध्यायाम् शेते" में कालवाचक है।

पाणिनि ने क्रिया की निष्पत्ति में सर्वाधिक मुख्य कर्ता को ही माना है क्योंकि क्रिया को फलोत्पत्ति की स्थिति में लाने में वह सर्वाधिक स्वतन्त्र है (स्वतन्त्रः कर्ता)।

कर्म कारक के विवेचन के क्रम में पाणिनि ने 'ईप्सिततम' को कर्म माना है। यथा– शिशुः फलं खादति।

इस वाक्य में शिशु को अपने कार्य (खादन) की निष्पत्ति के लिए सर्वाधिक अभीष्ट 'फलम्' है, 'पुस्तक' नहीं। इसके साथ ही 'अनीप्सित' अर्थात् जो इष्ट या इच्छित नहीं हो उसे भी कर्म कारक कहा गया है ('तथायुक्तम अनीप्सितम्')। अनीप्सित दो प्रकार का हो सकता है– 'द्वेष्य' तथा 'उदासीन'। "छात्रः (ओदनं खादन्) विषं भक्षयति"– इस वाक्य में 'विष' शब्द द्वेष्य तथा "(पाठशालां गच्छन्) छात्रः तृणं स्पृशति" में 'तृणं' शब्द उदासीन कर्म का उदाहरण है।

कारक के प्रसङ्ग में 'सम्बन्ध' तथा 'सम्बोधन' की चर्चा की गयी है और उसे कारक नहीं माना गया है। पाणिनि ने 'षष्ठी शेषे' (2.3.50) सूत्र द्वारा षष्ठ्यन्त पदों के प्रयोग की व्याख्या की है। षष्ठ्यन्त पदों में कारकत्व पर विचार करते समय निम्नलिखित वाक्यों का विवेचन अपेक्षित है। षष्ठी विभक्ति का प्रयोग विवक्षाधीन भी है; अतः षष्ठ्यन्त शब्दरूप कारकसम्बन्ध का द्योतन कर सकता है।

1. **शिवस्य** चरणयोः भजते ~ शिवस्य चरणौ भजते।
2. **फलानां** तृप्तः बालकः ~ फलैः तृप्तः बालकः।
3. **मातुः** स्मरति शिशुः ~ मातरं स्मरति शिशुः (**अष्टा॰** 2.3.52 अधीगर्थदयेशां कर्मणि)।
4. **उदकस्य** उपस्कुरुते इन्धनम् ~ उदकम् उपस्कुरुते इन्धनम् (**अष्टा॰** 2.3.53 कृञः प्रतियत्ने)।
5. दिनकरस्य कृतिः उर्वशी < दिनकरः कृतवान् उर्वशीम्।

6. उर्वश्याः कर्ता दिनकरः < उर्वशीम् अकरोत्/कृतवान् दिनकरः (**अष्टा॰** 2.3. 65 कर्तृकर्मणोः कृति)।
7. तस्य पितुः पुत्रः आज्ञाकारी अस्ति।
8. गृहस्य द्वारं पिधेहि।
9. राज्ञः पुरुषः गच्छति।

ऊपर के 1-4 वाक्यों में षष्ठी (रेखांकित का प्रयोग क्रमशः कर्म में द्वितीया (वाक्य 1), करण में तृतीया (वाक्य 2), कर्म में द्वितीया (वाक्य 3, 4) की विवक्षा के अभाव (अप्रयोग) के कारण है। अतः ऐसे प्रयोगों में कारक निर्धारण में कोई कठिनाई नहीं है।

ऊपर के 5, 6 वाक्यों में षष्ठी विभक्ति का प्रयोग स्वयं पाणिनि ने आधार वाक्यों में कर्ता और कर्म कारकों को स्वीकार करते हुए किया है। 7, 8 वाक्यों में (पुत्रः), (द्वारम्) सम्बन्धवाचक हैं। केवल (पुत्रः) या (द्वारम्) का प्रयोग (पितुः)/(गृहस्य) पदों की अपेक्षा करता है। अतः (पितुः पुत्रः) तथा (गृहस्य द्वारम्) इनका अन्वय क्रिया के साथ देखना चाहिए। यहाँ शब्दापत्ति मानकर (पितुः पुत्रः) में कर्ता कारक या (गृहस्य द्वारम्) में कर्म को स्वीकार करना चाहिए। ये संश्लिष्ट पद हैं।

ऊपर निर्दिष्ट वाक्य (9) अन्य वाक्यों से भिन्न हैं। ऐसे वाक्य यथा 'सेवकस्य गृहम् गच्छ', 'रामस्य गृहम् गच्छ', जिनमें षष्ठ्यन्त पद वियोज्य सम्बन्ध (alienable relation) को बतलाते हैं, कारक की परिभाषा के सन्दर्भ में समस्यामूलक हैं। ऐसे वाक्यों के षष्ठ्यन्त पदों में कारक निर्धारण के लिए एक काल्पनिक या शून्य क्रिया 'रक्खति' की संकल्पना करनी चाहिए। उसे निम्न रूप में निष्पन्न कर सकते हैं।

सेवकः गृहम् * रक्खति > सेवकस्य गृहम्
रामः गृहम् * रक्खति > रामस्य गृहम्
राजा पुरुषं * रक्खति > राज्ञः पुरुषः

संस्कृत धातुपाठ में (रक्खति) का अर्थ 'जाता है' बताया गया है। हिन्दी में (रखना) क्रिया अँगरेजी (have) का पर्याय है। 'रक्खति' के रखना के अर्थ में संकल्पना (रक्खति का अर्थान्तर में प्रयोग) अग्राह्य नहीं होगी। उल्लेखनीय है कि 'द्रोणः व्रीहिः < द्रोणेन परिमितः व्रीहिः' 'लिटरम् दुग्धम् < लिटरेण परिमितं दुग्धम्' सदृश प्रयोगों की ऐसी निष्पत्ति (hypothetical) आचार्यों द्वारा मान्य है।

दूसरा विकल्प भर्तृहरि द्वारा **वाक्यपदीय** के साधनसमुद्देश में प्रस्तावित 'शेष' कारक को स्वीकार कर ऐसे षष्ठ्यन्त पदों में 'शेष' कारकत्व को माना जा सकता है।

सामान्यं कारकं तस्य सप्ताद्या भेदयोनयः।
षट्कर्माख्यादिभेदेन शेषभेदस्तु सप्तमी।। (**वाक्यपदीय** 3, साधन समु॰ 44)

अगर कारकों का क्रियाश्रित होना सर्वथा अपेक्षित हो तो 'रक्खति' ऐसी शून्य क्रिया की संकल्पना अधिक सम्यक् प्रतीत होती है।

सम्बोधन अभिमुखीकरण है। "मोहन (शृणु) : जलम् आनय" में 'मोहन' सम्बोधन है क्योंकि उसे अपनी ओर उन्मुख किया जाता है। इसे **महाभाष्यदीपिका** (पृ. 10) में आमन्त्रित विभक्ति भी कहा गया है ('प्रसभमभिमुखीक्रियते तत्रामन्त्रितविभक्तिः)।'

अगर कारकत्व क्रियाश्रित है तो सम्बोधन को कारक मानना चाहिए।

वाक्यपदीय में विवेचित कर्म की भी समीक्षा अपेक्षित है। वक्यपदीयकार ने ईप्सित कर्म का वर्गीकरण किया है– (i) विकार्य (ii) निर्वर्त्य तथा (iii) प्राप्य में। इनके उदाहरण **वाक्यपदीय** के टीकाकार हेलाराज (साधन-समुद्देश 50) के अनुसार निम्नलिखित हैं। नीचे के वाक्य (1) में 'घटं' निर्वर्त्य, वाक्य (2) में भस्म विकार्य तथा (3) में निर्वर्त्य तथा वाक्य (4) में आदित्यं प्राप्य कर्म है–

1. घटं करोति।
2. काष्ठानि भस्म करोति।
3. भस्म करोति।
4. आदित्यं पश्यति।

प्रक्रियाकौमुदी (भाग 1, पृ. 383) में निर्वर्त्य तथा विकार्य का अन्तर स्पष्ट करते हुए कहा गया है–'तत्र निर्वर्त्यं यदसदेव जायते यथा घटं करोति। विकार्यं लब्धसत्ताकम् अवस्थान्तरम् आपद्यते'। हेलाराज ने भी ऐसी ही परिभाषा दी है– 'निर्वर्त्यम् एतत् कर्म प्रकृतेरविवक्षायाम्। विक्षायाम् तु विकार्यम्'।

अगर ऊपर के कथन के आधार पर (5) सुवर्णं कुण्डलं करोति, (6) कुण्डलं करोति–ऐसे वाक्यों का विश्लेषण किया जाय तो वाक्य (5) में कुण्डलं विकार्य तथा (6) में कुण्डलम् निर्वर्त्य माना जायगा।

उपरिलिखित कर्म का त्रिधा वर्गीकरण ग्राह्य प्रतीत नहीं होता। इसके निम्न कारण हैं–

(i) एक तो वाक्य में 'करोति' क्रिया का प्रयोग किया गया है। 'करोति' क्रिया का (खादति, पठति) आदि की तरह अपना अर्थ नहीं है। अतः किसी भी क्रिया के घटक के रूप में 'करोति' का प्रयोग किया जा सकता है, यथा– 'शयनं करोति';, 'भोजनं करोति', 'गमनं करोति' आदि में। वस्तुतः इस कर्म के त्रैविध्य के विश्लेषण के लिए निर्माति, दहति सदृश क्रियाओं का प्रयोग करना चाहिए।

(ii) दूसरी आपत्ति वाक्य (2) में क्रमशः भस्म को विकार्य और (3) निर्वर्त्य मानने को लेकर है। यह समझ से परे है कि दोनों में 'भस्म' विकार्य क्यों नहीं हो सकता।

ऊपर के वाक्य (5) तथा (6) कुण्डल में 'भस्म' विकार्य है, प्रकृति की विद्यमानता या अविद्यमानता से कारकत्व में कोई अन्तर नहीं आता।

वस्तुतः विकार्य कार्य के उदाहरण निम्नलिखित वाक्य हैं–यह दोनों की तुलना करने पर स्पष्ट हो जाता है–

पत्रम् लिखति।

पत्रम् पठति।

प्रथम वाक्य में कर्म उत्पद्यमान है जबकि दूसरे वाक्य में लब्धसत्ताक (पूर्व से ही अस्तित्व में) है।

प्राप्य कर्म का उदाहरण उपरिलिखित वाक्य (4) में है। 'आदित्यम्' में विकृति न तो प्रत्यक्षतः दीख पड़ती है और न अनुमानगम्य ही है। कैयट ने तो सभी कर्मों में प्राप्यत्व माना है। सभी कर्म क्रिया से प्राप्यमान होते हैं– 'तत्र प्राप्यत्वं सर्वस्य कर्मणोऽस्ति क्रियया प्राप्यमाणत्वात्। अवान्तरविवक्षायां तु त्रैविध्यमुच्यते' (कैयट, **महाभाष्यप्रदीप** 3.2.1)।

भर्तृहरि द्वारा प्रस्तावित कर्म का त्रैविध्य अनावश्यक है। ऊपर के प्रथम उदाहरण में 'पत्रम्' विकार्य 'लिखति' क्रिया के कारण है। 'लिखति' क्रिया का घटकीय विश्लेषण (componential analysis) किया जाय तो उसका कर्म सदा उत्पद्यमान ही होगा और 'पठति' क्रिया के कर्म की पूर्वविद्यमानता आवश्यक है, कर्म पत्र हो या पुस्तक या लेख। अतः विकार्य और निर्वर्त्य में जो भी अन्तर ('प्राप्य' की तुलना) में दीख पड़ता है वह क्रियाश्रित है। दोनों वाक्यों में पत्र के वाच्यार्थ में अन्तर क्रियाजन्य है।

वस्तुतः भर्तृहरि या जिन आचार्यों, वैयाकरणों ने कर्म की व्याख्या इस प्रकार की है, वह निरर्थक है। कैयट ने सभी कर्मों में 'प्राप्यत्व' की बात कही है। वह तो पाणिनि की परिभाषा 'कर्तृरीप्सिततमं कर्म' में निहित है। पाणिनि द्वारा 'कर्म' का दिया गया लक्षण सर्वोत्तम है। इसके द्वारा कर्म के त्रैविध्य की व्याख्या हो जाती है। अतः इनकी अलग से निरूपण की आवश्यकता नहीं है।

भारतीय आर्य भाषाओं का विकासक्रम

ऐतिहासिक विकासक्रम की दृष्टि से भारतीय आर्यभाषाओं के तीन सोपान निश्चित किये गये हैं।

(i) प्राचीन भारतीय आर्यभाषा (वेदों के आरम्भकाल से 500 ई.पू. तक) इसके अन्तर्गत वैदिक भाषा तथा लौकिक संस्कृत भाषा परिगणित होती है। इसकी पूर्व सीमा **ऋग्वेद** की भाषा से प्रारम्भ होती है तथा बुद्ध के आविर्भाव के लगभग पश्चाद्वर्ती सीमा तक जाती है। पाणिनि द्वारा मानकीकृत संस्कृत भाषा का प्राचीन भारतीय भाषा में अन्तर्भाव हो जाता है।

(ii) मध्यकालिक भारतीय आर्यभाषा (501 ई.पू. से 1000 ई.पू. तक) के अन्तर्गत (i) पालि (ii) प्राकृत (iii) अपभ्रंश कालखण्डों का परिगणन होता है इस कालखण्ड को प्राकृतकाल भी कहा जाता है तथा तीन वर्गों के लिए प्रथम प्राकृत, द्वितीय प्राकृत तथा तृतीय प्राकृत नामों का भी प्रयोग किया जाता है।

(iii) आधुनिक भारतीय आर्यभाषाओं का कालखण्ड 1000 ई. से अब तक है।

इसके अन्तर्गत भारोपीय परिवार की संस्कृत-प्राकृत से विकसित आधुनिक भारतीय भाषाएँ आ जाती हैं यथा हिन्दी, बाङ्ला, गुजराती, मराठी, ओड़िआ, पंजाबी, कश्मीरी तथा इनकी विभिन्न बोलियाँ जैसे भोजपुरी, मगही, मैथिली, अवधी, राजस्थानी, ब्रजभाषा, हरयाणवी, आदि।

प्राचीन भारतीय आर्यभाषा (वैदिक संस्कृत-लौकिक संस्कृत) का विवेचन ऊपर किया जा चुका है।

मध्यकालीन भारतीय आर्यभाषा (Middle Indo-Aryan 500 ई. पू. से 1000 ई. पू.)। मध्यकालीन भारतीय आर्यभाषा का अन्य नाम प्राकृतकाल भी दिया गया है। इसमें प्राकृत का बृहद् अर्थ में प्रयोग किया गया है। 1300 वर्षों की अवधि का विभाजन निम्नलिखित रूप में किया गया है—

(i) प्रथम प्राकृत (पालि, अशोकी शिलालेख) ई.पू. 500 से ईसवी सन् के आरम्भ तक),

(ii) द्वितीय प्राकृत (साहित्यिक प्राकृत (प्रथम ईसवी से लेकर 500 ईसवी तक),

(iii) तृतीय प्राकृत (अपभ्रंश भाषाएँ) 500 ई. से 1000 ईसवी तक)।

'प्राकृत'—इस नामकरण को लेकर विवाद होता रहा है। 'प्राकृत' शब्द की निष्पत्ति 'प्रकृति' शब्द में अण् प्रत्यय (प्रकृति+अण्) लगाकर होती है। अब प्रश्न उठता है कि 'प्रकृति' का अर्थ क्या है? 'प्रकृति' का अर्थ स्वभाव, सहज वृत्ति या उद्‌गमबिन्दु को लिया जाय तो इसका अर्थ मूल भाषा है जिससे भाषाएँ विकसित हुई हों। इस अर्थ में प्रकृति का अर्थ संस्कृत भाषा होनी चाहिए। चूँकि मध्यकालीन आर्य भाषाओं (ईसवी सन् के आरम्भ से 500 ई. तक) को भी प्राकृत कहा जाता है, इस कारण भ्रम की स्थिति बन जाती है कि प्राकृत का अर्थ क्या माना जाय। इस सन्दर्भ में तीन मत उल्लेख्य हैं।

प्रथम मत तो यह है कि 'प्रकृति' संस्कृत भाषा है जिससे प्राकृत भाषाएँ विकसित हुई हैं। हेमचन्द्र ने इसको ध्यान में रखते हुए कहा है 'प्रकृतिः संस्कृतम्, तत्र भवं तत आगतं वा प्राकृतम्'। **प्राकृतसर्वस्व** में, 'प्रकृतिः संस्कृतं तत्र भवं प्राकृतमुच्यते', 'प्राकृतस्य स्वयमेव संस्कृतं योनिः' (**प्राकृत संजीवनी**) ऐसी व्याख्या की गयी है।

(ii) दूसरा मत है कि प्राकृत के संस्कार के बाद संस्कृत विकसित हुई क्योंकि इसके अनुसार प्राकृत का अर्थ है 'प्रकृत्या स्वभावेन सिद्धम्'। तात्पर्य यह है कि सहज, स्वाभाविक ग्राह्य भाषा प्राकृत है। यह मत प्रथम मत का खण्डन करता है।

(iii) तीसरे मत के अनुसार संस्कृत से प्राकृत विकसित नहीं हुई और न प्राकृत से संस्कृत। वास्तविकता है कि किसी भी भाषा के साहित्यक रूप के समान्तर भाषा का बोलचाल का रूप होता है, जैसे सुनीति कुमार चटर्जी ने अपनी पुस्तक **भारतीय आर्यभाषा और हिन्दी** में "बाजारू हिन्दी" शब्द का प्रयोग साहित्यिक हिन्दी से भिन्न अर्थ में किया है। इसी प्रकार जन समुदाय द्वारा व्यवहृत भाषा को 'प्राकृत' कहा

जाता है। इस व्यवस्था के अनुसार वैदिक संस्कृत के समान्तर जनसमुदाय के बीच उसका असाहित्यिक रूप प्रचलित रहा होगा और उससे विभिन्न भारतीय भाषाएँ विकसित हुई होंगी। वस्तुतः लौकिक संस्कृत पाणिनिकृत **अष्टाध्यायी** के सूत्रों-नियमों से आबद्ध हो गयी **तथा कात्यायन**-पतञ्जलि **सरस्वतीकण्ठाभरण** के रचयिता भोज के संस्कृत-प्रयोगों में आयी भिन्नता के होते हुए भी रूढिबद्धता ने संस्कृत का पीछा नहीं छोड़ा। अतः साहित्यिक संस्कृत के समानान्तर जनसमुदाय द्वारा व्यवहृत संस्कृत को प्राकृत नाम से पृथक् मानना अनुचित न होगा। इसी प्रकार साहित्यिक प्राकृतों के समानान्तर भारतीय आर्यभाषाओं तथा अपभ्रंशों के विकास-सोपानों से होकर आधुनिक भारतीय आर्यभाषाओं हिन्दी-मराठी-बाङ्ला आदि का विकास हुआ होगा। यहाँ यह भी ध्यान में रखना चाहिए कि प्राकृत के सभी वैयाकरणों ने संस्कृत को आधार मानकर प्राकृत भाषा के रूपों की व्यवस्था सूत्रों-नियमों के द्वारा की है। **नाट्यशास्त्र** के लेखक भरत मुनि (400 ई.पू. से 100 ईसवी) ने प्राकृत का अर्थ इसी रूप में किया है– 'एतदेव विपर्यस्तं संस्कारणरगुणवर्जितम्। विज्ञेयं प्राकृतं पाठ्यं नानावस्थान्तरात्मकम्।

अस्तु मध्यकालीन भारतीय आर्यभाषा के (उपरिलिखित (i, ii, iii) विकास सोपानों को पालि, प्राकृत तथा अपभ्रंश काल के रूप में जानना सुविधाजनक है।

'पालि' शब्द की व्युत्पत्ति को लेकर विद्वानों में मतभेद रहा है। पालि का प्रयोग बुद्धवचन की भाषा के लिए करना उपयुक्त प्रतीत होता है। पालि से भाषा और उनके धर्मग्रन्थ **त्रिपिटक** दोनों अर्थों को मानने में कोई कठिनाई नहीं है जैसे कि अवेस्ता शब्द से भाषा और धर्मग्रन्थ दोनों का बोध होता है। पालि किस क्षेत्र की भाषा थी इसको भी लेकर विवाद है। ऐसा लगता है कि यह मध्यदेश की भाषा थी जिसकी सीमा में **मनुस्मृति** के अनुसार कुरुक्षेत्र से प्रयाग एवं हिमालय के दक्षिण और विन्ध्य पर्वत के उत्तर का क्षेत्र आता है (20.21)।

पालि-साहित्य से मुख्यतया तिपिटकों (त्रिपिटकों) का बोध होता है। इसके अतिरिक्त **जातक**, **धम्मपद**, **मिलिन्दपञ्हो**, बुद्धघोष की **अट्टकथा**, **महावंश** को भी पालि-साहित्य का अङ्ग माना जाता है। इस साहित्य के प्रसार-प्रभाव क्षेत्र भारत के बाहर के देशों चीन, लङ्का, थाइलैण्ड, कम्बोडिया, वर्मा, तिब्बत, जापान आदि रहे हैं।

मध्यकालीन भारतीय आर्यभाषा के प्रथम विकास-सोपान पालि के अन्तर्गत अशोक के अभिलेखी प्राकृत का भी अन्तर्भाव माना जाता है। इसे अशोकन प्राकृत या लाट प्राकृत भी कहते हैं। अभिलेखी प्राकृत दो प्रकार के हैं—अशोकी अभिलेख और अशोकेतर शिलालेख।

सम्राट् अशोक ने भारत के विभिन्न क्षेत्रों में जनहित में स्थानीय भाषा में धर्मिक-प्रशासनिक आज्ञा, अधिसूचनाएँ अंकित करायीं। ये अभिलेख चट्टानों, स्तम्भों, लाटों एवं गुफा-भित्तियों में उत्कीर्ण हैं। शहबाजगढ़ी (पेशावर के पास) तथा मानसेहरा

(ऐबटाबाद के पास) के शिलालेख खरोष्ठी लिपि में तथा शेष ब्राह्मी लिपि में हैं।

मानसेहरा, देहरादून, पुरी, गंजाम, जूनागढ़ ये शिलालेख 243 ई.पू. तक के पाये जाते हैं। इनमें लघुशिलालेख मैसूर राज्य, जयपुर (भब्रू शिलालेख) शहबाजगढ़ी, हैदराबाद, कलिंग, बराबरगुफा (गया), नेपाल की तराई (रुम्मिनदेई), दिल्ली (टोपरा), मेरठ, कौशाम्बी (प्रयाग), लौरिया-नन्दनगढ़ (बिहार) में मिलते हैं। इनमें शासन विषयक तथा अहिंसा-धर्मनीति विषयक निर्देश हैं।

अशोकेतर शिलालेख शिलास्तम्भ तथा ताम्रपत्र में उत्कीर्ण हैं। इनमें ग्वालियर का बेसनगर स्तम्भलेख, मध्य भारत का जोगीमारा गुफालेख, बिहार का सोहगौरा ताम्रपत्र, उड़ीसा के हाथीगुम्फ अभिलेख आते हैं।

एजर्टन ने बुद्धकालीन संकर संस्कृत का उल्लेख किया है। महायान सम्प्रदाय के धर्मग्रन्थों में प्राकृत-मिश्रित संस्कृत का प्रयोग किया गया है यथा 'पुष्पेहि' में प्रातिपदिक संस्कृत का और विभक्ति प्राकृत की है। बौद्ध संकर संस्कृत के प्रमुख ग्रन्थों में **जातकमाला, लंकावतार दिव्यावदान, अवदानशतक, ललितविस्तर** तथा **महावस्तु** का परिगणन किया जाता है।

ऑरेल स्टेन कोनो को (1890-1914 के बीच) चीनी तुर्किस्तान के निय प्रदेश में कई लेख मिले जो खरोष्ठी लिपि में थे। टी.बरो (1937) ने इसे प्राकृत माना और निय प्राकृत नाम दिया तथा इसका समय 300 ई॰ माना है। फ्रांसीसी विद्वान् दुत्रु इलहतों को खोतान में खरोष्ठी लिपि में प्राकृत में लेख मिले हैं जो निय प्राकृत से भी प्राचीन (200 ई. सन्) के हैं।

मध्यकालीन भारतीय आर्यभाओं के विकास-क्रम में प्रथम सोपान के अन्तर्गत पालि, अभिलेखी प्राकृत, बौद्ध संकर संस्कृत आती हैं।

तदनन्तर मध्यकालीन प्राकृत का, जिसे द्वितीय प्राकृत भी कहा गया है, युग आता है। इस प्राकृत-समूह को साहित्यिक प्राकृत भी कहा गया है। साहित्यिक विशेषण का प्रयोग सार्थक है। प्राकृत शब्द के अर्थ के विशदीकरण में कहा जा चुका है कि प्रत्येक युग की भाषा के दो रूप हैं– एक तो साहित्य की विविध रचनाओं में परिलक्षित होता है, दूसरा लोक या उस भाषा-समुदाय के दैनिक व्यवहार में।

प्राकृत भाषाओं के विषय में प्रथम निरूपण **नाट्यशास्त्र** (भरत मुनि) में किया गया है। इनमें सात मुख्य और सात गौण प्राकृत हैं। मागधी, अवन्तिजा, प्राच्या, शूरसेनी (शौरसेनी), अर्धमागधी, बाह्लीक, दाक्षिणात्य (महाराष्ट्री) मुख्य हैं तथा शाबरी, आभीरी, चाण्डाली, द्राविड़ी, वनचरी आदि गौण हैं।

प्राकृत के प्राचीन वैयाकरण वररुचि ने चार प्राकृतों का उल्लेख किया है– शौरसेनी, महाराष्ट्री, मागधी, पैशाची। मागधी का एक भेद अर्धमागधी है। भरत द्वारा उल्लिखित अन्यभेदों-उपभेदों का सविस्तर विवेचन उपलब्ध नहीं है।

मुख्य साहित्यिक प्राकृतों में महाराष्ट्री महाराष्ट्र में विकसित हुई। मनमोहन घोष

और सुकुमार सेन ने महाराष्ट्र का अर्थ सम्पूर्ण भारत माना है और इसे महत्त्वपूर्ण स्थान दिया है। इसे काव्यभाषा माना गया है। हाल की **गाहा सत्तसई** (गाथा सप्तशती), प्रवरसेन का **रावणवहो** इस प्राकृत की प्रसिद्ध कृतियाँ हैं।

शौरसेनी प्राकृत का क्षेत्र शूरसेन या मथुरा का पार्श्ववर्त्ती भाग है। दिगम्बर जैनों ने इसमें साहित्य रचा है जिसे जैन शौरसेनी या दिगम्बर शौरसेनी कहा जाता है। इसके स्थानीय रूप आभीरी, आवन्ती बताये जाते हैं। भरत ने **नाट्यशास्त्र** में नाटक-रचना के लिए इसे महत्त्वपूर्ण माना है। नाटक के गद्यभाग की भाषा शौरसेनी मानी गयी है।

मागधी का क्षेत्र मगध रहा है। इसका प्राचीनतम रूप अश्वघोष के नाटकों में मिलता है। भरत के अनुसार अन्तःपुर के सेवक, अश्वपालक इसका प्रयोग करते थे। मार्कण्डेय के अनुसार भिक्षु, क्षपणक, राक्षस, चेट आदि इसका व्यवहार करते थे। इसी प्राकृत से भोजपुरी, मैथिली, मगही, बाङ्ला, ओड़िआ, असमिया विकसित हुई हैं।

अर्धमागधी का क्षेत्र शौरसेनी और मागधी के बीच है। प्राचीन कोसल के समीपवर्ती क्षेत्र में यह बोली जाती थी। शौरसेनी की अपेक्षा इसमें मागधी के अभिलक्षण अधिक हैं, इसी कारण इसे अर्ध-मागधी कहा जाता है। भगवान् महावीर द्वारा उपदेश इसी भाषा में दिये गये हैं। इस प्राकृत में जैनसाहित्य की प्रमुखता है। इसका साहित्य गद्य-पद्यात्मक है। **साहित्यदर्पण** में इसे चेट, राजपुत्र, श्रेष्ठी की भाषा कहा गया है। **मुद्राराक्षस-प्रबोधचन्द्रोदय** में अर्धमागधी का प्रयोग हुआ है। पूर्वी हिन्दी का विकास इसी प्राकृत से माना जाता है।

संस्कृत और नागरी लिपि

प्राचीन भारतीय आर्यभाषाओं का विकास दो चरणों में हुआ है। प्रथम चरण की भाषा वैदिक संस्कृत और दूसरे चरण की भाषा लौकिक संस्कृत कही गयी है। वैदिक भाषा का प्राचीनतम रूप **ऋग्वेद** में पाया जाता है। वस्तुतः वेदों से प्राचीन भारतीय आर्यभाषा का ही नहीं अपितु सम्पूर्ण भारोपीय भाषा परिवार के प्राचीनतम उपलब्ध भाषा-रूप की सविस्तर जानकारी मिलती है। **ऋग्वेद** के दस मण्डलों में से द्वितीय से नवम मण्डलों की भाषा प्रथम और दशम मण्डलों की भाषा की तुलना में प्राचीन मानी जाती है।

वर्तमान काल में संस्कृत भाषा की लिपि देवनागरी है। यह लिपि ब्राह्मी लिपि से विकसित है। सिकन्दर के आक्रमण के पूर्व भारत में ब्राह्मी लिपि का प्रचलन था। ब्राह्मी दाएँ से बाएँ भी लिखी जाती थी, ऐसे तीन अभिलेख पाये गये हैं (i) अशोक के अभिलेखों के कुछ अंश (ii) मध्य प्रदेश के एरण में प्राप्त सिक्के का लेख (iii) मद्रास के सेरगुडी स्थान पर प्राप्त अशोक के लघु शिलालेख।

यों तो भारत की नागरी (देवनागरी), शारदा, गुरुमुखी, बाङ्ला, ओड़िआ, तेलुगु,

कन्नड़, ग्रन्थतमिल लिपियाँ ब्राह्मी से विकसित हैं। चौथी शताब्दी से प्राचीन ब्राह्मी से भिन्न, पर उसीसे विकसित गुप्तलिपि का प्रचलन हुआ। इसमें वर्णों के ऊपर शिरोरेखा दी जाने लगी। छठी शताब्दी आते-आते गुप्तलिपि बदल गयी और कुटिल लिपि के नाम से व्यवहृत होने लगी। 992 ई. की देवलगाँव की प्रशस्ति की लिपि को कुटिलाक्षर कहा गया है। इस लिपि का प्रयोग 600 ई. से 900 ई. तक रहा।

कुटिल लिपि से भारतीय आर्यभाषाओं तथा द्राविड़ भाषाओं की लिपियों का विकास हुआ। वस्तुतः ब्राह्मी की दो शैलियों, उत्तरी एवं दक्षिणी से, भारतीय भाषाओं की विभिन्न लिपियों का विकास हुआ।

संस्कृत जिस आधुनिक देवनागरी या नागरी लिपि में लिखी जाती है उसका प्रयोग कब प्रारम्भ हुआ इसके विषय में मतभेद है। ब्राह्मी लिपि के उत्तरी संस्करण से इसका विकास हुआ है, इसे सभी स्वीकार करते हैं। पर नागरीलिपि का वर्तमान रूप भीमदेव प्रथम (1200 ई.), उदयवर्मन (1200 ई.) के अभिलेखों में संकेतित है। उस समय तक स्वर-व्यञ्जनों की लिखावट, वर्णों की शिरोरेखा तथा मात्रा-चिह्न आदि नागरी लिपि के अङ्ग बन गये थे।

विद्वानों के एक वर्ग के अनुसार 1800 शती से आधुनिक नागरी लिपि व्यवहार में आ गयी थी। नागरी या देवनागरी नामकरण के प्रयोग को लेकर भी ऐकमत्य नहीं है। ऐसा कहा जाता है कि नगरों में विकास होने के कारण इस लिपि का नाम नागरी पड़ा या गुजरात के नागर ब्राह्मणों के द्वारा प्रचारित होने के कारण इस लिपि का नाम नागरी पड़ा, ऐसी भी मान्यता है। काशी अर्थात् देवनगर में उद्भव के कारण भी इसे देवनागरी कहा जा सकता है।[1]

नागरी लिपि के सङ्केतों की बनावट में गत सहस्राब्दी में परिवर्त्तन हुआ है। वर्तमान लिपि में सङ्केतों के नीचे बिन्दु देकर नये सङ्केत बनाये गये हैं। यथा– ड→ड़, ढ→ढ़ (ये संकेत संस्कृत में नहीं हैं), क्→क़, ख्→ख़, ग्→ग़, ज→ज़, फ्→फ़– संकेत भी नागरी लिपि में उर्दू भाषा के सम्पर्क के कारण विकसित हुए हैं।

क़, ख़, ग़ ध्वनियों का उच्चारण अब कण्ठ्य न होकर कोमलतालव्य हो गया है। उर्दूभाषी इन ध्वनियों का कण्ठ्य उच्चारण करते हैं। उर्दू से लिए गये शब्दों के लिप्यंकन में इन नागरी लिपि के संकेतों के नीचे बिन्दी लगायी जाती है, पर यह नियमित रूप से नहीं किया जाता।

जहाँ तक फ़, ज़ ध्वनियों की बात है, ये अँगरेजी की संघर्षी ध्वनियों के सङ्केत हैं। अँगरेजी के फ़ादर (father) में फ़ का उच्चारण स्पर्श न होकर संघर्षी के रूप

---

1. बिहार-राष्ट्रभाषा-परिषद्, पटना के त्रयोदश वार्षिकोत्सव (27 मार्च, 1964 ई.) के अवसर पर अपने अध्यक्षीय भाषाण में डॉ. वासुदेव शरण अग्रवाल ने प्रतिपादित किया था कि प्राचीन काल में 'नगर' शब्द से पाटलिपुत्र नगर का ही बोध होता था जिससे ऐसा प्रतीत होता है कि पाटलिपुत्र नगर में उत्पन्न होने के कारण ही इस लिपि को नागरी कहा गया। –सम्पादक

में होता है। जहाँ तक ज़ का प्रश्न है, यह 'स' ध्वनि का घोष रूप [z] है। ये ध्वनियाँ संस्कृत-हिन्दी में नहीं है। तालव्य श् का भी घोष रूप [ʒ] अँगरेजी में है, पर संस्कृत-हिन्दी में नहीं है। अँगरेजी के पश्च अर्ध संवृत स्वर [ɔ] के लिए नागरी में [ॅ] संकेत (यथा not, college नॉट, कॉलिज में) प्रयुक्त होने लगा है।

नागरी के स्वर वर्णों के व्यञ्जन से सम्पृक्त होने पर लिखने में मात्राओं का प्रयोग किया जाता है। यथा कालः [क्+ा < आ], किम् [ि<इ + क्], कीरः [क्+ी < ई], कुत्र [क्+ु < उ], [कूर्मः+ू < ऊ], कृष्णः [क्+ृ < ऋ], पितृणम् [त्+ॄ < ॠ]।

हिन्दी में भी यही स्थिति है। इस प्रकार संस्कृत-हिन्दी की नागरी लिपियों में अँगरेजी की तरह स्वर-व्यञ्जन एक के बाद एक क्रम में नहीं लिखे जाते (यथा [hit] में)। मात्राओं के इस संयोजन के कारण नागरी लिपि को अक्षरात्मक (syllabic) कहा गया है। उल्लेखनीय है कि रोमन लिपि को वर्णात्मक (alphabetic) कहा जाता है।

यहाँ यह भी जानना आवश्यक है कि वर्णमाला में व्यञ्जन मात्रा के साथ लिखे जाते हैं, यथा क, का, कि, की, कु, कू, के, कै को, कौ, कं, कः आदि। स्वररहित 'क्' ध्वनि का उच्चारण संयुक्त होने पर (चक्का) होता है यथा 'दिक्कालौ' में 'दिक्कालौ' भी लिखा जाता है। अन्यथा नागरी में 'क' वर्ण सस्वर (क'अ) लिखा जाता है जिसमें 'अ' मात्रा के लिए कोई संकेत नहीं है। शुद्ध व्यञ्जन 'क' के लिखने में हल् (्) का चिह्न नहीं दिया जाता। वस्तुतः संस्कृत में 'क' का सस्वर उच्चारण होता है जो हिन्दी से भिन्न होता है। हिन्दी में पदान्त 'अ' स्वर का उच्चारण नहीं होता। 'केरल' का उच्चारण हिन्दी में 'केरल्' होता है। 'मतलब' लिखा जाता है, पर उसका उच्चारण 'मत्लब्' किया जाता है। इसका प्रभाव संस्कृत शब्दों के उच्चारण में हिन्दीभाषियों द्वारा उच्चरित सम्बोधन में 'मोहन!', 'राम!' का उच्चारण 'मोहन्!', 'राम्' सुनाई पड़ता है।

नागरी लिपि के सङ्केतों की यह विशेषता है कि अत्यल्प अपवादों को छोड़कर एक ध्वनि के लिए एक सङ्केत होता है। यह स्थिति रोमन लिपि से भिन्न है जिसमें क् के लिए एक से अधिक संकेत हैं–

/क्/	[ch] <	school
	[k]	keep
	[c]	cap, cool
	[q]	queen

नागरी लिपि की वैज्ञानिकता की प्रशंसा कहते हुए मोनियर विलियम्स ने लिखा है —"this, though deficient in two important symbols (represented in Roman Z and F, is on the whole the most perfect and symmetrical of known alphabets".

ऊपर नागरी लिपि की कतिपय समस्याओं की ओर संकेत किया गया

है। अन्य समस्यात्मक बिन्दु निम्नलिखित हैं।

(1) द्विरूपता की समस्या– निम्न वर्णों को दो ढंग से लिखते हैं– अ ~ अ 2. झ ~ झ, 3. ण ~ ण, 4. श्र ~ श्र।

(2) साम्यजनित रूप– 'रव' जैसे शब्द में 'ख' का भ्रम।

(3) शिरोरेखाजनित भ्रमात्मक संकेत– घ ~ ध, भ ~ म।

(4) चन्द्रबिन्दु (ँ), तथा अनुस्वार (ं) के प्रयोग को लेकर अनिश्चय की स्थिति है। संस्कृत लिखने में चन्द्रबिन्दु का प्रयोग अब नहीं होता। हिन्दी में अनुस्वार का प्रयोग बढ़ गया है जिसके चलते प्रशिक्षुओं-छात्रों को शब्दों के शुद्ध रूपों को जानने में कठिनाई होती है। निम्नलिखित उदाहरणों को देखें।

(i) मन्दिर (मंदिर), सम्भव (संभव), अङ्क (अंक), ठण्ढा (ठंढा)।

(ii) तन्मय (तंमय), जगन्नाथ (जगंनाथ), मृण्मय (मृंमय)।

कतिपय संङ्केतों के उच्चारण भी समस्यामूलक हैं, यथा ऋण (रिण), कृपा (क्रिपा), ज्ञ (ग्यँ-ज्ञान)।

भारत सरकार ने अनेक समितियों की अनुशंसा की समीक्षा कर नागरी लिपि के निम्नलिखित संकेतों रूपों को मान्यता दी है।

स्वर ध्वनियों के संकेत

अ, आ, अ, ई, उ, ऊ, ऋ, लृ, ए, ऐ, ओ, औ, अं,
अः ा, ि, ी, ु, ू, ृ, े, ै, ो, ौ, ं, अः

व्यञ्जन ध्वनियों के संकेत

क्, ख्, ग्, घ्, ङ्
च्, छ्, ज्, झ्, ञ्
ट्, ठ्, ड्, ढ्, ण्,
त्, थ्, द्, ध्, न्
प्, फ्, ब्, भ्, म्
य्, र्, ल्, व्, श्, ष्, स्, ह्, क्ष्, त्र् ज्ञ्, श्र
[ळ्] (तमिल भाषा की मूर्धन्य पार्श्विक [ल्] èofu ds fy,½
M+] <+ ¼fgUnh ys[ku ds fy,½A

सिंधी भाषा

डॉ. जेठो लालवाणी

1. भाषा के नाम का विवेचन

सिंधी भाषा को सिंधी में 'सिंधी बोली' नामकरण दिया गया है जिसका तात्पर्य है सिंधी बोली का प्रदेश, सिंधी प्रांत में बोली जानेवाली जनपदीय लोकभाषा। 'सिंधु' शब्द का अर्थ है एक महानदी जो हिमालय से निकलकर बहती है। सिंधु नदी को 'महेराण' अर्थात् समुद्र भी कहा जाता है, 'सिंधु' का अर्थ है, सिंधु नदी के तट के आसपास का प्रदेश। सिंध-प्रदेश ही पूरी दुनिया में एक ऐसा प्रदेश है जो एक नदी के नाम से जाना जाता है। सिंधु नदी सिंध प्रदेश के बीच से बहती है। सिंधी भाषा सिंधु-तट पर बसी बस्ती के लोगों की बोलचाल की भाषा है। सिंधी भाषा भारत-विभाजन के पूर्व सिंध प्रदेश की भाषा थी। स्वतंत्रता के बाद सिंधीभाषी भारत के विभिन्न प्रदेशों में बस गये और उन्होंने भाषा के माध्यम से अपनी अस्मिता को बनाये रखा। सिंधी भाषा सिंध प्रदेश (अब पाकिस्तान में) में तो बोली ही जाती है, इसके साथ भारत के सभी प्रदेशों में इसके बोलनेवाले हैं जो यथासंभव सिंधी भाषा का प्रयोग करते हैं। सिंधी भाषा बोलने वाले हिन्दू, मुसलमान एवं सिख समुदाय (लबाना-सिख) के लोग हैं।

प्राचीन काल में सिंध का विस्तार बहुत विस्तृत था। **ऋग्वेद** में सिंधी का उल्लेख है, जिसका सम्बन्ध आधुनिक काल में जो सिंध का भौगोलिक क्षेत्र 54123 वर्ग मील अंदाजन 86517 वर्ग किलोमीटर है, उससे कम कदापि नहीं है। परन्तु सिंधु नदी के तट का जो विशाल क्षेत्र था उससे सम्बन्ध है। यह भी स्पष्ट है कि सिंधु नदी के आसपास के विस्तार के साथ, जहाँ आर्यों की बस्ती थी उसे, 'सप्त-सिंधु' के नाम से जाना जाता था। 'सप्त-सिंधु' का अर्थ है, सिंधु नदी के साथ जुड़ी सात नदियों का विस्तार। 'सप्त-सिंधु' इलाके की नदियाँ थीं– सिंधु, विभाशाद (व्यास), शतदर, सतलज, वत्तासता (झेलम), आसकानी (चिनाब), परशरणी (रावी) एवं सरस्वती।

विभाजन के बाद भारत में सिंधी भाषा का कोई निश्चित भाषाई क्षेत्र न होने के कारण सिंधी भाषा का वह निश्चित रूप नहीं रह पाया, जो होना चाहिए था।

सिंधी भाषा भारत के संविधान की मान्यता प्राप्त, एक अल्पसंख्यकों की राज्यविहीन भाषा है। सिंधी सिंध में एकभाषी समुदाय है, परन्तु भारत में द्विभाषी समुदाय है।

2. सिंधी भाषा का क्षेत्र और उसके बोलने वालों की संख्या

(क) कच्छ में सिंधी भाषा

भौगोलिक, ऐतिहासिक, सामाजिक, सांस्कृतिक, व्यापारिक, शासकीय, आर्थिक एवं धार्मिक दृष्टि से देखा जाय तो कच्छ का सम्बन्ध सिंध के साथ प्राचीन से ही रहा है। कच्छ को सिंध का विस्तृत क्षेत्र कहा जाता है। कच्छ का बन्नी क्षेत्र चालीस गाँवों का समूह है। यहाँ आज भी आदि सिंधी कबीले, जत, समा, सूमरा, मुतवा, मोतियार, हालेपोटा आदि मुसलमान प्रजा, लोहाणा, कोली, भानुशाली, सोढा, मेघवाड़, रेबाड़ी आदि हिन्दू प्रजा निवास करती है। बन्नी के निवासी सिंधी हिन्दू-मुसलमान कबीलों में मानक सिंधी भाषा का शुद्ध रूप आज भी ज्यों का त्यों सुरक्षित है।

1971 के हिन्द-पाकिस्तान युद्ध के समय बहुत सारे सिंधी लोग सिंध से भारत में हिजरत करके आये और कच्छ, गुजरात, राजस्थान में आकर बसे और भारत की नागरिकता प्राप्त की। वे सभी सिंधी भाषा का ही उपयोग करते हैं।

(ख) काठियावाड़ में सिंधी भाषा

विभाजन के पहले काठियावाड़ चार प्रांतों में बँटा हुआ था– झालावाड़, हालार, सौराष्ट्र एवं गोहीलवाड़। ऐतिहासिक दृष्टि से 'काठियावाड़' नामकरण 'काठी कौम' पर पड़ा है। काठी प्रजा ने सिंध से आकर इस विस्तार में निवास किया। सिंधी भाषाविज्ञानी डॉ. गुलाम अली अलाना लिखते हैं कि 'कच्छ के जाड़ेजा समय के शासन में काठियावाड़ के माणावदर, सरदारगढ़, जामनगर, मांडवी, भावनगर, मोरबी, राजकोट, सोरठ, वंथली, जूनागढ़, कुतियाणा, धोराजी, बांटवा एवं पोरबंदर रियासतों में सिंधी भाषा की उपबोली कच्छी, का प्रचलन हुआ और आज भी प्रचलन में है। मेमण प्रजा जो सिंध से आकर यहीं बसी, वे लोग कच्छी के काठियावाड़ी, मेमणी और जूनागढ़ी स्वरूप का उपयोग करते हैं।' स्वतंत्रता के बाद इन विस्तारों के शहरों में अनेक सिंधी लोग निवास कर रहे हैं तथा सिंधी भाषा का प्रयोग हो रहा है।

(ग) गुजरात में सिंधी भाषा

इतिहास साक्षी है कि विविध प्रजाओं, समूहों, कबीलों का एक विस्तार से दूसरे विस्तार में आना-जाना और व्यापारिक यातायात होता रहता था। सदियों से विदेशी आक्रामकों, हमलावरों, लुटेरों का केन्द्र सिंध रहा है। अपने अस्तित्व को कायम रखने के लिए और परिस्थितियों एवं प्राकृतिक आपदाओं को झेलते हुए उनसे

लड़ने के लिए सिंधियों ने एक स्थान से दूसरे स्थान की ओर प्रस्थान भी किया है। सिंध की भूमि पर हुए आक्रमण, प्राकृतिक विपदाओं एवं राजकीय झंझटों के कारण सिंध के मेमण, खोजा, लोहाणा, भाटिया, सोनी, कुम्भार, खत्री, जत, ओढ़, मुलतानी, भानुशाली आदि प्रजा सिंध से आकर गुजरात के अनेक शहरों में बसने लगी थी।

1881 की जनगणना के अनुसार गुजरात, काठियावाड़ में सिंधी-भाषियों की संख्या 32526 थी। 1991 की जनगणना में 704088 सिंधीभाषी गुजरात में निवास करते दर्शाया गया है। 2001 की जनगणना में गुजरात में सिंधीभाषियों की संख्या 16,94,61 दर्शायी गयी है।

(घ) राजस्थान में सिंधी भाषा

राजस्थान, मेवाड़ के भी सांस्कृतिक, साहित्यिक, व्यापारिक, आर्थिक एवं शासकीय सम्बन्ध सिंध के साथ बहुत प्राचीनतम रहे हैं। राजस्थान के जेसलमेर, बीकानेर, बाडमेर, जोधपुर रियासतों एवं सीमावर्ती क्षेत्र सिंध के शासन से वर्षों तक जुड़े रहे थे, स्वतंत्रता से पहले जोधपुर के महाराजा की रेलगाड़ी सिंध तक जाती थी। भारत सरकार ने फिर से 'थार एक्सप्रेस' नामक रेलगाड़ी शुरू की है।

राजस्थान में सिंधी बोली का विकास, प्रसार, प्रचलन चारण, भट्ट्ट, मीरासी, मंगणहार आदि लोकगायकों ने किया है। राजस्थान के थरपारकर सोढ़ा, जेसलमेर और बाड़मेर के राजाओं, राजकुमारों के साथ अपनी बेटियों का विवाह करते रहे हैं। 1991 की जनगणना के हिसाब से राजस्थान में 335523 सिंधीभाषी रहते थे।

जैसलमेर के पुष्करणा ब्राह्मण सिंध, बलोचिस्तान, धारपाकर (थरपारकार) में रहते हैं। कराची, हैदराबाद, शिकारपुर, नगर थट्टा, सख्खर, नसरपुर, खैरपुर, रोहिड़ी, उमरकोट, मिठी, छाछरो आदि नगरों में रहनेवाले पुष्करणा सिंधी कहलाते हैं। जैसलमेर के सीमावर्ती उत्तरी-पश्चिमी विस्तार के गाँवों में हजारों की संख्या में सिंध के माहेश्वरी, भाटिया, लोहाणा हिन्दुओं के साथ सिंधी मुस्लमान निवास करते हैं। ये पशुपालक हैं, सिंधी भाषा बोलते हैं, सिंधी मुसलमान कहलाते हैं।

लंघा, मीरासी, मारु चारण, काच्छेला चारण, भाट, मंगणहार आदि गायक जातियाँ लोककथाओं और सिंधी लोकगीतों तथा सिंधी वाद्यों का गायन-वादन करती हैं। लंघा, मीरासी, मंगणहार पेशेवर सिंधी जातियाँ हैं जो सिंधी समुदाय में जन्म-विवाह आदि के शुभ प्रसंगों पर गायन-वादन का कार्य करती हैं। भारत में सिंधीभाषियों की जनगणना इस प्रकार है। 1971 में 16,76,875, 1981 में 20,44,389,1991 में 21,22,848 तथा 2001 में 25,35,485 भारत में सिंधीभाषी 16,94,061 तथा 8,23,058 कच्छी-भाषी तथा 18,366 अन्य भाषा-भाषी सिंधी बोलते हैं। सिंध (पाकिस्तान) में साढ़े तीन करोड़ सिंधी बोलते हैं।

3. सिंधी भाषा की उत्पति

सिंधी भाषा अपने आधुनिक रूप में भारतीय आर्य भाषाओं के परिवार की एक भाषा है। परन्तु सिंधी भाषा की उत्पति एवं ऐतिहासिक सम्बन्ध को लेकर विद्वानों में काफी मतभेद है। सिंध में 'मुअनि जो दड़ो' (मृतकों का टीला) की खुदाई से सिंधु घाटी की जिस प्राचीन सभ्यता पर प्रकाश पड़ा है, उसके आधार पर विद्वानों ने सिंध प्रदेश की प्राचीन भाषा की कल्पना की है।

अर्नेस्ट ट्रम्प सिंधी को संस्कृत-समूह की भाषा मानते हैं और व्याकरण की दृष्टि से ये सिंधी को अन्य सभी आधुनिक आर्य भाषाओं, बंगला एवं हिन्दी में प्रमुख मानते हैं।[1]

कैप्टन जार्ज स्टैक ने सिंधी भाषा के व्याकरण में लिखा है—"मुझे विश्वास है कि सिंधी भाषा का अध्ययन भाषाविज्ञानियों के लिए अन्य कई भारतीय भाषाओं के अध्ययन की अपेक्षा मनोरंजक सिद्ध होगा।" जार्ज स्टैक का यह भी कहना है कि 'सिंधी में जो भाषागत विशेषताएँ हैं, वे अन्य कई भारतीय भाषाओं की तुलना में विशिष्ट सौंदर्य प्रदान करती हैं।[2]

ग्रियर्सन एवं सुनीति कुमार चैटर्जी ने सिंधी का सम्बन्ध आर्य-परिवार से जोड़ा है। उनका मत है कि अन्य आधुनिक आर्यभाषाओं हिन्दी, बंगला, मराठी आदि के समान सिंधी भाषा की उत्पत्ति दसवीं शताब्दी के इर्द-गिर्द हुई। उनका विचार है कि संस्कृत के समय (या उसके पूर्व) जो लोकभाषा प्रचलित थी उसीमें प्रथम प्राकृत भाषाओं का, बाद में प्राकृत से अपभ्रंश का और विभिन्न अपभ्रंश भाषाओं से आधुनिक आर्यभाषाओं की उत्पत्ति हुई। सिंधी की उत्पत्ति ब्राचड़ अपभ्रंश से मानते हैं। लेकिन सिंध (पाकिस्तान) के भाषाविज्ञानी सिराजुल हक ने अपनी पुस्तक **सिंधी बोली** (1964) में कहा है कि "सिंधी एक द्राविड़ भाषा है और उसकी जड़ें मोअन-जो-दड़ों की द्राविड़ सभ्यता में है। सिंधु घाटी में द्राविड़ और आर्य लोग रहते थे। आर्यों ने द्राविड़ों को दक्षिण की ओर खदेड़ दिया। द्राविड़ लोग सिंधु घाटी में न रहे, परन्तु उनकी भाषा का प्रभाव बना रहा।"

भाषाविद् डॉ. गुलाम अली अलाना अपनी पुस्तक **सिंधी बोलीअ जो बुणु-बुनियाद** (1974) में सिराजुल हक के मत की पुष्टि करते हैं कि "सिंधु घाटी सभ्यता के लोग आर्येतर द्राविड़ लोग थे और उनकी उस समय जो बोली थी, उससे सिंधी का सम्बन्ध रहा है।"

सिंध के ही विद्वान् डॉ. नबी बख्श ब्लोच सिंधी को अरबी के समान सामी या सेमेटिक परिवार की भाषा मानते हैं जिस पर संस्कृत एवं द्राविड़ भाषाओं का प्रभाव पड़ा है।

---

1. Dr. Ernest Trump, **Grammar of the Sindhi Language** (Leipzig, 1872), p. 1
2. Captain George Stack, **A Grammar of the Sindhi Language** (Bombay, 1849)

पंडित कृष्णचंद्र जैतली ने अपनी पुस्तक **सिंधी भाषा का संक्षिप्त परिचय** (1957) में लिखा है कि मुल्तानी, लहंदा, कश्मीरी और पश्तो की तरह सिंधी में भी संज्ञा, सम्बन्धसूचक तथा क्रिया-पदों के अंत में सार्वनामिक प्रत्यय का प्रयोग होता है। उदाहरण– मंझिसि (उसमें), पुटसि (उसके पुत्र ने)। ये प्रत्यय भाषा की समाहार तथा समास-शक्ति को बढ़ाते हैं। सिंधी की उत्पति विषयक समस्या का हल 'मुअनि जो दड़ो' से प्राप्त लिखित अक्षरों (सिंधु घाटी की लिपि) को, जिसे अब तक पढ़ा नहीं गया है तथा भाषा-स्वरूप निर्विवाद सिद्ध नहीं हुआ है, तब तक आधुनिक सिंधी भाषा का उद्‌गम विवाद-कल्पना चलती ही रहेगी।

भारतीय पुरातत्त्वज्ञ एस.आर. राव के शोध के अनुसार "सिंधु घाटी की भाषा पुरानी आर्यभाषा (**ऋग्वेद** की भाषा) के पहले का एक रूप है। वह पहले का रूप सिंध में प्रचलित प्राथमिक वैदिक प्राकृत रूप था, जो बाद में वेदों की भाषा में और आगे चलकर 'मोअन-जो-दड़ो' की भाषा में विकसित हुआ।" सभी भाषाविज्ञानी इस बात से सहमत हैं कि व्याकरण तथा शब्दावली की दृष्टि से आधुनिक सिंधी भाषा की बुनियादी संरचना अधिकांशतः अन्य आधुनिक भारतीय आर्यभाषा में ही मानना चाहिए। सिंध के भाषापट पर समयानुसार ईरानी, दार्दिक, द्राविड़, अरबी, फारसी अँगरेजी आदि भाषाओं का प्रभाव पड़ा है, अधिकतर भाषा की शब्द-सम्पदा पर असर पड़ा है, परन्तु सिंधी भाषा की मूलभूत शब्दावली और व्याकरण सम्बन्धी संरचना में कोई विशेष परिवर्तन नहीं हुआ है। सिंधी भारत-यूरोपीय-परिवार के भारतीय आर्य भाषा वर्ग की एक मुख्य सदस्या है। सिंधी भाषा की उत्पति के सम्बन्ध में डॉ. अर्नेस्ट ट्रंप का मत ही सर्वाधिक मान्य रहा है। उन्होंने अपने व्याकरण-ग्रंथ में सिंधी की संस्कृत कुल-सम्बन्धी विशेषताओं का वर्णन किया है। सिंधी का शब्द-भांडार विशाल है। वह मुख्यतः संस्कृत पर आधारित है। इसमें तत्सम शब्दों की अपेक्षा तद्‌भव शब्द अधिक हैं।

श्री भेरूमल मेहरचन्द आडवाणी ने **सिंधी बोलीअ जी तारीख** (1941) में लिखा है कि "सिंधी के देशज शब्दों पर द्राविड़ भाषा-परिवार का भी प्रभाव है। क्योंकि द्राविड़ों के सिंधु प्रदेश छोड़ने के पश्चात् उसका (सिंध का) मालाबाट समुद्र-तट के प्रदेशों से व्यापारिक सम्बन्ध बना रहा।"

सिंधी के विदेशी शब्दों में अधिकतर अरबी और फारसी के हैं। क्योंकि मध्यकाल में इन दोनों भाषाओं के लोगों का कुछ सदियों तक सिंध पर प्रत्यक्ष तथा परोक्ष रूप से अधिकार रहा। फारसी सिंध की राजभाषा भी थी।

आजकल भारत की सिंधी में संस्कृत के तत्सम शब्द बढ़ रहे हैं तथा भारत की विभिन्न प्रांतीय भाषाओं से भी शब्दों का आगमन हो रहा है। सिंध (पाकिस्तान) की सिंधी में उर्दू, अरबी-फारसी शब्द-भांडार बढ़ रहा है।

4. सिंधी भाषा की बोलियाँ और उनका क्षेत्र

हिन्दी भाषा में अनेक प्रमुख बोलियाँ हैं जैसे अवधी, बघेली, छत्तीसगढ़ी, ब्रज, बुंदेली, बाँगरू, कन्नौजी, खड़ी बोली, कुमाऊँनी, गढ़वाली, पश्चिमी, पहाड़ी, मेवाती, ढूंढाड़ी, मारवाड़ी, हाड़ौती, वागड़ी, मालवी, मेवाड़ी, भोजपुरी, मगही और मैथिली। इनमें से हिन्दी का एक मानक एवं राजभाषायी रूप भी है जो खड़ी बोली और ब्रज से विकसित हुआ है। यही मानक रूप शिक्षा, साहित्य, पत्रकारिता, साहित्य का रूप है। सिंध (पाकिस्तान) में सिंधी राजभाषीय रूप 'विचोली' ही है।

सिंधी भाषा की विचोली, सिराइकी, लाड़ी, थरेली, लासी और कच्छी नाम की छह उपभाषाएँ हैं। सिंध प्रदेश के पश्चिम में बलूचिस्तान, पूरब में राजस्थान, उत्तर में लहन्दाभाषी क्षेत्र तथा दक्षिण में गुजरात प्रदेश है। सिंध प्रदेश के मध्य में विचोलीभाषी क्षेत्र है। विचोली क्षेत्र के ऊपर सिराइकी/सिरैकी भाषी क्षेत्र तथा नीचे लाड़ीभाषी क्षेत्र है। थर, जो कि राजस्थान की सीमा पर है, वहाँ की भाषा थरेली कहलाती है। लस बेला (कराची से लगभग साठ कोस की दूरी पर बलूचिस्तान है) और मकरान कभी किसी समय सिंध के अधिकार में था। लस बेले में सिंधी बोली जाती थी और वहाँ की लासी सिंधी की एक उपभाषा है। इसी प्रकार कच्छ की भाषा कच्छी भी है।

विचोली—यह सिंधी की साहित्यिक भाषा है। इसकी सीमाएँ 'कन्डियारो' एवं दादु के उत्तर दिशा वाले भाग से लेकर नीचे कोटड़ी डीवीजन तक है।

सिराइकी/सिरैकी—इसका क्षेत्र सिंध प्रदेश का उत्तरी भाग है जो कि सबसे ऊपर स्थित है। जिसमें खैरपुर रियासत, सेवहण और (दादू से लेकर पूरा लाड़काना जिला) तक के विस्तार का समावेश है, जहाँ पर सिराइकी बोली का प्रयोग होता है।

लाड़ी—सिंध प्रदेश का दक्षिण भाग जो विचोली क्षेत्र के नीचे है और समुद्र से जाकर मिलता है, लाड़ कहलाता है। लाड़ के दो भाग हैं—एक हैदराबाद जिले वाला लाड़, जहाँ से तीन मील दूरी पर मीरपुर में शाह इनायत सूफी की दरगाह है, दूसरे कराची जिले का पूरा दक्षिणी भाग जो केटी बन्दर और कराची की ओर आकर समुद्र में मिलता है, वह कराची वाला लाड़ है। इन दोनों क्षेत्रों में बोली जाने वाली भाषा लाड़ी है।

थरेली—नारो ढ़ोरों नामक स्थान इस बोली का क्षेत्र है। यह मीरपुर खास वाला हिस्सा हैदराबाद जिले से लगता है।

कच्छी—'कच्छ' शब्द संस्कृत का शब्द है जिसका अर्थ है 'किनारा' या कन्धा। कच्छ के तीन तरफ समुद्र होने के कारण इसे समुद्र के किनारे वाला प्रदेश कहते हैं। यहाँ पर प्रयोग में आने वाली बोली को कच्छी कहते हैं। कच्छ गुजरात राज्य में है।

लासी—लसबेले नामक शहर कराची से 120 मील दूर पश्चिमी की ओर

बलूचिस्तान की सीमा में है। लसबेली के कारण 'लासी' नाम पड़ा है। वहाँ की बोली लासी है।

सिंध के सूफी संत सचल सरमस्त (1739–1829) पर सिराइकी का और शाह अब्दुल लतीफ (1689–1752) पर लाड़ी का प्रभाव है। सिराइकी और लाड़ी सिंध की प्रमुख बोलियाँ हैं। सिराइकी का उच्चारण लाड़ी के उच्चारण से अधिक मौलिक रूप से सिंधी है। सिराइकी में जहाँ 'अ' और 'आ' का उच्चारण होता है वहाँ लाड़ी में 'इ, ई' का उच्चारण होता है, जैसे सिराइकी में 'जंहि' (जिस) का बहुवचन 'ज़नि' (जिन) है जबकि लाड़ी में 'जिनि' (जिन) है।

सिंधी की उपभाषाओं की भी उपभाषाएँ हैं– सोढ़की, जतकी, ढाटकी, मेघवाड़ी, शिकारपुरी, लाड़काणी, उबाड़वाई, उत्तरादी, पारकरी, माथेली आदि।

5. सिंधी भाषा की लिपि

1843 में अँगरेजों ने सिंध पर आक्रमण करके अपना अधिकार किया था, उस समय सिंधी भाषा की चार लिपियाँ प्रचलित थीं– 1. देवनागरी 2. गुरुमुखी 3. हटाई (इसके अन्य नाम हटवाणिकी, खुदाबादी, हिन्दू सिंधी लिपि), तथा 4. अरबी-फारसी।

हटवाणिकी (हट्ट-वाणिक) अधिकांश, व्यापार के क्षेत्र में प्रयोग की जाती है। यह लिपि बही-खातों और व्यापारिक व्यवहार में सर्वाधिक लोकप्रिय थी। पंडित किशनचंद्र जैतली ने **सिंधी हट वाणिकी लिपि** (1985) में लिखा है कि "सिंध की हटवाणिकी लिपि मोअन-जो-दड़ो के अवशेषों से प्राप्त मोहरों की लिपि से मिलती-जुलती है।"

सिंध में आदि ग्रंथ के प्रचार के बाद गुरुमुखी लोकप्रिय बनी। विशेषकर सिंधी स्त्रियाँ गुरुमुखी में आदि ग्रंथ, जपजी और सुखमणि का पाठ करती थीं।

1853 में सरकारी शिक्षा विभाग ने विद्वानों की एक समिति स्थापित की जिसमें अरबी-फारसी लिपि में आवश्यक संशोधन और परिवर्तन करके 52 (बावन) अक्षरों वाली एक लिपि तैयार की जिसे अरबी लिपि कहा जाता है। सिंधी भाषा सिंध (पाकिस्तान) में और भारत में लिखी जाती है। अरबी लिपि दाहिनी ओर से बायीं ओर लिखी जाती है।

विभाजन के बाद सिंधी विद्वानों में लिपि-विवाद तथा संघर्ष उत्पन्न होने के कारण एक पक्ष सिंधी लिपि का हिमायती था तो दूसरा देवनागरी लिपि के पक्ष में। सिंधी भाषा के लिए सरकारी स्पष्ट नीति न होने के कारण सरकार ने दोनों लिपियों के प्रयोग की छूट दे दी। भारत में इस समय सिंधी भाषा के लिए दोनों लिपियाँ प्रयोग में लाई जा रही हैं।

इन लिपियों के अलावा गुजराती लिपि में सिंधी भाषा लिखने की परम्परा 19वीं सदी से ही दिखाई देती है। सिंध के थरपारकर जिले के लोग इस लिपि का प्रयोग करते हैं। कच्छी अधिकांशतः गुजराती और नागरी अक्षरों में लिखी जाती है।

अँगरेजों के शासनकाल में यूरोपी लोगों को सिंधी भाषा सिखाने के लिए नागरी और अरबी लिपियों के साथ-साथ रोमन लिपि का भी सहारा लिया गया। यूरोपीय देशों और विदेशों में स्थायी रूप से रहने वाले सिंधीभाषियों की संतान प्रायः नागरी एवं अरबी लिपियों से सुपरिचित न होने के कारण तथा आधुनिक इंटरनेट युग, कोम्प्युटर, एस.एम.एस. का बढ़ावा होने के कारण रोमन लिपि का ज्यादा व्यवहार कर रही है।

सिंधी का अधिकांश समृद्ध साहित्य सिंधी लिपि में प्रकाशित है। भारत में सिंधीभाषी विविध राज्यों में बसे हुए हैं, जहाँ कई स्थानों पर सिंधी भाषा के शिक्षण की व्यवस्था नहीं है। 95 प्रतिशत सिंधी युवा पीढ़ी सिंधी-अरबी लिखावट से अपरिचित हैं, परन्तु नागरी लिपि का अध्ययन करते रहने के कारण युवा पीढ़ी को अपनी सांस्कृतिक विरासत से जोड़े रखने के लिए देवनागरी लिपि के व्यावहारिक उपयोग को बढ़ावा मिल रहा है तथा देवनागरी लिपि में भी साहित्य प्रकाशित हो रहा है।

6. सिंधी भाषा की ध्वनियाँ हिन्दी के संदर्भ में

पिछले 150 वर्षों से अधिक समय से ही सिंधी भाषा का साहित्य-सृजन एवं शिक्षा का प्रचार-प्रसार अरबी लिपि में अधिक हुआ है। अरबी सिंधी की वर्णमाला में 52 वर्ण हैं। इन 52 अक्षरों को निम्न भाषाओं से लिया गया जिनको देवनागरी लिपि में निम्न प्रकार से लिखा जाता है—

संस्कृत भाषा के 16 वर्ण— झ, छ, ञ, फ, ठ, ट, थ, भ, ण, घ, ङ, ख, ड़, ढ, ड, घ।

अरबी भाषा के 29 वर्ण— ज़, द, ख़, ह, ज, श, त, ब, अ, ज़, त, ज़, स़, श, स, ज़, र, अ, य, ह, व, न, म, ल, क, क़, प़, ग़, ए।

फारसी भाषा के तीन वर्ण— ग, च, प।

सिंधी भाषा के निज 4 वर्ण— ग॒, द॒, ज॒, ब॒।

वर्णमाला को सिंधी भाषा में आईवेटा, अलिफ-बे या वर्णमाल्हा कहते हैं तथा वर्ण को हर्फु कहते हैं। यहाँ दर्शाये गये सारे अक्षर हिन्दी वर्णमाला से ही लिए हुए हैं सिवाय ब॒, ज॒, ड॒/द॒, ग॒ इनमें जो चार निज सिंधी अंतःस्फुटित ध्वनियाँ हैं उनका उच्चारण सीखने के लिए सिंधी भाषा विशेषज्ञ का संपर्क करना होगा जो शुद्ध रूप में बोल सकता हो। यह आवाज जिन अक्षरों के करीबी है उन्हीं के नीचे छोटी रेखा लगाकर लिखा जाता है। अरबी लिपि में स्वर के लिए अक्षरों के ऊपर नीचे जबर, जेर, पेशु आदि चिह्न लगाए जाते हैं तथा अ, य और व वर्णों का प्रयोग होता है।

सिन्धी भाषा की देवनागरी लिपि में चन्द्रबिन्दु का प्रयोग नहीं होता है। अरबी लिपि में स तीन, ज़ चार, अ, त तथा ह दो-दो हैं, परन्तु देवनागरी लिपि में एक ही प्रकार से लिखा जाता है। देवनागरी लिपि में श और ष की ध्वनि को अरबी सिंधी

लिपि में एक ही वर्ण के रूप में लिखा जाता है। हिन्दी लिपि के संयुक्त अक्षर क्ष, त्र, ज्ञ, ञ, श्र तथा विसर्ग को सिन्धी भाषा में स्वीकार किया जा रहा है परन्तु कही-कहीं इनका भी सिंधीकरण कर दिया गया है। देवनागरी लिपि में सिंधी भाषा लिखने का अभ्यास ईस्वी सन् 1853 से 1947 तक छूट-सा गया था। देवनागरी लिपि में वर्तमान में सिंधी भाषा के लिए स्वर, चिह्न व व्यंजन स्वीकार किये गये हैं, पर देवनागरी लिपि में सिन्धी भाषा लिखने का मानकीकरण अभी तक अनुमोदित नहीं हुआ है।

सिंधी भाषा की संरचना

सिंधी भाषा के शब्दों को इस प्रकार बाँटा गया है–

शब्द

- विकारी (परिवर्तनशील)
  - नामपद
    - संज्ञा
    - सर्वनाम
    - विशेषण
  - क्रियापद
- अविकारी (अपरिवर्तनशील)
  1. क्रियाविशेषण
  2. सम्बन्धसूचक
  3. समुच्चयबोधक
  4. विस्मयादिबोधक

- नाम पदों का रूप-परिवर्तन वचन और कारक में होता है।

- क्रियापदों का रूप-परिवर्तन काल, अर्थ, पुरूष, लिंग और वचन में होता है।

- अविकारी शब्दों को वाक्य में कार्य के आधार पर बाँटा गया है– 1. क्रियाविशेषण 2. सम्बन्धसूचक 3. समुच्चयबोधक 4. विस्मयादिबोधक।

देवनागरी लिपि

हिन्दी वर्णमाला से तुलना करने पर मालूम होगा कि देवनागरी सिंधी वर्णमाला में निम्नलिखित वर्ण अधिक है– ख ग़ ज़ फ़ ग॒ ज॒ ड॒ ब॒।

2. प्रत्येक व्यंजन वर्ण में 'अ' स्वर मिला हुआ है जैसे– क् + अ = क।

3. अनुस्वार और विसर्ग चिह्न प्रत्येक स्वर वर्ण के साथ लग सकते हैं– अं (अंत), अः (प्रातः, अंतःकरण)।

4. ऋ, क्ष, ज्ञ, श्री, ष और विसर्ग का प्रयोग सिन्धी में केवल उन शब्दों के लिखने में होता है जो संस्कृत मूल के हैं और तत्सम या अर्धतत्सम रूप में लिखे जाते हैं– ऋषी, अंतःकरणु, राक्षसु, क्षत्री, ज्ञानु, श्री, वषा।

5. ख़, ग़, ज़, फ, वर्णों का प्रयोग अरबी-फारसी से सिंधी में आए हुए शब्दों

में होता है– खराब, खुश, ग़म, ग़रीब, ज़माना, फ़न, फ़ानी। ज़ और फ़ वर्णों का प्रयोग अँगरेजी से सिन्धी में आए हुए शब्दों में भी होता है– ज़िंक, ज़ी-टी.वी., ज़ेबरा, फ़िल्म, फ़ैन, फ़ीट।

6. ग॒, ज॒, ड॒, ब॒ सिन्धी भाषा की अंतःस्फुटित ध्वनियों को दिखाने वाले वर्ण हैं।

7. क्ष (क् + ष), त्र (त् + र), ज्ञ (ज् + न), श्री (श् + र), ढ़ (ड् + ह) वास्तव में संयुक्त व्यंजन हैं। अपनी विशेष आकृति के कारण उन्हें वर्णमाला में रखा गया है।

8. ङ, ञ, ण, ड़ और ढ़ वर्णों का प्रयोग शब्द के आरंभ में नहीं होता।

अरबी-सिन्धी लिपि

अरबी-सिन्धी लिपि का मूल आधार है अरबी भाषा की लिपि। उसमें 28 वर्ण हैं। फारसी भाषा ने भी अरबी लिपि अपनाई है, परन्तु उसमें चार वर्ण अरबी लिपि से अधिक हैं– ग, च, प और ज़। सिन्धी भाषा के लिए अब जो अरबी लिपि प्रचलित है, उसे अँगरेज सरकार के शिक्षा विभाग ने सन् 1953 में परिनिष्ठित अथवा मानक रूप दिया। उसके पूर्व अरबी-फारसी वर्णों में सिंधी भाषा लिखने का कोई एक निश्चित रूप नहीं था।

अरबी-सिन्धी लिपि में अरबी भाषा के 28 वर्ण और फारसी भाषा के तीन अधिक वर्ण ज्यों के त्यों लिए गये हैं। उसके बाद वर्णों के नीचे-ऊपर या बीच में नुक्ते अथवा बिन्दु लगाकर सिन्धी भाषा के लिए आवश्यक अन्य वर्ण बनाये गये हैं। अरबी-सिन्धी लिपि में कुल 52 वर्ण हैं। यह लिपि दाहिने से बाएँ लिखी जाती है।

सिंधी भाषा में अक्षरों को अखर या हर्फ, शब्द को लफ्ज़ु या शब्दु तथा वाक्य को जुमिलो कहते हैं।

किसी वाक्य में जो भी शब्द होते हैं, वे आठ प्रकार के होते हैं। अतः उन्हें आठ भागों में विभाजित किया गया है। इनमें संज्ञा को सिंधी भाषा में इस्मु, सर्वनाम को ज़मीर, विशेषण को सिफ़ति, क्रिया को फइलु, क्रियाविशेषण को ज़र्फ, सम्बन्धसूचक को हर्फ ज़रि, समुच्यबोधक को हर्फु जुमिलो एवं विस्मयादिबोधक को हर्फ निंदा कहते हैं।

इनमें संज्ञा, सर्वनाम, विशेषण एवं क्रिया के रूप में लिंग, वचन और कारक के साथ परिवर्तित हो जाते हैं, इस कारण इन्हें अविकारी शब्द कहते हैं। क्रिया, विशेषण, सम्बन्धसूचक, समुच्चयबोधक एवं विस्मयाद्बोधक शब्द सदैव एक-से रूप में रहते हैं, इस कारण इन्हें अवकिारी शब्द या अव्यय कहते हैं।

काल (ज़मान)

काल को सिंधी भाषा में ज़मानु कहते हैं। काल तीन प्रकार के होते हैं– वर्तमानकाल, (ज़मानुहालु), भूतकाल, (ज़मानु माजी), भविष्यकाल, (जमान मुस्तकबिलु)। तीनों कालों में अनेक प्रकार के वाक्य बनते हैं। कालों का सिंधी भाषा में अलग-अलग

प्रकार से वर्गीकरण किया गया है। वैयाकरणों ने क्रिया के आज्ञार्थ अथवा विध्यर्थ मुज़ारिअ आदि को भी काल का अलग प्रकार बताया है। कालों के निम्न प्रकार हैं–

1. सामान्य वर्तमान काल– ज़मानु हालु
2. अपूर्ण वर्तमान काल– ज़मानु हालु अस्तमरारी
3. सतत वर्तमान काल– ज़मानु हालु मुदामी
4. संदिग्ध वर्तमान काल– हालु मुतशक़ी
5. सामान्य भूतकाल– ज़मानु माज़ी मुतलकु
6. अपूर्ण भूतकाल– ज़मानु माज़ी अस्तमरारी
7. सतत भूतकाल– ज़मानु माज़ी मुदामी
8. पूर्ण वर्तमान काल या आसन्न भूतकाल– माज़ी करीब
9. पूर्ण भूतकाल– ज़मानु माज़ी बईदु
10. संकेतार्थ भूतकाल– ज़मानु माज़ी शर्तियों
11. संदिग्ध भूतकाल– ज़मानुं माज़ी मुतराकी
12. सामान्य भविष्यत् काल– ज़मानु मुस्तकबिलु
13. अपूर्ण भविष्यत् काल– ज़मानु मुस्तकबिल अस्तमरारी

ऊपर वर्णित प्रकार स्वर्गीय भेरूमल महरचन्द आडवाणी द्वारा ईस्वी सन् 1925 में कराची सिंध से प्रकाशित **सिन्धी व्याकरण** पुस्तक के आधार पर दिये गये हैं।

संज्ञा (इस्मु)

● सिंधी भाषा में अधिकांश संज्ञाएँ स्वरान्त हैं। अन्य भाषाओं से सिंधी में अपनाए गये व्यंजनान्त शब्दों का उच्चारण भी प्रायः स्वरान्त किया जाता है। कोशिश–कोशिश् (प्रयत्न), बरसाति–बरसात् (बारिश-वर्षा)।

● सिंधी में एकारांत संज्ञाएँ बहुत कम हैं। वे प्रायः अन्य भाषाओं से सिंधी में लिए हुए संज्ञापदों और व्यक्तिवाचक नामों में मिलती हैं। जैसे दुबे, रेलवे।

● वचन दो हैं– एकवचन और बहुवचन।

● सिंधी में दो लिंग हैं– पुल्लिग और स्त्रीलिंग। लिंग-विधान में सिंधी और हिन्दी में कुछ भिन्नता भी है, जैसे

'किताब' शब्द सिंधी में पुल्लिग है तो हिन्दी में स्त्रीलिंग है।

–सिंधी भाषा में सभी अकारान्त संज्ञाए स्त्रीलिंग हैं।

–सभी ओकारान्त संज्ञाएँ पुल्लिग हैं।

–आ, इ, ई से अंत होनेवाले संज्ञापद प्रायः स्त्रीलिंग तथा 'उ', 'ऊं' से अंत होनेवाले संज्ञापद पुल्लिग होते हैं।

1. अकारान्त संज्ञाएँ स्त्रीलिंग होती हैं– छांव (छाया), सूंहं (सुन्दरता), खबर (समाचार)।

2. अकारान्त संज्ञाएँ स्त्रीलिंग होती हैं–भिति (दीवार), मखि (मक्खी), कावड़ि (क्रोध)।

3. ईकारांत संज्ञाएँ स्त्रीलिंग होती हैं–मुंडी (अंगूठी), पखी (पंछी), सांझी (संध्या)।

4. उकारान्त संज्ञाएँ पुल्लिग होती हैं–उठु (ऊँट), पुटु (बेटा), लोहु (लोहा)।

5. ऊकारान्त संज्ञाएँ पुल्लिग होती हैं–दारू (शराब), खातू (संवाददाता), चतूं (तोता)।

6. ओकारांत संज्ञाएँ पुल्लिग होती हैं–कुतो (कुत्ता), तारो (तारा), नालो (नाम)।

स्त्रीलिंग प्रत्यय

कुछ स्त्रीलिंग शब्दों की रचना पुल्लिग शब्द में स्त्रीलिंगवाचक प्रत्यय लगाकर की जाती है, जैसे– छोकिरो (लड़का), छोकिरी (लड़की)।

ओकारान्त विशेषण, कृदन्त, क्रियापद का भी अंतिम 'ओ' स्वर हटाकर उसके स्थान पर 'ई' प्रत्यय लगाकर स्त्रीलिंग रूप बनाया जाता है– फकीरू (भिखारी), फ़कीर्याणी (भिखारिन), नींगूर (लड़का) नींगिरी (लड़की)।

सर्वनाम (ज़मीरु)

हिन्दी और सिंधी के सर्वनामों को देखने से ज्ञात होगा कि हिन्दी के उत्तम पुरुष और मध्यम पुरुष एकवचन और बहुवचन के स्थान पर सिंधी में दो-दो रूप मिलते हैं।

हिन्दी– मैं, हम। सिंधी– माँ/आऊँ, असां/असीं।

हिन्दी– तू/तुम/आप, सिंधी– तूँ/तो/तव्हां/तव्हीं।

सिंधी के इन दो-दो रूपों की एक और विशेषता है कि मध्यम पुरुष एकवचन को छोड़कर इनके दोनों रूप मूल रूपों में प्रयुक्त हो सकते हैं और होते हैं जबकि तिर्यक् प्रयोग केवल प्रथम रूपों (मां, असां, तव्हां) द्वारा ही संभव है, जैसे– माँ वञाथो (मैं जाता हूँ), आऊं वञा थो (मै जाता हूँ), असाँ वञूं था (हम जाते हैं), असीं वञूं था (हम जाते हैं), तव्हां वञो था (आप जाते हैं), तव्हीं वञो था (आप जाते हैं)।

मूंखे वञिणो आहे (मुझे जाना है),
माँ/मूँ किताबु खंयो (मैंने पुस्तक उठाई),
असाँ खे अचिणो आहे (हमको/हमें आना है),
असाँ सामानु खंयो (हमने सामान उठाया),
तव्हाँ खे विहणो आहे (आपको बैठना है),

तव्हाँ खे किताबु बठिणो आहे (आपको पुस्तक खरीदनी है)। ये प्रयोग गलत हैं–आऊँ खे वञिणो आहे, आऊ किताबु खंयो, असीं खे अचिणो आहे, असीं सामानु खंयो, तव्हीं खे विहणो आहे।

मध्यम पुरुष एकवचन की स्थिति इस प्रकार है–हिन्दी में इसके दो रूप 'तू'

और 'तुम' मिलते हैं। सिंधी में 'तुम' के स्थान पर भी 'तूँ' ही मिलता है। अर्थात् हिन्दी के 'तू', 'तुम' के स्थान पर 'तूँ' ही मिलता है। परन्तु 'तूँ' मूल तथा 'तो' तिर्यक् रूप में प्रयोग में आता है। तूँ विहीं थो (तुम बैठते हो), तो चयो (तुमने कहा), तोखे छा खपे? (तुमको/तुम्हें क्या चाहिए?)।

अन्य पुरुष सर्वनामों में हिन्दी के 'वह' और 'वे' के स्थान पर सिंधी में एकवचन में स्त्रीलिंग और पुल्लिग के रूप अलग-अलग हैं, जबकि बहुवचन में यह भेद नहीं है। वहीं दोनों लिंगों में एक ही रूप 'हू' मिलता है। इनके तियक् रूप अलग हैं– हूउ/हू वञे थो (वह जाता है), हूअ वञे वञे थी (वह जाती है), हू/ उहे वञन था (वे जाते हैं), हू/ उहे वञिन थियूँ (वे जाती हैं)।

पुरुष	एकवचन		बहुवचन	
	हिन्दी	**सिन्धी**	**हिन्दी**	**सिन्धी**
उत्तम पुरुष	हूँ	आहियां	हैं	आहियूं
मध्यम पुरुष	है	आहीं	हैं	आहियो
अन्य पुरुष	है	आहे	हैं	आहिनि

पुरुष		एकवचन		बहुवचन	
		हिन्दी	**सिन्धी**	**हिन्दी**	**सिन्धी**
उत्तम पुरुष		मैं	मां/आऊं	हम	असीं
मध्यम पुरुष		तू	तूं	आप	तव्हीं/तव्हां
अन्य पुरुष	पुल्लिग	वह	हू	वे	हू
		यह	ही/हीउ	ये	ही
	स्त्रीलिंग	वह	हूअ	वे	हू
		यह	हीअ	ये	ही

जिस प्रकार हिन्दी भाषा में द्वितीय पुरुष तू को आदर से आप कहते हैं उसी प्रकार सिन्धी भाषा में भी तूं को आदर से तव्हां या अव्हां कहते हैं।

कारक

कारक को सिन्धी भाषा में हालति कहते हैं। संज्ञा या सर्वनाम के जिस रूप में उनका सम्बन्ध वाक्य में क्रिया या अन्य शब्दों के साथ जाना जाये तो उसे कारक कहते हैं। कारक के कारण वाक्यों में संज्ञा या सर्वनाम की स्थिति अविकारी (यथावत्) विकारी (जिसके साथ कारक चिह्न या विभक्ति या परसर्ग अवश्य लगे) या सम्बोधन रूप (जिसका प्रयोग सम्बोधन में हो) में होती है।

राम गया।	राम वियो।
मोहन, इधर आओ।	मोहन हेदांहुं अचु।

कृष्ण ने कंस को मारा। कृष्ण कंस खे मारियो।

यहाँ 'राम' अविकारी, 'कृष्ण ने कंस को' विकारी और 'मोहन' सम्बोधन-रूप हैं। कारकों के आठ भेद होते हैं।

1. **कर्त्ता कारक (हालति फ़ाइली)**—वाक्य में संज्ञा या सर्वनाम के जिस रूप से क्रिया के करने वाले का ज्ञान होता है उसे कर्त्ता कारक कहते हैं।

1. वह दौड़ता है।	हू डोड़े थो।
2. वह पुस्तक पढ़ता है।	हू किताबु पढ़े थो।
3. वह आम खाता है।	हू अंबु खाए थो।
4. राम दौड़ेगा।	रामु डोड़ंदो।
5. राम पुस्तक पढ़ेगा।	रामु किताबु पढ़ंदो।
6. राम आम खाएगा।	राम अंबु खाईदो।
7. राम दौड़ा।	रामु डोड़ियो।
8. राम ने पुस्तक पढ़ी।	राम किताबु पढ़ियो।

यहाँ वर्तमान काल, भविष्यत् काल एवं भूतकाल के कर्मरहित वाक्यों में कर्त्ता कारक के साथ कोई विभक्ति/परसर्ग नहीं लगा है जबकि भूतकाल के सकमर्क क्रिया वाले हिन्दी वाक्य संख्या– 8 में कर्ता कारक के साथ विभक्ति/परसर्ग 'ने' लगा है। सिन्धी भाषा में कर्त्ता कारक के साथ कोई विभक्ति/परसर्ग नहीं लगा है। उकारान्त, ऊकारान्त तथा ईकारान्त संज्ञाओं को अकारन्त करने से विभक्ति परसर्ग का अर्थ स्पष्ट होता है। जैसे– वाक्य संख्या– 8 में 'रामु' के बजाय 'राम' शब्द का प्रयोग हुआ है।

2. **कर्म कारक (हालति मफ़ऊली)**—वाक्य में संज्ञा या सर्वनाम के जिस रूप पर क्रिया का फल या प्रभाव पड़ता है उसे कर्म कारक कहते हैं।

1. राम ने रावण को मारा।	राम रावण खे मारियो।
2. सीता ने राम को पत्र लिखा।	सीता राम खे ख़तु लिखियो।

क्रिया के साथ 'क्या' (छा) लगाकर प्रश्न पूछने पर प्रत्यक्ष कर्म और 'किसको' (कंहिंखे) लगाकर प्रश्न पूछने पर अप्रत्यक्ष कर्म का ज्ञान होता है। प्रत्यक्ष कर्म प्रायः निर्जीव द्वारा तथा अप्रत्यक्ष कर्म जीवधारी द्वारा होता है।

1. हुन छा खाधो?	उसने क्या खाया?
2. राम कंहिंखे मारियो?	राम ने किसको मारा?
3. सीता कंहिंखे ख़तु लिखियो?	सीता ने किसको पत्र लिखा?

प्रत्यक्ष कर्म कारक होने पर प्रायः कोई विभक्ति/परसर्ग नहीं लगता है, जबकि अप्रत्यक्ष कर्म कारक होने पर हिन्दी में 'को' तथा सिन्धी भाषा में 'खे' विभक्ति/परसर्ग लगता है।

जहाँ वाक्य में दो कर्म कारक होते हैं वहाँ जो क्रिया के नजदीक होता है उसे

मुख्य कर्म कहते हैं, उसमें विभक्ति नहीं लगती है। जैसे सीता ने बच्चे को दूध पिलाया (सीता बार ख़े ख़ीरु पीआरियो)। यहाँ 'दूध' मुख्य कर्म है तथा 'बच्चे को' गौण कर्म है। अपवादस्वरूप कुछ वाक्यों में 'को', 'की' बजाय 'ए' का प्रयोग होता है।

1. राम हून खे रोटी खाराई। राम ने उसे खाना खिलाया।

2. हुन असांख़े घुरायो। उसने हमें बुलाया।

इन वाक्यों में हिन्दी भाषा में उस-ए, हम-एँ का प्रयोग हुआ है, यहाँ 'उसे' की जगह 'उसको' 'तथा' 'हमें' की जगह हमको भी प्रयोग किया जाता है। सिन्धी में कोई अंतर नहीं आता है।

3. **करण कारक (हालति सबबी)**—वाक्य में संज्ञा या सर्वनाम के जिस रूप से क्रिया का व्यापार होता है अर्थात् काम करने वाले साधन का ज्ञान होता है, उस रूप को करण कारक कहते हैं।

1. राम तीन सां रावण ख़े मारियो। राम ने बाण से रावण को मारा।

2. सीता क़लम सां ख़तु लिख़ियो। सीता ने क़लम से पत्र लिखा।

3. हुन बसर सां रोटी खाधी। उसने प्याज के साथ रोटी खाई।

करण कारक रूप के साथ हिन्दी भाषा में 'से', 'द्वारा', 'के द्वारा' 'के साथ' एवं सिन्धी भाषा में 'सां, 'द्वारा', 'मइफ़्रत', वसीले 'जरिए' आदि विभाक्तियाँ/परसर्ग प्रयोग में लाए जाते हैं।

4. **सम्प्रदान कारक (हालति इमदाद)**—वाक्य में संज्ञा या सर्वनाम के जिस रूप के लिए क्रिया की जाती है या जिसे कुछ दिया जाता है, उसे सम्प्रदान कारक कहते हैं। जैसे—

1. ग़रीबनि ख़े भोजनु डियो। गरीबों को भोजन दो।

2. मूं लाइ फल ख़णी अचु। मेरे लिए फल लेकर आओ।

3. मुंहिंजे भाउ वास्ते फल खणी अचु। मेरे भाई के लिए फल लेकर आओ।

4. हू धन जे लाइ बेईमानी कंदो हो। वह धन के लिए बेईमानी करता था।

5. मूं भाउ खे मुंडी दिनी। मैंने भाई को अंगूठी दी।

यहाँ हिन्दी भाषा में को, के लिए, के वास्ते तथा सिन्धी भाषा में ख़े, लाइ, जे लाइ, वास्ते आदि विभक्तियाँ/परसर्ग प्रयोग में लाए जाते हैं।

5. **अपादान कारक (हालति जरी)**—संज्ञा या सर्वनाम के जिस रूप से किसी से अलग होने का ज्ञान होता है, उसे अपादान कारक कहते हैं।

1. वण मां फलु किरियो। वृक्ष से फल गिरा।

2. हू हुतां भगो। वह वहाँ से भागा।

3. अजु ख़ां मोकल आहे। आज से अवकाश है।

4. सिन्धु नदी कैलाश मानसरोवरमां निकरंदी आहे। सिन्धु नदी कैलाश मानसरोवर से निकलती है।

5. हू हुन वटां हलियो वियो। यह उसके यहाँ से चला गया।

जहाँ कुछ सीखने, किसी से लजाने या तुलना होने का ज्ञान होता है वहाँ भी यह कारक प्रयोग होता है। जैसे—

6. हू शीहं ख़्रां डिजी वियो। वह शेर से डर गया।

7. चेलो गुरुअ खां सिख़्रंदो आहे। शिष्य गुरु से सीखता है।

8. हूअ अजाणु माण्हूअ खां लजाईंदी आहे। वह अनजान व्यक्ति से लजाती है।

यहाँ हिन्दी भाषा में 'से' तथा सिन्धी भाषा में खां, तां, मां, वटां, हुतां आदि विभक्तियाँ/परसर्ग प्रयोग में लाए जाते हैं।

6. **सम्बन्ध कारक (हालति इज़ाफ़त)**—संज्ञा या सर्वनाम के जिस रूप से उसका सम्बन्ध वाक्य की किसी दूसरी संज्ञा से प्रकट हो उस रूप को सम्बन्ध कारक कहते हैं।

1. हीउ मुंहिंजो घरु आहे। यह मेरा घर है।
2. राम जो भाउ पढ़े थो। राम का भाई पढ़ता है।
3. शहर वारो घरु सुठो आहे। शहर वाला मकान अच्छा है।
4. राम जी क़लम सुठी आहे। राम की कलम अच्छी है।
5. मू वटि अंब आहिनि। मेरे पास आम है।
6. हू पंहिंजो भाउ आहे। वह अपना भाई है।
7. हु मुंहिंजूं साहिडियूं आहिनि। वे मेरी सहेलियाँ हैं।

यहाँ हिन्दी भाषा में का, के, की (उसका, उसकी, उसके, उनका, उनकी, उनके); स, रे, री, (मेरा, मेरे, मेरी); ना, ने, नी (अपना, अपने, अपनी) तथा सिन्धी भाषा में जो, जा, जे, जी, जूं (मुंहिजो, तुंहिजा, हुनजी, हुनजा, हुनजूं) विभक्तियाँ/परसर्ग प्रयोग में लाए जाते हैं।

7. **अधिकरण कारक (हालति मकानी)**—संज्ञा या सर्वनाम का वह रूप जो उस स्थान को बताता है, जहाँ क्रिया का होने या करने का ज्ञान होता है, अधिकरण कारक कहलाता है। जैसे—

1. मोहनु घर में रांदि कंदो आहे। मोहन घर पर खेलता है।
2. मेज़ ते अंबु किरियो। मेज पर आम गिरा।
3. हू राति जो आयो। वह रात को आया।
4. हूअ कमिरे में बेठी आहे। वह कमरे में बैठी है।
5. ऋषिकेश में घणाई मंदर आहिन। ऋषिकेश में बहुत-से मंदिर हैं।
6. जुआन में जोशु हूंदो आहे। युवक में जोश होता है।
7. विहाणो हंद ते पियो आहे। तकिया बिस्तर पर पड़ा है।
8. अम्तिहानु पोथीं दो। परीक्षा बाद में होगी।

यहाँ हिन्दी भाषा में 'में', 'पर', 'को', शून्य तथा सिन्धी भाषा में 'ते', 'में',

'जो', 'पोइ', 'अन्दर', 'मथां' तथा शून्य विभक्तियाँ/परसर्ग प्रयोग में जाए जाते हैं।

8. **सम्बोधन कारक (हालति निदा)**—संज्ञा के जिस रूप से किसी को पुकारने या बुलाने का ज्ञान होता है, उसे सम्बोधन कारक कहते हैं। सर्वनाम का सम्बोधन कारक नहीं होता है। यहाँ हिन्दी भाषा में हे, अरे, रे, ऐ, ओ, अजी आदि तथा सिन्धी भाषा में अड़े, ओ, हेडाहं आदि विभक्ति याँ/परसर्ग प्रयोग में में लाये जाते हैं।

1. अड़े, बुधु। अरे, सुनना।
2. मोहन, हेदांहु न अचिजि। मोहन, इधर मत आना।

बहुवचन में शब्द के अंत में 'ओ' प्रत्यय लगता है।

3. बारो गोडु न करियो। बच्चो, शोर मत करो।

क्रियाविशेषण (ज़रफु)

अजु - आज नेठि- आखिर मथे - ऊपर

वाक्य— हू नेठि भजी वियो (वो आखिर भाग गया)। परींह मोकल आहे (परसों छुट्टी है)।

सम्बन्धसूचक (हरफ जरि)

ताईं (तक), ते (पर), खे (को), खां (से), मां (मंझां), से, वटां (पास) से हूंदे बि (होते हुए भी), संदो/जो (का)।

समुच्यबोधक (हरफ जुमिलो)

ऐ (और), पुणि, पिणि, बि (भी, पर, मगर, लेकिन परन्तु), जे, जेकडहिं (यदि, अगर), छाकाणि त (क्योंकि), हिन करे (इसलिए)।

वाक्य— मूं हुन खे खतु लिखियो पर हून जवाबु न डिनो (मैंने उसे पत्र लिखा, पर उसने जवाब नहीं दिया)। सुंदर ऐं गोपाल घरि विया (सुन्दर और गोपाल घर गये)।

विस्मयादिबोधक (हरफनिंदा)

हा, हाओ, हां (जी हाँ), वाह वाह (वाह वाह), हाइ हाइ (हाय हाय), ओ, अड़े हे, अरे, अलाजे (पता नहीं/मालूम नहीं)। नजाणि (न जाने)। वाक्य— चङो मां वञां खो (अव्छा, मैं जाता हूँ)।

शब्द-रचना (लफ़िज़ रचना)

सिंधी भाषा में शब्द-रचना के तीन प्रकार हैं— 1. मिश्रित शब्द 2. सामासिक शब्द तथा 3. पुनरावृत्त शब्द।

1. मिश्रित शब्द अ + लूणो = अलूणो (अलोना, लवणरहित)
अप + जसु = अपजसु (अपयश)
दर् + उसुल = दरअसुल (वास्तव में)
अन्य शब्द हैं- सुकर्म, कुकर्म, हमवतन आदि।

2. सामासिक शब्द— घोड़े + सवारू + घोड़े सुवार (घुड़सवार)।

(क) सामासिक संज्ञापद— दाल ऐं रोटी = दाल रोटी (दाल-रोटी)

	अन्य शब्द– महापुरुष, सुख-दुःख।
(ख) सामासिक विशेषण–	न + चङो = ना चङो (अस्वस्थ)
	अन्य शब्द– पत्थरदिल, मेंहदीरक्त।
(ग) सामासिक क्रियाविशेषण–	दिल व जान सां = दिलियूं जानियऊं (दिलो जान से) अन्य शब्द- ज्यों त्यों, जैसे तैसे।

3. **पुनरावृत्त शब्द**–रूबरू (सामने), हथों हथि (हाथों हाथ), अन्य शब्द- घोड़े बोड़े (घोड़ा आदि) पाणी-बाणी (पानी आदि)

क्रिया के धातु रूप

धातु (बुनियाद)–क्रिया के मूल अंश को धातु कहते हैं। धातु में प्रत्यय (पछाड़ियूँ) जोड़ने पर क्रिया के विभिन्न रूप बनते हैं। जैसे–'पढ़' धातु से पढ़ता है, पढ़ा, पढ़ रहा होगा, पढ़े, पढ़ो, पढ़ना आदि रूप बने हैं। ऐसे ही सिन्धी भाषा में भी 'पढ़्' धातु से पढ़ां, पढ़े, पढ़ियो, पढ़ी आदि रूप बनते हैं। इन सभी धातु रूपों में 'पढ़्' धातु सम्मिलित हैं। धातु क्रिया का आधार-रूप है तथा क्रिया के सभी रूपों में सम्मिलित होता है।

आज्ञार्थ (अमरु)– हिन्दी भाषा में मूल धातु 'तू' के साथ आज्ञार्थ एकवचन रूप में होता है। जैसे तू हँस, तू लिख, तू पढ़, तू मार, तू पकड़ आदि मूल धातु रूप है। सिंधी भाषा स्वरांत भाषा है। धातु मूल रूप में प्रायः स्वरांत नहीं होते हैं। दोनों भाषाओं की अनेक धातुएँ समान हैं। सिंधी भाषा में आज्ञार्थ रूप बनाने के लिए धातु में उ या इ प्रत्यय (पछाड़ियूं) जोड़ते हैं। जैसे- हँस, लिख, पढ़, मार एवं पकड़ के सिंधी भाषा में धातु खिल्, लिख्, मार्, पढ़् एवं पकड़् होते हैं। प्रायः मूल धातु हलंत् होते हैं। अतः इनका आज्ञार्थ रूप बनाने के लिए इन में उ या इ प्रत्यय जोड़ते हैं। जैसे– खिल् + उ = खिलु। लिख् + उ = लिखु। पढ़ + उ = पढ़ु। मार + इ = मारि। पकिड़ + इ = पकिड़ि। सिंधी भाषा में में ड॒ (दे) और ने (ले जा) इसके अपवाद हैं, इनमें इ या उ नहीं लगता है। अब ये आज्ञार्थ एकवचन अमुरु बन गये हैं। सिंधी भाषा में आज्ञार्थ अमरु एकवचनों का बहुवचन बनाने के लिए उ को ओ में और इ को इयो में बदलते हैं।

हिन्दी		**सिन्धी**	
एकवचन	**बहुवचन**	**एकवचन**	**बहुवचन**
हँस	हँसो	खिलु	खिलो
पकड़	पकड़ो	पकिड़ि	पकिड़ियो

इनके आदरसूचक रूप बनाने के लिए दोनों वर्गों की धातुओं के एकवचन में इजि/इजांइ और बहुवचन रूप में इजो प्रत्यय लगये जाते हैं। आदरसूचक रूप में

भविष्यत्काल का भी भाव प्रकट होता है। अतः इनको भविष्यत्काल आज्ञार्थ भी कहते हैं।

कितात पढ़िजो	पुस्तकें पढ़िएगा।
मूंखे ख़तु लिखिजि	मुझे पत्र लिखना।

यहाँ एकवचन 'लिखिजि' के स्थान पर 'लिखिजांइ' भी लिख सकते हैं।

क्रियापद (मस्दरि)– हिन्दी भाषा में धातु अथवा आधार रूप में 'ना' प्रत्यय जोड़ने पर क्रिया पद बनते हैं। सिंधी भाषा में धातु अथवा आधार रूप में इणु प्रत्यय जोड़ने पर क्रिया पद बनते हैं। क्रिया पद को सिंधी भाषा में मस्दरि कहते हैं। क्रियापद का प्रयोग संज्ञा के रूप में भी होता है, इसलिए इसे क्रियार्थक संज्ञा (इस्मु मस्दरि) कहते हैं। वे आधार रूप धातु जिनके अन्त में आ, ओ, आह् अथवा ओह् आता है उनमें इणु प्रत्यय शेष अन्य धातुओं या आधार रूपों में अणु प्रत्यय लगाने से क्रियापद बनता है।

सिन्धी	**हिन्दी**	**सिन्धी**	**हिन्दी**
धातु-प्रत्यय = क्रियापद	धातु-प्रत्यय = क्रियापद	धातु-प्रत्यय = क्रियापद	धातु-प्रत्यय = क्रियापद
ख़ा-इणु-ख़ाइणु	खा-ना–खाना	ठाह्-इगु–ठाहिणु	बना-ना–बनाना

विध्यर्थ (मुज़ारिअः काल)– शुरू करने से पहले क्रिया के विध्यथ्र रूप को समझना आवश्यक है। इसे सिंधी भाषा में मुज़ारिअ कहते हैं। मुज़ारिअ का एकवचन बनाने के लिए धातु के अंत में प्रत्यय 'आ' अथवा 'यां' जोड़ते हैं। इसके लिए धातु आ आज्ञार्थ रूप यानी अमुरू रूप देखना होगा। अगर अमुरु रूप में 'उ' लगा है तो 'उ' के स्थान पर 'आं' प्रत्यय लगेगा। अगर 'इ' लगा है तो 'इ' के स्थान पर इयां/यां प्रत्यय लगेगा। जैसे– हल–हलां, पढु–पढ़ां, लिखु–लिखां, मारि–मारियां ठाहि–ठाहियां एवं बचाई–बचायां। आं एवं यां वाले विध्यर्थ रूपों का पुरुष एवं वचन के साथ परिवर्तन निम्नानुसार होता है–

पढ़णु (पढ़ना) जिसका अमरु 'पढ़ू' है, के विभिन्न रूप–

एकवचनबहुवचन

सिंधी	**हिन्दी**	**सिंधी**	**हिन्दी**
मां पढ़ां	मैं पढ़ूँ	असीं पढ़ूं	हम पढ़ें
तुं पढ़ीं	तू पढ़े	तव्हीं पढ़ो	तुम पढ़ो
हू पढ़े (पुं.)	वह पढ़े	हू पढ़नि	वे पढ़ें
हुअ पढ़े (स्त्री.)	वह पढ़े	हू पढ़नि	वे पढ़ें
तव्हां पढ़ो	आप पढ़ें	तव्हीं पढ़ो	आप पढ़ें

मारणु (मारना) जिसका अमरु 'मारि' है, के विभिन्न रूप–

एकवचनबहुवचन

सिंधी	हिन्दी	सिंधी	हिन्दी
मां मारियां	मैं मारूँ	असीं मारियूं	हम मारें
तूं मारीं	तू मारे	तव्हीं मारियो	तुम मारो
हू मारे (पुं.)	वह मारे	हू मारीनि	वे मारें
हूअ मारे (स्त्री)	वह मारे	हू मारीनि	वे मारें
तव्हां ममारियो	आप मारें	तव्हीं मारियो	आप मारें
तव्हां मारियो	आप मारें	तव्हीं मारियो	आप मारें

विध्यर्थ में क्रिया के रूप किसी बात का विधान करने, प्रश्न पूछने, आशा या इच्छा को प्रकट करने के भाव का बोध कराते हैं।

धातु/धातु अज्ञार्थ		ज्ञार्थ/क्रियापद/ अमरु मस्दरि		क्रियापद मस्दरि	विध्यर्थ एकवचन	
हिन्दी	सिंधी	सिंधी	सिंधी	हिन्दी	हिन्दी	सिंधी
लिख	लिख्	लिखु	लिखणु	लिखना	लिखू	लिखां
उठ	उथ्	उथु	उथणु	उठना	उठूँ	उथां
पी	पी	पीउ	पीअणु	पीना	पीऊँ	पीआं
आ	अच्	अचु	अचणु	आना	आऊँ	अचां
देख	डिस्	डिसु	डिसणु	देखना	देखूँ	डिसां
मर	मर्	मरु	मरणु	मरना	मारूँ	मरां

विध्यर्थ पर लिंग-भेद का प्रभाव नहीं पड़ता है।

सिंधी की ध्वनिगत विशेषताएँ

(क) **अन्त:फोटक ध्वनियाँ**—सिंधी में चार अन्त:फोटक ध्वनियाँ ब॒, ड॒, ज॒, ग॒ हैं। मुलतानी एवं लहंदा भाषाओं को छोड़कर (जो एक तरह से सिंधी-समूह की भाषाएँ हैं) ये ध्वनियाँ संभवतः अन्य किसी भी भारतीय भाषा में प्रभावशाली (अर्थात् अर्थभेदक) नहीं हैं। सिंधी में ये ध्वनियाँ प्रभावशाली अथवा महत्त्वपूर्ण हैं क्योंकि ये अर्थभेद करने का सामर्थ्य रखती हैं।

(ख) **स्वर ध्वनियों की अधिकता एवं उनका पूर्ण वितरण**—सिंधी में 10 मौखिक स्वर हैं। ये सभी स्वर अनुनासिक हो सकते हैं। इस प्रकार सिंधी में स्वर ध्वनियों की संख्या 20 हो जाती है। उदाहरणार्थ– खा (तू खा), खां (मैं खाऊँ?)।

इस प्रकार अनुनासिकता सिंधी में महत्त्वपूर्ण है, सिंधी की समस्त स्वर ध्वनियाँ पूर्ण वितरित हैं। अर्थात् प्रत्येक स्वर शब्द के आरंभ, मध्य एवं अंत में आ सकता है। कई आधुनिक आर्य भाषाओं में ह्रास्य स्वर या छोटे स्वर अ, इ, उ का वितरण सीमित हो गया है और इन भाषाओं में ये स्वर शब्द के अंत में प्रयुक्त नहीं होते। सिंधी में ये स्वर शब्द के अंत में भी प्रयुक्त होते हैं।

(ग) **व्यंजन ध्वनियों की अधिकता**–सिंधी में 41 व्यंजन ध्वनियाँ (क, ख ग आदि) हैं। इतनी अधिक व्यंजन ध्वनियाँ संभवतः किसी भी अन्य आधुनिक आर्य भाषा में नहीं हैं। हिन्दी में 33 व्यंजन चिह्न हैं। श/ष ध्वनियों के उच्चारण में भिन्नता न समझी जाए तो फिर मात्र 32 व्यंजन ध्वनियाँ रहती हैं। सिन्धी में व्यंजनों की अधिकता के दो कारण हैं। एक तो सिन्धी में चार अन्तःस्फोटक ध्वनियाँ ब॒, ड॒, ज॒, ग॒ हैं जो अन्य भारतीय भाषाओं में नहीं हैं, दूसरा, सिन्धी में फ़, ज़, ख़, ग़ चार संघर्षी ध्वनियाँ हैं और ये भी उर्दू को छोड़कर अन्य किसी भाषा में संभवतः इतनी महत्त्वपूर्ण नहीं हैं।

(घ) **नासिक्य ध्वनियों का पूर्ण वितरण**–सिंधी में पाँच नासिक्य ध्वनियाँ "म, न, ण, ञ, ङ" हैं। यों तो हिन्दी तथा अन्य कई भारतीय भाषाओं में ये पाँचों नासिक्य ध्वनियाँ उपलब्ध होती हैं किन्तु इन भाषओं में 'ञ' एवं 'ङ' का वितरण प्रायः सीमित है, अर्थात् ये ध्वनियाँ केवल स्वर्गीय व्यंजन के साथ प्रयुक्त हो सकती हैं। जैसे हिन्दी 'अङ्क' (ङ् + क), पञ्जा (ञ् + ज) आदि। सिंधी में पाँचों नासिक्य ध्वनियाँ स्वर्गीय व्यंजनों के अलावा दो स्वरों के मध्य भी प्रयुक्त हो सकती हैं। जैसे, 'मंङु' (मांग), 'मञु' (मान), 'मणु' (चालीस सेर), 'मनु' (मन), 'मामो' (मामा)।

(ङ) **सिंधी स्वरांत भाषा**–सिंधी में शब्द प्रायः स्वरों में पूरे होते हैं। इस विशेषता के कारण सिंधी शब्दों का लिंग-वचन प्रायः उनके अंतिम स्वर से जाना जा सकता है। जैसे, 'घरु' उकारांत होने के कारण पुल्लिग होगा और 'राति' अकारांत होने के कारण स्त्रीलिंग होगा किन्तु हिन्दी में ये शब्द व्यंजनांत हैं, इसलिए उनका उच्चारण 'घर्' एवं 'रात्' होता है जिससे उनके लिंग का पता नहीं लगाया जा सकता। अन्य आधुनिक आर्य भाषाओं में भी लगभग यही व्यवस्था है।

उपर्युक्त विशेषताओं के अलावा भी सिंधी में ऐसी कई ध्वनिगत विशेषताएँ हैं जो रेखांकित की जा सकती हैं। उदाहरणार्थ, सिंधी 'उकार बहुला' भाषा है अर्थात् सिंधी में 'उ' ध्वनि का काफी अधिक प्रयोग होता है। इसीसे हिन्दी में जिन शब्दों का उच्चारण 'हाथ', 'कान', 'नाक' है उनका उच्चारण सिंधी में क्रमशः 'हथु', 'कनु', 'नकु' है। हिन्दी में 'लिखना', 'पढ़ना' कहा जाएगा जबकि सिंधी में इन क्रियाओं का उच्चारण होगा 'लिखणु', 'पढ़णु'।

सिंधी में अनुनासिकता का प्रयोग अपेक्षाकृत का ज्यादा है, इसीसे 'राधा', 'कला' जैसे शब्दों का उच्चारण सिंधी में प्रायः 'राधां', 'कलां' हो जाता है।

सिंधी में द्वित्व व्यंजन एवं संयुक्त व्यंजनों की कमी है। इसीसे द्वित्व व्यंजनवाले हिन्दी शब्द 'कुत्ता', 'पन्ना' का सिंधी में उच्चारण 'कुतो', 'पनो' होता है। इस प्रकार संयुक्त व्यंजनों को तोड़कर उन्हें एकल व्यंजन के रूप में उच्चारण करने की प्रवृत्ति सिन्धी में है। जैसे 'कर्म' का 'करमु' या 'कमु' उच्चारण होता है।

ये विशेषताएँ सिंधी को अन्य आधुनिक आर्य भाषाओं से भिन्नता प्रदान करती हैं।

सिंधी-व्याकरण की विशेषताएँ

(क) **सार्वनामिक रचना**–सिंधी भाषा की यह एक विशेषता है कि इसमें सर्वनाम के बदले संज्ञा, क्रिया एवं क्रियाविशेषण के अंत में सर्वनामसूचक प्रत्यय जोड़कर, वाक्य-रचना की जा सकती है। जैसे, 'मूं खाधो' (मैंने खाया) के बदले ख़ाधुमि रचना बनायी जा सकती है। इस रचना का अर्थ भी वही है– मैंने खाया। इस रचना में 'ख़ा' मूल क्रिया है, 'घ' भूतकाल सूचक है और 'उमि'/मि सर्वनामसूचक है जो 'मैं' की सूचना देता है।

सर्वनाम-सूचक ऐसी रचना बनाने की विशेषता भारतीय भाषाओं में केवल 'लहंदा' एवं 'कश्मीरी' में है। भारत की सीमावर्ती भाषाओं 'बलूची', 'पश्तो' एवं कुछ अंशों में ब्राहुई में भी इस प्रकार की विशेषता दृष्टिगोचर होती है। यों, यह विशेषता सबसे ज्यादा प्रभावशाली रुप में 'फारसी' भाषा में है।

(ख) **रूपात्मक कर्मणिवाच्य**–आधुनिक आर्य भाषाओं–हिन्दी आदि में कर्मणिवाच्य सामान्य रूप से सहायक क्रिया की सहायता से बनाया जाता है। (इसीलिए वह वाक्य-स्तर पर ही बनाया जा सकता है।) जैसे, 'राम आम खाता है' का कर्मणि वाच्य है 'राम से आम खाया जाता है'। इस वाक्य में 'खाना' क्रिया के साथ 'जाना' सहायक क्रिया लगाकर 'खाया जाता है' रचना बनायी गयी है।

सिन्धी में ऐसी भी व्यवस्था है कि मूल क्रिया में 'इज' प्रत्यय जोड़कर कर्मणि वाच्य बनाया जा सकता है। जैसे, 'हू मारे थो' (वह मारता है), 'हू मारिजे थो' (वह मारा जाता है) यहाँ 'मारिजे' शब्द ही कर्मणि वाच्य का सूचक है, इसीलिए यह रूपात्मक अर्थात् शब्द के स्तर की रचना है।

(ग) **कर्ताविहीन स्वयंसमावेशी कृदन्त**–मूल क्रिया में 'इज' प्रत्यय जोड़कर सिन्धी में ऐसी रचना बनायी जाती है जिसमें कर्ता नहीं होता, फिर भी उस रचना से बोलने वाले एवं अन्य लोगों द्वारा कार्य करने का बोध होता है। उदाहरणार्थ 'हलु' (चलो) मूल क्रिया है जिसमें इब (-ओ) प्रत्यय जोड़ने से 'हलिबो' रूप बनेगा। इसमें कोई कर्ता नहीं है और इसका सामान्य अर्थ होगा 'चला जाएगा' किन्तु इसमें यह भाव भी है कि 'मैं भी चलूँगा और दूसरे भी चलेंगे'।

शब्द-भांडार की विशेषताएँ

शब्दों की दृष्टि से सिंधी एक समृद्ध भाषा है। अन्य आधुनिक आर्य भाषाओं के समान सिंधी में अपनी प्राचीन भाषा की स्रोत-शब्दावली (जिसका सम्बन्ध प्राचीन संस्कृत एवं अपभ्रंश भाषाओं से है) तो है ही, उसमें अरबी-फारसी शब्दों की पर्याप्त संख्या है। इसके रिवाय सिंधी में द्रविड़ एवं अन्य भाषाओं के शब्द भी हैं। सिंधी-शब्दावली सम्बन्धी तीन तथ्यों का उल्लेख करना अनुचित न होगा।

(1) प्राचीन भाषाओं के ऐसे कई शब्द (तत्सम अथवा तद्भव रूप में) सिन्धी में

मौजूद हैं जो हिन्दी आदि अन्य भाषाओं में दिखायी नहीं पड़ते। संस्कृत शब्द 'जूर्यः', 'जन्य', 'अनासः' सिन्धी में क्रमश' 'झूरु' (बूढ़ा), 'जञ' (बारात) एवं 'अणासो' (आलसी, निर्लज्ज) के रूप में मौजूद हैं।

(2) सिंधी में रिश्ते-नाते की शब्दावली कई आधुनिक आर्य भाषाओं से अधिक विस्तृत है। हिन्दी में चाचा, मामा, मौसी आदि रिश्तेदारों की संतान के लिए अलग से नाम नहीं है। 'भाई' अथवा 'बहन' शब्द जोड़कर इनके रिश्ते को सूचित किया जाता है। जैसे—'चचेरा भाई', 'ममेरी बहन' आदि। सिंधी में इन रिश्तों के लिए भी अलग नाम हैं। जैसे 'चाचा' का लड़का के लिए 'सौटु', 'मामा की लड़की' के लिए 'मारोटि', 'मौसी का नड़का' के लिए 'मासातु'। और तो और, सिंधी में समधी की संतान के लिए भी अलग नाम है—'सेणोटु' अर्थात् 'समधी का लड़का' और 'सेणोटि' अर्थात् 'समधी की लड़की'।

(3) सिंधी में द्रविड़ भाषाओं के ऐसे कुछ शब्द (तत्सम अथवा तद्भव रूप में) पाये जाते हैं जो कई आधुनिक आर्य भाषाओं में प्रचलित नहीं हैं। जैसे, गुल्ली-डंडा खेल में की जाने वाली गिनती 'बकट' (एक), लेन (दो), मून (तीन), नार (चार), आर (पाँच), वेही (छह), यगु (सात)। कुछ अन्य शब्द भी देखे जा सकते हैं। जैसे, 'डिब' (कन्नड़ 'डिब्र') रेती या मिट्टी का छोटा टीला, 'निर्ड़ु' (मलयालम 'निर्ड़ी') ललाट, 'खुड़ी' (तमिल, कूड़मी) एँड़ी। सिंधी शब्द 'अदा' (बड़ा भाई) एवं 'अदी' (बहन) भी तमिल के 'आता' (बड़ा भाई) एवं 'अती' (बड़ी बहन) के तद्भव रूप माने जा सकते हैं।

सिंधी की ध्वनि-व्यवस्था, व्याकरण-व्यवस्था एवं शब्दावली का मूल ढाँचा वही है जो आर्य परिवार की भाषाओं का है। सिंधी में जो विशिष्टताएँ दिखायी पड़ती हैं, वे केवल इस तथ्य को सूचित करती हैं कि सिंधी का विकास अन्य आधुनिक भाषाओं के समानांतर नहीं है।

सिंध और सिंधी भाषा की प्राचीनता

वेदों की रचना के समय सिंधु घाटी में पुरानी भारतीय आर्यभाषा की बोलियाँ बोली जाती थीं, पुरानी भारतीय आर्यभाषा की विवधि बोलियाँ अपने-अपने प्रदेशों में बदलते-बदलते परिवेश में उनमें से एक बोली संस्कृत संस्कारयुक्त की गयी। संस्कृत की उन प्राकृत भगिनियों में से आधुनिक सिंधी की एक पूर्वजा बोली भी थी। सिंधी बोली और अन्य बोलियाँ भी विकसित होती रहीं। ये बोलियाँ मध्य भारतीय आर्यभाषा की बोलियाँ कहलाईं। साहित्यिक भाषा के रूप में मध्य भारतीय-आर्य भाषा की आखिरी मंजिल अपभ्रंश कहलाई। इससे विभिन्न प्रदेशों में नयी भारतीय भाषाएँ विकसित हुईं जिनमें सिंधी भी एक है।

जयरामदास दौलतराम का कहना है कि 'महाभारत-काल' में दुर्योधन ने सिंध के

मध्य भाग में 30,000 ब्राह्मणों की एक बस्ती बसाई थी जिसमें भारत के विभिन्न क्षेत्रों से ब्राह्मण लाए गये थे। पाणिनि की **अष्टध्यायी** (ई.पूर्व 5वीं शती) में उनकी इस बस्ती का उल्लेख मिलता है। यह ब्राह्मणवास आगे चलकर ब्राह्मणबाद हुआ। इसीसे यह समझा जाता है कि इतने सारे ब्राह्मणों ने सिंधी के विकास में अवश्य योगदान दिया होगा।

जैन धर्म के ग्यारहवें तीर्थंकर अंशनाथ की शिक्षा का एक माध्यम उस जमाने की सिंधी समझा जाता है। अंशनाथ का जन्म सिंध में हुआ था। सिंध तथा भारत के अन्य भागों में जैन धर्म की शिक्षाएँ दी जाती थीं। भरत मुनि के **नाट्यशास्त्र** (दूसरी शती), चीनी यात्री युआन च्यांग के यात्रा-विवरण (पाँचवीं शती) और **कुवलयमाला** (आठवीं शती) में भी सिंधी भाषा का संकेत मिलता है।

नाट्यशास्त्र में लिखा है कि हिमालय से लेकर सिंधु-सौवीर की भाषाओं में अधिकतर शब्द उकारंत होते हैं। 'हिमवत्सिन्धु सौबीरान्ये च देशाः समाश्रिताः उकार बहुला तज्ज्ञस्तेषु भाषा प्रयोजयेत्' (**भरत-नाट्यशास्त्र**- 17)।

यह विशेषता आधुनिक सिंधी में भी है– पढ़णु (पढ़ना), लिखणु (लिखना) आदि। युयान च्वांग ने लिखा है कि 'सिंध के लोगों की भाषा (भारत के) मध्य प्रदेश की भाषा से सिर्फ थोड़ी-सी अलग थी। मध्य प्रदेश में उत्तरी गुजरात, राजस्थान, मालवा, पश्चिमी उत्तर प्रदेश और पड़ोसी प्रदेशों का समावेश है।'

कुवयमाला कथा में 'पिशाच' (प्राकृतरूप 'पेसायो') की भाषा को 'पेसाया' कहा गया है–अरेः उत्थि उचत्थी भाषा पेसाया। जैसे पहले बता चुके हैं कि आधुनिक सिंधी भाषा की उत्पत्ति पैशाची प्राकृत के ब्राचड़ अपभ्रंश से मानी जाती है। मार्कण्डेय का कहना है कि 'सिंधु देशोद्भवो ब्राचड़ो अपप्रंश' (**प्राकृतसर्वस्व** पाद 018 सूत्र 11) अर्थात् ब्राचड़ अपभ्रंश सिंधु देश में बोली जाती थी।

ब्राचड़ अपभ्रंश की विशेषता है कि 'त' का 'ट' और 'द' का 'ड' हो जाता है। जैसे हिन्दी तांबा, देवर सिंधी में टामो (तकाट) और डेवर हो जाता है। सिंधी की कुछ अन्य विशेषताएँ हैं। हिन्दी, पंजाबी, राजस्थानी आदि भाषाओं के 'स' का उच्चारण पश्मिोत्तरी समुदाय की सिंधी आदि कुछ भाषाओं में 'ह' हो जाता है। 'मिसिर' का 'मिहिर'।

राष्ट्रपिता महात्मा गाँधी जी ने सिंध की कई बार यात्रा की थी। उन्होंने भारत के प्रथम प्रधानमंत्री पंडित जवाहरलाल नेहरू को स्वतंत्रता के पहले 3-8-1937 में (ए बन्च ऑफ ओल्ड लेटर्स, 237-238) में अपना विचार इस प्रकार प्रकट किया था–"सिंध के लिए अरबी-फारसी लिपि शायद इसलिए बनाई गयी कि सिंध के हिन्दू लोग भारत के अन्य हिन्दुओं से अलग रहें जैसे गुरुमुखी पंजाब के सिक्खों को अन्य हिन्दुओं से भिन्न कर देने के उद्देश्य से खास तौर पर बनाई गयी थी।" अँगरेजों ने 1853 में सिंधी के लिए अरबी-फारसी लिपि को निर्धारित किया और देखते-देखते हजारों पुस्तकें प्रकाशित हुईं।

सिंधी-साहित्य की झलक

आदिकाल (सन् 1000-सन् 1522 ई.)

अँगरेजों की कूटनीति की शिकार सबसे अधिक सिंधी भाषा हुई, इसमें कोई संदेह नहीं किन्तु इसका इतिहास गरिमामय रहा है, इसमें भी कोई संदेह नहीं। तथ्यों से यह सिद्ध हो चुका है कि आठवीं शताब्दी में सिंधी भाषा स्वतंत्र रूप से विकसित हो चुकी थी। उसमें साहित्यिक अभिव्यक्ति के लिए पर्याप्त योग्यता उत्पन्न हो चुकी थी। सिंधी भाषा उस समय की मुख्य भाषाओं में श्रेष्ठ भाषा का दर्जा प्राप्त कर चुकी थी।

सिंध के इतिहास का जो सुम्रा-काल (1000-1350 ई.) है, उसे सिंधी का निर्माण-काल कहा जाता है। सिंधी सूम्रों की अपनी भाषा थी। इसके बाद समा-काल (1300-1522 ई.) आता है। इस युग में सिंध की बिचोली सिंधी साहित्यिक भाषा के रूप में विकसित हुई। समा-काल में सिंधी भाषा का विस्तार उत्तर में बहावलपुर और मुलतान की ओर, पश्चिम एवं उत्तर-पश्चिम में बलूचिस्तार की ओर और दक्षिण-पूर्व में कच्छ और गुजरात की ओर बढ़ा। इस विस्तार से एक फायदा यह भी हुआ कि सिंधी भाषा पड़ोसी पदेश की भाषाओं के अधिकाधिक सम्पर्क में आकर कुछ उपभाषाओं में स्पष्ट हुई जिसके कारण सिंधी बैत (चार पंक्तियों का एक प्रकार का छंद) बहावलपुर की सीमा तक पहुँचे।

सिंध के इतिहास के पूर्व मध्यकाल (1522-1737 ई.) में अरगूनों, तुर्कों और मुगल सम्राटों का शासन था। इस समय राजभाषा फारसी थी अवश्य, पर सिंधी भाषा की लोकप्रियता एवं महत्त्व कम नहीं था। इसीलिए इस काल को सिंधी भाषा का स्वर्णकाल कहा जाता है।

उत्तर आधुनिक काल में सन् 1843 ई. में सिंध पर अँगरेजों का अधिकार हो चुका था। इस काल में सिंधी में गद्य का अत्यधिक विकास हुआ। अतः इसे सिंधी का गद्य-काल भी कहा जा सकता है। कहा जाता है कि एक हजार साल पहले **महाभारत** की कहानी का एक रूप सिंधी-गद्य में लिखा गया था जो अप्राप्य है। अतः यह कृति सिंधी-गद्य की सम्भवतः पहली पुस्तक है। दसवीं शताब्दी में अरबी में इसका रूपांतर हुआ था।

मुहम्मद सिद्दीक मेमन ने सिंध की अदबी तारीख में अठारवीं शती के आखूद अज़ीज़ अल्लह के **कुरानशरीफ** (सन् 1746 ई.) के अनुवाद को सिंधी-गद्य की पहली पुस्तक माना है। इससे पहले की पुस्तकों में गद्य-पद्य एक साथ मिलते हैं।

सिंधी-पत्रकारिता में सिंध में 1943 के बाद अँगरेजों के राज्यकाल में ही अखबारों का प्रचलन शुरू हुआ था। प्रथम सिंधी अखबार 1870-75 के बीच प्रकाशित हुआ था जिसका नाम 'मुईन' था, परन्तु सही अर्थों में सिंधी-अखबार 'सिंध सुधार' था जिसका सम्पादन-कार्य जनवरी 1884 से नवम्बर 1887 तक साधु हीरानंद शोकीराम

आडवाणी करते रहे। साधु हीरानंद ने ही 1890 में 'सरस्वती' नामक मासिक पत्रिका प्रकाशित की। 'हिन्दू' अखबार ने अँगरेज-सरकार का मुकाबला जिस वीरता के साथ किया वह पूरे भारत देश में अन्यत्र शायद ही कहीं देखने को मिले। 1921-22 के असहयोग आंदोलन में उसके आठ सम्पादक बारी-बारी से गिरफ्तार हुए। 'हिन्दू' पर प्रतिबंध लगाया गया तो फिर अन्य नाम से उसे जारी रखा गया। यही एक अखबार था जिसके साथ सिंध के कई काँग्रेसी नेता जुड़े हुए थे।

भारतीय संविधान में सिंधी भाषा को 10 अप्रैल, 1967 को स्थान प्राप्त हुआ।

हिन्दी भाषा

डॉ. गणेश प्रसाद

हिन्दी भाषा के नाम का विवेचन

वाच्यार्थ की दृष्टि से 'हिन्दी' शब्द का प्रयोग हिन्दी या भारत से सम्बन्धित किसी भी व्यक्ति, वस्तु तथा हिन्द या भारत में बोली जानेवाली किसी आर्य, द्रविड़ तथा अन्य कुल की भारतीय भाषाओं के लिए हो सकता है, किन्तु इस प्राचीन व्यापक अर्थ में इस शब्द का प्रयोग अब प्रचलित नहीं है। वर्तमान साहित्य में यह शब्द भारतीय संघ की राजभाषा तथा राष्ट्रभाषा के नाम का द्योतक है। उत्तर प्रदेश, बिहार, दिल्ली, राजस्थान, मध्य प्रदेश, हरियाणा, हिमाचल प्रदेश की प्रधान साहित्यिक भाषा और राजभाषा के अर्थ में मुख्यतया तथा इसी भूभाग की बोलियाँ और उनसे सम्बन्ध रखनेवाले प्राचीन साहित्यिक रूपों के अर्थ में यह नाम साधारणतः प्रयुक्त होता है।[1] व्यवावहारिक रूप में हिन्दी का अर्थ खड़ी बोली समझा जाता है। विस्तृत अर्थ में हिन्दी में खड़ी बोली, ब्रजभाषा, बांगरू, कन्नौजी, बुंदेली (पश्चिमी हिन्दी), अवधी, बघेली, छत्तीसगढ़ी (पूर्वी हिन्दी), मेवाती, मारवाड़ी, मालवी, जयपुरी, गुजराती, भोजपुरी, मैथिली, मगही, बज्जिका, अंगिका आदि सारी बोलियाँ गतार्थ हैं। पर, 'हिन्दी' शब्द का संकुचित अर्थ है–खड़ी बोली साहित्यिक हिन्दी, जो आज हिन्दी प्रदेशों की सरकारी भाषा है, पूरे भारत की राजभाषा है, समाचारपत्रों और फिल्मों में जिसका प्रयोग होता है, जो हिन्दी-प्रदेश में शिक्षा का माध्यम है और जिसे 'परिनिष्ठित 'हिन्दी', 'मानक हिन्दी' आदि नामों से अभिहित करते हैं।[2] इस अर्थ में हिन्दी एक भाषा-समूह है।

हिन्दी अन्य भाषाओं से दो अर्थों में भिन्न है–क्षेत्रीयता के अर्थ में और भाषा-समुच्चय के अर्थ में। अन्य भाषाएँ एकक्षेत्रीय हैं जबकि हिन्दी बहुक्षेत्रीय है।... अन्य क्षेत्रों में एक ही भाषा प्रमुख है तो हिन्दी-प्रदेश अनेक भाषाओं और बोलियों– राजस्थानी, ब्रजी, अवधी, मैथिली, बुंदेलखंडी आदि का समुच्चय है। प.अ. वारान्निकोव

---

1. डॉ. धीरेन्द्र वर्मा, **हिन्दी भाषा का इतिहास** (इलाहाबाद, दशम संस्करण), पृ. 60
2. डॉ. भोलानाथ तिवारी, **हिन्दी भाषा** (इलाहाबाद, 1966), पृ. 126

इसे भाषा-व्यवस्था कहते हैं। विभिन्न प्रकार के सामाजिक-सांस्कृतिक संपर्क के लिए जो लोग इस व्यवस्था का उपयोग करते हैं वे हिन्दी या हिन्दुस्तानी हैं।[3]

उत्तर भारत (जो हिन्दुस्तान के नाम से भी जाना जाता था) की लोकभाषा 11 से 13वीं शताब्दी तक 'हिन्दुवी', 'हिन्दवी' या 'हिन्दी' कही जाती थी। मुसलमानों ने इन शब्दों का प्रयोग किया है।

ऋग्वेद में 'सिंध' और 'सप्तसिंधवः' शब्द नदी और सात नदियों के अर्थ में कई बार प्रयुक्त हुए हैं। संभावना है कि याजकों के साथ इन शब्दों ने ईरान की यात्रा की। ईरान में उपर्युक्त दोनों वैदिक शब्द 'हैन्दु', 'हिन्दु' तथा 'हफ्त हिन्दवः' या 'हफ्तहिन्दके' के रूप में उच्चरित पाए जाते हैं। प्राचीन पहलवी में 'हिन्द', 'हिन्दु' और 'हिन्दुश' शब्द पाए जाते हैं। भाषावैज्ञानिक यहं सिद्ध करते हैं कि मध्यकाल में ईरान में विशेषण प्रत्यय 'ईक' जोड़कर 'हिन्दीक' शब्द विकसित हुआ, फिर अघोष 'क' का घोषीकरण होने के कारण 'हिन्दीग' शब्द विकसित हुआ। यही बाद में अंतिम व्यंजन ध्वनि के लोप से 'हिन्दी' शब्द 'हिन्द' के विशेषण के रूप में प्रयुक्त होने लगा। इस तरह हम देखते हैं कि 'हिन्दी' शब्द का मूल रूप 'हिन्द' है। कुछ विद्वान् 'सिंधी' से 'हिन्दी' शब्द को विकसित मानते हैं। पर, ऐसा मानने में भारी अड़चन यह है कि प्राचीन साहित्य मं 'सिंधी' शब्द नहीं मिलता। 'हिन्दी' और 'हिन्द' शब्द ईरान से ही अरब, मिस्र, सीरिया आदि देशों में गये। प्राचीनकाल में 'हिन्दी' शब्द या तो देशबोधक था या हिन्दी से निर्यात की जानेवाली वस्तुओं का बोधक था। प्राचीन ग्रीक, जो ईरान में आए, उन्होंने 'हिन्द' को 'इण्ड' और 'इण्डिका' कहा। 'इण्डिका' से ही 'इण्डिया' शब्द बना जो अँगरेजी में भारत के लिए अपनाया गया।

अमीर खुसरो (1253-1325) द्वारा तेरहवीं शताब्दी में 'हिन्दवी' शब्द का प्रयोग किया गया। इनके पूर्व 'हिन्दवी' शब्द का प्रयोग अबू सईद के फारसी इतिहास (1049) में मिलता है। उन्होंने अपने इतिहास में इस तथ्य का उल्लेख किया है कि कालिंजर के दुर्गाधिकारी नंद ने महमूद गजनवी की प्रशंसा में 'हिन्दवी' में कविता लिखी थी। आज इस कविता के उपलब्ध नहीं होने से निश्चित तौर पर नहीं कहा जा सकता कि इतिहासकार ने 'हिन्दवी' शब्द का प्रयोग किस भाषा के लिए किया था। लाहौर के यमनी राज्य के फारसी कवि मूसद सलमान (ज. 10501 द्वारा भी 'हिन्दवी' या 'हिन्दी' में एक दीवान लिखने की बात प्रसिद्ध जीवनी-लेखक औफी (13वीं शताब्दी) ने की है। ऐसा लगता है कि औफी ने लाहौरी बोली की ओर संकेत किया है। खुसरो ने जिस 'हिन्दवी' की बात की है, वह दिल्ली के आसपास की खड़ी बोली है।

'सिंधु' से 'हिन्दु' के बनने में डॉ. रामविलास शर्मा को आपत्ति है। भाषावैज्ञानिक ऐसा मानते रहे हैं कि ईरानी अवेस्ता में महाप्राण ध्वनियाँ नहीं होने के कारण 'ध'

---

3. प.अ. वारान्निकोव, उद्धृत, डॉ. बच्चन सिंह, **हिन्दी साहित्य का दूसरा इतिहास** (नयी दिल्ली, 1996), पृ. 15

का 'द' में परिवर्तन हुआ तथा 'स' के उच्चारण में कठिनाई होने के कारण उसका परिवर्तन 'ह' में हुआ। डॉ. शर्मा इस पर अपनी आपत्ति दर्ज करते हैं। उन्होंने विस्तारपूर्वक इसकी विवेचना की और बताया कि 'स' का 'ह' में परिवर्तन कश्मीरी, हिन्दी, मराठी, गुजराती और राजस्थानी आदि में भी है। 'केसरी', 'केहरी' हो जाता है। इससे ध्वनित होता है कि 'ह' ध्वनि जो यहाँ की किसी प्राकृत में 'स' के लिए उच्चरित होती रही हो, यात्रा करते-करते ईरान पहुँच गयी। फिर तो ईरानियों ने 'सप्त' को 'हफत' और 'असुर' को 'अहुर' कहना प्रारंभ किया।

कुछ इतिहासकारों का अनुमान है कि सिंध में हड़प्पा सभ्यता के पूर्व कोई सभ्यता थी जिसके भद्रजन सिंधु को 'हिन्दु' तथा 'सप्तसिंधु' को 'हफ्त हिन्दु' कहा करते थे। कुछ दिनों तक वह क्षेत्र ईरानियों के अधिकार में था, अतः ईरानियों ने उन शब्दों को उसी रूप में स्वीकार कर लिया। यह भी हो सकता है कि आर्यों ने 'हिन्दु' को 'सिंधु' कर दिया हो।

'जबाने हिन्दी' का प्रयोग कभी संस्कृत तो कभी पालि या अपभ्रंश या क्षेत्रीय बोली के लिए भी होता रहा है। जायसी जिस 'हिन्दुई' की बात करते हैं, वह अवधी है।[4] कहना नहीं होगा कि हिन्दवी, हिन्दी, हिन्दुई आदि शब्दों का प्रयोग अलग-अलग कवियों ने अलग-अलग क्षेत्रीय बोली के लिए किया है। 'हिन्दी', 'हिन्दुवी' और 'हिन्दवी' शब्द व्यापक क्षेत्र की हिन्दी भाषा और बोलियों के लिए 12वीं-13वीं शताब्दी में ही प्रयुक्त होने लगे थे।

हिन्दी, उर्दू और हिन्दुस्तानी व्याकरणिक स्तर पर एक ही हैं। हिन्दी में अपेक्षाकृत संस्कृतनिष्ठता ज्यादा है, उर्दू में अरबी-फारसी शब्दों का बाहुल्य है और हिन्दुस्तानी में बहुप्रचलित तद्भव शब्दों एवं संस्कृत, अरबी, फारसी, तुर्की आदि के सरल तथा बहुप्रचलित शब्दों का बाहुल्य है। अर्थात् उपर्युक्त तीनों भाषाएँ खड़ी बोली या सामान्य हिन्दी की ही तीन शैलियाँ हैं।

'उर्दू' शब्द तुर्की भाषा का शब्द है जिसका अर्थ 'शाही शिविर' या 'खेमा' (फौजी पड़ाव) होता है। मुगल बादशाहों के फौजी पड़ावों में पूर्वी पंजाबी, हरियाणी, ब्रज तथा कौरवी मिश्रित एक ऐसी भाषा विकसित हुई जिसमें अरबी, फारसी और तुर्की के शब्दों का बाहुल्य था। दिल्ली के लाल किला को 'उर्दू-ए-मुअल्ला' और वहाँ की बोली जानेवाली भाषा को 'जबान-ए-उर्दू-ए-मुअल्ला' कहा जाता था। 'उर्दू' शब्द इस 'जबान-ए-मुल्ला' का संक्षिप्त रूप है।

हिन्दी भाषा का क्षेत्र

हिन्दी भाषा का क्षेत्र पंजाब का पूर्वी भाग, हिमाचल प्रदेश, हरियाणा, राजस्थान, दिल्ली, उत्तर प्रदेश, उराखंड, बिहार, झारखंड, छत्तीसगढ़ तथा मध्यप्रदेश है। इसे ही

4. तुरकी, अरबी, हिन्दुई, भाषा जेते आँहि।
जेहि मँह मारग प्रेम कर, सबै सराहैं ताहि।। —**पदभावत**

हिन्दी भाषी प्रदेश कहते हैं। इस पूरे क्षेत्र में हिन्दी की पाँच महत्त्वपूर्ण उपभाषाएँ हैं जिनके अंतर्गत अनेक बोलियाँ, उपबोलियाँ हैं। संघशासित राज्य चंडीगढ़ और अंडमान निकोबार द्वीपसमूह में भी हिन्दी बोली जाती है।

हिन्दी-प्रदेश पश्चिम में जैसलमेर से पूरब में पश्चिम बंगाल की पश्चिमी सीमा तक, दक्षिण-पूर्व में रायपुर तक, पश्चिम-दक्षिण में इंदौर तक तथा उत्तर में शिमला तक फैला हुआ है।

हिन्दी भाषा की उत्पत्ति

हिन्दी भरोपीय भाषा-परिवार की भाषा है। भारोपीय भाषा-परिवारों में भारत-ईरानी शाखा व्यापकता, प्राचीनता और ऐतिहासिक महत्ता की दृष्टि से प्रमुख है। हिन्दी इसी उपशाखा की भाषा है। इस परिवार की शाखाएँ हैं—1. भारतीय आर्यभाषा 2. ईरानी भाषा, 3. दरद भाषा।

यह स्पष्ट है कि भारत की अन्य आधुनिक आर्यभाषाओं के समान हिन्दी भाषा का जन्म भी आर्यों की प्राचीन भाषा से हुआ है।[5] आर्यों की प्राचीनतम भाषा का नाम संस्कृत है। आर्यभाषा संस्कृत के सम्बन्ध में विद्वानों का अनुमान है कि यह लगभग साढ़े तीन हजार वर्ष पुरानी है। हिन्दी भी आर्यभाषा है क्योंकि इसका सम्बन्ध संस्कृत से है।

भारतीय आर्यभाषा के विकास को तीन कालखण्डों में बाँटा जा सकता है— प्राचीन भारतीय आर्यभाषा काल (1500 ई. पूर्व से 500 ई. पूर्व तक), मध्यकालीन भारतीय (500 ई. पूर्व से 1000 ई. तक), आधुनिक भारतीय आर्यभाषा (1000 ई. से वर्तमान समय तक)। ई.पू. 500 तक प्राचीन भारतीय आर्यभाषा को दो रूप उपलब्ध हैं—वैदिक संस्कृत (1500 ई.पू. से पाणिनि-काल तक) और साहित्यिक या लौकिक संस्कृत (ई.पू. 500 से आगे)। वैदिक संस्कृत का काल प्रायः 1500 ई.पू. से 300 ई.पू. तक माना जाता है। यह भाषा तत्कालीन बोलचाल की भाषा के समीप रही होगी, पर इसका यह तात्पर्य नहीं है कि बोलचाल की भाषा के सभी रूप इसमें उपलब्ध हैं। वैदिक संस्कृत बोलचाल की भाषा से इस अर्थ में भिन्न है कि इसमें काव्यात्मक संवेदना के चलते भाषा का काव्यात्मक रूप उभरा है। "इस संस्कृत-काल के अंत तक मानक या परिनिष्ठित भाषा तो एक थी, किन्तु तीन क्षेत्रीय बोलियाँ विकसित हो चली थीं जिन्हें पश्चिमोत्तरी, मध्यदेशी तथा पूर्वी नाम से अभिहित किया जा सकता है।"[6] चूँकि उत्तरी बोली को ही प्रामाणिक माना जाता था, अतः पाणिनि ने इसे ही व्याकरण के अनुशासन में बाँधा। वास्तव में लौकिक संस्कृत ही साहित्यिक भाषा है जो अपने समय की बोलचाल की भाषा के संस्कार से अस्तित्व में आई।

---

5. डॉ. धीरेन्द्र वर्मा, **हिन्दी भाषा का इतिहास** (इलाहाबाद, 1980), पृ. 41
6. डॉ. भोलानाथ तिवारी, **हिन्दी भाषा** (इलाहाबाद, 1966), पृ. 60

संस्कृतकालीन बोलचाल की भाषा विकसित होते-होते 500 ई.पू. के बाद प्रवृत्तितः काफी बदल गयी जिसे 'पालि' की संज्ञा दी गयी। इसका काल 500 ई.पू. से पहली ई. तक है। बौद्ध ग्रंथों में पालि का जो रूप मिलता है, वह इस बोलचाल की भाषा का ही शिष्ट और मानक रूप था। इस काल में क्षेत्रीय बोलियों की संख्याा चार हो गयी थी–पश्चिमोत्तरी, मध्यदेशी, पूर्वी और दक्षिणी।[7] यह बोलचाल की भाषा (पालि) पहली ई. तक आते-आते और विकसित हुई। भाषा के इस विकसित रूप को प्राकृत कहा गया। पहली ई. से 500 ई. तक उसे 'प्राकृत' नाम से अभिहित किया गया। इस काल में प्रमुख क्षेत्रीय बोलियाँ थीं–शौरसेनी, पैशाची, ब्राचड़, महाराष्ट्री, मागधी और अर्धमागधी।

प्राकृतों से भिन्न क्षेत्रीय अपभ्रंशों का विकास हुआ। अपभ्रंशकाल 500 ई. से 1000 ई. तक माना जाता है। इसे तृतीय प्राकृत भी कहते हैं। "आज के प्राप्त अपभ्रंश-साहित्य में मुख्यतः पश्चिमी और पूर्वी दो ही भाषा-रूप मिलते हैं, किन्तु प्राकृत के मुख्यतः पाँच क्षेत्रीय रूपों तथा आज की नौ (लहंदा, पंजाबी, सिंधी, गुजराती, मराठी, हिन्दी, ओड़िआ, बांग्ला, असमिया) आर्यभाषाओं के बीच की अपभ्रंश रूप में प्राप्त कड़ी के क्षेत्रीय रूपों की संख्या छह और दस के बीच ही होगी; इससे कम नहीं हो सकती। इससे यह अनुमान सहज ही लगाया जा सकता है कि अपभ्रंश के सभी क्षेत्रीय रूपों का अपभ्रंश साहित्य में प्रयोग नहीं हुआ।"[8]

स्थानभेद से अपभ्रंश के अनेक भेद हैं। नमिसाधु (10वीं शताब्दी, रुद्रट के **काव्यालंकार** के टीकाकार) ने अपभ्रंश के तीन भेद माने हैं– उपनागर, आभीर और ग्राम्य। मार्कण्डेय ने नागर, उपनागर और ब्राचड़ के रूप में तीन अपभ्रंशों का उल्लेख किया है। **प्राकृतसर्वस्व** के अनुसार उस समय कुछ लोग अपभ्रंशों की संख्या सत्ताईस मानते थे।

आधुनिक विद्वानों में डा. याकोबी ने अपभ्रंश के चार भेद किए हैं– पूर्वी, पश्चिमी, उत्तरी और दक्षिणी। डॉ. तगारे ने अपनी पुस्तक **हिस्टॉरिकल ग्रामर ऑफ अपभ्रंश** में तीन अपभ्रंशों की चर्चा की है– पूर्वी, पश्चिमी और दक्षिणी। डॉ. नामवर सिंह ने **हिन्दी के विकास में अपभ्रंश का योग** में अपभ्रंश के दो क्षेत्रीय भेदों को ही स्वीकारा है– पूर्वी एवं पश्चिमी अपभ्रंश। डॉ. भोलानाथ तिवारी ने छह अपभ्रंशों की चर्चा की है–

अपभ्रंश		**उससे निकली हुई भाषाएँ**
1. शौरसेनी	:	पश्चिमी हिन्दी, पहाड़ी, राजस्थानी, गुजराती
2. महाराष्ट्री	:	मराठी
3. अर्धमागधी	:	पूर्वी हिन्दी

---

7. डॉ. भोलानाथ तिवारी, **हिन्दी भाषा** (इलाहाबाद, 1966), पृ. 65
8. उपरिवत्, पृ. 91

4. मागधी : बिहारी, बांग्ला, ओड़िआ, असमिया

5. पैशाची या केकय : पंजाबी, लहंदा

6. ब्राचड़ या पैशाची : सिंधी

उपर्युक्त विवरण से यह स्पष्ट हो जाता है कि हिन्दी भाषा का उद्भव शौरसेनी, अर्धमागधी और मागधी अपभ्रंशों से हुआ है।

हिन्दी की बोलियाँ और उनका क्षेत्र

हिन्दी-प्रदेश की पाँच उपभाषाएँ हैं–

- पश्चिमी हिन्दी : खड़ी बोली (कौरवी), ब्रजभाषा, हरियाणवी, बुंदेली, कन्नौजी
- पूर्वी हिन्दी : अवधी, बघेली, छत्तीसगढ़ी
- राजस्थानी : पूर्वी राजस्थानी (जयपुरी), पश्चिमी राजस्थानी (मारवाड़ी), उत्तरी राजस्थानी (मेवाती)
- पहाड़ी : पश्चिमी पहाड़ी, मध्यवर्ती पहाड़ी (कुमाऊँनी, गढ़वाली)
- बिहारी : भोजपुरी, मगही, मैथिली, बज्जिका, अंगिका

हिन्दी के दो प्रमुख वर्ग हैं: पश्चिमी हिन्दी और पूर्वी हिन्दी। इन दोनों का अंतर मूलतः इन दोनों की भौगोलिक स्थिति तथा इन दोनों के इतिहास पर आधारित है। भौगोलिक दृष्टि से 'पश्चिमी हिन्दी' पंजाबी, राजस्थानी, पहाड़ी, पूर्वी हिन्दी तथा मराठी भाषाओं के बीच में है, अतः इसमें इन भाषाओं की कुछ बातें न्यूनाधिक रूप में हैं। दूसरी ओर 'पूर्वी हिन्दी' पहाड़ी, बिहारी, ओड़िआ, मराठी तथा 'पश्चिमी हिन्दी' के बीच है। अतः इसमें इनकी विशेषताएँ अंशतः समाहित हैं। दूसरी ओर, 'पश्चिमी हिन्दी' शौरसेनी अपभ्रंश से उद्भूत है, अतः इसे उक्त अपभ्रंश की परम्पराएँ मिली हैं तथा 'पूर्वी हिन्दी' अर्धमागधी अपभ्रंश से विकसित हुई है, अतः इसमें पूर्वी शौरसेनी तथा पश्चिमी मागधी की विशेषताएँ मिल गयी हैं।[9]

पश्चिमी हिन्दी– भाषाविद् ग्रियर्सन ने पश्चिमी हिन्दी की पाँच बोलियाँ मानी हैं– खड़ीबोली (कौरवी), बांगरू, कन्नौजी, ब्रजभाषा और बुंदेली। ग्रियर्सन और डॉ. धीरेंद्र वर्मा कन्नौजी को ब्रजभाषा का पूर्वी रूप मानते हैं। डॉ. भोलानाथ तिवारी निमाड़ी, रूस के दक्षिण भाग में बोली जानेवाली 'ताजुज्बेकी', परिनिष्ठित हिन्दी और भारत के दक्षिण में बोली जानेवाली हिन्दी के दक्षिण रूप को 'पश्चिमी हिन्दी' के अंतर्गत ही परिगणित करते हैं।

1. ब्रजभाषा– यह 'पश्चिमी हिन्दी' की प्रमुख बोली है। 'ब्रज' का अर्थ 'पशु समूह' होता है। ब्रजमंडल में, पशुपालन ही प्रमुख रूप से आजीविका का आधार रहा है, अतः इस प्रदेश को ब्रज कहा गया और यहाँ की भाषा को ब्रजभाषा।

---

9. डा. भोलानाथ तिवारी, **हिन्दी भाषा** (इलाहाबाद, 1966), पृ. 41

अपने शुद्ध रूप में यह मथुरा, आगरा, अलीगढ़, धौलपुर आदि में बोली जाती है। एक समय ब्रजभाषा हिन्दी प्रदेश की साहित्यिक भाषा के रूप में मान्य हुई। 19वीं शताब्दी में धीरे-धीरे साहित्य के क्षेत्र में खड़ी बोली ने ब्रजभाषा का स्थान ग्रहण किया। ब्रजभाषा अत्यंत मधुर भाषा है।

2. कन्नौजी—इसका क्षेत्र ब्रजभाषा और अवधी क्षेत्र के बीच है। फर्रूखाबाद जिले के कन्नौज (कान्यकुब्ज) नगर के नाम पर इस बोली का नाम पड़ा है। यह उत्तर में हरदोई, शाहजहाँपुर तथा पीलीभीत तक और दक्षिण में इटावा और दानपुर के पश्चिम भाग में बोली जाती है।

3. बुंदेली—यह बुंदेलखंड की बोली है। शुद्ध रूप में यह झाँसी, जालौन, हमीरपुर, ग्वालियर, भोपाल, ओरछा, सागर, नृसिंहपुर, सेधोनी तथा हुशंगाबाद में बोली जाती है। बुंदेली और ब्रजभाषा में बहुत समानता है। डॉ. धीरेंद्र वर्मा ने इस उपभाषा के सम्बन्ध में लिखा है—"सच तो यह है कि ब्रज, कन्नौजी तथा बुंदेली एक ही उपभाषा के तीन प्रादेशिक रूप मात्र हैं।"[10]

4. बाँगरू—यह पंजाब के दक्षिणी-पश्चिमी भाग में बरनाल, रोहतक, हिसार, पटियाला, जींद और 'दिल्ली' को छोड़कर दिल्ली के आसपास बोली जाती है। वास्तव में, यह पंजाबी और राजस्थानी मिश्रित खड़ी बोली ही है।

5. खड़ी बोली—'खड़ी बोली' शब्द का प्रयोग दो अर्थों में मिलता है—जनबोली के रूप में और दूसरा हिन्दी, हिन्दुस्तानी और उर्दू के रूप में। 'खड़ीबोली' शब्द के प्रथम प्रयोगकर्ताओं में लल्लू लाल, गिलक्राइस्ट तथा सदल मिश्र का नाम आता है। 'खड़ी बोली' के विकास के सम्बन्ध में भाषाविदों में मतैक्य नहीं है। इसे कौरवी, कनौजी, ब्रज, बाँगरू और पंजाबी—इन भिन्न-भिन्न बोली आधारों पर विकसित माना गया है। पर, वास्तविकता यह है कि यह पूर्वी पंजाब, दिल्ली तथा पश्चिमी उत्तर प्रदेश की बोलियों के मिश्रण का ही एक परिनिष्ठित रूप है। खड़ी बोली अपने ठेठ रूप में रामपुर, मुरादाबाद, बिजनौर, मेरठ, मुजफ्फरनगर, सहारनपुर, देहरादून के मैदानी भाग, अंबाला, कलसिया और पटियाला रियासत के पूर्वी भाग में बोली जाती है।

खड़ी बोली (साहित्यिक) भाषा के रूप में पूरे हिन्दीप्रदेश की केंद्रीय भाषा हैं और इसे संविधान से राजभाषा का दर्जा प्राप्त है। यह अखिल भारतीय हिन्दी और अंतरराष्ट्रीय हिन्दीके रूप में विकासित और विकासशील है। इसके विभिन्न रूप हैं—1. मेरठ के आसपास बोली जानेवाली 2. वह भाषा जिस पर परिनिष्ठित हिन्दी, उर्दू आधृत हैं। 3. साहित्यिक रूप—हिन्दी, उर्दू, (रेख्ता-रेख्ती), हिन्दुस्तानी, दक्षिणी, 4. भारत के प्रायः सभी नगरों की बोली जिस पर क्षेत्रीयता का अधिक प्रभाव, जैसे—कलकतिया एवं मुंबइया खड़ी बोली आदि।

---

10. डॉ. धीरेंद्र वर्मा, **हिन्दी भाषा का इतिहास** (इलाहाबाद, 1966), पृ. 65

6. निमाड़ी–मध्यप्रदेश के 'निमाड़' नामक स्थान पर इस बोली का नाम पड़ा। ग्रियर्सन निमाड़ी को दक्षिणी राजस्थानी मानते हैं। बुंदेली और ब्रज के अधिक निकट होने के चलते इसे डॉ. भोलानाथ तिवारी पश्चिमी हिन्दी वर्ग में रखते हैं। 'निमाड़ी' पर मालवी, मराठी, बुंदेली, खानदेशी तथा भीली का प्रभाव परिलक्षित होता है।

● **पूर्वी हिन्दी**–अवधी, बघेली और छत्तीसगढ़ी इसकी प्रमुख उपभाषाएँ हैं। पूर्वी हिन्दी का क्षेत्र नेपाली, बिहारी, ओड़िआ, तेलुगु, मराठी, राजस्थानी भाषाओं के क्षेत्रों के बीच है। यह क्षेत्र उत्तरप्रदेश में लखनऊ, उन्नाव, रायरबरेली, सीतापुर, खीरी, फैजाबाद, गोंडा, बहराइच, सुल्तानपुर, प्रतापगढ़, बाकाबंकी, कानपुर, फतेहपुर, इलाहाबाद, जौनपुर, मिर्जापुर (कुछ भाग में), नेपाल की तराई (कुछ भाग में), रीवाँ (मध्यप्रदेश) दमोह, जबलपुर, माडला, बालाघाट, रायपुर, विलासपुर, काँकेर, नंदगाँव, रायगढ़, खैरगढ़, उदयपुर एवं जयपुर के कुछ भाग में फैला हुआ है।

● **अवधी**–अवध क्षेत्र की प्रचलित बोली 'अवधी' है। हरदोई जिला को छोड़कर यह शेष अवध की बोली है। लखनऊ, उन्नाव, रायबरेली, सीतापुर, खीरी, फैजाबाद, गोंडा, बहराइच, सुल्तानपुर, प्रतापगढ़ और बाकाबंकी में यह बोली जाती है। यह इलाहाबाद, फतेहपुर, कानपुर, मिर्जापुर तथा जौनपुर के कुछ भागों में भी बोली जाती है।

● **बघेली**–यह बोली बघेलखण्ड में बोली जाती है। इसका केंद्र रीवाँ है। इसलिए इसे 'रीबाँई' भी कहते हैं। रीवाँ के अतिरिक्त यह दमोह, जबलपुर, माँडला, बाँदा, फतेहपुर तथा हमीदपुर के कुछ भागों में शुद्ध या मिश्रित रूप में बोली जाती है। वास्तव में, बघेली अवधी का ही दक्षिणी रूप है।

● **छत्तीसगढ़ी**–यह मध्यप्रदेश के रायपुर और विलासपुर जिलों तथा नंदगाँव, काँकेर, खौरागढ़, रायगढ़, सरगुजा, उदयपुर, जयपुर आदि में कुछ-कुछ भिन्नता के साथ बोली जाती है।

● **राजस्थानी**–राजस्थानी भाषा-भाषी क्षेत्र सिंधी लहँदा, पंजाबी, बाँडारू, ब्रजभाषा, बुंदेली, मराठी तथा गुजराती भाषा-भाषी क्षेत्रों के बीच है।[11] यह बोली प्रधानतः गुड़गाँव, अलवर, भरतपुर, जयपुर, बूँदी, कोटा, भोपाल, इंदौर, खानदेश, बरार, उदयपुर, जैसलमेर, पूर्वी सिंध, जोधपुर, बीकानेर तक फैली हुई है। सुनीति कुमार चटर्जी ने जोधपुर, बीकानेर, जैसलमेर, उदयपुर (पश्चिमी राजस्थानी) एवं जयपुर, कोटा और बूँदी (मध्यवर्ती राजस्थानी) को ही राजस्थानी का क्षेत्र माना है।

राजस्थानी वर्ग में मारवाड़ी, जयपुरी, मेवाती तथा मालवी उपभाषाएँ मुख्य हैं। पश्चिमी राजस्थानी में मेवाड़ी तथा मारवाड़ी बोलियाँ आती हैं। पूर्वी राजस्थानी में जयपुरी तथा हाड़ौती दो प्रधान बोलियाँ हैं। 'उत्तरी राजस्थानी' में मेवाती तथा अहीरवाटी बोलियाँ बोली जाती हैं। मालवी मालवा की प्रमुख बोली है।

---

11. डा. भोलानाथ तिवारी, **हिन्दी भाषा** (इलाहाबाद, 1966), पृ. 67

• **बिहारी वर्ग**– इस वर्ग के अंतर्गत भोजपुरी, मगही, मैथिली, बज्जिका, अंगिका आदि बोलियाँ आती हैं।

• **भोजपुरी**–उत्तर में नेपाल की दक्षिणी सीमा के आसपास से लेकर दक्षिण में छोटानागपुर तक तथा पश्चिम में पूर्वी मिर्जापुर, बनारस तक एवं पूर्वी फैजाबाद से लेकर पूर्व में पटना और राँची के निकट एवं बस्ती (कुछ भाग), गोरखपुर, देवरिया, सारण, चंपारण, गाजीपुर, बलिया, शाहाबाद, पलामू एवं राँची (पूर्वी भाग छोड़कर) में बोली जाती है। इसकी प्रमुख उपबोलियाँ हैं– उत्तरी भोजपुरी, दक्षिणी भोजपुरी, पश्चिमी भोजपुरी एवं नागपुरिया।

• **मैथिली**–उत्तर बिहार के कुछ भागों में बोली जाती है। इसके वास्तविक क्षेत्र के विषय में मैथिली-कट्टरपंथियों ने बड़ी भ्रांति फैला रखी है। सत्य यह है कि वे जिस क्षेत्र को मानक मैथिली या आदर्श मैथिली का क्षेत्र मानते हैं, मैथिली का वास्तविक क्षेत्र वही है। शेष भाग बज्जिका और अंगिका का है जो मैथिली के ही समान दो स्वतंत्र बोलियाँ हैं जिनकी ओर महापंडित राहुल सांकृत्यायन ने प्रथम-प्रथम विद्वानों का ध्यान आकृष्ट किया था।

• **मगही**–'मगही' शब्द मागधी से विकसित है। यह मगध की भाषा है। यह पटना, गया, हजारीबाग, मुंगेर, पालामाऊ (पलामू), भागलपुर और राँची के कुछ भागों में बोली जाती है।

• **अंगिका**– डॉ. परमानन्द पाण्डेय के अनुसार वर्तमान बिहार के भागलपुर, मुंगेर, पूर्णियाँ, संथाल परगना, सहरसा, कटिहार, बेगूसराय, दुमका, देवघर आदि जिलों की भाषा अंगिका है (**अंगिका भाषा**, पटना, 1985, पृ. 1)

• **बज्जिका**–डॉ. सुरेन्द्र मोहन प्रसाद बज्जिका के क्षेत्र को इस प्रकार निर्धारित करते हैं– "बज्जिका की सीमा रेखा पश्चिम में घोड़ासहन, ढाका, पताही होते हुए चली है और साहेबगंज से आगे बढ़कर गंडक की धारा के साथ हाजीपुर पहुँचती है। वहाँ से राघोपुर, मोहिउद्दीनगर, दलसिंहसराय, रोसड़ा, सिंधिआ, वारिसनगर थाने को समेटती हुई लहेरियासराय दरभंगा शहर से होकर आगे बढ़ती हुई अन्य स्थानों से होती हुई कटरा, पुपरी, सुरसंड थाने से होकर नेपाल की सीमा रेखा से मिल जाती है (**बज्जिका-हिन्दी शब्दकोश**, मुजफ्फरपुर, 2000, पृ. 15)। जानकार लोगों का कहना है कि बज्जिका-क्षेत्र से सटे हुए नेपाल-क्षेत्र में भी बज्जिका ही बोली जाती है। इस तरह सम्पूर्ण वैशाली, मुजफ्फरपुर, समस्तीपुर और सीतामढ़ी जिले के अतिरिक्त दरभंगा, सारण, पूर्वी चम्पारण और नेपाल के कुछ भागों में बज्जिका बोली जाती है।

• **पहाड़ी वर्ग**–पहाड़ी भागों में बोली जाने के कारण 'पहाड़ी बोली' नाम पड़ा। पहाड़ी उपभाषाओं और बोलियों को तीन वर्गों में बाँटा जाता है– 1. पश्चिमी पहाड़ी बोलियाँ, 2. मध्य पहाड़ी बोलियाँ और 3. पूर्वी पहाड़ी बोलियाँ। पश्चिमी पहाड़ी बोलियाँ शिमला के निकटवर्ती क्षेत्रों में बोली जाती हैं। इनमें प्रमुख हैं– जौनसारी,

क्योंथला, कुलूई, चम्बाली आदि। पश्चिमी पहाड़ी वर्ग में लगभग तीस बोलियों का पता चला है।

● **मध्य पहाड़ी बोलियाँ**– इसके दो प्रमुख भेद हैं–कुमायूँनी और गढ़वाली। कुमायूँनी अल्मोड़ा और नैनीताल में तथा गढ़वाली गढ़वाल और मसूरी में बोली जाती है।

● **पूर्वी पहाड़ी बोलियाँ**–यह नेपाल की उपभाषा है। इसे नेपाली, पर्वतिया, गुरखाली तथा खसदुहा भी कहते हैं। नेपाली का विशुद्ध रूप काठमांडू की घाटी में बोला जाता है।

हिन्दी और इसकी बोलियों में पारस्परिक भाव है तथा हिन्दी की बोलियाँ बोधगम्यता की दृष्टि से पारस्परिक भाव से जुड़ी हुई हैं।

● **हिन्दी की लिपि**–हिन्दी की लिपि देवनागरी है। इस लिपि का विकास ब्राह्मी लिपि से माना जाता है। अशोककालीन ब्राह्मी लिपि ही विकसित होती हुई वर्तमान में हमारी राष्ट्रीय लिपि देवनागरी के रूप में स्थिर हुई। ब्राह्मी लिपि ही शुंगकालीन लिपि, सातवाहनकालीन लिपि, शककालीन लिपि, कुषाणकालीन लिपि, गुप्तकालीन लिपि, वाकाटककालीन लिपि के रूप में अस्तित्व में आई। ई.पू. पाँचवीं शताब्दी से लेकर 350 ई. तक ब्राह्मी लिपि में कोई विशेष परिवर्तन नहीं दीखता, पर इसके बाद उसमें परिवर्तन आना शुरू हुआ। चौथी शताब्दी (ई.) में ब्राह्मी की उत्तर शैली से गुप्तलिपि का विकास हुआ। इससे छठी शताब्दी, ई. में कुटिल लिपि तथा कुटिल लिपि से आठवीं-नौवी शताब्दी (ई.) में प्राचीन नागरी लिपि का विकास हुआ। उसी प्राचीन नागरी लिपि से लगभग 12वीं शताब्दी (ई.) में वर्तमान देवनागरी लिपि का विकास हुआ।

● **हिन्दी की ध्वनियाँ**

हिन्दी भाषा की ध्वनियों को मुख्यतः दो वर्गों में बाँटा गया है– स्वर ध्वनि एवं व्यंजन ध्वनि। हिन्दी में 11 स्वर ध्वनियाँ हैं–

अ, इ, उ, ऋ (ह्रस्व स्वर) = 4
आ, ई, ऊ (दीर्घ स्वर) = 3
ए, ऐ, ओ, औ (संयुक्त स्वर) = 4 = 11

हिन्दी में 'क' से 'ह' तक सभी व्यंजन ध्वनियाँ हैं:

कवर्ग : क, ख, ग, घ, ङ	**तवर्ग** : त, थ, द, ध, न
चवर्ग : च, छ, ज, झ, ञ	**पवर्ग** : प, फ, ब, भ, फ
टवर्ग : ट, ठ, ड, ढ, ण	**अंतःस्थ** : य, र, ल, व
	ऊष्म : श, ष, स, ह

● दो व्यंजनों के योग से बने नये व्यंजन, अर्थात्– संयुक्त व्यंजन : क्ष, त्र, ज्ञ (क्+ष्+अ=क्ष; त्+स्+अ=त्र; ज्+ञ्+अ=ज्ञ)

• **द्विगुण व्यंजन :** ड़, ढ़

• अनुस्वार– (ं) और विसर्ग (:)। इस प्रकार हिन्दी में व्यंजनों की कुल संख्या चालीस ठहरती है।

हिन्दी की स्वर ध्वनियों का वर्गीकरण जिह्वा के विभाग, जिह्वा की ऊँचाई, ओठों की स्थिति, उच्चारण-समय, कौए (Uvula) की स्थिति तथा उच्चारण-स्थान के आधार पर किया जाता है।

• जिह्वा के विभाग के आधार पर स्वर के निम्नांकित वर्ग होते हैं–

अग्रसवर : इ, ई, ए, ऐ, ऍ

पश्च स्वर : आ, ऑ, उ, ऊ, ओ, औ

मध्य स्वर : अ

• जिह्वा की ऊँचाई के आधार पर स्वर के वर्ग–

❑ विवृत स्वर : आ, ऑ

❑ अर्ध विवृत स्वर : ऐ, औ, अ

❑ अर्ध संवृत स्वर : ए, ओ

❑ संवृत स्वर : इ, ई, उ, ऊ

• ओठों की स्थिति के आधार पर स्वर के वर्ग–

❑ वृत्ताकार स्वर : उ, ऊ, औ, ऑ

❑ अवृत्ताकार स्वर : अ, आ, इ, ई, ए, ऐ, ऍ

• उच्चारण-समय के आधार पर स्वर के वर्ग

❑ ह्रस्व स्वर : अ, इ, उ

❑ दीर्घ स्वर : आ, ई, ऊ, ए, ऐ, औ

• कौए की स्थिति के आधार पर स्वर के वर्ग–

❑ अनुनासिक स्वर : अँ, आँ, इँ आदि

❑ मौखिक स्वर : अ, आ, इ, ई, उ, ऊ, ए, ऐ, ओ, औ आदि।

• उच्चारण-स्थान के आधार पर स्वर के वर्ग–

❑ कंठ्य : अ, आ   ❑ तालव्य : इ, ई

❑ मूर्द्धन्य : ऋ   ❑ कंठोष्ठ्य : ओ, औ

❑ **हिन्दी व्यंजन ध्वनियों का वर्गीकरण**

उच्चारण-स्थान, प्रयत्न, स्वरतंत्री, श्वास की मात्रा तथा जिह्वा के उत्थान के आधार पर हिन्दी के व्यंजनों का वर्गीकरण किया जाता है, हिन्दी में कुल चालीस व्यंजन हैं।

❑ उच्चारण-स्थान के आधार पर हिन्दी व्यंजन इस प्रकार हैं–

• कंठ्य या कोमल तालव्य : क, ख, ग, घ, ङ

• तालव्य : च, छ, ज, झ, ञ

• मूर्धन्य : ट, ठ, ड, ढ, ण

- दंत्य : त, थ, द, ध, न
- ओष्ठ्य : प, फ, ब, भ, म
- दंतोष्ठ्य : ब़, फ़
- वर्त्स्य : स, ज़, र, ल
- स्वरतंत्रीय : ह
- नासिक्य : ङ, ञ, ण, न, म

❐ **प्रयन्त के आधार पर हिन्दी के व्यंजन–**

- स्पर्शी व्यंजन : 'क', से 'म' तक की सारी ध्वनियाँ
- स्पर्श संघर्षी : च, छ, ज, झ, ञ
- संघर्षी : श, ष, स, ह, विसर्ग (ः), फ़, ज़, ख़, ग़ आदि अरबी-फारसी से आई ध्वनियाँ
- पार्श्विक : ल
- लुंठित : र
- नासिक्य : ङ, ञ, ण, न, म
- उत्क्षिप्त : ड़, ढ़
- प्रकंपी : र
- अर्द्ध स्वर : य, व

❐ **स्वरतंत्रियों के कंपन के आधार पर व्यंजन–**

- घोष व्यंजन : क, ख, च, छ, ट, ठ, ह, थ, प, फ
- अघोष व्यंजन : ग, घ, ङ, ज, झ, ञ, ड, ढ, ण, ब, भ, म

❐ **श्वास की मात्रा के आधार पर वर्गीकरण–**

- अल्पप्राण व्यंजन : क, ग, ङ, च, ज, ञ, ट, ड, ण, त, द, न, प, ब, म, द, र, ल, व
- महाप्राण : ख, घ, छ, झ, ठ, ढ, थ, ध, फ, य, श, ष, स, ह

अल्पप्राण व्यंजनों की संख्या 19 तथा महाप्राण व्यंजनों की संख्या 14 है।

❐ **जिह्वा के उत्थान के आधार पर हिन्दी व्यंजनः**

- स्पर्श व्यंजन : 'क' से 'म' तक के सारे पच्चीस वर्ण
- अंतःस्थ व्यंजन : य, र, ल, व
- ऊष्म व्यंजन : श, ष, स, ह

❐ **हिन्दी में आगत ध्वनियाँ**

अँगरेजी : ऍ (पेन, रेकार्ड), ऑ (डॉक्टर, बॉल)

फारसी-उर्दूः

क़ : ताक़ ख़ : ख़ाना (आलमारी का ख़ाना)

ग़ : बाग़ ज़ : सज़ा (दण्ड)

फ़ : फ़न (हुनर)

'क' और 'क़' का अंतर– क : कदंब क़ : क़दम (पग)

'ख' और 'ख़' का अंतर– ख : खसरा (खुजली) ख़ : ख़सरा (बही खाता)

'ग' और 'ग़' का अंतर– ग : गलना ग़ : ग़लती

'ज' और ज़ का अंतर– ज : जरा (बुढ़ापा) ज़ : ज़रा (थोड़ा)

रमेशचंद्र मेहरोत्रा ने **'मानक हिन्दी का व्यवहारपरक व्याकरण** में 'झ़' का भी सुझाव दिया है। वे मानते हैं कि 'झ़' को भी एक नयी ध्वनि के रूप में लिया जाना चाहिए, क्योंकि अँगरेजी का 'एगभ्फास्ट' शब्द 'एगभ्फ़ास्ट' (Exhaust) की तरह उच्चरित होता है। 'ज़' का महाप्राण 'झ़' होना चाहिए। इसके लिए हिन्दी में कोई लेखिम नहीं है। 'झ़' इसका लिपि-चिह्न हो सकता है।

हिन्दी की नवीन विकसित ध्वनियाँ हैं–

ड़ [ड>ड़] ढ़ [ढ>ढ़]

न्ह [न>न्ह] म्ह [म>म्ह]

ल्ह [ल>ल्ह]

लिखने में इनका प्रयोग (ड़ और ढ़ को छोड़कर) नहीं हो रहा है।

❑ व्याकरणिक कोटियाँ

(क) **संज्ञा :** किसी व्यक्ति, स्थान, वस्तु, भाव आदि के नामों को संज्ञा कहा जाता है। जैसे– राम (व्यक्ति), कोलकाता (स्थान), पुस्तक (वस्तु), उदारता (भाव) आदि। हिन्दी में संज्ञा को पाँच वर्गों में बाँटा गया है– जातिवाचक (गाय), व्यक्तिवाचक (अनमोल), समूहवाचक (सेना, झुंड), द्रव्यवाचक (सोना, चाँदी, घी) तथा भाववाचक (मित्रता, दया, चतुराई, मिठास, कृपा आदि)। वस्तु की जीवंतता और अजीवंतता के आधार पर भी 'संज्ञा' को वर्गीकृत किया जाता है। इस आधार पर संज्ञा के दो रूप हैं– प्राणिवाचक संज्ञा तथा अप्राणिवाचक संज्ञा। लड़का, स्त्री, पक्षी घोड़ा आदि प्राणिवाचक संज्ञा के उदाहरण हैं। टेबुल, घर, पत्थर, दीवार, खेत आदि अप्राणिवाचक संज्ञा के उदाहरण हैं।

गणना के आधार पर संज्ञा के दो भेद हैं– गणनीय (आम, केला, टोपी) और अगणनीय (दूध, प्रेम, साहस, गर्मी)।

व्युत्पत्ति के आधार पर हिन्दी में संज्ञा के तीन रूप मिलते हैं– रूढ़ (घर, हाथ, पैर, नाक), यौगिक (स्नानघर, रसोईघर, अतिथिशाला) तथा योगरूढ़ (पंकज, वंशीधर)।

❑ **लिंग**– हिन्दी में दो लिंग हैं–पुल्लिंग और स्त्रीलिंग। पुल्लिंग से पुरुष होने का और स्त्रीलिंग से स्त्री होने का ज्ञान होता है। पुल्लिंग–हाथी, घोड़ा, दादा, भैया, मौसा आदि। स्त्रीलिंग– घोड़ी, स्त्री, कलिका, भाभी, बहन, माँ, दादी, लड़की आदि।

● हिन्दी में समान आकृति वाले शब्दों में भी लिंग भेद पाया जाता है। जैसे–

उदासी	:	संन्यासी	–	पुल्लिग
उदासी	:	खिन्नता	–	स्त्रीलिंग
ओर	:	छोर	–	पुल्लिग
ओर	:	तरफ	–	स्त्रीलिंग
कल	:	आनेवाला या बीता हुआ	:	पुल्लिग
कल	:	चैन, आराम	:	स्त्रीलिंग

● एक ही अर्थ के द्योतक विभिन्न शब्द अलग-अलग लिंग के अंतर्गत आते हैं। जैसे–

वायु	:	हवा	स्त्रीलिंग
पवन	:	हवा	पुल्लिग
मार्ग	:	रास्ता	पुल्लिंग
राह	:	रास्ता	स्त्रीलिंग
शरीर	:	तन	पुल्लिंग
देह	:	तन	स्त्रीलिंग

● **अर्थभेद के कारण एक ही शब्द अलग-अलग लिंग के अंतर्गत आ जाते हैं–**

हार	:	माला के अर्थ में	पुल्लिग
हार	:	पराजय के अर्थ में	स्त्रीलिंग
टीका	:	तिलक-चंदन के अर्थ में	पुल्लिग
टीका	:	व्याख्या और टिप्पणी के अर्थ में	स्त्रीलिंग
चाँद	:	चंद्रमा के अर्थ में	पुल्लिग
चाँद	:	सिर के दाहीने भाग के अर्थ में	स्त्रीलिंग

हिन्दी में लिंग-निर्णय क्रिया, विशेषण, सम्बन्धकारक और सर्वनाम के आधार पर किया जाता है। जैसे–

क्रिया	:	लड़का पढ़ता है। लड़की दौड़ती है।
विशेषण	:	काला भालू नाच रहा है। काली बकरी घास चर रही है।
सम्बन्धवाचक	:	अनमोल की माँ सोई है। किसलय का भाई खेल रहा है।
सर्वनाम	:	तुम्हारी माँ बात कर रही है। मेरा घोड़ा सुंदर है।

हिन्दी में पुल्लिग से स्त्रीलिंग बनाने के कुछ नियम इस प्रकार हैं–

● अकारांत, आकारांत पुल्लिग शब्दों में 'अ' या 'आ' के स्थान पर 'ई' प्रत्यय लगाने से। जैसे, देव–देवी; घोड़ा–घोड़ी; मामा–मामी; हरिण–हरिणी आदि।

● आकारांत वाले शब्दों से 'आ' हटाकर 'इया' प्रत्यय लगाने से। जैसे, बूढ़ा–बुढ़िया; बेटा–बिटिया, कुत्ता–कुतिया; बाछा–बछिया आदि।

● अकारांत तत्सम शब्दों में अकार के स्थान पर 'आ' लगाकर। जैसे, बाल–बाला।

• अकारांत शब्दों में 'नी' प्रत्यय लगाकर। जैसे, मोर—मोरनी; शेर—शेरनी; सिंह—सिंहनी आदि।

• 'अक' से समाप्त होनेवाले पुल्लिग शब्दों में 'अक' के स्थान पर 'इका' का प्रयोग करने से। जैसे, बालक—बालिका; पाठक—पाठिका; गायक—गायिका आदि।

• उपमानबोधक शब्दों में 'आइन' प्रत्यय लगाकर। जैसे, पंडित—पंडिताइन; ओझा—ओझाइन; ठाकुर—ठकुराइन आदि।

• पेशासूचक पुल्लिग शब्दों में 'इन' प्रत्यय के योग से। जैसे, ठठेरा—ठठेरिन; धोबी—धोबिन; जुलाहा—जुलाहिन आदि।

• सम्बन्ध या पेशासूचक अकारांत पुल्लिग शब्दों में 'आनी' प्रत्यय के योग से। जैसे, नौकर—नौकरानी; सेठ—सेठानी; मेहतर—मेहतरानी।

कुछ शब्दों के स्त्रीलिंग-पुल्लिग रूप एक-दूसरे से सर्वथा भिन्न होते हैं। जैसे, माता—पिता; भाई—बहन; वर—वधू; मियाँ—बीवी; पुरुष—स्त्री आदि।

❑ **वचन**

संज्ञा, सर्वनाम, विशेषण और क्रिया के जिस रूप से संख्या का बोध हो, उसे 'वचन' की संज्ञा दी जाती है। 'वचन' का कोशगत अर्थ 'बोली' है, पर व्याकरण में इससे संख्या का बोध होता है। हिन्दी में 'वचन' के दो भेद हैं— एकवचन और बहुवचन।

• विकारी शब्द के जिस रूप से किसी एक व्यक्ति या पदार्थ का बोध हो, उसे एकवचन कहते हैं। विकारी शब्द के जिस रूप से एक से अधिक व्यक्तियों, पदार्थों का बोध हो, उसे बहुवचन कहते हैं। जैसे— लड़का (एकवचन), लड़के (बहुवचन), नदी (एकवचन), नदियाँ (बहुवचन) आदि।

• वचन के अधीन संज्ञा के रूप विभक्ति-रहित और विभक्ति-सहित स्थिति में परिवर्तित होते हैं।

• हिन्दी के कुछ ऐसे शब्द हैं जिनका एकवचन और बहुवचन में रूप एक ही होता है। जैसे— बालक, घर, नर, कवि, मुनि, सिपाही, भाई, गुरु, बैल, डाकू, गौ आदि।

❑ बालक (एकवचन) आया। बालक (बहुवचन) आए। सिपाही (एकवचन) चला गया। सिपाही (बहुवचन) चले गये। साधु (एकवचन) खड़ा था। साधु (बहुवचन) खड़े थे। कवि (एकवचन) उपस्थित था। कवि (बहुवचन) उपस्थित थे।

• एँ, इयाँ, याँ आदि प्रत्ययों के योग से एकवचन को बहुवचन बनाया जाता है। जैसे— बात > बातें; लता > लताएँ; तिथि > तिथियाँ; चिड़िया > चिड़ियाँ; बहू > बहुएँ आदि।

• वृंद, गण, वर्ग, जन आदि के प्रयोग से दोनों वचनों में एक ही रूपवाले पुल्लिग शब्दों को एकवचन से बहुवचन बनाया जाता है। जैसे— अधिकारी > अधिकारी-वर्ग; नारी > नारीवृंद; पाठक > पाठकगण; स्त्री > स्त्रीजन आदि। 'लोग' के प्रयोग से भी बहुवचन रूप बनते हैं। जैसे— आप > आपलोग।

● विभक्ति-सहित संज्ञाओं का बहुवचन बनाने के लिए 'ओं' और 'यों' प्रत्ययों का प्रयोग किया जाता है। जैसे— विद्यालयों में; सड़कों पर; गलियों में आदि।

❑ कारक

हिन्दी में आठ कारक हैं— कर्ता कारक, कर्म कारक, करण कारक, संप्रदान कारक, अपादान कारक, सम्बन्ध कारक, अधिकरण कारक और संबोधन कारक।

कारक	चिह्न	उदाहरण
कर्ताकारक	0, ने	घनश्याम (0) पुस्तक पढ़ता है। राम ने (ने) पुस्तक पढ़ी।
कर्मकारक	0, को	आशिष पुस्तक (0) पढ़ता है। शेखर ने रमेश को (को) पीटा।
करण कारक	से, द्वारा	रत्नाकर कलम से (से) लिखता है। सुधा ने अनुराधा द्वारा चिट्ठी भेजी।
संप्रदान कारक	को, के, लिए	उसने भिखारी को कपड़े दिये। मैंने आलोक के लिए टोपी खरीदी।
अपादान कारक	से	पेड़ से पत्ता गिरा।
सम्बन्ध कारक	का, के, की (रा, रे, री, ना, ने, नी)	उसका घर गिर पड़ा। मोहन के चारों भाई आए हैं। रमेश की माँ आ गयी। तुम्हारा, तुम्हारे, तुम्हारी, अपना, अपने, अपनी।
अधिकरण	में, पर	राम घर में है। पक्षी पेड़ पर बैठा है।
संबोधन कारक	ओ, अरे, हे, अजी	अरे मोहन, मेरी बात नहीं मानोगे? हे ईश्वर, उसे कष्टों से मुक्त करें! अजी, सुनते हो?

● कर्ताकारक की विभक्ति 'ने' का प्रयोग सकर्मक क्रियाओं में भूतकाल के सामान्य, आसन्न, पूर्ण, संदिग्ध और हेतुहेतुमद्भूत में किया जाता है।

● छींकना, नहाना, थूकना, भूँकना जैसी अकर्मक क्रियाओं में भूतकाल के सामान्य, आसन्न, पूर्ण, संदिग्ध और हेतुहेतुमद्भूत में 'ने' चिह्न का प्रयोग होता है।

● 'बोलना' सकर्मक क्रिया के साथ 'ने' चिह्न का प्रयोग नहीं होता।

❑ संज्ञा पदों की रूपावली

(क) अकारांत (बालक)

कारक	एकवचन	बहुवचन
कर्ता	बालक (0), बालक ने	बालक (0) बालकों ने
कर्म	बालक (0), बालक को	बालक (0) बालकों को
करण	बालक से, बालक द्वारा	बालकों से, बालकों द्वारा
संप्रदान	बालक के लिए	बालकों के लिए

अपादान	बालक से	बालकों से
सम्बन्ध	बालक-का, -के, -की	बालकों-का, -के, -की
अधिकरण	बालक में, -पर	बालकों में, -पर
संबोधन	हे बालक!	हे बालको!

(ख) आकारांत (लड़का)

कारक	**एकवचन**	**बहुवचन**
कर्ता	लड़का (0), लड़के ने	लड़के (0) लड़कों ने
कर्म	लड़के को	लड़कों को
करण	लड़के से, लड़के द्वारा	लड़कों से, लड़कों द्वारा
संप्रदान	लड़के के लिए	लड़कों के लिए
अपादान	लड़के से	लड़कों से
सम्बन्ध	लड़के-का, -के, -की	लड़कों-का, -के, -की
अधिकरण	लड़के-में, -पर	लड़कों-में, -पर
संबोधन	हे लड़का! अरे लड़का!	हे लड़को! अरे लड़को!

(ग) ईकारांत (नदी)

कारक	**एकवचन**	**बहुवचन**
कर्ता	नदी(0), नदी ने	नदियाँ (0) नदियों ने
कर्म	नदी को	नदियों को
करण	नदी से, नदी द्वारा	नदियों से, द्वारा
संप्रदान	नदी के लिए	नदियों के लिए
अपादान	नदी से	नदियों से
सम्बन्ध	नदी का, -के, -की	नदियों का, -के, -की
अधिकरण	नदी में, -पर	नदियों में, -पर
संबोधन	हे नदी!	हे नदियो!

(घ) उकारांत (बंधु)

कारक	**एकवचन**	**बहुवचन**
कर्ता	बंधु (0), बंधु ने	बंधु (0), बंधुओं ने
कर्म	बंधु (0), बंधु को	बंधु (0), बंधुओं को
करण	बंधु से, -द्वारा	बंधुओं से, -द्वारा
संप्रदान	बंधु के लिए	बंधुओं के लिए
अपादान	बंधु से	बंधुओं से
सम्बन्ध	बंधु का, -के, -की	बंधुओं का, -के, -की
अधिकरण	बंधु में, -पर	बंधुओं में, -पर
संबोधन	हे बंधु! हे बंधो!	हे बंधुओ!

❑ सर्वनाम और उसकी रूप-रचना

हिन्दी में छह सर्वनाम हैं–

1. पुरुषवाचक–पुरुषों के बदले आनेवाले सर्वनाम, जैसे– मैं, हम, तू, तुम, आप, यह, वह, ये, वे आदि। इसके तीन भेद हैं– उत्तम पुरुष, मध्यम पुरुष और अन्य पुरुष।
2. निश्चयवाचक– इससे पास या दूर की वस्तु का निश्चित रूप से बोध होता है। जैसे– यह, ये (निकटवर्ती), वह, वे (दूरवर्ती)। उदाहरण: 1. यह वरुण का भाई है। 2. वह कल पटना जाएगा।
3. अनिश्चयवाचक– इस सर्वनाम से किसी निश्चित वस्तु का बोध नहीं होता। जैसे– कोई, कुछ। उदाहरण: 1. आपसे कोई मिलने आया है। 2. वह कुछ नहीं बोलता।
4. सम्बन्धवाचक– इस प्रकार के सर्वनाम का वाक्य के किसी दूसरे सर्वनाम से सम्बन्ध स्थापित होना है। जैसे– जो, सो, जैसा, वैसा, जिसकी, उसकी। उदाहरण: 1. जो डरे सो मरे। 2. जैसा सोचोगे, वैसा बनोगे। 3. जिसकी लाठी, उसकी भैंस।
5. प्रश्नवाचक– ऐसे सर्वनाम का प्रयोग प्रश्न पूछने के लिए किया जाता है। जैसे– क्या, कौन आदि। उदाहरण: 1. वह क्या पढ़ रहा है? 2. वह कौन खड़ा है?

   निजवाचक– इस सर्वनाम के लिए 'आप' का प्रयोग होता है। जैसे– 1. मैं आप ही कर लूँगा, किसी की मदद नहीं चाहिए। 2. वह आप ही आता है; मैंने उसे नहीं बुलाया।

❑ सर्वनाम की रूप-रचना

❑ मैं (उत्तम पुरुष)

कारक	**एकवचन**	**बहुवचन**
कर्ता	मैं, मैंने	हम, हमने
कर्म	मुझे, मुझको	हमें, हमको
करण	मुझसे, मेरे द्वारा	हमसे, हमारे द्वारा
संप्रदान	मुझको, मुझे, मेरे लिए	हमको, हमें, हमारे लिए
अपादान	मुझसे	हमसे
सम्बन्ध	मेरा, मेरी, मेरे	हमारा, हमारी, हमारे
अधिकरण	मुझमें, मुझपर	हमारा, हमारी, हमारे

❑ तू (मध्यम पुरुष)

कारक	**एकवचन**	**बहुवचन**
कर्ता	तू, तूने	तुम, तुमने

कर्म	तुझे, तुझको	तुम्हें, तुमको
करण	तुझसे, तेरे द्वारा	तुमसे, तुम्हारे द्वारा
संप्रदान	तुमको, तुझे, तेरे लिए	तुमको, तुम्हें, तुम्हारे लिए
अपादान	तुझसे	तुमसे
सम्बन्ध	तेरा, तेरे, तेरी	तुम्हारा, तुम्हारे, तुम्हारी
अधिकरण	तुझमें, तुझपर	तुममें, तुम पर

❑ **वह (अन्यपुरुष)**

कारक	**एकवचन**	**बहुवचन**
कर्ता	वह, उसने	वे, उन्होंने, उनने
कर्म	उसे, उसको	उन्हें, उनको
करण	उससे, उसके द्वारा	उनसे, उनके द्वारा
संप्रदान	उसको, उसे, उसके लिए	उन्हें, उनको, उनके लिए
अपादान	उससे	उनसे
सम्बन्ध	उसका, उसके, उसकी	उनका, उनके, उनकी
अधिकरण	उसमें, उसपर	उनमें, उनपर

यह (निश्चयवाचक)

कारक	**एकवचन**	**बहुवचन**
कर्ता	यह, इसने	ये, इन्होंने, इनने
कर्म	इसे, इसको	इन्हें, इनको
करण	इससे, इसके द्वारा	इनसे, इनके द्वारा
संप्रदान	इसे, इसको, इसके लिए	इन्हें, इनको, इनके लिए
अपादान	इससे	इनसे
सम्बन्ध	इसका, इसके, इसकी	इनका, इनके, इनकी
अधिकरण	इसमें, इसपर	इनमें, इनपर

कोई (अनिश्चयवाचक)

कारक	**एकवचन**	**बहुवचन**
कर्ता	कोई, किसी ने	– (बहुवचन में इसका)
कर्म	किसी को	– रूप नहीं पाया जाता।
करण	किसी से, किसी के द्वारा	–
संप्रदान	किसी को, किसी के लिए	–
अपादान	किसी से	–
सम्बन्ध	किसी का, किसी के, किसी की	–
अधिकरण	किसी में, किसी पर	–

जो (सम्बन्धवाचक)

कारक	एकवचन	बहुवचन
कर्ता	जो, जिसने	जो, जिन्होंने, जिनने
कर्म	जिसे, जिसको	जिन्हें, जिनको
करण	जिससे, जिसके द्वारा	जिनसे, जिनके द्वारा
संप्रदान	जिसको, जिसे, जिसके लिए	जिनको, जिन्हें, जिनके लिए
अपादान	जिससे	जिनसे
सम्बन्ध	जिसका, जिसके, जिसकी	जिनका, जिनके, जिनकी
अधिकरण	जिसमें, जिसपर	जिनमें, जिन पर

कौन (प्रश्नवाचक)

कारक	एकवचन	बहुवचन
कर्ता	कौन, किसने	कौन, किन्होंने, किनने
कर्म	किसे, किसको	किन्हें, किनको
करण	किससे, किसके द्वारा	किनसे, किनके द्वारा
संप्रदान	किसको, किसे, किसके लिए	किनको, किन्हें, किनके लिए
अपादान	किससे	किनसे
सम्बन्ध	किसका, किसके, किसकी	किनका, किनके, किनकी
अधिकरण	किसमें, किसपर	किनमें, किन पर

❒ विशेषण और उसकी रूप-रचना

हिन्दी भाषा में चार प्रकार के विशेषणों का प्रयोग होता है। ये विशेषण हैं— संख्यावाचक, परिणामवाचक, गुणवाचक और सार्वनामिक विशेषण। संख्यावाचक विशेषण से संज्ञा या सर्वनाम की संख्या का, परिमाणवाचक से तौल, माप या नाप का; गुणवाचक विशेषण से संज्ञा या सर्वनाम के गुण का तथा सार्वनामिक विशेषण से सर्वनाम का विशेषण के रूप में प्रयुक्त होने का बोध होता है।

- **हिन्दी विशेषणों की रचना निम्नांकित प्रणालियों से होती है—**

कुछ विशेषण मूल विशेषण होते हैं। इनके निर्माण में अन्य शब्दों का सहयोग नहीं लेना पड़ता। जैसेः लाल कपड़ा। नीला कमल। सुंदर लड़का।

❒ कुछ विशेषण संज्ञाओं में प्रत्यय लगाकर बनाये जाते हैं। ऐसे कुछ प्रत्यय हैं— इक, वान्, ईय, आलु आदि। उदाहरणः धर्म+इक=धार्मिक; गुण+वान्=गुणवान्; जाति+इय=जातीय; श्रद्धा+आलु=श्रद्धालु आदि।

❒ कुछ विशेषण क्रियाओं में प्रत्यय लगाकर बनाये जाते हैं। जैसे— पठ्+ईत=पठित; पूज्+अनीय=पूजनीय आदि।

❒ दो विशेषणों के योग से भी विशेषण बनता है। जैसे—काला+कलूटा = कालाकलूटा; लंबा+चौड़ा=लंबाचौड़ा; बुरा+भला=बुरा-भला; दुबला+पतला=दुबला-पतला आदि।

❐ अव्ययों में प्रत्यय लगाकर भी विशेषण बनाये जाते हैं। जैसे– बाहर+ई=बाहरी; भीतर+ई=भीतरी।

हिन्दी में विकारी और अविकाहरी, दोनों प्रकार के विशेषण पाए जाते हैं। अविकारी विशेषण– लाल, कठोर, नीला, चंचल, दयालु, धार्मिक आदि। विकारी विशेषणः गोरा लड़का। गोरी लड़की। अच्छा लड़का। अच्छी लड़की। अच्छे लोग।

❐ **क्रिया और काल-रचना**

हिन्दी में सकर्मक (पढ़ना, लिखना), अकर्मक (हँसना, रोना), सहायक (है, था, रहा), पूर्वकालिक (खाकर, नहाकर), द्विकर्मक, एककर्मक, प्रेरणार्थक (पढ़ाना, पढ़वाना) तथा रंजक क्रियाओं (उठ बैठा) का प्रयोग होता है।

● "क्रिया के उस रूपांतर को 'काल' कहते हैं जिससे क्रिया के व्यापार का समय तथा उसकी पूर्ण या अपूर्ण अवस्था का बोध होता है।"[12]

वाक्य, अर्थ, काल, पुरुष, लिंग, वचन के कारण बननेवाली क्रियाओं को काल-रचना कहते हैं। मुख्य काल तीन हैं– वर्तमान काल, भूत काल और भविष्यत् काल। निश्चयार्थ, आज्ञार्थ तथा संभावनार्थ– इन तीन मुख्य अर्थों तथा व्यापारों की सामान्यतया पूर्णता तथा अपूर्णता को ध्यान में रखते हुए समस्त हिन्दी कालों की संख्या सोलह हो जाती है।[13]

काल-रचना का संक्षिप्त विवरण

❐ **1. भूतकाल**	**उदाहरण**	**सम्बन्ध तत्त्व**
(i) भूत निश्चयार्थ	वह चला।	चल+आ
(ii) भविष्य निश्चयार्थ	वह चलेगा।	चल+एगा
(iii) वर्तमान संभावनार्थ	अगर वह चले।	चल+ए
(iv) भूत संभावनार्थ	अगर वह चलता।	चल+ता
(v) वर्तमान आज्ञार्थ	वह चले।	चल+ए
(vi) भविष्य आज्ञार्थ	तुम चलना।	चल+ना
❐ **2. संयुक्त काल**	**उदाहरण**	**सम्बन्ध तत्त्व**
(वर्तमानकालिक कृदंत+सहायक क्रिया)		
(vii) वर्तमान अपूर्ण निश्चयार्थ	वह चलता है।	चलता+है
(viii) भूत अपूर्ण निश्चयार्थ	वह चलता था।	चल+ता+था
(ix) भविष्य अपूर्ण निश्चयार्थ	वह चलता होगा	चल+ता+हो+गा
(x) वर्तमान अपूर्ण संभावनार्थ	अगर वह चलता हो।	चल+ता+हो
(xi) भूत अपूर्ण संभावनार्थ	अगर वह चलता होता।	चल+ता+हो+ता

12. कामता प्रसाद गुरु, **हिन्दी व्याकरण** (ना.प्र. सभा, प्र.सं.) पृ.328

13. डॉ. धीरेंद्र वर्मा, **हिन्दी भाषा का इतिहास** (इलाहाबाद, 1980), पृ. 280

❑ 3. भूतकालिक कृदंत+ सहायक क्रिया	उदाहरण	सम्बन्ध तत्त्व
(xii) वर्तमान पूर्ण निश्चयार्थ	वह चला है।	चल+आ+है
(xiii) भूत पूर्ण निश्चयार्थ	वह चला था	चल+आ+था
(xiv) भविष्य पूर्ण निश्चयार्थ	वह चला होगा।	चल+आ+होगा
(xv) वर्तमान पूर्ण संभावनार्थ	अगर वह चला हो।	चल+आ+हो
(xvi) भूत पूर्ण संभावनार्थ	अगर वह चला होता।	चल+आ+हो+ता

रामदेव त्रिपाठी एवं देवेंद्रनाथ शर्मा ने उपर्युक्त सोलह काल रचनाओं के अतिरिक्त सात और काल-रचनाओं का उल्लेख किया है।[14]

- अनिश्चयार्थ आसन्न भविष्यत्– उसे खाना खाना है।
- अनिश्चयार्थ सामान्य भविष्यत्– उसे गीता पढ़नी होगी।
- अनिश्चयार्थ आसन्न सामान्य भविष्यत्– उसे आज जाना होगा।
- अनिश्चयार्थ आसन्न औचित्य भविष्यत्– उसे पुस्तक पढ़नी चाहिए।
- अनिश्चयार्थ आसन्न भूत– उसे पुस्तक पढ़नी थी।
- अनिश्चयार्थ आसन्न संकेतार्थ भविष्यत्– उसे गीता पढ़नी होती।
- अनिश्चयार्थ भूत– उसे गीता पढ़नी थी।

अँगरेजी में भूतकालीन भविष्यत् काल-रचना (Future in the Past) भी मिलती है। जैसे– उसे चलना चाहिए। उसे चल चुकना चाहिए आदि। इस काल-रचना का प्रयोग अब हिन्दी में भी होने लगा है।

ऊपर दी गयी काल-रचनाओं को ध्यानपूर्वक देखने से यह ज्ञात हो जाता है कि क्रिया में विभिन्न प्रकार के सम्बन्ध तत्त्व जोड़ने से ही ये बनती हैं।

❑ क्रियाविशेषण

क्रियाविशेषण अव्यय का एक भेद है। अव्यय के चार भेद होते हैं– क्रियाविशेषण, सम्बन्धबोधक, समुच्चयबोधक और विस्मयादिबोधक। क्रियाविशेषण वाक्य में अनेक कार्य करता है–

❑ यह क्रिया की विशेषता बतलाता है। जैसे– वह धीरे-धीरे बोलता है।

❑ यह क्रिया के संपादित होने की प्रणाली बतलाता है। जैसे– साँप सड़सड़ाकर निकल गया।

❑ यह क्रिया के होने के निश्चय तथा अनिश्चय का बोध कराता है। जैसे– वह अवश्य पढ़ेगा। वह शायद गुस्सा करेगा।

❑ यह क्रिया के होने में निषेध और स्वीकार का भाव प्रदर्शित करता है। जैसे– मत बोलो। हाँ, आओ।

❑ यह क्रिया के घटित होने की स्थिति, दिशा, परिणाम और विस्तार के

14. रामदेव त्रिपाठी और देवेंद्रनाथ शर्मा, **हिन्दी भाषा का विकास** (राधाकृष्ण प्रकाशन, 1971), पृ. 199

सम्बन्ध में सूचना देता है। जैसे– वह नीचे सोता है। घर के अंदर बैठो। सड़क के दायें गाड़ी मत दौड़ाओ। उधर खोजो।

● हिन्दी में रूप के आधार पर तीन प्रकार के क्रियाविशेषणों का प्रयोग होता है–

❑ मूल क्रिया विशेषण– अकस्मात, अचानक, ठीक दूर।

❑ यौगिक क्रियाविशेषण– यहाँ तक, दिल से, वहाँ तक, कब तक।

❑ संयुक्त क्रियाविशेषण– (i) संज्ञा की द्विरुक्ति से– पल-पल, क्षण-क्षण, घड़ी-घड़ी (ii) दो भिन्न संज्ञाओं के योग से– सुबह-शाम, रात-दिन, साँझ-सबेरे (iii) क्रियाविशेषण की द्विरुक्ति से– मंद-मंद, धीरे-धीरे, जहाँ-जहाँ (iv) भिन्न क्रियाविशेषणों के योग से– जहाँ-तहाँ, जब-तब (v) क्रियाविशेषणों के बीच 'न' के योग से– कुछ न कुछ (vi) अनुकरणमूलक शब्दों की द्विरुक्ति से–फटाफट, धड़ाधड़ (vii) अव्यय के योग से– यथाशक्ति, प्रतिदिन, प्रतिपल, प्रतिक्षण।

● प्रयोग के आधार पर हिन्दी में साधारण (अब, अभी, कल), संयोजक (जब-तब, जहाँ-तहाँ) तथा अनुबद्ध क्रियाविशेषण (तो, तक, भर) प्रचलित हैं।

● अर्थ के आधार पर हिन्दी में स्थानवाचक (यहाँ, बाहर, भीतर), कालवाचक (आज,कल), परिमाणवाचक (बहुत, कुछ, लगभग) तथा रीतिवाचक (ऐसे, वैसे, इसलिए, यथासंभव) क्रियाविशेषणों का प्रयोग किया जाता हैं।

❑ पदक्रम एवं वाक्य-रचना

वाक्य में विभिन्न पदों को उनके समुचित स्थानों के अनुसार विन्यस्त करना 'पदक्रम' कहलाता है। वाक्यों में कर्ता, कर्म, क्रिया, विशेषण, क्रियाविशेषण कहाँ-कहाँ रखें, इसका विचार 'पदक्रम' में किया जाता है। पदक्रम भंग होने पर अर्थ में बाधा उत्पन्न होती है और अनर्थ की संभावना बढ़ जाती है। कभी-कभी कथ्य या संदेश के संप्रेषण के लिए सामान्य पदक्रम में किंचित् परिवर्तन भी कर दिया जाता है। हिन्दी के कुछ महत्त्वपूर्ण 'पदक्रम' इस प्रकार हैं :

● हिन्दी में किसी वाक्य में (सामान्यतः किसी वाक्य में) पहले कर्ता आता है और अंत में क्रिया। कर्म का स्थान कर्ता के बाद आता है। कर्ता+कर्म+क्रिया। जैसे–चेतन पुस्तक पढ़ता है।

● कर्म पर जोर देने के लिए इसे क्रिया के बाद रखा जाता है। जैसे– राम लिखेगा पत्र!

● यदि दो कर्म हों तो गौण कर्म पहले आता है और मुख्य कर्म बाद में। जैसे–माँ ने मुझे (गौण कर्म) रुपए (मुख्य कर्म) दिये।

● करण कारक के प्रयोग की स्थिति में करण कारक कर्ता के पश्चात् और कर्म के पहले होता है। जैसे–कुसुम चाकू से सब्जी काटती है। करण पर बल देने के लिए इसे क्रिया के अंत में लाया जा सकता है। जैसे–उसने सफलता प्राप्त की अपनी लगन से।

● कर्म और करण के पूर्व तथा कर्ता के बाद संप्रदान कारक का प्रयोग किया जाता है। मैंने उसे रुपए दिये। मैं अपने मित्र के लिए वायुयान से मुंबई गया था।

● अपादान कारक का प्रयोग कर्ता के पश्चात् तथा कर्म के पहले किया जाता है। वह पेड़ से फल तोड़ता है।

● अधिकरण कारक का प्रयोग कर्ता के पहले या बाद में किया जा सकता है, पर इसे हर हाल में कर्म के पहले होना चाहिए। तुम तवे पर रोटी सेंक लो।

● संबोधन कारक का प्रयोग वाक्य में सबसे पहले किया जाता है। रवि, तुम मेरी मदद करो।

● विशेषण का प्रयाोग विशेष्य के पहले होता है। छोटा (विशेषण) बच्चा (विशेष्य) खेल रहा है।

● कभी-कभी विधेय विशेषण का भी प्रयोग किया जाता है। गाय काली है।

● सार्वनामिक विशेषण प्रायः विशेषण के पहले तथा संज्ञा के पूर्व आता है। वह चालाक है। वह लड़का खेलने में मस्त है।

● क्रियाविशेषण का प्रयोग क्रिया के पहले किया जाता है। सतीश धीरे-धीरे लिखता है।

● पूर्वकालिक क्रिया का प्रयोग प्रधान क्रिया के पहले किया जाता है।

● आज्ञावाचक वाक्य में तुम या तू का प्रयोग नहीं होता। पढ़ने बैठो। जाओ, उसे पकड़ लाओ।

❑ वाक्य-रचना

रचना के आधार पर हिन्दी में तीन प्रकार के वाक्य हैं– सरल वाक्य, संयुक्त वाक्य एवं मिश्र वाक्य।

● सरल वक्य में एक ही उपवाक्य होता है। अर्थात् जिस वक्य में एक क्रिया होती है और एक कर्ता होता है, उसे सरल वाक्य कहते हैं। जैसे—मैं पढ़ने गया।

● संयुक्त वाक्य में एक से अधिक प्रधान उपवाक्य होते हैं और इन प्रधान उपवाक्यों के साथ बहुधा इनके आश्रित उपवाक्य भी रहते हैं। संयुक्त वाक्य के उपवाक्य समानाधिकरण समुच्चयबोधक अव्ययों (और, या, परन्तु, इसलिए) से जुड़े होते हैं। कभी-कभी संयुक्त वाक्य संकुचित रूप में भी होते हैं। जेसे—'ग्रह और उपग्रह सूर्य के चारों ओर घूमते हैं।' = (i) ग्रह सूर्यके चारों ओर घूमते हैं। (ii) उपग्रह सूर्य के चारों ओर घूमते हैं।

● मिश्र वाक्य में एक से अधिक सरल वाक्य होते हैं। इनमें एक प्रधान होता है जिस पर दूसरे वाक्य अवलंबित होते हैं। जैसे– मैं ऐशी आशा करता हूँ कि वह मेरी बात अवश्य मान लेगा।

मिश्र वाक्य के प्रधान और आश्रित उपवाक्य व्यधिकरण समुच्चयबोधक अव्यय

(कि, जो, ताकि, जिससे, ज्यों ही, चूँकि, ज्यों-ज्यों, यदि, यद्यपि, जहाँ, तब, अब आदि) से जुड़े होते हैं।

- हिन्दी वाक्य-रचना में सार्थक शब्दों (पदों) पदबंधों तथा उपवाक्यों की महत्त्वपूर्ण भूमिका होती है।

❑ समान कुल की भाषाओं से हिन्दी का पार्थक्य

संस्कृत : हिन्दी

- हिन्दी में श्वासाघात तथा स्वराघात सम्बन्धी नियम संस्कृत से भिन्न हैं।
- संस्कृत में संधि के स्पष्ट नियम हैं। शब्द-निर्माण में इनका महत्त्वपूर्ण योगदान है, पर हिन्दी में संधि के नियमों का अभाव है।
- संस्कृत में तीन लिंग हैं—पुल्लिग, स्त्रीलिंग और नपुंसक लिंग। हिन्दी में दो ही लिंग हैं—पुल्लिग एवं स्त्रीलिंग। संस्कृत में प्रत्यय के आधार पर लिंग निर्धारित होता है। यह स्थिति हिन्दी में नहीं है। 'देवता' शब्द संस्कृत में स्त्रीलिंग है, पर हिन्दी में पुल्लिग।
- संस्कृत में प्रत्यय के अनुसार कारक रूप भी होते हैं, पर हिन्दी में यह कार्य परसर्गों से संपन्न होता है। 'लता का', 'माता का', चंद्रमा का' और 'मन का' में (षष्ठी एकवचन में) लता, माता, चंद्रमा और मन के रूप अलग-अलग (क्रमशः लतायाः, मातुः, चंद्रस्य, मानसः) होंगे, पर हिन्दी में 'का' परसर्ग से ही काम चल जाएगा।
- संस्कृत में तीन वचन होते हैं—एकवचन, द्विवचन और बहुवचन। हिन्दी में दो ही वचन हैं—एकवचन और बहुवचन।
- संस्कृत में विशेष्य के लिंग, वचन के अनुसार विशेषण के लिंग एवं वचन होते हैं, पर हिन्दी में विशेषण पदों में प्रायः परिवर्तन नहीं होता। संस्कृत में सुंदरः बालकः, सुंदरी बालिका, सुंदरं फलं रूप चलते हैं, पर हिन्दी में केवल 'सुंदर' विशेषण का ही प्रयोग होता है। हिन्दी में ऐसा परिवर्तन कहीं-कहीं दिखाई पड़ता है। यथा— 'अच्छा लड़का', 'अच्छी लड़की', 'अच्छे लड़के' आदि।
- हिन्दी में प्रतिष्ठा के अर्थ में अन्य पुरुष एकवचन का रूप बहुवचन हो जाता है। गुरुजी के लिए—'वे आ रहे हैं' का प्रयोग हिन्दी में होता है, पर संस्कृत में ऐसा नहीं होता। 'भवान् आगच्छति' (अन्यपुरुष, एकवचन) संस्कृत में होता है, पर हिन्दी में 'आप आते हैं' होता है।
- हिन्दी में कालरूपों की रचना संस्कृत से भिन्न होती है।
- हिन्दी में संस्कृत के समान, क्रियापदों में आत्मनेपद और परस्मैपद नहीं होता। संस्कृत धातुओं में अवस्था (Moods) और काल के अनुसार विभिन्न प्रत्ययों तथा विकरणों का प्रयोग किया जाता है।
- हिन्दी में वाक्य में पदों का स्थान सामान्यतः निश्चित होता है, जैसे— कर्ता+कर्म+क्रिया, संस्कृत में वाक्य में कोई पद कहीं भी आ सकता है। जैसे— अहं

विद्यालयं गच्छामि। अहं गच्छामि विद्यालयं। विद्यालयं अहं गच्छामि। गच्छामि विद्यालयं अहं। 'मैं विद्यालय जाता हूँ।' के लिए संस्कृत में उपर्युक्त सारे वाक्य शुद्ध हैं।

हिन्दी की साहित्यिक समृद्धि

❑ **प्राचीनतम पद्य-रचना**

विभिन्न विद्वानों के अनुसार हिन्दी के प्राचीनतम कवि एवं उनकी पद्य-रचनाएँ इस प्रकार हैं। शिवसिंह सेंगर के अनुसार पुष्य या पुंड (सातवीं शताब्दी), राहुल सांकृत्यायन के अनुसार सरहपाद (सातवीं शताब्दी) और डॉ. गणपतिचंद्र गुप्त के अनुसार **भरतेश्वर बाहुबली रास** के रचयिता शालिभद्र सूरि (बारहवीं शताब्दी) हिन्दी के प्राचीनतम कवि माने जा सकते हैं।

❑ **प्राचीनतम गद्य-रचनाओं में निम्नांकित उल्लेख्य हैं–**

ग्रंथ	**ग्रंथकार**	**काल**
1. राउलवेल (चंपूकाव्य)	रोडा कवि	10वीं शताब्दी
2. उक्ति-व्यक्ति-प्रकरण	दामोदर शर्मा	12वीं शताब्दी
3. वर्णरत्नाकर	मैथिल कवि ज्योतिरीश्वर ठाकुर	14वीं शताब्दी

खड़ी बोली हिन्दी का प्रथम गद्य-ग्रंथ गंग कवि लिखित **चंद छंद वर्णन की महिमा** है।

❑ हिन्दी के प्रथम साप्ताहिक 'उदंत मार्तण्ड' के प्रकाशन के साथ हिन्दी पत्रकारिता के इतिहास में एक नये युग का प्रादुर्भाव हुआ। इसका प्रथम प्रकाशन 30 मई 1826 ई. को हुआ था।

1800 ई. में फोर्ट विलियम कॉलेज की स्थापना हुई। जॉन गिलक्राइस्ट को हिन्दुस्तानी भाषा का अध्यापक नियुक्त किया गया। गिलक्राइस्ट ने हिन्दुस्तानी (हिन्दी) गद्य में पुस्तकें लिखवाईं। अतः यह निस्संकोच कहा जा सकता है कि मुद्रणयंत्र के आने तथा फोर्ट विलियम कॉलेज की स्थापना के बाद ही हिन्दी में पुस्तकों के मुद्रित होन`का सिलसिला शुरू हुआ होगा। 19वीं शताब्दी के प्रारंभ में विलियम कैरे ने हिन्दी में (हिन्दुस्तानी में) **बाइबिल** के अनुवाद छापे थे। संभव है कि **बाइबिल** का हिन्दी अनुवाद ही हिन्दी का प्रथम मुद्रित ग्रंथ हो।

❑ 26 जनवरी 1950 को संविधान लागू हुआ और हिन्दी को राजभाषा के रूप में मान्यता प्राप्त हुई।

लेखक-परिचय

(वर्णानुक्रम से)

1. **अथोकपम सुमिता चनु**। जन्म : 1983 ई.। शिक्षा : एम.ए. (हिन्दी), केंद्रीय हिन्दी संस्थान, आगरा से एम.एड. (निष्णात)। 'समकालीन हिन्दी कहानी में अभिव्यक्त बाल-जीवन' विषय पर नेहू (NEHU), शिलौंग में शोध-कार्य कर रही हैं। स्थायी पताः द्वारा—श्री अथोकपम इन्गोबी सिंह, सगोलबन्द थाङ्जम लीरक, इम्फाल (पश्चिम)-795001 (मणिपुर)। मो. 09862014519, ई-मेल : sumi14519@gmail. com ।

2. **के. वनजा**। जन्म : 1959 ई.। शिक्षा : एम.ए. (हिन्दी), 'आनन्द शंकर माधवन का गद्य-साहित्य' विषय पर कोचिन विज्ञान व प्रौद्योगिकी विश्वविद्यालय, कोच्ची से पीएच.डी. और 'माखनलाल चतुर्वेदी की रचनाओं में मानवीय मूल्यों की अवधारणा' विषय पर दक्षिण भारत हिन्दी प्रचार सभा, मद्रास से डी.लिट.। प्रकाशित ग्रंथ : (1) माखनलाल चतुर्वेदी की रचनाओं में मानवमूल्य, (2) तुलना और तुलना, (3) हिन्दी उपन्यास : आज, (4) समीक्षा का साक्ष्य, (5) चित्रा मुद्गल : एक मूल्यांकन, (6) साहित्य का पारिस्थितिक दर्शन, (7) इको-फेमिनिज्म। वृत्ति : कोचिन विज्ञान व प्रोद्योगिकी विश्वविद्यालय, कोच्ची-682022 (केरल) के हिन्दी-विभाग में प्रोफेसर। सम्पर्कः 'अभिरामम', सुरभी रोड, एडाप्पल्ली (पो.), कोच्ची-682024। फोनः 0484-2332783, मो. 09495839796।

3. **गणेश प्रसाद**। जन्म : 1944 ई.। शिक्षा : एम.ए., पीएच.डी.। प्रकाशित ग्रंथः (1) हिन्दी शोध : दिशाएँ, प्रवृत्तियाँ एवं उपलब्धियाँ, (2) प्रसाद की कहानियों का पुनर्मूल्यांकन, (3) भाषा के विभिन्न संदर्भ और डॉ. राममनोहर लोहिया, (4) आधुनिक हिन्दी व्याकरण कौमुदी, (5) निबंध कुसुमाकर, (6) मौत मुस्कुरायी (कहानी-संग्रह) आदि। वृत्ति : पूर्व प्रोफेसर तथा अध्यक्ष, हिन्दी-विभाग, बी.आर.ए. बिहार विश्वविद्यालय, मुजफ्फरपुर (बिहार)। सम्पर्कः सुभाष नगर, रोड नं. 2, पोस्ट—न्यू जगनपुरा, वाया—लोहियानगर, पटना-800027। मो. 9801574049।

4. **गोकुल सिन्हा**। जन्म : 1940 ई.। शिक्षा : पीएच.डी. (नेपाली), विषय : 'रामकथाः

परम्परा और प्रवृत्ति'। प्रकाशित ग्रंथ : नेपाली में 9, अँगरेजी में 3, अनूदित 8, सम्पादित ग्रंथ–कोश 2, अभिनंदन ग्रंथ 2, पुस्तक 2, पत्रिकाएँ 5। वृत्ति : उत्तरबंग विश्वविद्यालय के नेपाली-विभाग से सम्बद्ध। सम्पर्क : (1) नेपाली-विभाग, उत्तरबंग विश्वविद्यालय, सिलिगुड़ी, जिला–दार्जिलिंग (प.बं.), (2) रंगबुल बंगलो, पो.–रंगबुल, जिला–दार्जिलिंग, पिन-734123। मो. 08972118880, 09832059262।

5. **जेठो लालवाणी**। जन्म : 1945 ई.। शिक्षा : एम.ए., साहित्यरत्न (हिन्दी); बी.एड. (इंग्लिश), पीएच.डी. (सिंधी)। प्रकाशित ग्रंथ : सिंधी, हिन्दी तथा गुजराती में साठ से अधिक कृतियाँ प्रकाशित जिनमें 'सिंधी साहित्य दर्पण', 'सिंधी भगत शैली', 'सिंधी नाटकों का इतिहास', 'सिंधी साहित्य एक परिचय', 'सिंधी बोली का लोकसाहित्य' प्रमुख हैं। हिन्दी और अँगरेजी की कई पत्रिकाओं का सम्पादन। वृत्ति : एम.डी. हायर सेकेंडरी विद्यालय, अहमदाबाद में अध्यापन; निदेशक–राष्ट्रीय सिंधी भाषा विकास परिषद् (भारत सरकार); सचिव–दिल्ली सिंधी अकादमी (दिल्ली सरकार); सहायक महामात्र–सिंधी-हिन्दी साहित्य अकादमी, गुजरात राज्य। विशेष : अनेक संस्थाओं के सदस्य रहे; अनेक सम्मानों से विभूषित हुए। सम्पर्क : 'माधव वन', 37, आदित्य बंगलोज, आवास पार्क के अंदर, नोबलनगर के निकट, कोटारपुर रोड, पो.–कुबेरनगर, अहमदाबाद-382340। फोन : 079-22813312, मो. 09879563312, ई-मेल : jetholalwani@gmail.com.।

6. **धीरेन्द्रनाथ मिश्र**। जन्म : 1953 ई.। शिक्षा : एम.ए. (मैथिली), पटना विश्वविद्यालय से 'मैथिली कथा पर सामाजिक परिवर्तनक प्रभाव' विषय पर पीएच.डी. एवं ल.ना. मिथिला विश्वविद्यालय, दरभंगा से 'हरिमोहन झाक मैथिली कृतिक आलोचनात्मक परिशीलन' विषय पर डी.लिट.। प्रकाशित ग्रंथ : (1) नवांकुर, (2) मृगतृष्णा, (3) अग्निपरीक्षा, (4) मोनक औनाहटि, (5) समाचार-कथा, (6) भाग्योदय (सभी कथा-संग्रह), (7) परिचय-प्रसून, (8) हंसराज (समीक्षा), (9) मैथिली भाषाविज्ञान व्याकरण ओ रचना, (10) मैथिली भाषाशास्त्र (भाषाविज्ञान), (11) चिंतन-प्रवाह (कविता-संग्रह)। इनके अतिरिक्त मैथिली की विभिन्न पत्र-पत्रिकाओं में सैकड़ों निबंधादि प्रकाशित। अनेक पत्रिकाओं का सम्पादन एवं सह-सम्पादन। विशेष : अनेक संस्थाओं के सदस्य, अनेक सम्मानों से अलंकृत। वृत्ति : ल.ना. मिथिला विश्वविद्यालय, कामेश्वरनगर, दरभंगा-846004 के मैथिली-विभाग में प्रोफेसर तथा अध्यक्ष। सम्पर्क : बैंकर्स कॉलोनी, धामपुर, लक्ष्मीसागर, दरभंगा-846004 (बिहार)। मो. 09470384395।

7. **नागेश्वर सुन्दरम**। जन्म : 1930 ई.। शिक्षा : काशी हिन्दू विश्वविद्यालय, वाराणसी से हिन्दी में एम.ए., जबलपुर विश्वविद्यालय से पीएच.डी., डेक्कान कॉलेज, पुणे से भाषाविज्ञान में डिप्लोमा। प्रकाशित ग्रंथ : प्रचुर संख्या में मौलिक पुस्तकों का

लेखन, सह-लेखन, सम्पादन और अनुवाद जिनमें से प्रमुख हैं– (1) मीरां और आंडाल का तुलनात्मक अध्ययन (आलोचना), (2) आओ तमिलनाडु चलें (यात्रा-वृत्तांत), (3) तिरुवाचकम (हिन्दी-अनुवाद), कई खंडों में, (4) दिव्य प्रबंध (अनुवाद और आलोचना), (5) हिन्दी माध्यम से तमिल सीखें, (6) राधा और नप्पिन्नै (आलोचना), (7) तमिल नयी कविता संग्रह (हिन्दी-अनुवाद के साथ) इत्यादि। चार सौ से अधिक शोध-पत्र प्रकाशित। त्रैमासिक पत्रिका 'सूर सौरभ' का सम्पादन। वृत्ति : प्रेसिडेंसी कॉलेज, मद्रास (चेन्नई) से हिन्दी के प्रोफेसर पद से सेवानिवृत्त। सम्पर्क : प्लॉट नं. 10, बालाजी नगर, फर्स्ट स्ट्रीट, विरुगम्बक्कम, चेन्नई–600092। फोन : (044) 23766384, मो. 09444896916, ई-मेल : drnsundaram@gmail.com।

8. **नीराजना महन्त बेजबरा**। जन्म : 1961 ई.। शिक्षा : एम.ए. (हिन्दी), 'मगही और असमीया लोकगीतों का तुलनात्मक अध्ययन' विषय पर पीएच.डी.। प्रकाशन : हिन्दी, असमीया एवं अँगरेजी भाषा में मौलिक लेखन के साथ-साथ सम्पादन एवं अनुवाद का काम किया है। असमीया में दस मौलिक ग्रंथ प्रकाशित। तीनों भाषाओं में 50 से अधिक शोध-पत्रों के साथ-साथ समसामयिक विषयों पर विभिन्न पत्र-पत्रिकाओं में 70 से अधिक लेख प्रकाशित। वृत्ति : डिब्रूगढ़ विश्वविद्यालय (असम) के असमीया-विभाग में तुलनात्मक साहित्य के प्रोफेसर। सम्पर्क : असमीया-विभाग, डिब्रूगढ़ विश्वविद्यालय, डिब्रूगढ़-786004 (असम)। फोन : 0373-2370002, मो. 09435033224, ई-मेल : mnirajana@yahoo.com।

9. **प्रीति मुरमू**। जन्म : 1955 ई.। शिक्षा : जवाहरलाल नेहरू विश्वविद्यालय, नयी दिल्ली से हिन्दी में एम.ए., एम.फिल.। वृत्ति : डोरंडा महाविद्यालय, राँची के हिन्दी-विभाग में सहायक प्रोफेसर। सम्पर्क : ई-I, तारिणी अपार्टमेंट, किलबर्न कॉलोनी, हिनू, राँची–834002 (झारखंड), मो. 09934724128।

10. **फुकनचन्द्र बसुमतारी**। जन्म : 1967 ई.। शिक्षा : एम.ए., एम.फिल., पीएच.डी.। गौहाटी युनिवर्सिटी से "ए स्टडी इन कल्चरल ऐंड लिंग्विस्टिक एफिनिटीज ऑफ दि बोरोज ऐंड राभाज ऑफ असम" विषय पर पीएच.डी.। प्रकाशित ग्रंथ : (1) ऐन इंट्रोडक्शन टु दि बोरो लैंग्वेज (नयी दिल्ली, 2005), (2) दि राभा ट्राइब ऑफ नॉर्थ ईस्ट, बंगाल ऐंड बाँगलादेश (नयी दिल्ली, 2010), (3) कम्पेयरेटिव वोकेबुलरी ऑफ बोरो-गारो लैंग्वेजेज (बगानपारा, 2014)। वृत्ति : बोरोलैंड युनिवर्सिटी, कोकराझार (असम) के बोरो-विभाग में एसोसिएट प्रोफेसर। सम्पर्क : बोरोलैंड युनिवर्सिटी, पो.–देबरगाँओ, जिला–कोकराझार, पिन-783370 BTAD (असम), मो. 09954123839, ई-मेल : phukanbasumatary@rediffmail.com।

11. **ब्रह्मचारी सुरेन्द्र कुमार**। जन्म : 1933 ई.। शिक्षा : एम.ए. (संस्कृत-हिन्दी), साहित्याचार्य, पीएच.डी. (बिहार), पीएच.डी. (लंदन), राष्ट्रपति द्वारा प्रशस्तिपत्र

से सम्मानित। प्रकाशित ग्रंथ : (1) संस्कृत सिनटैक्स ऐंड दि ग्रामर ऑफ केसेज, (2) कोऑर्डिनेशन इन संस्कृत, (3) सेमांटिक डाइमेंशंस ऑफ दि अष्टाध्यायी। वृत्ति : (1) पूर्व प्रोफेसर-अध्यक्ष, संस्कृत-विभाग, बिहार विश्वविद्यालय, मुजफ्फरपुर एवं भागलपुर विश्वविद्यालय, भागलपुर, (2) कुलपति, का.सिं. दरभंगा संस्कृत विश्वविद्यालय, (3) युजीसी इमेरिटस फेलो, (4) फेलो, आई.ए.ए.एस., शिमला, (5) विजिटिंग प्रोफेसर, पंजाबी युनिवर्सिटी, पटियाला। सम्पर्क : 75 सी, पाटलिपुत्र कॉलोनी, पटना-800013, दूरभाष : (0612) 2274383।

12. **मालती दुबे**। जन्म : 1946 ई.। शिक्षा : एम.ए., एम.एड., पीएच.डी.। प्रकाशित ग्रंथ : (1) तुलसी के काव्यादर्श, (2) विश्व परिप्रेक्ष्य में हिन्दी, (3) सकल पुरुष (अनुवाद), (4) ए कम्पेयरेटिव स्टडी ऑफ दि वोकेबुलरीज ऑफ दि मोडर्न लैंग्वेज ऑफ इंडिया, (5) चिन्तन के स्वर, (6) साहित्यिक अग्रलेख (सम्पादन), (7) सुधियों की सुगन्ध (काव्य-संग्रह)। वृत्ति : (1) पूर्व प्रोफेसर एवं अध्यक्ष, हिन्दी-विभाग, गुजरात विद्यापीठ, अहमदाबाद-380014, (2) पूर्व विजिटिंग स्कॉलर, स्टैनफोर्ड विश्वविद्यालय, केलिफोर्निया, यु.एस.ए.। सम्पर्क : 95/412, सरस्वती नगर, आजाद सोसायटी के पास, अहमदाबाद–380015, दूरभाष : 079-26745105।

13. **मुहम्मद इसराईल रज़ा**। जन्म : 1948 ई.। शिक्षा : एम.ए., पीएच.डी. (उर्दू)। वृत्ति : पूर्व रीडर एवं अध्यक्ष, उर्दू-विभाग, पटना विश्वविद्यालय, पटना। सम्पर्क: कशान-ए-रजा, आलमगंज, मंदिर घाट, पो.–गुलजारबाग, पटना-800007, मो. 09430002702।

14. **मोहन पुंडलिक जाधव**। जन्म : 1951 ई.। शिक्षा : एम.ए. (हिन्दी), एम.ए. (मराठी), बी.एड., पीएच.डी. (हिन्दी)। "हिन्दी और मराठी काव्य में वर्णित छत्रपति शिवाजी के चरित्र-चित्रण का तुलनात्मक अध्ययन" विषय पर शिवाजी विश्वविद्यालय, कोल्हापुर (महाराष्ट्र) से 1991 ई. में पीएच.डी.। प्रकाशित ग्रंथ : (1) हिन्दी और मराठी काव्य में वर्णित छत्रपति शिवाजी के चरित्र-चित्रण का तुलनात्मक अध्ययन, (2) कर्मवीर भाऊराव पाटील। इनके अतिरिक्त अनेक शोध-निबंध प्रकाशित। वृत्ति : छत्रपति शिवाजी कॉलेज, सातारा-415001 से हिन्दी के रीडर पद से सेवानिवृत्त। सम्पर्क : 27, 'चैतन्य' विशाल सह्याद्रि हाई स्कूल के समीप, साहूनगर, गोडोली, सातारा-415001 (महाराष्ट्र), मो. 09420485782।

15. **रजिन्दर कौर अनेजा**। जन्म : 1959 ई.। शिक्षा : एम.ए., पीएच.डी.। प्रकाशित ग्रंथ : (1) हिन्दी शिक्षण की समस्याएँ, (2) साहिब सिंह मृगेन्द्र कृत 'मूरख-शतक' का सम्पादन, (3) हिन्दी भाषा : मानक स्वरूप। इनके अतिरिक्त 15 शोध-लेख विभिन्न पत्र-पत्रिकाओं में प्रकाशित। वृत्ति : प्रोफेसर, स्नातकोत्तर हिन्दी-विभाग, राजकीय महेन्द्रा कॉलेज, पटियाला। सम्पर्क : द्वारा–सरदार मनमोहन सिंह अनेजा, 72, न्यू

मेहर सिंह कॉलोनी, झील रोड, त्रिपड़ी, पटियाला-147001। दूरभाष: 0175-2350818, मो. 09463909919।

16. **वीणा गुप्ता**। जन्म : 1950 ई.। शिक्षा : एम.ए. (संस्कृत), पीएच.डी. (डोगरी)। डिप्लोमा इन जर्मन, पी.जी. डिप्लोमा इन लिंग्विस्टिक्स, शिरोमणि (औनर्स इन डोगरी)। 'डोगरी वाक्य-विन्यास' विषय पर जम्मू विश्वविद्यालय, जम्मू से पीएच.डी.। प्रकाशित ग्रंथ : (1) डोगरी भाषा : उद्भव और विकास, (2) डोगरी व्याकरण, (3) डोगरी कविता : प्रमुख रुझान, (4) हमारे साहित्यकार, (5) डोगरी लिपि एवं उच्चारण, (6) अश्विनी मगोत्रा। वृत्ति : पूर्व प्रोफेसर एवं अध्यक्ष, स्नातकोत्तर डोगरी-विभाग, जम्मू विश्वविद्यालय, जम्मू। सम्पर्क : मकान नं. 179 एक्सटेंशन, 1-ए, त्रिकुटा नगर, प्रवीण इन्क्लेव, जम्मू-180012। मो. 09419144398।

17. **वै. वेंकटरमण राव**। जन्म : 1940 ई.। शिक्षा : एम.ए. (हिन्दी), एम.ए. (तेलुगु), पीएच.डी. (हिन्दी)। प्रकाशित ग्रंथ : (1) तेलुगु और हिन्दी लोकोक्तियाँ, (2) रीतिकालीन काव्य की सांस्कृतिक पृष्ठभूमि, (3) संकीर्तनकार पंचरत्न, (4) हिन्दी : भाषा, संरचना और व्यावहारिक व्याकरण, (5) विकीर्ण विचार, (6) त्रिनीप्रभा कथा मंजरी (ट्रिनिडाड के हिन्दी-विद्यार्थियों द्वारा रचित कहानियों का संकलन)। इनके अतिरिक्त तेलुगु से हिन्दी तथा हिन्दी से तेलुगु में अनेक पुस्तकों का अनुवाद एवं पत्र-पत्रिकाओं में प्रचुर संख्या में लेखादि प्रकाशित। वृत्ति : पूर्व प्रोफेसर तथा अध्यक्ष, हिन्दी-विभाग, हैदराबाद विश्वविद्यालय, विजिटिंग प्रोफेसर– (i) कु.वें.पु. विश्वविद्यालय, शिवमोग्गा; (ii) दक्षिण भारत हिन्दी प्रचार सभा, हैदराबाद, (iii) ट्रिनिडाड ऐंड टोबागो, पोर्ट आफ्स्पेइन, वेस्ट इंडीज, आदि। सम्पर्क : 254, टेलीकॉम नगर, गच्ची बाउली, हैदराबाद-500032। फोन : 040-23000324, मो. 09441458191।

18. **शरेशचन्द्र चुलकीमठ**। जन्म : 1950 ई.। शिक्षा : एम.ए., पीएच.डी. (हिन्दी), पीएच.डी. (रूसी), डिप्लोमा इन ट्रंसलेशन, डिप्लोमा इन कम्पेयरेटिव रेलिजन, डिप्लोमा इन स्पैनिश। प्रकाशित ग्रंथ : हिन्दी में छह और कन्नड़ में एक मौलिक ग्रंथ प्रकाशित। इनके अतिरिक्त एक अनुवाद-ग्रंथ एवं पत्र-पत्रिकाओं में 80 लेखादि प्रकाशित। वृत्ति : पूर्व प्रोफेसर तथा अध्यक्ष, हिन्दी-विभाग, कर्नाटक युनिवर्सिटी, धारवाड़; विजिटिंग प्रोफेसर, युनिवर्सिटी ऑफ वल्लाडोलिड (स्पेन)। सम्पर्क : 'नीलचन्द्र', फर्स्ट क्रॉस, के.एच.एस. रोड, फोर्ट, धारवाड़-580008 (कर्नाटक)। फोन : 0836-2440951, मो. 09480370846। ई-मेल : chulkimath@hotmail.com।

19. **शिबन कृष्ण रैणा**। जन्म : 1942 ई.। शिक्षा : एम.ए. (हिन्दी), एम.ए. (इंग्लिश), पीएच.डी.। प्रकाशित ग्रंथ : (1) कश्मीरी भाषा और साहित्य, (2) एक दौर, (3) ललद्यद, (4) कश्मीरी रामायण, (5) कश्मीरी साहित्य की नवीनतम प्रवृत्तियाँ, (6) हब्बा खातून, (7) शायर काश्मीर आदि। इनके अतिरिक्त एक सौ के लगभग

लेखादि प्रकाशित। वृत्ति : राजस्थान सरकार शिक्षा सेवा के प्रिंसिपल पद से सेवानिवृत्त। सम्पर्क : 2/537, (HIG) अरावली विहार, अलवर-301001 (राजस्थान), फोन : 0144-2360124, मो. 09414216124, ई-मेल : skraina123@gmail.com।

20. **सुधांशु कुमार नायक**। जन्म : 1954 ई.। शिक्षा : एम.ए. (इंग्लिश), एम.ए. (हिन्दी), एम.ए. (लिंग्विस्टिक्स), आचार्य, पीएच.डी., डी.लिट.। ब्रह्मपुर विश्वविद्यालय से 'सूरदास और जगन्नाथदास की भक्ति' विषय पर 1981 ई. में पीएच.डी. तथा 'हिन्दी और ओड़िआ काव्य-प्रवृत्तियाँ' विषय पर 1988 ई. में डी.लिट.। प्रकाशित ग्रंथ : हिन्दी में (1) ओड़िआ नाथ साहित्य और संस्कृति, (2) सामान्य हिन्दी; ओड़िआ में (3) सागरमंथन। इनके अतिरिक्त ओड़िआ से हिन्दी और हिन्दी से ओड़िआ में अनेक ग्रंथों के अनुवाद। वृत्ति : खल्लिकोट (स्वशासी) महाविद्यालय, ब्रह्मपुर-760001 (ओड़िशा) के हिन्दी-विभागाध्यक्ष-पद से सेवानिवृत्त। सम्पर्क : आशा निवास, खराखिआ वैद्यनाथ लेन, भुवनेश्वर-751002। फोन : 0674-2591662, मो. 09861146671।

21. **सुबासना महन्त चौधुरी**। जन्म : 1966 ई.। शिक्षा : एम.ए. (असमीया), पीएच.डी. (असमीया)। 'भारतीय आर्यभाषार परम्परात उद्भवकालीन असमीया भाषार गठन' विषय पर पीएच.डी.। प्रकाशन : असमीया में प्राचीन असमीया भाषा सम्बन्धी एक पुस्तक प्रकाशित। इसके अतिरिक्त भारतीय आर्यभाषा परिवार की असमीया के साथ-साथ बँगला, मैथिली, ओड़िआ एवं भोजपुरी भाषा-विषयक विभिन्न शोधकार्यों का सम्पादन तथा लेखों का प्रकाशन। वृत्ति : डिब्रूगढ़ विश्वविद्यालय के असमीया-विभाग में सह-प्रोफेसर। सम्पर्क : एसोसिएट प्रोफेसर, असमीया-विभाग, डिब्रूगढ़ युनिवर्सिटी, डिब्रूगढ़-786004 (असम), फोन : 0373-2370240 (कार्यालय)।

22. **सुव्रत लाहिड़ी**। जन्म : 1946 ई.। शिक्षा : एम.ए., पीएच.डी.। प्रकाशित ग्रंथ : (1) हिन्दी-बांगला क्रियारूप : भाषाशास्त्रीय विश्लेषण, (2) आधुनिक कहानियाँ, (3) ग्राम बांगला की कहानियाँ (4) जिल्द बन जाने से पहले (काव्य-संकलन)। इनके अतिरिक्त 'नया संकल्प' और 'दिशाबोध' (शोध-पत्रिका) का सम्पादन एवं विभिन्न पत्र-पत्रिकाओं में प्रचुर शोध-पत्र, आलेख आदि का प्रकाशन। वृत्ति : भूतपूर्व अध्यक्ष, स्नातकोत्तर हिन्दी-विभाग, प्रेसिडेंसी कॉलेज, कोलकाता। सम्प्रति : अध्यक्ष, हिन्दी-विभाग, रवीन्द्र भारती विश्वविद्यालय, कोलकाता-700050। सम्पर्क : फ्लैट नं. 5, 63-ए, साउथ सिंथी रोड, कोलकाता-700030। फोन : 033-25571221, मो. 09830391409।

23. **स्नेहलता शरेशचन्द्र**। जन्म : 1958 ई.। शिक्षा : एम.ए. (हिन्दी, संस्कृत, लिंग्विस्टिक्स), पीएच.डी. (हिन्दी), डी.लिट. (लिंग्विस्टिक्स), पी.जी. डिप्लोमा (ट्रंसलेशन, कोंकणी), डिप्लोमा इन स्पैनिश, बी.एड.। प्रकाशित ग्रंथ : (1) उपन्यासकार हजारी प्रसाद द्विवेदी (हिन्दी), (2) अनुवाद : विविध आयाम (हिन्दी), (3) प्रोब्लेम्स

ऑफ जेंडर क्लासिफिकेशन इन हिन्दी (इंग्लिश)। इनके अतिरिक्त हिन्दी के अनेक ग्रंथों का कन्नड़ में अनुवाद। वृत्ति : पूर्व अध्यक्ष, स्नातकोत्तर केन्द्र, दक्षिण भारत हिन्दी प्रचार सभा, धारवाड़-580001। सम्पर्क : 'नीलचन्द्र', फर्स्ट क्रॉस, के.एच. एस. रोड, फोर्ट, धारवाड़-580008। फोन : 0836-2440951, मो. 09480370846। ई-मेल : snehasharesh@yahoo.com।

□□